생산운영관리

제14판 공급사슬 및 프로세스

OPERATIONS MANAGEMENT: Processes and Supply Chains

생산운영관리

제14판 공급사슬 및 프로세스

Lee J. Krajewski • Manoj K. Malhotra 지음

김길선 • 김효진 • 유태종 • 이수철 • 이행주 • 조영식 옮김

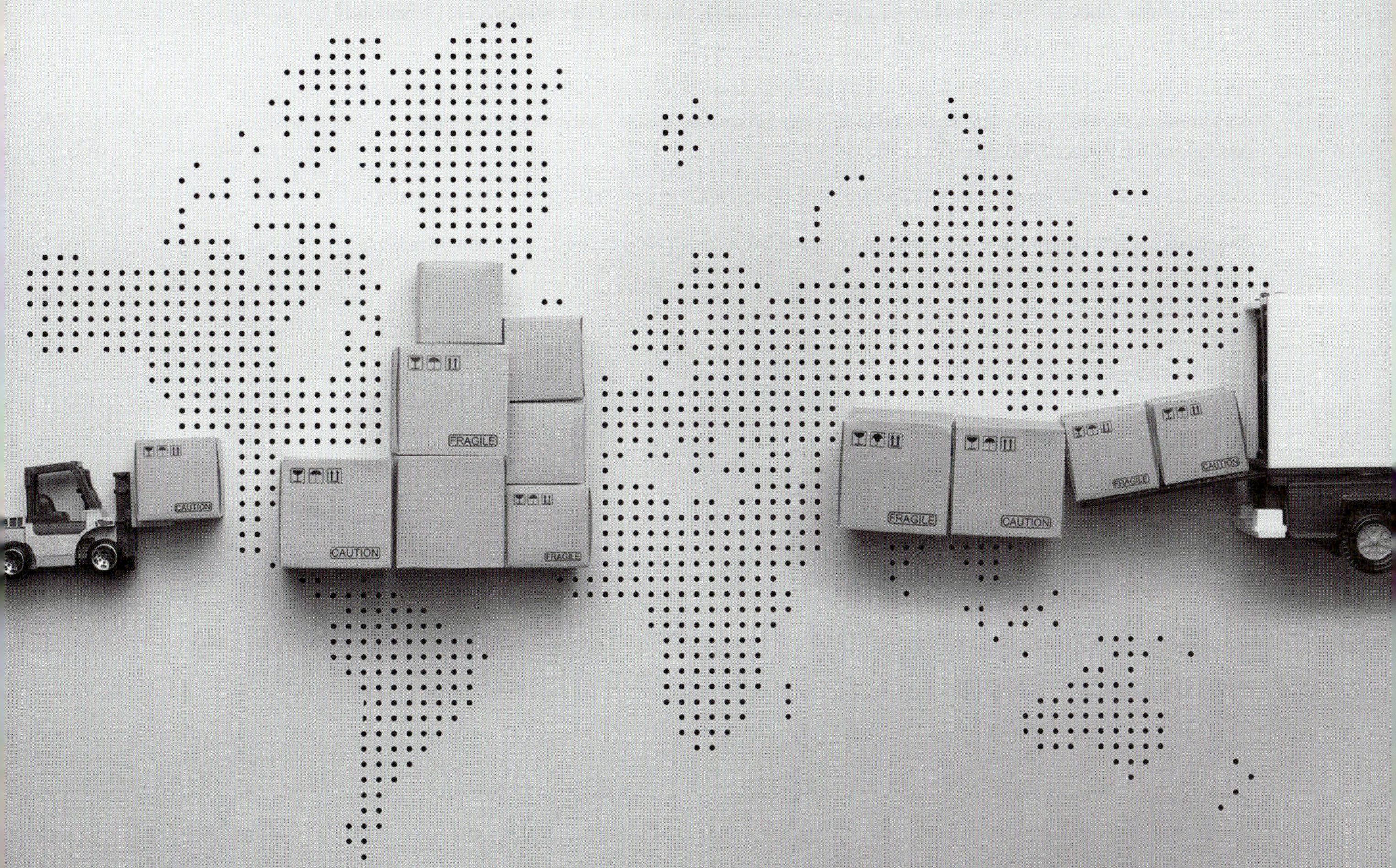

Pearson

Published by
Pearson Education South Asia Pte Ltd
63 Chulia Street, #15-01
Singapore 049514

Pearson Education offices in Asia: *Bangkok, Beijing, Ho Chi Minh City, Hong Kong, Jakarta, Kuala Lumpur, Manila, Seoul, Singapore, Taipei, Tokyo*

4 3 2 1
28 27 26 25

Authorized translation from the English language edition, entitled 'Operations Management: Processes and Supply Chains, Global Edition 14th edition' by Lee J. Krajewski and Manoj K. Malhotra, ISBN 9781292731117, published by PEARSON Education, Copyright © 2025.

Cover image: ilikeyellow/Shutterstock

발행일: 2025년 8월 25일
공급처: 도서출판 석정(02-332-6293/sukjungbooks@naver.com)
ISBN: 978-981-3352-33-9(93320)
가격: 39,000원

http://pearson.com/asia

역자 서문

세계화와 글로벌 경쟁은 이미 오래전부터 일상이 되었다. 일본 기업은 가이젠(改善)을 통해, 미국 기업은 비즈니스 프로세스 리엔지니어링을 통해 새로운 제품과 서비스를 최고 품질, 최적의 가격으로 전 세계 시장에 쏟아내고 있다. 이러한 상황에서 기업의 경쟁력 강화 과정을 이해하기 위해 제조업과 서비스업의 핵심적인 가치 창출 프로세스인 생산운영 부문을 이해하는 것은 경영학을 공부하는 모든 사람에게 필수적인 과제이다.

생산운영관리는 기업이 제품 또는 서비스를 창출하는 과정에서 품질과 가격, 시장에 대한 신속하고 유연한 반응을 어떻게 확보하는지를 다루는 분야이다. 생산운영 부문은 경쟁전략을 이끌어가는 핵심 역량의 산실이자 비효율의 근원이 되기도 한다. 생산운영 프로세스가 경쟁력을 갖추지 못한 기업 그리고 이러한 기업이 많은 국가가 국제경쟁에서 앞서 나가기를 바라는 것은 뿌리 없는 나무에 열매가 풍성하게 열리기를 바라는 것과 같다.

지난 50년간 우리나라는 인류 역사에서 유례를 찾아보기 힘들 만큼 급성장을 이루어 최빈국에서 세계 10위권의 경제대국으로 올라섰다. 하지만 우리보다 앞선 경험, 능력, 비전을 가진 해외 기업들로부터 배우고 지속적으로 혁신하는 자세를 유지해야 함은 당연한 일이다. 그중에서도 생산운영관리의 학문적 접근은 경쟁전략에 대한 충실한 이해와 엄밀한 시스템 분석 능력을 동시에 요구한다. 우리나라의 많은 기업은 세계 수준의 경쟁력을 갖추고 있는 데 반해 우리의 경영학, 특히 생산운영관리 부문은 아직도 외국에서 배워야 할 점이 많은 것이 사실이다.

리 크라예프스키(Lee J. Krajewski) 교수와 마노지 말호트라(Manoj K. Malhotra) 교수가 저술한 《Operations Management: Processes and Supply Chains》를 교재로 강의하거나 공부해본 사람은 이 책이 생산운영관리의 기본 개념을 충실히 다루면서도 현대적인 맥락에서 재해석한 보기 드문 교재임을 잘 알고 있을 것이다. 이에 많은 사람이 생산운영관리에 관심을 갖고, 현업에서 업무를 수행하거나 대학이나 연구소에서 이론을 연구하는 데 조금이라도 도움이 되었으면 하는 바람에 이 책을 번역하게 되었다. 역자진은 독자가 쉽게 이해할 수 있도록 자연스러운 우리말로 옮기기 위해 많은 노력을 기울였으나 부족한 점이 남아 있을지도 모른다. 이는 앞으로 수정·보완하여 완성도를 높여나갈 것을 약속드린다.

많은 사람의 격려와 도움이 없었다면 번역서 출간이 아예 불가능했을 것이다. 우선 한국어판 출간을 쾌히 승낙해준 원저자들에게 감사드린다. 이전 판 번역서의 데이터가 축적되어 있지 않았다면 14판 번역 작업을 이어받겠다고 용기를 내기가 어려웠을 것이다. 이에 이전 판 역자진에게 감사드리며, 14판 출간에 도움을 준 모든 분에게도 감사 인사를 전한다.

2025년 8월

역자 일동

저자 서문

기업 경영은 롤러코스터를 타는 것과 같다. 최근 몇 년 동안 코로나19 팬데믹, 우크라이나-러시아 전쟁, 인플레이션 등으로 인해 경영자는 수많은 어려움에 직면했다. 비즈니스의 모든 기능이 압박을 받았지만, 경영자에게 무엇이 가장 큰 장애물인지 물었을 때 대부분이 공급사슬이라고 답했다. 제품과 서비스의 공급이 매우 불확실했기 때문이다. 공급사슬은 복잡한 존재다. 조직 내 개별 프로세스는 종종 국제적인 맥락에서 다른 조직의 프로세스와 연결되어 있기 때문에 시시각각으로 변하는 지정학적 고려 사항과 제약을 반영하다 보면 일관되고 예측 가능한 공급을 유지하는 것이 얼마나 어려운 일인지 느끼게 된다. 따라서 모든 경영자가 자신이 속한 분야와 관계없이 성공적인 공급사슬의 기초와 운영을 이해하는 것이 매우 중요하다. 이에 저자들은 13판의 성공을 바탕으로 공급사슬의 역할과 구축 방법을 명확히 보여주는 교재를 만들기 위해 노력했다. 이 책은 기업 내 기본적인 프로세스의 효율적인 설계와 관리부터 이러한 프로세스를 연결하여 공급사슬을 형성하는 방식까지 다루었다. 14판을 준비하면서 강사, 리뷰어, 실무 관리자, 학생들로부터 받은 피드백을 충실히 반영했다. 경영자가 실제로 마주하는 다양한 도전과제와 그 해결 과정을 예제에 담았다. 그리고 생산운영관리를 전공하지 않더라도 필수 과목으로 배우는 독자를 감안하여 생산운영관리의 기본 원칙이 앞으로의 경력 경로에 도움이 되도록 주의를 기울여 설명했다.

14판의 특징

강사와 리뷰어로부터 받은 피드백에 따르면 생산운영관리 과목은 하나의 틀로 모든 경우에 다 맞출 수는 없다. 예를 들어 일부 과목은 강의 시간이 짧아 교재의 내용을 모두 다룰 수 없다. 이러한 현실을 반영하여 몇몇 장의 구성 방식을 재조정하여 강사가 필요한 주제를 더 쉽게 가르칠 수 있도록 했다. 자세한 변경 사항은 뒤에서 설명하겠지만, 이러한 재구성은 강사가 자신의 강의에 가장 적합한 장을 선택하는 데 도움이 될 것이다. 또한 지속가능성이라는 중요한 주제에 대한 접근 방식을 강조하고 싶다. 지속가능성이라는 주제를 별도의 장으로 떼어 다루는 대신 책 전체에 걸쳐 자연스럽게 녹여 넣는 방식을 택했다. 마찬가지로 인공지능(AI) 및 관련 기술의 활용과 응용도 여러 장과 주제에 걸쳐 다루었다.

비디오 사례

여행, 소매, 엔터테인먼트 산업을 아우르는 서비스 산업 관련 비디오 사례를 추가했다. 1장의 비디오 사례에서는 미국에서 열 번째로 큰 국제공항인 시애틀 타코마 국제공항의 이면을 들여다보며, 안전하고 효율적인 공항 운영에서 운영 관리자가 얼마나 중요한 역할을 하는지를 이해할 수 있다. 이 공항은 2,200명의 직원이 하루에 승객 140,000명과 항공편 1,200편을 지원하는데, 관리자는 기상 악화, 항공편 지연 및 취소, 교통사고 등 다양한 돌발 상황을 빠르고 창의적으로 해결할 수 있는 역량을 갖추어야 한다. 한 영역에서 문제가 발생하면(예: 날씨로 인한 항공편 취소) 레스토랑, 탑승구, 수하물 처리, 항공기 주차, 고객 서비스 등 다른 모든 부문에 영향을 미친다. 공항 운영을 위한 스크린에는 날씨 정보, 야생동물 활동, 이물질 감지 카메라, 터미널 간 지하 경전철, 주차장, 도로, 활주로, 공항의 도착·출발 범위 내 항공기 위치가 표시된 미국 지도 등이 나타난다.

6장의 비디오 사례에서는 시애틀 국제공항이 어떻게 수요에 맞춰 용량을 계획하는지를 다룬다. 평소 약 40개의 프로젝트가 동시에 진행 중이며, 그 규모는 소규모 커피숍, 실내 리모델링, 화장실 개·보수부터 수년에 걸친 7억 5,000만 달러 규모의 수하물 최적화 컨베이어 시스템 교체에 이르기까지 다양하다. 공항 운영과 함께 이루어지는 해상 화물 항만도 중요한 역할을 하는데, 이 항만에는 전 세계 약 70개 목적지를 운항하는 17개의 화물 해운사가 있다. 화물선의 적재 용량, 크레인과 트럭을 갖춘 육상 터미널, 정박 공간의 수는 항만이 처리할 수 있는 물량에 영향을 미친다. 또한 크루즈 항만에서는 8개의 주요 알래스카 크루즈 라인이 2개의 터미널을 공유하면서 매년 약 100만 명의 승객을 수용하고 있다. 이는 단순히 도크 공간만이 아니라 주차장, 수하물 보관소, 공유 차량 및 택시 대기 공간, 크루즈 항만에서의 차량 이동 패턴 관리까지 포함된다는 의미이다.

9장의 비디오 사례에서는 소매업으로 주제를 전환하여 펫스마트가 판매하는 10,000개 이상의 재고 관리 단위(SKU)에 대해 어떻게 예측을 준비하는지를 살펴본다. 미국과 캐나다에 1,650개 이상의 매장을 운영하는 펫스마트는 50,000명의 직원이 고객이 원하는 제품과 서비스를 매장 또는 온라인에서 항상 이용할 수 있도록 하는 것을 목표로 하고 있다. 이러한 펫스마트가 반려동물 간식부터 살아 있는 물고기까지 다양한 제품에 대해 700개 이상의 공급업체와 어떻게 수요 예측을 수립하고 조율하는지를 다룬다.

11장의 비디오 사례에서는 엔터테인먼트 산업을 조명한다. 인기 있는 스키 리조트인 팰리세이즈 타호가 어떻게 운영 계획을 수립하는지 살펴볼 수 있다. 해당 지역은 평균 시즌 동안 400인치 이상의 강설량을 기록하며, 6,000에이커에 달하는 스키 산악 지대를 보유하고 있다. 과거 동계올림픽 개최지였던 이 리조트는 겨울철에 리프트 운영, 스키 및 스노보드 학교, 음식 및 음료 매점, 소매점, 숙박 시설 등 다양한 서비스를 제공하며 2,600명에 달하는 직원 대부분이 계절제 근무를 하고 있다. 이 리조트에는 100개 이상의 다양한 부서가 있으며, 겨울 스키 학교와 리프트 및 산악 운영은 물론 분실물 센터, 여름 트램 운행, 산악 안내팀, 현장에서 유니폼 수선을 담당하는 재봉팀 등 잘 알려지지 않은 분야도 있는데, 이 재봉팀은 직원의 유니폼을 수선하기 위해 상시 대기 상태로 근무한다. 이 사례를 통해 운영 관리가 어떻게 세계적 수준의 조직 성공을 뒷받침하는지를 더욱 깊이 이해할 수 있을 것이다.

도입 사례

각 장은 해당 주제와 관련된 실제 기업 사례로 시작한다. 14판에서는 로우스, 라스베이거스의 얼리전트 스타디움, 크로거, 뱅크 오브 아메리카, 국제우주정거장의 운영 사례를 추가했다.

인공지능(AI)

전판에 이어 14판에서도 생산운영관리 분야의 첨단 기술을 다루었다. 1장에서는 4차 산업혁명을 소개하고, 14장에서는 블록체인 기술을, 15장에서는 창고 및 공급사슬 운영에서의 기술 활용을 설명한다. AI는 이제 우리의 일상에 깊숙이 자리 잡았으며 생산운영관리 분야도 예외는 아니다. 14판에서는 AI라는 중요한 주제를 정의하고, 각 문제 영역에 어떻게 적용되는지를 설명하는 방식으로 구성했다. AI를 한 장에서 집중적으로 다루기보다는 교재 전반에 걸쳐 내용이 통합되어 있다. 예를 들어 4장에서는 AI와 공정능력의 활용을 다루고, 9장에서는 AI와 머신러닝이 어떻게 예측에 사용되는지를 보여준다. 10장에서는 크로거가 식료품 재고 관리에 AI를 어떻게 활용하는지를 설명하고, 11장에서는 직원 계획 및 일정 계획에서의 AI 활용을, 13장에서는 구매 프로세스에서의 AI 활용을, 15장에서는 사업장 입지 분석에서의 AI 활용을 다룬다.

경영 과제

이 책에서 소개하는 생산운영관리의 원칙은 모든 분야의 관리자에게 유용하며, 이를 보여주기 위해 3장부터 각 장마다 '경영 과제'를 포함했다. 여기서는 광범위한 연구를 바탕으로 구성된 현실적인 상황을 설명하며, 다양한 분야의 관리자가 실제 생산운영 의사결정 문제에서 핵심적인 역할을 맡는 상황을 보여준다. 해당 분야는 회계, 재무, 인사 관리, 정보시스템, 물류, 마케팅, 운영 등이며, 제조 기업뿐만 아니라 서비스 기업도 포함되어 있다.

경영 사례

생산운영관리를 제대로 이해하려면 최신 실무 사례를 많이 접하는 것이 중요하다. 14판에서는 지멘스, 사우스웨스트항공, 볼보, 샤오훙슈 등의 기업을 포함한 9개의 새로운 '경영 사례'를 추가했다.

각 장의 개정 사항

가독성을 높이고 모든 참고문헌과 경영 사례를 최신 내용으로 업데이트하기 위해 세심하게 수정 작업을 진행했다. 생산운영관리 분야의 최신 기술과 발전 내용을 추가하고, 일부 장을 통합하여 전체적인 흐름을 개선함으로써 주제에 대한 이해도를 높였다. 각 장의 주요 변경 사항은 다음과 같다.

1장: 가치 창출 행위로서의 운영

애플의 우수한 운영 및 공급사슬 역량이 성공의 핵심이라는 내용을 담은 도입 사례를 업데이트했다. 운영 관리자의 역할과 책임에 대한 논의를 추가하고, 모든 조직의 운영에서 인적자원의 중요성을 강조하는 내용을 더욱 강화했다. 1장의 개요적 성격을 유지하기 위해 '운영전략' 주제를 2장으로 분리하여 구성했다. '운영 관리의 동향과 과제' 절에 코로나19 팬데믹 이후의 영향(재택근무, 공급 부족, 인플레이션)에 대한 논의를 추가하고, 지속가능성의 중요성을 강조하기 위해 관련 내용을 앞부분에 배치했다. 또한 다양성, 형평성, 포용성, 윤리에 대한 논의를 운영 관리 분야에 포함했다. 새로운 경영 사례로 닷 푸드를 소개하고, 이 기업의 직원 중심 경영 방식과 새로운 기술에 대한 투자가 어떻게 해마다 눈에 띄는 생산성 향상을 가능하게 했는지 보여준다. 또한 공항 및 항만 운영 개선을 위한 시애틀 항만의 계획을 다룬 비디오 사례를 추가했다.

1부: 프로세스 관리

운영 관리를 전략적 도구로 활용하기 위해 '프로세스 관점'이 왜 중요한지를 설명하는 기반을 마련한다. 이를 통해 조직의 기능 영역과 관계없이 기업 내부 프로세스를 어떻게 설계하고 관리할 수 있는지를 보여준다.

2장: 운영전략

이 장을 통해 책에서 다루는 모든 운영 의사결정의 기초를 강조하고자 했다. 운영전략으로 시작하여, 기업이 경쟁적 틈새시장을 정의하기 위해 선택하는 아홉 가지 우선순위를 설명한다. 이어서 신제품 개발 프로세스가 기업의 운영전략을 실현하는 핵심 요소임을 설명하고, 고객 요구사항을 적절한 기술적 요구사항으로 전환하는 '품질기능전개(QFD)' 접근법에 대한 내용을 확대하여 소개한다. 신제품 개발 프로세스의 분석 단계도 확장하여 다양한 제품 아이디어를 '선호도 행렬' 기법을 활용하여 평가하는 내용을 포함했다. 마지막에서는 기업이 자신의 경쟁 역량과 경쟁 우선순위 간의 격차를 어떻게 식별하는지를 다룬다. 이러한 원칙의 실질적 적용을 강조하기 위해 아마존닷컴의 도입 사례를 업데이트하여 이 기업이 어떻게 네 가지 경쟁 우선순위를 지원하는지를 보여주고, 신제품 개발 과정에서 적층 제조를 활용하여 리드타임을 단축하고 비용을 절감하는 볼보를 새로운 '경영 사례'로 추가했다.

3장: 프로세스 전략과 분석

이 장을 운영전략 바로 뒤에 배치한 이유는 기업의 프로세스 전략이 운영전략의 지침을 구현하는 핵심 도구이기 때문이다. 앞 장에서 다룬 프로세스 구조, 전략적 영향, 프로세스 정의·측정·분석 방법에 대한 논의를 보완하기 위해, 첨단 기술을 활용하여 매장 내 고객 경험을 분석하고 개선한 로우스를 다룬 도입 사례를 새롭게 추가했다. 또한 '경영 사례'를 통해 미국 내 의약품의 3분의 1을 유통하는 매케슨이 헬스케어 관리 프로젝트에 6시그마를 적용하여 후방 영업장 프로세스, 공급사슬 프로세스, 정보기술 프로세스를 개선한 과정을 소개했다.

4장: 품질과 성과

레고에 대한 도입 사례를 업데이트하고, 품질 측면에서 윤리적 실패 비용에 대한 논의를 확장했다. 또한 AI 및 머신러닝 기술을 활용하여 공정 능력을 평가하는 새로운 절도 추가했다. ISO 9001:2015 표준에 대한 논의도 최신 내용으로 업데이트하고, 그린베이 패키징(Green Bay Packaging Company)의 전사적 품질경영 여정을 소개하는 새로운 경영 사례를 추가하여, 품질에 관한 기술과 ISO 9001 인증이 이 기업의 품질 성과에 미친 영향을 보여준다.

5장: 린 시스템

코로나19 팬데믹 시기를 반영하여 현대적인 관점으로 재구성했다. 팬데믹 이후 린 시스템에 대한 고려 사항을 다루는 새로운 절을 추가하고, 기업이 팬데믹 경험을 바탕으로 JIT 시스템을 어떻게 수정했는지를 보여주는 '경영 사례'를 새로 포함했다. 또한 도입 사례도 업데이트했으며, 계약 제조업체의 린 역량을 평가하기 위해 구매 및 생산의 지속가능성 지수를 성공적으로 활용하는 나이키를 살펴본다.

6장: 용량 계획

도입 사례에서는 3M이 코로나19 팬데믹으로 인한 예기치 못한 용량 부족 사태를 어떻게 극복했는지를 다루었다. 확장 시점과 규모에 관한 논의를 보다 생생하게 전달하기 위해 한국 자동차 기업인 대우와 현대가 각기 다른 방식으로 용량 확장 전략을 추진한 비교 사례를 추가했다. 새로운 '경영 사례'로 2022년 미국 의회를 통과한 '인프라 투자 및 일자리법'이 지멘스의 대규모 용량 확장 프로젝트 발표에 미친 영향을 소개했다. 또한 용량 계획에서 대기행렬 모형 활용 부분에 대한 설명을 간소화했으며, 공항과 화물 및 크루즈 선박 터미널 양측에서 진행 중인 자본 프로젝트 범위를 보여주는 비디오 사례 '시애틀 항만청의 용량 계획'을 추가했다.

7장: 제약 관리

도입 사례에서는 IBM의 브로몽 공장이 어떻게 알고리즘과 수학적 프로그래밍 모델을 활용하여 생산 및 공급 제약 조건을 동시에 고려하면서 서로 상충될 수도 있는 여러 목표를 감안한 최적의 생산 계획 및 자재 조달 계획을 수립했는지를 설명한다.

8장: 프로젝트 관리

도입 사례에서는 라스베이거스에 건설된 얼리전트 스타디움 프로젝트를 다루며, 이동식 경기장 건설과 프로젝트 관리에서의 다양성과 지역사회 참여에 대한 헌신을 강조한다. 또한 가장 널리 채택되는 프로젝트 관리 방식인 스크럼의 운영 방식을 나타낸 그림, 스크럼과 전통적 접근 방식의 차이를 명확히 보여주는 표를 추가했다.

2부: 고객 수요 관리

고객 수요를 예측하고, 이 수요를 재고 관리, 운영 계획 및 일정 계획, 자원 계획을 통해 어떻게 충족할 수 있는지를 다룬다.

9장: 예측

'시나리오 예측'에 대한 논의를 추가했는데, 이는 현실적인 시나리오를 바탕으로 예측을 생성하는 판단 기반 예측의 한 접근 방식이다. 또한 인공지능과 관련된 새로운 절에는 예측에 적용되는 머신러닝에 대한 주요 논의가 포함되어 있다. '경영 사례'에서는 아마존닷컴이 머신러닝을 활용하여 4억 개 이상의 제품 예측을 수행하는 방식에 대해 설명한다. 그리고 결합 예측을 위한 Time Series Forecasting Solver의 활용을 보여주는 새로운 그림을 추가했다.

10장: 재고 관리

도입 사례에서는 크로거가 인공지능을 활용하여 식료품 재고를 관리하는 방식을 소개하고, 또한 '재고 관리에서의 윤리'를 다루는 새로운 절을 추가했다.

11장: 운영 계획과 일정 계획

도입 사례에서는 뱅크 오브 아메리카가 직원 계획을 어떻게 수립하는지, AI가 여기에 어떤 영향을 미치는지 소개한다. 리뷰어의 의견을 반영하여 제조업체의 운영 계획 예시를 보여주는 OM Explorer의 '스프레드시트 기반 판매 및 운영 계획 도구'의 출력 내용을 보다 명확히 설명했다. 또한 '경영 사례'에서는 2022년 12월 눈보라로 인해 사우스웨스트항공이 겪은 일정 관리상의 문제를 자세히 소개한다. 일정 관리에서 AI를 어떻게 활용하는지를 다루는 새로운 단락을 추가하고, 팰리세이즈 타호 리조트의 '운영 계획 및 일정 계획'을 주제로 한 비디오 사례에서는 계절성 비즈니스의 직원 배치와 운영 일정의 이면을 심층적으로 다룬다.

12장: 자원 계획

도입 사례에서는 록히드마틴이 전사적 자원관리 시스템을 어떻게 활용하여 160만 개 이상의 장비 위치, 수량, 임무 준비 상태를 파악하는지 설명한다. 또한 NTPV(North Texas Pressure Vessels)와 같은 중소기업도 자재소요계획 시스템을 효과적으로 사용할 수 있음을 보여주는 '경영 사례'를 추가했다.

3부: 공급망 관리

기업 수준에서 프로세스와 고객 수요를 관리하는 도구를 기반으로 공급업체, 기업, 고객 간의 자재, 정보, 자금의 흐름을 관리하는 도구와 관점을 제공한다.

13장: 공급사슬관리

새로운 구조를 도입하고 도입 사례도 이러한 구조에 맞게 수정했다. 제조업체의 공급사슬 도식과 짝을 이루도록 건강관리 제공자의 공급사슬을 나타낸 그림을 추가하고, 샤오훙슈와 같은 전자상거래 플랫폼이 시간, 비용, 품질이라는 상충되는 압력을 관리하면서 효과적인 공급사슬을 구축하는 방식을 보여주는 '경영 사례'를 포함했다. 또한 구매 프로세스에서의 인공지능 활용에 대한 새로운 단락을 추가했다.

14장: 공급사슬 설계

도입 사례에서는 국제우주정거장의 다양한 부품 설계, 배치, 관리 및 복구가 광범위하고 탄력적인 공급사슬을 통해 이루어지는 과정을 설명한다. 이어지는 '고객 중심 공급사슬 전략' 절에서는 대량고객화와 시장 세분화 전략을 논의하고, 이러한 전략이 공급사슬에 미치는 영향을 다룬다. 특히 시장 세분화 전략은 고객 참여를 높이는 방식으로 점점 확산되고 있는 옴니채널 공급사슬을 포함하며, 이 개념을 보다 명확하게 설명하기 위해 단일 채널, 다중 채널, 옴니채널 설계를 비교한 그림을 추가했다.

15장: 물류 관리

'시설 입지'에 대한 주제를 통합하고 지속가능성 관련 내용을 추가했다. 에어버스 SAS에 대한 도입 사례를 업데이트하고, 공급사슬 네트워크를 설명한 이후의 논의를 위해 새로운 그림을 추가했다. 또한 시설 입지 선정에서 고려해야 할 윤리적 요소를 다루고, 기존의 그리드 좌표 대신 GPS 좌표를 활용하는 방식으로 부하-거리법 절을 수정하여 실제 적용성을 높였다. 시설 입지 분석에서의 인공지능 활용에 대한 내용을 새로운 절에 담고, UPS가 차량의 경로를 어떻게 설정하는지를 보여주는 '경영 사례'를 추가했다.

교육 및 학습 과제 해결

운영관리 입문 과정을 수강하는 학생은 비즈니스의 프로세스 관점이나 경쟁 우선순위, 산출량, 지속가능성과 같은 개념이 자신의 삶, 경력과 어떻게 관련되는지 이해하는 데 어려움을 겪을 수 있다. 동기 부여가 부족하고 학습 내용을 강화할 기회를 얻지 못한다면 강사도 교육 과정에서 어려움을 겪게 된다. 학생은 실제 현장에서 사용되는 개념, 기술, 방법을 학습할 때 동기 부여가 되고, 배운 내용을 직접 적용해볼 수 있을 때 학습이 강화된다. 동기 부여 측면에서 14판은 다음과 같은 네 가지 핵심 축을 기반으로 구성되어 있다.

동기 기반 학습의 네 가지 핵심

- **실용성**: 관리자 관점에서 서술되어 있다. 관리 과제를 통해 모든 비즈니스 전공자가 책의 주제를 실무에 적용할 수 있음을 보여준다. 또한 실제 현장에서 흔히 발생하는 문제와 이를 분석하는 의사결정 도구가 다수 포함되어 있다. 설명이 직관적이며, 학생이 개념과 기술을 실무에서 활용할 수 있는 기반을 제공한다.

- **최신성**: 도입 사례, 경영 사례, 영상, 사진 등을 통해 책의 주제가 현재 실무 및 사회적 이슈와 어떻게 연결되는지를 보여준다.
- **포괄성**: 변화무쌍한 환경에서 프로세스를 경쟁적 도구로 활용하기 위해 관리자가 알아야 할 전통적 주제와 최신 주제를 모두 다룬다. 기능 분야와 관계없이 프로세스는 일을 수행하는 수단이다.
- **이해 용이성**: 개념과 기술을 명확히 보여주는 수많은 그림이 포함되어 있다. 불필요한 전문 용어를 최대한 배제했으며, 본문의 여백에 핵심 용어의 정의를 제시하고, 주요 방정식은 각 장 끝부분에 정리했다. 또한 각 장의 학습 목표를 점검할 수 있도록 각 장 후반부에 점검 안내와 함께 다시 제시했다. 이러한 요소는 독자가 책의 내용을 명확히 이해하는 데 도움이 된다.

예제를 통한 학습

정량적 문제 해결에 어려움을 겪는 학생이 많다. 이들을 돕기 위해 각 기법이나 중간 계산 단계마다 관련 예제 문제를 수록하고, 전체 기법을 적용하여 문제를 해결하는 복습문제를 각 장 끝부분에 제시했다. 각각의 문제는 풀이의 모든 단계가 명확하게 설명되어 있다.

비판적 문제 해결 능력 개발

강사는 사고를 자극하는 토론과제를 활용하여 다양한 이슈와 경영 상황에 대한 토론을 유도할 수 있다. 또한 연습문제는 학습 목표별로 분류되어 있어 강사는 학습 목표와 관련된 연습문제를 보다 편리하게 지정할 수 있다.

실전 적용 능력 향상

내용을 잘 이해했는지 확인하기 위해 두 가지 방식으로 사례를 활용할 수 있다. 첫째, 총 14개의 비디오 사례 중 4개는 14판에 새로 추가된 것이며, 각 비디오 사례는 두 부분으로 구성되어 있다. 실제 기업이 겪은 문제를 설명하는 문서화된 사례, 그 문제를 어떻게 해결할 수 있는지 생각해보도록 유도하는 몇 가지 질문이 담겨 있으며, 사례의 실제 현장과 관리자의 인터뷰를 보여주는 비디오가 제공된다. 이러한 형식은 각 장의 주제에 대한 풍부한 토론 환경을 제공한다. 학생의 참여를 유도할 수 있는 두 번째 방식은 강사가 책에 담긴 총 13개의 사례를 활용하는 것이다. 이러한 사례는 학생이 본문에 제시된 기법을 바탕으로 문제를 분석하고 해결할 수 있는 데이터를 제공한다.

협업하면서 귀중한 의사결정 경험 쌓기

14판에서 가장 흥미롭고 재미있는 활동 중 하나는 실습과제와 Active Model 연습문제이다. 총 5개의 실습과제는 학생들이 팀을 이루어 수업 안팎에서 토론 질문과 의사결정 상황을 함께 고민하도록 유도한다. 이 중 두 가지 과제는 경쟁형 의사결정 시뮬레이션으로, 학생의 높은 몰입과 관심을 끌어낼 수 있다. 또한 29개의 Active Model 스프레드시트는 문제 시나리오를 기반으로 다양한 상황을 분석하도록 설계되어 있다. 이 모델은 '만약 ~라면?'이라는 질문을 던지고 그 결과로부터 학습하는 데 매우 효과적이다. Active Model 연습문제는 모든 학생이 사용할 수 있는 온라인 도구가 지원된다. 종합적으로 14판은 학생의 동기를 유발하고 학습을 강화할 수 있는 요소와 다양한 강사 지원 자료를 갖추고 있으며, 운영관리 입문 과목의 교수·학습 관련 어려움을 효과적으로 해결할 수 있도록 설계되었다.

취업 역량 개발

급변하는 채용 시장에서 성공하기 위해 학생은 다양한 역량을 갖추어야 한다. 따라서 채용 담당자가 비즈니스 분야에서 경력을 쌓고자 하는 학생에게 요구하는 일곱 가지 핵심 역량을 파악했다. 14판의 주요 요소는 이러한 필수 역량과 다음과 같이 연계된다.

요소	커뮤니케이션	비판적 사고	협업	지식 응용 및 분석	비즈니스 윤리와 사회적 책임	IT 응용 및 컴퓨팅 기술	데이터 리터러시
Active Model 연습문제				✔		✔	✔
사례연구	✔	✔	✔	✔			✔
도입사례				✔	✔		
토론과제	✔				✔		
실습과제	✔	✔	✔	✔			
경영과제	✔	✔	✔				
경영사례				✔	✔		
수치예제		✔					✔
윈도우용 OM Explorer, POM 소프트웨어						✔	
사진, 그림				✔			
연습문제		✔		✔		✔	✔
복습문제		✔					✔

추가 자료

강사와 학생을 위한 자료 (https://media.pearsoncmg.com/ov2/intl/ge/2024/cws/ge_krajewski_om_14e/cw/index.php)	주요 특징
OM Explorer	엑셀 워크시트 형식으로 구성되어 있는 이 책 전용 소프트웨어로, Tutor와 Solver 기능이 포함되어 있다. • Tutor: 본문에 소개된 60가지 이상의 분석 기법에 대한 학습 코칭을 제공한다. 추가 예제가 있어 학습과 연습에 도움이 된다. • Solver: 실제 업무에서 자주 활용되는 범용적 문제 해결 루틴을 제공한다. 실습과제와 연습문제 수행에 매우 유용하다.
윈도우용 POM	25가지 이상의 운영관리 기법이 포함되고 사용이 간편한 소프트웨어 프로그램이다.
Active Models	문제 시나리오를 바탕으로 다양한 상황을 평가하도록 설계되어 있는 29개의 스프레드시트로, 가상 상황 분석을 수행하는 데 탁월한 도구이다.
SimQuick	대기열, 공급사슬, 제조 시설, 프로젝트 일정 등 다양한 프로세스의 시뮬레이션 모델을 구축하기 위한 매크로 내장형 엑셀 스프레드시트로, 배우기 쉽고 사용이 간편하며 모델링 기능 면에서도 매우 유연하다.
SmartDraw	다이어그램 소프트웨어를 활용하면 도표, 흐름도, 조직도 등을 몇 분 안에 쉽게 제작할 수 있다. 수천 개의 다이어그램 템플릿과 기호가 내장되어 있어 다양한 시각 자료를 쉽게 구성할 수 있다.

저자 소개

Lee J. Krajewski

오하이오주립대학교와 노트르담대학교의 명예교수이다. 오하이오주립대학교에 재직 중일 때 대학 동문회가 선정한 우수강의상과 경영대학이 선정한 우수연구상을 수상했다. 또한 제조관리우수센터(Center for Excellence in Manufacturing Management)를 설립하고 4년간 센터장을 역임했으며, Executive MBA 프로그램의 디렉터 대행, 경영과학과 학과장, MBA 프로그램의 아카데믹 디렉터로 활동했다. 노트르담대학교에서는 William and Cassie Daley 경영학 석좌교수를 역임했다.

미국 생산 및 재고관리 학회(American Production and Inventory Control Society)의 전국 회장상과 전국 공로상을 수상했다. 그리고 의사결정학회(Decision Sciences Institute)의 회장을 역임하고, 1988년에 이 학회의 펠로우로 선정되었으며, 2003년에는 공로상을 받았다. 또한 사니(Sany Corporation), 웨스팅하우스(Westinghouse), 프랭클린케미컬(Franklin Chemical), 방크오하이오(BancOhio) 등 여러 기업에서 세미나를 진행하고 자문을 제공했다.

위스콘신대학교에서 박사 학위를 취득했으며, 학부 및 대학원 과정에서 운영 전략, 운영관리 입문, 운영 설계, 프로젝트 관리, 제조 계획 및 관리 시스템 등의 과목을 설계하고 강의했다. 《Decision Sciences》의 편집장, 《Journal of Operations Management》의 창립 편집장을 지내고 여러 학술지의 편집위원으로 활동했으며, 《Harvard Business Review》, 《Management Science》, 《Interfaces》 등 다양한 학술지에 다수의 논문을 발표했다.

Manoj K. Malhotra

케이스웨스턴리저브대학교의 운영관리학과에서 John R. Mannix Medical Mutual of Ohio 교수로 재직 중이다. 2017~2022년에는 동 대학교의 Weatherhead School of Management 학장을 역임했으며, 2019년 클리블랜드 리더십 프로그램에도 참여한 바 있다. 이전에는 사우스캐롤라이나대학교 Darla Moore School of Business에서 대학원 프로그램 부학장, Jeff B. Bates 교수, 경영과학과장을 역임했다. 또한 2005~2017년에는 사우스캐롤라이나대학교에 글로벌 공급사슬 및 프로세스 관리 센터(Centre for Global Supply Chain and Process Management)를 설립하고 운영했는데, 이 센터는 산업계의 큰 후원을 받아 2억 달러 이상의 경제적 효과를 창출했다.

인도공과대학교(칸푸르 캠퍼스)를 졸업하고 오하이오주립대학교에서 운영관리 분야 박사 학위를 받았다. 의사결정학회와 생산 및 운영관리 학회(Production and Operations Management Society)의 펠로우로 선정되었으며, BMW·델타항공·월마트 등 다수의 글로벌 기업에 세미나 및 자문을 제공했다. 또한 조지아대학교, 오스트리아 빈경제경영대학교, 호주 매쿼리대학교 경영대학원에서 운영 및 공급망 관리를 강의했다.

주요 연구 주제는 제조 및 서비스 기업의 유연한 자원 활용, 운영 및 공급사슬 전략, 의료 운영관리, 운영관리와 다른 경영 기능 간의 인터페이스 등이며, 《Decision Sciences》, 《Journal of Operations Management》, 《Production and Operations Management》 등에 다수의 논문을 발표했다. 그는 교육과 학문 분야의 공헌을 인정받아 2006년 Michael J. Mungo 우수 대학원 강의상, 2014년 Carolina Trustee 교수상, 2014년 Breakthrough 연구 리더십상을 수상했다.

요약 차례

차례

제2부 고객 수요 관리

1 가치 창출 행위로서의 운영

포스터 앤 파트너스(Foster and Partners)가 설계한 애플의 싱가포르 마리나 베이 샌즈(Marina Bay Sands) 매장이 2020년 12월 9일 개장했다.

학습목표

1.1 조직에서 운영의 역할과 시간 흐름에 따른 운영의 역사적 발전 과정을 설명한다.

1.2 운영의 프로세스 관점을 투입, 프로세스, 산출, 정보 흐름, 공급업체, 고객 측면에서 설명한다.

1.3 운영의 공급사슬 관점을 핵심 활동과 지원 활동 간 연계 측면에서 설명한다.

1.4 운영 관리의 최신 동향을 파악하고, 기업의 운영 및 공급사슬 관리자가 직면하는 과제를 해결할 방법을 이해한다.

1.5 4차 산업혁명(인더스트리 4.0)을 정의하고, 그 속에 있는 기술 및 자동화가 운영 전략과 운영·공급사슬 관리 실무에 어떤 변화를 가져오는지 이해한다.

1.6 이 책을 통해 커리어 개발에 필요한 기술을 어떻게 습득할 수 있는지 이해한다.

애플

애플(Apple, Inc.)은 세계 최대 규모의 다국적 기술 기업으로, 전 세계 25개 국가와 지역에서 164,000명 이상의 직원을 고용하고 522개 소매점을 운영하고 있다. 애플은 가전제품, 컴퓨터 소프트웨어, 온라인 서비스 매출 호조에 힘입어 2022년 1월 시가총액이 3조 달러를 넘어 세계에서 가장 가치 있는 기업이 되었으며, 2023년 6월에는 시가총액 3조 달러를 또다시 돌파할 것으로 예상된다. 애플은 전설적인 브랜드 충성도를 구축해 왔고, 신제품을 출시하면 매장 앞에 길게 줄을 서는 '컬트급' 고객층을 지닌 것으로도 유명하다. 혁신적인 디자인과 아이폰(iPhone) 등 유행을 선도하는 신제품으로 쌓은 명성이 널리 알려져 있지만, 사실 애플의 차별성과 경쟁우위는 뛰어난 제조, 운영, 공급사슬 관리 관행과도 깊이 연관되어 있다는 사실을 간과하는 이들이 많다.

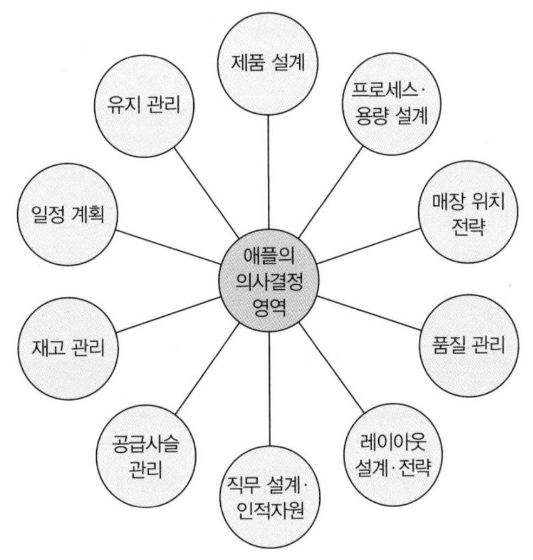

애플이 운영 효율성을 극대화하고 전략적 역량을 구축하기 위해 사용하는 열 가지 운영 관리 의사결정 영역은 (i) 제품 및 서비스 설계, (ii) 품질 관리, (iii) 프로세스·용량 설계, (iv) 매장 위치 전략, (v) 레이아웃 설계·전략, (vi) 직무 설계·인적자원, (vii) 공급사슬 관리, (viii) 재고 관리, (ix) 일정 계획, (x) 유지 관리이다. 선임 관리자들로 구성된 전담팀이 각 영역의 생산성 지표 및 기준을 정교하게 설정하고 실행한다.

그렇다면 애플의 운영 우수성을 이끄는 원동력은 무엇일까? 이는 특정 단일 의사결정 영역만 특별히 두드러진다기보다, 제품 설계에서 부품 조달, 제조, 유통, 매장 디자인과 위치에 이르는 전 과정이 철저히 통제된 생태계 속에서 어떻게 유기적으로 맞물려 돌아가는지에 달려 있다. 예를 들어 좁은 제품 라인에 집중함으로써 각 제품을 대량 생산하고, 공급업체로부터 규모의 경제에 따른 할인 혜택을 받는다. 또한 첨단 부품 소재와 제조 공정 기술에 투자하고 시장에 대한 탁월한 이해력을 더해, 경쟁사가 함부로 복제하거나 따라오기 어려운 혁신적인 제품을 선제적으로 출시할 수 있다.

더 나아가 애플은 프로세스, 공급사슬, 인적자원 관리에 장기 투자해, 복잡한 다국적 공급사슬을 높은 탄력성으로 관리한다. 코로나19 팬데믹 기간에도 비상 계획을 수립하고, 신제품을 차질 없이 선보이며, 공급사슬 혼란을 경쟁사보다 효과적으로 통제했다. 매장 폐쇄와 재고 부족 등 불리한 환경에서도 2020년 7월 30일 발표된 실적은 3분기 매출이 전년 동기 대비 11% 증가하며 최고치를 기록했다. 또한 2022 회계연도에 3,940억 달러의 매출과 기록적인 현금흐름을 달성한 애플은 운영·공급사슬 관리 분야에서 세계 최고 수준을 자부하는 기술과 역량을 바탕으로 지속적인 성장을 이어가고 있다.[1]

운영 관리
내부·외부 고객을 위해 투입물(input)을 서비스 및 제품으로 전환하는 프로세스를 체계적으로 설계, 지휘, 통제하는 활동

프로세스
하나 이상의 투입물을 받아 변환해 고객에게 하나 이상의 산출물을 제공하는 모든 활동(또는 활동 그룹)

운영단위
하나 이상의 프로세스를 전부 혹은 일부 수행하기 위해 배정된 자원 집합

공급사슬
기업 내·기업 간 상호 관련된 프로세스들의 집합

공급사슬관리
자재·서비스·정보 흐름을 고객의 요구와 일치시키기 위해 기업의 프로세스를 공급업체 및 고객 프로세스와 동기화하는 것

운**영 관리**(operations management)는 내부·외부 고객을 위해 투입물(input)을 서비스 및 제품으로 전환하는 프로세스를 체계적으로 설계, 지휘, 통제하는 활동이다. 애플 사례에서 보듯, 이는 서비스 및 제조 모든 분야에 적용되어 경쟁우위를 창출할 수 있는 핵심 요소이다.

이 책은 사람들이 일상적으로 사용하게 될 재화와 서비스를 만들어내는 기업(또는 조직)의 기본 활동과 프로세스를 어떻게 관리할 것인지를 다룬다. **프로세스**(process)는 하나 이상의 투입물을 받아 변환해 고객에게 하나 이상의 산출물을 제공하는 모든 활동(또는 활동 그룹)이다. 조직 차원에서는 여러 프로세스가 한데 묶여 '운영단위'를 이룬다. **운영단위**(operation)는 하나 이상의 프로세스를 전부 혹은 일부 수행하기 위해 배정된 자원 집합이기도 하다. 프로세스들은 서로 연결되어 **공급사슬**(supply chain)을 형성한다. 이는 기업 내·기업 간 상호 관련된 프로세스들의 집합으로, 고객이 만족할 제품·서비스를 만들어낸다.[2] 회사에서 제공하는 제품·서비스 유형에 따라 여러 공급사슬을 가질 수 있으며, **공급사슬관리**(supply chain management)란 자재·서비스·정보 흐름을 고객의 요구와 일치시키기 위해 기업의 프로세스를 공급업체 및 고객 프로세스와 동기화하는 것이다. 모든 기업은 프로세스와 공급사슬을 가지고 있으며, 이를 적절히 설계·운영하고, 공급사슬 내외부 조율을 제대로 수행함으로써 기업의 다양한 이해관계자에게 부와 가치를 창출할 수 있다.

조직에서 운영의 역할

1.1 조직에서 운영의 역할과 시간 흐름에 따른 운영의 역사적 발전 과정을 설명한다.

광범위하게 보면, 운영과 공급사슬 관리는 모든 비즈니스 부서와 기능의 기반이다. 특정 부서나 부서 내 프로세스를 관리하기를 원하거나, 혹은 자신이 속한 프로세스가 전체 비즈니스 구조에서 어떤 의미를 갖는지 이해하기 위해서는 운영 및 공급사슬 관리의 원리를 아는 것이 필수이다.

많은 조직에서 운영 분야는 고위 관리직으로 향하는 훌륭한 경력 경로(career path) 역할

1 Christine Rowland, "Apple Inc. Operations Management: 10 Decisions, Productivity," *Panmore Institute* (February 19, 2019), http://panmore.com/apple-inc-operations-management-10-decisions-areas-productivity (August 10, 2020); Jonny Evans, "Apple's Operations Teams Must Be Struggling to Pull Things Together," *Computer-world* (March 2, 2020), https://www.computerworld.com/article/3530037/apples-operations-teams-must-be-struggling-to-pull-things-together.html (August 10, 2020); Kif Leswing, "Apple Posts Blowout Third Quarter, with Sales Up 11% Despite Coronavirus Disruptions," cnbc.com (July 30, 2020), https://www.cnbc.com/2020/07/30/apple-aapl-earnings-q3-2020.html (August 10, 2020); Marty Lativiere, "Operations: Apple's Secret Sauce?" The Operations Room (November 4, 2011), https://operationsroom.wordpress.com/2011/11/04/operations-apples-secret-sauce/ (August 10, 2010); Aisha Malik, "Apple Is Now the First Publicly Traded Company to Close Above a $3 Trillion Market Value," TechCrunch, June 30, 2023, https://techcrunch.com/2023/06/30/apples-market-cap-hits-3-trillion-once-again/ (June 30, 2023); https://www.apple.com (February 24, 2023).

2 공급사슬(supply chain)과 가치사슬(value chain)은 혼용되어 사용되기도 한다.

을 한다. 그 이유는 운영 관리자가 조직 성공에 큰 영향을 미치는 주요 의사결정을 맡기 때문이다. 제조기업에서 운영 책임자는 일반적으로 최고운영책임자(COO)나 제조·생산·운영 부사장 직함을 갖는다. 서비스기업의 경우도 COO나 운영 부사장(또는 운영 이사) 등의 직함이 흔하다. 이 운영 책임자에게 직·간접적으로 보고하는 부서는 고객 서비스, 생산 및 재고 관리, 품질 보증 등이다.

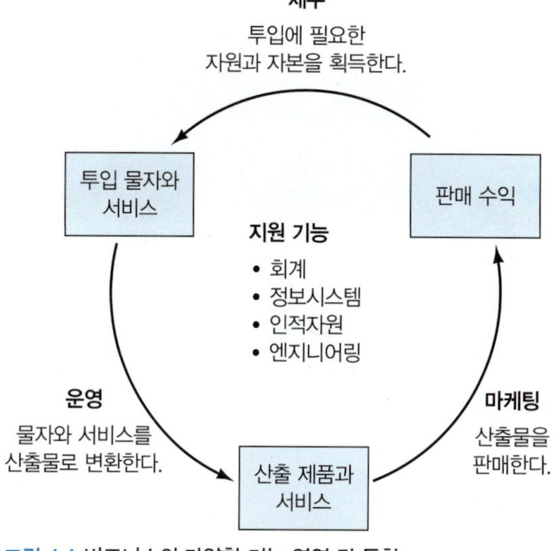

그림 1.1 비즈니스의 다양한 기능 영역 간 통합

그림 1.1은 조직 내 핵심 기능 중 하나인 '운영'을 보여준다. 그림에 표시된 순환 구조는 모든 비즈니스에서 중요한 세 가지 핵심 기능—(1) 운영(operation), (2) 마케팅(marketing), (3) 재무(finance)—간의 유기적 조율이 필수적임을 강조한다. 각 기능은 고유 영역의 지식·기술과 주요 책임, 프로세스, 의사결정 범위를 갖는다. 외부 시각에서 보자면, 재무는 투자자에게서 자원·자본을 조달하고, 시장에서 제품·서비스 판매로 얻은 수익을 관리한다. 재무와 운영은 비즈니스 전략에 따라 이 자원을 어떻게 물리적 자산이나 물질적 투입물로 전환할지 결정한다. 이후 운영은 이러한 자원(재료 등)을 상품과 서비스 산출물로 만드는 일을 담당한다. 그리고 마케팅은 산출물을 시장에 내놓아 판매 수익을 창출한다. 이 수익은 다시 투자자에게 돌아가거나, 운영에 필요한 자본이 되어 선순환을 이룬다. 회계, 정보시스템, 인적자원, 엔지니어링과 같은 다른 기능은 조직 전체에 필수 정보, 서비스, 경영 지원을 제공해 이 체계를 더욱 견고히 한다.

이처럼 세 기능은 비즈니스 전체에 방향을 제시하고, 공통된 전략적 의도 아래 협력한다. 개별 기능 영역만 볼 게 아니라 이 전체의 '원(circle)'을 이해하는 것이 중요하다. 기능 간 협력 정도가 조직의 효율성을 좌우하기 때문이다. 이들은 긴밀히 통합되어야 하며, 하나의 공통 전략을 추구해야 한다. 성공 여부는 결국 얼마나 이 협업을 잘 해내는가에 달려 있다. 어느 한 부분만 무시하거나 축소해도 조직 효율 전반에 악영향이 생긴다. 따라서 기업은 신제품·서비스 개발, 마케팅의 창의성, 재무의 전문성뿐 아니라 핵심 프로세스를 효과적으로 운영·관리함으로써 고유 역량을 확보하고 경쟁력을 키운다.

역사적 진화와 관점 변화

오늘날의 운영 및 공급사슬 관리는 수 세기 전부터 시작된 오랜 역사를 자랑하지만, 특히 지난 200년 동안 급격히 발전했다. 1785년 제임스 와트(James Watt)가 증기기관을 발명하면서 철도 등 교통수단이 발달했고, 유럽 전역은 물론 인도 같은 먼 식민지에도 상품의 대량 이동이 가능해졌다. 1794년 일라이 휘트니(Eli Whitney)의 조면기(cotton gin, 면화에서 솜과 씨를 분리하는 기계) 발명은 '교체 가능한 부품(interchangeable parts)' 개념을 실현해 기계 기반 제조에 큰 혁명을 일으켰다. 이는 증기기관 발명과 함께 영국 및 유럽 전체에 걸친 산업혁명을 견인했으며, 섬유산업이 가장 먼저 기계화된 대표적 사례다. 이어 산업혁명은 19세기 미국과 전 세계로 퍼지면서 내연기관, 증기선, 제철·야금(冶金) 기술, 화학물질 대량 생산, 공작기계 발명 등 위대한 혁신을 잇달아 이뤄냈다. 또한 19세기 초 찰스 배비지(Charles Babbage)의 기계식 컴퓨터 발명도 현대 제조와 기술 혁신에 큰 토대를 마련했으며, 그가 고안한 '분업(division of labor)' 개념은 1911년 프레더릭 테일러(Frederick Taylor)가 발전시킨 과학적 운영 관리와 공급사슬 관리의 기반이 되었다.

20세기에는 운영 및 공급사슬 관리의 역사에 큰 획을 긋는 세 가지 사건이 일어났는데, 첫째

출처: Philip Arno Photography/Shutterstock

1903년에 설립된 포드는 1921년에만 약 100만 대의 모델 T를 생산했다.

는 1909년에 헨리 포드(Henry Ford)가 모델 T 승용차를 생산하기 위해 조립라인을 발명한 것이다. 이 발명 덕분에 자동차와 같이 매우 복잡한 제품도 반복적인 제조방식을 통해 적당한 가격에 대량으로 생산할 수 있는 이른바 대량 생산(mass production)의 시대가 열렸다. 둘째는 알프레드 슬론(Alfred P. Sloan)이 1930년대에 다양한 제품의 대량 보급을 위한 전략 계획이라는 개념을 도입한 것이다. 슬론은 새롭게 출발한 GM(General Motors Corporation)이 "누구든지 소득 수준에 맞추어 원하는 자동차를 구입할 수 있게 하겠다"는 목표로 이 개념을 고안했다. 셋째는 토요타 자동차의 오노 다이이치(大野 耐一)가 조직에서 낭비성 활동을 제거하는 데 유용한 제도와 기법 등의 기초를 놓은 것이다. 그는 1978년에 일본어로 출간된 토요타 생산 시스템(Toyota Production System, TPS)을 통해 그 내용을 세상에 알렸다.

지난 30년 동안 운영 및 공급사슬 관리의 역사는 기술 발전과 깊은 관련을 맺으며 진행되었다. 1980년대의 최대 관심사는 컴퓨터 지원 설계(computer-aided design, CAD), 컴퓨터 지원 생산(computer-aided manufacturing, CAM), 자동화였다. 1990년대에는 정보 기술이 차츰 중요한 역할을 하기 시작했고, 전사적 자원관리 시스템(Enterprise Resource Planning System, ERP)과 외부 아웃소싱으로 기업과 공급사슬을 통합하기 시작했다. 아마존, 페덱스, UPS, 월마트 같은 서비스 조직들도 운영, 물류, 공급사슬 관리를 위해 정보 기술을 고차원적으로 사용하기 시작했다. 2000년대 이후에는 이러한 흐름이 더욱 가속화되고 있으며, 최근에는 스마트 기술, 지속가능성(sustainability), 자연환경 보호 등이 중요한 화두가 되고 있다. 이 책에서는 이러한 주제들을 차근차근 살펴볼 것이다.

운영 관리자의 역할과 책임

운영 관리자는 조직 운영 전반에 관여한다. 그림 1.1에서 볼 수 있듯이 운영부서는 자재나 기타 투입물을 제품 및 서비스로 전환하는 임무를 맡는다. 즉 가용 자원을 가장 효율적으로 사용해 조직 전체 관점에서 비용 효율적이면서도 고객 요구를 충족하는 프로세스를 설계하고 운영하는 것이다. 이를 위해서는 적절한 운영 전략을 수립하고, 필요한 자료와 자원을 조달하며, 다른 부서 및 팀원과 협력하는 역량이 필요하다. 또한 운영 관리자가 맡을 수 있는 업무는 예산 및 예측 관리, 신제품·서비스 설계 지원, 품질 향상, 추가 용량(capacity) 확보 계획, 낭비 제거를 위한 프로세스 분석, 적정 재고 수준 결정, 데이터 분석을 통한 수익성 개선, 정부 규정·국제 품질 표준 준수, 공급사슬 파트너와의 관계 관리 등 매우 폭넓다.

결국 운영 관리자에게 부여되는 책임은 광범위하고, 그만큼 영향력도 크다. 이 책의 목적은 이러한 책임을 효과적으로 수행하고 운영 및 공급사슬 분야에서 경력을 쌓아 탁월한 역량을 발휘할 수 있도록 필요한 개념적 뼈대와 도구·기법을 제시하는 데 있다.

프로세스 관점

1.2 운영의 프로세스 관점을 투입, 프로세스, 산출, 정보 흐름, 공급업체, 고객 측면에서 설명한다.

왜 부서나 회사 단위가 아닌, 프로세스라는 활동부터 살펴봐야 할까? 그 이유는 프로세스 관점이 기업의 실제 업무방식을 더 생생하고 적절하게 보여주기 때문이다. 부서는 보통 고유한 목표와 이를 달성할 역량, 그리고 성과를 책임지는 관리자 및 직원으로 구성된다. 예를 들어 청구(billing) 같은 프로세스는 너무나 특정 업무라 단일 부서(회계 등) 내부에서만 처리할 수 있다.

그러나 프로세스라는 개념은 그 범위가 훨씬 광범위할 수 있다. 프로세스 하나에 고유한 목표가 있을 뿐 아니라, 여러 부서의 경계를 넘나드는 작업 흐름(workflow)을 포함하거나, 여러 부서의 자원이 필요하기도 하다. 이 책에서는 경쟁우위를 확보하기 위해 프로세스를 어떻게 활용했는지 보여주는 다양한 기업 사례를 곳곳에서 다룬다. 많은 조직은 '프로세스가 작동하는 만큼만' 효과적이므로, 프로세스가 어떻게 돌아가는지를 깊이 이해하는 것이 성공의 핵심이다. 그래서 모든 부서는 경쟁우위를 위해 스스로 프로세스를 관리·개선해야 하고, 이는 운영 관리 원칙이 전공을 불문하고 모든 학생에게 중요한 이유이다.

프로세스의 작동 원리

그림 1.2는 조직에서 프로세스가 어떻게 작동하는지 보여준다. 모든 프로세스에는 투입과 산출이 있다. 투입에는 인적자원(근로자와 관리자), 자본(장비와 설비), 구매 자재와 서비스, 토지, 에너지 등이 있다. 그림의 가운데 부분에 번호가 붙은 원은 서비스나 제품 또는 고객을 거치며 프로세스가 수행되는 운영단위를 나타낸다. 화살표는 흐름을 뜻하는데, 특정 작업이나 고객마다 요구사항이 달라 흐름 경로가 서로 교차하기도 한다.

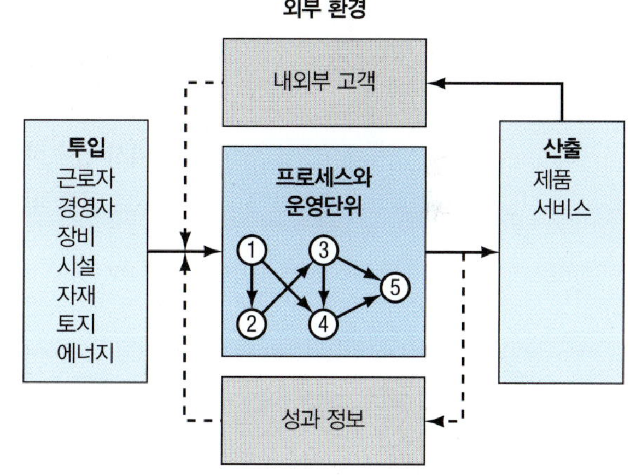

그림 1.2 프로세스와 운영단위

프로세스는 고객에게 산출물을 제공한다. 이 산출물은 정보 형태의 서비스일 수도 있고, 물리적 제품일 수도 있다. 조직 내의 모든 프로세스와 사람에게는 고객이 있다. 이 중 일부는 기업의 완제품이나 서비스를 구매하는 **외부 고객**(external customer)으로, 최종 소비자일 수도 있고 제조업체, 금융기관, 소매업자 등 중간 소비자일 수도 있다. 나머지는 **내부 고객**(internal customer)으로, 기업 내부에서 이전 프로세스의 산출을 자기 프로세스의 투입으로 가져다 사용하는 내부 직원일 수 있다. 대상 고객이 외부 고객이든 내부 고객이든 프로세스는 고객을 염두에 두고 관리해야 한다.

외부 고객
기업의 완제품이나 서비스를 구매하는 고객(최종 소비자 또는 제조업체, 금융기관, 소매업자 등 중간 소비자)

내부 고객
기업 내부에서 이전 프로세스의 산출을 자기 프로세스의 투입으로 가져다 사용하는 내부 직원

외부 공급자
기업에 장·단기적으로 필요한 자원, 인력, 제품, 자재를 공급하는 조직 외부의 개인이나 사업자

내부 공급자
각 프로세스에 중요한 정보나 자재를 제공하는 내부 직원이나 프로세스

이와 마찬가지로 조직 내 모든 구성원과 프로세스는 공급자에게 의존한다. **외부 공급자**(external supplier)는 기업에 장·단기적으로 필요한 자원, 인력, 제품, 자재를 공급하는 조직 외부의 개인이나 사업자를 말한다. 반면 각 프로세스에 중요한 정보나 자재를 제공하는 내부 직원이나 프로세스를 **내부 공급자**(internal supplier)라고 한다.

프로세스의 투입과 산출은 그것이 제공하는 서비스나 제품에 따라 다르다. 예를 들어 보석 가게의 투입에는 상품과 점포, 금전출납기, 보석 세공인, 고객 등이 있으며 외부 고객에게 제공되는 산출은 서비스와 판매되는 제품이다. 청바지를 생산하는 공장의 투입에는 원단, 기계, 공장, 근로자, 관리자, 외부 컨설팅 서비스 등이 있으며 산출은 의류와 지원 서비스이다. 투입과 프로세스 그리고 고객에게 제공되는 산출의 근본적인 역할은 모든 조직의 프로세스에서 마찬가지다.

그림 1.2는 전체 기업, 한 부서, 소규모 집단, 심지어는 한 개인을 나타낼 수도 있다. 이들 각각에는 모두 투입이 있으며 여러 가지 운영단위에서 프로세스를 사용해 산출을 제공한다. 점선은 두 가지 특별한 유형의 투입을 나타낸다. 하나는 고객 참여이고, 다른 하나는 성과에 대한 조직 내외부의 정보이다. 고객 참여는 산출을 받을 때뿐만 아니라 학생이 수업 시간에 토론에 참여하는 것처럼 프로세스에 참여할 때도 일어난다. 성과 정보는 고객 서비스나 재고 관리에 관한 내부 보고서와 시장조사, 정부 보고서, 공급자와의 전화 통화 등 다양한 외부 정보를 포함한다.

관리자는 프로세스를 효과적으로 관리하기 위해 이러한 모든 정보를 필요로 한다.

중첩 프로세스

중첩 프로세스
프로세스 내부에 포함된 프로세스를 가리키는 개념

하나의 프로세스는 더 작은 하위 프로세스로 나뉠 수 있으며, 이 하위 프로세스도 다시 세분화할 수 있다. 이를 **중첩 프로세스**(nested process)라고 한다. 한 프로세스의 일부를 다른 부분과 분리하면 다양한 장점이 있을 수 있다. 예를 들어 한 사람이 프로세스 전부를 처리하기 어려운 경우가 있고, 활동별로 필요한 기술이나 장비가 달라지는 경우도 있다. 또 일부 활동은 반복적이고 표준화된 작업을 맡고, 다른 부분은 맞춤형으로 대응하는 식으로 구분이 가능하다. 중첩 프로세스에 대한 자세한 설명은 3장 '프로세스 전략 및 분석'에서 다루는데, 기업 내 활동과 각 프로세스의 투입·산출 구조를 체계적으로 파악하고 개선할 필요성을 강조하고 있다.

서비스 프로세스와 제조 프로세스

프로세스는 크게 서비스(service) 프로세스와 제조(manufacturing) 프로세스로 나눌 수 있다. 서비스 프로세스는 비즈니스 곳곳에 널리 퍼져 운영 관리 논의에서 매우 중요하다. 제조 프로세스 역시 필수적인데, 그 이유는 만약 제조 공정이 없었다면 우리가 일상에서 누리는 많은 물리적 제품도 없을 것이기 때문이다. 게다가 제조 프로세스는 새로운 서비스 기회를 창출하기도 한다.

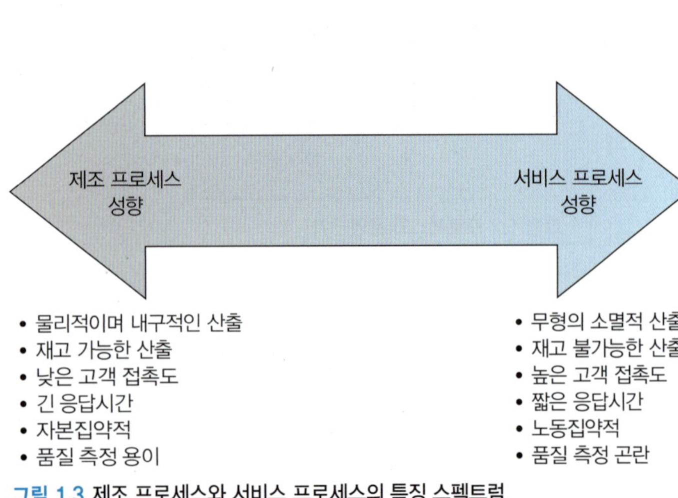

그림 1.3 제조 프로세스와 서비스 프로세스의 특징 스펙트럼

차이점

서비스와 제조를 구분하는 이유는 경쟁력 있는 프로세스 설계 측면에서 두 영역이 서로 다른 요구사항을 갖기 때문이다. 그림 1.3은 서비스·제조 프로세스의 차이점을 스펙트럼으로 보여주는데, 여기서 주목해야 할 핵심은 (1) 산출물의 특성, (2) 고객 접촉 정도이다. 일반적으로 제조 프로세스가 서비스 프로세스보다 응답시간이 길고(제품 생산 시간이 필요), 자본집약적이며, 품질 측정이 쉽다.

제조 프로세스는 재료(물리적 성질을 지닌 것)를 제품으로 변환한다. 스포츠카를 생산하는 조립라인이나 고급 의류점 진열장에 전시할 정장의류 생산 공정을 예로 들 수 있다. 제조 과정의 변환 프로세스는 자재를 다음과 같은 차원 중 하나 이상 측면에서 변화시킨다.

1. 물리적 성질(예: 구부림, 절단, 분쇄 등)
2. 모양
3. 크기(예: 육면체 나무토막의 길이, 폭, 높이)
4. 표면 마감
5. 부품·재료의 결합

제조 프로세스의 산출물은 수요 예측에 따라 미리 만들어 저장하거나 운송할 수도 있다.

재료를 이와 같은 다섯 가지 차원 가운데 단 한 가지 측면에서도 변화시키지 않는 프로세스는 서비스 프로세스 또는 비제조 프로세스로 간주한다. 서비스 프로세스는 흔히 무형의 산출물을 만들어내며, 미리 완성품 재고를 쌓아둘 수 없는 경우가 많다. 예를 들어 은행의 자동차 구매 자금 대출부서의 산출은 차량담보대출이고, 우체국의 주문 충족 프로세스의 산출은 편지 배달이다. 서비스 프로세스의 산출은 일반적으로 불규칙한 고객 수요에 대비하기 위해 완제품 재고로 쌓아 둘 수 없다.

서비스 프로세스와 제조 프로세스를 구분하는 두 번째 요인은 고객 접촉의 정도다. 서비스 프로세스는 고객 접촉이 더 많은 편이다. 고객이 마트에서 직접 쇼핑하거나 병원에서 의사에게 요구사항을 전달하는 식으로 참여가 이루어진다. 제조 프로세스는 고객 참여가 상대적으로 적다. 예를 들어 세탁기는 최종소비자 한 명 한 명의 직접적 참여 없이 시장 수요 예측에 맞추어 생산된다. 물론 이 구분이 완벽하지는 않지만, 프로세스를 설계할 때 고객 접촉 수준을 염두에 두어야 한다는 점이 핵심이다.

출처: Monty Rakusen/Image Source/Alamy Stock Photo

(A) 공장 생산 라인에서 작업 중인 작업자들의 모습

출처: Hispanolistic//E+/Getty Images

(B) 레스토랑에서 친절한 직원이 메뉴를 안내하고 주문을 받는 모습

유사점

기업 전체 차원에서 살펴보면, 서비스업체가 서비스만 하는 것도 아니고 제조업체가 제품만 만드는 것도 아니다. 예를 들어 식당을 찾는 고객은 맛있는 음식(제품)과 동시에 친절한 접객(서비스)을 기대한다. 컴퓨터를 사는 고객은 제품 자체는 물론, 보증·유지보수·금융 옵션 등 부가서비스도 함께 요구한다.

또한 서비스 프로세스 중 투입물 재고를 두는 경우도 있으며, 제조 프로세스 중에는 완제품 재고를 두지 않는 경우도 있다. 예컨대 병원은 의료용품 재고를 충분히 쌓아두고 환자를 맞이하며, 맞춤 정장처럼 제조 프로세스에서 완제품을 미리 만들어 두지 않는 예도 있다(비용 부담이나 제품 특성 때문).

프로세스 수준에서 보면 어떤 공정이 서비스인지 제조인지 비교적 분명하다. 하지만 기업 전체를 '서비스업체' 혹은 '제조업체'로 단순하게 부르려고 하면, 둘 다 섞여 있는 경우가 많아 구분이 어려울 수 있다. 예를 들어 맥도날드의 햄버거 조리는 재료 물성을 변화시키는 제조 공정이지만(고기 굽기, 빵과 패티 조립), 매장 고객 응대나 주문 처리는 분명한 서비스 공정이다. 조직 전체로는 서비스와 제조가 복합적으로 섞여 있어서 단순 분류가 어려울 수 있지만, 프로세스 수준에서 보면 구분이 훨씬 명확해진다.

공급사슬 관점

1.3 운영의 공급사슬 관점을 핵심 활동과 지원 활동 간 연계 측면에서 설명한다.

대부분의 서비스나 제품은 일련의 상호 연결된 비즈니스 활동을 통해 생산된다. 프로세스별로 각 활동은 앞선 활동에 가치를 더해야 하고, 동시에 낭비나 불필요한 비용은 제거해야 한다. 기업 차원에서 프로세스 관점을 취하면 '서비스나 제품이 어떻게 만들어지고, 부서 간 조율이 왜 중요한가'는 이해할 수 있지만, '프로세스가 전체 공급사슬 전반에서 고객에게 어떻게 가치를 부가하는가'라는 측면에서의 전략적 시각은 부족할 수 있다. 그래서 공급사슬 개념은 기업 내부 프로세스뿐 아니라 외부 고객과 외부 공급업체가 참여하는 프로세스를 포함해 프로세스와 성과의 상호 연관성을 한층 강화한다. 또한 공급사슬에 존재하는 두 유형의 프로세스인 핵심 프로세스와 지원 프로세스를 유기적으로 봐야 한다. 그림 1.4는 기업의 핵심 프로세스와 지원 프로세스, 그리고 외부 고객·공급업체 간 연결고리를 시각적으로 보여준다.

그림 1.4 업무 및 정보 흐름을 보여주는 공급사슬 연계성

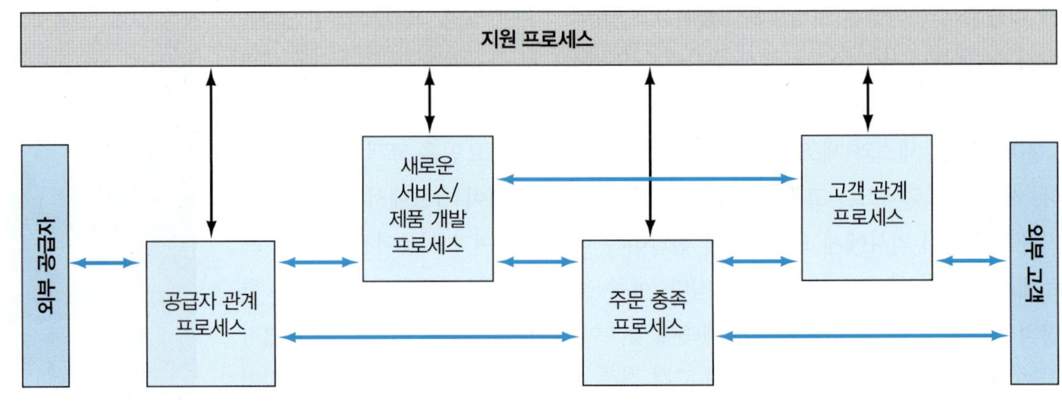

핵심 프로세스

핵심 프로세스
외부 고객에게 가치를 전달하는 일련의 활동

핵심 프로세스(core process)는 외부 고객에게 가치를 전달하는 일련의 활동이다. 이를 수행하는 관리자와 직원은 외부 고객과 직접 교류하고 관계를 형성하며, 새로운 서비스 및 제품을 개발하고, 외부 공급업체와의 소통과 협업을 통해 외부 고객을 위한 가치를 만든다. 호텔의 예약 업무나 자동차 제조사의 신차 디자인, 아마존닷컴(Amazon.com) 같은 온라인 소매업체의 웹 구매 프로세스가 대표적 사례다. 물론 각 핵심 프로세스 내부에도 여러 중첩된 활동(subprocess)이 있다.

이 책에서는 네 가지 핵심 프로세스에 주목한다.

공급자 관계 프로세스
서비스·자재·정보를 공급하는 업체를 선정하고, 이 자원들이 제때 효율적으로 회사로 유입되도록 관리하는 프로세스

새로운 서비스·제품 개발 프로세스
새로운 서비스·제품을 설계하고 개발하는 프로세스

주문 충족 프로세스
제품 또는 서비스를 생산해 외부 고객에게 전달하기 위한 모든 활동을 포함하는 프로세스

고객 관계 프로세스
외부 고객을 식별·유치하고, 관계를 구축·유지하며, 고객 주문을 돕는 프로세스

1. **공급자 관계 프로세스**(supplier relationship process): 서비스·자재·정보를 공급하는 업체를 선정하고, 이 자원들이 제때 효율적으로 회사로 유입되도록 관리한다. 예를 들어 공정한 가격 협상, 정시 납품 일정 설정, 주요 공급업체와 아이디어 교환 등의 활동을 통해 기업의 서비스·제품에 가치를 더할 수 있다.
2. **새로운 서비스·제품 개발 프로세스**(new product development process): 새로운 서비스·제품을 설계하고 개발한다. 외부 고객의 구체적인 사양에 맞춰 진행할 수도 있고, 시장에서 얻은 통찰을 바탕으로 구상하거나 개발할 수도 있다.
3. **주문 충족 프로세스**(order fulfillment process): 제품 또는 서비스를 생산해 외부 고객에게 전달하기 위한 모든 활동이 포함된다.
4. **고객 관계 프로세스**(customer relationship process): 외부 고객을 식별·유치하고, 관계를 구축·유지하며, 고객 주문을 돕는다. 전통적인 마케팅·영업 부서가 주로 이 업무를 담당한다.

예시: 한나가 인스타그램으로 맞춤형 티셔츠를 파는 의류회사에서 근무하며, 새 주문을 접수하면 사내 커스터마이징팀과 협력해 일주일 내에 셔츠를 제작·배송한다고 하자. 여기서 한나가 기여하는 핵심 프로세스는 주문 충족 프로세스다.

지원 프로세스

지원 프로세스
핵심 프로세스에 필요한 중요한 자원과 투입을 제공하고, 비즈니스 운영 전반을 관리하는 데 필수적인 프로세스

지원 프로세스(support process)는 핵심 프로세스에 필요한 중요한 자원과 투입을 제공하고, 비즈니스 운영 전반을 관리하는 데 필수적이다. 이러한 프로세스는 운영 외에도 회계, 재무, 인사, 경영정보시스템, 마케팅 등 다양한 기능에 존재할 수 있다. 예컨대 법무 부서는 비즈니스 운영 관련 법과 규정 준수 절차를 마련하고, 회계 부서는 재무자원 흐름을 추적·관리하며, 정보시스

표 1.1 운영 영역 이외 비즈니스 프로세스의 예시

회계	재무	정보·데이터 시스템	인사(HR)	엔지니어링	마케팅·커뮤니케이션
활동기반 원가계산	자산·신용관리	IT 네트워크	복리후생·보상	제품(서비스) 설계	판매
청구	예산 책정	데이터 웨어하우징	직원 채용	연구·개발(R&D)	불만 처리
급여	재무제표	데이터 마이닝	직원 교육·개발	재해 복구	보증
기록 관리	규정 준수	헬프 데스크	보안 관리	환경·폐기물 관리	대외 커뮤니케이션

템 부서는 업무에 필요한 데이터 이동과 처리를 책임진다. 다양한 산업 분야의 조직 구조는 각기 다르지만 대부분의 조직은 유사한 비즈니스 프로세스를 수행한다.

인사(HR) 기능도 중요한 지원 프로세스를 수행한다. 인력을 모집하고, 직무 수행에 필요한 기술·지식을 교육하며, 직원 성과를 평가해 적절한 보상제도를 마련하는 등의 역할을 한다.

표 1.1은 운영 영역 이외의 대표적 비즈니스 프로세스를 예시로 정리한 것이다(전체 목록은 아님). 실제로 각 조직의 고유 역사 및 구조에 따라 이러한 프로세스는 다양한 기능 영역에 속할 수 있다.

이러한 지원 프로세스 모두 기업과 고객을 위해 가능한 한 많은 가치를 만들어내도록 관리·운영되어야 하며, 그림 1.4에서 강조한 핵심 프로세스 실행을 튼튼히 뒷받침한다. 관리자는 회사가 기능, 제품, 지역, 프로세스 라인 중 어떤 방식으로 조직되더라도 이러한 지원 프로세스가 조직 전반에 펼쳐져 있음을 인식해야 한다.

표 1.2 공급사슬 프로세스의 예

프로세스	예	설명
아웃소싱		가용한 공급자를 탐색해 가격, 품질, 납기, 환경 이슈 등의 측면에서 프로세스를 수행하기 위한 최적 방안을 모색
웨어하우징		공급자로부터 납품을 받아서 품질을 확인하고 재고로 보관하며 수령 내역을 재고 기록에 반영
조달		공급자의 선정, 인증, 평가 및 공급자와의 계약 관리
고객 서비스		고객과의 직접 접촉 및 자동화된 정보 서비스를 통해 정보를 제공해 질문에 답하거나 문제를 해결함
물류		운송 수단(철도, 선박, 트럭, 항공, 파이프라인 등)을 선정하고 입출고 일정을 관리하며 중간 재고 보유 방안을 제공함
크로스도킹		중간 창고에서 최종 목적지로의 배송 선적이 쉽고 경제적으로 이루어질 수 있도록 입고되는 제품을 분류 포장함

출처: (위에서부터 아래로) Verin/Shutterstock, Suwin/Shutterstock, Haak78/Shutterstock, Andriy Popov/123RF, S_oleg/Shutterstock, Albertus Engbers/123RF

공급사슬 프로세스

공급사슬 프로세스(supply chain processes)는 외부 고객 혹은 외부 공급업체가 개입되는 비즈니스 프로세스를 말한다. 표 1.2는 공급사슬 프로세스의 몇 가지 예시를 보여준다. 이러한 공급사슬 프로세스는 문서화·분석을 거쳐 개선하고, 품질, 용량, 병목(bottleneck) 관리 관점에서 꾸준히 평가해야 한다. 공급사슬 프로세스는 내부 프로세스와 마찬가지로 각 단계에서 가치를 더하도록 설계·운영되어야 한다. 결국 공급업체부터 최종 고객에 이르는 모든 프로세스가 가치 창출에 기여할 수 있도록 신중히 관리해야 한다.

운영 관리의 동향과 과제

1.4 운영 관리의 최신 동향을 파악하고, 기업의 운영 및 공급사슬 관리자가 직면하는 과제를 해결할 방법을 이해한다.

최근 운영 관리 분야에는 생산성 향상, 코로나19 팬데믹 이후의 파장, 지속가능성·기후 변화에

대한 관심, 인력 다양성(diversity)·형평성(equity)·포용성(inclusion), 윤리적 문제 등이 큰 영향을 미치고 있다. 이 절에서는 그러한 운영 관리 분야 동향들과 그에 따라 운영·공급사슬 관리자들이 어떻게 대응해야 하는지 살펴본다.

생산성 향상

생산성은 경제, 산업, 기업, 프로세스 수준의 기본 성과지표이다. 모든 기업이 치열한 글로벌 경쟁에 직면하면서, 프로세스와 공급사슬 효율을 높여야 한다는 압박은 점점 더 거세지고 있다. **생산성**(productivity)은 '생산된 산출물(output)의 가치'를 '사용된 투입(input) 자원의 가치'로 나눈 값이다.

생산성
생산된 산출물 가치를 사용된 투입물 가치로 나눈 값

$$\text{생산성} = \frac{\text{산출}}{\text{투입}}$$

미국 내 제조업 고용은 1979년 중반 2,000만 명 수준으로 정점을 찍은 뒤 꾸준히 감소했지만, 오히려 제조업 생산성은 꾸준히 올랐다. 이는 더 적은 인력으로 더 많은 생산량을 효율적으로 달성했음을 의미한다. 서비스업은 고용이 급증해 전체 노동력의 90% 이상을 차지하게 되었으나, 생산성 향상률은 상대적으로 저조하다. 서비스 부문의 생산성이 정체되면 해당 국가의 전반적인 생활 수준도 침체할 수 있다. 일본과 독일 등 다른 선진국도 이와 비슷한 문제를 안고 있지만, 국경을 초월한 투자 증가나 정보 기술 투자 확대 등이 생산성 개선에 기여할 수 있다는 신호도 나타난다. 결국 제조업, 서비스업을 불문하고, 같은 자원으로 더 많은 성과를 내거나, 더 적은 자원으로 동일한 성과를 내는 것이 생산성 향상의 핵심이다. 베인앤드컴퍼니(Bain & Company)가 전 세계 주요 기업 임원 300여 명을 대상으로 한 설문조사 및 조직 감사에 따르면, 가장 생산성이 높은 기업들은 평균보다 40% 더 높은 생산성을 보여준다고 한다.[3] 이는 동종 업계 평균 대비 30~50% 높은 영업이익률, 그리고 더 빠른 성장 속도를 낳는다. '경영 사례 1.1'에 나오는 닷 푸드(Dot Foods)가 좋은 예다.

생산성 측정

운영 관리자는 프로세스 생산성을 어떻게 측정할까? 방법은 여러 가지다. 산출물(value)을 '고객이 실제로 지불한 금액' 혹은 '생산된 유닛 수', '서비스받은 고객 수' 등으로 나타낼 수 있다. 투입물(cost)은 해당 작업에 든 임금, 재료비, 장비 비용, 또는 단순히 근무 시간 등으로 표현 가능하다.

관리자는 합리적인 기준을 골라 추세를 모니터링하고 개선해야 할 영역을 찾는다. 예컨대 보험사 관리자는 주당 '직원 1인이 처리하는 보험 청구 건수'로 사무실 생산성을 볼 수 있고, 카펫 회사 관리자는 '시공자가 시간당 깔아 놓은 카펫 면적(제곱미터 수)'으로 생산성을 확인할 수 있다. 이는 노동 생산성(labor productivity)의 한 예로, 1인당 혹은 근무 시간당 산출물을 측정한다. 기계 생산성(machine productivity, 분모에 기계 대수 사용)도 유사한 방법으로 측정할 수 있다. 또한 노동, 재료, 간접비 등 여러 투입 요소를 동시 고려할 수도 있는데, 이를 다요소 생산성(multifactor productivity)이라 한다.

3 Michael Mankins, "Great Companies Obsess over Productivity, Not Efficiency," *Harvard Business Review* (March 1, 2017), https://hbr.org/2017/03/great-companies-obsess-over-productivity-not-efficiency.

경영 사례 1.1 닷 푸드

닷 푸드(Dot Foods)는 1960년 일리노이주에서 로버트 트레이시(Robert Tracy)가 세운 가족 경영기업이다. 초기 사명은 어소시에이티드 데어리 프로덕트(Associated Dairy Products)였으나, 이후 어머니인 도로시를 기리며 지금의 이름으로 바뀌었다. 닷 푸드는 식품 산업 제조사들의 제품을 모아 LTL(less-than-truckload, 트럭 적재량 이하) 단위로 전국 유통업체에 재배송(재유통)한다. 닷 푸드는 미국과 캐나다 전역에 걸쳐 14개 유통센터와 470만 제곱피트 규모의 상온·냉장·냉동 창고를 운영하며, 6,300명의 직원이 1,000여 개 공급업체의 12만 5,000개 품목을 약 5,200곳의 고객에게 2~4일 이내에 배송한다. 2016년에는 포브스 선정 미국 65대 민간기업으로 성장했다.

닷 푸드는 어떻게 빠른 성장과 변혁(transformation)을 이뤄냈을까? 핵심은 직원 중심 경영과 매년 꾸준한 생산성 향상, 그리고 새로운 기술에 투자해온 것이다. 닷 푸드는 유연근무제를 도입해 직원들이 필요할 때 휴가를 쉽게 쓸 수 있게 하고, 직원들이 물류·유통 전 과정을 더 효율적으로 다룰 수 있도록 업무 설계에 교육 및 훈련을 포함했다. 또 야간 냉동창고 작업처럼 직원이 피하는 업무는 자동화했다. 물류 측면에서는 맞춤형 이커머스 플랫폼(ShopHero)을 제공해, 고객들이 필요한 제품을 신속하고 정확하게 받을 수 있게 영상, 사진, 고급 분석 기능 등을 결합했다. 결과적으로 회사, 직원, 고객 모두에게 성과 향상이 돌아왔다.

공급업체와 창고, 고객 사이를 오가며 제품 운송 중인 닷 푸드 트럭
출처: Pixel Power/Alamy Stock Photo

이렇듯 닷 푸드는 시스템적 접근을 도입하고, 상황에 맞춰 디지털 및 기술 투자에 나서며, 직원 역량을 키우는 방식으로 생산성을 끌어올렸다. 닷 패밀리 홀딩스의 CEO 조 트레이시(Joe Tracy)는 "너무 빨리 성장한 탓에 정작 현 사업을 모두 처리할 만큼의 인력이 500명이나 부족하다"고 말할 정도다. 가족이 운영하던 작은 기업이 미국 최대 식품 서비스 재유통 기업으로 발돋움한 성장곡선은 분명 인상적이다.[4]

생산성 계산

예제 1.1

온라인 자료

OM Explorer의 Tutor 1.1은 생산성 계산을 위한 새로운 예제를 제공한다.

다음 작업의 생산성을 계산하라.

a. 직원 3명이 주당 600건의 보험 계약을 처리함(주 5일, 하루 8시간).

b. 한 작업팀이 400개 제품을 만들어 개당 10달러에 판매함. 실제 비용은 노무비 400달러, 재료비 1,000달러, 간접비 300달러로 보고됨.

풀이

a. $\text{노동 생산성} = \dfrac{\text{보험 처리 건수}}{\text{직원 근무시간}} = \dfrac{600\text{건}}{(3\text{명}) \times (40\text{시간/명})} = 5\text{건/시간}$

b. $\text{다요소 생산성} = \dfrac{\text{산출 가치}}{\text{노무비} + \text{재료비} + \text{간접비}}$

$$= \frac{(400\text{개}) \times (10\text{달러/개})}{400\text{달러} + 1{,}000\text{달러} + 300\text{달러}} = \frac{4{,}000\text{달러}}{1{,}700\text{달러}} = 2.35$$

의사결정 포인트

다요소 생산성은 높을수록 좋다. 보통 이전 기간의 수준이나 목표치와 비교해 판단하는데, 기대에 못 미치면 해당 프로세스를 면밀하게 분석해 개선 기회를 찾는다.

---

4 Charles Atkins, Asutosh Padhi, and Olivia White, "What the Most Productive Companies Do Differently," *Harvard Business Review* (February 16, 2023), https://hbr.org/2023/02/what-the-most-productive-companies-do-differently; https://www.dotfoods.com/about/ (March 12, 2023); https://careers.dotfoods.com (July 6, 2023).

관리자의 역할

프로세스를 어떻게 관리하느냐는 생산성 향상에 직접적인 영향을 준다. 각각의 프로세스 성과가 쌓여 최종 결과가 나오므로, 관리자는 반드시 공급사슬 차원에서 생산성을 검토해야 한다. 핵심은 투입 비용 대비 산출물의 가치를 높이는 것으로, 같은 양의 투입으로 더 많은 산출물(혹은 더 고품질 산출물)을 만들거나 자원 사용을 줄이면서도 동일 성과를 내면 생산성은 증가한다.

코로나19 팬데믹의 여파

2020년 봄에 시작된 코로나19 팬데믹은 전 세계 상거래는 물론 운영·공급사슬 프로세스 전반에 막대한 타격을 주었다. 사실상 전 지구적 이동이 멈춰버리면서, 팬데믹 이전처럼 제품·서비스를 공급사슬을 통해 원활히 유통하는 것이 어려워졌다. 이 책 뒷부분 여러 장에서 팬데믹으로 야기된 과제와 해결책을 더 자세히 다루겠지만, 지금까지 재택근무 확대, 공급 부족, 인플레이션이라는 장기 여파가 나타나고 있다. 앞으로도 이러한 요인들은 운영 및 공급사슬 관리에 근본적인 변화를 계속 일으킬 것으로 보인다.

재택근무

팬데믹 초기, 백신이 등장하기 전에는 감염 위험 없이 현장 출근하는 것이 사실상 불가능했다. 그 결과 필수 인력이 아닌 모든 직원이 재택근무를 시작했으며, 제조·서비스·정부·교육기관 등 다양한 조직이 줌(Zoom) 같은 화상회의 기술을 활용해 '새로운 현실'에 적응해야 했다. 그러다 2021년 초 존슨앤드존슨, 모더나, 화이자가 백신을 내놓으면서 여러 조직이 업무방식을 전면 재고하게 됐다. 이튼 코퍼레이션(Eaton Corp.)은 직원들이 선택할 수 있는 다섯 가지 '혼합형' 근무 스케줄을 도입하기도 했고, 많은 기업이 팬데믹 이전엔 상상하기 어려웠던 원격 근무 옵션을 적극적으로 수용했다. 이 변화는 값비싼 사무용 부동산 수요를 줄이는 등 긍정적 효과도 가져왔다. 다만 고객과 직접 대면해야 하는 서비스나, 공장 현장에서 작업자가 조립 및 생산을 해야 하는 제조업 등은 재택근무로 대체하기 어려웠다.

이러한 재택근무 현상은 팬데믹 이후 많은 직원이 직장을 완전히 그만두는 현상과 동시에 나타나고 있다. 사회과학, 정치, 경제 각 분야에서 이에 대한 다양한 분석이 있지만, 어느 쪽이든 운영·공급사슬 측면에서 파급은 컸다. 예를 들면 부두 노동자 노조와 항만 고용주 간 분쟁, 운전기사 부족으로 로스앤젤레스와 롱비치항에 컨테이너 선박이 적체됐고, 많은 식당 및 서비스 업소가 인력 부족 탓에 폐업 또는 영업 단축을 겪었다. 결론적으로 작업자 부족은 배송 지연과 필수 품목 부족 사태를 가중했다. 기업들은 이를 완화하기 위해 고용 유지 정책을 강화하거나, 상황에 따라 업무 자동화를 확대하는 방법을 모색 중이다.

출처: Underawesternsky/Shutterstock

2020년 4월 19일, 미국 캘리포니아주 로스앤젤레스항 동쪽 터미널에서 크레인으로 적하(loading)되고 있는 컨테이너선 NYK Virgo호

공급 부족

분유, 어린이용 의약품, 통조림, 애완동물 용품, 소독제, 화장지 등 필수 소비재가 한동안 부족했던 현상에 대해 들어본 적이 있을 것이다. 그러나 잘 알려지지 않은 것은 산업용 공급사슬에서도 다양한 품목 부족이 벌어졌다는 점이다. 예를 들면 일부 고급 주방 가전을 설치하지 못해 주택 건설이 지연되거나, 반도체 부족으로 많은 자동차 모델 생산에 차질이 생긴 사례가 대표적이다. 널리 사용되는 핵심 부품 몇 가지만 부족해도 글로벌 공급사슬 전체에 파급 효과가 일어날 수 있다. 이 책의 뒷부분에서 살펴보듯, 특정한 글로벌 이벤트가 이런 부족 사태를 더 악화시키기도 한다.

인플레이션

러시아-우크라이나 전쟁으로 글로벌 식량 공급이 차질을 빚고, 식량 가격이 크게 상승함에 따라 중동·북아프리카·서유럽·중앙아시아 지역의 식량 안보가 위협받고 있다. 러시아가 주요 석유·가스 수출국이므로 전쟁은 에너지 시장 전반에 심각한 불안을 초래했다. 에너지는 원자재 조달, 완제품 유통 등 거의 모든 물류 활동 비용에 큰 비중을 차지하므로, 에너지 가격이 뛰면 경제 전반의 물가 상승으로 이어진다. 이처럼 에너지 가격 급등과 변동성 증가는 선진국뿐 아니라 저개발국까지 인플레이션을 높이는 원인이 된다. 미국 연방준비제도(Fed)가 금리 인상으로 인플레이션 억제에 나섰지만, 지난 수십 년간 보았던 평균보다 더 높은 물가 수준이 지속될 수 있다는 전망이 나온다. 여기에 지정학적 리스크까지 상승하면서 공급사슬 관리가 직면하는 불확실성 역시 커지고 있다.

실제로 전쟁은 러시아와 우크라이나가 세계 무역의 약 48%를 차지하는 팔라듐(자동차 배기가스 저감장치 등에 활용) 같은 원자재 가격 및 가용성에도 직접 영향을 미쳤다.[5] 알루미늄, 구리, 철강 등 주요 소재 가격이 15~25% 오르면서 자동차 산업을 포함한 다양한 부문이 압박을 받고 있다. 이처럼 원자재 가격 인상과 공급 제한은 예측 및 관리의 어려움을 크게 높인다. 결과적으로 코로나19와 러시아-우크라이나 전쟁이 결합하면서 전 세계 경제 변동성이 급증했고, 기존의 운영 및 공급사슬 관리 관행이 크게 흔들렸다. 많은 기업은 핵심 재료 재고 수준을 상향 조정하고, 공급이 특정 소수 업체에 집중된 제품을 다변화하며, 기존 구매 계약을 재협상하고, 특히 첨단산업에서 생산 거점을 온쇼어링(onshoring)하는 방안을 택해 공급사슬 탄력성(resilience)을 높이려 하고 있다.

지속가능성

많은 기업이 자신과 공급업체가 서비스·제품 생산에 사용하는 자본, 생태, 인적자원에 대해 책임 있는 청지기 정신(stewardship)을 추구하고 있다. 이를 달성하려면, 즉 미래 세대에게 해를 끼치지 않으면서 현재 인류의 필요를 충족하려면 **지속가능성**(sustainability) 특성을 갖춘 서비스, 제품, 프로세스를 구축해야 한다.[6] 환경 리더십은 기업 수익성 제고와도 밀접한 상관관계가 있다는 연구 결과도 있다.[7] 인텔(Intel), IBM, 제너럴모터스(GM), UPS 등도 환경 발자국(environmental footprint)을 줄이는 프로그램을 시행하고 있다.

지속가능성
미래 세대에게 해를 끼치지 않으면서 현재 인류의 필요를 충족시키는 개념

팀버랜드(Timberland)는 귀중한 자원을 아끼면서도 업계 경쟁력을 높일 수 있음을 보여주는 또 다른 사례다. VF 코퍼레이션(VF Corporation) 산하에 있는 팀버랜드는 중국 시장에서 부츠, 신발, 의류, 아웃도어 장비에 대한 높은 수요 덕분에 현지에 110개 이상의 매장을 운영 중이며, 수년 내 매장 수를 2배로 늘릴 계획이다. 한때 초원이던 중국 북부 호르친 사막에 조림 사업을 벌이는 등 다양한 투자를 통해 환경적 가치를 강조하고, 2015년까지 1,700에이커가량의 나무를 심는 성과를 거뒀다. 2001~2010년 사이 이 지역 채소 생산량도 약 4% 늘리도록 지원했다.[8] 팀버랜드는 경쟁사와 차별화된 친환경 행보로 글로벌 입지를 확장하려 한다.

지속가능성 이슈는 기업 전반에 폭넓은 영향을 미치지만, 이 책에서는 공급사슬 관점에서 어

5 Olivia White et al., "War in Ukraine: Twelve Disruptions Changing the World" *McKinsey Quarterly* (May 2022).

6 지속가능성에 대한 보다 포괄적인 논의와 주요 기업들이 수행하고 있는 활동들에 대해서는 다음을 참조하라. Pete Engardio, "Beyond the Green Corporation," Business Week (January 29, 2007), 50-64.

7 Yusuf George, "The Top 33 Companies for the Environment by Industry," *Forbes* (April 22, 2003).

8 https://footwearnews.com/2015/focus/athletic-outdoor/timberland-tree-planting-china-horqin-desert-145781 (August 7, 2020).

떻게 지속가능성을 구현할 수 있는지에 초점을 맞춘다. 이미 잘 연결되고 통합된 공급사슬은 정보와 물적 흐름이 확립되어 있어 지속가능한 운영을 도입·확산하기가 상대적으로 쉽다. 그러나 공급사슬 전반에서 지속가능성을 달성하는 일은 결코 간단하지 않으며, 부서·기업 간 협력이 필수다. 예를 들면

11월 1일 캘리포니아주 로스앤젤레스: 2018년 11월 1일 캘리포니아주 로스앤젤레스에서 팀버랜드, 저니스, 학생보호협회 자원봉사자들이 리틀 그린 에이커스 공원의 공터를 지역 주민들이 즐길 수 있는 커뮤니티 정원으로 탈바꿈하기 위해 함께 작업하고 있다.

출처: Greg Doherty/Getty Images Entertainment/Getty Images

- **환경적 보호**: 기업은 자사와 공급업체의 프로세스를 모니터링해 폐기물 처리 방식을 개선하고, 대기·하천·해양 오염을 줄이며, 동식물 보호 노력을 강화해야 한다.
- **생산성 향상**: 공급사슬 상·하류 프로세스를 점검해 자재 보존, 에너지 효율(energy efficiency) 개선, 폐기물을 유용한 부산물로 전환하는 방식을 모색해야 한다.
- **위험 최소화**: 글로벌 공급사슬 확장 추세 속에서, 제품·서비스·프로세스에 들어가는 물질이 고객이나 직원에게 건강 또는 안전상 위해를 끼치지 않도록 주의해야 한다.
- **혁신**: 새로운 서비스·제품·기술을 설계하고 개발할 때 재무적·환경적·사회적 책임을 균형 있게 고려해야 한다.

유엔글로벌콤팩트-액센츄어 전략(UN Global Compact-Accenture Strategy 2019) CEO 연구에서, 21개 산업 내 99개국 기업 CEO 1,000명을 대상으로 한 조사 결과 99%의 CEO가 지속가능성 이슈를 기업의 미래 성공에 필수라고 인식했으며, 63%가 신기술을 기업의 사회경제적 영향력을 높이는 주요 동력으로 꼽았다.[9] 또한 81%의 기업이 글로벌 지속가능성 목표를 달성하기 위해 노력하고 있다. 그러나 연구에 참여한 CEO들은 사업 실행 수준이 과제와 기업의 이전 포부 수준에 미치지 못한다고 생각한다. 절반이 넘는 CEO가 장기 전략 목표에 투자하면서도 극단적 비용 절감을 병행해야 하는 압박감을 토로했다. 직관적으로 매력적일지라도 지속가능성 관련 전략을 이사회에서 쉽게 승인받는 것은 여전히 쉽지 않은데, 그 이유는 대체로 비용 대비 투자 수익(ROI)을 요구받기 때문이다. 그럼에도 불구하고 운영·공급사슬 관리자는 장기적 시각을 가지고 현재의 낮은 이익을 감수하더라도 생존 가능성을 높이고 미래 수익성을 개선할 수 있어야 한다.

재무적 책임
공급사슬 지속가능성을 구성하는 핵심 요소 중 주주·직원·고객·협력사·금융기관 등 기업 자본 제공자나 임금·보상에 의존하는 이들의 재무적 요구를 충족시키는 것을 의미함

환경적 책임
공급사슬 지속가능성을 구성하는 핵심 요소 중 지구의 생태학적 요구와 제품·서비스 생산에 사용되는 천연자원을 기업이 어떻게 보존하고 관리하는가를 의미함

공급사슬 지속가능성의 세 가지 요소

그림 1.5는 공급사슬 지속가능성을 구성하는 세 가지 핵심 요소를 보여준다.

사회적 책임
공급망과 지속가능성
재무적 책임
환경적 책임

그림 1.5 공급사슬과 지속가능성

- **재무적 책임**(financial responsibility): 주주·직원·고객·협력사·금융기관 등 기업 자본 제공자나 임금·보상에 의존하는 이들의 재무적 요구를 충족한다. 공급사슬은 14장 '공급사슬 설계'에서 설명하듯 자산수익률(ROA)에 기여하는 요소에 영향을 미쳐 기업의 재무적 건전성을 뒷받침한다. 또한 프로세스를 더 효율화하고 개선하면 기업의 생존 가능성이 높아진다.
- **환경적 책임**(environmental responsibility): 지구의 생태학적 요구와, 제품·서비스 생산에 사용되는 천연자원을 기업이 어떻게 보존하고 관리하는가를 의미한다.

9 Business Contribution to the 2030 Agenda for Sustainable Development Not On Track," United Nations Global Compact and Accenture Study Finds," https://www.unglobalcompact.org/news/4481-09-24-2019 (September 24, 2019).

표 1.3 공급사슬 지속가능성 노력 사례

재무적 책임	사례
	NCR: 국가 중심 제조 모델을 글로벌 저비용 제조 모델로 바꿀 때 수입관세·거리·연료·물류 인프라 부족 등을 모두 고려. 나이키: 유럽 공장에서 현지 소싱 시 추가비용 13%를 지불해도, 해외 생산과 '유사한' 경제성 유지가 가능하다고 분석.
환경적 책임	
역물류	캐터필라(Caterpillar): 연간 200만 개의 부품과 1억 4,000만 파운드의 자재를 재활용·재생산하는 글로벌 시설 보유. IBM: 1년 동안 중고 IT기기 100만 대를 수거해 중고 장비·부품·소재 시장에서 수십억 달러 매출 창출.
효율성	RR 도넬리(RR Donnelley): 공급업체와 협력해 포장재 사용을 줄이거나 재사용·재활용 방안 모색. UPS: LNG(액화천연가스) 트럭 48대 투입으로 디젤 사용 95% 절감, 온실가스 25% 감축.
사회적 책임	
재난 구호 공급사슬	인텔, 솔렉트론(Solectron): 국제구조위원회(IRC)와 협력해 구호물자 조달·배송 과정에 기업 전문성 투입, 대폭 간소화·신속화. DHL: 글로벌 물류 네트워크와 전 세계 지점을 활용해 대규모 자연재해 피해 지역 지원.
윤리	에어버스(Airbus): 환경 성과를 최우선시하고, 개발도상국 녹색 경제·기술 이전도 지원. 더바디샵(The Body Shop): 윤리·환경에 초점을 맞춘 화장품을 생산하며, 모든 공급업체가 기업 행동강령에 서명하도록 의무화.

가능한 작은 환경 발자국을 남김으로써 미래 세대도 풍부한 자원을 활용할 수 있게 해야 한다. 공급사슬 설계와 통합은 자원 절약에 중요하다. 예컨대 제품 수명 종료 후 재제조나 재활용 형태로 가치를 회수하도록 공급사슬을 설계할 수 있으며, 고객에게 배송할 때 소비되는 에너지와 탄소량을 줄이는 방법도 고민할 수 있다.

- **사회적 책임**(social responsibility): 조직에 대한 도덕적·윤리적·박애주의적 기대치를 충족하는 것이다. 공급사슬은 이를 실현하는 통로가 될 수 있다. 예를 들어 **인도주의적 물류**(humanitarian logistics)를 통해 재난 구호 물품이나 저개발 지역 의약품 및 식량 공급 등에 기여하거나, 공급업체를 선정할 때 노동·천연자원 사용 관행, 시설 위치, 재고 관리 등 윤리적 요소를 평가할 수 있다.

사회적 책임
공급사슬 지속가능성을 구성하는 핵심 요소 중 조직에 대한 도덕적·윤리적·박애주의적 기대치를 충족하는 것을 의미함

인도주의적 물류
취약계층의 고통을 덜어주기 위한 목적으로 원산지에서 소비지까지 물품과 자재, 그리고 관련 정보의 흐름과 보관을 효율적이고 비용 효과적으로 계획, 실행, 통제하는 과정

표 1.3은 지속가능성을 적극적으로 도입한 대표 기업들의 사례다.

이전에는 독성 폐기물, 오염된 식수, 나쁜 대기질, 기후 변화 등의 문제를 단지 '삶의 질' 차원으로 보는 경향이 있었지만, 이제 많은 기업과 사람들은 이를 생존의 문제로 인식하고 있다. 예컨대 자동차 산업은 환경 문제와 연료비 절감 효과를 모두 고려해 전기·하이브리드 자동차 혁신을 추진했다. 특히 선진국은 전 세계 인구 대비 자원 소비량이 훨씬 많아 더 큰 책임을 진다. 실제로 중국, 미국, 인도를 포함한 7개국이 전 세계 온실가스의 거의 절반을 배출하고 있다.

인력 다양성, 형평성, 포용성 및 윤리

오늘날 기업이 좋은 성과를 내기 위해 모든 직원이 심리적으로 안전하고 수용적인 환경에서 일할 수 있도록 다양성(diversity), 형평성(equity), 포용성(inclusion)을 증진하려는 노력이 중요해지고 있다. 직급이나 배경에 관계 없이 운영·공급사슬 프로세스의 설계와 실행에 관여하는 의사결정에 모두가 참여할 수 있어야 한다. 다양하고 포용적인 조직 문화를 구축하면 더 뛰어난 인재를 유치·유지하고 고객 서비스 품질도 향상될 수 있다.[10] 보스턴컨설팅그룹(BCG)이 8개국

10 Bernard Tynes, "The Importance of Diversity and Inclusion for Today's Companies," Forbes.com (March 3, 2022), https://www.forbes.com/sites/forbescommunicationscouncil/2022/03/03/the-importance-of-diversity-and-inclusion-for-todays-companies/?sh=379580fc49df.

1,700여 개 기업을 조사한 연구[11]에 따르면, 경영진의 다양성이 평균 이상인 기업은 혁신으로 인한 매출이 평균보다 19% 더 높고, 이자 및 세전 이익(EBIT) 마진도 9% 더 높은 것으로 나타났다. 실제로 애보트(Abbott), 딜로이트(Deloitte), 일라이 릴리(Eli Lilly), 존슨앤드존슨, 리바이스트라우스, 마스터카드, 프록터앤드갬블(P&G), 토요타 USA 등 많은 기업이 이 분야를 선도하고 있다. 최고경영진의 전폭적인 지지, 공정한 고용 관행, 원활한 커뮤니케이션, 참여적 리더십 등 다양성 확립을 위한 경로는 여러 가지다.

글로벌 진출과 급격한 기술 변화 속에서, 기업들은 그 어느 때보다 더 많은 윤리적 딜레마에 직면해 있다. 기업이 다른 국가에서 신규 사업장을 열고 더 많은 공급업체와 고객을 확보하면서, 나라마다 기후 변화, 이해충돌(conflict of interest), 뇌물, 최저임금, 차별, 작업장 안전 등에 대한 기준이 달라 잠재적 윤리 문제가 발생한다. 운영 관리자는 이런 차이를 감안해, 단순히 현지 규범만 맞추는 수준을 넘어서서 글로벌 윤리 기준을 어떻게 적용하고 운영할지 결정해야 한다. 기술 변화 역시 데이터 보호, 고객 프라이버시와 관련한 논쟁을 부추긴다. 디지털 시대에는 기업과 고객이 물리적으로 멀리 떨어져 있을 수 있으므로, 신뢰를 구축하고 유지하는 일이 더욱 필수적이다.

결국 관리자는 생산성, 품질, 비용, 이익, 고객 만족 등 전통적인 성과지표와 함께 무결성, 포용성, 형평성, 개인 존중 같은 요소들을 동시에 고려해야 한다. 더불어 정보 기술, 전자상거래, 로봇공학, 인터넷 등이 빠르게 발전하면서 기업 프로세스가 계속 달라지고 있다. 이는 다음에 살펴볼 4차 산업혁명(인더스트리 4.0)의 형태로 구체화되고 있다.

4차 산업혁명(인더스트리 4.0)

1.5 4차 산업혁명(인더스트리 4.0)을 정의하고, 그 속에 있는 기술 및 자동화가 운영 전략과 운영·공급사슬 관리 실무에 어떤 변화를 가져오는지 이해한다.

4차 산업혁명(인더스트리 4.0)
최신 스마트 기술을 활용해 기존 제조 및 산업 관행을 더욱 자동화하는 흐름을 의미함

최초의 산업혁명은 1760년에서 1840년 사이에 일어났다. 수력 대신 물과 증기를 동력으로 사용하는 기계와 공구의 사용이 도입되었다. 1870년부터 1914년 제1차 세계대전이 시작될 때까지 지속된 2차 산업혁명은 철도와 전기 구동 생산라인의 기술 발전에 힘입어 생산성이 크게 증가하면서 사람의 노동력을 대체했고, 그 여파로 실업 문제가 대두되었다. 이후 제2차 세계대전 직후에는 컴퓨터가 생산 공정 전반에 도입된 3차 산업혁명이 펼쳐졌으며, 이를 통해 우리 사회가 폭넓은 디지털 시대로 진입했다. **4차 산업혁명(인더스트리 4.0)**[fourth industrial revolution(Industry 4.0)]은 최신 스마트 기술을 활용해 기존 제조·산업 관행을 더욱 자동화하는 흐름을 의미한다. 가상으로 연결된 '스마트 기계'들이 사람 개입 없이 스스로 모니터링하고 진단하면서 문제 해결책을 찾는 대규모 정보 소통 체계를 구축함으로써 저비용 및 고생산성을 추구할 수 있다.[12] 또한 여러 출처에서 방대한 정보를 투명하게 통합해 인간의 의사결정과 문제 해결을 돕는 개념도 발전 중이다. 4차 산업혁명은 2000년경부터 본격화되었지만, 이 흐름을 넘어서 인더스트리 5.0 시대로 이동하는 조짐도 보인다. 핵심 기술은 유사하나, '사람과 기계의 협업'에 더욱 주안점을 두어 새로운 업무방식과 문화가 구축될 전망이다.

---

11 Rocio Lorenzo and Martin Reeves, "How and Where Diversity Drives Financial Performance," *Harvard Business Review* (January 30, 2018), https://hbr.org/2018/01/how-and-where-diversity-drives-financial-performance.

12 https://www.weforum.org/focus/fourth-industrial-revolution (July 6, 2023).

인더스트리 4.0이라는 용어는 2011년 독일 하노버 박람회에서 처음 사용되었으며 4차 산업혁명을 대표적으로 나타낸다. 과거에는 워낙 복잡해 통합·모니터링·제어가 어려웠던 대규모 시스템도 최근 개발된 첨단기술로 새로운 전산화 시대로 진입할 수 있다는 기대가 뒤따른다. 인더스트리 4.0과 연관된 기술들은 여러 각도로 분류할 수 있지만 여기서는 Frank 등(2019)[13]의 프레임워크에 따라 스마트 제조, 스마트 제품, 스마트 공급, 기반 기술 네 가지 범주로 나누어 설명한다.

1. 스마트 제조 기술: 기업 내부 운영 효율을 높이고, 가상 통합을 확대하며, 자동화를 강화하고, 제품 추적성 및 에너지 관리 등을 개선할 수 있는 기술이다.
   - **제조 실행 시스템**(manufacturing execution systems, MES): 원자재가 완제품이 되기까지의 전 과정을 추적하고 문서화해 생산량을 최적화하는 컴퓨터 시스템이다.[14] 센서와 PLC(programmable logic controller) 등을 통해 장비에 대한 실시간 데이터를 수집하고, MES가 생산이 계획대로 진행되는지 모니터링해 이른바 '준공(as-built)' 기록을 생성한다.
   - **인공지능**(artificial intelligence, AI)[15]: 인공지능은 머신러닝부터 자연어 처리까지 다양한 기술의 결합체로, 로봇이 반복적이고 힘든 작업을 대신하거나, 필요 시 빨리 학습해 새로운 제품 생산에도 적응한다. 협동 로봇을 작업자와 결합해 품질과 생산성을 올리고, 착용형 외골격 등으로 작업자의 신체 부담을 덜 수도 있다.
   - 적층 제조(3D 프린팅): 디지털 3D 모델을 활용해 플라스틱·금속·콘크리트 등을 한 층씩 쌓아 높은 수준의 맞춤화 제품을 만든다. 가상현실(VR), 증강현실(AR) 같은 기술로 물리 생산 이전에 제품을 시각화하거나 작업 상황을 시뮬레이션하는 등 활용 범위가 넓다.
2. 스마트 제품 기술: 제품 자체에 디지털 기능을 내장하는 프런트엔드(front-end) 기술이다. 예컨대 센서를 통해 현장에서 제품이 어떻게 작동하는지 모니터링하고, 디지털 원격 인터페이스로 제조사와 연결한다. AI 기반 예측 진단 알고리즘을 탑재하면 제품 성능을 더욱 최적화할 수 있다. 실제로 일부 자동차·전기장비·가전에는 이미 이런 기능이 탑재되어 사용자나 서비스 기술자가 실시간으로 성능을 확인한다.
3. 스마트 공급 기술: 공급업체·고객·내부 운영을 실시간으로 디지털 통합하는 기술을 말한다. 예컨대 공급업체와의 디지털 플랫폼으로 재고, 유통센터, 수요, 예정 배송에 대한 가시성을 높이고, 고객 시스템과 연계해 최소 재고로도 정시 배송을 실현한다. 블록체인도 14장에서 다룰 스마트 공급 기술의 한 예다.
4. 기반 기술: 다른 스마트 기술이 상호 연결돼 작동할 수 있도록 만들어주는 토대다. 예를 들어 사물인터넷(IoT)은 센서와 컴퓨터를 무선통신으로 연결하고, 클라우드 컴퓨팅은 공유 자원 풀의 주문형 네트워크를 가능케 한다. 또 빅데이터와 데이터 분석(머신러닝, 통계 기법)은 제품, 프로세스, 의사결정 등을 개선한다.

이처럼 광범위한 인더스트리 4.0 기술 중에서도 영향력이 크고 적용 범위가 넓

제조 실행 시스템(MES)
원자재가 완제품이 되기까지의 전 과정을 추적하고 문서화해 생산량을 최적화하는 컴퓨터 시스템

인공지능(AI)
머신러닝부터 자연어 처리까지 기계가 감지하고, 이해하고, 행동하고, 학습할 수 있게 해주는 기술의 집합체

출처: ANTON ZUBCHEVSKYI/Shutterstock

스마트 잠금장치, 터치스크린 키패드 및 지문인식, 키리스(keyless) 출입이 가능한 문

13 A. G. Frank, L. S. Dalenogare, and N. F. Ayala, "Industry 4.0 Technologies: Implementation Patterns in Manufacturing Companies," International Journal of Production Economics 210 (2019): 15-26.

14 http://mescenter.org/en/articles/108-mes-manufacturing-execution-system (March 1, 2023).

15 www.accenture.com/ai-insights (August 12, 2020).

은 두 가지, 즉 사물인터넷(IoT)과 적층 제조(3D 프린팅)를 더 깊이 살펴보자.

사물인터넷

사물인터넷(IoT)
사물에 소프트웨어, 센서, 액추에이터 등을 내장해 사람의 개입 없이도 네트워크에서 데이터를 수집하고 교환할 수 있도록 하는 상호 연결성

오늘날 거리나 쇼핑몰에서 스마트폰이나 태블릿으로 인터넷에 접속하는 모습을 흔히 볼 수 있다. 이처럼 '연결성'은 우리의 삶에서 점점 더 중요한 요소가 되고 있다. 그렇다면 '사물'도 사람처럼 연결된다면 어떨까? 공상과학 소설에서나 가능할 것 같지만, 사실 **사물인터넷**(Internet of Things, IoT)이 바로 그 개념이다. 사물에 소프트웨어, 센서, 액추에이터 등을 내장해(embedded), 사람의 개입 없이도 네트워크에서 데이터를 수집하고 교환할 수 있도록 하는 상호 연결성을 말한다.

예를 들어 IoT에서는 심장 이식 모니터, 자동차의 실시간 작동 정보를 전송하는 센서, 웨어러블 기기, 가정용 조명·난방·주방·보안 시스템을 제어하는 Wi-Fi 원격 모니터링 장치 등 다양한 사물이 인터넷에 연결될 수 있다.[16] 추정치에 따르면, 2025년이면 전 세계적으로 640억 개 이상의 IoT 기기가 존재하고, 그로 인해 4~11조 달러 규모의 경제적 효과가 창출될 것으로 전망된다.[17] 이처럼 엄청난 양의 IoT 관련 데이터가 축적되지만, 이를 분석해서 유의미한 가치를 뽑아내는 일은 아직 많은 조직이 어려워한다. 동시에 IoT가 빠르게 확산하면서 보안과 개인정보 보호 문제가 대두되고 있지만, 제조·농업·군사·의료·스마트홈·스마트시티·통신·교통·에너지 관리 등 다양한 산업과 맥락에서 이미 광범위하게 활용 중이며, 일상에 미치는 영향도 분명하다.

운영 관리에서의 IoT 응용

IoT가 기하급수적으로 확산하고 있는 오늘날, 운영 관리 분야도 이미 여러 방면에서 영향을 받고 있다. 몇 가지 대표 사례를 살펴보자.

- **제품 설계 및 개발**: 제품에 내장된 센서가 실시간 사용 데이터를 전송해, 신제품 설계 개선에 활용할 수 있다. 예를 들어 고객이 현재 모델에서 겪는 문제를 진단하고 예방하거나, 제품에 사용자 인터페이스(UI) 기능이 있으면 인터넷을 통해 소프트웨어 패치를 직접 내려받아 업데이트할 수 있다.
- **헬스케어**: 환자에게 이식된 기기가 혈압·심박수를 계속 모니터링하고, 이상 발생 시 응급서비스를 자동 호출할 수 있다. 이는 병원의 핵심 경쟁 우선순위인 응급 대응 시간을 획기적으로 단축한다.
- **예방정비**: 센서 데이터를 분석하면 부품이 실제로 고장 나기 전에 교체 시점을 파악할 수 있다. 기계 고장은 항상 예기치 못하게 일어나므로, 미리 유지보수를 하는 편이 훨씬 경제적이다. 스마트 기계나 로봇은 스스로 부품 교체 시점을 감지하고 실제로 부품을 주문하기도 한다.
- **재고 관리**: 창고나 보관함에 센서와 카메라를 장착해 재고량을 실시간 측정 및 분석하고, 필요할 때 자동 주문을 발주할 수 있다. 예컨대 슈퍼마켓에서는 통로를 돌아다니는 로봇이나 천장 카메라가 재고 부족 시점을 인지해 알려준다.

---

16 IoT에 대한 더 자세한 논의는 다음을 참조하라. James Manyika, Michael Chui, Peter Bisson, Jonathan Woetzel, Richard Dobbs, Jacques Bughin, and Dan Aharon, "The Internet of Things: Mapping the Value Beyond the Hype," McKinsey Global Institute (June 2015).

17 https://techjury.net/blog/internet-of-things-statistics/ (January 26, 2023).

- **물류**: 인력과 물자의 이동은 기업 운영에서 핵심이다. 실시간 경로 조정, 자율주행 차량, 인터넷 기반 컨테이너 및 패키지 추적 등은 IoT가 물류 분야에서 이미 보여주고 있는 대표적인 응용이다.
- **도시 관리**: 교통은 IoT 활용이 가장 활발한 영역 중 하나이다. 예컨대 IoT 센서와 전기 항공기를 통한 대중교통 추적 데이터를 분석하면, 승객 이동에서 완충 시간을 줄이는 스케줄 개선으로 통근 시간을 단축할 수 있다. 신호등 역시 실시간으로 교통 상황에 맞춰 조정 가능하다. 또한 IoT 스마트 계측기는 배전 문제, 누수, 위험 수치의 대기오염 등을 감지해 자동 경보를 보낸다. 실제로 대한민국 송도는 모든 시설이 유선 스마트시티로 구축돼, 도시 곳곳에서 컴퓨터가 데이터를 수집·분석해 사람 개입 없이도 많은 프로세스를 수행한다.[18] 시스코도 인도 비자야와다에 스마트 IoT 기술을 도입하고 있다.[19]

이런 예시들과 가까운 미래에 예상되는 사례들을 보면, 혹자는 IoT가 운영 관리의 역할을 무의미하게 만드는 것은 아닐까 걱정할 수도 있다. 그러나 현실은 다르다. IoT는 '빅데이터'라는 거대한 데이터를 생성할 뿐, 그 데이터를 정리하고 분석해 유의미한 인사이트로 바꾸는 데는 여전히 사람(관리자)의 역할이 매우 중요하다. 예컨대 재고 관리의 경우처럼 실시간으로 센서 데이터를 받아 자동 결정을 내리는 사례도 있지만, 프로세스 전체로 보면 수개월간 데이터를 모니터링해 축적한 뒤 프로세스를 근본적으로 수정해야 할 수도 있다. 어느 쪽이든 운영 관리자가 해야 할 일이 사라지지 않는다는 뜻이다.

우려 사항 및 장벽

IoT는 분명 운영·공급사슬 관리의 강력한 '도구'지만, 전면 도입에는 몇 가지 우려와 장벽이 존재한다.

- **기술**: 센서·추적 식별자·배터리·저장 등 기본 하드웨어 비용이 계속 낮아져야 하며, 수십억 개 디바이스를 연결할 대역폭도 충분히 확보해야 한다.
- **개인정보 보호**: 엄청난 양의 개인 데이터가 IoT 기기를 통해 수집 및 전송되면서 데이터 소유권 및 프라이버시 문제가 커진다. 예컨대 환자 이식 기기가 생성하는 정보는 누구의 소유이며, 어떤 용도로 활용될 수 있는지 명확히 정해야 한다.
- **보안**: 수십억 개 디바이스가 데이터를 주고받는 상황에서 해킹 등 보안 위협이 증가한다. 새 IoT 제품이 나올수록 보안 취약점도 늘어날 수 있다.
- **조직 구조**: 과거에 분리되어 있던 운영 관리(OM)와 정보 기술(IT) 부서는 IoT 도래로 더욱 긴밀히 협력해야 한다. 센서와 액추에이터가 제공하는 운영 데이터는 비즈니스 지표와 직결되므로, 운영 관리자도 IoT의 기능적 이해가 필요하다.

결국 IoT는 운영·공급사슬 관리에 거대한 가능성을 열어주지만, 동시에 해결해야 할 도전 과제도 안고 온다. 핵심은 IoT가 단순히 '기술'만이 아니라 의사결정과 문제 해결을 지원하는 기반이라는 점을 이해하는 것이다. IoT에서 나오는 방대한 데이터를 잘 다루고, 이를 실제 운영 개선에 어떻게 적용할지 아는 것이야말로 운영 관리자에게 요구되는 진정한 역량이다.

---

18 Linda Poon, "Sleepy in Songdo, Korea's Smartest City," Bloomberg (June 22, 2018), https://www.bloomberg.com/news/articles/2018-06-22/songdo-south-korea-s-smartest-city-is-lonely (July 6, 2023).

19 Mohd Ujaley, "Cisco to Invest in Fiber Grid, IoT, Smart Cities in Andrha Pradesh (March 18, 2016), https://www.expresscomputer.in/news/cisco-to-invest-in-fiber-grid-iot-smart-cities-in-andhra-pradesh/16750/ (July 6, 2023).

출처: frederic REngaAli/Alamy Stock Photo

프랑스 파리의 한 시청에서 3D 프린터 20대로 보호용 바이저를 제작하고 있다.

적층 제조

기업이 스마트 제조 기술을 파악하고 이를 운영·공급사슬에 적절히 통합하는 일은 미래 경쟁력을 확보하는 핵심 열쇠다. 인더스트리 4.0의 한 축을 이루는 **적층 제조**(additive manufacturing, AM)는 플라스틱, 금속, 콘크리트 같은 재료를 층층이 쌓아 3D 물체를 만드는 기술을 일컫는다. 3D 프린팅(3D printing)이라고도 하는 적층 제조에는 컴퓨터, 3D 모델링 소프트웨어, 3D 프린팅 기계, 적층 재료 등이 포함된다. CAD 등으로 만든 3D 디자인을 프린터가 액체, 분말, 시트 재료를 연속적으로 쌓아 제품을 형상화한다. 초기에는 주로 제품 개발 단계에서 시제품을 만드는 데 쓰였지만, 최근에는 제조기업의 공급사슬에서도 필수적 역할을 하며 기존 영역을 넘어 활발히 활용되고 있다.

적층 제조
플라스틱, 금속, 콘크리트 같은 재료를 층층이 쌓아 3D 물체를 만드는 기술

적층 제조가 운영·공급사슬에 미치는 영향

적층 제조를 실제로 도입한 사례들은 공급사슬 성과 개선 측면에서 적층 제조의 큰 잠재력을 보여준다. 또한 생산 과정을 분산해 새로운 비즈니스 모델을 만드는 기폭제가 될 수도 있다.[20] 대표적인 이점은 다음과 같다.

- **재료 투입량 감소**: 기존에는 제품 설계가 복잡할수록 재료 낭비가 컸지만, 적층 제조를 통해 기업은 비용과 복잡성 사이의 상충관계를 완화할 수 있다. 예컨대 록히드마틴(Lockheed Martin)은 복잡한 항공우주 부품을 만들 때, 과거 1파운드짜리 부품에 33파운드의 금속이 필요하던 과정을 적층 제조로 거의 1파운드로 줄였다. 이로써 재료 잔여물 및 폐기물 발생까지 줄여 환경 지속가능성도 높였다. 위성의 무게를 줄인 결과 로켓의 크기와 연료 비용도 절감할 수 있게 되었는데, 가장 비싼 부품 중 하나가 로켓이기 때문에 상당한 의미가 있다.[21]
- **간소화된 생산**: 적층 제조는 여러 부품을 하나의 통합 부품으로 직접 제조할 수 있어 부품 생산 및 하위조립 단계 일부를 생략한다. 이 과정에서 노무비, 도구 비용, 재공품 재고 부담이 줄어든다. 이탈리아의 한 연구에서는 적층 제조가 LED 제조업체의 신제품 출시 기간을 획기적으로 단축해 디자인 박람회, 기술 테스트, 포장 설계 등 장기 공정을 훨씬 빠르게 처리하도록 도운 것을 확인했다.[22] 적층 제조는 3D 프린터가 프로그래밍된 이후에는 금형이 필요 없고, 소량 생산을 위한 준비 시간이 매우 짧기 때문에 제조업체는 다양한 설계 대안을 빠르게 시험해볼 수 있으며, 최종 설계를 대량 생산 시설로 신속하게 전송할 수 있다.

  다만 조립 인력을 줄이는 것은 공급사슬 네트워크에 큰 변화를 일으킬 수 있다. 부품을 생산하는 데 필요한 고숙련 적층 제조 노동력이 부족하다면, 임금 및 기술 수준이 낮은 국가는 경쟁력이 낮아질 가능성이 있다.
- **생산 및 공급사슬 유연성**: 적층 제조는 신제품 설계 및 개발에 필요한 시간과 자원을 단축하고, 생산 중 재료 교체도 유연하게 해 생산 유연성에 기여한다. 그 결과 시장 선호도가 변해도 빠르게 대응하고, 공급사슬 리드타임을 줄이면서 완제품 재고도 낮출 수 있다. 예를 들어 한 고급 자동차 제조사는 V8 엔진용 흡기 매니폴드를 적층 제조로 개발해 프로토타입을

20 M. Kelly, J. Crane, and C. Haley. (2015). 3D Opportunity for the Supply Chain: Additive Manufacturing Delivers. Westlake, TX: Deloitte University Press.

21 자세한 내용은 다음을 참조하라. http://www.lockheedmartin.com/us/news/features/2014/additive-manufacturing.html

22 P. S. Perez, M. Levi, and V. Folli. (2014). A Study of Additive Manufacturing Applied to the Design and Production of LED Luminaires. Milan, Italy: Politecnico Di Milano.

빠르게 반복 테스트했고, 신제품 개발 주기를 12개월에서 6개월로 절반이나 단축했다.

또한 적층 제조는 고도의 맞춤형 제품을 만드는 데도 이상적이다. 높은 맞춤화는 고객이 더 큰 가치를 느끼고, 더 많은 비용을 지불할 의사가 생기도록 유도한다. 일부 기업은 공동 디자인(co-design) 방식을 통해 고객이 직접 제품 설계에 참여하게 하기도 한다(예: Twikit.com의 맞춤형 메달 및 트로피).[23]

- **분산형 생산 네트워크**: 적층 제조를 통해 지역별로 '주문형 생산'을 수행할 수도 있다. 이는 14장(공급사슬 설계)의 연기(postponement), 15장(물류 관리)의 전방배치(forward placement) 전략과 관련이 깊다. 이를 적용하면 고객이 원하는 시점과 장소에서 바로 제조하므로 재고·리드타임·수요 예측 부담이 크게 줄어든다. 극단적으로는 소비자가 3D 도면을 구매해 집에서 직접 출력 가능해지는 시나리오도 가능하다. 예를 들어 UPS는 자사의 3자 물류 서비스를 확장해 60개 UPS 매장과 전용 시설(Fast Radius)에서 3D 프린팅, CNC, 신속 사출성형 등의 온디맨드 제조 서비스를 제공한다.[24] 소프트웨어 기업인 SAP와 연계해 고객 주문을 가장 가까운 UPS 적층 제조 시설로 자동 배정한다. 이러한 분산 생산이 활발해지면, 전통적으로 수입에 의존하던 국가들도 적층 제조 기술을 통해 해외 생산 비중을 낮출 수 있으므로 글로벌 무역에 광범위한 영향이 예상된다. 실제로 NASA는 국제우주정거장에서 필요한 부품을 적층 제조로 직접 제조하는 실험을 진행 중이며, 미국 해군도 해상에서 예비 부품을 생산할 방안을 검토 중이다.

적층 제조 도입의 동력

다양한 적층 제조의 용도에 관계없이, 그 가치를 실현하려면 특정 인력, 기술, 프로세스가 종합적으로 지원되어야 한다.[25] 대표적으로 다음과 같은 요소들이 중요하다.

- **인재·인력**: 적층 제조가 고도화될수록 새로운 역량, 기술, 인력 인프라, 인력 계획이 필수적이다. 오늘날 상당수 제조업체가 CAD 프로그램을 통해 적층 제조 부품을 설계하지만, 기존 CAD는 복잡한 내부 구조를 가진 부품을 만들 때 필요한 적층 제조 특성을 충분히 고려하지 못한다. 업계는 아직 이 파괴적(disruptive) 기술로 가는 전환기에 있으며, 완전 통합된 '적층 제조 전용 CAD'가 나오기 전까지 전문 인력 부족 문제를 겪을 가능성이 높다.

  또한 표준화된 절차나 설계 노하우에 대한 뚜렷한 가이드라인이 부족해, 필요한 기술 인재를 확보하고 최적의 제품 설계를 구현하기가 쉽지 않다. 국제표준화기구(ISO)와 미국재료시험협회(ASTM)가 기술위원회를 두고 적층 제조 표준을 제정하고 있으나, 아직은 제한적이며 보고 및 테스트 절차 등에 대한 추가 지침이 더 나올 전망이다.
- **지적 재산권**: 적층 제조기술은 제품 디자인 보호 측면에서 지적 재산권(IP)에 대한 심각한 위험을 유발한다. 디지털화된 3D 청사진을 손쉽게 복제하거나 유포할 수 있어 디지털 보안과 IP 보호가 더욱 중요해진다. 기업이 이를 소홀히 하면, 핵심 디자인 유출이나 불법 복제 문제로 큰 손해를 볼 수 있으므로 철저한 견제와 균형이 요구된다.
- **품질 보증**: 적층 제조로 고도로 정교하고 고부가가치 부품을 생산할 때, 품질과 일관성을

---

23 C. Weller, R. Kleer, and F. T. Piller, "Economic Implications of 3D Printing: Market Structure Models in Light of Additive Manufacturing Revisited," *International Journal of Production Economics* 164 (2015): 43-56.

24 Fast Radius는 2022년 말에 SyBridge Digital Solutions에 인수되었다. 그러나 기존 이름으로 운영하고 디지털 제조 및 소프트웨어 제품을 계속 제공할 계획이다.

25 K. Marchese, R. Gorham, J. Joyce, B. Sniderman, and M. Passaretti. (2017). *3D Opportunity for Business Capabilities*. Westlake, TX: Deloitte University Press.

확보하는 일이 아직 가장 큰 도전 과제다. 낮은 수준의 적합성과 기능만을 요구하는 부품의 경우에는 이 문제가 덜하지만, 적층 제조로 생산된 부품은 환경적 영향에 대한 저항성이 낮아 고강도 조건에 노출되면 고장이 발생할 수 있다. 공정 변동성 또한 높아 재현성도 도전 과제가 될 수 있다. 따라서 적층 제조에 대한 글로벌 수준에서의 품질 및 시험 표준을 확립할 필요가 있다.

- **프로세스**: 적층 제조는 조직 전체 업무 흐름에 영향을 미치며, 기존 프로세스와 활동을 재설계해야 그 잠재력을 최대한 이끌어낼 수 있다. 현존하는 재료, 색상, 표면 마감 옵션은 아직 제한적이고, 프린팅 장비의 작업 가능 범위에도 물리적 한계가 있다. 따라서 적층 제조기계에 맞게 '오픈 스페이스' 설계를 개선하거나, 프로세스 기획 단계에서부터 적층 제조 사양에 부합하도록 신경 쓰는 작업이 필요하다.

새로운 기술로 인해 공급사슬의 네 가지 핵심 프로세스(공급자 관계, 신제품 개발, 주문 처리, 고객 관계)가 변동되는 일은 이번이 처음도, 마지막도 아닐 것이다. 과거에도 그랬듯, 성공적인 운영·공급사슬 관리자는 새 기술 도입 과정에서 혼란이 일어나더라도 핵심 프로세스 설계와 성과를 최적화하는 데 집중한다. 이 책 역시 그러한 관점에 초점을 맞추어 전개될 것이다.

커리어 개발 역량 향상

1.6 이 책을 통해 커리어 개발에 필요한 기술을 어떻게 습득할 수 있는지 이해한다.

기업이 운영 프로세스와 공급사슬을 어떻게 더 나은 방식으로 설계하고 운영해 현재와 미래의 과제를 해결할 수 있는지를 이해하면, 그 지식을 바탕으로 개인 커리어에도 큰 도움이 된다. 이 책은 운영 및 공급사슬 관리 전공자가 아닌, 비즈니스의 다른 기능 분야를 전공하는 이들에게도 효과적인 관리자가 되는 데 필요한 개념과 도구를 제시한다. 각 장에는 다양한 기능 분야와 연관된 현실적 문제 시나리오('경영 과제')가 실려 있고, 본문에서 제시되는 운영 관리 원리가 이를 해결하는 데 유용하다. 더욱이 앞서 논의한 주요 트렌드와 과제들은 어느 부서를 막론하고 기존 프로세스와 공급사슬을 개선하거나 새로운 프로세스 및 망을 창출할 기회를 제공한다. 프로세스와 공급사슬 관리는 단지 설계만이 아니라, 그 목표와 시장 경쟁력을 극대화하기 위한 실행 능력도 함께 요구한다. 이 책은 그러한 운영 관리 철학을 공유하고자 하며, 학습에 도움이 되도록 각 장 서두에 '이 장의 주제가 운영 관리 철학과 어떻게 연계되는지'를 보여주는 그림 1.6을 배치했다. 또한 온라인 자료로 접근할 수 있는 여러 보충 자료도 포함되어 있다.

그림 1.6과 같이 본문은 크게 세 부분, 즉 1부 프로세스 관리, 2부 고객 수요 관리, 3부 공급망 관리로 구성된다. 주제의 진행 순서는 기업의 운영이 어떻게 경쟁력을 떠받치는 기반이 될 수 있는지 먼저 이해한 뒤, 그 운영전략을 뒷받침할 핵심 프로세스 설계와 개선, 그리고 관련한 의사결정을 다루도록 구성했다. 이후 고객 요구에 부합하는 방식으로 이를 구현하는 방법을 다루고, 마지막으로 기업 내·외부 프로세스를 연결하는 공급사슬 설계와 운영 방안으로 이어진다. 이 공급사슬의 성과는 기업이 만드는 서비스 및 제품, 재무 성과, 고객 피드백 등과 직결되며, 기업 전략에서 중요한 고려 대상이 된다.

1부: 프로세스 관리

1부에서는 기업이 시장에서 어떻게 경쟁하는지, 제품을 어떻게 설계하는지, 어떤 기술이 제품 및 전략에 영향을 주는지 등을 정의하는 데 초점을 맞춘다. 이어서 프로세스 설계의 전략적 측면과 프로세스 분석을 위한 6단계 접근법을 제시한다. 1부의 각 장은 이 접근법의 일부를 다루며, 관리자가 프로세스를 분석하고 개선하는 데 도움이 되는 다양한 도구와 기법을 소개한다. 또한 기업이 프로세스 성과와 품질을 측정하고 관리하는 방법, 6시그마, 전사적 품질경영(TQM)의 기반도 함께 살펴본다. 가치가 없는 활동을 제거하고(낭비 제거), 가치 있는 활동을 강화해 프로세스를 '린(lean)'하게 만드는 의사결정도 다룬다. 기업의 장기적 용량 계획뿐 아니라 시스템의 제약과 병목을 더 효율적으로 파악하고 관리하기 위한 단기 전략도 알아본다. 프로세스 관리는 기업에 커다란 이점을 주며, 이를 잘 실행하면 비용 절감과 고객 만족도 제고 효과를 동시에 얻을 수 있다.

1부 말미에서는 프로젝트 관리 방법과 도구를 논의한다. 프로젝트 관리는 기업이 프로세스나 공급사슬을 개선하거나 신제품을 도입해 전략을 실행하는 효과적인 방식이다.

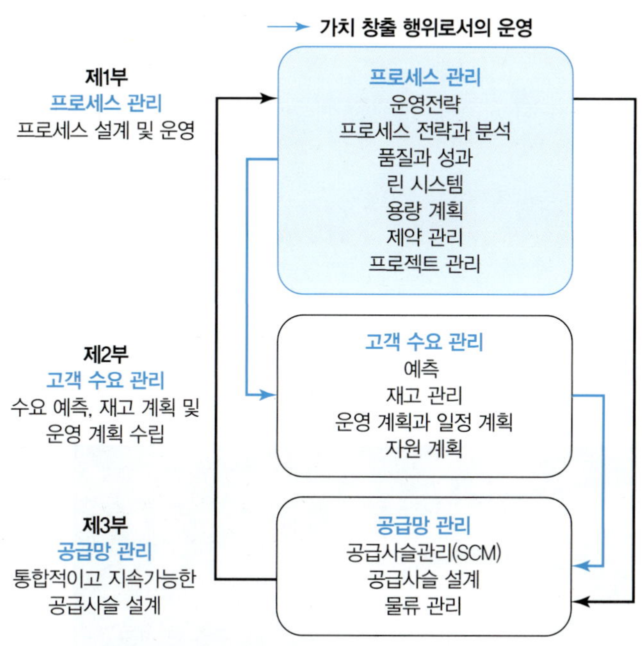

그림 1.6 프로세스, 고객 수요 및 공급사슬 관리

2부: 고객 수요 관리

2부에서는 고객 수요를 정확히 예측하고, 그 수요를 효율적으로 관리하는 데 초점을 맞춘다. 먼저 예측 기법과 그 정확도를 검토한 뒤, 충분한 재고를 유지하되 과잉 재고로 자원 낭비가 생기지 않도록 하는 재고 관리 방안을 다룬다. 이어서 운영을 효과적으로 계획하기 위해 (1) 운영 및 일정계획, (2) 자원 계획을 중점적으로 살펴본다. 이 두 계획 활동을 통해 비용 효율적인 방식으로 고객 수요를 만족시킬 상품 및 서비스를 생산할 수 있다.

3부: 공급망 관리

3부에서는 기업 내·외부에서 이루어지는 공급사슬 관련 활동과, 이를 성공적으로 실행할 수 있는 도구들에 초점을 맞춘다. 이어서 공급사슬 설계, 아웃소싱, 시설 입지 등 주요 전략적 결정이 기업 성과에 어떤 영향을 미치는지 살펴보고, 공급사슬 내 물류 관리의 다양한 측면을 알아본다.

프로세스 혁신을 통한 가치 창출

기업의 프로세스를 효과적으로 설계하고 구현하는 것만큼이나 그 프로세스를 운영하는 것도 중요하다. 숙련된 운영 관리자는 프로세스 혁신이 저성장 산업에서도 얼마나 큰 변화를 일으킬 수 있는지 잘 안다. 프로세스가 창출하는 가치 관점에서 프로세스를 검토하는 일은 핵심 프로세스와 관련 공급사슬이 기업이 시장에서 경쟁하는 방식과 어떻게 연결되는지 이해하는 것만큼이나 중요한 관리자의 과제이다. '운영 관리가 대단한 차이를 만들지는 못한다'는 것은 잘못된 인식이다.

장기적으로 모든 의사결정은 회사 전반의 목표와 목적을 반영해야 한다. 이를 위해 기능 분야와 관계없이 모든 관리자는 운영 관리의 원칙을 직접 사용하거나, 그 영향 아래 있다. 프로세스는 이사회부터 청구 부서에 이르기까지 조직 전반에 걸쳐 존재하며, 이 책은 바로 이러한 프로세스를 어떻게 관리할지에 초점을 맞춘다. 전략적 수준에서 기업은 외부 고객에게 최상의 서비스를 제공하기 위해 새로운 역량을 개발하고 기존 역량을 유지해야 한다. 모든 분야의 관리자는 전략적 영향을 미치는 새로운 프로세스 설계를 고민해야 하며, 각 장의 '경영 과제'에서 보듯 외부 공급업체와 외부 고객을 기업 내부 프로세스와 연결하는 공급사슬의 개발, 조직, 운영에도 깊이 관여한다.

계획, 정책 및 조치는 기업의 전반적 목표와 목적을 지지하기 위해 모든 기능 영역과 연결되어야 한다. 기업은 '프로세스'라는 시각을 취함으로써 이런 연계를 한층 원활히 할 수 있다. 운영·공급사슬 관리자가 되고 싶든, 운영 관리 원리를 적용해 더 효과적인 관리자가 되고 싶든, 모든 프로세스와 공급사슬이 성공하기 위해서는 사람, 자본, 정보, 자재를 효과적으로 관리하는 일이 핵심이라는 사실을 명심하자.

운영 관리를 공부할 때 두 가지 원칙을 명심하자.

출처: David McNew/Stringer/Getty Images

소니는 소비자 기술의 경계를 허물고, 타깃 고객과 공감되는 이미지를 구축해 다양한 캠페인을 펼침으로써 시장을 지배하는 기업이 되었다. 가상의 경영자 '케빈 버틀러' 역을 맡은 배우 제리 램버트가 연례 전자 엔터테인먼트 박람회(E3)에서 열정적으로 기조연설을 하고 있다.

1. 운영 부서뿐 아니라 모든 부서가 공급사슬의 일부인 프로세스를 설계하고 운영하며 품질, 기술, 인력 문제를 해결해야 한다.
2. 각 기능 부서는 나름의 정체성을 갖지만, 서로 공유하는 프로세스를 통해 운영과 긴밀히 연결된다.

아무리 뛰어난 전략적 결정도, 이를 뒷받침하는 전술적 결정이 잘못되면 무용지물이 된다. 기억하자. 모든 관리자는 프로세스 개선, 성과 측정, 프로젝트 관리 및 계획, 생산·인력 배치 계획, 재고 관리, 자원 계획 등 다양한 전술적 의사결정에 관여한다. 이 책은 이러한 의사결정의 여러 예시와 그 의미를 다루며, 실무 관리자가 문제를 인식하고 정의한 뒤 최적의 솔루션을 택할 때 활용하는 의사결정 도구들도 소개한다. 결국 이 책의 핵심 목적은 여러분이 어떤 커리어 경로를 선택하든, 운영 관련 과제를 해결하고 최신 트렌드를 더 잘 파악하며 운영 혁신을 달성하도록 돕는 데 있다.

학습목표 점검

학습목표	점검 가이드라인	온라인 자료
1.1 조직에서 운영의 역할과 시간 흐름에 따른 운영의 역사적 발전 과정을 설명한다.	'조직에서 운영의 역할' 절을 보면 비즈니스의 다양한 기능 영역이 어떻게 결합해 기업의 가치를 창출하는지 알 수 있다.	
1.2 운영의 프로세스 관점을 투입, 프로세스, 산출, 정보 흐름, 공급업체, 고객 측면에서 설명한다.	'프로세스 관점' 절에서 중첩 프로세스 등 작동 방식을 확인한다. 제조 프로세스와 서비스 프로세스의 핵심 차이점과 모든 프로세스에 필요한 입력, 출력, 정보 흐름은 그림 1.2를 통해 알 수 있다.	
1.3 운영의 공급사슬 관점을 핵심 활동과 지원 활동 간 연계 측면에서 설명한다.	공급사슬의 중요한 연결과 정보 흐름은 그림 1.4를 다시 살펴보자.	
1.4 운영 관리의 최신 동향을 파악하고, 기업의 운영 및 공급사슬 관리자가 직면하는 과제를 해결할 방법을 이해한다.	'운영 관리의 동향과 과제' 절에서 생산성 향상, 코로나19의 여파, 지속가능성 및 기후 변화에 대한 관심, 인력 다양성·형평성·포용성, 윤리 문제를 다룬다. 지속가능성의 세 요소는 그림 1.5와 표 1.3을 살펴보자.	OM Explorer Tutor: Productivity Measures Active Model Exercise: Productivity
1.5 4차 산업혁명(인더스트리 4.0)을 정의하고, 그 속에 있는 기술 및 자동화가 운영 전략과 운영·공급사슬 관리 실무에 어떤 변화를 가져오는지 이해한다.	'4차 산업혁명(인더스트리 4.0)' 절에서 핵심 기술 프레임워크와 기업의 프로세스, 공급사슬, 운영 전략에 미치는 영향을 이해한다. '사물인터넷(IoT)', '적층 제조(AM)' 하위 절도 복습한다.	
1.6 이 책을 통해 커리어 개발에 필요한 기술을 어떻게 습득할 수 있는지 이해한다.	'커리어 개발 역량 향상' 절에서 프로세스·공급사슬 관리의 핵심 이해를 쌓는 데 이 책이 어떻게 도움을 주는지 확인한다. '프로세스 혁신을 통한 가치 창출' 절도 함께 복습하자.	

주요 공식

운영 관리의 동향과 과제

생산성은 산출물과 투입물의 비율이다.

$$생산성 = \frac{산출}{투입}$$

핵심용어

고객 관계 프로세스(customer relationship process)
공급사슬(supply chain)
공급사슬관리(supply chain management, SCM)
공급사슬 프로세스(supply chain process)
공급자 관계 프로세스(supplier relationship process)
내부 고객(internal customer)
내부 공급자(internal supplier)
사물인터넷(Internet of Things, IoT)
사회적 책임(social responsibility)
새로운 서비스·제품 개발 프로세스(new product development process)
생산성(productivity)
외부 고객(external customer)
외부 공급자(external supplier)
운영 관리(operations management)
운영단위(operation)
인공지능(artificial intelligence, AI)
인도주의적 물류(humanitarian logistics)
재무적 책임(financial responsibility)
적층 제조(additive manufacturing, AM)
제조 실행 시스템(manufacturing execution systems, MES)
주문 충족 프로세스(order fulfillment process)
중첩 프로세스(nested process)
지속가능성(sustainability)
지원 프로세스(support process)
프로세스(process)
핵심 프로세스(core process)
환경적 책임(environmental responsibility)
4차 산업혁명(인더스트리 4.0)[fourth industrial revolution (Industry 4.0)]

복습문제 1

뵈링대학교는 한 학기에 학점당 학비가 150달러이며, 주정부가 학점당 100달러를 보조한다. 전형적인 3학점 강좌당 학생 수는 50명, 노무비는 강좌당 4,000달러, 재료비는 학생당 20달러, 간접비는 강좌당 25,000달러이다.

a. 이 강좌의 다요소 생산성(multifactor productivity)은 얼마인가?
b. 만약 강사가 3학점 강의를 16주 동안 주당 평균 14시간씩 맡고, 한 강좌당 50명이라면 노동 생산성은 얼마인가?

풀이

a. 다요소 생산성은 투입 가치에 대한 산출 가치 비율이다.

산출물 가치: (50명) × (3학점) × (학점당 150달러 + 100달러 보조) = 37,500달러
투입물 가치: 노무비(4,000달러) + 재료비(20달러 × 50명) + 간접비(25,000달러) = 30,000달러
다요소 생산성 = 산출/투입 = 37,500 / 30,000 = 1.25

b. 노동 생산성은 노동 시간 대비 산출 가치의 비율이다.

산출은 (a)의 37,500달러와 동일함.
노동 시간 = 14시간/주 × 16주 = 224시간

$$\text{노동 생산성} = 37{,}500 / 224 \approx 167.41\text{달러/시간}$$

복습문제 2

나탈리 어패럴(Natalie Attire)은 고급 의류를 만든다. 특정 주에 직원들이 360시간을 일해 132벌을 생산했는데, 그중 52벌은 결함이 발견되었다. 결함이 발견된 제품은 개당 90달러에 팩토리 아울렛에서, 나머지 80벌은 소매점에서 개당 200달러에 판매된다. 이 공정의 노동 생산성 비율은 얼마인가?

풀이

$$\text{산출물 가치} = (52\text{벌} \times 90\text{달러}) + (80\text{벌} \times 200\text{달러}) = 4{,}680 + 16{,}000 = 20{,}680\text{달러}$$

$$\text{투입물} = \text{노동 } 360\text{시간}$$

$$\text{노동 생산성} = \text{산출} / \text{투입} = 20{,}680 / 360 \approx 57.44\text{달러/시간}$$

토론과제

1. 최근 직장이나 인턴십, 자원봉사 경험을 돌아보자.
   a. 어떤 활동을 했는가?
   b. 고객(내부, 외부)은 누구이며, 어떻게 상호작용했는가?
   c. 그 활동으로 창출한 고객 가치는 어떻게 측정할 수 있는가?
   d. 회계, 재무, 인사, 경영정보, 마케팅, 생산운영관리 중 어떤 분야에서 근무했는가? 설명해 보자.
2. 어느 지역 병원이 응급실 도착 환자에게 15분 내에 치료를 제공하고, 추가 입원이 필요한 환자를 거절하지 않겠다고 선언했다면, 이 약속이 용량(capacity), 인력 같은 전략적 운영 결정에 어떤 영향을 주겠는가?
3. 기업이 핵심 프로세스를 선택하는 일은 중요한 전략적 결정이다. 예를 들어 유명 스포츠 신발기업인 나이키는 고객 관계, 신제품 개발, 공급자 관계 프로세스에 집중하고, 주문 이행은 외부에 맡긴다. 반면 고급 신발업체인 앨런 에드먼즈(Allen Edmonds)는 이 네 프로세스를 모두 핵심으로 간주한다. 만약 여러분이 제조기업에서 어느 프로세스를 핵심으로 삼을지 결정해야 한다면, 어떤 점들을 고려하겠는가?

연습문제

이 책을 사용하는 모든 학생은 OM Explorer, 윈도우용 POM, Active Model 소프트웨어를 사용할 수 있다. 해당 소프트웨어의 다운로드 위치와 활용 방법은 강의 담당 교수에게 문의하라. 대부분의 교수자는 학생이 직접 계산하는 방법을 이해하기를 바란다. 하지만 소프트웨어를 이용하면 계산을 확인할 수 있다. 계산이 매우 복잡하고, 의사결정 과정에서 결과를 해석하는 것이 목표인 경우 소프트웨어가 수작업 계산을 완전히 대체해도 무방하다.

운영 관리의 동향과 과제

1. (복습문제 1 참조) 빅 레드 헤링스(Big Red Herrings)를 맡은 비좡 툴루즈 감독은 실망스러운 시즌을 거듭한 끝에, 더 나은 선수 영입이 필수라고 결론 내렸다. 그러나 현재 프로그램 상황에 비추어, 뵈링대학교 팬들은 시즌 티켓 가격을 192달러로 인상하는 것을 지지하지 않을 것이다. 새 선수 모집 강화를 위해 간접비(현재 강좌당 25,000달러)는 30,000달러로 올라간다. 대신 평균 학급 규모를 75명으로 확대해 이 비용을 충당할 계획이다. 노무비(labor costs)는 3학점 강좌당 6,500달러로 오르고, 재료비는 학생 1인당 약 25달러가 될 것이다. 수업료는 학점당 200달러이며, 주정부는 학점당 100달러를 추가 지원한다.
   a. 이 새 강좌의 다요소 생산성은 얼마인가? 복습문제 1의 결과와 비교해, 이번 강좌 생산성은 증가했는가, 감소했는가?
   b. 강사가 3학점 수업에 75명을 대상으로, 16주 동안 매주 20시간씩 일한다면 노동 생산성은 어떻게 되겠는가?
2. 한 그룹의 석공들이 학교 건설 프로젝트에서 벽 쌓기 작업을 담당한다. 다음 표는 그 작업 기록이다.

일	근로자 수(명)	1인당 근무시간 (시간)	구축된 총 벽면 면적 (m^2)
1	2	8	27.53
2	2	9	31.62
3	4	9	95.44
4	6	8	128.7

a. 각 일자별 노동 생산성을 계산하라.

b. 이 데이터를 통해 노동 생산성 패턴이 어떻게 나타나는지 설명하라.

3. 화이트 타이거 일렉트로닉스(White Tiger Electronics)는 자동화된 조립라인으로 CD 플레이어를 생산한다. CD 플레이어의 표준원가는 1대당 150달러(노무비 30달러, 재료비 70달러, 간접비 50달러)이고 판매가격은 1대당 300달러이다.

a. 재료비만 절감해서 다요소 생산성을 10% 높이려면, 재료비를 몇 퍼센트 낮춰야 하는가?

b. 노무비만 줄여 10% 다요소 생산성 향상을 달성하려면, 노무비를 몇 퍼센트까지 줄여야 하는가?

c. 간접비만 줄여 10% 다요소 생산성 향상을 달성하려면, 간접비를 몇 퍼센트까지 줄여야 할는가?

4. 심텍(Symteck)에서는 특정 공정의 산출물 가치가 단위당 100달러로 계산된다. 노무비용은 각종 수당 포함 시간당 50달러다. 최근 4주 동안의 운영 데이터가 다음과 같이 주어졌다.

	1주 차	2주 차	3주 차	4주 차
생산 단위(개)	1,124	1,310	1,092	981
노무비(달러)	12,735	14,842	10,603	9,526
재료비(달러)	21,041	24,523	20,442	18,364
간접비(달러)	8,992	10,480	8,736	7,848

a. 다요소 생산성 관점에서 최근 공정 개선이 효과가 있었는지, 그리고 언제 두드러지게 좋아졌는지 확인하라.

b. 노동 생산성 관점에서 변화가 있었는지 그 비율을 계산해 설명하라.

5. 두 농장(A와 B)이 서로 다른 농업 기술로 감자를 생산한다.

농장 A: 1헥타르당 534.95시간의 노동력 투입, 1헥타르당 수확량 43,661.76kg, 판매가는 0.1달러/kg.

농장 B: 1헥타르당 532.66시간의 노동력 투입, 1헥타르당 수확량 37,612.9kg, 판매가는 0.09달러/kg.

노무비용은 시간당 1.96달러다. 농장 A와 B의 다요소 생산성은 각각 0.9와 0.8로 알려져 있다.

a. 두 농장의 헥타르당 노동 생산성을 달러 기준으로 계산하라.

b. 주어진 다요소 생산성 비율을 이용해 두 농장의 총 감자 생산 비용(헥타르당)을 구하라.

c. 두 농장의 평균 노동 생산성과 다요소 생산성은 각각 얼마인가?

d. 농장 B가 농장 A와 동일한 다요소 생산성을 달성하려면, 헥타르당 총 생산비 중 몇 퍼센트를 절감해야 하는가?

6. 에이치앤알(H&R) 브랜드 공장에는 전자동 생산라인이 여러 개 있어, 다양한 맛의 감자칩을 생산한다. 자동화로 인해 노동·생산비는 일정하지만, 생산량에 따라 재료비가 달라진다. 지난해는 노무비 5,400달러, 간접비 23,569달러였고 14,255박스를 생산해 박스당 7.25달러에 판매했다. 올해는 14,000박스를 생산해 박스당 7.50달러에 판매했다. (매해 재료비는 12,103달러이다.)

a. 올해 다요소 생산성이 작년 대비 증가했는지, 감소했는지, 변화가 있다면 몇 퍼센트 정도인지 계산하라.

b. 올해 다요소 생산성이 달라지지 않았다고 가정하면, 생산량이 13,500박스로 줄어들 경우 박스당 판매가격은 얼마가 되어야 같은 생산성을 유지할 수 있겠는가?

7. 맥의 기타 제작소(Mack's guitar fabrication shop)는 초보자를 대상으로 저렴하면서 내구성 좋은 기타를 만든다.

한 달 생산량: 100대(이 중 80%만 판매 가능, 나머지 20%는 불량)
판매가: 1대당 250달러
재료비: 기타당 40달러
간접비: 월 4,000달러

이 기타 제작소는 생산 공정이 일부 자동화되어 기타 1대당 10시간의 노동력이 필요하다. 직원 1명당 월 160시간 근무를 하고, 시간당 임금은 10달러이다.

a. 노동 생산성과 다요소 생산성을 계산하라.

b. 운영 관리자 대런 펑크는 (1) 판매가격 10% 인상, (2) 품질 개선(불량률 10%), (3) 노무비, 재료비, 간접비를 각각 10% 절감하는 세 가지 대안을 제시했다. 다요소 생산성을 가장 크게 개선하는 방안은 어느 것인가?

8. 머라이어 엔터프라이즈(Mariah Enterprises)는 여러 종류의 소비자 전자제품을 만든다. 카메라 제조 공장에서 두 가지 공정(알파/베타) 가운데 어느 것을 택할지를 결정하려 한다. 제품 A와 B를 생산하는 두 공정에 대한 정보는 아래와 같다.

구성품: A, B 각각 단위당 175달러, 140달러로 가정
간접비: A는 6,000달러, B는 5,000달러

	알파 공정		베타 공정	
제품	A	B	A	B
산출량(개)	50	60	30	80
노무비(달러)	1,200	1,400	1,000	2,000
재료비(달러)	2,500	3,000	1,400	3,500

a. 알파와 베타 중 어느 공정이 더 생산성이 높은가?

b. 이 분석에서 어떤 결론을 내릴 수 있는가?

9. 모닝 브루 커피숍(Morning Brew Coffee Shop)은 일반 커피, 카푸치노, 비엔나 블렌드 세 종류를 판매한다. 현재 하루 노무비는 320달러, 장비 비용 125달러, 간접비 225달러가 든다. 다음 표는 하루 판매량과 음료당 판매가격, 재료비다.

	일반 커피	카푸치노	비엔나 커피
음료 하루 판매량	350	100	150
가격(달러/음료)	2.00	3.00	4.00
재료비(달러/음료)	0.50	0.75	1.25

운영 관리자 하랄드 루커바우어(Harald Ruckerbauer)는 아이스카페(Eiskaffee)(독일식 차가운 커피 + 우유 + 감미료 + 바닐라 아이스크림)를 추가하려 한다. 시장 조사 결과, 아이스카페는 신규 고객을 끌어들이고 기존 수요를 잠식하지 않을 것으로 보인다. 단, 새 장비를 구입한다고 가정했을 때 일일 장비비용은 200달러, 간접비는 350달러로 오른다. 수정된 하루 판매량 및 가격, 재료비는 아래 표와 같다.

	일반 커피	카푸치노	비엔나 커피	아이스카페
음료 하루 판매량	350	100	150	75
가격(달러/음료)	2.00	3.00	4.00	5.00
재료비(달러/음료)	0.50	0.75	1.25	1.50

a. 아이스카페를 추가했을 때 노동 생산성과 다요소 생산성 비율이 어떻게 달라지는지 계산하라.

b. 모든 조건이 동일하다고 가정할 때, 다요소 생산성이 현재 수준 이상으로 높아지려면 아이스카페를 최소 몇 잔 팔아야 하는가?

Active Model 연습문제

이 책의 Active Model은 온라인으로 이용할 수 있으며, 노동 생산성(labor productivity)의 핵심 요소를 평가해볼 수 있다.

Active Model 1.1 예제 1.1의 데이터를 기반으로 노동 생산성을 계산해보자.

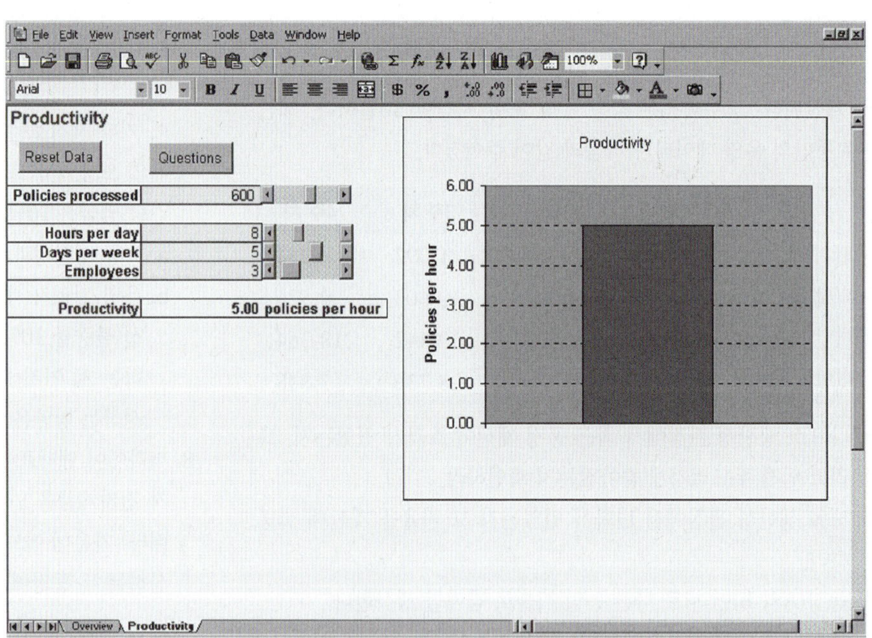

문제

1. 보험사가 주당 60건(현재 대비 10% 증가)에 해당하는 보험을 추가로 처리할 수 있다면, 생산성 지표는 몇 퍼센트 상승하겠는가?
2. 하루 8시간 근무에 45분 점심시간이 포함된다고 가정하자. 이때 점심시간을 제외하고 수정된 생산성을 산출한다면 어떻게 달라지겠는가?
3. 만약 직원을 1명 더 고용했을 때, 여전히 시간당 5건의 보험 처리 생산성을 유지한다면, 주당 처리 보험 건수는 몇 건이 되겠는가?
4. 회사가 여름철에 주 4일 근무 체제로 전환했다고 가정하자. 그래도 시간당 5건의 처리 생산성을 유지할 경우, 주간 처리 가능 보험 수는 몇 건인가?

사례 연구 채드 크리에이티브 콘셉트

채드 크리에이티브 콘셉트(Chad's Creative Concepts)는 목제가구를 디자인하고 제조하는 회사다. 오하이오주 샌더스키의 이리호 강변에 위치한 이 업체는 원래 켈리스 아일랜드(Kelly's Island)와 배스 아일랜드(Bass Island)를 비롯한 이리호 인근 휴양용 오두막을 위한 맞춤형 목제가구 제작으로 시작했다. 창업자 채드 토머스는 '아웃도어' 분위기를 실내로 가져오고 싶다는 열망에서 사업을 시작했다. 그는 뛰어난 디자인과 높은 제작 기술로 평판을 쌓은 끝에 현재 오대호 지역 전역으로 판매망을 넓혔고, 사업이 확장되면서 추가 기회도 찾아왔다.

전통적으로 이 회사는 고객이 가구를 만들 목재의 종류를 지정하는 주문 제작 가구에 집중해 왔다. 회사의 명성이 높아지고 매출이 증가함에 따라 영업팀은 인기 있는 가구 중 일부를 소매 가구매장에 판매하기 시작했다. 이렇게 소매점 판매에 진출하면서 회사는 보다 표준화된 가구를 생산하게 되었다. 표준형 가구를 선택하는 구매자들은 가격에 민감하며 배송요구도 더 엄격한 편이다. 맞춤형 가구의 매출 비중은 현재도 60%에 달하며, 매출액 기준으로는 75%에 해당한다.

현재 샌더스키에 있는 공장 한 곳에서 맞춤형과 표준형 가구를 모두 생산 중이다. 장비는 주로 범용 장비로 구성되어, 맞춤형 제작에 필요한 유연성을 제공한다. 예를 들어 톱이 모여 있는 구역, 선반이 모여 있는 구역 등 기능별 레이아웃을 갖추고 있다. 완제품 품질은 결국 선택된 목재 품질과 각 장인의 손기술에 좌우된다. 맞춤형 가구와 표준형 가구 모두 동일한 장비와 동일한 장인의 시간 배분을 통해 만들어진다. 최근 표준형 가구 판매가 꾸준히 증가하면서 정기 생산 일정이 수립되었지만, 일정이 충돌할 경우에는 매출 및 수익률이 높은 맞춤형 쪽이 항상 우선순위를 가진다. 그 결과 표준형 가구들은 공장 여러 곳에서 미완성 상태로 방치되는 경우가 많다.

회사의 현재 상황을 검토하면서 토머스는 회사가 성장한 것에 대해 만족스러워한다. 맞춤형 가구의 판매는 여전히 강세를 보이고 있으며, 표준 제품 판매도 꾸준히 증가하고 있다. 하지만 재무와 회계 부서 보고에 따르면 수익이 예상보다 낮고, 표준형 가구 관련 비용이 증가하고 있는 것으로 나타났다. 원자재와 재공품 형태로 자금이 묶여 있고, 보관을 위해 공용 창고도 임대 중이다. 또한 맞춤형과 표준형 가구 모두 리드타임(주문부터 납품까지 소요 시간)이 길어져 고객에게 약속한 배송이 늦어지고, 생산 능력은 점점 포화 상태다. 공장 부지는 확장 여력이 없다. 토머스는 표준형 가구 제작이 전체 제조 공정에 미치는 영향을 면밀히 평가해야 함을 인식하고 있다.

문제

1. 장기적인 관점에서, 채드 토머스는 회사 운영을 효과적으로 하기 위해 어떤 유형의 의사결정을 내려야 하는가?
2. 소매점에 표준형 제품을 판매하기 시작했을 때, 영업 및 마케팅 부서는 운영에 어떤 영향을 끼쳤겠는가?
3. 표준형 가구 생산으로 전환함에 따라 회사 재무 구조에는 어떤 영향이 발생했는가?
4. 채드 토머스가 현재 겪는 문제들을 피하려면 과거에 무엇을 다르게 했어야 하는가?[26]

비디오 사례 시애틀 공항에서 가치 창출 행위로서의 운영

시애틀 공항(SEA)에는 매일 수백 대의 항공기와 수천 명의 승객이 오가며, 일종의 맥박과 리듬을 만들어낸다. 모든 것이 계획대로 작동할 때 리듬은 매끄럽고 차분하다. 아침에는 대부분 국내선 이른 항공편이 몰리고, 조금 뒤 국제선이 들어온다. 정오에는 국내, 캐나다, 멕시코 등지에서 도착편이 몰리고, 저녁에는 국내선, 국제선 출발편이 하루 마지막 맥박을 형성한다. 이런 하루 리듬은 일정해 보이지만, 공항 운영 책임자인 로렐 던피(Laurel Dunphy)는 이러한 흐름을 유지하기 위해서 고도로 숙련된 전문가들로 구성된 팀이 필요하다는 사실을 잘 알고 있다. "공항은 연중무휴 24시간 운영되므로, 모든 측면이 최적의 효율을 내도록 계속 모니터링해야 해요. 하루도 똑같은 날이 없지요."

그녀의 직원들과 재무, 마케팅, 지원 부서의 직원들은 긴밀하게 통합된 팀으로 공항의 방향성을 제시한다. 이들은 시애틀 공항의 '센추리 어젠다(Century Agenda)'를 달성하기 위해 여섯 가지 전략적 목표를 공유하며 일한다—(1) 최고 국제 허브, (2) 관광 발전, (3) 책임 있는 경제성장, (4) 에너지 효율, (5) 형평성, 다양성, 포용성의 롤모델, (6) 고효율 공공기관.

공항 관리 책임자인 랜스 리틀(Lance Lyttle)은 모든 운영 분야를 감독해, 승객이 처음부터 끝까지 '편리하고 원활한 경험'을 하도록 한다. 즉 접근성 높은 도로와 주차, 명확한 표지판, 발권 카운터와 수하물 찾는 곳을 보여주는 모바일 지도, 깨끗한 시설, 빠른 보안검색, 매력적인 매장과 음식점, 충분한 콘센트와 쾌적한 대기 공간 등이 핵심이다. "승객들이 다른 공항을 이용할 수도 있음을 우리는 잘 알고 있습니다. 탁월하고 즐거운 서비스를 제공하면 앞으로도 계속 우리 공항을 찾게 될 것입니다."

공항은 24시간 내내 인원, 물자, 교통 흐름을 관리한다. 시애틀 공항은 면적 자체는 비슷한 규모의 다른 공항보다 작으나(약 2,500에이커), 그 안에 도로, 활주로, 주차장, 터미널, 정비구역, 장비 보관소 등을 효율적으로 배치했다(시애틀 공항 레이아웃 참조).

시애틀 공항에서 근무하는 직원들은 외부 주차장에 차를 세운 뒤 버스로 이동해 교대 근무를 시작한다. 그들은 발권 카운터, 교통안전국(TSA) 보

---

26 이 사례는 웨이크포레스트대학교 브룩 살라딘(Brooke Saladin) 박사가 강의 토론용으로 준비한 것으로, 저작권은 브룩 살라딘에게 있다. 허가를 받아 재인쇄함.

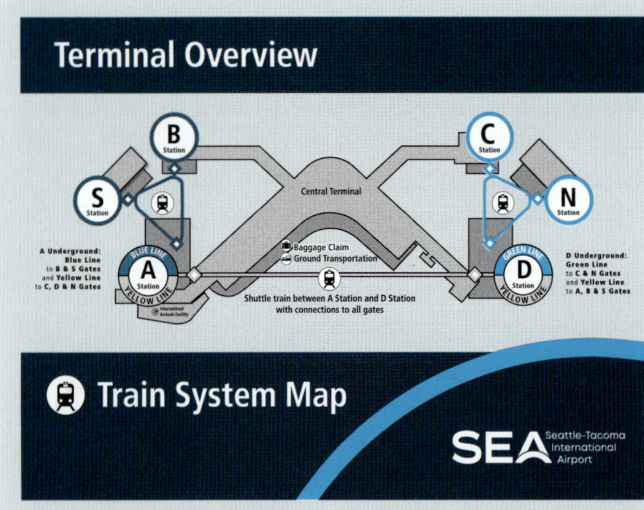

출처: SEA airport layout

안검색대, 소매 및 식당 운영, 지상 및 활주로 운영, 엔지니어링, 수하물 처리 등 다양한 업무에 투입된다. 시설 유지보수 담당은 각 장비가 제자리에 있으며 올바로 작동하는지 점검한다. 승객이 머무르는 공항 공간은 안전하고 효율적이며 즐거운 경험을 위해 세심히 설계되었다. 이 공항은 지역 박물관 및 기관들과 협업해 예술 작품도 곳곳에 전시한다. ACC(airport communications center), 즉 공항 통신 센터에서는 운영 직원들이 우주선 관제실과 같은 환경에서 30개 이상의 대형 모니터를 통해 공항의 모든 활동을 면밀하게 관찰한다. 스크린에는 날씨 정보, 조류 및 야생동물 움직임, 외부 이물질 파편(FOD) 카메라, 지하 공항 경전철, 주차·도로·활주로 상황, 공항 내 모든 항공기 움직임을 표시하는 지도 등이 표시된다. 이런 관리자들은 항공편 및 날씨 지연이나 결항 등 예상치 못한 문제에 신속히 대응해야 한다. 기상악화로 항공편이 취소되면 레스토랑, 탑승구, 수하물 처리, 항공기 주기, 고객 서비스 등 전 분야가 연쇄적으로 영향을 받는다.

움직이는 부분이 워낙 많아, 운영 관리자에게 '전형적인 하루'라는 것은 없다. 고객 경험 및 브랜드 전략 담당 이사인 줄리 콜린스(Julie Collins)는 게이트 좌석, 소매점·레스토랑 운영, 수유·기도·명상 공간, 보안검색 전후의 지상 동선을 관리한다. 그녀는 다음과 같이 이야기한다. "운영 업무의 핵심은 모든 승객과 방문객이 공항을 이용할 때 긍정적이고 편안한 경험을 할 수 있도록 돕는 것입니다. 이를 위해 길 찾기 개선, 스팟 세이버(Spot Saver) 예약 시스템으로 보안 대기줄 최소화, 명상 공간 개방, 수유 공간 프라이버시 제공 등이 제 일상 작업이죠."

매년 시애틀 항만 당국(Port of Seattle)은 자금이 필요한 프로젝트를 세부적으로 파악하고 예산안을 준비한다. 이 과정에서 모든 운영 부서의 의견을 듣고, 해당 프로젝트가 구체화되면 시설 및 자본 계획 담당 이사인 케리 스티븐스(Keri Stephens)는 항만 위원회가 검토, 승인, 재정 지원할 계획 패키지를 마련한다. 현재 시애틀 항만은 전략 목표 달성과 운영 개선을 위해 40개 이상의 자본 프로젝트를 진행 중이다. 케리는 이렇게 말한다. "운영 부서에서 추진하는 모든 일은 우리의 사명 달성을 뒷받침해야 합니다. 이처럼 긴밀히 협력하기에 시애틀 항만과 2,200명의 직원은 우리의 약속을 이행하고, 앞으로 지속적으로 공항 운영을 원활히 이어갈 수 있습니다."[27]

문제

1. 시애틀 공항 레이아웃을 활용해 시애틀 항만의 활동과 운영을 개략적으로 나타내는 지도를 그려보라.
2. 시애틀 항만이 데이터 분석을 적극적으로 활용한다면 어떤 이점을 얻을 수 있는가? 예컨대 각 운영 관리자가 아침마다 보는 메트릭 대시보드에는 어떤 지표가 포함될지 생각해보라.
3. 시애틀 항만 웹사이트(https://www.portseattle.org)를 살펴보자. 여러분이 공항 운영 관리자로서 기술을 발휘해 운영 가치를 높일 수 있는 영역(건설, 소매·식음료, 승객 여행 지원, 발권, 수하물 처리, 프로젝트 관리, 자본 계획 등) 하나를 골라, 그 분야와 여러분의 기여 방안을 설명해보라.

27 https://www.portseattle.org/page/century-agenda-strategic-objectives, 2023년 봄 항만 고위 임원 인터뷰.

A 의사결정

운영 관리자는 프로세스와 공급사슬을 경영하면서 다양한 의사결정을 한다. 각 문제의 구체적인 상황은 다르겠지만 일반적으로 의사결정을 내리는 데는 기본적으로 세 단계, 즉 (1) 문제를 분명하게 파악하고 규정해야 하고, (2) 가능한 대안을 분석하기 위해 필요한 정보를 수집하며, (3) 최적 대안을 선택하고 실행해야 한다. 상황에 따라서는 조용한 방에서 심사숙고하기만 해도 충분히 좋은 결정을 내릴 수 있다. 그러나 체계적인 절차에 따라 의사결정을 내려야 하는 상황도 있다. 그러한 절차가 많이 있지만 여기서는 손익분기점 분석, 선호도 행렬, 의사결정론, 의사결정나무를 제시한다.

- 손익분기점 분석은 물량이나 수요가 얼마나 변하면 두 가지 대안의 우열이 뒤바뀌는지 파악하는 데 유용하다.
- 선호도 행렬은 대안을 한 가지 기준(예: 이익이나 원가 등)만으로 평가할 수 없고 여러 기준으로 평가해야 할 때 유용하다.
- 의사결정론은 대안의 결과가 불확실할 때 최선의 선택을 하는 데 유용하다.
- 의사결정나무는 현재 내려야 할 결정이 미래의 결정이나 사건에 영향을 받는 상황에서 유용하다.

학습목표

A.1 손익분기점 분석을 도해적 방법과 대수적 방법으로 설명한다.

A.2 선호도 행렬을 작성한다.

A.3 확실성, 불확실성 및 위험하의 의사결정에 의사결정론을 적용하는 방법을 설명한다.

A.4 의사결정나무를 작성, 분석한다.

손익분기점 분석

A.1 손익분기점 분석을 도해적 방법과 대수적 방법으로 설명한다.

신규 제품이나 서비스의 예상 성과나 기존 것의 성과를 평가하기 위해서는 서비스/제품의 손익이 0이 되는 판매량을 알면 유용하다. **손익분기점**(break-even quantity)은 총수입과 총비용이 같아지는 물량을 말하며, 이를 이용한 기법을 **손익분기점 분석**(break-even analysis)이라고 한다. 2개의 프로세스를 비교할 때는 어느 프로세스로 생산하든 총비용이 같아지는 물량을 찾으면 도움이 되며 이 경우에도 손익분기점 분석을 사용할 수 있다.

손익분기점
총수입과 총비용이 같아지는 물량

손익분기점 분석
어느 프로세스로 생산하든 총비용이 같아지는 물량, 즉 손익분기점을 찾아 두 프로세스를 비교하는 분석 방법

출처: Fizkes/Shutterstock

관리자가 최종 결정을 내리기 전에 심사숙고하며 분석을 수행하고 있다.

서비스와 제품의 평가

먼저 신규 및 기존 서비스와 제품의 수익성을 평가하는 경우부터 보자. 이 기법은 다음과 같은 물음의 답을 얻는 데 유용하다.

- 서비스와 제품의 예상 판매량이 얼마이면 손익분기(이익도 손실도 없는 상태)를 이루는가?
- 현재의 가격과 예상 판매량하에서 손익분기점에 도달하려면 단위당 변동비용을 얼마로 낮추어야 하는가?
- 손익분기점에 도달하려면 고정비를 얼마나 낮추어야 하는가?
- 가격은 손익분기점 판매량에 어떻게 영향을 끼치는가?

이러한 경우 손익분기점 분석은 대상 제품이나 서비스의 생산에 관련된 총비용이 (1) 변동비용과 (2) 고정비용으로 나뉜다고 가정한다.

변동비용
총비용 중 산출량에 따라 직접적으로 변하는 부분

고정비용
총비용 중에서 산출량에 관계없이 일정한 부분

변동비용(variable cost) c는 총비용 중 산출량에 따라 직접적으로 변하는 부분이다. 이것에는 단위당 재료비와 노무비, 그리고 제조간접비용 중 일부분이 포함된다. 생산량이나 고객 수를 Q라고 하면 총변동비용은 cQ가 된다. **고정비용**(fixed cost) F는 총비용 중에서 산출량 수준에 관계없이 일정한 부분이다. 여기에는 이 제품을 생산하기 위해 구입하거나 임대한 장비 및 설비의 연간 비용(감가상각, 이자, 세금, 보험 등)이 포함된다. 또한 봉급 및 수도광열비, 판매 및 광고 예산 중 일부도 고정비용이 된다. 제품이나 서비스의 생산에 소요된 총비용은 다음 식과 같이 고정비용과 변동비용의 합이다.

$$\text{총비용} = F + cQ$$

단위당 변동비용은 생산량이 얼마이든 일정하다고 가정하며, 이에 따라 총비용은 일차 함수이다. 한편 생산한 제품은 모두 판매된다고 가정하면, 총수입은 다음 식과 같이 판매단가 p에 판매량을 곱한 금액이다.

$$\text{총수입} = pQ$$

이제 총수입과 총비용을 같게 놓고 풀면 다음과 같이 손익분기점을 구할 수 있다.

$$\begin{aligned} pQ &= F + cQ \\ (p - c)Q &= F \\ Q &= \frac{F}{p - c} \end{aligned}$$

손익분기점은 도해적으로도 구할 수 있다. 총수입과 총비용 모두 일차 함수이므로, 두 직선이 만나는 점이 바로 손익분기점이다.

손익분기점 분석만으로 새로운 제품과 서비스 아이디어의 계속 추진 여부나 기존 제품 및 서비스의 퇴출을 판정할 수는 없다. 이 기법은 다양한 비용 및 판매량에 대해 결과가 어떻게 될지만 보여준다. 다행히도 단순 손익분기점 분석을 발전시켜 다양한 '만약-어떻게(what-if)'라는 질문을 평가할 수 있다. 이러한 접근법은 **민감도 분석**(sensitivity analysis)이라고 하며, 모형을 구성하는 모수의 값을 체계적으로 바꾸면서 그 영향을 평가하는 기법이다. 이 개념은 선형계획법을 비롯한 다른 기법에도 적용 가능하다. 총이익이 가격전략, 예상 판매량, 비용추정치 등의 변화에 얼마나 민감하게 반응하는지 분석해보자.

민감도 분석
모형의 모수를 체계적으로 변경하면서 그것의 영향을 평가하는 기법

손익분기점 계산

예제 A.1

한 병원에서 환자당 200달러씩 받는 새로운 치료법을 제공하려고 한다. 이 치료법을 도입하는 데 필요한 연간 고정비용은 10만 달러이고, 환자당 변동비용은 100달러이다. 이 서비스의 손익분기점은 얼마인가? 수식과 그래프를 이용해 답하라.

풀이

손익분기점 공식을 이용하면 다음의 결과를 얻는다.

$$Q = \frac{F}{p - c} = \frac{100,000}{200 - 100} = 1,000\text{명}$$

그래프를 이용하려면 2개의 직선을 그어야 한다. 하나는 비용을 나타내는 것이고 다른 하나는 수익을 나타내는 것이다. 직선은 서로 다른 두 점으로 결정되므로, 먼저 두 가지 산출 수준에 대해 비용과 수익을 계산한다. 다음 표는 $Q = 0$일 때와 $Q = 2,000$일 경우 총비용과 총수입을 보여준다. 첫째 생산량은 영(0)을 택하는데, 이 물량에서 총수입(0)과 총비용(F)을 쉽게 구할 수 있기 때문이다. 물론 적당한 범위 내에서라면 어떤 두 가지 값을 이용하더라도 상관없다.

생산량(환자 수)(Q)	연간 총비용(달러) (100,000 + 100Q)	연간 총수입(달러) (200Q)
0	100,000	0
2,000	300,000	400,000

이제 비용선은 (0, 100,000)과 (2,000, 300,000)의 두 점을 지나게 그린다. 수익선은 (0, 0)과 (2,000, 400,000)의 두 점을 통과한다. 그림 A.1에서 알 수 있듯이 이들 두 직선은 환자 수가 1,000명일 때 교차하는데, 이 점이 바로 손익분기점이다.

의사결정 포인트

경영진은 새 치료법의 고객 수가 손익분기점인 1,000명을 넘기를 바란다. 그러나 의사결정이 수요 수준에 얼마나 민감한지를 파악한 다음 최종 결정을 내려야 할 것이다.

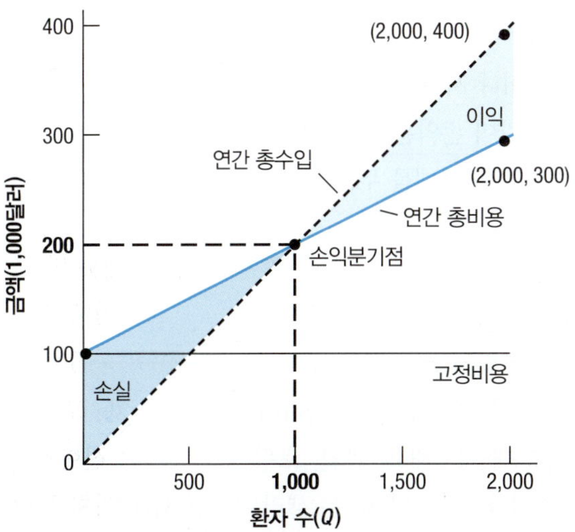

그림 A.1 도해적 손익분기점 분석

출처: Rido/Shutterstock

의료진이 환자의 차트를 검토하고 진단에 대해 논의하고 있다.

예제 A.2

판매량 예측치에 대한 민감도 분석

그림 A.1에서 환자 수요를 아주 비관적으로 예측할 경우 1,500명이라면 새로운 치료법의 총공헌이익(contribution margin)은 얼마인가?

풀이

그래프를 보면 심지어 아주 비관적인 수요도 손익분기점보다 높아서 매우 고무적이다. 총수입에서 총비용을 뺀 총공헌이익은 다음과 같다.

$$\begin{aligned} pQ - (F + cQ) &= 200(1{,}500) - [100{,}000 + 100(1{,}500)] \\ &= 50{,}000\text{달러} \end{aligned}$$

의사결정 포인트

수요를 아주 비관적으로 잡더라도 공헌이익이 연간 50,000달러이다. 경영진은 새 치료법의 경제성을 순현가법(net present value method)으로 분석한 후 이 치료법을 도입하기로 결정했다.

프로세스 평가

두 프로세스 중 하나를 선택하거나, 서비스와 자재를 내부 프로세스로 생산할지 외부에서 구매할지를 선택해야 하는 경우가 많다. 통상 이런 경우 의사결정이 수입에는 영향을 미치지 않는다고 가정한다(물론 경영진은 각 대안과 관련된 모든 비용과 이점을 조사해야 한다). 따라서 총비용과 총수익이 같아지는 양을 결정하기보다는 두 대안의 총비용이 같아지는 양을 찾아야 한다. 제조-구매(make-or-buy) 의사결정에서 이는 총'제조' 비용과 총'구매' 비용이 같아지는 양이다. F_b와 F_m을 각각 구매 대안과 제조 대안의 연간 고정비용이라 하고, c_b와 c_m을 각각 구매 대안의 단위당 변동비용과 제조 대안의 단위당 변동비용이라고 하자. 그러면 구매 대안의 연간 총비용은 $F_b + c_bQ$이고, 제조 대안의 연간 총비용은 $F_m + c_mQ$이다. 손익분기점을 구하기 위해서는 아래와 같이 두 비용함수를 같게 놓고 Q에 대해 푼다.

$$\begin{aligned} F_b + c_bQ &= F_m + c_mQ \\ Q &= \frac{F_m - F_b}{c_b - c_m} \end{aligned}$$

만약 제조 대안의 변동비용이 구매 대안보다 낮지 않다면, 정성적인 요인을 무시하는 경우 제조 대안은 고려할 필요가 없다. 고정비용은 제품이나 서비스를 생산하는 경우가 구매하는 경우보다 대개 크기 때문이다. 이러한 상황에서 생산량이 손익분기점보다 작다면 구매가 제조보다 유리하다. 이 양을 넘어서면 제조가 유리하다. 제조와 구매를 두고 비교 평가할 때 고려해야 할 다른 사항은 13장 '공급사슬관리'에서 다룬다.

예제 A.3

제조-구매 의사결정의 손익분기점 분석

햄버거를 파는 패스트푸드 식당의 경영자가 샐러드를 메뉴에 추가하려고 한다. 두 가지 대안이 있는데 어느 경우에나 판매가격은 같다. 제조 대안은 채소, 과일, 토핑 등을 갖춘 샐러드 바를 설치해 고객이 샐러드를 직접 만들게 하는 것이다. 이를 위해서는 샐러드 바를 임대하고 시간제 종업원도 고용해야 한다. 이에 따른 고정비용은 12,000달러이며 변동비용은 샐러드당 1.50달러로 추정한다. 구매 대안은 미리 만들어진 판매용 샐러드를 지역의 한 업체에서 2달러에 공급받는 것이다. 미리 만들어진 샐러드를 이용하려면 냉장고를 새로 구입해 설치하고 운영해야 하며 고정비용은 2,400달러이다. 예상 연간 샐러드 판매량은 25,000개이다. 두 가지 대안 사이의 손익분기점은 얼마인가?

출처: Ministr-84/Shutterstock

좌석을 제공하지 않고 드라이브스루만 운영하는 식당은 일반적인 식당에 비해 고정비가 낮기 때문에 손익분기점에 도달하기 위해 필요한 고객 수가 더 적다.

풀이

공식에 따라 다음과 같이 계산한다.

$$Q = \frac{F_m - F_b}{c_b - c_m}$$

$$= \frac{12{,}000 - 2{,}400}{2.0 - 1.5} = 19{,}200\text{개}$$

그림 A.2는 도해적으로 구한 답을 보여준다. 손익분기점은 19,200개이다. 샐러드의 판매 예측치가 25,000개로 이를 상회하므로 제조 대안이 선호된다. 연간 예상 판매량이 19,200개 미만일 때만 구매 대안이 나을 것이다.

의사결정 포인트

고객 선호도나 수요 불확실성 등 정성적 요인도 감안한 후 제조 대안(프로세스 1)으로 결정했다. 이렇게 결정한 데는 수요 예측치인 25,000이 손익분기점인 19,200을 훨씬 넘어선 것이 중요한 요인이었다.

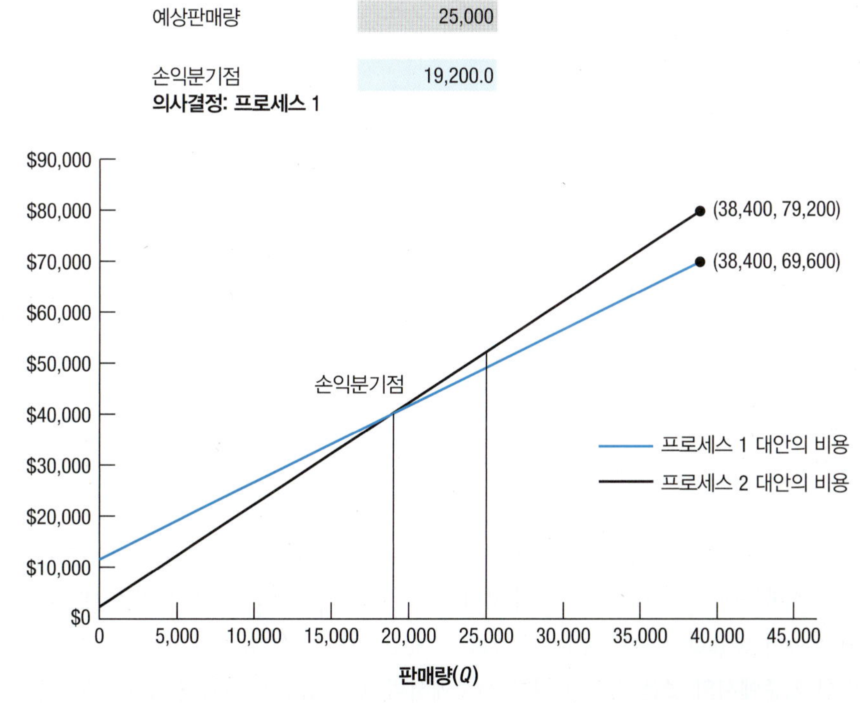

그림 A.2 예제 A.3에 대한 도해적 손익분기점 분석

선호도 행렬

A.2 선호도 행렬을 작성한다.

선호도 행렬
복수의 성과 기준에 따라 대안을 평가할 수 있는 표

의사결정이 일어나는 상황 중에는 다수의 기준을 단일 기준(예: 금액)으로 통합할 수 없는 경우가 있다. 예를 들어 신규 공장 부지 후보지로 두 도시를 고려하는 경우라면 삶의 질, 근로자의 태도, 자사에 대한 지역의 정서 등 계량화하기 어려운 요인도 중요하므로 무시할 수 없다. **선호도 행렬**(preference matrix)은 몇 가지 성과 기준에 따라 대안을 평가할 수 있는 표이다. 성과 기준의 점수는, 모든 대안에 동일하게 적용한다면 어떤 척도를 써도 된다. 예를 들어 1(최저)부터 10(최고)까지의 점수를 이용할 수 있다. 각 점수는 평가자가 생각하는 중요도에 따라 가중되는데, 이들 가중치의 합은 보통 100이다. 총점수는 모든 기준의 가중점수(가중치 × 점수)를 합한 값이다. 여러 가지 대안을 평가해 신제품 아이디어를 비교하거나 사전에 설정된 하한과 비교한다. 이 책에서는 선호도 행렬을 정량적 요인뿐 아니라 정성적 요인이 고려되는 경우의 의사결정에 적용할 것이다.

예제 A.4

선호도 행렬을 이용한 대안 평가

다음 표는 신제품인 축열식 에어컨의 평가 기준, 가중치, 평가점수(1 = 최저, 10 = 최고)를 정리한 것이다. 사정상 신제품은 한 가지밖에 도입할 수 없으며, 다른 제품 중 최고 점수가 800점이라면, 이 에어컨의 도입을 추진해야 하는가?

성과 기준	가중치(A)	점수(B)	가중점수(A × B)
시장잠재력	30	8	240
단위당 이익	20	10	200
작동 호환성	20	6	120
경쟁 우위	15	10	150
투자 규모	10	2	20
위험	5	4	20
			총가중점수 = 750

풀이

가중점수의 합 750이 다른 제품의 800보다 적다. 그러므로 이 에어컨은 도입하지 말아야 한다.

의사결정 포인트

경영진은 축열식 에어컨을 포기해야 한다. 여러 의사결정 기준을 감안할 때 이보다 나은 대안이 있고, 신제품을 하나만 도입해야 하기 때문이다.

모든 경영자는 선호도 행렬을 즐겨 사용하지는 않는다. 대안을 검토하기 전에 기준의 가중치를 결정해야 하는데, 가중치를 적절하게 정하는 일은 쉽지 않다. 어쩌면 몇 가지 대안의 점수를 보고 난 후에야 중요한 기준과 중요하지 않은 기준을 판단할 수 있을지 모른다. 선호도 행렬에 따르면 한 기준에서의 낮은 점수가 다른 기준에서의 높은 점수에 의하여 상쇄되거나 뒤엎어질 수도 있으므로, 선호도 행렬 방법을 사용하면 경영자들이 중요한 신호를 무시할 수도 있다.

의사결정론

A.3 확실성, 불확실성 및 위험하의 의사결정에 의사결정론을 적용하는 방법을 설명한다.

의사결정론(decision theory)은 대안 실행에 따른 결과가 확실하지 않은 상황에서 내려야 하는 의사결정을 위한 일반적인 접근법이다. 프로세스, 생산용량, 입지, 재고 등에 관한 의사결정은 불확실한 미래를 위한 것이므로 이러한 접근법은 운영 관리 분야에도 유용하다. 물론 다른 부문에서 활용할 수 있다. 의사결정론을 사용하면 다음과 같은 과정으로 의사결정을 내린다.

의사결정론
대안 실행에 따른 결과가 확실하지 않은 상황에서 내려야 하는 의사결정을 위한 일반적인 접근법

1. 실행 가능한 대안(alternatives)을 나열한다. 이 과정에서 아무 행동도 취하지 않고 현상을 유지하는 것도 하나의 기본 대안으로 고려해야 한다. 기본적으로 대안의 수는 유한하다고 가정한다. 예를 들어 새로운 소매점포의 입지를 고려할 때 논리적으로는 도시의 지도상에 있는 모든 지점이 대상이 될 수 있겠으나 현실적으로는 몇 군데로 제한해야 한다.
2. 선택의 결과에 영향을 미치지만 의사결정자의 영향력 밖에 있는 사건(event) — 우연한 사건(chance events) 또는 자연의 상태(states of nature)라고도 함 — 들을 나열한다. 예를 들어 새로운 설비에 대한 수요는 입지의 편리성뿐만 아니라 경쟁 상황과 일반적인 경기에도 영향을 받을 것이다. 이러한 사건들은 의미 있게 몇 개의 범주로 나눈다. 예를 들어 하루 평균 매상이 1부터 500 사이라고 한다면, 이때 500개의 사건을 대상으로 하는 것이 아니고 일별 매상을 100, 300, 500으로 크게 3개의 사건을 구성하는 식이다. 한 사건은 반드시 한 범주에 속해야 하고 또한 두 가지 범주에 속해서는 안 된다.
3. 각 대안별로 각 사건에 대한 보상(payoff)을 계산한다. 대개의 경우 보상은 총이익이거나 총비용이 된다. 각 대안마다 각 사건이 벌어질 경우의 보상을 정리한 것을 **보상행렬**(payoff table)이라고 한다. 대안이 세 가지이고 사건이 네 가지인 경우, 이 행렬은 12개의 원소를 갖는다. 화폐의 시간적 가치를 무시하는 것이 심각한 왜곡 요인이라고 생각되면 보상은 현재 가치나 내부수익률로 표시해야 한다. 질적인 요소를 포함한 다수의 기준을 고려해야 하는 경우라면 선호도 행렬 접근법의 가중평균 점수를 보상으로 이용할 수도 있다.
4. 과거 자료, 전문가의 견해, 기타 다른 예측기법 등을 이용하여 각 사건의 발생 가능성을 추정한다. 이를 확률(probability)의 형태로 표현하되, 전체의 합이 1이 되도록 유의한다. 과거가 미래에 대한 좋은 지표라면 과거 자료를 사용하여 확률을 추정하면 된다.
5. 비용의 기대치가 가장 적은 대안을 선택한다거나 하는 등의 의사결정 규칙(decision rule)을 정한다. 사건의 확률에 대해 경영자가 보유하고 있는 정보의 양과 위험에 대한 경영자의 태도에 따라 규칙이 다르다.

보상행렬
각 대안마다 각 사건이 벌어질 경우의 보상을 정리한 표

이 과정을 사용해 확실한 상황, 불확실한 상황, 위험한 상황하에서의 의사결정을 살펴보겠다.

확실성하에서의 의사결정

의사결정이 가장 단순한 상황은 어떠한 사건이 발생할지를 확실하게 알고 있는 경우이다. 이 경우 의사결정 규칙은 그 사건이 일어날 경우에 보상이 가장 좋은 대안을 선정하는 것이다. 보상이 이익이라면 보상이 가장 큰 대안이 최선이고, 보상이 비용이라면 보상이 가장 작은 대안이 최선이다.

예제 A.5

확실성하에서의 의사결정

한 회사에서 설비를 대형으로 지을지 소형으로 지을지 결정해야 한다. 이 의사결정의 성패는 이 설비에 대한 미래의 수요에 달려 있으며 수요 수준은 낮거나 높을 수 있다. 각 대안의 각 상황마다 보상은 확실하게 알 수 있으며 이를 정리하면 아래의 보상행렬과 같다. 여기에서 보상(단위: 1,000달러)은 수익에서 비용을 뺀 금액의 현가이다.

	미래 수요	
대안	**낮음**	**높음**
소형 설비	200	270
대형 설비	160	800
현상 유지	0	0

미래의 수요가 낮다면 최적의 의사결정은 무엇인가?

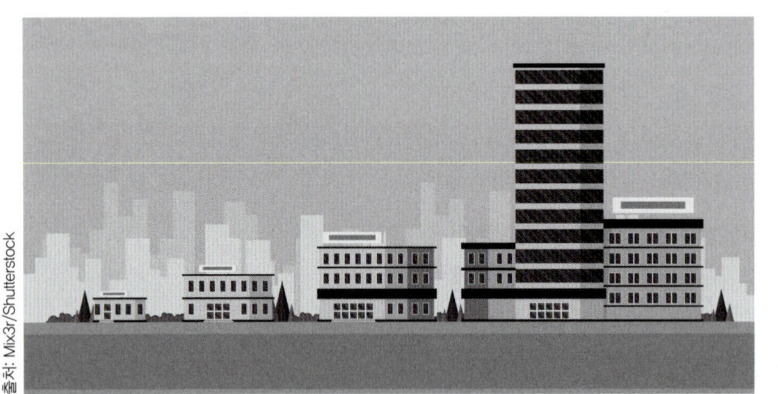
출처: Mix3r/Shutterstock

풀이

이 예에서는 보상이 가장 큰 대안을 선정하는 것이 최적이다. 수요가 낮을 것임을 확실하게 안다면 이 회사는 소형 설비를 건설해 200,000달러의 보상을 누릴 수 있다. 이 경우 대형 설비의 보상은 160,000달러에 불과하다. '현상 유지' 대안은 다른 대안에 비해 열등하다. 즉 어떤 사건이 발생해도 다른 대안의 결과보다 좋지 않다. 이와 같이 열등한 대안은 더는 고려하지 않아도 좋다.

의사결정 포인트

수요를 확실히 알 수 있다면, 수요가 작으면 소형 설비를 짓고 수요가 크면 대형 설비를 짓는다. 그러나 수요가 불확실하면 다른 의사결정 규칙을 사용하는 것이 바람직하다.

불확실성하에서의 의사결정

여기에서는 미래에 일어날 사건들을 나열할 수는 있지만 각각의 확률을 추정할 수는 없다고 가정한다. 예를 들어 과거의 경험이 전무해 미래의 확률은 추정하기조차 매우 어려운 경우이다. 이런 경우에는 다음의 네 가지 의사결정 규칙을 사용할 수 있다.

1. **최대최소(maximin) 기준.** 최악의 경우 중에서 가장 나은 대안을 선정한다. 이 규칙은 모든 대안에 대해 '최악'의 경우를 상정하는 **비관주의적** 규칙이다.
2. **최대최대(maximax) 기준.** 최선의 경우 중에서 가장 좋은 대안을 선정한다. 이 규칙은 기대치가 높고 '투기성'이 높은 **낙관주의적** 규칙이다.
3. **라플라스(Laplace) 기준.** **가중평균 보상**이 가장 나은 대안을 선택한다. 가중평균 보상은 모든 사건의 비중(또는 확률)을 동일하게 놓고 계산한다. 즉 사건이 n가지면 각 사건의 비중(또는 확률)을 $1/n$로 정하여 그 합이 1이 된다. 이 규칙은 **현실주의적**이다.
4. **최소최대 후회(minimax regret) 기준.** '최악의 후회'가 가장 최소화되는 대안을 선정한다.

이를 위해 먼저 후회(또는 기회 상실)행렬을 작성한다. 이 행렬의 각 행은 대안을 나타내고 각 열은 사건을 나타내며, 후회란 현재 대안의 보상과 동일한 열에 있는 보상 중 가장 좋은 값과의 차이다. 즉 주어진 사건하에서 최선의 대안에 비해 얼마나 손해 보는가를 나타내는 값이 된다. 이는 상황에 따라 이익의 상실이 되거나 비용의 증가가 될 수도 있다.

불확실성하에서의 의사결정

예제 A.6

예제 A.5의 보상행렬을 사용해 위의 각 규칙에 따른 최선의 대안을 구하라.

풀이

a. 최대최소 기준. 대안별로 최악의 경우란 보상행렬의 각 행에서 가장 작은 수치를 말한다. 최악의 보상(단위: 1,000달러)은 다음 표와 같다.

대안	최악의 보상
소형 설비	200
대형 설비	160

이 중에서 최선은 소형 설비의 200,000달러이다. 따라서 비관주의자는 소형 설비를 지을 것이다.

b. 최대최대 기준. 대안별로 최선의 경우란 보상행렬의 각 행에서 가장 큰 수치를 말한다. 최선의 보상은 다음 표와 같다.

대안	최선의 보상
소형 설비	270
대형 설비	800

이 중에서 최선은 대형 설비의 800,000달러이다. 따라서 낙관주의자는 대형 설비를 지을 것이다.

c. 라플라스 기준. 사건이 두 가지이므로 보상은 다음 표와 같다.

대안	가중평균 보상
소형 설비	0.5(200) + 0.5(270) = 235
대형 설비	0.5(160) + 0.5(800) = 480

최상의 평균 보상은 480,000달러이다. 그러므로 현실주의자는 대형 설비를 지을 것이다.

d. 최소최대 후회 기준. 실제 수요가 낮았다면 이 경우 최선의 대안은 소형 설비이며 이때의 후회는 0(또는 200 − 200)이다. 만약 대형 설비를 지었는데 수요가 낮았다면 이때의 후회는 40(또는 200 − 160)이다.

	후회		
대안	수요 낮음	수요 높음	최대 후회
소형 설비	200 − 200 = 0	800 − 270 = 530	530
대형 설비	200 − 160 = 40	800 − 800 = 0	40

표에서 가장 오른쪽 열은 각 대안의 최악의 후회를 나타낸다. 최악의 후회를 최소로 하려면 대형 설비를 지어야 할 것이다. 최악의 후회는 소형 설비를 지어 놓았는데 수요가 높은 경우이다.

의사결정 포인트

비관적인 사람은 소형 설비를 선택할 것이고, 낙관적인 사람과 현실적인 사람 그리고 최대 후회를 최소화하려는 사람은 대형 설비를 선택할 것이다.

위험하에서의 의사결정

이제는 각 사건을 나열하고 이들의 확률을 추정할 수 있다고 하자. 이 경우는 확실성하에서의 의사결정보다는 정보가 부족하지만 불확실성하에서의 의사결정보다는 정보가 더 많다. 이런 경우는 기대치(expected value) 의사결정 규칙이 널리 이용된다. 기대치는 각각의 보상을 확률과 곱한 다음 이를 합하여 구하며, 기대치가 최선(이익의 경우 최대, 비용의 경우 최소)인 대안을 선택하게 된다.

이 규칙은 모든 사건의 발생 가능성(혹은 중요성)이 같지 않다는 점만 제외하면 라플라스 기준과 흡사하다. 라플라스 기준에서는 각 사건의 발생 가능성이 동일하다고 가정한다. 여기에서 기대치란 같은 의사결정을 반복한다고 할 때의 평균 보상이라고 할 수 있다. 물론 나쁜 사건이 발생하여 나쁜 결과를 얻을 수도 있다. 같은 행동을 오랫동안 반복할 때 최선의 결과를 얻는다는 것이다. 위험을 회피하고자 하는 경우라면 이 규칙을 이용하면 안 된다.

예제 A.7 위험하에서의 의사결정

예제 A.5의 보상행렬에서 수요가 낮을 확률을 0.4, 수요가 높을 확률을 0.6으로 추정하였다면 기대치 기준에서 최선의 대안은 무엇인가?

풀이

각 대안의 기대치는 다음 표와 같다.

대안	기대치(1,000달러)
소형 설비	0.4(200) + 0.6(270) = 242
대형 설비	0.4(160) + 0.6(800) = 544

의사결정 포인트

기대치 기준에 따르면 대형 설비를 선택하게 된다. 기대치 기준은 지속적으로 오래 사용할 경우 최선의 결과를 가져온다.

의사결정나무

A.4 의사결정나무를 작성, 분석한다.

의사결정나무는 제품계획, 프로세스 설계, 프로세스 용량, 입지 등 운영 관리와 공급사슬 관련 의사결정에서 폭넓게 사용할 수 있는 일반적인 접근법이다. 이는 특히 수요가 불확실하고 순차적으로 여러 차례 의사결정을 내려야 하는 다양한 시설 확장안을 평가하는 데 유용하다. 예를 들어 회사에서 2015년에 식당을 확장하였는데도, 2018년의 수요가 예상하였던 것보다 훨씬 크게 되는 경우도 있을 수 있다. 이 경우 시설을 재차 확장할지와 다른 시설을 지을지를 두고 두 번째 의사결정을 해야 할 수도 있다.

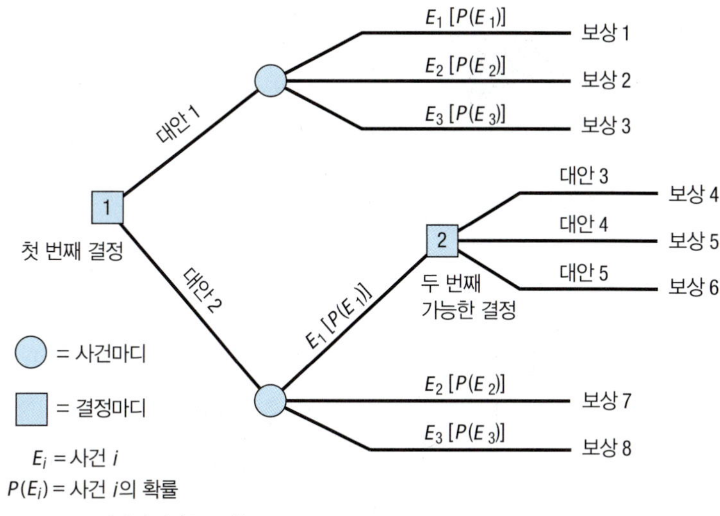

그림 A.3 의사결정나무 모형

의사결정나무(decision tree)는 가능한 대안을 그것들의 결과와 함께 표현한 도식적 모형이다. 이 이름은 이 모형이 나무처럼 생겼다는 데서 연유한다. 의사결정나무는 여러 마디(node)와 마디에서 나온 **가지**(branch)로 구성되며 왼쪽에서 오른쪽으로 읽는다. 사각형 마디는 의사결정을 내리는 지점으로 결정마디라고 하며, 여기에서 갈라져 나온 가지는 대안이 된다. 원형 마디에서 나온 가지는 의사결정자가 통제할 수 없는 우연 사건(event) 혹은 '자연의 상태'를 나타낸다. 각 사건의 확률 $P(E)$는 각 가지의 위에 쓰는데, 하나의 사건마디에서 나온 가지들의 확률은 더하면 1이 되어야 한다. 조건부 보상(conditional payoff)은 가능한 모든 대안-사건 조합의 오른쪽 끝에 쓴다. 보상은 분석이 시작되기 전에 정해져야 한다. 예를 들어 그림 A.3의 보상 1은, 대안 1을 선택하고 사건 1이 발생하는 경우의 보상이다. 이보다 왼쪽에 있는 가지(예: 대안 1)에는 보상이 올 수 없다. 이 대안에는 우연 사건이 따르게 되며, 따라서 최종점이 아니기 때문이다. 보상은 순이익의 현재 가치로 표현하기도 한다. 수익이 의사결정에 영향을 받지 않는다면 보상은 순비용으로 표현한다. 의사결정나무를 그리고 나면 오른쪽에서 왼쪽으로 가며 문제를 푸는데, 각 마디의 **기대보상**(expected payoff)을 다음과 같이 계산한다.

의사결정나무
가능한 대안을 그것들의 결과와 함께 표현한 도식적 모형

1. 사건마디에 대해서는 각 사건 가지의 보상과 확률을 곱하고 이들을 모두 더하여 사건마디의 기대보상을 계산한다.
2. 결정마디에서는 기대보상이 가장 높은 대안을 선택한다. 만약 대안이 사건마디로 연결된다면 이 대안의 보상은 그 사건마디의 기대보상(이미 계산된 것임)이다. 선택되지 않은 가지는 기각하고 짧은 사선을 2개 그어 기각되었음을 표시한다. 의사결정나무의 기대보상은 마지막까지 지워지지 않고 남아 있는 가지의 기대보상이다. 가장 왼쪽의 결정마디에 도달할 때까지 이 과정을 반복한다. 이 마디에서 나온 가지 중 지워지지 않은 것이 선택해야 할 최선의 대안이다. 다단계 의사결정의 경우에 경영자는 다음에 무엇을 할 것인지 결정하기 위하여 사건의 발생을 기다려야 한다. 만약 확률이나 보상의 새로운 추정치를 얻게 된다면 이 과정을 반복해야 한다.

의사결정나무를 작성하는 소프트웨어는 여러 가지다. 파워포인트는 의사결정 나무를 작성하는 데 사용할 수 있으나 분석 기능은 없다. 기능이 더 풍부한 소프트웨어에는 윈도우용 POM, SmartDraw(http://www.smartdraw.com), 팰리세이드의 PrecisionTree decision analysis (http://www.palisade.com), TreePlan(http://www.treeplan.com/treeplan.htm) 등이 있다.

예제 A.8

의사결정나무 분석

어떤 소매업자가 새 입지에 대형 설비와 소형 설비 가운데 하나를 지으려고 한다. 이 지역의 수요는 적을 수도 있고 많을 수도 있으며 각각의 확률은 0.4와 0.6으로 추정된다. 소형 설비를 건설하였다가 수요가 많으면 확장할 수도 있고(보상 = 270,000달러), 하지 않을 수도 있다(보상 = 223,000달러). 소형 설비를 건설하였다가 수요가 적으면 확장할 이유가 없으며 이때의 보상은 200,000달러이다. 대형 설비를 건설하였다가 수요가 작으면 아무 일도 하지 않든가(보상 = 40,000달러), 지역광고를 통하여 수요를 자극할 수 있다. 광고에 대한 반응은 미미할 수도 있고(보상 = 20,000달러) 클 수도 있으며(보상 = 220,000달러), 각각의 확률은 0.3과 0.7로 추정된다. 마지막으로 대형 설비를 지었는데 수요가 큰 경우는 보상이 800,000달러이다.

의사결정나무를 작성하고 각각의 결정마디 및 사건마디에 대하여 기대보상을 계산하라. 어느 대안의 기대보상이 더 높은가?

풀이

출처: Lipskiy/Shutterstock

그림 A.4의 의사결정나무에 사건의 확률과 일곱 가지 대안-사건 조합에 대한 보상이 나타나 있다. 첫 번째 결정은 대형 설비와 소형 설비 가운데 선택이다. 이를 나타내는 결정마디가 가장 왼쪽에 위치하는데, 지금 당장 내려야 할 결정이기 때문이다. 두 번째 결정마디는 확장 여부의 선택으로, 여기에는 소형 설비를 건설하고 수요가 큰 것으로 드러났을 때에만 이르게 된다. 마지막으로 세 번째 결정마디는 광고 여부를 결정하는 지점인데, 이는 대형 설비를 짓고 수요가 적은 것으로 밝혀졌을 때에만 이르게 된다.

이 의사결정나무의 분석은 오른쪽에서 왼쪽으로 가면서 기대보상을 계산하면서 시작한다. 그 값은 그림 A.4의 각 사건 혹은 의사결정 마디 밑에 적혀 있다.

1. 광고를 할 때 전개되는 효과의 사건마디에서의 기대보상은 160으로, 이는 각 사건의 보상을 해당 확률로 가중평균한 값[0.3(20) + 0.7(220)]이다.
2. 결정마디 3의 기대보상은 160이다. 광고를 하는 것(160)이 광고를 하지 않는 것(40)보다 좋기 때문이다. 사선을 두 줄로 그어 광고를 하지 않는 대안을 삭제한다.

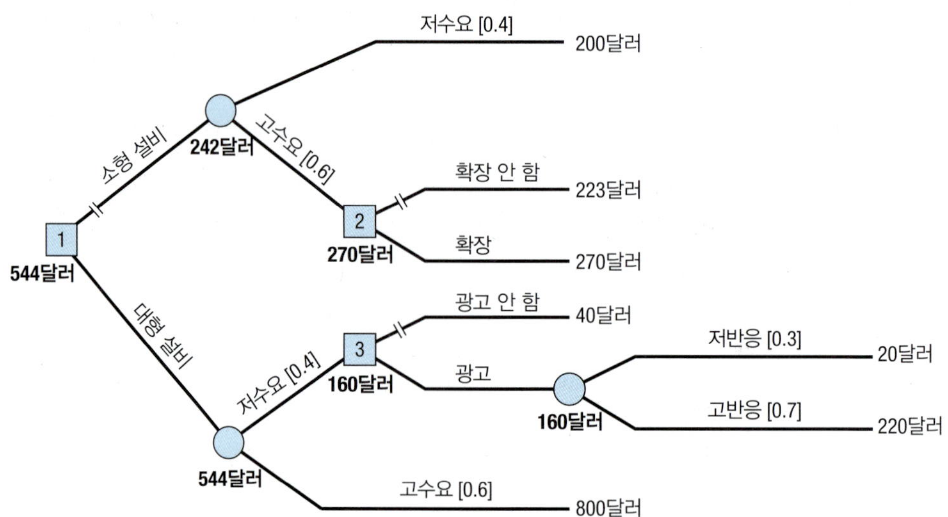

그림 A.4 의사결정나무 모형

3. 결정마디 2의 기대보상은 270이다. 확장하는 것(270)이 확장하지 않는 것(223)보다 낫기 때문이다.
4. 소형 설비를 지었을 때 전개되는 수요의 수준을 나타내는 사건마디의 기대보상은 0.4(200) + 0.6(270)으로 242이다.
5. 대형 설비를 지었을 때 전개되는 수요의 수준을 나타내는 사건마디의 기대보상은 0.4(160) + 0.6(800)으로 544이다.
6. 결정마디 1의 기대보상은 544이다. 대형 설비의 기대보상이 더 크기 때문이다. 소형 설비 대안은 삭제한다.

의사결정 포인트

소매업자는 대형 설비를 건설해야 한다. 처음에는 이 한 가지만 결정하고 후속 결정은 추후 드러나는 수요를 보고 내리면 된다.

학습목표 점검

학습목표	점검 가이드라인	온라인 자료
A.1 손익분기점 분석을 도해적 방법과 대수적 방법으로 설명한다.	'손익분기점 분석' 절에서 이에 대해 다룬다. 예제 A.1과 복습문제 1에서 이 분석 과정을 차근차근 보여준다. 예제 A.3은 서로 다른 프로세스를 평가하는 데 이 분석을 사용하는 방법을 보여준다.	
A.2 선호도 행렬을 작성한다.	계량화할 수는 없지만 중요도에 차이가 나는 요인을 포함하는 의사결정 문제를 다루는 방법에 대해서는 '선호도 행렬' 절을 보라. 예제 A.4와 복습문제 2는 선호도 행렬을 사용하는 데 수반되는 계산 과정을 보여준다.	
A.3 확실성, 불확실성 및 위험하의 의사결정에 의사결정론을 적용하는 방법을 설명한다.	'의사결정론' 절은 각 실행 가능 대안과 사건에 따른 보상을 보여주는 보상행렬을 작성하는 절차를 설명한다. 예제 A.5의 표는 보상행렬의 한 예다. 덧붙여 '불확실성하에서의 의사결정'과 '위험하에서의 의사결정'은 대안의 산출이 불분명할 때의 의사결정 방법을 다루고 있다. 예제 A.6과 A.7 및 복습문제 3은 이러한 방법이 어떻게 적용되는지를 보여준다.	
A.4 의사결정나무를 작성, 분석한다.	순차적으로 여러 차례 결정을 내려야 하는 문제를 해결하기 위해 의사결정나무를 작성하고 분석하는 방법을 '의사결정나무' 절에서 제시한다. 예제 A.8과 복습문제 4에서 의사결정나무의 맨 오른쪽에서 출발해 열악한 대안을 제거하면서 단계적으로 왼쪽으로 가면서 최초의 결정마디에 도착하는 과정을 보여준다.	

주요 공식

손익분기점 분석

1. 손익분기점: $Q = \dfrac{F}{p - c}$
2. 프로세스 평가, 제조-구매 의사결정 시 손익분기점: $Q = \dfrac{F_m - F_b}{c_b - c_m}$

핵심용어

고정비용(fixed cost)
민감도 분석(sensitivity analysis)
변동비용(variable cost)
보상행렬(payoff cost)
선호도 행렬(preference matrix)
손익분기점(break-even quantity)
손익분기점 분석(break-even analysis)
의사결정나무(decision tree)
의사결정론(decision theory)

복습문제 1

어떤 소규모 제조업체의 사장이 접시를 닦고 부엌용 싱크대를 청소하는 새로운 장치를 개발하여 특허를 획득하였다. 상용화에 앞서 사장은 성공 가능성이 어느 정도 높았으면 한다. 이 장치의 변동비용은 단위당 7달러로 예상되며, 고정비는 연간 56,000달러로 추정된다.

a. 판매가격을 25달러로 한다면 손익분기점에 다다르기 위하여 얼마나 많이 판매하여야 하는가? 대수적 방법과 도해적 방법을 모두 사용하라.

b. 가격을 15달러로 정하면 첫해에 10,000대를 판매할 수 있을 것으로 예측된다. 이 가격을 택하면 첫해에 이 제품의 이익은 얼마나 되겠는가?

풀이

앞의 분석에서 다음의 세 가지 아이디어를 만들어야 한다. 물론 다른 아이디어가 있으면 더 좋다.

a. 대수적으로 풀면 다음과 같다.

$$Q = \frac{F}{p - c} = \frac{56,000}{25 - 7} = \mathbf{3,111}\text{대}$$

도해법으로 풀기 위해서는 먼저 그림 A.5에 다음과 같은 2개의 직선을 그린다.

$$\text{총수입} = 25Q$$
$$\text{총비용} = 56,000 + 7Q$$

이들 두 직선은 Q = 3,111대에서 교차하며, 이것이 손익분기점이다.

b.
$$\begin{aligned}\text{총이익공헌액} &= \text{총수입} - \text{총비용}\\ &= pQ - (F + cQ)\\ &= 15(10,000) - [56,000 + 7(10,000)]\\ &= \mathbf{24,000}\text{달러}\end{aligned}$$

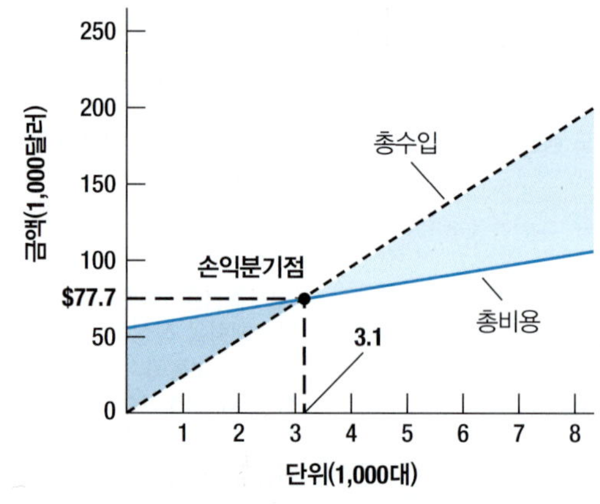

그림 A.5 복습문제 1의 손익분기점 분석 그래프

복습문제 2

대니 솔로우 컴퍼니(Danny Solow's Company)는 새 창고 건설을 위해 헌츠빌, 애틀랜타, 렉싱턴 세 곳을 고려하고 있다. 현재와 미래의 수요를 충족하는 데 새 창고는 단 한 곳만 필요하다. 1(최악)에서 10(최고)까지의 성과 기준과 등급은 오른쪽 표에 나와 있다. 대니 솔로우는 모든 성과 기준에 동일한 가중치를 부여했다. 선호도 행렬 방식을 사용할 경우 가장 좋은 대안은 무엇인가?

	평가점수		
성과 기준	애틀랜타	헌츠빌	렉싱턴
1. 경쟁우위	4	5	4
2. 회사의 다른 시설과의 근접성	7	4	6
3. 예상 투자수익(ROI)	5	7	7
4. 프로젝트 위험 추정	9	5	5
5. 숙련된 인력의 가용성	7	5	6

풀이

다섯 가지 기준은 각각 1/5 또는 0.20의 가중치를 받는다.

위치	계산	총점
애틀랜타	$(0.2 \times 4) + (0.2 \times 7) + (0.2 \times 5) + (0.2 \times 9) + (0.2 \times 7)$	**= 6.4**
헌츠빌	$(0.2 \times 5) + (0.2 \times 4) + (0.2 \times 7) + (0.2 \times 5) + (0.2 \times 5)$	= 5.2
렉싱턴	$(0.2 \times 4) + (0.2 \times 6) + (0.2 \times 7) + (0.2 \times 5) + (0.2 \times 6)$	= 5.2

헌츠빌과 렉싱턴은 총 가중치 점수에서 한참 뒤처져 있기 때문에 애틀랜타에 창고를 위치시키는 것이 가장 좋은 선택이다.

복습문제 3

에델바이스는 대학교에서 꽃집을 운영한다. 꽃은 멕시코의 한 도매상에서 공급받으며, 주문하면 3일 후에 도착한다. 밸런타인데이가 다가오고 있으며 판매는 거의 전적으로 마지막 순간의 충동구매로 결정된다. 이렇게 고객의 예약이 너무 적으므로 에델바이스는 수요가 적을지(25다스), 보통일지(60다스), 많을지(130다스) 전혀 감을 잡을 수 없다. 장미 한 다스의 구매 가격은 15달러이고 판매가격은 40달러이다. 보상행렬을 작성하고 아래의 각 기준별 최선의 선택을 정하라.

a. 최대최소
b. 최대최대
c. 라플라스
d. 최소최대 후회

풀이

이 문제에 대한 대안은 아래 표와 같다.

대안	저(25다스)	중(60다스)	고(130다스)
25다스 주문	625달러		
60다스 주문	100달러		
130다스 주문	(950달러)		
주문 안 함	0달러		

a. 최대최소 기준에 따르면 625달러의 보상을 가져다주는 대안인 25다스 주문을 선택한다.
b. 최대최대 기준에 따르면 3,250달러의 이익을 가져오는 130다스 주문을 택한다.
c. 라플라스 기준에 따르면 60다스를 주문한다. 각 수요 수준의 발생 가능성이 1/3로 같다고 보면 각 대안의 기대보상은 각각 625달러, 1,033달러, 917달러이다.
d. 최소최대 후회 기준에 따르면 130다스를 주문하여야 한다. 25다스를 주문하였을 때의 최대 후회는 수요가 130다스일 때로 $3,250 - 625 = 2,625$달러이다. 60다스를 주문하였을 때의 최대 후회는 수요가 130다스일 때로 $3,250 - 1,500 = 1,750$달러이다. 130다스를 주문하였을 때의 최대 후회는 수요가 25다스일 때로 $625 - (-950) = 1,575$달러이다.

복습문제 4

화이트밸리 스키리조트에서는 신설 스키장의 스키 리프트 운영계획을 수립하고 있다. 경영진은 리프트를 한 대 설치할지 두 대 설치할지 결정하여야 한다. 리프트 한 대는 하루에 250명을 수용할 수 있다. 스키 시즌은 보통 12월부터 4월까지 14주 동안이며, 이 기간에 리프트는 매주 7일씩 가동된다. 리프트의 이용률은 경기에 영향을 받는다. 경기가 불황, 보통, 호황일 확률은 각각 0.3, 0.5, 0.2로 추정된다. 경기가 불황이면 첫 번째 리프트의 이용률은 90%일 것이다. 경기가 보통이면 첫 번째 리프트의 이용률은 100%이고 두 번째 리프트의 이용률은 50%일 것이다. 한편 경기가 호황이면 첫 번째 리프트의 이용률은 100%이고 두 번째 리프트의 이용률도 90%로 올라갈 것이다. 새로운 리프트를 신설할 경우 화폐의 시간가치와 경제적 수명을 감안한 연간 비용은 50,000달러이다. 리프트를 두 대 설치하는 경우 둘을 동시에 구매한다면 연간 비용은 90,000달러이다. 일단 가동된다면 이용률과 무관하게 각 리프트의 운영비용은 200,000만 달러이다. 리프트 탑승권은 고객 1인당 하루에 20달러이다. 이 스키장에서는 리프트를 몇 대 설치해야 하는가?

풀이

의사결정나무는 그림 A.6에 나타나 있으며, 이 그림에 나타난 최종 가지의 보상은 다음 표와 같이 계산한다. 예를 들어 리프트 한 대를 100% 가동하면 총수입은 490,000달러(250명/일 × 98일 × 20달러/명)가 된다.

대안	경제 사정	보상(수입 − 비용)
1대	불황	0.9(490) − (50 + 200) = 191
	보통	1.0(490) − (50 + 200) = 240
	호황	1.0(490) − (50 + 200) = 240
2대	불황	0.9(490) − (90 + 200) = 151
	보통	1.5(490) − (90 + 400) = 245
	호황	0.9(490) − (90 + 400) = 441

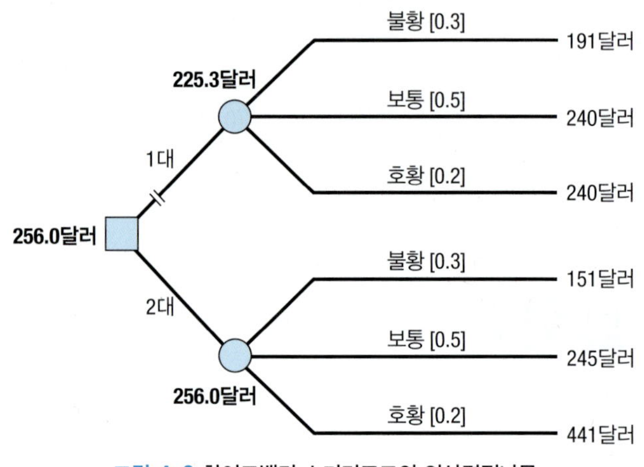

그림 A.6 화이트밸리 스키리조트의 의사결정나무

연습문제

이 책을 사용하는 모든 학생은 OM Explorer, 윈도우용 POM, Active Model 소프트웨어를 사용할 수 있다. 해당 소프트웨어의 다운로드 위치와 활용 방법은 강의 담당 교수에게 문의하라. 대부분의 교수자는 학생이 직접 계산하는 방법을 이해하기를 바란다. 하지만 소프트웨어를 이용하면 계산을 확인할 수 있다. 계산이 매우 복잡하고, 의사결정 과정에서 결과를 해석하는 것이 목표인 경우 소프트웨어가 수작업 계산을 완전히 대체해도 무방하다.

손익분기점 분석

1. 윌리엄스사의 소유주인 메리 윌리엄스는 새로운 제품의 도입을 저울질하고 있다. 생산 프로세스와 자재, 새로운 장비의 비용을 철저히 검토하고 나서, 윌리엄스는 제품의 단위당 변동비용은 6달러로, 연간 고정비용은 60,000달러로 추정하였다.

a. 판매가격을 18달러라고 가정하고 도해법과 대수법을 사용하여 손익분기점 판매량을 구하라.

b. 가격을 14달러로 할 경우 첫해의 매출은 10,000단위로 예측된다. 첫해 이익은 얼마겠는가?

c. 가격을 12.50달러로 하면 첫해 매출은 15,000단위로 증가할 것이다. 어느 가격(14달러 혹은 15.20달러)에서 총이익이 더 크겠는가?

d. 신제품의 생산 및 마케팅을 위한 의사결정을 확정하려면 다른 중요한 고려 사항은 무엇인가?

2. 제닝스 주식회사는 자사의 한 제품이 매출은 괜찮았으나 이익은 실망스러웠다. 지난해에는 17,500단위를 생산하여 판매하였는데, 단위당 가격은 22달러이고 변동비용은 18달러, 고정비용은 80,000달러이다.

a. 도해법과 대수법을 사용하여 이 제품의 손익분기점 판매량을 구하라.

b. 매출이 증가하지 않을 것으로 예상되었다고 치자. 그러면 손해를 보지 않으려면 변동비용은 얼마나 줄여야 하겠는가?

c. 제닝스는 가격을 1달러 내리면 매출이 50% 증가할 것으로 생각한다. 이렇게 된다면 손해는 보지 않겠는가? 그렇지 않다면, 매출이 얼마나 더 증가하면 손해를 보지 않겠는가?

d. 제닝스는 판매를 촉진하거나 변동비용을 줄이는 방법을 생각하고 있다. 경영진은 판매를 30% 증가시키거나 변동비용을 현 수준의 85%로 줄이는 것이 가능하다고 생각한다. 두 대안 모두 동일한 비용이 든다면 어느 대안이 이익 증가에 더 유리한가? (힌트: 두 대안 각각의 이익을 계산하고, 이익이 더 큰 대안을 선택하라.)

e. (d)에서 각 대안의 단위당 공헌이익 변화를 백분율로 나타내라.

3. 한 지역 방송국에서 새로운 장비를 도입하면 대화형 텔레비전 서비스를 고속정보통신망을 이용하여 단말기당 월 10달러에 판매할 수 있는 기회를 찾았다. 단말기당 서비스에 필요한 비용은 월 15달러이고 이 서비스 지역에 15,000명의 잠재 고객이 있다면, 이 설비를 확보하여 유지하는 데 투자할 수 있는 연간 고정비용은 얼마인가?

4. 한 비스트로는 메뉴에 애플 크럼블을 새롭게 추가할 계획이다. 이 비스트로의 주방은 하루에 최대 35인분의 애플 크럼블을 생산할 수 있는 설비를 갖추고 있다. 하루 고정비는 186달러이며, 35인분을 생산하는 데 드는 변동비용은 총 351달러이다. 해당 디저트가 손익분기점을 달성하려면 최소 판매가격이 얼마여야 하는가?

5. 주물업체 스파르타는 대기 중으로 배출되는 분진을 줄이는 생산 프로세스를 설치하여야 하는데, 분진 배출 감소량이 동일한 두 가지 대안 프로세스를 찾아냈다. 첫째 프로세스는 고정비용이

350,000달러이고 주물 단위당 변동비용은 50달러이다. 둘째 프로세스는 고정비용이 150,000달러이고 단위당 변동비용은 90달러이다.

a. 첫 번째 프로세스가 두 번째 프로세스보다 나쁘지 않게 되는 손익분기점은 얼마인가?

b. 생산량이 10,000단위라면 총비용의 차이는 얼마인가?

6. 뉴스 스크랩 서비스 회사가 현대화를 검토하고 있다. 현대화하면 주요 뉴스를 수작업으로 스크랩한 후 복사하여 고객에게 우송하는 대신, 가장 널리 읽히는 간행물의 기사를 컴퓨터 데이터베이스에 입력한다. 간행물이 발행될 때마다 고객의 회사명, 경쟁 회사명, 사업 유형, 제품 및 서비스, 중역진 등 키워드를 통하여 기사를 탐색하여 관련이 있는 고객에게 필요한 내용을 온라인으로 즉시 알려준다. 그 기사에 흥미가 있는 고객은 바로 전송받아서 그 기사가 일반에게 널리 알려지기 전에 후속 인터뷰를 위하여 준비를 할 수 있다. 과거 수작업으로 처리할 때는 고정비용이 연간 400,000만 달러였고 변동비용이 스크랩당 6.20달러였으며, 고객은 스크랩당 8달러를 지불하였다. 새로운 프로세스의 고정비용은 연간 1,300,000달러이고 고객에게 전송한 기사의 건당 변동비용은 2.25달러이다.

a. 같은 가격을 받을 때, 연간 판매 건수가 얼마이면 새로운 자동화 프로세스가 기존 수작업 프로세스보다 못하지 않게 되는가?

b. 현재의 매출은 연간 225,000건이다. 그런데 현재는 고객이 관심을 갖지 않는 기사를 송부하거나 여러 개의 잡지에 동일한 내용이 실려도 모두 고객에게 송부하고 있다. 새로운 프로세스로 이런 서비스의 질을 개선하고 가격을 스크랩당 4달러로 낮춘다면 수요는 연간 900,000건에 이를 것으로 예상된다. 이 서비스를 현대화하여야 하는가?

c. (b)의 수요 예측이 지나치게 낙관적이라는 지적이 있다. 새로운 프로세스는 가격이 4달러라면 손익분기점은 얼마인가?

7. 한 제조업체는 자사가 생산하는 제품의 주요 부품 하나를 지역의 협력업체에서 구매해 왔다. 현재의 구매 가격은 1,500달러이다. 한편 부품 표준화에 성공하여 이제는 이 부품이 다섯 가지 상이한 제품에 사용될 수 있게 되었고, 이에 따라 연간 사용량이 150개에서 750개로 증가하였다. 경영진은 이제 이 부품을 구매하기보다 자체 생산할 때가 된 것이 아닐까 궁금해 하고 있다. 직접 생산한다면 새로운 장비와 도구로 인하여 고정비용이 연간 40,000달러가량 늘어날 것이다. 원재료와 공통 변동비용은 단위당 1,100달러가 될 것이며, 노무비는 단위당 300달러가 될 것이다.

a. 이 회사는 구매 대신 제조를 택하는 것이 나은가?

b. 손익분기점은 얼마인가?

c. 다른 중요한 고려 사항에는 어떤 것이 있는가?

8. 테크노 주식회사는 현재 변동비용이 단위당 5달러인 제품을 생산하고 있다. 이 품목을 생산하기 위한 연간 고정비용은 140,000달러이다. 현재 판매가격은 단위당 10달러이며 연간 판매량은 30,000단위이다.

a. 새로운 장비를 설치하면 이 제품의 품질을 크게 개선할 수 있으며, 연간 고정비용이 60,000달러 추가되고 단위당 변동비용도 1달러 증가한다. 그러나 품질의 개선에 따라 연간 판매량이 50,000단위로 늘어날 것이다. 테크노 주식회사는 이 장비를 설치하고 판매가격은 그대로 유지해야 하는가? 이유는 무엇인가?

b. 같은 장비를 도입하고 가격을 단위당 11달러로 인상할 수도 있다. 단, 이 경우에는 판매량이 45,000단위가 될 것이다. 테크노 주식회사가 이 장비를 도입하고 가격을 올리는 것이 좋은가? 이유는 무엇인가?

9. 트라이 카운티 발전 및 송전협회는 시골지역에 전력을 공급하는 비영리 조직이다. 이 협회는 과거에 장기 수요 예측이 잘못되어 발전과 송전 설비를 과다하게 건설하였고, 이에 따라 발전 및 송전 능력을 과잉 보유하고 있다. 고정비용은 연간 8,250만 달러로 설비 투자를 위한 차입금 이자가 대부분을 차지하며, 변동비용은 MWh당 25달러로 화석연료의 비용이 대부분이다. 새로 수요 예측 책임을 맡은 담당자가 내년의 예산 수립을 위하여 수요를 예측한 바에 따르면 내년 트라이 카운티의 고객은 1년간 100만 MWh의 전력을 소비할 것으로 나타났다.

a. MWh당 전력 가격을 얼마로 하여야 내년에 손익분기점에 이르겠는가?

b. 트라이 카운티의 고객은 (a)에서 계산한 가격에 반발하여 전력 사용량을 줄여서 실제 수요는 예상 수요의 95%에 불과하다. 이 때의 이익이나 손실은 얼마인가?

10. 로스앤젤레스에서 많은 시민이 지진, 기근, 화재, 불경기, 홍수, 범죄 때문에 콜로라도주 볼더시로 이주하였다. 이에 따라 볼더시의 전력 수요가 급팽창하여 전력 공급 시스템에 문제가 발생하였고, 이를 해결하기 위하여 대안을 연구한 결과 두 가지로 압축되었다. 첫째는 트라이 카운티에서 MWh당 75달러에 150,000 MWh의 전력을 구매하는 것이다. 다른 대안은 현재 폐쇄된 펄스트리트 발전소를 복원하여 발전하는 것이다. 이를 위한 고정비용은 연간 1,000만 달러에 달할 것으로 예상되며 발전의 변동비용은 MWh당 35달러로 예상된다. 어떤 대안이 더 나은가?

11. 트라이 카운티 발전 및 송전협회는 볼더시에 연간 150,000 MWh의 전력을 MWh당 75달러에 공급하는데, 고정비용은 연간 8,250만 달러이고 변동비용은 MWh당 25달러이다. 현재 볼더시 이외의 다른 도시 고객이 1,000,000 MWh의 전력을 트라이 카운티에서 구매하려 한다. 손익분기점에 이르려면 트라이 카운티는 가격을 얼마로 정하여야 하는가?

선호도 행렬

12. 어떤 중요한 원료를 공급받기 위하여 다섯 업체를 비교 분석하여야 하는데 해당 자료는 아래 표에 있다(1 = 열악함, 10 = 우수함). 경영진은 기준 2와 기준 3이 동일하게 중요하고, 기준 1과 기

준 4는 각각 기준 2보다 4배 중요하다고 생각한다. 최대 두 업체까지 선정할 수 있으나, 만점의 70% 이상을 얻는 업체만 선정할 수 있다.

	평가점수				
성과 기준	업체 A	업체 B	업체 C	업체 D	업체 E
원료의 품질	8	7	3	6	9
환경 영향	3	8	4	7	7
주문 변경에 대한 반응성	9	5	7	6	5
원료의 원가	7	6	9	2	7

a. 어떤 업체를 추천하겠는가?

b. 기준이 모두 동일하게 중요하다면 추천이 바뀌겠는가?

13. 엑셀 익스프레스 주식회사에서 새 창고의 입지 후보지 두 곳에 대하여 아래와 같은 정보를 수집하였다(1 = 열악함, 10 = 우수함).

		평가점수	
입지 요인	가중치	A	B
건설비용	10	8	5
유틸리티 사정	10	7	7
비즈니스 서비스	10	4	7
부동산 가격	20	7	4
삶의 질	20	4	8
교통	30	7	6

a. 총가중점수를 기준으로 할 때 A와 B 중 어디에 창고를 지어야 하겠는가?

b. 입지 요인의 가중치가 모두 동일하다면 의사결정이 달라지는가?

14. 크렙스 컨설팅의 재니스 굴드는 고객에 추천할 전사적 분석 소프트웨어의 구매를 결정하는 중이다. 그녀는 경영상 가장 중요한 성능 척도와 이에 대한 세 가지 소프트웨어 패키지의 평가점수를 다음과 같이 추정하였다.

		평가점수		
성능 척도	요인 가중치	소프트웨어 A	소프트웨어 B	소프트웨어 C
기능성	25	9	8	9
공급자 신뢰성	10	7	5	9
기존 시스템 호환성	20	6	8	6
유지보수 및 지원	10	5	5	8
총비용	25	4	8	5
실행 신속성	10	8	4	7

a. 당신이라면 어느 소프트웨어를 추천하겠는가?

b. 고객이 마음을 바꾸어 이제는 유지보수 및 지원이 총비용 척도에 이미 고려되었다고 주장한다고 하자. 게다가 고객은 굴드에게 유지보수 및 지원 척도를 제거하고 이 요인의 가중치를 총비용에 합할 것을 요구하였다. 고객의 이러한 요청에 따라 추천 내역이 변경되는가?

의사결정론

15. 한 도시가 물 관리 프로젝트의 일환으로 댐 건설을 위한 후보지 세 곳을 선정하였다. 시의회는 여러 전문가의 자문을 받아 다음과 같은 선호도 행렬을 도출하였다.

성과 기준	가중치	A부지	B부지	C부지
지형 조건의 적절성	28	2	9	4
수문 조건의 적절성	26	5	5	4
전체 비용	15	3	8	4
좌우 기능 분화	13	4	3	6
건설 타당성	12	3	9	4
경제적 이점	6	2	2	10

a. 선호도 행렬을 기반으로 어떤 부지를 선택해야 하는가?

b. '건설 타당성' 항목을 제외하고, 그 가중치를 '전체 비용' 항목에 더해 반영한다고 가정할 경우, 선택해야 할 부지는 어느 곳인가?

16. 로버트 랙스데일은 새로 구입하려는 노트북 컴퓨터의 수리 및 교체 보험 가입 여부를 결정하려 한다. 이 보험정책은 구입 시 400달러를 지불하여야 하며, 향후 3년간 노트북 도난 시 교체와 고장 시 수리를 보장한다. 다음 표는 각 경우의 총비용을 나타내고 있다.

대안	컴퓨터 도난 시	컴퓨터 고장 시	도난이나 고장이 일어나지 않는 경우
보험 구입함	2,900달러	2,900달러	2,900달러
보험 구입 안 함	5,000달러	3,100달러	2,500달러

다음 의사결정 기준에 따를 때, 어떤 대안이 최선인가?

a. 최대최소

b. 최대최대

c. 라플라스

d. 최소최대 후회

17. 오프쇼어 화학의 수석 엔지니어인 벤저민 모세는 현재 실험 단계에 있는 새로운 프로세스의 건설 여부를 결정하여야 한다. 새로운 프로세스가 성공적으로 가동된다면 회사는 2,000만 달러의 순이익을 얻으며 실패한다면 1,000만 달러의 손해를 입게 된다. 벤저민이 볼 때 새로운 프로세스가 성공할 확률은 40%이다. 벤저민은 어떤 결정을 내려야 하는가?

18. 정부는 홍수 피해를 줄이기 위한 방안을 고려하고 있다. 하나는 홍수 위험 지역에서 주민과 기반 시설을 다른 지역으로 이전하는 것이고, 또 하나는 산림을 확대하여 물의 유출을 줄이는 것이다. 각각의 대안에 따른 비용은 다음과 같다(단위: 100만 달러).

대안	홍수 미발생 시 비용	홍수 발생 시 비용 및 손실
재배치	62.6	110
조립	84.2	99.8

전문가들은 향후 1년 내 홍수가 발생할 확률을 50%로 예측한다. 정부는 어떤 대안을 선택해야 하는가?

의사결정나무

19. 18번 문제에서 설명한 두 가지 대안에 대해 의사결정나무를 작성하라. 가장 높은 기대 수익을 얻기 위해 관리자는 어떤 선택을 해야 하는가?

20. 펄 자동차 딜러사의 사장은 현재의 설비를 확장할 것인지를 결정하고자 한다. 만약 그가 설비를 확장했는데 고객 수요가 낮다면, 그는 새로 구축한 설비의 일부를 다른 딜러에게 임대할 수도 있다. 만약 그가 설비를 확장하지 않았는데 높은 수요가 발생한다면, 그는 지역의 다른 설비를 임차할 수도 있다. 그림 A.7의 의사결정나무를 분석하라. 최적의 의사결정은 무엇이며, 이때의 기대보상은 얼마인가?

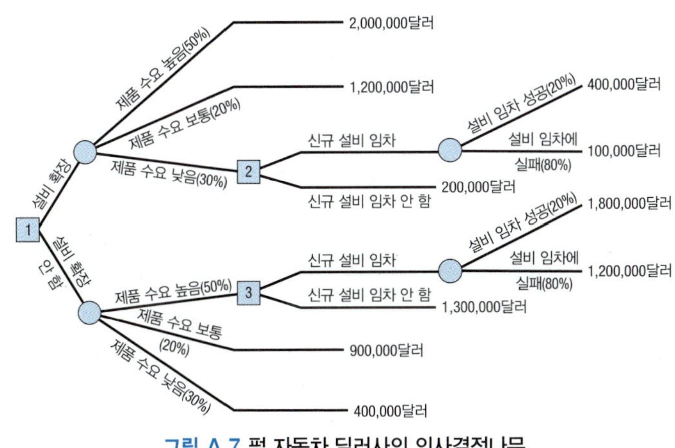

그림 A.7 펄 자동차 딜러사의 의사결정나무

21. 다음 그림에 나타난 의사결정나무를 분석하라. 가장 나은 대안의 기대보상은 얼마인가? 문제를 풀기 전에 그림에서 빠진 확률을 먼저 정하라.

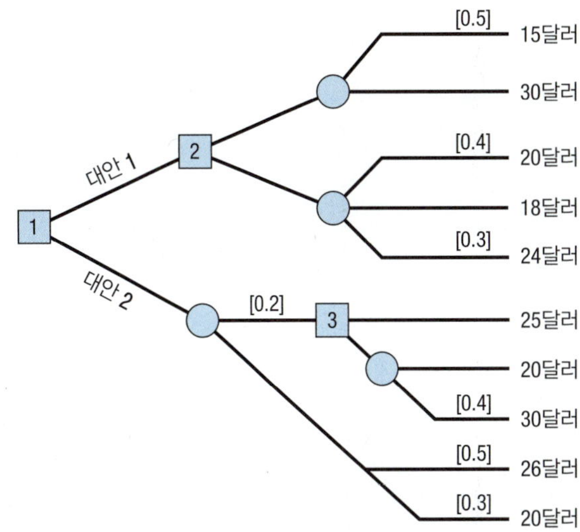

그림 A.8 21번 문제의 의사결정나무

22. 한 경영자가 기계를 한 대 살지 두 대 살지 결정해야 한다. 한 대만을 구입했는데 수요가 큰 것으로 판명나면 추후에 두 번째 기계를 구입할 수 있다. 그러나 이러한 설비를 설치하는 데는 6개월이 걸리므로 판매 기회를 일부 상실할 것이다. 나아가 두 대를 동시에 구입하면 대당 구입비용을 낮출 수 있다. 수요가 낮을 확률은 0.20이다. 두 대를 동시에 구매했을 때 세후 이익의 순현가는 수요가 낮을 때 90,000달러이고, 수요가 높으면 180,000달러이다.

한 대만을 구입했는데 수요가 낮으면 순현가는 120,000달러이다. 수요가 높다면 경영자에게는 세 가지 대안이 있다. 각 대안의 순현가는 아무 일도 하지 않으면 120,000달러이고, 하청을 주는 경우는 160,000달러, 두 번째 기계를 구입하는 경우는 140,000달러이다.

a. 이 문제의 의사결정나무를 그려라.

b. 처음에 이 경영자는 기계를 몇 대 사야 하는가? 이 대안의 기대보상은 얼마인가?

23. 한 제조업자가 현재 공장의 생산용량이 소진되어 근처에 두 번째 공장을 건설하여야 한다. 새로운 공장의 대안은 규모에 따라 소형과 대형 두 가지이다. 수요는 0.3의 확률로 낮을 수 있다. 수요가 낮은 경우, 대형 공장과 소형 공장의 순현가는 각각 500만 달러와 800만 달러이다. 수요가 높다면, 대형 공장과 소형 공장의 순현가는 각각 1,800만 달러와 1,000만 달러이다. 한편 소형 공장은 추후 수요가 높은 것으로 판명되면 확장할 수 있으며 이렇게 할 경우 순현가는 1,400만 달러이다.

a. 이 문제를 기술하는 의사결정나무를 그려라.

b. 최대 기대보상을 얻기 위한 결정은 무엇인가?

2 운영전략

출처: Mike Mareen/Shutterstock

폴란드 슈체친에 위치한 아마존 물류 센터에서 볼보 트럭과 아마존 트레일러로 물류를 처리하는 모습(2020년 8월)

아마존

아마존(Amazon.com)은 다양한 상품 카테고리의 온라인 소매 비즈니스를 전문으로 하는 다국적 기술 기업이다. 2022년 매출 5,140억 달러를 달성한 아마존은 2,373개의 유통 인프라 시설과 150만 명 이상의 직원을 통해 전 세계 고객에게 다양하고 방대한 상품 패키지를 배송하고 있다. 유통업계는 계절적 수요 패턴과 더욱 다양한 상품 선택에 대한 고객의 요구 변화에 대응할 수 있어야 한다. 이러한 사업적 측면으로 인해 아마존은 온라인뿐만 아니라 오프라인 매장을 동시에 운영하고 있는 월마트(Walmart), 타깃(Target), 베스트바이(Best Buy)와 같은 대형 유통업체와의 경쟁에서 어려움에 직면하고 있다. 오프라인 매장에서는 고객이 원하는 제품을 직접 보고 구매를 통해 즉각적인 만족감을 경험할 수 있다. 일부 대형 유통업체는 오프라인 매장 외에도 온라인 쇼핑 경험을 제공하고 있다. 예를 들어 베스트바이와 월마트는 자사의 매장을 온라인 주문의 유통 허브로 활용해 배송 시간을 2일 이내로 단축했는데, 이는 전국에 있는 창고에서 주문 제품을 직접 배송하는 것보다 훨씬 신속한 배송을 가능하게 만든다.

그렇다면, 아마존은 어떻게 경쟁력을 확보할 수 있을까? 운영전략에 사용되는 아홉 가지 주요 경쟁 우선순위 중 특히 네 가지 요소가 아마존의 온라인 소매 비즈니스에 매우 중요한데, 그것은 바로 배송 속도, 제품 다양성, 고객 맞춤화, 저비용 운영이다. 아마존은 물류 시설을 전략적으로 배치하고 용량을 증대시킴으로써 배송 속도를 향상했다. 52만 대 이상의 로봇을 통해 상품을 더 빨리 배송할 수 있으며, 이러한 효율성을 통해 아마존은 재고 품목 수를 늘릴 수 있었다. 아마존의 주문 처리 및 유통 운영은 신속한 배송을 보장하도록 설계되어 있으며, 비즈니스 모델은 재고 회전율이 낮은 품목에 과잉 투자가 발생하지 않는 것을 목표로 한다. 마지막으로, 아마존은 재고가 없는 품목에 대해서는 제조업체 및 유통업체와 협력해 고객에게 직접 상품을 배송하고 있는데, 이를 *드롭 쉬핑*(drop shipping)이라고 한다. 고객이 주문한 순간부터 배송까지 걸리는 시간을 더욱 단축하기 위해, 아마존은 미국 우편 서비스(U.S. Postal Service)를 통해 일요일 자택 배송을 제공하는 프로그램을 시작했다.

제품 다양성 측면에서 볼 때, 아마존에서 쇼핑하는 고객은 말 그대로 수억 개에 달하는 품목에 접근할 수 있다. 예를 들어 18만 5,000개 이상의 소매업체가 아마존 사이트에서 제품을 판매할 수 있는 온라인 쇼핑 네트워크인 아마존 마켓플레이스(Amazon Marketplace)에서는 3억 5,300만 개 이상의 제품을 제공한다. 또한 아마존 창고에는 1,223만 개의 상품이 입고되어 있으며, 모든 창고는 제조업체 및 유통업체와의 협업을 최우선으로 한다. 배송 속도와 제품 다양성은 또 다른 핵심 우선순위인 고객 맞춤화

학습목표

2.1 고객 중심 운영전략을 정의하고 기업 전략 및 시장 분석과의 연관성을 파악한다.

2.2 운영전략에 사용되는 아홉 가지 경쟁 우선순위를 파악하고 일관된 의사결정 패턴이 어떻게 조직 역량을 발전시킬 수 있는지 설명한다.

2.3 신규 서비스 및 제품 개발 전략과 개발 프로세스를 정의한다.

2.4 운영전략을 사용해 회사의 성과를 평가하고 관리하는 방법을 이해한다.

를 뒷받침하고 있다. 고객 맞춤화란 각 고객이 원하는 구체적이고 고유한 주문을 제공할 수 있는 능력이다. 유통 프로세스는 고객이 아마존 웹사이트 또는 제휴 웹사이트를 통해 주문함으로써 시작된다. 시스템은 상품을 배송할 물류 센터를 결정하거나 아마존 포장을 사용해 고객에게 직접 상품을 배송하는 드롭 쉬퍼(drop shipper)를 사용할지 여부를 결정한다. 이러한 결정은 제품 가용성과 운송비용을 고려해 내려진다. 한 주문에 포함된 여러 품목이 서로 다른 공급원에서 조달될 수 있으며, 이 경우 최종 배송 전 운송 허브에서 통합된다. 마지막으로 가격은 아마존의 주요한 우위요건(order winner)이다. 낮은 가격은 공급사슬의 저비용 운영을 통해 뒷받침된다. 높은 물량은 제조업체와 유통업체의 단위당 가격에 하락 압력으로 작용한다. 또한 아마존의 수익 구조는 소매점의 운영을 지원할 필요가 없기 때문에 회사의 간접비 지출을 줄여준다. 높은 운송 및 배송 비용으로 인해 아마존은 일부 주요 시장에서 자체 차량을 활용하는 등 물류비를 고려해 공급사슬을 신중하게 설계해야 했다.

앞서 언급한 경쟁 우선순위를 지원하기 위해 아마존은 방대한 고객에게 적시에 차별화된 가치를 제공할 수 있는 운영 및 공급사슬 역량을 구축해야 한다.[1]

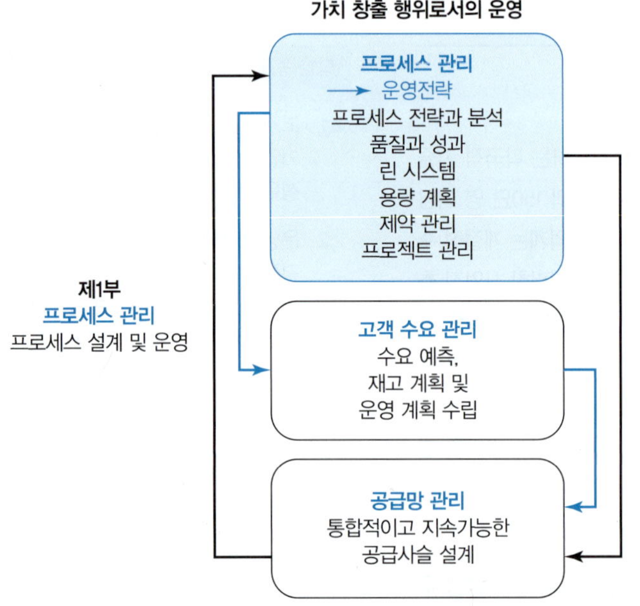

1장에서 우리는 조직에서 운영이 얼마나 중요한 역할을 하는지, 프로세스 관점과 공급사슬 관점을 운영 관리에 적용하는 것이 기업의 가치 창출에 어떻게 도움이 될 수 있는지 알아보았다. 이 책의 1부에서는 먼저 기업의 운영이 전반적인 기업 목표 및 목적에 어떻게 일관된 방식으로 연결될 수 있는지 이해하는 것으로 시작한다. 그런 다음 기업 내부 프로세스에 중점을 두고, 프로세스 설계 및 분석(3장 '프로세스 전략과 분석'), 프로세스 품질 측정(4장 '품질과 성과'), 낭비 제거를 통한 프로세스의 린(lean)과 효율성 구축(5장 '린 시스템'), 다양한 유형의 조직 내에서 프로세스 용량과 그 제약 관리(6장 '용량 계획' 및 7장 '제약 관리'), 프로젝트 관리(8장 '프로젝트 관리')를 다룬다.

운영전략

2.1 고객 중심 운영전략을 정의하고 기업 전략 및 시장 분석과의 연관성을 파악한다.

운영전략
운영을 통해 회사의 기업 전략을 구현하고 고객 중심의 회사를 구축하는 데 도움이 되는 수단

운영전략(operations strategy)은 운영 부서가 기업 전략을 실행하는 방식을 명시하고 고객 중심 기업을 구축하는 데 기여한다. 운영전략은 장단기 운영 의사결정을 기업 전략과 연결하고 기업의 경쟁력 강화에 필요한 역량을 개발한다. 운영전략은 프로세스 및 공급사슬 관리의 핵심이

1 Amazon Staff, "10 Years of Amazon Robotics: How Robots Help Sort Packages, Move Product, and Improve Safety," AboutAmazon.com (June 21, 2022), https://www.aboutamazon.com/news/operations/10-years-of-amazonrobotics-how-robots-help-sort-packages-move-product-and-improve-safety; Jay Greene, "Amazon.com Cuts Deal with USPS," Associated Press, *Naples Daily News* (Tuesday, November 12, 2013), pp. 5A–5B; Mark Solomon, "Amazon Plans Revamp of U.S. Shipping with Mix of Private Fleet, Regional Carriers, and USPS," *DC Velocity* (March 6, 2014), pp. 1–3; "How Many Products Does Amazon Carry?" *Retail TouchPoint* (February 28, 2023); Amazon.com 2020 Annual Report, https://www.annualreports.com (February 2023); MWPVL International, www.mwpvl.com/html/amazon_com.html (February 28, 2023); https://www.statista.com/statistics/266282/annual-net-revenue-of-amazoncom/ (February 28, 2023).

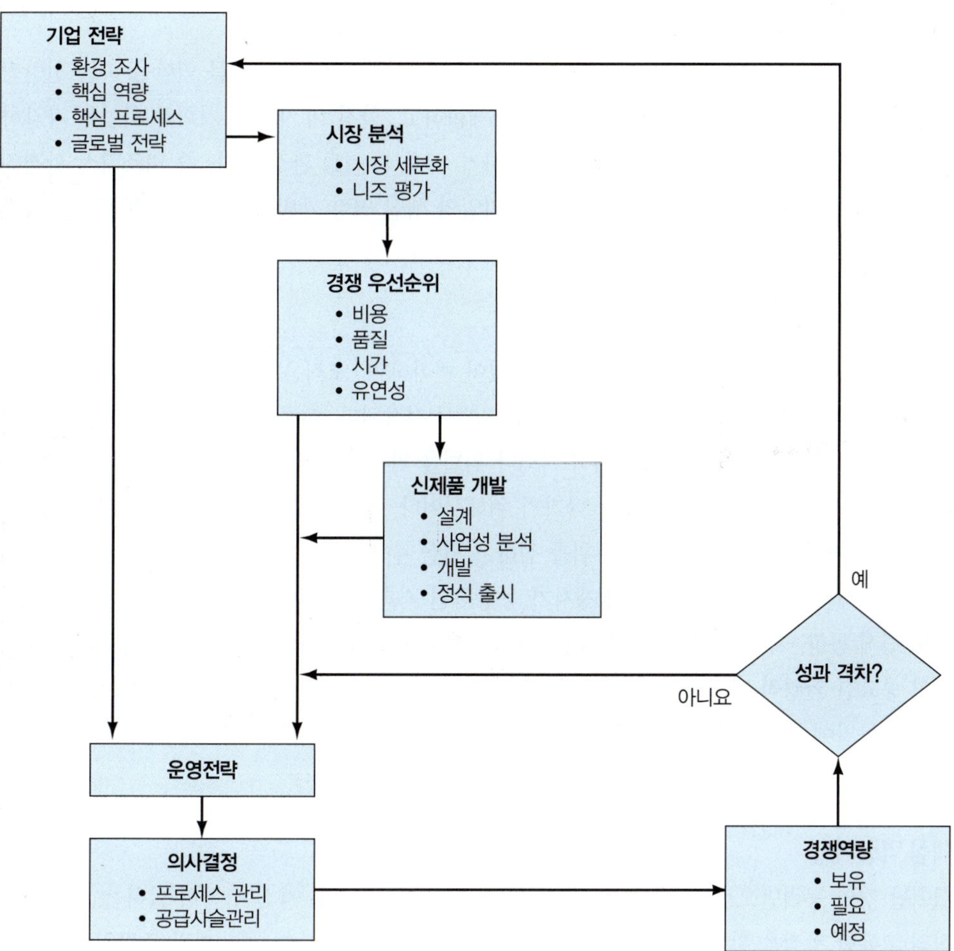

그림 2.1 기업 전략과 주요 운영 관리 의사결정 간의 연계성

다. 기업의 내부 프로세스는 단지 구성요소일 뿐이며, 경쟁 환경에서 궁극적으로 효과를 발휘할 수 있도록 체계적으로 조직화되어야 한다. 운영전략은 이러한 프로세스를 하나로 모아 공급업체는 물론 고객까지 아우르는 기업 외부의 공급사슬을 형성하는 핵심 요소이다. 고객은 끊임없이 변화를 원하기 때문에 기업의 운영전략은 고객의 요구로 주도되어야 한다. 아마존닷컴은 경쟁이 치열한 시장에서 고객 중심 운영전략을 실행하고 있는 훌륭한 사례이다.

고객 중심 운영전략 개발은 **기업 전략**에서 시작되는 프로세스이다. 그림 2.1에서 볼 수 있듯이 기업 전략은 기업의 전반적인 목표와 핵심 프로세스를 조율하고, 기업이 진출할 시장과 환경 변화에 대한 대응 방안을 결정한다. 또한 핵심 역량과 핵심 프로세스를 개발할 자원을 제공하며, 기업이 국제 시장에서 활용할 전략을 수립한다. 기업 전략을 기반으로 **시장 분석**을 통해 고객을 분류하고, 고객의 니즈를 파악하며, 경쟁사의 강점을 평가한다. 이러한 정보는 **경쟁 우선순위**를 수립하는 데 사용된다. 비용, 품질, 시간, 유연성 범주에 속하는 아홉 가지 경쟁 우선순위를 파악한다. 이러한 우선순위는 관리자들이 시장에서 경쟁력을 유지하는 데 필요한 서비스나 제품 및 프로세스를 개발하는 데 도움이 된다. 경쟁 우선순위는 기존 서비스나 제품뿐만 아니라 신규 서비스나 제품의 설계, 이를 제공하는 프로세스, 그리고 이를 충족하기 위한 기업의 역량을 개발하는 운영전략에도 중요하다. 기업의 운영전략 개발은 지속적인 과정이다. 경쟁 우선순위를 충족할 수 있는 기업의 역량을 주기적으로 점검하고, 성과의 격차를 운영전략에서 해결해야 하기 때문이다.

기업 전략

기업 전략(corporate strategy)은 조직의 모든 기능을 수행하는 데 있어 틀 역할을 하는 전반적인 방향을 제시한다. 기업이 추구할 사업을 구체화하고, 환경 내 새로운 기회와 위협을 파악하며, 성장 목표를 식별한다. 기업 전략을 개발하기 위해서는 (1) 환경 조사, 즉 비즈니스 환경의 변화를 모니터링하고 이에 적응하는 것, (2) 기업의 핵심 역량 개발, (3) 기업의 핵심 프로세스 개발, (4) 기업의 글로벌 전략 개발 등을 고려해야 한다.

환경 조사

기업이 경쟁하는 외부 비즈니스 환경은 끊임없이 변화하며, 조직은 이러한 변화에 적응해야 한다. 적응은 **환경 조사**(environmental scanning)에서 시작된다. 이는 경영자가 환경(예: 산업, 시장, 사회)의 동향을 모니터링해 잠재적 기회나 위협을 파악하는 과정이다. 환경 조사를 하는 중요한 이유 중 하나는 경쟁에서 앞서 나가기 위해서이다. 경쟁업체는 서비스 또는 제품 라인 확장, 품질 향상, 비용 절감을 통해 우위를 점하고 있을 수 있다. 시장에 새로 진입하거나 기업의 서비스나 제품을 대체할 수 있는 경쟁자가 등장하면 지속적인 수익성을 위협할 수 있다. 그 밖에도 경제 동향, 기술 변화, 정치적 상황, 사회적 변화(예: 일에 대한 태도), 필수 자원의 가용성 등이 중요한 환경적 관심사이다. 예를 들어 자동차 제조업체들은 석유 매장량이 감소함에 따라 결국 자동차에 대체 연료가 필요하다는 것을 인식하고 있다. 따라서 휘발유 대신 수소 또는 전기를 연료로 사용하는 시제품 자동차를 설계한다.

핵심 역량 개발

뛰어난 경영 능력만으로는 환경 변화를 극복할 수 없다. 기업은 자신이 특히 잘하는 것, 즉 조직의 고유한 강점을 활용해 성공할 수 있다. **핵심 역량**(core competency)이란 조직의 경영진이 전략을 수립할 때 고려하는 고유한 자원과 강점을 말한다. 이러한 역량은 조직의 집단적 학습, 특히 프로세스 조정 및 기술 통합 방법을 반영한다. 이러한 핵심 역량에는 다음이 포함된다.

핵심 역량
조직의 경영진이 전략을 수립할 때 고려하는 고유한 자원과 강점

1. 인력. 잘 훈련되고 유연한 인력을 통해 조직은 시장의 요구에 적시에 대응할 수 있다. 이러한 역량은 고객과 직원을 직접 대면하는 서비스 조직에 특히 중요하다.
2. 시설. 사무실, 매장, 공장 등 좋은 위치에 있는 시설은 새로운 시설 구축에 필요한 **리드타임**(lead time)이 길기 때문에 주요 장점이 된다. 또한 다양한 서비스나 제품을 다양한 규모로 처리할 수 있는 유연한 시설은 경쟁우위를 발생시킨다.

리드타임
고객 주문을 접수한 후 처리하는 데 걸리는 시간

출처: Ceri Breeze/Shutterstock

골든 나이츠 아이스하키팀의 홈구장인 라스베이거스 T-모바일 아레나의 외관 전경

3. 시장 및 재무 노하우. 주식 판매를 통한 자본 유치, 서비스나 제품의 마케팅 및 유통, 시중의 유사 서비스나 제품과 차별화(differentiation)를 쉽게 할 수 있는 조직은 경쟁우위를 확보할 수 있다.
4. 시스템 및 기술. 정보시스템 전문 지식을 보유한 조직은 은행업과 같이 데이터 집약적인 산업에서 우위를 점할 수 있다. 특히 기업 대 소비자(B2C) 및 기업 대 기업(B2B) 시스템과 같은 인터넷 기술 및 애플리케이션에 대한 전문 지식은 강점이 된다. 신기술에 대한 특허를 보유하는 것 또한 큰 이점으로 작용한다. T-모바일(T-Mobile)은 첨단 기술 애플리케이션과 다양한 서비스를 통해 이동통신 회사 시장 점유율을 크게 확대할 수 있었다.

핵심 프로세스 개발

기업의 핵심 역량은 고객 관계, 신규 서비스 또는 제품 개발, 주문 처리, 공급업체 관계 등 핵심 프로세스를 주도할 수 있어야 한다. 많은 기업이 네 가지 프로세스를 모두 갖추고 있지만, 어떤 기업은 핵심 역량에 더 잘 부합하기 위해 일부 프로세스에 집중하기도 한다. 네 가지 프로세스 모두를 능숙하게 수행하면서도 경쟁력을 유지하는 것은 매우 어렵기 때문이다. 은행 업계에는 고객 확보 및 관계 관리에 특화된 기업이 있다. 예를 들어 HSBC는 타깃 마케팅 활동과 개인 맞춤형 서비스를 통해 고객과 특별한 유대감을 구축한다. 반면, 와이즈[Wise, 구 트랜스퍼와이즈(transferwise)]와 같은 전문 송금 및 외환 회사는 새로운 기능과 가격 정책을 도입하는 동시에 통합 뱅킹 및 결제 프로세스를 제공하는 등 서비스 혁신을 우선시한다. 또한 오늘날 많은 기업이 신용카드 거래 및 콜센터를 효율적으로 관리해 주문 이행을 처리하고 있다. 모든 조직이 핵심 역량을 평가하고 경쟁우위를 촉진하는 프로세스에 의도적으로 집중해야 한다는 점은 변함없다.

출처: Ceri Breeze/Shutterstock

홍콩상하이은행[홍콩 및 상하이 은행, 현재 HSBC 홀딩스(HSBC Holdings plc)]은 신용카드, 주택담보대출, 은행, 저축 상품 등 다양한 금융 상품을 전문으로 취급하는 다국적 은행 지주회사이다.

글로벌 전략

오늘날 기회와 위협을 파악하려면 글로벌 관점이 필요하다. 대부분 기업은 번영을 위해서는 고객, 공급업체, 시설 위치, 경쟁사를 글로벌 관점에서 바라봐야 한다는 것을 알고 있다. 글로벌 전략에는 해외 서비스 또는 부품 구매, 해외 경쟁업체의 위협에 대한 대응, 전통적인 국가 경계를 넘어선 시장 진출 계획 등이 포함될 수 있다. 글로벌 경쟁사의 위협을 막는 것도 중요하지만, 기업은 해외 시장 진출을 적극적으로 모색해야 한다. 효과적인 글로벌 전략 두 가지는 (1) 전략적 제휴와 (2) 해외 시장 진출이다.

전략적 제휴

기업이 해외 시장을 개척하는 한 가지 방법은 **전략적 제휴**(strategic alliance)를 맺는 것이다. 전략적 제휴는 각 기업이 자율성을 유지하면서 새로운 기회를 확보하는 다른 기업과의 계약이다. 전략적 제휴는 두 가지 형태 중 하나로 이루어질 수 있다. 한 가지 전략적 제휴는 **협력적 노력**(collaborative effort)으로, 한 기업이 다른 기업이 필요로 하는 핵심 역량을 보유하고 있지만 모방할 의지가 없거나 능력이 없을 때 흔히 발생한다. 이러한 계약은 일반적으로 구매자-공급자 관계에서 발생한다. 또 다른 전략적 제휴는 기술 라이선싱(technology licensing)으로, 한 기업이 다른 기업에 자사의 서비스 또는 생산 방법을 라이선스하는 것이다. 라이선스는 해외 시장 진출을 위해 사용될 수 있다. 이러한 해외 및 국내 시장 진출은 두 기업이 일반적으로 자원을 모아 별도의 사업체를 만드는 합작 투자(joint venture)를 통해서도 확보할 수 있다. 합작 투자는 일반적으로 전략적 제휴보다 더 많이 관여하고 더 오래 지속된다.

해외 시장 진출

글로벌 시장에 진출하는 또 다른 방법은 해외에 사업장을 두는 것이다. 기업은 생산 시설을 해외 국가에 위치시킴으로써 시장 침투력을 높일 수 있는데, 이는 수입품 구매에 대한 고객의 거부감을 줄일 수 있기 때문이다. 또한 해외에 사업장을 두는 것은 본국의 경제 상황이 좋지 않을 때 다른 지역에서 발생하는 현금흐름으로 균형을 맞출 수 있게 해준다. 세법이 유리한 국가에 사업장을 두는 것도 이익 마진을 늘리는 데 도움이 될 수 있다. 마지막으로, 환율 차이는 미국에 소노코는 혁신적인 패키징 솔루션을 제공하는 글로벌 기업으로, 칩스 아호이 쿠키, 프링글스 포테이토 크리스피, 커피용 플렉시블 브릭 팩 등 다양한 제품을 위한 패키지를 공급한다.

출처: Steve Cukrov/Shutterstock

출처: Pavlo Lys/Shutterstock

서 원자재, 운송비, 에너지 비용 증가로 인한 추가 비용을 상쇄하기에 충분한 경우가 많다. 예를 들어 사우스캐롤라이나주 하츠빌에 위치한 소비재, 산업재, 의료 및 보호 포장재 회사인 소노코(Sonoco)는 전 세계 32개국, 약 300개 사업장에서 근무하는 22,000명의 직원을 통해 56억 달러의 순매출을 기록했으며, 85개국 이상에 서비스를 제공하고 있다.[2] 소노코는 경기 침체기에 국내 시장의 약점을 해외 매출 및 수익 성장과 균형 있게 관리해 왔다. 그러나 경영자는 자국에서 잘 작동하는 것이 다른 지역에서는 잘 작동하지 않을 수도 있다는 점도 인식해야 한다. 경제적, 정치적 환경이나 고객의 요구가 크게 다를 수 있기 때문이다. 성공을 위해서는 기업 전략이 다른 국가의 관습, 선호도, 경제 상황을 잘 반영하고 있어야 한다.

(1) 운송 및 통신 기술의 향상, (2) 금융 기관에 대한 규제 완화, (3) 수입 서비스 및 상품에 대한 수요 증가, (4) 유럽연합(EU) 및 미국-멕시코-캐나다협정(USMCA)과 같은 지역 무역 블록 형성으로 인한 수입 쿼터 및 기타 국제 무역 장벽 감소, (5) 비교 비용 우위의 다섯 가지 발전은 글로벌 전략의 필요성을 촉발했는데, 글로벌화의 단점과 함께 아래에서 자세히 살펴보자.

- 비교 비용 우위. 중국, 인도, 동남아시아는 전통적으로 저렴하지만 숙련된 노동력의 공급원이었으나, 이들 국가가 경제적으로 강해지면서 비용 이점이 줄어들고 있다. 그러나 오늘날 상하이 푸둥 공업지구와 같은 중국의 새로운 공장들은 미국을 비롯한 해외로 판매되는 다양한 제품을 생산하고 있다. 미국 제조업체들은 가전제품, 신발, 장난감 등 마진이 낮은 분야를 중국, 인도네시아 등 신흥국에 점점 더 많이 내주고 있다. 대신 컴퓨터 칩, 첨단 기계, 헬스케어 제품처럼 복잡하고 전문 노동력이 필요한 고가의 제품을 만드는 데 집중하고 있다. 이러한 기업들은 비용보다는 전략적인 이유로 미국에 입지하는 것이 유리할 수도 있다. 2022년 CHIPS 법(CHIPS Act)이 통과됨에 따라 인텔과 같은 기업들은 오하이오주에 새로운 제조 공장을 설립하기로 약속했다. 마찬가지로 마이크론(Micron)은 시러큐스와 뉴욕 중부에 새로운 제조 시설을 짓기 위해 막대한 투자를 하고 있다.

  외국 기업들은 지난 10년 동안 중국에 수만 개의 새로운 시설을 열었다. 주요 이유 중 하나는 제품의 소위 '도착 비용(landed cost)', 즉 최종 소비자에게 제품을 전달하는 데 드는 총 관련 비용이다. 기업이 동남아시아에 제품을 판매하려는 경우, 중국 노동력과 공급업체를 이용하고 주요 부품을 중국으로 운송해 최종 제품을 중국 및 동남아시아 고객에게 배송하는 것이 중국 부품을 사용해 국내에서 제품을 생산한 후 완제품을 동남아시아로 운송하는 것보다 비용이 저렴할 수 있다. 도착 비용에 대한 동일한 주장은 특히 제품의 주요 시장이 미국에 있고 운송비가 높은 경우 미국 기업이 중국에 시설을 두는 것이 더 저렴할 수 있음을 시사한다. 반대로, 인건비가 제품 비용의 상당 부분을 차지하는 경우 해외에서 생산된

2 Sonoco, "Investor Relations" (June 23, 2023), https://investor.sonoco.com.

제품을 수입하는 것이 더 저렴할 수 있다. 현재 미국이 중국에서 수입하는 많은 제품은 중국에서 사업을 운영하는 외국 기업에서 생산된다. 이러한 기업에는 거의 모든 대형 신발 및 의류 브랜드와 애플(Apple) 같은 휴대전화 제조업체가 포함된다. 애플은 현재 휴대전화 제조를 인도로 다각화하고 있다. 이 외에도 더 많은 주요 제조업체들이 인도에 진출해 있다. 그 결과 미국의 철강, 가전제품, 가정용 내구재, 기계 및 화학 제품 제조업체들은 국내 및 국제 시장에서 시장점유율이 감소했다. 경쟁에 미치는 영향은 엄청나다. 해외에 진출하지 않은 기업은 이제 해외에 진출한 기업과 저렴한 가격을 바탕으로 경쟁하기 어려울 수 있다. 대신 속도와 소량 생산에 집중해야 한다. 그러나 미국은 지난 5년간 중국산 제품에 관세를 부과해 왔다. 코로나19 팬데믹 기간 동안 처음 제기된 공급사슬의 안정성 강화 필요성과 함께, 미국은 국내 생산 조건을 더욱 유리하게 만들었다.

서비스 분야에서 인도는 지배적인 시장으로 부상했다. 제조업체와 마찬가지로 인건비가 핵심 요소이다. 인도 소프트웨어 기업들은 애플리케이션이 정교해지면서 비용 측면에서 큰 이점을 제공한다. 컴퓨터 서비스 산업 또한 영향을 받고 있다. 후방 영업장(back-office) 운영 또한 같은 이유로 영향을 받고 있다. 많은 기업이 회계 및 부기, 연구 개발, 세무 보고서 작성, 보험 청구 처리에 인도 기업을 활용하고 있다. 인텔, 마이크로소프트와 같은 많은 기술 기업들은 인도에서 상당한 연구 개발(R&D)을 운영하고 있다. 현재 상업 서비스의 세계 무역 규모가 연간 수조 달러에 달하는 가운데, 미국의 몇몇 은행, 데이터 처리, 항공, 컨설팅 서비스 기업들은 제조 기업과 마찬가지로 국내외 시장에서 시장점유율 하락에 직면하기 시작했다.

- **글로벌화의 단점.** 물론, 다른 국가에서 사업을 운영하는 글로벌 전략을 수립하는 데는 단점이 있을 수 있다. 기업이 부품 제조의 일부를 해외 공급업체에 넘기거나, 공급업체가 원하는 품질 및 비용 목표를 달성하기 위해 기업의 기술이 필요한 경우 독점 기술을 포기해야 할 수도 있는 것이다. 정치적 위험도 수반될 수 있다. 각 국가는 국경 내 국민과 재산에 대한 주권을 행사할 수 있다. 극단적인 경우는 국유화로, 정부가 보상 없이 기업의 자산을 몰수할 수 있다. 엑슨모빌(Exxon Mobil)을 비롯한 대형 다국적 석유 회사들은 국유화 우려로 베네수엘라에서의 사업을 축소하고 있다. 또한 해외 사업장으로 인해 일자리를 잃게 되면 자국 내 고객들이 오히려 소외될 수 있다.

  외국에서는 직원들의 기술 수준이 낮아 추가 교육 시간이 필요할 수 있다. 한국 기업들은 스포츠화 생산의 상당 부분을 저임금의 인도네시아와 중국으로 이전했지만, 등산화와 인라인 롤러스케이트는 여전히 한국에서 제조하고 있는데, 이는 더 높은 기술이 필요하기 때문이다. 또한 기업의 사업장이 전 세계에 흩어져 있는 경우 고객 대응 시간이 더 길어질 수 있다. 이러한 문제는 공급사슬 설계 및 운영뿐만 아니라 아웃소싱에 대한 결정을 내릴 때 고려해야 할 사항이므로 14장 '공급사슬 설계'와 15장 '물류 관리'에서 더 자세히 설명한다. 다양한 공급업체의 구성요소를 조율하는 것은 어려울 수 있다. 또한 2011년 일본 대지진이나 2020년 코로나19 팬데믹 위기와 같은 재난적 사건은 전 세계 생산 및 운영에 영향을 미치고 국경을 넘어 빠르게 혼란을 확산시킬 수 있다.

시장 분석

서비스 및 제조 기업 모두 고객 중심 운영전략을 성공적으로 수립하기 위해서는 고객이 원하는 것이 무엇이고 이를 어떻게 제공할 수 있는지 이해하는 것이 핵심이다. 시장 분석(market analysis)은 먼저 기업의 고객을 시장 세분화하고 각 세분화의 니즈를 파악하는 것이다. 이 절에서는 시장 분석 프로세스를 살펴보고, 시장 세분화 및 니즈 평가의 개념을 정의하고 논의한다.

시장 세분화

시장 세분화(market segmentation)는 해당 집단이 원하고 필요로 하는 서비스나 제품을 설계하고 제공할 만큼 충분한 공통점을 가진 고객 집단을 식별하는 과정이다. 시장 세분화를 위해 분석가는 각 세분화를 명확히 구분하는 특징을 파악해야 한다. 이를 통해 기업은 건실한 마케팅 프로그램과 이를 뒷받침하는 효과적인 운영전략을 수립할 수 있다. 캐주얼 의류를 주로 판매하는 갭(Gap, Inc.)은 10대 청소년과 젊은 성인층을 타깃으로 하며, 갭키즈(GapKids) 매장의 주요 타깃은 영유아부터 12세까지의 어린이를 둔 부모 또는 보호자이다. 한때 경영진은 고객을 동질적인 대중 시장으로 생각했지만, 이제는 두 고객이 서로 다른 이유로 동일한 제품을 사용할 수 있다는 점을 깨달았다. 각 시장 세분화의 핵심 요소를 파악하는 것이 고객 중심 운영전략을 수립하는 출발점이다.

니즈 평가

시장 분석의 두 번째 단계는 세분화된 각 시장의 요구사항을 파악하고 경쟁업체가 이러한 니즈를 얼마나 잘 해결하고 있는지 평가하는 **니즈 평가**(needs assessment)이다. 각 시장 부문의 니즈는 서비스 또는 제품, 공급사슬과 관련이 있을 수 있다. 시장 니즈에는 고객이 원하는 제품 및 서비스의 유형 및 무형 속성과 기능이 모두 포함되어야 한다. 시장 니즈는 다음과 같이 그룹화할 수 있다.

- **서비스 또는 제품 요구사항.** 가격, 품질, 맞춤화 정도와 같은 서비스 또는 제품의 속성이다.
- **배송 시스템 요구사항.** 가용성, 편의성, 정중함, 안전성, 정확성, 신뢰성, 배송 속도, 배송 신뢰성과 같은 서비스 또는 제품 제공에 필요한 프로세스 및 지원 시스템, 그리고 자원의 속성이다.
- **수량 요구사항.** 수량의 높거나 낮음, 수량 변동성, 수량 예측 가능성과 같은 서비스 또는 제품 수요의 속성이다.
- **기타 요구사항.** 평판, 사업 연수, 애프터서비스 기술 지원, 국제 금융 시장 투자 능력, 유능한 법률 서비스 등과 같은 기타 속성이다.

이러한 평가를 통해 기업은 고객의 니즈를 제품 설계 및 제품 제공을 위한 공급사슬에 반영할 수 있다.

경쟁 우선순위

2.2 운영전략에 사용되는 아홉 가지 경쟁 우선순위를 파악하고 일관된 의사결정 패턴이 어떻게 조직 역량을 발전시킬 수 있는지 설명한다.

고객 중심 운영전략은 외부 고객의 니즈를 파악하고 경쟁사보다 우위를 점하기 위해 필요한 운영 역량을 구체화하기 위해 회사 전 부서의 교차 기능적 노력이 필요하다. 이러한 전략은 내부 고객의 니즈도 충족해야 한다. 회사의 전반적인 성과는 핵심 프로세스와 지원 프로세스의 성과에 달려 있기 때문이다. 핵심 프로세스와 지원 프로세스는 외부 고객에게 전반적으로 바람직한 결과를 제공하기 위해 조율되어야 한다.

경쟁 우선순위(competitive priority)는 프로세스 또는 공급사슬이 현재와 미래의 내부 또는 외부 고객을 만족시키기 위해 반드시 갖춰야 하는 중요한 운영 차원이다. 경쟁 우선순위는 프로세스와 그 프로세스에서 생성되는 공급사슬에 대해 계획된다. 시장점유율을 유지 또는 구축하거나 다른 내부 프로세스의 성공을 위해 경쟁 우선순위가 반드시 존재해야 한다. 모든 경쟁 우선순위가 특정 프로세스에 필수적인 것은 아니며, 경영진은 가장 중요한 우선순위를 선택한다.

경쟁 우선순위
현재와 미래에 내부 또는 외부 고객을 만족시키기 위해 프로세스나 공급사슬이 반드시 갖춰야 하는 결정적 운영 차원

여기서는 비용, 품질, 시간, 유연성과 관련된 아홉 가지의 광범위한 경쟁 우선순위에 초점을 맞춘다. 표 2.1은 이러한 경쟁 우선순위에 대한 정의와 예시, 그리고 기업이 프로세스 수준에서 이를 달성하는 방법을 보여준다.

시간 기반 경쟁
납품 속도와 개발 속도라는 경쟁 우선순위에 초점을 맞춘 전략

때때로 경영진은 여러 경쟁 우선순위를 동시에 강조할 수 있다. 예를 들어 많은 기업은 프로세스의 납품 속도와 개발 속도라는 경쟁 우선순위에 집중하는데, 이를 **시간 기반 경쟁**(time-based competition)이라고 한다. 이 전략을 실행하기 위해 경영진은 서비스를 제공하거나 제품을 생산하는 데 필요한 단계와 시간을 신중하게 정의한 다음, 각 단계를 비판적으로 분석해 품질을 해치지 않고 시간을 절약할 수 있는지를 결정한다. 1975년 스페인 갈리시아에 설립된 의류 및 액세서리 기업 자라(Zara)는 시간 기반 경쟁을 따르는 기업의 대표적 사례이다. 자라는 개발 속도와 빠른 배송 시간을 활용해 패스트 패션 업계에서 독특하고 수익성 있는 틈새시장을 개척했다. 부가가치가 없는 활동은 프로세스에서 배제했다. 모든 창의적인 결정은 자라 본사의 개방형 작업 공간에서 신속하게 이루어졌다. 대부분의 다른 소매업체와 달리 자라는 생산의 60%를 스페인과 인근 국가에서 진행하는 중앙 집중식 유통 시스템을 활용해 재고 정확성을 높였다. 자라는 아시아 하청업체와 협력하는 대신, 최종 제품의 기반이 되는 '그레이 상품(gray goods)'을 생산하는 고도로 자동화된 14개의 스페인 공장을 건설했다. 이 제품들은 포르투갈과 갈리시아에 있는 300개 이상의 소규모 매장으로 구성된 자라의 파트너 네트워크로 보내져 최종 마무리 작업을 거친다. 이 최종 단계는 자라가 다가올 패션 트렌드와 수요에 대한 확신을 얻은 후에 수행된다. 이를 통해 자라는 인기 제품의 생산을 신속하게 늘리고 며칠 만에 매장에 제품을 배송할 수 있다. 그 결과, 자라는 공급사슬의 특정 부분에서 내부 지향적 비용 절감에만 집중하기보다는, 고객이 원하는 것이 무엇이고 그들의 요구를 충족하는 방법에 집중해 신제품을 신속하게 개발하고 시장에 출시함으로써 대부분의 경쟁사보다 4배 더 높은 수익성을 달성했다. 이러한 노력이 성과를 거두면서 자라의 모회사인 인디텍스(Inditex)는 이제 세계 최대의 의류 소매업체로 성장했다.

출처: viewfinder/Shutterstock

2023년 5월 21일, 스위스 체르마트의 한 상점에서 롤렉스 명품 시계가 판매되고 있다. 롤렉스는 고객에게 최고 품질의 제품을 제공하는 것으로 유명하다.

출처: Bogdan Glisik/Shutterstock

캘리포니아주 로스가토스에 본사를 둔 미국 미디어 서비스 제공업체인 넷플릭스는 주문형 비디오 스트리밍 서비스를 빠르게 제공함으로써 엔터테인먼트의 주요 공급원으로 자리 잡았다.

출처: Hrach Hovhannisyan/Shutterstock

2022년 3월 14일, 미국 오리건주 포틀랜드의 한 쇼핑몰에 있는 자라 매장

기업 전략과 연계하기 위해 경영진은 각 프로세스(및 해당 프로세스에서 생성되는 공급사슬)에 외부 및 내부 고객의 요구에 부합하는 선별된 경쟁 우선순위를 할당한다. 경쟁 우선순위는 시간이 지남에 따라 변할 수 있다. 예를 들어 컬러 잉크젯 데스크톱 프린터와 같은 대량 생산 표준화 제품을 생각해 보자. 프린터가 대량 시장에 진입한 초기 램프업(ramp-up) 단계에서는 제조 공정에 일관된 품질, 납품 속도, 수량 유연성이 요구된다. 수요가 높은 램프업 후반기에는 저비용 운영, 일관된 품질, 정시 납품이 경쟁 우선순위가 된다. 경쟁 우선순위는 변화하는 비즈니스 환경과 고객 선호도에 따라 시간이 지남에 따라 변화하고 진화해야 한다.

표 2.1 경쟁 우선순위의 정의, 프로세스 고려 사항 및 예시

비용	정의	프로세스 고려 사항	예시
1. 저비용 운영	프로세스 또는 공급사슬의 외부 또는 내부 고객 만족을 위해 가능한 가장 낮은 비용으로 서비스나 제품을 제공하는 것	비용을 절감하려면 프로세스를 효율적으로 설계하고 운영해야 하며, 인력, 방법, 폐기물 또는 재작업, 간접비, 그리고 서비스 또는 제품의 단위당 비용을 낮추기 위한 새로운 자동화 시설이나 기술에 대한 투자와 같은 기타 요소를 고려한 엄격한 프로세스 분석을 활용해야 한다.	코스트코는 모든 프로세스를 효율적으로 설계하고, 창고형 매장의 팔레트에 제품을 적재하고, 공급업체와 적극적으로 협상하여 비용을 절감한다. 코스트코는 운영 방식을 저비용으로 설계했기 때문에 고객에게 저렴한 가격을 제공할 수 있다.
품질	**정의**	**프로세스 고려 사항**	**예시**
2. 최고 품질	탁월한 서비스 또는 제품을 제공하는 것	최상의 품질을 제공하기 위해 서비스 프로세스는 높은 수준의 고객 접촉, 높은 수준의 도움, 예의, 그리고 서버의 가용성이 필요할 수 있다. 또한 제조 공정상 탁월한 제품 기능, 엄격한 공차, 그리고 뛰어난 내구성이 요구될 수 있다.	롤렉스는 정밀한 시계를 제작하는 것으로 세계적인 명성을 얻고 있다.
3. 일관된 품질	일관된 기준으로 설계 사양을 충족하는 서비스 또는 제품을 생산하는 것	품질 '수준'에 관계없이 오류를 줄이고, 결함을 방지하고, 시간이 지남에 따라 유사한 결과를 달성하도록 프로세스를 설계하고 모니터링해야 한다.	맥도날드는 작업 방식, 직원 교육 과정, 원재료 조달 등을 표준화하여 어느 매장에서나 동일한 제품 및 공정 품질을 유지할 수 있도록 한다.
시간	**정의**	**프로세스 고려 사항**	**예시**
4. 배송 속도	고객의 주문을 신속하게 처리하는 것	백업 용량 여유를 유지하고, 재고를 보관하고, 최고의 운송 옵션을 활용하여 리드타임(고객 주문을 접수하고 처리하는 데 걸리는 시간)을 줄이는 설계 프로세스를 구축한다.	넷플릭스는 고객 관계, 주문 이행, 공급업체 관계 프로세스를 설계하여 고객이 TV 프로그램이나 영화의 여러 에피소드를 연속해서 빠르게 시청할 수 있는 통합 웹 기반 시스템을 구축했다.
5. 정시 배송	납품 시간 약속을 철저히 준수하는 것	리드타임을 줄이는 프로세스와 함께 계획 프로세스(예측, 약속, 주문 약속, 일정 계획 및 용량 계획)를 사용하여 약속한 대로 고객 주문이 배송되는 비율(일반적인 목표는 95%)을 높인다.	UPS는 물류 및 창고 프로세스에 대한 전문성을 바탕으로 전 세계에 매우 많은 양의 화물을 정시에 배송한다.
6. 개발 속도	새로운 서비스 또는 제품을 신속하게 출시하는 것	프로세스는 서비스 또는 제품 개발 프로세스에 중요한 외부 공급업체의 기능 간 통합과 참여를 달성하는 것을 목표로 한다.	자라는 런웨이에서 유행하는 의류 디자인을 빠르게 시장에 출시하는 것으로 유명하다.
유연성	**정의**	**프로세스 고려 사항**	**예시**
7. 고객 맞춤화	서비스나 제품 디자인을 변경하여 각 고객의 고유한 요구를 충족시키는 것	맞춤형 전략을 갖춘 프로세스는 일반적으로 처리량이 적고, 고객과 긴밀하게 접촉하며, 다양한 유형의 고객 요구를 충족하도록 프로세스를 재구성할 수 있는 역량을 갖추고 있다.	리츠칼튼은 개별 고객의 선호도에 따라 서비스를 맞춤화한다.
8. 다양성	다양한 서비스나 제품을 효율적으로 처리하는 것	다양성을 지원하는 프로세스는 맞춤화를 지원하는 프로세스보다 더 많은 양을 처리할 수 있어야 한다. 서비스나 제품은 반드시 특정 고객에게만 국한되지 않으며, 반복적인 수요가 있을 수 있다.	아마존닷컴은 정보 기술과 간소화된 고객 관계 및 주문 처리 프로세스를 활용하여 다양한 품목을 고객에게 안정적으로 배송한다.
9. 생산량 유연성	수요의 큰 변동에 대응하여 서비스나 제품의 생산량를 빠르게 가속하거나 감속하는 것	프로세스는 며칠에서 몇 달까지 주기적으로 변동할 수 있는 수요 변동을 처리하기 위해 초과 용량과 초과 재고를 고려하여 설계되어야 한다. 이러한 우선순위는 재고 누적이나 초과 용량 없이 생산 용량을 조정하는 전략으로도 충족될 수 있다.	USPS는 우편물을 여러 지점으로 접수, 분류, 발송하기 위한 프로세스가 유연하게 설계된 대규모 우편 시설에서 심각한 수요 피크 변동을 겪을 수 있다.

우위 요건과 최소 요건

경쟁 우선순위는 기업의 경쟁력 강화를 위해 운영 측면에서 무엇을 할 수 있는지에 초점을 맞추고, 시장이 원하는 바에 대응한다. 기업의 시장 성공 가능성을 평가하는 또 다른 유용한 방법은 우위 요건과 최소 요건을 파악하는 것이다. **우위 요건**(order winner)은 고객이 한 회사의 서비스나 제품을 다른 회사의 서비스나 제품과 차별화하는 데 사용하는 기준이다. 우위 요건은 가격

우위 요건
고객이 한 회사의 서비스나 제품을 다른 회사의 서비스나 제품과 차별화하는 데 사용하는 기준

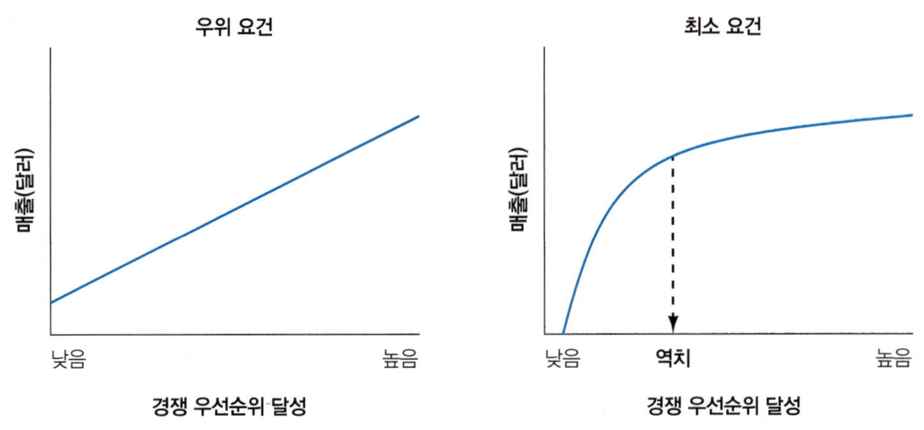

그림 2.2 우위 요건과 경쟁 우선순위의 관계

(저비용 운영)과 품질, 시간, 유연성 등의 다른 측면을 포함할 수 있다. 그러나 우위 요건은 회사의 운영과 직접 관련되지 않은 기준도 포함될 수 있다. 예를 들면 애프터서비스 지원(유지보수 서비스 계약 및 반품 정책이 있는지), 기술 지원(문제 발생 시 어떤 도움을 받을 수 있으며, 기술자의 지식은 어느 수준인지), 평판(사업 운영 기간이 얼마나 되는지, 다른 고객들은 서비스나 제품에 만족하고 있는지) 등이 있다. 판매 성과를 내기 위해서는 운영적 기준과 비운영적 기준을 모두 아우르는 우위 요건 기준의 하위 영역에서 좋은 성과를 보여야 할 수도 있다.

우위 요건은 고객이 특정 시장 부문에서 어떤 기업으로부터 서비스나 제품을 구매할지 결정할 때 고려하는 요소들을 바탕으로 파생된다. 때로는 고객이 서비스나 제품을 고려하기도 전에 일정 수준의 입증된 성과를 요구하기도 한다. 기업이 특정 시장 부문에서 사업을 영위하는 데 필요한 최소한의 수준을 **최소 요건**(order qualifier)이라고 한다. 최소 요건을 충족한다고 해서 경쟁에서 성공하는 것은 아니며, 단지 시장에서 경쟁할 수 있는 입지를 확보하는 데 도움이 될 뿐이다. 운영 관점에서 볼 때, 어떤 경쟁 우선순위가 최소 요건 역할을 하고 어떤 것이 우위 요건 역할을 하는지 이해하는 것은 프로세스 및 공급사슬 설계와 관리에 대한 투자에 중요한 고려 사항이다.

최소 요건
특정 시장 부문에서 기업이 사업을 수행하는 데 필요한 최소한의 요구 기준

그림 2.2는 우위 요건과 최소 요건이 기업의 경쟁 우선순위 달성과 어떤 관련이 있는지 보여준다. 기업이 최소 요건 차원(예: 일관된 품질)에 대한 최소 기준을 충족하지 못하면, 고객은 더 이상 해당 기업을 고려하지 않을 것이다. 예를 들어 자동차 산업에는 고객이 최소한으로 용인할 수 있는 품질 일관성 수준이 존재한다. 자스따바(Zastava)에서 제작한 소형차 유고(Yugo)는 고객이 기대하는 최소한의 품질, 일관성, 신뢰성을 유지할 수 없었기 때문에 4,000달러 미만의 매우 저렴한 가격(우위 요건)을 제시했음에도 불구하고 1991년 미국 자동차 시장에서 철수해야 했다. 그러나 기업이 기준을 초과하는 일관된 품질을 달성해 적격성을 갖추면, 해당 최소 요건을 충족하는 측면을 개선하는 데 더 많은 투자를 하더라도 매우 낮은 비율로 추가 매출을 확보할 수 있다. 반면, 우위 요건 차원(즉 저비용 운영으로 인한 낮은 가격)의 경우, 기업은 최소 요건(즉 일관된 품질)이 적절히 충족되는 한 가격을 지속적으로 낮춤으로써 매출과 시장점유율을 상당히 높일 수 있을 것으로 합리적으로 기대할 수 있다. 토요타 코롤라와 혼다 시빅은 시장에서 이러한 전략을 성공적으로 실행해 목표 시장 부문의 선두주자로 자리매김했다.

우위 요건과 최소 요건은 경쟁 입찰에서 자주 사용된다. 예를 들어 구매자가 입찰을 고려하기 전에 공급업체는 공급하는 서비스 또는 구성요소의 설계 사양 준수 여부(최소 요건)를 기준으로 일관된 품질을 제공할 수 있는 능력을 입증해야 한다. 최소 요건을 갖추었다고 판단되면, 구

표 2.2 항공사의 다양한 핵심 프로세스에 따른 경쟁 우선순위

	핵심 프로세스			
우선순위	**공급업체 관계**	**신제품 개발**	**주문 이행**	**고객 관계**
저비용 운영	경쟁력 있는 가격을 책정하기 위해서는 투입물 취득 비용을 최소한으로 유지해야 한다.		항공사는 가격 경쟁이 치열하기 때문에 운영 비용을 통제해야 한다.	
최고 품질		새로운 서비스는 항공 산업의 미래가 달려 있기 때문에 신중하게 설계되어야 한다.	숙련된 객실 승무원이 제공하는 고품질의 기내식 및 음료 서비스를 통해 일등석 승객에게 최상의 서비스를 제공한다.	일등석 승객을 위한 높은 수준의 고객 응대 및 라운지 서비스
일관된 품질	투입물의 품질은 필수 사양을 준수해야 한다. 또한 공급업체에 제공되는 정보는 정확해야 한다.		품질 수준이 설정되면 매번 이를 달성하는 것이 중요하다.	정보와 서비스에 오류가 없어야 한다.
배송 속도				고객은 항공편 스케줄 및 기타 발권 정보에 대한 즉각적인 정보를 원한다.
정시 배송	촉박한 일정에 맞추어 투입물이 제때 배송되어야 한다.		항공사는 예정대로 목적지에 도착하기 위해 노력하며, 그렇지 않을 경우 승객은 다른 항공편으로 환승하는 항공편을 놓칠 수 있다.	
개발 속도		경쟁에서 우위를 선점하기 위해서는 시장에 빠르게 진입하는 것이 중요하다.		
고객 맞춤화		이러한 프로세스를 통해 독특한 서비스를 창출할 수 있어야 한다.		
다양성	유지보수 물품, 식사, 음료 등 다양한 투입물을 획득해야 한다.		다양한 항공기 모델에 대한 유지보수 작업이 요구된다.	프로세스는 모든 시장 세분화 부문의 서비스 요구사항과 프로모션 프로그램을 처리할 수 있어야 한다.
생산량 유연성	프로세스는 공급 물량의 변동을 효율적으로 처리할 수 있어야 한다.			

매자는 낮은 가격(우위 요건)과 공급업체의 평판(우위 요건)을 기준으로 최종적으로 공급업체를 선정하게 된다.

경쟁 우선순위 활용: 항공사 사례

기업들이 경쟁 우선순위를 어떻게 활용하는지 더 잘 이해하기 위해 주요 항공사를 살펴보겠다. (1) 일등석 승객과 (2) 이코노미석 승객이라는 두 가지 시장 세분화를 고려해 보자. 두 시장 세분화의 핵심 서비스는 발권 및 좌석 선택, 수하물 처리, 그리고 고객 목적지까지의 운송이다. 두 시장 세분화의 주변 서비스는 상당히 다르다. 일등석 승객은 별도의 공항 라운지, 체크인, 탑승, 그리고 비행기에서 내리는 동안의 우대 서비스, 더 편안한 좌석, 더 나은 기내식과 음료, 더 많은 개인적 배려(승무원이 고객의 이름을 불러주는 것), 더 잦은 승무원의 서비스, 높은 수준의 예의, 그리고 적은 승객 수(특별 대우를 받는다는 느낌을 주는 것) 등을 기대할 것이다. 이코노미석 승객들은 표준화된 서비스, 친절한 승무원, 저렴한 가격에 만족한다. 두 시장 모두 항공사가 예정된 운항 일정을 준수할 것으로 기대한다. 결과적으로, 일등석 좌석 부문의 경쟁 우선순

경영 과제 인적자원

유로트란(EuroTran AG)은 자동차 산업용 변속기, 조향 및 차축 시스템, 운전자 지원 기능을 생산하는 기업으로, 독일 프랑크푸르트에 본사를 두고 있다. 고품질, 정시 납품, 제품 다양성을 경쟁력의 최우선 과제로 삼고 있으며, 최근에는 새로운 8단 및 9단 자동 변속기를 출시하는 등 업계 선두주자라는 자부심이 있다. 코로나19 사태로 인한 경기 침체 이후 경제 상황이 개선되면서 유로트란의 고객사인 BMW, 메르세데스, 폴크스바겐 등 많은 주문자 상표 부착 생산업체(OEM)들이 신규 공장을 짓거나 기존 공장을 확장해 생산을 늘리겠다는 의사를 밝혔다. 수요 증가는 유로트란에게 반가운 소식이었지만, 제한된 생산 능력과 대부분 유럽에 기반을 둔 운영으로 인해 회사는 취약한 위치에 놓이게 되었다.

유로트란의 CEO인 한노 엑달(Hanno Ekdahl)은 글로벌 전략 기획 위원회를 구성해 회사의 운영전략을 평가하고 현재 역량과 새롭게 원하는 역량 간의 성과 격차를 줄여 전 세계 고객층에 제품을 안정적으로 공급할 수 있는 역량을 갖추기 위해 노력했다. 위원회는 운영, 엔지니어링, 환경, 법무, 인사, 재무, 물류, 마케팅, 구매, 대정부 관계, 홍보 등 다양한 부서의 대표들로 구성되었다. 고도로 엔지니어링 된 고품질 제품 생산을 지원하는 데 필요한 관리자와 근로자 인재에 초점을 맞춘 회사의 특성을 고려해 인사 담당 부사장인 엠마 로스코프(Emma Rothkopf)가 위원회를 이끌도록 임명되었다. 위원회는 첫 번째 단계로 시장 분석을 통해 유로트란의 경쟁사들이 시장점유율을 높이기 위해 어떤 계획을 세우고 있는지, 유로트란이 시장 리더십을 방어하고 더 나아가 이를 확대하기 위해 어떤 옵션이 있는지 평가하는 작업을 수행했다.

마케팅 및 운영 그룹의 예측에 따르면 유로트란은 최소 두 곳의 새로운 제조 공장을 건설해야 했는데, 하나는 변속기, 다른 하나는 조향, 차축 및 관련 제품에 중점을 둔 공장이었다. 하지만 문제는 어디에, 얼마나 큰 규모로 건설할 것인가 하는 것이었다. 기존 운영 기반을 활용하기 위해 유럽에 위치할 것인가, 아니면 잘 훈련된 근로자의 접근성을 고려해 아시아에 위치할 것인가, 아니면 많은 OEM 고객이 있는 미국에 위치할 것인가? 유로트란은 핵심 공정에 대한 기존 설계를 그대로 적용할 것인가, 아니면 자동화된 제조 공장을 더욱 확충할 것인가? 유로트란의 새로운 시설은 기존 우위 요건 및 최소 요건을 유지할 것인가, 아니면 생산 능력 확대와는 별개로 새로운 경쟁 우선순위를 부여할 것인가? 로스코프는 회사의 기업 및 운영전략을 통합하는 과정에서 위원회가 내린 결정이 이러한 전략적 결정이 없었다면 불가능했을 유로트란의 역량을 크게 향상할 수 있다는 사실을 깨달았다.

위는 최고의 품질과 정시 운항이며, 이코노미석 좌석 부문의 경쟁 우선순위는 저비용 운항, 일관된 품질, 정시 운항이라고 할 수 있다.

항공사는 회사 전체로서 무엇을 제공해야 하는지 알고 있지만, 이러한 내용을 각 핵심 프로세스에는 어떻게 전달해야 할까? 네 가지 핵심 프로세스, 즉 (1) 고객 관계, (2) 신제품 개발, (3) 주문 이행, (4) 공급업체 관계에 초점을 맞춰 살펴보겠다. 완벽한 고객만족을 위해 필요한 서비스를 제공하기 위해 각 핵심 프로세스에 경쟁 우선순위가 할당된다. 표 2.2는 이러한 프로세스가 어떻게 작동하는지 보여주는 몇 가지 가능한 할당 방식을 보여준다.

출처: caia image/Alamy Stock Photo

승무원이 비행기에 탑승하는 승객에게 인사하고 있다.

그림 2.1에서 볼 수 있듯이, 회사의 기업 전략은 회사의 운영전략 설계를 주도하며, 여기에는 탄탄한 시장 분석을 기반으로 한 경쟁 우선순위 결정이 포함된다. '경영 과제'는 기업 및 다기능 부서 차원의 고위 임원들이 함께 모여 기업의 운영전략을 수립하고, 핵심 역량을 구축하기 위해 시간의 경과에 따라 전략을 조정할 필요가 있음을 보여준다.

신제품 개발

2.3 신규 서비스 및 제품 개발 전략과 개발 프로세스를 정의한다.

경쟁 우선순위는 경영진이 고객이 원하는 서비스와 제품을 개발하는 데 도움을 준다. 신제품은 기업의 장기적인 생존에 필수적이다. 시대가 변하고, 사람이 변하고, 기술이 변하면서 서비스나 제품도 변한다. '신제품'은 완전히 새로운 서비스나 제품뿐만 아니라 기존 서비스나 제품의 주

신제품 개발 프로세스
외부 고객 사양 또는 고객 관계 프로세스를 통해 시장 전반에서 수집된 입력을 기반으로 새로운 서비스나 제품을 설계하고 개발하는 프로세스

요 변경 사항도 포함된다. 1장 '가치 창출 행위로서의 운영'에서 볼 수 있듯이 **신제품 개발 프로세스**(new product development process)는 기업의 핵심 프로세스가 되는 경우가 많다. 신제품 개발 프로세스의 본질과 중요성을 논의할 때, 기업의 서비스나 제품을 '오퍼링(offering)'이라고 부르는 경우가 있다. 먼저 기업이 새로운 오퍼링으로 경쟁하기 위해 사용하는 다양한 전략부터 살펴보자.

개발 전략

기업이 고객에게 가치를 제공할 수 있는 방법은 여러 가지가 있다. 다음은 성공적인 것으로 입증된 네 가지 전략이다.

1. 제품 다양성. 소매업의 아마존닷컴과 월마트, 오토바이 업계의 혼다, 수프 업계의 캠벨(Campbell)은 제품 다양성을 통해 틈새시장을 확보한 몇 안 되는 기업이다. 이 전략은 비용, 품질 또는 속도 저하 없이 다양한 제품을 제공할 수 있는 유연성을 갖춘 프로세스가 필요하다.
2. 디자인. 전자제품 분야의 애플, 자동차 분야의 테슬라(Tesla), 소매업 분야의 삭스 피프스 애비뉴(Saks Fifth Avenue), 의류 분야의 랄프 로렌(Ralph Lauren)은 디자인을 경쟁우위로 활용한 기업의 사례이다. 심미적 매력, 안전성, 사용 편의성, 유지보수 용이성, 그리고 서비스나 제품의 특징은 기업의 서비스나 제품을 경쟁사의 서비스와 차별화한다. 디자인을 기반으로 경쟁하려면 기업이 경쟁에서 앞서 나가기 위해 최고의 품질과 개발 속도에 중점을 두어야 하는 경우가 많다.
3. 혁신. 혁신적인 제품과 경쟁하는 기업은 신기술을 개발하고 이를 신제품으로 구현할 수 있는 역량을 갖춰야 한다. 현금 거래에서 벤모(Venmo)와 젤러(Zelle), 웹 회의에서 줌(Zoom), 가상 CAT 스캔 및 원격 진료, 통합 휴대전화, GPS, 3D 프린팅은 새로운 시장을 개척한 혁신적인 제품의 사례이다. 혁신을 위해서는 상당한 연구 개발과 신제품을 신속하게 시장에 출시할 수 있는 역량이 요구된다. 혁신적인 서비스나 제품을 통해 '선점자(first mover)'가 된 기업은 강력한 경쟁우위를 확보하는 경우가 많다.
4. 서비스. 제조업체는 금융 서비스, 수리 계약, 컨설팅, 배송 서비스 등 자사 제품을 보완하는 부가가치 서비스를 제공함으로써 주문을 확보할 수 있다. 예를 들어 UPS는 고객의 유통망 구축을 지원한다. 자동차 제조업체는 자동차 판매 대리점을 자동차 제작부터 최종 소비자에게 인도하는 전체 과정의 일부로 간주한다. 제조업체는 판매 대리점을 통해 제품 선택 및 배송, 금융, 보증 수리, 유지보수 서비스 등을 지원한다. 고객의 총체적인 경험에는 거래 완료 후에도 지속되는 편안함이 포함되며, 이는 영업 사원의 친절함과 정중함, 전시장 디자인, 그리고 구매 전, 구매 중, 구매 후 제공되는 개별적인 배려에 영향을 받는다.

출처: Sorbis/Shutterstock
대한민국 부산 롯데백화점 폴로 랄프 로렌 매장

개발 전략은 단순히 다양성, 디자인, 혁신, 서비스 추진력을 규정하는 것 이상의 의미가 있다. 기업은 경쟁사와 비교해 자사의 시장 포지션을 정의하고, 고객과 어떤 관계를 맺고자 하는지 정의해야 한다. 시장 포지션 결정에는 리더(혁신 추진력에 따라 서비스나 제품을 가장 먼저 도입), **중도자**(리더가 서비스나 제품을 도입할

때까지 기다림), **후발자**(서비스나 제품 아이디어가 시장에서 통하는지 관망) 중 하나를 선택하는 것이 수반된다. 시장 포지션 결정에 따라 기업이 신제품 개발 프로세스를 시작할 시기가 결정된다.

고객 관계 결정은 고객과 장기적인 파트너십을 구축할지, 아니면 고객과의 만남을 통해 거래 관계를 맺을지 선택하는 것을 포함한다. 장기적 관계는 특정 고객에게 특화된 서비스나 제품을 제공하는 반면, 개별적 관계는 더 광범위한 고객에게 어필할 수 있는 서비스나 제품을 제공한다. 고객 관계 결정은 기업이 제공하는 서비스의 본질을 결정하게 된다.

제품 정의

신제품은 모든 선진국 경제에 중요한 요소이다. 특히 선진국 국내총생산의 절반 이상이 서비스 부문이라는 점을 고려할 때 서비스 부문은 더욱 그렇다. 세계화, 기술 발선, 고객 요구사항의 변화로 인해 기업은 더욱 다양한 신제품으로 경쟁해야 할 필요성이 증대되고 있다. 새로운 서비스와 제품을 제공함으로써 얻을 수 있는 이점은 기존 제품의 수익성 향상, 신규 고객 유치, 기존 고객의 충성도 향상, 기회 시장 개척 등이 있다. 이는 오늘날 기업이 직면한 역동적인 비즈니스 환경에서 미래 성장을 위한 토대를 제공한다.

서비스 패키지

서비스 프로세스를 관리할 때 가장 어려운 측면 중 하나는 프로세스가 고객에게 무엇을 제공하는지 정의하는 것이다. 마지막으로 호텔에서 즐거운 경험을 했던 때를 떠올려 보자. 호텔 건물, 로비 공간, 객실은 어떤 모습이었나? 룸서비스로 주문한 음식은 맛있고 양이 충분했는가? 호텔에 수영장, 레스토랑, 컨시어지가 있었는가? 호텔에 주차하기 쉬웠고 벨보이가 친절하고 유익한 정보를 제공했는가?

호텔에서의 경험은 호텔의 다양한 프로세스를 통해 제공되는 상품과 서비스의 집합체이다. 이 컬렉션을 **서비스 패키지**(service package)라고 하며 다음 네 가지 기능으로 구성된다.

서비스 패키지
서비스 프로세스를 통해 외부 또는 내부 고객에게 제공하는 상품 및 서비스의 집합체

- **지원 시설**(supporting facility). 서비스를 제공하기 전에 반드시 갖추어야 하는 물리적 자원을 지원 시설이라고 한다. 호텔 건물, 로비, 객실 등을 지원 시설로 간주한다. 다른 예로는 버스, 골프장, 영화관 등이 있다. 지원 시설에는 건물 및 객실과 같은 오프라인 시설, 기계 및 장비, 인적자원 등이 포함된다.
- **편의용품**(facilitating goods). 고객이 구매하거나 소비하는 물품, 또는 고객이 서비스를 받기 위해 제공하는 물품을 편의용품이라고 한다. 룸서비스로 주문한 음식도 편의용품에 해당한다. 다른 예로는 골프 라운딩을 위한 개인 골프채, 영화관에서 제공하는 팝콘, 세무사에게 의뢰한 여러분의 세금 기록 등이 있다. 이러한 물품은 서비스 자체는 아니지만, 서비스를 제공하는 데 필요한 것이다.
- **명시적 서비스**(explicit service). 감각으로 쉽게 인지할 수 있고 서비스의 필수적인 특징으로 구성된 혜택을 명시적 서비스라고 한다. 룸서비스에서 받는 명시적 서비스에는 셰프가 음식을 준비하고 벨보이가 객실까지 음식을 배달하는 것이 포함된다. 레스토랑에서 조리된 식사와 테이블 서비스를 경험하고 컨시어지로부터 투어에 대한 조언을 받는 것도 호텔에서 받는 명시적 서비스의 또 다른 예다. 명시적 서비스의 다른 예로는 집으로 소포 배달, 세차, 슈퍼마켓 이용 지원, 세금 유예 연금 포트폴리오 작성 등이 있다.

출처: JackF/123RF
과일 시장에서 수박의 신선도에 대한 정보를 얻고 있는 고객

- 암묵적 서비스(implicit service). 고객이 막연하게 느낄 수 있는 심리적 혜택이나 서비스의 본질적인 특징이 아닌 것을 암묵적 서비스라고 한다. 쾌활한 벨보이가 따뜻함과 편안함을 선사할 수 있고, 호텔 로비에 앉아 호화로운 분위기에 푹 빠져 있는 것만으로도 막연한 행복감을 느낄 수 있다. 다른 예로는 병원 진료 예약 시스템(공정성과 통제력), 조명이 밝은 주차 공간(안전), 디즈니 월드처럼 줄을 서서 기다리는 동안 즐길 수 있는 엔터테인먼트(지연 시간을 짧게 느끼게 해줌) 등이 있다.

서비스 패키지를 설계하려면 고객 요구사항에 대한 면밀한 분석과 경쟁 우선순위에 대한 정확한 이해가 필수적이다. 방문했던 호텔의 서비스 패키지를 저렴한 모텔과 비교해 보자. 저렴한 모텔은 치장 벽토 외관에 작은 로비만 있고, 룸서비스, 수영장, 벨보이가 없다. 모텔은 일관된 품질과 저렴한 가격을 원하는 고객에게 매력적인 반면, 고급 호텔은 최고의 품질과 다양한 서비스를 원하는 고객에게 매력적이다. 모텔의 서비스 패키지는 고급 호텔의 서비스 패키지보다 훨씬 간단하다. 각 서비스 패키지와 경쟁 우선순위를 고려해 프로세스를 설계해야 한다.

품질 기능 전개(QFD)

품질 기능 전개(QFD)
고객 요구사항을 서비스 또는 제품 개발 및 생산의 각 단계에 적합한 기술 요구사항으로 변환하는 수단

제품 정의의 핵심 투입 요소는 고객의 요구와 욕구이다. 이러한 투입은 신제품을 정의하거나 기존 제품을 개선하는 데 사용할 수 있다. 제조업체와 일부 서비스 회사에서 기존 제품을 개선하기 위해 사용하는 기법 중 하나가 **품질 기능 전개**(quality function deployment, QFD)이다. 이는 고객 요구사항을 제품 개발 및 생산의 각 단계에 적합한 기술 요구사항으로 변환하는 방법이다. 브리지스톤 타이어(Bridgestone Tire)와 미쓰비시 중공업(Mitsubishi Heavy Industries)은 1960년대 후반과 1970년대 초반에 제품 설계 프로세스에서 고객 요구사항을 고려한 차트를 사용하면서 QFD를 처음 도입했다. 1978년, 아카오 요지(Akao Yoji)와 미즈노 시게루(Mizuno Shigeru)는 이 주제에 대한 최초의 저서를 발표해 설계 고려 사항을 경쟁의 모든 요소에 어떻게 '배치(deployed)'할 수 있는지 보여주었다. 그 이후로 텍사스인스트루먼트(Texas Instruments), 휴렛팩커드(Hewlett-Packard), AT&T, 포드, 크라이슬러, GM, P&G, 디어앤컴퍼니(Deere & Company)를 포함한 200개 이상의 미국 기업이 이 접근 방식을 사용했다.

QFD 접근법의 핵심은 품질의 집(house of quality)이라는 차트로, 기능 간 계획 및 커뮤니케이션을 위한 개념적 지도이다. 그림 2.3은 자동차 문의 품질 개선을 위한 품질의 집 차트를 보여준다. 이 차트는 다음 여섯 가지 질문에 대한 답을 구해 구축된다.

1. 고객 요구사항. 고객이 필요로 하고 원하는 것은 무엇일까? 고객에게 중요하다고 생각하는 자동차 문 품질 속성을 나열해 달라고 요청했다. 고객 속성은 그림 2.3과 같이 '개폐 용이성'과 '차단성' 두 가지 범주로 분류되었다. 고객에게 미치는 상대적 중요도는 각 속성 오른쪽에 백분율로 표시되어 있다.
2. 경쟁력 평가. 고객 관점에서 볼 때, 우리는 경쟁사 대비 얼마나 잘하고 있을까? 차트 오른쪽에는 각 속성에 대한 우리 차 문과 경쟁사의 고객 인식이 나열되어 있다. 예를 들어 우리 차는 '주행 중 도로 소음 차단됨' 측면에서 다른 차들보다 우위를 점하지만, 어떤 차도 '언덕에서도 열린 상태 유지함' 측면에서는 우위를 점하지 못한다. 경쟁 분석은 경쟁우위를 확보할 방법을 모색하는 출발점이다.
3. 설계품질특성. 고객의 요구사항과 관련된 기술적 조치는 무엇인가? 하나 이상의 고객 속성에 영향을 미칠 가능성이 있는 설계품질특성은 차트 상단에 나열되어 있다. 플러스 기호는

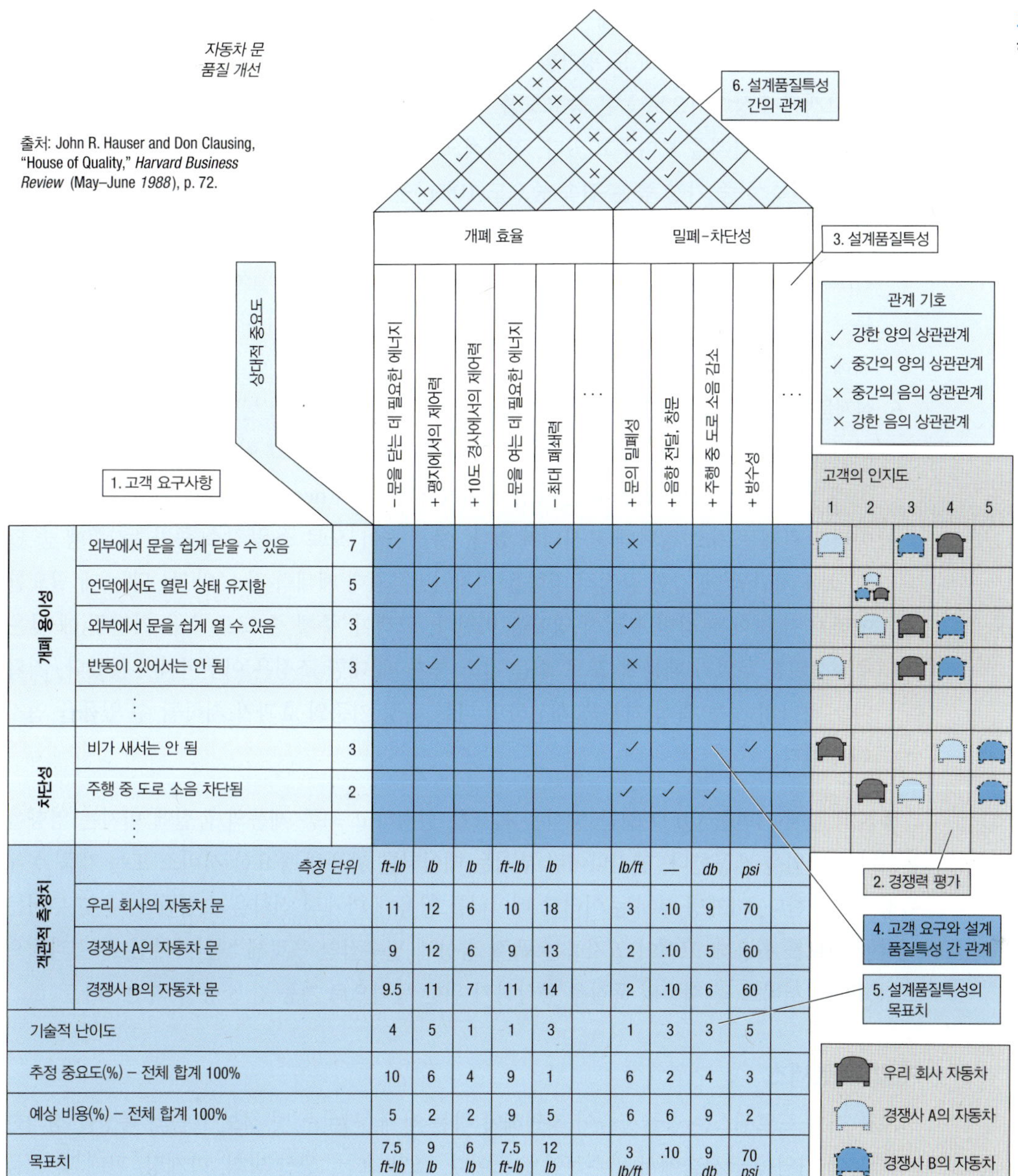

출처: John R. Hauser and Don Clausing, "House of Quality," *Harvard Business Review* (May–June *1988*), p. 72.

그림 2.3 자동차 문 품질 향상을 위한 QFD 접근 방식

엔지니어가 해당 특성 수준을 높이고자 한다는 것을 의미하고, 마이너스 기호는 엔지니어가 해당 수준을 낮추고자 한다는 것을 의미한다. 예를 들어 엔지니어는 '도로 소음 감소'를 높이고 '문을 여는 데 필요한 에너지'를 줄이려 한다.

4. **고객 요구와 설계품질특성 간의 관계.** 고객의 요구사항과 설계품질특성 사이에는 어떤 상관관계가 있을까? 고객 요구와 설계품질특성 간 관계의 본질을 명확히 해야 한다. 예를 들어 문을 닫는 데 필요한 에너지를 줄이면 문을 더 쉽게 닫을 수 있지만, 문 밀폐 저항을 높이면 반대 효과가 나타난다.
5. **설계품질특성의 목표치.** 우리의 서비스 또는 제품 성능은 경쟁사와 어떻게 비교되는가? 각 설계품질특성에 대해 자사 문과 경쟁사의 문을 비교함으로써 각 특성 개선에 필요한 기술적 난이도를 평가할 수 있다. 예를 들어 자사 문은 닫는 데 가장 큰 에너지(11 ft-lb)와 가장 큰 최대 닫는 힘(18 lb)을 필요로 한다. 1에서 5까지의 척도(5점은 가장 어렵다는 의미)

는 각 측면 개선에 대한 상대적인 기술적 난이도를 나타낸다. 또한 고객 불만에 대응하는 데 있어 각 특성의 중요도도 평가할 수 있다. 예를 들어 '외부에서 문을 쉽게 닫을 수 있음'은 고객에게 상대적으로 높은 중요도를 가지며, '문을 닫는 데 필요한 에너지 감소'와 강력한 양의 상관관계를 보여주고 있다. 결과적으로 '문을 닫는 데 필요한 에너지 감소'는 모든 설계품질특성 중 가장 높은 귀속 중요도(10%p)를 받았다. 예상 비용은 다시 백분율로 표시되며, 상대적 중요도를 나타낸다. 마지막으로 이 단계에서는 다양한 설계품질특성에 대한 목표를 설정한다. '문을 닫는 데 필요한 에너지'를 11 ft-lb에서 7.5 ft-lb로 줄이면 다른 차들과 비교해 경쟁력이 매우 높아진다. '개폐 효율' 항목의 다른 목표 또한 문 개선을 위해 변경되었다.

6. **설계품질특성 간의 관계.** 잠재적인 기술적 상충관계는 무엇일까? '밀폐-차단성' 범주와 관련된 현재 설계품질특성 측정 기준에는 아무런 변화가 없다. 그 이유는 이러한 설계품질특성과 '개폐 효율' 범주에 포함된 특성 사이에 강한 부적(negative) 관계가 있기 때문이다. 이러한 관계는 차트 상단에 표시되어 있다. 예를 들어 '도로 소음 감소 증가'는 '주행 중 도로 소음 차단됨'에 강한 긍정적 영향을 미치지만, '최대 폐쇄력 감소'와 '문 닫는 데 필요한 에너지 감소'에는 강한 부정적 영향을 미친다. 고객이 '주행 중 도로 소음 차단됨'에 낮은 우선순위를 두었기 때문에 '도로 소음 감소 증가'에 대한 조정은 이루어지지 않았다. 기획자는 하나의 성능 측정 기준을 개선하면 다른 측정 기준의 효과가 저하될 수 있음을 인지해야 한다.

품질의 집에 기반한 QFD 접근 방식은 목표를 설정하고 최종 제품의 품질에 미치는 영향을 논의하는 방법을 제공한다. 엔지니어링 부서는 데이터를 활용해 중요한 서비스 또는 제품 설계 특징에 집중한다. 마케팅 부서는 이러한 데이터를 활용해 마케팅 전략을 수립한다. 운영 부서는 이러한 정보를 활용해 고객이 인지하는 품질 향상에 필수적인 프로세스를 파악한다. 결과적으로, QFD는 서비스 및 제품의 품질을 향상하기 위한 목적으로 기능 간 소통을 촉진한다.

개발 프로세스

신제품 개발 프로세스는 공급사슬이 지원해야 하는 자재, 서비스 및 정보 흐름의 특성을 정의하기 때문에 기업 공급사슬에서 필수적인 요소이다. 조달 요건, 생산 방식, 마케팅, 판매 및 제품 생산 방식과 수명 종료 후 처리 방식 등 다양한 측면을 고려하고 이를 결정하는 데 도움을 주는 고도로 협력적인 프로세스여야 한다. 제품 수명 주기가 점점 짧아지고 클라우드 컴퓨팅 및 블록체인과 같은 통합 기술이 중요해짐에 따라 정보, 자재 및 자금의 흐름을 조율하는 것이 특히 중요하다. 단순히 기능과 비용만 고려하고 수명이 다한 제품은 폐기될 것이라고 가정하는 대신, 기업은 신제품 개발 프로세스에 제품과 구성 재료의 가치를 극대화하기 위해 제품의 전체 수명 주기를 관리한다는 개념을 확고히 해야 한다. 그림 2.4에서 볼 수 있듯이, 이 프로세스는 개발 전략 수립부터 시작해 신제품 출시로 마무리된다. 신제품 개발 프로세스에는 설계, 분석, 개발, 정식 출시라는 네 가지 핵심 중첩 프로세스가 있다. 공급사슬 관리자를 위한 몇 가지 고려 사항은 다음과 같다.

설계

설계(design) 단계는 새로운 서비스나 제품의 창출을 기업 전략과 연결하고 기업 공급사슬의 요구사항을 정의하기 때문에 매우 중요하다. 앞서 언급했듯이 기업 전략은 기업의 장기적인 목표

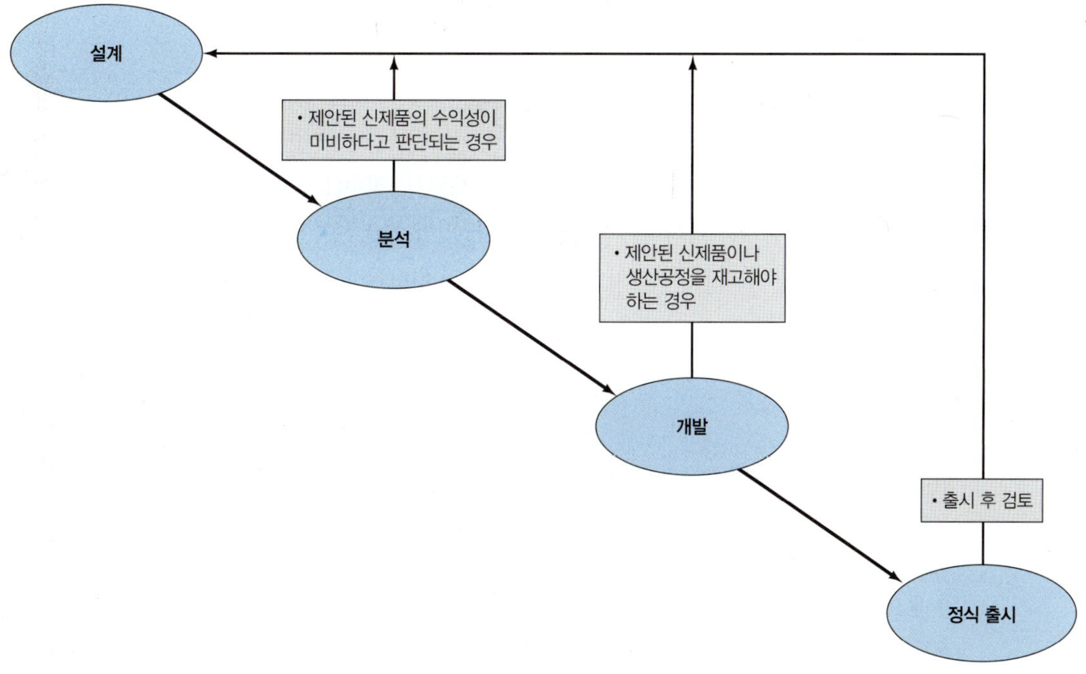

그림 2.4 신제품 개발 과정

와 경쟁하고자 하는 시장을 규정한다. 설계 단계에서는 새로운 제안에 대한 아이디어를 제안하고 실현 가능성과 시장 가치를 검토한다. 이러한 아이디어는 고객이 서비스 또는 제조 기업과 어떻게 연결되는지, 고객에게 어떤 이점과 결과가 있는지, 그리고 서비스 또는 제품의 가치를 어떻게 정의하는지를 명시한다. 설계 과정은 고객의 일상생활에서 물질적 요구와 그 요구가 얼마나 잘(혹은 제대로) 충족되는지 관찰하는 것으로부터 시작해야 한다. 또한 친환경적인 제품과 서비스를 제공해야 한다는 필요성을 고려해 설계자는 최소한의 자원과 자재를 사용해 고객에게 가치를 제공해야 한다. 따라서 제안서에는 새로운 제안의 생산 및 제공 방식이 명시되어야 하며, 이는 공급사슬에 있어 중요한 고려 사항이다. 원자재, 설계 모듈화 정도, 또는 서비스나 제품을 시장에 출시하는 데 필요한 물류 서비스의 특성과 같은 중요한 선택이 필요한 경우가 많다. 서비스나 제품과 그 프로세스에 대한 세부적인 사항 중 상당수가 아직 개발되지 않았더라도, 이 단계에서 설계자, 엔지니어, 공급업체, 공급사슬 관리자, 잠재 고객의 의견을 적극적으로 수렴한다면 값비싼 실수를 피할 수 있다.

분석

두 번째 단계인 분석(analysis)은 신규 제품 및 생산 방식에 대한 비판적 검토를 통해 기업 전략에 부합하는지, 규제 기준을 준수하는지, 허용 가능한 시장 위험을 제시하는지, 그리고 의도된 고객의 요구를 충족하는지 확인한다. 신규 제품에 대한 자원 요구사항은 기업의 핵심 역량과 추가 자원 확보 필요성의 관점에서 검토되어야 한다. 기존 공급사슬이 신규 제품에 적합한지 평가해야 한다. 변경이 필요한 경우, 공급사슬 설계를 수정하거나 신규 기업과 전략적 파트너십을 구축해 새로운 역량을 확보해야 할 수도 있다. 분석 결과 신규 제품의 시장 잠재력이 우수하고 기업이 해당 역량을 보유하고 있거나 확보할 수 있는 것으로 확인되면 다음 단계로 진행할 수 있는 권한이 부여된다.

이러한 분석의 일환으로, 보론 A에 제시된 여러 기법을 사용해 다양한 제품 아이디어를 평가할 수 있다. 예제 2.1에서 볼 수 있듯이, 선호도 행렬은 경영진이 중요하게 생각하는 성과 기준을 고려해 최적의 제품 옵션을 선택하는 데 유용한 기법 중 하나이다.

예제 2.1 선호도 행렬을 이용한 신제품 아이디어 평가

다음 표는 신제품(축열식 에어컨)의 성과 기준, 가중치, 점수(1 = 최악, 10 = 최고)를 보여준다. 다른 네 가지 신제품 아이디어가 제안되었다. 만약 경영진이 단 하나의 신제품만 출시하고자 하는데, 나머지 네 가지 제품 아이디어의 총점이 800점이라면, 이 회사는 축열식 에어컨을 개발해야 하는가?

성과 기준	가중치(A)	점수(B)	가중 점수(A × B)
시장 잠재력	30	8	240
단위 이익률	20	10	200
운영 호환성	20	6	120
경쟁우위	15	10	150
투자 요건	10	2	20
프로젝트 위험	5	4	20
			총 가중치 점수 = 750

풀이

총 가중치 점수가 750점이므로 다른 제품의 800점에는 미치지 못한다. 이 결과는 그림 2.5에 있는 OM Explorer의 선호도 행렬 Solver 결과에서도 확인할 수 있다.

기준 설정 | 기준 추가 | 기준 제거

	가중치(A)	점수(B)	가중 점수(A X B)
시장 잠재력	30	8	240
단위 이익률	20	10	200
운영 호환성	20	6	120
경쟁우위	15	10	150
투자 요건	10	2	20
프로젝트 위험	5	4	20
	총 가중치 점수		750

그림 2.5 예제 2.1의 선호도 행렬 Solver

의사결정 포인트

경영진은 축열식 에어컨 아이디어를 포기해야 한다. 여러 가지 기준을 고려했을 때 다른 신제품 아이디어가 더 나으며, 경영진은 당시 신제품을 하나만 출시하고 싶어 했다.

개발

세 번째 단계인 개발(development)은 새로운 제안에 더욱 구체적인 내용을 제공한다. 필요한 경쟁 우선순위는 새로운 제안을 제공하는 데 필요한 프로세스 설계(또는 재설계)의 입력으로 사용된다. 공급업체의 프로세스를 포함해 모든 프로세스를 분석하고, 각 활동은 필요한 경쟁 우선순위를 충족하고 서비스 또는 제품에 가치를 더하도록 설계된다. 새로운 제안이 구체화되고 프로세스 역량이 검증되면 시장 프로그램을 설계할 수 있다. 마지막으로, 인력 교육을 실시하고 생산 및 공급의 문제점을 해결하기 위해 몇 가지 시범 운영을 시행할 수 있다. 이 단계에서 예상치 못한 문제가 발생해 서비스 또는 제품 또는 이를 생산하는 데 필요한 프로세스를 재고해야 할 수도 있다. 공급사슬 또한 재설계해야 할 수 있다.

새로운 제품 설계와 이를 생산하는 데 필요한 프로세스 및 공급사슬 역량 간의 비용 부담을 피하기 위해 많은 기업이 **동시공학**(concurrent engineering)이라는 개념을 활용한다. 이는 제품 엔지니어, 프로세스 엔지니어, 마케터, 구매자, 정보 전문가, 품질 전문가, 공급업체를 한데 모아 고객 기대에 부응하는 제품과 프로세스를 설계하는 방식이다. 이 단계에서는 변경이 훨씬 간단하고 비용도 절감된다. 그러나 이 단계에서 새로운 제품의 설계 또는 제공 역량에 문제가 발견될 수 있다. 새로운 오퍼링에 대한 제안을 폐기하거나 완전히 재검토해야 할 수도 있다.

동시공학
제품 엔지니어, 프로세스 엔지니어, 마케터, 구매자, 정보 전문가, 품질 전문가, 공급업체를 한데 모아 고객 기대에 부응하는 제품과 프로세스를 설계하는 개념

정식 출시

마지막 단계인 정식 출시(full launch)에는 공급사슬의 상류 및 하류 프로세스뿐 아니라 여러 내부 프로세스의 조정이 요구된다. 신제품에 대한 프로모션을 시작하고, 영업 담당자에게 브리핑을 하고, 유통 프로세스를 활성화하고, 신제품으로 대체될 기존 서비스나 제품을 철수해야 한다. 특히 수요를 충족하기 위해 생산량을 늘리는 동시에 품질 문제와 막판 설계 변경에 대처해야 하는 램프업(ramp-up) 기간 동안 공급사슬에 큰 부담이 가해질 수 있다. 램프업 기간 동안 공급사슬의 유연성은 매우 중요하다. 이후 제품이 성숙되고 생산량이 충분히 증가하면 보다 안정적인 프로세스를 구축할 수 있다.

서비스나 제품에 관계없이, 출시 후 검토에서는 공급사슬의 경쟁 우선순위와 경쟁역량을 비교해야 하며, 이는 원래 서비스나 제품 아이디어 또는 공급사슬을 재고해야 할 필요성을 시사하는 신호가 될 수 있다. 또한 검토 과정에는 고객의 사용 경험과 변화를 위한 아이디어 공유 등의 의견을 수렴해야 한다.

1장 '가치 창출 행위로서의 운영'에서 언급한 적층 제조와 같은 새로운 기술의 출현으로 설계자가 시제품을 신속하게 제작하고 여러 경쟁 디자인을 동시에 테스트할 수 있게 되어 신제품 설계, 분석, 개발 및 출시에 걸리는 시간이 단축되었다. 적층 제조가 제공하는 구체적인 이점으로는 출시 시간 단축, 프로토타입 제작을 위한 초기 금형 비용 절감, 복잡한 형상, 정교한 질감 또는 기타 특이한 특징을 가진 부품 설계에 대한 유연성 향상, 한 번에 전체 제품을 제작하지 않고 단계적으로 개발, 출시 후 주문형 생산 등이 있다.[3] '경영 사례 2.1'에서는 볼보(Volvo) 같은 회사가 적층 제조의 도입 및 구현을 통해 어떻게 큰 이점을 얻었는지 보여준다.

성과 평가 및 관리

2.4 운영전략을 사용해 회사의 성과를 평가하고 관리하는 방법을 이해한다.

경쟁역량(competitive capability)은 회사가 설정한 경쟁 우선순위를 달성할 수 있는 프로세스 또는 공급사슬의 측정 능력으로, 이 장의 서두에서 살펴본 아마존닷컴의 사례에서도 확인할 수 있다. 역량이 우선순위에 미치지 못할 경우, 기업은 격차를 줄이거나 우선순위를 수정해 성과를 관리할 방법을 찾아야 한다.

경쟁역량
설정한 경쟁 우선순위를 달성할 수 있는 프로세스 또는 공급사슬의 측정된 능력

3 Lauren Radcliffe, "5 Benefits of Additive Manufacturing in Product Development" (September 16, 2021), https://enventyspartners.com/blog/5-benefits-additive-manufacturing/.

경영 사례 2.1 볼보

볼보 그룹(Volvo Group)은 트럭, 버스, 건설 장비, 해양 및 산업 응용 분야용 동력 솔루션을 제공하는 다각화된 기업이다. 1927년 스웨덴 예테보리에서 설립된 볼보 그룹은 현재 10만 2,000명의 직원이 190개 시장에서 고객에게 서비스를 제공하는 다국적 기업으로 성장했으며, 2022년에는 445억 유로 이상의 순매출을 기록할 것으로 예상된다. 19개국에 생산 시설을 갖추고 10개국에 독립 조립업체를 두고 있는 볼보 그룹의 브랜드 포트폴리오에는 볼보, 볼보 펜타(Volvo Penta), 로크박(Rokbak), 르노 트럭(Renault Trucks), 프레보(Prevost), 노바 버스(Nova Bus), 맥(Mack), 아르쿠스(Arquus) 등이 포함된다.

볼보 그룹의 자회사인 볼보 트럭(Volvo Truck)은 수년간 3D 프린팅 기술을 연구하고 미세 조정해 왔으며, 현재 3D 프린팅 기술을 사용해 루프 씰 및 브레이크 피스톤 게이지, 진공 드릴 덕트, 파워 스티어링 어댑터 홀더, 러기지 도어 핀 등 500개 이상의 적층 제조 플라스틱 및 금속 부품, 공구, 지그, 고정 장치를 생산하고 있다. 이 부품들은 버지니아주 더블린에 위치한 볼보 혁신 프로젝트 랩에서 프린팅된다. 볼보의 적층 제조방식은 제조 비용이 상당히 높은 여러 부품으로 구성된 부품을 제작하는 데 특히 유용하다. 대표적인 예로 페인트 분무기 세척 공정의 일부인 일체형 디퓨저를 들 수 있다. 볼보는 3D 프린팅 시설 내에서 디퓨저를 설계하고 프린팅해 개당 1,000달러를 절약할 수 있었다.

볼보는 또한 유지보수에 필요한 구형 부품을 기존 생산 방식으로 제조하는 것이 효율적이지 않다는 것을 발견했다. 적층 제조를 사용해 이러한 부품을 주문형으로 인쇄하면 시간과 비용을 절감할 수 있다. 또한 정품과 동일한 사양 및 보증을 갖춘 정품 볼보 승인 부품을 고객에게 제공하고 장비의 수명 주기 내내 지속적인 고객 지원을 제공함으로써 고객에게 더 큰 가치를 제공한다.

(인디애나폴리스, 2022년 11월) 볼보 세미 트랙터 트레일러 빅리그 트럭이 대리점에 전시되어 있다. 볼보 트럭은 가장 큰 트럭 제조업체 중 하나이다.

출처: Jonathan Weiss/Shutterstock.

프랑스 리옹에 위치한 볼보 트럭의 엔진 생산 시설에서는 3D 프린팅을 제조 및 조립 공구에 적용해 공구 제작 소요 시간을 36일에서 단 2일로 단축해 94% 이상 단축했다. 그 결과 생산 공장의 공정, 효율성 및 유연성이 개선되었다. 다른 많은 자동차 제조업체와 마찬가지로 볼보는 전 세계 시설 네트워크에서 적층 제조 및 3D 프린팅을 활용해 비용을 절감하고, 낭비와 재고를 줄이며, 제품 설계를 개선하고, 납기를 더욱 효율적으로 준수하고 있다.[4]

운영전략은 각 시장 세분화에 대한 서비스 또는 제품 계획과 경쟁 우선순위를 해당 시장 세그먼트를 지원하는 공급사슬에 영향을 미치는 의사결정으로 전환된다. 전략적 관점에서 운영 관리자는 기업이 신규 및 기존 시장 세그먼트의 경쟁 우선순위가 변화함에 따라 이를 해결할 수 있는 역량을 확보할 수 있도록 의사결정을 내릴 책임이 있다. 각 프로세스는 외부든 내부든 서비스를 제공하는 고객의 관점에서 분석되어야 한다.

공식적으로 명시되지 않았더라도 모든 기업의 현재 운영전략은 실제로 프로세스 및 공급사슬에 대해 내려진 의사결정 패턴이다. 더욱이 핵심 역량과 서비스 제공 시장 부문의 차이로 인해, 같은 산업에 속하더라도 한 조직의 의사결정 패턴은 다른 조직과 다를 수 있다. 앞서 그림 2.1에서 살펴보았듯이, 기업 전략은 기업이 시장에서 성공적으로 경쟁할 수 있는 능력을 개발하는 데 기여하는 주요 운영 관리 의사결정의 기반을 제공한다. 경영진이 프로세스의 경쟁 우선순위를 결정하면 해당 프로세스의 경쟁역량을 평가해야 한다. 경쟁 우선순위와 해당 경쟁 우선순위를 달성할 수 있는 역량 사이의 격차는 효과적인 운영전략을 통해 해소되어야 한다.

---

4 Aaron Pearson, "3D Printed Thermoplastics Versus Metal: Why Volvo Trucks Chose Additive Manufacturing" (March 26, 2020), https://www.stratasys.com/en/resources/blog/volvo-trucks-additive-manufacturing/; "How Volvo Trucks Is Using 3D Printing for Tools and Fixtures" (September 5, 2019), https://3dprinting.com/news/howvolvo-trucks-is-using-3d-printing-for-tools-fixtures/ (March 21, 2023); https://www.volvogroup.com/en/about-us.html (March 21, 2023); "Annual and Sustainability Report 2022," *AB Volvo*, pp. 4, 43, 46-47, 67 (March 21, 2023).

경쟁 우선순위와 역량 간 격차 파악

그림 2.1에서 볼 수 있듯이, 역량 개발과 격차 해소는 운영전략의 핵심이다. 이러한 전략의 작동 방식을 설명하기 위해, 은행 신용카드 부서 경영진이 비용을 낮추면서 사업을 크게 확장하기 위해 마케팅 캠페인을 하기로 했다고 가정해 보자. 이 부서의 핵심 프로세스는 청구 및 결제이다. 부서는 가맹점으로부터 신용 거래를 접수하고, 가맹점에 대금을 지불하고, 청구서를 정리해 신용카드 소지자에게 발송하고, 결제를 처리한다. 새로운 마케팅 활동은 청구 및 결제 건수를 크게 증가시킬 것으로 예상된다. 역량을 평가할 때, 프로세스는 은행 고객에게 서비스를 제공하고 새로운 시장 캠페인의 과제를 충족할 수 있어야 한다. 경영진은 청구 및 결제 프로세스에 대해 다음과 같은 경쟁 우선순위를 부여한다.

- **저비용 운영.** 수익 마진이 빠듯하기 때문에 청구서 처리에서 낮은 비용을 유지하는 것이 중요하다.
- **일관된 품질.** 이 과정에서는 일관되게 청구서를 생성하고, 가맹점에 대금을 지급하고, 신용카드 소지자의 결제 내역을 정확하게 기록해야 한다.
- **배송 속도.** 가맹점은 신용카드 구매에 대한 대금을 신속하게 지급 받기를 원한다.
- **물량 유연성.** 마케팅 캠페인을 통해 더 짧은 기간에 더 많은 거래를 창출할 수 있을 것으로 기대된다.

경영진은 고객이 정확한 청구서나 대금을 발행하지 못하는 은행과 거래하는 것을 피할 것이라고 가정했다. 따라서 일관된 품질은 이 프로세스의 최소 요건이다.

청구 및 결제 프로세스가 경쟁우위를 확보하고 있는가? 표 2.3은 역량을 우선순위에 맞추고 신용카드 사업부 운영전략의 문제점을 파악하는 방법을 보여준다. 운영전략 평가 절차는 각 우선순위에 적합한 지표를 식별하는 것으로 출발한다. 지표가 정량적일수록 좋다. 각 지표에 대한 데이터를 수집해 프로세스의 현재 역량을 파악한다. 각 역량을 경영진의 목표치와 비교해 격차를 파악하고, 허용할 수 없는 격차는 적절한 조치를 통해 해소한다.

신용카드 사업부는 저비용 운영 역량에 상당한 격차를 보이고 있다. 경영진의 해결책은 비용을 절감하면서도 다른 경쟁 우선순위를 저해하지 않는 방식으로 프로세스를 재설계하는 것이다. 마찬가지로, 물량 유연성 측면에서 경영진은 높은 수준의 가동률이 배송 속도를 유지하면서 물량 급증을 처리하는 데 적합하지 않다는 것을 깨달았다. 이러한 권장 조치는 더욱 변동성이 큰 수요를 충족할 수 있는 역량을 구축하고 경쟁 우선순위와 역량 간의 격차를 해소하는 데 도움이 될 것이다.

표 2.3 청구 및 결제 프로세스에 대한 운영전략 평가

경쟁 우선순위	측정	역량	격차	조치
저비용 운영	청구서당 비용	0.1813달러	목푯값 0.06달러	청구 명세서 마이크로필름화 및 보관 제거
	주간 우편 요금	17,000달러	목푯값 14,000달러	청구서 게시를 위한 웹 기반 프로세스 개발
일관된 품질	청구서 정보 오류 비율	90%	허용 가능	조치 없음
	결제 게시 오류 비율	74%	허용 가능	조치 없음
배송 속도	가맹점 결제 처리 리드타임	48시간	허용 가능	조치 없음
물량 유연성	활용도	98%	너무 높아서 급격한 물량 증가를 지원하지 못함	임시 직원 확보
				작업 방식 개선

학습목표 점검

학습목표	점검 가이드라인	온라인 자료
2.1 고객 중심 운영전략을 정의하고 기업 전략 및 시장 분석과의 연관성을 파악한다.	'운영전략' 및 하위 절인 '기업 전략'을 참조하고 그림 2.1을 복습하라.	
2.2 운영전략에 사용되는 아홉 가지 경쟁 우선순위를 파악하고 일관된 의사결정 패턴이 어떻게 조직 역량을 발전시킬 수 있는지 설명한다.	'경쟁 우선순위 및 역량' 절에서는 우위 요건 및 최소 요건의 주요 개념을 설명한다. 표 2.1에서 선도적인 기업들이 시장에서 독보적인 입지를 구축하기 위해 다양한 경쟁 우선순위를 어떻게 구현했는지에 대한 중요한 설명과 사례를 검토하라. 표 2.2를 통해 항공사의 다양한 핵심 프로세스에 걸친 경쟁 우선순위의 예시를 검토하라.	
2.3 신규 서비스 및 제품 개발 전략과 개발 프로세스를 정의한다.	'신제품 개발' 절에서는 개발 전략, 제품 정의 및 개발 프로세스 내의 네 가지 중첩된 프로세스를 설명한다. 그림 2.3을 검토해 이러한 중첩된 프로세스가 어떻게 연결되어 있는지 확인한다.	
2.4 운영전략을 사용해 회사의 성과를 평가하고 관리하는 방법을 이해한다.	'성과 평가 및 관리' 절을 검토해 경쟁 우선순위와 역량이 기업의 운영전략을 어떻게 지원하는지 깊이 있게 이해한다. 표 2.3은 기업이 경쟁 우선순위의 격차를 파악하고 관련 프로세스 및 운영상의 변화를 통해 역량을 구축하는 방법을 보여주는 좋은 예다.	

핵심용어

경쟁역량(competitive capability)
경쟁 우선순위(competitive priority)
동시공학(concurrent engineering)
리드타임(lead time)
서비스 패키지(service package)
시간 기반 경쟁(time-based competition)
신제품 개발 프로세스(new product development process)
우위 요건(order winner)
운영전략(operations strategy)
최소 요건(order qualifier)
품질 기능 전개(quality function deployment, QFD)
핵심 역량(core competency)

복습문제

헤론(Herron)사는 A, B, C라는 세 가지 신제품 아이디어를 검토하고 있다. 자원 제약으로 인해 이 중 하나만 상용화할 수 있다. 성과 기준과 등급은 1점(최악)에서 10점(최고)까지이며, 아래 표에 제시되어 있다. 헤론 경영진은 각 성과 기준에 동일한 가중치를 부여했다. 선호도 행렬 접근법을 통해 평가해볼 때 가장 좋은 대안은 무엇인가?

		등급	
성과 기준	제품 A	제품 B	제품 C
1. 수요 불확실성 및 프로젝트 리스크	3	9	2
2. 현재 제품과의 유사성	7	8	6
3. 예상 투자수익률(ROI)	10	4	8
4. 현재 제조 공정과의 호환성	4	7	6
5. 경쟁우위	4	6	5

풀이

다섯 가지 기준 각각에 1/5 또는 0.20의 가중치가 부여된다.

제품	계산	총점
A	(0.20 × 3) + (0.20 × 7) + (0.20 × 10) + (0.20 × 4) + (0.20 × 4)	= 5.6
B	(0 × 9) + (0.20 × 8) + (0.20 × 4) + (0.20 × 7) + (0.20 × 6)	= 6.8
C	(0.20 × 2) + (0.20 × 6) + (0.20 × 8) + (0.20 × 6) + (0.20 × 5)	= 5.4

가장 좋은 선택은 제품 B이다. 제품 A와 C는 총 가중치 점수 측면에서 상당히 뒤처져 있다.

토론과제

1. 앵글로 아메리칸(Anglo American plc)은 남아프리카공화국에 본사를 둔 다국적 광산 기업이다. 이 기업은 세계 최대 백금 생산업체이자 다이아몬드, 구리, 니켈, 석탄의 주요 생산업체이기도 하다. 앵글로 아메리칸의 운영전략은 무엇에 중점을 두어야 하며, 경쟁에서 우선시해야 할 사항은 무엇인가?
2. 페덱스는 한 사업체에서 다른 사업체로 항공 운송되는 물품을 빠르고 안정적으로 배송하는 비즈니스를 기반으로 성장했다. 초창기에는 웹 기술을 이용한 전 세계 배송 추적이 강점이었다. 인터넷 기술의 발전으로 경쟁업체들은 훨씬 더 정교한 주문 추적 기능을 갖추게 되었다. 또한 웹 기반 사업의 등장으로 육상 운송 배송량 증가에 대한 압력이 커졌다. 이러한 환경 변화가 페덱스의 운영전략에 어떤 영향을 미쳤는지, 특히 기업 대 소비자(B2C) 지상 배송 사업에서 강점을 가진 UPS와 비교해 논의해보자.
3. 기술 경영에 관한 새로운 교재를 위한 시장 분석을 수행한다고 가정해 보자. 시장 세분화를 파악하려면 무엇을 알아야 하는가? 니즈 평가는 어떻게 해야 하는가? 어떤 서비스와 제품을 조합해야 하는가?
4. 이 장에서 논의한 아홉 가지 경쟁 우선순위는 모두 기업의 시장 성공과 관련이 있지만, 기업이 모든 우선순위에서 탁월해지려고 노력할 필요는 없는 이유를 설명하라. 기업이 핵심 프로세스에서 강조해야 할 경쟁 우선순위를 선택하는 데는 어떤 요인이 영향을 미치는가?
5. 한 지역 패스트푸드점에서는 한 번에 여러 건의 고객 주문을 처리한다. 점원들은 고객의 주문을 처리하기 위해 서로 다른 경로를 따라 이동하면서 때로는 충돌할 뻔한 상황도 발생한다. 고객이 햄버거에 특별한 토핑 조합을 주문하면 특별 주문이 조리되는 동안 꽤 오랜 시간을 기다려야 한다. 경쟁우위를 확보하기 위해 레스토랑의 운영을 어떻게 수정할 수 있겠는가? 점심시간에는 수요가 급증하기 때문에 패스트푸드 업계에서는 물량 유연성이 경쟁력의 우선순위이다. 어떻게 물량 유연성을 확보할 수 있는가?
6. 캐서린 슈메이커는 5년 전 미들즈버그에 그랜드머더스 치킨 레스토랑(Grandmother's Chicken Restaurant)을 열었다. 가게는 '할머니가 만들어 주시던 그 맛 그대로'의 독특한 치킨 레시피를 자랑한다. 아늑한 분위기의 이곳은 편안하고 친절한 서비스를 제공한다. 지난 2년간 점심과 저녁 모두 영업이 호조를 보이고 있다. 손님들은 보통 15분 정도 기다려야 하지만, 최근 서비스 지연에 대한 불만이 증가하고 있다. 슈메이커는 현재 시설을 확장할지, 아니면 빠르게 성장하고 있는 인근 유니언타운에 비슷한 레스토랑을 열지 고려하고 있다.
   a. 슈메이커는 어떤 유형의 전략 계획을 세워야 하는가?
   b. 슈메이커가 고려해야 할 미들즈버그와 유니언타운의 환경적 요인은 무엇인가?
   c. 그랜드머더스만의 차별화된 역량은 무엇인가?
7. 와일드 웨스트(Wild West, Inc.)는 AT&T로부터 약 10만 명의 직원과 5만 명의 퇴직자를 물려받은 지역 전화 회사이다. 와일드 웨스트는 다각화라는 새로운 사명이 있다. 금융 서비스, 부동산, 케이블 TV, 홈쇼핑, 엔터테인먼트, 이동통신 서비스 시장에 진출하고 다른 전화 회사들과 경쟁하기 위해 10년간의 노력이 필요하다. 와일드 웨스트는 영국과 같이 기존 경쟁국이 있는 시장과 러시아 및 구동구권 국가와 같이 경쟁이 거의 없는 시장에서 이동통신 및 광섬유 통신 서비스를 제공할 계획이다.
   a. 와일드 웨스트는 어떤 유형의 전략 계획을 수립해야 하는가? '아무것도 하지 않는' 옵션이 실행 가능한가? 와일드 웨스트의 사명이 너무 광범위해 보인다면, 어떤 사업을 먼저 정리해야 하는가?
   b. 와일드 웨스트가 고려해야 할 환경 요인은 무엇인가?
   c. 와일드 웨스트의 핵심 역량은 무엇인가? 어떤 약점을 피하거나 완화해야 하는가?
8. 여러분이 식료품 배달 사업을 구상하고 있다고 가정하자. 인터넷을 통해 대도시 지역에 필수 식료품과 냉동식품을 공급하고 고객이 정한 기간 내에 배송할 계획이다. 해당 지역의 두 대형 식료품점과 파트너십을 맺을 계획도 있다. 경쟁에서 우선시해야 할 사항과 핵심 프로세스 및 지원 프로세스에서 개발하고 싶은 역량은 무엇인가?
9. 기업의 신제품 개발 프로세스가 4차 산업혁명과 어떻게 관련이 있고, 어떤 영향을 받는지 설명하라.
10. 여러분은 어떤 조건에서 소규모 가전제품 제조업체가 제조 공정에 필요한 일부 부품을 외부 공급업체에서 조달하는 대신 적층 제조

(AM) 기술을 도입해 생산할 것을 추천하겠는가? 시간이 지남에 따라 회사가 성장하고 생산량이 급격히 증가한다면 이러한 고려사항은 어떻게 달라질 수 있겠는가?

연습문제

이 책을 사용하는 모든 학생은 OM Explorer, 윈도우용 POM, Active Model 소프트웨어를 사용할 수 있다. 해당 소프트웨어의 다운로드 위치와 활용 방법은 강의 담당 교수에게 문의하라. 대부분의 교수자는 학생이 직접 계산하는 방법을 이해하기를 바란다. 하지만 소프트웨어를 이용하면 계산을 확인할 수 있다. 계산이 매우 복잡하고, 의사결정 과정에서 결과를 해석하는 것이 목표인 경우 소프트웨어가 수작업 계산을 완전히 대체해도 무방하다.

선호도 행렬

1. 마이크 굴더(Mike Goulder)는 업무 생산성 향상을 위한 소프트웨어 제품을 만드는 회사의 제품 개발 관리자이다. 알파, 베타, 감마라는 세 가지 모델에 대한 제품 프로토타입이 개발되었다. 추가 개발 및 출시를 위해 하나의 프로토타입만 선택할 수 있다. 마이크는 가장 중요한 성능 기준에 대해 다음과 같은 추정치를 도출하고 각 기준에 대해 알파, 베타, 감마를 평가했다.

		프로토타입 등급		
성과 기준	요소 가중치	알파	베타	감마
특징	25	4	7	8
다용도성	15	5	8	6
사용 편의성	20	6	4	6
유지 관리 및 지원	10	8	5	7
총비용	30	8	7	6

a. 어떤 제품 프로토타입을 추천하겠는가?

b. 마이크의 상사는 다용도성 기준이 중요하지 않다고 생각해 배제해야 한다고 주장한다. 그 대신 다용도성 기준의 가중치를 사용 편의성 기준에 추가해야 한다고 주장하고 있다. 마이크의 상사가 요청한 이 기준 변경으로 인해 제품 추천이 어떻게 바뀌는가?

2. 매킨토시 컴퍼니(McIntosh Company)는 신규 서비스에 대한 세 가지 아이디어를 검토하고 있다. 자원 제약으로 인해 현재 상용화 가능한 아이디어는 단 하나뿐이다. 경영진이 가장 중요하다고 생각하는 다섯 가지 성과 기준에 대한 추정치는 다음과 같다.

	등급		
성과 기준	서비스 A	서비스 B	서비스 C
자본 장비 투자 필요	0.6	0.8	0.3
예상 투자수익률(ROI)	0.7	0.3	0.9
현재 인력 기술과의 호환성	0.4	0.7	0.5
경쟁우위	1.0	0.4	0.6
EPA 요구사항과의 호환성	0.2	1.0	0.5

a. 각 대안에 대한 총 가중치 점수를 계산하라. 선호도 행렬을 사용하고 각 성과 기준에 대해 동일한 가중치를 적용한다고 가정하자. 최선의 대안이 무엇인가? 최악의 대안은 무엇인가?

b. 예상 투자수익률(ROI)에 나머지 각 기준에 할당된 가중치의 2배를 적용한다고 가정하자. 가중치의 합계는 (a) 부분과 동일하게 유지되어야 한다. 이러한 변경이 세 가지 잠재적 서비스의 순위에 어떠한 영향을 미치는가?

3. 오리건 제조(Oregon Manufacturing, Inc.)는 세 가지 신제품 아이디어를 평가하고 있으며, 경영진은 선호도 행렬 방식을 적용하기로 했다. 다음 표는 각 제품 아이디어에 대해 가중치와 개별 점수가 적용된 다섯 가지 성과 기준을 보여준다. 경영진이 750점을 통과 기준으로 설정한 경우, 어떤 제품을 추가 개발을 위해 수용해야 하겠는가?

		등급		
성과 기준	가중치	제품 A	제품 B	제품 C
시장 잠재력	30	10	8	8
수익성	20	7	8	6
운영 호환성	20	5	7	3
리스크	20	9	6	9
투자 요건	10	6	8	5

비디오 사례 크레욜라의 운영전략

펜실베이니아주 이스턴에 위치한 크레욜라(Crayola)는 전 세계 모든 연령대의 어린이에게 사랑받는 크레용, 마커, 물감을 생산하는 기업으로, 운영 프로세스가 크레욜라의 핵심이다. 1903년부터 왁스, 염료, 기타 원자재를 가공해 월마트, 타깃 같은 광범위한 유통업체 및 소매업체 네트워크를 통해 다채로운 제품을 생산 판매해 왔다. 크레욜라는 매일 세 곳의 제조 공장에서 크레용 1,300만 개, 마커 200만 개, 물감 50만 병, 조형 재료 17만 파운드, 실리퍼티(Silly Putty) 계란 2만 2,000개를 생산한다.

특히 혁신에 집중하고 운영전략을 수립할 때, 크레욜라는 "아이들이라면 어떻게 할까?"라는 질문을 통해 많은 영감과 창의력을 얻고 있다. 아이들이 복잡한 시스템과 운영 프로세스를 구축할 수 있는 지식을 가지고 있다는 뜻은 아니다. 그보다는 이러한 질문은 직원들이 회사의 경쟁 우선순위에 대해 새로운 방식으로 생각할 수 있도록 함으로써 창의적인 해결책을 도출하는 데 도움을 줄 수 있다. 공급사슬에서 크레욜라는 운영 리더십의 다섯 가지 '기둥'을 고수한다. 이러한 기둥은 (1) 혁신, (2) 지속가능성, (3) 민첩성과 회복력, (4) 비용, (5) 품질과 윤리적 책임이라는 다섯 가지 원칙을 바탕으로 회사를 차별화하는 데 중점을 두고 있다.

이 회사는 혁신의 역사를 가지고 있다. 드림메이커스(Dream-Makers)라는 미술 교육 프로그램을 전국 초등학교에 최초로 도입한 회사이기도 하다. 물 세척이 가능한 마커와 크레파스 또한 업계 최초의 제품이었으며, 현재까지도 이 회사의 베스트셀러로 자리매김하고 있다. 최근에는 크레파스 종이 포장의 언어를 하나가 아닌 프랑스어, 영어, 스페인어로 변경했다. 이러한 변경으로 여러 시장에서 사용할 수 있게 되어 40만 달러의 종이와 인쇄 비용을 절감할 수 있었다.

지속가능성 측면에서 크레욜라는 이스턴에 있는 제조 공장 인근 20에이커 부지에 태양광 발전소를 건설했다. 이 발전소는 공장과 인근 본사 건물을 완전히 가동할 수 있는 충분한 에너지를 생산한다. 매년 8억 5,000만 개의 색연필을 생산하는 데는 재조림된 목재만 사용하며, 벌목된 나무 한 그루마다 나무 한 그루를 심고 있다. 크레용에 사용되는 파라핀 왁스의 공급처는 최근 루이지애나에서 펜실베이니아 서부로 이전해 왁스 운송과 관련해 매년 5,000배럴의 석유를 절약하고 있다. 모든 플라스틱 부품은 재활용 플라스틱으로 제작된다. 크레용 생산 과정에서 발생하는 잉여 왁스는 제조 공정에 재투입되기 때문에 폐기물이 발생하지 않는다.

펜실베이니아주에 본사를 둔 크레욜라는 운영 우수성과 혁신에 집중해 해당 산업의 선두주자가 되었다.

출처: Pearson Education

글로벌 전략의 일환으로 회사는 미국 외의 새로운 시장을 적극적으로 공략하고 있다. 중국의 0~14세 아동 시장은 다른 모든 글로벌 시장을 합친 것보다 크며, 전 세계 아동 인구의 절반 이상을 차지한다. 그러나 회사 전체 매출의 14%만이 해외 시장에서 발생하고 있다. 따라서 회사는 특히 중국 내 제조 및 유통 사업 확장에 각별한 관심을 기울이고 있다. 이는 운영 경영진이 추가 확장을 위해 기존 국내 및 해외 국경의 경계를 넘어 현재 공급사슬을 어떻게 확장할 것인지 고민해야 함을 의미한다.

문제

1. 크레욜라의 5대 운영 리더십 기둥을 표 2.1의 경쟁 우선순위와 연결하라.
2. 크레욜라의 아시아 시장 진출 계획과 관련해 그들의 경쟁 우선순위를 평가하라.
3. 크레욜라가 해외로 사업을 확장함에 따라 가장 큰 어려움을 겪을 수 있는 경쟁 우선순위는 무엇인가?

3 프로세스 전략과 분석

출처: Refrina/Shutterstock

미국 버지니아주 매너서스에 위치한 로우스 매장(2023년 4월 13일)

로우스

로우스(Loew's)는 2022 회계연도 기준 970억 달러의 매출을 기록한 세계 2위 규모의 주택 개량 및 보수 용품 전문 소매기업이다. 노스캐롤라이나주 윌크스보로에 본사를 두고, 2022년 10월 기준으로 30만 명 이상의 임직원을 보유하며, 미국 내 6곳과 인도 1곳의 고객센터, 그리고 북미 전역에 1,700개 이상의 매장을 운영하고 있다. 1962년 상장 이후 치열한 경쟁과 경기 변동 속에서 성장과 구조조정을 반복해 왔지만, 로우스는 수익성과 시장점유율을 높이기 위해 전사적인 핵심·지원·공급사슬 프로세스를 체계적으로 분석하고 개선하는 데 집중해왔다. 특히 혁신연구소(Innovation Labs)를 통해 공급사슬 혁신, 주문형(on-demand) 제조, 차세대 소재 활용, 첨단 기술 도입에 집중해 비용을 절감하고 매장 내 고객 경험을 향상하고 있다.

로우스는 2014년 증강현실(AR)과 가상현실(VR)을 도입한 최초의 소매업체 중 하나로 주택 개·보수 과정을 쉽고 직관적으로 만들었다. 이러한 노력의 일환으로 아이폰 12 이상에서 작동하는 아이폰 앱을 출시했는데, 이 앱의 '공간측정(Measure Your Space)' 버튼을 누르면 휴대전화 카메라가 열리며 공간의 스캔과 평면도 작성이 자동으로 이루어져 이를 바탕으로 예상 견적을 받을 수 있다. 또한 로우스는 홈리테일 업계 최초로 인터랙티브 디지털 트윈(interactive digital twin) 매장을 선보였다. 이는 매장 직원들이 가상현실의 실감 나는 3D 제품 카탈로그를 포함한 거의 모든 매장의 디지털 데이터를 시각화하고 상호작용하는 데 사용할 수 있다. 이 시각적 패키지는 데스크톱 PC와 Magic Leap 2 증강현실(AR) 헤드셋을 통해 확인할 수 있는 실제 로우스 매장의 가상 복제본이다. 매장 직원은 AR 환경에서 '엑스레이 비전'을 통해 높은 선반의 재고처럼 접근하기 어려운 품목들을 투시하듯 보고, 판매 실적 및 고객 동선 데이터를 분석하며, 자주 구매하는 품목을 더 가까이 배치해 매장 내 제품 배치 및 이동을 최적화할 수 있다. 로우스 직원들은 증강현실에서 실제 매장 위에 디지털 트윈의 홀로그램을 겹쳐 볼 수 있으며, 적절한 제품을 올바른 구성으로 진열한 후의 매대 모습을 비교할 수 있고, 이는 운영 및 보관 비용을 절감하는 동시에 제품 가용성을 향상할 수 있다.

현재 로우스의 디지털 트윈은 2개 매장에서 운영 중이며, 도입 이후 3D 제품 표현만으로도 매출 전환율이 10~50% 증가했다. 이는 고객이 구매 결과를 시각적으로 확인할 수 있게 된 덕분이다. 또한 가상현실 솔루션은 경쟁업체가 제공할 수 없는 방식으로 고객의 어려움을 해결하면서 프로젝트 세부 사항을 더 잘 기억할 수 있게 해주었기 때문에 고객이 주택 개선 프로젝트를 포기할 가능성이 낮아졌다. 로우스

학습목표

3.1 서비스 프로세스의 구조와 고객-접촉 행렬 상에 서비스 프로세스를 배치하는 방법을 이해한다.

3.2 제조 프로세스의 구조와 제품-프로세스 행렬 상에 제조 프로세스를 배치하는 방법을 이해한다.

3.3 프로세스 전략 주요 의사결정과 이것이 운영에 미치는 영향을 설명한다.

3.4 프로세스 의사결정의 전략적 적합성 개념을 토의한다.

3.5 프로세스를 체계적으로 분석하고 개선하기 위한 두 가지 일반적인 변화 전략을 비교 대조한다.

3.6 프로세스를 어떻게 정의, 측정, 분석하는지 토의한다.

3.7 프로세스를 효과적으로 개선하고 관리하기 위해 흔히 사용하는 접근 방법을 파악한다.

소매 물류창고의 디지털화 및 시각화 기술은 가상현실 플랫폼을 활용해 물류센터의 상품, 재고 보관 위치, 재고 수준 등을 분석할 수 있다.

는 이러한 기술과 프로세스 개선을 전국의 더 많은 매장으로 확대해 매출 증대와 수익성 향상을 기대하고 있다.[1]

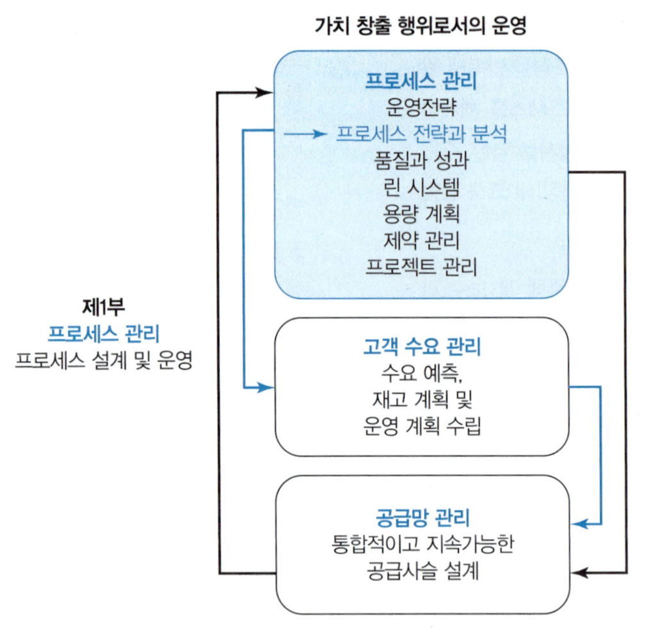

프로세스란 조직의 자원을 활용하여 가치를 창출하는 활동을 의미한다. 하지만 기업 운영에서 가장 간과되고 제대로 관리되지 않는 부분일 수 있다. 프로세스 없이는 어떤 서비스나 제품도 창출될 수 없으며, 서비스나 제품 없이는 프로세스도 존재할 수 없다. 회사에 재능과 동기가 충만한 사람들이 있다 하더라도, 프로세스가 잘못되어 있으면 회사는 경쟁우위를 얻을 수 없다. 프로세스 의사결정은 그래서 본질적으로 전략적 영역이다. 2장에서 보았듯이 이러한 의사결정은 회사의 장기적 전략 목표를 고려하여야 한다. 프로세스 의사결정을 수행할 때 경영자는 품질, 유연성, 시간 및 비용과 같은 경쟁 우선순위에 초점을 두어야 한다. 로우스의 사례에서 제시된 것처럼, 프로세스 관리는 계속되는 활동이며, 조직의 다양한 영역에 걸쳐 영향을 미칠 수 있다. 인적자원, 장비, 외주 서비스, 자재, 작업 흐름, 그리고 투입물을 산출물로 가공하는 방법 등을 선택할 때 다양한 선택지가 존재한다. 또 어떤 프로세스들을 직접 수행하고 어떤 프로세스들은 외주(즉 회사 바깥에서 수행하여 자재나 서비스로 구매)로 수행할지를 선택할 수도 있다. 이러한 의사결정을 통하여 공급사슬이 정의되며, 이에 대해서는 이어지는 장에서 좀 더 상세히 다룬다.

1 Chris Davis and Brandon Metzger, "How Product Development Drives Competitive Advantage in the Digital Age," *CIO* (March 20, 2020), https://www.cio.com/article/220087/-how-product-development-drives-competitive-advantage-in-the-digital-age.html; "Lowe's Unveils Industry-First Digital Twin, Giving Associates 'Superpowers' to Better Serve Customers," https://corporate.lowes.com/newsroom/press-releases/lowes-unveils-industry-first-digital-twin-giving-associates-superpowers-better-serve-customers-09-20-22 (September 20, 2022); https://www.lowesinnovationlabs.com(March 1, 2023); Lowe's 2022 Annual Report, https://corporate.lowes.com/sites/lowes-corp/files/2023-04/lowes-2022ar-full-report-4-6-23-final.pdf.

이 장의 논의는 **프로세스 전략**(process strategy)과 **프로세스 분석**(process analysis)에 초점을 둔다. 프로세스 전략은 프로세스가 경쟁 우선순위를 달성할 수 있도록 프로세스를 관리하는 과정에서 내리는 의사결정 패턴을 의미하며, 프로세스 분석은 업무가 어떻게 수행되고 재설계될 수 있는지를 문서화하고 상세하게 이해하는 것을 의미한다. 프로세스 관련 결정은 그 프로세스 자체에 직접적인 영향을 미칠 뿐만 아니라, 그 프로세스가 제공하는 서비스와 제품에도 간접적으로 영향을 미친다. 프로세스가 내부 및 외부 고객에게 최대한의 가치를 제공하도록 보장하려면, 조직의 모든 부분은 물론 공급사슬에 걸친 외부 공급업체와 고객까지 함께 공동으로 노력해야 한다.

프로세스 전략
프로세스를 관리하는 과정에서 경쟁 우선순위를 획득하기 위해 만들어지는 의사결정의 패턴

프로세스 분석
업무가 수행되고 재설계되는 방법을 문서화하고 세부적으로 이해하는 것

프로세스 전략은 여러 가지 프로세스 의사결정의 길잡이 역할을 하는데, 운영전략과 이를 뒷받침할 자원을 확보할 수 있는 조직의 역량에 의해 방향이 정해진다. 먼저 네 가지 기본적인 프로세스 의사결정 요소인 (1) 프로세스 구조, (2) 고객 참여, (3) 자원 유연성, (4) 자본집약도를 정의한다. 이러한 의사결정을 서비스 프로세스와 제조 프로세스 양쪽에서 살펴보며, 경쟁 우선순위, 고객 접촉, 생산량과 같은 요인에 따라 이러한 결정 요소들이 서로 정합(整合, fit)을 이루는 방법에 특별히 주목한다. 이는 결국 프로세스를 분석하고 수정하기 위한 두 가지 기본적인 변화 전략, 즉 (1) 프로세스 리엔지니어링(process reengineering)과 (2) 프로세스 개선(process improvement)으로 이어진다. 이 두 가지 접근 방식 모두 변화를 식별하고 실행하기 위해 프로세스 분석이 필요하다.

프로세스 전략에 특히 중요한 3원칙은 다음과 같다.

1. 프로세스 관련 의사결정이 성공하려면 상황에 맞는 선택을 하여야 하고 선택끼리 일관성을 유지하여야 한다. 한 프로세스만 최적화하느라 다른 프로세스를 희생시키는 선택으로 상호 충돌하게 해서는 안 된다. 즉 프로세스 관련 의사결정 사이에 논리적 일관성이 결여되어서는 안 된다. 효과적인 프로세스는 주요 프로세스 특성이 조화를 이루면서도 전략과 잘 맞는 것(strategic fit)이다.
2. 이 절에서는 개별 프로세스에 초점을 맞추지만, 실제로 프로세스들은 서로 맞물려 기업 전체 공급사슬을 구성하는 기본 단위이다. 이들이 누적되어 고객 만족과 경쟁우위에 미치는 영향은 막대하다.
3. 공급사슬을 이루는 프로세스를 조직 내부에서 수행하든 외부 공급자가 수행하든, 경영자는 프로세스 간의 연계에 각별히 신경을 써야 한다. 이처럼 프로세스 간 연계에 신경을 써야 하기 때문에 기능 간 조정이 중요하다.

사무 처리, 서비스 공급자, 제조업체 등을 막론하고 어떤 프로세스를 다루든 간에 운영관리자는 네 가지 일반적인 프로세스 의사결정을 고려하여야 한다. 그림 3.1은 이것들이 모두 효과적인 프로세스 설계를 향한 중요한 단계임을 보여준다. 이 네 가지 의사결정은 기업 전체 수준보다는 프로세스 또는 하위 프로세스 수준에서 훨씬 더 이해하기 쉽다.

- **프로세스 구조**(process structure)는 필요한 자원의 종류, 프로세스에 자원을 배정하는 방식, 프로세스의 주요 특징을 기준으로 프로세스의 유형을 분류한 것이다. **설비 배치**(layout)는 운영 단위(또는 부서)를 물리적으로 배열한 것이다.
- **고객 참여**(customer involvement)는 고객이 프로세스에 참여하는 방식과 그 정도를 반영한다.

프로세스 구조
필요한 자원의 종류, 프로세스에 자원을 배정하는 방식, 프로세스의 주요 특징을 기준으로 분류한 프로세스의 유형

설비 배치
다양한 프로세스에 의해 생겨난 상대적 운영(부서) 단위의 물리적 배열

고객 참여
고객이 프로세스에 참여하는 방식과 그 정도

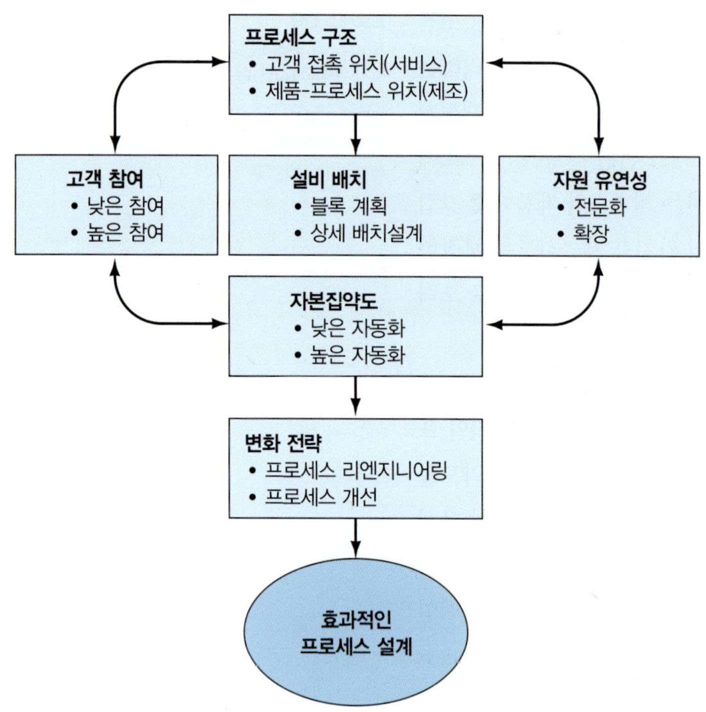

그림 3.1 효과적인 프로세스를 위한 주요 결정

- **자원 유연성**(resource flexibility)은 직원과 설비가 폭넓은 제품 스펙트럼, 다양한 생산 규모, 여러 직무와 역할을 얼마나 용이하게 다룰 수 있는지를 의미한다.
- **자본집약도**(capital intensity)는 프로세스에서 설비와 인적 자원의 숙련도 조합을 의미하며, 노동 비용 대비 장비 구매 및 유지 비용이 높을수록 해당 프로세스의 자본집약도는 증가한다.

자원 유연성
제품, 산출량, 임무, 기능 등이 다양해질 때 기계장비와 종업원이 얼마나 쉽게 적응할 수 있는지를 나타냄

자본집약도
프로세스에서 장비와 인간 기능의 구성비

이 네 가지 의사결정을 중심으로 전개하는 개념들은 모든 상황에서 적절한 프로세스 설계를 논의할 수 있는 개념적 틀을 마련해 준다. 1장에서 논의했던 인공지능(AI)과 4차 산업혁명 기술의 출현이 프로세스 구조, 고객 참여, 자원 유연성, 자본집약도 간 관계에 영향을 미칠 수 있지만, 우리는 여전히 이 네 가지 의사결정 간에 '적합성'을 이루는 선택 패턴을 설정해야 한다. 예를 들어 자재가 한 작업장에서 다음 작업장으로 원활하게 흐르는 제조 시설(이는 나중에 라인 프로세스로 정의할 것이다)을 둘러본다면, 모든 프로세스를 라인 프로세스로 바꿔야 한다고 생각하기 쉽다. 라인 프로세스가 효율적이고 체계적으로 보이기 때문이다. 그러나 고객 취향에 맞춘 제품을 소량생산하는 경우에 라인 프로세스를 선택하는 것은 심각한 실수가 될 것이다. 이런 상황에서는 다양한 제품을 생산하기 위해 생산자원이 매우 유연해야 한다. 이렇게 되면 생산 현장은 작업 중인 일감의 흐름이 여기저기서 서로 교차하는 등 매우 무질서해 보이지만, 겉보기와 달리 이러한 프로세스가 이런 경우에는 오히려 최상의 선택이다.

서비스 프로세스의 구조

3.1 서비스 프로세스의 구조와 고객-접촉 행렬 상에 서비스 프로세스를 배치하는 방법을 이해한다.

훌륭하게 작동하는 프로세스를 설계하기 위해 경영자가 가장 먼저 내리는 결정 중 한 가지는 그 프로세스의 경쟁 우선순위를 가장 잘 달성할 수 있는 프로세스 유형을 선택하는 일이다. 프로세스 설계 전략은 서비스를 제공하는지 제품을 생산하는지에 따라 매우 다를 수 있다. 선진국에서 서비스업이 차지하는 고용 비중이 워낙 크기 때문에, 이 점을 고려하여 여기서는 서비스 프로세스부터 먼저 다루겠다.

예를 들어 손님을 빠르게 입장시켜 음식을 제공하고 바로 내보내는 프로세스 전략은 패스트푸드점에는 좋을 수 있지만, 손님들이 느긋하게 저녁 식사를 즐기러 오는 고급 식당에는 적당하지 않다. 프로세스에 대한 통찰을 얻기 위해서는 프로세스 수준에서 시작하여 그 프로세스와 연관된 핵심적인 상황 변수를 파악하여야 한다. 서비스 프로세스 전략 수립 시 가장 먼저 고려하여야 할 사항은 고객 접촉의 유형과 정도이다. **고객 접촉**(customer contact)이란 서비스 과정 동안 고객이 현장에 얼마나 존재하고, 얼마나 적극적으로 참여하며, 개별적인 서비스를 얼마나 받는지를 의미한다. 고객과 서비스 제공자가 직접 마주하는 대면 상호작용(face-to-face interaction)은 서비스 접점(service encounter) 혹은 진실의 순간(moment of truth)이라고도 하

고객 접촉
고객이 서비스 프로세스에 나타나서 참여하며 개별적인 서비스를 받는 정도

며, 이때 고객은 서비스 품질에 대한 인식을 형성한다. 표 3.1은 고객 접촉의 다섯 가지 차원을 보여준다. 다섯 가지 차원 각각에 대해 다양한 수준이 존재할 수 있으며, 하나의 프로세스라도 일부 단계는 접촉이 적고 다른 단계는 접촉이 많을 수 있다.

표 3.1 서비스 프로세스의 고객 접촉 차원

차원	높은 고객 접촉도	낮은 고객 첩촉도
물리적 출석 여부	출석	결석
처리 대상	사람	소지품이나 정보
접촉 강도	적극적, 가시적	소극적, 비가시적
인적 보살핌	개인적	비개인적
전달 방식	대면	정기적 우편이나 전자우편

고객-접촉 행렬

그림 3.2에서 고객-접촉 행렬은 세 가지 요소, 즉 (1) 고객 접촉도, (2) 고객화, (3) 프로세스 특성 사이의 관계를 하나의 도식에 통합하여 보여준다. 이 행렬은 프로세스를 평가하고 개선하는 활동의 시발점이 된다.

고객 접촉도와 고객화

이 행렬의 가로축은 고객에게 제공되는 서비스를 고객 접촉도와 이에 따른 경쟁 우선순위 관점에서 나타낸다. 여기에서 핵심적인 경쟁 우선순위는 얼마나 많은 고객 맞춤화가 필요한가 하는 점이다. 행렬의 왼쪽에 위치하는 서비스들은 고객과의 접촉이 많고 매우 맞춤화된 서비스를 의미한다. 이 경우 고객이 서비스 과정에 직접 참여하고 활동적일 가능성이 더 크다. 따라서 서비스 과정이 고객에게 더 잘 보이고, 고객은 더 개인적인 관심을 받게 된다. 반면 이 행렬의 오른쪽은 고객과의 접촉이 적고, 서비스 과정이 고객의 시야에서 벗어나는 경우를 나타낸다. 이때 고객이 서비스 과정에 참여하더라도 소극적이며, 개인적 보살핌은 별로 받지 않는다.

프로세스 다양성과 흐름

고객 접촉 행렬의 세로축은 프로세스 자체의 두 가지 특성, 즉 (1) 프로세스 다양성과 (2) 프로세스 흐름을 다룬다. 모든 프로세스는 이 두 가지 차원에 따라 분석될 수 있다.

프로세스 다양성(process divergence)은 프로세스가 얼마나 맞춤화될 수 있고, 작업을 수행하는 방식에 있어 상당한 재량권이 주어지는 정도를 의미한다. 만약 프로세스가 고객마다 바뀐

프로세스 다양성
프로세스에서 업무 수행 방식의 상당한 재량권과 함께 높은 고객화를 보이는 정도

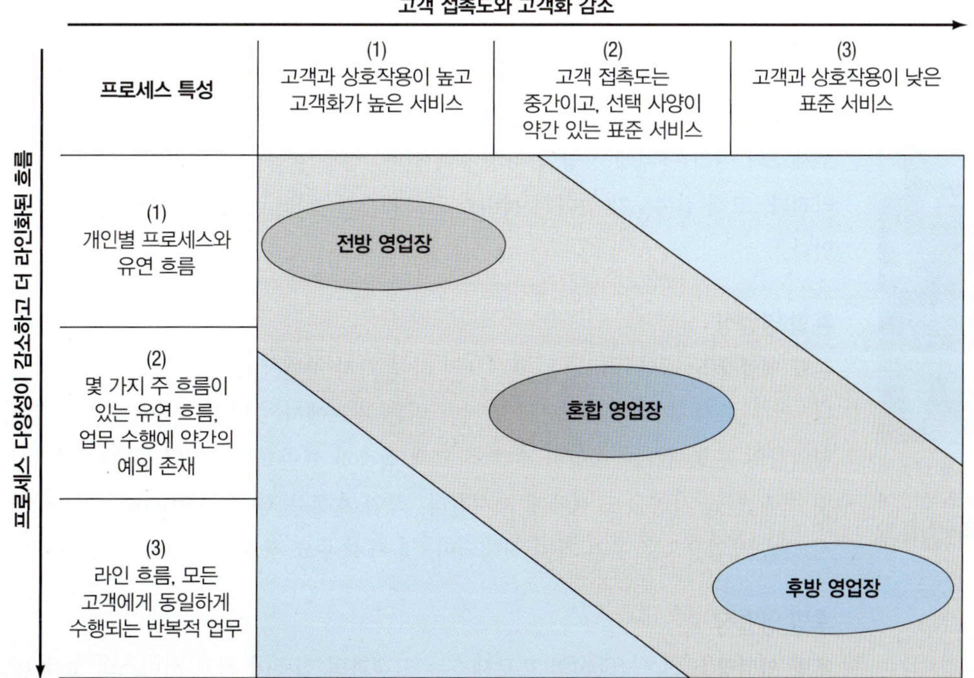

그림 3.2 서비스 프로세스의 고객 접촉 행렬

다면, 사실상 모든 서비스 수행이 고유(unique)하게 된다. 컨설팅, 법률 자문, 건축 설계의 경우 고객별로 절차와 단계가 많이 달라지기 때문에 프로세스 다양성이 높은 서비스의 대표적인 예가 된다. 반대로 프로세스 다양성이 낮은 서비스는 반복적이고 표준화되어 있다. 모든 고객에 대해 하는 일이 똑같으며 복잡성도 낮은 경향이 있다. 특정 호텔 서비스와 전화 서비스는 일관성을 보장하기 위해 고도로 표준화되어 있다.

유연 흐름
고객, 물자, 정보가 다양한 경로를 따라 움직이며, 한 고객이나 일감이 취하는 경로가 다른 고객이나 일감의 경로와 뒤섞이는 경우가 흔함

라인 흐름
고객, 자재, 정보가 작업장들을 미리 정해진 순서대로 선형으로 흐름

전방 영업장
서비스 인력이 내외부 고객과 직접 상호작용하며 고객 접촉도가 높은 서비스 프로세스

혼합 영업장
고객 접촉도가 중간 정도이고, 표준 서비스를 제공하면서 몇 가지 선택 사양을 고객에게 제시하는 프로세스

프로세스의 다양성이 상당히 높으면 작업의 흐름은 더 유연한 경향이 있다. **유연 흐름**(flexible flow)이란 고객·자재·정보가 여러 경로로 이동하며, 한 고객(또는 작업)의 동선이 다음 고객의 동선과 자주 교차하는 것을 의미한다. 이런 경우 언뜻 보기에는 작업의 경로가 뒤죽박죽이고 무질서하게 보일 수 있지만, 실제로는 고객별로 세심하게 미리 계획된 경로를 따르고 있는 것이다. 다양성이 높은 프로세스에서는 이런 광경이 자연스럽게 나타난다. 반면, **라인 흐름**(line flow)은 고객·자재·정보가 고정된 순서에 따라 한 작업에서 다음 작업으로 선형적으로 이동하는 것을 의미한다. 프로세스가 다양성이 낮고 표준화되면 라인 흐름이 자연스러운 선택이다.

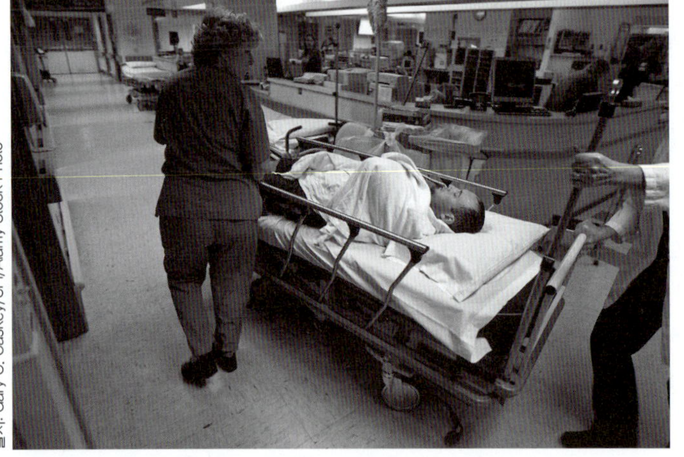
출처: Gary C. Caskey/UPI/Alamy Stock Photo

콜로라도주 휘트리지에 있는 엑셈플라 루터란 메디컬센터(Exempla Lutheran Medical Center) 응급실에서 중증도 분류를 받은 뒤, 한 환자가 접수대를 지나 신속히 진료 및 대기 구역으로 옮겨졌다.

서비스 프로세스의 구조화

그림 3.2는 서비스 제품과 프로세스를 효과적으로 이어주는 바람직한 위치를 행렬에 표시한 것이다. 경영자는 (1) 전방 영업장, (2) 혼합 영업장, (3) 후방 영업장이라는 세 가지 프로세스 구조 중에서 선택할 수 있다. 실제로 이들은 연속적인 우하향 대각선 띠를 형성한다. 만약 프로세스가 이러한 대각선 위치에서 너무 멀리 떨어진 하늘색 삼각형 영역에 자리하고 있다면 최고의 성과를 내지 못할 가능성이 높다. 이러한 위치는 제공되는 서비스와 프로세스 특성이 서로 너무 어울리지 않기 때문이다.

전방 영업장

전방 영업장(front-office)의 프로세스는 고객과의 접촉이 많은 경우로, 서비스 제공자가 내부 또는 외부 고객과 직접 상호작용한다. 서비스가 고객화되고 서비스 선택 사양이 다양하기 때문에 프로세스의 여러 단계에 상당한 다양성이 있다. 업무 흐름은 유연하며 고객마다 달라진다. 고객 접촉도가 높아서 서비스 프로세스가 개별 고객에 맞춤화되는 경향이 있다.

출처: Mavo/Shutterstock

한 재무 컨설턴트가 부부의 집에서 투자 옵션에 대해 대화하고 있다. 이 프로세스는 고객이 직접 참여해 서비스 생산에 능동적으로 참여하며 면대면으로 만나 개별적으로 관심을 받으므로 고객 접촉도가 매우 높다.

혼합 영업장

혼합 영업장(hybrid office)은 표 3.1의 다섯 가지 차원에서 중간 정도에 위치하거나, 일부 고객 접촉 지표에서는 높지만 다른 지표에서는 낮은 경향을 띤다. 혼합 영업장의 프로세스는 적당한 수준의 고객 접촉과 표준화된 서비스를 제공하면서 몇 가지 선택 사양을 고객에게 제시한다. 작업 흐름은 한 작업장(workstation)에서 다음 작업장으로 옮겨 가며 진행되며, 몇 가지 주요 경로가 뚜렷하게 나타난다.

후방 영업장
고객 접촉이 낮고 고객화가 거의 없는 서비스 프로세스

후방 영업장

후방 영업장(back-office)의 프로세스는 고객과의 접촉이 적고 서비스의 고객 맞

춤화가 거의 없는 경우이다. 작업은 표준화되고 일상화되어 있으며, 서비스가 완료될 때까지 한 서비스 제공자에서 다음 서비스 제공자로 라인 흐름에 따라 진행된다. 금융기관에서 월말 고객 잔고 보고서를 작성하는 것이 후방 영업장 업무의 좋은 예다. 이는 고객 접촉이 적고, 다양성이 매우 낮으며, 작업 흐름은 라인 흐름을 따른다.

최근에는 은행과 같은 서비스 환경에서 전방 영업장 및 후방 영업장에 인공지능(AI) 애플리케이션이 점점 더 많이 사용되고 있다. AI에 대해서는 11장 '운영 계획 및 일정 계획'에서 더 자세히 설명할 것이다.

제조 프로세스의 구조

3.2 제조 프로세스의 구조와 제품-프로세스 행렬 상에 제조 프로세스를 배치하는 방법을 이해한다.

제조업체의 프로세스 중 많은 부분은 사실상 내부 또는 외부 고객에 대한 서비스이므로, 서비스에 대한 이전 논의가 이들에게도 그대로 적용될 수 있다. 마찬가지로, 서비스업체에서도 제조 프로세스를 발견할 수 있다. 그러나 프로세스 수준에서 업무를 관찰해보면 서비스 프로세스와 제조 프로세스로 명확히 구분된다. 여기에서는 제조 프로세스만 논의한다. 서비스 프로세스와 제조 프로세스가 서로 다르기 때문에 앞서 살펴본 서비스 프로세스와는 다른 프로세스 구조에 대한 관점이 필요하다.

제품-프로세스 행렬

그림 3.3에 나타난 제품-프로세스 행렬은 (1) 생산량, (2) 제품 고객 맞춤화, (3) 프로세스 특성이라는 세 가지 요소를 결합한다. 즉 이 행렬은 생산할 제품과 그에 적합한 제조 프로세스를 일치시키는 도구이다.

적절한 제조 프로세스 전략을 선택하는 첫 번째 기준은 생산량이다. 앞서 살펴본 고객-접촉 행렬에서 서비스 프로세스의 핵심 요소였던 고객 접촉은 순수 제조 프로세스에서는 일반적으로 고려 대상이 아니다(물론 제조업체 내부의 서비스 프로세스에서는 고려해야 한다). 많은 제조 프로세스에서 제품 맞춤화 정도가 높을수록 프로세스 각 단계의 생산량은 낮아진다. 제품-프로세스 행렬의 세로축은 고객-접촉 행렬과 동일하게 프로세스 다양성과 프로세스 흐름이라는 두 가지 특성을 다룬다. 따라서 제조 프로세스도 서비스 프로세스와 마찬가지로 두 차원에서 분석해야 한다.

프로세스 선택
자원을 프로세스 위주로 조직하거나 제품 위주로 조직해 프로세스를 구성하는 방법

제조 프로세스의 구조화

그림 3.3은 제품-프로세스 행렬에 제품 특성과 프로세스를 효과적으로 짝짓는 여러 바람직한 위치(흔히 프로세스 선택이라고 함)를 표현한 것이다. **프로세스 선택**(process choice)이란 프로세스를 구성하는 방식을 가리키며, 이에는 자원을 프로세스 위주로 조직하는 방식과 제품 위주로 조직하는 방식이 있다. 프로세스 위주의 조직화는, 예를 들어 모든 밀링 머신을 한곳에 모아놓고 밀링 작업이 필요한 모든 제품이나 부품을 이곳에서 처리하도록 하는 것이다. 반면에 제품 위주의 조직화는 특정 제품 생산에 필요한 인력과 장비를 한곳에 모아놓고, 그 제품만 전담 생산하도록 하는 방식이다.

출처: Geet Theerawat/Shutterstock

세계 각지에 있는 딘타이펑 매장 주방 전경. 숙련된 셰프들이 조립 라인에서 샤오룽바오(소롱포)를 정교하게 빚고 있다.

그림 3.3 제조 프로세스의 제품-프로세스 행렬

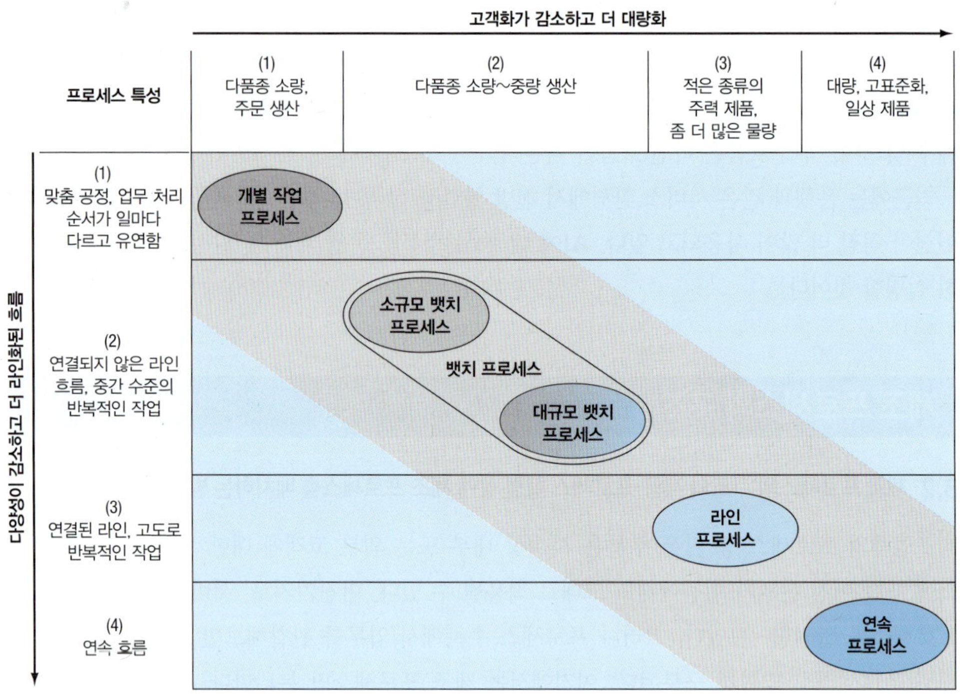

경영자가 선택할 수 있는 프로세스는 연속선상에 위치한 (1) 개별 작업(job) 프로세스, (2) 뱃치(batch) 프로세스, (3) 라인(line) 프로세스, (4) 연속(continuous-flow) 프로세스 등 네 가지다. 고객-접촉 행렬에서와 마찬가지로, 제조 프로세스가 대각선에서 너무 벗어난 위치에 있으면 최고 성과를 내기 어렵다. 그림 3.3이 전달하고자 하는 요점은, 최적의 제조 프로세스 선택은 요구되는 생산량과 고객 맞춤화 정도에 달려 있다는 점이다. 이러한 프로세스 선택은 전체 제조 프로세스에 적용될 수도 있고, 그 안에 포함된 특정 하위 프로세스에만 적용될 수도 있다.

개별 작업 프로세스

개별 작업 프로세스
수행 단계에 상당한 다양성이 있어서 매우 다양한 제품을 생산하는 데 필요한 유연성이 있는 프로세스

개별 작업 프로세스(job process)는 수행되는 단계에서 상당한 프로세스 다양성을 가지며 다양한 종류의 제품을 생산하는 데 필요한 유연성이 있는 프로세스이다. 고객 맞춤화 수준은 높고, 단일 제품의 산출량은 낮다. 작업 인력과 장비는 유연성을 갖추고 있기 때문에 상당히 다양한 과업을 수행할 수 있다. 개별 작업 프로세스를 택한 기업은 입찰로 일거리를 얻는 경우가 많다. 일반적으로 주문생산방식으로 제품을 만들기에, 주문에 앞서 생산하여 재고로 보유하지는 않는다. 각 주문을 별도의 일감(job, 개별 작업)으로 취급한다. 개별 작업 프로세스의 예로는 개별 주문을 받아서 처리하는 금속 주물의 맞춤 가공이나 맞춤형 캐비닛 생산 등을 들 수 있다.

개별 작업 프로세스에서는 특정 유형의 작업을 수행할 수 있는 모든 장비와 인력을 한군데 모아서 배치한다. 이러한 프로세스 선택은 고객 맞춤화가 높고 각 일감마다 작업 순서가 다르기 때문에 일감이 거쳐가는 운영단위의 흐름이 라인 흐름이 아닌 유연한 흐름을 보인다.

뱃치 프로세스

뱃치 프로세스
산출량, 다양성, 물량 측면에서 개별 작업 프로세스와 다른 프로세스

뱃치 프로세스(batch process)는 실제 제조 현장에서 가장 흔하게 볼 수 있는 프로세스이며, **소규모 뱃치**(small batch) 프로세스와 **대규모 뱃치**(large batch) 프로세스로 세분할 수 있다. 뱃치 프로세스는 산출량, 다양성, 물량 측면에서 개별 작업 프로세스와 차이를 보인다. 가장 큰 차이는 동일하거나 유사한 제품(또는 부품)을 반복적으로 생산하기 때문에 산출량이 많다는 점이

다. 최종 제품에 투입될 일부 부품은 미리 가공해 둘 수 있다. 개별 작업 프로세스보다는 제품을 큰 단위(뱃치)로 처리한다. 한 제품(또는 부품)을 일정 수량(뱃치) 생산한 뒤 다음 제품(또는 부품) 생산으로 전환하고, 이후 다시 첫 제품을 생산하는 식으로 운영된다. 뱃치 프로세스는 중간 또는 평균 정도의 산출량을 가지지만, 각 제품에 대해 별도의 전담 프로세스를 두기에는 프로세스 다양성이 여전히 너무 크다. 일감의 흐름은 여전히 유연한 형태지만 개별 작업 프로세스와 대비하면 빈번하게 반복되는 뚜렷한 주요 경로가 나타나기도 하며, 프로세스의 일부 구간에서는 라인 흐름이 있을 수도 있다. 뱃치 프로세스의 예로는 조립라인에 투입될 표준 부품의 생산이나 일부 자본재 생산 프로세스가 있다.

출처: 10'000 Hours/DigitalVision/Getty Images

개별 작업 프로세스 형태의 제조 현장으로, 작업장의 다양한 구역에서 작업자들이 제품 생산을 위한 서로 다른 공정을 처리하고 있다.

라인 프로세스

라인 프로세스(line process)는 뱃치 프로세스와 연속 프로세스의 사이에 위치하며, 산출량이 많고 제품이 표준화되어 있어 자원을 특정 제품 위주로 조직할 수 있다. 프로세스나 일감의 흐름에 있어 다양성은 최소화되며, 작업 단계 사이에 재고도 별로 없다. 각 작업 단계는 동일한 프로세스를 계속 되풀이하며, 생산하는 제품에는 변동이 별로 없다. 전용 생산장비와 자재 취급 장비를 사용한다. 라인 프로세스에 의하여 생산되는 제품의 예로는 컴퓨터, 자동차, 가전제품, 완구 등의 조립이 있다.

라인 프로세스
뱃치 프로세스와 연속 프로세스의 사이에 위치해, 산출량이 많고 제품이 표준화되어 있으므로 자원을 제품 중심으로 조직화할 수 있는 프로세스

표준 제품을 필요하기 전에 미리 생산해 재고로 쌓아두고 있다가 고객으로부터 주문이 들어오면 즉시 공급하며, 주제품에 표준 선택 사양을 신중히 추가해 제품 다양성을 높이기도 한다.

연속 프로세스

연속 프로세스(continuous-flow process)는 엄격한 라인 흐름을 따르며, 표준화된 제품을 대량생산하는 극단적 형태이다. 프로세스의 다양성은 거의 없다. 그 이름은 자재가 프로세스를 통해 이동하는 방식에서 유래한다. 대개 액체, 가스 또는 분말과 같은 하나의 주요 원자재가 프로세스를 따라 멈추지 않고 이동한다. 연속 프로세스는 한 가지 중요한 측면에서 라인 프로세스와 차이가 있다. 전체 뱃치가 완료될 때까지 자재가 프로세스 전체를 중단 없이 흐른다. 연속 프로세스와 라인 프로세스의 가장 큰 차이는, 연속 프로세스는 라인 프로세스와 달리 한 제품의 전체 뱃치가 완전히 생산될 때까지 원자재가 멈추지 않고 프로세스를 통해 흘러간다는 점이다. 한 가지 제품을 생산하는 기간은 짧게는 수차례의 근무교대 기간일 수도 있고 길게는 몇 개월까지도 될 수 있다. 연속 프로세스의 예에는 석유 정제, 화학 공정, 제지, 제철, 탄산음료 및 식품 제조 등이 있다.

연속 프로세스
경직적인 라인 흐름에 따라 표준화된 제품을 장기간 중단 없이 생산하는 극단적 형태의 대량 생산 프로세스

생산 및 재고전략

제조 프로세스 전략은 낮은 고객 접촉과 참여뿐만 아니라, 재고 활용 가능성(즉 원자재, 반제품, 완제품 형태의 재고) 측면에서도 서비스 프로세스 전략과 다르다. 1장에서 살펴본 것처럼 이 규칙에 분명히 예외도 있는데, 에이비스(Avis)가 대여할 자동차 재고를 보유하는 것, 페덱스(FedEx)가 처리 중인 수화물을 재고로 보유하는 것이 그 예다. 재고 활용 방식에는 주문설계(design-to-order), 주문생산(make-to-order), 조립주문(assemble-to-order), 재고생산(make-to-stock)의 네 가지 전략이 있으며, 이는 프로세스 선택과 조화를 이루어야 한다.

주문설계전략

주문설계전략
고객이 요구하는 고유한 사양에 맞추어 기존에는 없는 새로운 제품을 설계하고 생산하는 전략

고객이 요구하는 고유한 사양에 맞추어 기존에 없는 새로운 제품을 설계하고 생산하는 전략을 **주문설계전략**(design-to-order strategy)이라 한다. 보통은 개별 작업 프로세스를 사용하며, 한 고객만을 위한 맞춤형 제품, 예컨대 특정 고객을 위한 디자이너 신발을 제작하는 것과 같이 고도로 고객화된 제품을 만든다.

주문생산전략

주문생산전략
고객의 사양에 따라 소량씩 생산하는 전략

고객의 사양에 따라 소량씩 생산하는 제조업체의 전략을 **주문생산전략**(make-to-order strategy)이라 하며, 이 전략은 보통 개별 작업 프로세스나 소규모 뱃치 프로세스와 함께 사용된다. 표준 설계에 따라 제품을 생산하지만, 표준 부품으로 최종 제품을 조립하는 프로세스보다는 더 복잡한 프로세스이다. 이 전략은 높은 수준의 고객 맞춤화를 제공하며 일반적으로 개별 작업 프로세스나 소규모 뱃치 프로세스를 사용한다. 프로세스의 다양성도 높다. 주문생산전략에 적합한 제품은 전문 의료기기, 주물(casting), 고가의 고급주택 등이다.

주문조립전략

주문조립전략
상대적으로 적은 종류의 중간 조립품이나 부품을 준비했다가 고객의 주문을 접수한 후에 조립해 매우 다양한 제품을 생산하는 전략

주문조립전략(assemble-to-order strategy)은 상대적으로 적은 종류의 중간 조립품이나 부품을 준비하였다가 고객의 주문을 접수한 후에 최종 조립하여 매우 다양한 제품을 생산하는 접근법이다. 전형적인 경쟁 우선순위는 다양성과 납품 속도이다. 일반적으로 주문조립전략의 경우 중간 조립품이나 부품의 가공은 뱃치 프로세스를 사용하고 최종 조립은 라인 프로세스를 사용한다. 가공 프로세스는 표준화된 부품과 중간 조립품을 대량으로 생산하므로 조립 프로세스를 위하여 적정한 재고를 비축한다. 고객의 주문이 들어오면 조립 프로세스는 가공 프로세스에서 생산한 표준 부품과 중간 조립품으로 완제품을 조립 생산한다.

연기
주문이 접수될 때까지 제품의 생산에 필요한 최종 활동들(고객 맞춤화 포함)을 지연하는 것

대량고객화
다양성이 높은 프로세스를 사용해 합리적인 가격에 매우 다양한 고객화된 제품을 생산하는 방식

선택 사양이 많으면 수요 예측이 상대적으로 부정확해지므로 완제품을 재고로 비축하는 것은 경제적으로 엄청난 부담이 될 수 있다. 그러므로 **연기**(postponement) 원리를 적용하여 주문이 접수될 때까지 제품의 생산에 필요한 최종 활동을 연기한다. 주문조립전략은 다양성이 높은 프로세스를 사용하여 합리적인 가격에 매우 다양한 제품을 생산하는 **대량고객화**(mass customization)와도 연결된다. 연기와 대량고객화는 14장 '공급사슬 설계'에서 더 자세히 논의한다.

재고생산전략

재고생산전략
즉시 배달을 위해 재고를 유지해 납품시간을 최소화하며 생산하는 전략

즉시 배송을 위해 재고를 유지하여 납품시간을 최소화하려는 제조업체는 **재고생산전략**(make-to-stock strategy)을 활용한다. 이 전략은 수요 예측이 상당히 정확한 표준화된 제품을 대량생산하는 경우에 적합하다. 이는 라인 프로세스나 연속 프로세스에 적합한 재고전략이다. 재고생산전략으로 생산되는 제품의 예로는 정원 관리 도구, 전자부품, 청량음료, 화학제품 등이 있다.

대량생산
언론이 가끔씩 재고생산전략을 사용하는 라인 프로세스를 일컬을 때 사용하는 용어

재고생산전략과 라인 프로세스를 결합한 생산 방식을 **대량생산**(mass production)이라고 한다. 이것이 바로 언론에서 마치 전통적인 제조 프로세스인 양 다루는 것인데, 환경이 안정적이고 예측 가능하며 작업자는 다양성이 낮은 단순한 작업을 반복하기 때문이다.

설비 배치

한 시설에 설치할 다양한 프로세스의 구조를 선택하는 일은 매우 중요한 전략적 결정이다. 하지만 배치라는 더 전술적인 결정인 설비 배치가 뒤따르지 않으면 의미가 없다. 설비 배치(layout)

는 다양한 프로세스로부터 생성된 운영단위(혹은 부서)의 물리적 배열 형태를 의미한다. 조직의 목적상 프로세스는 운영단위(operation) 혹은 부서(department) 단위로 묶이는데, 운영단위는 하나 이상의 프로세스의 전체 혹은 일부분을 수행하는 자원(인력, 설비)의 집합이다. 예를 들어 고객 접수 창구의 상담원 그룹, 휴대전화를 생산하는 기계와 작업자 집단, 마케팅 부서 등이 모두 운영단위에 해당한다. 프로세스가 조직적으로 어떻게 그룹화되든 관계없이 많은 프로세스가 부서 간 경계를 넘나든다. 정보, 서비스, 제품이 부서 경계를 넘나들며 흐를 수 있다. 개별 작업 프로세스나 뱃치 프로세스처럼 부서를 넘나드는 흐름이 많은 프로세스 구조일수록 설비 배치 문제는 더욱 복잡해진다.

프로세스 전략 의사결정

3.3 프로세스 전략 주요 의사결정과 이것이 운영에 미치는 영향을 설명한다.

서비스와 제조 조직에 대한 프로세스 구조 의사결정을 다루었으므로, 이제 그림 3.1에 표시된 다른 세 가지 주요 프로세스 전략 의사결정인 고객 참여, 자원 유연성, 자본집약도를 살펴보자.

고객 참여

고객 참여(customer involvement)란 고객이 프로세스에 참여하는 방식과 참여 정도를 의미한다. 이는 고객 접촉이 많은(혹은 많아야 하는) 서비스 프로세스에서 특히 중요하다.

잠재적 이점

고객에게 초점을 둔 프로세스는 고객에게 더 높은 가치를 제공한다는 장점이 있다. 특히 시간과 돈을 아끼려는 고객일수록 서비스 프로세스에 적극적으로 참여하고 프로세스의 통제를 원한다. 경영자는 경쟁 우선순위와 고객 만족 측면에서 이득이 부담보다 큰지를 판단하여야 한다. 고객 참여가 늘어나면 품질 향상, 납기 단축, 유연성 증대, 심지어 원가 절감 효과도 나타날 수 있다. 이를 위하여 주유소, 슈퍼마켓, 은행 등 소매점이 채택하는 방법이 셀프서비스이다. 제조업체(예: 장난감, 자전거, 가구 생산업체)도 최종 조립을 고객이 직접 하도록 함으로써 생산원가, 운반비, 재고비용을 낮추기도 한다. 사실상 이케아(IKEA)의 비즈니스 모델은 고객이 자사 프로세스에 적극적으로 참여하도록 설계되어 있다.

고객 참여는 공급사슬 전반의 조정에도 도움이 된다(15장 '물류 관리' 참조). 새로운 기술 덕분에 기업은 고객과 활발하게 대화할 수 있으며 가치를 함께 창출하고 미래 수요를 예측하게 해준다. 자동차 회사에 부품과 자재를 수동적으로 납품하던 업체가 이제 신차 개발 프로세스에 긴밀히 협조하게 되었다. 유통업체도 마찬가지다. 월마트는 프록터앤드갬블(P&G)의 제품을 유통만 시키는 것이 아니라 P&G와 일별 판매 정보를 공유하며 재고와 창고 운영을 공동 관리한다.

일리노이주 다우너스 그로브의 오그던 애비뉴 2500번지에 위치한 맥도날드에서 고객들이 '나만의 맛 만들기(Create Your Taste)' 셀프 주문 키오스크를 사용하고 있다. 이 시스템을 통해 고객들은 토핑, 크기, 곁들임 메뉴까지 원하는 대로 골라 직접 주문할 수 있다.

출처: McClatchy-Tribune/Tribune Content Agency LLC/Alamy Stock Photo

잠재적 부담

고객 참여가 반드시 좋지만은 않다. 때에 따라서는 고객 접촉을 적극적으로 확대하면 서비스 프로세스가 혼란스러워져 효율이 떨어진다. 고객이 현장에 있으면서 즉각적인 서비스를 기대하면 고객 요구의 시기와 양을 관리

출처: Mint Images/Getty Images

자동차 정비사는 다양한 제조사의 여러 종류 자동차를 수리하기 위해 다양한 작업에 유연하게 교차 훈련되어야 한다.

하는 것이 더 어려워진다. 설비와 종업원을 고객에게 노출하면 긍정적이든 부정적이든 품질은 상당히 영향을 받을 수 있다. 이런 변화를 감당하려면 서비스 제공자의 대인 관계 능력이 필수 요건이 되며, 직원의 능력을 높이려면 비용이 들기에 인건비 상승이 불가피하다. 고객이 영업장에 와야 하면 고객이 모이기 좋은 지역마다 작은 시설을 분산 배치하여야 할 수도 있다.

자원 유연성

경영자가 고객 참여에 대한 의사결정을 내릴 때 고객 접촉을 고려하여야 하듯이, 그림 3.1에서 자원 유연성을 결정할 때는 프로세스 다양성과 프로세스 흐름의 다양성을 고려하여야 한다. 예를 들어 과업이 매우 다양하고 유연한 프로세스 흐름이 필요하면 프로세스의 자원, 즉 종업원, 시설, 장비도 유연하여야 한다. 종업원은 광범위한 업무를 수행할 수 있어야 하고, 장비는 범용이어야 한다. 그렇지 않으면 자원 활용도가 너무 낮아져 경제성 있는 생산활동이 이루어질 수 없다.

인력

유연 인력
자신의 작업장에서 다양한 과업을 수행하거나 다른 작업장으로 옮겨서도 작업을 수행할 수 있는 인원으로 구성된 노동력

운영 관리자는 **유연 인력**(flexible workforce)을 보유할지 결정해야 한다. 유연 인력은 자신이 속한 작업장에서뿐만 아니라 다른 작업장으로 옮겨서도 다양한 과업을 수행할 수 있다. 그러나 이러한 유연성을 갖추려면 폭넓은 기술이 필요하고, 이를 위하여 교육 훈련의 필요성이 커져 비용 부담도 커지게 된다. 그렇지만 그 편익은 클 수 있다. 유연한 인력이야말로 신뢰할 만한 고객 서비스를 보장하고 생산용량의 병목을 없앨 수 있는 최선의 수단일 수 있다. 생산량이 적고 필요한 과업이 다양하며 유동적인 생산 일정계획으로 인해 개별 운영단위에서 발생하는 과도하거나 부족한 작업량을 흡수하는 데 자원 유연성은 도움이 된다.

필요한 인력 유형을 결정하는 데는 필요 생산량의 유연성 수준도 영향을 미친다. 산출률이 일정하고 안정적이면 전일제 정규직 노동력을 고용하는 것이 적절한 대안이 될 것이다. 이에 비하여 시간별, 일별, 계절별 수요의 변동이 크다면 정규직 인력은 핵심 인력에 한하여 소규모로 유지하면서 시간제 직원이나 임시직을 활용하여 보완하는 것이 최선책일 수 있다. 그러나 과업 수행에 필요한 지식과 기술이 많거나 수준이 높아서 임시고용인이 빨리 익히기 어려우면 이 방법은 실용적이지 않을 수 있다.

장비

프로세스 2:
전용장비
손익분기점
총비용($)
F_2
F_1
프로세스 1:
범용장비
연간 생산량(Q)

그림 3.4 프로세스 비용과 생산량의 관계

생산량이 적으면 유연한 범용장비를 선택하여야 한다. 그 이유는 두 가지 장비의 총비용을 그래프로 비교해주는 그림 3.4를 보면 알 수 있다. 여기에서 두 직선은 생산량에 따른 총비용을 나타내며 이는 고정비용과 변동비용의 합이다(보론 A '의사결정' 참조). 고객 맞춤화 정도가 높아 생산량이 적으면 프로세스 1이 적절한 대안이 된다. 프로세스 1은 값싼 범용장비가 필요하며, 많은 투자가 필요하지 않기 때문에 고정비용(F_1)은 낮고 변동비용은 높기 때문에 그래프의 기울기가 상대적으로 가파르다. 이 프로세스는 필요한 일을 해주지만 이용 효율은 그리 높지 않다.

반대로 프로세스 2는 생산량이 많고 고객 맞춤화 수준이 낮을 때 적합하다. 이 프로세스의 장점은 그래프의 완만한 기울기에서 알 수 있듯이 낮은 단위당 변동비용이다. 이러한 효율은 고객 맞춤화가 낮을 때에만 달성할

수 있는데, 왜냐하면 장비가 좁은 범위의 제품이나 작업에 맞게 설계될 수 있기 때문이다. 단점은 장비 투자에 대한 높은 비용으로 인해 고정비용(F_2)이 높다는 것이다. 그렇지만 연간 생산량이 충분히 크면 이러한 고정비용이 더 많은 생산 단위에 분산되기 때문에 낮은 변동비용의 이점이 높은 고정비용의 단점을 상쇄하고도 남는다.

온라인 자료

OM Explorer의 Tutor 3.1은 장비 선택을 위한 손익분기 분석 방법을 보여준다.

그림 3.4에서 손익분기점(break-even quantity, BEQ)은 두 가지 대안의 총비용이 같아지는 생산량을 말한다. 이 점을 넘어선 생산량 수준에서는 프로세스 1의 비용이 프로세스 2의 비용보다 크다. 그러므로 기업이 손익분기점을 넘는 판매량을 예상하지 않는 한, 특히 높은 수준의 맞춤화와 낮은 생산량에서는 그럴 가능성이 낮으므로, 프로세스 2에 대한 자본 투자는 정당화되지 않는다.

자본집약도

자본집약도(capital intensity)는 설비 비용과 인건비의 비율로 정의되며 인건비 대비 설비 비용의 상대적 비중이 클수록 자본집약도가 높다. 기술이 진보하고 기술비용이 낮아짐에 따라 프로세스 설계자들은 자동화 수준이 매우 낮은 운영 방식에서부터 인간 개입이 거의 없는 전용장비를 사용하는 방식에 이르기까지 선택의 폭이 점점 넓어지고 있다. **자동화**(automation)란 스스로 작동하고 스스로를 제어하는 시스템, 프로세스 또는 장비를 일컫는다. 자동화는 경쟁우위 확보를 위한 필수적인 요소로 여겨지지만, 실제로 자동화에는 장점뿐만 아니라 단점도 있다. 따라서 자동화 결정에는 신중한 검토가 필요하다.

자동화

스스로 움직이고 스스로 통제하는 시스템, 프로세스, 장비

제조 프로세스의 자동화

노동 절감형 설비와 기술에 투자해 생산성과 품질 일관성을 높이는 것은 제조 프로세스의 고전적 방법이다. 투자비용이 높으면 생산량이 충분해야 자동화하는 의미가 생기는데, 왜냐하면 더 많은 고객 맞춤화는 일반적으로 생산량 감소를 의미하기 때문에 큰 투자가 요구되는 자동화는 의미가 없다. 예를 들어 질레트(Gillette)는 연간 면도기 12억 개를 생산할 수 있는 용량을 갖추기 위해 생산 라인과 로봇에 7억 5,000만 달러를 투자했다. 이 장비들은 복잡하고 비싸다. 이렇게 생산량이 많을 때만 이 라인 프로세스는 소비자가 구매할 수 있을 만큼 충분히 낮은 가격으로 제품을 생산할 수 있다.

자본집약도의 한 가지 큰 단점은 소량 생산 환경에서 투자비용이 지나치게 크다는 점이다(그림 3.4 참조). 일반적으로 자본집약적인 운영이 정당화되기 위해서는 높은 설비 가동률이 필수이다. 또한 자동화가 기업 경쟁 우선순위와 맞지 않을 때가 있다. 만약 기업이 독특한 제품이나 고품질의 서비스를 제공하기 위한 경쟁 우선순위를 확보하려면 숙련도가 높은 서비스 요원, 수작업, 고객별 배려가 새로운 기술보다 중요할 수 있다. 질레트의 공급사슬에서 면도날 카트리지를 포장하고 보관하는 공급사슬 하류 부문(downstream) 프로세스가 좋은 예다. 전 세계 여러 지역에 맞게 포장을 맞춤화하므로 특정 유형의 포장에 대한 생산량은 훨씬 낮다. 그래서 실제로 질레트의 경우 이 프로세스는 비싼 자동화장치를 쓰는 대신 아웃소싱한다. 고도로 자동화된 프로세스를 사용하여 면도날 카트리지를 재고로 생산한 다음, 포장은 멀리 떨어진

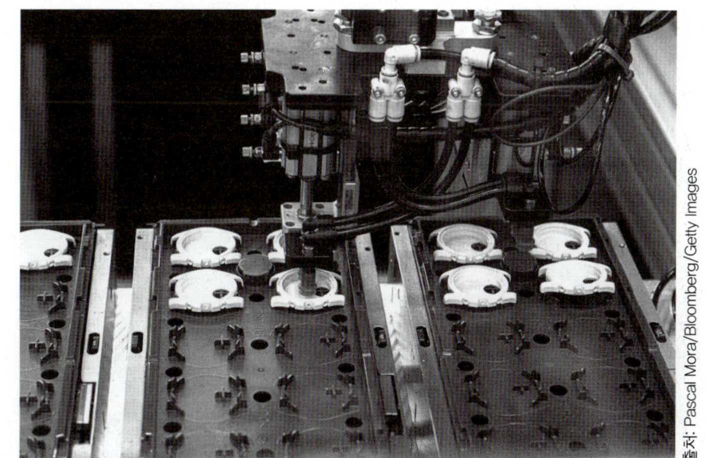

출처: Pascal Mora/Bloomberg/Getty Images

오메가 X 스와치 문스와치(MoonSwatch)의 조립은 스와치 그룹이 어떻게 효율적으로 브랜드를 활용하는지 보여줄 뿐만 아니라, SISTEM51 기계식 무브먼트의 혁신적인 자동화 조립 공정을 보여준다. SISTEM51은 기계식 시계 최초로 전 과정을 완전 자동화한 생산 라인을 구현해 시계 제조 방식에 혁신을 가져왔다. 전통적으로 이 공정은 일부 단계에서 수작업 조립이 필요했다.

수요처에서 현지 실정에 따라 하는 방식이다.

고정자동화
고정된 순서의 단순한 작업을 통해 한 가지 부품이나 제품을 생산하는 제조 프로세스

자동화에는 고정자동화와 유연(혹은 프로그래밍 가능)자동화의 두 가지 유형이 있다. 라인이나 연속흐름 프로세스 선택에 특히 적합한 **고정자동화**(fixed automation)는 고정된 순서의 단순한 작업을 통하여 한 가지 유형의 부품이나 제품을 생산한다. 운영 관리자는 수요량이 많고 제품 설계가 안정적이며 제품 수명주기가 긴 경우에 고정자동화를 선호한다. 이와 같은 조건은 이 프로세스의 두 가지 주요 단점인 (1) 막대한 초기 투자비용과 (2) 상대적인 비유연성을 상쇄하게 만든다. 생산량이 많으면 고정자동화는 효율성을 극대화하고 단위당 가장 낮은 변동비용을 갖게 한다.

유연자동화
다양한 제품을 처리하기 위해 장비를 손쉽게 재프로그래밍할 수 있는 제조 프로세스

유연자동화(flexible automation)는 프로그래밍 가능 자동화(programmable automation)라고도 하며, 장비를 손쉽게 재프로그램하여 다양한 제품을 처리할 수 있다. 기계를 재설정할 수 있는 능력은 고객화의 수준이 낮거나 높은 모든 프로세스에 유용하다. 고객 맞춤화가 높은 경우, 한 대의 기계가 다양한 제품을 소규모 뱃치로 생산하도록 기계를 프로그래밍하여 제품 간을 번갈아 가며 가동할 수 있다. 고객 맞춤화가 낮아 라인 흐름처럼 기계가 특정 제품이나 제품군의 생산을 전담하는 경우, 제품이 수명주기의 마지막 단계에 이르렀을 때 새로운 제품을 위한 새로운 작업 순서로 기계를 쉽게 재프로그래밍할 수 있다. 다양한 작업을 수행하도록 프로그래밍 된 다목적 컴퓨터 제어 기계인 **산업용 로봇**(industrial robot)은 유연자동화의 전형적인 예다. 이 '스틸칼라(steel-collar)' 작업자는 인간의 통제를 받지 않고 작동한다. 로봇의 팔은 최대 여섯 가지 표준 동작을 수행한다. 로봇의 '손'은 자재 취급, 조립, 테스트와 같은 다양한 작업에 맞게 교체할 수 있다. 기계는 머신러닝 및 인공지능 기술을 통하여 관찰된 규칙을 학습해 제품 결함이나 악성 고객을 자동으로 감지·분류하거나, 심지어 자동 비서 역할까지 수행할 수 있다.

산업용 로봇
컴퓨터로 제어되며 다양한 일을 수행할 수 있는 기계

서비스 프로세스의 자동화

서비스 프로세스에서도 자본 투입으로 노동력을 절감할 수 있다. 예를 들어 교육 서비스에서 원격교육기술은 책, 컴퓨터, 웹사이트, 비디오를 서비스와 함께 제공되는 보조 상품으로 사용하여 전통적인 교실 경험을 보완하거나 심지어 대체할 수 있다. 원가 절감만으로 기술을 정당화할 필요는 없다. 기술이 업무를 다양화하여 고객 선택의 폭을 넓혀 주기도 하고, 품질 일관성을 향상하기도 한다.

범위의 경제
여러 제품을 별도로 생산하는 것보다 모아서 생산하면 원가를 더 싸게 할 수 있는 능력을 가리키는 개념

출처: David R. Frazier Photolibrary, Inc./Alamy Stock Photo

아이다호주 보이시의 지역 자동화 우편 분류 시설. 이처럼 대량 처리 환경에서 서비스 프로세스를 자동화하면 인건비를 절감하고 고가의 설비 투자도 정당화된다.

제조 프로세스와 마찬가지로 서비스 프로세스에서도 생산량을 확보해야 비용이 많이 소모되는 자동화를 정당화할 수 있다. 생산량이 늘어나면 단위 원가가 낮아진다. 수송·통신·유틸리티 산업에서의 자본집약도가 높은 프로세스는 높은 생산량 확보가 필수적이다.

범위의 경제

자본집약도가 높으면 자원 유연성은 대체로 낮다. 그런데 기계 가공이나 조립과 같은 일부 제조 공정에서는 프로그래밍 가능 자동화가 자원 유연성과 자본집약도 사이의 이러한 역상관관계를 깨뜨린다. 이는 높은 자본집약도와 높은 자원 유연성을 모두 가능하게 하여 **범위의 경제**(economies of scope)를 창출한다. 범위의 경제는 여러 가지 제품을 개별적으로 생산하는 것보다 함께 생산

하면 원가를 더 저렴하게 만드는 능력을 의미한다. 이러한 상황에서는 고객 맞춤화와 낮은 가격이라는 두 가지 상충하는 경쟁 우선순위는 양립할 수 있다. 그러나 어떤 장비가 범위의 경제를 달성하려면 그 장비로 생산하는 부품이나 제품의 총생산량이 충분하여 그 장비의 이용률을 높게 유지할 수 있어야 한다. 범위의 경제를 가능하게 하는 또 다른 방법은 3D 프린팅 기술로 대표되는 적층 제조(additive manufacturing) 방식이다. 이를 통하여 기업은 추가 비용 없이 다양한 요구에 대응할 수 있다. 제품의 3D 설계도를 간단히 조정하여 맞춤형 고객 사양으로 인한 설계 변경이나 복잡성 증가에 대응할 수 있다. 2장 '운영 전략'에서 설명한 바와 같이 이러한 적층 제조 기능을 단순히 확보함으로써 기업은 상당한 범위의 경제를 달성할 수 있다.

전략 적합성

3.4 프로세스 의사결정의 전략적 적합성 개념을 토의한다.

프로세스 전략과 관련된 네 가지 기본적인 의사결정이 어떻게 연결되는지를 이해해야 잘못 설계된 프로세스를 개선할 방법을 찾을 수 있다. 네 가지 선택은 서로 일관성을 유지해야 하고, 상황과도 잘 맞는 선택이어야 한다. 네 가지 기본적인 의사결정이 전략적 수준에서 더 우수하게 정합할수록 프로세스는 더 효과적이다.

서비스 프로세스의 의사결정 유형

먼저 서비스 프로세스를 분석해 그림 3.2의 고객 접점 매트릭스에서 위치를 확인하면, 해당 위치가 좌우 혹은 상하로 지나치게 치우쳐 있음을 발견할 수 있다. 이때 개선 기회가 드러난다. 현재 프로세스가 제공하는 것보다 더 많은 맞춤화나 고객 접점이 필요할 수도 있고, 혹은 프로세스가 지나치게 다양하며 불필요하게 유연한 흐름을 갖고 있을 수도 있다. 이 경우 프로세스 다양성을 줄이면 원가와 생산성이 개선될 수도 있다.

프로세스는 원하는 경쟁 우선순위를 반영해야 한다. 일반적으로 전방 영업장에서는 최고 품질과 고객 맞춤화가 중요시되고 후방 영업장에서는 저원가 운영, 품질 일관성, 정시 납품이 강조된다. 프로세스 구조가 결정되면 이에 맞게 고객 참여, 자원 유연성, 자본집약도의 정도를 적절히 선택해야 한다. 전방 영업장 서비스 프로세스에서 높은 고객 접촉의 특징은 다음과 같다.

1. **프로세스 구조:** 내외부 고객이 현장에 존재하고, 적극적으로 참여하며, 개인적 관심을 받는다. 이런 상황에서는 복잡성과 다양성이 높고 흐름이 유연한 프로세스가 필요하다.
2. **고객 참여:** 고객 접촉이 많아지면 고객이 프로세스의 일부가 될 가능성이 커진다. 각 고객을 위해 만들어진 서비스는 고유하다.
3. **자원 유연성:** 흐름이 유연하고 다양성이 높은 프로세스에는 유연한 자원(인력, 시설, 장비)이 적합하다.
4. **자본집약도:** 생산량이 많을수록 자동화와 자본집약도가 더 높아질 가능성이 크다. 보통 높은 생산량은 후방 영업장에서 잘 나타나는 현상으로 간주하지만, 금융 서비스에서는 전방 영업장에서도 마찬가지로 높을 수 있다. 정보 기술은 많은 서비스 프로세스에서 주요 자동화 유형으로, 자원 유연성과 자동화를 동시에 가져다준다.

물론 이 설명 목록은 반드시 따라야 하는 처방이 아니라 일반적인 경향을 제시할 뿐이다. 예

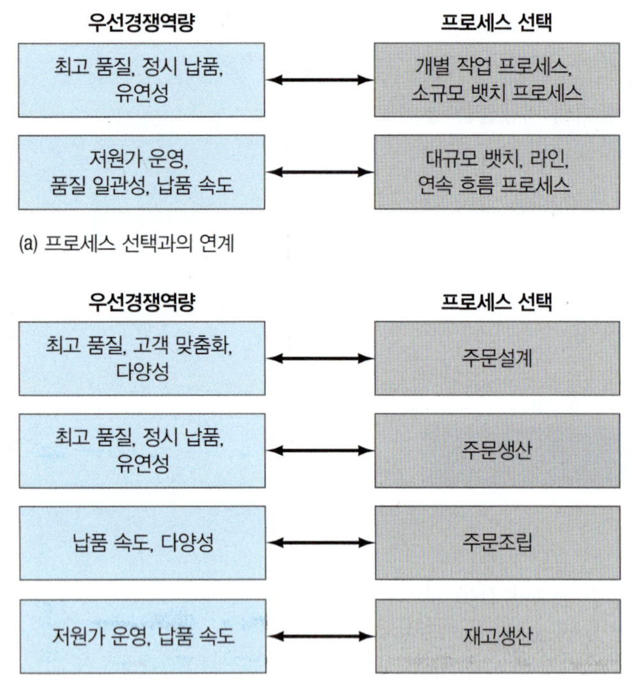

그림 3.5 경쟁 우선순위와 생산전략의 정합

외가 있기도 하지만, 이러한 관계는 프로세스 의사결정이 서로 어떻게 일관성 있게 연결될 수 있는지를 이해하는 데 도움이 된다.

제조 프로세스의 의사결정 유형

서비스 프로세스가 고객 접촉 행렬에서 재배치될 수 있는 것처럼 제조 프로세스도 제품 프로세스 행렬에서 위치를 옮길 수 있다. 그림 3.3에서 고객 맞춤화 정도와 생산량을 변경하여 수평 방향으로 변화를 줄 수도 있고, 프로세스 다양성을 변경하여 수직 방향으로 이동할 수도 있다. 전략을 특정 제조 프로세스로 실행할 때는 경쟁 우선순위를 고려해야 한다. 그림 3.5는 실무에서 볼 수 있는 몇 가지 일반적인 경향을 보여준다. 최고 품질, 정시 납품, 유연성(고객 맞춤화, 다양성, 물량 유연성)을 중시할 경우 대개 개별 작업 프로세스 또는 소규모 뱃치 프로세스가 적절한 선택이다. 저원가 운영, 품질 일관성, 납품 속도가 주요 강조점이라면 대규모 뱃치 프로세스, 라인 프로세스, 연속 프로세스가 잘 어울린다.

생산 및 재고전략 역시 중점을 두는 경쟁 우선순위와 부합하도록 선택하여야 한다. 그림 3.5와 같이 주문설계전략은 최고 품질, 고객 맞춤화 및 다양성과 부합한다. 특히 고객 요구에 따라 제품을 새롭게 설계해 다양한 제품을 제공하여 고객의 고유한 요구를 충족할 수 있어야 한다. 주문생산전략은 유연성(특히 고객 맞춤화) 및 최고 품질과 잘 어울리는데, 납품 속도를 달성하기는 어렵기 때문에 시간 차원에서는 납기 준수와 정시 납품을 강조한다. 주문조립전략은 납품 속도와 유연성(특히 다양성)을 달성하도록 해주며, 납품 속도와 저원가 운영이 중요할 때는 대개 재고생산전략을 선택한다. 재고로 품목을 비축하면 필요할 때 바로 납품할 수 있다. 또한 생산 물량이 많으면 원가 절감의 기회가 생긴다.

제조 프로세스에서도 선택한 프로세스 구조에 어울리게 고객 참여, 자원 유연성, 자본집약도 측면에서 적절한 선택을 하여야 한다. 제조 프로세스에서 품목별 생산 물량이 많다는 사실은 다음을 의미한다.

1. **프로세스 구조.** 표준 제품을 대량으로 생산하므로 라인 흐름을 선택할 수 있다. 고객의 주문에 맞추어 생산하는 개별 작업 프로세스와는 반대이다.
2. **고객 참여.** 제조 프로세스에서는 고객 참여를 고려할 필요가 없고, 고객화나 제품 다양성 요인만 선택할 수 있다. 라인 또는 연속 프로세스에서는 재량권을 적게 허용하므로 고객 맞춤화가 높은 주문에 의한 예상치 못한 요구 사항을 회피할 수 있다.
3. **자원 유연성.** 생산 물량이 많고 프로세스 다양성이 낮으면 자원을 효과적으로 활용하기 위한 유연성은 필요하지 않으며, 전문화를 통하여 효율적 프로세스를 얻을 수 있다.
4. **자본집약도.** 높은 생산 물량은 막대한 규모의 고정비용을 정당화할 수 있다.

집중화

신규 제품이나 서비스가 생기면 과거에는 고정비용 활용 및 통합 관리라는 명분 아래 기존 설비에 신제품 생산을 배정하곤 하였다. 그 결과 경쟁 우선순위, 프로세스 구조, 기술이 뒤섞여 아무

것도 제대로 수행하지 못하는 경우가 많았다. 저비용 및 높은 효율성을 달성하는 것을 목표로 하는 프로세스를 유연하고 다양한 제품을 제공해야 하는 프로세스와 혼합하면 안 된다. 집중화(focus)는 동일한 시설에서 둘 중 하나를 선택하는 것을 의미하며, 동시에 같은 시설에 두 가지를 다 추구해서는 안 된다.

프로세스 분할 집중화

사업장의 운영은 종종 하나의 경쟁 우선순위 세트와 하나의 프로세스 선택으로 규정지을 수도 없고 설계할 수도 없다. 같은 서비스 시설에 속한 프로세스 중에서 일부는 전방 영업장처럼 보이고 일부는 후방 영업장처럼 보인다. 이런 형태가 효과적이려면 경영진이 각 프로세스를 자율적 운영단위로 분리하고 각 프로세스에 충분한 전략적 초점을 맞추어야 한다.

공장 내 공장(plants within plants, PWP)은 같은 지붕 아래 개별화된 경쟁 우선순위, 프로세스, 인력을 갖춘 또 다른 운영단위를 말한다. 이들 간의 경계 설정을 위해서는 하위 부문을 물리적으로 분리하는 경우도 있고, 단순히 조직적 관계를 수정함으로써 설정될 수도 있다. 각 PWP별로 고객화, 자본집약도, 생산량 및 기타 관계가 상호 보완적으로 조화를 이루게 잘 설정하여야 한다. PWP의 장점으로는 조직 계층 단순화, 팀 기반 문제 해결 능력, 부서 간 의사소통 속도 향상 등을 들 수 있다. 포드자동차는 브라질 카마카리 공장에 PWP 중심 전략을 성공적으로 채택하였다. 이 공장에서는 여러 공급업체가 포드자동차와 같은 지붕 아래서 부품을 생산한다. 카마카리의 진정한 혁명은 각 공급업체의 개별 프로세스와 인력을 유지하면서도 조립 프로세스에 이 공급업체들을 긴밀하게 통합한 것에 있다. 이 아이디어는 차량의 설계 단계부터 최종 조립까지 공급업체를 참여시키는 것이다. 공급업체를 차량 제조 시설 안에 배치함으로써 각 모듈이 현장에서 바로 생산되어 주조립 라인으로 전달되기 때문에 물류 부담이 거의 없다는 점이 특징이다. 이러한 집중 운영 방식은 유연성과 긴밀한 공급업체 참여와 어우러져 카마카리 공장을 포드의 전 세계 공장에서 가장 혁신적인 시설 중 하나로 만든다. 카마카리 공장은 본사와 떨어진 곳에 자리하면서도 조직 간 협력적 문제 해결의 장점을 극대화한 밀착형 생산 시설을 PWP 개념으로 구현한 대표 사례이다.

공장 내 공장(PWP)
같은 건물에 공존하지만 경쟁 우선순위, 기술, 노동력 등이 다른 운영단위

집중화 서비스

서비스 산업에서도 집중화와 PWP 개념을 실행하고 있다. 특제품(specialty) 소매업체는 공간이 작고 접근성 높은 매장을 열었다. 이러한 집중형 매장은 대형 백화점의 사업을 꾸준히 잠식해 왔으며, 같은 논리에 기초하여 일부 백화점은 특정 고객층이나 상품군에 집중하는 전략을 채택하고 있다. 리모델링된 매장은 여러 개의 작은 부티크가 한 지붕 아래 모여 있는 효과를 낸다.

집중화 공장

휴렛팩커드(HP), 롤스로이스, 일본의 리코(Ricoh)와 미쓰비시(Mitsubishi), 영국의 임페리얼 케미컬 인더스트리 PLC(Imperial Chemical Industries PLC) 등은 **집중화 공장**(focused factory) 개념을 도입하여 회사의 전 제품을 생산하던 기존의 큰 공장을 여러 개의 전문화된 소형 공장으로 분할하였다. 이런 행위의 배경에는 하나의 시설이 수행해야 할 기능 범위를 좁히면 경영진이 소수 과업에 집중하고 인력을 단일 목표로 이끌 수 있으므로 성과가 향상된다는 논리가 있다.

집중화 공장
회사의 모든 제품을 생산하던 큰 공장을 전문화된 여러 개의 작은 공장으로 분할한 결과 생긴 공장

출처: Joa Souza/Shutterstock

포드자동차의 조립라인 작업자들이 브라질 북동부 바이아주 카마카리에 있는 공장에서 포드 피에스타와 에코스포츠 차량의 조립라인에서 작업하고 있다. 포드는 카마카리 공장에 12억 달러를 투자해 1차 공급업체 자체 시설과 포드의 생산 라인을 통합하는 독특한 환경을 조성했으며, 이곳에서 브라질 시장용 모델을 생산하고 다른 개발도상국으로도 수출한다.

변화 전략

3.5 프로세스를 체계적으로 분석하고 개선하기 위한 두 가지 일반적인 변화 전략을 비교 대조한다.

네 가지 주요 프로세스 의사결정은 광범위한 전략적 이슈를 나타내며, 기업이 효과적으로 경쟁하는 데 필요한 프로세스 특성을 정의한다. 확정된 의사결정은 실질적인 프로세스 설계와 재설계로 이어져야 한다. 프로세스의 설계를 위한 상호 보완적인 두 가지 철학은 (1) 프로세스 리엔지니어링과 (2) 프로세스 개선이다. 리엔지니어링이나 프로세스 개선을 하려면 뒤에 설명할 도구를 이용하여 프로세스를 분석하여야 한다. 개인이나 팀 전체가 프로세스를 검토하여 업무 간소화, 전체 프로세스 제거, 비싼 재료나 서비스 제거, 환경 개선, 작업 안전 개선의 방법을 찾는다. 프로세스를 철저히 분석하여 비용과 지연을 제거하고 고객 만족을 개선하는 방법을 찾아야 한다.

프로세스 리엔지니어링

리엔지니어링
원가, 품질, 서비스, 속도와 같은 핵심 성과를 극적으로 향상하기 위해 기업의 업무 프로세스를 기본적으로 다시 생각하고 근본적으로 재설계하는 방법론

리엔지니어링(reengineering)은 원가, 품질, 서비스, 속도와 같은 핵심 성과를 극적으로 향상하기 위하여 기업의 업무 프로세스를 기본적으로 다시 생각하고 근본적으로 재설계하는 방법론이다. 리엔지니어링은 점진적으로 개선하는 것이 아니라 새로 발명하는 것으로, 매우 강력한 처방이며 항상 필요한 것도 아니고 항상 성공하는 것도 아니다. 큰 변화에는 정보 기술에 대한 막대한 현금 투자와 해고라는 고통이 따른다. 하지만 리엔지니어링의 효과는 매우 클 수 있다. 표 3.2는 리엔지니어링의 주요 요소를 보여준다.

리엔지니어링은 많은 성공 사례를 만들어 왔으며 앞으로도 그럴 전망이다. 그러나 이는 결코 단순하거나 쉽게 수행할 수 있는 일이 아니며, 모든 프로세스나 조직에 적합한 방법도 아니다. 프로세스를 가장 잘 이해하고 개선 방향을 꿰뚫고 있는 주체는 다기능팀(cross-functional team)이나 경영진이 아니라, 매일 현장에서 그 업무를 수행하는 사람들이다.

프로세스 개선

프로세스 개선
각 프로세스의 활동과 흐름을 체계적으로 연구해 이를 향상시키는 것

프로세스 개선(process improvement)은 각 프로세스의 활동과 흐름을 체계적으로 연구하여 이를 향상하는 것이다. 목표는 '숫자를 파악'하고, 프로세스를 이해하며, 세부 사항을 파헤치는 데 있다. 프로세스를 제대로 이해해야 개선이 가능하다. 더 나은 품질을 더 낮은 가격에 제공하

표 3.2 리엔지니어링의 주요 요소

요소	내용
핵심 프로세스	리엔지니어링의 대상은 핵심 프로세스여야 한다. 비핵심 프로세스에 대해서는 통상적인 개선 활동을 수행해도 된다.
강력한 리더십	리엔지니어링이 성공하기 위해서는 최고경영진이 강력한 리더십을 발휘해야 한다. 그렇지 않다면 냉소주의, 저항("전에도 그런 거 해봤지!"), 부서 간 장벽 등이 근본적인 변화를 막을 수 있다.
다기능팀	리엔지니어링 프로젝트는 프로세스 변화의 영향을 받는 모든 부문 출신의 구성원으로 팀을 만들어 수행해야 한다. 자율관리팀과 종업원 권한 부여(empowerment)는 필수적이다.
정보 기술	리엔지니어링을 가능하게 하는 중요한 수단은 정보 기술이다. 대개의 리엔지니어링 프로젝트에서는 고객 주문 충족과 같은 프로세스를 정보 흐름을 중심으로 설계한다.
백지 철학	리엔지니어링은 '백지 철학'이 필요하다. 고객이 원하는 우리 회사와의 거래 방식에서 출발한다는 뜻이다. 고객지향성을 확고히 하려면 내외부 고객의 입장에서 프로세스의 목적을 검토해야 한다.
프로세스 분석	리엔지니어링팀은 백지 철학이 있어야 하지만, 현재의 프로세스가 무엇을 얼마나 잘 수행하고 있으며 어떤 요인의 영향을 받는지 이해해야 한다. 조직 전체에 걸쳐 해당 프로세스와 관계된 모든 절차를 검토해야 한다.

경영 과제 마케팅

템플턴(Templeton, Inc.)은 전 세계 20여 개국 이상에 사업장을 둔 포장재 제조 기업으로, 원자재 공급뿐만 아니라 고객사의 제품을 독창적으로 포장할 수 있도록 포장 설비를 설계·설치해 주는 맞춤형 서비스도 제공한다. 템플턴의 영업·마케팅팀은 자사 기계를 판매한 뒤 전 생애주기에 걸쳐 유지·보수를 책임지는 '라이프사이클 접근법'으로 고객과 긴밀한 관계를 구축해 온 것을 자랑으로 삼는다. 고객에게는 기계가 고장 나면 언제든 신속히 수리하거나 부품을 교체해 주겠다는 약속이기도 하다. 기계에 문제가 발생하면 고객사는 수리 요청서를 접수하고, 영업·마케팅팀은 고장 부품(모듈)을 버지니아주에 있는 사내 수리 전담 부서로 보내도록 조치한다. 해당 부서는 초기 진단 후 모듈을 직접 수리하거나 새로운 모듈을 고객사에 발송한다. 회사가 고객에게 약속한 표준 처리 기한은 '접수 후 25일 이내'다.

그런데 포장제품 사업부의 마케팅·영업 부사장인 루시 솔라노(Lucy Solano)는 수리 주문이 지연되어 생산에 영향을 미친다는 고객 불만이 꾸준히 증가하고 있음을 발견했다. 간단한 조사 결과, 지난 분기 동안 접수된 수리 요청의 65% 이상이 25일 기한을 초과했고, 35%는 두 달이 지나도록 처리되지 못한 상태였다. 놀란 루시는 이 데이터를 버지니아 수리 공장장인 피터 제이미슨(Peter Jamison)에게 공유하고, 다음 주 월요일에 공장에서 만나기로 했다.

첫 회의에서 피터는 공장 운영을 대략적으로 설명했지만, 루시는 현장을 둘러보면서 당황할 수밖에 없었다. 전산화된 고객 주문 로그를 검토하자, 영업팀이 수리 요청을 접수해 모듈 발송을 준비하고 실제로 공장에서 모듈을 받기까지 상당한 지연이 있음을 발견했다. 25일 기한 중 상당 기간이 이 물류 과정에서 소모되고 있었고, 그 결과 수리는 항상 '긴급 모드'로 진행되는 경우가 많았다. 작업장 자체는 서로 다른 고객 주문이 동시에 여러 작업대에서 처리되고 있어 상당히 혼잡했다. 수리가 끝난 모듈의 출하 대기 구역도 마찬가지로 붐볐다. 루시는 자신의 부서와 공장의 프로세스를 제대로 분석하고 개선하기 위해서는 일반적인 고객 주문이 영업 부서에 접수될 때 어떤 과정을 거치는지, 그 주문과 고장 난 모듈이 언제, 어떤 방식으로 수리 시설과 작업 현장으로 이동하는지, 수리 완료에 얼마나 걸리는지, 출하 부서에서 얼마나 오랫동안 대기해야 하는지, 주문을 마감하고 고객 현장으로 직접 배송하기 위한 서류 처리 과정에서 어떤 일이 발생하는지를 명확히 파악해야 한다는 것을 곧 깨달았다. 버지니아 공장에서 프로세스 분석이 이루어진 것은 10년도 넘은 일이었다. 이 장에서 다룰 기법과 개념은 루시와 피터가 템플턴의 수리 주문 접수부터 완료까지의 전 프로세스를 체계적으로 개선해 영업·마케팅팀이 고객에게 약속한 서비스를 다시금 달성하는 데 큰 도움이 될 것이다.

라는 끊임없는 압박 속에서 기업은 운영의 모든 측면을 끊임없이 점검해야 한다. 프로세스가 리엔지니어링 대상이든 아니든 간에 개선 작업은 늘 진행해야 한다. 더 나은 방법은 항상 있는 법이다. 대부분의 프로세스는 누군가가 아이디어를 내고 효과적으로 실행하기만 하면 개선될 수 있다. 실제로 기업은 변화하는 고객의 니즈를 위한 프로세스를 적용하지 못한다면 생존할 수 없을 것이다. 장기적 성공은 비즈니스를 진정으로 이해하는 경영진과 직원에게서 비롯된다. 그러나 사업 비전 수립, 조직 문화 혁신 캠페인, 리더십 교육 프로그램 등 화려하게 포장되어 즉각적인 효과를 약속하는 노력들이 장기적인 관점에서는 기대만큼의 성과를 내지 못하는 경우가 허다하다.

'경영 과제' 사례가 보여주듯이, 프로세스 분석과 개선은 기업의 핵심 운영뿐 아니라 마케팅, 재무, 엔지니어링, 회계 등 다른 기능 부문으로도 손쉽게 확장될 수 있다.

프로세스 분석

프로세스 분석은 현재의 업무 수행 방식과 재설계 방향을 문서화하고 상세히 이해하는 과정이다. 전략적 이슈를 살펴보면 개선의 기회를 찾는 데 도움이 될 수 있다. 2장 '운영전략'의 신용카드 부서에서 운영전략의 평가에 대하여 찾는 것처럼, 프로세스의 경쟁 우선순위와 현재의 경쟁능력 간에 차이가 존재하는가? 비용, 최고 품질, 품질 일관성, 배송 속도와 정시 배송에 대한 여러 가지 측정 기준은 기대에 미치거나 초과하는가? 프로세스에 좋은 '전략 적합성'이 있는가? 프로세스가 서비스를 제공한다면, 고객 접촉 행렬(그림 3.2)에서 위치가 적절한 것으로 보이는가? 고객 접촉의 정도가 프로세스 구조, 고객 참여, 자원 유연성, 자본집약도와 어떻게 조화될 수 있는가? 제조 프로세스에서도 이와 유사한 질문을 해볼 수 있다. 즉 프로세스 선택, 물량, 제품 고객 맞춤화 간의 전략 적합성을 질문해 볼 수 있다.

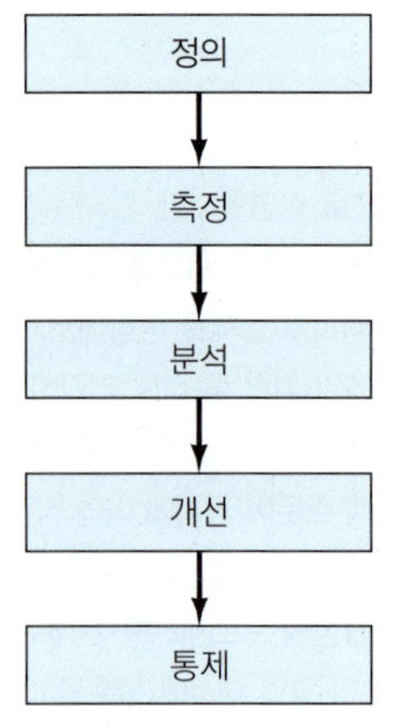

그림 3.6 6시그마 프로세스 개선 모형

프로세스 분석은 개선의 기회를 인식하는 데서 시작하여 변경된 프로세스를 실행하고 제어함으로써 끝나고, 이 과정은 6시그마 프로세스 개선 모형(Six Sigma Process Improvement Model)으로 표현할 수 있다. 프로세스 개선에 대한 다른 접근 방법으로는 4장 '품질과 성과'에서 논의하는 통계적 공정 관리와 공정 능력 분석이 있으며, 5장 '린 시스템'에서 논의하는 가치 흐름도법(value stream mapping)도 있다. 이 책에서는 이러한 기법을 한 번씩만 설명하여 중복 설명을 피하고자 한다. 각 기법의 핵심 내용은 각 장에서 나누어 설명하겠다. 이를 설명하는 장의 공동 목적은 '더 좋은 공정'이다.

6시그마 프로세스 개선 모형

그림 3.6은 프로세스 성과 개선을 위한 다섯 단계의 6시그마(식스 시그마라고 읽음) 프로세스 개선 모형이다. 이 모형을 적용할 수 있는 프로젝트는 공정에 대한 프로세스를 점진적으로 개선하는 프로젝트나 기존 공정의 재설계나 새로운 프로세스의 개발 등 중요한 변화를 요구하는 프로젝트이다. 6시그마 모형은 다음과 같은 단계로 구성된다.

- 정의(define). 프로세스 범위 및 경계의 분석이 첫 번째로 설정되어야 한다. 조직 전반에 걸쳐 여러 사람과 관련된 다단계의 폭넓은 프로세스인가, 아니면 한 사람의 업무 중 일부인 좁은 범위의 하위 프로세스인가? 프로세스의 범위는 좁을 수도 있고 넓을 수도 있다. 자원이 못 따라갈 정도로 폭넓게 프로세스를 잡으면('바다를 끓이려 한다'라고 비유함) 결과가 나오기도 전에 좌절만 맛보는 운명이 될 수도 있다. 프로세스 개선이나 리엔지니어링에 경영진이 배정해주는 자원과 프로세스 범위를 맞추어야 한다. 범위가 설정되고 나서 고객 만족에 매우 중요한 프로세스 산출물의 특성을 결정하고, 이 특성과 프로세스 능력 간의 차이를 모두 파악한다. 이 장에서 설명한 기법으로 현재 프로세스를 문서화하여 프로세스의 특성을 파악한다.
- 측정(measure). 프로세스를 평가할 수 있는 성과지표는 개선의 실마리를 찾아주기 때문에 매우 중요하다. **측정지표**(metrics)는 프로세스와 그 하부의 작업 단계마다 설정되는 성과척도이다. 성과척도는 경쟁 우선순위를 더 구체화하여 정하는 것이 좋다. 분석가는 품질, 고객 만족, 처리시간, 원가, 오류, 안전, 환경지표, 적시 배달, 유연성 등에 대한 다양한 척도를 개발한다. 측정치를 설정하고 나면 정보를 수집하여 프로세스의 성과가 어떤지를 알아본다. 측정은 간단한 예측치거나 매우 광범위할 수 있다. 차이에 영향을 미치는 프로세스를 실행하는 업무를 수량화하는 것은 중요하다. 측정하려는 것을 선택하고, 데이터 출처를 식별하며, 데이터 수집 계획을 준비한다.

측정지표
프로세스와 그 하부의 작업 단계마다 설정되는 성과척도

- 분석(analyze). 측정한 자료로 프로세스를 분석하여 개선이 필요한 곳을 찾아낸다. 프로세스를 신중하게 분석하고 선택된 측정지표로 기대한 성과와 실제 성과의 '불일치(disconnects)'와 격차를 발견하여야 한다. 비논리적거나 누락된, 혹은 관련 없는 단계는 성과 차이를 야기할 수 있다. 또 프로세스가 여러 부서에 걸쳐 있으면 잘못 설정한 성과 측정치가 유도하는 사일로 심리(silo mentality) 때문에 성과 격차가 나타나기도 한다. 사일로 심리란 자기 부서 밖에서 일어나는 프로세스나 역할을 이해하지 못하고 자기 과업에만 집중하는 것을 말한다. 분석자나 설계팀은 이런 성과 격차의 근본적 원인을 찾아내야 한다. 예를 들어 대기시간 및 지연을 분석하기 위한 기법은 중요한 정보를 제공할 수 있다. 주요 재설계의 필요 여부에 상관없이 원하는 결과를 얻기 위한 절차를 설정하여야 한다.

- 개선(improve). 설계팀은 분석적 사고와 창조적 사고를 활용하여 실행 가능한 개선 아이디어를 나열하여야 한다. 그 후 이 아이디어를 면밀하게 조사하고 분석한다. 이득이 비용보다 커서 타당성이 있는 아이디어는 새로운 성과 목표에 부합할 수 있도록 프로세스 설계에 반영된다. 새로운 설계는 '제안'으로 문서화되어야 한다. 새 프로세스가 문서화된 기존 프로세스와 합해지면 분석가들이 '개선 전'과 '개선 후'를 비교할 수 있게 한다. 새 문서에는 변경된 프로세스의 작동 방식과 여러 측정지표에 대한 성과 기대치를 명확히 기록하여야 한다. 변화를 실행한다.
- 통제(control). 실행 이후에 높은 성과 수준을 확실히 유지하기 위하여 프로세스를 관찰한다. 프로세스 분석 도구는 프로세스 통제에도 사용된다. 실행은 단순히 계획을 수립하는 것보다는 한 차원 높은 것이다. 잘 설계한 프로세스를 실행조차 못해 본 경우도 많다. 사람들은 "원래 이렇게 하는 거야" 또는 "예전에 해봤어"라면서 변화에 저항한다. 프로세스 분석에 되도록 많은 사람을 참여시켜야 하는데, 이유는 관련된 업무 분석에도 필요하지만 참여의식 및 헌신을 이끌어내는 것이 더 중요하기 때문이다. 자신의 아이디어가 일부라도 반영된 개선안을 실행하라고 하면 저항이 줄어들 수 있다. 또한 소프트웨어 개발 같은 특수 전문성이 필요할 수도 있고, 신규 업무와 기술 습득을 위해 교육과 기술 투자도 요구된다. 실행과 통제 단계는 재설계된 프로세스를 실제 운영에 안착시키는 데 필요한 활동들을 구체화한다. 경영진 또는 조정위원회는 실행 프로젝트가 예정된 일정에 맞춰 진행되도록 끝까지 관리해야 한다.

성공을 위한 핵심적인 요인은 6시그마 개선 모형에서 **DMAIC 프로세스**(모형의 각 단계 첫 번째 글자에서 유래함)라고 하는 개선 단계를 엄격히 수행하는 것이다. 6시그마의 목표를 달성하기 위하여 직원은 프로세스 성과의 '왜(why)'와 '어떻게(how-to)', 이것이 내외부 고객에게 어떤 의미가 있는지에 대한 훈련을 받아야 한다. 6시그마를 사용하여 성공한 기업은 프로세스 개선 프로젝트와 관련된 팀을 가르치고 보조하는 내부 강사 그룹을 개발한다. 이러한 강사는 경험과 성취 수준에 따라 다른 타이틀을 가지고 있다. **그린벨트**(Green Belts)는 프로젝트팀을 가르치고 보조하는 데 시간을 조금 쓰고, 그 밖의 시간에는 정상적인 업무를 한다. **블랙벨트**(Black Belts)는 6시그마 프로젝트와 관련된 팀 리더이자 전임 강사이다. 마지막으로 **마스터 블랙벨트**(Master Black Belts)는 블랙벨트의 성과를 검토하고 멘토링하는 전임 강사이다.

아마존, 뱅크오브아메리카(Bank of America), 존 디어(John Deere), 록히드 마틴(Lockheed Martin), 노드스트롬(Nordstrom) 등 많은 기업은 수익 증대와 비용 절감을 통해 경쟁우위를 확보하고자 프로세스 개선 활동을 도입해 왔다. '경영 사례 3.1'은 매케슨 코퍼레이션(McKesson Corporation)이 어떻게 의료 산업에서 가장 먼저 6시그마 프로세스 개선 모델을 도입하여 비즈니스 관행을 혁신했는지 보여준다.

다음으로 DMAIC 프로세스의 처음 세 단계에 대해 더 자세히 살펴보고, 4장 '품질과 성과'에서 개선과 관리 단계를 더 자세히 설명할 것이다.

그린벨트
6시그마 프로그램에서 1단계의 교육을 달성하고, 일정 시간을 프로젝트팀을 가르치거나 보조하는 데 사용하는 전임 강사

블랙벨트
6시그마 프로그램에서 최고 수준의 교육을 달성하고 모든 시간을 6시그마 프로젝트와 관련된 팀을 가르치고 이끄는 데 사용하는 전임 강사

마스터 블랙벨트
블랙벨트에 대한 전임 강사이자 멘토

경영 사례 3.1 매케슨의 6시그마 프로세스 개선

매케슨(McKesson)은 헬스케어 정보 기술, 의료용품 및 장비, 약국 프랜차이즈, 의약품 등을 제공하는 다국적 기업이다. 매케슨은 텍사스에 본사를 두고 있으며, 약 2세기 전인 1833년 뉴욕에서 설립되어 현재 호주, 캐나다, 독일, 뉴질랜드, 영국에 자회사와 합작 법인을 운영한다. 2022년 현재 매출 2,640억 달러, 직원 7만 8,000명을 보유한 매케슨은 미국 7위 규모의 기업으로 성장했으며, 미국에서 사용되는 모든 의약품의 3분의 1을 공급한다. 코로나19 팬데믹 기간에는 미국 정부의 중앙 백신 유통업체로서 수억 회분의 백신과 보조용품 키트를 배포했다.

매케슨은 후방 영업장, 공급사슬, 정보기술(IT) 프로세스 개선을 위해 의료 관리 프로젝트에 6시그마 기법을 적용했다. 그중 하나가 아칸소 전역에 10개 지점을 둔 장기요양 전문 약국 체인 '올케어 약국(Allcare Pharmacy)'의 운영을 간소화한 것이다. 운영 효율성 개선을 위해 초기에는 25만 달러 규모의 설비 투자가 대안이었지만, 6시그마 방법론을 활용해 비용 효율적인 프로세스 개선안을 도출하여 적용했다. 우선 자주 사용되는 의약품(다량 취급 의약품)을 중앙화된 위치로 옮김으로써 블리스터 포장 생산성이 향상되었고, 이로 인해 각 기술자의 이동 거리가 하루에 600야드 이상 감소했다. 또 다른 프로세스 변경은 조제 스테이션 수를 2배로 늘리고, 한 스테이션은 분할 포장 주문 처리를 전담하도록 한 것이다. 이를 통해 조제 정확도가 높아지고, 작업 흐름이 개선되었으며, 기술자들이 보유 약품과 그 위치 파악이 쉬워져 시설로의 약품 배송 속도도 빨라졌다.

매케슨은 헬스케어 시스템, 의료용 소모품, 의약품을 유통하는 미국 기업으로, 본사는 미국 텍사스주 어빙에 있다. (2022년 3월 20일 촬영)

출처: JHVEPhoto/Shutterstock

6시그마 도입의 효과는 상당히 큰 것으로 나타났다. 매케슨은 6시그마를 통해 1억 달러 이상을 절약하고, 고객 서비스를 개선하며, 수익 누수를 제거하고, 동종 업계의 경쟁 기업에 비해 비용 우위를 확보했다고 밝혔다. 나아가 고객사에도 6시그마 교육을 실시해 그들의 운영 혁신을 지원하고 있다.[2]

프로세스의 정의, 측정, 분석

3.6 프로세스를 어떻게 정의, 측정, 분석하는지 토의한다.

6시그마 프로세스 개선 모형은 기존 프로세스의 현재 상태를 먼저 정의하고 이해하는 것으로 시작한다. 이 단계는 프로세스의 주요 속성을 측정하기 위하여 데이터를 수집한 다음 해당 데이터를 분석하여 새로 설계된 프로세스를 개선, 설계 및 제어하기 전에 필요하다.

프로세스 문서화와 평가에 효과적인 기법 세 가지는 (1) 흐름도, (2) 작업 측정 기법, (3) 공정도이다. 이러한 기법은 조직이 일을 하는 방법을 자세히 관찰하는 데 도움이 된다. 프로세스를 운영하는 방법을 필요한 만큼 자세하게 성과와 함께 관찰하게 해준다. 이와 같은 그림을 그리다 보면 프로세스 없이 일을 해왔다는 것을 발견하는 경우도 있다. 예쁜 그림은 아닐 수 있지만 실제 일하는 방법을 그대로 보여준다. 프로세스를 정의하기 위한 기법은 성과 격차를 발견하고, 프로세스 개선 아이디어를 짜내며, 재설계 후의 모습을 설명하는 데 도움이 된다.

흐름도

흐름도
정보, 고객, 장비, 자재가 프로세스 안의 각 단계를 흘러다니는 것을 표현한 그림

흐름도(flow chart)는 정보, 고객, 장비, 자재가 프로세스 안의 각 단계를 흘러 다니는 것

2 "Streamlining Your Processes Can Improve Your Pharmacy," Case Study McKesson, https://www.mckesson.com/Search/?term=examples%20of%20sigma%20projects (March 30, 2023); "Do Companies Actually Use Six Sigma, *Six Sigma Daily* (May 29, 2018), https://www.sixsigmadaily.com/companies-use-process-improvement/ (March 30, 2023); https://www.mckesson.com/About-McKesson/Impact/Six-Sigma/ (March 30, 2023); McKesson 2022 Annual Report, https://www.annualreports.com/HostedData/AnnualReports/PDF/NYSE_MCK_2022.pdf(June 28, 2023).

을 표현한다. 흐름도는 프로세스 맵(process map), 관계도(relationship map), 청사진(blueprint) 등으로도 알려져 있다. 흐름도에는 엄격한 규격은 없지만, 보통 박스로 업무 단계를 간단히 표현하고 화살표와 선으로 순서를 표현한다. 보통은 네모(□)로 박스를 표현하는데, 다양한 부호(○, ⬭, ⬡, ▽, ▱)로 다양한 활동(운영, 지연, 저장, 검사 등)을 표현하기도 한다. 색이나 음영을 사용하여 강조하기도 한다. 한 단계에서 화살표가 갈라져 여러 박스로 연결되면 업무의 가지치기를 의미한다. 여러 가지 표현 부호가 있지만 지금까지 일반적으로 사용하였던 관례를 알고 따를 필요가 있다. 이러한 부호의 의미를 설명해주는 부분을 흐름도의 구석이나 부속 설명서에 포함하여야 한다. 흐름도가 무엇(정보, 고객 주문, 고객, 자재 등)의 흐름을 표현하였는지도 분명히 밝혀야 한다.

출처: Wavebreakmedia Ltd PH20/Alamy Stock Photo

젊은 디자이너가 회의에서 흐름도를 설명하고 있다. 흐름도의 사용은 문서화와 프로세스 평가에 도움을 줄 수 있다.

흐름도를 그리는 프로그램에는 여러 가지가 있다. 마이크로소프트 파워포인트는 흐름도를 그리는 포맷을 많이 제공한다(도형에서 순서도 하위 메뉴를 보라). 그 밖에도 흐름도, 조직도나 의사결정나무 등을 그리는 소프트웨어로 SmartDraw(www.smartdraw.com), 마이크로소프트의 Visio(www.microsoft.com/office/visio), Micrografx(www.micrografx.com)가 있다. 홈페이지에서 시험용 무료 소프트웨어를 내려받을 수 있다.

흐름도는 조직의 여러 수준에 대하여 그릴 수 있다. 예를 들어 전략적 수준에서 핵심 프로세스와 그것들 간의 관계를 그림 1.4처럼 보여줄 수도 있다. 이 수준에서는 흐름도가 자세한 것을 보여주지는 못하나, 사업의 전반적인 모양을 보여준다. 핵심 프로세스가 무엇인지만 볼 필요가 있을 때도 있다. 그러나 이 장에서는 프로세스의 세부 사항을 분석하기 위하여 프로세스 수준에 초점을 맞추고 있다. 대부분의 경우 한 단계의 내부를 들여다보면, 그 안에 내장된 하위 프로세스가 있다. 하나의 흐름도로 모든 것을 표현하기보다는 프로세스 전체의 개요부터 표현하여야 한다. 그 후에 내장된 상세 프로세스를 더 구체적으로 표현하는 흐름도를 만들 수 있다. 이런 접근법이 현실적으로 유용한 이유는 흐름도 한 장으로 표현할 수 있는 정밀도에는 한계가 있기 때문이다.

스윔 레인 흐름도

흐름도에서 일반적으로 사용하고 있는 형식 중 하나는 **스윔 레인 흐름도**(swim lane flowchart)이다. 이것은 하위 프로세스를 기능 영역별 레인에 넣은 흐름도이다. 이는 비즈니스 프로세스가 여러 부서에 걸쳐 있고 부서 혹은 기능 영역이 수영장의 레인과 비슷하게 평행선에 의하여 분리되는 곳에 가장 적절하다. 스윔 레인은 기능 영역에 따라 이름을 지었으며 수평으로 혹은 수직으로 배치가 가능하다.

스윔 레인 흐름도
하위 프로세스를 기능 영역별 레인에 넣은 흐름도. 이는 비즈니스 프로세스가 여러 부서에 걸쳐 있을 때 가장 적절함

그림 3.7의 스윔 레인 흐름도는 제조업체의 주문 충족 프로세스를 보여준다. 이 프로세스는 고객 주문으로 시작되고, 주문이 고객과의 상담에 의하여 실제로 거절당하거나, 수정되거나 혹은 승인되면 완료된다. 이 프로세스에 도움이 되는 기능을 모두 흐름도에 표시하였다. 가로축으로 기능이나 부서를 표시하고, 각 부서가 하는 일의 단계를 세로로 표시하였다. 고객도 가로축에 표현된다. 이 서식에서 화살표가 가로로 움직이면 부서 간에 업무를 인계함을 의미한다. 업무 인계를 특이하게 생긴 화살표(점선) 등의 다른 방법으로 표현할 수도 있다. 부서 이기주의를

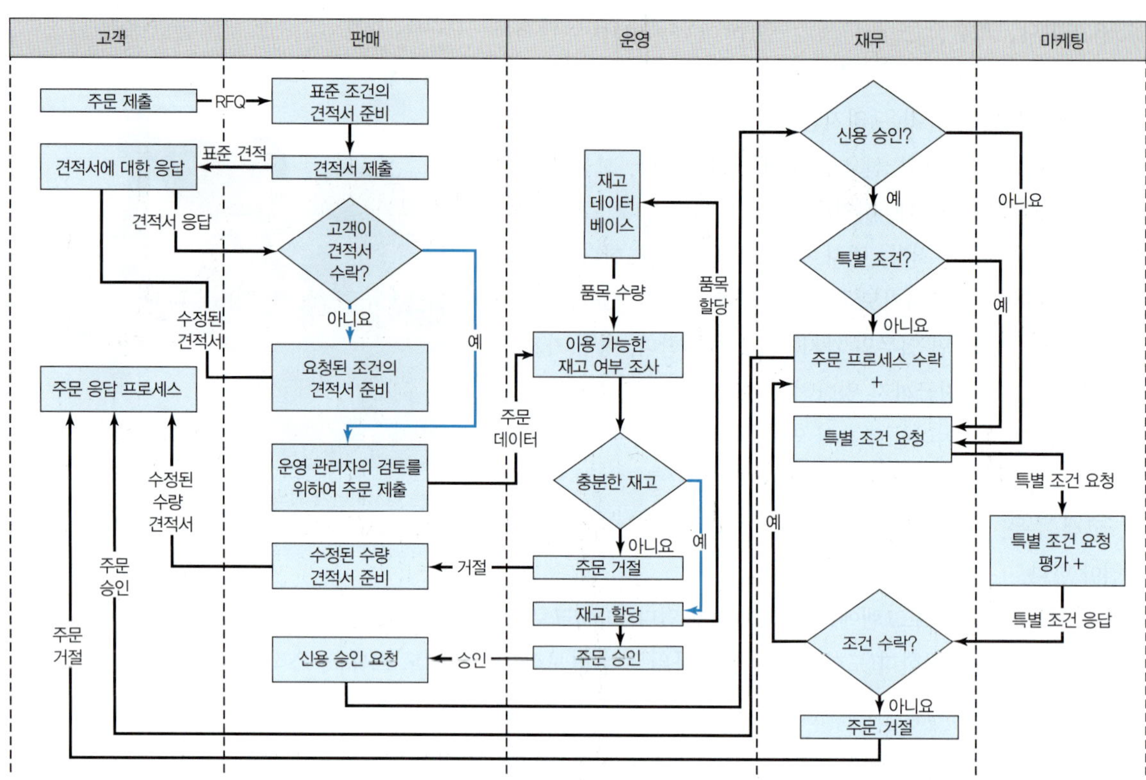

그림 3.7 부서 사이의 업무 인계를 보여주는 주문 충족 프로세스의 스윔 레인 흐름도

의미하는 사일로 심리로 부서 간 조정이 위험에 처한 곳은 업무 인계 지점이기 쉽다. 이런 곳에서 오해, 지연, 오류가 발생한다.

그림 3.7에는 독특한 기호가 하나 있다. 마름모(◇)는 예/아니요 결정이나 판단 결과를 표현하는데, 여기에서 판단 결과의 예로는 검사 결과나 고객이 요구하는 유형을 파악할 수 있다. 그림 3.7에서 마름모는 재무, 판매, 운영 분야에서 예/아니요 결정 3개를 표현하고 있다. 이러한 예/아니요 결정은 프로세스 흐름이 복잡하게 가지치기를 할 때 나타난다.

스윔 레인 흐름도를 보고 프로세스 분석가와 경영자가 조직도에 나타난 수직적 부서나 부서 경계보다는 수평적 조직에 집중하게 된다. 스윔 레인 흐름도는 다기능 프로세스가 산출물을 생산하는 과정을 보여주기 때문에, 설계팀이 기능이나 중요한 부서 간 연결 관계를 모두 알 수 있게 해준다.

서비스 청사진

서비스 청사진
서비스 프로세스를 위한 특별한 흐름도로 각 단계별로 고객 접촉의 정도를 보여줌

서비스 청사진(service blueprint)은 서비스 프로세스를 위한 특별한 흐름도로 각 단계별로 고객 접촉의 정도를 보여줄 수 있다. 이것은 고객에게 보이는 단계[전방 영업장 프로세스(front-office process)]와 보이지 않는 단계[후방 영업장 프로세스(back-office process)]를 표시해주는 점선 형태의 가시선(line of visibility)을 가지고 있다. 물론 가시성은 고객 접촉의 한 가지 측면에 불과하며, 이 청사진이 고객 참여나 개인적 배려까지는 적절히 표현하지 못하고 있다. 서비스 청사진은 고객 접촉의 유형이나 정도를 표시하기 위하여 가시선 대신 색깔이나 음영, 박스 모양을 사용할 수도 있다. 또한 각 단계에 번호를 붙이고 별도의 표에 각 단계의 고객 접촉을 상세히 설명하는 방식도 있다. 흐름도나 서비스 청사진을 그리는 데 '올바른 방법'이 하나만 존재하는 것은 아니다.

작업 측정 기법

프로세스를 제대로 문서화하려면 각 단계가 걸리는 평균시간을 추정할 필요가 있다. 시간 추정치는 프로세스 개선 노력에만 필요한 것이 아니라 용량계획, 제약 관리, 성과평가 및 일정계획에도 필요하다. 과업시간을 간단히 추정하는 방법에는 합리적 추측, 경험자 의견, 관찰과 기록 등이 있다. 좀 더 상세한 조사를 위해서는 몇 주에 걸쳐 자료를 수집하거나, 원가회계 자료를 찾아보거나, 정보 시스템의 자료를 확인할 수 있다. 데이터 기반 기업들은 기계학습과 예측 분석을 활용해 핵심 지표를 식별하고 지속적으로 개선하고 있으며, 기업 전반의 생산성과 성능을 측정하고 향상하는 AI 기반 도구도 다수 상용화되어 있다.

숙련된 관찰자의 판단에 기반을 두는 공식적인 기법으로는 (1) 시간연구 방법, (2) 요소 표준자료 접근법, (3) 사전 결정 자료 방법, (4) 작업 표본조사법 등이 있다. 다섯 번째 방법인 (5) 학습곡선 분석은 신제품이나 새로운 프로세스를 도입해 각 단위당 생산소요시간이 안정화되어 있지 않을 때 특히 적합하다. 어떤 방법을 선택할 것인지는 자료의 목적, 프로세스의 종류(개별 작업, 뱃치, 라인), 제품 고객 맞춤화의 정도에 따라 달라진다.

시간연구 방법

시간연구(time study)는 훈련된 분석가가 다음 네 가지 기본 단계를 따라 직무나 프로세스의 표준시간을 설정하는 방법이다: (1) 연구 대상인 프로세스 내의 작업 요소(흐름도 혹은 공정도의 단계)를 선택하고, (2) 요소별 시간을 측정하며, (3) 표본 크기를 결정하고, (4) 최종 표준시간을 결정한다. 표준시간은 관측된 평균 작업 시간을 보통 사람의 능력을 감안해 보정하고, 휴식이나 불가피한 지연 등 여유시간(allowance)도 반영하여 산출한다. 분석가는 초시계(stopwatch)를 사용해 대상 프로세스의 요소별 소요 시간을 여러 번 반복 측정하여 기록한다. 그리고 분석가의 판단에 따라 일부 요소는 작업 속도가 정상보다 빠르거나 느리게 수행될 수 있으므로, 이를 감안해 '작업 속도 등급(performance rating)'을 부여해 정상시간으로 조정한다. 마지막으로 여유시간을 전체 정상시간의 비율(%)로 추가해 최종 표준시간을 확정한다.

시간연구
훈련된 분석가가 어떤 직무나 프로세스의 표준시간을 설정하는 데 다음 네 가지 기본 단계를 수행하는 작업 측정 방법: (1) 연구 대상인 프로세스 내의 작업 요소 선택, (2) 요소별 시간 측정, (3) 표본 크기 결정, (4) 최종 표준시간 결정

요소 표준자료 접근법

제품과 서비스가 고도로 고객 맞춤화되어 있고, 개별 작업 프로세스가 지배적이며, 프로세스의 다양성이 클 때는 시간연구와는 다른 방법이 필요하다. **요소 표준자료**(elemental standard data)란 기업의 분석가가 기본 작업 요소의 표준시간을 편집해 둔 데이터베이스인데, 새로운 직무의 소요 시간을 추정할 필요가 있을 때 꺼내 쓸 수 있다. 이 방법은 기업 내 대다수 직무가 유사한 작업 요소를 가지고 있을 때 효과적이다. 작업 요소의 소요 시간이 가변적 요소(예: 용접할 철판의 두께나 무게에 따라 용접 시간이 달라짐)에 따라 달라질 때도 있다. 이런 경우 이 가변적 요소와 소요 시간 사이의 관계식 등도 데이터베이스에 저장한다. 데이터베이스에 수록될 작업 요소별 정상시간(여유시간이 가산되기 전)을 결정할 때는 앞에 언급한 시간연구나 과거 자료 등을 활용한다.

요소 표준자료
어떤 특정한 직무의 소요시간을 추정하기 위해 후에 꺼내 쓸 수 있도록 기업의 분석가에 의해 편집된, 기본 작업 요소에 대한 표준시간의 데이터베이스. 제품과 서비스가 매우 고객화되어 있고 개별작업(job) 프로세스가 우세하며 프로세스의 다양성이 클 때 가장 적절함

시계 조립 프로세스의 시간연구

예제 3.1

시계 조립공장의 어떤 프로세스가 변경되었다. 이 프로세스는 3개의 작업 요소로 나뉜다. 시간연구가 수행되었고 다음과 같은 결과를 얻었다. 기존의 프로세스에 대한 표준시간은 14.5분이

출처: Jim West/Alamy Stock Photo

고품질 시놀라(Shinola) 손목시계는 미시간주 디트로이트의 한 공장에서 수작업으로 조립된다.

었다. 새로운 시간연구에 근거하면 표준시간은 변경되어야 하는가?

새로운 시간연구는 다음 표에 표시된 결과와 함께 네 번의 관찰을 초기 샘플로 삼았다. 요소별 성과평가 요소(RF)가 표시되어 있으며(정상적인 노력에 맞게 조정하기 위함), 전체 프로세스에 대한 여유분은 정상시간 전체의 18%이다.

표에서 요소별 정상시간은 평균시간에 RF를 곱한 값이다. 전체 프로세스의 총 정상시간은 세 요소의 정상시간의 합으로, 10.015분이다. 여기에 여유시간을 더하여 표준시간(ST)을 구하면, $ST = 10.015(1 + 0.18) = \mathbf{11.82}$**분**/시계이다.

풀이

	관찰 1	관찰 2	관찰 3	관찰 4	평균(분)	RF	정상시간
요소 1	2.60	2.34	3.12	2.86	2.730	1.0	2.730
요소 2	4.94	4.78	5.10	4.68	4.875	1.1	5.363
요소 3	2.18	1.98	2.13	2.25	2.135	0.9	1.922
					총 정상시간 = 10.015분		

의사결정 포인트

시계를 조립하는 시간은 상당히 감소한 것처럼 보인다. 그러나 경영진이 정확한 결과를 요구하기 때문에 분석가는 표본 수를 늘려보고 나서 새로운 표준시간을 결정하기로 했다.

사전 결정 자료 방법

사전 결정 자료 방법

각 작업 요소를 구성하는 좀 더 작은 일련의 미세 동작으로 나누는 데이터베이스 이용법. 분석가는 가능한 모든 미세 동작에 대한 정상 시간을 포함하는 공표된 데이터베이스를 참조

작업표본조사

일정 기간 동안에 무작위 관찰을 근거로 개인이나 기계가 각기 다른 활동에 소비하는 시간의 비율을 추정하는 프로세스

사전 결정 자료 방법(predetermined data method)은 각 작업 요소를 더 세분화해, 그 요소를 구성하는 일련의 미세 동작(micromotion)으로 나눈다. 그런 다음 분석가는 공표된 데이터베이스를 참고해, 가능한 모든 마이크로 동작에 대한 정상시간을 확인한다. 프로세스의 정상시간은 프로세스에서 수행되는 각 마이크로 동작별 시간을 데이터베이스에서 찾아 합산함으로써 계산할 수 있다. 이 접근법은 프로세스 다양성이 적고 라인 흐름을 가진 매우 반복적으로 수행되는 작업에 가장 적합하다. 미세 동작(예: 손 뻗기, 이동, 또는 압력 가하기)은 극히 세부적인 동작을 의미한다.

(a) 투입 데이터와 결과

관찰 추가		관찰 제거	
신뢰도 Z	1.96	정확도 P	0.05
관찰기간	바쁜 경우	유휴 경우	관찰 수
월	6	1	7
화	5	2	7
수	7	0	7
목	9	2	11
금	5	5	10
합계	32	10	42

(b) 유휴시간과 필요한 관찰 수

유휴시간의 비율	0.2381
필요한 총관찰 수	279
필요한 추가 관찰 수	237

그림 3.8 건강 클리닉의 원무과 직원에 대한 작업표본

작업표본조사법

작업표본조사(work sampling)는 일정한 기간 동안 무작위 관찰을 근거로 개인이나 기계가 각 활동별로 소비하는 시간의 비율을 추정한다. 이런 활동의 예로는 제품이나 서비스에 대한 작업, 서류작업, 지시 대기, 유지보수 대기, 유휴시간 등이다. 이런 자료는 프로세스의 생산성을 평가하거나, 다른 작업 측정 방법에서 표준시간 산정에 필요한 여유시간을 추정하거나, 프로세스 개선을 위한 부분을 찾을 때 등에 쓸 수 있다. 이 방법을 사용하기 가장 좋은 경우는 프로세스가 유연한 흐름을 갖고 매우 다양할 때이다. 그림 3.8은 입력 자료와 일주일 동안의 관찰 결과를 숫자로 보여준다. 그림 3.8을 보면 관찰한 주의 유휴시간이 23.81%였음을 보여준다. 또한 입력 자료에서 요구한 신뢰도와 정확도를 확보하려면 추가로 237개를 더 관찰해야 함을 알 수 있다.

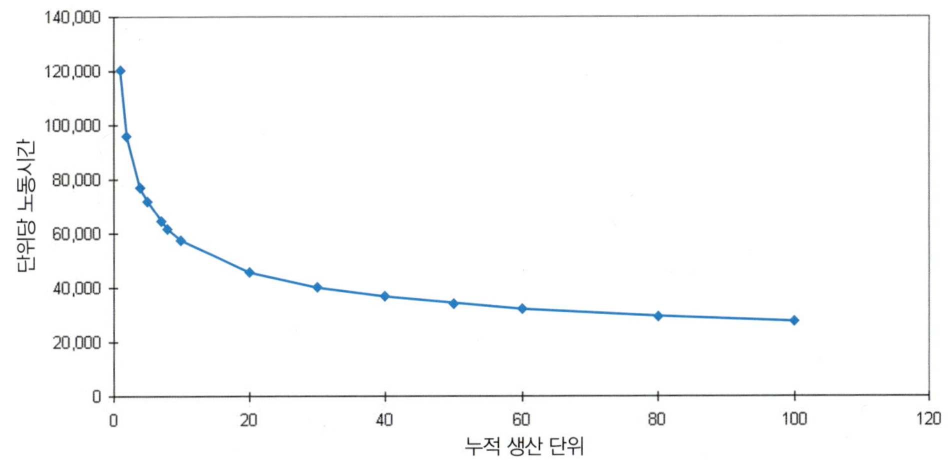

첫 단위에 걸린 시간	120,000
단위 수	10
10번째 단위에 걸린 시간	57,172
단위당 누적 평균시간	75,784

그림 3.9 80% 학습률을 가진 학습곡선

학습곡선 분석

지금까지 설명한 시간 추정 방법은 프로세스가 안정적이라는 점을 가정한다. 만약 프로세스가 변경되면, 변경된 프로세스가 안정화된 후에 시간 추정을 다시 해야 한다. 반면에 학습곡선 분석은 신제품과 새로운 서비스가 자주 도입되는 것과 같이 학습이 지속적으로 일어난다는 점을 고려한다. 지시와 반복에 따라 작업자는 직무를 더 효율적으로 수행하는 방법을 배우며, 프로세스 개선이 이루어지고 더 나은 관리 방법이 만들어진다. 이러한 학습 효과는 학습곡선으로 예측될 수 있는데 **학습곡선**(learning curve)이란 가공시간과 누적 생산량과의 관계를 보여주는 곡선이다. 한 단위의 제품을 생산하거나 서비스를 창출하는 데 필요한 시간은 제품이나 고객을 처리한 경험이 늘어나면 줄어든다. 프로세스에 대한 학습곡선은 학습률과 처리된 첫 단위에 대한 실제 시간 혹은 추정시간에 따라서 달라진다. 그림 3.9는 학습률이 80%라고 가정할 때의 학습곡선을 보여준다. 첫 번째 단위 생산에 120,000시간이 소요되고 처음 10개 단위의 누적 평균시간을 나타낸다. 학습률은 총생산량이 2배가 될 때마다 적용된다. 두 번째 단위의 시간은 첫 번째의 80%(즉 $120,000 \times 0.80 = 96,000$시간)이고, 네 번째 단위의 시간은 두 번째 단위의 80%(즉 $96,000 \times 0.80 = 76,800$시간)이며, 이런 방식이 그 후에도 적용된다.

학습곡선
제품 또는 서비스의 가공시간과 누적 생산량의 관계를 보여주는 곡선

공정도

공정도(process chart)는 개인이나 그룹이 작업장에서 수행하는 모든 활동을 문서화하는 조직적인 방법이다. 공정도는 표를 활용해 프로세스를 분석하고, 프로세스에서 각 단계에 대한 정보를 제공한다. 흐름도나 스윔 레인 흐름도, 서비스 청사진과 달리 공정도에는 작업시간 추정치(앞서 다룬 작업 측정 기법 참조)가 필요하다. 때로는 개인, 팀 혹은 내장 프로세스의 직무 수준을 분석하는 데도 사용된다. 공정도는 다양한 형식을 가질 수 있다. 여기서는 프로세스 내부의 활동을 조작, 이동, 검사, 지연, 저장의 다섯 가지 전형적인 범주로 구분한다.

공정도
개인이나 그룹이 작업장에서 수행하는 모든 활동을 문서화하는 조직적인 방법

- 조작(operation). 무엇인가를 변화시키고 창조하고 부가하는 생산적인 작업이다. 예를 들면 드릴로 구멍 뚫기, 고객 서비스 등이다.
- 이동[transportation, 자재 관리(material handling)라고도 함]. 조사 대상이 한 장소에서 다른 곳으로 이동하는 것이다. 이때 조사대상은 사람일 수도 있고 자재, 도구, 장비의 한 부분일 수도 있다. 이동의 예는 카운터의 한쪽에서 반대쪽으로 걸어가는 고객, 크레인이 끌어올리는 강철빔, 컨베이어를 타고 다음 작업장으로 이동하는 반제품, 최종 제품을 고객이나

창고로 배송하는 경우 등이 있다.

- 검사(inspection). 무엇인가를 체크하거나 확인하지만 변화시키지는 않는다. 고객 반응 조사, 표면의 결점검사, 제품 중량검사, 온도계 읽기 등이 검사의 예다.
- 지연(delay). 추가 조치를 기다리느라 작업이 지체되는 경우를 말한다. 서비스 인력을 기다리는 시간, 자재나 장비를 기다리며 소비되는 시간, 청소시간, 작업자나 기계가 작업장이 수행할 작업이 없어 유휴 상태인 시간 등이 지연의 예다.
- 저장(storage). 나중을 위해 무언가를 보관하는 경우를 말한다. 하역된 뒤 창고에 재고로 저장된 물품, 사용 후 내버려둔 장비, 서류함에 보관되는 서류 등이 저장의 예다.

상황에 따라 하청 및 외부 서비스라든가 일시적 저장과 영구적 저장을 구별하는 등 다른 활동 범주가 이용될 수도 있다. 이때 활동별로 적절한 활동 범주를 지정하려면 공정도 작성 대상에 대한 시각이 필요하다. 장비가 지연 상태일 때 작업자는 검사나 수송 상태일 수도 있다.

새로운 프로세스의 공정도를 작성하려면 프로세스의 하위 단계를 모두 조사하여야 한다. 프로세스가 현재 운영 중이라면 분석자는 하위 단계를 실제로 관찰하고, 각 단계를 범주별로 분류해야 한다. 그다음으로 이동 거리와 각 단계의 수행시간을 기록한다. 모든 활동과 단계를 기록하고 나서 단계의 수, 총시간, 총거리에 대한 합계 자료를 요약한다. 그림 3.10은 병원에서 발목을 삔 환자를 처리하는 과정을 보여준다. 이 프로세스는 환자가 들어오면서 시작하여 처방전을 들고 나가는 데서 끝난다.

온라인 자료

OM Explorer의 Tutor 3.2는 공정도 작성을 연습할 수 있는 새로운 예시를 제공한다.

프로세스가 도표화되면 분석가는 전체 프로세스의 연간 비용을 추정하여야 한다. 이는 동일한 프로세스를 수행하는 다른 방법들과 비교 평가할 수 있는 기준점이 된다. 연간 노동 비용은 (1) 매번 프로세스를 수행하는 데 필요한 시간(시간 단위), (2) 시간당 변동비용, (3) 연간 프로세스 수행 횟수의 곱으로 추정할 수 있다.

(연간 노동 비용) = (프로세스 수행 시간) × (시간당 변동비용) × (연간 프로세스 수행 횟수)

예를 들어 고객 한 명을 응대하는 평균시간이 4시간이고, 시간당 변동비용이 25달러이며, 연간 40명의 고객을 응대한다면, 노동 비용은 연간 4,000달러(= 4시간/고객 × 25달러/시간 × 40고객/년)이다.

그림 3.10의 환자 사례에서는 이러한 계산이 불필요하고, 전체 시간으로 충분할 것이다. 이 사례에서 중요한 것은 서비스 제공자의 시간과 비용이 아닌 환자의 시간이다.

분석 대상 프로세스에 특히 중요한 문제점을 파악하기 위해 고객 접촉, 프로세스 다양성 등의 범주를 활용해 자신만의 공정도 스프레드시트를 설계할 수 있다. 또한 여기에 더하여 시간, 이동거리, 오류 비율과 같은 다른 성과 측정 항목도 추적할 수 있다. 추가로, 표 형태로 흐름도와 비슷하게 프로세스를 검토하는 다른 버전의 공정도 스프레드시트를 만들 수도 있다. 관심 있는 다른 척도를 흐름도에 억지로 포함시키려고 하기보다, 공정도의 일부를 변형하여 이 척도를 표시하는 것이 나을 것이다. 비록 우아하게 보이지는 않지만 만들기 쉽고 유익하다.

데이터 분석 도구

성과정보와 측정치가 있어야 프로세스의 문서화가 완성된다. 측정할 지표는 분석 대상인 프로

그림 3.10 응급실 접수 프로세스의 공정도

프로세스	응급실 치료
대상	발목을 다친 환자
시작	응급실을 들어옴
끝	병원을 떠남

단계 삽입

단계 추가

단계 제거

요약

활동		단계 수	시간(분)	거리(피트)
조작	●	5	23.00	
이동	➡	9	11.00	815
검사	■	2	8.00	
지연	◗	3	8.00	
저장	▼	—	—	

단계	시간(분)	거리(피트)	●	➡	■	◗	▼	단계 기술
1	0.50	15.0		X				창구에 감
2	10.00		X					개인 신상카드 기록
3	0.75	40.0		X				간호사가 인도
4	3.00				X			간호사가 검사
5	0.75	40.0		X				대기실로 돌아옴
6	1.00					X		침대 대기
7	1.00	60.0		X				침대로 감
8	4.00					X		의사 대기
9	5.00				X			의사의 진찰
10	2.00	200.0		X				간호사가 방사선과로 인도
11	3.00		X					X선 촬영
12	2.00	200.0		X				응급실 침대로 돌아옴
13	3.00					X		의사 대기
14	2.00		X					의사의 진단 및 처방
15	1.00	60.0		X				응급실 입구로 돌아옴
16	4.00		X					계산
17	2.00	180.0		X				약국으로 걸어감
18	4.00		X					처방전 수령
19	1.00	20.0		X				병원을 떠남

세스의 특징과 경쟁 우선순위에 따라 선정하면 된다. 흔히 사용하는 지표로는 단위당 프로세스 시간, 단계별 원가, 프로세스에서 시작부터 끝까지 소요시간을 들 수 있다. 가동률과 고객(또는 작업) 대기시간을 알면 프로세스 중 어디에서 지연이 발생할 가능성이 높은지 예측할 수 있다. 고객만족도, 오차율 및 폐기율을 측정하면 품질문제가 일어날 가능성을 알 수 있다. 그 밖에도 여러 측정지표가 있는데, 이는 다음 장에서 소개하겠다. 이러한 내용을 이해하는 것이 프로세스 분석을 제대로 이해하는 데 도움이 될 것이다.

출처: Milkos/123RF

디자인팀의 리더는 다양한 측정 지표에 걸쳐 기준 이하의 성능을 보이는 여러 영역을 식별하기 위해 여러 차트를 제시한다. 다음 단계는 프로세스를 재설계하는 것이 될 것이다.

측정지표는 다양한 방식으로 표시될 수 있다. 흐름도나 공정도에 직접 표시하기도 한다. 지표의 수가 너무 많으면 흐름도나 공정도의 보조표(supporting table)에 기록하기도 한다. 보조표의 행은 각 흐름도, 스윔 레인 흐름도, 서비스 청사진, 공정도 등에 표현된 세부 단계이고, 열은 다양한 지표에 대한 현재 성과, 목표, 성과 격차 등으로 한다.[3] 성과 격차와 문제의 원인을 찾는 데 도움이 되는 여러 도구가 있다. 여기서는 여섯 가지 도구를 소개한다: (1) 체크리스트, (2) 히스토그램과 막대그래프, (3) 파레토 도표, (4) 산점도, (5) 특성요인

3 이러한 도구 중 특히 파레토 도표와 특성요인도는 4장 '품질과 성과'와 밀접하게 연관되어 있다. 이것들을 여기서 소개하는 이유는 이 도구들이 품질 불합격품만이 아니라 일반적인 프로세스 실패에도 적용되기 때문이다.

도, (6) 그래프. 이러한 도구는 대부분 원래 품질문제를 분석하기 위한 목적으로 개발되었지만, 일반적인 프로세스 분석에도 훌륭하게 활용할 수 있다.

체크리스트

체크리스트
특정한 프로세스 실패의 발생 빈도를 기록하는 양식

프로세스 실패
에러, 지연, 환경폐기물, 재작업 등과 같은 어떤 성과의 부족

대개 체크리스트를 이용한 자료 수집이 측정치 분석의 첫 단계이다. **체크리스트**(checklist)란 특정한 **프로세스 실패**(process failure)의 발생 빈도를 기록하는 양식이다. 프로세스 실패란 예를 들어 에러, 지연, 환경폐기물, 재작업 등과 같은 모든 유형의 성과 부족을 말한다. 측정할 속성 중에는 연속적으로 측정 가능한 것(무게, 7점 척도의 고객만족도, 단위 원가, 폐기율, 시간, 길이)도 있고, '예/아니요'로 대답할 수 있는 것(고객 불만, 회계상 분개 오류, 도색의 불량, 불손한 고객 응대)도 있다.

히스토그램과 막대그래프

히스토그램
어떤 품질 특성의 빈도 분포(통계적 용어로 자료의 중심화 경향치와 산포도)를 보이면서 연속 척도로 측정된 자료의 개괄

막대그래프
예/아니요 형태로 측정된 자료의 발생 빈도를 일련의 막대로 표시한 그래프

체크리스트의 자료는 히스토그램이나 막대그래프에 간명하게 나타낼 수 있다. **히스토그램**(histogram)은 프로세스 실패를 연속 척도로 측정한 자료의 빈도 분포(통계학적 용어로 자료의 중심화 경향치와 산포도)를 보여준다. 자료의 평균을 히스토그램에 표시하기도 한다. **막대그래프**(bar chart)(그림 3.11)는 예/아니요 형태로 측정된 자료의 발생 빈도를 막대로 표시한 그래프이다. 이때 막대의 높이가 프로세스 실패의 발생 빈도를 나타낸다.

파레토 도표

해결해야 할 프로세스의 문제를 여럿 발견하였다면 어떤 것부터 손대야 하는가? 19세기 이탈리아 과학자로서 자료의 불균등성에 기초한 통계학적 업적을 이룬 빌프레도 파레토(Vilfredo Pareto)의 제안에 따르면 대개의 '활동'은 상대적으로 적은 수의 요인에 기인한다. 예를 들어 음식점에서의 품질문제를 보면 고객의 불평이라는 활동은 불친절한 종업원에 기인하며, 제조업체에서는 제품의 불량이라는 활동이 부품 결손이라는 요인에 기인한다. 80-20 규칙이라고 하는 파레토의 개념은 80%의 활동이 20%의 요인에 따라 발생한다는 것으로, 20%의 요인(핵심적인 소수, vital few)에 집중함으로써 80%의 품질문제를 해결할 수 있다는 것이다. 물론 수치는 상황에 따라 달라질 수 있으나, 성과에 문제를 가져오는 원인은 상대적으로 몇 개 되지 않을 수 있다는 의미이다.

파레토 도표
각 요인의 발생 빈도를 큰 순서대로 수평축 위에 그린 막대그래프

이 핵심적인 소수의 원인을 찾는 방법이 **파레토 도표**(Pareto chart)를 그리는 것이다. 이 도표는 각 요인의 발생 빈도를 큰 순서대로 수평축 위에 그린 막대그래프(그림 3.12)이다. 수직축은 두 가지가 있는데, 왼쪽의 축은 히스토그램에서처럼 빈도를 나타내고, 오른쪽의 축은 빈도의 누적 백분율을 나타낸다. 누적 백분율 곡선을 보면 경영진이 관심을 가져야 할 핵심적인 소수 요인을 찾을 수 있다.

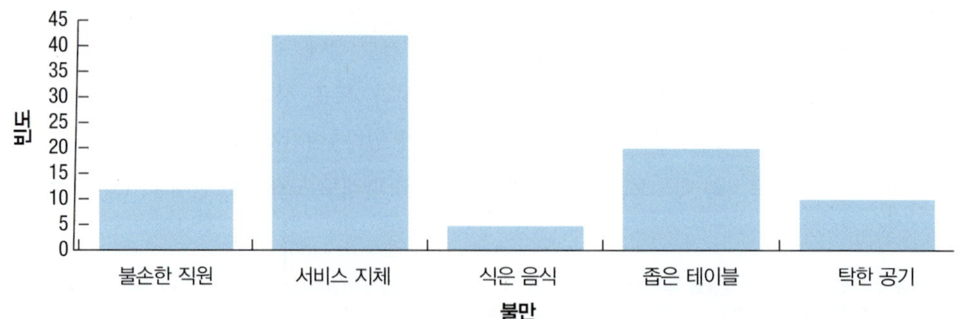

그림 3.11 막대그래프

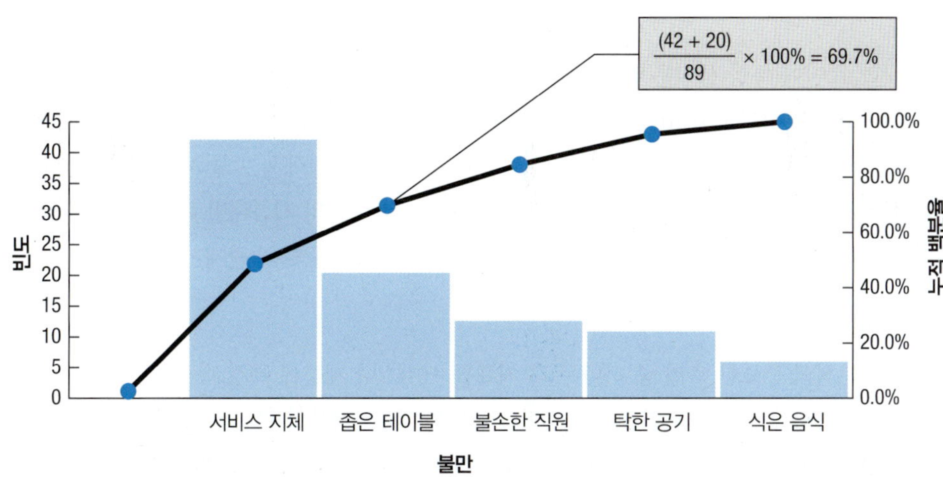

그림 3.12 파레토 도표

레스토랑의 파레토 도표

예제 3.2

동네 레스토랑의 경영자는 고객의 수가 줄고 있어서 걱정이다. 고객의 불만이 증가하고 있어, 경영자는 어떤 문제를 해결해야 할지 알아내고 그 결과를 직원들이 이해할 수 있는 방식으로 제시하고자 한다. 경영자는 어떤 문제를 해결하려고 해야 할까?

온라인 자료

Active Model 3.1은 이 파레토 도표 예제와 확장 기능에 대한 추가적인 통찰을 제공한다.

OM Explorer의 Tutor 3.3은 파레토 도표를 만드는 새로운 예제를 제공한다.

풀이

관리자는 몇 주에 걸쳐 고객들을 대상으로 설문조사를 실시하여 다음과 같은 자료를 수집했다.

불만	빈도
불손한 직원	12
서비스 지체	42
식은 음식	5
좁은 테이블	20
탁한 공기	10

출처: Rawpixel/123RF

그림 3.11은 막대그래프이고 그림 3.12는 파레토 도표로, 어떤 불만이 더 많이 발생하는지를 보여준다. 둘 다 OM Explorer의 막대, 파레토, 선 차트 솔버로 생성된 것이며, 스프레드시트의 보호를 해제한 후 수정함으로써 이러한 차트를 '예/아니요' 지표에 맞게 다시 포맷할 수 있다. 이러한 도표는 품질 측정치에 대한 것이나 예/아니요 측정치에 대하여 그릴 수도 있다. 더 고급 기능을 갖추고 있으며 쉽게 사용할 수 있는 소프트웨어로는 Minitab(https://www.minitab.com/en-us/), SAS(https://www.sas.com/en_us/home.html), Microsoft Visio(https://www.microsoft.com/en-us/) 등이 있다.

의사결정 포인트

어떤 불만을 없애면 음식점의 품질문제를 대부분 해결할 수 있는지는 명백하다. 우선 서비스 지체는 종업원 훈련, 종업원 신규 채용, 음식 준비 프로세스 개선 등으로 해결할 수 있다. 불필요한 장식용 가구를 치우고 테이블을 넓게 배치하면 좁은 테이블에 대한 불만을 해결할 수 있다. 파레토 도표를 보면 이 두 문제만 해결하면 불만의 70%를 처리할 수 있다.

산점도

산점도
두 변수 간에 관계가 있는지를 보여주는 그림

때로는 한 요인이 특정 품질문제의 원인으로 생각될 때가 있다. 두 변수 간의 관계가 있는지를 보여주는 그림인 **산점도**(scatter diagram)를 이용하여 가설을 확인하거나 기각하는 방법이다. 산점도 상의 각 점은 자료 하나에 해당한다. 예를 들어 주조공장에서 주물의 불량이 주물의 지름과 관계가 있다고 의심할 수 있을 것이다. 이런 경우 각 주물의 지름대별로 불량 주물의 수를 나타내는 산점도를 그릴 수 있다. 산점도가 완성되면 지름과 불량률의 관계가 명확해질 것이다.

특성요인도

특성요인도
핵심적인 성과의 문제와 이의 잠재적인 원인들을 연결시키는 도표

프로세스 분석의 중요한 측면 중 하나는 각 지표를 서비스나 제품에 특정 속성을 구축하는 투입요소, 방법, 프로세스 단계와 연결하는 것이다. 고쳐야 할 설계상의 문제를 찾아내는 방법 중 하나가 **특성요인도**(cause-and-effect diagram)로서 이는 핵심적인 성과 문제를 잠재적인 원인과 연결하는 것이다. 이시카와 가오루(石川馨)가 창안한 이 도표는 문제점을 운영 활동과 직접 연결 지으며, 특정 문제에 영향을 미치지 않는 프로세스는 도표에 표시되지 않는다.

특성요인도는 어골도(魚骨圖, fishbone diagram)라고도 한다. 중요한 성과 격차가 생선의 '머리'로 나타나고, 잠재적인 원인의 주요 범주가 생선의 '골격'을 형성하며, 구체적인 문제 요인은 생선의 '잔뼈'로 표현된다. 특성요인도를 작성할 때는 잠재적인 원인의 범주를 빠짐없이 밝히는 것이 중요하다. 예를 들어 이는 인력의 문제일 수도 있고, 기계, 자재 혹은 프로세스상의 문제일 수도 있는 것이다. 각각의 범주에 대하여 가능한 성과 격차의 원인을 모두 나열하여야 한다. 예를 들어 인력상의 문제에는 '훈련 부족', '열악한 의사소통', '결근' 등이 포함될 수 있다. 창의적 사고방식이 가능한 모든 원인을 밝히고 이를 분류하는 것을 돕는다. 이어서 주요 범주별로 나열된 문제를 체계적으로 분석하면서 새로운 원인이 명백해질 때마다 도표를 수정하여야 한다. 특성요인도를 작성하는 과정에서 경영진과 작업자는 제품 및 서비스의 품질문제에 영향을 미치는 핵심적인 요인에 대하여 관심을 갖게 된다. 예제 3.3에서는 에어컨 생산회사에서의 특성요인도 활용을 보여준다.

예제 3.3 헤더의 생산량 부족에 대한 분석

상업용 에어컨에 사용되는 핵심 부품인 헤더를 제조하는 존슨(Johnson) 제조공장의 헤더 작업장에서 프로세스 개선팀은 생산량 증대를 위한 작업을 하고 있다. 헤더는 증발기 코일, 응축기 코일과 같은 다양한 부품 간에 냉각수를 이동하게 하는 상업용 에어컨의 순환 시스템 중 일부이다. 현재 헤더 생산작업장의 일정계획은 공장의 주요 작업장과는 독립적으로 수립된다. 최종 제품의 품목별 조립 일정에 맞추어 적정한 품종의 헤더를 공급하지 못하고 있어서, 제품이 조립라인에서 헤더를 기다리는 경우가 자주 있다.

존슨 제조공장은 제품이 조립라인에서 헤더를 기다리며 대기하는 시간을 줄이기 위해 어떤 변화를 줄 수 있을까?

개선팀은 먼저 헤더 작업장의 6개 처리 단계를 면밀히 현장 관찰하였다. 6개 처리 단계는 다음과 같다.

1. 적절한 길이로 구리 파이프를 자른다.
2. 구리 토막에 환기 및 스터브 구멍을 뚫는다.
3. 구리 토막 위에 강철 공급 밸브를 용접한다.

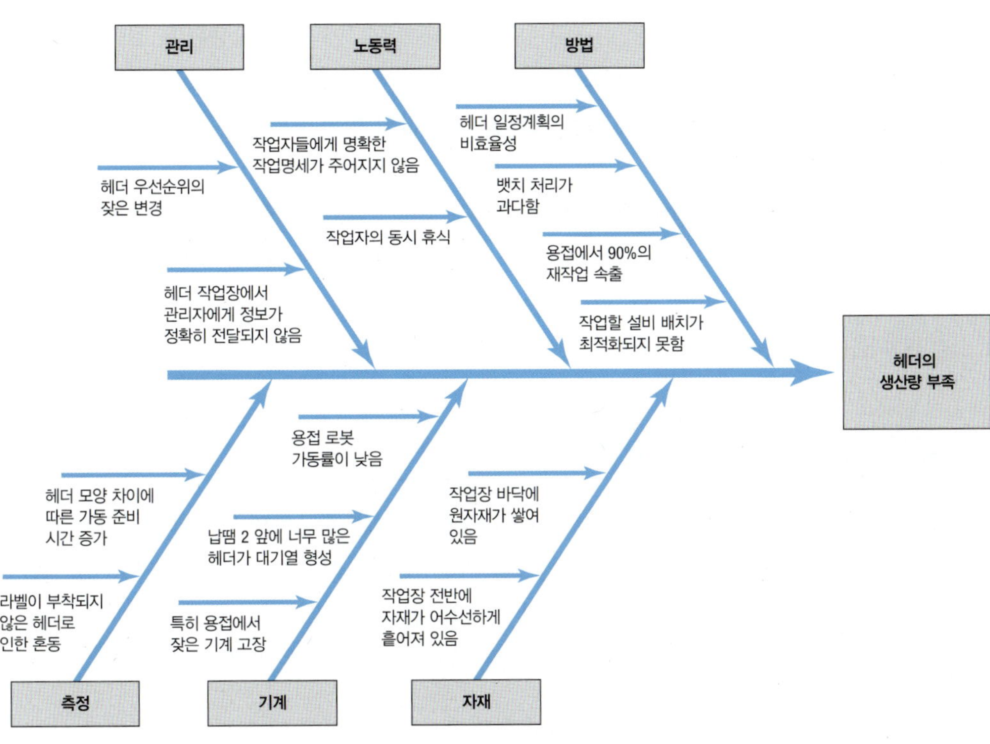

그림 3.13 헤더의 생산량 부족에 대한 특성요인도

4. 구리 토막의 끝부분 캡과 배기 플러그를 납땜한다.
5. 구리 토막에 있는 각 스터브 구멍에 스터브 튜브를 납땜한다.
6. 새로 만든 헤더를 보호하기 위한 플라스틱 캡을 추가한다.

문제의 원인을 모두 분석하기 위하여 개선팀은 그림 3.13과 같은 특성요인도를 작성하였다. 핵심 문제인 헤더의 생산 부족은 특성요인도의 머리에 표현되어 있다. 개선팀은 가능한 원인을 모두 브레인스토밍하여 여섯 가지 주요 범주[관리(management), 노동력(labor), 방법(method), 측정(measurement), 기계(machine), 자재(material)]를 찾아내어 6M이라 하였다. 그 후 범주별로 잠재적 원인을 찾아서 표현하였다.

의사결정 포인트

개선팀은 헤더 생산을 지연시키는 몇 가지 즉각적인 이슈들을 발견했다. 첫 번째 이슈는 작업자가 시간을 절약하려고 개별 작업을 뱃치로 묶어서 한꺼번에 처리한다는 것(방법 범주)이고, 두 번째 이슈는 원자재를 작업장 바닥에 쌓아놓아서 원자재를 찾기 어려워 문제가 가중되고 있다는 것(자재 범주)이며, 세 번째 이슈는 소요량 정보가 부족한 것(관리 범주)이다. 또한 개별 작업이 제대로 수행되지 않아 재작업이 많은데, 용접에서 재작업률이 90%(방법 범주)나 된다. 이 프로세스 개선의 다음 단계는 작업장 바닥에 있는 원자재를 치우고, 용접 기계의 품질을 향상하며, 헤더 종류별 전용 카트를 만들어서 헤더별로 따로 이동하게 하는 것이다.

그래프

데이터를 사용자가 이해하기 쉽게 그래프로 표현하면 프로세스 분석이 쉬워진다. **그래프**(graph)는 꺾은선 그래프나 원형 그래프 등 다양한 형태로 자료를 표현하는 방법이다. 꺾은선 그래프(line chart)는 자료에 나타난 추세를 강조하기 위하여 연속적으로 점을 찍은 후 이를 선

그래프
꺾은선 그래프나 원형 그래프 등 다양한 형태로 자료를 표현하는 방법

으로 연결한 것으로, 관리도(4장 '품질과 성과')와 예측(9장 '예측')에 활용된다. 원형 그래프(pie chart)는 프로세스 요인을 파이의 조각으로 표현하는 방법이다. 각 조각은 요인의 발생 빈도에 따라 크기가 정해진다. 원형 그래프는 '요인별' 자룟값의 합이 100%인 구성비로 보여주는 데 효과적이다.

지금까지 설명한 도구는 각각 독립적으로 활용할 수도 있겠으나, 이들 도구의 진정한 힘은 전체를 종합적으로 활용함으로써 얻을 수 있다. 프로세스 관련 문제를 해결하는 데 관리자는 탐정처럼 이슈를 찾아내고 원인을 밝히기 위하여 자료를 면밀히 조사하여야 한다. 이러한 과정을 자료 캐기(data snooping)라고 한다. 예제 3.4에서 이러한 예를 보여준다.

예제 3.4 열악한 헤드라이너 품질의 원인 파악

웰링턴 섬유판 회사(Wellington Fiber Board Company)는 승용차의 천장에 들어가는 유리섬유 부품인 헤드라이너를 생산하는데, 경영자는 가장 현저한 불량이 무엇인지를 알고, 그 원인을 찾고 싶어 한다. 어떤 프로세스 실패가 가장 많이 발생했으며 그 원인은 무엇인가?

그림 3.14는 품질 개선을 위해 여러 도구를 순차적으로 적용하는 과정을 보여준다.

- **1단계.** 지난달 생산 기록에서 다양한 유형의 프로세스 실패에 대한 체크리스트를 작성했다.

1단계. 체크리스트

헤드라이너 불량

불량 유형	건수	합계
A. 섬유 파손	||||	4
B. 염색 불량	|||	3
C. 섬유판 파손	卌卌卌卌卌卌卌 |	36
D. 가장자리 닳음	卌 ||	7
	합계	50

2단계. 파레토 도표

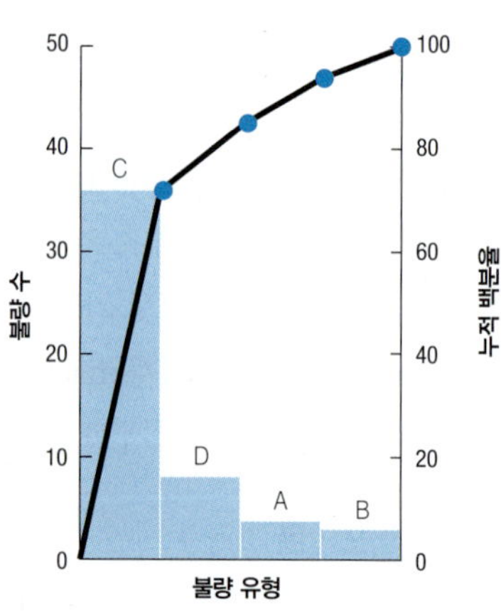

3단계. 특성요인도

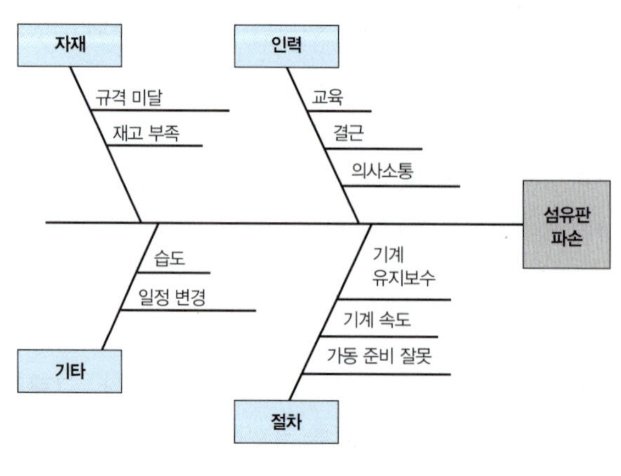

4단계. 막대그래프

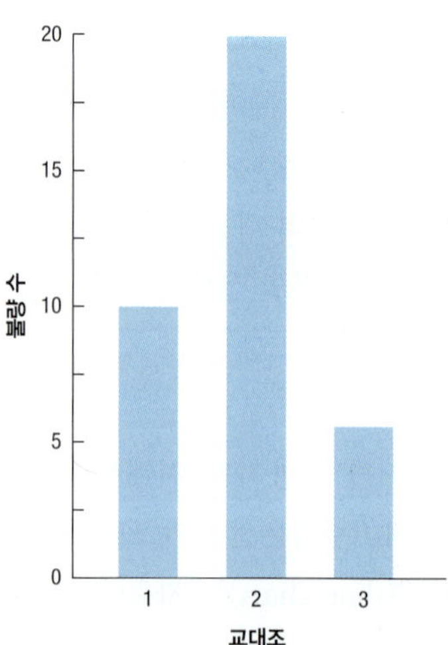

그림 3.14 품질 향상 도구의 응용

- **2단계.** 체크리스트의 자료를 이용하여 파레토 도표를 작성한 결과 섬유판의 파손이 전체 불량의 72%를 차지한 것으로 나타났다.
- **3단계.** 섬유판의 파손에 대한 특성요인도 분석 결과 여러 가지 잠재 원인을 파악할 수 있었다. 가장 중요할 것으로 의심되는 것이 종업원 교육이었다.
- **4단계.** 생산 자료를 교대조별 막대그래프로 재정리하였다. 교대조별로 경험이 다르기 때문이다.

의사결정 포인트

막대그래프를 보면 경험이 가장 적은 제2교대조의 불량률이 가장 높다. 더 깊이 있게 조사한 결과 작업자가 프레스 작업 후 섬유판을 쌓을 때 정해진 절차대로 하지 않기 때문에 균열과 조각이 발생함을 알 수 있었다. 경영자는 압축 공정 다음의 섬유판 처리 공정에 대한 훈련을 새로 하기로 하였다. 제2교대조가 모든 불량에 대하여 책임이 있는 것은 아니지만, 다양한 불량의 원천을 밝힘으로써 관리자는 생산 활동의 품질을 개선할 수 있게 되었다.

시뮬레이션 모형은 프로세스가 실제 일하는 과정을 동태적으로 보여주기 때문에 자료분석보다 더 많은 것을 알려준다. **프로세스 시뮬레이션**(process simulation)이란 프로세스의 각 단계를 묘사한 모형을 이용하여 프로세스의 움직임을 재현하는 행위를 말한다. 일단 프로세스를 모형화하면 분석팀은 모형을 변화시키면서 반응시간, 대기행렬의 길이, 자원가동률 등을 측정한다.

프로세스 시뮬레이션
프로세스의 각 단계를 묘사한 모형을 이용해 프로세스의 움직임을 재현하는 행위

프로세스 재설계와 프로세스 개선 관리

3.7 프로세스를 효과적으로 개선하고 관리하기 위해 흔히 사용하는 접근 방법을 파악한다.

의사가 환자를 신중하게 진단한 후에 병명을 알아내면 진단을 기반으로 치료법을 권하므로 프로세스를 따르고 있는 셈이다. 프로세스를 문서화하면 측정지표를 모으고 문제를 확인한 후, 분석가와 설계팀은 프로세스를 개선할 여러 변화 대안을 모은다. 이 단계에서 대상 프로세스와 직접 관련된 사람을 개입시켜 이들의 아이디어와 노력을 투입한다.

질문하기와 브레인스토밍

프로세스를 문서화하고, 성과가 부족하거나 부서 간 인계가 일어나거나 고객 접촉이 많은 분야를 조사만 해도 리엔지니어링이나 프로세스 개선 아이디어가 어느 정도 명백해지는 경우도 가끔 있다. 예제 3.4는 훈련 강화를 통한 섬유판 처리 방법 개선안을 어떻게 문서화만으로 알아냈는지 보여준다. 반면에 이런 분석 정도로는 개선안이 잘 안 보이는 경우도 많다. 이럴 때 아래의 여섯 가지 질문을 각 프로세스마다 또는 프로세스 전체에 대하여 대답함으로써 아이디어를 찾을 수 있다(개선안은 항상 존재하기 때문).

1. 무엇을 하고 있는가?
2. 언제 하는가?
3. 누가 하는가?
4. 어디에서 하는가?

5. 어떻게 하는가?
6. 중요한 여러 측정지표에 대하여 얼마나 성과가 좋은가?

이 질문에 대한 대답에 대하여 다음과 같은 추가 질문으로 의문을 제기함으로써 이 단계에 가치를 더할 수 있다: 이 프로세스를 꼭 해야 하는가? 왜 하필 이곳에서 하는가? 왜 하필 이때 하는가?

브레인스토밍
프로세스를 잘 아는 사람들이 모여 연상되는 어떤 것이라도 말함으로써 변화의 아이디어를 도출하는 방법

프로세스를 잘 아는 사람들이 모여서 연상되는 어떤 것이라도 말함으로써 변화의 아이디어를 제안하는 **브레인스토밍**(brainstorming)도 창의성을 이끌어내는 방법이다. 회의 촉진자는 각 그룹의 아이디어를 벽에 붙여 모두 볼 수 있게 한다. 참가자는 브레인스토밍을 수행하는 동안 제안하는 아이디어에 대한 평가는 삼간다. 브레인스토밍의 목적은 무리한 아이디어라도 가능하면 많이 모으고 창의적 사고를 장려하는 것이다. 참여자도 설계팀으로 제한하지 않는다. 예를 들어 테네시주 멤피스에 있는 침례교 기념병원은 프로세스 개선을 모색하기 위하여 하루에 적어도 세 번 '장애물 극복 회의(huddle meeting)'를 개최한다. 회의에는 병원의 책임자, 관리책임자, 주요 간호사들이 함께 모인다. 그 결과 개선이 극적으로 진행되어 테네시주 5대 병원 중 하나로 선정되었다.

인터넷과 특별히 설계된 소프트웨어를 활용하여 브레인스토밍 세션을 진행하여 멀리 떨어진 곳에서도 온라인으로 특정 문제에 대한 해결책을 철저히 의논하는 대기업이 점차 많아지고 있다. 이러한 정보통신기술은 종업원이 다른 이들의 아이디어를 보고 그 위에 자신의 아이디어를 더하여 한 개인의 생각이 실천적인 계획으로 커질 수 있게 한다.

브레인스토밍이 끝나면 설계팀은 여러 아이디어를 분석적으로 평가하는 '현실화' 단계로 넘어간다. 프로세스 재설계에 최대 성과를 가져다주는 변화를 찾아낸다. 이 재설계에는 용량, 기술, 입지 등의 이슈도 다루게 되는데, 각 이슈는 이 책의 이후 장에서 자세히 다룰 것이다.

재설계한 프로세스는 다시 문서화해 '개선 후'라고 부른다. 기대 성과와 위험도 신중하게 추정한다. 투자가 따르는 변화에는 화폐의 시간가치도 고려해야 한다. 또한 사람들에 대한 영향(기술, 변화의 정도, 훈련 요구량, 변화에 대한 저항)도 신규 설계를 평가할 때 반영되어야 한다.

벤치마킹

벤치마킹
업계의 선두 기업과 비교하기 위해 제품, 서비스, 프로세스를 측정하는 체계적인 절차

벤치마킹(benchmarking)도 프로세스 재설계 노력을 위한 중요한 원천이다. 벤치마킹이란 기업의 프로세스, 서비스, 제품을 산업 선두기업의 것과 비교하는 체계적인 절차이다. 기업들은 뛰어난 기업들이 어떻게 일을 하는지 더 잘 이해하기 위해 벤치마킹을 사용하며, 이를 통해 자신의 프로세스에 대한 개선 방향을 찾을 수 있다.

벤치마킹은 개선을 위한 정량적 목표 설정에 초점을 두고 있다. 경쟁적 벤치마킹(competitive benchmarking)은 직접적인 업계 경쟁자와의 비교를 기반으로 하고, 기능적 벤치마킹(functional benchmarking)은 업계를 불문하고 경영관리, 고객 서비스, 영업 활동 등 기능 분야에서 뛰어난 업체를 대상으로 비교한다. 예를 들어 제록스(Xerox)는 유통 효율과 고객 서비스 측면에서 가장 뛰어난 소매업체인 엘엘빈(L.L. Bean)을 대상으로 자사의 유통 부문을 벤치마킹하였다. 내부 벤치마킹(internal benchmarking)은 성과가 우수한 내부 조직 단위를 대상으로 벤치마킹하는 것이다. 이러한 형태는 여러 개의 사업 단위나 부서로 구성된 회사에 유용하다. 모든 형태의 벤치마킹은 지속적 개선을 위한 장기 프로그램을 추진하는 상황에 가장 적합하게 적용된다.

벤치마킹에 이용되는 전형적인 지표에는 단위당 원가, 고객당 실패율, 단위당 처리시간, 고객 불만율, 단위당 수익, 투자수익률, 고객 만족 수준 등이 있다. 벤치마킹 자료를 모으기가 쉽지는 않다. 내부 벤치마킹 자료가 당연히 가장 얻기 쉽다. 항상 가능한 벤치마킹도 있는데, 오랜 시간을 두고 자기 프로세스의 성과를 축적하였다가 사용하는 것이다. 기능적 벤치마킹 자료는 협회나 컨설팅 회사를 통하여 얻는 경우가 많다. 여러 기업과 정부 조직은 성과 벤치마크를 공유하고 표준화하기로 동의하였다. 비영리기관인 미국생산성품질센터(American Productivity and Quality Center)는 그림 3.15에서 보이는 것과 같은 수천 가지의 척도를 만들었다. 전체 척도는 www.apqc.org에서 찾아볼 수 있다. 또한 공급사슬협의회(Supply Chain Council)에서는 공급사슬 운영 참조(Supply Chain Operations Reference, SCOR) 모형에서 사용되는 측정치를 정의하였다(15장 '물류 관리' 참조).

실행

아름답게 재구성한 프로세스를 실행하는 것은 시작에 불과하므로, 이때부터 프로세스를 계속 관찰하고 개선하기 시작해야 한다. 측정치 목표를 계속 평가하고 요구 변화에 따라 재설정해야 한다. 프로세스를 관리할 때 다음과 같은 일곱 가지 실수는 피해야 한다.[4]

1. **전략적 이슈와 연관성을 잃음.** 프로세스 분석을 수행하는 동안 핵심 프로세스, 경쟁 우선순위, 고객 접촉과 물량의 효과, 전략적 일관성에 관심을 집중하고 있는가?
2. **적정한 인력을 적정한 방식으로 참여시키지 않음.** 프로세스를 실행하고 있는 사람 또는 내부 고객/공급자로서 프로세스와 밀접하게 관련된 사람을 프로세스 분석에 긴밀하게 참여시켰는가?
3. **설계팀이나 프로세스 분석가에게 명확한 강령을 주지 않고 책임을 줌.** 경영진이 변화의 기대치를 설정하고 결과에 대한 압력을 유지하였는가? 과다한 분석을 요구함으로써 프로세스 개선 노력을 마비시키지는 않았는가?
4. **'근원적인 리엔지니어링'이 아니면 만족하지 않음.** 점진적인 변화를 포기하고 극단적인 변화를 기대하는가? 그렇다면 작은 개선 효과가 축적되는 것을 잃게 된다. 개선을 위하여 일을 줄이고 구조를 변경하더라도, 프로세스 관리를 감량경영(downsizing)이나 재조직화(reorganization)에만 한정해서는 안 된다. 기술적 변화가 자주 일어나더라도, 대규모 기술적 혁신 프로젝트에 한정해서는 안 된다.
5. **사람에 대한 영향을 고려치 않음.** 재설계한 프로세스를 실행하여야 하는 사람들의 역량과 태도에 잘 맞는 변화인가? 프로세스 변화의 인간적 측면을 이해하고 대처하는 것이 결정적이다.
6. **실행에 관심을 주지 않음.** 프로세스를 재설계하였으나 실행하지 않았는가? 변화를 실행하지 않으면 프로세스의 흐름도를 작성하고 벤치마킹하는 작업도 학술적 취미에 불과하다. 확실한 프로젝트 관리가 필요하다.
7. **지속적 프로세스 개선을 위한 기반을 마련하지 못함.** 지속적으로 주요 측정지표를 관찰하기 위한 측정 시스템이 있는가? 재설계한 프로세스에 예상했던 효과가 실제로 나타나는지를 확인해야 한다.

---

4 Geary A. Rummler and Alan P. Brache, *Improving Performance*, 2nd ed. (San Francisco: Jossey-Bass, 1995), 126–133.

그림 3.15 프로세스 유형에 따른 벤치마킹 측정치 예시

고객 관계 프로세스

- 1,000달러 수입당 '주문 넣기, 주문 처리, 주문 추적'의 총비용
- 100,000달러 수입당 프로세스의 시스템 비용
- 재고 부족으로 충족되지 않은 매출 주문 라인 품목의 가치(수입의 백분율로 계산)
- 반품된 완성품 매출가치의 백분율
- 매출 주문 수령부터 제조나 운송 부문에게 통보되는 평균시간
- 매출 주문 라인 품목당 고객과의 직접 접촉 평균시간
- 제품 운송에 소비되는 에너지의 양
- 제품의 총운송거리
- 온실가스 배출량

주문 충족 프로세스

- 종업원당 공장 선적의 가치
- 완성품 재고 회전율
- 처리된 전체 주문 중 기각률(백분율)
- 품질문제로 고객으로부터 반품된 주문 비율(백분율)
- 주문 입력부터 선적까지 고객 리드타임의 표준
- 정시 선적 주문 비율(백분율)
- 재생 불능 에너지 자원의 사용
- 유독성 재료의 사용
- 안전하고 건강한 작업환경

새로운 서비스/제품 개발 프로세스

- 작년 출시된 서비스/제품으로 인한 매출 비율(백분율)
- 1,000달러 수입당 '새로운 서비스/제품 개발' 프로세스의 비용
- 완성된 프로젝트에 대한 새로 시작하는 프로젝트의 비율
- 현존하는 서비스/제품 개선 프로젝트의 시장 출시까지 걸리는 시간
- 새로운 서비스/제품 프로젝트의 시장 출시까지 걸리는 시간
- 현존하는 서비스/제품 개선 프로젝트의 이익 창출까지 걸리는 시간

공급업자 관계 프로세스

- 1,000달러 수입당 공급업자 선정 및 개발/유지 계약비용
- 1,000달러 구매당 종업원의 수
- 전자적으로 승인된 구매 주문 비율(백분율)
- 구매 주문 발주 평균시간
- 1,000달러 구매당 실제 공급업자의 총수
- 공급업자가 보증하는 구매자재 가치의 비율(백분율)
- 공급품 생산 프로세스에서 사용된 유독성 화합물의 양
- 원자재 운송 및 부품 운송에 사용된 에너지의 양
- 원자재 및 부품의 총운송거리
- 온실가스 배출량
- 공급업자의 생산 프로세스에서 유독성 화합물의 사용량
- 공급업자의 노동력 중 아동 노동력 사용 비율(백분율)

지원 프로세스

- 1,000달러 수입당 재무 기능의 시스템 비용
- 내부 감사 전담 재무 부서원 비율(백분율)
- 1,000달러 수입당 봉급 산정 프로세스의 총비용
- 공고되는 채용 인원 대비 실제 채용되는 인원의 수
- 1,000달러 수입당 '공급, 채용, 선발' 프로세스의 총비용
- 평균 종업원 이직률

프로세스 관리의 실패는 곧 비즈니스 실패로 이어진다. 조직이 프로세스 개선을 위해 지속적으로 성과 격차를 찾도록 하는 것이 경영자의 임무이다. 프로세스 재설계는 주기적 검토와 연간 계획의 일부가 될 필요가 있다. 측정은 다음 장의 핵심인데, 다음 장에서 어떻게 성과 추적 시스템이 피드백과 개선 노력의 기반이 되는지를 보여준다. 학습조직의 핵심은 이런 피드백을 지능적으로 활용하는 것이다.

학습목표 점검

학습목표	점검 가이드라인	온라인 자료
3.1 서비스 프로세스의 구조와 고객-접촉 행렬 상에 서비스 프로세스를 배치하는 방법을 이해한다.	'서비스 프로세스의 구조' 절에서는 프로세스 수준에서 서비스 프로세스와 관련된 맥락상의 주요 변수와 이러한 변수가 서로 어떻게 관련되어 있는지 보여준다. 이 절에서 주요 그림인 그림 3.2에는 세 가지 핵심 요소를 함께 제공하고 있다: (1) 고객 접촉도, (2) 고객화, (3) 프로세스 특성. 이 그림은 고객 접촉과 고객 맞춤화의 정도가 프로세스 차이 및 라인 흐름과 어떻게 연결되는지를 보여준다.	
3.2 제조 프로세스의 구조와 제품-프로세스 행렬 상에 제조 프로세스를 배치하는 방법을 이해한다.	'제조 프로세스의 구조' 절에서는 제조업 프로세스에 중점을 두고 있다. 그림 3.3은 세 가지 핵심 요소를 함께 제공한다: (1) 생산량, (2) 제품 고객 맞춤화, (3) 프로세스 특성. 핵심적인 요인은 라인 흐름과 반복 작업의 정도와 관련된 고객화와 생산량이다. 동영상 'Manufacturing Process Structure Choices'를 시청하여 SOME BURROS Mexican Restaurant, WT Graphix Custom Embroidery and Silk Screening, 그리고 크레욜라가 공정 설계를 할 때 고객 맞춤화와 생산 물량 사이에서 어떻게 상충관계를 이루는지 이해하라.	
3.3 프로세스 전략 주요 의사결정과 이것이 운영에 미치는 영향을 설명한다.	'프로세스 전략 의사결정' 절은 그림 3.1에서 보여주는 세 가지 주요 프로세스 전략 의사결정을 설명한다. 프로세스 구조 외에도 고객 참여, 자원 유연성, 자본집약도가 포함된다. 고객 참여는 장단점이 있고, 자원 유연성은 인력·장비 모두에 적용되며, 범위의 경제는 경우에 따라 자본집약도와 자원 유연성 간 역관계를 깰 수 있다.	OM Explorer Tutor: Break-Even for Equipment Selection 윈도우용 POM: Breakcven Break-Even Analysis
3.4 프로세스 의사결정의 전략적 적합성 개념을 토의한다.	'전략적 적합' 절에서는 네 가지 주요 프로세스 의사결정이 서비스·제조 기업에서 어떻게 서로 연계되어 있는지를 상세히 다루며, 잘못 설계된 프로세스 개선 방안을 탐색한다.	
3.5 프로세스를 체계적으로 분석하고 개선하기 위한 두 가지 일반적인 변화 전략을 비교 대조한다.	'변화 전략' 절은 (1) 프로세스 리엔지니어링과 (2) 프로세스 개선이라는 상호 보완적 철학을 설명한다. 이어서 6시그마 DMAIC 모형을 통해 프로세스를 정의·측정·분석·개선·관리하는 체계적 방법을 보여준다.	
3.6 프로세스를 어떻게 정의, 측정, 분석하는지 토의한다.	'프로세스의 정의, 측정, 분석' 절에서는 (1) 흐름도, (2) 작업 측정 기법, (3) 공정도를 포함하여 효과적으로 프로세스를 문서화하고 평가하는 세 가지 주요 기법을 토의한다. 흐름도, 공정도, 파레토 도표의 예시와 함께 문제 해결 방법을 검토한다. '작업 측정 기법' 절에는 시간연구 방법, 요소 표준자료 접근법, 사전 결정 자료 방법, 작업표본조사법, 학습곡선 분석에 대하여 간단하게 설명되어 있다. 파레토 도표와 특성요인도는 성과 격차의 원인을 이해하는 데 도움을 줄 것이다.	Cases: Custom Molds, Inc.; Jose's Authentic Mexican Restaurant OM Explorer Solvers: Learning Curve Analysis; Measuring Output Rates; Process Charts; Pareto Charts OM Explorer Tutors: Process Charts; Pareto Charts 윈도우용 POM: Learning Curve Analysis; Measuring Output Rates
3.7 프로세스를 효과적으로 개선하고 관리하기 위해 흔히 사용하는 접근 방법을 파악한다.	'프로세스 재설계와 프로세스 개선 관리' 절에서는 프로세스 분석가가 프로세스를 더 좋게 만드는 일련의 변화를 어떻게 종합하는지 설명한다. 이어서 프로세스를 관리할 때 피해야 하는 일곱 가지 실수도 설명한다. 프로세스 개선을 위한 지속적인 탐색이 필수적이다.	

핵심용어

개별 작업 프로세스(job process)
고객 접촉(customer contact)
고객 참여(customer involvement)
고정자동화(fixed automation)
공장 내 공장(plants within plants, PWPs)
공정도(process chart)
그래프(graph)
그린벨트(Green Belt)
대량고객화(mass customization)
대량생산(mass production)
라인 프로세스(line process)
라인 흐름(line flow)
리엔지니어링(reengineering)
마스터 블랙벨트(Master Black Belt)
막대그래프(bar chart)
뱃치 프로세스(batch process)
범위의 경제(economies of scope)
벤치마킹(benchmarking)
브레인스토밍(brainstorming)
블랙벨트(Black Belt)
사전 결정 자료 방법(predetermined data

method)
산업용 로봇(industrial robot)
산점도(scatter diagram)
서비스 청사진(service blueprint)
설비 배치(layout)
스윔 레인 흐름도(swim lane flowchart)
시간연구(time study)
연기(postponement)
연속 프로세스(continuous-flow process)
요소 표준자료(elemental standard data)
유연 인력(flexible workforce)
유연(프로그래밍 가능)자동화[flexible (or programmable) automation]
유연 흐름(flexible flow)
자동화(automation)
자본집약도(capital intensity)
자원 유연성(resource flexibility)
작업표본조사(work sampling)
재고생산전략(make-to-stock strategy)
전방 영업장(front office)
주문생산전략(make-to-order strategy)
주문설계전략(design-to-order strategy)
주문조립전략(assemble-to-order strategy)
집중화 공장(focused factories)
체크리스트(checklist)
측정지표(metrics)
특성요인도(cause-and-effect diagram)
파레토 도표(Pareto chart)
프로세스 개선(process improvement)
프로세스 구조(process structure)
프로세스 다양성(process divergence)
프로세스 분석(process analysis)
프로세스 선택(process choice)
프로세스 시뮬레이션(process simulation)
프로세스 실패(process failure)
프로세스 전략(process strategy)
학습곡선(learning curve)
혼합 영업장(hybrid office)
후방 영업장(back office)
흐름도(flowchart)
히스토그램(histogram)

복습문제 1

모듈식 사무용 가구(워크스테이션 및 회의실용) 판매를 전문으로 하는 소매체인의 기업 간(B2B) 거래 전화 주문 프로세스에 대한 흐름도를 작성하라. 이 회사는 온라인 판매 외에도 시간 제약이 있는 고객을 위해 전화 주문 시스템을 운영하고 있다.

먼저, 고객이 전화를 걸면 자동 응답 시스템이 고객을 맞이한다. 고객은 전화 키패드를 이용하여 원하는 옵션을 선택하며 요청을 완료한다. 시스템은 고객에게 기존 계정이 있는지 없는지를 먼저 확인한다. 기존 계정이 있는 고객은 1번을, 새로운 계정을 개설하려는 고객은 2번을 누른다. 2번을 선택한 고객은 새로운 계정 개설을 위해 서비스 담당자와 연결될 때까지 잠시 기다린다.

계정 확인 또는 개설 후 고객은 주문하기, 주문 취소하기, 또는 문의나 불만 사항에 대해 고객 담당자와 통화하기 중 원하는 옵션을 선택한다. 만약 고객이 주문하기를 원한다면, 주문 유형이 워크스테이션 관련인지 회의실 관련인지 구체적으로 선택하게 되고, 해당 분야의 전문 고객 담당자가 전화를 받아 주문 상세 정보를 확인한다. 주문 취소를 원하는 고객은 자동 응답 시스템의 안내를 기다린다. 전화로 주문 번호를 입력하면 주문을 취소할 수 있다. 자동 시스템은 주문한 품목의 이름을 말하고 고객에게 취소 여부를 확인한다. 고객이 주문 취소를 확정하면 시스템은 주문을 취소하지만, 그렇지 않은 경우 고객에게 주문 코드를 다시 입력하도록 요청한다. 요청에 대한 처리가 끝난 후, 시스템은 고객에게 추가 요청이 있는지 묻는다. 추가 요청이 있다면 고객은 다시 주문, 취소, 상담 옵션 중 하나를 선택하는 단계로 돌아간다. 추가 요청이 없다면 전화 주문 프로세스는 종료된다.

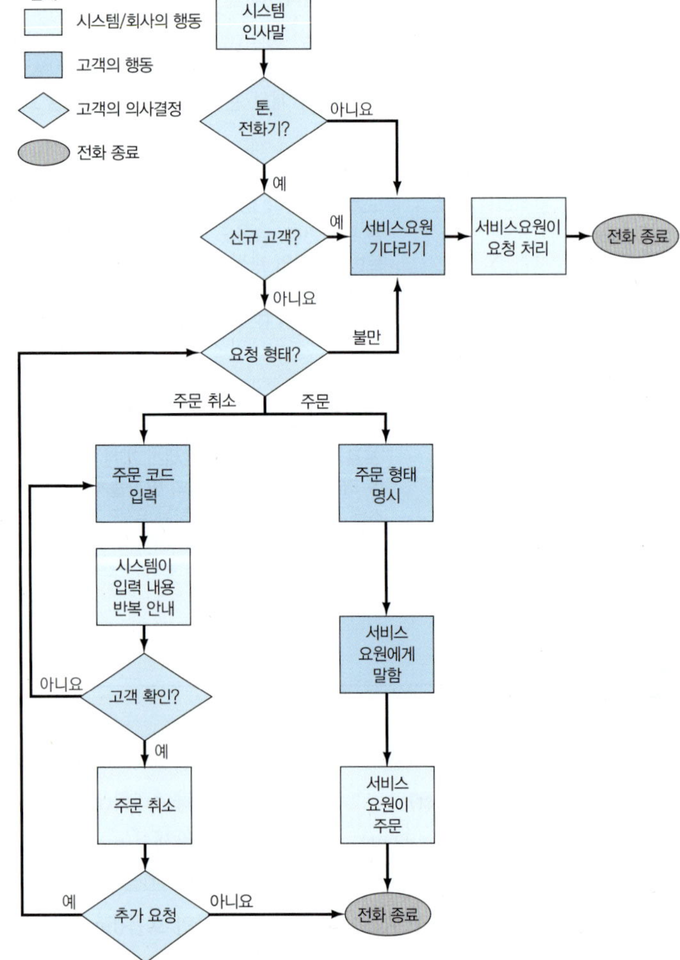

그림 3.16 전화 주문 프로세스의 흐름도

풀이

그림 3.16은 이 예제에 대한 흐름도이다.

복습문제 2

한 자동차 서비스 회사가 29분 이내에 엔진 오일을 교환할 수 있다고 광고하고 있는데 그 실행에 어려움을 겪고 있다. 이를 위하여 여러분을 초빙하여 분석을 요청하였다. 연구의 주제는 서비스 정비사(service mechanic)이다. 이 프로세스는 서비스 정비사가 도착한 고객을 안내하는 것에서 시작하여 고객이 계산하는 것으로 끝난다.

그림 3.17은 완성된 공정표를 보여준다. 해당 공정은 총 21단계로 나뉘어 있으며, 공정표의 오른쪽 상단에는 소요 시간과 이동 거리 요약이 제시되어 있다.

총 소요 시간은 28분으로, 만약 29분 보장제를 충족해야 하고 정비사가 총 420피트를 이동해야 한다면 시간적인 여유가 거의 없다는 것을 알 수 있다.

그림 3.17 엔진오일 교체 공정도

프로세스	엔진오일 교체
대상	기술자
시작	고객 인도
끝	대금수납

단계 삽입

단계 추가

단계 제거

요약

활동		단계 수	시간(분)	거리(피트)
조작	●	7	16.50	
이동	➡	8	5.50	420
검사	■	4	5.00	
지연	◗	1	0.70	
저장	▼	1	0.30	

단계	시간(분)	거리(피트)	●	➡	■	◗	▼	단계 설명
1	0.80	50.0		X				고객을 서비스 구역으로 인도
2	1.80		X					이용과 서비스 내역 기록
3	2.30				X			후드를 열고 엔진 유형 확인, 잔량 확인
4	0.80	30.0		X				대기실 고객에게 걸어감
5	0.60		X					추가 서비스를 제안
6	0.70					X		고객의 의사결정 대기
7	0.90	70.0		X				저장고로 걸어감
8	1.90		X					필터 찾음
9	0.40				X			필터 번호 확인
10	0.60	50.0		X				필터를 가져옴
11	4.20		X					차체 하부 작업 수행
12	0.70	40.0		X				차 위쪽으로 걸어감
13	2.70		X					엔진 오일 주입, 엔진 사용
14	1.30				X			추출 검사
15	0.50	40.0		X				피트(pit)로 걸어감
16	1.00				X			추출 검사
17	3.00		X					작업구역 청소
18	0.70	80.0		X				차를 운전해 나감
19	0.30						X	주차
20	0.50	60.0		X				고객 대기실로 걸어감
21	2.30		X					대금 수납

복습문제 3

그림 3.17의 프로세스를 어떻게 개선하겠는가?

앞의 분석은 다음 세 가지 개선 아이디어를 검증해야 한다. 물론 다른 아이디어가 있으면 더 좋다.

a. **17단계를 21단계로 이동하는 것이다.** 고객은 서비스 정비사의 작업공간을 청소하는 동안 기다릴 필요가 없다.

b. **자주 사용하는 필터를 피트에 소량 비축해야 한다.** 7단계와 10단계에서 창고를 오가는 이동이 발생하므로, 필터를 피트로 옮기면 불필요한 이동을 줄일 수 있다. 이에 따라 참고 자료 사본도 피트에 비치해야 하며, 피트는 잘 정돈되어야 하고 조명이 충분해야 한다.

c. **2명의 서비스 정비사를 투입해야 한다.** 10·12·15·17단계는 피트에 들어가고 나오고 하는 과정인데, 이는 상당 부분 제거할 수 있다. 서비스 정비사를 2명으로 늘려 한 사람은 피트(pit)에서 작업하고 한 사람은 후드(hood)에서 작업한다면 서비스 시간을 줄일 수 있을 것이다.

복습문제 4

케리 존슨과 머비스 윌리엄스는 화장품인 투명크림을 제조하고 있다. 이 회사의 포장 프로세스는 네 단계를 거친다. 이는 (1) 내용물 혼합, (2) 캡슐 채우기, (3) 캡슐 밀봉, (4) 캡슐 레이블링이다. 불량품을 분석해 보니 다음 표와 같다. 주된 불량을 나타내는 파레토 도표를 그려라.

불량 종류	빈도
부정확한 내용물 혼합	7
캡슐에 초과 용량 혹은 저용량 채우기	18
캡슐 밀봉 실패	6
얼룩진 레이블	29
총계	60

불량 레이블은 전체 불량품의 수에서 48.33%를 차지한다.

$$\frac{29}{60} \times 100\% = 48.33\%$$

적절하지 않게 밀봉된 캡슐은 전체 불량품의 수에서 30%를 차지한다.

$$\frac{18}{60} \times 100\% = 30.00\%$$

이 두 가지 가장 빈번한 불량품의 누적 백분율은 다음과 같다.

$$48.33\% + 30.00\% = 78.33\%$$

캡슐에 용량을 초과하거나 적게 채우는 불량은 $\frac{7}{60} \times 100\% = 11.67\%$이며 누적 백분율은 다음과 같다.

$$78.33\% + 11.67\% = 90.00\%$$

부적절하게 혼합된 내용물로 인한 불량은 $\frac{6}{60} \times 100\% = 10.00\%$이며 누적 백분율은 다음과 같다.

$$10\% + 90\% = 100.00\%$$

이에 대한 파레토 도표는 그림 3.18이다.

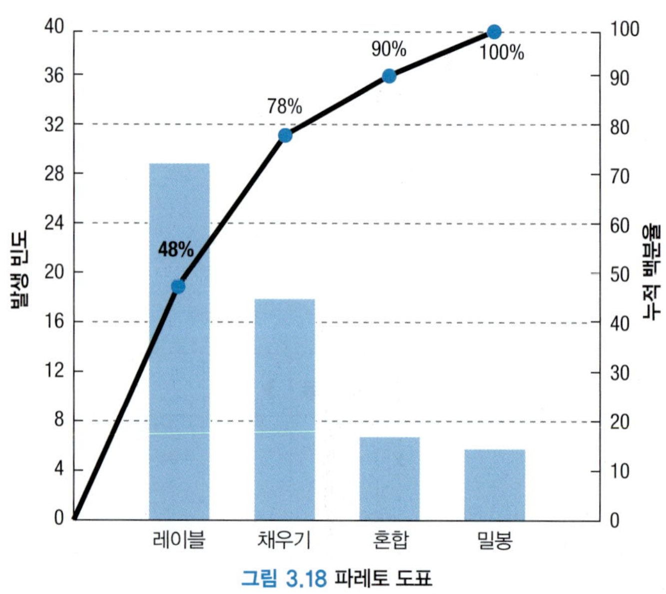

그림 3.18 파레토 도표

토론과제

1. 제조업체에서는 어떤 프로세스가 고객 접촉도가 상당히 높은 진정한 서비스 프로세스인가? 내부 고객만이 있는 프로세스에서도 고객 접촉도가 높을 수 있는가?
2. 어떤 지역 레스토랑에서 본 다음 표지판을 고려해보라: "포장 주문에는 무료 칩과 살사가 포함되지 않습니다. 질문이 있으시면 직원이 아닌 매니저에게 문의하세요." 이 메시지는 직원들과 서비스 프로세스, 고객 만족도에 어떤 영향을 미치는가? 이러한 접근 방식을 5성급 레스토랑의 접근 방식과 비교해보라. 이러한 차이는 주로 서로 다른 경쟁 우선순위 때문인가?
3. 이베이와 맥도날드 프로세스 전략에는 어떤 차이가 있으며, 이들의 프로세스 선택은 고객이 일으키는 변동성과 어떠한 관계가 있는가?
4. 의료기술 덕분에 환자에게 인공심장을 제공하거나 레이저로 간단하게 시력을 교정하는 일이 가능하다. 그러나 병원은 사람을 급하게 보내지 않고도 4층에 있는 엑스레이 사진을 방사선과에서 응급실의 판독 상자로 가져오는 일과 같은 후방 프로세스와 여전히 씨름하고 있다. 연간 300억 건으로 예상되는 병원에서 일어나는 의료 관련 정보 교환의 90% 이상이 전화나 팩스 또는 전자우편으로 수행된다. 정보기술을 어떻게 사용하면 이런 프로세스를 개선할 수 있으며 또한 얼마나 개선할 수 있을까? 일부 의사는 종이와 연필을 포기할 준비가 되어 있지 않고, 많은 병원은 약제실, 심장과, 방사선과, 소아과 등 부서 간에 강력한 장벽이 있음도 고려하라.
5. 금융 서비스 산업에서 수행되는 프로세스의 범위를 생각해보자. 지방자치단체에 금융 서비스를 판매하는 프로세스는 고객-접촉 행렬에서 어느 위치에 놓일까? 월별 자금보고서를 작성하는 프로세스는 고객-접촉 행렬에서 어느 위치에 놓일까? 이 둘의 위치가 다를 것 같은데 그 이유는 무엇인가?
6. 콜센터의 상담원들이 회사 제품에 대해 전화로 문의하는 고객들에게 응대하는 것에 대해 표 3.1 '고객 접촉의 다섯 가지 차원' 각각에 대해 평가하라. 1 = 매우 낮음, 7 = 매우 높음으로 7점 척도를

사용하라. 예를 들어 신입 상담원은 고객과 물리적으로 함께 있지 않으므로 물리적 존재감에 대해 1점을 받을 것이다. 평가 내용을 설명한 다음, 전체 고객 접촉에 대한 종합 점수를 계산하라. 종합 점수를 계산할 때 동일한 가중치를 사용했는가? 그 이유는 무엇인가? 고객-접촉 행렬에서 그 프로세스는 어디에 위치하는가? 그것은 적절한가? 그 이유는 무엇인가?

7. 지속적 개선은 작은 개선이 많이 모이면 상당한 성과를 낸다고 인정하는 것이다. 이러한 지속적 개선 방법이 업계 하위 회사를 최상으로 끌어올릴 수 있겠는가? 설명하라.

8. HEC는 세 가지 에너지원을 이용하여 전력을 생산한다. 첫 번째는 소수력 발전으로 경치 좋은 급류를 막아 생산한다. 두 번째는 석탄을 이용한 화력발전이고, 세 번째는 원자력발전이다. HEC의 화력발전소는 구식 공해 방지 장치를 이용하고 있으며, 이를 새 장치로 교체하는 데는 수억 달러가 소요될 것이다. 현재 환경주의자들은 HEC에 자원 보전 노력을 강화하고 최신의 청정에너지 이용 전력 업체에서 전기를 구입하도록 요구하고 있다.

그런데 HEC는 이미 판매 부진에 시달리고 있으며, 이에 따라 수십억 달러가 투자된 장치가 유휴 상태에 있다. HEC의 큰 고객이 저가 공급자로부터 전기를 공급받을 수 있도록 한 법을 이용하여 타사로부터 전기를 구매하고 있는 것이다. 유휴 중인 생산시설의 고정비용을 충당하려면 남아 있는 고객에게 전기료율을 올릴 수밖에 없다. 그렇지 않다면 발행된 사채에 대하여 이자 및 원금을 지불할 수 없을 것이다. 즉 파산하는 것이다. 그런데 전기료율을 올리면 더욱 많은 고객이 저가 공급자를 찾아 떠날 것이며, 악순환이 거듭된다. 가격 인상을 피하기 위하여 HEC는 원가 절감 프로그램을 시행하고 발전소의 공해 방지 장치를 교체하려 하고 있다.

편을 나누어서 HEC의 전략과 관련된 윤리적, 환경적, 정치적 이슈 및 교환 관계를 토론하라.

9. 2019년 《미국의학협회지(JAMA)》에 따르면, 미국인이 연간 4조 3,000억 달러를 지출하는 의료비 가운데 약 25%가 불필요한 낭비로 추정된다고 한다. 다음 문제들을 해결하기 위한 최대 열 가지의 혁신적인 아이디어를 브레인스토밍해보자.

a. 일반 소매 약국은 처방전의 의도를 확인하기 위해 의사와 전화통화를 반복하느라 업무 시간의 20%를 허비하고 있다.

b. 처방전을 조제하는 담당자가 처방 의도를 파악했다고 해도 조제 과정에서 오류가 발생할 수 있다. 예를 들어 중환자실에서 조산아에게 성인 용량의 헤파린을 투여하는 것은 치명적이다.

c. 병원에서는 약품이 뱃치 기준으로 유통된다. 예컨대 월·수·금에 약 카트를 채우면, 금요일부터 월요일 사이에 병동에서 사용되지 못했거나 환자 상태가 변하거나 의사가 다른 처치를 결정한 경우가 생기면 월요일에 대량의 약품이 반환될 수 있다. 기술자는 하루종일 반환된 약품을 선반에 다시 채워야 하며, 금요일 아침에 준비한 정맥 주사용 약품의 40%는 폐기된다.

d. 때로는 간호사가 다른 업무로 바빠 약물을 예정된 시간에 투여하지 못하는 경우가 있다.

e. 급성 치료 병원 시스템에서는 병상당 연 1회 이상 낙상이 발생한다. 대부분은 밤 11시 이후부터 새벽 6시 사이에 일어나며, 때로는 골절로 이어져 움직임이 제한되면서 폐렴이 발생하기도 한다.

f. 미국 병원에 가는 14명 중 1명꼴로 병원 내에서 감염된다.

연습문제

이 책을 사용하는 모든 학생은 OM Explorer, 윈도우용 POM, Active Model 소프트웨어를 사용할 수 있다. 해당 소프트웨어의 다운로드 위치와 활용 방법은 강의 담당 교수에게 문의하라. 대부분의 교수자는 학생이 직접 계산하는 방법을 이해하기를 바란다. 하지만 소프트웨어를 이용하면 계산을 확인할 수 있다. 계산이 매우 복잡하고, 의사결정 과정에서 결과를 해석하는 것이 목표인 경우 소프트웨어가 수작업 계산을 완전히 대체해도 무방하다.

프로세스 전략 의사결정

1, 2, 3번 문제는 결정을 처리하기 위하여 (보론 A '의사결정'에서 논의했던) 손익분기점 분석을 적용하고 있다.

1. 굴라코비츠 박사는 치열교정의다. 그녀의 추정에 따르면, 새로운 의자 2개를 추가하면 자본 투자의 연간 등가비용과 기술자 1명의 급여를 포함하여 고정비용이 150,000달러 증가한다. 신규 환자 1명당 연간 3,000달러의 추가 수입을 가져올 것으로 예상되며, 환자당 변동비용은 1,000달러로 추정된다. 새로운 의자 2개를 설치하면 그녀는 연간 최대 200명의 환자까지 시술 환자의 수를 늘릴 수 있으리라 생각한다. 새로운 프로세스가 손익분기점에 도달하려면 환자가 얼마나 늘어나야 하는가?

2. 신제품을 생산하기 위하여 공정 두 가지를 검토 중이다. 첫 번째 공정은 자본집약도가 낮아 고정비용은 50,000달러에 불과하고 단위당 변동비용은 700달러이다. 두 번째 공정은 고정비용이 400,000달러지만 변동비용은 단위당 200달러에 불과하다.

a. 두 번째 프로세스가 첫 번째 프로세스보다 더 매력적이 되는 손익분기점 수량은 얼마인가?

b. 제품의 예상 연간 판매량이 800단위라면 어떤 프로세스를 선택하겠는가?

3. 세바고 제조회사의 운영 관리자는 새로운 전기 수상 레저기구 라인에 들어가는 핵심 부품을 조달하기 위해 세 가지 방안을 검토하고 있다. 방안 1은 해당 부품을 외부에서 구매하는 것이고, 방안 2

는 재정비된 장비를 사용하여 부품을 사내에서 제작하는 것이며, 방안 3은 새로운 고도로 자동화된 장비를 구매해 자체 생산하는 것이다. 각 방안과 관련된 비용은 다음 표와 같다. 수량 구간별로 어떤 방안을 선택하는 것이 가장 유리한가?

방안	연간 자본비용(달러)	부품당 변동비(달러)
1: 외부 구매	0.00	22.00
2: 기존 설비로 자체 생산	150,000.00	14.00
3: 신규 설비로 자체 생산	450,000.00	12.50

프로세스의 정의, 측정, 분석

4. 이 장 마지막 부분에 있는 커스텀 몰드사를 생각해보라. 주형 제조 프로세스와 부품 제조 프로세스의 흐름도를 준비하여 그들이 어떻게 연결되어 있는지 보여라.
5. 직접 설계한 공정도를 사용하여 4번 문제를 풀어보자. 적절하다고 생각하는 정보 또는 측정 기준을 기록하기 위한 1개 이상의 열을 가지고 있을 것이며, 이는 외부 고객 접촉, 시간 지연, 완료시간, 재작업률, 비용, 용량 또는 수요율이 될 수 있다. 일부분만이 이용 가능할지라도 이러한 항목은 여러분이 수집한 정보가 무엇인지 보여줄 것이다.
6. 1970년에 설립된 ABC사는 28개국에 위치한 세계에서 가장 큰 보험회사 중 하나이다. 다음 설명을 보고 1970년에 존재했던 보험증권 발급 프로세스를 흐름도로 그려라.

   신규 보험 가입을 원하는 개인 고객은 ABC가 운영하는 70개 지점 중 한 곳을 방문하거나 담당 대리점에 연락해 신청서를 작성하고 때로는 수표를 동봉한다. 지점은 이 신청서류를 사내 우편을 통해 런던에 있는 XYZ 부서로 보낸다. 또한 고객이 집에서 직접 신청서를 작성해 ABC 각 지역 사무소로 우편 발송하는 경우도 있으며, 해당 사무소는 이를 다시 런던으로 이송한다. XYZ 부서에 신청서가 도착하면 서류를 항목별로 분류한 뒤 스캔해 디지털 이미지로 저장한다. 전자 이미지는 서버에서 불러와 담당 직원의 컴퓨터로 전송된다. 직원은 신청서에 기재된 정보를 해당 데이터베이스에 입력한다. 신청서 정보가 완전하면 확인통지서가 자동으로 고객에게 이메일 발송된다. 정보가 불완전하면 고객 대응 교육을 받은 다른 직원이 고객에게 연락해 추가 정보를 받는다. 고객이 받은 확인통지서에 오류가 있으면 고객은 무료 전화번호로 전화하거나 이메일로 문제 사항을 알려야 한다. 고객 문제 해결(Customer Problem Resolution) 부서가 이를 처리하고, 수정된 확인통지서를 고객에게 재발송한다. 정보가 정확하면 가입 절차가 완료된다.
7. 6번 문제를 자신이 설계한 공정도를 활용해 다시 풀어라. 프로세스를 분석하기 위해 꼭 수집되어야 한다고 생각되는 정보나 측정치를 기록하기 위해 하나 이상의 열이 있어야 한다(5번 문제 참조).
8. 아래에 기술된 대로 DEF사 현장 서비스 부서의 흐름도를 작성하라. 전화를 받는 것으로부터 시작해 기술자가 그 일을 완료할 때 끝내라.

   DEF는 많은 엔지니어링 시스템과 의료 시스템에서 활용되는 광범위한 전자적, 광학적, 복사 기자재를 제조 및 판매하는 수십억 달러 규모의 회사이다. 현장 서비스 부서는 475명의 현장 서비스 기술자를 고용하고 있는데 이들은 DEF에서 판매된 기자재에 대한 유지보수와 보증 수리를 맡고 있다. 고객들은 DEF의 전국서비스센터(NSC)에 전화하는데 이 센터는 하루에 3,000통의 전화를 받는다. NSC는 40명의 전화상담사를 채용했다. 전형적인 서비스 콜은 NSC에서 받아서 전화상담사 중 한 사람에게 전달되고 이 사람은 기계에 대한 정보, 전화한 사람의 이름 및 문제의 종류를 DEF의 메인프레임 컴퓨터에 집어넣는다. 어떤 경우에는 전화상담사가 고객이 문제를 해결하는 것을 도우려고 한다. 그러나 걸려오는 긴급 유지보수 서비스 콜 중 현재는 10%만 회피될 수 있다. 만약 서비스 콜이 회피될 수 없다면 전화상담사는 일반적으로 다음과 같은 말을 한다. "저희 기술자의 일이 많아서 지금부터 (지금 +X)시간 사이에 방문 가능합니다"(이때 X는 모델 번호와 지역에 근거한 목표 반응시간이다). 많은 고객이 언제 기술자가 현장을 방문할지를 알고 싶어 하기 때문에 이러한 정보를 제공한다.

   전화상담사는 DEF의 컴퓨터 시스템에 서비스 콜 정보를 입력하는데, 이 정보는 다시 고객이 위치한 지역의 디스패치센터에 전달된다(DEF는 4개의 지역 디스패치센터가 있으며 모두 20명의 디스패처가 있다). 서비스 콜의 정보는 디스패치센터에서 작은 카드에 인쇄된다. 카드는 매시간 프린터에서 고객의 위치를 관장하는 디스패처에게 전달된다. 디스패처는 기계의 위치, 기술자의 현재 위치, 기술자의 훈련 이력을 고려하여 서비스 콜에 배치될 수 있는 최적의 후보자라고 생각되는 기술자의 이름 밑에 각 카드를 붙여놓는다. 서비스 콜이 완료되면 기술자는 디스패처에게 전화하여 그 서비스 콜의 임무가 완수되었음을 알리고 새로운 콜을 할당 받는다. 디스패처에게 서비스 콜을 받고 나서 기술자는 고객에게 전화하여 도착 예정시간을 알려주고 고객의 현장에 방문하여 문제를 진단하고 부품을 가지고 있으면 수리를 한다. 그 후에 디스패처에게 전화하여 다음 서비스 콜을 할당 받는다. 만약 기술자에게 수리용 부품이 없는 경우 NSC에 알리면 고객에게 부품이 특급 운송되어 그다음 날 수리가 이루어진다.
9. 회사가 견적 요청 프로세스를 개선하기 위해 여러분을 고용했다고 가정해보자. 여러분의 임무는 아래 설명을 바탕으로 스윔 레인 흐름도를 사용해 프로세스를 그래픽으로 표현하는 것이다. 이 프로세스는 고객이 영업사원에게 견적 요청을 보낼 때 시작된다. 영업사원은 요구사항에 대한 노트를 작성한다. 영업사원은 기술 전문가의 도움을 요청할 수 있으며, 이 전문가는 요구사항을 확인하고 견적을 생성하기 위한 데이터를 시스템에 입력한다. 그렇지 않으면, 영업사원이 직접 견적을 생성하기 위한 데이터를 시스템에 입력한다. 그 후 견적서는 고객에게 검토를 위해 전송된다. 변경이 필요하지 않다면 고객은 견적서를 구매 주문서로 수락한다. 그렇

지 않으면 영업사원이 다시 요구사항에 대한 노트를 작성한다. 이러한 상황에 기반하여 스윔 레인 흐름도를 작성하라.

10. 코로나19 대응팀의 일원으로서, 지역 병원 의료진 300명에게 제공할 따뜻한 식사를 조리할 자원봉사자 팀을 꾸려야 한다. 메뉴는 다음 다섯 가지로 구성된다: 맛향이 가미된 밥, 토마토수프, 야채 샐러드, 초콜릿케이크, 신선한 주스 한 병. 초콜릿케이크와 신선한 주스를 제외한 모든 음식은 인근에 마련된 조리 시설이 갖춰진 임시 천막 안에서 조리된다. 배식을 용이하게 하기 위해, 완성된 식사는 골판지 상자에 포장한 뒤 재사용 가능한 플라스틱 상자에 담아 보관한다. 이 임시 주방에 대해 흐름도를 작성하고 공정도를 구성하라. 자재, 인력, 장비 측면에서 어떤 투입물이 필요한지 식별하라. 또한 이 작업에 필요한 자원봉사자 수, 식재료와 포장 자재의 소요량을 산정하라.

11. 다음 상황을 가정해보자. 여러분은 한 건설회사의 외상매입금(accounts payable) 부서에서 인턴으로 근무 중이며, 매주 공급업체로부터 받아야 하는 송장(invoice)을 처리해야 한다. 주당 평균 200장의 송장을 받는다. 공급업체는 송장을 우편과 이메일로 보내며, 업무 프로세스는 대부분 수작업으로 이루어지고 기술은 결재와 회계 처리에만 부분적으로 사용된다. 대금 지급 전에 다음 절차를 완료해야 한다: 디지털로 받은 경우 구매 주문서(PO)를 출력한다(3분). 구매 주문서 번호를 확인하고 구매 장부에서 해당 구매 주문서를 찾아낸다(3분). 자재창고 사무실 장부에서 물품 수령 증빙(goods received note)을 찾아낸 뒤, 송장·구매 주문서·물품 수령 증빙 간 '3-way 매칭'을 수행한다(5분). 세 문서의 금액·수량이 모두 일치하면 송장을 승인하고, 조달 부문 관리자에게 결재용으로 제출한다(2분). 값이 일치하지 않으면 추가 조치를 위해 구분 표시(flag)하고, 해당 송장 상태를 전화나 이메일로 공급업체에 알린다(5분).

a. 위 업무가 1인 작업이라고 가정하고, 해당 활동에 대한 흐름도를 작성하라.

b. 송장 200장을 처리하는 데 걸리는 시간을 추정하라(단, 30%는 디지털 송장). 시급이 15달러일 때, 처리 비용은 얼마인가(단, 송장의 25%가 오류가 있는 경우를 가정).

c. 다음에 제시된 각 프로세스 변경 사항이 현재 프로세스의 시간과 비용을 얼마나 줄일 수 있는지 평가하라.

d. 위 변경 사항 중 가장 효과적인 것은 무엇이며, 그 이유는 무엇인가?

e. 현 프로세스 단계 중 오류 발생으로 인해 효율성이 가장 크게 저하될 가능성이 높은 단계는 어느 것이며, 그 이유는 무엇인가? 또한 제안된 변경 사항 중 어떤 것이 이러한 오류를 예방할 수 있는가?

12. 도로의 모퉁이에 위치한 두 곳의 셀프서비스 주유소 그림이 그림 3.19의 (a)와 (b)에 제시되어 있다. 주유기가 4대씩 두 줄로 늘어서 있고, 종업원이 휘발유값을 받는 부스가 설치되어 있다. 어느 주유소도 돈을 미리 지불할 필요가 없다. 출구와 입구는 그림에 표시되어 있다. 각 주유소에서 차량과 사람의 흐름을 분석하라.

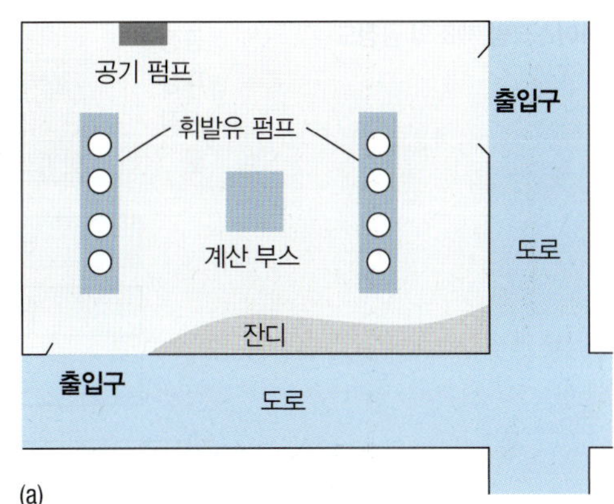

(a)

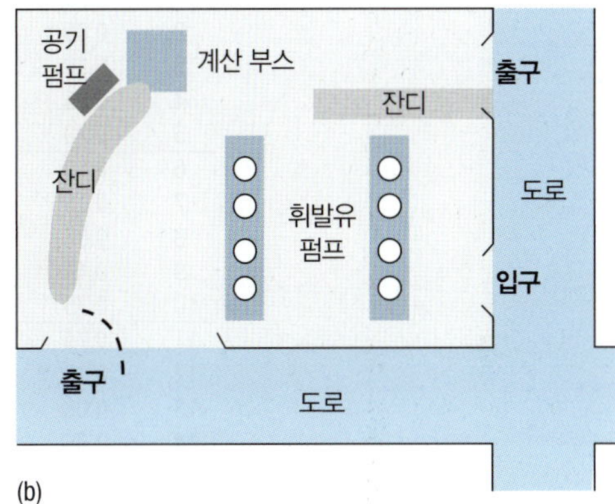

(b)

그림 3.19 두 종류의 셀프서비스 주유소

a. 고객의 입장에서는 어느 주유소가 더 효율적인 흐름을 보이겠는가?

b. 다른 차가 머리를 반대쪽으로 하고 있어 주유기에 다가갈 수 없기 때문에 잃게 되는 잠재적인 고객에 대한 판매의 기회는 어느 주유소가 더 많겠는가?

c. 어느 주유소가 고객이 차에서 내리지 않고도 대금을 지불할 수 있겠는가?

13. 저스트 라이크 홈 레스토랑의 경영진이 자신의 프로세스 중 일부를 분석해달라고 여러분에게 요청하였다. 이 프로세스 중 하나는 아이스크림콘 제조 프로세스이다. 주문은 테이블 서비스 담당 직원이나 아이스크림을 사 들고 나갈 고객에게 받는다. 그림 3.20은 이 활동의 공정도를 보여준다.

- 아이스크림 계산대의 종업원은 시간당 10달러를 받는다.
- 이 프로세스는 평균 시간당 10회 수행된다.
- 이 레스토랑은 1년에 365일, 매일 10시간씩 운영한다.

a. 공정도의 요약(오른쪽 위) 부분을 완성하라.

b. 이 프로세스의 총노동비용은 얼마인가?

c. 어떻게 하면 이 생산 활동을 좀 더 효율적으로 할 수 있겠는가? 개선된 프로세스의 공정도를 그려라. 이 새로운 프로세스가 실행된다면 연간 노무비 절감은 얼마나 되겠는가?

그림 3.20 아이스크림 제조의 공정도

공정	아이스크림 콘 제조
대상	계산대
시작	콘 저장소로 걸어감
끝	아이스크림 콘을 손님에게 줌

단계 삽입

단계 추가

단계 제거

요약

활동		단계 수	시간(분)	거리(피트)
조작	●			
이동	➡			
검사	■			
지연	◗			
저장	▼			

단계	시간 (분)	거리 (피트)	●	➡	■	◗	▼	단계 설명
1	0.20	5.0		X				콘 저장소로 걸어감
2	0.05		X					빈 콘을 꺼냄
3	0.10	5.0		X				카운터로 감
4	0.05		X					홀더에 콘 고정
5	0.20	8.0		X				개수대로 감
6	0.50					X		국자 세척 요구
7	0.15	8.0		X				세척된 국자를 가지고 카운터로 감
8	0.05		X					빈 콘을 집음
9	0.10	2.5		X				주문된 아이크스림 앞으로 감
10	0.75		X					아이스크림을 뜸
11	0.75		X					콘에 아이스크림을 담음
12	0.25				X			안정성 검사
13	0.05	2.5		X				주문 장소로 감
14	0.05		X					아이스크림을 손님에게 줌

14. 운영 관리 분야의 학위를 공부하면서, 여러분은 이 분야 인턴십에 지원하고자 한다. 관련 채용 정보는 구인 포털, 비즈니스 네트워킹 사이트, 지인의 소개 등을 통해 공고된다. 또한 영상 형태의 이력서(CV)처럼 새로운 방식도 활용할 계획이다. 원하는 직무를 얻기 위해서는 운영 관리 인턴의 주요 업무를 파악하고, 채용 기회를 탐색하며, 이력서와 자기소개서를 작성·수정하고, 소셜 네트워킹 프로필을 만들고, 학교 취업지원 부서를 비롯해 가족·친구들에게도 인맥을 요청해야 한다. 기회에 따라 이력서와 자기소개서를 맞춤화해야 하며, 많은 경우 고용주로부터 확인 응답을 받지 못할 수도 있다. 공정도 단계 목록을 작성하고 효율적인 순서로 배치하라.

15. 차량관리국(DMV)에서 자동차 번호판을 받는 과정은 시설에 들어가서 번호표를 뽑는 것으로 시작된다. 여러분은 번호표를 받은 뒤 대기 구역까지 약 50피트를 걸어가서 앉는다. 대기 인원을 세어 보니 대략 30명이 기다리고 있다. 많은 고객이 지루함을 못 이겨 중도에 포기하고 돌아간다. 호출기가 번호를 부르면, 일어서서 응답한 고객의 번호표를 제복을 입은 직원이 확인한 뒤 빈 창구로 안내한다. 아무도 일어서지 않으면 같은 번호를 반복해서 부르느라 몇 분이 허비된다. 결국 다음 번호가 호출되지만 그 고객도 이미 떠난 경우가 잦다. 그동안 DMV 창구 직원은 몇 분씩 놀고 있지만 개의치 않는 듯하다.

도착 후 4시간이 지나서야 당신의 번호가 불린다. 제복을 입은 직원에게 번호표를 확인받고 60피트를 걸어가 창구에 선다. 시 판매세 납부 절차는 4분 만에 끝난다. 이후 창구 직원이 주(州) 재산세를 내는 코너로 안내한다. 그곳은 80피트 떨어져 있다. 새로운 번호표를 뽑고 자리에 앉으니, 옆에는 단순 면허 갱신을 하려는 다른 고객들도 보인다. 이번에는 1시간 40분을 기다린다. 25피트를 걸어가 2분 만에 재산세를 납부한다. 세금을 납부했으므로 이제 등록비와 번호판 수수료를 납부할 자격이 생겼다. 그 부서는 직원 구내식당을 지나 50피트 떨어져 있다. 등록·번호판 업무 고객들은 재산세를 낸 순서대로 호출되므로 10분 정도만 기다린다. 절차는 3분 만에 끝났다. 당신은 번호판을 받은 뒤 담당 직원에게 기다림이 길었다며 1분간 불만을 제기한 뒤 건물을 나선다. 시설에 들어선 지 정확히 6시간이 지난 시점이다.

이 프로세스를 나타내는 공정도를 그리고 개선 사항을 제안하라.

16. 복습문제 2의 자동차 엔진오일 교환 프로세스에서 다음을 가정해 연간 노무비를 계산하라.

- 서비스 정비사의 임금은 시간당 40달러이다(변동이 심한 추가 혜택을 포함).
- 이 프로세스는 시간당 평균 2회 수행된다.
- 1년 300일간, 매일 10시간씩 운영한다.

a. 이 프로세스의 연간 인건비는 얼마인가?

b. 7, 10, 12, 15단계를 없앤다면 인건비 절감액은 얼마인가?

17. 템페는 발효된 콩으로 만들어진다. 공장에서의 템페 생산은 아래 표에 설명한 것처럼 여러 수작업 과정을 포함한다. 각 공정의 정상 시간과 표준 시간을 계산하라.

	평균 관측 시간(분)	작업 속도 보정 계수	여유율(%)
대두 세척	37.13	1.09	43.5
발효	132.5	1.08	38.5
신선 템페 수확	15.67	1.14	49.0
포장	7.17	1.12	39.0

18. 프로세스에 대한 초기 시간 연구가 다음과 같은 결과(분 단위)로 진행되었다. 지금까지 수집된 데이터를 바탕으로 정상시간에 20%의 여유(allowance)를 가정할 때, 이 예비 표본을 기준으로 고객 1인당 예상 소요 시간을 구하라.

작업 요소	작업 속도 등급	관측 1	관측 2	관측 3	관측 4	관측 5
요소 1	70	4	3	5	4	3
요소 2	110	8	10	9	11	10
요소 3	90	6	8	7	7	6

19. 작업자의 시간 중 유휴시간이 얼마인지를 알기 위해 작업 표본조사법을 실시했다. 임의로 수집한 정보는 다음과 같았다.

요일	작업자 유휴 횟수	전체 관찰 수
월요일	17	44
화요일	18	56
수요일	14	48
목요일	16	60

a. 이러한 결과에 근거한다면 작업자가 일하는 시간의 비율은 몇 퍼센트인가?

b. 만약 유휴시간이 과도하다고 판단된다면 근본 원인을 파악하기 위해 후속 작업 표본조사법을 시행할 때 어떤 추가적인 범주를 넣어야 하는가?

20. 한 건설업자가 건물 첫 번째 유닛을 짓는 데 25일이 걸렸다. 엔지니어는 이 건설팀의 학습률이 85%라고 가정한다. 다음을 구하라.

a. 두 번째 유닛을 완공하는 데 얼마나 걸리는가?

b. 네 번째 유닛을 완공하는 데 얼마나 걸리는가?

21. 20번 문제로 돌아가자. 같은 지역의 다른 건설업자는 첫 번째 유닛을 짓는 데 14일, 두 번째 유닛을 짓는 데 11일이 걸렸다. 이 건설팀의 학습률은 얼마인가? 두 건설업자 중 어느 쪽의 학습률이 더 높은가?

22. 레인타이트 윈도의 수작업 조립라인에서, 신규 직원은 보통 30분 이내에 첫 번째 단위의 창을 조립할 수 있다. 경영진은 학습률을 90%로 추정한다.

a. 경영진의 추정이 정확하다면 신규 직원이 두 번째 창을 조립하는 데 얼마나 오래 걸리는가? 열여섯 번째 창을 조립하는 데 얼마나 오랜 시간이 걸리는가?

b. 레인타이트의 반자동화 라인에서 신규 직원이 첫 번째 창을 조립하는 데 45분이 걸린다. 그러나 학습률은 75%이다. 반자동화 라인의 직원이 창을 만드는 데 걸리는 시간이 수작업 라인의 직원이 창을 만드는 데 걸리는 시간보다 더 적어지기 위해서는 얼마나 많은 창을 만들어야 하는가?

23. 병원 응급 의료 부서에서는 긴급 출동 콜에 대해 설정된 목표 응급 도착 시간을 맞추지 못하게 만드는 요인을 분석하고 있다. 이들은 구급차가 환자를 제시간에 병원으로 데려오는 것을 방해하는 주요 문제들을 나열했다.

a. 파레토 도표를 사용하여 환자 이송 지연의 '핵심적인 소수(vital few)' 문제를 파악하라. 이러한 문제들의 잠재적 근본 원인에 대해 논평하고 특히 심각한 품질 실패 사례를 식별하라.

b. 문제의 근본 원인을 이해하기 위해 병원 경영진은 구급대원에게 구체적인 애로사항을 기록하도록 요청했다. 일주일간 수집된 내용은 다음과 같다: 술 취한 환자, 신고자가 위치를 모름, 잘못된 주소 제공, 차량의 기계적 결함, 인력 부족, 타 기관과의 소통 문제, 신고 건수 증가, 환자 체격이 들것에 맞지 않음, 출퇴근 시간대 교통 혼잡, 지도 시스템의 실시간 교통 정보 미제공.

c. 위 원인들을 특성요인도(어골도)로 정리하라.

문제	빈도
구급차 운전자가 환자 위치를 찾지 못함	22
도로 교통 혼잡	30
구급차 성능 문제	8
인력 부족	8
장비 문제	12
비협조적인 환자	14
소방·경찰 등 타 기관 지원 지연	6
합계	100

24. SST는 가구 전문 이삿짐센터이다. 이 회사의 근무자는 모두 인근의 대학 풋볼팀에서 선발한 아르바이트생이다. 이 회사는 최근 고객의 불만에 대해 우려하고 있다.

a. 막대그래프와 파레토 도표를 그려서 '핵심적인 소수' 문제를 찾아내라.

b. SST의 매니저는 불만의 근본 원인을 이해하려고 한다. 그는 배달 중에 발생한 이슈의 목록을 작성하였다.

트럭 고장, 포장 상자 부족, 하루에 인도 건수가 많아 트럭 도착 지연, 가구 보호 패드 없음, 직원이 물품 여러 개를 떨어뜨림, 운전자가 가는 길을 잃음, 트럭 경사로가 휘어 있음, 포장용 테이프 없음, 신입사원이 포장 방법을 잘 모름, 이동용 대차 바퀴 파손, 직원 지각.

이런 원인을 분류하고 특성요인도에 포함해 특성요인도를 작성하라.

25. 과수원에서의 사과 수확은 기계화 부족으로 인해 인력에 의존한다. 다음 표는 작업자들이 각 사과 수확 단계를 완료하는 데 필요

한 평균 시간을 요약한 것이다. 작업자의 수행 능력을 비교하기 위해 작업자들은 두 그룹으로 분류되어 있다.

단계	평균 소요 시간(분)	
	젊은 작업자	고령 작업자
1. 빈 상자를 과수원으로 가져오기	4.29	4.70
2. 상자를 나무 옆에 놓기	0.75	0.94
3. 나무 1차 점검	0.39	0.49
4. 상자를 나무 근처 적절한 위치에 놓기	0.50	0.55
5. 사과 수확하기	14.70	14.45
6. 사과 검사하기	6.36	5.56
7. 사과를 상자에 담기	6.01	4.42
8. 채워진 상자를 과수원 밖으로 옮기기	9.62	10.28

a. 주어진 데이터에 대한 막대그래프를 그려라.

b. 데이터를 분석하고, 발견한 주요 결과를 간략히 보고하라.

26. 지난해에 이스트우드 포드의 서비스 부서 담당자가 고객 서비스를 개선하고자 고객 의견 프로그램을 만들었다. 자동차에 대한 서비스가 완료되고 일주일 후 고객에게 전화를 걸어 고객이 만족했는지와 서비스를 개선할 아이디어가 있는지를 물어본 것이다. 1년간 자료를 수집해보니 고객의 불만은 주로 다섯 가지로 나뉨을 알 수 있었다.

불만	빈도
불친절한 분위기	5
대기시간	17
높은 가격	20
청구서 오류	8
재방문 필요	50
총계	100

a. 막대그래프와 파레토 도표를 그려서 중요한 문제를 파악하라.

b. 특성요인도를 그려서 불만의 잠재적인 원인을 파악하라. 원인을 도구, 일정, 불량 자재, 훈련, 비용 청구 시스템, 성과지표, 진단장비, 커뮤니케이션으로 분류하라.

27. 오리건 파이버 보드 사는 자동차의 루프 라이너를 생산한다. 현재 운영 관리자는 품질이 열악하다고 생각한다. 그는 피륙의 파손 불량이 기계의 연속 가동시간과 관계가 있다고 본다. 이 문제를 검토하기 위해 각 가동 시의 로트 규모와 불량률에 관한 자료를 다음 표와 같이 수집했다.

순서	규모	불량(%)	순서	규모	불량(%)
1	1,000	3.5	11	6,500	1.5
2	4,000	3.8	12	1,000	5.5
3	2,000	5.5	13	7,000	1.0
4	6,000	1.9	14	3,000	4.5
5	6,800	2.0	15	2,200	4.2
6	3,000	3.2	16	1,800	6.0
7	2,000	3.8	17	5,400	2.0
8	1,200	4.2	18	5,800	2.0
9	5,000	3.8	19	1,000	6.2
10	3,800	3.0	20	1,500	7.0

a. 이 자료의 산점도를 그려라.

b. 기계의 연속 가동시간과 불량률 간에 관계가 있는 것으로 생각되는가? 이 결과가 오리건 파이버 보드 사의 사업에 시사하는 바는 무엇인가?

28. 연마기 제조업체인 그라인드웰 주식회사는 자사 제품의 수명을 검토하고 있다. 연마기의 수명은 생산에 투입된 소결(燒結) 혼합물의 투과율에 따라 결정된다. 공장장은 탄소 함량이 문제의 원천이라고 생각해 다음 표와 같은 자료를 수집했다.

탄소 함량(%)	투과율 지표
5.5	16
3.0	31
4.5	21
4.8	19
4.2	16
4.7	23
5.1	20
4.4	11
3.6	20

a. 이 자료의 산점도를 그려라.

b. 탄소 함량과 투과율 사이에 상관관계가 있는가?

c. 투과율이 높을수록 좋다면 이 산점도를 통해 제안할 수 있는 내용은 무엇인가?

29. 세탁 서비스 완료가 늦어져 고객 불만이 제기되었다. 원인을 조사한 결과, 세탁 작업 흐름에 병목이 발생할 가능성은 다음과 같다.

a. 주문 처리에 비해 인력이 부족하다.

b. 세탁기가 부족하다.

c. 세제가 부족하다.

d. 전력 공급이 불안정하다.

e. 작업자들이 기계 조작에 익숙하지 않다.

f. 세탁기 부품 고장 시 수시로 즉각적인 유지보수를 한다.

g. 스팀 다리미용 가스가 떨어진다.

h. 근무 시간에 늦게 출근하는 직원이 있다.

위의 원인을 환경, 기계, 자재, 사람의 네 가지 주요 범주로 분류해 특성요인도(어골도)를 작성하고, 범주별 세부 원인을 브레인스토밍해 도식화하라.

30. 플라스토머 주식회사는 식품 랩에 쓰이는 고급 플라스틱 필름을 생산한다. 이 필름의 불량은 여러 가지 유형이 있는데, 지난달에 경영진은 품질 불량을 유형별로 분류한 바 있다. 그 결과는 아래 표에 정리되어 있다. 이 결과에 대한 파레토 도표를 그려서 경영진이 가장 먼저 제거해야 할 원인을 찾아보라.

불량 유형	불량 발생량(파운드)
공기 방울	500
방울이 터짐	19,650
탄소 함량	150
불균질	3,810
두께	27,600
불투명	450
긁힘	3,840
다듬기 불량	500
주름	10,650

31. 폴라 마그넷은 네오디뮴 자석의 글로벌 공급업체이다. 일본에 본사를 둔 이 회사는 원형, 직사각형, 원통형, 구형과 같은 다양한 크기와 모양의 자석을 제조한다. 최근에는 직경 25mm, 인장력 6.5kg의 링 모양 자석을 출시했다. 제조 크기 공차는 +/− 0.1 mm이고, 인장력은 +/− 200g의 공차를 가진다. 새로운 제품군이 사양에 부합하는지 확인하기 위해 분석가는 100개의 자석 표본을 무작위로 추출해 데이터를 수집했다.

a. 이 데이터에 대한 히스토그램을 그려라.

b. 인장력이 6.3kg 미만이거나 6.7kg 초과인 자석은 사양을 벗어난 것으로 간주한다. 샘플 데이터를 기반으로 할 때, 자석의 몇 퍼센트가 사양을 벗어날 것으로 예상되는가?

자석의 견인력 측정값(kg)									
6.05	6.22	6.14	6.51	6.19	6.73	6.25	6.45	6.51	6.44
6.01	6.06	6.79	6.51	6.54	6.95	6.16	6.5	6.03	6.43
6.2	6.37	6.44	6.69	6.78	6.05	6.68	6.47	6.86	6.4
6.97	6.91	6.82	6.22	6.79	6.41	6.14	6.96	6.65	6.97
6.15	6.68	6.7	6.6	6.36	6.25	6.23	6.02	6.81	6.52
6.71	6.45	6.31	6.9	6.1	6.31	6.21	6.1	6.02	6.09
6.34	6.33	6.85	6.4	6.52	6.56	6.96	6.96	6.58	6.31
6.06	6.14	6.9	6.66	6.63	6.06	6.94	6.22	6.23	6.82
6.58	6.99	6.4	6.36	6.32	6.7	6.38	6.4	6.34	6.12
6.3	6.08	6.52	6.24	6.98	6.64	6.42	6.42	6.18	6.78

32. 이 문제는 팀 과제로 풀어야 한다.

면도는 남자가 매일 아침 수행하는 프로세스이다. 프로세스는 화장실 세면대에서 시작하는데, 첫 단계는 수납장(면도 기구 보관)으로 걸어가서(5피트) 비누, 솔, 거품통, 면도기를 집는다. 세면대로 돌아와서 뜨거워질 때까지 물을 틀어 놓았다가 비누칠하고, 면도하고, 얼굴을 닦고, 수납장으로 돌아가서 솔, 거품통, 면도기를 돌려놓고, 세면대로 돌아와 정리하면 프로세스가 끝난다.

a. 면도의 공정도를 작성하라(프로세스 내 각 활동의 소요 시간을 적당히 넣을 것).

b. 브레인스토밍으로 면도 프로세스 개선 아이디어를 만들어라(아이디어를 전부 모아 정리할 때까지 평가하지 말 것. 창의성을 막을 수 있음).

33. 주문형 PCB 제조업체인 코너 사에서는 완제품 출하 이전에 품질검사를 수행하는데, 코너 사의 QA 담당자는 매월 초에 경영진에게 품질문제를 보고해야 한다. 이를 위해 지난달에 불량으로 판정된 제품에 대한 분석 자료가 작성되었고, 불량 유형은 다음과 같이 다섯 가지로 분류되어 기호가 붙어 있다.

A = 전해 봉합 불량
B = 적층 부적합
C = 동판 위치 부적절
D = 판 분리
E = 에칭 불량

지난달의 불량품 50개의 원인은 다음과 같이 나타났다.

C B C C D E C C B A D A C C C B C A C D C A C C B
A C A C B C C A C A A C C D A C C C E C C A B A C

a. 각 불량 원인의 체크리스트를 작성하라.

b. 파레토 도표를 작성해 중요한 불량 원인을 찾아라.

c. 특성요인도를 이용해 가장 중요한 불량 원인의 근본 원인을 검토하라.

Active Model 연습문제

이 Active Model은 온라인에서 이용할 수 있다. 예제 3.2를 이어서 파레토 도표의 구조를 평가할 수 있게 해준다.

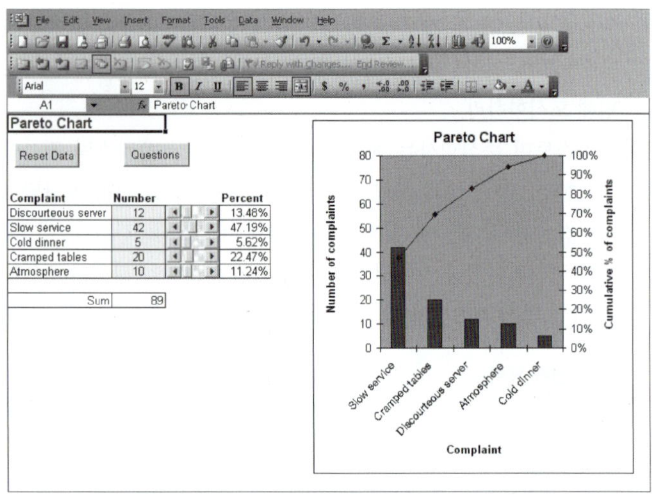

문제

1. 전체 불만 중에서 불친절한 서비스가 차지하는 비율은 얼마인가?
2. 전체 불만 중 가장 흔한 세 가지 불만이 차지하는 비율은 얼마인가?
3. 불친절한 서비스를 제외하면 도표에는 어떤 변화가 생기는가?

사례 연구 커스텀 몰드

커스텀 몰드(Custom Molds, Inc.)는 플라스틱 부품용 맞춤형 금형을 제조하고, 전자산업을 위한 맞춤형 플라스틱 커넥터를 생산한다. 애리조나주 투손에 위치한 커스텀 몰드는 2000년 톰과 메이슨 밀러 부자가 설립했다. 기계공학자인 톰 밀러(Tom Miller)는 전자 커넥터 업계의 대규모 다국적 생산업체인 AMP에서 20년 이상 일한 경력이 있었다. 메이슨 밀러(Mason Miller)는 1998년 애리조나주립대학교에서 화학 및 화학공학을 복수전공했다.

이 회사는 원래 전자 커넥터 제조업체의 플라스틱 부품 생산을 위한 고품질, 맞춤형 설계 금형을 공급하기 위해 설립되었다. 시장은 주로 해당 제조업체의 제품 설계와 개발 부문으로 구성되어 있었다. 커스텀 몰드는 각 고객과 긴밀히 협력해 고객의 제품 개발 프로세스에 사용할 금형을 설계하고 개발했다. 따라서 사실상 모든 금형은 정확한 기준을 충족해야 했고, 다소 고유한 측면이 있었다. 새로운 설계에 대해 설계 및 파일럿 개발 단계에서 대규모 생산 단계로 들어가면 여러 금형에 대한 주문이 발생했다.

몇 년이 지나면서 커스텀 몰드의 명성은 정밀 금형의 설계자이자 제작자로서 성장했다. 이러한 명성을 바탕으로 밀러 부자는 제한적이지만 플라스틱 부품 제조로 사업을 확장하기로 했다. 원료 혼합 설비와 사출 성형 장비가 추가되었으며, 2000년대 중반에 커스텀 몰드는 고품질 플라스틱 부품 공급업체라는 명성을 얻었다. 한정된 용량 때문에 연구개발 노력과 파일럿 운영에 한정된 양으로 사용되는 부품 공급에 판매 노력을 집중했다.

생산 프로세스

2017년까지 커스텀 몰드에는 금형 제작과 플라스틱 부품 생산의 두 가지 구분되는 프로세스가 있었다. 둘은 별도의 프로세스였지만, 많은 경우에 두 가지 프로세스는 연결되었다. 예를 들어 고객이 맞춤형 금형을 사용하는 경우 금형을 제작하고, 고객의 연구 및 설계 노력을 지원하는 데 필요한 부품을 생산할 때가 이에 해당한다. 모든 제조·생산 작업은 단일 시설에 수용되었다. 이러한 배치는 공장 내 여러 곳에 유사한 프로세스와 유사한 장비가 그룹화되어 있는 전형적인 작업장이었다. 그림 3.21은 공장 바닥의 설비 배치를 보여준다. 밀링, 회전, 절단 및 드릴링 장비를 포함한 다양한 유형의 고정밀 기계류가 몰드 제작 영역에 배치되었다.

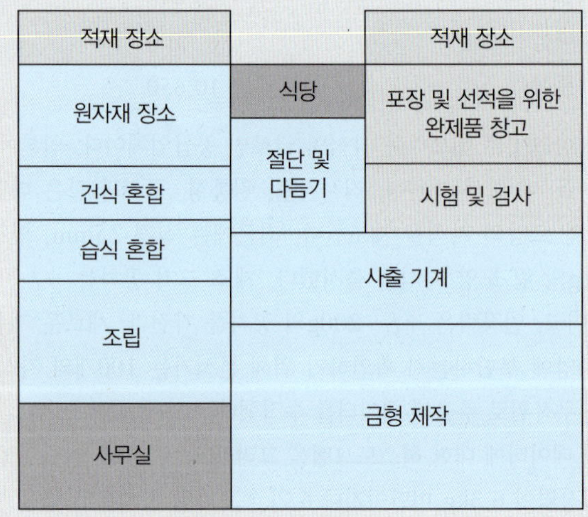

그림 3.21 공장 배치

금형 제작은 기술 중심의 장인 중심 프로세스이다. 주문을 받으면 설계 엔지니어와 13명의 마스터 기계공 중 1명으로 구성된 설계팀이 설계 사양을 검토한다. 고객과 긴밀히 협력해 팀은 금형에 대한 최종 사양을 설정하고 제작을 위해 마스터 기계공에게 제공한다. 설계팀에 지정된 사람은 항상 같은 기계공이다. 동시에 구매 부서에는 적절한 원자재 및 특수공구를 주문하는 설계 사양의 사본이 제공된다. 주문한 자재를 받는 데는 보통 3~4주가 걸린다. 특정 금형에 대한 자재가 수령되면 공장 마스터 스케줄러는 지정된 마스터 기계공의 작업량을 검토하고 금형을 제작할 일정을 수립한다.

금형 제작은 기계공이 이미 예정한 작업량에 따라 2~4주가 소요된다. 제작 과정 자체는 3~5일밖에 걸리지 않는다. 금형이 완성되면 시험·검사구역으로 보내져 사출 성형기 중 하나에서 소량의 부품을 생산하는 데 사용된다. 부품이 설계팀에서 정한 설계 사양을 충족하는 경우, 금형은 세척과 광택을 내기 위해 전달된다. 그런 다음 포장되어 고객에게 배송된다. 하루는 금형을 검사하고 시험하고, 이튿날은 세척, 연마, 포장을 거쳐 고객에게 배송하는 데 사용된다. 금형으로 제작된 부품이 설계 사양을 충족하지 않으면 금형을 다시 가공하기 위해 마스터 기계공에게 반환하고 프로세스를 다시 시작한다. 현재 커스텀 몰드는 사용자가 원하는 금형을 제조·납품하기 위해 9주간의 리드타임을 명시했다.

플라스틱 부품 제조 공정은 금형 제작 공정과는 조금 다르다. 부품 주문은 금형 제작 주문과 함께 받을 수 있다. 사용자가 원하는 금형이 먼저 제작되어 재고로 보관하는 경우, 주문은 부품에 대해서만 이루어질 수 있다. 금형이 이미 사용 가능한 경우 부품 및 원료 사양을 검증하는 설계 엔지니어가 주문을 검토한다. 설계 엔지니어가 규격과 관련해 궁금한 사항이 있을 경우, 고객에게 연락해 사양에 대한 수정 사항을 상호 협의해 합의한다.

부품 및 원재료 사양을 수용하면 원재료 주문이 배치되고 생산일정이 수립된다. 플라스틱 부품 제조를 지원하는 화학물질과 화합물은 일반적으로 일주일 이내에 주문해 공급받는다. 이 화합물은 수령 즉시 먼저 건식 혼합되어 정확한 조성을 달성한다. 그런 다음 혼합물을 원하는 농도[슬러리(slurry)라고 함]로 적셔 성형 기계에 주입한다. 준비되면 슬러리는 오버헤드 파이프라인을 통해 사출 영역으로 이송되어 사출기계에 인접한 홀딩 탱크에 저장된다. 전체 혼합 과정은 단 하루면 된다.

슬러리가 준비되면 적절한 금형을 확보(새로운 금형 주문에 대해서는 재고 창고 또는 세척 및 연마 공정으로부터)하고 부품을 제조한다. 부품마다 온도 및 압력 설정이 다르지만 부품 생산시간은 비교적 일정하다. 커스텀 몰드는 사출 부서에서 하루에 5,000개의 부품을 생산할 수 있지만, 이 부서의 주문 처리 리드타임은 평균 일주일이었다. 몰딩이 완료되면 부품을 절단 및 다듬기 공정으로 이동해 부품을 분리하고 잔여물을 제거한다. 검사 후 부품을 조립하거나 포장 및 배송구역으로 옮겨 고객에게 배송할 수 있다. 최종 부품을 조립할 필요가 없을 경우 성형 이틀 후에 부품을 고객에게 인도할 수 있다.

최종 제품은 조립이 필요할 때도 있다. 일반적으로 플라스틱 커넥터에 금속 리드를 부착해야 한다. 조립이 필요한 경우, 제품을 배송하기 전에 3일이 더 필요하다. 커스텀 몰드는 현재 사용자가 원하는 금형을 필요로 하지 않는 부품에 대해 3주간의 리드타임을 명시했다.

변화하는 환경

2023년 초, 톰과 메이슨은 그들이 부품을 공급하고 있는 전자산업이 자신의 사업과 함께 변하고 있다는 것을 깨닫기 시작했다. 전자 제조업체는 비용을 절감하고 적시에 부품을 공급하기 위해 전통적으로 자체 부품을 제조했다. 그러나 이러한 경향은 달라져 있었다. 제조업체는 고품질의 비용 효율적인 부품을 적시에 납품할 수 있도록 부품 공급업체와 전략적 제휴를 맺고 있었다. 이러한 접근법을 통해 더 큰 투자 수익을 제공할 수 있는 다른 용도로 자금을 전환할 수 있었다.

커스텀 몰드에 대한 영향은 지난 3년 동안의 매출 수치에서 볼 수 있듯이 판매 믹스가 바뀌고 있었다. 금형 제작에 대한 연간 주문 건수는 사실상 일정했지만, 첨부된 표와 같이 다수의 금형에 대한 주문 건수는 감소하고 있었다.

주문 건수			
주문 수량	2020년 금형	2021년 금형	2022년 금형
1	80	74	72
2	60	70	75
3	40	51	55
4	5	6	5
5	3	5	4
6	4	8	5
7	2	0	1
8	10	6	4
9	11	8	5
10	15	10	5
전체 주문 건수	230	238	231

플라스틱 부품의 경우, 반대로 연간 주문 건수는 감소했지만, 다음 표에서와 같이 주문 크기가 점점 커지고 있었다.

주문 건수			
주문 수량	2020년 부품	2021년 부품	2022년 부품
50	100	93	70
100	70	72	65
150	40	30	35
200	36	34	38
250	25	27	25
500	10	12	14
750	1	3	5
1,000	2	2	8
3,000	1	4	9
5,000	1	3	8
전체 주문 건수	286	280	277

이 기간 동안 커스텀 몰드는 배송에 문제가 생기기 시작했다. 고객은 부품 주문이 명시된 3주 대신 4~5주 정도 소요되며, 지연으로 생산 일정에 차질이 빚어지고 있다고 불평했다. 마스터 스케줄러는 상황에 대한 질문을 받았을 때 특정 주문의 납기를 결정하는 것은 어렵다고 말했다. 생산 과정에서 병목이 발생하고 있었지만 어디서, 언제 일어날지는 예측할 수 없었다. 병목 현상은 언제나 한 공정에서 다른 공정으로 이동하는 것처럼 보였다.

톰 밀러는 금형 제작 영역에서 노동력이 과도하다고 생각했다. 따라서 일정이 지난 주문을 진행할 수 있도록 마스터 기계공 중 한 사람에게 늦은 주문을 식별하고 신속하게 처리하는 작업을 할당했다. 그러나 이 방법은 그다지 도움이 되지 못했다. 배달 지연에 대한 불만이 여전히 접수되었다. 결함 부품 수로 인해 최근에 두 건의 반품이 발생했다. 밀러 부자는 무언가를 해야 한다는 것을 알고 있다. 문제는 '무엇'인가이다.[5]

문제

1. 톰과 메이슨 밀러가 직면한 주요 문제는 무엇인가?
2. 커스텀 몰드의 프로세스와 변화하는 산업의 특성에 대한 경쟁 우선순위는 무엇인가?
3. 밀러 부자가 추구할 수 있는 대안은 무엇인가? 그들이 이러한 대안을 평가할 때 고려해야 할 핵심 요소는 무엇인가?

사례 연구 호세의 정통 멕시칸 레스토랑

이반 카레츠키(Ivan Karetski)는 주문받은 음료를 준비하면서 "타코 둘, 치킨 부리토 하나, 스패니시 라이스 한 접시"라고 주방에 외쳤다. 식당은 바쁘게 운영되었고 카레츠키는 이를 좋아했다. 많은 고객은 많은 팁을 의미했기에 힘들게 살고 있는 대학원생인 카레츠키는 별도의 수입을 고마워했다. 그러나 최근 그의 팁은 줄어들고 있었다.

호세의 정통 멕시칸 레스토랑(Jose's Authentic Mexican Restaurant)은 58석짜리 소규모 레스토랑으로 적당한 범위의 멕시코 음식을 전통적인 멕시코 스타일로 조리해 제공한다. 이 식당은 뉴잉글랜드 지역에 있는 대도시 주변의 오래된 상업지구에 있다. 레스토랑은 중앙도로에 인접해 있으며 주차 대수가 한정되어 있다. 레스토랑의 실내는 멕시코 양식으로 장식되어 있다. 벽은 어도비 점토로 만들어진 것처럼 보이고 멕시코식 모포로 치장되어 있다. 가구는 스패니시-멕시코 스타일이며 배경음악으로 플라멩코 기타 연주와 마리아치(mariachi)의 음악이 번갈아 나온다.

손님들은 식사하는 구역으로 바로 연결되는 작은 현관을 통해 레스토랑에 입장한다. 별도의 대기실은 없다. 도착하면 안내원이 인사하고 직접 좌석으로 안내하거나 예상 대기시간을 알려준다. 이 식당에서는 보통은 즉시 앉을 수 있으나 금요일과 토요일 저녁에는 45분까지도 기다릴 수 있다. 실내 대기장소가 한정되어 있어서 손님들은 자리가 나기 전까지는 밖에서 기다려야 한다. 이 식당은 예약을 받지 않는다.

손님들이 착석하면 안내원은 메뉴판을 가져다주고 컵에 물을 따른다. 착석 후 1분 이내에 테이블을 담당하는 서버(server)가 손님에게 인사한다. 서버는 자신을 소개하고 오늘의 특선 메뉴를 알려주며 음료 주문을 받는다. 음료를 가져다준 후 서버는 식사 주문을 받는다.

메뉴는 8개 기본 재료(닭고기, 소고기, 콩, 쌀, 옥수수 토르티야, 밀가루 토르티야, 토마토, 상추)와 다양한 다른 재료(과일, 채소, 소스, 허브, 향신료)로 이루어진 23개의 메인 요리로 구성된다. 식사 시간이 시작되기 전에 요리사는 주문된 요리를 빠르게 완성할 수 있도록 기본 재료를 준비한다. 주문이 들어오면 이를 완성하는 데 통상 12분이 걸린다. 이 시간의 상당한 부분은 마지막 조리에 들어가므로 여러 요리를 동시에 준비할 수 있다. 상상하는 대로, 좋은 요리사가 가져야 할 기술 중 하나는 한 테이블에서 주문받은 여러 요리가 거의 같은 시간에 완성되어 나갈 수 있도록 조리 시간을 조정하는 능력이다. 요리사가 모든 요리를 완성하면 서버는 이 요리가 정확하고 보기에 좋은지를 체크하며 잘못이 있으면 수정하고 마지막 손질을 한다. 모든 것이 잘되었으면 서버는 쟁반에 요리를 얹어 손님에게 전달한다. 이때부터 서버는 별도의 서비스나 도움이 필요한지를 알기 위해 테이블을 주시한다.

테이블에서 메인 요리의 식사가 거의 끝난 것 같으면 서버는 다가가서 접시를 치워도 좋은지 묻고 디저트나 커피 주문을 받는다. 식사가 끝나면 서버는 청구서를 제시하고 대금을 수납한다. 이 식당은 현금이나 신용카드를 받지만 수표는 받지 않는다.

카레츠키는 요리사와의 관계가 중요하다고 생각한다. 요리사가 음식의 질을 대부분 통제하기 때문에 카레츠키는 그와 좋은 관계를 유지하고 싶어 한다. 카레츠키는 요리사를 존경심을 가지고 대하며 주문받은 음식을 오랜 준비시간의 순서에 집어넣기 위해 노력하고 주문이 쉽게 읽힐 수 있도록 명확하게 적으려고 노력한다. 비록 자신의 일은 아니지만 그는 요리사가 바쁠 때 음식 재료를 냉장고나 보관장소에서 꺼내거나 음식 준비의 일부분을 스스로 함으로써 요리사를 돕는다. 요리사는 배달된 식자재 일부의 나쁜 품질 때문에 불평을 하면서 최근 짜증을 잘 낸다. 예를 들어 지난주에 그는 시든 양상추와 질기고 고기보다 뼈가 많은 닭고기를 배달받았다. 한참 바쁠 때는 요리가 테이블에 배달되려면 20분 이상 걸릴 수 있다.

카레츠키는 지난 금요일과 토요일 저녁 식사 시간에 경영진이 실시한 고객 설문조사의 결과를 통보받았다. 다음 표는 고객 반응의 요약이다.

고객 설문조사 결과		
즉시 좌석에 앉았는가?	예: 70	아니요: 13
웨이터는 만족스러웠는가?	예: 73	아니요: 10
적절한 시간 안에 서비스를 받았는가?	예: 58	아니요: 25
음식은 맛있었는가?	예: 72	아니요: 11
식사 경험은 지불한 비용만큼 가치가 있었는가?	예: 67	아니요: 16

카레츠키는 테이블에 음료 쟁반을 가져가면서 최근의 팁 감소가 자신이 통제할 수 있는 것 때문인지 궁금했다.[6]

문제

1. 이 레스토랑에서 품질은 어떻게 정의되어야 하는가?
2. 이 레스토랑의 프로세스 실패 비용은 무엇인가?
3. 이곳의 상황을 평가하기 위해 프로세스 분석의 몇 가지 도구를 사용하라.

5 이 사례는 수업 중 토론을 위한 기초 자료로 웨이크포레스트대학교의 브룩 살라딘(Brooke Saladin) 박사가 개발했다.
6 이 사례는 수업 중 토론을 위한 기초 자료로 보스턴칼리지의 래리 마일(Larry Meile) 박사가 개발했다.

비디오 사례 클리블랜드 클리닉의 프로세스 전략 및 분석

클리블랜드 클리닉(Cleveland Clinic)은 미국에서 가장 존경받는 연구 및 교육 병원 가운데 하나로, 20년 넘게 미국 US 뉴스 앤드 월드리포트(U.S. News and World Report)에서 매년 의료기관평가 상위권을 차지해왔다. 오하이오주 클리블랜드에 본사를 두고 미국 및 전 세계에 260곳이 넘는 시설을 운영하고 있으며, '어디서나 최고의 진료'를 환자에게 제공한다는 임상의들의 헌신을 통해 환자 안전과 품질 향상에 집중하고 있다.

클리블랜드 내 대표 시설 중 하나인 페어뷰 병원(Fairview Hospital)은 특히 '임상 우수 센터(Clinical Center of Excellence)'로 명성이 높고 분만, 암센터, 응급의학, 레벨 2 외상, 심장센터, 외과 분야에서 전국적인 인정을 받고 있다. 1892년에 설립된 페어뷰 병원은 신앙 기반의 지역사회 병원으로 488개의 인가 병상을 보유하고 있으며, 미국 최고 의료인증기관인 TJC(The Joint Commission)에서 완전 인증을 받았다. 이 병원에서는 매년 약 11,000건의 수술이 이루어진다. 이 중 일반 외과가 연간 약 3,000건으로 가장 많고, 산부인과, 비뇨기과, 정형외과 순으로 수술 건수가 뒤를 잇는다.

최근 본사 공급사슬 관리 조직 산하 재고 관리 혁신팀(Inventory Management Transformation team)이 6시그마 프로세스 개선 기법을 활용해 페어뷰 병원의 업무 프로세스를 평가했다. 수술센터 간호사와 같은 전문 임상 인력들은 중요한 수술용 재고품을 점검하고 관리하기 위해 구역을 오가며 많은 시간을 써야 했다. 혹시 이 과정에 숨어 있는 비효율적인 프로세스 설계가 원인일 수 있지 않을까? 이 병원에 매년 공급되는 고유한 수술용 품목은 18,400개가 넘었고, 327개의 공급업체에서 약 2,000만 달러에 이르는 재고품이 여러 보관 장소에 흩어져 있었다. 임상 인력이 본연의 전문 자격을 최대한 활용할 수 있도록 지원하려는 전사적 과제를 추진하면서, 이런 숙련 인력이 환자 곁을 떠나 공급 관리에 시간을 보내면 환자 안전에 악영향이 있을 수 있다는 점에 주목하게 됐다.

그림 3.6에서 보듯 6시그마 프로세스 개선 프로젝트는 다음 5단계를 포함한다.

1. 정의(define): 분석 대상 프로세스의 범위와 한계를 규정한다.
2. 측정(measure): 관심 영역의 데이터를 수집할 수 있는 지표와 기준을 정한다.
3. 분석(analyze): 실제와 기대 성과 간의 격차를 발견한다.
4. 개선(improve): 수집된 지표에 근거해 프로세스 개선 아이디어를 도출한다.
5. 통제(control): 개선된 프로세스가 적용된 후 얼마나 잘 작동하고 있는지 관찰한다.

일상적 공급품 조달에 할애되는 임상 인력들의 시간과 동선을 더 잘 이해하기 위해, 공급사슬팀은 시간-동작 연구(time and motion study)를 통해 페어뷰 수술센터 임상 인력들의 업무 흐름을 측정했다. 목표는 재료 관리팀, 중앙멸균기술자, 페어뷰 수술센터 간호사, 수술센터 재고 관리 담당자의 모든 공급사슬 관련 책임과 시간 투입 현황을 정확히 파악하는 것이었다. 숙련·면허 인력에 대해서는 범위를 좁혀, 매일 필요한 용품 항목을 점검하고 재고를 확인하는 데 소요되는 시간을 관찰했다. 여기에는 이동시간뿐만 아니라 진료 및 수술 치료에 일상적으로 필요한 용품 위치 도식화(mapping)도

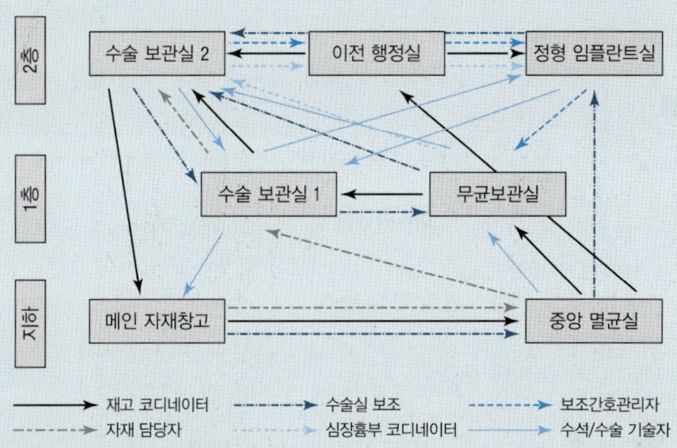

그림 1 재고 위치 활동 및 역할

출처: Stocking location activity and roles.

포함되었다.

연구는 '무슨 일을 누가, 어떤 빈도로, 어디에서, 직무 전체 틀 속에서 어떤 상대적 가치를 갖고 수행하는가'를 이해하기 위한 직원 인터뷰·브레인스토밍으로 시작됐다. 예를 들어 골절 등 외상 수술에 필요한 하드웨어를 매일 점검하는 작업이 있었다. 매일 보조간호관리자(assistant nurse manager)는 2층에 위치한 '이전 행정실(administrators old office)'에 있는 대형 강철 캐비닛을 물리적으로 점검해야 했는데, 이 캐비닛은 수술에 필수적인 하드웨어 아이템을 보관하고 있다(그림 1. '재고 위치 활동 및 역할' 참조). 이 캐비닛 안에는 철물점처럼 여러 서랍이 있고, 각종 규격의 나사, 핀, 봉, 금속판류가 가득 들어 있다. 점검 자체는 표준 재고검토 업무지만, 어떤 품목이 보충이 필요한지 판단하는 데 간호학 학위와 다년간 수술 경험이 필수는 아니다. 그럼에도 실제로는 숙련 간호 인력이 이 업무를 수행하고 있었다.

연구 결과, 이런 업무 흐름 전반에서 매일 소요되는 총 시간이 190여 명의 전체 인력 중 정규직(FTE) 4명에 해당하는 업무량이었다. 즉 이는 환자 치료 및 안전이라는 병원의 핵심 임무에 써야 할 시간을 공급·재고 관리로 소진하고 있다는 것이다.

프로젝트팀은 직원들의 실제 이동 경로도 도식화했다. 그림 1 아랫부분의 화살표는 숙련·면허 인력이 재고품목을 확보하기 위해 이동해야 하는 경로를 나타낸다. 이들은 병원 내 여러 층뿐 아니라 동일 층 내 여러 구역을 오가야 했다. 팀은 이동에 쓰인 시간이 곧 환자 진료에 활용되지 못하는 시간임을 알고 있었다.

분석이 시작되면서 팀은 프로세스 개선을 위한 아이디어를 브레인스토밍했다. 효율성과 환자 안전을 동시에 높이도록 용품 조달 프로세스를 재구성할 방법이 있을까? 그러한 재구성이 임상·면허 인력 업무 흐름에 어떤 영향을 줄까? 더 이상 그들이 매일 필요한 물품을 직접 확보하지 않는다면 그 역할은 누가 맡아야 할까?

다음 표는 연구 과정에서 관찰된 각 인력들이 재고·물품 관련 비부가가치 업무에 투입한 시간을 정규직(FTE) 기준으로 환산하여 보여준다. 예를 들어 보조간호관리자는 자신의 근무시간의 절반 이상을 재고 관련 업무에 쓰고 있었다.

인력	부서	현행 자재 관련 업무 FTE	향후 FTE
		FTEs	FTEs
보조간호관리자 운영·행정 지원, 인력 교육, 업무 배정, 근무표 편성, 성과 평가	수술부	0.55	
심장흉부 코디네이터 전문 간호 제공 및 심혈관 서비스 지원	수술부	0.45	
수석 수술 기술자 2명 수술 절차 설정·지원, 장비/소모품 관리, 필요 시 조정	수술부	1.30	
CS/SPD 감독자 수술 기구 및 케이스 카트 공급 관리	중앙 멸균실	0.50	
자재 담당자 재고 관리 발주 및 보충	자재 관리	0.30	
재고 코디네이터 수술 절차 지원, 핵심 소모품·임플란트 관리, 조정	수술부	0.85	4.00
합계		**3.95**	**4.00**

팀은 프로세스 개선을 위해 숙련 임상 인력의 비부가가치 활동을 줄이고 환자 진료 본연의 업무에 더 집중할 수 있도록 해야 한다고 판단했다.

시간-동작 연구 분석을 바탕으로 페어뷰 병원 수술센터는 재료 관리팀(Materials Management Department)이 총괄하는 새로운 업무 흐름 모델을 도입했다(그림 2 참조). 기존 수술센터 재고 관리 담당자는 공급사슬 관리 조직으로 소속을 변경하여 종전 간호사 등 병원 직원들이 맡았던 업무를 담당하게 되었다. 수술센터 전체 지원을 위해 공급사슬 직원 3명을 자재 관리팀이 새로 채용했다. 이 채용으로 간호 인력은 수술용 하드웨어 재고 점검 업무에서 해방되었고, 이 솔루션을 클리블랜드 클리닉 전사로 확산 적용한 결과 현재까지 22,000시간이 넘는 임상 업무 시간을 간호사 본연의 환자 진료로 되돌릴 수 있었다. 비록 추가 인력 채용으로 비용이 줄지는 않았지만, 이 프로젝트를 통해 표준화된 작업, 적합한 도구 및 재고 관리 전문성이 수술센터에 도입되었고, 임상 인력이 자신의 교육·전문성 범위에 맞는 일에 집중할 수 있게 되었다.

페어뷰 병원은 또한 '주기적 자동 조정(periodic automatic adjustment)'

클리블랜드 클리닉의 한 보건 인력이 재보충을 위해 제품을 스캔하고 있고, 이를 통해 임상 의료진들은 환자에게 더 많은 시간을 쓸 수 있게 된다.

출처: Photo courtesy of Cleveland Clinic/Don eerda

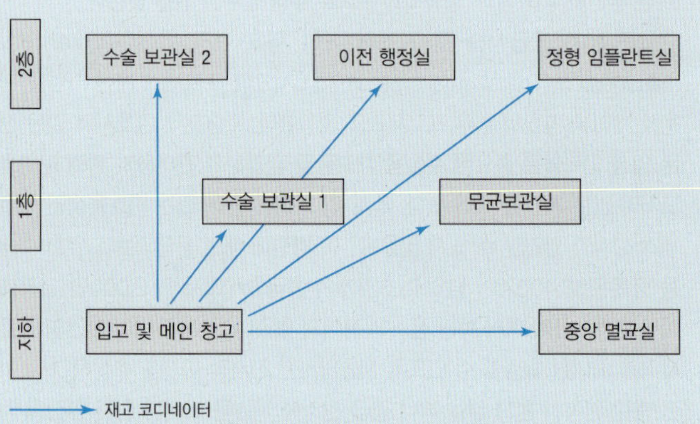

그림 2 개선된 재고 위치 활동 및 역할

출처: Future state routes: Stocking location activity.

기법을 도입해 수술센터에서 항상 구비해야 할 재고 수준을 결정했다. 이 재구성 덕분에 공급사슬 조직은 재고 보유량을 최적화할 수 있게 되었고, 2019년에만 200만 달러 이상의 비용 절감 효과를 냈다.

6시그마 프로세스의 마지막 단계인 '관리(control)'의 일환으로, 공급사슬팀은 재고 관리 혁신 우수센터의 역량을 활용했다. 이 조직은 재고 이동, 유효기간 관리, 공급사슬 역할과 책임의 통합 등 병원의 '환자 우선' 목표를 강화하는 통제 접근법의 개발 및 운영을 담당한다. 고가의 재고 품목에 대해서는 RFID 태그를 부착해 일련번호와 유효기간을 추적하고, 시술 시 자동으로 재주문이 이루어지는 시스템을 도입했다.

문제

1. 클리블랜드 클리닉이 실시한 시간-동작 연구 외에 어떤 다른 작업 측정 기법을 사용할 수 있었을까? 그 이유는 무엇인가?
2. 일상적인 이동 경로에서 관찰된 내용을 정량화하기 위해 어떤 데이터 분석 도구와 지표가 활용될 수 있겠는가?
3. 이 장에서 소개한 다양한 프로세스 전략 및 분석 기법을 바탕으로, 클리블랜드 클리닉이 6시그마 프로세스 개선 프로젝트를 더욱 효과적으로 만들기 위해 추가로 할 수 있는 일은 무엇인가?

4 품질과 성과

출처: Ritu Manoj Jethani/Shutterstock

캘리포니아주 칼스배드에 위치한 레고랜드의 레고 피규어 (2023년 4월 7일)

레고

레고(Lego) 장난감을 가지고 놀아보지 않은 사람이 있을까? 지난 반세기 동안 수많은 어린이와 어른들이 레고 브릭을 이용해 자동차, 비행기, 액션 피규어, 고층 건물, 정교한 예술 조각품 등을 만들어 왔다. '자동 결합 브릭'이라 하는 이 브릭들은 시간의 시험을 견뎌내고 수십 년이 지나도 완벽하게 작동하며, 원래 형태와 매끄러운 마감, 그리고 높은 응력을 견디면서도 다른 브릭과 연결되거나 분리될 수 있다. 어떻게 가능할까? 바로 품질을 절대 간과하지 않는 끊임없는 노력에서 비롯되는데, 이는 '최고만이 충분하다(only the best is good enough)'라는 레고 그룹의 모토에도 잘 반영되어 있다. 레고가 연간 약 1,000억 개의 브릭을 생산한다는 점을 고려하면 놀라운 성과이다.

출처: Ovbelov/Shutterstock

레고랜드에서 레고 브릭을 만드는 기술 공정

덴마크어로 레고는 '잘 놀다'라는 뜻이다. 1936년 덴마크에서 나무 장난감 제조 회사로 시작한 레고는 1951년까지 생산량의 50% 이상을 플라스틱 장난감으로 전환했다. 잠금 기능이 있는 현대적인 브릭 디자인은 브릭을 창의적인 놀이를 위한 보편적인 시스템으로 만들었으며 1958년에 특허를 획득했다. 어린아이를 위한 듀플로, 미니 피규어, 레고 테마 키트와 같은 다른 혁신이 수년에 걸쳐 이어지면서 레고는 737개가 넘는 레고 매장, 비디오 및 보드게임, 책과 잡지, 아동복, 영화, 레고 기반 TV 프로그램을 보유한 가장 가치 있고 눈에 띄는 브랜드 중 하나가 되었다. 또한 전 세계에 10개의 레고랜드 테마파크가 있으며 가장 최근에 문을 연 곳은 뉴욕 고센과 중국 상하이다.

체코, 덴마크, 헝가리, 멕시코, 중국에 있는 제조 공장에서는 용융 플라스틱을 사출 성형기에 주입해 연간 최대 360억 개의 브릭을 생산한다. 2022년, 레고는 버지니아에 10억 달러 이상을 투자해 레고 공장을 건설할 것이라고 발표했다. 이는 2007년 코네티컷주 엔필드 공장을 폐쇄하고 기업 긴축 프로그램의 일환으로 멕시코로 생산 시설을 이전한 이후 처음으로 미국에 설립되는 레고 공장이다. 2025년 준공 예

학습목표

4.1 품질의 네 가지 주요 비용을 정의하고, 제품 및 서비스 제공의 전반적 비용을 결정하는 데 있어서 윤리의 역할과의 관계를 설명한다.

4.2 전사적 품질경영(TQM)과 6시그마의 기본 원칙을 설명한다.

4.3 공급사슬에서 합격 표본 추출과 프로세스 성과 접근 방식이 어떻게 상호작용하는지 이해한다.

4.4 공정 관리도를 구성하는 방법과 이를 사용해 프로세스의 통계적 관리이탈 상태 여부를 판별하는 방법을 설명한다.

4.5 프로세스가 규격에 맞는 서비스나 제품을 생산할 수 있는지를 판별하는 방법을 설명한다.

4.6 국제 품질 문서화 표준과 볼드리지 성과 우수 프로그램을 설명한다.

4.7 전사적 품질경영에 대한 시스템적 접근 방식을 이해한다.

정인 170만 제곱피트 규모의 버지니아 공장은 부지 내 태양광 발전 시설과 재생 가능 자원 사용을 통해 탄소 중립을 달성할 계획이다.

레고는 제품에 엄격한 품질 기준을 적용한다. 레고 엔지니어들이 설계한 금형은 브릭이 서로 잘 연결될 수 있도록 18마이크로미터의 허용 오차를 갖는다. 검사관은 금형의 출력을 검사해 색상과 두께의 큰 차이를 제거한다. 기계는 제품의 안전성과 내구성을 보장하기 위해 추가적인 낙하, 토크, 인장, 압축, 물림, 충격 및 측정 시험을 수행한다. 각 제조 공장의 지식 공유와 표준화된 장비 사용을 통해, 전 세계 생산지에 관계없이 동일하게 적용되는 품질 기준을 충족하지 못하는 브릭은 100만 개 중 18개에 불과하다. 자동화된 포장 공정에서는 정확한 수의 브릭을 폴리프로필렌 봉투에 넣어 무게를 측정하는 방식으로 각 봉투의 내용물이 정확한지 확인한다. 공정이 끝나면 이 봉투를 상자에 넣고, 포장 작업자는 기계에 오류가 없는지 확인하고 상자를 밀봉하기 전에 필요한 다른 부품을 추가한다. 이 공정에서는 매년 최대 50만 개의 친환경 '그린' 상자가 사용되며, 이 상자들은 전 세계로 배송된다.

품질에 대한 이러한 집중과 제품 설계, 원자재 조달, 제품 생산 등 아주 작은 세부 사항까지 세심하게 신경을 쓴 결과, 수많은 고객의 상상력과 지갑을 사로잡는 아이코닉한 브랜드가 탄생했다.[1]

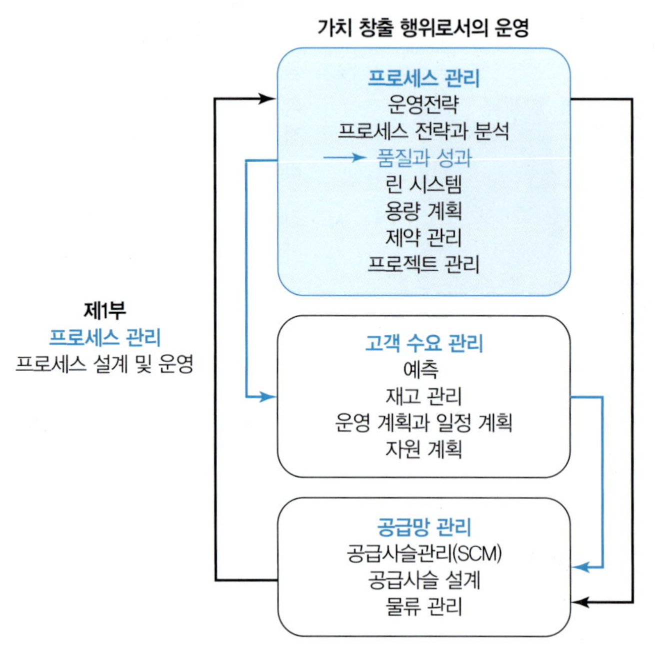

오늘날 기업이 직면한 과제는 탁월한 프로세스와 제품 성능을 통해 고객을 만족시키는 것이다. 레고는 고객에게 고품질 제품과 완벽한 만족을 제공하기 위해 제조 공정을 설계하고 관리함으로써 이러한 과제를 해결한 대표적인 기업이다. 이를 위해서는 프로세스 성과 평가가 중요하며, 공급사슬관리에도 필수적이다.

품질과 성능은 모든 사람의 관심사가 되어야 한다. 따라서 이 장에서는 먼저 품질 비용을 다루고, 이어서 많은 기업이 품질과 성능을 평가하고 개선하기 위해 도입하는 두 가지 철학이자 지원 도구인 전사적 품질경영(TQM)과 6시그마에 대해 중점적으로 살펴본다. 이어서 합격 표본 추출(acceptance sampling)과 프로세스 성과(process performance) 접근법이 공급사슬에서 어떻게 상호작용하는지, 그리고 공정 변동이 프로세스의 통계적 관리 여부를 결정하는 데 어떤 역할을 하는지 설명한다. 마지막으로, 제품이나 서비스가 고객의 요구와 사양을 충족하도록 품질을 측정하고 개선하는 데 사용할 수 있는 기법들을 살펴본다.

1 Tracey V. Wilson, "How Lego Bricks Work" (June 28, 2006), HowStuffWorks.com, https://entertainment.howstuffworks.com/lego.htm (June 18, 2020); Michael Venables, "How Lego Makes Safe, Quality, Diverse and Irresistible Toys Everyone Wants: Part Two" (April 20, 2013), Forbes, https://www.forbes.com/sites/michaelvenables/2013/04/20/how-lego-makes-the-safe-quality-diverse-and-irresistible-toys-we-all-want-part-two/#49e519106118; Lego, "Production of LEGO Bricks in North America," https://www.lego.com/en-us/history/articles/e-production-of-lego-bricks-in-north-america (August 2, 2023); The Lego Group, "Sustainability Highlights 2022," (August 2, 2023), https://www.lego.com/cdn/cs/aboutus/assets/blt9098e8578c04ea0a/LEGO_Sustainability_highlights_2022_FINAL.pdf; Eben Shapiro, "Lego Makes a Hundred Billion Bricks a Year," *Time*, September 20, 2020, https://news.yahoo.com/lego-makes-hundred-billion-bricks-105017605.html.

품질 비용

4.1 품질의 네 가지 주요 비용을 정의하고, 제품 및 서비스 제공의 전반적 비용을 결정하는 데 있어서 윤리의 역할과의 관계를 설명한다.

프로세스가 고객을 만족시키지 못할 경우, 그 실패는 **결함**(defect)으로 간주한다. 예를 들어 캘리포니아가정의학회(California Academy of Family Physicians)에 따르면, 진료 과정의 결함은 '내 진료실에서 발생해서는 안 되었고, 다시는 발생하지 않았으면 하는 모든 것'으로 정의된다. 이 정의에는 환자가 직접 목격하는 프로세스 실패, 예를 들어 의사소통 미흡이나 처방 용량 오류 등이 포함된다. 또한 환자가 직접 목격하지 못하는 오류, 예를 들면 잘못된 차트 작성 등도 포함된다.

결함
프로세스가 고객을 만족시키지 못하는 모든 경우

결함의 개념과 밀접하게 연관된 것은 어느 정도의 품질이 충분한지 결정하는 문제이다. 서비스나 제품 생산과 관련된 의사결정에는 더 큰 사회적 영향 또한 고려되어야 하며, 이는 종종 품질 비용(costs of quality)과 사회에 대한 전반적인 편익의 균형을 맞추도록 요구한다. 예를 들어 의료 산업에서 심장 수술 합병증 제로를 목표로 하는 것은 좋게 들릴 수 있다. 하지만 고위험 환자를 거부하는 대가를 치러야 한다면, 사회에 최선의 서비스를 제공하고 있는 것일까? 아니면 백신 접종이나 합병증 예방에 얼마나 많은 시간, 에너지, 비용을 투자해야 할까? 이러한 질문에는 명확한 답이 없는 경우가 많다.

많은 기업이 프로세스의 품질과 성능을 개선하기 위해 시스템, 교육, 조직 변화에 상당한 시간과 노력, 비용을 투자한다. 기업들은 프로세스 격차를 파악하기 위해 현재 성능 수준을 측정하는 것이 중요하다고 생각한다. 격차는 잠재적인 고객 불만족과 기업의 추가 비용을 반영한다. 대다수 전문가는 품질 비용이 총매출의 20~30%에 달한다고 추정한다. 이러한 비용은 (1) 예방, (2) 평가, (3) 내부 실패, (4) 외부 실패의 네 가지 범주로 나눌 수 있다. 미국품질협회(ASQ, http://asq.org/learn-about-quality/cost-of-quality/overview/overview.html)는 이 네 가지 유형의 비용에 대한 몇 가지 예를 제시한다. 또한 품질 결정 과정에서 비윤리적인 행동과 관련된 다섯 번째 유형의 비용이 있는데, 이는 다른 네 가지 비용을 모두 합친 것보다 훨씬 높을 수 있다.

예방 비용

예방 비용(prevention cost)은 결함 발생 전 예방과 관련된 비용이다. 여기에는 저조한 성능의 원인을 제거하기 위한 공정 재설계, 생산을 간소화하기 위한 서비스 또는 제품 재설계, 지속적인 개선 방법에 대한 직원 교육, 구매 품목 또는 계약 서비스의 품질 향상을 위한 공급업체와의 협력 비용 등이 포함된다. 문제 발생을 예방하기 위해 기업은 추가적인 시간, 노력, 비용을 투자해야 한다. 이러한 투자가 필요한 몇 가지 예로는 (1) **제품 또는 서비스 요구사항**(입고되는 자재, 공정, 완제품 및 서비스에 대한 사양 수립 포함), (2) **품질 계획**(품질, 신뢰성, 운영, 생산 및 검사 계획 수립 포함), (3) **품질 보증**(명확하게 정의된 품질 시스템 구축 및 유지 관리 포함), (4) **교육**(품질 관련 프로그램의 개발, 준비 및 유지 관리에 초점을 맞춤) 등이 있다.

예방 비용
결함이 발생하기 전에 이를 예방하는 데 관련된 비용

평가 비용

평가 비용(appraisal cost)은 기업이 프로세스의 성능 수준을 평가할 때 발생한다. 예방 비용이

평가 비용
기업이 프로세스의 성능 수준을 평가할 때 발생하는 비용

증가하고 성능이 개선되면, 품질 검사 및 발견된 문제의 원인 규명에 요구되는 자원의 양이 줄어들기 때문에 평가 비용이 감소한다. 평가 비용의 몇 가지 예로는 (1) **검증**(입고 자재, 프로세스 설정 및 제품을 합의된 사양과 비교하는 것), (2) **품질 감사**(품질 시스템이 제대로 작동하는지 확인하는 것), (3) **공급업체 평가**(제품 및 서비스 공급업체를 평가하고 승인하는 것) 등이 있다.

내부 실패 비용

내부 실패 비용
서비스나 제품의 생산 과정에서 발견된 결함으로 인해 발생하는 비용

내부 실패 비용(internal failure cost)은 서비스 또는 제품 생산 과정에서 발견된 결함으로 인해 발생한다. 결함은 크게 세 가지 범주로 나뉜다: (1) **재작업 또는 수정**(서비스의 특정 부분을 다시 수행해야 하거나 결함이 있는 품목을 이전 작업으로 재작업해 결함을 수정해야 하는 경우 발생), (2) **스크랩**(결함이 있는 품목이 추가 가공에 적합하지 않아 수리, 사용 또는 판매할 수 없는 경우 발생), (3) **낭비**(오류 또는 의사소통 및 조직 부재로 인해 불필요한 작업을 수행하거나 재고를 보유하는 경우 발생).

외부 실패 비용

외부 실패 비용
고객이 서비스나 제품을 받은 후 결함이 발견되었을 때 발생하는 비용

보증
생산자가 결함이 있는 부품을 교체 또는 수리해주거나 고객이 만족할 때까지 서비스를 제공할 것이라는 서면 보증

외부 실패 비용(external failure cost)은 고객이 서비스나 제품을 받은 후 결함이 발견될 때 발생한다. 불만족스러운 고객은 불량 서비스나 제품에 대해 친구들에게 이야기하고, 친구는 이를 다른 사람들에게 알릴 수 있다. 문제가 심각할 경우 소비자 보호 단체는 언론을 통해 폭로할 수도 있다. 미래 수익에 미치는 잠재적 영향은 평가하기 어렵지만, 외부 실패 비용이 시장점유율과 수익을 잠식하는 것은 의심의 여지가 없다. 제품이 고객에게 인도된 후 결함을 발견하고 수정하는 데는 비용이 많이 든다. 외부 실패 비용의 예로는 (1) 반품된 제품과 고객이 실제로 사용하는 제품의 **수리 및 서비스**, (2) 고객 불만 처리 및 서비스와 관련된 모든 비용과 작업이 포함된 **불만 처리**, (3) 거부되거나 리콜된 제품의 운송과 관련된 **반품**, (4) 제조업체가 결함 있는 부품을 교체 또는 수리하거나 고객이 만족할 때까지 서비스를 제공할 것이라는 서면 보증 형식의 **보증 서비스 및 소송 비용** 등이 포함된다. 일반적으로 **보증**(warranty)은 특정 기간 동안 제공된다. 예를 들어 TV 수리는 90일 보증이 제공되고, 신차는 5년 또는 50,000마일(둘 중 먼저 도달하는 기준) 보증이 제공된다. 새로운 서비스나 제품을 설계할 때는 보증 비용을 반드시 고려해야 한다.

윤리적 실패 비용

윤리적 실패 비용
결함이 있는 서비스나 제품을 내부 또는 외부 고객에게 기만적으로 전달해 주주, 고객, 직원, 파트너, 채권자의 복리를 위협하는 데 따른 사회적 및 금전적 비용

품질 비용은 교육, 평가, 폐기, 재작업, 보증, 소송, 또는 불만족스러운 고객으로 인한 매출 손실과 관련된 직접 비용을 훨씬 넘어선다. **윤리적 실패 비용**(ethical failure costs)은 결함이 있는 서비스나 제품을 내부 또는 외부 고객에게 기만적으로 전달해 주주, 고객, 직원, 파트너, 채권자의 복리를 위협하는 데 따른 사회적, 금전적 비용을 의미한다.

실질적으로 윤리적 비용은 내부 또는 외부 실패에서 발생한다. 가장 큰 차이점은 누군가 결함이 고객에게 해를 끼칠 수 있다는 사실을 알면서도 이를 '은폐'하고 고의로 결함을 고객에게 전가한다는 점이다. 윤리적 실패 비용의 본질이 이미 언급한 내부 실패나 외부 실패 비용과 다른 점은 윤리적 실수가 발견되면 소송으로 인한 징벌적 비용, 벌금과 과징금의 엄청난 규모, 말 그대로 기업에 오랜 기간 피해를 줄 수 있는 평판 손실, 그리고 직원들의 사기와 태도에 따른 숨겨진 비용이 있다는 점이다. 윤리적 비용은 공급사슬의 다른 파트너에게 책임을 전가하고 기만하는 것과 관련이 있으며, 조직의 품질 문제 해결과 관련된 내부 또는 외부 실패 비용을 넘어선다. 보잉(Boeing)은 737 맥스(Max) 항공기의 품질 및 안전 문제를 어떻게 처리했는지에 대해 솔

직하게 밝히지 않았고, 심지어 조종사 인증 과정에서 FAA와 공모하기도 했다. 새로운 기종 도입을 위한 주요 판매 포인트는 기종 변경 비용의 회피와 연속성 확보였기에, 보잉은 737에서 737 맥스로 전환하는 조종사들의 시뮬레이터 교육을 제한했다. 결과적으로 조종사들은 중요한 소프트웨어 업데이트 문제를 인지하지 못했고, 346명의 사망자를 낸 두 건의 추락 사고를 초래한 치명적인 결함에 대처할 준비가 되어 있지 않았다. 조사가 계속되면서 737 맥스 항공기 전체가 20개월 동안 운항이 중단되면서 보잉은 막대한 비용을 치러야 했다. 200억 달러의 비용에는 항공사의 항공기 운항 중단 비용 86억 달러, 예상치 못한 생산 비용 50억 달러, 737 맥스 프로그램 비용 증가 비용 63억 달러가 포함된다. 450대의 신형 항공기에 대한 주문 취소와 향후 가격 할인으로 인해 추가 손실이 발생할 수 있으며, 이자 비용과 함께 보잉의 손실은 5,000억 달러 이상으로 2배 이상 증가할 수 있다.[2]

윤리적 실패 비용은 비제조업 환경에서도 발생할 수 있다. 에퀴팩스(Equifax)는 최신 보안 시스템을 사용했다면 1억 4,800만 명의 소비자를 위해 해커가 금융 데이터를 도용하는 것을 막을 수 있었다. 에퀴팩스는 또한 소비자들이 예방 가능한 조치와 안전장치를 사용할 수 있었던 2개월 동안 데이터 도용 사실을 보고하지 않았다.[3] 이후 에퀴팩스가 데이터가 유출된 소비자들에게 일부 보상을 했음에도 불구하고, CEO는 정직성과 성실성 부족 문제로 사임해야만 했다.

출처: Smith Collection/Gado Images/Alamy Stock Photo

조지아주 애틀랜타 시내에 있는 신용 조사 기관 에퀴팩스 본사. 2017년 9월 에퀴팩스의 데이터 유출 사고로 수천 명의 고객 개인정보가 노출되었다.

기만적인 비즈니스 관행은 서비스 또는 제품 품질에 대한 주요 우려의 원천이다. 기만적인 비즈니스 관행에는 세 가지 요소가 포함된다: (1) 제공자의 행위가 의도적이고 고객을 착취하려는 의도에서 비롯된 것, (2) 제공자가 실제로 알려진 사실을 바탕으로 진실을 은폐하는 것, (3) 고객을 희생시키면서 제공자에게 불균형적인 경제적 이익을 창출하기 위한 거래이다. 이러한 행동은 비윤리적이며 고객 경험의 질을 떨어뜨리고 사회에 상당한 비용을 초래할 수 있다. 품질은 고객 만족도를 높이기 위한 윤리적이고 인도주의적인 태도를 의미한다. 기업이 비윤리적인 행동을 하고 고객이 이를 알게 되면 해당 기업과의 경험의 질을 호의적으로 평가하거나 다시 고객으로 돌아올 가능성이 낮다. 이러한 상황에서 고객을 속여 이익을 얻으려는 기업의 직원들은 고객을 위한 진정한 가치 창출을 위해 최선을 다하려는 동기를 갖기 어렵고, 이는 기업의 현재와 미래 경쟁력을 약화한다. 따라서 윤리적 행동은 조직의 모든 직원의 책무이다. 파타고니아, 스타벅스, 소매업체 H&M과 같은 많은 기업은 윤리적인 사업 관행을 준수하는 공급업체로부터 자재를 조달하기 위해 많은 노력을 기울이고 있다.

---

2 Sean O'Kane, "FAA and Boeing Manipulated 737 Max Tests During Recertification," December 18, 2020, https://www.theverge.com/2020/12/18/22189609/faa-boeing-737-max-senate-report-coverup-tests-whistleblowers; Chris Isidore, "Boeing 737 Max Debacle Could Be the Most Expensive Corporate Blunder Ever," November 17, 2020, https://www.cnn.com/2020/11/17/business/boeing-737-max-grounding-cost/index.html.

3 "Ethical Dilemmas: How Scandals Damage Companies," Western Governors University, March 2, 2021, https://www.wgu.edu/blog/ethical-dilemmas-how-scandals-damage-companies1909.html#close.

전반적으로 경영진은 예방, 평가, 내부 실패, 외부 실패, 윤리적 실패로 인한 품질 비용을 관리하기 위한 적절한 프로세스와 접근법을 마련해야 한다. 윤리적 행동을 위한 문화적 환경을 조성하는 데는 비용이 들지 않는다. 직원들은 윤리가 업무와 어떻게 연관되는지 교육을 받아야 한다. 경영진은 기업과 사회 간의 소통 창구를 마련하기 위해 윤리 태스크포스 또는 윤리 홍보팀을 구성할 수 있다. 관련 문서화도 필요할 수 있다.

전사적 품질경영 및 6시그마

4.2 전사적 품질경영(TQM)과 6시그마의 기본 원칙을 설명한다.

전사적 품질경영(TQM)
높은 수준의 공정 성과 및 품질을 달성하기 위한 세 가지 원칙, 즉 (1) 고객 만족, (2) 직원 참여, (3) 지속적인 성과 개선을 강조하는 철학

이제 기술, 서비스, 윤리적 측면에서 품질 및 프로세스 성과를 평가하고 개선하기 위해 기업이 사용하는 두 가지 철학인 전사적 품질경영과 6시그마에 대해 논의해보자.

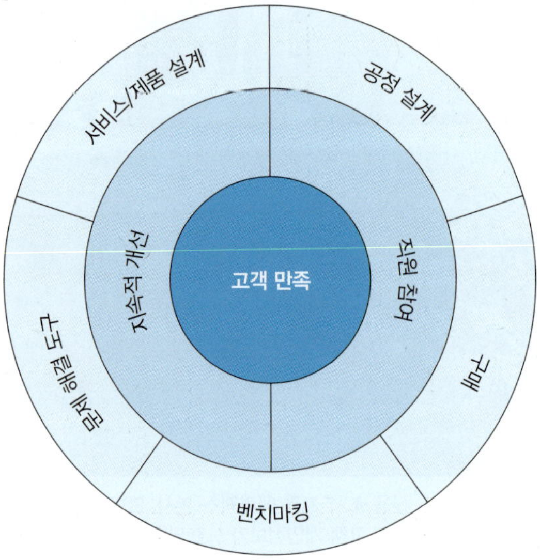

전사적 품질경영

전사적 품질경영(total quality management, TQM)은 높은 수준의 프로세스 성과와 품질을 달성하기 위한 세 가지 원칙을 강조하는 철학이다. 이러한 원칙은 (1) 고객 만족, (2) 직원 참여, (3) 지속적인 성과 개선과 관련이 있다. 그림 4.1에서 알 수 있듯이 TQM은 여러 다른 중요한 요소도 포함한다. 3장 '프로세스 전략과 분석'에서는 프로세스 문제 해결, 재설계 및 개선에 유용한 도구와 프로세스 분석 기법을 다루었다. 서비스나 제품의 설계 및 구매는 이 책의 후반부에서 다룬다. 여기서는 품질 중심 조직을 구축하기 위해 경영진의 헌신과 리더십을 통해 항상 안내되고 뒷받침되어야 하는 TQM의 세 가지 주요 원칙에 중점을 둔다.

그림 4.1 TQM 휠

고객 만족

품질
서비스나 제품에 대한 고객의 전반적인 만족도를 설명하는 데 사용하는 용어

내외부 고객은 서비스나 제품에 대한 기대치가 충족되거나 초과 달성될 때 만족감을 느낀다. 고객은 서비스나 제품에 대한 만족도를 설명하기 위해 흔히 **품질**(quality)이라는 일반적인 용어를 사용한다. 고객의 마음속에는 품질이라는 개념이 여러 차원으로 존재하며, 이는 2장 '운영전략'에서 소개한 아홉 가지 경쟁 우선순위에 걸쳐 있다. 다음 다섯 가지 정의 중 하나 이상이 항상 적용된다.

- 규격 일치성(conformance to specifications). 고객은 자신이 받은 서비스나 제품을 평가하지만, 실제로 평가하는 것은 서비스나 제품을 생산하는 프로세스이다. 이 경우 프로세스 실패는 프로세스가 광고되거나 암시된 특정 성능 표준을 충족하지 못하는 것을 의미한다. 사양 준수는 일관된 품질, 정시 배송 또는 배송 속도와 관련될 수 있다.
- 가치(value). 고객이 품질을 정의하는 또 다른 방법은 가치, 즉 서비스나 제품이 고객이 기꺼이 지불할 가격으로 의도한 목적을 얼마나 잘 달성하는지를 통해 정의된다. 서비스 또는 제품 개발 프로세스는 여기에서 중요한 역할을 하며, 최고 품질 대 저비용 운영과 관련된 기업의 경쟁 우선순위도 중요한 역할을 한다. 고객에게 가치를 제공하기 위해서는 이 두 가지 요소의 균형이 필수적이다. 서비스나 제품이 고객의 마음속에 얼마나 큰 가치를 갖는지는 구매 전 고객의 기대에 따라 달라진다.

- 사용 적합성(fitness for use). 서비스나 제품이 의도된 목적을 얼마나 잘 수행하는지 평가할 때, 고객은 서비스의 편의성, 제품의 기계적 특성, 또는 외관, 스타일, 내구성, 신뢰성, 장인 정신, 서비스 용이성과 같은 다른 측면을 고려할 수 있다. 예를 들어 구매한 엔터테인먼트 센터의 품질은 조립 용이성, 외관 및 스타일을 기준으로 정의할 수 있다.
- 지원(support). 회사가 제공하는 서비스 또는 제품 지원은 서비스나 제품 자체의 품질만큼이나 고객에게 중요한 경우가 많다. 고객은 회사의 재무제표가 부정확하거나, 보증 청구에 대한 응답이 지연되거나, 광고가 오해의 소지가 있거나, 문제 발생 시 직원이 도움을 주지 않을 경우 회사에 불만을 표한다. 판매가 이루어진 후 적절한 지원을 제공하면 품질 실패로 초래될 수 있는 손실을 줄일 수 있다.
- 심리적 인상(psychological impressions). 사람들은 종종 분위기, 이미지, 또는 미적인 요소와 같은 심리적 인상을 바탕으로 서비스나 제품의 품질을 평가한다. 고객이 서비스 제공자와 긴밀하게 접촉하는 서비스 제공에서는 서비스 제공자의 외모와 행동이 특히 중요하다. 단정한 복장, 예의 바르고 친절하며 공감 능력이 뛰어난 직원은 고객의 서비스 품질 인식에 영향을 미칠 수 있다.

비즈니스의 모든 영역에서 품질을 확보하는 것은 어려운 일이다. 더욱 어려운 점은 소비자들의 품질에 대한 인식 자체가 변한다는 것이다. 일반적으로 기업의 성공은 소비자의 기대에 대한 정확한 인식과 그 기대치와 운영 역량 간의 격차를 메우는 능력에 달려 있다. 좋은 품질은 더 높은 수익으로 이어진다. 고품질 서비스와 제품은 더 높은 가격을 책정해 더 큰 수익을 창출할 수 있다. 품질이 낮으면 시장에서 기업의 경쟁 역량이 약화하고 서비스 또는 제품 생산 비용이 증가한다.

직원 참여

그림 4.1 에서 볼 수 있듯이 TQM의 중요한 요소 중 하나는 직원 참여(employee involvement)이다. 직원 참여 프로그램에는 조직 문화 변화와 팀워크 장려가 포함된다.

- 문화적 변화(cultral change). TQM에 적합한 문화를 구축하는 데 있어 가장 큰 과제 중 하나는 각 직원이 고객을 정의하는 것이다. 일반적으로 고객은 내부 또는 외부로 나뉜다. 외부 고객(external customer)은 서비스나 제품을 구매하는 개인이나 기업이다. 특히 외부 고객과 접촉이 적은 일부 직원은 자신의 업무가 전체 노력에 어떻게 기여하는지 파악하는 데 어려움을 겪을 수 있다.

  직원들 각자에게 한 명 이상의 내부 고객(internal customer), 즉 다른 직원의 성과에 의존하는 회사 내 다른 직원들이 존재한다는 점을 인식시켜 주는 것이 좋다. 외부 고객을 궁극적으로 만족시키려면 모든 직원이 내부 고객에게도 최선을 다해야 한다는 의미이다. 각 내부 고객이 외부 고객이 인정하고 비용을 지불할 만한 가치를 요구할 때만 직원들은 만족할 수 있다. 내부 고객이라는 개념은 회사의 모든 부서에 적용되며 기능 간 협력을 강화한다. 예를 들어 회계 부서는 경영진을 위해 정확하고 시기적절한 보고서를 작성해야 하며, 구매 부서는 운영을 위해 고품질 자재를 적시에 제공해야 한다.

  TQM에서는 조직의 모든 구성원이 품질 관리가 그 자체로 목적이라는 관점을 공유해야 한다. 오류나 결함은 내부 또는 외부 고객에게 전가되지 않고, 발생 원점에서 발견해 수정되어야 한다. 예를 들어 컨설팅팀은 회계 부서에 제출하기 전에 청구 가능 시간이 정확한지

원천에서의 품질
결함은 발생하는 근원에서 발견해 수정해야 한다는 철학

확인해야 한다. 이러한 철학을 **원천에서의 품질**(quality at the source)이라고 한다. 또한 기업은 모든 작업이 완료된 후 검사원을 투입해 불만족스러운 서비스나 결함 있는 제품을 제거하는 이른바 '검사를 통해 제품 품질을 높인다(inspect quality into the product)', 즉 검사만으로 제품의 품질을 높이려는 시도를 피해야 한다. 반대로, 일부 제조업체에서는 품질 문제가 발견되면 생산 라인을 중단할 권한을 근로자에게 부여하기도 한다.

팀
공통의 목적을 가지고, 자체적인 성과 목표와 접근 방식을 설정하며, 성공에 대한 책임을 지는 소규모 집단

직원 권한위임
의사결정에 대한 책임을 조직도의 가장 하부, 즉 실제로 업무를 수행하는 직원의 수준까지 위임하는 팀워크 접근 방식

- **팀**(team). 직원 참여는 프로세스와 품질을 개선하기 위한 핵심 전략이다. 직원 참여를 달성하는 한 가지 방법은 팀을 활용하는 것이다. 팀은 공통의 목표를 가지고 자체적인 성과 목표와 접근 방식을 설정하며 성공에 대한 책임을 지는 소규모 집단이다. 가장 자주 사용되는 팀워크의 세 가지 접근 방식은 (1) 문제 해결팀, (2) 특수 목적팀, (3) 자율 관리팀이다. 세 가지 방법 모두 일정 수준의 **직원 권한위임**(employee empowerment)을 활용하는데, 이를 통해 의사결정에 대한 책임이 조직도의 아래쪽, 즉 실제로 업무를 수행하는 직원 수준으로 옮겨진다.

지속적 개선

지속적 개선
가이젠(Kaizen)이라는 일본식 개념에서 파생한 지속적인 프로세스 개선 방법을 모색한다는 철학

가이젠(kaizen)이라는 일본식 개념에 기반한 **지속적 개선**(continuous improvement)은 프로세스 개선 방안을 끊임없이 모색하는 철학이다. 지속적 개선은 우수 사례의 기준을 파악하고 프로세스에 대한 직원의 주인의식을 고취하는 것을 포함한다. 지속적 개선 프로젝트의 초점은 은행 대출 요청 처리시간 단축, 밀링 머신에서 발생하는 스크랩 양 감소, 건설 현장 직원 부상 건수 감소 등 낭비를 줄이는 것이다. 지속적 개선 철학의 기반은 프로세스의 거의 모든 측면을 개선할 수 있으며, 프로세스와 가장 밀접하게 관련된 사람들이 변경 사항을 파악하는 데 가장 적합한 위치에 있다는 믿음이다. 철학의 핵심은 큰 문제가 발생할 때까지 기다리지 말고 바로 조치를 하자는 것이다.

직원들에게는 이 장의 뒷부분에서 논의할 통계적 공정 관리(SPC) 방법과 같은 문제 해결 도구와 개선 대상 프로세스에 대한 주인의식을 심어주어야 한다. 직원들이 자신이 사용하는 프로세스와 방법에 책임감을 느끼고 자신이 생산하는 서비스나 제품의 품질에 자부심을 느낄 때 운영자로서 주인의식이 생긴다. 이는 작업팀과 문제 해결 활동에 참여함으로써 직원들에게 자신의 작업장과 업무에 대한 통제력을 어느 정도 확보하고 있다는 느낌을 심어줄 수 있다.

계획-실행-검토-조치 사이클
데밍 휠이라고도 하는 이 사이클은 지속적인 개선을 추구하는 기업에서 그들 작업팀의 문제 해결 능력을 훈련하는 데 사용된다.

지속적 개선에 적극적으로 참여하는 대다수 기업은 문제 해결을 위해 **계획-실행-검토-조치 사이클**(plan-do-check-act cycle, PDCA)를 활용하도록 작업팀을 교육한다. 이러한 접근 방식의 또 다른 이름은 데밍 휠(Deming wheel)인데, 이는 제2차 세계대전 이후 일본군에게 품질 개선 기법을 가르친 저명한 통계학자 W. 에드워즈 데밍(W. Edwards Deming)의 이름을 따서 명명되었다. 그림 4.2는 지속적 개선 철학의 핵심인 이 주기를 보여준다. 이 주기는 다음 단계로 구성된다.

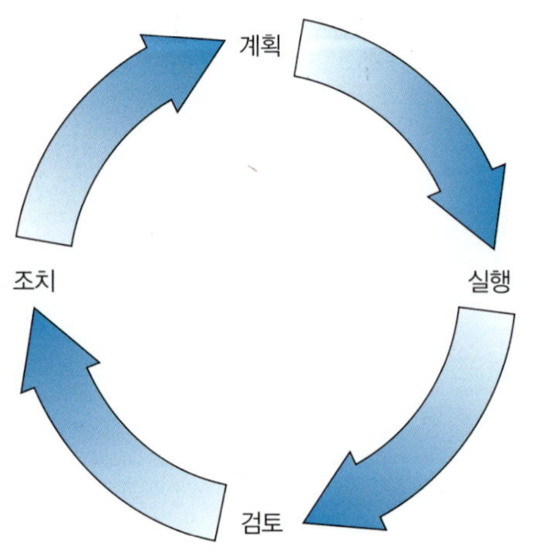

그림 4.2 계획-실행-검토-조치 사이클

1. **계획**(plan). 팀은 개선이 필요한 프로세스(활동, 방법, 기계 또는 정책)를 선택한다. 그런 다음 팀은 일반적으로 관련 데이터를 분석해 선택된 프로세스를 문서화하고, 개선을 위한 정성적 목표를 설정하고, 목표 달성을 위한 다양한 방법을 논의한다. 대안의 편익과 비용을 평가한 후, 팀은 정량화 가능한 개선 지표가 포함된 계획을 수립한다.
2. **실행**(do). 팀은 계획을 실행하고 진행 상황을 모니터링한다. 프로세스 개선 사항을 측정하기 위해 데이터를 지속적으로 수집한다. 프로세스의 모든 변경 사항은 문서화

되고, 필요에 따라 추가 수정이 이루어진다.

3. 검토(check). 팀은 실행 단계에서 수집된 데이터를 분석해 결과가 계획 단계에서 설정한 목표와 얼마나 일치하는지 확인한다. 중대한 미흡 사항이 발견되면 팀은 계획을 재평가하거나 프로젝트를 중단한다.
4. 조치(act). 결과가 성공적이면 팀은 수정된 프로세스를 문서화해 이를 사용하는 모든 사람을 위한 표준 절차로 만든다. 이후 팀은 다른 직원들에게 수정된 프로세스의 사용법을 교육할 수 있다.

문제 해결 프로젝트는 종종 서비스나 제품에 가치를 더하지 않는 프로세스 측면에 초점을 맞춘다. 부품 가공이나 웹 페이지를 통한 고객 서비스 제공과 같은 프로세스에서는 가치가 추가된다. 대출 승인 요청을 여러 부서로 전달하는 것과 같은 활동에서는 가치가 추가되지 않는다. 지속적 개선의 주안점은 가치를 더하지 않고 낭비되는 활동을 줄이거나 없애자는 것이다.

고품질 제품의 생산에 있어 직원 참여, 권한 부여, 그리고 지속적인 개선의 가치는 에릭 클랩튼, 토니 라이스, 워런 헤인즈, 엘비스 코스텔로 등 유명 아티스트들이 인정하는 고품질 어쿠스틱 기타를 생산하는 산타크루즈 기타 컴퍼니(Santa Cruz Guitar Company)에서 확인할 수 있다. 이 회사는 연간 약 500~700대의 기타를 생산하는 소규모 제조업체로, 악기 품질 향상을 위해 소량 생산을 강조한다. 모든 악기는 팀 단위로 제작되며, 데밍의 경영 원칙을 따르는 TQM을 실천한다. 회사는 직원들이 모든 공정 단계에서 품질 향상을 위한 노력을 기울일 수 있도록 권한을 부여하는데, 이는 직원의 자율성과 의사결정을 지원하는 기업 문화 덕분이다. 직원들은 외부 교육 과정을 수강하거나 매년 두 대의 악기를 직접 제작해 기술을 연마할 수 있도록 장려된다. 회사의 숙련된 작업자들은 기타 제작의 새로운 기법을 끊임없이 탐구하고 악기 품질 향상을 위한 제안을 한다. 산타크루즈 기타 컴퍼니는 또한 이러한 장인들이 업계에서 그들 자신의 사업을 시작하도록 장려한다. 이러한 활동이 시장 경쟁을 심화하고 잠재적 위협이 될 수 있지만, 회사는 공정 품질을 향상하기 위해 직원 복지를 중시한다. 그들 기술에 대한 자부심을 고취하고, 관리자와의 열린 소통을 장려하며, 직원들에게 권한을 부여함으로써 산타크루즈 기타 컴퍼니는 고품질 악기를 생산하는 영감 넘치고 생산적인 제조업체로 자리매김하고 있다.[4]

6시그마
프로세스의 결함과 변동성을 최소화해 비즈니스 성공을 달성, 유지 및 극대화하기 위한 포괄적이고 유연한 시스템

6시그마

6시그마(Six Sigma) 철학은 경영진이 프로세스와 그 기저 품질에 대해 분석적으로 사고할 수 있도록 돕는다. 6시그마는 TQM의 원칙에 크게 의존하며, 프로세스의 결함과 변동성을 최소화해 비즈니스 성공을 달성, 유지 및 극대화하는 포괄적이고 유연한 시스템이다. 6시그마는 고객 요구에 대한 면밀한 이해, 사실, 데이터 및 통계 분석의 체계적인 활용, 그리고 비즈니스 프로세스의 관리, 개선 및 재창조에 대한 세심한 관심에 의해 추진된다는 점에서 TQM과는 다른 초점을 가지고 있다. 그림 4.3은 6시그마가 공정의 변동성을 줄이는 동시에 목표 성과 측정 기준에 공정을 집중하는 데 초점을 맞추는 방식을 보여준다. 과도한 변동이나 목표에서 벗어난 공정과 같은 결함은 프로세스 성과를 저하한다. 예를 들어 은행의 주택담보

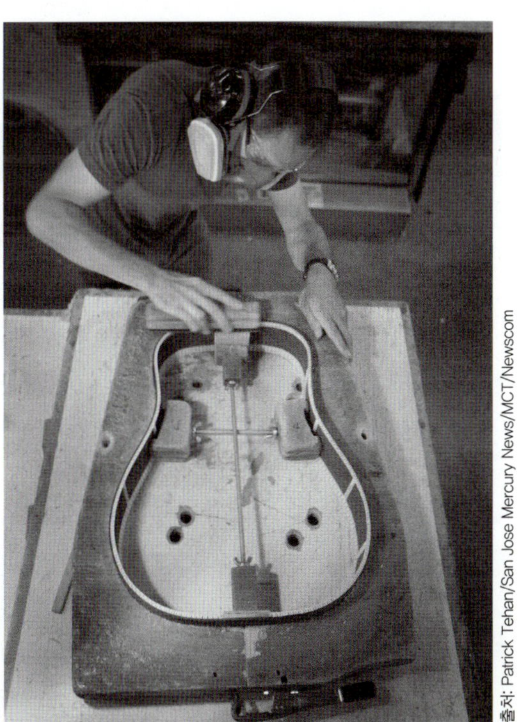
출처: Patrick Tehan/San Jose Mercury News/MCT/Newscom

캘리포니아 산타크루즈에 있는 산타크루즈 기타 컴퍼니에서 한 작업자가 악기를 제작하고 있다.

4 출처: L. T. Foo, "Good Vibrations: Ingrained Quality Practices Mirror Deming's 14 Points," *Quality Progress* (2008), http://asq.org/quality-progress/2008/02/quality-managementment/good-vibrations.html; Santa Cruz Guitar Company (February 18, 2017), http://www.santacruzguitar.com/our-story/ (June 16, 2020).

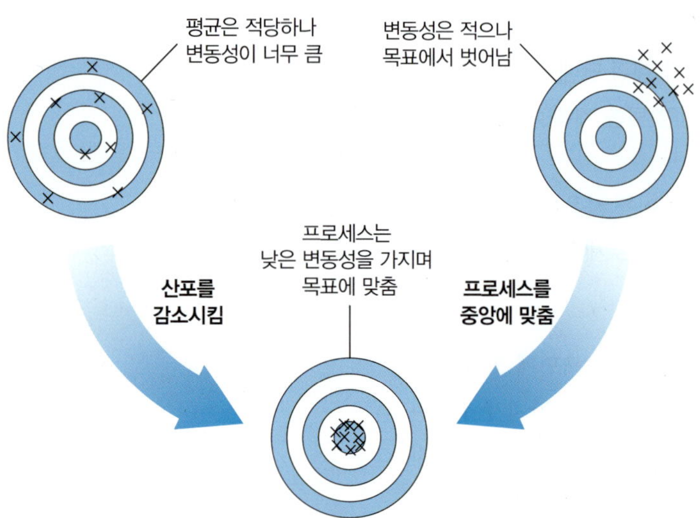

그림 4.3 6시그마 접근법은 산포를 줄이고 프로세스를 중앙에 정렬하는 데 중점을 둔다.

대출 부서는 대출 승인 결정이 2일 안에 이루어진다고 광고할 수 있다. 실제 성과가 1일에서 5일 사이이고 평균 2일이라면, 2일 이상 기다려야 했던 고객들은 불만족스러울 것이다. 공정의 변동성은 고객 불만을 야기한다. 마찬가지로, 실제 성과가 일관되게 3일 안에 대출 결정이 내려진다면 모든 고객이 불만을 가질 것이다. 이 경우 프로세스는 일관되지만 목표에서 벗어난 것이다. 6시그마는 변동성이 낮은 목표 성과 지표에 맞춰 프로세스를 정렬하는 엄격한 접근 방식이다.

6시그마라는 용어는 원래 모토로라(Motorola)가 제조 운영을 위해 개발한 것으로, 서비스 또는 제품의 설계 사양 한계에서 ±6 표준편차(시그마) 이내인 성과 측정 평균 산출량을 갖는 프로세스를 개발해 불량품 발생률을 낮추는 것을 목표로 한다. 통계적 공정 관리(SPC) 도구를 설명할 때 변동성과 프로세스의 허용 가능한 성능에 미치는 영향을 논의할 것이다.

6시그마는 제조 공정 개선을 위한 노력에서 시작되었지만, 판매, 인사, 고객 서비스, 금융 서비스와 같은 비제조 공정에도 이 접근법을 널리 적용하게 된 것은 제너럴 일렉트릭(GE)의 역할이 컸다. 결함 제거라는 개념은 동일하지만, '결함(defect)'의 정의는 관련 공정에 따라 다르다. 예를 들어 인사 부서가 채용 목표를 달성하지 못하면 결함으로 간주한다. 3장 '프로세스 전략과 분석'에서 강조된 6시그마 개선 모델 내 DMAIC 접근법을 활용해, 블랙벨트를 소지한 6시그마 프로세스 개선 전문가들은 직원들을 멘토링하고 금융 서비스, 인사, 마케팅, 의료 행정 프로세스를 포함한 다양한 서비스 공정을 개선하는 데 6시그마를 성공적으로 적용해 왔다.

합격 표본 추출

4.3 공급사슬에서 합격 표본 추출과 프로세스 성과 접근 방식이 어떻게 상호작용하는지 이해한다.

합격 표본 추출
표본 검사나 테스트를 기반으로 일정량의 자재를 수용할지 거부할지를 결정하기 위해 통계적 기법을 적용하는 것

합격 품질 수준(AQL)
소비자가 원하는 품질 수준

내부 프로세스의 성과를 평가하기 전에 해당 프로세스의 입력 자료는 양질이어야 한다. 통계 기법을 적용해 공급업체의 자재를 하나 이상의 표본 검사 또는 테스트를 통해 수락 혹은 거부를 결정하는 **합격 표본 추출**(acceptance sampling)은 구매자가 양질의 자재를 거부(불필요하게 상품 또는 서비스 생산을 지연)하거나 불량 자재를 수락(불량 자재로 인한 가동 중단 또는 불량 제품의 고객 전달)할 위험을 줄여준다. 구매자는 구매하는 자재의 규격과 관련해 **합격 품질 수준**(acceptable quality level, AQL)을 명시한다. 이는 구매자가 배송물에서 허용할 불량품(규격을 벗어난)의 비율을 나타낸다. 요즘은 이 비율이 매우 낮아지고 있으며, 종종 만분의 일 단위로 측정된다. 합격 표본 추출의 기본 개념은 자재의 전체 수량을 테스트하는 대신 표본을 채취하는 것이다. 비용이 더 적게 드는 경우가 많기 때문이다. 하지만 표본이 공급업체의 전체 제품을 대표하지 못할 수 있기 때문에 위험이 수반된다. 기본 절차는 간단하다.

1. 대량의 품목에서 무작위 표본을 추출해 해당 규격 또는 품질 기준에 따라 시험 또는 측정한다.
2. 표본이 테스트를 통과하면(결함 수가 적으면) 전체 품목이 합격 처리된다.

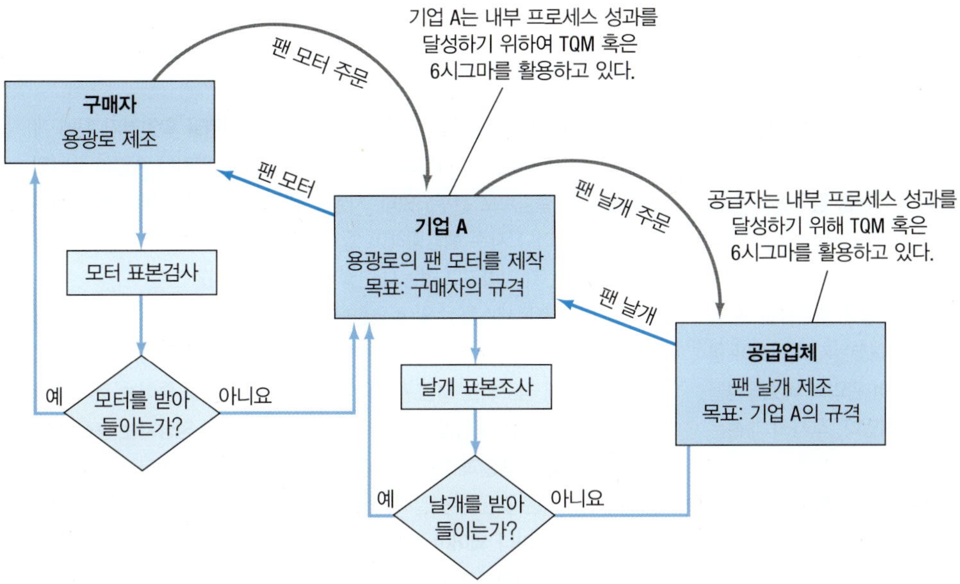

그림 4.4 공급사슬에서의 합격 표본 추출과 프로세스 성과 접근 방식의 인터페이스

3. 표본이 테스트를 통과하지 못하면 (a) 전체 품목에 대해 100% 검사를 실시하고 모든 결함 품목을 수리 또는 교체하거나, (b) 전체 품목을 공급업체로 반송한다.

공급사슬에서 모든 회사는 다른 회사가 구매한 상품의 생산자이자 다른 회사가 공급하는 상품이나 원자재의 소비자가 될 수 있다. 그림 4.4는 공급사슬에서 합격 표본 추출과 내부 프로세스 성과(TQM 또는 6시그마)가 어떻게 상호작용하는지에 대한 흐름도를 보여준다. 공급사슬의 관점에서 볼 때, 다양한 품질 차원에 대한 구매자의 사양은 공급업체가 공급 계약에서 목표로 삼는 것이 된다. 공급업체의 내부 프로세스는 작업에 적합해야 하며, TQM 또는 6시그마는 원하는 성과를 달성하는 데 도움이 될 수 있다. 구매자의 표본 추출 계획은 AQL(또는 그 이상)을 수용할 확률이 높다.

뒤페이지 '경영 과제'에서 보여주듯이 프로세스의 품질을 측정하고 시간 경과에 따라 진행 상황을 모니터링하는 것은 여러 단계와 결정을 포함하는 복잡한 작업이 될 수 있다.

통계적 공정 관리

4.4 공정 관리도를 구성하는 방법과 이를 사용해 프로세스의 통계적 관리이탈 상태 여부를 판별하는 방법을 설명한다.

기업이 서비스를 생산하든 제품을 생산하든, 기업의 프로세스가 고객이 원하는 품질을 제공하는지 확인하는 것이 중요하다. TQM 또는 6시그마의 핵심 요소는 프로세스 성과를 모니터링해 시정 조치를 적시에 시작할 수 있는 역량을 구축하는 것이다. 프로세스 성과를 평가하려면 다양한 데이터 수집 방식이 필요하다. 체크리스트, 히스토그램 및 막대그래프, 파레토 차트, 산점도, 특성요인도, 그래프(2장 '운영전략' 참조)에 대해서는 이미 논의했다. 이러한 모든 도구는 TQM 또는 6시그마와 함께 사용할 수 있다. 여기서는 반복적인 프로세스를 모니터링하고 관리하는 데 사용할 수 있는 강력한 통계 도구에 중점을 둔다.

통계적 공정 관리(SPC)
통계적 기법을 적용해 프로세스가 고객이 원하는 것을 제공하는지 여부를 확인하는 것

통계적 공정 관리(statistical process control, SPC)는 프로세스가 고객이 원하는 것을 제공하고 있는지 확인하기 위해 통계 기법을 활용하는 것이다. SPC에서 '관리도(control charts)'라

경영 과제 회계

스타 인더스트리(Star Industries, Inc.)는 송전 및 무선 통신 산업을 위한 고도로 엔지니어링된 제품을 제조하는 기업이다. 이 기업 회계 담당자인 레베카 데이비스(Rebecca Davis)는 회사의 회계 및 예산 기능을 감독한다. 작년에 그녀는 급여 회계 및 고객 청구를 포함한 여러 내부 프로세스의 대대적인 개편을 지휘했다. 이 개편에는 새로운 장비와 기술, 그리고 직원을 위한 새로운 수동 절차가 포함되었다. 새로운 프로세스의 문제점을 해결하는 데 약 1년이 걸렸기 때문에, 그녀는 얼마나 많은 개선이 이루어졌는지 파악해야 할 필요가 있었다. 프로세스 개선 프로젝트의 목적은 급여 관리의 비효율성을 줄이고 고객에게 청구하는 리드타임을 단축하는 것이었다. 후자의 개선은 수익흐름과 현금흐름을 개선하는 것을 목표로 했다.

레베카는 예산을 개발하고, 예산 지출을 추적하고, 데이터를 분석하고, 진행 중인 프로세스를 감사할 수 있는 역량을 갖춘 사람의 도움이 필요하다는 사실을 깨달았다. 그녀는 최근 회계학 학위를 취득한 자말 존슨(Jamal Johnson)을 예산 분석가로 고용했다. 자말은 급여 회계 프로세스를 연구하는 것으로 시작했다. 급여 회계 프로세스는 초과 근무의 적절한 승인, 근무시간 기록 승인, 총급여 및 급여 공제 계산 확인 등 여러 반복적인 절차로 구성되어 있다. 감사 담당자는 필요한 인가 및 승인 내역을 확인하기 위해 개별 직원 급여 기록을 주기적으로 샘플링할 수 있었다. 인가나 승인이 누락되면 프로세스 결함으로 간주되었다. 자말은 샘플의 크기를 얼마나 해야 할지 고민했다. 얼마나 자주 샘플링해야 할까? 시간이 지남에 따라 프로세스가 개선되고 있는지 악화되고 있는지 어떻게 알 수 있을까?

고객 청구 프로세스는 수익에 영향을 미치므로 회계 부서에서 중요한 비중을 차지한다. 자말은 이 프로세스에서 중요한 통계는 상품이 공급되는 시점과 고객에게 청구되는 시점 사이의 시간이며, 이 시간을 줄이는 것이 수금 처리 속도를 높이는 핵심 단계라는 것을 깨달았다. 감사 담당자는 송장을 무작위로 추출해 납품일과 청구일 사이의 시간을 측정할 수 있다. 이 경우, 결함으로 간주되는 것은 무엇일까? 샘플의 크기는 얼마나 되어야 하며, 샘플 추출 빈도는 얼마나 되어야 할까? 마지막으로, 시간이 지남에 따라 프로세스가 계획대로 진행되고 있는지 어떻게 확신할 수 있을까? 이 장의 나머지 부분에서는 자말이 이러한 자신의 질문에 답을 구하는 데 도움이 되는 지침을 제공한다.

는 도구는 주로 결함 있는 서비스나 제품을 감지하거나, 프로세스가 변경되어 이를 시정하기 위한 조치가 취해지지 않으면 서비스나 제품이 설계 사양에서 벗어날 것임을 나타내는 데 사용된다. SPC는 또한 개선된 프로세스 변경 사항을 경영진에게 알리는 데도 사용될 수 있다. SPC를 통해 감지할 수 있는 프로세스 변경 사항의 예는 다음과 같다.

- 호텔의 하루 평균 불만 건수 감소
- 기어박스 결함 비율의 급격한 증가
- 모기지 신청 처리 시간 증가
- 밀링 머신의 폐기 유닛 수 감소
- 보험사로부터 보험금 지연 연체료를 받는 청구인 수 증가

출처: ClassicStock/Alamy Stock Photo

펜실베이니아주 요크에 있는 할리 데이비슨 모터사이클 조립라인. 할리 데이비슨은 모터사이클이 조립되는 공장의 여러 구역에서 통계적 공정 관리를 통해 모터사이클의 품질을 향상시킨다.

마지막 상황을 고려해보자. 보험 회사의 미지급금 처리 부서 관리자가 연체된 청구인 비율이 평균 0.01에서 0.03으로 증가한 것을 발견했다고 가정하자. 첫 번째 질문은 이러한 증가가 우려스러운 현상인지, 아니면 단순한 우연의 결과인지이다. 통계적 공정 관리(SPC)는 관리자가 추가 조치를 해야 할지 결정하는 데 도움이 될 수 있다. 만약 비율 증가가 단순한 우연이 아니라면, 관리자는 저조한 성과의 원인을 파악해야 한다. 아마도 청구 건수가 크게 증가해 부서 직원들에게 과부하를 초래했을 수도 있다. 그렇다면 더 많은 인력을 채용해야 할 수도 있을 것이다. 또는 사용 중인 절차가 효과적이지 않거나 직원 교육이 부족한 데 원인이 있을 수도 있다. SPC는 TQM과 6시그마의 필수적인 부분이다.

산출물의 변동

생산 과정에는 여러 가지 변동 요인이 존재하기 때문에 설령 프로세스가 의도한 대로 작동하더라도 완전히 동일한 서비스나 제품은 존재하지 않는다. 그럼에도 불구하고, 산출물의 변동을 최소화하는 것이 중요하다. 변동은 고객이 보고 느끼는 것이므로, 산출량 변동을 최소화하는 것이 중요하다. 한 병원이 환자를 대신해 특정 보험 회사에 청구서를 제출한다고 가정해 보자. 이 경우, 해당 병원은 보험 회사의 청구서 지불 프로세스의 고객이다. 경우에 따라 4주 안에, 다른 경우에는 20주 안에 보험금을 받는다. 지불 요청 처리 기간은 보험 회사의 프로세스 부담, 환자의 병력, 직원의 기술 및 태도에 따라 달라질 수 있다. 한편, 병원은 지불을 기다리는 동안 비용을 충당해야 한다. 해당 프로세스가 서비스를 생산하든 제품을 생산하든 산출물 변동을 완전히 제거할 수는 없지만, 경영진은 변동을 최소화하기 위해 변동의 원인을 조사해야 한다.

성과 측정

성과는 두 가지 방법으로 평가할 수 있다. 한 가지 방법은 **변수**(variables), 즉 무게, 길이, 부피, 시간 등 측정 가능한 서비스 또는 제품의 특성을 측정하는 것이다. 성과변수를 사용하는 것의 장점은 서비스나 제품이 성능 사양에 미달할 경우, 검사관이 그 정도를 알 수 있다는 점이다. 단점은 이러한 측정에는 일반적으로 특수 장비, 직원의 기술, 엄격한 절차, 그리고 시간과 노력이 필요하다는 것이다.

변수
무게, 길이, 부피, 시간 같이 측정 가능한 서비스 또는 제품의 특성

성과를 평가하는 또 다른 방법은 **속성**(attributes)을 측정하는 것이다. 속성은 허용 가능한 성능인지 여부가 신속하게 계산될 수 있는 서비스 또는 제품의 특성을 의미한다. 이 방법을 통해 검사관은 서비스 또는 제품이 사양을 충족하는지 여부에 대해 간단히 '예/아니요'로 판단할 수 있다. 속성은 성과 사양이 복잡하고 변수 측정이 어렵거나 비용이 많이 들 때 자주 사용된다. 계산 가능한 속성의 예로는 미납 또는 과납을 유발하는 오류가 포함된 보험 양식의 수, 예정 시간보다 15분 이내에 도착하는 항공편의 비율, 얼룩이 있는 스토브 탑 조립품의 수 등이 있다.

속성
허용 가능한 성능인지 여부가 신속하게 계산될 수 있는 서비스 또는 제품의 특성

속성을 계수하는 장점은 변수를 측정하는 것보다 노력과 자원이 덜 필요하다는 것이다. 단점은 속성 계수를 통해 프로세스 성과의 변화를 파악할 수 있지만, 그 변화량을 나타내지는 않는다는 것이다. 예를 들어 계수를 통해 예정 시간보다 15분 이내에 도착하는 항공편의 비율이 감소했음을 알 수 있지만, 그 결과는 항공편이 15분 허용 시간을 얼마나 초과했는지를 보여주지 않는다. 이를 위해서는 예정 도착 시간으로부터의 실제 편차, 즉 변수를 측정해야 한다.

출처: Blanscape/Shutterstock

자동차 제조업체의 산업용 기계에서 공장 근로자가 제작 중인 자동차 부품의 품질 특성을 점검하고 있다.

표본 추출

검사에 대한 가장 철저한 접근 방식은 프로세스의 각 단계에서 각 서비스 또는 제품의 품질을 검사하는 것이다. **전수 검사**(complete inspection)라고 하는 이 방법은 결함을 내부 또는 외부 고객에게 전달하는 비용이 검사 비용보다 클 때 사용된다. 기업은 데이터를 기록, 요약 및 표시할 수 있는 자동 검사 장비를 사용하는 경우가 많다. 많은 기업은 자동 검사 장비가 비교적 짧은 시간 내에 투자 비용을 회수할 수 있다는 것을 알게 된다.

잘 고안된 **표본 추출 계획**(sampling plan)은 전수 검사와 동일한 수준의 보호 수준에 근접할 수 있다. 표본 추출 계획은 **표본 크기**(sample size), 즉 프로세스 산출물에 대한 무작위로 선택된 관측치의 양, 연속 표본 사이의 시간, 그리고 언제 조치를 해야 하는지를 결정하는 의사결

표본 추출 계획
표본 크기, 연속 표본 사이의 시간, 그리고 조치를 취해야 할 시점을 결정하는 의사결정 규칙을 지정하는 계획

표본 크기
프로세스 산출물에 대해 무작위로 선택된 관측치의 양

출처: B.O'Kane/Alamy Stock Photo

이케아가 배송하고 판매하는 평면 포장 가구의 양이 워낙 많기 때문에 완벽한 검수는 불가능하다. 하지만 이케아가 POANG 안락의자에 10년 품질 보증을 제공하는 이유는 매 생산 라인에서 샘플을 꼼꼼하게 스트레스 테스트하기 때문이다.

정 규칙을 지정한다. 표본 추출은 검사를 수행하는 데 필요한 특수 지식, 기술, 절차 및 고가 장비로 인해 검사 비용이 비싸거나, 검사가 파괴적인 특성이 있어 검사 비용이 높은 경우에 적합하다.

표본 분포

성과 측정과 관련해, 프로세스는 **공정 분포**(process distribution)로 설명할 수 있는 산출물을 생성하며, 평균과 분산은 100% 정확도의 완전한 검사를 통해서만 알 수 있다. 그러나 표본 추출의 목적은 완전한 검사를 수행하지 않고 프로세스 산출물에 대한 변수 또는 속성 측정값을 추정하는 것이다. 이 측정값은 프로세스 자체의 성과를 평가하는 데 사용된다. 예를 들어 병원 중환자실 검사실에서 검체를 처리하는 데 걸리는 시간(변수 측정값)은 다양하다. 많은 환자에 대한 분석을 완료하는 데 걸리는 시간을 측정하고 결과를 그래프로 표시하면 데이터는 공정 분포로 설명할 수 있는 패턴을 형성하는 경향이 있다. 표본 추출을 통해 표본 평균, 표본 범위 또는 표준편차와 같은 통계량을 사용해 공정 분포의 매개변수를 추정하려고 한다.

1. **표본 평균**(sample mean)은 관측치의 합을 총관측치 수로 나눈 값이다.

$$\bar{x} = \frac{\sum_{i=1}^{n} x_i}{n}$$

x_i = 품질 특성(예: 시간)에 대한 관찰

n = 총 관찰 횟수

$\bar{x}$ = 평균

2. **범위**(range)는 표본에서 가장 큰 관측치와 가장 작은 관측치의 차이다. **표준편차**(standard deviation)는 분포의 분산의 제곱근이다. 표본을 기반으로 한 공정 표준편차의 추정치는 다음과 같다.

$$\sigma = \sqrt{\frac{\sum_{i=1}^{n}(x_i - \bar{x})^2}{n-1}} \quad \text{또는} \quad \sigma = \sqrt{\frac{\sum_{i=1}^{n} x^2 - \frac{\left(\sum_{i=1}^{n} x_i\right)^2}{n}}{n-1}}$$

σ = 표본의 표준편차

n = 표본의 총관측치 수

$\bar{x}$ = 평균

x_i = 품질 특성의 관측치

범위나 표준편차의 값이 상대적으로 작다는 것은 관측치가 평균 근처에 집중되어 있다는 것을 의미한다.

이러한 표본 통계는 고유한 분포를 가지며, 이를 **표본 분포**(sampling distribution)라고 한다. 예를 들어 실험실 분석 프로세스에서 중요한 성과변수는 중환자실에 결과를 전달하는 데 걸리는 시간이다. 경영진이 평균 25분 안에 결과를 얻기를 원한다고 가정해 보자. 즉 공정 분포의 평균이 25분이 되기를 원한다. 검사자는 주기적으로 5개의 분석 표본을 추출해 표본 평균을 계산하고, 이를 사용해 프로세스가 얼마나 잘 진행되고 있는지 확인할 수 있다. 프로세스가 실제로 평균 25분으로 분석을 생성한다고 가정해 보겠다. 이러한 표본 평균을 대량으로 표시하면 공정 분포 평균과 마찬가지로 평균이 25분을 중심으로 하는 고유한 표본 분포를 가지지만 변동성이 훨씬 적음을 알 수 있다. 그 이유는 표본 평균이 각 표본의 개별 시간의 최곳값과 최젓값을 상쇄하기 때문이다. 그림 4.5는 분석 시간에 대한 표본 평균의 표본 분포와 공정 분포 간 관계를 보여준다.

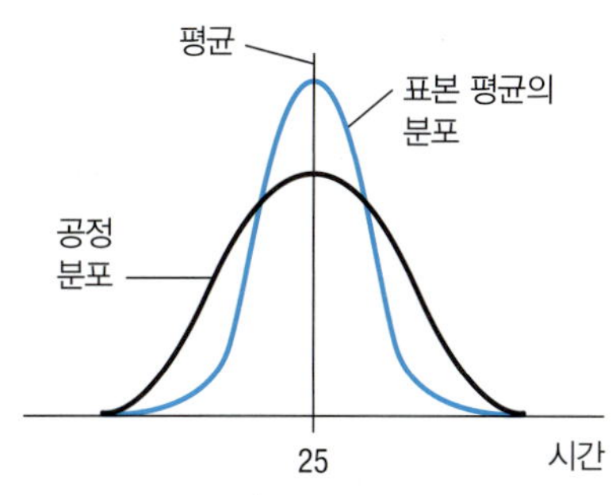

그림 4.5 표본 평균 분포와 공정 분포 간의 관계

일부 표본 분포(예: 표본 크기가 4 이상인 평균 및 표본 크기가 20 이상인 비율)는 정규분포로 근사할 수 있으며, 이를 통해 정규분포표를 사용할 수 있다(부록 1 '정규분포' 참조). 예를 들어 표본 평균이 공정 평균보다 2.0 표준편차 이상 높을 확률을 계산한다고 가정해 보겠다. 부록 1로 가서 표에서 $z = 2.0$ 표준편차에 대한 값이 0.9772임을 확인한다. 따라서 확률은 $1.0000 - 0.9772 = 0.0228$, 즉 2.28%가 된다. 정규분포는 평균과 대칭이므로 표본 평균이 공정 평균보다 2.0 표준편차 이상 낮을 확률 또한 2.28%이다. 표본 결과에 확률을 할당하는 능력은 관리도를 작성하고 사용하는 데 중요하다.

우연원인

산출물 변동의 두 가지 기본 범주에는 우연원인(common causes)과 이상원인(assignable causes)이 있다. **우연변동**(common causes of variation)은 현재 공정에서 불가피한 순전히 무작위적이고 식별할 수 없는 변동 원인이다. 공정 분포는 **위치**, **산포**, **모양**으로 특징지어질 수 있다. 위치는 분포의 **평균**으로 측정되는 반면, 산포는 **범위** 또는 **표준편차**로 측정된다. 공정 분포의 모양은 대칭 또는 비대칭으로 특징지어질 수 있다. 대칭 분포는 평균 위아래의 관측치 수가 같다. 비대칭 분포는 평균 위아래의 관측치 수가 더 많다. 프로세스의 변동이 우연변동에서만 발생하는 경우, 일반적으로 분포는 대칭적이며 대부분의 관측치가 중심부 근처에 모여 있다고 가정한다.

우연변동
현재 공정에서 불가피한 순전히 무작위적이고 식별할 수 없는 변동의 원인

이상원인

이상변동(assignable causes of variation) 또는 **특수원인**(special causes)이라고 알려진 두 번째 변동 범주에는 식별 및 제거 가능한 변동 유발 요인이 포함된다. 교육이 필요한 직원이나 수리가 필요한 기계가 이러한 이상변동에 해당한다. 실험실 분석 프로세스의 예로 돌아가 보자. 그림 4.6은 이상변동이 분석 프로세스의 출력 분포를 어떻게 변경할 수 있는지 보여준다. 초록색 곡선은 우연변동만 존재할 때의 공정 분포이다. 보라색 점선 곡선은 이상원인으로 인한 분포 변화를 나타낸다. 그림 4.6(a)에서 보라색 점선 곡선은 많은 경우 프로세스에 계획보다 더 많은 시간이 소요되어 각 분석의 평균 시간이 증가했음을 나타낸다. 그림 4.6(b)에서 각 사례의 시간 변동성 증가는 분포의 산포에 영향을 미쳤다. 마지막으로 그림 4.6(c)에서 보라색 점선 곡선은 프로세스가 평균보다 짧은 시간에 더 많은 테스트를 생성했음을 나타낸다. 이러한 분포는 비

이상변동
식별 및 제거 가능한 변동을 유발하는 모든 요인

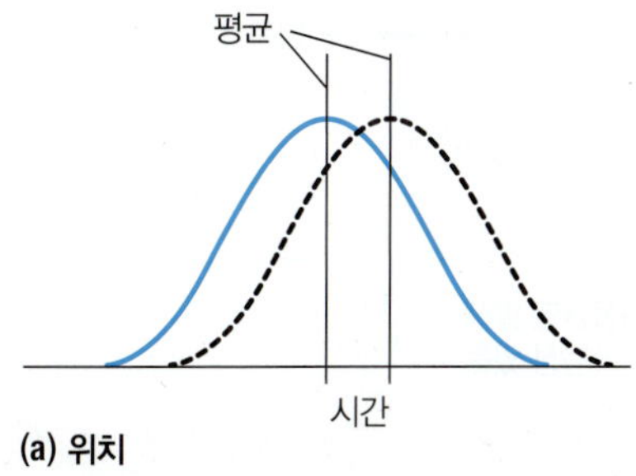

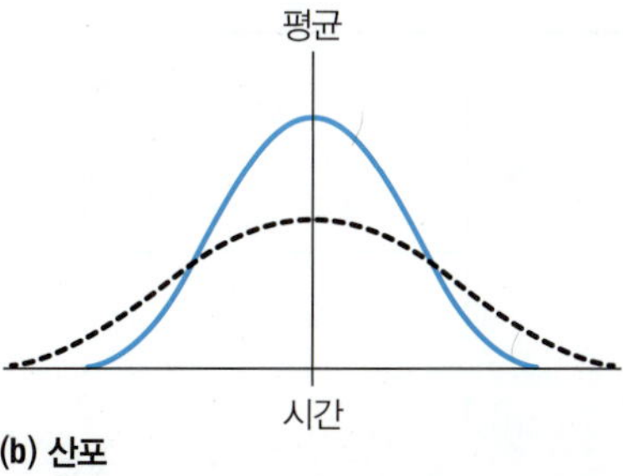

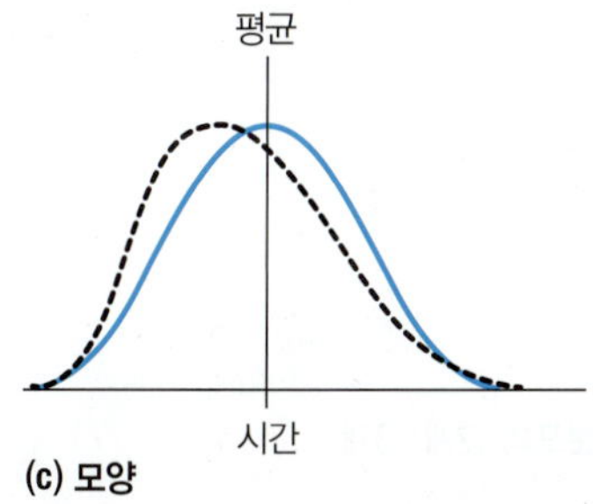

그림 4.6 실험실 분석 프로세스의 공정 분포에 대한 이상원인의 효과

대칭적이거나 더는 평균값과 대칭적이지 않다. 프로세스의 위치, 산포 또는 분포 형태가 시간에 따라 변하지 않을 때 해당 프로세스는 통계적 관리 상태에 있다고 한다. 프로세스가 통계적 관리 상태에 도달하면 관리자는 SPC 절차를 사용해 발생 가능한 원인의 발생을 감지하고 이를 해결할 수 있다.

관리도

관리도
관찰된 변동이 비정상적인지 여부를 결정하는 데 사용되는 시간순서 다이어그램

관찰된 변동이 비정상인지 판단하기 위해, 표본에서 추출한 성과 측정값을 측정해 **관리도**(control chart)라고 하는 시간순서 다이어그램에 표시할 수 있다. 관리도는 명목값 또는 중심선으로 구성되는데, 이는 프로세스의 과거 평균값 또는 관리자가 프로세스가 달성하기를 바라는 목푯값일 수 있으며, 품질 측정값의 표본 분포를 기반으로 하는 2개의 관리한계(control limit)가 있다. 관리한계는 조치가 필요한지 여부를 판단하는 데 사용된다. 큰 값은 **관리상한**(upper control limit, UCL)을 나타내고, 작은 값은 **관리하한**(lower control limit, LCL)을 나타낸다. 그림 4.7은 관리한계가 표본 분포와 어떤 관련이 있는지 보여준다. UCL과 LCL 사이에 있는 표본 통계량은 프로세스가 우연변동을 보이고 있음을 나타낸다. 관리한계를 벗어나는 통계량은 프로세스가 이상변동을 보이고 있음을 나타낸다.

관리한계를 벗어난 관측치가 항상 품질이 좋지 않다는 것을 의미하는 것은 아니다. 예를 들어 그림 4.7에서 이상원인은 고객에게 발송되는 잘못된 청구서 수를 줄이기 위해 도입된 새로운 청구 프로세스일 수 있다. 잘못된 청구서 비율, 즉 청구서 표본의 성과 측정값이 관리도의 관리하한(LCL) 미만으로 떨어지면 새로운 절차가 청구 프로세스를 개선했을 가능성이 높으므로 새로운 관리도를 작성해야 한다.

프로세스 평가를 담당하는 관리자나 직원은 다음과 같은 방식으로 관리도를 사용할 수 있다.

1. 프로세스에서 무작위 표본을 추출해 변수 또는 속성 성과 측정값을 계산한다.
2. 통계가 관리도의 관리한계를 벗어나거나 비정상적인 행동을 보이면 이상원인을 찾는다.
3. 성과가 저하되는 경우 그것의 원인을 제거하고, 성과가 향상되는 경우 그러한 원인을 수용한다. 새로운 데이터로 관리도를 재구성한다.
4. 이 절차를 주기적으로 반복한다.

때로는 관리한계를 초과하지 않았더라도 프로세스의 문제가 감지될 수 있다. 그림 4.8에는 네 가지 관리도 예가 나와 있다. 차트 (a)는 통계적 관리 상태(in control)에 있는 프로세스를 보

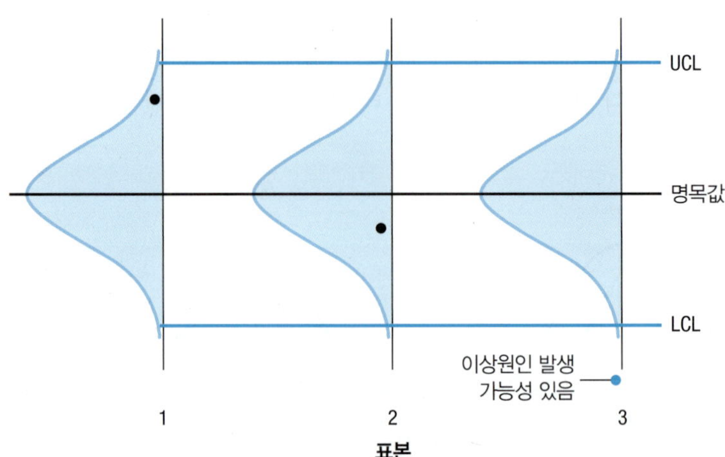

그림 4.7 관리한계와 표본 분포의 관계: 3개 표본에서 얻은 관찰 결과

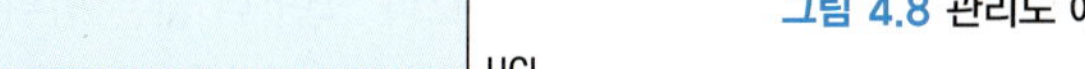
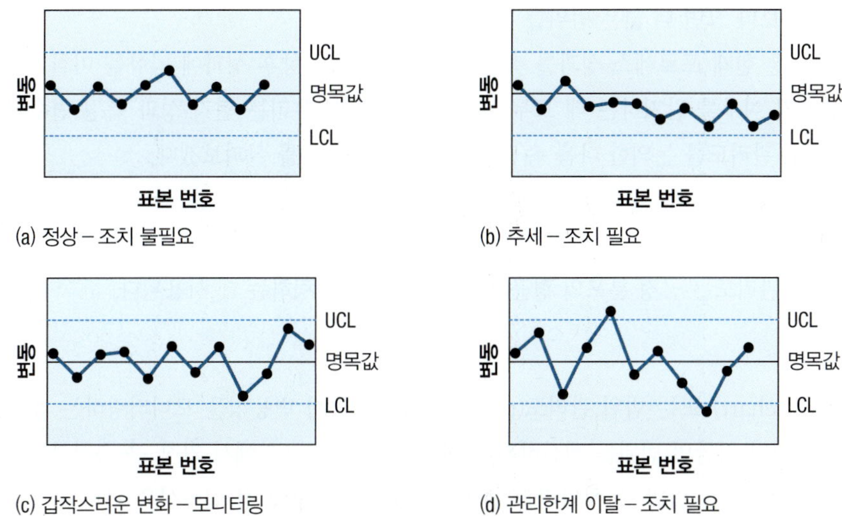

(a) 정상 – 조치 불필요

(b) 추세 – 조치 필요

(c) 갑작스러운 변화 – 모니터링

(d) 관리한계 이탈 – 조치 필요

그림 4.8 관리도 예시

여준다. 별도의 조치는 필요하지 않다. 그러나 차트 (b)는 특수한 성향을 가진 일련의 관측치 또는 런(run)이라고 하는 패턴을 보여준다. 일반적인 규칙은 관측치가 관리한계를 초과하지 않았더라도 5개 이상의 관측치가 하락 또는 상승 추세를 보이면 시정 조치를 취하는 것이다. 여기서는 9개의 연속 관측치가 평균보다 낮고 하락 추세를 보인다. 이러한 결과가 우연히 발생할 확률은 낮다.

차트 (c)는 공정이 정상적인 패턴에서 갑자기 변화함을 보여준다. 마지막 네 가지 관측치는 이례적이다. 첫 번째 관측치는 LCL에 가까워지고, 두 번째 관측치는 UCL을 향해 상승하며, 네 번째 관측치는 명목값 위에 머물러 있다. 관리자나 직원은 관리한계를 초과하지 않았더라도 이러한 급격한 변화가 발생하는 공정을 모니터링해야 한다. 마지막으로, 차트 (d)는 2개의 표본 결과가 관리한계를 벗어났기 때문에 프로세스가 두 번 관리이탈 상태(out of control)였음을 나타낸다. 공정 분포가 변화했을 확률이 높다. 이 장의 뒷부분에서 공정 능력을 논의할 때 통계적 관리이탈의 더 많은 의미를 논의할 것이다.

관리도는 표본 분포를 기반으로 하기 때문에 공정 분포의 변화를 감지하는 데 완벽한 도구가 아니다. 관리도를 사용하면 두 가지 유형의 오류가 발생할 수 있다. **제1종 오류**(type I error)는 표본 결과가 관리한계를 벗어났다는 이유로 공정이 관리이탈 상태라는 결론을 내렸지만, 실제로는 순수한 무작위성 때문에 기인한 경우에 발생한다. **제2종 오류**(type II error)는 실제로는 공정이 통계적 관리이탈 상태임에도 불구하고 프로세스가 관리 상태이고 무작위성만 존재한다는 결론을 내리는 경우에 발생한다.

제1종 오류
실제로는 순수한 무작위성에서 기인한 것임에도 불구하고, 직원이 관리한계를 벗어난 표본 결과를 근거로 공정이 관리이탈 상태라고 결론을 내리는 경우 발생하는 오류

제2종 오류
실제로는 공정이 통계적 관리이탈 상태임에도 불구하고, 직원이 공정은 관리 상태이고 무작위성만 존재한다는 결론을 내리는 경우에 발생하는 오류

이러한 오류는 관리한계의 선택을 통해 제어할 수 있다. 선택은 원인이 없는 경우 이상원인 파악에 드는 비용과 공정상 변화를 감지하지 못하는 데 드는 비용에 따라 달라진다. 예를 들어 관리한계를 평균에서 ±3 표준편차로 설정하면 공정이 통계적 관리 범위를 벗어나지 않는 한 표본 결과가 관리한계를 벗어날 확률이 0.26%에 불과하므로 제1종 오류가 감소한다. 그러나 제2종 오류는 유의미할 수 있다. 관리한계의 범위가 넓어 공정 분포의 미묘한 변화는 감지되지 않을 수 있다. 또는 관리한계의 범위를 ±2 표준편차로 줄여 결함이 없는 공정에서 발생한 표본 결과가 관리한계를 벗어날 가능성을 4.56%로 높일 수 있다. 이 경우 제2종 오류는 더 작지만, 표본 결과가 우연히 발생했을 때 직원들이 원인 파악에 나설 가능성이 높기 때문에 제1종 오류가 더 크다. 일반적으로, 이상원인을 찾는 데 드는 비용이 공정 분포의 변화를 감지하지 못하는

데 드는 비용보다 크면 더 넓은 범위를 사용한다.

SPC 방법은 현재 프로세스 성과를 측정하고 프로세스가 향후 성과에 영향을 미칠 방식으로 변경되었는지 여부를 감지하는 데 모두 유용하다. 따라서 우리는 먼저 성과 측정 변수에 대한 평균 및 범위 관리도를 논의한 다음 속성 측정에 대한 관리도를 살펴보겠다.

변수에 대한 관리도

변수에 대한 관리도는 공정 분포의 평균과 변동성을 모니터링하는 데 사용된다.

R 관리도

***R* 관리도**(R-chart) 또는 범위 관리도(range chart)는 공정 변동성을 모니터링하는 데 사용된다. 표본 데이터 집합의 범위를 계산하기 위해 분석가는 각 표본에서 가장 큰 측정값에서 가장 작은 측정값을 뺀다. 범위 중 하나라도 관리한계를 벗어나면 공정 변동성은 관리 상태에 있지 않다.

R 관리도의 관리한계는 다음과 같다.

$$\text{UCL}_R = D_4\bar{R}, \qquad \text{LCL}_R = D_3\bar{R}$$

$\bar{R}$ = 과거 여러 R값의 평균과 관리도의 중심선

D_3, D_4 = 주어진 표본 크기에 대해 3 표준편차(3시그마) 한계를 제공하는 상수

표 4.1에 표시된 D_3와 D_4 값은 표본 크기에 따라 변한다. 아울러 표본 크기가 증가함에 따라 관리한계 사이의 간격이 좁아지는 것도 주목하자. 이러한 변화는 공정 범위 추정의 근거가 되는 정보가 더 많아졌기 때문이다.

$\bar{x}$ 관리도

$\bar{x}$ 관리도는 프로세스가 경영진이 설정한 목푯값과 일치하는 평균적인 산출물을 생성하는지, 또는 성과 측정 평균 대비 현재 성과가 과거 성과와 일치하는지 확인하는 데 사용된다. 목푯값은 프로세스가 완전히 재설계되어 더는 과거 성과가 중요하지 않을 때 유용하다. 프로세스 변동성

표 4.1 $\bar{x}$ 및 R 관리도의 3시그마 한계 계산을 위한 모수

표본 크기(n)	$\bar{x}$ 관리도의 UCL과 LCL을 위한 모수(A_2)	R 관리도의 LCL1 $\bar{x}$ 및 R 관리도의 3시그마 한계 계산을 위한 모수를 위한 모수(D_3)	R 관리도의 UCL을 위한 모수(D_4)
2	1.880	0	3.267
3	1.023	0	2.575
4	0.729	0	2.282
5	0.577	0	2.115
6	0.483	0	2.004
7	0.419	0.076	1.924
8	0.373	0.136	1.864
9	0.337	0.184	1.816
10	0.308	0.223	1.777

출처: NIST/SEMATECH e-Handbook of Statistical Methods, https://www.itl.nist.gov/div898/handbook/pmc/section3/pmc321.htm

의 이상원인이 파악되고 프로세스 변동성이 통계적 관리 상태에 있을 때 분석가는 $\bar{x}$ 관리도를 구축할 수 있다. $\bar{x}$ 관리도의 관리한계는 다음과 같다.

$$\text{UCL}_{\bar{x}} = \bar{\bar{x}} + A_2\bar{R}, \qquad \text{LCL}_{\bar{x}} = \bar{\bar{x}} - A_2\bar{R}$$

$\bar{\bar{x}}$ = 관리도의 중심선으로, 과거 표본 평균의 평균이거나 프로세스에 설정된 목푯값일 수 있음

A_2 = 표본 평균에 대한 3시그마 한계를 제공하는 상수

A_2값은 표 4.1에 포함되어 있다. 관리한계는 $\bar{R}$값을 사용한다. 따라서 $\bar{x}$ 관리도는 공정 변동성이 관리 상태에 도달한 후에 작성해야 한다.

$\bar{x}$ 관리도와 R 관리도를 개발하고 사용하려면 다음을 수행하라.

1단계: 변수 품질 측정(예: 시간, 무게, 직경)에 대한 데이터를 수집하고 표본 개수별로 정리한다. 관리도 작성에는 크기 n인 표본을 최소 20개 이상 사용하는 것이 좋다.

2단계: 각 표본의 범위와 표본 집합의 평균 범위($\bar{R}$)를 계산한다.

3단계: 표 4.1을 사용해 R 관리도의 관리상한과 관리하한을 결정한다.

4단계: 표본 범위를 표시한다. 모든 범위가 관리 상태에 있으면 5단계로 넘어간다. 그렇지 않으면 이상원인을 찾아 수정한 후 1단계로 돌아간다.

5단계: 각 표본의 $\bar{x}$를 계산하고 관리도의 중심선($\bar{\bar{x}}$)을 결정한다.

6단계: 표 4.1을 사용해 $\text{UCL}_{\bar{x}}$ 및 $\text{LCL}_{\bar{x}}$의 매개변수를 결정하고, $\bar{x}$ 관리도를 작성한다.

7단계: 표본 평균을 표시한다. 모든 표본이 관리 상태에 있다면, 프로세스는 공정 평균과 공정 변동성 측면에서 통계적 관리 상태에 있다. 표본을 계속 추출하고 공정을 모니터링한다. 관리이탈 상태에 있다면, 이상원인을 찾아 해결한 후 1단계로 돌아간다. 면밀한 조사 후에도 이상원인을 찾을 수 없는 경우에는 관리이탈 지점이 우연변동이라고 가정하고 공정을 계속 모니터링해 나간다.

$\bar{x}$ 및 R 관리도 기반 프로세스 모니터링

예제 4.1

웨스트 앨리스 인더스트리(West Allis Industries)의 경영진은 회사의 주요 고객사 여러 곳에서 사용하는 특수 금속 원통형 볼트 생산에 대해 우려하고 있다. 볼트의 직경은 고객에게 매우 중요하다. 5개 표본의 데이터가 첨부된 표에 나와 있다. 표본 크기는 4이다. 이 회사의 프로세스는 통계적으로 관리 상태인가?

온라인 자료

OM Explorer의 Tutor 4.1은 $\bar{x}$ 관리도와 R 관리도 활용 연습을 위한 새로운 예제를 제공한다.

Active Model 4.1은 원통형 볼트 문제에 대한 $\bar{x}$ 관리도 및 R 관리도와 그 활용법에 대한 추가적인 통찰력을 제공한다.

풀이

1단계: 단순화를 위해 5개 표본만 사용했지만, 실제로는 20개 이상의 표본이 바람직하다. 데이터는 뒤페이지 표에 나와 있다.

2단계: 가장 큰 값에서 가장 작은 값을 빼 각 표본의 범위를 계산한다. 예를 들어 표본 1의 범위는 0.5027 − 0.5009 = 0.0018인치이다. 마찬가지로 표본 2, 3, 4, 5의 범위는 각각 0.0021, 0.0017, 0.0026, 0.0022인치이다. 표에서 볼 수 있듯이, $\bar{R} = 0.0021$이다.

$\bar{x}$ 및 R 관리도를 위한 데이터: 볼트 직경(단위: 인치)						
	관측치					
표본 번호	1	2	3	4	R	$\bar{x}$
1	0.5014	0.5022	0.5009	0.5027	0.0018	0.5018
2	0.5021	0.5041	0.5024	0.5020	0.0021	0.5027
3	0.5018	0.5026	0.5035	0.5023	0.0017	0.5026
4	0.5008	0.5034	0.5024	0.5015	0.0026	0.5020
5	0.5041	0.5056	0.5034	0.5047	0.0022	0.5045
				평균	0.0021	0.5027

3단계: R 관리도를 구축하기 위해 표 4.1에서 표본 크기 4에 대한 적절한 상수를 선택한다. 관리한계는 다음과 같다.

$$\text{UCL}_R = D_4\bar{R} = 2.282(0.0021) = 0.00479\text{인치}$$
$$\text{LCL}_R = D_3\bar{R} = 0(0.0021) = 0\text{인치}$$

4단계: 그림 4.9와 같이 R 관리도에 범위를 표시한다. 표본 범위 중 관리한계를 벗어나는 범위는 없다. 따라서 공정 변동성은 통계적 관리 상태이다. 표본 범위 중 관리한계를 벗어나는 범위가 있거나 비정상적인 패턴이 나타나는 경우(그림 4.9 참조), 과도한 변동성의 원인을 찾아 해결한 후 1단계를 반복한다.

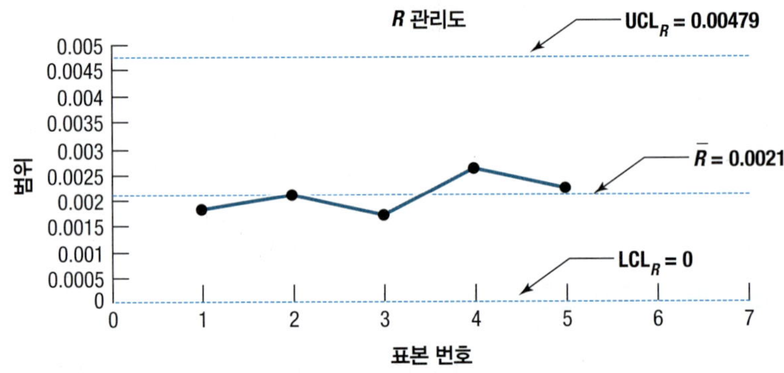

그림 4.9 공정 변동성이 관리 상태에 있음을 보여주는 OM Explorer $\bar{x}$ 및 R 관리도 Solver의 범위 관리도

5단계: 각 표본의 평균을 계산한다. 예를 들어 표본 1의 평균은 다음과 같다.

$$\frac{0.5014 + 0.5022 + 0.5009 + 0.5027}{4} = 0.5018\text{인치}$$

마찬가지로 표본 2, 3, 4, 5의 평균은 각각 0.5027, 0.5026, 0.5020, 0.5045인치이다. 표에서 볼 수 있듯이 $\bar{\bar{x}} = 0.5027$이다.

6단계: 이제 공정 평균에 대한 $\bar{x}$ 관리도를 그린다. 평균 볼트 직경은 0.5027인치이고, 평균 범위는 0.0021인치이므로, 표 4.1에서 표본 크기 4인 경우의 $\bar{\bar{x}} = 0.5027$, $\bar{R} = 0.0021$, 그리고 A_2를 사용해 관리한계를 설정한다.

$$\text{UCL}_{\bar{x}} = \bar{\bar{x}} + A_2\bar{R} = 0.5027 + 0.729(0.0021) = 0.5042\text{인치}$$
$$\text{LCL}_{\bar{x}} = \bar{\bar{x}} - A_2\bar{R} = 0.5027 - 0.729(0.0021) = 0.5012\text{인치}$$

7단계: 그림 4.10과 같이 관리도에 표본 평균을 표시한다. 표본 5의 평균이 UCL 위에 있는데, 이는 공정 평균이 통계적으로 관리이탈 상태임을 나타내며, 필요한 경우 특성요인도 분석을 통해 이상원인을 규명해야 한다.

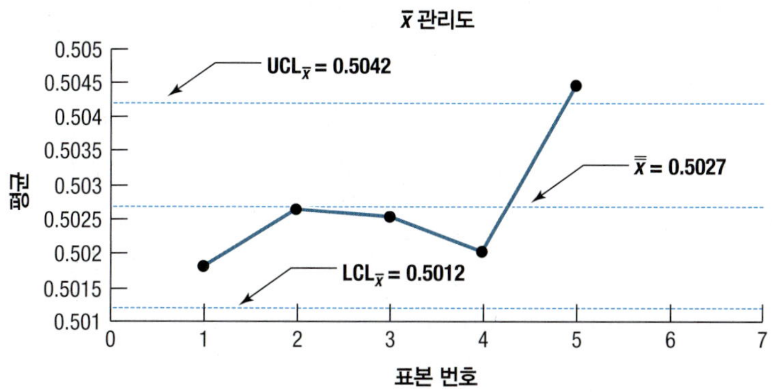

그림 4.10 표본 5가 관리이탈 상태임을 보여주는 원통형 볼트에 대한 OM Explorer $\bar{x}$ 및 R 관리도 Solver의 $\bar{x}$ 관리도

의사결정 포인트

표본 5를 추출한 날, 신입 직원이 원통형 볼트를 만드는 선반 기계를 조작했다. 이 문제를 해결하기 위해 경영진은 해당 직원을 대상으로 교육을 실시했다. 이후 표본 추출 결과, 공정이 통계적 관리 상태로 돌아왔음이 확인되었다.

공정 분포의 표준편차를 알고 있는 경우, 다른 형태의 $\bar{x}$ 관리도를 이용할 수 있다.

$$\text{UCL}_{\bar{x}} = \bar{\bar{x}} + z\sigma_{\bar{x}}, \qquad \text{LCL}_{\bar{x}} = \bar{\bar{x}} - z\sigma_{\bar{x}}$$

$\sigma_{\bar{x}} = \sigma/\sqrt{n}$ = 표본 평균의 표준편차

σ = 공정 분포의 표준편차

n = 표본 크기

$\bar{\bar{x}}$ = 관리도의 중심선으로, 과거 표본 평균의 평균이거나 프로세스에 대해 설정된 목푯값일 수 있음

z = 정규 편차로서, 평균으로부터 표준편차의 수를 의미함

분석가는 $\bar{x}$ 관리도를 작성하기 전에 R 관리도를 사용해 공정 변동성이 관리 상태에 있는지 확인할 수 있다. 이러한 형태의 $\bar{x}$ 관리도를 사용할 때의 장점은 z값을 변경해 관리한계의 범위를 조정할 수 있다는 것이다. 이러한 접근법은 제1종 오류와 제2종 오류의 영향을 균형 있게 조정하는 데 유용할 수 있다.

공정 표준편차 기반 $\bar{x}$ 관리도 설계

예제 4.2

써니 데일 은행(Sunny Dale Bank)은 드라이브스루 창구에서 고객에게 서비스를 제공하는 데 필요한 시간을 모니터링하는데, 이는 도시의 다른 은행과 경쟁하는 데 중요한 품질 요인이기 때문이다. 창구 운영에 대한 광범위한 연구에서 수집한 데이터를 분석한 후, 은행 경영진은 최대 수요 기간에 고객을 처리하는 데 걸리는 평균 시간이 5분이며 표준편차는 1.5분이라는 것을 확인했다. 경영진은 6명의 고객으로 구성된 표본 크기를 사용해 주기적으로 고객을 처리하는 데 걸리는 평균 시간을 모니터링하려고 한다. 공정 변동성이 통계적 관리 상태에 있다고 가정한다.

온라인 자료

Active Model 4.2는 예약 서비스 부서에서 p 관리도의 활용에 대한 추가적인 통찰력을 제공한다.

OM Explorer의 Tutor 4.2는 p 관리도 사용 연습을 위한 새로운 예제를 제공한다.

출처: Africa Studio/Shutterstock

은행 창구 직원으로부터 현금을 받는 고객

제1종 오류가 5%인 $\bar{x}$ 관리도를 설계한다. 즉 표본 결과가 LCL 아래로 나타날 확률이 2.5%이고 표본 결과가 UCL 위로 나타날 확률이 2.5%가 되도록 관리한계를 설정한다. 몇 주간의 표본 수집 후, 2개의 연속된 표본이 각각 3.70분과 3.68분으로 나왔다. 고객 서비스 프로세스가 통계적 관리 상태에 있다고 볼 수 있는가?

풀이

$$\bar{\bar{x}} = 5.0\text{분}$$
$$\sigma = 1.5\text{분}$$
$$n = 6\text{명}$$
$$z = 1.96$$

공정 변동성은 통계적 관리 상태에 있으므로, $\bar{x}$ 관리도 구축을 바로 진행한다. 관리한계는 다음과 같다.

$$\text{UCL}_{\bar{x}} = \bar{\bar{x}} + z\sigma/\sqrt{n} = 5.0 + 1.96(1.5)/\sqrt{6} = 6.20\text{분}$$
$$\text{LCL}_{\bar{x}} = \bar{\bar{x}} - z\sigma/\sqrt{n} = 5.0 - 1.96(1.5)/\sqrt{6} = 3.80\text{분}$$

z값은 다음과 같은 방법으로 구할 수 있다. 정규분포에 대한 부록은 $-\infty$에서 z까지 정규곡선 아래 총면적의 비율을 제공한다. 여기서는 5%의 제1종 오류, 즉 UCL 윗부분 곡선 면적의 2.5%, LCL 아랫부분 곡선 면적의 2.5%가 되기를 원하고 있다. 따라서 정규곡선의 상단 부분에 2.5%(표에서는 0.9750)만 남도록 표에서 z값을 찾아야 한다. 그 값은 1.96이다. 2개의 새로운 표본은 관리도의 LCL보다 아래에 있는데, 이는 고객 서비스 응대 평균 시간이 단축되었음을 의미한다. 개선의 원인을 파악하기 위해서는 이상원인을 규명해야 한다.

의사결정 포인트

경영진은 표본 수집 기간을 분석한 결과, 프로세스 관리자가 몇 가지 새로운 절차를 실험하고 있음을 발견했다. 경영진은 새로운 절차를 고객 서비스 프로세스에 영구적으로 포함하기로 했다. 모든 직원이 새로운 절차에 대한 교육을 받은 후, 새로운 표본을 수집하고 관리도를 재구축했다.

속성에 대한 관리도

속성 측정에 기반한 성과 측정에 일반적으로 사용되는 두 가지 차트는 p 관리도와 c 관리도이다. p 관리도는 프로세스에서 발생하는 결함 비율을 제어하는 데 사용된다. c 관리도는 서비스나 제품에 하나 이상의 결함이 존재할 수 있는 경우 결함 수를 제어하는 데 사용된다.

p 관리도

***p* 관리도**(p-chart)는 속성 관리에 일반적으로 사용된다. 성과 특성은 측정되는 것이 아니라 계산되며, 전체 서비스 또는 품목을 양호 또는 불량으로 판정할 수 있다. 예를 들어 은행 업계에서 계산되는 속성은 배서되지 않은 예금 건수나 고객에게 발송된 잘못된 재무제표 건수일 수 있다. 이 방법은 무작위 표본을 추출하고, 그 안의 각 품목을 검사한 후, 불량품 수를 표본 크기로 나눈 값인 표본 불량률(proportion defective, p)을 계산하는 방식을 포함한다.

p 관리도 표본 추출은 '예/아니요' 결정을 포함한다. 공정 산출물이 불량품인지 불량품이 아

닌지 판별하는 것이다. 기본 통계 분포는 이항분포(binomial distribution)를 기반으로 한다. 그러나 표본 크기가 큰 경우 정규 분포가 이항분포에 대한 좋은 근사치를 제공한다. 불량품 비율 분포의 표준편차 σ_p는 다음과 같다.

$$\sigma_p = \sqrt{\bar{p}(1-\bar{p})/n}$$

n = 표본 크기
$\bar{p}$ = 관리도의 중심선은 과거 평균 불량 모비율 또는 목푯값이 될 수 있음

σ_p를 사용하면 p 관리도의 관리상한 및 관리하한을 도출할 수 있다.

$$\text{UCL}_p = \bar{p} + z\sigma_p, \qquad \text{LCL}_p = \bar{p} - z\sigma_p$$

z = 정상편차(평균에서 표준편차 수)

관리도는 다음과 같은 방식으로 사용된다. 주기적으로 크기 n의 임의 표본을 추출해 불량 서비스 또는 제품의 수를 계산한다. 불량품 수를 표본 크기로 나누어 표본 불량률(p)을 구하고 이를 관리도에 표시한다. 표본 불량률이 관리한계를 벗어나면 분석가는 공정에서 발생한 불량률이 변경되었다고 가정하고 이상원인을 찾는다. 관측치가 LCL_p 미만으로 떨어지면 공정이 실제로 개선되었을 수 있음을 나타낸다. 관리이탈 비율이 무작위로 발생했을 가능성이 항상 있으므로 분석가는 이상원인을 찾지 못할 수도 있다. 그러나 만약 분석가가 이상원인을 발견한 경우라면, 해당 표본 데이터를 관리도의 관리한계를 계산하는 데 사용해서는 안 된다.

p 관리도 기반 프로세스 모니터링

예제 4.3

홈타운 은행(Hometown Bank) 예약 서비스 부서의 운영 관리자는 홈타운 직원들이 잘못 기록한 고객 계좌번호 건수에 대해 우려하고 있다. 매주 2,500건의 예금을 무작위로 추출해 잘못된 계좌번호 건수를 기록한다. 지난 12주간의 결과는 다음 표에 나와 있다. 예약 프로세스가 통계적 관리 상태를 벗어났는가? 0.26%의 제1종 오류를 발생시키는 3시그마 관리한계를 사용해서 살펴보자.

표본 번호	잘못된 계좌번호	표본 번호	잘못된 계좌번호
1	15	7	24
2	12	8	7
3	19	9	10
4	2	10	17
5	19	11	15
6	4	12	3
			합계 147

1단계: 이 표본 데이터를 사용해 $\bar{p}$를 계산한다.

$$\bar{p} = \frac{\text{총 결함 개수}}{\text{총 검사 횟수}} = \frac{147}{12(2{,}500)} = 0.0049$$

$$\sigma_p = \sqrt{\bar{p}(1-\bar{p})/n} = \sqrt{0.0049(1-0.0049)/2{,}500} = 0.0014$$

$$\text{UCL}_p = \bar{p} + z\sigma_p = 0.0049 + 3(0.0014) = 0.0091$$
$$\text{LCL}_p = \bar{p} - z\sigma_p = 0.0049 - 3(0.0014) = 0.0007$$

2단계: 각 표본의 불량률을 계산한다. 표본 1의 불량률은 15/2,500 = 0.0060이다.

3단계: 그림 4.11과 같이 각 표본의 불량률을 관리도에 표시한다.

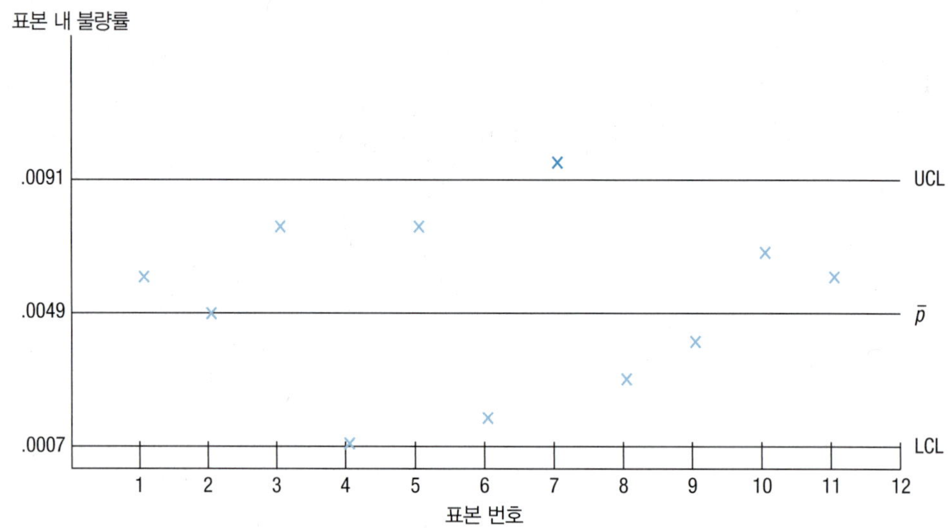

그림 4.11 잘못된 계좌번호에 대한 윈도우용 POM의 *p* 관리도. 표본 7이 관리이탈 상태에 있음을 보여준다.

표본 7은 UCL을 벗어나 있으므로 프로세스가 관리이탈 상태임을 의미하고, 그 주에 성과가 좋지 않았던 원인을 규명해야 한다.

의사결정 포인트

경영진은 표본 7이 수집된 당시 상황을 조사했다. 그 주에 수표에 계좌번호를 인쇄하는 데 사용된 인코딩 기계에 결함이 있었다. 다음 주에 기계가 수리되었지만, 기계에 권장된 예방 정비는 고장 발생 몇 달 전부터 수행되지 않았다. 경영진은 정비 부서의 성과를 검토하고 인코딩 기계의 정비 절차를 변경했다. 문제가 해결된 후, 분석가는 표본 7이 없는 데이터를 사용해 관리 한계를 다시 계산해 보았다. 이후 몇 주 동안 표본 추출을 실시한 결과, 예약 프로세스는 통계적 관리 상태에 있는 것으로 확인되었다. 결과적으로, *p* 관리도는 프로세스의 조정이 필요한 시점을 나타내는 도구로서 기능한다.

---

c 관리도

때로는 서비스나 제품에 하나 이상의 결함이 있을 수 있다. 예를 들어 카펫 롤에는 섬유에 털이 엉키거나 변색되거나 생산 과정에서 얼룩이 생기는 등 여러 가지 결함이 있을 수 있다. 한 가지 이상의 결함이 동시에 발생할 수 있는 다른 상황으로는 특정 교차로에서의 사고, TV 화면 패널의 기포, 호텔 고객의 불만 등이 있다. 경영진이 단위당 또는 서비스 발생당 결함 수를 줄이는 데 관심이 있을 경우, 또 다른 유형의 관리도인 ***c* 관리도**(*c*-chart)가 유용하다.

_c_ 관리도
서비스나 제품에 2개 이상의 결함이 존재하는 경우에 결함 수를 관리하는 데 사용하는 관리도

c 관리도의 기본 표본 분포는 푸아송 분포(Poisson distribution)이다. 푸아송 분포는 제품 표면의 연속 영역 또는 서비스 제공 중 연속적인 시간 간격에 걸쳐 결함이 발생한다는 가정에 기반한다. 또한 표면의 한 위치 또는 특정 시점에서 2개 이상의 결함이 발생할 확률은 무시할 수 있다고 가정한다. 분포의 평균은 $\bar{c}$이고, 표준편차는 $\sqrt{\bar{c}}$이다. 유용한 기법은 푸아송 분포에 대

한 정규 근사를 사용해 관리도의 중심선이 c이고 관리한계가 다음과 같도록 하는 것이다.

$$\text{UCL}_c = \bar{c} + z\sqrt{\bar{c}}, \qquad \text{LCL}_c = \bar{c} - z\sqrt{\bar{c}}$$

c 관리도 기반 단위당 결함 모니터링

예제 4.4

우드랜드제지(Woodland Paper Company)는 신문용 용지를 생산하는 회사다. 용지는 공정의 마지막 단계로 다양한 제품 품질 특성을 측정하는 기계를 통과한다. 용지 생산 공정이 관리 상태에 있는 경우, 롤당 평균 결함 수는 20개이다.

제지 롤 생산 시설의 작업자

출처: H. Mark Weidman Photography/Alamy Stock Photo

a. 롤당 결함 수에 대한 관리도를 구축하라. 이 예제에서는 2시그마 관리한계를 사용한다.
b. 5개의 롤에서 각각 16개, 21개, 17개, 22개, 24개의 결함이 보고되었다. 다른 공급업체의 펄프를 사용해 생산한 여섯 번째 롤에서는 결함이 5개 보고되었다. 이 제지 생산 공정은 관리 상태에 있다고 볼 수 있는가?

풀이

a. 롤당 평균 결함 수는 20개이다. 따라서

$$\text{UCL}_c = \bar{c} + z\sqrt{\bar{c}} = 20 + 2(\sqrt{20}) = 28.94$$
$$\text{LCL}_c = \bar{c} - z\sqrt{\bar{c}} = 20 - 2(\sqrt{20}) = 11.06$$

관리도는 그림 4.12에 있다.

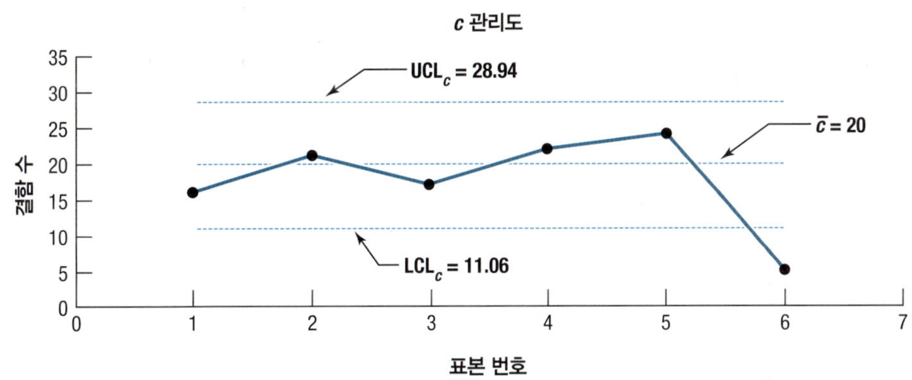

그림 4.12 용지 롤당 결함에 대한 OM Explorer c-Chart Solver의 c 관리도

b. 처음 5개의 롤에서 결함들이 모두 관리한계 내에 존재하고 있기 때문에 공정은 여전히 관리 상태에 있다고 볼 수 있다. 그러나 여섯 번째 롤의 5개 결함은 LCL 아래에 존재하고 있으므로 공정은 기술적으로는 '관리이탈' 상태이다. 관리도는 무언가 좋은 일이 발생했음을 시사한다.

의사결정 포인트

처음 5개 표본에 대한 공급업체는 우드랜드제지와 오랫동안 거래해 왔다. 여섯 번째 표본의 공급업체는 우드랜드와 처음 거래하게 된 회사이다. 경영진은 새로운 공급업체와 당분간 계속 거래하기로 하고, 불량률을 모니터링해 불량률이 낮은 수준을 유지하는지 확인했다. 20개 표본 연속 사용 후에도 불량률이 LCL 미만으로 유지된다면, 경영진은 공급업체를 영구적으로 교체

온라인 자료

OM Explorer의 Tutor 4.3은 c 관리도 사용 연습을 위한 새로운 예제를 제공한다.

하고 관리도 매개변수를 다시 산정할 것이다.

공정능력

4.5 프로세스가 규격에 맞는 서비스나 제품을 생산할 수 있는지를 판별하는 방법을 설명한다.

공정능력
서비스나 제품의 설계 규격을 충족할 수 있는 프로세스의 능력

명목값
설계 규격에 대한 목푯값

허용오차
명목값 위아래의 용인 가능한 오차 범위

통계적 공정 관리 기법은 경영진이 평균과 분산 측면에서 변하지 않는 공정 분포를 달성하고 유지하는 데 도움을 준다. 관리도의 관리한계는 공정의 평균 또는 변동성이 변할 때 신호를 보낸다. 그러나 통계적 관리 상태에 있는 공정에서도 설계 규격에 따라 서비스나 제품을 생산하지 못할 수 있다. 관리한계는 설계 규격이 아닌 **표본 분포**의 평균과 변동성을 기반으로 하기 때문이다. **공정능력**(process capability)은 공정이 서비스나 제품에 대한 설계 규격을 충족할 수 있는 능력을 의미한다. 설계 규격은 종종 **명목값**(norminal value) 또는 목푯값과 명목값 위아래의 **허용오차**(tolerance)로 표현된다.

예를 들어 중환자실 검사실 관리자는 생명이 위급한 상황에서 신속한 처리가 필요하기 때문에 담당 의사에게 결과를 전달하는 네 걸리는 시간을 25분으로 명복상 설정하고, 허용오차는 ±5분으로 설정할 수 있다. 허용오차는 **규격상한**(upper specification)인 30분과 **규격하한**(lower specification)인 20분을 의미한다. 검사실 프로세스는 이러한 규격 내에서 분석 결과를 제공할 수 있어야 한다. 그렇지 않으면 일정 비율의 '결함'이 발생할 것이다. 관리자는 또한 20분 미만의 처리 시간이 발생하는 것을 감지하는 데 관심이 있는데, 이는 향후 실험실 프로세스에 반영될 수 있는 정보를 얻을 수 있기 때문이다. 현재 의사들은 20~30분 이내에 결과가 나오는 것에 만족하고 있다.

공정능력 정의

그림 4.13은 두 가지 조건에서 공정 분포와 실험실 공정 처리 시간의 규격상한 및 규격하한 간의 관계를 보여준다. 그림 4.13(a)에서 프로세스는 공정 분포의 극단값이 규격상한 및 규격하한 범위 내에 있으므로 실행 가능하다. 그림 4.13(b)에서 실험실 프로세스는 처리 시간이 긴 보고서를 너무 많이 생성하기 때문에 실행 가능하지 않다.

그림 4.13은 관리자들이 공정 변동성 감소에 왜 그토록 관심을 기울이는지 명확하게 보여준다. 변동성이 낮을수록(표준편차가 낮을수록) 불량 산출물이 생성되는 빈도가 줄어든다. 그림 4.14는 정규확률분포를 따르는 공정 분포에서 변동성 감소가 무엇을 의미하는지 보여준다. 2시그마 성과(규격한계가 프로세스 분포 평균 ±2 표준편차와 같음)를 가진 기업은 4.56%의 결함, 즉 100만 개당 45,600개의 결함을 생성한다. 4시그마 성과를 가진 기업은 0.0063%의 결함, 즉 100만 개당 63개의 결함만 생성한다. 마지막으로 6시그마 성과를 가진 기업은 0.0000002%의 결함, 즉 100만 개당 0.002개의 결함만 생성한다.[5]

관리자는 공정의 실행 가능성을 정량적으로 어떻게 판단할 수 있을까? 실무에서는 공정의 실행 가능성을 평가하는 데 일반적으로 두 가지 지표, 즉 공정능력 지수와 공정능력 비율을 사용한다.

5 이 논의에서는 공정 분포에 이상원인이 없다고 가정한다. 그러나 6시그마 프로그램은 공정 평균이 1.5표준편차만큼 이동했다는 가정하에 결함 성과를 정의한다. 이 경우, 100만 개당 3.4개의 결함이 발생할 수 있다. 이러한 가정에 대한 근거는 http://www.isixsigma.com을 참조하라.

명목값
공정 분포
규격하한
규격상한
20 25 30 시간

(a) 공정능력 있음

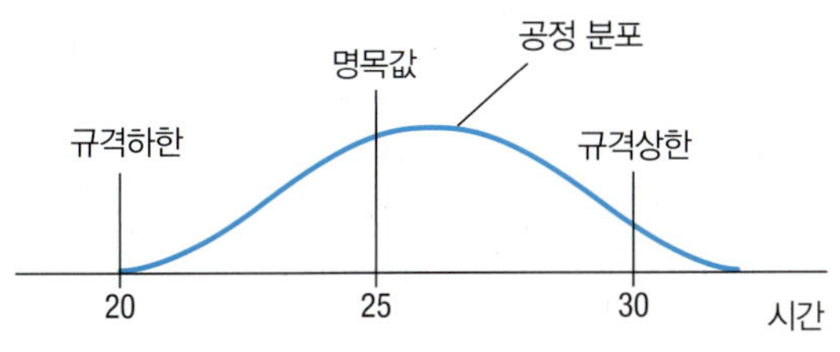

(b) 공정능력 없음

그림 4.13 공정 분포와 규격상한 및 규격하한

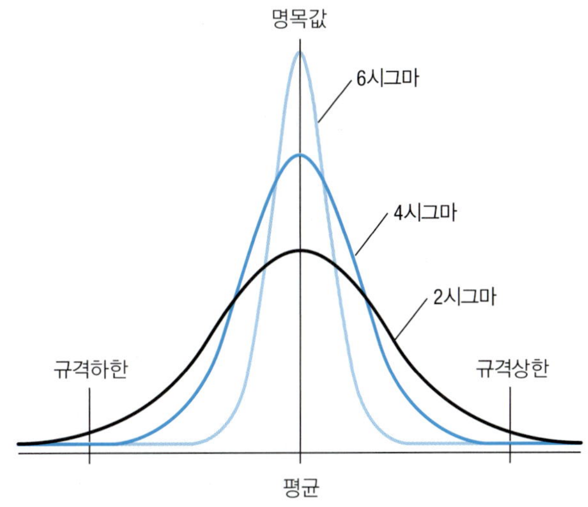

그림 4.14 변동성 감소가 공정능력에 미치는 영향

공정능력 지수

공정능력 지수
규격상한 또는 규격하한과 비교했을 때 공정이 불량 산출물을 생성할 가능성을 측정하는 지수

공정능력 지수(process capability index)인 C_{pk}는 다음과 같이 정의된다.

$$C_{pk} = \text{최솟값}\left[\frac{(\bar{\bar{x}} - \text{규격하한})}{3\sigma}, \frac{(\text{규격상한} - \bar{\bar{x}})}{3\sigma}\right]$$

σ = 공정 분포의 표준편차

공정능력 지수는 공정이 얼마나 잘 중심화되어 있는지, 그리고 변동성이 허용 가능한 수준인지를 측정한다. 일반적으로 모든 공정 분포의 값은 평균에서 ±3 표준편차 이내에 있다. 따라서 ±3 표준편차가 벤치마크로 사용된다. 공정능력 지수는 공정 분포가 규격 대비 얼마나 잘 중심화되어 있는지를 나타내므로, 공정 평균이 규격상한 및 규격하한에서 최소 3 표준편차 이상 떨어져 있는지 확인한다. 두 비율 중 가장 작은 값을 사용하는 이유는 최악의 상황을 고려하기 때문이다.

공정능력 지수는 공정의 실행 가능성을 판단하기 위해 임곗값과 비교되어야 한다. 3시그마 성과를 달성하고자 하는 기업은 1.0의 비율에 대한 임곗값을 사용한다. 4시그마 성과를 목표로 하는 기업은 1.33(또는 4/3), 5시그마 성과를 목표로 하는 기업은 1.67(또는 5/3), 6시그마 성과를 목표로 하는 기업은 2.00(또는 6/3)을 사용한다. 3시그마 성과 미만의 서비스나 제품을 생산하는 공정은 C_{pk}값이 1.0 미만이다.

프로세스가 공정능력 지수 검정을 통과하면 해당 프로세스는 공정능력이 있다고 선언할 수 있다. 어떤 기업이 4시그마 수준의 성과를 내기를 원한다고 가정해 보자. C_{pk}가 임곗값인 1.33보다 크거나 같으면 해당 프로세스는 공정능력이 있다고 할 수 있다. C_{pk}가 임곗값보다 작으면 공정 평균이 허용오차 한계 중 하나에 너무 가까워서 불량품을 발생시키거나, 공정 변동성이 너무 큰 것이다. 변동성이 원인인지 확인하기 위해서는 추가적인 테스트가 필요하다.

공정능력 비율

만약 프로세스가 공정능력 지수 테스트에 실패하면 공정 변동성이 문제를 일으키는지 확인하기 위한 즉각적인 테스트가 필요하다. 공정이 실행 가능한 수준이라면 극단값이 서비스 또는 제품의 규격상한 및 규격하한 내에 있는 공정 분포를 갖는다. 예를 들어 공정 분포가 정규분포라면 값의 99.74%가 ±3 표준편차 내에 있다. 즉 공정에서 생성된 품질 측정값의 범위는 공정 분포의 약 6 표준편차이다. 따라서 공정이 3시그마 수준에서 유능하다면 허용오차 폭(tolerance width)이라고 하는 규격상한 및 규격하한의 차이가 6 표준편차보다 커야 한다. **공정능력 비율**(process capability ratio)인 C_p는 다음과 같이 정의된다.

공정능력 비율
허용오차 폭을 6 표준편차로 나눈 값

$$C_p = \frac{\text{규격상한} - \text{규격하한}}{6\sigma}$$

경영진이 그들의 프로세스가 4시그마 역량을 갖추기를 원하는데, 한 프로세스가 해당 수준의 공정능력 지수 테스트에서 실패했다고 가정해 보자. 예를 들어 C_p값이 1.33이라면, 공정 변동성이 4시그마 품질 수준에 있으며, 공정이 중심화되어 있다고 가정할 때, 해당 프로세스는 규격 내에서 지속적으로 산출물을 생산할 수 있음을 의미한다. C_p는 테스트를 통과했지만 C_{pk}는 통과하지 못했으므로, 공정의 중심화가 충분하지 않다는 것이 문제라고 추정할 수 있다.

지속적인 개선을 사용해 공정능력 확인

공정이 허용오차 내에서 산출물을 생성할 수 있는지 확인하려면 다음 절차를 수행한다.

1단계: 공정 산출물에 대한 데이터를 수집하고 공정 산출물 분포의 평균과 표준편차를 계산한다.

2단계: 공정 분포의 데이터를 사용해 $\bar{x}$ 관리도 및 R 관리도와 같은 공정 관리도를 구축한다.

3단계: 공정에서 크기 n의 연속적인 무작위 표본을 최소 20개 추출해 관리도에 결과를 표시한다. 표본 통계량이 관리도의 관리한계 내에 있으면 공정은 통계적 관리 상태에 있다. 공정이 통계적 관리 상태에 있지 않으면, 이상원인을 찾아 제거한다. 공정 분포의 평균과 표준편차, 그리고 관리도의 관리한계를 다시 계산한다. 공정이 통계적 관리 상태에 있을 때까지 계속 시행한다.

4단계: 공정능력 지수를 계산한다. 결과가 수용 가능한 수준이라면 공정능력은 유능한 것이며, 공정에 대한 모든 변경 사항을 문서화한다. 관리도를 사용해 산출물을 지속적으로 모니터링한다. 결과가 수용 불가능한 수준이라면 공정능력 비율을 계산한다. 만약 결과가 수용 가능한 수준이라면, 공정 변동성이 양호한 것이므로 경영진은 공정의 중심화에 집중해야 한다. 만약 공정능력 비율 결과가 수용 불가능한 수준이라면, 경영진은 공정이 테스트를 통과할 때까지 변동성을 줄이는 데 집중해야 한다. 변경 사항이 발생하면, 공정 분포의 평균과 표준편차, 관리도의 관리한계를 다시 계산하고 3단계로 돌아간다.

예제 4.5 중환자실 검사실의 공정능력 평가

중환자실 검사실 프로세스의 평균 처리 시간은 26.2분, 표준편차는 1.35분이다. 이 서비스의 명목값은 25분이며, 규격상한은 30분, 규격하한은 20분이다. 검사실 관리자는 검사실의 4시그마 성과를 확보하고자 한다. 검사실 프로세스가 이러한 수준의 성과를 달성할 수 있겠는가?

풀이

관리자는 공정능력 지수를 적용해 프로세스가 실행 가능한지 간단히 확인하는 것부터 시작했다.

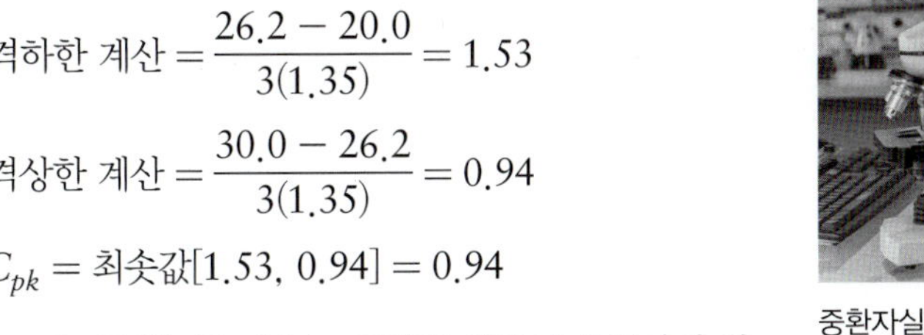

$$\text{규격하한 계산} = \frac{26.2 - 20.0}{3(1.35)} = 1.53$$

$$\text{규격상한 계산} = \frac{30.0 - 26.2}{3(1.35)} = 0.94$$

$$C_{pk} = \text{최솟값}[1.53,\ 0.94] = 0.94$$

출처: Darren Baker/Alamy Stock Photo

중환자실 검사실에서 검체를 테스트하는 의사들

4시그마 성과 목푯값이 1.33이므로, 공정능력 지수는 공정의 역량이 충분하지 않음을 나타냈다. 그러나 문제가 공정의 변동성 때문인지, 공정의 중심성 때문인지, 아니면 두 요소 모두에서 기인한 것인지 여전히 알 수 없었다. 공정 개선을 위해 사용할 수 있는 대책은 무엇이 문제인지에 따라 달라질 수 있다.

온라인 자료

Active Model 4.3은 중환자실 검사실의 공정능력 문제에 대한 추가적인 통찰력을 제공한다.

OM Explorer의 Tutor 4.4는 공정능력 측정 연습을 위한 새로운 예제를 제공한다.

다음으로, 공정능력 비율을 사용해 공정 변동성을 확인했다.

$$C_p = \frac{30.0 - 20.0}{6(1.35)} = 1.23$$

공정 변동성은 4시그마 목푯값인 1.33을 충족하지 못했다. 따라서 공정 변동성이 어디에서 발생하는지 파악하기 위한 조사가 시작되었다. 보고서 작성과 표본 슬라이드 작성이라는 두 가지 활동에서 절차가 일관되지 않은 것으로 확인되었다. 이러한 절차는 일관된 성과를 제공하기 위해 수정되었다. 새로운 데이터가 수집되었고, 평균 처리 시간은 26.1분, 표준편차는 1.20분이었다. 이제 공정 변동성은 공정능력 비율에서 알 수 있듯이 4시그마 수준의 성과로 개선되었다.

$$C_p = \frac{30.0 - 20.0}{6(1.20)} = 1.39$$

하지만, 공정능력 지수는 해결해야 할 추가적인 문제가 있음을 시사했다.

$$C_{pk} = \text{최솟값}\left[\frac{(26.1\ -\ 20.0)}{3(1.20)}, \frac{(30.0\ -\ 26.1)}{3(1.20)}\right] = 1.08$$

의사결정 포인트

검사실 프로세스는 아직 처리 시간 측면에서 4시그마 수준에 도달하지 못했다. 검사실 관리자는 중심에서 벗어난 처리 시간 분포의 원인을 조사하던 중 주요 테스트 장비에서 주기적인 백로그가 발생하는 것을 발견했다. 두 번째 장비를 도입함으로써 처리 시간을 4시그마 수준으로 단축할 수 있는 역량을 확보할 수 있었다.

인공지능과 공정능력

인공지능(artificial intelligence, AI)과 머신러닝(machine learning) 기술을 활용하면 기업은 그들의 프로세스 역량을 강화해 품질경영 관행을 개선할 수 있다. AI와 머신러닝은 특정 프로세스와 관련된 기본 데이터와 패턴을 분석해 오류와 이상을 감지하는 데 활용될 수 있다. 사물인터넷(Internet of Things)과 연계해 스마트 센서는 AI 기술을 활용해 분석할 수 있는 데이터

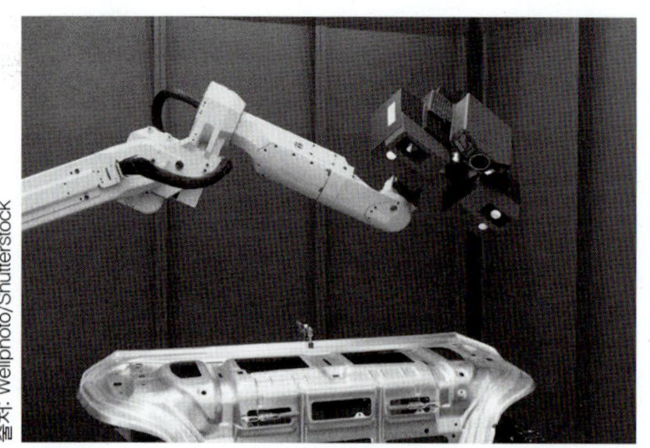

3D 스캐너가 장착된 로봇 팔. 인공지능 도구와 결합된 자동화된 스캐닝을 통해 제조 결함을 감지하고 예방할 수 있다.

를 생성하고, 이를 통해 고장을 예측하고 실제 고장 발생 전에 시정 조치를 취할 수 있다. 또한 AI는 테스트 및 수정에 소요되는 시간을 줄여 품질 보증 프로세스를 더욱 간소화하고 효율적으로 만들 수 있다. 애버딘(Aberdeen)이 제조 조직의 품질경영 담당자 200명을 대상으로 실시한 설문조사에 따르면, AI 활용은 AI 기반 품질경영 관행을 도입하지 않은 기업에 비해 문제 해결 속도 향상, 안전성 향상, 비용 절감 효과를 가져오는 것으로 나타났다.[6]

특히 결함 감지 분야에서 AI 기반 접근 방식의 이점이 활용되고 있는데, 주로 이미지를 통한 결함 감지와 이상 징후 식별을 통한 결함 감지라는 두 가지 범주로 나눌 수 있다. 이미지에는 사진, 3D 스캔, 그림으로 변환 가능한 모든 데이터 형식이 포함될 수 있다. 반면에 이상 징후 감지는 시계열 데이터 분석, 특징 분석, 예상치 못한 이벤트 발견을 통해 이루어진다.[7] 1장 '가치 창출 행위로서 운영'에서 논의한 4차 산업혁명(인더스트리 4.0)의 기술 발전은 이러한 결함 감지를 원인 감지까지 확장할 수 있다. 근본 원인 분석(root cause analysis, RCA)은 다단계 생산 시스템에서 결함이 있는 제품을 공급하고 있는 주요 원인을 찾는 데 도움을 줄 수 있다. 4차 산업혁명의 생산 프로세스를 통해 수집된 방대한 데이터는 AI 및 RCA 기반 접근 방식을 통해 분석되어 궁극적으로 무결점 제조(zero defects manufacturing, ZDM)로 이어질 수 있다.

경영 관점에서 볼 때 AI는 품질 모니터링 비용을 절감했다. 자동화된 비전 검사 시스템을 딥러닝(deep learning)과 결합하면 복잡한 결함 및 외관상의 결함을 자동화하고 간소화할 수 있다. 딥 러닝 기반 알고리즘은 감지해야 하는 결함의 사례들을 통해 훈련될 수 있다. 충분한 데이터가 확보되면 기본 인공 신경망은 추가 명령 없이 결함을 찾아낼 수 있다. 예를 들어 자동차 제조업체는 비전 검사 시스템의 인지 기능을 활용해 품질 문제를 더욱 정확하게 분석하고 식별해 문제 발생 전에 해결할 수 있게 되었다.[8] 후지쯔(Fujitsu)와 같은 기업은 전자 산업에서 소형 회로 기판 설계의 결함을 탐지하기 위한 AI 기반 인식 시스템을 개발하고 있다. 마찬가지로, AI 비전 검사 기반 시스템은 섬유 산업에서 질감, 직조, 봉제 및 색상 매칭 결함을 탐지하고, 태양광 패널 제조에서 결함을 발견하고, 공항이나 철도 체크인 라인에서 발열이 있는 승객을 식별하는 데도 활용될 수 있을 것이다. AI를 응용한 품질 개선 분야는 무궁무진하며 계속해서 성장하고 있다.

국제 품질 문서화 표준 및 품질상

4.6 국제 품질 문서화 표준과 볼드리지 성과 우수 프로그램을 설명한다.

기업이 프로세스를 개선하기 위해 노력을 기울이면, 서비스나 제품을 더욱 효과적으로 마케팅하기 위해 품질 수준을 문서화해야 한다. 이러한 품질 문서화는 특히 국제 무역에서 중요하다.

---

6 출처: Sarah Gaffney, "3 Benefits of Leveraging Artificial Intelligence in Quality Management," *Aberdeen Strategy Research*, December 5, 2022, https://www.aberdeen.com/manufacturing-engineering/3-benefits-of-leveraging-artificial-intelligence-in-quality-management/.

7 Konstantinos Papageorgiou, Theodosios Theodosiou, Aikaterini Rapti, Elpiniki I. Papageorgiou, Nikolaos Dimitriou, Dimitrios Tzovaras, and George Margetis, "A Systematic Review on Machine Learning Methods for Root Cause Analysis Towards Zero-Defect Manufacturing," *Frontiers of Manufacturing Technology Section Life Cycle Engineering* 2, no. 28 (October 2022), https://www.frontiersin.org/articles/10.3389/fmtec.2022.972712/full.

8 출처: Alex Vasilchenko, "AI Visual Inspection for Defect Detection," August 26, 2021, https://mobidev.biz/blog/ai-visual-inspection-deep-learning-computer-vision-defect-detection.

그러나 국가마다 자체적인 표준이 있다면, 국제 시장에서 활동하는 기업들은 사업을 운영하는 각 국가의 품질 문서화 표준을 준수하는 데 어려움을 겪을 것이다. 이러한 문제를 해결하기 위해 국제표준화기구(International Organization for Standardization, ISO)는 유럽 연합에서 사업하는 기업을 위해 ISO 9000이라는 일련의 표준을 제정했다.

ISO 9001:2015 문서화 표준

ISO 9001:2015는 품질 프로그램 문서화를 관장하는 ISO 9000 표준의 최신 개정판이다. 국제표준화기구(ISO)에 따르면, ISO 9001:2015 표준은 2008 표준과 범위가 유사하지만, 다른 국제 경영 표준과의 통합을 위해 일부 핵심 용어가 수정되었다. 이러한 변화로 인해 새로운 표준은 규범적인 측면을 줄이고 성과에 더욱 중점을 두게 되었다. 이 표준은 기업이 고객의 품질 요구사항 및 관련 규제 요구사항을 충족하기 위해 수행하는 작업을 명시함으로써 고객이 신뢰할 수 있고 원하는 품질의 제품과 서비스를 받을 수 있도록 보장하는 동시에, 고객 만족도를 높이고 이러한 목표를 달성하기 위한 성과의 지속적인 개선을 목표로 하고 있다. 기업은 자격을 갖춘 외부 심사관에게 모든 요구사항을 준수함을 입증함으로써 인증을 받는다. 인증을 받으면 기업은 명부에 등재되어 잠재 고객이 어떤 기업이 어떤 등급으로 인증받았는지 확인할 수 있다. 인증은 정기적으로 갱신해야 한다. 그러나 ISO 9001:2015 표준 준수는 제품의 실제 품질에 대해서는 아무것도 말해주지 않는다. 그보다는, 기업이 품질과 관련해 주장하는 모든 것을 뒷받침할 수 있는 문서를 고객에게 제공할 수 있음을 의미한다. 2014년 기준으로 전 세계 110만 개 이상의 기업이 ISO 9000 문서화 표준 계열 인증을 받았다.

ISO 9001:2015
품질 프로그램 문서화를 관장하는 일련의 표준

인증 절차 완료에는 최대 18개월이 소요될 수 있으며, 경영진과 직원들의 많은 시간이 소요된다. 대기업의 경우 인증 비용은 100만 달러를 초과할 수 있다. ISO 인증에는 많은 비용과 노력이 필요하지만, 상당한 내외부적 이점을 제공한다. 외적 이점은 규정을 준수하는 기업이 얻을 수 있는 잠재적인 판매 우위에서 비롯된다. 공급업체를 찾는 기업은 다른 모든 조건이 동일하다면 ISO 문서 표준화 준수를 입증한 기업을 선택할 가능성이 더 높다. 결과적으로 점점 더 많은 기업이 경쟁우위를 확보하기 위해 인증을 모색하고 있다. 인증은 3년 동안 유효하다. 많은 기업이 관련 비용, 업계 내 다른 많은 기업이 이미 인증받은 상황에서 경쟁우위가 부족하다는 인식, 그리고 초기 인증 취득 후 비공식적인 절차를 통해 이미 대부분의 혜택을 누렸기 때문에 갱신하지 않기로 결정하기도 한다.

내부적인 이점도 상당할 수 있다. 인증 등록된 기업들은 평균적으로 수익성이 48% 증가하고 마케팅은 76% 향상되었다고 보고한다. 선도적인 제3자 감사 기관인 영국표준협회(British Standards Institute)는 대부분의 ISO 9001 인증 기업이 문서화 요건을 충족하기 위해 노력하는 동시에 품질을 개선함으로써 제품 생산 비용을 10% 절감하고 있는 것으로 추산하고 있다. ISO 9001:2015 인증을 받으려면 기업이 절차를 분석하고 문서화해야 하며, 이는 지속적인 개선, 직원 참여 및 이와 유사한 프로그램을 실행하는 데 필수적이다. ISO 문서화 표준의 지침과 요건은 기업이 TQM 프로그램을 추진하는 데 있어 중요한 출발점을 제공한다.

말콤 볼드리지 성과 우수 프로그램

기업이 어디에서 사업을 하든, 모든 조직이 경쟁력을 유지하려면 고품질의 제품과 서비스를 생산해야 한다는 것은 자명한 사실이다. 이를 강조하기 위해 1987년 8월 미국 의회는 말콤 볼드리지 국가 품질 개선법(Malcolm Baldrige National Quality Improvement Act)을 제정해 말

볼드리지 성과 우수 프로그램
무역 적자를 줄이기 위한 수단으로 품질을 강화해야 한다고 강력히 주장했던 미국의 전 상무부 장관 말콤 볼드리지의 이름을 딴 프로그램. 기업들은 그들의 품질 전략과 성과를 촉진하고, 인정받고, 홍보할 수 있는 상을 받기 위해 경쟁한다.

콤 볼드리지 국가 품질상(Malcolm Baldrige National Quality Award)을 제정했다. 이 상은 현재 **볼드리지 성과 우수 프로그램**(Baldrige Performance Excellence Program, https://www.nist.gov/baldrige)이라 한다. 무역 적자 감소를 위한 수단으로 품질 향상을 강력히 주장했던 고(故) 볼드리지 미국 상무장관의 이름을 딴 이 상은 품질 전략과 성과를 장려하고 표창하고 홍보한다.

볼드리지상은 엄격한 심사 절차를 거친다. 하지만 지원서를 준비하는 과정 자체가 기업에게는 품질이 무엇을 의미하는지 정의하는 데 도움을 주기 때문에 긍정적인 효과를 유발하는 경우가 많다. 미국 상무부 산하 국립표준기술원(NIST)에 따르면, 품질 원칙과 탁월한 성과에 투자하면 생산성 향상, 직원 및 고객 만족도 향상, 고객과 투자자 모두의 수익성 개선으로 이어질 수 있다. 볼드리지상의 7대 주요 기준은 리더십, 전략 기획, 고객 중심, 인력 중심, 운영 중심, 측정 분석, 성과이다. 고객 만족은 이러한 7대 기준의 근간을 이루며, 수상기업을 선정하는 데는 성과 달성 영역이 가장 큰 가중치를 차지한다. 2023년까지 제조, 서비스, 중소기업, 교육, 의료, 비영리 단체 등 6개 시상 부문에 걸쳐 138개의 볼드리지상이 124개 기관에 수여되었다.

전사적 품질경영에 대한 시스템 접근법

4.7 전사적 품질경영에 대한 시스템적 접근 방식을 이해한다.

그림 4.15는 앞서 그림 4.1에서 설명한 TQM 휠의 토대를 이루는 효과적인 품질 문화를 구축하는 데 필요한 조직 구성요소를 통합하고 요약해 보여준다. TQM의 전반적인 초점은 지속적 개선의 문화와 모든 직급 직원의 적극적인 참여를 통해 항상 고객의 요구에 대응하는 것이다. 지속적 개선과 직원 참여는 고객 만족의 두 가지 기둥이다. 이 장에서는 두 가지 다른 기둥, 즉 (1) 품질에 대한 끊임없는 집중을 이끄는 경영진의 헌신과 리더십, (2) 합격 표본 추출, 공정 관리, 공정능력과 같은 도구를 활용한 분석적 프로세스 사고도 있음을 보여주었다.

이 네 가지 TQM 기둥의 교차점은 종종 확립하기 가장 어려운 문화적 변화와 관련이 있다. 지속적 개선과 직원 참여 교차점은 직원이 실제로 업무를 수행할 수 있는 권한을 부여받고 의사결정에 자율성을 부여받아야 함을 요구한다. 직원 참여와 분석적 프로세스 사고 교차점은 통계 도구와 그 사용법에 대한 지속적인 직원 교육에 대한 헌신을 요구한다. 경영진의 헌신/리더십과 분석적 프로세스 사고의 교차점은 권한이 아닌 사실에 의한 관리를 요구한다. 마지막으로, 지속적 개선과 경영진의 헌신/리더십의 교차점은 품질을 장기 계획의 필수적인 부분으로 만들 것을 요구한다. 교차점 관리 실패는 대부분 기업이 품질 목표 달성에 실패하는 이유이다. 예를 들어 품질 계획에 실패하면 지속적인 품질 개선 문화를 구축하는 데 도움이 되지 않는다. 마찬가지로, 경제적 어려움 속에서 재정 자원을 아끼기 위해 품질 교육자를 해고하는 것은 품질 관리 노력을 저해하는 결과를 초래한다.

'경영 사례 4.1'에서는 그린베이 패키징이 그들의 TQM 여정에서 전체론적 접근 방식을 어떻게 적용했는지 자세히 설명한다.

TQM의 개념은 이제 지속가능한 품질경영(sustainable quality management, SQM)으로 더욱 확장되고 있다. SQM에는 TQM의 구성요소들(그림 4.15 참조)과 함께 혁신성, 적응력, 투명성, 사회적 책임의 원칙도 포함된다.[9] 투명성을 통해 직원과 고객은 프로세스와 절차가 어떻게 그리고 왜 변경되는지 파악할 수 있다. 또한 혁신성과 적응력, 그리고 조직의 장기적 성과

경영 사례 4.1 그린베이 패키징의 전사적 품질경영

1933년 위스콘신주 그린베이에서 조지 크레스(George Kress)가 설립한 그린베이 패키징(Green Bay Packaging)은 골판지 운송 용기, 접이식 상자, 코팅 라벨 제품을 생산하는 펄프 및 제지 회사로, 현재 미국 전역 39개 사업장에 3,300명 이상의 직원을 두고 있다. 품질과 지속가능성에 중점을 둔 그린베이 패키징은 폐쇄형 수처리 시스템과 무농약 공정의 선구적인 공로를 인정받아 수많은 환경 관련 상을 수상했다.

그린베이 패키징의 품질 여정은 1984년 크로스비(Crosby) 철학 채택으로 시작되었으며, 1986년에는 데밍 접근법까지 확대되었다. 1988년에는 크로스비와 데밍 철학이 회사의 8대 품질 요소의 초석이 되었다. ISO 9000 프로세스는 1993년에 시작되었으며, 1999년에는 14개 사업부가 ISO 9001에 등록했다. 2003년에는 새로운 ISO 2000 표준을 도입하기 시작했다. 6시그마 기법을 도입하고 핵심 프로세스의 낭비를 제거하는 노력도 이러한 인증을 획득하는 데 기여했다. 이러한 품질 여정은 점차 회사 전역에 걸친 전사적 품질경영 프로그램으로 발전해 사업 계획에 잘 통합되었다. 이 프로그램의 목표는 핵심 프로세스를 이해하고 변동을 최소화해 신뢰할 수 있는 품질의 제품을 생산하고 내외부 고객 요구사항을 충족하는 것이다. 그린베이 패키징은 일관성을 품질과 동일시하고 있다.

그린베이 패키징의 품질에 대한 전체론적 접근 방식은 1987년에 인수된 털사(Tulsa) 사업부의 운영에서 잘 드러난다.[10] SPC 소프트웨어를 사용해 월별 보고서를 분석하고 관리도를 고객과 공유한다. 측정값을 수동으로 기록하는 대신, 실시간 게이지 모듈이 게이지에서 직접 입력값을 수신한다. 이 단계는 수동 기록과 관련된 오류를 최소화한다. 또한, 실시간으로 측정값을 판독해 즉각적인 분석이 가능하고 데이터 입력 시간이 단축된다. 이제 작업자는 규격을 히스토그램으로 쉽게 표시하고 규격과 비교해 공정을 시각화할 수 있다. 또한 이상원인은 소프트웨어에 바로 저장되며, 파레토 분석을 수행해 공정의 어떤 영역에 추가 주의와 수정이 필요한지 파악할 수 있다. 털사를 비롯한 여러 사업부가 공정을 실시간으로 더욱 효과적으로 모니터링할 수 있게 되면서 공정 변동성, 자재 폐기물 및 운영 비용이 감소했다.

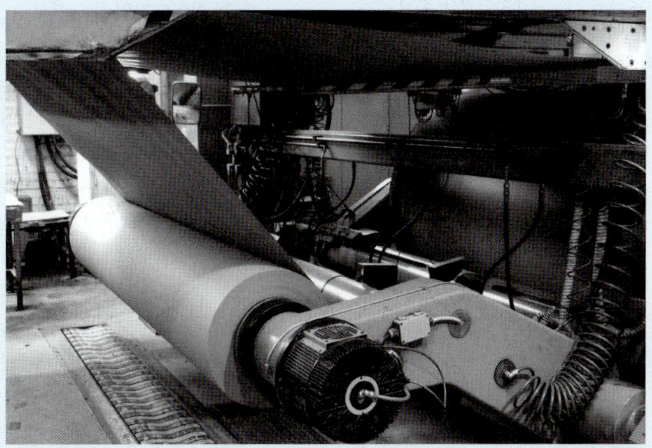

용기를 만들기 위한 골판지 및 5겹 골판지 제조를 보여주는 골판지 포장 생산 라인

출처: Kostiantyn Batylchuk/Shutterstock

그린베이 패키징은 직원 참여, 고객 참여, 지속적 개선을 위한 혁신적인 접근 방식을 통해 모든 사업 부문에서 제조 효율성과 제품 품질을 향상할 수 있었다.

를 통한 지속적인 개선에 초점을 맞춤으로써 SQM은 환경적 책임과 사회적 형평성을 유지하면서도 비즈니스와 경쟁우위를 지속할 수 있는 길이 된다. 장기적인 품질 문화를 구축하려면 이 장에서 살펴본 바와 같이 목적, 사고, 행동의 일관성이 요구된다.

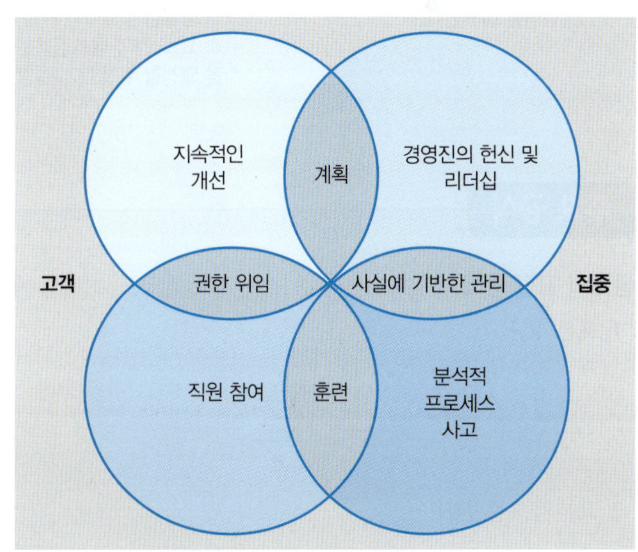

그림 4.15 전사적 품질경영에 대한 통합적 관점

9 "Sustainable Quality Management System," https://www.qualitygurus.com/sustainable-quality-management-system/, (April 24, 2023).

10 출처: "Case Study: SPC to Improve Quality and Reduce Cost," https://qualityamerica.com/LSS-Knowledge-Center/statisticalprocesscontrol/case_study_spc_to_improve_quality_and_reduce_cost.php (April 17, 2023); Gree Bay Packaging, "Our Story," https://gbp.com (August 1, 2023).

학습목표 점검

학습목표	점검 가이드라인	온라인 자료
4.1 품질의 네 가지 주요 비용을 정의하고, 제품 및 서비스 제공의 전반적 비용을 결정하는 데 있어서 윤리의 역할과의 관계를 설명한다.	'품질 비용' 절을 참고해 기만적인 비즈니스 관행이 고객 경험에 어떤 영향을 미치는지, 그리고 품질 비용이 윤리적 고려 사항과 균형을 이루어야 하는 이유를 이해하라.	
4.2 전사적 품질경영(TQM)과 6시그마의 기본 원칙을 설명한다.	'전사적 품질경영 및 6시그마' 절을 참조하라. 고객이 정의하는 다섯 가지 품질 개념과 핵심이 되는 그림 4.1과 4.2를 자세히 살펴보라. 6시그마의 목표를 보여주는 그림 4.3도 반드시 이해해야 한다.	
4.3 공급사슬에서 합격 표본 추출과 프로세스 성과 접근 방식이 어떻게 상호작용하는지 이해한다.	'합격 표본 추출' 절을 참조하라. 그림 4.4는 TQM 또는 6시그마가 합격 표본 추출 전략을 통해 공급사슬에서 작동하는 방식을 보여준다.	윈도우용 POM: Acceptance Sampling
4.4 공정 관리도를 구성하는 방법과 이를 사용해 프로세스의 통계적 관리이탈 상태 여부를 판별하는 방법을 설명한다.	'통계적 공정 관리' 절을 참조하라. 그림 4.5와 4.6을 이해하는 것은 다음 방법을 이해하는 데 중요하다. '관리도', '변수에 대한 관리도', '속성에 대한 관리도'의 하위 절에서는 공정이 통계적 관리 상태에 있는지 확인하는 방법을 설명하고 있다. 예제 4.1~4.4와 복습문제 1~3을 학습하자.	Active Model Exercises: 4.1: x-Bar and R-Charts, 4.2: p-Charts OM Explorer Solvers: R- and x-Bar Charts, c-Charts, p-Charts OM Explorer Tutors: 4.1: x-Bar and R-Charts, 4.2: p-Charts, 4.3: c-Charts 윈도우용 POM: x-Bar Charts, p-Charts, c-Charts
4.5 프로세스가 규격에 맞는 서비스나 제품을 생산할 수 있는지를 판별하는 방법을 설명한다.	이 장의 주요 내용은 '공정능력' 절에 나와 있다 그림 4.13과 4.14를 이해하고 있는지 확인하고, 예제 4.5와 복습문제 4를 학습하라.	Active Model Exercise: 4.3: Process Capability OM Explorer Solver: Process Capability OM Explorer Tutor: 4.4: Process Capability 윈도우용 POM: Process Capability
4.6 국제 품질 문서화 표준과 볼드리지 성과 우수 프로그램을 설명한다.	'국제 품질 문서화 표준 및 품질상' 절에서는 ISO 품질 표준과 볼드리지상 프로그램에 대한 세부 정보를 검토한다.	
4.7 전사적 품질경영에 대한 시스템적 접근 방식을 이해한다.	'전사적 품질경영에 대한 시스템 접근법' 절에서는 전사적 품질경영 철학에 관한 다양한 핵심 요소를 요약하고, 각 요소 간의 상호작용을 관리해 어떻게 더 높은 품질을 달성할 수 있는지 설명한다.	

주요 공식

통계적 공정 관리

1. 표본 평균:

$$\bar{x} = \frac{\sum_{i=1}^{n} x_i}{n}$$

2. 표본의 표준편차:

$$\sigma\sqrt{\frac{\sum_{i=1}^{n}(x_i - \bar{x})^2}{n-1}} \quad \text{또는} \quad \sigma = \sqrt{\frac{\sum_{i=1}^{n} x_i^2 - \frac{(\Sigma x_i)^2}{n}}{n-1}}$$

3. 변수 공정 관리도에 대한 관리한계

a. R 관리도, 표본 범위:

$$\text{관리상한} = \text{UCL}_R = D_4\bar{R}$$
$$\text{관리하한} = \text{LCL}_R = D_3\bar{R}$$

b. $\bar{x}$ 관리도, 표본 평균:

$$\text{관리상한} = \text{UCL}_{\bar{x}} = \bar{\bar{x}} + A_2\bar{R}$$
$$\text{관리하한} = \text{LCL}_{\bar{x}} = \bar{\bar{x}} - A_2\bar{R}$$

c. 공정 분포의 표준편차(σ)를 알고 있는 경우:

$$\text{관리상한} = \text{UCL}_{\bar{x}} = \bar{\bar{x}} + z\sigma_{\bar{x}}$$
$$\text{관리하한} = \text{LCL}_{\bar{x}} = \bar{\bar{x}} + z\sigma_{\bar{x}}$$

여기서

$$\sigma_{\bar{x}} = \frac{\sigma}{\sqrt{n}}$$

4. 속성 관리도에 대한 관리한계

a. p 관리도, 불량률:

$$관리상한 = UCL_p = \bar{p} + z\sigma_p$$
$$관리하한 = LCL_p = \bar{p} - z\sigma_p$$

여기서

$$\sigma_p = \sqrt{\bar{p}(1-\bar{p})/n}$$

b. c 관리도, 결함 수:

$$관리상한 = UCL_c = \bar{c} + z\sqrt{\bar{c}}$$
$$관리하한 = LCL_c = \bar{c} - z\sqrt{\bar{c}}$$

공정능력

5. 공정능력 지수:

$$C_{pk} = 최솟값\left[\frac{\bar{\bar{x}} - 규격하한}{3\sigma}, \frac{규격상한 - \bar{\bar{x}}}{3\sigma}\right]$$

6. 공정능력 비율:

$$C_p = \frac{규격상한 - 규격하한}{6\sigma}$$

핵심용어

결함(defect)
계획-실행-검토-조치 사이클(plan-do-check-act cycle, PDCA)
공정능력(process capability)
공정능력 비율(process capability ratio, C_p)
공정능력 지수(process capability index, C_{pk})
관리도(control chart)
내부 실패 비용(internal failure costs)
명목값(nominal value)
변수(variables)
보증(warranty)
볼드리지 성과 우수 프로그램(Baldrige Performance Excellence Program)
속성(attributes)
예방 비용(prevention cost)
외부 실패 비용(external failure cost)
우연변동(common causes of variation)
원천에서의 품질(quality at the source)
윤리적 실패 비용(ethical failure cost)
이상변동(assignable causes of variation)
전사적 품질경영(TQM)
제1종 오류(type I error)
제2종 오류(type II error)
지속적 개선(continuous improvement)
직원 권한위임(employee empowerment)
통계적 공정 관리(statistical process control, SPC)
팀(team)
평가 비용(appraisal cost)
표본 추출 계획(sample planning)
표본 크기(sample size)
품질(quality)
합격 표본 추출(acceptance sampling)
합격 품질 수준(acceptable quality level, AQL)
허용오차(tolerance)
6시그마(Six Sigma)
c 관리도(c-chart)
p 관리도(p-chart)
$\bar{x}$ 관리도($\bar{x}$-chart)
R 관리도(R-chart)
ISO 9001:2015

복습문제 1

왓슨 전기회사(Watson Electric Company)는 백열전구를 생산한다. 40와트 전구의 루멘 수에 대한 다음 데이터는 공정이 관리 상태에 있을 때 수집되었다.

	관측치			
표본	1	2	3	4
1	604	612	588	600
2	597	601	607	603
3	581	570	585	592
4	620	605	595	588
5	590	614	608	604

a. R 관리도 및 $\bar{x}$ 관리도를 위한 관리한계를 계산하라.

b. 이 데이터가 수집된 이후 신규 직원이 몇 명 채용되었다. 새로운 표본에서는 625, 592, 612, 635라는 수치가 나왔다. 공정이 아직 관리 상태에 있는가?

풀이

a. $\bar{x}$를 계산하려면 각 표본의 평균을 계산한다. R을 계산하려면 표본의 가장 큰 값에서 가장 작은 값을 뺀다. 예를 들어 표본 1의 경우는 다음과 같다.

$$\bar{x} = \frac{604 + 612 + 588 + 600}{4} = 601$$
$$R = 612 - 588 = 24$$

표본	$\bar{x}$	R
1	601	24
2	602	10
3	582	22
4	602	32
5	604	24
합계	2,991	112
평균	$\bar{\bar{x}} = 598.2$	$\bar{R} = 22.4$

R 관리도의 관리한계는 다음과 같다.

$$\text{UCL}_R = D_4\bar{R} = 2.282(22.4) = 51.12$$
$$\text{LCL}_R = D_3\bar{R} = 0(22.4) = 0$$

$\bar{x}$ 관리도의 관리한계는 다음과 같다.

$$\text{UCL}_{\bar{x}} = \bar{\bar{x}} + A_2\bar{R} = 598.2 + 0.729(22.4) = 614.53$$
$$\text{LCL}_{\bar{x}} = \bar{\bar{x}} - A_2\bar{R} = 598.2 - 0.729(22.4) = 581.87$$

b. 먼저 새로운 데이터를 기반으로 변동성이 여전히 관리 상태에 있는지 확인한다. 범위는 43(또는 635 − 592)이며, 이는 R 관리도의 UCL과 LCL 내부에 존재한다. 공정 변동성이 관리 상태에 있으므로, 현재 $\bar{R}$ 추정값을 사용해 공정 평균을 검정한다. 평균은 616[또는 (625 + 592 + 612 + 635)/4]이며, 이는 $\bar{x}$ 관리도의 UCL을 초과한다. 공정 평균이 관리 상태에 있지 않으므로, 과도한 평균 루멘을 유발하는 이상원인을 찾아야 한다.

복습문제 2

애리조나 은행의 데이터 처리 부서에는 5명의 데이터 입력 담당자가 있다. 관리자는 매일 250개의 무작위 표본 데이터를 분석해 정확성을 검증한다. 오류가 하나 이상 포함된 데이터는 결함이 있는 것으로 간주해 재작성해야 한다. 최근 30개 표본에 대한 결과가 표에 나와 있다. 관리이탈 상태를 벗어난 데이터가 없는지 전부 확인 과정을 거쳤다.

표본	결함 있는 기록 수	표본	결함 있는 기록 수	표본	결함 있는 기록 수	표본	결함 있는 기록 수
1	7	9	6	17	12	24	7
2	5	10	13	18	4	25	13
3	19	11	18	19	6	26	10
4	10	12	5	20	11	27	14
5	11	13	16	21	17	28	6
6	8	14	4	22	12	29	11
7	12	15	11	23	6	30	9
8	9	16	8				
						합계	300

a. 이러한 과거 데이터를 기반으로 $z = 3$을 사용해 p 관리도를 구축하라.

b. 이후 4일 동안의 표본 결과는 다음과 같다.

표본	결함 있는 기록 수
화요일	17
수요일	15
목요일	22
금요일	21

관리자는 데이터 입력 프로세스를 어떻게 평가할 가능성이 높은가?

풀이

a. 표에서 관리자는 총 7,500개[또는 30(250)]의 표본 중 결함이 있는 기록의 총 개수가 300개라는 것을 알게 되었다. 따라서 관리도의 중심선은 다음과 같다.

$$\bar{p} = \frac{300}{7,500} = 0.04$$

관리한계는 다음과 같다.

$$UCL_p = \bar{p} + z\sqrt{\frac{\bar{p}(1-\bar{p})}{n}} = 0.04 + 3\sqrt{\frac{0.04(0.96)}{250}} = 0.077$$
$$LCL_p = \bar{p} - z\sqrt{\frac{\bar{p}(1-\bar{p})}{n}} = 0.04 - 3\sqrt{\frac{0.04(0.96)}{250}} = 0.003$$

b. 이후 4일 동안의 표본 결과는 다음과 같다.

표본	결함 있는 기록 수	비율
화요일	17	0.068
수요일	15	0.060
목요일	22	0.088
금요일	21	0.084

목요일과 금요일 표본이 관리이탈 상태이다. 관리자는 문제를 찾아보고 문제를 파악한 즉시 시정 조치를 취해야 한다.

복습문제 3

미노 카운티 고속도로 안전국은 123번 국도와 14번 국도 교차로에서 발생하는 사고를 모니터링한다. 이 교차로에서 발생하는 사고는 월평균 3건이다.

a. 어떤 유형의 관리도를 사용해야 하는가? 3시그마 관리한계를 적용한 관리도를 구축하라.

b. 지난달 교차로에서 7건의 사고가 발생했다. 이것은 교차로에 무언가 변화가 발생했다는 주장을 정당화하기에 충분한 증거인가?

풀이

a. 고속도로 안전국은 발생하지 않은 사고 건수를 파악할 수 없으므로 교차로에서 불량률을 계산할 방법이 없다. 따라서 관리자는 다음과 같이 c 관리도를 사용해야 한다.

$$UCL_c = \bar{c} + z\sqrt{\bar{c}} = 3 + 3\sqrt{3} = 8.20$$
$$LCL_c = \bar{c} - z\sqrt{\bar{c}} = 3 - 3\sqrt{3} = -2.196\text{(0으로 조정됨)}$$

발생 사고 건수는 음수가 될 수 없으므로 이 경우 LCL은 0으로 조정된다.

b. 지난달 사고 건수는 관리도의 UCL과 LCL에 해당한다. 이상원인은 존재하지 않으며, 사고 증가는 우연에 의한 것이라고 결론 내렸다.

복습문제 4

파이오니어 치킨(Pioneer Chicken)은 칼로리가 30% 적은 '라이트' 치킨을 광고하고 있다. (조각 크기는 33% 더 작다.) '라이트' 닭가슴살의 공정 평균 분포는 420칼로리이며, 모집단의 표준편차는 25칼로리다. 파이오니어는 칼로리 함량을 측정하기 위해 닭가슴살 6개를 무작위로 추출한다.

a. 공정 표준편차를 사용해 $\bar{x}$ 관리도를 설계하라. 3시그마 한계를 사용한다.

b. 제품 설계는 닭가슴살의 평균 칼로리가 400 ± 100칼로리라고 가정한다. 공정능력 지수(목푯값 = 1.33)과 공정능력 비율을 계산하고, 결과를 해석하라.

풀이

a. 25칼로리의 공정 표준편차에 대해 표본 평균의 표준편차는 다음과 같다.

$$\sigma_{\bar{x}} = \frac{\sigma}{\sqrt{n}} = \frac{25}{\sqrt{6}} = 10.2\text{칼로리}$$

$$\text{UCL}_{\bar{x}} = \bar{\bar{x}} + z\sigma_{\bar{x}} = 420 + 3(10.2) = 450.6\text{칼로리}$$

$$\text{LCL}_{\bar{x}} = \bar{\bar{x}} - z\sigma_{\bar{x}} = 420 - 3(10.2) = 389.4\text{칼로리}$$

b. 공정능력 지수는 다음과 같다.

$$C_{pk} = \text{최솟값}\left[\frac{\bar{\bar{x}} - \text{규격하한}}{3\sigma}, \frac{\text{규격상한} - \bar{\bar{x}}}{3\sigma}\right]$$

$$= \text{최솟값}\left[\frac{420 - 300}{3(25)} = 1.60, \frac{500 - 420}{3(25)} = 1.07\right] = 1.07$$

공정능력 비율은 다음과 같다.

$$C_p = \frac{\text{규격상한} - \text{규격하한}}{6\sigma} = \frac{500\text{칼로리} - 300\text{칼로리}}{6(25)} = 1.33$$

공정능력 비율이 1.33이므로 해당 공정은 규격 내에서 안정적으로 제품을 생산할 수 있어야 한다. 그러나 공정능력 지수가 1.07로, 현재 공정은 4시그마 성과에 적합한 중심화를 이루지 못하고 있다. 공정 분포의 평균이 규격상한에 너무 근접해 있다.

토론과제

1. 매우 값비싼 수공예품의 경우, 조립에 필요한 일부 부품을 제조하기 위해 자동화 장비를 사용해야 할까? 이런 식으로 자동화를 사용하는 것이 잘못이라고 생각하는가?
2. 최근 가전제품 및 자동차 부품 제조로 유명한 폴란드 제너럴(Polish General Corporation)이 130억 달러 규모의 자동차 생산 프로젝트를 시작했다. 경영진과 직원들은 상당한 학습이 필요했다. 2023년 초 신제품을 시장에 출시해야 한다는 압력이 거세지고 있었음에도 불구하고, 신설된 자동차 사업부의 생산 관리자는 판매 시작 전 거의 1년 동안 시운전을 해야 한다고 주장했다. 직원들이 정확한 작업 순서를 기억하기까지 60~100번은 반복해야 하기 때문이다. 출시일은 2024년 초로 정해졌다. 이러한 접근 방식을 통해 신제품으로 시장에 진출하면 어떤 결과가 나타나겠는가?
3. 비윤리적인 비즈니스 관행이 고객의 서비스나 제품 경험의 질을 어떻게 저하하는지 설명해보자. 국제표준화기구(ISO)는 윤리적인 사업 행동을 장려하기 위해 어떤 노력을 하고 있는가?

연습문제

이 책을 사용하는 모든 학생은 OM Explorer, 윈도우용 POM, Active Model 소프트웨어를 사용할 수 있다. 해당 소프트웨어의 다운로드 위치와 활용 방법은 강의 담당 교수에게 문의하라. 대부분의 교수자는 학생이 직접 계산하는 방법을 이해하기를 바란다. 하지만 소프트웨어를 이용하면 계산을 확인할 수 있다. 계산이 매우 복잡하고, 의사결정 과정에서 결과를 해석하는 것이 목표인 경우 소프트웨어가 수

작업 계산을 완전히 대체해도 무방하다.

통계적 공정 관리

1. 퀵세차(Quick Car Wash)에서는 세차 과정이 7분 이내라고 광고하고 있다. 따라서 관리인은 세차 프로세스의 목표 평균을 390초로 설정했다. 9대 차량 표본의 평균 범위가 10초라고 가정하고, 표 4.1을 사용해 세차 공정의 표본 평균 및 범위에 대한 관리한계를 설정하라.
2. 이소젠 파마슈티컬스(Isogen Pharmaceuticals)의 천식 흡입기 충전 공정은 용기당 150ml의 스테로이드 용액을 조제하도록 설정되어 있다. 4개의 용기로 구성된 표본의 평균 범위는 3ml이다. 표 4.1을 사용해 충전 공정의 표본 평균 및 범위에 대한 관리한계를 설정하라.
3. 아스펜 플라스틱(Aspen Plastics)은 고객 주문에 따라 플라스틱병을 생산한다. 품질 검사관은 병입 기계에서 무작위로 4개의 병을 선택해 병목의 외경을 측정한다. 이는 병뚜껑이 제대로 맞는지를 결정하는 중요한 품질 기준이다. 마지막 6개 표본의 치수(단위: 인치)는 다음과 같았다.

	병			
표본	1	2	3	4
1	0.594	0.622	0.598	0.590
2	0.587	0.611	0.597	0.613
3	0.571	0.580	0.595	0.602
4	0.610	0.615	0.585	0.578
5	0.580	0.624	0.618	0.614
6	0.585	0.593	0.607	0.569

이 6개의 표본만으로 충분하다고 가정하고, 이 데이터를 사용해 R 관리도와 $\bar{x}$ 관리도에 대한 관리한계를 결정하라.

4. 메가바이트 아카데미(Mega-Byte Academy)는 교육의 질을 평가하고 모니터링하기 위해 모든 학생이 배워야 할 기본 개념을 평가하는 시험을 고안했다. 매년 졸업생 10명을 무작위로 선정해 시험을 치르게 한다. 평균 점수는 교육 과정의 질을 평가하는 데 사용된다. 지난 10년간의 시험 결과는 표 4.2에 제시되어 있다.

이 데이터를 사용해 이 분포의 중심과 표준편차를 추정한 뒤, 공정 평균에 대한 2시그마 관리한계를 계산하라. 메가바이트 아카데미 운영진에 어떤 의견을 제시하고 싶은가?

표 4.2 졸업 시험 점수

	학생										
연도	1	2	3	4	5	6	7	8	9	10	평균
1	63	57	92	87	70	61	75	58	63	71	69.7
2	90	77	59	88	48	83	63	94	72	70	74.4
3	67	81	93	55	71	71	86	98	60	90	77.2
4	62	67	78	61	89	93	71	59	93	84	75.7
5	85	88	77	69	58	90	97	72	64	60	76.0
6	60	57	79	83	64	94	86	64	92	74	75.3
7	94	85	56	77	89	72	71	61	92	97	79.4
8	97	86	83	88	65	87	76	84	81	71	81.8
9	94	90	76	88	65	93	86	87	94	63	83.6
10	88	91	71	89	97	79	93	87	69	85	84.9

5. 맥그레인저 모기지(McGranger Mortgage Company)는 모기지 공정의 성과를 모니터링하는 데 관심이 있다. 공정이 관리 상태라고 판단되는 기간 동안 완료된 모기지 거래 5건에 대해 15개의 표본을 추출했다. 거래 완료 시간을 측정했다. 모기지 공정 거래 시간의 평균과 범위는 일 단위로 측정되었으며, 다음과 같았다.

표본	1	2	3	4	5	6	7	8	9	10	11	12	13	14	15
평균	17	14	8	17	12	13	15	16	13	14	16	9	11	9	12
범위	6	11	4	8	9	14	12	15	10	10	11	6	9	11	13

이후, 다음 10주 동안 매주 크기 5의 표본을 채취해 시간을 측정했고 결과는 다음과 같았다.

표본	16	17	18	19	20	21	22	23	24	25
평균	11	14	9	15	17	19	13	22	20	18
범위	7	11	6	4	12	14	11	10	8	6

a. 원래 15개 표본을 사용해 평균과 범위의 관리도를 작성하라.
b. (a)에서 개발한 관리도에 표본 16번부터 25번까지의 값을 표시하고 공정이 관리 상태에 있는지 여부를 설명하라.
c. (b)에서 공정이 관리이탈 상태에 있다고 결론지었다면, 그 원인이 평균의 변동성 증가, 변동성 증가, 또는 둘 다에 기인한다고 생각하는가? 답변을 설명하라.

6. 웹스터 케미컬 컴퍼니(Webster Chemical Company)는 건설 산업용 매스틱과 코킹을 생산한다. 이 제품은 대형 믹서에서 혼합한 후 튜브에 집어넣고 뚜껑을 씌운다. 경영진은 코킹 튜브 충전 공정이 통계적 관리 상태에 있는지 우려하고 있다. 이 공정은 튜브당 8온스(약 237g)를 중심으로 진행되어야 한다. 8개 튜브에서 여러 표본을 채취해 각 튜브의 무게를 측정해 표 4.3을 작성했다.

a. 표본 6개만으로 충분하다고 가정하고 평균과 범위에 대한 관리도를 작성하라.
b. 관리도에 관측치를 표시하고 결과에 대해 의견을 제시하라.

표 4.3 튜브당 코킹 무게(단위: 온스)

	튜브 번호							
표본	1	2	3	4	5	6	7	8
1	7.98	8.34	8.02	7.94	8.44	7.68	7.81	8.11
2	8.33	8.22	8.08	8.51	8.41	8.28	8.09	8.16
3	7.89	7.77	7.91	8.04	8.00	7.89	7.93	8.09
4	8.24	8.18	7.83	8.05	7.90	8.16	7.97	8.07
5	7.87	8.13	7.92	7.99	8.10	7.81	8.14	7.88
6	8.13	8.14	8.11	8.13	8.14	8.12	8.13	8.14

7. 나사 공장에서 특수 나사 제작 주문을 받았다. 생산 공정은 공구를 사용해 나사에 구멍을 뚫는 과정이다. 필요한 구멍의 직경은 4.05mm이며, 허용오차는 ±0.05mm이다. 50개의 나사 치수를 게이지를 사용해 측정하고, 각각 5개의 관측치를 포함하는 10개의 하위 그룹으로 나누어 아래 표에 기록했다.

	관측치(mm)				
표본	1	2	3	4	5
1	4.039	4.06	4.041	4.047	4.053
2	4.045	4.04	4.052	4.057	4.055
3	4.05	4.046	4.049	4.043	4.051
4	4.042	4.044	4.048	4.058	4.056
5	4.046	4.041	4.05	4.055	4.058
6	4.048	4.045	4.054	4.04	4.039
7	4.042	4.047	4.053	4.052	4.071
8	4.043	4.049	4.05	4.078	4.03
9	4.051	4.072	4.079	4.073	4.07
10	4.056	4.044	4.078	4.059	4.06

a. 공정 평균은 어떻게 추정되는가?

b. 평균 범위는 어떻게 추정되는가?

c. 이 공정에 대한 (i) R 관리도와 (ii) $\bar{x}$ 관리도를 작성하라. 이상 원인이 존재하는가?

8. 한 정밀기계 공장이 분당 1개의 제품을 생산하는 조립라인에서 휴대용 공구를 생산한다. 한 제품의 경우, 중요한 품질 기준은 조립품 중 하나에 뚫린 구멍의 직경(1/1000인치 단위)이다. 경영진은 공정 평균 직경이 0.015인치에서 변동하는 것을 감지하고자 한다. 경영진은 공정의 변동이 관리되고 있다고 판단한다. 과거에는 공정 평균과 관계없이 평균 범위가 0.002인치였다. 중심선을 0.015인치에 두고 관리한계를 중심선에서 3시그마로 설정한 $\bar{x}$ 관리도를 구축해 이 공정을 관리한다. 경영진은 표 4.4와 같이 생산 라인에서 80분간 생산한 결과를 제공했다. 이 80분 동안 공정 평균은 한 번 변경되었다. 모든 측정값은 1/1000인치 단위이다.

표 4.4 표본 데이터

분	직경(1/1000인치)											
1–12	15	16	18	14	16	17	15	14	14	13	16	17
13–24	15	16	17	16	14	14	13	14	15	16	15	17
25–36	14	13	15	17	18	15	16	15	14	15	16	17
37–48	18	16	15	16	16	14	17	18	19	15	16	15
49–60	12	17	16	14	15	17	14	16	15	17	18	14
61–72	15	16	17	18	13	15	14	14	16	15	17	18
73–80	16	16	17	18	16	15	14	17				

a. $n = 4$인 $\bar{x}$ 관리도를 구축해보라. 빈도는 표본 4이고 그다음 4는 건너뛰어야 한다. 따라서 첫 번째 표본은 1~4분, 두 번째 표본은 9~12분, 이런 식으로 계속된다. 공정 평균의 변화를 확인하기 위해 공정을 언제 중단해야 하는가?

b. $n = 8$인 $\bar{x}$ 관리도를 구축해보라. 빈도는 표본 8이고 그다음 4는 건너뛰어야 한다. 이제 공정은 언제 중단해야 하는가? 빈번한 표본 추출 간격에서 큰 표본을 사용하는 것이 바람직하다는 것에 대해 어떻게 생각하는가?

9. 8번 문제의 데이터를 사용해 다음 계획을 시도해 표본 크기와 빈도에 대한 분석을 계속하라.

a. $n = 4$에 대한 $\bar{x}$ 차트를 사용해 빈도 표본 4를 시도한 다음 8을 건너뛴다. 이 경우 공정을 언제 중단해야 하는가?

b. $n = 8$에 대한 $\bar{x}$ 차트를 사용해 빈도 표본 8을 시도한 다음 8을 건너뛴다. 언제 그 공정이 관리이탈 상태에 이른다고 생각하는가?

c. (a)와 (b)의 결과를 사용해 두 가지 중 하나를 선택할 때 어떤 상충관계(trade-off)를 고려해야 할지 설명해보라.

10. 시드니의 두 경전철 노선인 IWLR과 CSELR의 종단 간 운행 시간에 대한 표본 데이터를 수집했다. 데이터에 따르면 IWLR은 8,762건의 관측치 중 203건, CSELR은 2,766건의 관측치 중 55건이 예상 소요시간에 비해 종단 간 운행 시간이 현저히 길거나 짧아 이상치로 나타났다.

a. 관리한계를 목표치의 양쪽으로 2 표준편차로 설정한다면, 이 두 레일의 관리한계는 각각 얼마인가?

b. 이상치의 수가 10% 증가하는 경우, 이러한 레일의 서비스는 관리 상태에 있는가?

11. 여러분은 대형 병원의 병원 관리자로서, 간호조무사들의 결근율을 우려하고 있다. 이 문제는 간호사들이 평소에 간호조무사들이 하는 업무를 자신들도 자주 수행해야 한다고 느끼면서 제기되었다. 실태 파악을 위해 향후 상황을 가늠할 수 있는 대표적 기간으로 꼽히는 최근 3주간의 결근 데이터를 수집했다. 매일 64개의 인사 파일을 무작위로 추출해 다음과 같은 데이터를 얻었다.

일	간호조무사 부재	일	간호조무사 부재
1	4	9	7
2	3	10	2
3	2	11	3
4	4	12	2
5	2	13	1
6	5	14	3
7	3	15	4
8	4		

결근에 대한 여러분의 평가는 면밀한 검토를 받을 가능성이 높으므로, 제1종 오류는 1%에 불과해야 한다. 비정상적인 결근 사례를 반드시 파악해야 한다. 만약 결근이 있다면, 여러분은 간호사를 대신해 조사해야 한다.

a. p 관리도를 작성하라.

b. 여러분의 p 관리도와 지난 3주간의 데이터를 바탕으로 간호조무사의 결근에 대해 어떤 결론을 내릴 수 있겠는가?

12. 한 병원에서 수술 후 합병증 발생률 측면에서 서비스 품질을 개선하고자 한다. 지난 12개월 동안 수술 후 합병증 발생 건수와 수술 건수를 추적했으며, 발생 빈도는 다음 표와 같다.

월	수술 후 합병증 발생 건수	수술 건수
1월	14	105
2월	12	97
3월	10	115
4월	12	100
5월	9	95
6월	7	111
7월	9	68
8월	11	47
9월	9	83
10월	12	108
11월	10	115
12월	7	94

a. $z = 3$인 경우, 병원에 적합한 p 관리도의 관리상한과 관리하한은 얼마인가?

b. 수술 후 합병증 비율이 통계적 관리 상태에 있는가?

13. 6번 문제에서 웹스터 경영진은 이제 코킹 튜브의 뚜껑이 제대로 닫혀 있는지를 우려하고 있다. 튜브의 상당 부분이 밀봉되지 않으면 웹스터는 고객들을 당혹스러운 상황에 빠뜨릴 수 있다. 튜브는 144개가 들어있는 대형 상자에 포장된다. 여러 상자를 검사한 결과 다음과 같은 개수의 누출 튜브가 발견되었다.

표본	튜브	표본	튜브	표본	튜브
1	3	8	6	15	5
2	5	9	4	16	0
3	3	10	9	17	2
4	4	11	2	18	6
5	2	12	6	19	2
6	4	13	5	20	1
7	2	14	1	합계	72

p 관리도 3시그마 관리한계를 계산해 뚜껑 밀봉 공정이 통계적으로 관리 상태에 있는지 평가해보라.

14. 한 병원의 CEO인 재니스 샌더스(Janice Sanders)는 환자들이 예약된 진료 시간보다 30분 이상 대기하는 횟수에 대해 우려하고 있다. 그녀는 보조원에게 64명의 환자를 무작위로 추출해 각 표본에서 30분 이상 기다린 환자가 몇 명인지 확인해 달라고 요청했다. 각 사례는 진료 과정의 결함으로 간주한다. 아래 표에는 15개 표본에 대한 데이터가 나와 있다.

표본	결함 수
1	5
2	2
3	1
4	3
5	1
6	5
7	2
8	3
9	6
10	3
11	9
12	9
13	5
14	2
15	3

a. 재니스 샌더스가 3시그마 관리한계를 사용한다고 가정하고, p 관리도를 작성하라.

b. p 관리도와 표의 데이터를 바탕으로 환자의 대기 시간에 대해 어떤 결론을 내릴 수 있겠는가?

15. 런던에 본사를 둔 한 케이크 제조업체는 도시 전역에 120개의 지점을 운영하고 있다. 모든 케이크는 고객의 요구에 맞춰 종류와 토핑 선택 등 맞춤 제작된다. 품질 관리와 일관성을 위해 케이크는 중앙에서 제조되어 각 지점으로 배송된다. 케이크에 새겨진 글씨, 토핑, 배송 장소, 케이크 종류 등의 오류를 무작위로 검사한다. 단 하나의 오류만 있어도 케이크는 불량품이 된다. 다음 데이터는 지

난 30일 동안 얼마나 많은 케이크가 불량품으로 판명되었는지 확인하기 위해 수집된 것이다. 각 표본에는 무작위로 선정된 200개의 케이크가 포함되어 있다.

표본	결함	표본	결함
1	20	16	20
2	14	17	12
3	8	18	11
4	14	19	15
5	15	20	15
6	11	21	20
7	13	22	8
8	18	23	9
9	14	24	11
10	12	25	11
11	9	26	14
12	17	27	8
13	13	28	10
14	14	29	11
15	20	30	9

a. 불량 케이크 수에 대한 p 관리도의 관리상한 및 관리하한은 얼마인가? $z = 3$을 사용하라.

b. 공정이 통계적 관리 상태에 있는가?

16. 한 신용카드 서비스 회사의 고객 서비스 부서 관리자는 청구 프로세스에서 발생하는 결함의 수를 우려하고 있다. 매일 무작위로 추출한 250개의 명세서를 대상으로 계좌번호, 고객 계좌의 거래 내역, 이자, 벌금 등의 오류 입력 여부를 검사했다. 이러한 오류가 하나 이상 포함된 명세서는 결함으로 간주했다. 이 조사는 30일 동안 진행되었으며, 표 4.5의 데이터를 산출했다.

표 4.5 신용카드 서비스 회사의 표본 데이터

표본	250개 표본의 오류 수									
1~10	3	8	5	11	7	1	12	9	0	8
11~20	3	5	7	9	11	3	2	9	13	4
21~30	12	10	6	2	1	7	10	5	8	4

a. 청구 프로세스에 대한 p 관리도를 작성하라.

b. 청구 프로세스에서 관리자의 주의를 요하는 비무작위적인 행동이 발견되는가?

17. 레드 바론 항공(Red Baron Airlines)은 매일 수백 개 도시에 서비스를 제공하고 있지만, 주요 항공사와 제휴한 소규모 항공사들의 경쟁이 심화하고 있다. 핵심 경쟁 요소 중 하나는 정시 도착 및 출발이다. 레드 바론은 **정시**를 예정 시간 15분 이내에 이루어지는 모든 도착 또는 출발로 정의하고 있다. 시장 선두를 유지하기 위해 경영진은 98% 정시 운항률이라는 높은 기준을 설정했다. 운영 부서는 항공사의 운항 실적 모니터링을 담당했다. 매주 300편의 항공편 도착 및 출발을 무작위 표본으로 추출해 운항 일정을 점검했다. 표 4.6에는 지난 30주 동안 레드 바론의 정시 서비스 정의를 충족하지 못한 도착편 및 출발편 수가 나와 있다. 98% 정시 도착 또는 출발을 기준으로 3시그마 관리한계를 사용해 경영진에게 서비스 품질에 대해 무엇을 알려줄 수 있는가? 이러한 공정에서 무작위적이지 않은 행동이 발견되는가? 그렇다면, 무엇이 그러한 행동의 원인이라고 생각하는가?

표 4.6 레드 바론 항공의 표본 데이터

표본	300개 도착 및 출발 표본에서 지연된 항공기 편수									
1~10	3	8	5	11	7	2	12	9	1	8
11~20	3	5	7	9	12	5	4	9	13	4
21~30	12	10	6	2	1	8	4	5	8	2

18. 한 섬유 제조업체가 카펫 100제곱야드당 이상 현상(예: 기름 얼룩, 작업장 오염, 풀린 실, 찢어짐)에 대한 관리도를 작성하고자 한다. 다음 데이터는 100제곱야드 카펫 20개 표본에서 수집되었다.

표본	1	2	3	4	5	6	7	8	9	10
이상 현상	11	8	9	12	4	16	5	8	17	10
표본	11	12	13	14	15	16	17	18	19	20
이상 현상	11	5	7	12	13	8	19	11	9	10

a. 이 데이터를 사용해 $z = 3$인 c 관리도를 작성하라.

b. 다음 5개의 표본에 15, 18, 12, 22, 21개의 이상 현상이 있다고 가정하자. 어떤 결론을 내릴 수 있는가?

19. 한 제분 회사에서 쌀알, 미숙 쌀, 벌레, 알 수 없는 이물질 등 네 가지 유형의 결함이 있다는 사실을 발견했다. 1년간 100만 건당 결함 발생 수(DPMO)는 192,672건이다. DPMO는 회사에서 생산 또는 공급하는 백만 개의 제품 중 불량품의 수를 측정한 수치이다. 이 수치는 회사의 쌀 제품 1,000,000kg 중 192,672kg에 결함이 있음을 시사한다.

a. 이러한 결함에 대한 2시그마 관리한계는 얼마인가?

b. DPMO가 1% 감소하면 생산 공정이 관리 상태에 있는가?

20. 짐스 아웃피터스(Jim's Outfitters, Inc.)는 맞춤 웨스턴 셔츠를 제작한다. 셔츠는 원단의 직조나 색상 결함, 단추나 장식의 느슨함, 치수 오류, 바늘땀의 불균일함 등 다양한 결함이 있을 수 있다. 짐은 셔츠 10장을 무작위로 검사해 다음 표와 같은 결과를 얻었다.

a. 이러한 목적을 위해서 10개의 관측치가 적절하다고 가정하고, 셔츠당 결함 수에 대한 3시그마 관리한계를 구하라.

b. 다음 셔츠에 결함이 13개 있다고 가정해보자. 이제 이 공정에 대해 여러분은 뭐라고 평가하겠는가?

셔츠	결함
1	8
2	0
3	7
4	12
5	5
6	10
7	2
8	4
9	6
10	6

21. 빅 블랙 버드 컴퍼니(Big Black Bird Company)는 유리 섬유 캠핑카 상판을 생산한다. 상판 제작 공정은 딤플 수를 최소화하기 위해 관리되어야 한다. 공정 관리가 잘 진행되었을 때, 장기간 무작위로 선정된 10개의 캠핑카 상판에서 다음과 같은 결함이 발견되었다.

상판	딤플 개수
1	7
2	9
3	14
4	11
5	3
6	12
7	8
8	4
9	7
10	6

a. 이러한 목적을 위해서 10개의 관측치가 적절하다고 가정하고, 캠핑카 상판당 딤플 개수에 대한 3시그마 관리한계를 구하라.

b. 다음 캠핑카 상판에는 딤플이 15개 발견되었다고 가정하자. 이제 이 공정에 대해 여러분은 뭐라고 평가하겠는가?

22. 웹스터 케미컬 컴퍼니(Webster Chemical Company)에서는 코킹제에 덩어리가 생기면 튜브에서 매끄러운 비드를 분사하는 데 어려움을 겪을 수 있다. 공정이 정상적으로 관리되더라도 코킹제 튜브당 평균 4개의 덩어리가 남아 있을 수 있다. 덩어리 존재 여부를 검사하면 제품이 손상되므로 분석자가 무작위 표본을 채취했고, 다음과 같은 결과를 얻었다.

튜브 번호	덩어리	튜브 번호	덩어리	튜브 번호	덩어리
1	6	5	6	9	5
2	5	6	4	10	0
3	0	7	1	11	9
4	4	8	6	12	2

이 공정에 대한 c 관리도의 2시그마 관리상한 및 관리하한을 결정하라. 이 공정이 통계적 관리 상태에 있는가?

공정능력

23. 써니 소다(Sunny Soda, Inc.)의 생산 관리자는 회사의 12온스 병 충전 라인의 품질을 추적하는 데 관심이 있다. 라벨의 영양 정보에는 1회 제공량이 12온스로 표시되어 있으므로, 이 제품에 설정된 허용오차 내에서 병을 충전해야 한다. 제품의 설계 기준은 12.00 ± 0.10온스의 충전량을 요구한다. 관리자는 생산 공정에서 다음과 같은 표본 데이터(병당 액량 온스)를 수집했다.

	관찰			
표본	1	2	3	4
1	12.00	11.97	12.10	12.08
2	11.91	11.94	12.10	11.96
3	11.89	12.02	11.97	11.99
4	12.10	12.09	12.05	11.95
5	12.08	11.92	12.12	12.05
6	11.94	11.98	12.06	12.08
7	12.09	12.00	12.00	12.03
8	12.01	12.04	11.99	11.95
9	12.00	11.96	11.97	12.03
10	11.92	11.94	12.09	12.00
11	11.91	11.99	12.05	12.10
12	12.01	12.00	12.06	11.97
13	11.98	11.99	12.06	12.03
14	12.02	12.00	12.05	11.95
15	12.00	12.05	12.01	11.97

a. 공정 평균 및 범위가 통계적으로 관리 상태에 있는가?

b. 공정이 4시그마 품질로 설계 기준을 충족할 수 있는가? 설명하라.

24. 5번 문제의 맥그레인저 모기지는 공정을 일부 변경해 공정능력 연구를 수행했다. 크기가 5인 15개 표본에 대해 다음 데이터를 수집했다. 경영진은 개별 관찰 결과를 바탕으로 공정능력 분석에 사용할 공정 표준편차를 4.21(일)로 추정했다. 모기지 공정 시간의 규격하한 및 규격상한(일)은 각각 5일과 25일이었다.

표본	1	2	3	4	5	6	7	8	9	10	11	12	13	14	15
평균	11	12	8	16	13	12	17	16	13	14	17	9	15	14	9
범위	9	13	4	11	10	9	8	15	14	11	6	6	12	10	11

a. 공정능력 지수와 공정능력 비율 값을 계산하라.

b. 경영진이 3시그마 성과에 만족한다고 가정하자. 경영진은 공정능력 분석을 통해 어떤 결론을 도출할 가능성이 있는가? 이 분석을 통해 공정에 대한 유효한 결론을 도출할 수 있는가?

c. 경영진이 취해야 할 개선 조치가 있다면 여러분은 무엇을 제안하겠는가?

25. 어떤 제조 회사가 자사의 제품 품질에 자부심이 있다. 이 회사는 매우 중요한 프로젝트 경쟁에 참여하고 있다. 핵심 요소는 정밀 테스트 장비에 들어가는 부품으로, 규격은 8,000 ± 3,000mm이다. 경영진은 해당 부품을 생산할 수 있는 공정 능력을 우려하고 있다. 다음 데이터는 공정 테스트 실행 중에 무작위로 수집된 것이다.

	관측치(mm)							
표본	1	2	3	4	5	6	7	8
1	9.100	8.900	8.800	9.200	8.100	6.900	9.300	9.100
2	7.600	8.000	9.000	10.100	7.900	9.000	8.000	8.800
3	8.200	9.100	8.200	8.700	9.000	7.000	8.800	10.800
4	8.200	8.300	7.900	7.500	8.900	7.800	10.100	7.700
5	10.000	8.100	8.900	9.000	9.300	9.000	8.700	10.000

공정이 통계적 관리 상태에 있다고 가정해보자. 이 공정이 해당 부품을 3시그마 수준으로 생산할 수 있겠는가? 설명하라.

26. 정유 공정은 원유에서 불순물을 제거하는 과정을 포함한다. 아래 표에서 볼 수 있듯이, 오일 밀도 표본 5개를 무작위로 수집했으며, 각 표본은 4개의 관측치로 구성되었다.

	오일 밀도 관측치			
표본	1	2	3	4
1	0.707	0.708	0.712	0.708
2	0.711	0.707	0.707	0.71
3	0.718	0.719	0.709	0.709
4	0.709	0.709	0.709	0.71
5	0.712	0.716	0.712	0.715

a. 3시그마 관리한계와 제공된 표본 데이터를 기반으로 할 때, 정유 공정은 통계적 관리 상태에 있는가?

b. 당국은 오일 밀도의 규격상한 및 규격하한을 0.73, 0.70으로 규제하고 있다. 오일 밀도의 표준편차가 0.0103이고 공정이 3시그마 성과를 목표로 한다면, 이 정유 공정은 실행 가능한가?

27. 자동 선반은 롤러 베어링용 롤러를 생산하며, 통계적 공정 관리도를 사용해 공정을 모니터링한다. 표본 평균에 대한 차트의 중심선은 8.50mm, 범위에 대한 중심선은 0.31mm로 설정되었다. 이 공정은 크기 5의 표본에서 확인된 바와 같이 관리 상태이다. 롤러 직경의 규격상한 및 규격하한은 각각 (8.50 + 0.25)mm 및 (8.50 − 0.25)mm이다.

a. 평균 및 범위 관리도의 관리한계를 계산하라.

b. 공정 분포의 표준편차가 0.13mm로 추정된다면, 해당 공정은 규격을 충족할 수 있는가? 4시그마 수준의 성과를 목표로 한다고 가정하라.

c. 공정이 실행 가능하지 않다면, 출력의 몇 퍼센트가 규격한계를 벗어나는가? (힌트: 정규분포를 사용하라.)

28. 한 회사에서 두유를 제조하고 있으며, 각 병의 용량은 300ml로 표시되어 있다. 과소 충전 위험을 최소화하기 위해 각 병의 목표 용량은 308ml로 설정되었으며, 허용오차 범위는 ±2ml이다. 공정능력을 평가하기 위해 30일 동안 매일 10개의 표본을 측정해 총 300개의 표본을 수집했다. 표본 평균은 308.05ml이고 표준편차는 0.78ml이다. 공정능력 비율을 1.33으로 해 4시그마 성과를 목표로 할 때, 공정이 이 수준의 성과를 달성할 수 있겠는가?

29. 고객 주문에 따라 플라스틱병을 생산하는 아스펜 플라스틱과 관련된 3번 문제로 돌아가보자. 병목 직경 사양이 0.600 ± 0.050이고 모집단 표준편차가 0.013인치라고 가정하자.

a. 공정능력 지수는 얼마인가?

b. 공정능력 비율은 얼마인가?

c. 회사가 4시그마 성과를 추구한다면, 해당 공정은 병을 생산할 수 있는가?

31. 마로딘 브라더스(Marodin Brothers, Inc.)는 150g 비누 생산 라인의 성능을 평가하기 위한 연구를 진행중이다. 중요한 품질 측정 기준은 스탬핑 후 비누의 무게이다. 규격하한 및 규격상한은 각각 162g과 170g이다. 초기 성능 연구의 일환으로 품질 보증 그룹은 크기 5의 표본 25개를 수집해 표 4.7에 관측치를 기록했다.

표 4.7 마로딘 브라더스의 표본 데이터

표본	관측치 1	관측치 2	관측치 3	관측치 4	관측치 5
1	167.0	159.6	161.6	164.0	165.3
2	156.2	159.5	161.7	164.0	165.3
3	167.0	162.9	162.9	164.0	165.4
4	167.0	159.6	163.7	164.1	165.4
5	156.3	160.0	162.9	164.1	165.5
6	164.0	164.2	163.0	164.2	163.9
7	161.3	163.0	164.2	157.0	160.6
8	163.1	164.2	156.9	160.1	163.1
9	164.3	157.0	161.2	163.2	164.4
10	156.9	161.0	163.2	164.3	157.3
11	161.0	163.3	164.4	157.6	160.6
12	163.3	164.5	158.4	160.1	163.3
13	158.2	161.3	163.5	164.6	158.7
14	161.5	163.5	164.7	158.6	162.5
15	163.6	164.8	158.0	162.4	163.6
16	164.5	158.5	160.3	163.4	164.6
17	164.9	157.9	162.3	163.7	165.1
18	155.0	162.2	163.7	164.8	159.6
19	162.1	163.9	165.1	159.3	162.0

표본	관측치 1	관측치 2	관측치 3	관측치 4	관측치 5
20	165.2	159.1	161.6	163.9	165.2
21	164.9	165.1	159.9	162.0	163.7
22	167.6	165.6	165.6	156.7	165.7
23	167.7	165.8	165.9	156.9	165.9
24	166.0	166.0	165.6	165.6	165.5
25	163.7	163.7	165.6	165.6	166.2

품질 보증 그룹은 통계적 관리도를 사용해 데이터를 분석한 후, 공정능력 비율(C_p)과 공정능력 지수(C_{pk})를 계산했다. 그런 다음 스탬핑 공정, 특히 피더 메커니즘을 개선하기로 했다. 필요한 모든 변경을 완료한 후 18개의 추가 표본을 수집했다. 이 표본들의 요약 데이터는 다음과 같다.

$$\bar{\bar{x}} = 163\text{g}$$
$$\bar{R} = 2.326\text{g}$$
$$\sigma = 1\text{g}$$

모든 표본 관측치는 관리한계 내에 있었다. 품질 보증 그룹은 새로운 데이터를 바탕으로 공정능력 측정값을 재계산했다. 개선된 C_p에는 만족했지만, 모든 것이 제대로 작동하기 위해서는 공정의 중심이 166g에 맞춰져야 한다고 판단했다. 이러한 결정으로 연구는 마무리되었다.

a. 초기 연구에서 얻은 데이터에 대한 관리도를 작성하고 공정이 통계적 관리 상태에 있는지 확인하라.

b. 그룹에서 C_p와 C_{pk} 또는 초기 역량 연구에 대해 얻은 값은 무엇이었는가? 결과에 대해 논평하고 추가 개선이 필요했던 이유를 설명하라.

c. 개선 후 C_p와 C_{pk}의 값은 무엇인가? 결과에 대해 논평하고, 그룹이 해당 공정의 중심을 변경하기로 한 이유를 설명하라.

d. 해당 공정의 중심을 166에 맞춘다면, C_p와 C_{pk}는 어떻게 되겠는가? 결과에 대해 논평하라.

Active Model 연습문제

Active Model은 온라인으로 이용 가능하다. 이를 통해 관리도에서 표본 크기와 z값이 미치는 영향을 확인할 수 있다.

문제

1. 예약 프로세스는 통계적으로 관리되고 있는가?
2. 95%의 p 관리도를 사용한다고 가정해보자. 관리상한 및 관리하한은 어떻게 변경되는가? 예약 프로세스에 대한 여러분의 결론은 무엇인가?
3. 표본 크기가 2,500이 아닌 2,000으로 줄어든다고 가정해보자. 이러한 변경은 관리도에 어떤 영향을 미치는가?
4. z값을 낮추면 관리도에 어떤 변화가 생기는가?
5. 신뢰 수준을 낮추면 관리도에 어떤 변화가 생기는가?

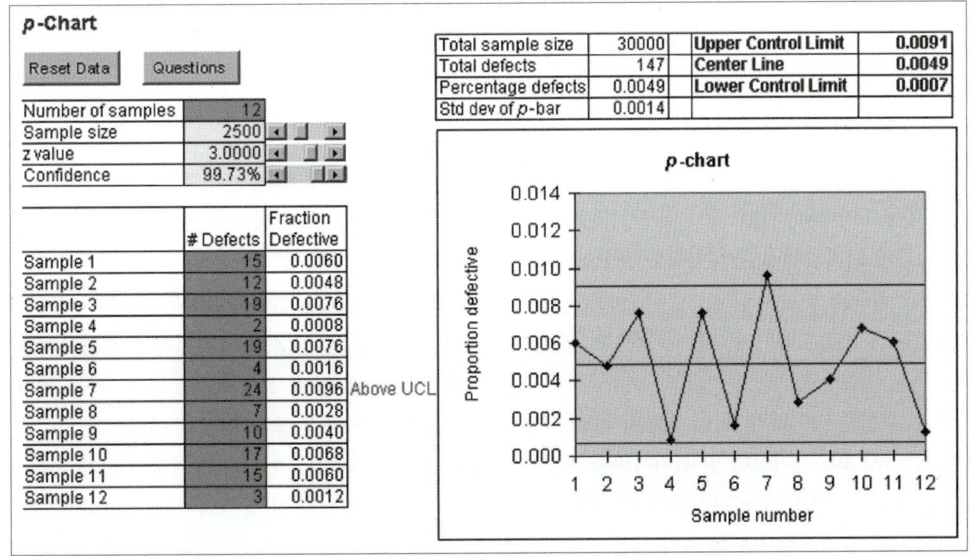

예제 4.3의 데이터를 사용한 p 관리도

실습과제 4.1: 동전 투석기를 이용한 통계적 공정 관리

연습 A: 변수에 대한 관리도

준비물

자 1개
펜 또는 연필 1개
동전 1개(25센트 동전이면 충분함)
야드자(yardtstick) 1개
연습장
계산기

과제

2~4명으로 팀을 만든다. 4명이 한 팀인 경우, 한 사람은 야드자를 잡고 동작을 관찰하고, 한 사람은 투석기를 조정하고 동전을 발사하며, 한 사람은 각 시도의 최대 높이를 관찰하고, 한 사람은 결과를 기록한다. 4명 미만으로 구성된 팀인 경우에는 야드자의 지지대를 제공하고, 다른 과제들과 적절히 조합해 진행하자.

연습

동전을 발사하려면 자의 6인치 표시 아래에 펜이나 연필을 놓는다. 동전을 11인치 표시 위에 놓는다. 자의 양쪽 끝을 최대한 누른다. 동전을 고정하는 쪽 끝이 위로 올라가 동전이 공중으로 발사되도록 한다. 자를 잡은 사람은 동전의 궤적에 인접하되 방해가 되지 않도록 막대를 놓아야 한다. 동전이 도달하는 최대 높이를 관찰하기 위해 관찰자는 동전 궤적의 꼭대기와 거의 같은 높이에 눈을 두고 뒤로 물러서 있어야 한다. 각자가 자신의 역할에 익숙해질 때까지 연습한다. 투석기를 조작하는 사람은 펜이나 연필의 받침점이 발사 사이에 움직이지 않도록 하고, 발사가 가능한 한 일관되게 수행되도록 해야 한다.

1단계: 데이터 수집. 각각 5개의 관측치(발사)를 기준으로 4개의 표본을 수집한다. 동전이 도달한 최대 높이를 연습장의 첫 번째 데이터 표에 기록한다. 수집이 끝나면 각 표본의 평균과 범위를 구하고, 평균의 평균($\overline{\overline{x}}$)과 범위의 평균($\overline{R}$)을 계산한다.

2단계: R 관리도 작성. 수집된 데이터와 적절한 D_3 및 D_4 값을 사용해 범위에 대한 3시그마 관리상한 및 관리하한을 계산한다. 이 값들을 입력하고 워크시트의 R 관리도에 네 가지 표본 각각에 대한 범위를 표시한다. y축에는 범위에 대한 적절한 척도를 표시해야 한다.

3단계: $\overline{x}$ 관리도 작성. 이제 수집된 데이터와 A_2에 적합한 값을 사용해 표본 평균에 대한 3시그마 관리상한 및 관리하한을 계산한다. 이 값들을 입력하고 워크시트의 $\overline{x}$ 관리도에 네 표본 각각의 평균을 표시한다. y축에 적절한 척도를 표시한다.

4단계: 공정 관찰. 공정에 대한 관리도가 구축되면, 공정을 모니터링하고 공정이 정상적으로 작동하지 않는 시점을 파악하는 데 사용된다. 첫 번째 데이터 집합을 수집할 때와 마찬가지로, 각각 5회 시행되는 표본을 2개 더 수집한다. 표본을 수집할 때마다 연습장에 작성한 관리도에 범위와 표본 평균을 표시한다. 공정에 영향을 미치는 요인은 무엇이었는가? 관리도는 공정이 처음 데이터를 수집했을 때와 같은 방식으로 작동하고 있음을 나타내는가?

5단계: 변경된 공정 관찰. 이제 무언가를 바꿔 보자(예: 연필을 8인치 표시까지 옮기는 것). 표본 7과 8에 대한 데이터를 수집한다. 각 표본을 완성할 때마다 연습장에 작성한 관리도에 범위와 표본 평균을 표시한다. 관리도에서 공정 변화를 감지할 수 있는가? 공정이 변경되었다면, 이러한 변화가 단순히 선택한 특정 표본 때문이 아니라 실제적인 변화라는 것을 얼마나 확신할 수 있는가?

연습 B: 속성에 대한 관리도

준비물

자 1개
펜 또는 연필 1개
동전 1개(25센트 동전이면 충분함)
종이컵 또는 플라스틱 컵(입구가 4인치인 것)
연습장
계산기

과제

2명 또는 3명으로 팀을 나눈다. 3명이면 한 사람은 투석기를 조정해 동전을 발사하고, 한 사람은 결과를 관찰해 동전을 가져오고, 나머지 한 사람은 결과를 기록한다. 2명씩 팀을 구성한 경우라면 각 과제를 적절히 조합하자.

연습

목표는 자를 사용해 동전을 컵 안으로 던지는 것이다. 동전을 던지려면 자의 6인치 표시 아래에 펜이나 연필을 놓는다. 11인치 표시 위에 동전을 올려놓고, 그 동전의 무게로 테이블 위에 놓인 자의 끝부분이 지탱될 수 있도록 한다. 자의 튀어나온 끝부분을 손으로 쳐서 동전을 공중으로 던진다. 동전이 떨어지는 지점에 컵을 놓아 다음번에 던질 때 동전이 컵 안에 떨어지도록 한다. 자를 얼마나 세게 쳐야 하는지, 컵을 던지는 가장 좋은 위치는 어디인지 알아낼 때까지 여러 번 연습해야 한다. 펜이나 연필의 받침점이 발사 사이에 움직이지 않도록 하고, 발사는 가능한 한 일관되게 해야 한다.

1단계: 데이터 수집. 각 표본에 대해 동전을 컵 안으로 10번 던져 보자. 워크시트의 데이터 표에 각 시행을 동전이 컵 안에 떨어지면 적중(H), 떨어지지 않으면 실패(M)로 기록한다. 실패율은 실패 횟수를 표본 크기 n(이 경우 10)으로 나눈 값이다. 실패는 '결함'이므로, 실패율은 불량률(p)이 된다.

2단계: p 관리도 작성. 평균 불량률에 대한 3시그마 관리상한 및 관리하한을 계산한다. 이 값과 네 표본 각각의 평균을 연습장의 p 관리도에 표시한다.

3단계: 공정 관찰. 공정에 대한 관리도가 작성되면 공정을 모니터링하고 이상 행동을 식별하는 데 사용된다. 다른 사람이 동전을 던지도록 작업을 바꾼다. 몇 번의 연습 발사 후, 10개씩 네 번 더 표본을 수집한다. 이 사람의 산출물에 대한 불량률을 표시한다. 공정이 여전히 관리 상태에 있는가? 그렇지 않다면, 관리 이탈 상태라고 얼마나 확신하는가? 95% 신뢰 수준에 대한 관리한계를 정할 수 있는가? 이러한 한계를 기준으로 수정된 공정이 여전히 관리 상태에 있는가?[11]

비디오 사례 액손의 품질

생명을 보호하고, 진실을 지키자. 이것이 바로 액손(Axon)의 사명이다. 액손은 테이저 전기 스마트 무기와 전 세계 법 집행 기관을 위한 바디캠 등 공공 안전 기술을 생산하는 기업이다. 1993년부터 사업을 시작한 액손은 애리조나주 스코츠데일에 있는 하이테크 본사에서 세 가지 종류의 무기 라인을 가동하고 있다. 고객의 99%가 법 집행 기관, 군대, 교정 시설, 그리고 전문 보안 기관에 소속되어 있다.

스마트 무기 기술을 설계하고 제조하려면 기업 고객과 개인 보호 장비 구매자 모두에게 정확성과 작동 안전성을 보장할 수 있는 정밀한 엔지니어링 및 생산 공정이 필요하다. 이러한 세부 사항에 대한 집중은 액손의 품질에 대한 헌신에서 입증되며, 제조 운영 방식에서도 확인할 수 있다. 액손의 제조 운영 공정은 ISO 9001:2008 인증을 획득했다.

모든 완제품은 재고상태에 기반하여 생산되므로 회사는 주문 접수 시 신속하게 대응할 수 있다. 판매 이력 데이터는 어떤 품목을 재고로 보관해야 하는지, 어떤 품목은 판매 전 6주에서 12주까지 재고로 보관해야 하는지 결정하는 데 도움이 된다. 대부분의 직원은 자발적으로 무기 재고에 관여하게 되는데, 창업자도 예외가 아니다.

액손의 작업 셀은 제품별로 구성된다. 매주 초, 각 셀에는 해당 주에 생산해야 하는 완제품의 자재 명세서가 포함된 '생산 주문' 문서가 제공된다. 생산 주문은 액손의 전사적 자원 관리(ERP) 시스템을 통해 발행되며, 조립 생산에 필요한 원자재는 매주 각 셀에서 조달 및 준비된다. ERP 시스템은 회사 내 모든 기능 부서의 정보 요구를 지원할 뿐만 아니라, 전체 생산 계획을 지원하기 위해 부품 제작 및 구매 자재 도착 일정을 계획하여 회사 제품 생산을 지원한다.

액손은 제조 공정 전반에 걸쳐 품질을 중시한다. 원자재의 경우, 공급업체 단계에서 품질 적합성을 위한 테스트 및 검사를 거치게 해 결함 있는 부품이 출하되지 않도록 한다. 국내에서 조립되는 회로 기판은 출하 전 각각 테스트를 거치고, 액손의 입고 도크에서 합격 표본 추출 검사를 통해 출하 적합성을 확인한다. 무기 케이스와 같은 사출 성형 부품 공급업체의 경우에도 동일한 절차가 적용된다. 테스트에는 기능 검사, 낙하 충격에 대한 내구성을 확인하는 낙하 테스트, 그리고 무기가 섭씨 영하 20도에서 영상 50도 사이의 온도 범위에서도 작동하는지 확인하는 온도 검사가 포함된다. 완제품이 준비되면 액손은 고객에게 배송하기 전에 제품이 제대로 작동하는지 확인하기 위해 모든 제품에 대한 최종 품질 보증 검사를 수행한다. 모든 제품에는 1년 보증이 제공된다.

2009년, 엔지니어링, 제조, R&D, 품질 보증 부문의 25명의 회사 경영진이 인근 대학교에서 제공하는 6시그마 그린벨트 교육 프로그램에 등록했다. 교육 과정은 의미 있었지만, 액손은 신제품 출시에 대한 엄청난 압박에 직면했고, 이로 인해 경영진은 6시그마 원칙 구현에 대한 집중력을 잃고 말았다. 액손이 6시그마 여정에 다시금 새롭게 관심을 갖게 된 것은 2011년이 되어서였다. 경영진은 고객 서비스 및 마케팅 부서를 포함하여 교육 대상 직원의 범위를 확대하고, 더욱 엄격한 6시그마 방법론을 교육에 통합하기로 결정했다. 6명의 블랙벨트 경영진은 회사 운영을 강화하기 위한 프로젝트를 진행했다. 제조 담당 부사장인 빌 덴저(Bill Denzer)가 시작한 이러한 프로젝트 중 하나는 생산의 소프트한 측면, 즉 직원을 겨냥했다. 빌은 제조 라인 직원들에게 데이터를 제공해 직원들이 자신의 환경에서 발생하는 일에 대한 더 큰 책임감을 가질 수 있도록 해야 할 필요성을 느꼈다. 액손은 2011년 이전까지 지속적인 개선을 위해 매일 제조 데이터를 수집했지만, 제조 라인 레벨의 직원들은 문제를 신속하게 변경하거나 해결하는 데 필요한 분석 및 문제 해결 과정에 적극적으로 참여하지 않았다. 제조 엔지니어링 그룹은 문제가 발생한 후에만 데이터를 검토했고, 생산이 계속되는 동안에도 조사와 해결에는 시간이 걸렸다.

빌의 프로젝트는 테스트 데이터 수집 자동화에 제조 엔지니어링을 참여시켜 공정 기준을 개발하고 관리상한 및 관리하한을 설정하는 것을 목표로 삼았다. 제조 라인 작업자들에게 공정에 대한 명시적인 매개변수가 제공되었고, 또한 그들은 해당 공정에 대한 통제권도 갖게되었다. 그 결과, 작업 셀에서 통제 불능 상태가 발생할 경우 신속하게 파악하여 몇 시간 내에 문제를 해결할 수 있게 되었다. 아울러, 공식적인 에스컬레이션 프로세스(escalation process)를 통해 관련 담당자에게 알림을 보내 조치를 취할 수 있도록 했다.

2013년, 액손은 각 작업 셀 위에 컴퓨터 모니터를 설치하여 모든 제조 직원이 자신의 작업 현황과 관련된 데이터를 직접 확인 할 수 있도록 했다. 이러한 데이터에는 총 생산량 대비 스크랩 달러 비율, 공정 수율(생산 단위), 예

11 출처: The basis for Exercise A was written by J. Christopher Sandvig, Western Washington University, as a variation of the "Catapulting Coins" exercise from *Games and Exercises for Operations Management* by Janelle Heinke and Larry Meile (Prentice Hall, 1995). Given these foundations, Larry Meile of Boston College wrote Exercise A. He also wrote Exercise B as a new extension. Reprinted by permission of Larry Meile.

2021년 3월 10일, 독일 드레스덴에서 한 경찰관이 작센주 경찰이 바디캠을 도입한 것을 기념하는 행사에서 자신의 카메라를 보여주고 있다.

출처: Matthias Rietschel/Dpa-Zentralbild/Dpa/Alamy Stock Photo

상 인건비 대비 단위당 평균 인건비, 예상 재료비 대비 단위당 평균 재료비, 계획 생산량 대비 일일/월간/분기별 생산량, 표준 대비 처리 시간 등이 포함된다.

데이터 수집 및 성과 분석의 효율성을 높이기 위해 액손은 각 교대가 시작되기 전에 매일 회의를 열어 관련 지표를 검토한다. 또한, 액손 지속 개선 프로그램(TCI)을 자체 개발했다. 이 프로그램은 제조 공정 전 분야의 직원들로부터 매주 15개 이상의 제안을 수집한다. 각 작업 셀에 게시판이 설치되어 있어 문제점을 쉽게 기록할 수 있으며, 제안된 내용은 즉시 확인 가능하다. 또한 문제가 감지되면 누구든 생산을 중단할 수 있으며, 며칠이나 몇 주가 아닌 몇 시간 안에 문제가 해결되어 가동 중단 시간과 품질 문제를 줄일 수 있다.

문제

1. 6시그마 프로그램을 구현하는 데는 조직의 상당한 시간과 헌신이 필요하다. 경영진의 헌신, 진행 상황을 추적하는 측정 시스템, 엄격한 목표 설정, 교육, 커뮤니케이션, 고객 우선순위 측면에서 액손의 노력을 평가하라.
2. 액손의 직원 참여에 대한 노력은 회사가 공정 성과 및 품질 저하로 인한 네 가지 비용(예방, 평가, 내부 실패, 외부 실패)을 피하는 데 어떻게 도움이 될 수 있겠는가?
3. 고객 만족, 직원 참여, 지속적인 개선과 관련된 액손의 전사적 품질경영(TQM) 접근 방식을 설명하라.

5 린 시스템

출처: Zhijun Sun/TAO Images Limited/Alamy Stock Photo

빌보드로 장식된 중국 베이징 소재 나이키 스토어. 나이키는 스포츠 신발과 의류를 디자인, 제조, 홍보, 판매하는 미국 기업이다.

나이키

나이키(Nike)는 운동복, 신발, 스포츠 장비를 디자인, 제조, 유통하는 글로벌 기업으로 2022년에 460억 달러 이상의 매출을 달성했다. 그리스의 승리의 여신 이름을 딴 나이키는 'Just Do It', 'Swoosh' 등 잘 알려진 상표와 로고를 보유한 가장 가치 있는 브랜드 중 하나이다. 지금은 안정적으로 운영되고 있지만, 1990년대 나이키는 저임금과 강제 초과 근무, 공장의 열악한 근무 환경으로 인해 이미지에 큰 문제가 생기고 고객 수요가 감소하는 등 어려움을 겪었다. 이후 나이키는 20년에 걸쳐 하청 공장들을 린 원칙에 따라 대대적으로 변화시키고 이 결과를 기업의 사회적 책임에 대한 의지를 확고히 하는 데 사용함으로써 턴어라운드에 성공했다.

나이키는 변화를 위해 공급사슬을 간소화하고 인도, 필리핀, 베트남, 남미에 위치한 하청 공장의 수를 910개에서 785개로 정리했다. 100만 명 이상의 직원을 고용하고 50만 개의 완제품을 생산하면서도 정리 과정을 거치면서 살아남은 공장들에 대해 지속적인 개선과 근로자의 자율권을 중시하는 문화를 구축했다. 각 공장에서 린 전환을 담당할 관리자들은 스리랑카에 있는 나이키의 연수원으로 파견되어 린 시스템에 대한 교육 과정을 수련한 뒤 각자의 공장으로 돌아가 공장 시스템을 혁신하는 역할을 수행했다. 직원들은 점점 더 혁신과 개선의 주체로 여겨졌고, 새로운 도구와 기술을 도입하면서 더 높은 수준의 다양한 기술을 습득하도록 장려되었다. 저렴한 비용으로 고품질의 제품을 생산하기 위해 나이키는 작업 환경을 개선할 뿐만 아니라 폐기물을 줄이고 귀중한 자원인 물을 더 효율적으로 사용할 것을 장려했다. 또한 몇몇 공장은 작업 효율성을 끌어 올리기 위해 현장의 물리적 배치를 변경했다.

나이키는 전 공장에 걸쳐 일관되게 높은 기준을 준수하고 달성하기 위해 하청업체들에 대한 구매 및 생산의 지속가능성 지수라는 지표를 개발했다. 회사는 이 지표를 사용해 품질, 적시 납품, 운영 안정성, 자율성 부여 문화 등 각 공장의 린 역량을 평가한다. 나이키 제조 지속가능성 지수의 다른 요소로는 노동 및 인적자원 관리, 건강 및 안전 관행, 에너지 및 탄소 사용, 환경적 지속가능성 등이 있다. 골드 등급은 세계적 수준의 공장, 브론즈 등급은 나이키가 모든 공장에 기대하는 표준적인 기준을 준수하는 공장에 부여하는 등급을 의미한다. 2015년 말까지 나이키 공장의 85%가 브론즈 등급을 획득했다. 이러한 변화는 임금, 복리후생, 휴가 등으로 측정되는 노동 기준 미준수율을 15% 감소시키는 결과로 이어졌다.

린 공급사슬의 이점은 초과근무 감소, 주문 지연 및 갑작스러운 자재 요구사항 변경의 제거, 생산성 10~20% 향상, 불량률 50% 감소, 배송 시간 20~40% 단축 등의 효과를 가져왔다. 나이키는 현재 세계

학습목표

5.1 린 시스템이 어떻게 프로세스의 지속적인 개선을 촉진할 수 있는지 설명한다.

5.2 린 시스템의 전략적 공급사슬 및 프로세스 특성과 코로나19 이후 환경에서 린 시스템이 어떤 영향을 받았는지 파악한다.

5.3 린 시스템의 배치에서 일인다기계(OWMM)와 그룹 테크놀로지(GT)의 차이를 설명한다.

5.4 린 시스템에서 생산일정을 구성할 때 간반이 어떤 역할을 하는지 이해한다.

5.5 가치흐름도가 무엇인지 그리고 그것이 낭비 제거에 어떤 역할을 하는지 이해한다.

5.6 린 시스템의 도입과 관련된 이슈를 설명한다.

에서 가장 린(lean)한 제조업체 중 하나로 평가받고 있다. 린 전환을 통해 체계적인 변화를 추구함으로써 나이키는 그동안 겪었던 홍보의 어려움을 브랜드 가치 상승으로 전환하는 동시에 지속가능성과 기업의 사회적 책임에 있어서도 업계를 선도하는 기업이 되었다.[1]

린 시스템
모든 활동에서 낭비와 지연을 제거해 부가가치를 극대화하는 운영 시스템

출처: Mark Waugh/Alamy Stock Photo

영국 체셔에 위치한 알디 노스위치 할인 슈퍼마켓 신규 매장. 알디는 미국을 비롯해 전 세계로 빠르게 확장하고 있는 세계적인 할인 슈퍼마켓 체인점이다.

나이키는 우리가 학습해야 할 조직이자 **린 시스템**(lean system)으로 알려진 제조 및 공급사슬 설계 접근법의 훌륭한 사례로, 조직이 지속적으로 운영을 개선하고 한 부서에서 얻은 교훈을 기업 전체에 확산할 수 있는 시스템을 갖추었다. 린 시스템은 기업의 각 활동에서 낭비와 지연을 제거해 부가가치를 극대화하는 운영 시스템이다. 이 개념은 기업의 운영전략, 프로세스 설계, 품질 관리, 제약 관리, 레이아웃 설계, 공급사슬 설계, 기술 및 재고 관리 등을 포괄하며 서비스 기업과 제조 기업 모두 활용할 수 있다. 각 서비스 기업은 제조업체와 마찬가지로 고객으로부터 주문을 받아 서비스를 제공한 후 수익을 얻으며, 이 과정에서 필요한 서비스나 물품을 외부로부터 구매하고, 이에 대한 대금을 지급하고, 직원을 고용하고 급여를 지급한다. 이러한 각 활동은 제조 기업의 활동과 상당히 유사하다. 또한 전체 프로세스에서 일반적으로 많은 양의 낭비(waste)가 발생할 소지가 있기도 하다.

린 시스템은 기업 내부에서는 핵심 프로세스와 지원 프로세스 사이의 연계에 영향을 미치고, 외부에서는 기업과 고객이나 외부 공급업자와의 관계에 영향을 미친다. 린 시스템 접근법으로 공급사슬을 설계하면 회사의 모든 부서와 기능 영역이 영향을 받는다. 마케팅은 린 시스템으로 고품질의 서비스나 제품을 적정 가격으로 적시에 출시한다. 인사 부서는 팀워크를 보상하는 인센티브 제도를 실시해야 하며, 인력의 유연성을 높일 수 있도록 채용, 평가, 훈련 과정을 개선해 린 시스템을 성공적으로 운영할 수 있도록 해야 한다. 엔지니어링 부서는 제품 설계에 공통 부품을 많이 사용해 가동 준비를 줄이고 집중화 공장이 이루어질 수 있도록 해야 한다. 운영 부서는 공급업자와 긴밀한 관계를 유지하고, 린 시스템을 설계하고 활용해 제품이나 서비스를 생산할 책임이 있다. 회계 부서는 린 시스템 관리에 알맞게 원가 계산과 대금 청구, 지급 관행을 수정해야 한다. 최종적으로 고위경영진은 나이키 사례처럼 린 시스템 철학을 받아들여 조직문화로 정착시켜야 한다.

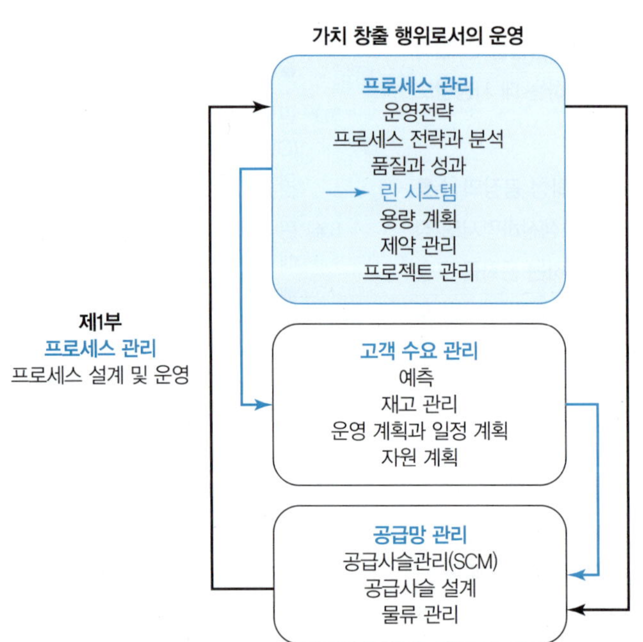

알디(Aldi)도 린 전략을 채택하고 있다. 이 할인 슈퍼마켓 체인은 독일에 본사를 두고 있으며, 2021년에는 호주, 유럽, 영국, 아일랜드, 미국 등 전 세계 20개국 11,000개 매장에서 1,210억 달러의 매출을 올렸다. 단순성, 일관성, 기업의 책임이라는 핵심 가치에 대한 알디의 강조는 모든 영역에서 비용을 낮추고, 고객에게 더 많은 가치를 제공하며, 마진이 극도로 적은 비즈니스에서 경쟁력을 유지하기 위해 사용하는 린 생산 원칙과 밀접하게 연관되어 있다. 알디의 린

1 Lorenzo Del Malmor, "From Child Labor to Social Responsible Lean Innovation," Lean Six Sigma Belgium, https://leansixsigmabelgium.com/blog/lean-innovation-nike/ (July 28, 2020); "Nike Gears Up for a Manufacturing Revolution," *Manufacturing*, https://www.manufacturingglobal.com/lean-manufacturing/nike-gears-manufacturing-revolution (June 10, 2020); https://theleadershipnetwork.com/article/how-nike-used-lean-manufacturing (October 31, 2016); https://fdra.org/latest-news/nikes-sustainability-report-shows-environmental-impact-reductions/ (May 8, 2023); Nike, "Sustainability Commitments," https://about.nike.com/en/newsroom/resources/sustainability-commitments (August 2, 2023); https://about.nike.com/en/impact/focus-areas/responsible-sourcing (August 2, 2023); https://www.cips.org/supply-management/news/2022/january/how-nike-transformed-supply-chains-to-survive-covid/ (January 21, 2022).

철학은 공급사슬에도 적용된다. 운송 비용과 시간을 절약하기 위해 과일과 채소의 최대 60%를 현지에서 조달한다. 재고 감축 정책의 일환으로, 공급업체는 특정 시점에 한 달분 이상의 일반 재고와 알디의 자사 브랜드 제품을 재고로 보유할 수 없으며, 이를 일시적 또는 영구적으로 변경하기 위해서는 알디로부터 서면 승인을 받아야 한다. 이러한 철저한 재고 관리 결과 알디의 제품은 경우에 따라 경쟁사보다 최대 30%까지 저렴할 수 있다. 린 원칙에 대한 끊임없는 집중 덕분에 알디가 주요 식료품 브랜드 중 가격 면에서 확실한 선두주자가 된 것은 당연한 일이다.

지금까지 제조 및 서비스 프로세스를 개선하는 여러 가지 방법을 논의했다. 이 장에서는 여기서 더 나아가 린 시스템의 지속적인 개선 측면에 대해 먼저 논의한 다음, 린 시스템의 특징과 이러한 특징을 달성하는 데 필요한 레이아웃 설계를 논의함으로써 프로세스 개선 기법을 사용해 회사를 린하게 만드는 방법을 다룰 것이다. 또한 실제로 사용되는 린 시스템의 다양한 유형과 기업이 직면하는 몇 가지 구현 문제도 다룰 것이다.

린 시스템 접근 방식을 사용한 지속적인 개선

5.1 린 시스템이 어떻게 프로세스의 지속적인 개선을 촉진할 수 있는지 설명한다.

린 시스템의 일반적인 요소들을 반영하고 있으면서 가장 잘 알려진 시스템 중 하나가 **JIT 시스템**(just-in-time system)이다. 토요타(Toyota) 자동차의 JIT 선구자인 오노 다이이치는 JIT 철학(just-in-time philosophy)은 단순하지만 강력하며, 과잉 재고와 과잉 용량 그리고 부가가치를 발생시키지 못하는 활동을 없애서 낭비(muda)를 제거하는 것이라고 했다. 기존 문헌[2]에서는 일곱 가지 낭비 요인을 논의하고 있으나, 이 책에서는 최근 현장 관리자의 의견을 반영해 여덟 번째 낭비 요인으로 '종업원 활용 부족'도 포함했다. 표 5.1은 현장에서 흔히 서로 얽혀 있는 형태로 존재하는 여덟 가지 낭비 요인을 보여주고 있는데, 린 시스템을 실행하려면 이러한 낭비 요인들을 과감히 줄이거나 제거해야 한다.

JIT 시스템
JIT 시스템은 린 시스템의 핵심 기반으로, 과잉 생산 및 재고를 줄이고 가치 없는 활동을 제거함으로써 낭비(무다)를 없애는 일련의 실천 방법을 의미함

표 5.1 여덟 가지 형태의 낭비(또는 무다)

낭비	정의
1. 과잉 생산	필요한 시점보다 미리 생산하는 행위. 불량 탐지를 어렵게 하고 재고와 리드타임을 증가시킨다.
2. 과잉 처리	간단한 기계로도 충분한데 고가의 정밀장비를 사용하는 행위. 고가 자본재의 남용을 초래함. 유연한 소형 장비를 구입하거나 기존에 사용하던 기계를 잘 관리하고 처리 단계를 적절히 통합하면 과잉 처리와 관련된 낭비를 줄일 수 있다.
3. 대기	작업장 간 균형이 무너지면 활동시간이 낭비된다. 뒤 작업장의 작업시간이 오래 걸리면 앞 작업장은 할 일이 없어 기다리거나 하지 않아도 되는 일을 하는 상황이 생기기 때문이다. 또 앞 작업장에서 고장이나 품질 이상, 부품/정보 부족, 준비시간 지체가 발생하면 작업자는 기다릴 수밖에 없다.
4. 운반	프로세스 사이에 발생하는 필요 이상의 물자 이동. 이동은 고객 가치를 증가시키지 못하면서 제품 손상이나 품질 저하를 유발할 수 있다.
5. 동작	구부림, 뻗기, 들어 올리기, 걷기 등 동작에서 불필요한 부분. 과잉 동작이 포함된 업무는 재설계해야 한다.
6. 재고	과잉 재고는 작업 현장의 문제를 숨기며, 공간을 차지하고 리드타임을 늘리며, 의사소통을 방해한다. 재공품 재고는 과잉 생산과 대기의 결과이다.
7. 불량품	품질 불량은 재작업과 폐기를 초래하며 생산용량 손실, 일정계획 수정, 검사 증가, 고객의 호의를 잃는 등 비용 낭비를 야기한다.
8. 종업원 활용 부족	종업원의 지식과 창의성을 활용하지 못하면 낭비 제거 활동을 장기적으로 지속할 수 없다.

2 David McBride, "The Seven Manufacturing Wastes," August 29, 2003, http://www.emsstrategies.com/dm090203article2.html.

경영 과제 재무

오크 그로브 헬스(Oak Grove Health)는 중환자에게 최고 수준의 외상 치료 서비스를 제공하는 외상 센터를 갖춘 대형 병원이다. 오바마케어(ACA) 법안 통과와 코로나19 팬데믹으로 인해 환자 치료 및 만족도가 더욱 중요한 요소로 부각되었으며, 동시에 비용 절감과 운영 효율성 향상이 주요 과제가 되었다. 최근 경영진 회의에서 CEO인 돈 램지(Don Ramsey)는 병원의 재무 성과를 논의하면서 환자 치료에 대한 성과지표는 안정적으로 유지되고 있지만 환자당 비용은 다른 비교 대상 병원보다 훨씬 빠르게 증가하고 있다고 지적했다. 또한 환자들의 높은 수요와 적체 상황에도 불구하고 수익은 감소하고 있었다. 그는 재무 담당 부사장인 수전 리처드슨(Susan Richardson)에게 이 문제를 자세히 검토하고, 환자 치료나 새로운 기술 및 간호사 교육에 대한 투자를 저해하지 않으면서도 비용을 절감할 수 있는 구체적인 기회를 찾아내라고 지시했다(이 두 가지 모두 오크 그로브가 경쟁력을 유지하는 데 필수적인 요소로 간주된다).

수전은 인력 배치, 병원 운영, 행정 서비스에서 발생하는 낭비를 더 잘 이해하고 제거하기 위해 3개의 태스크포스를 각각 구성했다. 앨버트 핀토(Albert Pinto)는 병원 운영 태스크포스의 리더로서 가장 복잡한 임무를 맡았다. 그는 먼저 외과 부서에 집중하기로 하고 그곳에서 얻은 교훈을 병원의 다른 주요 부서들에 적용하기로 했다. 그는 프런트 데스크에서 환자가 등록 및 예약되는 단계, 수술 전 진료, 실제 수술, 중환자실(ICU)에서의 회복, 일반 병동에서의 추가 입원, 퇴원 등 여러 단계에 걸쳐 환자 흐름을 추적했다. 단계마다 환자 도착률의 변동성과 고르지 않은 시설 이용률로 인해 대기시간이 길어졌는데, 보험회사의 병원비 환급조치가 환자의 입원 기간이 아닌 환자 완치를 기준으로 이루어지기 때문에, 병원 입장에서는 긴 대기시간이 비용 상승으로 이어지고 있는 상황이었다. 추가 데이터를 수집한 결과, 중환자실(ICU) 병상 부족과 간호사 인력 부족으로 인해 환자 이동이 지연되었으며, 이로 인해 수술실 운영에 차질이 발생하고 있다는 사실을 발견했다. 결과적으로 외과의사들은 대기 상태로 머무르며 실제 수요보다 적은 횟수의 수술을 수행하게 되었고, 이는 수익 손실과 수술 경험 저하로 이어지고 있었다.

2년 전, 오크 그로브는 약 5km 정도 떨어져 있는 피드먼트(Piedmont) 병원을 인수했으며, 이미 운영 통합을 완료했다. 그러나 앨버트는 고가의 외과 및 마취 관련 약품을 보관하고 배분하는 자동화된 보관 시스템이 두 병원에서 개별적으로 운영되고 있으며, 이들은 아직 통합되지 않았다는 사실을 발견했다. 이로 인해 두 병원에서 불필요한 중복 투자가 이루어졌으며, 두 병원의 위치적 근접성을 고려할 때 약품을 보다 효율적으로 공유할 수 있었음에도 불구하고 비용 낭비가 발생하고 있었다. 환자 구성과 치료 건수에 따라 병원별로 개별적인 약품 조달 및 보관이 이루어지면서 한 병원에서는 약품 부족이 발생하는데 다른 병원에는 과잉 공급되는 상황이 발생하고 있었다. 더 깊이 분석한 결과, 이러한 문제는 심장학, 신경학, 소아과, 종양학 등 여러 부서에서도 발생하고 있었으며, 앨버트는 병원 전체의 운영에서 서로 연결된 낭비 요소들이 복잡하게 얽혀 존재하는 것은 아닌지 고민하게 되었다. 그는 오크 그로브 병원에서 다양한 유형의 낭비가 발생하는 근본적인 원인을 파악하고 이를 식별해 제거하는 것이 필요하다고 판단했다. 이 장에서 설명하는 개념과 기법을 활용하면 앨버트가 재무 담당 부사장 수전이 요청한 비용 절감 방안을 마련하는 데 도움을 받을 수 있을 것이다.

린 시스템의 목표는 이런 여덟 가지 낭비 요인을 제거해 서비스나 재화를 필요한 만큼만 생산하고 프로세스가 창출하는 부가가치를 지속적으로 증가시키는 것이다. 낭비를 식별하고 제거하는 것은 여러 가지 면에서 조직에 도움이 될 수 있지만, 그렇게 하지 못하면 '경영 과제'에서 소개하는 의료 서비스 환경에서 볼 수 있듯이 재무 성과에 악영향을 미칠 수 있다.

린 시스템은 개선이 필요한 부분을 부각해 품질과 생산성의 지속적 개선을 유도한다. 이러한 프로세스 개선 방법을 이르는 일본어 단어가 가이젠(改善, kaizen)이다. 가이젠의 의미를 이해

출처: PERO studio/Shutterstock

경제위기로 수요가 없는데도 과잉 생산되어 버린 신차들이 자동차 조립 공장 밖에 줄지어 주차되어 있다.

출처: Jon G. Fuller, Jr./Jon G. Fuller/VWPics/Newscom

멕시코 바하 칼리포르니아 테카테의 테일러 기타 공장에서 기타 케이스를 재봉하고 조립하는 작업자들

전통적 시스템과 JIT 시스템에서 재고의 역할 차이: 수심과 재고의 비유

전통적 시스템에서는 재고를 완충장치로 활용해 프로세스에 혼란을 일으키는 문제(암초)들로부터 보호한다.

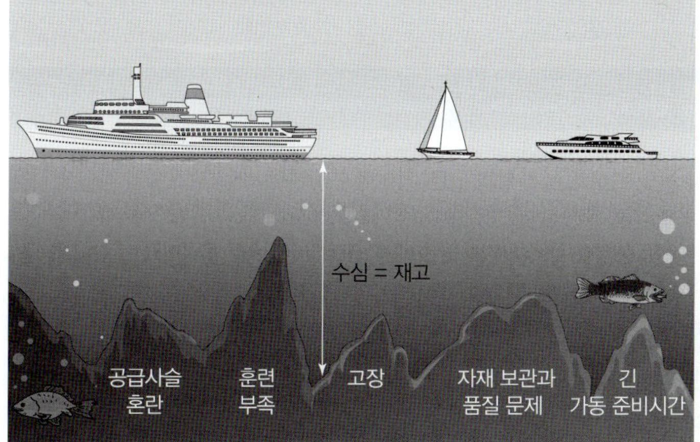

JIT 시스템에서는 재고를 낭비로 보고 이를 줄이면서 혼란의 원인인 문제점을 노출시킨 후 해결하게 된다. 단, 재고를 이용해 노출된 문제를 프로세스로부터 분리한 뒤 이를 빠른 시간 내에 고치지 못하면 재고 부족으로 혼란이 야기된다.

그림 5.1 린 시스템에서 지속적 개선

하는 핵심은 '여분의 생산용량이나 재고가 프로세스 저변의 문제점을 덮어버리고 가린다는 사실을 이해하는 것'이다. 린 시스템은 문제가 노출될 때까지 생산용량이나 재고를 줄여서 관리자가 해당 문제를 인식하게끔 한다. 그림 5.1은 린 시스템을 통한 지속적 개선의 원리를 묘사하고 있다. 수면의 높이는 서비스업에서는 인원 등 서비스 용량을 나타내고, 제조업에서는 제품과 부품의 재고 수준을 나타낸다. 암초는 서비스나 제품 생산 과정에서 직면하는 문제점을 나타낸다. 수면이 충분히 높으면 배는 암초 위를 지나가는데, 이는 많은 용량이나 재고가 문제를 덮어버리기 때문이다. 용량이나 재고를 줄이면 암초가 노출되고, 결국 배는 암초에 부딪히게 된다. 린 시스템에서 노출된 암초는 작업자, 감독자, 엔지니어, 분석가가 지속적 개선 방법을 이용해 제거하도록 요구된다. 린 시스템에서 자재 흐름을 원활히 하는 균형을 달성하려면 개선할 문제점을 적시에 찾아야 한다.

지속적 개선의 핵심은 재고 수준을 낮게 유지하고, 시스템에 주기적으로 압박을 가해 문제점을 파악하며, 린 시스템의 요소에 집중하는 것이다. 예를 들어 주기적으로 안전재고를 0에 가깝게 줄이는 공장이 있다고 하자. 그러면 이 공장의 문제점이 드러나고 기록되어 결국 근로자에게 개선 과제로 배정된다. 이를 통해 안전재고를 필요로 했던 문제점이 해결되면 재고를 새로운 수준으로 영원히 낮출 수 있게 된다. 이런 다양한 시도를 통한 시행착오 방식으로 생산 프로세스의 효율을 향상한 기업이 많이 있다. 또한 특별 제작한 기계를 이용해 프로세스 하단에서 꼭 필요한 수량만큼만을 생산할 수 있게 된 경우도 있다. 서비스 프로세스인 일정 계획, 대금 청구, 주문 접수, 회계, 재무계획 수립 등도 린 시스템으로 개선할 수 있다. 서비스 운영에서 관리자가 자주 사용하는 방식은 담당 인원을 줄여 업무 속도가 느려질 정도로 또는 중단될 정도로까지 시스템에 압박을 가하는 것이다. 그러면 문제점이 발견되고 개선책도 찾게 된다. 그 밖에 다음과 같은 가이젠(개선) 방식이 있다. 불량품 폐기량이 너무 많으면 작업 방법을 개선하거나 작업자 교육과 훈련을 늘리고 품질 좋은 공급업자를 찾아야 한다. 생산용량의 불균형을 개선하려면 기준 생산계획을 수정하거나 노동력의 유연성을 향상해야 한다. 문제 하나가 해결되면 또 새로운 문제를 찾아 시스템의 성과를 계속해서 개선해 나가게 된다.

근로자도 JIT 철학의 구현에 중요한 역할을 한다. 근로자가 아이디어를 내서 지속적 개선이

일어나는 경우가 흔하다. 토요타는 근로자의 개선 제안을 한 해에 740,000건 접수했다. 이 제안의 대부분이 실행되었으며, 제안자들은 성과에 따라 포상금을 500엔에서 50,000엔까지 받았다.

린 시스템의 전략적 특성

5.2 린 시스템의 전략적 공급사슬 및 프로세스 특성과 코로나19 이후 환경에서 린 시스템이 어떤 영향을 받았는지 파악한다.

프로세스 수준에 적용할 수 있는 린 시스템 철학은 공급사슬 수준에도 적용할 수 있다. 이 절에서는 기업 내외부를 기준으로 공급사슬 관점과 프로세스 관점에서 린 시스템을 설계하고 실행하는 데 중요한 요소들을, 신기술의 영향과 토요타의 생산 시스템이 린 원칙들을 어떻게 보여주고 있는지와 더불어 논의한다. 또한 이 절에서는 2020년 초부터 2022년 중반까지 지속된 코로나19 팬데믹 이후 이러한 공급사슬 및 프로세스 고려사항이 어떻게 변화하고 진화했는지에 대해서도 살펴본다.

린 시스템에서 공급사슬의 특성

이 절에서는 린 시스템의 특성 중에서 공급사슬의 자재 흐름과 밀접한 관련이 있는 두 가지를 논의하는데, 바로 공급업자와의 긴밀한 유대 관계와 소규모 로트(lot)이다.

공급업자와의 긴밀한 유대 관계

린 시스템은 적은 재고와 여유용량으로 운영하기 때문에 공급업자와 긴밀한 협조 체제를 갖추어야 한다. 공급업자는 품질 좋은 부품을 짧은 리드타임으로 자주 적시에 배달해야 한다. 공급업자가 하루에 여러 번 부품을 납품하도록 공급 계약을 통해 요구하기도 한다.

린 시스템 철학은 공급사슬 전반에서 재고를 감축하고 효율을 향상하는 방안을 찾는 것이다. 공급업체와 고객업체의 긴밀한 협조는 서로에게 이득이 된다. 예를 들어 고객의 부품 소요량에 대한 정보 교환이 좋아지면 공급업자는 재고계획과 배달 일정을 개선해 이윤을 증가시킬 수 있으며, 고객사도 나중에 협상을 통해 부품 가격을 인하받을 수 있다. 계약할 때마다 공급업자를 적대시하면 공급업자와 긴밀한 관계를 구축하고 유지할 수 없다. 오히려 서로를 사업 파트너로 생각해 장기적 공동 이득을 확보해야 할 것이다. 따라서 린 시스템을 도입할 때 우선적으로 취하는 행동 중 하나는 가능한 한 공급업자의 수를 줄이고 공급업자를 인근 지역에 두어 파트너십을 강화하며 자재 흐름을 긴밀히 동기화하는 것이다.

공급업자와의 긴밀한 파트너십을 특히 강조하는 린 시스템이 JIT II인데, 이러한 필요성을 인지하고 활용한 기업이 고급 전문 음향기기와 스피커를 생산하는 보스(Bose Corporation)였다. 공급업자가 관리하는 재고(vendor-managed inventories)라고도 하는 JIT II 시스템에서는 공급업체 직원이 고객의 공장에 와서 그 고객사의 구매 담당자처럼 적극적으로 활동하게 된다. 이 공장에 파견된 공급사 소속 관리자는 급여는 소속사에게 받지만 고객의 공장에서 전일제로 근무하며 고객의 구매 발주를 대행한다. 따라서 JIT II 시스템은 공급업자와 고객사 간의 상호작용을 매우 긴밀하게 만든다. JIT II 프로그램에서 공급업자 선발 기준은 매우 까다롭다.

일반적으로 JIT II 프로그램은 구매자와 공급업자 서로에게 이로운데, 그 이유는 JIT II가 공급업자와의 관계 개선에 필요한 조직구조를 갖추도록 물류, 생산, 구매 프로세스의 통합을 유도하기 때문이다. 공급업자 관계와 공급업자 재고 관리에 관해서는 13장 '공급사슬관리'에서 한 번 더 다룬다.

소규모 로트

린 시스템에서는 로트를 가능한 한 작게 한다. **로트**(lot)는 한 번에 처리하는 일감의 규모를 말한다. 로트가 작아지면 평균 재고가 줄어든다. 로트가 작아지면 자재 대기시간이 짧아지므로 로트가 시스템을 더 빨리 통과하게 된다. 또한 불량품이 발견되었을 때도 전체 로트를 검사해 재작업할 불량품을 골라내는 시간이 짧아진다. 마지막으로 로트가 작으면 시스템의 작업 부하가 평준화될 가능성이 높아지고 과잉 생산도 줄어든다. 로트가 크면 작업장에서 시간을 큰 뭉치로 잡아먹기 때문에 일정계획이 복잡해진다. 작은 로트는 효율적으로 다룰 수 있기 때문에 일정 관리자가 생산용량을 더 효율적으로 사용할 수 있게 한다.

로트
한번에 처리하는 일감의 규모

로트를 축소하면 이점만 생기는 것이 아니고 가동 준비 횟수 증가 같은 문제도 발생한다. 가동 준비(setup)는 처리하던 품목을 다른 품목으로 바꿀 때 뒤 품목의 생산에 맞게 프로세스를 조정하는 활동으로, 전환(changeover)이라고도 한다. 이 전환 작업도 그 자체가 프로세스이므로 개선할 수 있다. 가동 준비에는 시험 생산도 포함되므로 뒤 품목에 맞게 장비를 조정하는 동안 자재가 상당히 소모될 수 있다. 일반적으로 가동 준비에 드는 시간은 로트 크기에 상관없이 일정하다. 따라서 가동 준비시간은 동일한데 로트 크기가 작으면 로트가 클 때보다 근로자나 장비나 자재의 낭비가 많아진다. 이 경우에는 가동 준비시간을 줄여야 소규모 로트 생산이 가능해지고 효과를 볼 수 있다.

가동 준비시간을 줄이려면 설계팀과 관리자, 근로자 간의 긴밀한 협조가 필요하다. 예를 들어 철판을 눌러서 자동차 몸체를 성형하는 데 사용하는 대형 프레스의 금형을 다음 품목의 작업을 위해 교체하는 데는 서너 시간이 걸릴 수 있다. 미국 오하이오주 메리스빌에 있는 혼다(Honda) 공장에는 어코드(Accord) 승용차 생산에 필요한 내외부 차체 패널을 생산하는 성형 프로세스가 4개 있는데, 사용하는 금형이 매우 무겁다. 이 공장에서는 팀 활동을 통해 무거운 금형의 교체시간을 줄이는 방안을 개발했다. 그 결과 2,400톤짜리 대형 프레스의 금형을 완전히 교체하는 데 이제는 8분도 안 걸린다. **한 자릿수 가동 준비**(single-digit setup)라는 용어는 가동 준비시간을 10분 미만으로 낮추자는 의지를 표현한다. 메리스빌 공장에서는 가동 준비시간을 단축하는 수단으로 금형 저장용 컨베이어를 사용하고, 대형 금형 운반에 크레인을 활용하고, 금형을 단순화하고, 기계적인 제어 방식을 적용하고, 소형 컴퓨터를 활용해 작업물 투입과 장착을 자동화하고, 프로세스에서 기존 작업이 진행되는 중에 곧이어 진행될 가동 준비에 관련된 작업들을 병렬적으로 진행해 가동 준비에 필요한 실제 프로세스 중단 시간을 최소화하도록 했다.

한 자릿수 가동 준비
가동 준비시간을 10분 미만으로 낮추자는 의지

린 시스템에서 프로세스의 특성

이 절에서는 린 시스템의 특성 가운데 프로세스와 관련된 것, 즉 풀(pull) 방식 작업 흐름, 문제 지점에서의 품질 관리, 작업장 간 부하 균일화, 부품과 작업 방법 표준화, 유연 노동력, 자동화, 5S 관행, 생산성을 위한 전사적 생산능력 보전(total productive maintenance, TPM)을 논의한다.

풀 및 푸시 방식 작업 흐름

관리자는 프로세스나 공급사슬에서 자재 흐름 방식을 선택할 수 있다. 린 운영을 사용하는 기업

풀 방식
고객의 주문이 발생해야 제품이나 서비스를 생산하기 시작하는 방식

푸시 방식
고객이 요구하기 전에 생산을 시작하는 방식

은 대부분 **풀 방식**(pull method)을 사용하는데, 이 방식에서는 고객의 주문이 발생해야 제품이나 서비스의 생산을 시작하게 한다. 이와는 대조적으로 린 시스템 이외의 전통적인 시스템에서는 **푸시 방식**(push method)을 흔히 사용한다. 푸시 방식에서는 수요를 예측해 고객의 주문이 발생하기 전에 제품을 생산한다. 풀 방식과 푸시 방식의 차이를 설명하기 위해 음식점을 예로 들어 보자.

풀 방식의 한 예로 최고급 메인요리, 전채요리, 수프, 샐러드, 후식 메뉴를 제공하는 5성급 식당을 살펴보자. 이 식당의 메인요리는 필레미뇽, 포터하우스 스테이크, 노랑 지느러미 참치, 농어, 양고기 중에서 고를 수 있다. 샐러드도 여러 가지 중에서 고르면 테이블까지 가져온다. 일부 전채요리와 수프나 후식은 미리 준비해 두었다가 손님에게 내오기 직전에 데우지만, 메인요리와 샐러드는 그렇게 할 수 없다. 메인요리와 샐러드에 대한 고객의 주문이 서비스 요원과 주방장에게 일을 시작하라는 신호 역할을 한다. 이 식당의 메인요리 생산에 사용되는 방식이 풀 방식이다. 풀 방식을 사용하는 기업은 빠른 시간 안에 고객의 수요를 충족해야 한다.

푸시 방식을 설명하기 위한 예로 복잡한 도심 한 모퉁이의 카페테리아를 살펴보자. 바쁜 오후 12시에서 5시 사이에는 뭘 좀 먹고 다른 일을 보러 가려는 허기진 손님들이 줄을 선다. 이 카페테리아의 메뉴는 닭고기(구이나 튀김), 로스트비프, 포크찹, 햄버거, 핫도그, 샐러드, 수프(닭, 완두콩, 클램 차우더), 빵(세 가지), 음료수, 후식(파이, 아이스크림, 쿠키)이다. 종업원과 손님이 면대면으로 만나는 '전방 작업장'과 뷔페 라인에 비치할 음식을 준비하는 '후방 작업장'인 주방 간의 긴밀한 공조가 필요하다. 음식은 조리하는 데 시간이 꽤 걸리기 때문에 푸시 방식을 활용한다. 이 식당이 풀 방식을 사용하기 곤란한 이유는 손님이 주문할 때까지 기다렸다가 요리를 시작할 수는 없기 때문이다. 음식이 모자라면 난리가 날 것이고(허기진 손님들이 기다림) 음식이 남으면 낭비가 발생한다. 이런 상황을 초래하지 않으려면 손님 수를 정확하게 예측해야 한다. 사진에 예로 든 뷔페식 중국 식당도 푸시 방식으로 고객 수요에 대응하고 있다.

출처: Paula Solloway/Alamy Stock Photo

중식 뷔페 식당 모습. 음식을 미리 준비해야 하기 때문에 식당에서는 푸시 방식을 사용한다.

푸시 방식과 풀 방식 중 어느 것을 선택할지는 상황에 따라 다르다. 주문조립 전략을 채택한 기업은 두 방식을 모두 선택하기도 하는데, 표준 부품 생산에는 푸시 방식을 쓰고 이 부품을 고객 주문에 맞게 조립할 때는 풀 방식을 사용하는 형태로 운영할 수 있다.

원천에서의 품질 관리

고객의 기대를 일관되게 만족시키고자 하는 것은 린 시스템의 중요한 특성이다. 이 목표를 달성하는 방법 중 하나가 원천에서의 품질 관리(quality at the source)라는 관행인데, 이 관행은 불량을 발생 장소에서 적발하고 고치자는 철학이다. 이를 위해 작업자는 자신의 품질을 스스로 검사해 불량품은 절대 후속 프로세스로 보내지 않아야 한다. 문제가 발생하면 프로세스를 스스로 정지시키고, 문제를 발생 장소에서 해결하는 제도를 **지도카**(自動化, jidoka)라고 한다. 지도카는 작업자가 기계들을 계속해서 지켜보지 않아도 되게끔 작업자의 활동과 기계의 활동을 분리하려고 하며, 결과적으로 작업자가 여러 작업을 동시에 담당할 수 있게 한다. 지도카에서는 시각적 관리 시스템을 차용해 생산 현장의 작업자가 특정 가공 셀이나 조립라인의 특정 단계의 안전, 품질, 납품, 원가 성과를 항상 목표와 대비해 실시간으로 볼 수 있게 한다.

지도카
문제가 발생하면 프로세스를 스스로 정지시키고, 문제를 발생 장소에서 해결하는 제도

원천에서의 품질 관리나 지도카와 대비되는 과거의 관행은 불량품이 후속 단계로 흘러 내려

간 뒤 나중에 파악하고 해결하는 방식이었으며, 효과적이지 않은 경우가 많았다. 예를 들어 텍사스 인스트루먼트(Texas Instruments)의 안테나 납땜 작업의 불량률은 0~50% 사이를 오르내렸으며, 평균은 20%였다. 이 문제를 해결하기 위해 생산계획팀이 로트 크기를 늘렸지만, 재고 수준만 증가했을 뿐 불량품은 전혀 줄지 않았다. 엔지니어가 여러 차례의 실험을 통해 가스 온도가 품질 개선에 결정적 변수임을 밝혀냈다. 그러자 엔지니어는 품질 관리도를 만들어서 생산팀으로 하여금 가스 온도를 관찰하고 조정하게 했다. 결과적으로 수율이 95%까지 향상되었으며, 결국 회사는 린 시스템을 도입할 수 있게 되었다.

출처: Tropper2000/Shutterstock

자동차 연료 주입구 설계는 포카요케의 한 예다. 무연연료 자동차는 연료 주입구가 유연연료 주유기의 노즐보다 작아서 유연연료를 주입하는 실수를 할 수 없다. 마개에 연결줄이 있어서 주유 후에 마개를 잊어버리고 갈 수가 없으며, 마개 안쪽의 톱니 때문에 너무 꽉 닫지도 않고 적당히 조이게 된다.

원천에서의 품질 관리를 성공적으로 실행하는 또 다른 방법으로 **포카요케**(poka-yoke)가 있는데, 이는 실수 방지 방법으로 그 목표는 인간의 실수를 예방하거나 최소화해 실패 없는 시스템을 구축하는 것이다. 현장에서는 포카요케 시스템이 매우 효과적이다. 예를 들어 모듈 제품을 조립하는 회사를 생각해보자. 모듈 제품을 구성하는 부품을 잘못 끼우면 조립되지 않게끔 설계하는 방식이 포카요케이다. 이와 유사하게, 포장용 박스를 미리 정해놓은 방식으로만 쌓을 수 있게 함으로써 파손을 최대한 줄이고 실수 가능성을 아예 배제할 수 있다. 토요타 공장에서는 조립 중인 모든 차량에 RFID 칩을 부착하는데, 이 칩에는 각 작업 단계에서 끼울 볼트와 너트의 수가 모두 기록되어 있다. RFID에 기록된 수만큼 볼트와 너트를 끼우면 초록색 불이 들어오며, 그래야만 다음 단계로 이동할 수 있다.

포카요케
인간의 실수를 최소화하는 시스템 설계를 목표로 하는 실수 방지 방법

원천에서의 품질 관리를 실행하는 또 하나의 제도로 안돈(安燈, andon)이 있다. 이 제도는 공구의 오작동, 부품 고갈, 사양 위반 등 비정상적인 상황이 발생하면 기계나 그 기계를 사용하는 작업자가 그 사실을 곧바로 모두에게 알릴 수 있도록 허용한다. 작업자는 경보음, 경보등, LCD 문자 디스플레이를 사용하거나 줄을 당겨서 도움을 요청하거나 생산라인을 정지시킬 수 있다. 하지만 라인 정지는 1분에 수천 달러의 손실을 의미할 수도 있다. 물론 경영진은 이 방법이 작업자에게 엄청난 부담감을 준다는 사실을 이해하고 적절히 대비시켜야 한다. 원천에서 품질을 구축하고 품질 저하로 인한 낭비를 제거하려면 4장에서 설명한 대로 여러 품질 도구의 활용이 도움이 된다.

작업장 부하 균일화

린 시스템은 개별 작업장의 1일 부하가 비교적 균등해야 최상으로 작동한다. 서비스 시스템에서는 작업장의 부하를 예약 시스템을 이용해 균일하게 할 수 있다. 예를 들어 병원에서 실제 외과수술을 시작하는 시점 이전에 수술에 필요한 모든 시설과 용품이 준비되도록 수술 일정을 수립한다. 의사와 수술실의 부하를 고르게 해야 이들을 잘 활용할 수 있다. 서비스 가격을 차별화해 서비스에 대한 수요를 관리하기도 한다. 항공사가 주말 심야 항공권을 할인하는 배경에는 일정 수요를 주말 심야로 유도해 부하를 균일하게 하려는 의도가 있다. 자원을 효율적으로 사용하려면 자원에 걸리는 부하를 관리할 수 있어야 한다.

제조 프로세스에서 부하를 균일하게 하려면 품종 구성과 생산량의 일자별 변화가 적어야 한다. 그래야 모든 작업장의 부하가 비교적 균일하게 유지될 수 있다. 병목 작업장의 생산용량과 이를 활용한 라인 밸런싱을 이용해 기준 생산계획을 수립하는 것이 바로 작업장 전체에 걸친 부하를 균일하게 유지하고자 하는 노력의 일환이다. 예를 들어 토요타의 다음 달 자동차 생산계획에 매주 4,500대씩 생산하게 되어 있다고 하자. 이를 위해 하루 8시간 2교대로 주 5일 작업해

택트타임
생산 속도를 소비 속도나 판매 속도에 맞추기 위한 사이클 타임

하루 900대, 즉 각 교대마다 450대를 생산해야 한다. 생산할 차량 모델은 캠리(C), 아발론(A), 하이랜더(H)이다. 수요에 맞추려면 각 교대마다 캠리 200대, 아발론 150대, 하이랜더 100대를 생산해야 한다고 가정하자. 480분짜리 1교대에 450대를 생산하려면 매 480/450 = 1.067분마다 한 대씩 생산해야 한다. 이 1.067분, 즉 64초가 이 프로세스의 **택트타임**(takt time)이며, 이는 생산 속도를 소비 속도나 판매 속도에 맞추기 위한 사이클 타임이다.

전통적인 대규모 로트 생산 방식에서는 모델별로 하루분 요구량을 한꺼번에 생산한다. 즉 교대조마다 캠리 200대를 먼저 생산하고 난 뒤 아발론 150대를 생산하고, 그런 다음에 하이랜더 100대를 생산하는 식으로 작업한다. 로트가 크면 평균 주기 재고를 증가시킬 뿐 아니라 조립라인에 부품을 공급하는 하위 작업장에 수요를 뭉텅이로 발생시킨다.

헤이준카
제품을 적절히 혼합하고 물량을 조절해 생산 부하를 평준화하는 방법

린 방식으로 차량 생산일정을 짜는 방법에는 두 가지 다른 대안이 있다. 이 두 방법은 모두 일본말인 **헤이준카**(平準化, heijunka)라는 개념을 토대로 한다. 헤이준카란 제품을 적절히 혼합하고 물량을 조절해 생산 부하를 평준화하는 방법을 가리킨다. 이 접근을 따르면 고객의 주문을 그대로 따라 제품을 생산하는 것이 아니라, 일정 기간의 주문량을 취합한 다음 평준화해 매일 동일한 제품 믹스와 물량으로 생산한다.[3]

혼류 생산
여러 모델을 작은 로트로 조립하는 방식

헤이준카에 따른 일정의 대안에는 두 가지가 있다. 첫 번째 대안은 평준화 **혼류 생산**(mixed-model assembly)으로, 여러 모델을 소규모 로트로 조립하는 방식이다. 모델별 생산요구량을 최대공약수 50으로 나누면 생산요구량의 비율은 4 : 3 : 2가 된다. 캠리 4대, 아발론 3대, 하이랜더 2대를 묶어서 9대로 생산주기(production cycle)를 구성하면, 생산주기를 한 번 완료하는 데 9(1.067) = 9.6분이 걸리며 매 교대조는 위 생산주기를 50번 반복하게 된다(480분/9.6분 = 50).

두 번째 헤이준카 대안은 로트 크기를 1로 해 C-H-C-A-C-A-C-H-A의 순으로 50회 반복해 동일한 생산량을 얻는 것이다. 이 방법은 가동 준비시간이 매우 짧을 때만 실행할 수 있다. 이런 방식은 여러 모델에서 필요한 각기 다른 부품들에 대한 요구량을 안정된 비율로 발생시키므로, 부품 작업장이 작은 로트로 작업할 수 있게 해준다. 결과적으로 부품 작업장의 생산용량 소요량이 평준화된다. 계획 단계에서 이러한 생산용량 소요량을 실제 생산용량과 비교한 후, 더 나은 균일화를 위해 필요하다면 생산주기나 생산요구량이나 생산용량을 수정하게 된다.

출처: Hagai Nativ/Alamy Stock Photo

아보카도 분류와 포장 작업을 전산화한 이스라엘 공장을 보면 자동화가 가능한 영역이 다양함을 알 수 있다.

부품과 작업 방법 표준화

반복성이 높은 서비스 프로세스에서는 작업 방법을 분석하고 개선안을 문서화해 사용하면 효율이 높아진다. 예를 들어 UPS는 화물의 분류에서 배달까지 모든 작업 방법을 꾸준히 점검하고 고쳐서 서비스를 개선한다. 제조업에서는 부품을 표준화하면 표준화된 부품의 생산량이 증가한다. 예를 들어 10가지 제품을 1,000가지 부품으로 생산하는 회사가 제품 설계를 변경해 부품을 100가지로 줄이면 부품당 소요량이 증가한다. 이렇게 부품당 소요량이 증가하면 작업자는 표준화된 과업이나 작업을 더 자주 반복하게 된다. 반복 횟수가 늘어남에 따라 작업자는 효율적인 작업 방법을 익히게 되어 결국 생산성이 높아진다. 부품과 작업 방법의 표준화는 생산성 향상과 재고 감축이라는 린 시스템의 목표를 달성하는 데 도움이 된다.

3 David McBride, "Heijunka, Leveling the Load" (September 1, 2004), http://www.emsstrategies.com.

유연 노동력

린 시스템에서는 근로자의 역할이 많아진다. 유연 노동력 제도하에서는 근로자가 여러 가지 작업을 수행할 수 있도록 훈련받는다. 노동유연성이 높아지면 병목 현상이 일어나더라도 재고에 의존하지 않고 작업자가 병목 작업장으로 이동해 도와줌으로써 병목을 해소할 수 있는데 이러한 점은 린 시스템에서 균일한 흐름을 유지하는 데 매우 중요한 요소이다. 또한 작업자가 병가나 휴가로 결근한 다른 작업자를 대신할 수도 있다. 작업자를 평소에 하지 않던 일에 배정하면 능률이 잠시 떨어지기도 하지만, 직무순환으로 지루함이 줄고 기분 전환이 되기도 한다. 린 시스템을 도입한 일부 회사에서는 교차훈련을 받은 작업자가 2시간마다 직무를 바꾸기도 한다.

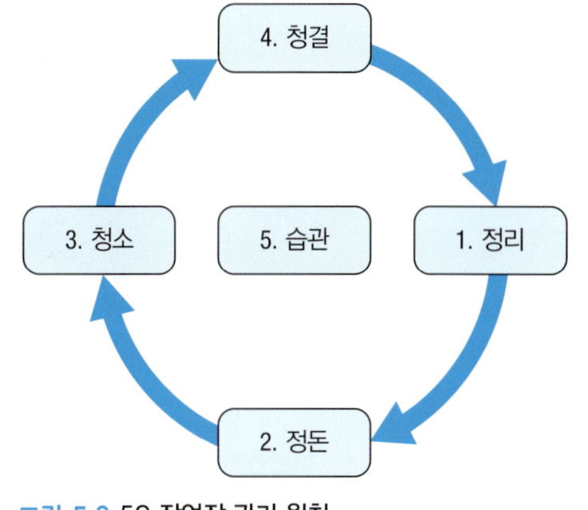

그림 5.2 5S 작업장 관리 원칙

제품이나 서비스가 고객 맞춤화 될수록 다기능 노동력이 더 필요해진다. 예를 들어 음향기기 수리점에는 폭넓게 훈련받은 직원이 필요한데, 고객이 수리를 요청할 때 다양한 문제점을 찾아낼 수 있어야 하기 때문이다. 이에 반해 큰 우체국의 우편물 처리 과정 같은 후방 작업장은 업무가 반복적이라서 작업자의 업무 범위가 좁게 정해져 있다. 이런 작업자는 다양한 기능을 익힐 필요가 없다. 때로 작업자의 직무 전환에 비용이 많이 드는 복잡한 훈련이 필요한 경우도 있다.

자동화

자동화는 린 시스템에서 중요한 역할을 하며 원가 절감의 열쇠이기도 하다. 재고 감축 등의 효율화로 얻은 여유자금은 원가 절감을 위한 자동화에 투자할 수 있다. 그 결과가 이익 증가나 시장점유율의 상승(가격 인하 여력이 생기므로)으로 나타날 수 있다. 서비스업에서도 자동화가 중요한 역할을 한다. 예를 들어 은행의 자동인출기는 24시간 다양한 서비스를 제공한다. 그러나 자동화 계획은 조심스럽게 추진해야 한다. 관리자는 부분적 자동화로 이익을 얻으면 이를 확대하면 더 좋아질 것이라 믿기 쉽지만, 꼭 그렇지는 않다. 로봇이나 자동조립 시스템보다 사람이 더 잘하는 일도 있다. 반면에 대량생산에서는 자동화가 품질, 정밀도와 생산성을 향상하는 경우가 많다.

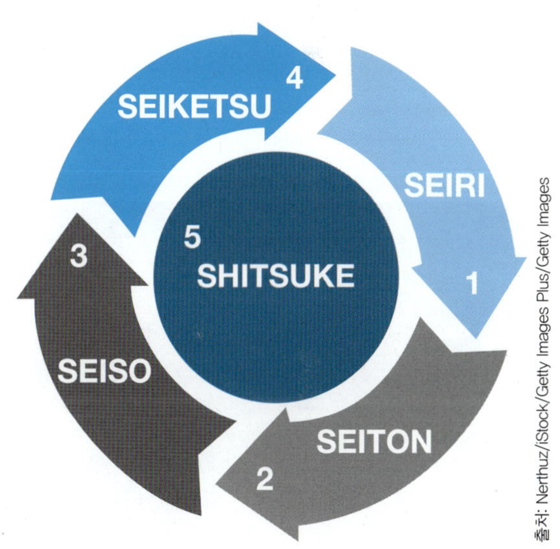

출처: Nerthuz/iStock/Getty Images Plus/Getty Images

5S 관행

5S는 작업환경을 정돈하고 청소하고 발전시켜 생산성을 높게 유지하는 방법론이다. 5S는 시각적 관리와 린 생산의 실행에 도움이 되는 다섯 가지 현장 관행으로, 모두 첫 음이 S이다. 그림 5.2에 있는 다섯 가지 관행(정리, 정돈, 청소, 청결, 습관)은 순서대로 쌓아가게 되어 있기 때문에 체계적으로 추진해 린 시스템을 달성해야 한다. 다섯 관행은 서로 연관되어 있어서 따로 수행할 수 없다. 따라서 5S가 린 시스템을 가능하게 하며 린 시스템의 핵심 기반이다. 표 5.2는 5S가 가리키는 용어와 그 의미를 정리한 것이다.

5S
작업 현장의 다섯 가지 관행(정리, 정돈, 청소, 청결, 습관)으로 구성된 방법으로 린 생산과 시각적 관리에 도움이 됨

5S가 낭비를 감축하고 불필요한 업무, 활동, 자재를 제거하기 위한 중요한 초석이라는 데 많은 공감대가 이루어져 있다. 5S 관행을 수행하면 작업자는 시각적으로 현상을 다른 관점에서 바라볼 수 있게 되고, 업무 우선순위를 정해 고도로 집중할 수 있게 된다. 5S는 또한 제조업체와 서비스업체의 작업 공간, 사무실, 도구실, 공장 현장 등 다양한 상황을 정리하는 데 적용할 수 있다. 5S 관행을 실행하면 원가 절감, 정시 납품 증가, 생산성 향상, 품질 향상, 공장 공간의 활용 개선, 작업환경의 안전 확보 등 많은 이점이 있는 것으로 알려졌다. 이것은 린 시스템이 잘

표 5.2 5S의 정의

5S 용어	정의
1. 정리(整理, 세이리)	필요한 것(도구, 부품, 자재, 서류 등)과 불필요한 것을 구분하고 불필요한 것은 없애라.
2. 정돈(整頓, 세이톤)	없애고 남은 것은 모두 고유 위치를 정해 말끔히 정돈하라. 필요한 것을 쉽게 찾을 수 있도록 작업 현장을 정돈하라.
3. 청소(淸掃, 세이소)	작업 현장을 반짝거리도록 닦고 청소하라.
4. 청결(淸潔, 세이케츠)	청소와 정리의 방법과 일정을 정하라. 앞의 세 가지 S 활동을 정기적으로 수행해 얻은 청결을 표준화해 상시 청결과 준비 상태를 유지하라.
5. 습관(習慣, 시츠케)	앞의 네 가지 S 활동의 수행을 위한 규율을 정한 뒤, 이 규율을 종업원 전원이 이해하고 준수하고 실천하라. 종업원을 참여시키고 인사평가제도로 포상해 성과를 유지하게 하는 제도를 시행하라.

작동되도록 하는 데 필요한 기강을 세우는 데도 도움이 된다.

전사적 생산능력 보전

린 시스템에서는 업무 흐름이 정교하게 조절되고 여유용량이나 안전재고를 거의 두지 않기 때문에 기계의 불시정지는 큰 혼란을 야기한다. 전사적 생산능력 보전(total productive maintenance, TPM)은 '전사적 예방 정비(total preventive maintenance)'라고도 하는데 이를 통해 기계 고장의 빈도와 기계 정지시간을 줄일 수 있다. 정비 작업자는 장비를 정기 정비할 때마다 오래된 부품을 일일이 점검해본다. 기계의 부품을 정기적으로 미리 교체하면 기계가 가동 중에 고장 났을 때 교체하는 것보다 일이 쉽고 빠르다. 정기 유지보수 일정은 예방 정비비용과 기계 고장으로 인한 위험과 비용을 고려해 결정한다. 월트 디즈니 월드(Walt Disney World)나 유니버설 스튜디오(Universal Studio)의 놀이기구처럼 기계 기구류에 대한 의존도가 높은 서비스산업에서는 정기적인 예방 정비가 중요하다.

출처: Jessie Walker/BUILT Images/Tetra Images, LLC/Alamy Stock Photo

(a) 5S를 적용하고 새 수납장을 배치하기 전 장난감과 운동기구로 가득 찬 지저분한 차고.

출처: Simon Turner/Alamy Stock

(b) 5S 원칙을 적용하고 선반, 찬장, 작업대, 연장 걸이 등 시스템 수납을 갖춘 가정용 이중 차고.

예방 정비의 또 다른 방식은 작업자가 책임지고 자기 장비를 일상적으로 유지보수하게 하는 제도인데, 이 경우 작업자는 기계를 최상의 상태로 유지한다는 자부심이 생긴다. 그러나 이 방식의 정비는 대개 일반적인 청소와 간단한 급유나 조정에 국한되어 있다. 첨단장비의 유지보수는 훈련받은 정비 전문가에게 맡겨야 한다. 그럼에도 불구하고 이런 간단한 유지보수 활동도 기계의 장기적 성능 개선에 중요하다.

장기적으로는 자료를 축적해 기계의 고장 패턴을 파악하고 이를 분석해 예방 정비를 위한 표준과 절차를 개선해 나갈 수 있다. 이렇게 자료를 축적하면 고장 이력과 유지보수 비용도 알 수 있다. 그러나 시스템 전반에 걸쳐 린을 포괄적으로 구현하고 프로세스 개선(3장 '프로세스 전략과 분석' 참조)을 촉진하려면 빅데이터(9장 '예측'에서 자세히 다루고 있다)가 필요하다. 이와 관련해 인공지능(AI), 머신러닝(ML), 딥러닝(DL) 기법을 사용해 린 운영을 촉진할 수 있다. 예를 들어 제조 산업에서 ML은 프로세스에서의 부적합과 편차의 발생이 실제 고장으로 이어지기 전에 이를 식별해 자재 손실과 시간 낭비를 줄일 수 있다. 고객 서비스를 중시하는 산업에서는 DL과 자연어 처리(NLP)가 함께 작동해 사람의 개입 없이도 고객 불만을 분석할 수 있다. 모든 시스템이 통합되면, 기술이 고객과의 직접적인 상호작용을 통해 문제를 해결하고 관련 품질 문제를 다시 제조로 연결할 수 있다. 이러한 응용 프로그램은 기존 낭비를 제거하고, 향후 낭비의 원인을 예측하고, 경영진에게 낭비 제거 방법을 알려줄 수 있다.[4] 또한 AI는 매번 새로운 실험을 설계할 필요 없이 근본 원인 분석을 자동화할 수 있어 기존의 린 시스템에서 사용되는 시행착오 방식에 비해 귀중한 자원을 절약할 수 있다. 따라서 AI는 과거 데이터를 학습해 프로세스를 지속적으로 최적화할 수 있는 처방을 제공할 수 있으며, 이러한 프로세스가 디지털 팩토리처럼 상호 연결된 경우 전체 제조 공장까지 최적화할 수 있다.[5]

토요타 생산 시스템

린 시스템의 특성을 떠오르게 하는 회사나 자동차업계의 모범을 고른다면 아마 토요타가 될 것이다. 매년 1,000만 대 이상의 자동차를 생산하는 토요타는 세계에서 가장 큰 자동차 제조업체 중 하나가 되었다. 북미에만 10개의 제조 및 조립 공장을 보유하고 있다. 이런 성공의 상당 부분은 토요타 생산 시스템(Toyota Production System, TPS) 덕분이다. TPS는 현재 세계에서 가장 높이 평가받는 린 제조 시스템 중 하나이다. 그러나 이 시스템을 따라 하기는 쉽지 않다. 무엇이 린 제조 시스템을 작동시키며, 토요타는 어떻게 해서 린 제조 시스템을 그 많은 공장에 성공적으로 정착시킬 수 있었을까?

TPS를 너무 쉽게 생각하면, 토요타 자동차 공장을 한번 둘러볼 때 얼른 눈에 띄는 도구와 절차들의 모음이라고 생각할 수도 있다. 그런 도구와 절차가 TPS 성공에 중요하기는 하지만 핵심 요인은 아니다. 대다수 사람이 간과하는 중요한 사실은 지난 50년에 걸쳐 토요타가 지속적인 개선 프로세스를 통해 학습조직을 구축했다는 점이다. 린 시스템은 효율 향상과 낭비 감소를 위해 끊임없는 개선을 요구한다. 토요타 시스템은 근로자를 자극해 스스로 더 나은 업무 방식을 찾는 실험을 하게 한다. 실제로 토요타는 모든 생산활동을 '실험'처럼 설정해 직위 고하를 불문하고 모든 근로자에게 과학적 문제 해결 방법을 교육한다.

TPS의 바탕에는 네 가지 원칙이 있다. 첫째, 모든 작업은 그 내용, 순서, 시기, 결과물을 상세하게 정한다. 세세하게 정해야 하며, 그렇지 않으면 개선의 기반이 없어진다. 둘째, 모든 고객-공급자 간의 연결관계는 직접적이어야 한다. 즉 고객과 공급자가 누구인지, 서비스/제품의 유형과 수량, 고객이 요구하는 방법, 요구 충족에 주어진 시간 등을 명확하게 정해둔다. 이때 고객-공급자 관계는 내부적(근로자-근로자)일 수도 있고, 외부적(회사-회사)일 수도 있다. 셋째, 모든 서비스나 제품의 경로는 단순하고 직접적이어야 한다. 즉 서비스/제품의 다음 생산 경로는 그때그때 일감이 없는 작업자나 비어 있는 기계가 아니라 구체적인 사람이나 기계로 정해져 있어야 한다. 이 원칙에 따라 작업자는 특정 작업장에 용량문제가 있는지 판단하고 해결 방법을 모색할 수 있다.

출처: XPACIFICA/Alamy Stock Photo
하이브리드 자동차 토요타 프리우스를 생산하는 공장 직원들이 일본 토요타 시티의 조립라인에서 일하고 있다.

처음 세 가지 원칙은 작업자가 일하는 방법, 상호작용하는 방법, 업무 흐름을 설계하는 방법을 규정함으로써 시스템을 구체적으로 정의하고자 하는 의도가 반영되어 있다. 이런 규정은 현재의 작동 방식이 시스템의 바람직한 작동 방식이라는 '가정'을 근거로 한다. 따라서 같은 작업장에서 문제

4 Sarah Beale, "The AI Approach to Lean Manufacturing," June 17, 2020, https://www.mastercontrol.com/gxp-lifeline/the-ai-approach-to-lean-manufacturing/.

5 "Lean Manufacturing: The Influence of Artificial Intelligence," https://dataprophet.com/blog/autonomous-manufacturing-how-artificial-intelligence-influences-lean-manufacturing/ (May 24, 2023).

가 여러 번 발생하는 사례가 생기면 그 작업장의 작동 방식에 대한 기존 가정은 재점검되어야 한다. 네 번째 원칙은 시스템 개선은 언제나 과학적 방법으로, 조직의 최하단에서 경험자 지도 하에 이루어져야 한다는 것이다. 이 네 가지 원칙은 간단해 보이지만 실제로 따라 하기는 어렵다. 그렇다고 불가능한 것도 아니다. 이 시스템을 성공적으로 실행하기만 하면 린 시스템의 혜택을 누려서 변화에 적응할 수 있게 된다. 토요타의 린 시스템은 토요타를 자동차 업계의 혁신적인 선두주자로 만들었으며 토요타 성공의 중요한 초석 역할을 해왔다.

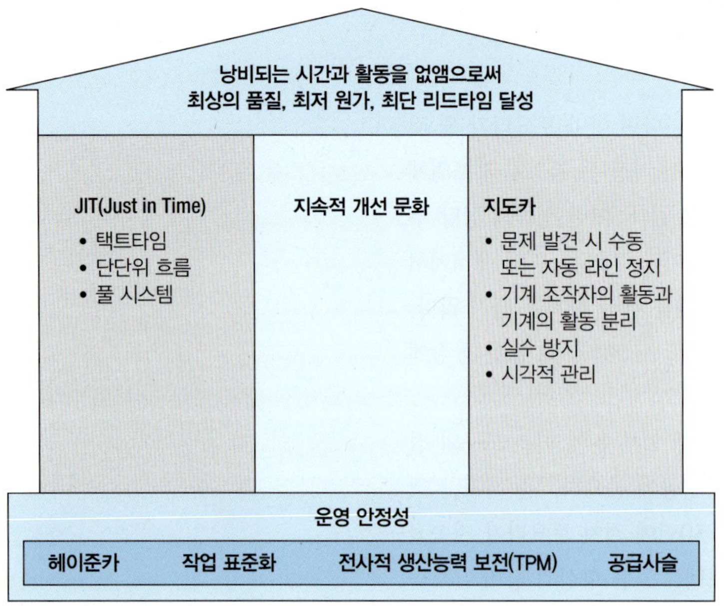

그림 5.3 토요타의 집

토요타의 집

오노 다이이치와 토요타 에이지가 자사의 근로자와 공급업자에게 토요타 생산 시스템을 명료하게 설명하려고 그림 5.3을 만들었는데, 이것을 '토요타의 집'이라 한다. 이것은 지금까지 설명한 토요타 생산 시스템의 네 가지 원칙을 포함하고 있으며, 토요타 생산 시스템의 작동에 필수적인 린 시스템적 요소를 모두 보여준다. 이 집은 안정감 있게 보인다. 지붕은 핵심 목표인 고품질, 저원가, 낭비 제거, 리드타임 단축을 담고 있으며, 이를 JIT와 지도카(자동화)란 두 기둥이 떠받친다. JIT 기둥을 보면, TPS는 풀 시스템으로 낱개 흐름을 유지해 택트타임을 실제 시장 수요에 맞게 조정할 수 있는데, 그 이유는 가동 준비시간 감소와 작업 간 전환이 용이하기 때문이고, 이는 결국 셀 방식(cellular)으로 배치된 작업장에서 일하는 교차 훈련받은 작업자 덕분이다. 또한 최종 단계의 품질검사에만 의존하지 않고 여러 가지 지도카 도구를 도입해 제품의 품질을 확보하고자 한다. 마지막으로 지속적 개선의 환경하에 토요타의 집을 안정적으로 운영하는 데 필요한 린 개념에는 헤이준카(평준화), 표준화된 작업 방법, 5S 관행, 전사적 예방 정비, 최종 고객까지 공급사슬 전체에 걸친 낭비 제거 등이 있다.

린 시스템에서 코로나19 팬데믹 이후 고려 사항

코로나19를 경험하고 난 이후의 기업 환경에서 기업들은 린 시스템을 재평가해야 하는 상황에 놓였다. 핵심 원칙은 여전히 유효하지만 린 시스템의 공급사슬과 프로세스 모두 새로운 환경에 적응할 필요가 있었다. 공급사슬의 상단 또는 하단에서의 자재와 정보 흐름 중단이 심각한 결과를 초래할 수 있는 환경이 발생하면, 기업은 고도로 기능하는 린 시스템에서 권장되는 것보다 내부 프로세스에 더 많은 여유를 두고 운영함으로써 예상치 못한 상황에 대한 대응력을 높일 수 있다. '경영 사례 5.1'에서처럼, 조직은 린 시스템을 관리할 때 반드시 변화에 적응하고 위험을 완화하는 관리방안을 명시적으로 고민해야 한다.

린 시스템의 배치

5.3 린 시스템의 배치에서 일인다기계(OWMM)와 그룹 테크놀로지(GT)의 차이를 설명한다.

린 시스템에서 배치를 구상할 때 라인 흐름을 권장하는 이유는 셋업 횟수를 줄여서 낭비를 없앨

경영 사례 5.1 코로나19가 JIT 제조 방식에 미친 영향

코로나19 팬데믹은 제조 및 공급사슬 관리 방식, 특히 JIT 방식에 장기적인 영향을 미치고 있다. JIT 제조는 재고를 최소화하고 필요한 시점에만 제품을 생산함으로써 비용 절감과 효율성을 극대화하는 것을 목표로 하는 린 운영 방식의 핵심 요소이다. 그러나 팬데믹은 이 시스템의 약점을 여실히 드러냈으며, 안정적인 공급사슬과 예측 가능한 수요에 대한 의존성을 부각시켰다. 팬데믹이 시작된 지 2년이 지난 지금도 계란, 타이레놀과 같은 의약품, 냉장고, 전자 부품, 자동차 부품과 같은 제품의 공급 부족 문제는 여전히 산업 전반에 걸쳐 영향을 미치고 있다.

JIT에서 JIC로의 전환

JIT 시스템은 단기적인 수요를 충족하기에 충분한 최소한의 재고만 유지하는 방식으로, 예측 불가능한 혼란이 없을 때는 매우 효과적으로 작동한다. 그러나 최고 수준의 린 운영 방식과 공급사슬은 아주 작은 문제도 큰 문제로 증폭시킬 수 있는 특성이 있다. 이러한 취약성을 경험한 기업들은 재고 부족에 대한 두려움 때문에 이제 더 많은 재고를 보유하며, JIT에서 JIC(just-in-case) 사고방식으로 전환하고 있다. 최적의 린 수준 이상의 재고를 유지하면, 특히 복잡하고 글로벌 연결성이 높은 공급사슬에서 발생하는 위험을 완화하는 데 도움을 줄 수 있다. 이는 리드타임이 긴 품목이나, 부품 또는 완제품이 부족할 때 발생하는 비용이 초과 재고 비용보다 더 큰 자동차, 항공우주, 의료 산업과 같은 경우에는 더욱 필수이다. 성능 향상과 관련 없는 불필요한 활동이나 자재의 제거는 여전히 중요하게 다루어져야 하지만 예상하지 못했던 상황에 대한 시스템의 반응성과 복원력을 높이기 위해 고객 또는 공급업체와 맞닿는 주요 지점에 추가 재고를 의도적으로 도입할 수 있다. 이러한 변화는 추가 재고 비용을 수반하며, 이는 궁극적으로 소비자에게 전가될 가능성이 있고, 이는 최근 우리가 목격하고 있는 인플레이션 압력을 더욱 가중하는 요인으로 작용할 수 있다.

공급사슬의 국내 회귀와 분산화

JIT 시스템은 기업이 혼란을 견뎌내면서 비즈니스 연속성을 유지할 수 있을 때 성공적으로 작동한다. 하지만 코로나19 팬데믹과 같은 대규모 공급사슬 혼란을 겪으면서, 제조업체들은 공급업체와 생산시설을 국내로 이전하거나 지리적으로 분산화해 특정 국가나 지역에 대한 의존도를 줄이는 방향으로 전략을 수정하고 있다. 예를 들어 아이폰(iPhone)의 98%가 중국에서 제조되었지만, 팬데믹 이후 공급사슬 혼란과 제품 지연 문제를 겪으면서 특정 지역에 대한 지나친 의존도를 줄이고 제품 생산과 납기지연을 줄이기 위해 일부 생산을 인도로 이전하기 시작했다. 폭스콘(Foxconn)은 애플(Apple)의 최대 공급업체로서 베트남에서 사업을 확장하고 있다. 유럽과 미국의 제조업체 중 60% 이상이 2025년까지 생산시설을 아시아에서 본국으로 다시 이전할 것으로 예상된다. 또한 월마트는 향후 10년 동안 미국산 제품 구매를 3,500억 달러 이상 증가시키겠다고 약속했다. 더 넓은 관점에서 보면, 미국 기업들은 2022년 한 해 동안 2021년 대비 25% 더 많은 일자리를 본국으로 이전했으며, 영국의 중소기업 중 40%가 공급사슬 혼란과 높은 배송 비용을 피하기 위해 거래업체를 국내 공급업체로 전환하는 것을 고려하고 있다. 아웃소싱과 글로벌화에 관한 보다 자세한 내용은 14장 '공급사슬 설계'에서 다루고 있다.

볼보 XC40 Recharge는 볼보 자동차 회사에서 제조한 순수 전기 SUV 모델이다. 볼보는 2022년 7월에 슬로바키아 코시체에서 최신 전기차를 생산하기 위해 12억 유로를 투자할 계획이라고 발표했으며, 이는 해당 국가의 잘 구축된 자동차 공급사슬을 활용하기 위한 결정이다. 또한 이번 공장은 볼보가 유럽에 설립하는 첫 번째 신규 공장으로, 60년 만에 이루어진 중요한 투자이다.[6]

출처: Emirhankaramuk/Shutterstock

더 많은 기술 투자

상호 운영 가능한 통합 시스템이 없어서 기업의 공급업체 관리의 투명성과 예측 가능성이 떨어지는 경우 린 시스템을 효과적으로 구현하기 어렵다. 팬데믹 이전에는 50% 미만의 기업만이 공급업체와 원활한 소통을 하고 있었으며, 일부 기업은 모든 공급업체의 위치조차 파악하지 못하고 있었다. 공급사슬의 상단과 하단에서의 조정이 원만하지 않으면 공급 부족이나 외부 충격에 대한 적응이 더욱 어려워질 수밖에 없다. 따라서 린 환경에서는 공급사슬 충격으로 억눌린 수요를 충족하기 위해 더 많은 재고를 유지하는 것 외에도, 실시간 성과지표 및 운영 투명성을 높일 수 있는 프로세스를 구축하는 것이 점점 더 중요해지고 있다(더 자세한 내용은 14장 '공급사슬 설계' 참조). 해킷 그룹(Hackett Group)의 연구에 따르면, 2022년 글로벌 기업들이 가장 중점적으로 고려한 투자 분야는 공급업체와의 원활한 소통을 가능하게 하는 최첨단 기술, 효율적인 데이터 저장을 위한 클라우드 컴퓨팅, 프로세스 자동화를 위한 로봇 기술, 그리고 더욱 정확한 의사결정을 지원하는 AI 애플리케이션 및 도구 확보 등이다.[7]

---

6 https://www.media.volvocars.com/global/en-gb/media/pressreleases/302778/volvo-cars-gears-up-for-long-term-sustainable-growth-with-new-slovakia-electric-car-manufacturing-pl-5

7 Nada Sanders, "How COVID Changed Supply Chains Forever," Fortune, January 11, 2023, https://fortune.com/2023/01/11/how-covid-changed-supply-chains-forever-distinguished-professor-just-in-case-just-in-time-onshoring-technology/ (May 19, 2023); Shama Hyder, "How Covid-19 Has Changed Lean Manufacturing Practices: A Case Study with iBASEt," *Forbes*, February 22, 2021, https://www.forbes.com/sites/shamahyder/2021/02/22/how-covid-19-has-changed-lean-manufacturing-practices-a-case-study-withibaset/?sh=50fb7d967e80.

수 있기 때문이다. 만일 생산량이 충분히 큰 제품이 있다면, 기계와 작업자를 라인 흐름으로 구성해 셋업 과정을 완전히 제거할 수 있다. 서비스업에서도 후방 작업장 프로세스에서는 장비와 직원을 라인 흐름 방식으로 조직해 프로세스 흐름을 일정하게 하면서 업무시간 낭비를 없앨 수 있다. UPS가 화물 분류 프로세스에 이 방식을 채택한 것처럼 은행도 수표 처리작업에 이 전략을 사용한다.

생산량이 많지 않아 생산 라인이 한 유형의 고객이나 단일 제품만을 전담 생산하기 곤란할 경우에도 공장 일부에 라인 흐름 배치 형태를 가미함으로써 자재 취급의 단순화, 셋업 횟수 감소, 인건비 절감 등 라인 흐름 배치의 이점을 얻을 수 있다. 이러한 배치를 실행하는 기법에는 일인다기계 셀과 그룹 테크놀로지 셀을 활용하는 방법이 있다.

일인다기계 셀

일인다기계 셀(OWMM)
한 작업자가 라인 흐름 방식으로 여러 가지 기계를 다루면서 일하는 작업장

생산량이 많지 않아서 여러 작업자가 같은 생산 라인에서 일할 필요가 없는 경우에는 작업량이 1인분 정도인 소형 라인을 구성할 수 있다. **일인다기계 셀**(one-worker, multiple-machines cell, OWMM)은 한 작업자가 라인 흐름 방식으로 여러 기계를 동시에 다루면서 일하는 작업장이다. 한 작업자가 같은 기계 여러 대를 다루는 것은 흔하지만, 일인다기계 셀에서는 한 작업자가 다른 기계 여러 대를 다루면서 작업을 진행한다.

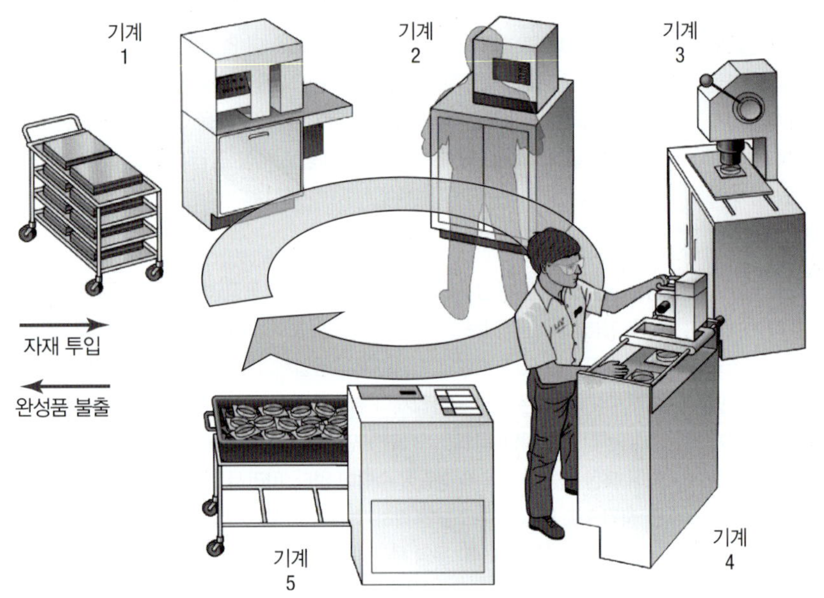

그림 5.4 일인다기계(OWMM) 셀

그림 5.4는 작업자 한 사람이 주변의 (보통 U자형 배치) 기계 5대를 다루면서 금속 부품을 가공하는 일인다기계 셀을 보여준다. 작업자는 원을 따라 이동하며 자동화되지 않은 작업(보통은 작업물을 기계에 장착 및 탈착하는 일)을 수행한다. 일인다기계 셀에서는 기계의 설정만 변경하면 다양한 제품을 생산할 수 있다. 설정 변경에 시간이 많이 들어가는 부품이 있다면, 그 기계를 한 대 더 배치하는 것이 나을 수도 있다.

일인다기계 셀을 도입하면 노동력 소요뿐 아니라 재고도 줄어든다. 노동력 소요가 줄어드는 이유는 보다 많은 작업이 자동화될 기회가 있기 때문이며, 재고가 주는 이유는 다음 작업장으로 보낼 자재를 쌓아놓지 않고 바로 보낼 수 있게 되기 때문이다. 비교적 저렴한 자동화 장비를 활용하면 일인다기계 셀에 더 많은 기계를 배치할 수 있게 된다. 그러한 저렴한 자동화 장치에는 자동 공구교체기, 작업물 장착탈착기, 점멸 장치, 불량 발생 예방 장치 등이 있다. 재고를 줄일 목적으로 일인다기계 셀 개념을 적용하는 제조업체도 많다.

그룹 테크놀로지

그룹 테크놀로지(GT)
소량 생산에서 라인 흐름 배치를 달성하는 대안. 셀마다 작업자가 꼭 한 사람일 필요는 없고, 셀에 업무를 배정하는 방식이 독특함

소량생산에서 라인 흐름을 달성하는 두 번째 배치 기법은 **그룹 테크놀로지**(group technology, GT)이다. 이 배치 기법에서는 일인다기계 셀과는 다르게 셀별 작업자 수를 1명으로 제한하지 않으며, 셀의 수행 업무 결정 방법도 다르다. 즉 유사한 특성을 지닌 부품이나 제품끼리 같은 군(family)으로 묶고, 이 군을 생산하는 데 필요한 기계장치들을 별도로 구분해 놓는다. 군의 분

류 기준은 크기, 모양, 필요 작업, 작업 경로, 수요 등의 유사성이다. 이렇게 분류하는 이유는 가공 요건이 비슷한 부품끼리 묶어야 작업 변경이나 셋업이 최소화되기 때문이다. 예를 들어 모든 볼트를 같은 군으로 분류하면 크기나 모양은 달라도 기본 처리 과정은 모두 같아진다.

부품을 군별로 분류한 후에는 각 부품군을 생산하는 기계장치를 독립된 셀로 구성한다. 같은 셀의 기계가 같은 군의 부품을 가공하기 때문에, 대상 부품이 바뀔 때도 작업 전환이 거의 필요 없어진다. 그룹 테크놀로지 셀은 부품의 흐름 경로를 단순화하므로 작업물이 작업장에 머무르는 시간을 줄인다. 작업을 기다리는 자재의 대기량도 줄어들거나 없어진다. 셀에 자재를 투입한 후에는 끝까지 작업자가 관여할 일이 없도록 자재 이동을 자동화하는 경우가 많다.

그림 5.5는 그룹 테크놀로지 셀 도입 이전과 이후의 프로세스 흐름을 비교해 보여준다. 그림 5.5(a)에는 기계가 선반(lathing), 밀링(milling), 드릴(drilling), 연마(grinding), 조립(assembly) 등 기능별로 모여 있다. 선반 작업 후 부품은 밀링 기계로 이동하며, 다른 부품과 순서를 기다리게 된다. 밀링 작업이 끝나면 드릴링 기계를 거쳐 계속 같은 방식으로 이동한다. 이 과정에서 대기행렬이 길어지고, 심각한 지체가 발생하기도 한다. 또한 자재마다 다음 목적지가 다르기 때문에 자재 흐름이 뒤엉키게 된다.

이에 반해 그림 5.5(b)는 관리자가 생산량이 많은 주력 제품군 세 가지를 파악한 후 설계한 것이다. 첫 번째 군의 제품은 셀 1에서 모두 선반(L)을 두 번 거친 후 밀링(M)을 거친다. 두 번째 군의 제품은 셀 2에서 모두 밀링(M) 후 연마(G)를 거친다. 세 번째 군의 제품은 셀 3에서 모두 선반(L), 밀링(M), 드릴링(D)을 거친다. 편의상 그림에는 이 세 군에 포함된 제품의 흐름만 표현했다. 나머지 부품은 여전히 셀 밖에서 복잡하게 생산된다. 셀마다 필요한 순서로 장비를 배치하기 때문에 같은 장비가 여러 대 필요할 수도 있다. 하지만 그룹 테크놀로지 셀을 형성하면 라인 흐름이 되고 경로가 단순화된다.

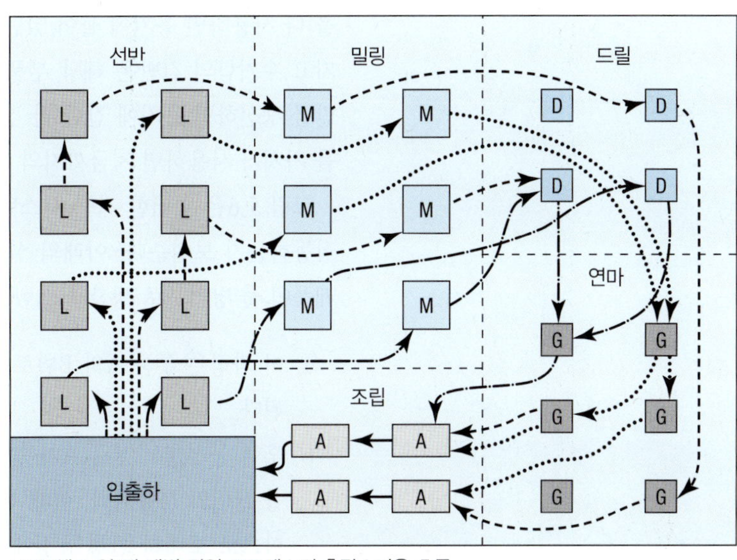

(a) GT셀 도입 전 개별 작업 프로세스의 혼란스러운 흐름

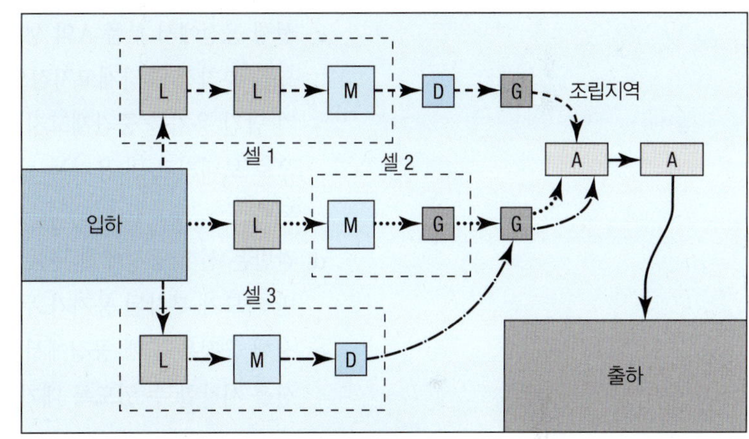

(b) GT셀 도입 후 개별 작업 프로세스의 라인 흐름

그림 5.5 그룹 테크놀로지 셀 도입 전후 흐름 비교

출처: GROOVER, AUTOMATION, PRODUCTION SYSTEMS & COMPUTER-AIDED MANUFACTURING, 1st Ed., © 1980. Reprinted and Electronically reproduced by permission of Pearson Education, Inc., Upper Saddle River, New Jersey.

간반 시스템

5.4 린 시스템에서 생산일정을 구성할 때 간반이 어떤 역할을 하는지 이해한다.

린 시스템, 특히 토요타 생산 시스템의 요소 중 가장 유명한 것이 토요타가 개발한 **간반**(看板, Kanban)이다. 간반은 일본말로 '카드'나 '눈에 보이는 기록'이라는 뜻이며, 공장에서 생산의 흐름을 통제하기 위해 사용하는 카드를 가리킨다. 간반 시스템에서는 생산품을 담은 용기마다 간반을 한 장씩 부착한다. 용기 하나에는 하루 소요량의 일정 비율만큼씩 담게 한다. 용기 한 통

간반
'카드'나 '눈에 보이는 기록'이라는 뜻의 일본어로, 공장에서 생산의 흐름을 통제하기 위해 사용하는 카드

을 다 사용하면 용기에 붙어 있던 간반은 분리해 간반 수거함에 넣는다. 빈 용기는 저장소로 옮기고 수거함의 간반은 해당 부품을 한 용기 더 생산하라는 신호가 된다. 용기 하나가 가득 찰 만큼 생산하면 용기에 간반 한 장을 붙여서 저장소로 보낸다. 부품 사용자가 간반이 붙은 용기를 가져가 사용하면 지금까지의 과정이 다시 반복된다.

그림 5.6은 이러한 간반 시스템이 선행 공정과 후행 공정 사이에서 재고를 관리할 때 어떻게 작동하는지 보여준다. 아래의 설명은 그림 5.6(a)~5.6(e)의 각 단계가 순차적으로 진행되면서 제품이 풀 방식으로 생산 시스템을 이동하는 과정을 설명하고 있다.

a. 이 과정은 부품 A와 B별로 각 2개의 용기와 각 용기에 한 장씩 부착된 간반 카드로 시작된다.
b. 후행 공정에서 부품 A가 필요해 중간 재공품 재고 지점에 있던 부품 A가 담긴 용기 하나를 끌어와 사용한다. 이때 부품 A 용기에 부착되었던 간반 카드가 용기에서 분리되어 수거함으로 보내져 선행 공정에 의해 이 부품 A가 생산되어야 한다는 신호의 역할을 한다. 빈 용기도 부품 A로 다시 채워지기 위해 선행 공정 작업장으로 보내진다.
c. 선행 공정에서 부품 A의 생산을 시작하고 한 용기 분량의 생산이 완료되면 용기에 간반 카드를 부착해 중간재고지점으로 돌려보낸다. 이와 동시에 후행 공정에서 이번에는 부품 B가 담긴 용기를 중간재고지점에서 인출한다. 이 용기에 부착되어 있던 간반은 다시 수거함으로 보내지고 빈 용기는 선행 공정 작업장으로 보내져 생산되는 부품이 채워지는 데 사용된다.
d. 간반은 선행 공정에게 부품 B 생산을 시작하라는 신호의 역할을 하고, 작업이 완료되면 간반 카드가 부착된 용기가 두 공정 사이의 재고 위치에 놓이게 된다.
e. 선행 공정은 후행 공정에서 용기를 가져다 사용하면서 간반을 수거함으로 보내면 다시 생산을 시작할 수 있도록 대기한다.

기업은 이러한 간반 시스템을 통해 전형적인 주문 생산(make-to-stock) 환경에서 풀 방식의 작업 흐름으로 제품을 생산할 수 있다.

일반적 운영 규칙

간반 시스템을 위한 운영 규칙은 간단하면서도 자재의 흐름을 촉진하면서 재고 수준도 통제할 수 있도록 설계되었다.

1. 가득 채워진 각 용기마다 간반이 하나씩 부착되어 있어야 한다.
2. 선행 공정은 수신함에 간반 카드가 있을 경우에만 해당 부품의 생산을 시작한다.
3. 후행 공정은 용기에 담긴 부품을 사용하기 전에 반드시 간반을 수거함에 넣어 두어야 한다.
4. 용기에는 항상 같은 수의 부품을 적재해야 한다. 간반 카드에 해당 수량이 적시되어 있다. 미리 정해진 표준 용기가 아닌 용기를 사용하거나 적재량이 일정하지 않으면 조립라인의 생산 흐름이 교란된다.
5. 결함 없는 부품만 중간재고지점에 보내져야 자재와 작업시간에 낭비가 없어진다. 이 규칙은 린 시스템의 중요 특성인 원천에서의 품질 관리와 관련된 것이며, 후행 공정이 충분한 양의 재고를 가지고 작업할 수 있도록 보장하는 역할을 한다.

출처: Narai Chal/Shutterstock

배송 일정이 표시된 간반 카드가 게시된 게시판을 검토하는 관리자와 창고 직원.

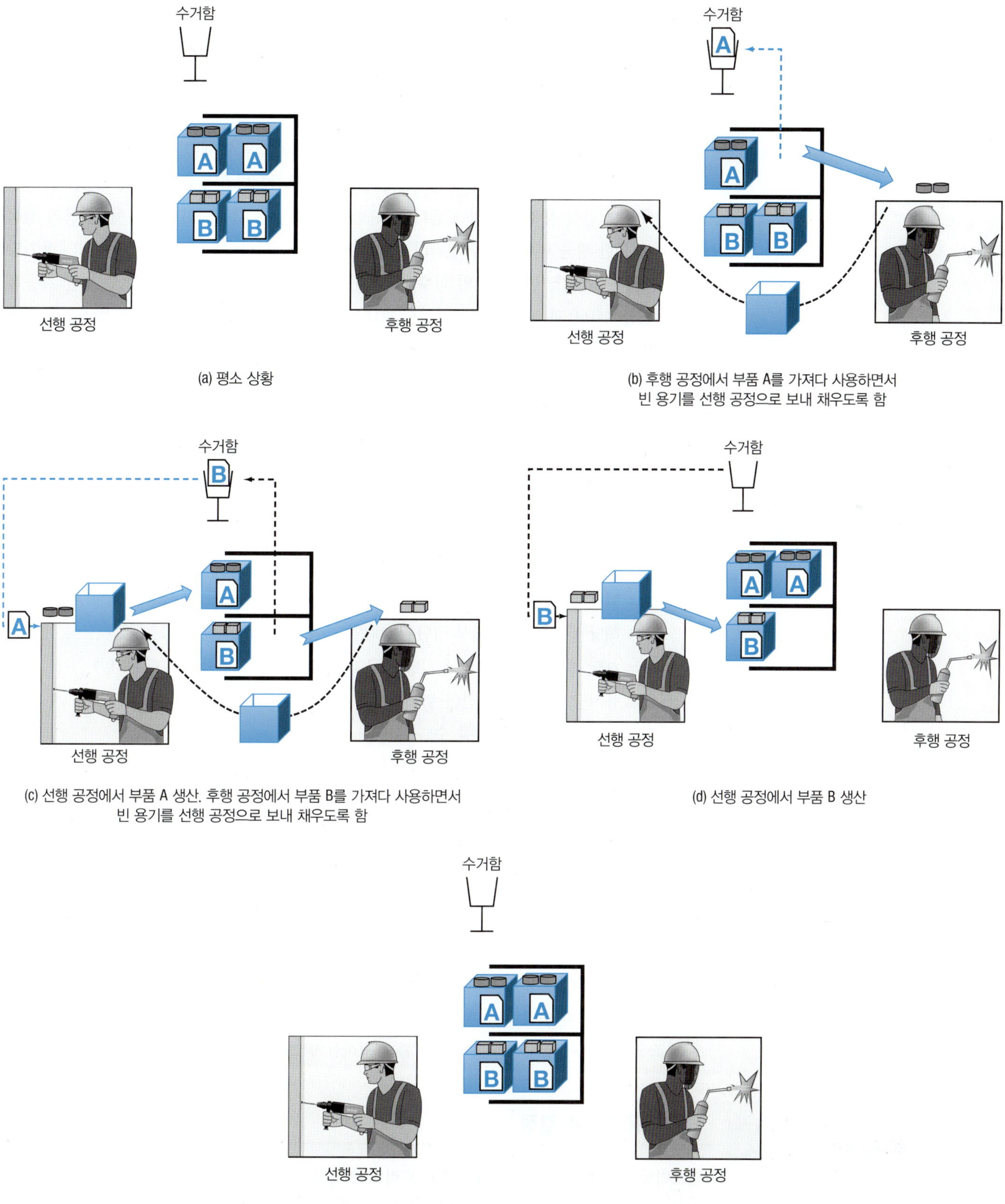

수거함

선행 공정

후행 공정

(a) 평소 상황

수거함

선행 공정

후행 공정

(b) 후행 공정에서 부품 A를 가져다 사용하면서 빈 용기를 선행 공정으로 보내 채우도록 함

수거함

선행 공정

후행 공정

(c) 선행 공정에서 부품 A 생산. 후행 공정에서 부품 B를 가져다 사용하면서 빈 용기를 선행 공정으로 보내 채우도록 함

수거함

선행 공정

후행 공정

(d) 선행 공정에서 부품 B 생산

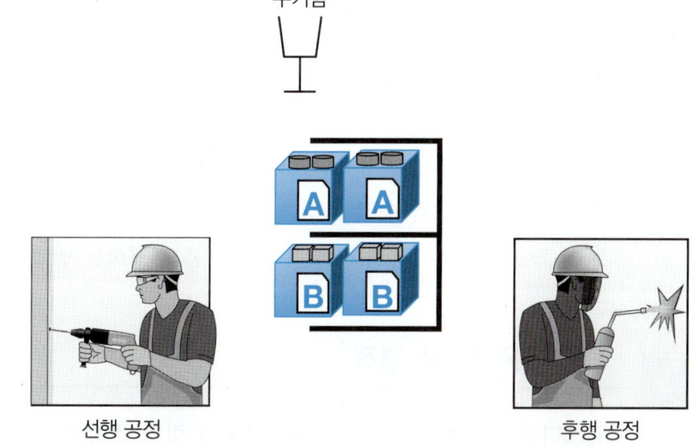

(e) 평소 상황으로 복귀해 후행 공정으로부터의 작업 개시 신호를 기다림

그림 5.6 간반 시스템 예시

용기 수의 결정

토요타 생산 시스템에서는 승인된 용기 수가 곧 승인된 재고량이다. 관리자는 (1) 용기의 크기와 (2) 공급 작업장과 사용 작업장 사이를 이동하는 용기의 수를 결정해야 한다. 용기 크기의 결정은 생산 로트의 크기를 결정하는 것을 의미한다.

두 작업장 사이를 이동하는 용기의 수는 재공품(WIP) 재고의 양에 직접 영향을 미치며, 재공품 재고에는 예상치 못한 소요량에 대비한 안전재고도 포함된다.[8] 부품은 생산, 이동, 대기, 저장에 필요한 시간을 용기 안에서 보낸다. 필요한 용기의 수를 결정하려면 부품을 한 용기 생산하는 데 필요한 평균 리드타임을 정확히 추정해야 한다. 리드타임은 공급 작업장에서의 용기당 처리시간과 대기시간, 이동시간의 함수이다. 리틀의 법칙(Little's law)에 따르면 평균 재공품 재고는 평균 수요율과 해당 프로세스에서 보내는 평균시간의 곱과 같다. 리틀의 법칙으로 필요한 용기의 수를 정할 수 있다.

WIP = (평균 수요율)(한 용기가 제조 프로세스에서 보내는 평균시간) + 안전재고

여기에서 WIP는 용기 개수(κ)와 용기당 부품 수(c)의 곱과 같다.

$$\kappa c = \bar{d}(\bar{\omega} + \bar{\rho})(1 + \alpha)$$

$$\kappa = \frac{\bar{d}(\bar{\omega} + \bar{\rho})(1 + \alpha)}{c}$$

κ = 어떤 부품에 필요한 용기의 수
$\bar{d}$ = 해당 부품의 수요 예상치(단위: 개/일)
$\bar{\omega}$ = 해당 생산 공정에서의 용기당 평균 대기시간과 자재 취급시간(단위: 일)
$\bar{p}$ = 용기당 평균 생산시간(단위: 일)
c = 표준 용기 하나당 부품 수
α = 예상 밖의 상황에 대비한 안전재고를 추가하기 위한 정책 변수(토요타는 10% 이하의 값을 사용)

용기의 수는 정수이다. κ의 소수점 이하를 절상하면 재고가 바람직한 양보다 많아지고, 절하하면 적어진다. 경영진은 용기 크기(c)와 효율성 계수(α)를 이용해 재고를 통제한다. c를 조정하면 생산 로트 크기가 변하고 α를 조정하면 안전재고의 양이 변한다. 관리자는 간반 시스템을 활용해 간단한 방법으로 자재 흐름을 정교하게 조절할 수 있게 된다. 예를 들어 간반만 몇 장 제거하면 승인된 용기 수가 감소해 해당 부품의 재고가 줄어든다. 따라서 최대의 장점은 시스템의 단순성인데, 간반의 수만 조정해 제품 믹스나 물량을 쉽게 변경할 수 있다는 것이다. 예제 5.1은 제조 프로세스에서 적정한 용기의 수를 결정하는 방법을 보여준다.

예제 5.1

적절한 용기의 수 결정

웨스터빌 자동차 부품회사는 4륜구동 트럭의 조향장치와 현가 시스템에 쓰이는 로커-암 어셈블리(rocker-arm assemblies)를 생산한다. 이 부품 한 용기분을 생산하는 데 0.02일이 필요하고, 자재 취급과 대기에 0.08일이 필요하다. 이 부품의 하루 수요량은 2,000개이다. 관리자는

8 안전재고에 대해서는 10장 '재고 관리'와 13장 '공급사슬관리'에서 더 자세히 다룬다.

수요의 불확실성에 대비하려면 안전재고가 승인된 재고의 10%만큼 필요하다고 본다.

a. 용기 하나에 부품을 22개씩 담을 수 있다면 용기가 몇 개 필요한가?
b. 공장 배치가 개선되어 용기당 자재 취급시간과 대기시간이 0.06일로 단축된다면 용기가 몇 개 필요한가?

풀이

a. $\bar{d} = 2{,}000$개/일, $\bar{p} = 0.02$일, $\alpha = 0.10$, $\bar{\omega} = 0.08$일, $c = 22$개이면

$$\kappa = \frac{2{,}000(0.08 + 0.02)(1.1)}{22} = \frac{220}{22} = \mathbf{10}\text{개}$$

b. OM Explorer의 그림 5.7에서 용기의 수가 8개로 줄어든 것을 볼 수 있다.

Solver-Number of Containers
Enter data in yellow-shaded area.

Daily Expected Demand	2000
Quantity in Standard Container	22
Container Waiting Time (days)	0.06
Processing Time (days)	0.02
Policy Variable	10%
Containers Required	8

그림 5.7 필요한 용기의 수 계산을 위한 OM Explorer Solver

의사결정 포인트

용기당 평균 리드타임은 $\bar{\omega} + \bar{p}$이다. 리드타임이 0.10일이면 용기는 10개가 필요하다. 배치가 개선되어 자재 취급시간 및 대기시간이 0.06일로 줄면 용기는 8개만 필요하다. 따라서 최대 허용 재고가 κc이므로 (a)에서는 220개이고 (b)에서는 176개이다. $\bar{\omega} + \bar{p}$를 20% 줄이면 부품의 재고도 20% 감소한다. 관리자는 배치 개선에 필요한 단발성 비용과 재고 감소의 장기적 혜택 사이에 균형을 취해야 한다.

기타 간반 신호

부품의 추가 생산이 필요하다는 신호로 간반만 사용되는 것은 아니다. 간반보다 비공식적인 방법도 있으며, 그중에는 용기를 사용하는 시스템도 있고 사용하지 않는 시스템도 있다.

용기 시스템

용기 자체를 신호 수단으로 사용하기도 한다. 즉 용기가 비어 있으면 생산이 필요하다는 신호가 된다. 유니시스(Unisys)는 이 방식을 저가품에 적용했다. 부품 재고량은 용기 개수를 늘리거나 줄여서 조정할 수 있다. 이때 용기 모양을 부품마다 다르게 설계하면 실수로 다른 부품을 담을 수 없게 되어 시스템이 더 잘 작동한다. 그 예로 정밀 프로세스에서 부품을 고정하는 고정장치(fixture)나 팰릿을 용기로 쓰는 경우를 들 수 있다.

무용기 시스템

용기가 필요 없는 시스템도 고안해 사용할 수 있다. 연속 조립라인에서 작업장 주변에 페인트로 사각형을 몇 개 그려놓고, 사각형 하나에 완성품을 하나씩만 놓게 한다고 하자. 사각형은 용기와 같은 역할을 하고, 사각형 수는 공정 균형에 맞게 조정한다. 후속 작업자가 사각형에서 부품 하나를 가져가면 빈 사각형이 생겨 생산을 요구하는 신호가 된다. 맥도날드도 무용기 시스템을 이용한다. 주문 접수원이 입력한 정보가 요리사와 작업자에게 전달되어 고객이 요구한 햄버거를 생산하게 한다.

가치흐름도법

5.5 가치흐름도가 무엇인지 그리고 그것이 낭비 제거에 어떤 역할을 하는지 이해한다.

가치흐름도법(VSM)
낭비(무다)를 제거하기 위한 정성적인 린 시스템 도구로서 현상도, 목표도와 실행계획으로 구성됨

가치흐름도법(value stream mapping, VSM)은 낭비(무다)를 없애는 데 널리 사용하는 정성적(qualitative) 린 시스템 도구이다. 낭비가 차지하는 비중이 99%나 되는 프로세스도 흔히 있다. 가치흐름도가 유용한 이유는 '가치흐름상의 물자와 정보의 흐름과 관련된 모든 프로세스'를 시각적으로 표현하기 때문이다. 가치흐름도를 사용하면 낭비를 줄일 수 있는 린 도구를 찾는 데 도움이 된다. 이 흐름도는 현상도, 목표도와 실행계획으로 구성된다. 가치흐름도는 원자재나 부품의 입고에서 완제품의 고객 인도에 이르기까지 공급사슬 전 과정에 걸쳐 사용할 수 있다. 따라서 6시그마 프로세스 개선 활동에 사용되는 프로세스도(process map)나 흐름도(flowchart)보다 폭넓은 정보를 표시한다. 이러한 포괄적인 그림을 그리다 보면 부가가치를 발생시키지 못하는 낭비적 활동이 발생하는 지점의 파악이 쉬워진다.

현상도

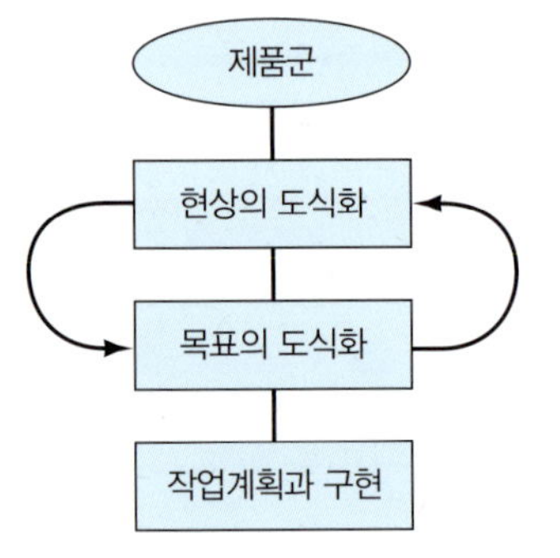

그림 5.8 가치흐름도법 작성 절차

출처: Mike Rother and John Shook, Learning to See (Cambridge, MA: The Lean Enterprise Institute, 2003), p. 9.

가치흐름도는 그림 5.8에 제시된 단계를 따라 작성한다. 첫 단계는 지도로 작성할 대상 제품군을 선정하는 것이다. 다음 단계로 현재 프로세스를 나타내는 현상도(current state map)를 작성한다. 분석담당자는 프로세스의 최하단인 고객 쪽에서부터 시작해 프로세스의 상단으로 올라가면서 현황 지도를 일일이 그리면서 간접적인 정보가 아닌 실제로 측정한 프로세스 시간을 기록한다. 물자와 정보의 흐름을 그리는 데 필요한 프로세스 정보는 작업 현장에서 수집할 수 있다. 이런 프로세스 관련 정보에는 사이클 타임(cycle time, C/T), 전환시간(changeover time, C/O), 정상작동률(uptime, 필요할 때 고장이 없어서 사용할 수 있는 확률), 생산 뱃치 크기, 프로세스 운영에 필요한 인원, 제품 가짓수, 작업단계 간 이동 배치 크기, (휴식시간 차감한) 작업시간, 폐기율 등이 있다. 가치흐름도법에서는 표준 아이콘을 사용해 물자 흐름, 정보 흐름, 일반 정보(기계 조작자, 안전재고 적재 장소 등)를 표현한다. VSM 용어와 기호는 매우 많으므로 대표적인 것만 그림 5.9에 소개한다. 이 아이콘을 공용어로 활용해 프로세스의 흐름을 개선하려면 설비를 어떻게 운영해야 하는지 상세히 기술할 수 있다.

예제 5.2는 한 베어링 회사의 현황을 가치흐름도로 작성하고, 택트타임과 용량을 결정하는 과정을 보여준다.

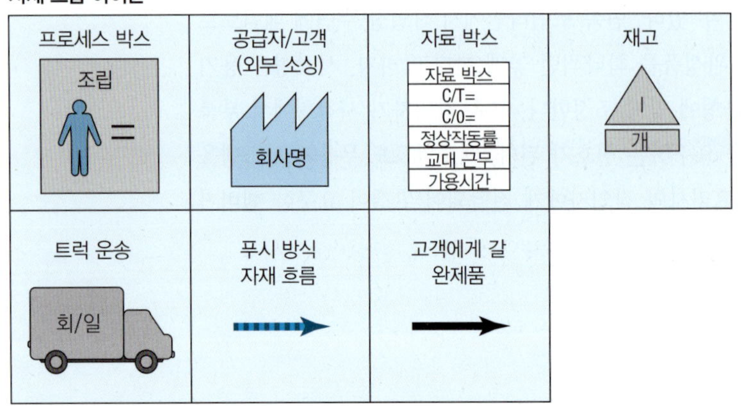

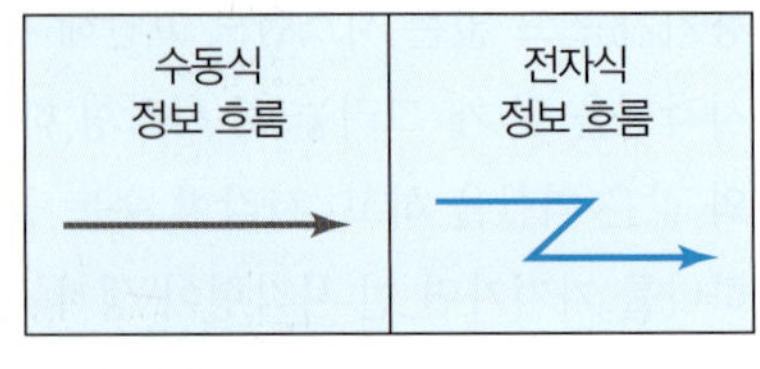

그림 5.9 현상도를 그리는 데 사용하는 가치흐름도 아이콘 예시

가치흐름도, 택트타임, 총용량의 결정

예제 5.2

젠슨 베어링(Jensen Bearing)은 사우스캐롤라이나주 렉싱턴에서 볼 베어링을 생산한다. 회사는 월요일마다 클라인 스틸(Kline Steel)에서 철판을 원자재로 받아 리테이너(볼 베어링 바깥 틀)를 만들어 자동차업계의 2차 부품업체인 GNK에 매일 납품한다. 젠슨 베어링은 두 가지 리테이너, 즉 대형(L) 리테이너와 소형(S) 리테이너를 만들어 회수용 트레이에 40개씩 담아서 운송한다. 제조 프로세스는 프레스 공정, 천공 성형 공정, 마감연마 공정을 거친 후 쌓아두었다가 출하한다. 젠슨 베어링의 운영 관리자가 수집한 자료는 표 5.3과 같다.

a. 표 5.3의 자료를 사용해 젠슨 베어링의 가치흐름도를 작성하고 자료가 어떻게 계산되었는지 설명하라.
b. 이 가치 흐름의 택트타임은 얼마인가?
c. 이 가치 흐름의 단계별 생산 리드타임은 얼마인가?
d. 이 가치 흐름의 총 처리시간은 얼마인가?
e. 이 가치 흐름의 생산용량은 얼마인가?

표 5.3 젠슨 베어링의 리테이너 생산 자료

프로세스	평균 수요: 3,200개/일(1,000 'L', 2,200 'S') 뱃치 크기: 40 근무 교대: 1교대/일 근무시간: 교대당 8시간(30분 간식시간 두 차례)	
1단계	프레스	사이클 타임 = 12초 가동 준비시간 = 10분 정상작동률 = 100% 작업자 = 1명 재공품 = 철판 5일분 (프레스 전)
2단계	천공과 성형	사이클 타임 = 34초 가동 준비시간 = 3분 정상작동률 = 100% 재공품 = 1,000 'L', 1,250 'S') (천공과 성형 전)
3단계	마감 연마	사이클 타임 = 35초 가동 준비시간 = 0분 작업자 = 1명 WIP = 1,050 'L', 2,300 'S' (마감 연마 전)
4단계	출고	WIP = 500 'L', 975 'S' (마감 연마 후)
출하	40개들이 트레이에 담아 매일 640개씩, 일주일에 총 3,200개	
정보 흐름	고객과의 모든 소통은 전자식으로 진행 180/90/60/30일 예측 매일 주문 공급자와의 모든 소통은 전자식으로 진행 4주 예측 이메일 프레스, 천공과 성형, 마감 연마 공정에 주간 일정계획서를 매주 서류로 전달하고 출하 부서에는 1일 출하계획서를 매일 서류로 전달 모든 자재는 푸시 방식으로 공급	

풀이

a. 그림 5.10은 가치흐름도(VSM) 아이콘으로 그린 젠슨 베어링의 현상도이다. 각 프로세스의 특성과 프로세스 앞의 완충재고도 현상도에 표현되어 있다. 작업자는 각 작업장에 1명씩 배

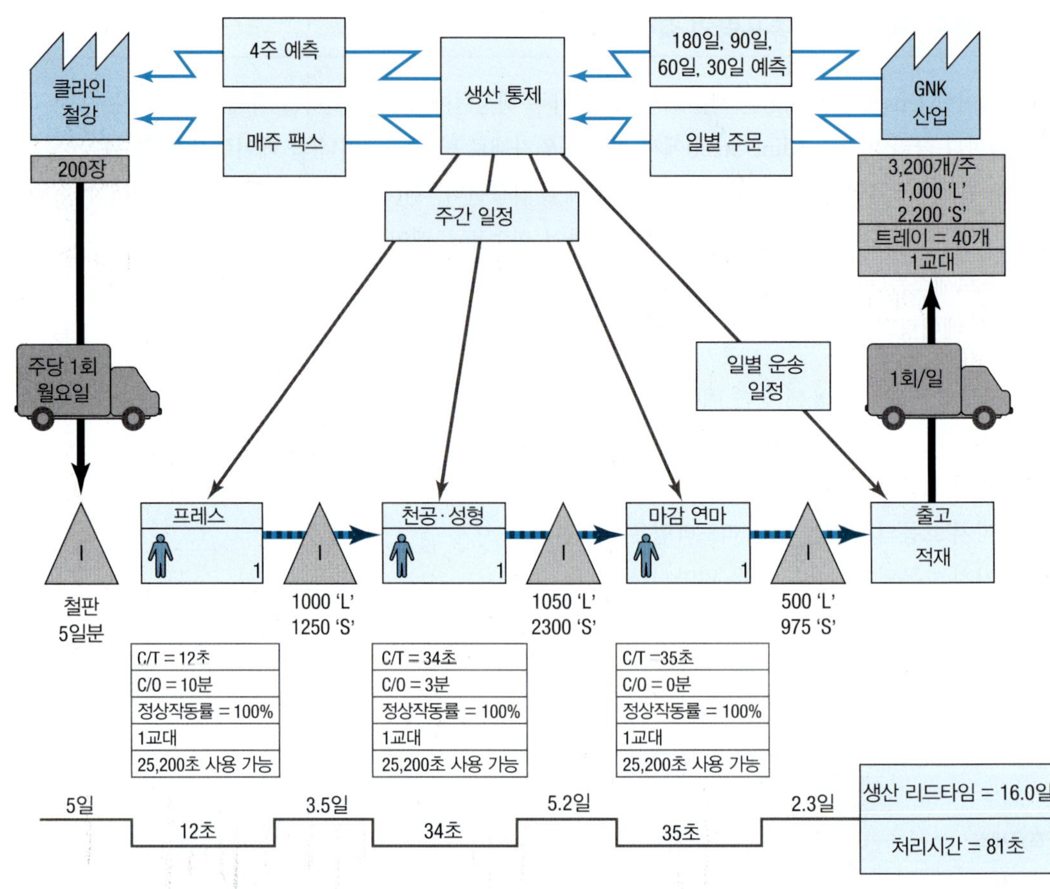

그림 5.10 젠슨 베어링의 리테이너 제품군 현상도

치되어 있다. 그림 5.10의 하단에 있는 프로세스 흐름은 3장 '프로세스 전략과 분석'에서 사용한 흐름도에 상세한 자료를 추가한 정도이다. 하지만 가치흐름도와 흐름도의 중요한 차이는 그림 5.10의 상단에 표시된 정보 흐름인데, 이 정보 흐름을 활용해 활동계획을 수립하고 활동을 조정한다. 가치흐름도는 흐름도보다 더 포괄적인데, 계획 및 통제 시스템(12장 '자원계획'에서 상세히 다룸)과 상세한 흐름도(3장에서 논의했음)를 결합해 공급사슬을 포괄적으로 표현한다. 즉 이 공급사슬에는 기업과 공급자와 고객 사이의 모든 정보 흐름과 물자 흐름이 포괄적으로 표현되어 있다.

b. 수요에 맞추어 가치 흐름이 제품을 처리하는 속도를 택트타임이라고 한다.

1일 수요 = [(1,000 + 2,200)개/주]/(5근무일/주) = 640개/일
1일 가용시간 = (7시간/일) × (3,600초/시간) = 25,200초/일
택트타임 = 1일 가용시간/1일 수요 = (25,200초/일)/(640개/일) = **39.375**초/개

c. 제품의 리드타임은 각 프로세스의 재고를 1일 수요로 나눈 값을 합하면 구할 수 있다.

원자재 리드타임 = 5.0일
프레스 공정과 천공 및 성형 공정 간 WIP 리드타임 = (2,250/640) = 3.5일
천공 성형 및 공정과 마감 연마 공정 간 WIP 리드타임 = (3,350/640) = 5.2일
마감 연마 공정과 출고 간 WIP 리드타임 = (1,475/640) = 2.3일
총생산 리드타임 = (5 + 3.5 + 5.2 + 2.3) = **16**일

d. 각 단계의 처리시간을 모두 합하면 가치 흐름 전체의 처리시간을 계산할 수 있다. 각 단계의 처리시간은 그 단계의 리드타임인데, 젠슨 베어링의 경우에는 각 단계에서 한 번에 하나씩만 처리하기 때문에 처리시간이 곧 사이클 타임이 된다. 가치 흐름의 처리시간 합계는 (12 + 34 + 35) = 81초이다.

e. 가치 흐름의 생산용량을 계산하려면 먼저 병목을 찾은 다음, 뱃치 크기인 40을 감안해 병목이 하루 가용시간 안에 처리할 수 있는 개수를 계산하면 된다.

프레스의 용량	천공과 성형의 용량	마감 연마의 용량
사이클 타임 = 12초	사이클 타임 =34초	사이클 타임 =35초
가동 준비시간 = (10분 × 60초/분) ÷ (40개/뱃치) = 15초	가동 준비시간 = (3분 × 60초/분) ÷ (40개/뱃치) = 4.5초	가동 준비시간 = (0분 × 60초/분) ÷ (40개/뱃치) = 0.0초
개당 처리시간 = (12 + 15) = 27초	개당 처리시간 = (34 + 4.5) = 38.5초	개당 처리시간 = (35 + 0.0) = 35.0초

뱃치의 크기가 40개일 때 천공과 성형 공정에 병목이 발생한다.
이 공정의 가용시간은 하루 25,200초이며
병목의 처리시간(가동 준비시간 포함) = 38.5초이므로
용량(가용시간/병목 처리시간) = 25,200/38.5 = 654개/일

의사결정 포인트

리테이너 하나를 만드는 실제 처리시간은 81초인데, 총생산 리드타임은 16일이나 된다. 이 프로세스에는 낭비(무다)가 확실히 존재하므로 현재의 프로세스를 재구성해 재고를 줄이고 총생산 리드타임을 줄일 수 있는 기회가 있다.

목표도

현상도가 일단 완성되면, 다음에는 린 시스템 원리를 적용해 제품 흐름이 더 원활해지도록 목표도(future state map)를 작성한다. 이때 현상도에서 파악된 낭비의 원천을 없애도록 목표도를 그린다. 그림 5.11에는 목표도 작성에 자주 쓰이는 기호들이 설명되어 있다. 목표도 작성의 1단계는 각 생산 과정이 택트타임에 맞추어 생산할 능력이 있는지 판별하는 것이다. 생산능력이 부족하면, 7장 '제약관리'의 제약이론을 적용해 고객 수요에 맞추어 제품을 생산할 수 있게 가치흐름도를 바꾼다.

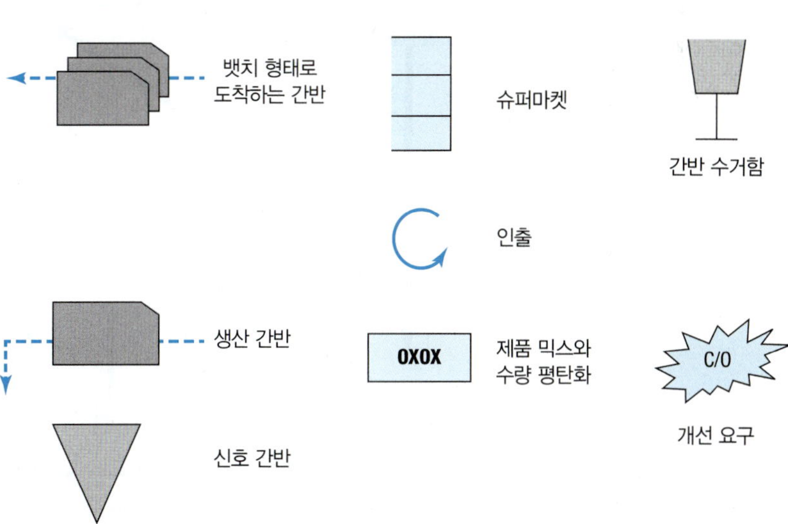

그림 5.11 목표도 작성에 사용되는 아이콘의 예시

2단계에서는 가치흐름도 안에 있는 공정들을 통합해 재고를 제거할 수 있는 여지가 있는지 파악한다. 목표도를 수립하는 다양한 방식이 있을 수 있으므로, 여기에서는 잠정적 대안을 하나 소개하고자 한다. 젠슨 베어링의 현상도에서 천공과 성형 공정, 마감 연마 공정은 사이클 타임이 비슷하므로 통합할 수도 있다. 그러려면 천공과 성형 공정의 가동 준비시간을 1분 이하로 줄여야 하므로, 한 자릿수 가동 준비의 개념을 적용한다.

목표도 작성의 3단계에서는 미래에도 사용하기로 결정한 재고들을 통제하는 풀 시스템을 설

출처: Nataliya Hora/Shutterstock

토요타의 생산 시스템은 낭비를 효율적으로 제거하고 산출량을 극대화하는 방법으로 오랫동안 인정받아왔다. 그 핵심에는 린 또는 JIT가 있으며, 자동차 산업에 혁명을 일으킨 것으로 평가받고 있다.

계한다. 프로세스의 최하단인 고객 쪽 재고부터 최상단인 원료 공급 부분까지 가치흐름도 전체에 걸친 재고를 풀 시스템으로 묶어서 모든 공정의 생산율을 고객의 실제 수요에 맞춘다. 젠슨 베어링은 완제품 재고에서 하루에 1트럭씩 인출할 예정이다. 리테이너가 담긴 트레이가 인출될 때마다 간반 카드가 천공과 성형 그리고 마감 연마 공정에 완제품 재고를 보충하라는 신호를 준다. 간반 카드도 트레이와 마찬가지로 40개 수량이 표기된다. 완제품 재고를 보충해야 하는 천공과 성형, 마감 연마 공정의 작업자들은 부품을 상단에서 재공품 상태로 인출하는데, 이 행동이 상단의 프레스 공정에 간반 신호를 보내게 된다.

4단계에서는 프레스 공정이 구매 원재료인 철판을 사용할 때마다 생산 통제 부서로 보내진 간반 신호를 이용해 철판 재고가 통제된다. 생산 통제 부서는 원재료 간반 카드를 모아서 매일 공급업자에게 보낸다. 운송비 추가 부담 없이 원재료를 더 자주 배송하려면 클라인 스틸과 긴밀한 유대관계를 구축해야 한다. 간반 시스템에서 단계별 재고 수준을 계산하려면 예제 5.1처럼 수요량, 리드타임, 서비스 수준을 고려한 안전재고를 측정해 계산할 수 있다.

현상도와 그림 5.12의 목표도를 비교하면 젠슨 베어링이 생산 리드타임과 재고를 16일에서 5.5일로 65% 줄일 수 있음을 알 수 있다.

가치흐름도법의 마지막 단계는 목표도의 내용을 실제로 실행하기 위해 실행계획을 세우고 이를 구현하는 것이다. 제품군 하나만 대상으로 할 경우, 목표도 작성에서 실천 개시까지 며칠밖

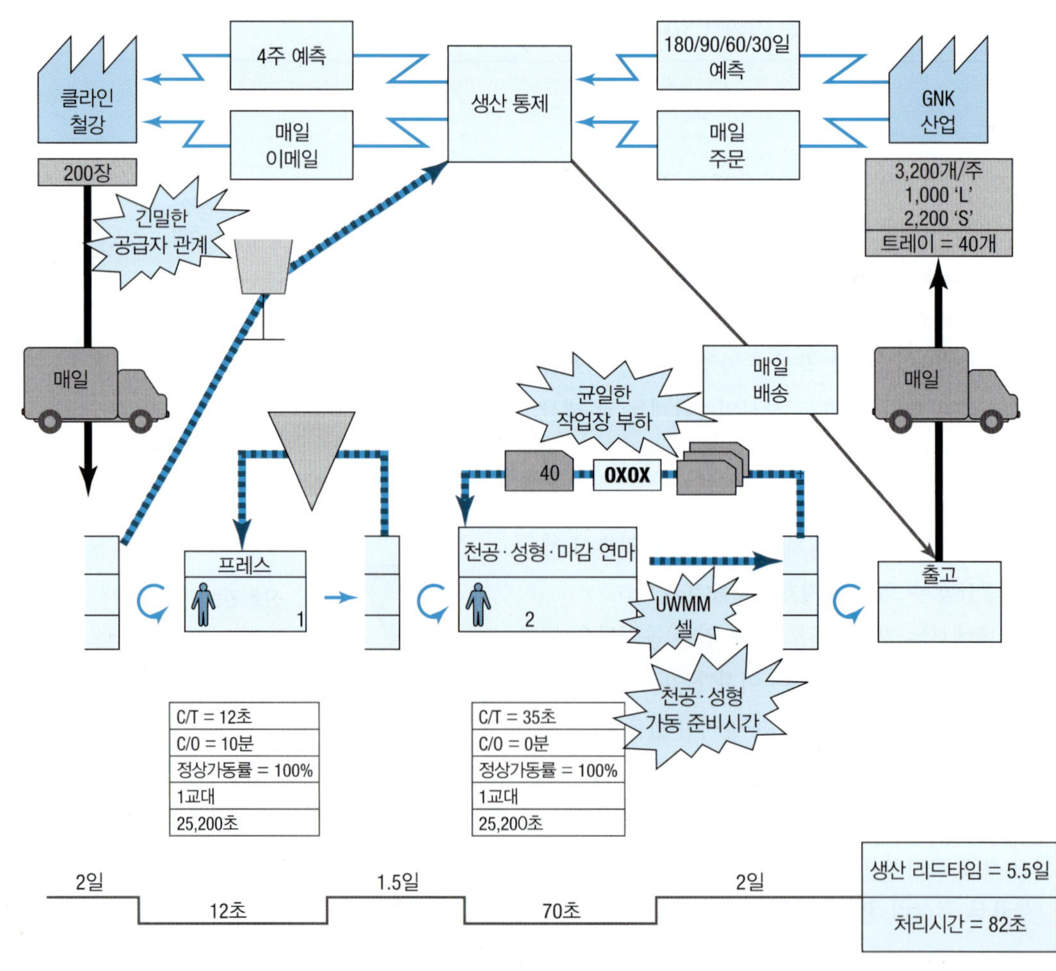

그림 5.12 젠슨 베어링의 리테이너 제품군 목표도

에 안 걸리기도 한다. 이 단계에서 목표도는 린 시스템 실행을 위한 청사진이 되며, 실현 과정에서 더 정교하게 보완된다. 목표가 현실로 정착되면 새 목표도를 작성하게 되므로 가치 흐름이 지속적으로 개선된다.

제약이론(7장 '제약 관리' 참조)이 기존의 병목을 현실로 인정하고 그 현실적 제약하에서 산출량을 최대화하는 것과 달리, 가치흐름도법은 현상도와 목표도를 활용해 기존 프로세스의 병목과 낭비적 활동을 없애고자 하는 차이점이 있다. 목표는 전체 프로세스의 생산율을 고객이 바라는 수요율에 근접시키는 것이다. 이 도구를 이용해 낭비를 제거하는 과정에서 얻는 혜택에는 리드타임 단축과 재공품 재고 감소, 재작업률과 폐기율 감소, 간접노무비 절감, 직접노무비의 생산성 향상 등이 있다.

린 시스템의 운영상 이점과 실행상 이슈

5.6 린 시스템의 도입과 관련된 이슈를 설명한다.

경쟁우위를 확보하고 획기적인 개선을 이루려면 린 시스템이 방법이 될 수도 있다. 린 시스템은 사이클 타임을 줄이고 재고회전율과 생산성을 높이는 데 효과가 있으므로 속도에 기반한 기업 전략의 일부가 될 수 있다. 최근의 연구에 따르면 린 시스템을 구성하는 관행인 JIT, TQM, 6시그마, 전사적 생산능력 보전(TPM), 인적자원관리(HRM) 등은 같이 적용하거나 따로 적용하거나 상관없이, 제조업과 서비스업의 성과를 향상한다고 한다. 린 시스템은 왕성한 소집단 활동을 통한 근로자 참여를 수반하며, 이를 통해 다양한 측면에서의 개선을 이루고 있는데 그 대표적인 예가 제품과 서비스의 품질 향상이다.

린 시스템의 혜택이 상당하지만 오랜 기간 시행하면서 문제가 생기기도 한다. 최근에 일어난 리콜 사건과 토요타 식의 타이트한 품질 관리에서 벗어나 느슨하게 시스템이 돌아가는 현상을 예로 들 수 있다. 린 시스템의 실행에는 오랜 시간이 필요하며 코로나19 같은 외부 환경의 변화가 초래하는 조직 내 변화에 대해 적절한 대응이 수반되어야 한다. 아래에서는 린 시스템을 실행할 때 관리자가 알아두어야 할 이슈를 설명한다.

조직 관리와 관련된 고려 사항

린 시스템을 실행하려면 작업자의 스트레스, 경영진과 근로자 사이의 협력과 신뢰, 보상 체계, 직무 분류 등의 이슈를 고려해야 한다.

린 시스템의 인적 비용

린 시스템을 통계적 프로세스 관리(statistical process control, SPC)와 함께 사용하면 산출물의 품질 변동을 줄일 수 있다. 그러나 이러한 결합에는 엄격한 규율이 필요해 작업자에게 스트레스를 주기도 한다. 예를 들어 토요타 생산 시스템에서 작업자는 정해진 사이클 타임을 준수해야 하고, SPC 활동을 할 때는 사전에 정한 문제 해결 방법을 반드시 따라야 한다. 이러한 시스템에서는 작업자가 압박감과 스트레스를 느껴 생산성 손실이나 품질 저하가 유발될 수도 있다. 또한 여유 생산용량이나 안전재고가 거의 없는 작업장 사이의 빡빡한 자재 흐름 때문에 작업자가 자율성 상실을 느낄 수도 있다. 관리자는 이러한 문제를 부분적으로 완화하려고 약간의 여유 생산용량이나 안전재고를 허용하거나 작업 속도보다는 작업의 흐름을 강조할 수도 있다. 관리자는 작업팀이 일정한 책임 범위 내에서 작업 할당이나 교대를 자체적으로 결정하도록 허용하기도 한다.

협동과 신뢰

린 시스템에서는 중간관리자와 지원 인력의 책임이 작업자와 일선 감독자에게 이양된다. 일정계획, 긴급 처리, 생산성 향상 등의 활동이 하급자의 의무로 된다. 따라서 작업자와 관리자 간의 긴밀한 협동과 상호 신뢰를 구축하는 데 필요한 조직 내 상호관계가 재설정되어야 한다. 그러나 근로자와 관리자 간의 오랜 대립 관계 때문에 이런 협동과 신뢰를 구축하기가 쉽지는 않다.

보상 체계와 직무 분류

어떤 경우에는 린 시스템을 실행하기 위해 보상 체계를 바꿔야 할 수도 있다. 예를 들어 GM 공장의 재고 감축 계획에 문제가 발생했는데, 원인은 작업반장이 불필요한 부품 생산의 감축을 거절했기 때문이다. 그 이유는 작업반장의 급여가 생산량에 따라 결정되었기 때문이다.

보상 체계의 조정 외에도 개선해야 할 것이 있다. 회사가 근로자와 맺는 근로계약이 직무 조정을 어렵게 만드는 경우도 있다. 미국의 자동차 공장에는 보통 몇 개의 노조와 수십 개의 직무 분류가 존재하는데 각 직무가 수행하는 업무분장이 상당히 좁게 설정되어 있어 근로자에게 자신의 직무 분류와 다른 직무를 시키기가 거의 불가능했다. 직무 재배치에 유연성을 확보하기 위해 노동조합에 어떤 형태로든 반대급부를 제공해 양해를 얻기도 했다. 그러나 어떤 경우에는 공장을 해외로 이전해 노조를 피하거나 외국인 근로자를 활용한 경우도 있다. 또한 관리자는 보상 체계를 조정하거나 JIT 시스템의 운영에 필요한 직무 조정을 하는 과정에서 인력 부족의 영향을 감안할 필요가 있다.

프로세스와 관련된 고려 사항

린 시스템을 사용하는 기업은 대부분 지배적인 업무 흐름이 있다. 기업은 린 시스템의 이점을 얻기 위해 기존 설비 배치를 변경해야 할 수도 있다. 일부 작업장을 가깝게 이동시키거나 특정 부품군을 전담하는 셀을 설치해야 할 수도 있다. 이렇게 린 원칙에 맞게 공장을 재편하려면 비용이 많이 든다. 예를 들어 현재 원자재나 구매 부품을 철도로 납품받는 공장이 작은 규모로 자주 받으려면 트럭 운송으로 바꾸어야 한다. 하역장도 재건설하거나 확장하고, 운송 수단과 운송량의 변화에 맞게 일부 작업장의 위치를 재조정해야 할 수도 있다.

재고와 일정계획

제조업체가 린 시스템의 이점을 최대한 누리기 위해서는 기준 생산계획이 안정되고, 가동 준비시간이 짧고, 자재와 부품은 안정적으로 자주 공급되어야 한다.

일정계획의 안정

대량 재고 생산환경에서 1일 생산일정계획은 상당한 기간 동안 안정적이어야 한다. 토요타의 기준 생산계획은 향후 3개월을 기준으로 1일 단위로 수립되며, 한 달에 한 번만 수정된다. 첫 번째 달의 일정계획은 동결시켜 작업장의 1일 생산일정계획에 혼란을 주지 않고 있다. 즉 각 작업장은 한 달 동안 매일 동일한 작업 일정을 실행한다(기준 생산계획의 수립과 동결은 12장 '자원 계획' 참조). 매월 초 새로운 1일 생산율에 맞추어 간반을 재발행한다. 생산 라인이 균형을 이루게 하고 근로자에게 새로운 업무를 배정하는 과정에서 균형을 해치지 않으려면 안정적인 일정계획이 필요하다. 린 시스템은 여유 재고나 여유 생산용량이 거의 없기 때문에 대량 재고 생산환경의 린 시스템은 일정계획 변화에 신속하게 대응하기 어렵다.

가동 준비

린 시스템의 재고 감축 이점을 실현하려면 반드시 로트가 작아야 한다. 그러나 로트가 작아지면 가동 준비가 잦아지기 때문에 가동 준비시간을 상당히 단축해야 한다. 가동 준비시간을 줄이지 못해 대규모 로트를 사용하는 바람에 린 시스템의 장점 중 일부를 누릴 수 없는 기업도 있다. 또한 린 시스템은 완제품 재고량이 적어 생산 품목 전환시간이 길면 전환시간 동안의 수요를 만족시킬 수 없는 취약점을 나타낸다. 가동 준비시간을 줄이지 못하면 완제품 재고를 많이 쌓을 수밖에 없다. 자동차 공장이 모델 변경을 위해 생산 라인을 일주일 정지하면 세전 이익이 1,600~2,000만 달러 정도 줄어든다.

구매와 물류

린 시스템에서는 재고 수준을 낮게 유지하려 하기 때문에 원자재와 부품의 입고가 안정적이어야 한다. 자재 부족으로 인해 공장 가동이 중단될 수 있기 때문이다. 마찬가지 이유로 린 시스템에서는 공급사슬이 불안정하게 흔들리고 난 이후 복구가 더 오래 걸리고 어려워지는데, 이번 코로나19 팬데믹 상황에서 이런 일이 발생했다.

프로세스 설계와 지속적 개선은 운영전략의 성공에 필요한 핵심 요소이다. 이 장에서는 린 시스템을 '프로세스를 효율적으로 설계하는 지침'과 '지속적 개선을 달성하는 접근법'으로 다루었다. 잘 알려진 린 시스템 접근 방법인 JIT를 지속적 개선에 어떻게 사용할 수 있는지, 그리고 프로세스 재고 통제에 간반 시스템을 어떻게 사용할 수 있는지 살펴보았다. 기존 프로세스를 린 시스템 철학에 맞추어 변환하는 일은 만만치 않으며, 실행 과정에도 어려움이 많을 수 있다. 하지만 이러한 변환은 나이키, 알디, 알코아, 토요타 같은 기업들의 예에서 본 것처럼 적절한 도구와 접근 방법을 활용하면 변환과 실행 과정에 도움이 될 수 있다.

학습목표 점검

학습목표	점검 가이드라인	온라인 자료
5.1 린 시스템이 어떻게 프로세스의 지속적인 개선을 촉진할 수 있는지 설명한다.	'린 시스템 접근 방식을 사용한 지속적인 개선' 절을 보라. 서두의 나이키 사례와 그림 5.1을 보라.	
5.2 린 시스템의 전략적 공급사슬 및 프로세스 특성과 코로나19 이후 환경에서 린 시스템이 어떤 영향을 받았는지 파악한다.	'린 시스템에서 공급사슬의 특성'과 '린 시스템에서 프로세스의 특성' 절을 보라. '토요타 생산 시스템'에서는 기업이 린 특성을 실현해 전략적 경쟁우위를 얻는 방법을 보여준다. 또한 '린 시스템에서 코로나19 팬데믹 이후 고려 사항' 절을 참조해 최근의 동향을 이해하도록 한다.	
5.3 린 시스템의 배치에서 일인다기계(OWMM)와 그룹 테크놀로지(GT)의 차이를 설명한다.	'린 시스템의 배치' 절에서는 생산량이 적어서 한 라인에서 한 가지 제품만 생산하는 것이 적절치 않은 경우 라인 흐름을 실현할 수 있는 두 가지 배치법을 비교해 설명한다.	
5.4 린 시스템에서 생산일정을 구성할 때 간반이 어떤 역할을 하는지 이해한다.	'간반 시스템' 절은 토요타 같은 회사가 간단한 시각적 시스템을 활용한 풀 방식의 생산으로 시장 수요에 꼭 맞게 생산하는 방법을 보여준다. 예제 5.1은 필요한 간반의 수를 계산하는 방법이다.	OM Explorer Tutor: 5.1: Calculate Number of Containers in a Kanban System OM Explorer Solver: Number of Containers

학습목표	점검 가이드라인	온라인 자료
5.5 가치흐름도가 무엇인지 그리고 그것이 낭비 제거에 어떤 역할을 하는지 이해한다.	'가치흐름도법' 절은 가치흐름도를 그려서 프로세스 낭비를 찾아내는 방법을 보여준다. 예제 5.2는 현상도와 목표도를 만들고 관련 데이터를 도면에 삽입하는 구체적인 방법을 보여주고 있다.	
5.6 린 시스템의 도입과 관련된 이슈를 설명한다.	'린 시스템의 운영상 이점과 실행상 이슈' 절에서 린 시스템을 성공적으로 도입해 그 혜택을 누리고 싶을 때 고려해야 할 조직 관리나 프로세스와 관련된 사항을 검토한다.	Case: Copper Kettle Catering

주요 공식

간반 시스템

용기 수: $\kappa = \dfrac{\bar{d}\,(\bar{\omega} + \bar{p})(1 + \alpha)}{c}$

핵심용어

가치흐름도법(value stream mapping, VSM)
간반(Kanban)
그룹 테크놀로지(group technology, GT)
로트(lot)
린 시스템(lean systems,)
일인다기계 셀[one-worker, multiple-machines(OWMM) cell]
지도카(jidoka)
택트타임(takt time)
포카요케(poka-yoke)
푸시 방식(push method)
풀 방식(pull method,)
한 자릿수 가동 준비(single-digit setup)
헤이준카(heijunka)
혼류 생산(mixed-model assembly)
JIT 시스템[just-in-time(JIT) system]
5S

복습문제 1

간반 시스템을 이용하는 어떤 회사에 비효율적인 기계 그룹이 있다. 예를 들어 부품 L105A의 1일 수요량은 3,000개이다. 부품 한 용기분의 가공시간은 0.2일이며, 평균 대기시간은 0.8일이다. 용기 1개에는 부품이 270개 들어가며, 현재 이 용기를 20개 사용하고 있다.

a. 정책 변수 α의 값은 얼마인가?
b. 부품 L105A의 계획상 재고의 총량(재공품 재고와 완제품 재고의 합)은 얼마인가?
c. 정책 변수 α가 0이라면 용기는 몇 개나 필요한가? 이 예에서 정책 변수는 어떠한 영향을 미치는가?

풀이

a. 용기의 수를 계산하는 공식을 이용해 α를 계산한다.

$$\kappa = \frac{\bar{d}\,(\bar{\omega} + \bar{p})(1 + \alpha)}{c}$$

$$20 = \frac{3{,}000(0.8 + 0.2)(1 + \alpha)}{270}$$

따라서

$$(1 + \alpha) = \frac{20(270)}{3{,}000(0.8 + 0.2)} = 1.8$$

$$\alpha = 1.8 - 1 = 0.8$$

b. 용량이 270개인 용기를 20개 사용하므로 계획상 총재고는 20(270) = **5,400**개이다.

c. $\alpha = 0$이면

$$\kappa = \frac{3{,}000(0.8 + 0.2)(1 + 0)}{270} = 11.11 \text{ 혹은 } 12\text{개}$$

정책 변수가 바뀌면 용기 수가 바뀐다. 여기에서는 상당히 크게 바뀌는데, 이유는 $\overline{\omega} + \overline{p}$가 상당히 크고 1일 수요에 비해 용기 크기가 상대적으로 작기 때문이다.

복습문제 2

메트켈프(Metcalf, Inc.)는 엔진 어셈블리 브래킷을 생산해 대형 자동차 회사 두 곳에 납품한다. 이 브래킷 제조 프로세스는 성형, 드릴링, 연마, 포장 공정으로 이루어진 셀이다. 운영 관리자가 수집한 관련 자료는 표 5.4와 같다.

표 5.4 메트캘프의 브래킷 생산 관련 자료

프로세스	평균 수요: 2,700개/일 뱃치 크기: 50 근무교대: 2교대/일 근무시간: 교대당 8시간(30분 식사 휴식)	
1단계	성형	사이클 타임 = 11초 가동 준비시간 = 3분 정상작동률 = 100% 작업자 = 1명 재공품 = 4,000개(성형 전)
2단계	드릴링	사이클 타임 = 10초 가동 준비시간 = 2분 정상작동률 = 100% 작업자 = 1명 재공품 = 5,000개(드릴링 전)
3단계	연마	사이클 타임 = 17초 가동 준비시간 = 0초 정상작동률 = 100% 작업자 = 1명 재공품 = 2,000개(연마 전)
4단계	포장	사이클 타임 = 15초 가동 준비시간 = 0분 정상작동률 =100% 작업자 = 1명 재공품 = 1,600개(포장 전) 재공품 = 15,700개(출하 전)
고객 출하	주 1회 13,500개	
정보 흐름	고객과의 모든 소통은 전자식으로 진행 성형 공정에 일주일에 한 번씩 작업지시서 통지 모든 자재는 푸시 방식으로 공급	

a. 표 5.4의 자료를 사용해 가치흐름도를 작성하고, 자료 상자에 기재된 값들이 어떻게 계산되었는지 설명하라.

b. 이 가치흐름의 택트타임은 얼마인가?

c. 이 가치흐름 각 공정에서의 생산 리드타임은 얼마인가?

d. 이 가치흐름의 총 처리시간은 얼마인가?

e. 이 가치흐름의 생산용량은 얼마인가?

풀이

a. 메트켈프의 현상도는 그림 5.13과 같다.

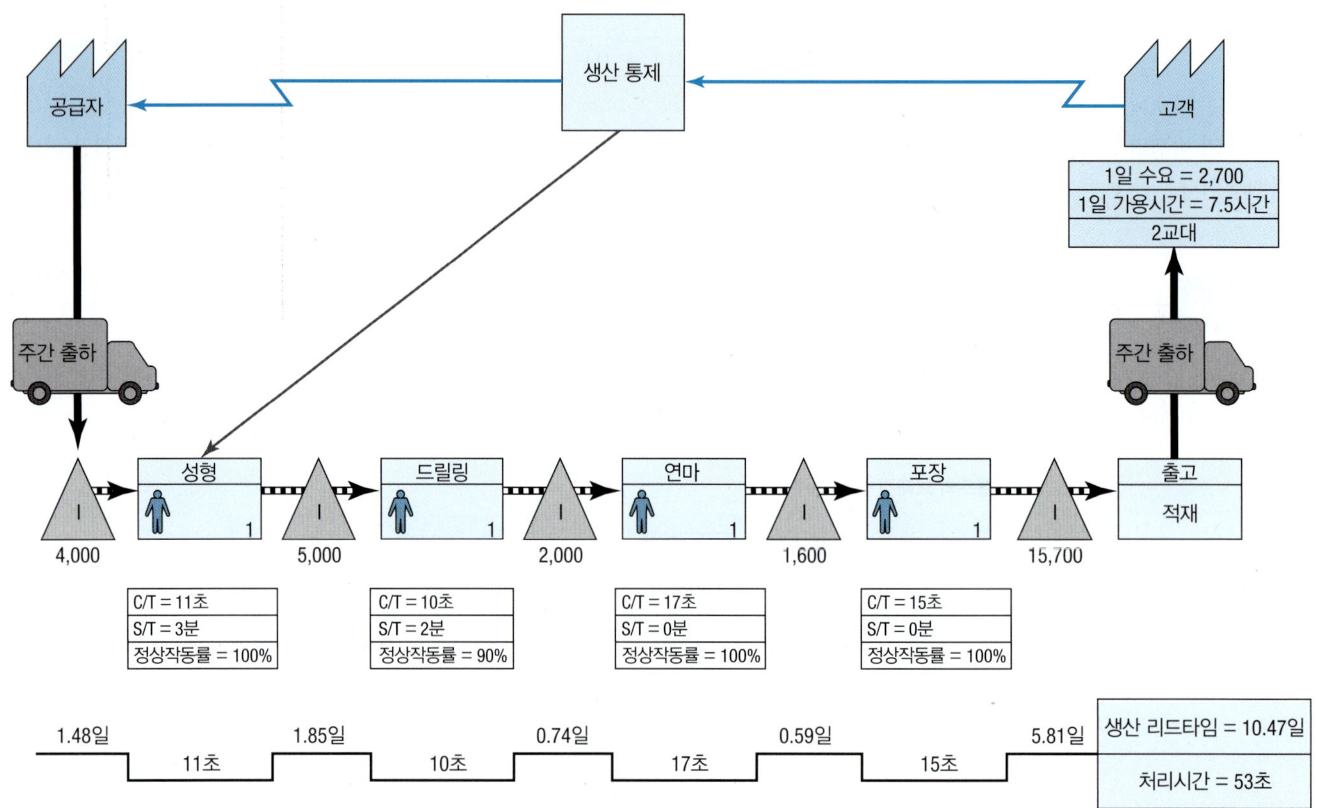

그림 5.13 메트캘프의 현상도

b. 1일 수요 = 2,700개/일 1일

가용시간 = (7.5시간/교대) × (3,600초/시간) × (2교대/일) = 54,000초/일

택트타임 = 1일 가용시간/1일 수요 = (54,000초/일)/(2,700개/일) =20초/개

c. 생산 리드타임은 각 공정 사이의 재고를 1일 수요로 나눈 값을 합하면 구할 수 있다.

원자재 리드타임 = [4,000/2,700] = 1.48일

성형과 드릴링 사이 WIP 리드타임 = [5,000/2,700] = 1.85일

드릴링과 연마 사이 WIP 리드타임 = [2,000/2,700] = 0.74일

연마와 포장 사이 WIP 리드타임 =[1,600/2,700] = 0.59일

출하 전 완제품 리드타임 = [15,700/2,700] = 5.81일

이 셀의 총생산 리드타임 = 1.48 + 1.85 + 0.74 + 0.59 + 5.81 = 10.47일

d. 제조 셀의 총 프로세스 타임 = (11 +10 + 17 + 15) = 53초

e. 생산용량은 먼저 병목을 찾은 다음, 병목의 가용시간 내 처리할 수 있는 양을 구하면 된다.

성형공정에서의 생산능력	드릴링 성형공정에서의 생산능력	연마 성형공정에서의 생산능력	포장 성형공정에서의 생산능력
사이클 타임 = 11초	사이클 타임 = 10초	사이클 타임 = 17초	사이클 타임 = 15초
가동 준비시간 = (3분/뱃치 × 60초/분)/(50개/뱃치) = 3.6초/개	가동 준비시간 = (2분/뱃치 × 60초/분)/(50개/뱃치) = 2.4초/개	가동 준비시간 = 0초	가동 준비시간 = 0초
단위당 처리시간 = (11 + 3.6) = 14.6초	단위당 처리시간 = (10 + 2.4) = 12.4초	단위당 처리시간 = (17 + 0) = 17초	단위당 처리시간 = (15 + 0) = 15초

a. 뱃치 크기가 50이면 연마 공정이 병목지점이 된다.
b. 병목지점의 하루 가용시간이 54,000초이고
c. 병목지점에서의 처리시간(가동 준비시간 포함) = 17.0초이므로
d. 생산용량 = 가용시간/병목지점의 처리시간 = 54,000/17 = **3,176**개/일

토론과제

1. 다음 두 가지 상황을 비교 평가해보자.
   a. 회사의 린 시스템은 팀워크를 강조한다. 직원들의 참여도가 높아져 회사의 생산성과 품질이 향상되었다. 문제는 직원들이 개개인의 자율성이 상실되고 있다고 느끼는 점이다.
   b. 한 인문학 교수는 모든 학생이 배우기를 원한다고 믿는다. 학생들이 서로 협력하고 서로에게서 배우도록 장려해 참여도와 생산성, 학습 경험의 질을 높이기 위해 교수는 수업에 참여한 모든 학생이 동일한 성적을 받을 것이며, 이는 수강생 전체의 성과에 따라 결정될 것이라고 발표했다.
2. 제조업체가 린 시스템을 구현하는 데 가장 까다로운 요소는 무엇이며, 그 이유는 무엇인가?
3. 여러분이 잘 알고 있는 조직을 선택하자. 만약 여러분이 그 조직의 관리자라면 린 시스템을 구현할 때 가장 중요하게 고려해야 할 요소는 무엇이며, 그렇게 생각하는 이유는 무엇인가? 조직에서 이 장애물이 미치는 영향을 어떻게 다루고 완화할 수 있겠는가?
4. 코로나19 팬데믹 이후 환경에서는 운영 및 공급사슬의 불확실성으로 인해 린 시스템 구현이 더욱 복잡해졌다. 본문에 나열된 것 외에 린 시스템을 수정할 때 기업이 추가로 고려해야 할 요소에는 어떤 것이 있는가? 이러한 요소들은 제조 기업과 서비스 기업의 경우 어떻게 달라지겠는가?
5. 자신이 잘 알고 있는 서비스나 제조 프로세스를 대상으로 기존의 정보와 자재 흐름을 반영한 현상도를 작성하라.

연습문제

이 책을 사용하는 모든 학생은 OM Explorer, 윈도우용 POM, Active Model 소프트웨어를 사용할 수 있다. 해당 소프트웨어의 다운로드 위치와 활용 방법은 강의 담당 교수에게 문의하라. 대부분의 교수자는 학생이 직접 계산하는 방법을 이해하기를 바란다. 하지만 소프트웨어를 이용하면 계산을 확인할 수 있다. 계산이 매우 복잡하고, 의사결정 과정에서 결과를 해석하는 것이 목표인 경우 소프트웨어가 수작업 계산을 완전히 대체해도 무방하다.

린 시스템의 전략적 특성

1. 한 공장의 조립라인은 하루 10시간, 한 달에 22일 동안 세 종류의 실린더 헤드 커버를 생산해 자동차 제조업자에 납품한다.

모델	월평균 수요(개)
A	5,000
B	6,000
C	1,000

   a. 혼류 생산 일정을 사용할 때 생산 속도를 수요의 속도에 맞추기 위해 필요한 사이클 타임은 얼마인가?
   b. 한 단위를 기준으로 생산주기 내 생산순서를 정한다고 할 때 바람직한 생산순서를 정해보라. 생산주기가 반복되기까지 얼마의 시간이 걸리는가?
   c. 한 교대 주기당 이 생산순서는 몇 번이나 반복되어야 하는가?
2. 하비(Harvey) 오토바이 회사는 Tiger(비포장도로용), LX2000(날렵한 경주용), Golden(장거리 여행용) 세 가지 모델을 생산하고 있다. 이번 달의 기준 생산계획에 따르면 1교대 7시간마다 Golden 54대, LX2000 42대, Tiger 30대씩을 생산하게 되어 있다.
   a. 7시간 안에 생산 배정량을 완료하려면 평균 사이클 타임을 얼마로 해야 하는가?
   b. 혼류 생산 일정을 사용한다면 생산주기마다 각 모델을 몇 대씩 생산해야 하는가?
   c. 이상적인 소규모 로트, 즉 1단위 로트로 생산한다면 생산순서는 어떻게 되겠는가?
   d. 세 모델의 특징을 조금씩 섞은 신모델 Cheetah가 개발되어 기존 제품의 수요를 조금씩 잠식할 것으로 예상된다. 1교대 7시간마다 Golden 52대, LX2000 39대, Tiger 26대, Cheetah 13대를 생산하려면 혼류 생산 일정을 어떻게 해야 하는가? 총 생산량은 조금밖에 증가하지 않겠지만, (b)에서 제시한 생산 일정에 이 생산량 변화를 반영한다면 어떤 문제가 예상되는가?
3. 어떤 트랙터 회사가 대형 트랙터(LT), 소형 트랙터(SM)와 더불어 탈곡 컴바인(GC)도 생산한다. 혼류 생산 라인을 사용해 제품을 고객의 수요에 맞추어 생산하려고 하는데, 1교대당 30차례 반복하는 현재의 생산순서는 SM-GC-SM-LT-SM-GC-LT-SM이다.

생산속도는 2분에 1대씩이다. 이 공장은 2교대 근무하며 교대당 8시간씩 작업한다. 교대 사이의 4시간 동안 장비를 점검하고 자재를 보충하므로 작업 중에는 고장으로 인한 생산 중단이 없다. 다음 질문에 답하라.

a. 한 생산주기에 걸리는 시간은 얼마인가?

b. 1교대당 각 제품은 몇 대씩 생산되는가?

간반 시스템

4. 스프래들리 스프라켓(Spradley's Sprockets)의 한 제조 셀은 풀 방식을 사용해 조립라인에 기어를 공급한다. 조지 짓슨(George Jitson)은 조립라인을 책임지고 있는데, 이 라인은 하루에 500개의 기어가 필요하다. 용기는 일반적으로 제조 셀에서 0.20일을 머무른다. 각 용기에는 20개의 기어가 들어가고, 한 용기 분의 기어 제작에 1.8일의 시간이 소요된다. 가동 준비시간은 무시할 수 있는 수준이다. 예상치 못한 우발 상황에 대한 정책 변수가 5%로 설정되어 있다면, 짓슨은 기어 보충 시스템을 위해 몇 개의 용기를 승인해야 하는가?

5. 한 빵 제조회사는 최근 원자재, 특히 밀가루의 소비량을 추적하기 위해 간반 시스템을 도입했다. 이 회사의 하루 평균 밀가루 수요량은 2,500kg이다. 이 회사의 기록에 따르면 밀가루가 빵으로 만들어지는 데 약 4시간이 걸리고, 생산주기 동안 자재 취급 및 대기시간으로 4시간이 추가로 소요된다. 불확실한 수요로 인해 회사는 25%의 안전재고를 보유하고 있다. 각 용기에는 250kg의 밀가루를 담을 수 있다.

a. 회사가 필요한 용기는 몇 개인가?

b. 관리자는 사용하는 용기의 수를 줄이려고 한다. 신뢰할 수 있는 공급업체가 생겨 추가 재고가 필요하지 않게 되었기 때문이다. 용기 하나를 제거하기 위해서는 대기시간이 얼마나 줄어야 하는가?

6. 테라이 모터스(Terai Motors)는 공급업체로부터 반제품을 구매해 고객의 취향에 따라 조립한다. 커스터마이징 과정에서 바퀴 2개, 핸들 1개, 의자 1개, 바구니 1개를 부착해 최종 제품을 완성한다. 그림 5.14와 같이 바퀴는 작업장 1에서 조립하고, 핸들, 의자, 바구니는 작업장 2에서 조립한다. 조립라인의 1일 생산 할당량은 자전거 80대이다. 바퀴 조립용 용기는 8개의 바퀴를 담을 수 있으며 작업장 1의 정책 변수는 0.10이다. 바퀴 용기의 평균 대기시간은 0.09일이고, 처리에는 0.06일이 필요하다. 작업장 2의 컨테이너는 50개를 수용할 수 있으며 작업장 2의 정책 변수는 0.08이다. 작업장 2에서의 평균 대기시간은 0.14일이고 처리시간은 0.20일이다.

a. 작업장 1에는 몇 개의 용기가 필요한가?

b. 작업장 2에는 몇 개의 용기가 필요한가?

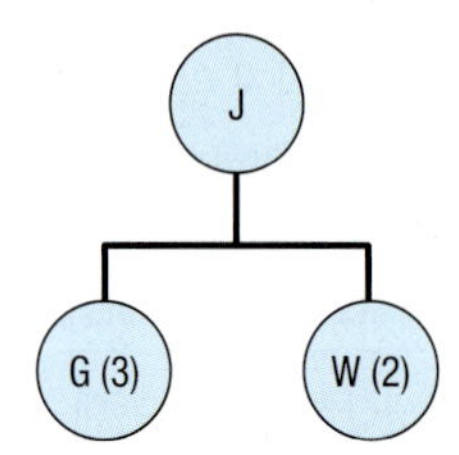

그림 5.14 자전거 최종 제품의 구성요소

7. 게슈탈트(Gestalt, Inc.)의 독일 공장 생산시설에서는 간반 시스템을 쓴다. 이 시설은 하루 20시간 가동해 지터벅(Jitterbug)을 생산하고 있는데, 지터벅은 대중성이 있는 구형 지트니 비틀(Jitney Beetle)의 대체 모델이다. 셀 33B에서 생산되는 부품이 있는데, 개당 처리시간은 150초이고 부품을 담는 용기는 평균 1.6시간 대기한다. 경영진은 예상치 못한 상황에 대비해 9%의 여분을 허용했다. 현재 부품 30개를 담을 수 있는 용기 8개가 사용되고 있다. 이 시스템으로 처리할 수 있는 1일 수요는 얼마인가? (힌트: ρ는 부품 1개의 처리시간이 아니고 용기 하나 분의 처리시간임을 유의하라.)

8. 어떤 우체국의 관리자가 우편물 분류 부서의 스트레스를 줄이기 위한 방안을 모색하고 있다. 현재의 작업 배치에 따르면, 우표가 붙은 편지에 기계로 소인을 찍어서 375개씩 박스에 담는다. 이 박스를 전달받은 직원이 우편번호를 읽어서 자동 분류기에 입력하는데, 한 박스 입력에 375초씩 걸린다. 소인 찍는 기계가 직원보다 빨라서 생기는 스트레스를 해소하기 위해 풀 시스템이 제안되었다. 직원이 한 박스를 처리하고 다음 박스를 처리할 준비가 되면 소인 기계 앞에서 한 박스를 끌어온다. 1교대 8시간 동안 편지를 90,000통씩 처리하려면 소인 기계와 직원 사이에 박스를 몇 개 사용해야 하는가? 안전재고 정책 변수(α)는 0.18이고, 박스당 평균 대기시간과 처리시간은 25분이다.

9. 마쓰다(Mazda) 자동차의 생산 일정에 따르면 1월의 가동 일수 22일 동안 매일 1,200대씩 생산해야 하고, 2월에는 20일 동안 매일 900대씩 생산해야 한다. 마쓰다는 가까이 있는 타이어 하청업체 게준트하이트(Gesundheit)와 간반 시스템으로 정보를 교환하는데, 차 1대당 타이어 4개를 구매한다. 타이어를 배달하는 차량(즉 용기)은 대당 타이어를 200개씩 적재한다. 안전재고 정책 변수(α)는 0.15이다. 배달 차량 1대의 평균 대기시간과 자재 처리소요시간은 0.16일이다. 조립라인의 생산율은 매월 초에 재조정된다. 1월의 용기당 평균 처리시간은 0.10일이고, 2월의 평균 처리시간은 0.125일이다. 1월에는 용기가 몇 개 필요한가? 2월에는?

10. 전기 케이블을 전문으로 생산하는 공장의 1일 평균 수요량은 24톤으로, 개당 용량이 약 1.2톤인 컨테이너 20개에 해당하는 양이다. 또한 이 공장은 예상치 못한 상황에 대비해 1일 평균 수요량의 10%를 안전재고로 생산하고 있다. 컨테이너 1개에 해당하는 수량을 생산하려면 평균 0.25일의 처리시간이 소요된다. 여기에 생산 공정 중 작업장 간 대기시간과 컨테이너 1개당 자재 취급 시간을 더하면 0.75일이 소요된다. 컨테이너의 수량 기준으로 이상적인 1일 생산 수량은 얼마인가?

11. 한 자동차 부품 제조업체는 조립라인에서 차량의 앞바퀴들과 뒷바퀴들을 각각 연결하는 역할을 하는 앞 프로펠러 축과 뒤 프로펠러 축이라는 두 가지 모델의 액슬을 생산한다. 아래 표는 생산에 대한 세부 사항을 보여준다.

제품	컨테이너의 수	평균 대기와 처리시간(일)	안전재고 (개수)
앞 프로펠러 축	12	1.24	8
뒤 프로펠러 축	8	1.25	6

a. 각 컨테이너가 10개의 액슬을 보관할 수 있다고 가정할 때, 각 모델에 대한 1일 수요는 얼마인가?

b. 각 모델별 1일 수요 대비 안전재고의 비율은 얼마인가?

가치흐름도

12. 그림 5.15는 예제 5.2에서 다루었던 젠슨 베어링의 새로운 리테이너 현상도이다. 이 가치흐름도는 공급업자인 클라인 철강이 철판 주문을 매일 받기로 동의하고 젠슨 베어링은 계속해서 매일 완제품을 배달하기로 동의한 것을 반영해 작성한 것이다. 이 새로운 가치흐름도에서 단축된 리드타임의 각 요소를 계산하라.

a. 젠슨 베어링의 공장은 원자재를 며칠 분 유지하는가?

b. 프레스 공정과 천공과 성형 공정 사이에는 며칠 분의 재공품이 있는가?

c. 천공과 성형 공정과 마감 연마 공정 사이에는 며칠 분의 재공품이 있는가?

d. 마감 연마 공정과 출고 단계 사이에는 며칠 분의 재공품이 있는가?

e. 이 새로운 가치흐름도에서의 생산 리드타임은 얼마인가?

f. 이 새로운 가치흐름도에서의 처리시간은 얼마인가?

13. 방글라데시의 한 의류 제조업체는 가치흐름 매핑 중에 수집한 데이터를 사용해 수동 조립라인 공정의 현재 상태를 평가하고, 운영에 이상적인 뱃치 크기를 파악하고자 한다. 직원의 생산 가용 시간은 하루 420분이다. 디자인 승인이 나면 의류를 생산하기 위해서는 천을 원하는 모양으로 재단한 후 앞뒤 봉제, 팔, 칼라, 단추 등을 부착하는 공정이 이어진다. 각 가공 단계에 관한 정보는 아래의 표에서 확인할 수 있다. 각 단계는 한 번에 한 부분만 처리할 수 있으며 모든 단계는 동일한 크기의 배치를 처리해야 한다.

	재단	봉제	팔 부착	칼라 부착	단추 부착
셔츠당 사이클 타임	2분	7분	3분	5분	6분
뱃치당 가동 준비시간	15분	18분	0분	10분	20분

a. 뱃치 크기를 다음과 같이 각각 가정해 단위당 평균 처리시간 및 각 단계의 처리용량을 계산하라.

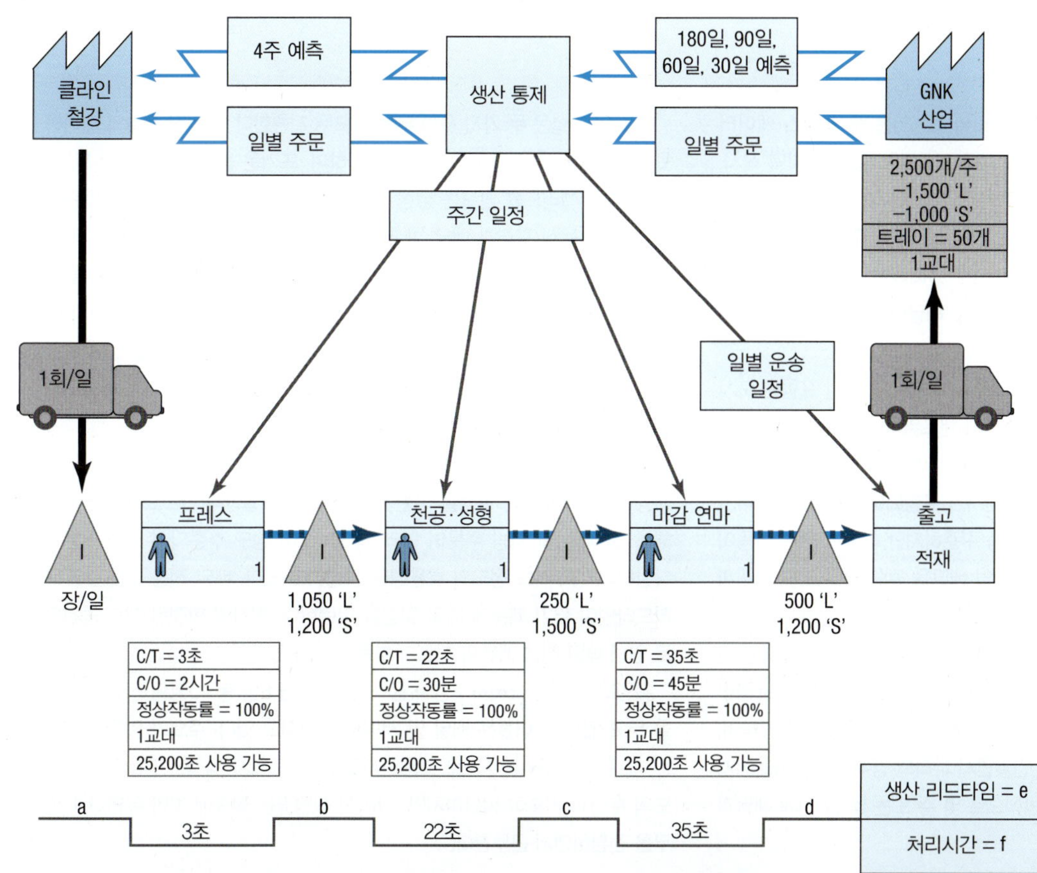

그림 5.15 젠슨베어링의 새로운 현상도

i. 셔츠 20장
ii. 셔츠 30장
iii. 셔츠 35장
iv. 셔츠 40장

b. 각 뱃치 크기에 대한 병목 단계를 파악하라.

c. 라인의 현재 처리 능력하에서 최적의 뱃치 크기는 얼마인가?

14. 오르몬드(Ormonde, Inc.)의 공장은 현재 가장 문제가 많은 세탁기 부품 생산 셀에 대한 가치흐름도 매핑 자료를 수집해 표 5.5와 같이 정리했다. 이 제조 셀의 현재 수행 성과를 계산하고 다음 질문에 답하라.

a. 이 셀의 현재 재고 수준은 얼마인가?

b. 이 셀의 택트타임은 얼마인가?

c. 이 셀의 각 단계에서 생산 리드타임은 얼마인가?

d. 이 셀에서의 총 처리시간은 얼마인가?

e. 이 셀의 생산용량은 얼마인가?

표 5.5 오르몬드의 생산 관련 자료

프로세스	평균 수요: 550개/일 뱃치 크기: 20 근무 교대: 3교대/일 근무시간: 교대당 8시간(45분 식사 휴식)	
1단계	절단	사이클 타임(C/T) = 120초 가동 준비시간(C/O) = 3분 정상작동률 = 100% 작업자 = 1명 재공품(WIP) = 400개(절단 전)
2단계	벤딩	사이클 타임(C/T) = 100초 가동 준비시간(C/O) = 5분 정상작동률 = 100% 작업자 = 1명 WIP = 500개(벤딩 전)
3단계	펀칭	사이클 타임(C/T) = 140초 가동 준비시간(C/O) = 0초 정상작동률 = 100% 작업자 = 1명 WIP = 200개(펀칭 전) WIP = 1,000개(펀칭 후)
출하	주 1회 2,750개	
정보 흐름	고객의 정보는 모두 전자식으로 접수 절단 공정에 1주에 한 번씩 작업지시서 통지 모든 자재는 푸시 방식으로 공급	

사례 연구 코퍼 케틀 케이터링

코퍼 케틀 케이터링(Copper Kettle Catering, CKC)은 풀 서비스 케이터링 회사로 소풍이나 점심 모임을 위한 도시락부터 대형 결혼식, 저녁 식사, 사무실 파티까지 다양한 서비스를 제공하고 있다. 1972년 웨인 윌리엄스(Wayne Williams)와 재닛 윌리엄스(Janet Williams)가 사무실 점심 배달 서비스로 시작한 CKC는 현재 노스캐롤라이나주 롤리에서 가장 큰 케이터링 업체 중 하나로 성장했다. CKC는 고객 수요를 '배달만 제공' 또는 '배달 및 서비스 제공' 두 가지로 분류하고 있다.

배달만 제공하는 경우에는 샌드위치, 샐러드, 디저트, 과일이 포함된 도시락형 식사를 배달한다. 제공 메뉴는 여섯 가지 샌드위치 중 선택, 세 가지 샐러드 또는 감자칩 중 선택, 그리고 브라우니 또는 과일 바의 선택 세 가지로 한정되고 있다. 모든 식사에는 포도와 오렌지가 포함되며, 아이스티도 추가 주문이 가능하다. 이 서비스의 수요는 연중 꾸준하지만 메뉴 구성은 변동이 있다. 고객은 보통 하루 전에 주문하며, 당일 배달을 원할 경우 오전 10시까지는 주문해야 한다.

배달 및 서비스 제공 부문에서는 대형 파티, 저녁식사, 결혼식 케이터링 서비스를 제공하는데 전채요리, 메인요리, 음료 및 특별 요청 메뉴를 포함한 다양한 메뉴를 제공하고 있다. 이 서비스에 대한 수요는 계절성이 강하며, 결혼식의 경우에는 늦봄에서 초여름, 연말연시 파티의 경우에는 늦가을에서 초겨울에 수요가 더 많다. 고객은 일반적으로 몇 주 또는 몇 달 전에 예약과 더불어 메뉴를 선택한다.

CKC의 시설은 두 가지 사업 부문을 모두 지원한다. 물리적 시설의 레이아웃은 주문형 공정(job process)과 유사하며, 뜨거운 음식을 만드는 스토브·오븐 구역, 샐러드를 만드는 냉장 구역, 전채요리 준비 구역, 샌드위치 준비 구역, 배달 음식 포장과 배달 및 서비스 제공 메뉴 트레이를 만드는 5개 주요 작업 공간이 있다. 3개의 워크인 쿨러에는 냉장 보관이 필요한 식품을 보관하고, 대형 팬트리에는 부패하지 않는 상품을 보관한다. 그리고 창고와 냉장고 공간이 제한적이기 때문에 원재료와 조리된 음식의 재고를 많이 보관할 수 없으며, 디저트는 외부 업체에서 구매하는데 대부분 CKC로 배달되지만 일부는 직접 픽업해야 한다.

주문 일정은 2단계로 진행된다. 매주 월요일, 웨인과 재닛은 매일 처리할 배송 및 서비스 주문 일정을 마련한다. CKC에는 일반적으로 요일마다 처리해야 할 배달 및 서빙 주문이 여러 개 있다. 이 정도 수준의 수요는 주문이 다양하더라도 어느 정도의 효율성을 달성하고 있다. 배달 전용 주문은 주문 리드타임이 짧기 때문에 매일 일정을 마련한다. 회사의 한정된 재고 공간으로 인해 배달 전용 메뉴의 재료가 부족할 때가 있다.

웨인과 재닛은 요리사 2명과 음식 준비 직원 8명 등 10명의 정규직 직원을 두고 있으며, 이들은 배달 및 서빙도 담당하고 있다. 수요가 많은 시기에는 파트타임 직원을 추가로 고용하기도 한다. 요리사 직책은 전문적이고 고도의 훈련과 기술이 필요하지만, 나머지 직원들은 필요에 따라 유연하게 업무를 전환하면서 근무한다.

케이터링 비즈니스는 경쟁이 치열하다. 경쟁 우선순위는 고품질의 음식, 배달 안정성, 유연성, 비용 순이다. 웨인에 따르면 "음식의 품질과 조리 과정이 가장 중요합니다. 음식의 품질이 좋지 않은 케이터링 업체는 오래 버티지 못할 것입니다."라고 한다. 품질은 신선도와 맛으로 측정된다. 배달 안전성은 정시 배송과 고객 주문에 대응하는 데 필요한 시간을 모두(즉 주문 리드타임) 포함한다. 유연성은 기업이 충족할 수 있는 케이터링 요청의 범위와 메뉴 다양성에 중점을 둔다.

최근 CKC는 고객이 더 높은 메뉴 유연성과 빠른 응답시간을 요구하고 있다고 판단하고 있다. 시장에 진입한 소규모 전문 케이터링 업체들은 잘 정의된 특정 시장 세그먼트를 공략하고 있다. 한 예로 Lunches-R-Us라는 소규모 케이터링 업체는 대규모 오피스 단지 한가운데에 시설을 갖추고 점심식사를 제공하는 데 CKC와 가격 경쟁을 벌이고 있다.

웨인과 재닛은 린 시스템의 개념, 특히 유연성 향상, 리드타임 단축, 비용 절감과 관련된 아이디어에 깊은 인상을 받았다. 이러한 아이디어는 CKC가 경쟁력을 유지하는 데 반드시 필요한 것처럼 들리지만 웨인과 재닛은 린 개념과 구성요소들이 서비스 비즈니스에도 적용 가능한지 궁금해하고 있다.[9]

문제

1. 린 개념과 구성요소들이 CKC의 운영에도 도움이 될 수 있는가? 구체적인 설명을 제시해보자.
2. CKC에서 린 시스템을 구현하는 데 가장 큰 장벽이 있다면 무엇인가?
3. 웨인과 재닛이 CKC의 운영에 린 개념을 활용하는 데 어떠한 조언을 해줄 수 있는가?

비디오 사례 오토리브의 린 시스템

오토리브(Autoliv)는 세계적 수준의 린 제조 사례이다. 《포춘(Fortune)》 500대 기업인 이 회사는 32개 이상의 나라에 흩어져 있는 80개 이상의 공장에서 안전벨트, 에어백 등 안전장치와 조향장치를 생산한다. 2007년에는 매출이 67억 달러를 넘었다. 오토리브의 린 제조환경은 오토리브 생산 시스템(Autoliv Production System, APS)이라고 하며, 세계에서 가장 큰 자동차 회사인 토요타가 개발한 토요타 생산 시스템(TPS)에서 체현한 원리를 토대로 한다.

오토리브의 중심에는 지속적 개선에 집중하는 시스템이 있다. 유타주 오그든에 있는 오토리브 에어백 모듈 공장은 '토요타의 집'을 기초로 '오토리브의 집'에 체현된 개념을 매일 실천한다. '오토리브의 집'에는 '토요타의 집'에는 없는 기둥이 하나 더 있는데 이 점이 이 두 집 사이의 유일한 차이다. 이 기둥은 근로자 참여가 모든 프로세스에 포함되어야 함을 나타내는데, 일본에서는 당연한 참여문화가 미국에서는 당연하지 않아서 '오토리브의 집'에 추가했다.

오토리브의 린 시스템을 향한 여정은 1995년에 시작되었다. 그 당시 오그든 공장에는 작업 셀이 22개 있었다. 이 회사의 관리자에 따르면 당시 오토리브는 '고장' 상태였으며 살아남으려면 큰 변화가 시급했다. 이는 고위경영진에서 근로자 그리고 공급업자까지 모두가 회사의 재건에 동참해야 했음을 의미한다. 오토리브가 고객인 완성차 회사의 요구를 충족할 수 없었기 때문이 아니라, 신뢰성이 높고 가격 경쟁력이 있는 부품 공급에 대한 요구가 증가하면서 변화를 요구하는 압박이 분명해졌기 때문이다. 고위경영진은 토요타 방식의 가치를 인정하고 린 제조의 변혁적 문화를 오토리브에 이식시키기 위한 독자적인 여정에 결연한 의지로 돌입했다.

1998년에 일본에서 하라다 다카시 선생이 와서 3년 동안 고위경영진에게 린 방식의 원리와 기법, 문화를 가르쳤다. 이 교육의 영향으로 경영진은 지속적 개선을 장기 성공의 필수활동으로 만들고 중요시하는 분위기를 만들려고 노력했다. 변화 과정에서 처음에는 공급업자가 오토리브의 끊임없이 변하고 불안정한 프로세스에 대처하기가 어려웠다. 변화 때문에 문제점이 드러나자 회사도 문제를 피해 다니던 과거와는 달리 문제에 집중하고 해결할 수밖에 없어졌다. 1일 점검, 월별 연수, 심화 교육 프로그램을 개설해 변화가 필요한 곳에 주의를 집중하는 데 도움을 주었다. 근로자와 관리자를 팀으로 구성해 함께 목표를 세우고 함께 성공을 위해 일하게 했다.

2004년이 되자 린 문화는 회사의 일부분으로 정착되었고, 지금은 오토리브의 여정과 경험을 배우려고 방문하는 기업이 많다. 1995년과 비교하면, 한 작업 셀의 공간은 88.5% 감소했으며 작업 셀의 수는 400% 증가했다. 이 덕분에 오토리브는 최소한의 투자로 생산용량을 획기적으로 늘릴 수 있었다.

린 개념은 모든 공장에서 매일 실천한다. 예를 들어 일과 시작 전에 모두 모여서 체조와 간단한 회의를 한다. 이는 오토리브의 집(APS House)의 근로자 참여 기둥의 일부이다. 그런 다음 작업자는 공장에 있는 104개 작업 셀로 흩어진다. 헤이준카(평준화)팀의 팀원은 각 작업 셀에 헤이준카 카드를 전달해 할 일을 알려준다. 전달된 카드에 적혀 있는 로트의 크기는 카드마다 다를 수 있다. 작업 셀에는 로트를 만드는 데 필요한 것이 모두 갖추어져 있으며, 간반 시스템을 통해 정기적으로 보충된다. 24분마다 새로운 카드가 셀에 전달되어 작업자에게 다음에 할 일을 알려준다. 이것도 '오토리브의 집' JIT 기둥의 일부이다.

지속적 개선문화는 모든 근로자가 지위 고하를 막론하고 품질에 책임을 질 것을 요구하므로, 작업자는 작업 중에 '이상 상태'를 발견하면 작업 속도를 늦추거나 중단할 수도 있다. 이것은 토요타의 집 오른쪽 기둥, 즉 지도카(자동화)에 포함되어 있으며 오토리브는 지도카를 '중단하고 고쳐라'로 해석한다. 그러나 이런 일은 잘 일어나지 않는데, 오토리브와 공급업자 모두 완전무결한 제품만 납품하게 되어 있기 때문이다. 공급업자가 신규 납품업체이거나 품질문제를 일으킨 이력이 있는 경우, 오토리브는 납품 품질검사를 하고 검사비용을 공급업자에게 부담시키며, 더 이상 이 공급업자가 품질 이상을 일으키지 않을 것이라는 확신이 생길 때까지 비용을 계속 부담시킨다.

---

9 이 사례는 수업 중 토론을 위한 기초 자료로 웨이크포레스트대학교의 브룩 살라딘(Brooke Saladin) 박사가 개발했다.

이 때문에 작업자는 간반 시스템을 통해 작업 셀에 전달되는 원자재의 품질을 믿어도 된다고 생각한다. 지도카(자동화)는 기계가 제대로 작동하지 않거나 작업자가 표준에서 벗어난 프로세스를 발견했을 때도 발동된다. 작업자가 문제가 발생한 장소에서 '중단하고 해결'하면 추가비용이 절약되며 고객에게 불량품이 전달되어 발생하는 신뢰 손상도 줄일 수 있다.

작업자의 노력을 목표에 집중시키려고 오토리브는 작업자가 출근하면서 볼 수 있게 파란색 '소통의 벽'을 마련했다. 이 벽에는 회사의 '정책 방향'을 게시하는데, 전사적인 고객 만족 목표, 재무 성과, 안전과 품질 등을 게시한다. 정책 방향은 전사적인 목표를 기반으로 공장 수준의 목표와 전략, 시설 단위의 활동까지 표현한다. 이렇게 연결된 활동 목표를 설정해야 목표 달성을 확실하게 하기 때문이다. 이런 정보를 시각적으로 공유하는 행위가 오토리브의 집 가운데 기둥에 해당한다. 이 밖에도 다른 시각적 소통과 경영 방법을 사용했다. 예를 들어 각 작업 셀의 벽 상단에는 안전, 품질, 작업자 참여, 원가, 납품에 대한 월간 성과를 걸어둔다. 이런 것은 모두 '소통의 벽'에 게시되는 정책 전개와 연계되어 있다.

또한 각 작업 셀에 '레일'을 설치해 시각적 소통 장치로 활용하기도 한다. 이 레일은 간반 전달용으로 사용하는데, 미끄럼틀처럼 기울어진 레일을 타고 간반을 전달한다. 레일은 세 구간으로 나누어 다른 색을 칠해놓았다(작업장에 가장 가까운 쪽은 초록색, 중간 구간은 노란색, 가장 먼 곳은 붉은색). 간반이 초록색까지만 쌓여 있으면 정규시간에 작업을 끝낼 수 있다는 신호이고, 노란색까지 있으면 잔업을 해야 한다는 뜻이고, 붉은색까지 있으면 주말 작업까지 각오해야 한다는 뜻이다. 셀이 고객 수요와 같은 속도로 일을 처리하지 못하면 카드가 미끄럼틀에 쌓여 셀이 기대 이하로 작업 중임을 보여주게 된다. 이 정보를 이용해 관리자와 셀의 팀원은 상황을 파악하고 즉시 대응책을 실시해 잔업을 피하게 된다.

작업 셀 주변의 모든 복도와 통로에는 자재, 부스러기 등 어떤 것도 있으면 안 된다. 이곳에 무엇이라도 있으면 비정상임을 모두가 즉각 알게 된다. 팀원이 함께 1일분의 일을 처리하며, 그 결과는 각 셀의 '소통봉(communi-cube)'에 굵은 글씨로 표시된다. 이 봉은 회전하는 사면체로 해당 셀의 생산성, 품질, 5S 성과를 시각적으로 알린다. 이 소통봉에는 팀 자체의 개선 제안을 관리하는 부분도 있다. 그 덕분에 팀이 작업환경을 개선하거나 팀 목표를 달성할 수 있게 된다.

오토리브는 생산 시스템에 린을 구현하는 과정에서 정책 목표도 많이 달성하고 상도 많이 받았다. 제품 불량률이 획기적으로 감소했고, 재고 수준은 낮아졌으며, 재고 회전율은 세계적 수준인 50에 접근했다. 종업원 이직률은 5%에 가까워서 동종 업체보다 훨씬 낮다. 하지만 아직도 목적지는 멀기만 하다. 오토리브는 자만에 빠져 경쟁력을 잃지 않도록 체계적인 개선을 계속 추진해야 함을 강조한다. 다른 분야에서도 최고 관행(best practices)을 배우고 도입했다. 시장이 성숙하고 있는 상황에서 계속 종업원을 고용하고 보상하는 방법을 찾는 것도 중요하다. 작년 한 해 동안 오그든 공장의 개선 제안 건수는 74,000건으로 1인당 60건 정도인데, 이를 보면 오토리브의 집의 지속적 개선 문화가 활발하게 살아 움직임을 알 수 있다.

토요타가 고안한 개념인 제조 셀에서 에어백을 접고 있는 오토리브의 작업자
출처: Pearson education

문제

1. 오토리브의 린 시스템에서 시각적 관리 방법이 반드시 필요한 이유는 무엇인가?
2. 이 장에서 다룬 JIT 요소 가운데 오토리브의 제조환경과 관련이 있는 것을 기술하라.
3. 오토리브가 실행한 작업흐름 방법은 무엇인가? 그것이 오토리브의 린 환경에 가장 적절한 이유는 무엇인가?
4. 오토리브는 린 여정을 시작할 때 몇 가지 운영상 이점과 실행 이슈를 해결해야 했다. 그것들은 무엇이고, 어떻게 해결했는가?

6 용량 계획

미네소타주 세인트폴에 위치한 3M 본사 외부의 로고 간판

3M

미네소타 마이닝 앤드 매뉴팩처링(Minnesota Mining and Manufacturing, 3M)은 70여 개국에서 사업을 운영하는 다각화된 글로벌 기업이다. 1902년 미국 미네소타의 광산회사로 출발한 이후 3M은 혁신과 안정적인 성장을 상징해 왔으며, 2021년 기준 매출 350억 달러, 임직원 9만 5,000여 명을 보유하고 있다. 접착제, 창문 필름, 페인트 보호 필름, 라미네이트, 소비재(스카치테이프·포스트잇 등) 등 6만여 종의 제품을 제조하며, 헬스케어·제조·건설 등 다양한 산업에 공급하고 있다.

3M은 또한 N95 호흡기 마스크의 대표 제조사이기도 하다. N95 마스크는 공기 중의 0.3 마이크론(사람 머리카락 두께의 100분의 1)만큼 작은 입자의 95%를 착용자의 입으로 들어오는 것을 차단할 수 있다고 해서 'N95'라는 이름이 붙었다. 2020년 초 코로나19가 미국에 본격적으로 확산하면서 병원과 진료소의 최전선 의료 종사자들을 보호하기 위해 N95 마스크 수요가 폭증했다. 이 마스크를 생산하는 제조 공장은 중국, 라틴아메리카, 유럽, 미국에 있었으며, 수요는 생산 설비의 가용 생산용량을 순식간에 넘어섰고, 부족 현상은 더욱 심각해졌다. 미국 정부는 미국에서 생산한 N95 마스크의 수출 중단을 요청했을 뿐 아니라 국방물자생산법(Defense Production Act)을 발동해 3M에 4월부터 3개월간 상하이 공장에서 1억 6,650만 장의 마스크를 수입하도록 요구했다. 미국 내에서 N95 마스크를 대량 생산할 수 있는 업체는 3M, 허니웰(Honeywell), 킴벌리 클라크(Kimberly Clark) 세 곳뿐이었다.

그렇다면 기업은 어떻게 예상치 못했던 엄청난 수요를 충족시키기 위해 그렇게 짧은 시간 안에 생산 능력을 끌어올릴 수 있을까? 3M은 2002~2003년 사스(SARS) 사태에서 얻은 교훈을 바탕으로, 이러한 비상사태에 대비하기 위해 전 세계 호흡기 마스크 공장에 '서지(긴급) 생산용량(surge capacity)'을 구축해 두었다. 각 공장에 평시에는 사용하지 않는 추가 조립라인을 설치해 두고, 공급업체에도 비상시 바로 대응할 수 있도록 준비를 시켜 둔 것이다. 또한 조립 공장 인근에서 원자재를 조달해 현지 시장에 공급하는 '지역 밀착형 공급사슬'을 운영했다. 3M은 미 연방정부와 2억 달러 이상의 계약을 체결한 뒤, 이러한 서지 생산용량과 현지화된 공급사슬을 활용해 마스크 생산량을 빠르게 대폭 늘렸다.

3M은 사우스다코타주 애버딘 공장에 새로운 N95 조립라인 2개를 구축하기 위해 설비 투자를 단행했다. 2020년 11월 발표된 확장 계획에 따라, 기존의 약 36,000m^{2}의 공장에 약 11,000m^{2}가 추가되었다. 평시에는 가동하지 않던 유휴설비들이 가동을 시작했고, 로봇과 자동화 장비가 호흡기 컵, 필터, 코 클립, 코 폼 등 부품을 조립라인에 투입하도록 했다. 작업자들은 대체로 호흡기 마스크 제조 공장에서 일

학습목표

6.1 장기 생산용량 계획을 정의하고, 규모의 경제 및 규모의 비경제와의 관계를 이해한다.

6.2 생산용량 확장 시기와 규모의 결정에 관한 확장주의 전략과 관망 전략의 중요한 차이점을 이해한다.

6.3 장기 생산용량 필요성과 이에 연관된 현금흐름의 결정을 위한 체계적인 4단계 접근 방법을 이해한다.

6.4 대기행렬모형, 시뮬레이션, 의사결정나무 등 생산용량 계획의 일반적 도구를 통해 용량 의사결정을 수행한다.

하는 것에 큰 자부심을 느꼈으며, 650명의 기존 직원들은 작업장 바닥에 표시된 노란색 표식에 따라 약 1.8m 간격으로 배치되어 사회적 거리 두기 규칙을 유지하며, 포장 및 기타 작업을 주 7일 내내 가동하기 위해 초과 근무를 했다. 여기에 500명의 근로자를 추가 채용해 의학적 검사와 교육을 거쳐 현장에 투입했다. 이러한 생산용량 증설 덕분에 공장의 마스크 생산량은 12개월 만에 월 9,500만 장으로 증가했다. 탁월한 선제적 계획, 빈틈없는 실행, 대규모 생산용량 확장을 통해 3M은 전 세계적인 팬데믹과의 싸움에서 말 그대로 생명 구원자임을 증명했다.[1]

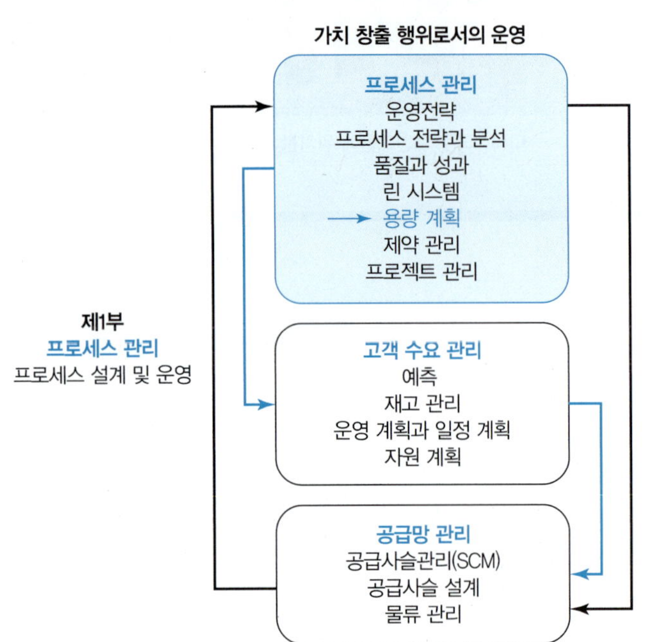

생산용량(capacity)은 한 공정 또는 시스템이 일정 기간에 달성할 수 있는 최대 산출률을 의미한다. 경영자는 현재와 미래의 수요를 충족할 수 있는 생산용량을 기업이 보유하도록 보장할 책임이 있다. 그렇지 않으면 조직은 성장과 수익의 기회를 놓치게 된다. 따라서 생산용량을 줄이거나 늘리는 조정 작업은 경영자의 중요한 업무 중 하나이다. 3M의 상황과 마찬가지로, 새로운 생산용량 확보는 광범위한 계획을 필요로 하며 상당한 자원과 시간 투자를 수반하는 경우가 많다. 새로운 생산용량을 가동하는 데는 반도체 산업이나 원자력 발전소 건설의 경우처럼 몇 년이 걸릴 수 있다. 때로는 급격한 수요 증가에 대응하기 위해 새로운 공장을 건설할 시간이 충분하지 않아, 3M이 보여준 것처럼 여유 생산용량에 미리 투자해 계획을 세워야 한다.

생산용량
공정이나 시스템의 최대 산출률

어떤 공정의 생산용량을 조정할 때는 그 공정이 조직 내부 및 공급사슬 전체에서 수행하는 역할을 고려해야 한다. 한 공정의 생산용량을 바꾸면 기업 내 다른 공정과 공급사슬 파트너들에게도 영향을 미치기 때문이다. 이처럼 장기적인 생산용량 결정은 조직의 여러 기능부서에 중요한 시사점을 제공한다. 회계 부서는 생산용량 확장 대안을 평가하는 데 필요한 원가회계 정보를 제공하고, 재무 부서는 생산용량 확장 대안에 대한 재무적 분석을 수행하고 이를 지원하기 위한 자금을 조달한다. 마케팅 부서는 생산용량 격차를 파악하는 데 필요한 수요 예측을 제공한다. 경영정보시스템 부서는 생산용량 옵션 분석에 필요한 비용 정보, 재무 성과지표, 수요 예측, 작업 기준 등의 데이터를 사람들이 활용할 수 있도록 하는 전자 인프라를 구축한다. 운영관리 부서는 미래 수요를 효과적으로 충족할 수 있는 생산용량 전략을 선택하며, 구매 부서는 공급업체들에게 아웃소싱하는 외부 생산용량을 확보한다. 마지막으로 인적자원 부서는 내부 생산용량 계획을 지원할 수 있도록 필요한 인력을 고용하고 교육한다. 이처럼 기업의 모든 부

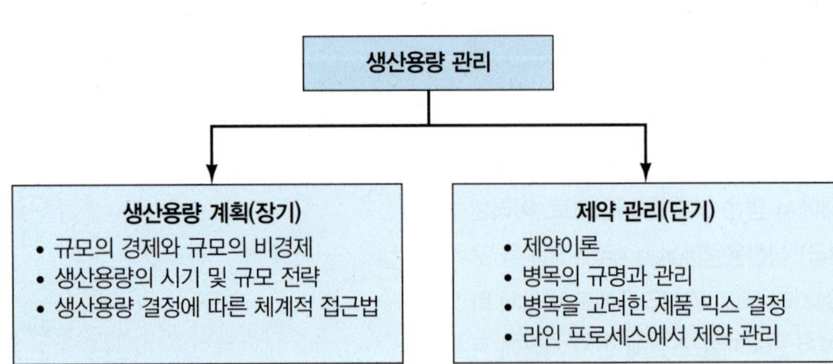

1 Brian Gruley and Rick Clough, "How 3M Plans to Make More Than a Billion Masks by End of Year," *Bloomberg Businessweek*, March 25, 2020, https://www.bloomberg.com/news/features/2020-03-25/3m-doubled-production-of-n95-face-masks-to-fight-coronavirus (June 29, 2020); Dee DePass, "3M Wins Defense Contract, Boosting US N95 Production Even More to 95M Monthly," *Star Tribune* (May 7, 2020); https://en.wikipedia.org/wiki/3M(June 5, 2023); https://www.assemblymag.com/articles/95705-m-to-triple-monthly-us-production-of-n95-masks(June 29, 2020); "Expansion at South Dakota Plant Helps 3M Further Increase Respirator Production to Help Fight COVID-19," https://news.3m.com/Expansion-at-South-Dakota-plant-helps-3M-further-increase-respirator-production-to-help-fight-COVID-19 (November 13, 2020).

서는 장기적인 생산용량 계획 결정에 참여하고 영향을 받는다.

생산용량의 증감 그 자체보다 중요한 것은 주문 접수부터 납품까지 전체 공급사슬이 효과적으로 설계되도록 보장하는 것이다. 생산용량 결정은 기업의 규모의 경제와 비경제, 여유용량(capacity cushion), 용량 증설 시기와 증설 규모, 고객 서비스 수준과 용량 이용률 사이의 균형 등과 같은 여러 장기적 이슈를 함께 고려해야 한다. 따라서 이 장에서는 경영자가 생산용량 수준을 최적으로 조정하고 장기적으로 언제 생산용량을 추가하거나 줄일지를 결정하는 방법을 중점적으로 다룬다. 생산용량 결정은 시간적 범위에 따라 달라지며, 생산용량 계획 및 제약 관리와 관련된 장기적 이슈와 단기적 이슈 모두 중요하며 서로 연관되어 이해해야 한다. 이 장은 생산용량 관리 프레임워크 내에서 장기적 결정을 다루고, 제약 관리를 통해 기존 생산용량을 최대한 활용하는 것에 중점을 둔 단기적 결정은 7장 '제약 관리'에서 더 자세히 탐구한다.

장기 생산용량 계획하기

6.1 장기 생산용량 계획을 정의하고, 규모의 경제 및 규모의 비경제와의 관계를 이해한다.

장기 생산용량 계획은 조직 차원에서 새로운 시설과 장비에 대한 투자를 다루며, 쉽게 되돌릴 수 없기 때문에 최고 경영진의 참여와 승인이 필요하다. 이러한 계획은 최소 2년 이상의 미래를 다루지만, 건설 리드타임이 더 길어질 수 있어 계획 기간이 더 길어지는 경우도 있다.

장기 생산용량 계획은 조직의 성공에 핵심적이다. 생산용량 부족뿐만 아니라 과잉도 고통스러울 수 있다. 지난 20년간 항공업계와 크루즈업계에서 볼 수 있듯이, 전체 산업이 시간에 따라 생산용량 과잉과 부족 사이에서 변동하는 경우가 많다. 생산용량 전략을 선택할 때 경영자는 다음과 같은 질문들을 고려해야 한다: 불확실하게 변동하는 수요를 처리하기 위해 여유생산용량은 얼마나 가져갈 것인가? 테슬라가 40~50억 달러를 투입해 세계 최대 배터리 공장을 건설해 수요에 앞서 배터리 생산용량을 확장한 것처럼 수요보다 먼저 생산용량을 확장해야 할까, 아니면 수요가 더 확실해질 때까지 기다려야 할까? 이러한 질문들에 답하기 전에도 경영자는 프로세스의 생산용량을 측정할 수 있어야 한다. 따라서 이러한 질문들과 유사한 문제들에 답하고 각 상황에 적절한 생산용량 전략을 개발하기 위해 체계적인 접근법이 필요하다.

생산용량과 가동률의 측정

모든 상황에 적용 가능한 생산용량의 척도는 존재하지 않는다. 예를 들어 소매업체는 생산용량을 제곱피트당 연간 매출액으로 측정하는 반면, 항공사는 생산용량을 월간 유효좌석마일(available seat-miles, ASM)로 측정한다. 극장은 좌석 수로 생산용량을 측정하며, 작업장은 기계 가동 시간(기계 시간 수)으로 생산용량을 나타낸다. 일반적으로 생산용량은 산출척도(output measures) 또는 투입척도(input measures) 두 가지 방식 중 하나로 표현될 수 있다.

출처: Sheila Fitzgerald/Shutterstock

태양광만으로 운영되는 충전기 40개를 갖춘 테슬라 슈퍼차저 스테이션. 슈퍼차저 스테이션은 테슬라 차량을 네트워크에서 한 시간 이내에 급속 충전할 수 있게 해준다. 이러한 배터리 충전 시설은 전기차와, 그 에너지원인 배터리 사이의 긴밀한 연결성을 강조한다. 따라서 테슬라의 장기 성장전략은 배터리 제조 생산용량의 확장과도 맞물려 있다.

산출척도

산출척도는 기업 내 개별 프로세스에 적용하거나, 기업이 상대적으로 적은 수의 표준화된 제품이나 서비스를 제공할 때 가장 효과적으로 활용된다. 자동차 제조 공장과 같은 대량 생산 프로세스가 좋은 예다. 이 경우 생산용량은 하루에 생산되는 자동차 대수로 측정된다. 그러나 많은 프로세스는 둘 이상의 서비스나 제품을 생산한다. 따라서 고객 맞춤화(customization)와 제품 구성의 다양성이 증가함에 따라 산출 중심의 생산용량 척도는 유용성이 떨어진다. 이런 경우에는 투입척도로 생산용량을 측정하는 것이 일반적으로 더 적합하다.

투입척도

투입척도는 일반적으로 생산량이 적고 유연성이 필요한 소량 생산 프로세스, 예를 들어 맞춤형 가구를 제작하는 업체와 같은 경우에 사용한다. 이 경우 가구 제작업체는 작업장의 수나 작업자의 수와 같은 투입 요소로 생산용량을 측정할 수 있다. 투입척도의 문제점은 수요가 항상 산출률로 표현된다는 것이다. 가구 제작업체가 수요에 맞추어 생산을 하고 싶다면 기업의 연간 가구 수요를 노동시간과 이 노동시간을 충족하는 데 필요한 작업자의 수로 변환해야 한다. 이러한 투입-산출 전환이 어떻게 이루어지는지는 이 장의 후반부에서 설명할 것이다.

가동률

가동률
장비, 공간, 노동력 등이 현재 이용되고 있는 정도이며 최대 용량에 대한 평균 산출률의 비율로 측정됨(% 로 표시)

가동률(utilization)은 장비, 공간, 인력과 같은 자원이 현재 얼마나 이용되고 있는지 정도를 의미하며, 최대 생산용량에 대한 평균 산출률의 비율(%로 표시됨)로 측정된다. 평균 산출률과 생산용량은 동일한 단위(시간, 고객 수, 생산단위 수, 또는 금액)로 측정되어야 한다. 가동률은 추가 생산용량이 필요한지 또는 불필요한 생산용량을 줄여야 하는지를 판단하는 데 활용된다.

$$\text{가동률} = \frac{\text{평균 산출률}}{\text{최대 생산용량}} \times 100\%$$

위 식의 분모에 있는 최대 생산용량(maximum capacity)은 현실적인 작업 일정과 현재 보유한 설비를 사용해 상당한 기간 동안 안정적으로 유지할 수 있는 최대 산출 수준을 의미한다. 최대 수준을 어떤 프로세스에서는 하루 1교대를 기준으로 산정하기도 하고, 다른 프로세스에서는 3교대 운영을 기준으로 산정하기도 한다. 프로세스는 초과근무, 추가 교대근무, 일시적 유지보수 활동 중단, 인력 과다 충원, 하청 등의 방식으로 최대 생산용량을 넘어서 일시적으로 운영될 수 있다. 그러나 이러한 대안들이 단기적인 수요 폭발에는 도움이 되지만, 장기적으로 지속될 수는 없다. 예를 들어 1주일 동안만 무리해서 고객 40명을 응대하는 것과 이를 6개월 동안 지속하는 것은 전혀 다른 문제다. 직원들은 장기간의 과도한 초과근무를 원하지 않으며, 이로 인해 품질 저하가 발생할 수 있다. 게다가 초과근무에 따른 비용은 기업의 총비용을 증가시킨다. 따라서 프로세스를 최대 생산용량에 가깝게 혹은 초과해 운영하면 고객 만족도가 저하되고, 수익성이 악화하며, 심지어 높은 매출에도 불구하고 손실이 발생할 수 있다. 실제로 이는 1980년대 말 미국 항공기 제조업체들에서 나타났던 문제로, 1997년 보잉이 맥도넬 더글러스(McDonnell Douglas)를 인수하게 된 배경 중 하나다.

규모의 경제

규모의 경제
서비스 혹은 제품의 산출이 많아지면 평균 단위원가가 줄어든다는 개념

최적의 생산용량 수준을 결정하려면 운영 효율성을 고려해야 한다. **규모의 경제**(economies of scale)란 제품이나 서비스의 산출량을 늘리면 평균 단위당 원가를 낮출 수 있다는 개념이다. 산출량이 증가할수록 단위당 비용이 절감되는 주된 이유는 네 가지다: (1) 고정비를 더 많은 단위에 분산할 수 있고, (2) 시설 건설 비용이 감소하며, (3) 원자재·외주 서비스 구매비용이 절감되고, (4) 프로세스상의 이점이 발생하기 때문이다.

고정비 분산

단기적으로는 산출량 변화와 무관하게 일정하게 발생하는 비용이 있다. 난방비, 부채 이자, 관리자 급여 등이 대표적인 고정비다. 이미 보유한 공장과 설비의 감가상각비 역시 회계상 고정비에 해당한다. 평균 산출률이 증가해 이에 따라 설비 가동률이 증가하면 고정비가 더 많은 단위에 분산되기 때문에 평균 단위당 비용이 감소한다.

건설 비용 절감

작은 시설이든 큰 시설이든 건축 허가, 설계비, 건축 장비 임대료와 같은 기본 활동과 이에 따른 비용이 필요하다. 시설 규모를 두 배로 늘린다고 해서 건설 비용이 꼭 두 배로 증가하는 것은 아니다.

원자재 구매비용 절감

산출량이 많으면 구매하는 원자재와 외주 서비스 비용을 낮출 수 있다. 구매량이 많아짐으로써 구매 협상 시 협상력이 높아지면, 대량 구매에 대한 수량할인(quantity discount)이 가능해지기 때문이다. 월마트 같은 대형 소매업체는 전 세계 점포를 통해 막대한 물량을 판매하기 때문에 상당한 규모의 경제를 누리고 있다.

프로세스상의 이점 확보

대량 생산은 다양한 비용 절감 기회를 제공한다. 산출량이 많아지면 프로세스가 라인 프로세스(line process) 형태로 전환되고, 개별 제품에 전용 자원을 투입할 수 있다. 더 효율적인 기술이나 특화된 장비 도입에 지출한 비용도 정당화된다. 개별 서비스나 제품별로 자원이나 프로세스를 전용할 때 얻을 수 있는 효익으로는 학습효과 가속화, 재고 감소, 프로세스와 작업 설계 개선, 작업 교체(changeover) 횟수 감소 등이 포함된다.

규모의 비경제

규모가 커진다고 해서 언제나 좋은 것은 아니다. 어느 시점에서 시설이 지나치게 커지면 **규모의 비경제**(diseconomies of scale)가 발생할 수 있다. 즉 시설 규모가 커질수록 단위당 평균비용이 상승하는 것이다. 이는 과도한 규모가 복잡성, 초점의 상실, 비효율성을 초래해 서비스나 제품의 단위당 평균 원가를 높이는 것이다. 조직에 지나치게 계층이 많아지고 관료화가 심해지면 경영진은 현장 직원과 고객과의 접점을 잃어버리게 되어 그들의 목소리를 제대로 파악하지 못한다. 또한 민첩성이 떨어져 수요 변화에 신속히 대응하기 어렵다. 많은 대기업이 분석과 계획에만 몰두하다 혁신이 둔화되고 위험을 회피하게 되는 것도 이 때문이며, 그 결과 여러 산업에서 소규모 기업이 대기업을 능가하는 사례가 나타난다.

규모의 비경제
시설 규모가 커질수록 단위당 평균비용이 상승하는 것

그림 6.1은 규모의 경제에서 규모의 비경제로 전환되는 과정을 보여준다. 500병상 규모의 병원은 규모의 경제를 보여주고 있다. 왜냐하면 500병상 규모의 병원은 최적 운영 수준(best operation level)에서의 단위당 평균비용(파란 점)이 250병상 규모의 병원보다 낮기 때문이다. 그런데 수요가 충분하다고 가정해 750병상 규모로 확장한다면 평균비용이 높아지는 규모의 비경제가 나타난다. 500병상 규모의 병원이 250병상 규모의 병원에 비해 규모의 경제를 누릴 수 있는 이유 중 하나는, 규

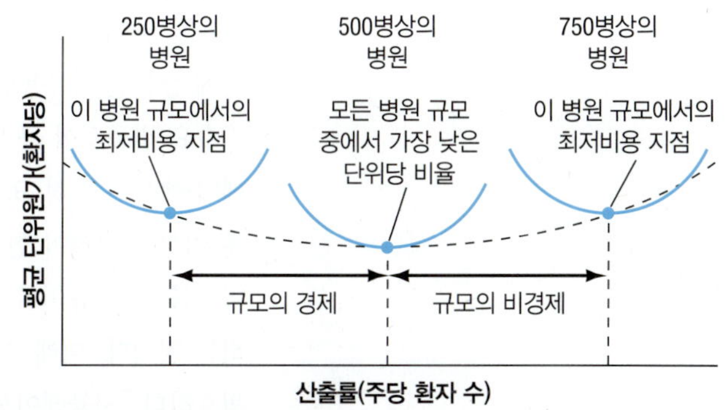

그림 6.1 규모의 경제와 비경제성

모가 2배나 차이가 나지만 건설과 장비 비용이 2배까지는 늘지 않기 때문이다. 750병상 규모의 시설도 건설비 절감 효과는 비슷하게 누릴 수 있지만, 더 큰 규모로 인해 발생하는 비경제가 그 절감 효과를 상쇄해 평균비용이 높아진다.

그림 6.1이 모든 병원에 대해 500병상이 최적의 규모임을 의미하는 것은 아니다. 최적 규모는 병원이 주당 얼마나 많은 환자를 치료해야 하는지에 따라 달라진다. 예를 들어 규모가 작은 지역사회를 대상으로 하는 병원이라면 500병상보다 250병상을 선택하는 것이 더 낮은 비용으로 운영될 수 있다. 규모가 큰 지역사회를 대상으로 하는 경우라도 만약 대형 병원에서 규모의 비경제가 발생한다면 1,000병상 규모의 단일 병원을 운영하기보다는 500병상 규모의 병원을 2개 운영하는 것이 더 효율적일 수 있다.

생산용량 확장 시기 및 규모 결정 전략

6.2 생산용량 확장 시기와 규모의 결정에 관한 확장주의 전략과 관망 전략의 중요한 차이점을 이해한다.

운영 관리자는 생산용량 의사결정에 대한 체계적인 접근법을 검토하기에 앞서 생산용량 전략의 세 가지 차원인 (1) 여유 생산용량, (2) 확장 시기와 규모, (3) 다른 운영 관리 의사결정과의 연계를 검토해야 한다.

여유 생산용량의 결정

장기적으로 어떤 자원이든 평균 가동률이 100%에 너무 가까워지면 안 된다. 비록 일부 프로세스에서는 단기적으로 그런 경우가 발생할 수 있으나, 만약 수요가 계속 증가하고 있다면 장기적인 생산용량 역시 늘려 불확실성에 대비할 완충장치(buffer)를 마련해야 한다. 평균 가동률이 100%에 육박한다면, 생산성 저하를 피하기 위해 생산용량을 늘리거나 주문 수락을 줄여야 한다는 신호다. **여유 생산용량**(capacity cushion)은 수요의 급격한 증가나 일시적인 생산용량 손실을 처리하기 위해 프로세스가 보유한 예비 생산용량을 말한다. 이는 평균 가동률(전체 생산용량 기준)이 100%에서 얼마나 떨어져 있는지를 나타내며, 구체적으로 다음과 같다.

여유 생산용량
순간적인 수요 증가나 일시적인 용량 감소에 대비하기 위해 프로세스가 보유한 예비 용량을 말함. 평균 가동률(총용량 대비)이 100%에서 떨어진 정도로 측정함

$$\text{여유 생산용량}(C) = 100\% - \text{평균 가동률}(\%)$$

최적의 여유 생산용량은 산업에 따라 다르다. 기계 한 대가 수억 달러에 달하는 제지 산업처럼 자본집약도가 높은 경우는 10% 미만의 여유가 선호된다. 반면 상대적으로 자본집약도가 낮은 호텔 산업의 손익분기점은 60~70% 가동률(30~40% 여유 생산용량)이고, 여유가 20% 이하로 떨어지면 고객 서비스에 문제가 생기기 시작한다. 좀 더 자본집약도가 높은 크루즈산업은 여유를 5% 정도로 유지하려 한다. 특히 전방 영업장에서는 고객이 빠른 서비스를 기대하기 때문에 충분한 여유용량 확보가 중요하다.

수요 변동성이 큰 업종에서는 큰 여유 생산용량이 적절하다. 특정 서비스 산업(예: 식료품 소매업)에서는 특정 요일이나 시간대별 수요 차이가 뚜렷하다. 고객들은 슈퍼마켓 계산대에서 몇 분 이상 기다려야 한다면 짜증을 내기 때문에 긴 대기시간이 용납되지 않는다. 신속한 고객 서비스를 위해 슈퍼마켓은 피크 수요를 처리할 수 있을 만큼 충분히 큰 여유 생산용량을 가져야 하는 것이다. 미래 수요가 불확실한 경우, 특히 자원 유연성이 낮을 때에도 큰 여유 생산용량이 필요하다. 시뮬레이션과 대기행렬 분석은 경영자가 여유용량과 고객 서비스 수준의 관계를 더

잘 예측하는 데 도움을 줄 수 있다.

제품 구성이 변할 때도 수요 불확실성이 커진다. 측정된 총수요는 안정적으로 유지될 수 있지만, 제품 구성이 변화함에 따라 부하가 한 작업장에서 다른 작업장으로 예측할 수 없게 이동할 수 있다. 구매 원자재 납품과 연결된 공급 불확실성도 큰 여유 생산용량을 유용하게 만든다. 또한 생산용량 증설은 대개 대규모로 일어나므로, 최소한의 양만큼만 확장했다고 해도 결과적으로 큰 여유 생산용량이 생길 수 있게 된다. 기업들은 또한 직원 결근, 휴가, 공휴일 및 기타 지연을 허용하기 위해 초과 생산용량을 구축해야 한다. 기업이 높은 초과근무 비용을 경험하고 하청업체에 자주 의존해야 한다면, 생산용량 여유분을 늘려야 할 필요가 있을 것이다.

작은 여유용량을 지지하는 논리는 간단하다. 사용되지 않는 생산용량은 비용을 야기하기 때문이다. 자본집약적 산업에서는 여유 생산용량을 최소화하는 것이 중요하다. 연구에 따르면 자본집약도가 높은 기업들은 여유 생산용량이 클 때 낮은 투자수익률을 보인다. 그러나 이러한 강한 상관관계는 노동집약적 기업에는 존재하지 않는다. 장비에 대한 투자가 적어 높은 가동률이 그리 중요하지 않고, 가동률이 높지 않아도 투자수익률이 크게 떨어지지 않는다. 작은 여유용량에는 다른 장점들도 있다. 작은 여유용량을 구현함으로써 기업은 때때로 여유용량이 클 때는 발견하기 어려웠던 비효율성을 찾아낼 수 있다. 이러한 비효율성에는 직원들의 잦은 결근이나 신뢰할 수 없는 공급업체로 인한 문제가 포함될 수 있다. 문제를 인식하면 경영자와 노동자는 개선 방안을 찾기 쉬워져 효율성을 높일 수 있다.

확장의 시기 및 규모

생산용량 전략의 두 번째 주제는 언제, 얼마나 확장할 것인가 하는 것이다. 경우에 따라 시장 동향 변화에 맞춰 생산용량을 확대하기도 한다. 예를 들어 제너럴 모터스(GM)는 대중의 높은 관심을 이유로 2012년 플러그인 하이브리드 4인승 자동차인 '쉐보레 볼트(Chevrolet Volt)'의 연간 생산용량을 30,000대에서 45,000대로 늘리기로 했다. 그러나 리튬이온 배터리 기술이 발전해 주행거리가 훨씬 긴 순수 전기차가 등장하자 볼트의 판매량은 연평균 20,000대 이하로 떨어졌고, 결국 GM은 2019년 볼트를 단종하며 디트로이트 공장을 폐쇄했다.[2] 이 경험은 GM이 한 번의 충전으로 최대 238마일을 갈 수 있는 순수 전기차 '볼트(Bolt)'를 출시하는 데 밑거름이 되었다.

이 장에서는 주로 생산용량 확장의 관점에서 논의하지만, 기업들이 항상 생산용량 확장만을 추구하는 것은 아니며 때로는 축소(retrench)를 강요받을 수도 있다는 점을 주목해야 한다. 볼트(Volt) 사례와 더불어, 항공산업에서는 모든 주요 항공사들이 유가 상승에 대응해 노선을 통합하거나 총 비행 편수를 줄여왔다. 이와 같은 통합은 델타항공(Delta Airlines)과 노스웨스트항공(Northwest Airlines)의 합병뿐만 아니라 세계에서 가장 큰 항공사로 거듭나기 위한 유나이티드항공(United Airlines)과 컨티넨털항공(Continental Airlines)의 합병 등과 같은 결과를 가져왔으며, 이를 통해 항공사들은 일부 과잉용량 문제를 해소했다.

그림 6.2는 생산용량 확장을 위한 두 가지 극단적 전략을 보여준다. 생산용량 확장을 자주 하지는 않되, 할 때는 큰 규모로 하는 **확장주의 전략**(expansionist strategy)과 작은 규모로 자주 생산용량을 추가하는 **관망 전략**(wait-and-see strategy)이다.

2 "Chevy Volt Discontinued: Chevrolet's Last Volt Rolls off the Assembly Line," February 22, 2019, https://www.cbsnews.com/news/chevy-volt-discontinued-chevrolets-last-volt-rolls-off-the-assembly-line/.

경영 사례 6.1 지멘스 AG의 생산용량 확장

지멘스 AG(Siemens AG)는 다양한 분야에서 활동하는 다국적 기술기업으로, 공정 및 제조 산업의 자동화와 디지털화, 건물 및 분산형 에너지 시스템을 위한 지능형 인프라, 철도 운송을 위한 스마트 모빌리티 솔루션, 의료기술 및 디지털 헬스케어 서비스 등을 제공한다. 1847년에 설립되어 현재는 독일 뮌헨에 본사를 두고 있으며, 전 세계 311,000명의 직원이 2022년 한 해 동안 약 720억 유로의 매출을 올렸다. 지멘스 AG의 미국 자회사인 지멘스 코퍼레이션(Siemens Corporation)은 2022년 3월에 총 5,400만 달러의 투자 계획을 발표한 바 있다.

이러한 확장 투자와 함께 특히 주목할 만한 진전은 지멘스 모빌리티(Siemens Mobility)가 미국 노스캐롤라이나주 렉싱턴에 철도 제조 시설을 설립하기 위해 2억 2,000만 달러를 투자한 것이다. 지멘스 모빌리티는 미국에서 가장 큰 여객용 철도차량 제조업체로, 이번 확장을 통해 500개의 새로운 일자리를 창출하고, 북미 시장에서 가장 혁신적이고 지속가능한 여객열차 중 하나를 생산할 예정이다. 이 새로운 철도 기술은 대중교통과 도시 간 이동수단의 부활을 이끌 것으로 기대된다.

지멘스 AG의 CEO인 롤란트 부쉬(Roland Busch) 박사에 따르면, 지멘스는 지난 4년 동안 미국 내 장기 생산용량 확대를 위한 제조 부문에 4억 달러, 전략적 인수합병에 25억 달러 이상을 투자했다. 이러한 미래지향적 투자가 없었다면 미국 내 21개 제조시설에서 근무하는 45,000명의 지멘스 직원은 100개 이상의 도시와 포춘(Fortune) 500대 기업의 90%에 이르는 고객을 위한 첨단 기술을 개발하고 공급할 수 없었을 것이다.[3]

철도 및 열차에 대한 지멘스 모빌리티의 SMO 비전.
출처: Siemens Mobility

그림 6.2 두 가지 생산용량 전략

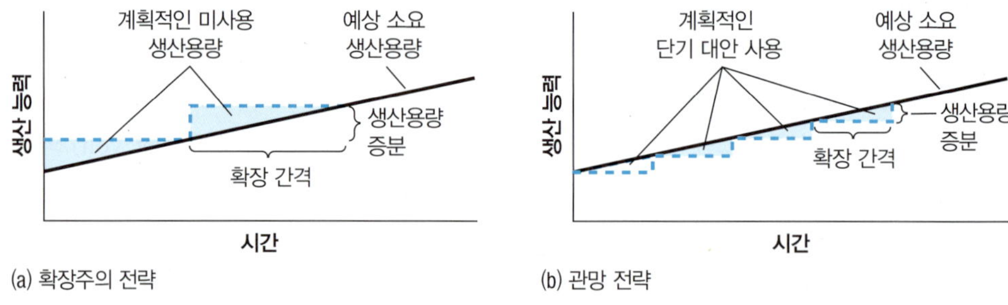

(a) 확장주의 전략 (b) 관망 전략

확장주의 전략

확장의 시기와 규모는 서로 연계되어 있다. 즉 증설 간격이 길어질수록 한 번에 늘려야 하는 생산용량 규모도 커질 수밖에 없다. 확장주의 전략은 수요 증가보다 한발 앞서 생산용량을 확대해, 생산용량 부족으로 인한 판매 기회 상실을 최소화한다.

확장주의 전략을 선호하게 만드는 요인은 다음과 같다. 확장주의 전략을 택하면 규모의 경제와 학습효과를 앞당겨 단위당 평균 원가를 낮출 수 있고, 가격 경쟁력을 갖는 데 도움이 된다. 이 전략은 기업의 시장점유율을 높이거나 선제적 마케팅의 한 형태로 작용할 수 있다. 대규모 생산용량 확장을 하거나 확장이 임박했다고 발표함으로써, 기업은 다른 기업들의 확장을 선제적으로 저지하는 효과도 기대할 수 있다. 즉 다른 기업들은 시장점유율을 일부 포기하거나 업계

3 출처: "Siemens Investing $54M in Its U.S. Manufacturing Footprint to Support National Infrastructure Projects," https://www.siemens.com/us/en/company/press/press-releases/usa/siemens-investing-54m-us-manufacturing-support. html (June 4, 2023); "Siemens Mobility to Invest $220 Million into North Carolina Rail Manufacturing Facility," https://www.siemens.com/us/en/company/press/press-releases/mobility/siemens-mobility-invests-220-million-north-carolina-rail-mfg-facility.html (June 4, 2023); "Siemens Report for Fiscal 2022," https://www.siemens.com/applications/b09c49eb-3a14-73b3-9f71e30e3c2dfdbd/s3_assets/pdfs/en/Siemens_Report_FY2022.pdf?ste_sid=994a89ade563be692397e6de51fed6e6 (June 4, 2023).

에 과잉 생산용량 부담을 지울 위험을 감수해야 한다. 이 전략이 성공하려면 증설 계획을 실행에 옮길 것이라는 확신을 경쟁사들에게 주어야 하고, 경쟁사들이 행동하기 전에 이러한 신호를 줄 수 있어야 한다.

때로는 외부 거시경제 조건과 입법 변화가 특정 산업에서 기업들의 생산용량 확장에 인센티브를 제공할 수 있다. '경영 사례 6.1'에서 보여주듯이, 2022년 미국 의회가 '인프라 투자 및 일자리 법(IIJA)'을 통과시키자 지멘스(Siemens AG)가 미국 내 여러 공장의 생산용량 확대를 선언한 사례가 이에 해당한다.

직접적인 경쟁사이면서 많은 구조적 유사성을 가지고 있음에도 불구하고, 한국의 자동차 제조업체인 대우와 현대는 매우 다른 글로벌화와 생산용량 확장 전략을 따랐다. 대우는 국내에서 현대에 비해 제조원가가 높다는 약점을 극복하고자 동유럽에 대규모 생산설비를 지어 생산용량을 확장해 규모의 경제를 달성했다. 반면 현대는 기술적 우위에 더 집중하고 한국에서 만든 자동차를 수출하는 방식으로 해외보다는 국내에서 생산용량을 확장했다. 두 기업의 생산용량 계획 결정은 각자의 고유한 상황과 역량에 의해 추진되고 있다.[4]

관망 전략

보수적인 관망 전략은 새로운 공장을 짓기보다는 기존 시설을 개보수하는 방식으로 생산용량을 소규모로 점진적으로 확장하는 것이다. 이 전략은 수요보다 한발 늦게 생산설비를 늘리며, 예상 수요 부족분은 초과근무, 임시직 고용, 외주 생산, 품절, 장비의 예방 정비 연기 등 단기적인 대안에 의존해 충당한다. 관망 전략의 가장 큰 장점은 지나치게 낙관적인 수요 예측, 기술 진부화, 경쟁사에 대한 부정확한 가정에 기반한 과잉 투자 위험을 줄일 수 있다는 점이다.

그러나 이 전략에도 고유한 위험이 있다. 경쟁사에 의해 선점당한다든가, 예기치 않게 수요가 급증했을 경우 빠르게 대응하지 못한다는 위험이 존재한다. 관망 전략은 미국식 경영에 전형적인 단기 전략으로 비판받아 왔다. 고속 승진을 거듭하며 최고경영자가 된 사람들은 위험을 회피하려 한다. 그들은 큰 실수를 피하고 단기 수익과 투자수익률(return on investment, ROI)을 극대화하는 방식으로 승진을 거듭했기 때문이다. 관망 전략은 이러한 단기적 시각과 잘 맞지만, 장기적으로는 시장점유율을 잠식당하게 할 것이다.

경영진은 확장주의 전략과 관망 전략 중 하나를 선택하거나 이들 두 극단 사이에 중도적인 어떤 전략을 택할 수 있다. 중도 전략은 확장주의 전략보다 더 자주 (더 작은 규모로) 확장할 수 있으면서도 관망 전략처럼 수요에 뒤처지지 않을 수 있다. 대표적인 중도 전략으로는 **선도기업 추종 전략**(follow-the-leader strategy)이 있는데, 이는 경쟁사들이 확장할 때 함께 확장하는 방식이다. 경쟁사들이 옳다면 당신도 옳은 셈이 되고, 아무도 경쟁우위를 확보하지 못한다. 또 경쟁사들이 실수로 과잉 확장을 했다면 당신도 마찬가지겠지만, 모두가 과잉 생산용량의 고통을 함께 나누게 된다. 이런 상황은 과거 항공업계에서 실제로 나타났으며, 샤프(Sharp), 소니(Sony), 삼성 등이 대규모로 생산용량을 확장한 액정표시장치(LCD) 산업에서도 발생할 수 있다.

출처: Kyodo/Newscom

샤프의 일본 카메야마 제2공장.

4 Bowan Kim and Yonseok Lee, "Global Expansion Strategies: Lessons Learned from Two Korean Car Makers," *Long Range Planning* 32, no. 3 (June 2001): 301–333.

경영 과제 운영

타워 메디컬 센터(Tower Medical Center, TMC)는 520병상과 16개 수술실을 갖춘 레벨 2의 외상센터다. 최근 응급실(ED) 연간 내원 환자 수가 40,000명에서 55,000명 이상으로 급증하면서 진료 대기시간과 퇴원까지의 체류 시간이 모두 늘어났다. 작년에는 3,000명의 환자가 진료를 받지 못한 채 응급실을 떠났다. 이는 과밀화의 전형적인 지표로서 입원 환자의 비용 증가뿐 아니라, 심지어 환자 사망률 증가로 이어질 수 있다.

응급실만이 용량 압박을 경험하고 있는 것은 아니다. 수술실(OR)에서는 연간 10,000건 이상의 수술을 수행하고 있으나 수요는 계속 증가하고 있다. 올해 첫 8개월 동안 작년 대비 1,200건의 순증가한 신규 수술이 예약되었다. 병동 입원, 마취, 수술, 회복을 담당하는 수술전후통합관리(perioperative) 부서는 진료의 질을 위협하는 높은 가동률을 경험하고 있다.

TMC의 시설관리자인 니라브 파텔(Nirav Patel)은 응급실과 수술실의 장기 생산용량 계획을 마련해야 한다. 응급실은 환자 수가 지속적으로 증가할 뿐만 아니라 특정 계절과 휴일마다 환자 방문량에 큰 변동성을 보인다. 응급실 직원들이 수요 변화에 대한 적절한 여유용량을 가지고 있는가? 채용 시기, 교대 일정과 같은 인력 배치 패턴을 수요에 맞추어 변경할 수 있는가? 초과근무 같은 단기 용량 옵션을 사용할 수 있는가? 방문량 증가가 미래에도 지속될 것이라 확신할 수 있는가? 니라브는 응급실에 대해 확장주의 전략을 사용해야 하는가, 아니면 관망 전략을 사용해야 하는가?

수술실은 또 다른 과제를 안고 있다. 간호사 교대를 12시간제로 전환하거나 일부 인력을 증원해 수술전후통합관리 인력 구조를 재편할 수도 있지만, 수술실에 장비를 추가할 기회도 있다. 다빈치(DaVinci) 로봇 수술 시스템을 도입하면 수술 시간이 단축돼 환자 처리량이 증가하고, 생산용량이 향후 예상 환자 방문량을 웃돌게 된다. 그러나 로봇 도입에는 200만 달러 이상의 초기 비용과 연간 약 20만 달러의 유지보수 비용이 들어간다. 니라브는 어떤 전략을 선택할지 결정해야 하며, 이 장의 나머지 부분은 응급실과 수술실에 가장 적합한 장기 전략과 생산용량 계획을 수립하는 데 필요한 지침을 제시할 것이다.

다른 분야 의사결정과의 연계

생산용량 결정은 기업 내 프로세스 및 공급사슬과 밀접하게 연계되어야 한다. 관리자는 프로세스 설계, 자원 유연성, 재고 수준, 시설 위치 선정 등에 대한 결정을 내릴 때, 그것이 여유 생산용량에 어떤 영향을 미치는지를 고려해야 한다. 장기적으로 여유 생산용량은 자원 유연성, 재고, 더 긴 고객 리드타임과 마찬가지로 불확실성에 대해 조직을 보호하는 완충 역할을 한다. 특정 영역에서 전략적 변화가 이루어진다면, 그에 따라 여유 생산용량도 조정할 필요가 있다. 예를 들어 빠른 납기(경쟁 우선순위)에 대한 강조가 줄어들거나, 수율 손실(품질)이 감소하거나, 자본집약적 장비에 대한 투자가 증가하거나 작업자의 유연성(프로세스 설계)이 증가하면 여유용량을 줄일 수 있다. 또한 기업은 재고가 적을 때는 가격을 인상하고 재고 수준이 높을 때는 가격을 낮추는 방식으로 산출률을 평준화하면 여유 생산용량을 줄일 수 있다.

'경영 과제'에서 보여주듯이, 생산용량 확장을 위한 최적 전략의 선택은 상황에 따라 달라진다. 따라서 장기 생산용량 결정을 위해서는 가능한 모든 대안을 체계적으로 검토하고, 조직의 목표 달성을 위한 전략적 판단이 필요하다.

장기 생산용량 결정에 대한 체계적 접근

6.3 장기 생산용량 필요성과 이에 연관된 현금흐름의 결정을 위한 체계적인 4단계 접근 방법을 이해한다.

생산용량에 대한 장기 의사결정에는 일반적으로 새로운 공장이나 창고를 늘릴지, 기존의 공장이나 창고의 수를 줄일지, 어떤 부서가 몇 개의 작업장을 가져야 하는지, 또는 주어진 프로세스를 운영하기 위해 얼마나 많은 작업자가 필요한지 등이 포함된다. 이러한 의사결정 중 어떤 것은 실제로 운영되기까지 수년이 걸릴 수 있다. 이런 이유로 장기 생산용량 결정을 계획하기 위해서는 체계적인 접근법이 필요하다.

상황마다 다르기는 하겠지만, 일반적으로 다음의 4단계 절차가 올바른 생산용량 의사결정에 도움을 줄 수 있다. 이 절차를 설명함에 있어 경영진이 이미 프로세스의 기존 생산용량을 파악하고 현재의 여유 생산용량이 적절한지 평가하는 예비 단계를 수행했다고 가정한다. 4단계는 구체적으로 다음과 같다.

첫째, 미래 필요 생산용량을 추정한다.
둘째, 필요 생산용량과 현재 생산용량을 비교해 차이를 밝힌다.
셋째, 차이를 없애기 위한 대안을 개발한다.
넷째, 각 대안을 정성적 및 정량적 측면에서 평가해 최종 선택을 한다.

1단계: 필요 생산용량의 추정

프로세스의 **필요 생산용량**(capacity requirement)이란, 미래의 특정 기간 동안 기업의 고객(외부 또는 내부)의 수요 예측을 충족하기 위해 해당 프로세스가 갖추어야 할 생산능력을 의미하며, 이는 기업이 설정한 목표 여유 생산용량을 반영한 것이다. 향후 병목공정이 될 가능성이 있는 프로세스나 작업장에는 일반적인 수준보다 더 큰 가동률 여유를 계획하는 것이 바람직하다.

필요 생산용량
적정한 여유용량이 주어졌을 때 내외부 고객 수요를 충족하기 위해 미래의 일정 기간에 필요한 용량을 의미함

필요 생산용량은 산출척도 또는 투입척도 중 하나로 표현될 수 있다. 어느 방식이든 추정의 근간이 되는 것은 수요, 생산성, 경쟁 상황, 기술 변화 등에 대한 예측이다. 이러한 예측은 일반적으로 계획 수립의 목적으로 고려되는 연속적인 기간의 집합인 **계획대상기간**(planning horizon) 동안 여러 시점으로 나누어 수행된다. 장기 생산용량 계획은 단기 계획보다 더 먼 미래(예: 10년 단위까지)를 고려해야 하며, 이로 인해 예측의 정확도가 낮아질 위험도 커진다. 불행히도 더 멀리 내다볼수록 부정확한 예측을 할 가능성이 더 커지기 때문이다. 예측오차와 그 원인에 대한 자세한 내용은 9장 '예측'에서 다룬다.

계획대상기간
계획 수립의 목적으로 고려되는 연속적인 기간의 집합

산출척도 활용

필요 생산용량을 표현하는 가장 간단한 방법은 산출률로 나타내는 것이다. 앞서 논의한 바와 같이 산출척도는 제품이나 프로세스의 다양성이 거의 없는 대량 생산 프로세스에 적절하다. 이 경우 미래 연도의 수요 예측치를 기반으로 향후 필요 생산용량을 추정한다. 예컨대 향후 5년 동안 수요가 2배로 늘어날 것으로 예상된다면 필요 생산용량도 2배로 늘어나야 한다. 현재 하루 50명의 고객을 처리하는 프로세스라면 5년 후 예상 수요는 하루 100명의 고객이 될 것이다. 만약 목표하는 여유 생산용량이 20%라면, 경영진은 5년 후 $[100/(1-0.2)]=125$명의 고객을 처리할 수 있는 생산능력을 확보해야 한다.

투입척도 활용

다음과 같은 상황에서는 산출척도를 활용하는 것이 충분하지 않을 수 있다.

- 제품 다양성이나 프로세스 다양성이 높은 경우
- 제품 또는 서비스 구성이 변화하는 경우
- 생산성 비율이 변화할 것으로 예상되는 경우
- 상당한 학습 효과가 예상되는 경우

이 경우에는 직원, 기계, 컴퓨터, 트럭 등의 수 같은 투입 측정을 활용해 필요 생산용량을 계산하는 것이 더 적절하다. 투입척도로 필요 생산용량을 계산할 때는 수요 예측, 프로세스 시간 추정, 목표 여유 생산용량을 고려한다. 특정 연도를 기준으로 한 작업장에서 하나의 서비스나

제품만 처리한다면 필요 생산용량(M)은 다음과 같다.

$$\text{필요 생산용량} = \frac{\text{1년 치 수요량을 처리하는 시간}}{\text{작업 단위(기계, 작업자) 하나의 1년 치 가용시간에서 여유를 뺀 값}}$$

$$M = \frac{Dp}{N[1 - (C/100)]}$$

D = 연간 수요 예측(고객 수 또는 생산단위 수)

p = 처리시간(고객 1명 혹은 제품 1개당 처리시간)

N = 연간 설비 가동시간

C = 목표 여유 생산용량(%)

M = 필요한 투입 자원 단위 수

M은 계획 대상 기간에 포함되는 연도마다 계산해야 한다. 처리시간 p는 선택한 프로세스와 작업 방식에 따라 달라진다. 분모는 1개 작업단위의 '1년 치 총가용시간(N)'에 여유 생산용량 비율($1 - C/100$)을 곱해 산출한다. 이 비율은 $1 - C/100$인데, 여기서 100으로 나눈 것은 C가 백분율로 표현되었기 때문이다. 예를 들어 목표 여유 생산용량이 20%라면 ($1 - C/100$)는 0.80이다.

가동 준비시간
한 가지 서비스/제품을 생산하다가 다른 서비스/제품 생산으로 전환할 때 프로세스나 운영을 변경하는 데 필요한 시간

서비스나 제품을 여러 가지 생산하는 경우는 전환에 대한 추가 시간이 필요하다. **가동 준비시간**(setup time)은 한 가지 서비스나 제품을 생산하다가 다른 서비스나 제품 생산으로 전환할 때 프로세스나 운영을 변경하는 데 필요한 시간을 말한다. 총가동 준비시간은 연간 예측 수요량 D를 로트당 생산량 Q(한 번의 셋업 뒤 연속 가공하는 단위 수)로 나누어 연간 가동 준비 횟수를 계산한 후, 여기에 1회 가동 준비시간 s를 곱해 얻는다. 예를 들어 연간 수요가 1,200단위이고 로트 크기가 100단위라면, 1년에 가동 준비를 12회(= 1,200/100) 한다. 다수의 서비스나 제품에 대한 처리시간과 가동 준비시간을 모두 고려하면 식은 다음과 같이 확장된다.

$$\text{필요 생산용량} = \frac{\text{연간 수요량에 필요한 처리시간과 가동 준비시간을 모든 서비스 및 제품에 대해 합한 값}}{\text{작업단위 하나의 1년 치 가용시간에서 여유를 뺀 값}}$$

$$M = \frac{[Dp + (D/Q)s]_{\text{제품}1} + [Dp + (D/Q)s]_{\text{제품}2} + \cdots + [Dp + (D/Q)s]_{\text{제품}n}}{N[1 - (C/100)]}$$

Q = 로트당 생산량

S = 로트당 가동 준비시간

M값이 정수가 아닐 때의 처리 방식은 상황에 따라 달라진다. 예를 들어 기계처럼 '0.4대'와 같이 부분 단위로 구매할 수 없는 설비라면, 부족분을 초과근무나 재고 부족(품절) 같은 단기 대책으로 해결하는 것이 비용 면에서 더 낫지 않은 이상 소수점을 올림해 기계를 한 대 더 확보해야 한다. 만약 생산용량 단위가 직원 수라면, 23.6명과 같이 소수점의 값이 나왔을 때 23명의 직원을 유지하면서 약간의 초과근무로 0.6명 치(전일제 종업원 1명의 60% 정도)를 보충할 수도 있다. 이 경우 소수점 이하 값은 부족 인원 규모를 가늠하는 지표가 되므로 그대로 기록해 두는 것이 유용하다.

예제 6.1에서는 투입척도를 이용해 필요 생산용량을 계산하는 방법을 보여준다.

투입척도를 이용한 필요 생산용량 추정

예제 6.1

사무실 건물에 있는 복사 센터는 두 고객사를 위해 제본 보고서를 준비한다. 센터는 보고서마다 여러 부(로트 크기)씩 인쇄하며, 복사·정리·제본에 걸리는 처리시간은 페이지 수 등 다양한 요인에 따라 달라진다. 센터는 연 250일, 하루 8시간 단일 교대로 운영되고, 경영진은 기본 작업 표준 외에 추가로 15%의 여유 생산용량이 적절하다고 판단한다. 현재 보유한 복사기는 3대다. 다음 표에 제시된 정보를 이용해 이 복사 센터에 복사기가 몇 대 필요한지 결정하라.

온라인 자료
OM Explorer의 Tutor 6.1은 필요 생산용량 추정에 관한 새로운 예제를 제공한다.

항목	고객 *X*	고객 *Y*
연간 수요 예측(부)	2,000	6,000
표준 처리시간(시간/부)	0.5	0.7
평균 로트 크기(부/보고서)	20	30
표준 가동 준비시간(시간)	0.25	0.40

풀이

$$M = \frac{[Dp + (D/Q)s]_{\text{제품 }1} + [Dp + (D/Q)s]_{\text{제품 }2} + \cdots + [Dp + (D/Q)s]_{\text{제품 }n}}{N[1 - (C/100)]}$$

$$= \frac{[2{,}000(0.5) + (2{,}000/20)(0.25)]_{\text{고객 X}} + [6{,}000(0.7) + (6{,}000/30)(0.40)]_{\text{고객 Y}}}{[(250\text{일/년})(1\text{교대/일})(8\text{시간/일})][1.0 - (15/100)]}$$

$$= \frac{5{,}305}{1{,}700} = \mathbf{3.12}$$

소수점 이하를 올림해 총 4대의 복사기가 필요하다는 결론이 나온다.

의사결정 포인트

복사 센터는 기존 3대의 장비로는 더 이상 목표 여유 생산용량 15%를 유지할 수 없을 만큼 생산능력이 포화 상태에 이르렀다. 고객 서비스 품질의 저하를 막기 위한 단기 대안으로 경영진은 잔업으로 납기가 지난 주문을 처리하기로 했다. 만약 현재와 같은 수요 수준이 지속되거나 더 증가하면 복사기를 4대로 늘려야 한다.

2단계: 차이 계산

생산용량 차이(capacity gap)란 예측된 필요 생산용량(M)과 현재 생산용량 간의 모든 차이(양수 또는 음수)를 의미한다. 여러 공정과 다양한 투입 자원이 얽혀 있을 때는 상황이 복잡해진다. 한편 특정 프로세스의 생산용량을 확장하면 전체 생산용량이 확장되는 경우도 있다. 그러나 7장 '제약 관리'에서 배우겠지만 프로세스 내에 병목이 존재하는 경우에는 그 병목의 생산용량을 확장해야만 전체 생산용량이 확장된다.

생산용량 차이
예측된 수요와 현재의 생산용량과의 과부족분

3단계: 대안 개발

다음 단계는 예상되는 차이에 대처하기 위한 대안을 개발하는 것이다. **기본안**(base case)이라 하는 한 가지 대안은 아무 조치도 취하지 않는 것이다. 이 경우 수요가 현재 생산용량을 초과하면 주문 손실이 발생하고, 반대로 수요가 모자라면 생산설비 과잉에 따른 비용을 떠안게 된다.

기본안
아무 조치도 취하지 않는 것. 수요가 현 생산용량을 초과하면 주문을 잃고 반대로 못 미치면 생산용량 과잉에 따른 비용을 감수하는 대안 수요가 생산능력을 초과할 것으로 예상되면 생산설비를 확충할 시점과 규모를 조정하는 다양한 방안(그림 6.2의 확장주의 전략과 관망 전략 등)을 검토할 수 있다. 다른 부지에서 증설하거나 초과근무, 임시 근로자, 하청계약 등 단기적 방안을 활용하는 것도 선택지다. 반대로 생산능력을 줄여야 한다면 공장이나 물류창고 폐쇄, 직원 감원, 운영 일수나 시간 단축 등이 대안이 될 수 있다.

4단계: 대안 평가

마지막 단계에서 경영자는 각각의 대안을 정성적, 정량적으로 평가한다.

정성적 평가

정성적 측면에서는 경영자가 각 대안이 전체 생산용량 전략과 재무 분석에서 다루지 않은 다른 사업적 측면들에 어떻게 부합하는지를 살펴본다. 특히 중요한 것은 수요, 경쟁자의 반응, 기술 변화, 비용 추정치 등의 불확실성이다. 이 중 많은 것이 계량화되지 않으므로 판단과 경험에 비추어 평가되어야 한다. 이외에 다른 것은 계량화할 수 있으므로 경영자는 미래에 대한 다양한 가정하에 각 대안을 분석할 수 있다. 예컨대 최악의 시나리오는 수요가 예상보다 적고 경쟁이 치열하며 건설 비용이 높은 상황을, 최상의 시나리오는 그 반대를 가정한다. 이런 '가정(what-if) 분석'을 통해 의사결정자는 최종 선택 전에 각 대안이 가져올 결과를 미리 가늠할 수 있다. 새로운 시장 진입이나 사업전략 전환처럼 불확실성이 큰 상황에서는 정성적 요소가 결정적일 수 있다.

정량적 평가

현금흐름
특정 기간 동안 매출, 비용, 자산과 부채의 변동 등을 포함해 한 조직으로 들어오는 자금(유입)과 조직에서 나가는 자금(유출)의 차이

정량적 측면에서는 각 대안이 예측 대상시간 동안 기본안 대비 현금흐름에 어떤 변화를 가져올지를 정량적으로 추정한다. **현금흐름**(cash flow)이란 특정 기간 동안 매출, 비용, 자산, 부채의 변동 등을 포함해 한 조직으로 들어오는 자금(유입)과 조직에서 나가는 자금(유출)의 차이를 계산한 것이다. 여기서 경영자는 해당 대안으로 인해 변할 수 있는 현금흐름에만 관심이 있다. 예제 6.2는 대안의 평가에서 현금흐름이 어떻게 적용되는지 보여준다.

예제 6.2 대안의 평가

온라인 자료
OM Explorer의 Tutor 6.2는 용량 의사결정을 위한 현금흐름 예측을 연습하는 새로운 예제를 제공한다.

할매통닭집은 최근 성황을 이루고 있다. 사장은 올해 80,000인분의 식사를 제공할 것으로 예상한다고 밝혔다. 주방은 100% 생산용량으로 운영되고 있지만, 식당은 연간 105,000명의 식사 손님을 수용할 수 있다. 향후 5년간 예측 수요는 내년에 90,000인분이며, 그 이후 매년 10,000인분씩 증가할 것으로 전망된다. 한 가지 대안은 지금 주방과 식당을 모두 확장해 연간 130,000인분까지 생산용량을 늘리는 것이다. 초기 투자비는 200,000달러로 올해 말(0년 차)에 투입될 예정이다. 평균 식사 가격은 10달러이며, 세전 이익률은 20%이다. 이 20%라는 수치는 10달러 식사 1인분당 8달러는 변동비를 충당하고 나머지 2달러가 세전 이익이 된다는 계산에서 나온 것이다. 아무것도 하지 않는 기본안과 비교해 향후 5년간 이 프로젝트의 세전 현금흐름은 어떻게 될까?

풀이

아무것도 하지 않는 기본안은 80,000인분을 초과하는 모든 잠재적 매출을 잃게 된다는 것을

의미한다는 점을 기억해야 한다. 새로운 생산용량을 갖추면 현금흐름은 130,000인분 생산용량을 보유함으로써 추가로 제공되는 식사 수에 1인분당 2달러의 이익을 곱한 값과 같을 것이다. 0년 차에는 초기 투자로 인해 현금흐름이 −200,000달러이다. 1년 차에는 90,000인분 수요를 모두 충족할 수 있는 생산용량으로 증분 현금흐름은 (90,000 − 80,000) × 2달러 = 20,000달러이다. 이후 연도의 현금흐름은 다음과 같다.

출처: SUNAN WONGSA-NGA/123RF

2년 차: 수요 = 100,000 → 현금흐름 = (100,000 − 80,000) × 2달러 = 40,000달러

3년 차: 수요 = 110,000 → 현금흐름 = (110,000 − 80,000) × 2달러 = 60,000달러

4년 차: 수요 = 120,000 → 현금흐름 = (120,000 − 80,000) × 2달러 = 80,000달러

5년 차: 수요 = 130,000 → 현금흐름 = (130,000 − 80,000) × 2달러 = 100,000달러

만약 새로운 생산용량이 예상 수요보다 적은 해가 있다면, 그해에는 신규 생산용량(수요가 아니라)에서 기본안의 생산용량을 빼야 한다. 사장은 순현재가치(NPV)나 내부수익률(IRR)과 같은 기법을 적용해 화폐의 시간적 가치를 고려해야 한다. 예를 들어 10% 할인율에서 이 프로젝트의 순현재가치(NPV)는 13,051.76달러로 계산된다.

$$
\begin{aligned}
NPV &= -200{,}000 + [20{,}000/1.1] + \left[40{,}000/(1.1)^2\right] + \left[60{,}000/(1.1)^3\right] + \left[80{,}000/(1.1)^4\right] \\
&\quad + \left[100{,}000/(1.1)^5\right] \\
&= -200{,}000 + 18{,}181.82 + 33{,}057.85 + 45{,}078.89 + 54{,}641.07 + 62{,}092.13 \\
&= \mathbf{13{,}051.76}\text{달러}
\end{aligned}
$$

의사결정 포인트

이 생산용량 대안을 결정하기 전에 사장은 경쟁업체의 향후 입지와 같은 정성적 우려사항도 검토해야 한다. 또한 확장으로 인해 할매통닭집 특유의 아늑한 분위기가 사라질 가능성도 점검해야 한다. 이 밖의 대안 역시 함께 검토하는 것이 바람직하다.

용량 계획의 도구

6.4 대기행렬모형, 시뮬레이션, 의사결정나무 등 생산용량 계획의 일반적 도구를 통해 용량 의사결정을 수행한다.

생산용량 계획은 장기간에 걸친 수요 예측이 필요하다. 그러나 예측 기간이 길어질수록 예측의 정확도는 떨어지는 경향이 있다. 여기에 더해, 경쟁업체의 향후 행동까지 예측해야 한다면 수요 예측의 불확실성은 더욱 커진다. 또한 일정 기간(예: 1년) 내 수요가 고르게 분포되지 않고, 수요의 급증과 감소가 발생하는 현실도 고려해야 한다. 이러한 이유로 인해 여유 생산용량을 설정하는 것이 필수적이다. 여기에서는 수요의 불확실성과 변동성을 보다 체계적으로 다루기 위한 세 가지 도구를 소개한다: (1) 대기행렬모형, (2) 시뮬레이션, (3) 의사결정나무. 대기행렬모형과 시뮬레이션은 고객의 도착 시점과 처리 요구사항의 무작위성과 독립성을 반영하며, 의사결정나무는 생산용량에 관한 일련의 의사결정이 요구되는 상황(예: 경쟁업체의 행동)에서의 대응 방안을 수립할 수 있게 해준다.

대기행렬모형

대기행렬모형(waiting-line model)은 고객 접촉이 많은 프로세스의 적정 여유 생산용량 결정에 유용하게 활용된다. 대기행렬은 공항의 발권 카운터, 기계 가공 센터, 중앙 서버실 등과 같이 작업장 전방에서 형성되는 경향이 있다. 이는 작업과 고객의 도착 시간 간격이 일정하지 않고(확률분포를 따름), 처리시간도 고객마다 다르기 때문에 발생하는 현상이다. 대기행렬모형은 확률분포를 이용해 고객의 평균 대기 시간, 대기행렬의 평균 길이, 작업장의 가동률 등의 추정치를 제공한다. 이러한 정보를 통해 경영자는 고객 서비스 수준과 추가 생산용량 도입 비용 간의 균형을 고려해 가장 비용 효율적인 생산능력 수준을 결정할 수 있다.

시뮬레이션

더 복잡한 대기행렬 문제들은 시뮬레이션(simulation)으로 분석되어야 한다. 시뮬레이션은 무작위 수요 패턴이나 하루 중 특정 시간대에 집중되는 수요 급증과 같은 복잡한 프로세스에서도 병목 구간을 파악하고 적정 여유 생산용량을 제시할 수 있다. SimQuick이라는 온라인 시뮬레이션 패키지를 활용하면 다양한 동적 모델과 시스템을 구축할 수 있으며, 그 밖에도 Extend, Simprocess, ProModel, Witness 같은 시뮬레이션 소프트웨어도 활용 가능하다.

의사결정나무

의사결정나무(decision tree)는 수요가 불확실하고 연속적인 의사결정이 필요한 상황에서 다양한 생산능력 확장 대안을 평가할 수 있는 매우 유용한 도구이다. 예를 들어 할매통닭집의 사례(예제 6.2 참조)에서, 사장이 지금 식당을 확장했지만 4년 차에 수요가 예측보다 훨씬 높아졌다면 추가 확장을 고민해야 할 것이다. 그러나 공사로 인한 휴업과 건설비를 고려하면, 두 차례에 걸친 확장은 한 번에 대규모로 확장하는 것보다 더 많은 비용이 들 수 있다. 반면, 초반에 대형 설비를 건설했는데 수요 성장이 낮게 유지된다면, 이는 시설 가동률을 떨어뜨리는 결과를 낳을 수 있다. 결국 수요가 어떻게 변하는가에 따라 결정이 달라진다.

그림 6.3은 이러한 문제에 필요한 정보를 추가해 시각적으로 보여주는 의사결정나무이다. 수요 증가는 낮거나 높을 수 있는데 각각 확률은 '0.4', '0.6'이다. 1년 차(정사각형 노드 1)에서의 초기 확장은 소규모 또는 대규모로 나눌 수 있다. 두 번째 의사결정 노드(정사각형 노드 2)는 초기 확장이 소규모였고 실제 수요가 높은 경우에만 도달하게 된다. 이 노드에서는 4년 차에 두 번째 확장을 할지 여부를 결정해야 한다. 각 나무의 가지(branch)에 대한 보상이 추정된다. 예를 들어 초기 확장이 대규모라면, 수요가 낮은지 높은지에 따라 재정적 이익은 40,000달

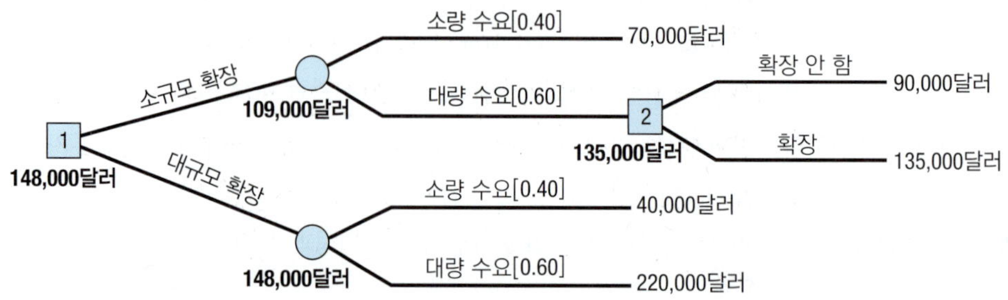

그림 6.3 용량 확장을 위한 의사결정나무

러일 수도 있고, 220,000달러일 수도 있다. 여기에 확률을 가중치로 곱해 기댓값을 계산하면 148,000달러가 되며, 이는 소규모 초기 확장의 기댓값 109,000달러보다 높기 때문에 초기부터(1년 차) 대규모 확장을 선택하는 것이 더 나은 선택이 된다.

학습목표 점검

학습목표	점검 가이드라인	온라인 자료
6.1 장기 생산용량 계획을 정의하고, 규모의 경제 및 규모의 비경제와의 관계를 이해한다.	'생산용량과 가동률의 측정' 절을 통해 대량생산 프로세스에서의 생산용량 측정이 소량생산 및 유연한 프로세스의 경우와 왜 그리고 어떻게 다른지 이해해야 한다. 또한 '규모의 경제'와 '규모의 비경제' 절도 참고해야 한다. 그림 6.1은 평균 단위 비용과 산출률 간의 관계와, 서로 다른 산출 범위에서 규모의 경제와 비경제가 나타나게 됨을 보여준다.	
6.2 생산용량 확장 시기와 규모의 결정에 관한 확장주의 전략과 관망 전략의 중요한 차이점을 이해한다.	'생산용량 확장 시기 및 규모 결정 전략' 절과 그림 6.2는 확장주의 전략과 관망 전략을 구분해 설명한다. 여유 생산용량의 개념을 이해하고, 이러한 의사결정이 기업의 다른 의사결정들과 어떻게 연계되는지 이해해야 한다.	
6.3 장기 생산용량 필요성과 이에 연관된 현금흐름의 결정을 위한 체계적인 4단계 접근 방법을 이해한다.	'장기 생산용량 결정에 대한 체계적 접근' 절은 필요 생산용량이 투입 기반 척도와 산출 기반 척도를 이용해 추정될 수 있는 방법을 보여준다. 필요 생산용량과 현재 생산용량 간의 차이를 메우기 위해 어떻게 다양한 대안을 개발할 수 있는지에 집중해야 한다.	OM Explorer Solvers: Capacity Requirements OM Explorer Tutors: 6.1: Capacity Requirements, 6.2: Projecting Cash Flows Case: Fitness Plus B
6.4 대기행렬모형, 시뮬레이션, 의사결정나무 등 생산용량 계획의 일반적 도구를 통해 용량 의사결정을 수행한다.	'용량 계획의 도구' 절은 생산용량 의사결정을 위해 사용할 수 있는 여러 가지 도구를 보여준다. 경영 사례 6.1을 통해 이러한 도구들이 실제 어떻게 사용될 수 있는지 이해해야 한다.	

주요 공식

장기 생산용량 계획

1. 가동률(%): $\dfrac{\text{평균 산출률}}{\text{최대 생산용량}} \times 100\%$

생산용량 확장 시기 및 규모 결정 전략

2. 여유 생산용량(%): $C = 100\% - \text{평균 가동률}(\%)$

장기 생산용량 결정에 대한 체계적 접근

3. 한 가지 서비스나 제품만 처리하는 경우의 필요 생산용량: $M = \dfrac{Dp}{N[1-(C/100)]}$

4. 두 가지 이상의 서비스나 제품을 처리하는 경우의 필요 생산용량:

$$M = \frac{[Dp + (D/Q)s]_{\text{제품 }1} + [Dp + (D/Q)s]_{\text{제품 }2} + \cdots + [Dp + (D/Q)s]_{\text{제품 }n}}{N[1-(C/100)]}$$

핵심용어

가동률(utilization)
가동 준비시간(setup time)
계획대상기간(planning horizon)
규모의 경제(economies of scale)
규모의 비경제(diseconomies of scale)
기본안(base case)
생산용량(capacity)
생산용량 차이(capacity gap)
여유 생산용량(capacity cushion)
필요 생산용량(capacity requirement)
현금흐름(cash flow)

복습문제 1

슈어풋 샌들 회사에서 여러분에게 어느 주요 프로세스의 생산용량 계획을 해결해 달라고 부탁했다. 생산용량 척도는 기계의 수다. 이 회사에서는 세 가지 다른 크기의 제품(남성용, 여성용, 어린이용 샌들)을 생산한다. 시간 표준(처리시간 및 가동 준비시간), 로트 크기, 수요 예측은 아래 표에 주어져 있다. 이 회사는 1년에 50주, 주당 5일, 하루에 8시간 2교대로 작업을 한다. 경험에 따르면 5%의 여유 생산용량이면 충분할 것이다.

	시간 표준			
제품	**처리시간(시간/켤레)**	**가동 준비시간(시간/켤레)**	**로트 크기(켤레/로트)**	**예상 수요(켤레/년)**
남성용 샌들	0.05	0.5	240	80,000
여성용 샌들	0.10	2.2	180	60,000
어린이용 샌들	0.02	3.8	360	120,000

a. 얼마나 많은 기계가 필요한가?

b. 현재 기계 2대를 운영한다면 생산용량 차이는 얼마인가?

풀이

a. 먼저 연간 가동시간 N은 다음과 같다.

$$N = (2\text{교대/일})(8\text{시간/교대})(250\text{일/년}) = 4{,}000\text{시간/년}$$

필요한 기계의 수 M은 모든 제품의 기계시간 요구량을 기계 1대의 생산적인 시간으로 나눠준 것이다.

$$M = \frac{[Dp + (D/Q)s]_{\text{남성용}} + [Dp + (D/Q)s]_{\text{여성용}} + [Dp + (D/Q)s]_{\text{어린이용}}}{N[1 - (C/100)]}$$

$$= \frac{[(80{,}000)(0.05) + (80{,}000/240)0.5] + [(60{,}000)(0.10) + (60{,}000/180)2.2] + [(120{,}000)(0.02) + (120{,}000/360)3.8]}{4{,}000[1 - (5/100)]}$$

$$= \frac{14{,}567\text{시간/년}}{3{,}800\text{시간/년}} = 3.83\text{대 혹은 }4\text{대}$$

b. 생산용량 차이는 1.83대(= 3.83 − 2)이다. 차이를 메우기 위한 단기적인 대안을 사용하기로 하지 않는다면 추가로 2대의 기계를 구입해야 한다.

교대/일	2
시간/교대	8
작업일/주	5
작업주/년	50
여유생산용량비율(%)	5%
현재 용량(설비 단위 수)	2

품목 3

▲ More Components
▼ Fewer Components

품목	처리시간 (시간/켤레)	가동준비시간 (시간/로트)	로트 크기 (켤레/로트)	예상수요 비관	예상수요 기준	예상수요 낙관
남성용 샌들	0.05	0.5	240		80,000	
여성용 샌들	0.10	2.2	180		60,000	
아동용 샌들	0.02	3.8	360		120,000	

설비 단위 1개당
연간 유효 작업시간 3,800

	비관 처리	비관 가동준비	기준 처리	기준 가동준비	낙관 처리	낙관 가동준비
남성용 샌들	0	0.0	4,000	166.7	0	0.0
여성용 샌들	0	0.0	6,000	733.3	0	0.0
아동용 샌들	0	0.0	2,400	1,266.7	0	0.0
	0	0.0	12,400	2,166.7	0	0.0
필요한 총 시간		0.0		14,566.7		0.0
총 필요생산용량(M)		0.00		3.83		0.00
반올림		0		4		0
현재 시스템/용량으로 충족 가능한 시나리오				비관, 낙관		
용량 증가율		0%				
확장 후 현재 용량		3,800				
총 필요생산용량(M)		0.00		3.83		0.00
반올림		0		4		0
확장된 용량으로 충족 가능한 시나리오				비관, 낙관		

그림 6.4 필요 생산용량 Solver를 사용해 복습문제 1 해결하기

복습문제 2

할매통닭집(예제 6.2 참조)에서 기본안은 현재 아무 행동도 하지 않는 것이다. 이때 주방의 생산용량은 연간 80,000인분이었다. 이 회사의 대안에 2단계 확장안이 있다. 이 대안에 따르면 지금은 주방만 확장해 매장과 같은 생산용량을 갖게 한다(연간 105,000인분). 1년 후와 2년 후의 수요가 기대대로라면 3년 후에 130,000인분 수준으로 주방과 식당을 모두 확장한다. 이 용량은 5년 내내 충분해야 한다. 현재의 초기 투자는 80,000달러이며 3년 후에 170,000달러의 추가적인 투자가 필요하다. 세전 이익은 1인분당 2달러이다. 기본안과 비교할 때 이 대안의 5년간 세전 현금흐름은 얼마인가?

풀이

표 6.1이 현금의 유입과 유출을 보여준다. 3년째의 현금흐름은 두 가지 측면에서 특이하다. 첫째, 매출 증대가 30,000인분(= 110,000 − 80,000)이 아니고 25,000인분(= 105,000 − 80,000)에 불과해 매출로 인한 현금흐름이 60,000달러가 아니고 50,000달러이다. 이는 통닭집의 생산용량이 다소 수요에 못 미치기 때문이다. 둘째, 2차 확장을 하게 되어 현금 유출이 발생한다. 그러므로 3년째의 순현금흐름은 50,000 − 170,000 = −120,000달러가 된다.

$$\begin{aligned}\text{NPV} &= -80{,}000 + (20{,}000/1.1) + [40{,}000/(1.1)^2] - [120{,}000/(1.1)^3] + [80{,}000/(1.1)^4] + [100{,}000/(1.1)^5]\\ &= -80{,}000 + 18{,}181.82 + 33{,}057.85 - 90{,}157.77 + 54{,}641.07 + 62{,}092.13\\ &= \mathbf{-2{,}184.90}\text{달러}\end{aligned}$$

단순한 금액 기준으로는 두 단계의 생산용량 확장보다는 한 단계의 생산용량 확장이 더 나은 대안으로 보인다. 그러나 앞서 언급된 다른 질적 요소도 같이 고려해야 한다.

표 6.1 할매통닭집의 두 단계 확장에서의 현금흐름

연도	예상 수요 (인분/년)	생산용량 (인분/년)	기본안(80,000인분)과 비교한 추가 현금흐름 항목	현금 유입(유출) (단위: 달러)
0	80,000	80,000	주방 용량을 105,000인분으로 확장 =	(80,000)
1	90,000	105,000	90,000 − 80,000 = (10,000인분)(2달러/인분) =	20,000
2	100,000	105,000	100,000 − 80,000 = (20,000인분)(2달러/인분) =	40,000
3	110,000	105,000	105,000 − 80,000 = (25,000인분)(2달러/인분) =	50,000
			총용량을 130,000인분으로 확장 =	(170,000)
				(120,000)
4	120,000	130,000	120,000 − 80,000 = (40,000인분)(2달러/인분) =	80,000
5	130,000	130,000	130,000 − 80,000 = (50,000인분)(2달러/인분) =	100,000

토론과제

1. 학교 수업에서 규모의 경제는 어떻게 정의할 수 있는가? 학생 수가 많아지면 어떠한 규모의 비경제 현상이 나타나는가? 이러한 현상은 고객 접촉과 어떤 관계가 있는가?
2. 때로는 공장이 생산용량 수준을 조정할지 여부를 결정해야 하고, 만약 그렇다면 얼마나 조정할지를 결정해야 할 필요가 있다. 생산용량을 증가시키는 주요 전략들은 무엇인가? 생산용량을 증가시키는 이러한 주요 전략들과 관련된 특성, 장점, 위험은 무엇인가?
3. 과거 대다수 회사에서 확장주의 전략을 선택했던 산업의 예를 들라. 어떤 조건하에서 확장주의 전략보다는 관망 전략을 따르는 것이 더 유리하겠는가? 그렇다면 관망 전략을 성공적으로 수행했던 기업이나 산업의 예를 들라.

연습문제

이 책을 사용하는 모든 학생은 OM Explorer, 윈도우용 POM, Active Model 소프트웨어를 사용할 수 있다. 해당 소프트웨어의 다운로드 위치와 활용 방법은 강의 담당 교수에게 문의하라. 대부분의 교수자는 학생이 직접 계산하는 방법을 이해하기를 바란다. 하지만 소프트웨어를 이용하면 계산을 확인할 수 있다. 계산이 매우 복잡하고, 의사결정 과정에서 결과를 해석하는 것이 목표인 경우 소프트웨어가 수작업 계산을 완전히 대체해도 무방하다.

장기 생산용량 계획

1. 달리아 메디컬 센터는 30개의 분만대기실, 15개의 대기 겸 분만 복합실, 3개의 분만실, 그리고 복잡한 출산을 위해 예약된 1개의 특수 분만실을 보유하고 있다. 이 모든 시설은 24시간 운영된다. 분만대기실에서 보내는 시간은 몇 시간에서 며칠까지 다양하며, 평균적으로 약 하루 정도이다. 평균적인 정상 분만은 분만실에서 약 1시간이 소요된다.

   최근 3일 동안 산모의 수가 매우 많아서 109명의 건강한 아기가 태어났다. 이 중 60명의 아기는 별도의 분만대기실과 분만실에서 태어났고, 45명은 대기 겸 분만 복합실에서 태어났으며, 4명의 아기만이 분만대기실과 특수 분만실이 필요했다. 어떤 시설(분만대기실, 대기 겸 분만 복합실, 분만실)이 가장 높은 가동률을 보였는가?
2. 어떤 프로세스는 현재 하루 평균 50명의 고객에게 서비스를 제공한다. 최근 몇 주간의 관찰에 따르면 가동률은 약 90%로, 단지 10%의 여유 생산용량만을 허용하고 있다. 5년 후 수요가 현재 수준의 75%가 될 것으로 예상되고 경영진은 단지 5%의 여유 생산용량을 원한다면, 필요 생산용량은 얼마인가?
3. 한 항공사는 장기 항공기 생산용량 계획과 일정계획을 세우고 있다. 한 항공편 구간에서 하루 평균 고객 수는 70명이며, 이는 해당 항공편 구간에 배정된 장비의 65% 가동률을 나타낸다. 3년 후 이 항공편 구간의 수요가 84명으로 증가할 것으로 예상된다면, 얼마만큼의 필요 생산용량을 계획해야 하는가? 경영진은 25%의 여유 생산용량이 적절하다고 판단한다고 가정하라.
4. 맞춤형 수제 양초 제조업체는 고객 주문을 처리하기 위해 2명의 기계 조작자와 3명의 포장 작업자를 고용한다. 이 5명의 팀은 주 5일(월요일부터 금요일까지) 하루 6시간씩 일한다. 그들은 함께 시간당 100개의 양초를 만들며, 이는 10개들이 상자에 포장된다. 기계 조작자와 포장 작업자는 각 양초 상자를 제조하는 데 약 4분, 포장하는 데 2분이 필요하다.

a. 기계 조작자와 포장 작업자 모두의 가동률을 계산하라.

b. 생산성을 향상하기 위해 경영진은 기계 조작자와 포장 작업자 모두를 교차 훈련시켜 두 활동을 모두 수행할 수 있게 하기로 결정했다. 이제 한 사람이 각 양초 상자를 제조하고 포장하는 데 8분이 걸린다. 어떤 프로세스가 가장 가동률이 높은가?

5. 4번 문제로 돌아가서, 계산원과 포장원이 함께 일하는 가정(a부분)과 교차 훈련을 받아 독립적으로 일하는 가정(b부분) 모두에서, 맞춤형 수제 양초 제조업체가 10%의 여유 생산용량을 필요로 한다면 몇 명의 직원을 근무 배치해야 하는가?

장기 생산용량 계획을 위한 체계적 접근법

6. 한 제조업체는 차량용 알루미늄 후방 서스펜션 스트럿 다섯 가지 유형을 단조하며, 시간당 3,000개의 스트럿을 단조할 수 있는 생산용량을 보유하고 있다. 36,000개를 생산한 후, 다른 유형의 스트럿을 단조하기 위해 금형을 교체하는 데 4시간이 걸렸다. 공장은 교대당 8시간, 하루 1교대, 월 21일 운영된다. 제조업체가 월 360,000개의 스트럿을 단조할 때 여유 생산용량은 얼마인가?

7. 메이컨 컨트롤즈는 산업 장비의 과열을 막기 위한 컨트롤 제품을 세 종류 생산한다. 이들 모두 메이컨이 프로세스 병목으로 간주하는 기계에서 처리되어야 한다. 공장은 8시간씩 2교대, 주 5일, 연 52주 운영된다. 표 6.2는 병목에서의 시간 표준, 로트 크기, 예상 수요를 제공한다. 수요의 불확실성 때문에 운영 관리자는 세 가지 예상 수요(비관적 수요, 평균 수요, 낙관적 수요)를 얻었다. 운영 관리자는 20%의 여유 생산용량이 최적이라고 믿는다.

a. 최소(비관적) 수요, 평균 수요, 최대(낙관적) 수요를 충족하기 위해 각각 몇 대의 기계가 필요한가?

b. 운영 관리자가 로트 크기를 2배로 늘리기로 한다면 몇 대의 기계가 필요한가?

c. 만약 3대의 기계를 현재 보유하고 있고 프로세스 개선 활동을 통해 공장이 가동 준비시간을 20% 단축할 수 있다면, 메이컨은 로트 크기를 늘리지 않고도 세 가지 수요 시나리오를 모두 충족할 수 있는 충분한 생산용량을 갖추고 있는가?

8. 연과 바람개비를 생산하는 업체가 있다. 다가오는 회계연도에 대한 공장 병목 작업의 관련 데이터가 아래 표에 제시되어 있다. 공장은 하루 2교대, 교대당 8시간, 연간 200일 작업한다. 현재 4대의 기계가 있으며 25%의 여유 생산용량을 원한다. 단기 생산용량 해결책에 의존하지 않고 다가오는 연도의 수요를 충족하기 위해 몇 대의 기계를 구매해야 하는가?

항목	연	바람개비
수요 예측	30,000단위/년	12,000단위/년
로트 크기	20단위	70단위
표준 처리시간	0.3시간/단위	1.0시간/단위
표준 가동 준비시간	3.0시간/로트	4.0시간/로트

9. 터프 라이더 주식회사는 다양한 프레임 크기, 색상, 부품 조합의 여행용 자전거와 산악 자전거를 제조한다. 동일한 자전거별 로트 크기는 100대이다. 예상 수요, 로트 크기, 시간 표준이 아래 표에 나와 있다. 공장은 현재 하루 8시간, 주 5일, 연 52주 작업한다. 5개의 작업장을 운영하며, 각각은 표에 나타난 시간에 자전거 1대를 생산한다. 공장은 15%의 여유 생산용량을 유지한다. 초과근무를 사용하지 않고 회사의 현재 여유 생산용량을 줄이지 않으면서 예상 수요를 충족하려면 내년에 몇 개의 작업장이 필요할 것인가?

항목	여행용 자전거	산악용 자전거
수요 예측	5,000대/년	10,000대/년
로트 크기	100대	100대
표준 처리시간	0.25시간/대	0.5시간/대
표준 가동 준비시간	2.0시간/로트	3.0시간/로트

10. 한 공장은 조립라인에서 세 가지 모델(알파, 베타, 감마)의 헤드폰을 제조한다. 현재 생산을 위해 5세트의 동일한 장비를 보유하고 있으며, 모두 하루 8시간, 한 달에 22일 운영된다. 생산 정보는 아래 표에 요약되어 있다.

	알파	베타	감마
월별 수요(단위)	30,800	15,400	7,700
표준 처리시간(초/단위)	55	52	61
평균 뱃치 크기	1,400	700	350
뱃치당 표준 가동 준비시간(초)	60	60	60

a. 10%의 여유 생산용량을 가정할 때, 공장이 월 수요를 충족할 충분한 생산용량을 보유하고 있는가?

b. 세 가지 모델 모두에 대해 수요가 15% 증가하고 공장이 교대당 15분씩 더 운영한다면, 공장이 수요를 충족할 충분한 생산용량

표 6.2 메이컨 컨트롤즈의 용량 정보

	시간 표준			수요 예측		
부품	처리(시간/단위)	가동 준비(시간/로트)	로트 크기(단위/로트)	비관	평균	낙관
A	0.05	1.0	60	15,000	18,000	25,000
B	0.20	4.5	80	10,000	13,000	17,000
C	0.05	8.2	120	17,000	25,000	40,000

을 보유하고 있는가?

11. 아라벨은 고급 수입 패션 의류점인 '아라벨의 프렌치 프린츠'의 매장 면적을 확장해 고급 체리 크릭 몰에서 임대하는 공간을 2,000제곱피트에서 3,000제곱피트로 늘리는 것을 고려하고 있다. 체리 크릭 몰은 전국에서 제곱피트당 매출 가치 비율이 가장 높은 곳 중 하나이다. 공공요금, 안전비용 등을 포함한 임대료는 연간 제곱피트당 110달러이다. 프렌치 프린츠의 확장 시 제곱피트당 매출 전망과 함께 인건비 증가분이 다음 표에 나와 있다. 판매상품의 구매원가는 평균적으로 판매 가격의 70%이다. 수요는 계절적이며, 연말의 휴일 시즌에 최대 수요가 나타난다.

연도	분기	매출(제곱피트당)	인건비 증가분
1	1	90달러	12,000달러
	2	60	8,000
	3	110	12,000
	4	240	24,000
2	1	99	12,000
	2	66	8,000
	3	121	12,000
	4	264	24,000

a. 아라벨이 0년 말에 프렌치 프린츠를 확장한다면, 2년까지의 분기별 세전 현금흐름은 어떻게 될 것인가?

b. 지금의 성장 추세(연간 10% 복리 증가)가 3년까지 계속된다고 가정해 분기별 세전 현금흐름을 예측하라.

12. 아스트로 월드 놀이공원은 지금(0년 말) 인접한 부지를 250,000달러에 구매하고 550,000달러의 비용으로 어트랙션을 추가해 규모를 확장할 기회를 갖고 있다. 확장이 없을 경우의 예상 수요에 비해, 이 확장은 방문객이 연간 30% 증가할 것으로 예상된다. 현재 입장료는 30달러이며, 3차 연도 초에 5달러 인상이 계획되어 있다. 추가 운영 비용은 연간 100,000달러로 예상된다. 확장을 하지 않는 경우, 향후 5년간 예상 방문객 추정치는 다음과 같다.

연도	1	2	3	4	5
방문객 수	30,000	34,000	36,250	38,500	41,000

a. 확장에 따라 0년부터 5년까지 얻을 수 있는 세전 통합 현금흐름은 얼마인가?

b. 세금, 감가상각, 화폐의 시간적 가치를 무시한다면, 이 투자를 회수(상환)하는 데 얼마나 걸리겠는가?

13. 킴 엡슨은 풀 서비스 세차장을 운영하는데, 이 세차장은 하루도 쉬지 않고 매일 오전 8시부터 오후 8시까지 문을 연다. 세차장에는 자동 세차대와 실내 청소대가 있다. 자동 세차대는 시간당 30대의 차량을 세차할 수 있으며, 실내 청소대는 하루에 200대를 처리할 수 있다. 최근 킴은 요일별로 실내 청소대의 수요가 아래 표와 같을 것이라고 예상했다. 50,000달러를 들여 새로운 장비를 도입하면 실내 청소대의 능력을 하루 300대까지 늘릴 수 있다. 1대당 세차 및 실내 청소로 인한 세전 공헌이익은 4달러이다. 세전 회수기간이 3년 이하이기를 원한다면 이 장비를 도입해야 하는가?

요일	월	화	수	목	금	토	일
차량 수	160	180	150	140	280	300	250

14. 로쉬 브라더스는 자신들의 슈퍼마켓의 확장을 검토하고 있다. 건물주는 완공 시 로쉬 브라더스가 200,000달러를 지불하며 5년간 임대하는 조건으로 건물을 확장해 줄 것이다. 확장분에 대한 임대료는 매월 10,000달러이며, 향후 5년간의 수요는 아래 표에 제시되어 있다. 현재의 유효 생산용량은 고객 500,000명에 해당한다. 판매액에 대해 2%의 세전 이익을 가정하라.

연도	1	2	3	4	5
고객 수	560,000	600,000	685,000	700,000	715,000
1인당 매출(달러)	50.00	53.00	56.00	60.00	64.00

a. 로쉬가 현재 생산용량을 고객 700,000명 수준으로 확장한다면 향후 5년간 매년 세전 현금흐름이 얼마나 증가하겠는가?

b. 2년 후에 로쉬가 고객 700,000명 수준으로 확장하고, 건물주가 같은 증축분을 건설해 로쉬 브라더스가 240,000달러에 3년간 매월 12,000달러에 임대한다면 향후 매년 세전 현금흐름이 얼마나 증가하겠는가?

15. MKM사는 비용 절감을 위해 새로운 CNC머신을 구매하려고 한다. 두 가지 기계를 고려 중이다. 기계 1은 500,000달러가 들지만 현재 기계에 비해 15%의 비용을 절감한다. 기계 2는 900,000달러가 들지만 현재 기계에 비해 25%의 비용을 절감한다. 수요에 대비하기 위해 현재 기계는 다음과 같은 5년 동안의 비용이 예측되었다.

연도	1	2	3	4	5
비용(1,000달러)	1,000	1,350	1,400	1,450	2,550

a. 이 5년에 대한 현금흐름의 순현가에 근거해 MKM은 어떤 기계를 구매해야 하는가? 할인율은 12%로 가정하라.

b. 만약 MKM이 할인율을 8%로 낮춘다면 어떤 기계를 구매해야 하는가?

16. 수년 전 리버시티는 유독물을 제거하고 식수를 여과하기 위한 정수장을 건설했다. 인구 증가에 따라 식수에 대한 수요가 내년에는 현재의 생산용량인 연간 1억 2,000만 갤런을 상회할 것이다. 이에 따라 이 도시에서는 설비를 확장하려 한다. 향후 20년간의 기대 수요는 표 6.3에 제시되어 있다. 도시계획위원회에서는 세 가지 대안을 검토하고 있다.

- 대안 1: 0년도 말에 20년을 지속하기에 충분할 정도인 8,000만 갤런을 확장한다(200 − 120).

- 대안 2: 0년도 말과 10년도 말에 확장한다.
- 대안 3: 0년도, 5년도, 10년도, 15년도 말에 확장한다.

모든 대안이 20년도 말에는 필요한 식수를 2억 갤런 공급할 수 있으며, 이때 정수장의 가치는 선택 대안과 상관없다. 건설비용에는 상당한 '규모의 경제'가 존재한다. 2,000만 갤런 확장에는 1,800만 달러가 드는데, 4,000만 갤런 확장에는 3,000만 달러가 들고, 8,000만 갤런 확장에는 5,000만 달러면 충분하다. 미래의 이자율은 불확실하며, 이에 따라 기준율도 불확실하다. 이 도시는 이 수치가 12~16% 사이일 것으로 믿고 있다.

a. 기본안과 비교한 각 대안의 현금흐름을 계산하라(주의: 도시의 공익사업이므로 이 생산활동은 세금을 내지 않는다).
b. 할인율이 12%일 때 세 가지 대안 중 향후 20년간의 건설비용 현가를 최소화하는 것은 무엇인가? 할인율이 16%일 때는?
c. 이러한 공공정책의 의사결정에서 도시계획위원회가 고려해야 하는 정치적 요인에는 무엇이 있겠는가?

표 6.3 식수의 수요 예측

연도	수요	연도	수요	연도	수요
0	120	7	148	14	176
1	124	8	152	15	180
2	128	9	156	16	184
3	132	10	160	17	188
4	136	11	164	18	192
5	140	12	168	19	196
6	144	13	172	20	200

17. 마스 사는 산업용 전기차에 부착되는 새로운 전력 절감장치 시장에의 진입에 관심이 있다. '파이썬'이라는 이름의 이 장치는 일반적인 전기 지게차의 운영에 필요한 전기를 15%까지 절감할 수 있다. 마스 사는 진입하는 첫해에는 보통 정도의 수요를, 그 이후에는 꾸준한 수요 증가를 예상한다. 수요 증가의 정도는 표 6.4에 있는 미래 전기비용에 대한 고객의 기대치에 근거하고 있다. 마스 사는 이 장치를 단위당 500달러에 팔 수 있을 것으로 기대하지만 가까운 장래에는 가격을 올릴 수 있을 것으로 기대하지는 않는다. 마스 사는 다음의 두 가지 대안을 가지고 있다.

표 6.4 파이썬 전력 절감장치에 대한 수요

	예상 수요(단위/년)	
연도	전력요금 소규모 인상 시	전력요금 대규모 인상 시
1	1,000	10,000
2	5,000	8,000
3	1,000	15,000
4	15,000	20,000
5	18,000	30,000

- 대안 1: 장치를 제조하면 공장에 초기 투자 비용으로 250,000달러가 들며 변동비용으로 단위당 75달러가 든다.
- 대안 2: 아웃소싱하면 초기 투자 비용은 없지만 단위당 300달러가 든다.

a. 소규모 전력요금 인상이 있다고 가정하고 각 대안에 대한 현금흐름을 계산하라. 할인율이 10%라면 다음 5년 동안 어떤 대안이 순현가를 최대화하는가?
b. 대규모 전력요금 인상이 있다고 가정하고 각 대안에 대한 현금흐름을 계산하라. 할인율이 10%라면 다음 5년 동안 어떤 대안이 순현가를 최대화하는가?

18. 한 회사가 신제품 제조를 위한 새로운 공장 건설을 계획하고 있다. 가장 큰 과제는 투자 규모를 결정하는 것이다. 대형 공장의 10년간 예상 건설 및 운영 비용은 300만 달러인 반면, 소형 공장은 건설과 운영을 합쳐 130만 달러가 예상된다. 아래 표에 나타난 것처럼, 경영진은 시장 수요를 기반으로 한 세 가지 시나리오와 그에 따른 향후 10년간의 연간 총이익을 추정했다.

		공장 규모	
		대형	소형
높은 수요	발생 확률	0.5	0.5
	예상 이익	1,000,000달러	450,000달러
보통 수요	발생 확률	0.3	0.3
	예상 이익	600,000달러	550,000달러
낮은 수요	발생 확률	0.2	0.2
	예상 이익	200,000달러	700,000달러

a. 대형 공장과 소형 공장 중 어느 규모의 공장을 건설하는 것이 회사에 적합한가?
b. 이 프로젝트의 예상 수익은 얼마인가?

19. 할매통닭집 확장에 대한 두 가지 새로운 대안이 제시되었다(복습문제 2 참조). 이들은 주방의 자동화를 더욱 강화하고 치킨의 원래 레시피 맛을 유지하는 특별한 조리 과정을 특징으로 한다. 이 프로세스는 더 자본집약적이긴 하지만 인건비를 절감해 모든 매출액(추가된 생산용량으로부터의 매출액뿐만 아니라)에 대한 세전 이익이 20%에서 22%로 증가할 것이다. 800,000달러(80,000인분 × 10달러)까지의 매출은 세전 이익이 2% 증가하고 800,000달러를 초과해 새로운 생산용량 한계까지의 매출에 대해서는 달러당 22%의 이익을 가져다줄 것이다. 그 밖에 두 가지 대안은 예제 6.2, 복습문제 2와 같다.

- 대안 1: 주방과 매장을 지금(0년도 말) 모두 확장해 생산용량을 연간 130,000인분으로 늘리는 것이다. 새로운 자동화를 포함한 건설 비용은 (본래의 200,000달러가 아닌) 336,000달러가 될 것이다.
- 대안 2: 지금은 주방만 확장해 생산용량을 연간 105,000인분으로 늘리고, 3년 차 말에 주방과 매장 공간을 모두 확장해 연간

130,000인분 규모로 만드는 것이다. 건설 및 장비 비용은 총 424,000달러로, 0년도 말에 이 중 220,000달러가 발생하고, 나머지는 3년도 말에 투입된다. 대안 1과 마찬가지로 기여이익률은 22%로 증가할 것이다.

두 가지 대안 모두 잔존 가치를 무시한다. 모든 대안의 현금흐름을 계산하라. 할매통닭집은 새로운 기술로 확장해야 하는가, 아니면 기존 기술로 확장해야 하는가? 지금 확장해야 하는가, 아니면 나중에 확장해야 하는가?

용량계획의 도구

20. 도슨 전자는 잔디 스프링클러 시스템용 첨단 제어 모듈 제조업체이다. CEO인 데니스는 회사가 워터 세이버 1,000 또는 그리너 그래스 5000이라는 두 가지 잠재적 신제품 중 어떤 것을 개발해야 할지 결정하려고 한다. 만약 도슨 전자가 각 제품에 대한 추가 기계를 구매해 생산용량을 확장하기로 선택하면 더 큰 시장점유율을 확보할 수 있다. 다양한 수요 시나리오, 발생 확률, 생산용량 확장 대 생산용량 불변을 고려할 때, 각 제품의 잠재적 매출이 표 6.5에 요약되어 있다.

표 6.5 도슨 전자의 수요 및 매출 정보

	워터 세이버 1000의 매출 (1,000달러)	그리너 그래스 5000의 매출 (1,000달러)	발생 확률
생산용량을 확장하는 경우			
낮은 수요	1,000	2,500	0.25
중간 수요	2,000	3,000	0.50
높은 수요	3,000	5,000	0.25
생산용량을 확장하지 않는 경우			
낮은 수요	700	1,000	0.25
중간 수요	1,000	2,000	0.50
높은 수요	2,000	3,000	0.25

a. 생산용량을 확장하는 경우와 확장하지 않는 경우의 워터 세이버 1,000과 그리너 그래스 5,000의 예상 수익은 얼마인가?

b. 데니스는 어떤 제품을 생산하도록 선택해야 하며, 어떤 생산용량 확장 옵션을 선택해야 하는가? 생산용량은 확장해야 하는가, 하지 말아야 하는가?

21. 한 제조업체가 생산 시설의 생산량을 늘리는 방법을 고민하고 있다. 새로운 영구 펌프 설치가 완료될 때까지 기다리는 동안 임시 액체 이송 펌프를 임대해서 설치하는 방안을 검토 중이다. 첫 번째 선택지는 그냥 기다리는 것으로, 영구 펌프 설치 완료까지 기다리면 평균 순현재가치(NPV)가 621만 9,000달러가 된다. 하지만 전문가들은 6개월 지연될 확률이 28.3%라고 추정하며, 만약 지연되면 평균 NPV는 561만 8,000달러로 감소한다. 두 번째 선택지는 임시 펌프를 임대하는 것이다. 프로젝트가 계획대로 제때 완료되면 예상 평균 NPV는 662만 3,000달러가 된다. 만약 지연이 발생하면 임대 연장을 선택할 수 있는데, 연장 계획 A는 평균 NPV 613만 1,000달러를 제공하고 연장 계획 B는 평균 NPV 611만 6,000달러를 제공한다. 회사는 기다릴 것인지 임시 펌프를 임대할 것인지 결정해야 하며, 각 선택에는 프로젝트 지연 위험이 따른다.

a. 이 상황에 대한 의사결정나무를 그려라.

b. 최선의 결정은 무엇이며, 그때의 예상 수익은 얼마인가?

22. 애크미 강철 공작소는 지난 5년간 호황을 경험했다. 이 회사는 난간, 사다리, 경량 구조용 강철 프레임 등 다양한 강철 제품을 제작한다. 현재 수작업으로 자재를 처리하는 방식 때문에 재고가 과도하게 쌓이고 작업장이 혼잡해지는 문제가 발생하고 있다. 애크미는 생산용량을 늘리고 제조 효율성을 개선하기 위해 천장 레일에 설치하는 호이스트 시스템이나 지게차 중 하나를 구매하는 것을 고려하고 있다.

호이스트 시스템을 구입하면 얻는 연간 세전 이익은 미래 수요 상황에 따라 달라진다. 수요가 현재 수준을 유지할 확률은 0.50인데, 이 경우 연간 10,000달러를 절약할 수 있다. 수요가 증가할 확률은 0.3인데, 이 경우 새로운 매출과 더불어 운영 효율성 향상으로 연간 25,000달러를 절약해준다. 반대로 수요가 감소하면 연간 65,000달러의 손실이 발생할 것으로 추정되며, 수요 감소 확률은 0.2이다. 지게차를 구매하는 경우에는 수요가 변하지 않으면 연간 5,000달러의 수익을, 수요가 증가하면 10,000달러의 수익을, 수요가 감소하면 25,000달러의 손실을 가져다준다.

a. 이 문제에 대한 의사결정나무를 그리고 각 대안-사건 조합에 대한 이익의 기대치를 계산하라.

b. 기대치를 기준으로 어떤 것이 최선의 대안인가?

23. 7번 문제를 참조해, 메이컨 컨트롤즈의 운영 관리자는 비관적 수요의 확률은 20%, 중간 수요는 50%, 낙관적 수요는 30% 확률을 갖는다고 믿는다. 현재 새 기계는 대당 500,000달러의 비용으로 구매해야 하고, 각 제어 장치에 대한 청구 가격은 110달러이며, 생산의 변동비는 단위당 50달러이다. (힌트: 각 제어 장치의 가격과 변동비가 동일하므로, 이익을 최대화하는 제품 구성은 총생산 단위를 극대화하는 제품 구성과 같다.)

a. 이 문제에 대한 의사결정나무를 그려라.

b. 회사는 몇 대의 기계를 구매해야 하며, 이 대안의 기대 보상은 얼마인가?

24. 대런 맥은 '가스 앤 고'라는 편의점 겸 주유소를 가지고 있다. 마케팅 강의를 들은 후에 그는 휘발유를 싸게 팔면 고수익의 편의점에 더 많은 손님을 끌 수 있을 것이라고 생각했다. 그러나 '가스 앤 고'는 휘발유를 구매할 때 가격 할인을 받을 수 있을 정도로 많은 양을 구매하지 못하므로 만약 가격이 낮으면 휘발유로 이익이 나지 않는다. 새로운 펌프를 도입하는 데는 95,000달러가 들지만 고객 수를 1년에 1,000명 늘리게 될 것이다. 또한 '가스 앤 고'가 휘발유를 이익 없이 팔 것이기 때문에 대런은 앞으로 5년 동안 점차

적으로 편의점의 수익 마진을 증가시키려고 계획하고 있다. 할인율을 8%라고 가정하자. 고객당 편의점 매출과 향후 5년 동안 수익 마진의 예상치는 다음 표와 같다.

연도	고객당 편의점 매출의 예상치	수익 마진의 예상치
1	5.00달러	20%
2	6.50달러	25%
3	8.00달러	30%
4	10.00달러	35%
5	11.00달러	40%

a. 만약 대런이 4대의 새로운 펌프를 도입하면 향후 5년 동안의 현금흐름의 순현가는 무엇인가?

b. 만약 대런이 4년 동안의 회수기간을 요구한다면 새로운 펌프를 도입해야 할 것인가?

25. 한 도시의 시의회는 지역 경제를 활성화하고 추가 수익을 창출하기 위해 스포츠 이벤트를 유치하고자 한다. 이 도시는 우수한 시설과 지원 체계를 갖추고 있어 이벤트 A와 이벤트 B 모두를 개최하기에 이상적인 장소이다. 그러나 일정이 겹치기 때문에 두 이벤트 중 하나만 입찰할 수 있다. 시의회는 과거 데이터와 전문가 의견에 근거해 두 이벤트에 대한 여러 가지 추정치를 산출했다. 아래 표는 이벤트 A와 이벤트 B에 대한 정보를 요약한 것이다.

	이벤트 A	이벤트 B
입찰 비용(달러)	0.2	0.01
수주될 확률	0.1	0.9
개최 비용(달러)	1	0.06
'우수한 행사'로 평가받을 확률	0.7	0.9
'우수한 행사'로 개최 시 기대되는 재정 수익 (단위: 100만 달러)	50	3.75
평범한 행사로 개최 시 기대되는 재정 수익 (단위: 100만 달러)	38	1.6

a. 시의회는 어떤 이벤트에 입찰해야 하는가?

b. 이벤트 A의 기대 수익이 1,000만 달러로 변할 경우, 입찰이 수주될 확률은 얼마나 되겠는가?

c. 예산 제약으로 인해 시의회는 이벤트 A에 대한 투자를 축소할 계획이다. 전문가들은 개최 비용을 800,000달러로 줄일 경우 기대 수익이 원래의 80% 수준으로 감소하고, '우수한 행사'로 평가받을 확률은 0.6으로 낮아질 것으로 추정했다. 이 시나리오에서 시의회는 어느 이벤트에 입찰하는 것이 더 낫겠는가?

d. 전문가들은 시의회가 이벤트 B에 대한 투자를 2배로 늘릴 경우 기대 수익이 10% 증가할 것이라고 예측했다. 이 경우, 앞서 (c)에서 제시된 결과와 비교할 때, 시의회는 어떤 이벤트에 입찰하는 것이 더 나은 선택인가?

사례 연구 피트니스 플러스, Part A

피트니스 플러스(Fitness Plus)는 노스캐롤라이나주 그린스보로에 위치한 피트니스 클럽이다. 이 클럽은 피트니스, 레크리에이션, 휴양의 주요 활동을 지원하기 위한 설비와 서비스를 제공한다. 피트니스 활동은 일반적으로 클래스마다 35명을 수용할 수 있는 (1) 에어로빅실, (2) 프리 웨이트 트레이닝실, (3) 24가지 노틸러스 장비로 채워진 기구 웨이트 트레이닝실, (4) 유산소 운동장비 29종으로 이루어진 유산소 트레이닝실 등 네 곳의 공간에서 이루어진다. 유산소 운동장비에는 스텝밀 9대, 러닝머신 6대, 자전거 6대, 공기식 자전거 3대, 크로스 에어로빅 장비 2대, 로잉 머신 2대, 클라이머 1대가 있다. 한편 레크리에이션을 위한 설비는 라켓볼 코트 8면, 테니스 코트 6면, 대규모 야외 수영장이 있다. 피트니스 플러스는 이 밖에도 소프트볼, 배구, 수영 등의 사회인 리그 참여 팀을 후원한다. 휴양 서비스는 에어로빅실에서 1주에 2회씩 열리는 요가교실, 각 라커룸에 설치된 거품 목욕탕, 전문 안마사 등의 형태로 제공된다.

교외의 공원에 위치한 피트니스 플러스는 1995년에 개점했다. 처음 2년간은 회원이 많지 않았고 설비 이용률도 높지 않았다. 그러나 피트니스가 일반인의 생활에서 차지하는 역할이 점점 커지게 되면서 1997년까지 회원 수는 크게 늘었고, 이에 따라 설비 이용률도 높아지기 시작했다. 2000년의 기록을 보면 매일 시간당 평균 15명의 회원이 피트니스 플러스의 설비를 이용하기 위해 체크인한 것으로 되어 있다. 물론 실제 방문 회원 수는 일자와 시간대별로 변동이 있었다. 적은 때는 시간당 6~8명의 회원만 체크인한 적도 있었으며, 월요일 오후 4시부터 7시까지의 피크타임에는 40명이 찾기도 했다. 이 클럽은 월요일부터 목요일까지는 오전 6시 30분부터 오후 11시까지 운영하고, 토요일은 오후 8시까지, 일요일은 정오부터 오후 8시까지 운영했다.

건강에 대한 시민의 관심이 커지면서 피트니스 플러스의 인기는 더욱 높아졌고, 2005년 5월이 되자 시간당 체크인한 회원 수는 평균 25명으로 늘어났다. 적을 때에도 시간당 10명의 회원이 체크인하고, 피크타임에는 시간당 80명이 체크인하기에 이른 것이다. 이렇게 되자 회원들 사이에서 혼잡함과 설비를 제때 이용할 수 없다는 것에 대한 불평이 나오기 시작했다. 고객 불평의 대부분은 기구 웨이트 트레이닝실, 유산소 트레이닝실, 에어로빅실 등 피트니스 분야에 대한 것이었다. 이제 피트니스 플러스의 소유주는 회원 수에 비해 클럽이 정말로 작은 것일까 하는 고민에 빠지게 되었고, 이를 해결하기 위해 과거의 자료를 살펴보았다. 회원들은 방문 시 평균 60분을 쓰는 것으로 나타났다. 또한 회원 중 에어로빅실 이용자가 30%, 유산소 트레이닝실 이용자가 40%, 기구 트레이닝실 이용자가 25%, 프리웨이트 트레이닝실 이용자가 20%, 라켓볼 코트 이용자가 15%, 테니스코트 이용자가 10%임을 알 수 있었다. 소유주는 이 자료를 이용해 기존의 생산용량 활용 정도를 추정할 수 있는지 궁금했다.

만약 생산용량을 확장하려 한다면 지금이 의사결정의 적기였다. 벌써 5월인데 어떤 형태로 확장을 하더라도 최소한 4개월은 필요하다. 1월이 되면 신규 회원 등록이 폭주하기 때문에 그 이전에 확장을 끝내야만 하는 것이다. 한편으로 다른 요소도 고려해야 한다. 이 지역은 인구와 도시의 경계가 모두 확장되고 있는 중이다. 현재 도심지역에 대대적인 재개발이 이루어져 사업체가 다시 도심으로 몰려들면서 활동이 크게 늘어나고 있다.

이러한 수요 증가로 경쟁도 심해졌다. 새로 문을 연 YMCA에서는 저가에 전체 서비스를 제공하고 있다. 또한 피트니스 플러스에서 10~15분 거리의 위치에 두 곳의 새로운 헬스 및 피트니스 시설이 작년에 문을 열었다. 그중 하나인 오아시스는 젊은 성인층을 대상으로 하며 16세 미만의 어린이는 출입을 금하고 있다. 또 하나는 골드 짐으로서 프리 웨이트 트레이닝과 유산소 트레이닝 부문에만 탁월한 서비스를 제공한다.

이런 상황을 생각하자 소유주는 많은 의문이 떠올랐다. 기존 설비의 용량에 제약 요인이 있는가? 있다면 무엇인가? 생산용량 확장이 필요하다면 기존 설비를 확장할 것인가? 현재 설비는 면적에 제약이 있어 어느 한 분야의 생산용량을 늘리려면 다른 분야를 희생해야만 한다.

마지막으로 경쟁과 도심지역의 시장 성장을 생각해 본다면 지금 도심에 새로운 설비를 개점할 것인가? 새로운 설비를 여는 데는 6개월이 필요하다. 현재 두 가지 대안을 모두 실행할 수 있는 자금은 없다.

문제

1. 피트니스 플러스의 생산용량을 측정하기 위해 어떤 방법을 이용하겠는가? 현재 피트니스 플러스는 생산용량이 고갈되었는가?
2. 피트니스 플러스에 적합한 생산용량 전략은 무엇인가? 견해에 대한 논거를 밝혀라.
3. 현재 피트니스 플러스에서 수행 중인 생산용량 의사결정과 다른 생산관리 의사결정을 어떻게 연계시키겠는가?

비디오 사례 시애틀 항만청의 용량 계획

시애틀 항만청(Port of Seattle)은 용량 계획이 대규모로 어떻게 작동하는지 보여주는 완벽한 예다. 이 기관의 운영 범위는 미국에서 열 번째로 큰 국제공항, 크루즈선 터미널, 그리고 미 서부에서 두 번째로 큰 화물 해운 항만 합작 벤처 운영까지 아우른다. 시애틀 항만청의 관리자들은 매일 항공기의 게이트, 상업용 크루즈선·상업 어선의 부두 접안, 해외에서 도착하는 컨테이너선의 공간 배정을 일정에 맞춰 통제해야 한다. 이 모든 부문에서 성장이 예상됨에 따라 단기 및 장기 용량 계획은 원활한 운영의 핵심이다.

항공 시설 및 자본 프로그램(Aviation Facilities & Capital Programs) 이사인 케리 스티븐스(Keri Stephens)는 프로젝트 요구사항을 식별하고, 우선순위를 정하고, 자금을 확보하고, 건설을 시작하는 데 필요한 다양한 승인 단계를 거쳐 프로젝트가 진행되도록 하는 프로세스를 관리한다. 시애틀 항만청의 주요 수익 동인은 항공사에 부과되는 각종 수수료와 미국에서 두 번째로 큰 항만청 소유 주차 차고 수입이다. 모든 출처에서 발생하는 연간 예산 수익은 약 10억 달러에 달한다. 매년 제한된 자본 자금을 어디에 투입할지 결정할 때 '내부 확장(inspansion)-즉 제한된 부지 내 위아래 증축 혹은 확장으로 기존 공간을 용도 전환하는 것과 '관망(wait-and-see)' 전략이 모두 사용된다. 스티븐스는 "이 모든 것은 우리의 현재 용량을 평가하고, 필요도가 가장 큰 영역을 살펴보고, 시애틀 현지 고객들의 수요와 기대를 계속 충족하는지 보장하기 위해 모든 운영 부문으로부터 의견을 받는 것에서 시작됩니다."라고 말한다.

항상 약 40여 개 프로젝트가 다양한 완료 단계에 있는데, 프로젝트는 소규모 카페, 내부 리뉴얼, 화장실 리모델링에서부터 수년에 걸쳐 진행되는 7억 5,000만 달러 규모의 수하물 최적화 컨베이어 시스템 교체까지 다양하다. 연간 자본 프로그램 재정 집행액이 거의 10억 달러에 달한다. 수하물 최적화 프로젝트가 특히 중요한 이유는 수하물 처리량(baggage throughput)이 사실상 거의 모든 다른 공항 운영의 효율을 견인하기 때문이다. 생각해 보자. 항공편 지연이나 결항이 생기면 수하물 시스템은 다른 항공편 수하물을 제때 처리하는 동시에 활주로 주변에 수하물 보관 구역을 설정해 지연 상황을 흡수해야 한다. 수하물 수취대(baggage claim)로의 수하물 인도가 매끄럽지 않으면 승객들이 터미널에 적체되고, 이는 지상 교통 버스, 승합차, 택시/공유차량, 승객을 위한 주차에까지 영향을 준다. 시스템 업그레이드의 여러 프로젝트 관리자 중 한 명인 제이미 토모사다(Jamie Tomosada)에 따르면, "1970년대에 도입된 총 연장 13마일을 차지하던 6개의 분리된 수하물 시스템을 하나의 단일 흐름으로 통합하고, 현재와 미래 수하물 물량을 처리하기 위한 최첨단 기술로 업그레이드하는 일은 향후 몇 년 동안 공항이 용량 요구사항을 관리하는 역량의 핵심"이라고 한다.[5]

항공사에 관계없이 승객들은 공항 내 발권 구역 근처의 모든 수하물 위탁(bag-drop) 장소에서 가방을 태그하고 위탁할 수 있다. 이는 모든 수하물 처리 시스템이 서로 연결되어 있기 때문이다. 이는 발권 구역의 승객 혼잡을 완화한다. 예전에는 승객이 위탁한 수하물은 자신이 탑승하는 항공사만 처리할 수 있었다. 이제 수하물 처리량은 시간당 2,600개 이상이며, 이전 물량의 2배에 달해 기존 및 증가하는 고객 요구를 충족시킨다. 게다가 시스템이 더 이상 항공사별 컨베이어 묶음이 아니므로, 항공기가 자체 수하물 시스템이 위치한 게이트에만 매여 있지 않게 되어 공항 시설 경계 내 어떤 게이트에서든 비행기를 주차할 수 있어 운영 유연성이 증가하고 용량 관리가 더 용이해졌다.

5 https://www.portseattle.org/sites/default/files/2021-04/POS_2021-3_IAF_1Pager.pdf;%20https://www.portseattle.org/sites/default/files/2022-12/2022%20Q4%20%5BMARKETING%5D%%2020Nuts%20%26%20Bolts_%20Central%20Terminal%20Opens%20with%20Debut%20of%20Salty%%2027s%20at%20the%20SEA%20and%20 BrewTop%20Social.pdf;%20https://www.portseattle.org/sites/default/files/2018-03/Terminal_Tour_4-2016.pdf;%20https://www.portseattle.org/blog/ five-fast-facts-aboutmaritime-cargo;%20interviews%20with%20Port%20of%20Seattle%20executives,%20spring%202023.

화물 부문의 경우, 이 해상 화물 운송 항구는 전통적으로 미국에서 네 번째로 큰 적재중심지(load center)이며, 전 세계 약 70개 목적지에 서비스를 제공하는 17개의 서로 다른 화물 선사(cargo line)의 거점이다. 화물선의 용량, 크레인·트럭 처리 용량을 갖춘 육상 터미널, 선박 접안 수(berth)가 항만 처리량을 결정한다. 이 항구는 시애틀 공항 부지에서 북쪽으로 약 15마일 떨어져 있다.

2021년, 5터미널은 3억 달러 규모의 대대적인 시설 업그레이드를 했다. 이로써 초대형 선박의 하역을 위한 크레인 용량이 추가로 확충되었다. 동시에, 이 업그레이드를 통해 접안 중 발생하는 소음과 발전기 사용이 줄어들어 엘리엇 베이(Elliott Bay) 주변의 고래를 비롯한 야생 동물들에게 긍정적인 영향을 미쳤다. 또한 트럭 운송 흐름이 다른 터미널에서 5터미널로 일부 분산되어, 항만 내 도로의 병목 현상도 완화되었다. 이러한 변화들은 모두 환경에 긍정적인 영향을 가져왔다. 아래 사진은 공사가 시작될 당시 5터미널의 항공 사진으로, 다른 선적 터미널에는 빨간색 또는 흰색 크레인이 설치되어 있다.

마리아 캔트웰(Maria Cantwell) 상원의원은 "워싱턴주에서 중서부에 이르는 농부·제조업체·기타 수출업체들은 시애틀과 타코마 항만을 통해 그들의 제품을 아시아 및 그 밖의 지역 바이어에게 신속히 보내는 데 의존하고 있다"며 "가장 크고 최신 화물선을 처리할 수 있도록 시애틀 5터미널의 용량을 확대하는 것은 우리의 항만들이 세계 경제에서 경쟁력을 유지하는 데 결정적"이라고 말한다. 시애틀 항만청 시설 배치도에는 항만의 화물 터미널 시설, 크레인 위치, 점선으로 표시된 철도 선로 등이 나타나 있다.

화물 종류에 따라 선박은 24시간에서 48시간 동안 정박한다. 선박의 용량은 길이 20피트, 높이 8피트의 20피트 환산 단위(Twenty-foot Equivalent Unit, TEU)로 표시되며, 일반적인 18,000 TEU 선박은 23열의 컨테이너를 10~12단 높이로 쌓아 운반한다. 항만청이 서비스하는 가장 큰 컨테이너선은 1,310피트로, 스페이스 니들(Space Needle) 2개를 나란히 놓은 것보다 길고 루브르 박물관 피라미드의 바닥 너비인 177피트보다 넓다.

상하이는 연간 3,000만 TEU 처리량으로 세계 최대 항만이지만, 시애틀/타코마 공동 운영 항만은 미국 서부에서 로스앤젤레스/롱비치 다음을 잇는 두 번째로 큰 규모로, 연간 320만 TEU를 처리한다. 이 항만을 오가는 주요 화물은 유지종자와 곡물, 산업기계 및 컴퓨터, 가공식품, 곡류, 어류와 해산물 등이 대부분이다. 선박과 화물 위치의 실시간 추적 시스템 덕분에 관리자들은 항만 내 수요와 물류 흐름을 파악할 수 있다. 최근 운송량 증가 추세를 감안했을 때, 이 항만은 2021년에 처리 가능한 운송 한계(실제로 선적 교통량을 처리할 수 있는 운영 용량)에 도달할 것으로 예측되었다. 이에 따라 경영진은 새로운 수요 수준에 맞춰 용량을 어떻게 높일지 구체적으로 검토하기 시작했다.

용량 관리에 대한 한 가지 해결책은 뜻밖의 출처인 인근 타코마 항만청에서 나왔다. 평소에는 선적 물량을 두고 시애틀 항만청과 경쟁 관계지만, 단기적으로 어느 쪽도 자체적으로 급증한 물동량을 감당할 수 없었다. 그래서 두 항만은 마케팅 협력을 위한 노스웨스트 시포트 얼라이언스(Northwest SeaPort Alliance)를 결성하고 용량을 신속하게 늘리고 사업을 공유하기 위한 파트너십을 형성하였다. 이로써 추가 정박지, 크레인, 지원 면적을 위해 각 위치에 물리적 용량을 구축하는 다년간 프로젝트를 경쟁적으로 수행할 필요가 없어졌다.

출처: Port of Seattle and Northwest SeaPort Alliance

크루즈 항만의 경우, 주요 알래스카 크루즈 선사 8곳이 2개의 터미널을 함께 이용해 매년 거의 100만 명에 가까운 승객을 처리한다. 이는 단순히 부두 공간뿐 아니라 주차장, 수하물 보관소, 공유차량 및 택시 대기 공간, 그리고 크루즈 터미널 내 차량 동선 관리까지 모두 필요하다는 의미다. 항공편으로 시애틀에 도착하는 승객들은 공항에서 북쪽으로 15마일 떨어진 크루즈 터미널까지 지상 교통편을 이용해 이동해야 한다.

시애틀 항만청의 SEA 공항은 연간 약 6,000만 명의 승객과 40만 회 이상의 항공편을 처리하고 있는데, 이곳 역시 항공기의 게이트 가용성, 주차 공간, 승객의 승하차 차량 교통 문제 등에서 비슷한 어려움을 겪고 있다. 여름철 여행 시즌, 특히 알래스카 크루즈선이 성수기인 시기에는 이러한 문제가 더욱 심각해진다. 공항에는 여러 개의 '스윙 게이트(swing gate, 공용 게이트)'가 마련되어 있어 기상 악화나 기타 이유로 예정에 없던 도착 항공편이 몰릴 때 다양한 항공사가 함께 이용할 수 있도록 되어 있다. 도착 항공기 수가 많아 즉시 이용할 수 있는 게이트가 없을 경우에는, 비행기를 계류장 하드 스탠드에 세우고 승객을 버스로 터미널까지 수송해야 하는 경우도 있다. 공항 전역 최고운영책임자 데이브 소이크(Dave Soike)는 "SEA 터미널 시설을 설계할 때도 이런 상황을 대비해 여러 입구를 공항 터미널 곳곳에 배치해 승객 흐름이 유지되도록 계획했다"고 설명한다.

최근 항만청이 해결해야 했던 주요 용량 문제 중 하나는 국제선 도착과 관련된 것이었다. 2008년에서 2018년 사이, 연방 검사(일명 '세관')를 필요로 하는 국제선 입국 승객이 급증하면서, SEA 공항의 50년 된 지하 세관시설로는 더 이상 심사 인원을 처리할 수 없게 되었다. 국제선 노선은 항공 여행 중에서도 가장 빠르게 성장하는 분야로, 최근 베이징, 두바이, 프랑크푸르트, 더블린, 레이캬비크, 상하이, 선전 등이 신규 취항지가 되었다. 새 항공편 하나는 지역 경제에 연간 약 7,500만 달러의 경제적 이익을 창출한다.

2019년까지 국제선으로 도착한 승객들은 비행기에서 내린 뒤 창문 하나 없는 긴 미로 같은 복도, 셔틀버스, 수하물 수취대, 세관 및 출입국 심사장을 거쳐야만 비로소 줄을 빠져나와 공항을 나갈 수 있었다. 당시에는 도착 홀의 수용 인원을 초과해, 승객들이 비행기 안이나 복도에서 몇 시간씩 대기해야 하는 경우도 있었다. 항만청 관리자는 승객과 항공사 고객들의 소셜미디어 피드백과 직접 관찰조사를 통해 항만청과 도시 이미지에 부정적이라는 사실을 파악했다.

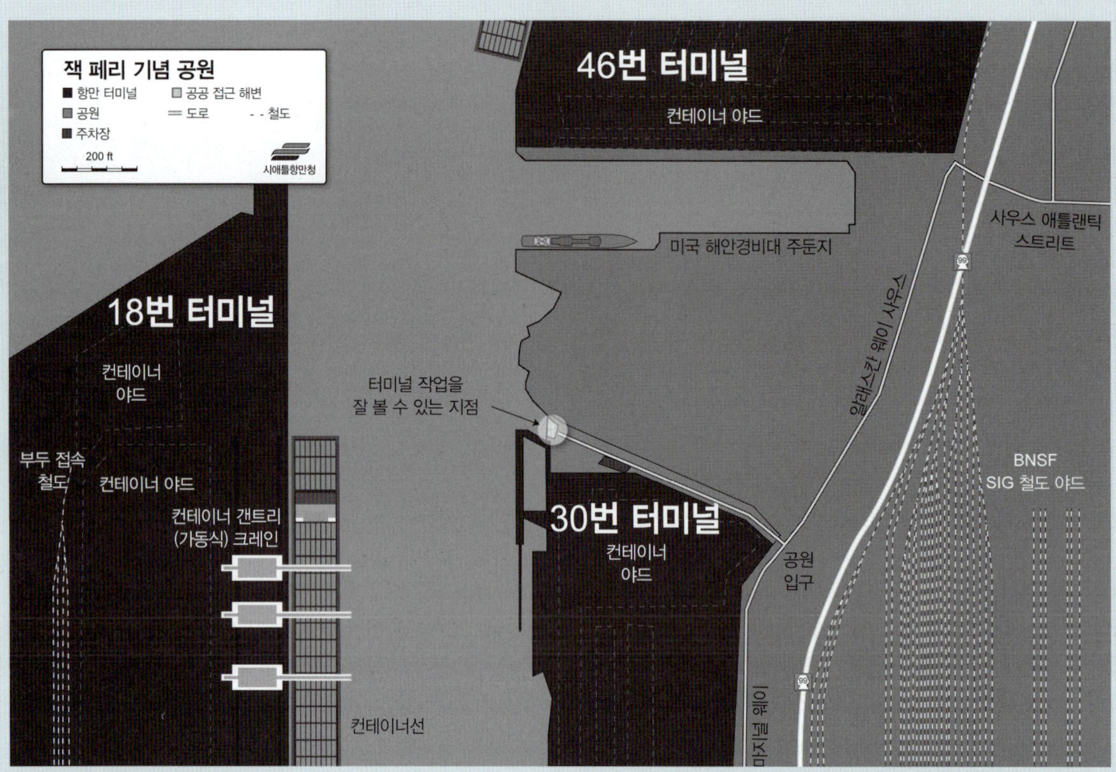

시애틀 항만 화물 시설 배치도

출처: Port of Seattle and Northwest SeaPort Alliance

이 문제가 최우선 과제로 지정되자, 스티븐스의 팀은 새로운 국제선 도착 시설(International Arrivals Facility, IAF) 건설을 위한 자금을 확보했다. 이 시설은 기존 용량 문제를 해소하고 승객들이 기대하는 도착 경험을 제공하기 위해 추진된 것이다. 건설에는 4년이 소요되었고 비용은 거의 10억 달러에 달했으며 2022년 5월에 개장할 수 있었다. 수하물 컨베이어(이른바 캐러셀)는 4개에서 7개로 늘었고, 승객 처리 용량도 시간당 2,600명으로 2배 이상 확대되었다. 이제 도착 승객들은 비행기에서 내려, 항공기 위를 가로질러 6개의 미식축구장 길이에 해당하는 지붕이 덮인 통로를 지나 유리벽의 다층 구조이자 자연 채광이 가득한 도착 홀에서 수하물을 찾고 세관 절차를 마칠 수 있게 됐다.

동시에, 미국 세관국경보호청(Customs and Border Protection)은 국제선 승객을 위한 새로운 '수하물 우선(Bags First)' 프로그램을 도입했다. 이 프로그램을 통해 국제선 승객이 세관 직원과 마주치는 횟수를 두 번에서 한 번으로 줄였으며, 전체 처리 속도도 훨씬 빨라졌다. 이제 승객들은 입국 심사를 받기 전에 먼저 자신의 수하물을 수령하기 때문에 대기 시간이 50% 단축되고, 입국에서 출국까지 공항 내 승객 용량 압박도 크게 완화되었다. 이전에는 비행기에서 내려 수하물을 찾고 세관을 통과하는 데 몇 시간씩 걸리던 과정이 이제는 지상 교통수단이나 환승 항공편까지 75분 이내에 일상적으로 마칠 수 있게 되었다.

기존 공항 공간의 리노베이션과 재구상을 위해, 시애틀 항만청은 최근 1984년 이후 처음으로 남측 콘코스(South Concourse, 이전 명칭 South Satellite)를 대대적으로 리모델링하는 프로젝트를 시작했다. 이 50년 된 시설은 주로 국제선 승객을 위한 곳으로, 새 국제선 도착 시설(IAF)과도 연결된다. 이번 리노베이션에는 12~14억 달러의 예산이 투입되었으며, 항만청은 이 프로젝트를 통해 건물 구조와 시스템을 크게 개선하고 내부 공간도 새롭게 설계해 식사, 쇼핑, 리테일, 라운지, 여정 안내 등에서 고객 경험이 대폭 향상할 것으로 기대하고 있다.

문제

1. 시애틀 항만청과 관련된 '내부 확장' 대 '관망' 전략에 대해 논의하라. 어떤 요인과 이해관계자들이 한 전략을 다른 전략보다 선택하는 결정에 영향을 미칠 수 있겠는가?
2. 온라인에서 시애틀 항만청의 5번 터미널 현대화 프로젝트에 대한 최신 소식을 찾아보라. 이 프로젝트가 목표로 삼은 운영적 및 경쟁적 도전 과제는 무엇이었는가?
3. 최근 경험했던 항공 여행 경험을 고려해 보라. 어떤 용량 제약을 발견했으며, 시애틀 항만청에서 얻은 어떤 교훈을 그 경험에 적용할 수 있는가?

출처 : https://www.portseattle.org/sites/default/files/2021-04/ POS_2021-3_IAF_1Pager.pdf; https://www.portseattle.org/sites/default/files/2022-12/2022%20Q4%20%5BMARKETINg%5D%20Nuts%20%26%20Bolts_%20Central%20Terminal%20Opens%20with%20Debut%20of%20Salty%27s%20at%20the%20SEA%20and%20BrewTop%20Social.pdf; https://www.portseattle.org/sites/default/files/2018-03/Terminal_Tour_4-2016.pdf; https://www.portseattle.org/blog/fivefast-facts-about-maritime-cargo; interviews with Port of Seattle executives, spring 2023.

7 제약 관리

출처: JHVEPhoto/Shutterstock

캐나다 온타리오주(토론토 인근)에 위치한 IBM 캐나다 본사 건물. IBM은 미국의 다국적 기술 기업이다(2018년 5월 16일).

IBM

IBM은 다각화된 기술, 인프라, 컨설팅 기업으로 2022년에 605억 달러의 매출을 올렸으며, 이 중 70% 이상이 소프트웨어와 컨설팅에서 발생했다. IBM은 하이브리드 클라우드와 인공지능(AI) 방법론을 사용해 175개 이상의 국가에서 고객들에게 솔루션을 제공하고 생산성을 향상하고 있다. 또한 미국과 해외에 여러 제조 공장을 운영하며 IBM이 설계한 하드웨어의 생산을 지원하고 있다. 1972년에 문을 연 퀘벡주 브로몽에 위치한 IBM 공장은 북미에서 가장 큰 칩 조립 및 테스트 시설이다. 1972년에는 획기적인 IBM 셀렉트릭 타자기가 이곳에서 대량 생산되었고, 1981년에는 IBM 개인용 컴퓨터 부품이 이곳에서 제조되었다. 혁신과 기술, 지속적인 개선에 대한 리더십을 바탕으로 IBM 브로몽 공장은 2011년 이후 100개가 넘는 특허를 출원했으며, 2023년 캐나다 최초의 범용 양자 컴퓨터가 배치되었다. 하루 24시간, 365일 운영되는 이 시설에서는 매일 10만 개 이상의 마이크로일렉트로닉스 모듈을 제조하고 있다.

IBM 브로몽은 모듈 제조 외에도 매년 2,000개의 신제품 조립을 담당하고 있으며, 이 중 7억 달러 상당의 제품을 연간 수출하고 있다. 각 제품은 20~50개의 생산 단계를 거쳐 생산된다. 약 3분 간격으로 새로운 생산 뱃치가 조립라인에 투입이 되는데, 노동력, 원자재, 부품의 가용성에 따라 병목지점이 수시로 변화하면서 이들 제품의 납기가 지연되고 리드타임과 주문 한도가 급격히 변경되는 경우가 점점 더 많아졌다. 특히 반도체 제조는 복잡하고 긴 제조 프로세스로 인해 병목현상을 관리하기 어려운데, 팬데믹 이후에는 고객 수요 패턴의 변화로 제품 믹스가 조금만 바뀌어도 병목현상이 발생한다. 그 결과 공장은 어떤 주에는 인력이 부족하고 어떤 주에는 인력이 넘치는 현상이 발생하곤 한다.

이러한 제약 조건을 더 잘 관리하고, 자재 및 부품 소싱을 최적화하며, 주간 작업량의 균형을 맞추기 위해 IBM은 솔루션 제공업체인 디시전브레인(DecisionBrain)과 협력해 최적화 기반 계획 시스템을 개발했다. 데이터가 IBM의 CPLEX 옵티마이저에 투입되면 알고리즘과 수학적 프로그래밍 모델을 사용해 생산 및 공급 제약 조건을 동시에 고려하면서 복수의 고려사항에 걸쳐 성과를 최적화하는 일련의 대안적 생산계획이 제시된다. 이 계획에는 어떤 품목을 언제, 몇 개를 주문할지 등 생산 계획과 자재 소싱 지침이 포함되어 있다. 그런 다음 계획자는 사이클 타임을 단축하면서 핵심 성과지표들에 대해 원하는 결과를 제공하는 최적의 계획을 선택할 수 있다.

이 최적화 접근 방식을 도입한 결과 인력 수요의 변동성이 20% 감소해 계약직 직원에 대한 인건비가 절감되고 직원 만족도가 향상되었다. 제약 조건에 대한 지식과 이해를 생산 계획에 통합함으로써 IBM 브

학습목표

7.1 제약이론을 설명한다.

7.2 서비스 프로세스의 병목을 찾아내고 관리한다.

7.3 제조 프로세스의 병목을 찾아내고 관리한다.

7.4 제약이론을 제품 믹스 결정에 응용한다.

7.5 라인 프로세스의 제약을 관리하고 조립라인의 균형을 달성하는 방법을 설명한다.

로몽은 조직의 성과를 향상하고 50년 동안 이어온 혁신의 전통을 계속해서 유지할 수 있었다.

출처: "IBM Bromont Celebrates 50 Years of Innovation," IBM Blogs, June 20, 2022, https://www.ibm.com/blogs/ibm-canada/2022/06/ibm-bromont-celebrates-50-years-of-innovation/; "3 Case Studies on Production Bottleneck Management in the Semiconductor Industry," https://decisionbrain.com/3-case-studies-semiconductor-industry/(May 23, 2023); https://www.ibm.com/about (May 23, 2023).

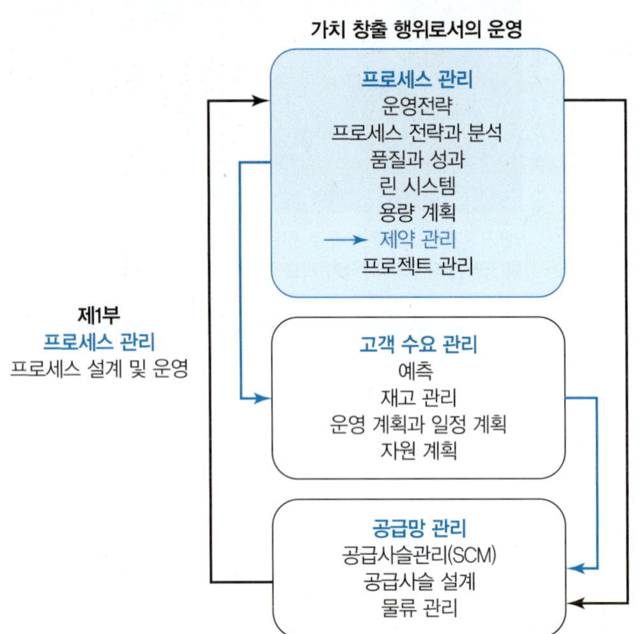

이 장에서는 다양한 유형의 환경에서 제약 조건을 관리하는 방법을 자세히 알아보겠다. IBM 사례를 확장해 생각해보면 제약 조건 관리는 제조 프로세스에만 국한된 것이 아니라 작업과 자원의 계획, 일정 계획, 작업 대기행렬 간의 균형을 맞춰 모든 유형의 프로세스 생산성을 향상하는 데도 사용할 수 있다. 이 균형의 중요성을 간과하면 제약이 발생해 높은 비용과 낮은 고객 만족도를 초래한다. 생산용량(capacity)이 프로세스 또는 시스템의 최대 생산량을 의미한다면, **제약**(constraint)은 시스템의 성능을 제한하고 생산량을 제한하는 모든 요인을 말하며, 프로세스의 어느 단계에서든 제약이 존재하면 생산용량이 일부 영역에서는 너무 높고 다른 영역에서는 너무 낮아지는 불균형이 발생할 수 있다. 결과적으로 시스템의 전반적인 성과가 저하된다.

제약은 공급사슬의 어느 곳에서나 일어날 수 있다. 공급사슬의 상단 또는 하단에 위치한 공급자나 고객일 수도 있고, 기업 내부 프로세스 중 하나인 제품 개발이나 주문 충족 프로세스일 수도 있다. 제약은 일반적으로 물리적 제약(기계, 노동, 작업장 용량, 자재 고갈, 공간이나 품질), 시장 제약(용량 이하의 수요), 관리적 제약(업무 흐름을 방해하는 정책, 측정지표, 사고방식)으로 구분할 수 있다. **병목**(bottleneck)은 프로세스의 생산용량 부족과 관련된 제약의 특수한 유형으로, 해당 자원의 생산용량이 시장에서 요구하는 수요량, 제품 믹스 또는 수요 변동을 충족하는 조직의 능력을 제한하는 모든 자원으로 정의할 수 있다. 대부분의 기업은 하나 이상의 제약이나 병목자원을 가지고 있으며, 그렇지 않으면 산출량은 시장 수요에 의해서만 제한될 것이다.

제약
시스템의 성능을 제한하고 생산량을 제한하는 요인. 선형계획법에서는 의사결정 변수의 선택 범위를 제한하는 것

병목
기업의 능력을 제한해 시장이 원하는 서비스/제품 생산량, 제품 믹스비, 수요 변동에 적응하기 어렵게 하는 용량제약자원

기업은 조직 수준에서뿐만 아니라 개인-프로세스 수준에서도 제약 조건을 관리하고 적절한 생산능력에 대한 선택을 해야 한다. 따라서 이 과정에는 기능 간 협력이 필요하다. 프로세스의 각 단계에서 이루어지는 세부적인 결정과 선택은 부서 내 또는 부서 간 자원 제약이나 병목현상이 나타나는 위치에 영향을 미치게 된다. 조직의 한 부분에서 병목현상을 해소하더라도 다른 부분의 병목현상이 해결되지 않으면 원하는 효과를 얻지 못할 수 있다. 병목은 영업 부서에서 충분한 매출을 올리지 못하거나 대출 부서에서 대출을 충분히 빨리 처리하지 못하는 형태로 나타날 수도 있다. 제약은 자본이나 장비의 부족의 형태로 나타날 수도 있고, 계획과 일정상의 어려움으로 나타날 수도 있다.

출처: sladkozaponi/Shutterstock

뭄바이처럼 빠르게 변화하는 도시에 많은 사람이 몰리면 교통 흐름에 병목현상과 정체가 발생하기 마련이다.

IBM과 의료, 은행, 제조 산업에 속하는 여러 기업의 경험은 제약 관리가 조직의 미래에 얼마나 중요한지 잘 보여준다. 따라서 조직 전체의 관리자들은 모든 유형의 프로세스에서 병목현상을 식별하고 관리하는 방법, 한 프로세스의 생산능력과 성과지표를

경영 과제 마케팅

슈미트 인더스트리(Schmidt Industries)는 1988년에 설립된 기업으로, 표준 윈치(winches), 4WD 허브 및 액슬 어셈블리(axle assembly), 트럭 및 SUV용 제설 시스템(plow systems)을 공급하는 회사이다. 현재 슈미트는 500명의 직원을 고용하고 있으며, 연간 1억 5,000만 달러의 매출을 올리고 있는 경쟁력 있는 기업이다. 회사는 현재 4WD 허브 및 액슬 어셈블리 제품군에서 65%의 시장점유율, 제설 시스템 제품군에서 42%의 시장점유율을 차지하고 있으나, 윈치 제품군은 시장점유율이 17%에 불과해 경영진은 개선이 필요하다고 판단하고 있다. 회사의 윈치 판매량은 감소하고 있는 반면, 윈치를 사용하는 산업 내 트럭 및 SUV의 판매량은 증가하고 있기 때문이다.

CEO, 재무 관리자, 마케팅 관리자, 인사 관리자, 생산 관리자로 구성된 경영진이 모여 이 문제를 논의했다. 생산 관리자인 매들린 스튜어트(Madeline Stuart)는 원자재 공급은 안정적이며 부족한 물자가 없고 기계 고장이 없으며 질병으로 인한 직원 결근 문제도 발생하지 않는 등 윈치 생산 프로세스가 전반적으로 원활하게 운영되고 있다고 보고했다. 그러나 매들린은 과도한 재고가 쌓이는 것을 방지하기 위해 3교대 근무를 중단해야 할 수도 있다고 말했다.

회의의 초점은 마케팅 담당 관리자 말릭 브라운(Malik Brown)에게로 옮겨졌다. 말릭은 매출의 대부분이 차량 제조업체에서 발생한다고 설명했다. 회사의 영업 프로세스는 리드 생성, 리드 관리, 기회 관리의 세 가지 주요 부문으로 나뉜다. 리드 생성 부문에서는 전시회, 광고 또는 차량 제조업체 현장 방문을 통해 고객을 발굴한다. 영업 담당자가 수행하는 리드 관리 부문은 리드 작업, 초기 접촉 후속 조치, 잠재 고객의 현재 재무 상황 평가, 잠재적 주문 규모 추정, 주요 경쟁자 파악 등의 업무를 수행한다. 리드가 자격을 갖추었다고 판단되면 기회로 전환되어 영업 프로세스의 마지막 단계인 기회 관리를 위해 담당 임원이 배정되어 잠재 고객의 판매 체결 의사를 확인하고, 이의 제기를 처리하며, 최종 가격을 협상하고, 판매 성사를 목표로 일을 추진한다.

말릭은 영업 프로세스가 병목현상을 초래하고 있다는 사실을 깨달았다. 생산용량과 제품 자체는 충분하지만 수요는 감소하고 있는 상황이었다. 윈치는 관련 전문저널에서 꾸준히 호평을 받아왔기 때문에 품질과 디자인은 문제가 되지 않았다. 무엇이 문제였을까? 효과적인 교육 부족? 영업을 지원하는 도구와 콘텐츠가 부족한가? 내부 협업이 원활하지 않은가? 인력이 부족한가? 프로세스의 가장 취약한 고리는 어디인가?

다른 프로세스와 연관 짓는 방법, 해당 정보를 사용해 회사가 제공할 수 있는 최상의 서비스 또는 제품 믹스를 결정하는 방법을 이해해야 한다. 이 장에서는 관리자가 이러한 결정을 가장 잘 내릴 수 있는 방법을 설명한다.

제약이론

7.1 제약이론을 설명한다.

제약이론(theory of constraints, TOC)은 기업이 이윤 극대화라는 목표를 향해 나아가는 데 방해가 되는 제약사항들을 적극적으로 관리하고, 자원을 효과적으로 사용하는 데 초점을 맞춘 체계적인 경영 접근법이다. 이 이론은 약 30년 전 저명한 비즈니스 시스템 분석가인 엘리 골드랫(Eli Goldratt)이 개발했다. 이 이론에는 제약 요인을 파악하고 이를 극복하기 위해 고안된 프로세스가 설명되어 있는데, 개별 프로세스의 효율성뿐만 아니라 시스템 전체를 제약하는 병목현상에도 초점을 맞추고 있다.

제약이론
기업이 목적을 달성하는 데 방해가 되는 제약을 적극적으로 관리하는 방법에 초점을 둔 체계적 경영 접근법

TOC 방법은 전체 시스템에 걸쳐 작업의 흐름이 빠르게 이루어지도록 하는 데 초점을 두면서 기업의 수익을 보다 효과적으로 증가시키고자 한다. 이를 통해 기업은 프로세스를 개선해 전체 작업의 흐름량을 증가시키고 재고와 인력 수준을 줄이면서도 핵심 자원을 효과적으로 활용할 수 있는 방법 등 기업이 큰 그림을 볼 수 있도록 해준다. 이러한 과정이 원만히 이루어지려면 운영 수준에서 관련 성과 및 생산용량 지표들과 기업 수준에서 보다 광범위하게 사용되는 재무 지표들과의 관계를 이해하는 것이 중요하다. TOC의 원칙을 성공적으로 적용하는 데 매우 중요한 이러한 지표들 간 관계는 표 7.1에 정의했다.

TOC 관점에 따르면, 기계와 재공품 등 시스템에 투자된 모든 자본은 잠재적으로 제품의 형

표 7.1 생산지표와 재무지표의 관계

생산지표	TOC의 관점	재무지표와의 관계
재고(Inventory, I)	판매할 의도로 물건을 구매해 시스템에 투자된 현금 전체	재고 감소가 순이익, ROI, 현금흐름을 증가시킨다.
산출량(Throughput, T)	판매를 통해 시스템이 현금을 만드는 속도	산출량 증가는 순이익, ROI, 현금흐름을 증가시킨다.
운영비용(Operation Expense, OE)	시스템이 재고를 산출량으로 전환하기 위해 지출한 현금 일체	운영비용 감소는 순이익, ROI, 현금흐름을 증가시킨다.
가동률(Utilization, U)	현재 장비, 공간, 인력이 사용되는 비율. 평균 산출과 최대 용량의 비율을 %로 표시	병목지점에서의 가동률 증가는 순이익, ROI, 현금흐름을 증가시킨다.

태로 판매되고 나면 수익을 창출할 수 있기 때문에 재고에 해당한다. 판매로 이어지지 않는 제품이나 서비스를 생산하면 기업의 매출은 증가하지 않고 재고와 운영 비용만 증가하게 된다. 병목자원의 활용도를 극대화해 매출을 최대화할 수 있도록 시스템을 관리하는 것이 항상 최선이다.

TOC의 주요 원칙

TOC의 주요 개념은 약속된 납기일을 준수하면서 서비스 또는 제품의 산출량을 최대화할 수 있도록 병목자원을 활용해야 한다는 것이다. 여기에서의 기본 가정은 수요가 서비스나 제품을 생산하는 프로세스의 생산용량보다 크거나 같다는 것인데, 그렇지 않으면 내부 프로세스에 변화를 주기 이전에 수요를 먼저 증가시키기 위해 노력해야 한다. 예를 들어 정원용 써레를 제조하려면 써레의 머리 부분에 활모양의 날을 부착해야 한다. 블랭킹 프레스에서 써레 머리를 가공하고, 날을 용접해 부착한 뒤, 세척한 후 손잡이에 부착해 써레를 만들고, 이를 포장해 정해진 납기일에 따라 시어스(Sears), 홈디포(Home Depot), 월마트에 최종 납품해야 한다. 다음 달 모든 스타일의 써레에 대한 납기일 정보에 따르면 용접 스테이션은 용량의 105%가 활용되고 있고, 다른 프로세스들은 용량의 75%만 활용되고 있다고 가정해 보자. TOC에 따르면 용접 스테이션은 병목자원인 반면 블랭킹, 세척, 핸들 부착, 포장, 출하 프로세스는 비병목자원이다. 처리량을 최대화하려면 용접 스테이션의 유휴시간을 제거해야 한다. 따라서 관리자는 용접 자원에 대한 작업 스케줄링에 집중해야 한다.

병목자원의 효율적인 사용과 스케줄링, 흐름과 산출량 개선을 중심으로 하는 TOC의 일곱 가지 핵심 원칙을 표 7.2에 요약했다.

표 7.2 제약이론의 7대 원칙

1. 생산용량의 균형보다 흐름의 균형이 더 중요하다.
2. 모든 자원의 산출과 효율을 최대화해도 시스템 전체의 산출량이 최대화되지 않을 수도 있다.
3. 병목자원이나 제약자원에서 한 시간을 잃어버리면 전체 시스템 시간을 한 시간 잃어버린 것과 같다. 반면 비병목자원에서의 시간 절약은 전체 시스템의 생산성과는 관련 없는 신기루이다.
4. 재고는 꼭 필요한 병목지점 앞에만 쌓아 병목자원의 생산용량이 낭비되지 않도록 하고, 조립라인 앞과 출하장 앞에도 쌓아 고객 납기를 준수하는 데 도움이 되도록 한다. 그 밖의 장소에는 재고를 비축하지 못하게 한다.
5. 작업이란 처리할 자재, 정보, 문서, 고객을 의미하는데, 병목자원에서의 흐름에 맞추어 시스템에 투입해야 한다. 병목자원에서의 흐름은 시장 수요의 흐름과 같아야 한다. 가장 늦은 생산자원의 속도에 흐름의 속도를 맞추면 재고와 운영비용이 불필요하게 낭비되는 일 없이 최소화된다.
6. 비병목자원을 활성화하는 것(이것의 효율을 향상해도 산출량이 늘어나지 않음)은 병목자원을 활용하는 것(실제로 산출량의 증가로 연결됨)과 같지 않다. 비병목자원 활성화는 산출량을 늘리지 못하고, 표 7.1의 재무지표를 개선하지도 못한다.
7. 모든 자본 투자는 산출량(T), 재고(I), 운영비용(OE)에 미치는 포괄적 효과의 관점에서 보아야 한다.

TOC를 실무에 적용하는 과정은 다음과 같다.

1. **시스템 병목지점을 파악한다.** 앞서 정원용 써레의 예에서 보았듯이 용접 스테이션이 회사의 납기일 준수 능력과 이에 따른 매출 대금의 유입을 제한하고 있기 때문에 병목지점이 된다. 병목지점을 식별하는 다른 방법은 이 장의 뒷부분에서 좀 더 자세히 살펴볼 것이다.
2. **병목지점을 활용한다.** 병목지점에서의 산출량을 최대화할 수 있는 생산 스케줄을 생성한다. 정원용 써레의 예에서는 가능한 한 고객과 약속된 납기일을 준수하면서 용접 스테이션의 활용률을 최대화하도록 일정을 잡자. 또한 특히 병목지점에는 양질의 부품만을 사용하도록 하자.
3. **다른 모든 결정은 2단계에 종속되도록 한다.** 비병목자원은 병목자원의 원활한 활용을 지원하되 병목자원이 처리할 수 있는 것보다 더 많이 생산하지 않도록 스케줄링을 해야 한다. 즉 블랭킹 프레스는 용접 스테이션이 처리할 수 있는 것보다 더 많이 생산해서는 안 되며 청소 및 후속 작업의 활동은 용접 스테이션의 생산 속도를 기준으로 스케줄링해야 한다.
4. **병목자원의 생산용량을 증가시킨다.** 1~3단계의 작업들에 대한 개선이 모두 이루어진 이후에도 병목자원이 여전히 산출량을 늘리는 데 제약이 되는 경우, 경영진은 병목자원의 생산용량을 늘리는 것을 고려해야 한다. 예를 들어 생산 일정을 개선할 수 있는 모든 방법을 적용한 이후에도 용접 스테이션이 여전히 제약 요인이라면 교대 근무조를 추가하거나 용접기를 추가해 생산용량을 늘리는 것을 고려해야 한다. 병목자원의 생산용량을 늘리기 위한 다른 방식도 있을 수 있는데, 이는 추후에 설명하겠다.
5. **기존의 관성에 빠지지 않는다.** 3단계와 4단계에서 취한 조치는 용접 스테이션의 산출량을 개선하지만, 이는 의도치 않게 다른 프로세스에서의 작업량을 변경시킬 수 있다. 결과적으로 시스템 병목지점이 자연스럽게 변화할 수 있다는 것이다. 이 경우에는 새로운 병목지점을 파악하고 이들을 관리하기 위해 1~4단계의 과정을 반복해야 한다.

성과를 획기적으로 개선할 수 있는 잠재력 때문에 많은 제조업체가 TOC 원칙을 사용하고 있다. TOC 원칙을 적용하는 제조업체는 직원과 관리자의 사고방식도 획기적으로 바꿀 수 있다. 자신이 맡은 역할에만 집중하는 대신, '큰 그림'과 시스템에서 다른 개선점이 어디에 있는지 볼 수 있기 때문이다. 인더스트리 위크(Industry Week)의 최우수 제조 공장 수상자 및 최종 후보 중 3분의 1 이상이 지난 5년 동안 TOC를 광범위하게 사용했고, 최대 80%가 어느 정도 활용했다는 사실은 놀라운 일이 아니다.[1]

서비스 프로세스의 병목 관리

7.2 서비스 프로세스의 병목을 찾아내고 관리한다.

병목은 기업 내부에 있을 수도 있고 외부에 있을 수도 있는데, 보통은 용량이 가장 작은 프로세스, 단계, 작업장 등을 말한다. **총산출 시간**(throughput time)은 작업이나 고객을 작업장에서 처리하기 시작해 모든 작업을 마칠 때까지 경과된 총 시간을 말한다. 서비스나 제조 프로세스에서 병목지점을 찾는 방법은 두 가지가 있다. (1) 한 단위 처리시간이 가장 길거나, (2) 평균 가동률이 가장 높거나 작업 부하가 가장 큰 작업장이 병목지점이 된다.

총산출 시간
작업이나 고객을 작업장에서 처리하기 시작해 마감될 때까지 경과된 시간

1 https://northriverpress.com/industryweek-best-plants-use-toc/

예제 7.1은 동네 세차장 프로세스에서 병목 단계나 활동을 찾아내는 방법을 보여준다.

예제 7.1 서비스 프로세스의 병목지점 파악과 관리

키스(Keith) 세차장은 두 가지 서비스(표준세차와 고급세차)를 제공한다. 두 서비스의 흐름도는 그림 7.1과 같다. 두 서비스 모두 A1과 A2를 먼저 거친다. 그다음으로 표준세차는 A3과 A4를 거치고 고급세차는 A5, A6, A7을 거친다. 두 서비스 모두 건조장(A8)에서 마무리한다. 괄호 안의 수치는 차량 1대를 처리하는 데 필요한 시간(분)이다.

a. 표준세차 프로세스의 병목지점은 어느 단계인가? 고급세차 프로세스에서의 병목지점은 어디인가?

b. 이 세차장에서 표준세차와 고급세차의 처리용량(시간당 처리 가능한 고객 수)은 얼마인가? A1, A2, A8에 대기 중인 고객은 없다고 가정하라.

c. 고객의 60%가 표준세차 고객이고 40%가 고급세차 고객이라면 세차장의 시간당 평균 고객 처리용량은 얼마인가?

d. 새로운 고객이 계속해서 매상에 들어오는데 그중 고급세차 고객이 없다고 가정할 때 표준세차 고객은 프로세스의 어느 지점에서 대기 줄을 경험하겠는가? 반대로 표준세차 고객이 없다고 가정하면, 고급세차 고객의 경우에는 어디에서 기다리게 되겠는가?

풀이

a. 표준세차 프로세스는 A4, 고급세차 프로세스는 A6이 각각의 흐름에서 가장 오랜 시간이 소요되기 때문에 병목지점이 된다.

b. 병목지점인 A4는 15분마다 1명의 고객을 처리할 수 있으므로(60/15) 표준세차의 처리능력은 시간당 4명의 고객이다. 고급세차인 경우의 처리능력은 시간당 3명의 고객이다(60/20). 이러한 처리능력은 각 병목지점의 '고객당 처리시간(분)'을 '시간당 처리 가능한 고객의 수'로 단위를 변경해 도출된 것이다.

c. 각기 다른 고객 유형에 걸친 세차장의 평균적인 처리능력은 시간당 $(0.60 \times 4) + (0.40 \times 3) = 3.6$명의 고객이다.

d. 표준세차 고객은 A1, A2, A3, A4단계에서 대기하게 되는데 이는 4단계 모두 직전 단계의 처리능력이 더 높기(즉 처리시간이 더 짧기) 때문이다. 고급세차 고객은 같은 이유로 A1, A2, A6단계 앞에서 대기하게 된다. 두 유형의 세차 프로세스 병목지점에 A1이 모두 포함되는데, 이는 A1에서의 고객 도착률이 처리능력을 초과하기 때문이다.

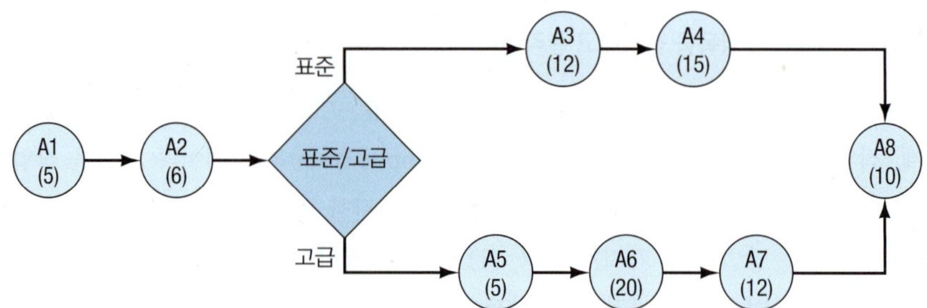

그림 7.1 키스 세차장의 프로세스 흐름

의사결정 포인트

병목지점의 처리시간을 고려하면 표준세차 프로세스가 처리할 수 있는 고객 수는 시간당 4명이고, 고급세차 프로세스의 경우에는 3명이다. 병목지점 앞에 대기행렬이 생기고, 선행작업보다 처리시간이 긴 작업장 앞에도 모두 대기행렬이 생긴다. 이 세차장의 산출량을 늘리려면 A4와 A6의 처리용량을 늘려야 한다.

고객 접점이 많고 다양성이 높은 전방 영업장(front office) 프로세스는 예제 7.1처럼 흐름이 단순하지 않다. 고객의 유형이 다양하고, 작업장별 수요도 날마다 큰 폭으로 달라진다. 그래도 작업장별 평균 가동률을 계산하면 병목지점을 찾을 수 있다. 그러나 작업장별 부하가 계속 변하는 경우에는 **유동적인 병목현상**(floating bottlenecks)이 발생한다. 작업 믹스가 달라짐에 따라 어떤 주에는 A작업장이 병목지점이었다가 다음 주에는 B작업장이 병목지점이 될 수도 있다. 이런 유형의 변동성은 하루하루의 일정 계획을 어렵게 만든다. 이런 상황에서 관리자는 작업장별 가동률을 낮게 유지해 예상 밖의 수요를 흡수할 여유를 확보하고 싶어 한다.

출처: Gemenacom/Shutterstock

서비스 프로세스의 병목현상으로 인해 많은 사람이 서비스를 받기 위해 줄을 서서 기다리는 모습

이 장에서 요약한 TOC 원칙은 다양한 프로세스에 폭넓게 적용할 수 있다. 이 원칙으로 개별 프로세스도 평가할 수 있지만, 서비스업체나 제조업체의 대형 시스템도 평가할 수 있다. 델타항공(Delta Airlines), 유나이티드항공(United Airlines), 미 공군병원 같은 서비스 조직들도 TOC를 활용하고 있다.

제조 프로세스의 병목 관리

7.3 제조 프로세스의 병목을 찾아내고 관리한다.

개별 작업 프로세스, 뱃치 프로세스, 라인 프로세스, 연속 프로세스 등 어떤 제조업 프로세스 유형에도 병목현상이 존재할 수 있다. 프로세스별로 설계, 전략적 의도, 자원 배분이 달라지듯이(3장 '프로세스 전략과 분석' 참조) 병목을 찾고 관리하는 것도 프로세스 유형에 따라 달라진다. 여기에서는 먼저 개별 작업 프로세스와 뱃치 프로세스의 병목 관리를 논의하고, 라인 프로세스의 제약 관리는 다음 절에서 다룬다.

병목지점 파악하기

제조 프로세스에서 병목지점을 찾기가 복잡할 때가 자주 있다. 여러 가지 서비스와 제품을 처리하려면 처리 대상이 바뀔 때마다 작업 전환을 위해 추가로 가동 준비를 할 필요가 있어서 해당 작업장에 부하가 추가된다. 가동 준비시간이나 관련 비용의 크기에 따라 개별 작업이나 뱃치 프로세스 사이를 이동하는 로트의 크기가 달라진다. 가동 준비시간 동안은 작업자나 기계의 시간이 비생산적으로 사용되게 되므로 이를 줄여야 보다 작고 경제적인 뱃치 크

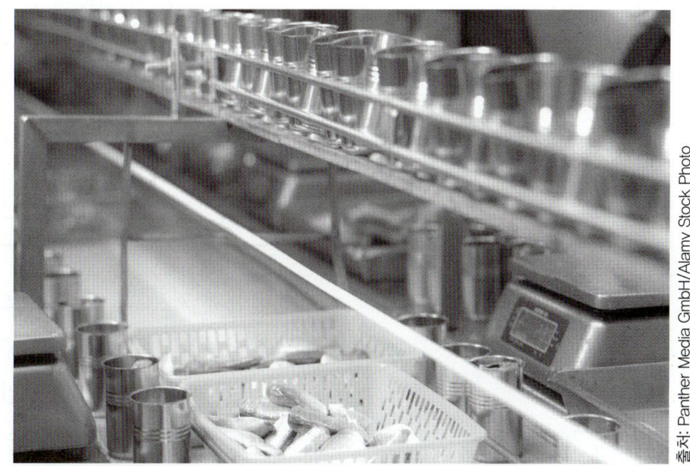

출처: Panther Media GmbH/Alamy Stock Photo

공장의 생선 통조림 생산 라인에서 노란 플라스틱 바구니에 담긴 정어리가 컨베이어 벨트에서 대기 중인 캔에 채워 지기 위해 작업자를 기다리는 병목지점.

기가 가능하게 된다. 가동 준비시간의 크기와 상관없이 가동률을 보고 병목을 찾는 방법도 있다. 예제 7.2는 제조 프로세스에서 가동 준비시간이 무시할 수 있을 만큼 적을 때 병목지점을 찾는 방법을 보여준다.

예제 7.2

뱃치 프로세스에서 병목지점 찾기

디아블로 일렉트로닉스(Diablo Electronics)는 소규모 뱃치 프로세스로 다섯 곳의 작업장(V, W, X, Y, Z)을 통해 네 가지 제품(A, B, C, D)을 생산하고 있다. 작업장마다 작업자가 1명씩 전담 배치되어 있으며 하루 1교대로 근무 중이다. 뱃치별 가동 준비시간은 무시할 수 있을 정도로 적다. 제조 프로세스상 각 제품의 경로를 표현한 흐름도인 그림 7.2에는 제품의 가격, 주간 수요, 단위당 처리시간이 나타나 있다. 역삼각형은 각 작업장에서 사용하는 원료와 구매 부품을 표현한다. 디아블로는 주별 수요만큼 생산해 판매할 수 있고, 수요를 충족하지 못해도 벌과금은 발생하지 않는다.

5개 작업장(V, W, X, Y, Z) 중 가장 가동률이 높아서 디아블로 일렉트로닉스의 병목지점이 되는 곳은 어디인가?

풀이

작업장마다 전담 인력이 1명씩 있어서 작업장의 가동률 산식의 분모가 모두 같기 때문에 작업장별 총 작업 부하만 계산해보면 병목을 찾을 수 있다.

작업장	제품 A의 부하	제품 B의 부하	제품 C의 부하	제품 D의 부하	부하 합계(분)
V	60 × 30 = 1,800	0	0	0	1,800
W	0	0	80 × 5 = 400	100 × 15 = 1,500	1,900
X	60 × 10 = 600	80 × 20 = 1,600	80 × 5 = 400	0	2,600
Y	60 × 10 = 600	80 × 10 = 800	80 × 5 = 400	100 × 5 = 500	2,300
Z	0	0	80 × 5 = 400	100 × 10 = 1,000	1,400

이 회사는 수요를 가능한 한 많이 충족하고 싶어 한다. 주당 가동시간은 2,400분이다. 작업장별로 특정 제품의 주간 수요량과 제품당 처리시간을 곱하면 그 제품에 필요한 작업 부하를 구할 수 있다. 이 제품별 부하를 작업장별로 여러 제품에 걸쳐 합해 작업장의 총 부하를 구한 다음에 이를 작업장끼리 비교하거나 총 가동시간 2,400분과 비교해 병목지점을 찾을 수 있다.

의사결정 포인트

작업장 X는 부하 합계가 작업장 V, W, Y, Z보다 크고 총 가용시간 2,400분보다도 크기 때문에 디아블로 일렉트로닉스의 병목지점이다.

예제 7.2보다 프로세스의 다양성이 높아지거나 가동 준비시간이 길어지면 병목지점 찾기가 상당히 어려워진다. 가동 준비시간이 길 때는 단위당 총 처리시간이 가장 긴 작업장이 병목지점이 될 가능성이 크다. 작업 부하의 변동성이 높으면 유동적인 병목현상이 나타날 가능성이 있고, 특히 다양한 작업을 수행해야 하거나 작업장마다 처리용량이 다르면 이런 현상이 더 심해진다. 실무에서는 병목지점을 찾을 때 작업자나 감독자에게 병목지점의 위치를 물어보기도 하고 작업장 앞에 일감이 쌓여 있는 작업장을 찾기도 한다.

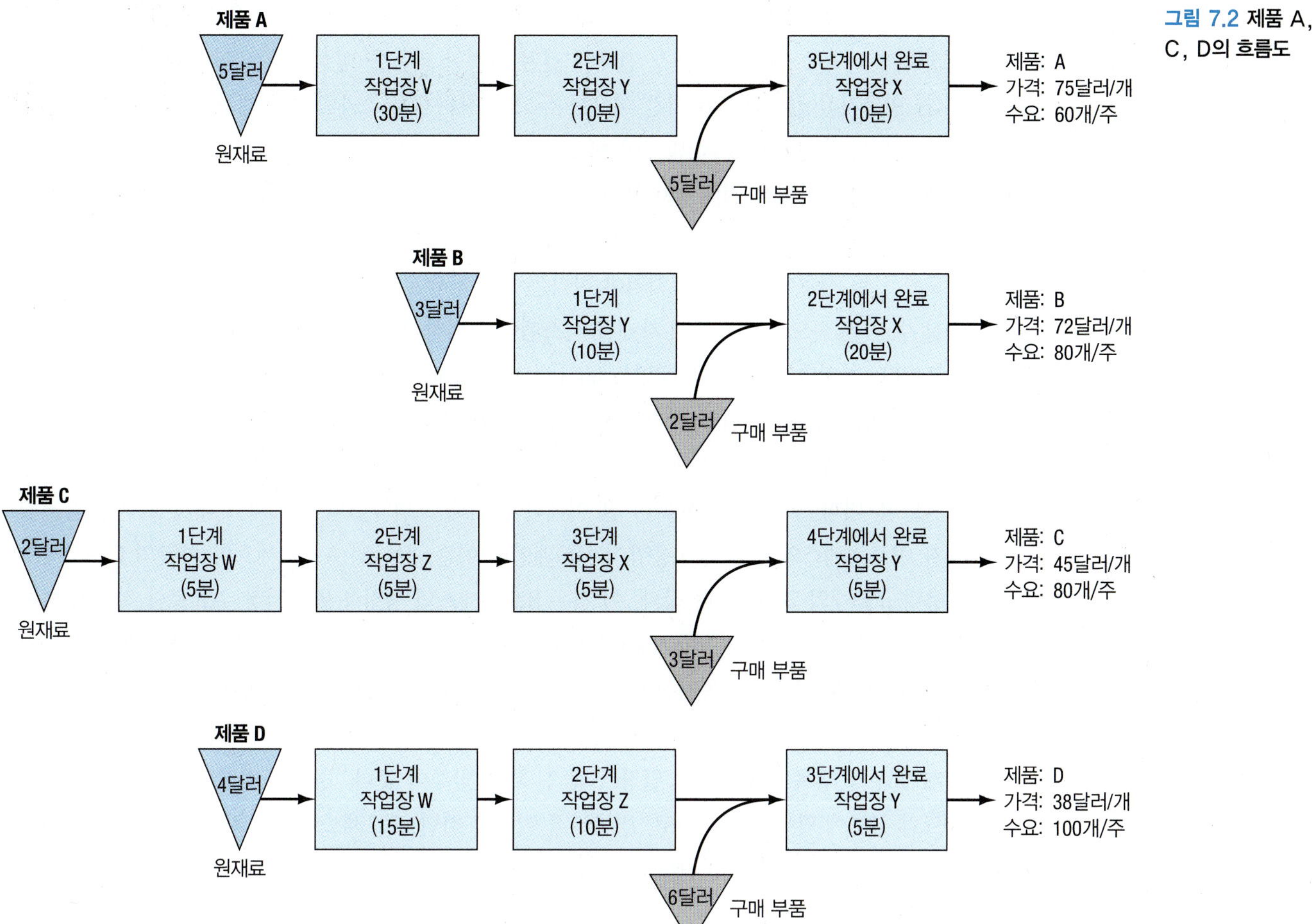

그림 7.2 제품 A, B, C, D의 흐름도

병목현상의 해소

병목지점의 처리용량을 보전하는 요령의 핵심은 단기 일정 계획을 주의 깊게 살피고 병목자원을 최대한 활용하는 것이다. 병목이 아닌 작업장의 지체가 병목지점의 작업 중단을 유발하는 현상을 최소화해야 하고, 병목지점을 항상 바쁘게 유지하기 위해 필요한 자원을 모두 준비 상태로 만들어 놓아야 한다. 병목지점에서 가동 준비가 이루어져야 할 경우에는 다음번 가동 준비 때까지 처리할 양, 즉 뱃치 크기를 비병목 작업장에서의 뱃치 크기보다 크도록 해야 한다. 가동 준비당 생산량을 최대화하면 연간 가동 준비 횟수가 최소화되고, 가동 준비로 인한 시간 낭비도 최소화된다. 가동 준비 횟수는 처리해야 할 제품의 다양성에 따라 달라질 수도 있는데 다양성이 커질수록 가동 준비 횟수도 늘어난다.

병목작업장의 장기적인 용량을 확장하는 데는 다양한 방법이 있다. 물리적으로 장비와 시설 확대에 투자할 수도 있다. 또 주간 가동시간을 늘리는 방법도 있는데, 작업자를 더 고용하고 주간 가동 일수나 하루 교대 횟수를 늘리는 등의 방법이 있다. 그 밖에도 기계를 더 구매할 수도 있고, 프로세스 재설계나 프로세스 개선을 통해 병목을 해소할 수도 있다.

드럼-버퍼-로프 시스템

드럼-버퍼-로프(drum-buffer-rope, DBR)는 제약이론을 기반으로 하는 계획과 통제 시스템으로, 제조 프로세스의 스케줄링과 일정 계획에 사용한다. 이 시스템은 병목자원이나 처리용량이 제약된 자원(capacity constrained resource, CCR)에서 재공품의 흐름을 통제하고자 하는

드럼-버퍼-로프
생산 시스템의 병목이나 용량제약자원에서 재공품의 흐름을 통제하는 계획과 통제 시스템

목적이 있다. 병목지점에서의 스케줄링은 시장 수요와 연동되어 있고, 전체 공장의 생산율을 결정하게 되므로 생산 프로세스 전체에 걸쳐 일정한 리듬을 형성한다는 의미에서 **드럼**이라고 한다. 병목지점에는 작업이 시간 여유를 두고 도착하게끔 스케줄링을 해서 병목지점의 지속적인 생산 활동에 방해를 주지 않아야 하므로, 이 시간 여유를 **버퍼**라고 한다. 병목지점이 일거리가 없어서 쉬는 상황은 절대 없어야 한다. 또 완제품 재고를 출하장에 쌓아 고객에 대한 납기 일정을 준수해야 한다. 병목지점의 속도에 맞추어 공장 전체의 산출률을 통제하는데, 자재 발주 속도를 드럼 신호에 묶어 연동시켜야 한다는 의미에서 **로프**라는 용어를 쓴다. 즉 병목지점이 처리할 수 있는 속도보다 빠르게 자재를 시스템에 투입하지 못하게 하는 일종의 의사소통 장치가 로프이다. 마지막으로 '버퍼관리(buffer management)'는 병목지점으로 들어오는 작업물을 지속적으로 추적한다. 드럼과 버퍼와 로프가 동시에 작동하면, 리드타임과 재고를 줄이면서도 산출량과 적시 납품도 늘리는 생산 일정 계획을 수립할 수 있다.

드럼-버퍼-로프 시스템을 더 잘 이해하기 위해 그림 7.3의 프로세스 배치 도면을 참조해보자. B프로세스의 주간 생산용량이 500개인데 이는, 상단의 A프로세스와 하단의 C프로세스의 용량 800개와 700개보다 작다. 이 경우 B프로세스의 생산용량이 시장 수요보다 작아서 병목지점이 된다. 제약시간 버퍼(constraint time buffer)는 자재가 필요한 시각보다 일찍 도착시키는 형태로 존재하는데, 병목지점(B프로세스) 바로 앞에 적재한다. 출하 버퍼는 완제품의 형태로 존재하는데, 출하를 기다리며 쌓여 있다가 고객 주문이 확정되면 발송한다. 마지막으로 로프는 자재 발주를 병목지점의 작업 일정(드럼 신호)에 맞추어 준다. 병목지점 상단에서의 자재 흐름은 드럼 신호에 맞추어 끌려가고, 병목지점 이후의 하단 프로세스에서의 자재 흐름은 고객 쪽으로 하류 방향으로 흘러내려 간다.

DBR이 추구하는 바는 산출량을 늘리려면 병목자원의 활용률을 높이며, 병목지점에 시간 버퍼를 두고 여유용량을 확보해 문제가 되지 않게 하는 것이다. 따라서 DBR에서 프로세스 뱃치의 크기는 병목지점에서의 가동 준비 횟수를 최소화하고 병목자원의 가동률을 최대화하도록 결정하는 반면, 비병목자원에서의 뱃치 크기는 상황에 따라 가변적으로 운용할 수 있다. 자재의 투입은 이동 뱃치(transfer batch)라고 하는 소규모 단위로 진행하고, 이 소규모 이동 뱃치들을 제약 버퍼로 묶어서 병목지점에서는 대규모 뱃치로 생산되게끔 한다. 이동 뱃치를 가능한 한 작게 결정하면, 프로세스 하단의 작업이 완전히 끝나기도 전에 프로세스 상단의 작업장이 작업을 시작할 수 있다. 이동 뱃치의 개념을 잘 활용하면 전체 리드타임이 줄어든다.

생산하는 제품이 비교적 단순하고 생산 프로세스가 라인 흐름에 가까울수록 DBR 시스템이 효과적이다. 이런 경우 계획이 매우 단순해서 제약자원에서의 생산 일정을 신중히 결정한 후 다른 부문은 이 일정에 맞추면 된다. DBR 시스템을 효과적으로 실행하려면 TOC 원칙을 잘 이해해야 한다. 물론 이 시스템은 다양한 제조업체나 서비스업체에도 적용할 수 있는데, 이 시스

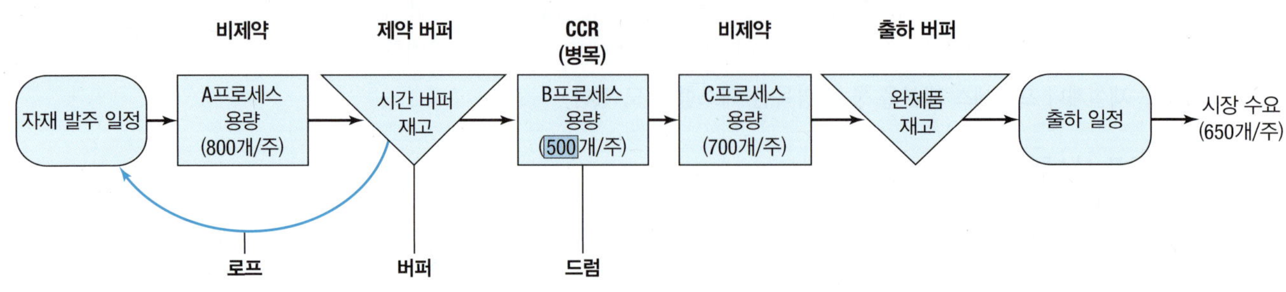

그림 7.3 드럼-버퍼-로프 시스템

경영 사례 7.1 스틸로 리미티드의 TOC 및 DBR

스틸로 리미티드(Steelo Limited)는 런던 서부, 히스로국제공항 근처에 위치한 구조용 강철 제작 회사이다. 2009년 폴란드에서 영국으로 이주한 미카엘 크라제프스키(Michael Krajewski)가 창립한 이 회사는 지속적인 성장 끝에 현재 업계에서 선도적인 기업으로 자리 잡았다. 스틸로 리미티드는 연간 400만 파운드의 매출을 올리고 있으며, 30명의 직원이 근무하고 있다. 회사의 가장 중요한 목표는 고품질 제품을 생산하고 이를 정확한 규격으로 제공하는 동시에 프로젝트 마감 기한을 엄격히 준수하는 것을 성공의 핵심 요소로 생각하고 있다. 이러한 제조 역량을 바탕으로 스틸로는 고객들에게 신뢰받는 강철 제작 및 유통 서비스를 제공하고 있으며, 대다수 고객은 주거용 건설 산업에 속한 건설사들이다. 고객들은 단 1일이라는 짧은 리드타임을 요구하며, 현장 배송은 2시간 이내로 요구하는 경우가 많다. 또한 고객들은 사전결제 방식으로 주문하고 있다.

스틸로 리미티드는 공장 내 생산량을 늘리고 재고를 줄이기 위해 제약이론(theory of constraints, TOC)을 적용해 병목현상이 발생하는 지점을 파악했다. 초기 분석에서는 용접 구역이 생산량을 제한하는 주요 원인일 가능성이 제기되었으나, 더욱 자세한 조사를 통해 실제 병목지점은 배송 과정임을 확인했다. 지역 자치 단체의 규정에 따라 배송은 오전 8시부터 오후 5시까지로 제한되어 있어, 주문이 오후 5시 이후에 이루어지면 당일 배송이 불가능했다. 생산 능력이 부족하다면 공장 내 초과근무를 통해 해결하는 것이 가능하지만, 배송시간을 저녁까지 연장하는 것은 규정상 허용되지 않기 때문이다. 따라서 공장의 모든 자재 흐름은 배송 일정과 긴밀하게 연결되어야 했으며, 이 일정이 전체 공장 운영의 리듬을 설정하는 역할을 하게 되었다. 이는 제약이론의 DBR 시스템에서 '드럼'의 역할을 하는 것으로 볼 수 있다. 스틸로는 직원들을 교차 교육해, 생산 과정에서 문제가 발생하면 유연하게 다른 작업 구역으로 이동해 근무할 수 있도록 했다. 또한 공장에서는 단 2~3일 분량의 강철 재고만 유지하며, 이를 고객 주문의 흐름과 완벽하게 동기화해 운영했다. 이 방식은 각 작업 구역에서 불필요한 재고를 쌓기보다 제품 흐름(product flow)을 최적화하는 데 초점을 맞추는 것이다. 공장은 하루에 10~15개의 주문을 처리하며, 한 달 기준으로 약 200톤의 강철을 생산하고 있다. 이를 더욱 효율적으로 관리하기 위해 맞춤형 정보 기술(IT) 시스템을 도입해, 작업 우선순위를 설정하고 공장의 처리 능력을 초과해 제시간에 완료할 수 없는 단기 주문은 자동으로 거절했다. 이 주문 거절 방식은 로프를 연결하는 것과 같았으며, 외부로의 배송 속도에 맞춰 생산 현장에 원자재를 투입하는 방식과 유사하다. 이러한 린한 운영 방식은 스틸로가 제한된 생산 공간과 엄격한 배송 일정 속에서도 최대한 효율적으로 프로세스를 운영할 수 있도록 돕는 핵심 전략이 되었다.

스틸로 리미티드는 핵심 사업에서 성공을 거두며 더욱 혁신적인 기술을 탐색하는 단계로 나아가고 있다. 창립자인 미카엘 크라제프스키는 3D 프린팅 기술을 도입하고, 인공지능을 활용한 주문 구성, 그리고 완전 자동화 시스템을 연구하며 스틸로의 미래를 발전시키고 있다. 이 회사의 직원 중 약 60%가 폴란드 출신이며, 스틸로가 성장하는 혁신적인 기업이라는 점에서 자부심을 느끼며 함께 일하고 있다. 스틸로는 현재까지 10,000명 이상의 고객을 만족시킨 실적을 가지고 있으며, 2022년 10월에는 빌드매거진(Build Magazine)이 선정한 런던 최고의 구조용 강철 제작업체로 이름을 올렸다. 스틸로는 최고 품질의 제품을 설계, 생산, 납품하며 최고의 기준을 유지하는 기업으로 인정받고 있다.

출처: https://www.linkedin.com/company/steelo-ltd (July 12, 2020); "Poles Apart," Construction Index Magazine, March 2019; https://www.theconstructionindex.co.uk/news/view/poles-apart (July 12, 2020); https://www.steelo.co.uk(May 23, 2023).

작업 현장에서의 구조용 철골 제작 및 용접

출처: Roman Zaiets/Shutterstock

템만 단독으로 사용할 수도 있고 다른 생산 통제 시스템과 같이 사용할 수도 있다. '경영 사례 7.1'은 영국의 한 소규모 철강 제조 회사가 TOC 원칙을 성공적으로 적용해 간단하고 효과적인 DBR 시스템을 설계하고 10년 만에 빠르게 성장한 사례를 보여준다.

제약이론을 활용한 제품 믹스 결정

7.4 제약이론을 제품 믹스 결정에 응용한다.

관리자는 공헌이익이나 단위당 가격이 비싼 제품을 생산하고 싶은 유혹을 느낄 수 있다. 공헌이익(contribution margin)이란 제품 한 단위가 이익과 간접비용에 공헌하는 이익을 의미하며 제품 믹스를 결정할 때 고정비용을 고려하지는 않는다. 이 방식을 **전통적 방식**이라 하는데, 회계나 판매 부문 같은 비제조 분야에서도 쓰인다. 이 방식에 문제가 있는 이유는 기업의 산출량과 이익은 제품별 공헌이익에 따라 결정된다기보다는 실제로는 병목지점에서 발생하는 공헌이익에 따라 결정되기 때문이다. 이런 생각을 기반으로 하는 의사결정 방식을 여기에서 **병목 기반 방식**이라고 한다. 예제 7.3에서는 위 두 가지 접근법을 모두 보여준다.

예제 7.3 공헌이익을 고려한 제품 믹스 결정

디아블로 일렉트로닉스(예제 7.2 참조)의 고위 관리자는 주문을 골라 받는 방식으로 수익성을 개선하고 싶어 재무 자료를 모았다. 변동 간접비는 주당 8,500달러이고, 작업자는 시간당 18달러씩으로 계산한 1주일분 급여 총액을 실제 근무시간에 상관없이 받는다. 따라서 임금은 고정비다. 공장은 하루 1교대 8시간으로 일주일에 40시간 가동한다. 현재의 의사결정 방식은 전통적 방식에 따라 공헌이익이 큰 제품을 최대한(수요 한계까지) 생산한 후 공헌이익이 그다음으로 큰 제품을 생산하는 식으로 생산용량이 모두 소진될 때까지 진행하는 것이다. 새로 취임한 생산감독인 페드로 로드리게스(Pedro Rodriguez)는 제약이론과 병목 일정 계획에 대한 지식이 있었다. 그는 병목자원을 기반으로 제품 믹스를 결정하면 수익성이 개선될 것으로 믿는다.

의사결정 규칙 1: 전통적 방식

제품의 공헌이익이 큰 순서로 최적의 제품 믹스를 결정한다.

1단계. 아래와 같이 각 제품의 단위당 공헌이익을 계산한다.

	A	B	C	D
가격	75.00달러	72.00달러	45.00달러	38.00달러
원재료 및 구매 부품	−10.00	−5.00	−5.00	−10.00
= 공헌이익	65.00달러	67.00달러	40.00달러	28.00달러

제품을 단위당 공헌이익이 높은 순으로 정렬하면 B, A, C, D의 순서가 된다.

2단계. 1단계에서 결정한 순서로 각 제품에 자원 V, W, X, Y, Z를 배정한다. 병목자원(작업장 X)이 드러날 때까지 제품의 수요를 배정해간다. 각 작업장의 가용시간인 2,400분에서 배정된 제품을 생산하는 데 드는 처리 시간을 차감한다.

작업장	최초 가용시간	B제품 80개 배정 후 가용시간	A제품 60개 배정 후 가용시간	C제품 40개만 생산 가능	D제품 100개 추가 생산 가능
V	2,400	2,400	600	600	600
W	2,400	2,400	2,400	2,200	700
X	2,400	800	200	0	0
Y	2,400	1,600	1,000	800	300
Z	2,400	2,400	2,400	2,200	1,200

전통적 방식에 의한 최선의 제품 믹스는 A제품 60개, B제품 80개, C제품 40개, D제품 100개이다.

3단계. 채택한 제품 믹스의 이익을 계산한다.

이익		
수익	(60 × 75달러) + (80 × 72달러) + (40 × 45달러) + (100 × 38달러)	= 15,860달러
재료비	(60 × 10달러) + (80 × 5달러) + (40 × 5달러) + (100 × 10달러)	= −2,200달러
인건비	(5명) × (8시간/일) × (5일/주) × (18달러/시간)	= −3,600달러
간접비		= −8,500달러
이익		= 1,560달러

A제품 60개, B제품 80개, C제품 40개, D제품 100개를 생산하면 주당 이익이 **1,560**달러가 된다.

의사결정 규칙 2: 병목자원 기반 방식

병목 작업장 X의 처리시간 1분당 공헌이익 순으로 제품 믹스를 결정한다. 이 방법은 제약이론의 기본 원칙을 활용해 병목지점을 기반으로 최대 이익을 이끌어낸다.

1단계. 병목 작업장(X)의 처리시간당 공헌이익을 계산한다.

	A제품	B제품	C제품	D제품
공헌이익	65.00달러	67.00달러	40.00달러	28.00달러
병목지점에서의 작업시간	10분	20분	5분	0분
분당 공헌이익	6.50달러	3.35달러	8.00달러	계산 불가

병목지점에서의 시간당 공헌이익이 큰 순으로 정렬하면 D제품, C제품, A제품, B제품이 되며, 이는 앞의 전통적 방식이 제시한 순서와 정반대이다. D제품은 병목자원을 전혀 사용하지 않으므로 가장 먼저 배정한다.

2단계. 1단계에서 결정한 순서로 각 제품에 V, W, X, Y, Z자원을 배정한다. 병목자원(작업장 X)이 드러날 때까지 제품의 수요를 배정해간다. 각 작업장의 가용시간인 2,400분에서 배정된 제품을 생산하는 데 드는 처리시간을 차감한다.

작업장	최초 가용시간	D제품 100개 배정 후 가용시간	C제품 80개 배정 후 가용시간	A제품 60개 배정 후 가용시간	B제품 70개만 생산 가능
V	2,400	2,400	2,400	600	600
W	2,400	900	500	500	500
X	2,400	2,400	2,000	1,400	0
Y	2,400	1,900	1,500	900	200
Z	2,400	1,400	1,000	1,000	1,000

병목 기반 방식에 의한 최선의 제품 믹스는 A제품 60개, B제품 70개, C제품 80개, D제품 100개이다.

3단계. 채택한 제품 믹스의 이익을 계산한다.

이익		
수익	(60 × 75달러) + (70 × 72달러) + (80 × 45달러) + (100 × 38달러)	= 16,940달러
재료비	(60 × 10달러) + (70 × 5달러) + (80 × 5달러) + (100 × 10달러)	= −2,350달러
인건비	(5명) × (8시간/일) × (5일/주) × (18달러/시간)	= −3,600달러
간접비용		= −8,500달러
이익		= 2,490달러

A제품 60개, B제품 70개, C제품 80개, D제품 100개를 생산하면 주당 이익이 **2,490**달러가 된다.

의사결정 포인트

제품 믹스를 정할 때 회사가 사용하던 전통적 방식 대신 페드로가 주장하는 병목자원 기반의 방식을 사용하면 이익이 얼마나 달라지겠는가?

풀이

병목자원을 기반으로 고객 주문을 수락하고 제품 믹스를 정한다면 제품의 생산 순위는 **B, A, C, D**에서 **D, C, A, B**로 바뀐다. 제품 믹스도 A 60, B 80, C 40, D 100에서 A 60, B 70, C 80, D 100으로 바뀌고, 이익도 **930**달러(2,490달러 − 1,560달러) 늘어나 전통적 방식보다 거의 60%나 증가한다.

선형계획법으로도 예제 7.3의 최적 제품 믹스를 구할 수 있다. 그러나 예제 7.3은 가동 준비시간이 크지 않은 경우이다. 가동 준비시간이 커지면 병목지점을 찾을 것과 제품 믹스를 결정하는 것을 따로 고려해야 한다. 이 장 끝부분의 실습과제 '민요 의류회사'에서는 가동 준비시간이 상당히 클 때 제품 믹스를 정하는 예를 보여준다. 이런 방식으로 제약이론의 원리를 이용해 최선의 제품 믹스를 구할 수 있다.

라인 프로세스의 제약 관리

7.5 라인 프로세스의 제약을 관리하고 조립라인의 균형을 취하는 방법을 설명한다.

3장 '프로세스 전략과 분석'에서 언급한 것처럼 라인 프로세스에는 컴퓨터, 자동차, 가전제품, 장난감 등의 조립라인들이 포함된다. 이런 조립라인은 서비스 업종에도 존재한다. 예를 들어 표준화된 햄버거를 정해진 순서로 여러 단계를 거쳐 생산하는 것도 조립라인을 운영하는 것과 유사하다. 이 절에서는 라인 프로세스에서 제약을 어떻게 관리하는지를 상세히 설명한다.

라인 밸런싱

라인 밸런싱
라인 프로세스가 최소 개수의 작업장으로 원하는 산출량을 얻도록 작업을 작업장에 할당하는 과정

라인 밸런싱(line balancing)은 라인 프로세스가 최소 개수의 작업장으로 원하는 산출량을 얻도록 작업을 작업장에 할당하는 과정이다. 대개 한 작업장에는 작업자 한 명이 일한다. 그러므로 최소의 작업자를 활용해 원하는 속도로 제품을 생산하는 라인을 운영하는 것이 가장 효율적이다. 이런 목적을 달성하는 것이 제약이론과 유사한 이유는 라인 밸런싱도 병목자원에 주목하기 때문이다. 라인 밸런싱에서는 병목자원을 처리하는 방법이 다를 뿐이다. (1) 병목자원 생산용량

을 잘 활용하는 주문을 고르거나 (2) 병목자원을 아끼는 일정계획을 수립하는 대신, 라인 밸런싱에서는 제3의 접근법을 사용하고 있다. 라인 밸런싱에서는 (3) 작업장들에 걸친 작업 부하가 가능한 한 균등해지도록 작업장을 설계한다. 작업장을 설계할 때 병목자원의 가동률과 비병목자원의 가동률이 큰 차이가 나지 않도록 한다. 그 외의 다른 점은 라인 밸런싱은 조립작업을 하는 라인 프로세스에 적용되고 라인 내의 각 작업장이 수행할 작업 요소를 배정할 때 적용된다는 점이다. 후자와 같은 상황은 제조업이나 서비스업 모두에서 발생할 수 있다.

출처: andresr/Getty Images

공장의 조립라인에서 한 남성이 신발을 만들고 있다.

라인 밸런싱의 목적은 작업 부하가 균등해지게 작업장들을 구성하는 것이다(예: 카페테리아 식당에서 손님이 식판을 들고 지나갈 때 음식 진열대마다 3분씩 균일하게 시간을 소비하는 상황). 분석의 첫 단계는 전체적인 작업 내용을 작업 요소로 세분화하는 것인데, **작업 요소**(work elements)는 독립적으로 실행할 수 있는 최소 작업 단위이다. 다음으로 각 작업 요소의 표준 처리소요시간을 구하고, **직전 선행 작업**(immediate predecessors, 그 작업 요소를 수행하기 직전에 완료해야 할 작업 요소)을 파악한다.

작업 요소
독립적으로 실행할 수 있는 최소 작업단위

직전 선행 작업
그 작업 요소를 수행하기 직전에 완료해야 할 작업 요소

선행도표

대부분의 라인은 작업 요소 간의 기술적인 선후 관계가 존재한다. 즉 어떤 작업 이전에 꼭 수행해야 하는 작업이 있다. 한편 작업 요소 간의 순서에 어느 정도 선택의 폭이 있을 수도 있다. 이러한 관계를 시각적으로 이해하기 위해 **선행도표**(precedence diagram)를 그려보는 것이 유익하다. 이 교재에서 네트워크 도표를 그리는 방법은 **AON 네트워크**(activity-on-node network, AON) 방법인데, 이 네트워크에서 마디(node)는 활동을 나타내고 가지(arc)는 활동 사이의 선후 관계를 나타낸다. 보다 구체적으로, 작업 요소는 마디 또는 원으로 표시하며, 원 아래에는 작업에 필요한 처리소요시간을 적는다. 화살표(가지)는 선행 작업에서 다음 작업 요소로의 연결을 나타낸다. AON 네트워크를 작성하는 데는 몇 가지 규칙이 있다. 선행 활동이 없는 복수의 활동들은 시작이라는 공통된 마디에서 뻗어나가게끔 표현하는 것이 일반적이다. 더 이

선행도표
직전 작업을 시각적으로 표현한 도표. 작업 요소는 원으로 그리며, 원 아래에는 작업 완료에 필요한 시간을 적음

AON 네트워크
네트워크 도표를 그리는 방법으로, 마디는 활동을 나타내고 가지는 활동들 사이의 선후 관계를 나타냄

AON	활동 사이의 관계	AON	활동 사이의 관계
S T U	S는 T에 선행하고, T는 U에 선행한다.	S U T V	S와 T가 모두 완료되어야 U와 V를 시작할 수 있다.
S U T	S와 T가 완료되어야 U를 시작할 수 있다.	S U T V	S와 T가 완료되어야 U를 시작할 수 있고, T가 완료되면 V를 시작할 수 있다.
T S U	S가 완료되어야 T와 U를 시작할 수 있다.	S T V U	S가 완료되어야 T와 U를 시작할 수 있고, T와 U가 완료되어야 V를 시작할 수 있다.

그림 7.4 활동 간의 관계 표현방법

상 후속 활동이 없는 활동들은 '끝'이라는 마디로 모이게 표현한다. 그림 7.4는 활동 사이의 다양한 관계를 표현하는 방법을 보여준다.

예제 7.4는 제조 프로세스를 예로 들고 있지만, 서비스 프로세스에서 지원 부서의 라인 흐름도 유사하게 표현할 수 있다.

예제 7.4 선행도표의 작성

정원 관리 기계 제조업체인 그린 그래스(Green Grass, Inc.)는 BB(Big Broadcaster)라는 신형 비료 분사기를 생산할 조립라인을 설계하고 있다. 아래의 정보를 이용해 BB의 선행도표를 작성해보자.

작업 요소	설명	처리시간(초)	직전 선행 작업
A	호퍼(hopper)에 다리 부착	40	없음
B	추진축 삽입	30	A
C	굴대 부착	50	A
D	교반기 부착	40	B
E	구동륜 부착	6	B
F	자유 회전장치 부착	25	C
G	포스트 장착	15	C
H	조정기 부착	20	D, E
I	명패 장착	18	F, G
		합계 244	

풀이

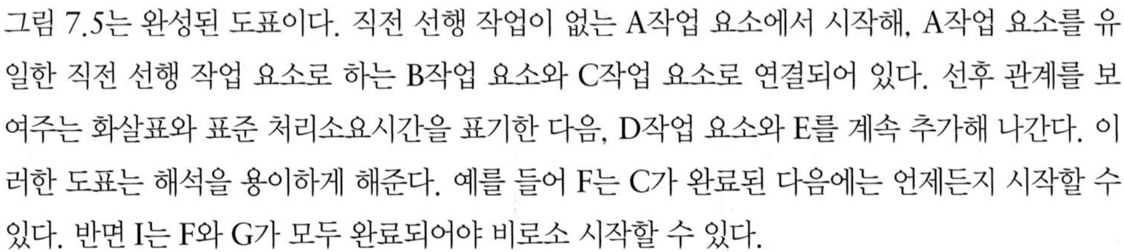

그림 7.5는 완성된 도표이다. 직전 선행 작업이 없는 A작업 요소에서 시작해, A작업 요소를 유일한 직전 선행 작업 요소로 하는 B작업 요소와 C작업 요소로 연결되어 있다. 선후 관계를 보여주는 화살표와 표준 처리소요시간을 표기한 다음, D작업 요소와 E를 계속 추가해 나간다. 이러한 도표는 해석을 용이하게 해준다. 예를 들어 F는 C가 완료된 다음에는 언제든지 시작할 수 있다. 반면 I는 F와 G가 모두 완료되어야 비로소 시작할 수 있다.

그림 7.5 BB 조립 공정의 선행도표

의사결정 포인트

관리자는 이제 이 정보들을 활용해 작업 요소를 몇 개씩 모아 작업장을 구성해 라인 흐름 배치를 설계한다. 이때의 목적은 작업장 간에 작업 부하를 균등하게 배정하는 동시에 작업장의 수를 줄이는 것이다.

바람직한 산출률

라인 밸런싱의 목적은 인력계획이나 생산계획에 산출률을 맞추는 것이다. 예를 들어 1주일에 수요가 4,800단위(또는 고객) 발생하고 라인이 1주일에 80시간 운영된다면 이론적인 산출률은 시간당 60(4,800/80)단위(또는 고객)이다. 이렇게 해야 납품이 정시에 이루어지고, 원치 않은 재고를 누적하거나 고객 서비스를 지연시키지 않을 수 있다. 그러나 라인 밸런싱을 너무 자주 다시 설계할 수는 없다. 그때마다 많은 작업자의 작업을 다시 설계해야 하고, 이에 따라 일시적으로 생산성이 저하되거나 상세 배치의 재설계가 필요한 경우도 발생할 수 있기 때문이다.

사이클 타임

생산 라인의 바람직한 산출률을 먼저 결정한 뒤, 라인의 사이클 타임을 계산할 수 있다. 라인의 **사이클 타임**(cycle time)은 한 작업장에서 배정된 작업 요소들의 처리에 쓸 수 있는 최대 시간이다.[2] 사이클 타임보다 처리소요시간이 긴 작업 요소를 가진 작업장은 병목지점이 되어 전체 라인이 바람직한 산출률을 달성하는 데 장애가 된다. 이상적인 사이클 타임은 시간당 달성하고자 하는 산출률의 역수로 생각할 수 있다.

사이클 타임
작업장 하나에서 한 단위 생산에 쓸 수 있는 최대 시간

$$c = \frac{1}{r}$$

c = 사이클 타임(시간)
r = 달성하고자 하는 산출률(단위/시간)

예를 들어 라인이 달성하고자 하는 바람직한 산출률이 시간당 60개면 사이클 타임은 1/60시간 = 1분이 된다.

이론적 최소치

관리자가 바람직한 산출률을 달성하는 과정은 라인 밸런싱으로 모든 작업 요소를 선행 조건을 만족시키면서 작업장별로 배정하는 동시에 작업장의 수(n)를 최소화하는 과정이다. 작업장마다 작업자 1명이 근무한다는 가정하에서 n을 최소화한다는 것은 작업자당 생산성을 최대화하는 것과 같은 이야기이다. 만약 각 작업장에 배정된 작업 요소의 처리소요시간 합이 사이클 타임과 동일하다면 완전한 균형이 이루어진 것으로 볼 수 있다. 앞의 예에서 작업장별 작업 요소별 처리소요시간의 합이 전부 정확히 1분이면 사이클 타임과 같아져서 라인이 완전한 균형을 이룬다. 현실에서는 작업 요소별 시간이 균등하지 않고 요소 간 선행관계가 작업요소 배정 과정에서의 유연성을 감소시키므로 완전한 균형을 달성하기는 어렵지만, 완전 균형이 작업장 수 최소화를 따지는 데 이론적인 기준이 될 수는 있다. 작업장 수의 **이론적 최소치**(theoretical minimum, TM)는 다음과 같이 계산한다.

이론적 최소치
작업장 수 최소화의 목표치나 기준치가 되며, 값은 단위당 총조립시간(모든 작업 요소의 시간의 합)을 사이클 타임으로 나누어 구한다.

$$\text{TM} = \frac{\Sigma t}{c}$$

Σt = 작업 단위당 총 처리소요시간(모든 작업 요소 처리소요시간의 합)
c = 사이클 타임

예를 들어 모든 작업 요소의 처리소요시간 합이 15분이고 사이클 타임이 1분이면 $TM = 15/1 = 15$이다. 계산에서 소수점 이하가 나오면 정수로 올림하면 된다.

유휴시간, 효율, 밸런스 비효율

n을 최소화하면 자연히 (1) 최소 유휴시간, (2) 최대 효율, (3) 최소 밸런스 비효율이 보장된다. 유휴시간이란 한 단위를 조립하는 전체 프로세스에서 각 작업장이 낭비하는 시간의 합이다.

$$\text{유휴시간} = nc - \Sigma t$$

2 라인 밸런싱에서는 사이클 타임이 이런 뜻으로 쓰인다. 특정 작업이 반복되기까지의 경과시간이라는 뜻이기도 하다. 특정 프로세스를 거치는 데 소요되는 시간이라는 의미로는 '리드타임'이라는 단어가 쓰인다(예: 생산 리드타임, 배달 리드타임).

n = 작업장의 수

c = 사이클 타임

Σt = 제품 1단위 조립에 필요한 표준 처리소요시간의 합계

효율은 전체 시간 중 생산적인 시간의 비율을 백분율로 표현한 것이다.

$$\text{효율}(\%) = \frac{\Sigma t}{nc}(100)$$

밸런스 비효율
100%와 효율의 차이

밸런스 비효율(balance delay)은 효율이 100%에 미치지 못하는 정도이다.

$$\text{밸런스 비효율}(\%) = 100 - \text{효율}$$

c값이 정해져 있을 경우, n을 최소화하면 위 세 가지를 모두 최적화할 수 있다.

예제 7.5 사이클 타임, 이론적 최소치, 효율의 계산

그린 그래스의 공장장은 마케팅 부서로부터 BB의 내년 수요를 보고받았다. 공장장은 다음 3개월 동안에 BB를 일주일에 2,400개 생산할 수 있도록 생산 라인을 설계하려고 한다. 공장은 주당 40시간 운영된다.

a. 이 라인의 사이클 타임은 얼마여야 하는가?
b. 이 사이클 타임으로 생산 라인을 설계하려면, 작업장 수의 이론적 최소치는 얼마인가?
c. 공장장은 작업장이 5개인 답을 얻어냈다면 이때 라인의 효율은 얼마인가?

풀이

a. 바람직한 산출률(주당 2,400개)을 주당 40시간으로 나누면 시간당 $r = 60$개가 되므로 사이클 타임은 다음과 같다.

$$c = 1/r = 1/60(\text{시간}/\text{개}) = 1(\text{분}/\text{개}) = \mathbf{60\text{초}/\text{개}}$$

b. 총시간 Σt를 사이클 타임 $c = 60$으로 나누어 작업장 수의 이론적 최소치를 구한다. 프로세스가 완전한 균형 상태라면

$$\text{TM} = \frac{\Sigma t}{c} = \frac{244\text{초}}{60\text{초}} = 4.067 \text{ 또는 } \mathbf{5\text{개}}$$

온라인 자료
OM Explorer의 Tutor 7.1은 이러한 라인 밸런싱 값을 계산하는 새로운 예제를 제공한다.

c. 작업장 5개로 구성된 대안이라면

$$\text{효율}(\%) = \frac{\Sigma t}{nc}(100) = \frac{244}{5(60)}(100) = \mathbf{81.3\%}$$

의사결정 포인트

선행관계를 모두 만족시키면서 작업장이 5개인 해법을 찾을 수 있다면, 그것이 작업장 수의 이론적 최소치와 같으므로 최적해라고 볼 수 있다. 그러나 효율(이를 **이론적 최대 효율**이라고 한다)은 81.3%에 불과하므로 공장 운영시간을 주당 40시간 미만으로 조정하는 것이 바람직하고(따라서 사이클 타임을 조정), 프로세스가 운영되지 않는 동안에는 작업자를 다른 업무로 전환할 수도 있다.

표 7.3 새로이 구성하는 작업장에 작업 요소를 배정하는 순위 규칙

작업장을 하나씩 순차적으로 설치해간다. 새로 설치하는 작업장에 배정할 작업 요소의 후보들은 아직 배정되지 않은 작업 요소 중에 다음의 요건에 맞는 것으로 한다.	
1. 선행 작업 요소가 모두 앞쪽 작업장이나 새로 설치된 작업장에 이미 배정되어 있다.	
2. 후보 작업 요소를 설치 중인 작업장에 배정해도 이 작업장의 누적 부하 합계가 사이클 타임보다 적다.	
의사결정 규칙	**근거 논리**
최장 작업시간	작업시간이 가장 긴 후보 작업 요소부터 먼저 배정하는 규칙인데, 어려운 작업부터 먼저 배정해 뒤쪽에는 작업시간이 짧은 작업 요소만 남겨둔다.
최단 작업시간	최장 작업시간 규칙과 반대로 작업시간이 짧은 작업 요소부터 먼저 배정하는 규칙이다. 어차피 최적해를 보장하는 규칙이 없으므로 한 번쯤 시도해 보는 규칙으로 계획담당자에게 새로운 대안을 줄 가능성도 있다.
최대 수의 후행작업	후행작업 요소의 수가 가장 많은 작업 요소부터 먼저 배치하는 규칙이다. 그림 7.5에서 C품목은 후행작업이 3개(F, G, I)인데 D품목은 후행작업이 1개(H)이다. 이 규칙은 후반부 작업장 배정에 유연성을 제공해 개선 효과가 나도록 하는 규칙이다.
최소 수의 후행작업	후행작업 요소의 수가 가장 작은 것에 우선순위를 주는 규칙으로 최대 수의 후행작업 규칙의 반대이다.

해답의 발견

그린 그래스와 같이 간단한 문제에서도 조립라인 구성 방법이 여러 개일 수 있다. 이러한 문제의 해법에 있어 목적은 (1) 선행관계나 사이클 타임 요건을 지키면서 (2) 필요한 작업장의 수를 최소화하도록 작업 요소들을 몇 개의 작업장으로 묶어서 분배하는 것이다. 선행관계를 고려하면서 작업 요소를 작업장에 배정해 모든 작업장의 작업량이 사이클 타임에 가깝도록(거의 같지만 더 크지는 않게) 조정해야 한다. 이렇게 하면 작업장의 수가 최소화된다.

이런 계산을 해주는 상업용 소프트웨어 패키지도 있지만, 여기에서는 시행착오법으로 해답을 찾아보자. 대부분의 소프트웨어 패키지들이 작업장에 작업 요소를 배정하는 순위 규칙을 각기 다르게 사용하고 있다. 이런 규칙의 예가 표 7.3에 있다. 그러나 이런 규칙을 적용한 결과가 실행 가능하거나 최적해라는 보장이 없기 때문에 결과를 잘 검토하고 개선의 여지가 없는지 확인해야 한다. 같은 작업장에 배정되면 안 되는 작업 요소들이 있을 수도 있고, 약간의 변경을 통해 작업장 수를 줄일 수도 있고, 작업 요소의 재배정을 통해 작업장 간 균형을 개선할 수 있는 경우도 있다.

그림 7.6에 5개의 작업장으로 구성된 해법을 제시했다. 예제 7.5에서 본 것과 같이 5개의 작업장이 이론적 최소치이므로 이론적 최소치에 도달한 해법이며, 선행관계와 사이클 타임 요건이 모두 만족되고 있으므로 이 문제에 대한 최적해라고 볼 수 있다. 각 작업장의 작업자는 배정된 작업 요소를 적절한 순서로 수행해야 한다. 예를 들어 작업장 S5를 담당한 작업자는 작업장에 도착한 각 작업 단위에 작업 요소 E, H, I를 수행한다. 한 작업 단위당 처리소요시간은 44초(6 + 20 + 18)라서 사이클 타임 60초(예제 7.5 참조)를 넘지 않는다. 또한 해당 세 작업 요소의 직전 선행 작업 요소는 모두 이 작업장 또는 상단의 작업장에 배정되어 있으므로 선행관계가 만족된다. 즉 작업장 S5에서 I는 언제든지 작업을 시작할 수 있지만, H는 E가 완료된 후에 시작할 수 있다.

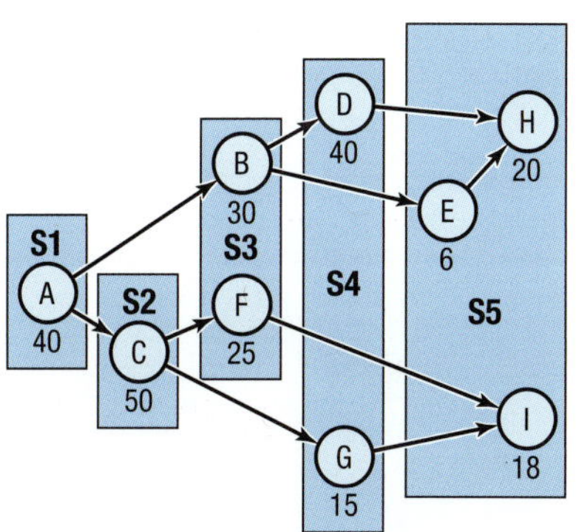

그림 7.6 BB 조립 공정의 선행도표 해답

조립라인의 재균형

개별 작업 프로세스나 뱃치 프로세스와는 달리 라인 프로세스에서는 제품 믹스나 수요량이 급격히 변하지는 않지만, 라인이 생산하는 조립제품이 다른 제품으로 달라지거나 총산출률이 변경되게 되면 라인 내의 개별 작업장 간에 작업 부하가 이동할 수 있다. 이렇게 발생한 제약을 관리하려면 라인의 균형을 재구성하거나 작업자를 다른 작업장으로 이동시켜서 낭비를 줄이고 작업 부하와 인력을 좀 더 균형 있게 배정해야 한다.

병목 현상, 사이클 타임, 수리와 정비 시간, 제품 믹스가 조립라인의 효율성과 산출량에 미치는 영향을 이해하면 라인 프로세스를 관리할 때 큰 효과를 볼 수 있다.

관리적 고려사항

라인 프로세스에서는 정해진 사이클 타임을 달성하기 위한 라인 밸런싱 외에도 (1) 작업장 간의 이동 시간 설정, (2) 행태적 요인, (3) 생산 모델 수, (4) 사이클 타임 조정 등도 고려해야 한다.

작업장 간의 이동 시간 설정

이동 시간 설정
사이클 타임이 경과하자마자 제품을 다음 작업장으로 이동시키는 것

사이클 타임이 경과한 후 작업 단위를 다음 작업장으로 이동시키는 데 소요되는 시간을 설정하는 것을 **이동 시간 설정**(pacing)이라고 한다. 제조 프로세스에서 작업장 간 일정한 이동 시간을 유지하면 자재 이동을 자동화할 수 있게 되고 재공품 재고를 저장하기 위해 필요한 공간이 줄어든다. 반면 전체 라인을 지연시켜야 하거나 미완성 재공품에 대한 작업을 중단시켜 라인에서 빼내야 하는 등 예상 밖의 지연이 일어났을 경우에는 일정한 이동 시간을 유지한다는 것이 오히려 프로세스의 유연성을 떨어뜨리는 요인으로 작동할 수도 있다.

행태적 요인

라인 흐름 배치에서 가장 논란의 여지가 많은 측면이 행태적 반응이다. 생산 라인을 설치하면 결근, 이직, 불만이 증가한다는 연구 결과도 많다. 작업장 간 이동 시간의 존재나 고도의 전문화(예: 2분 미만의 사이클 타임)는 작업자들의 업무 긴장도를 높여 직무만족도를 떨어뜨릴 수 있기 때문에 작업자는 기계적 이동 시간을 피하기 위한 방법으로 완충 재고를 선호한다. 작업장 간 이동 시간을 경직적으로 운영하지 않는 것이 오히려 생산성을 증대한다는 연구 결과도 있다.

생산 모델 수

혼류 라인
같은 제품군에 속하는 여러 품목을 동시에 생산하는 라인

혼류 라인(mixed-model line)은 같은 제품군에 속하는 여러 품목을 한 라인에서 생산하는 라인을 말한다. 이에 반해 단일모형 라인은 한 가지 모형만 생산하는 라인을 말한다. 혼류 라인을 채택하면 제품 다양성과 대량생산을 동시에 달성할 수는 있지만, 생산 일정 계획이 복잡해지고 각 작업장에서 생산되는 특정 부품들의 생산계획에 관해 더 많은 정보의 소통이 필요해진다.

사이클 타임

라인의 사이클 타임은 바람직한 산출률(또는 허용되는 최대 작업장의 수)이 얼마인가에 따라 달라진다. 그리고 라인의 효율은 사이클 타임을 어떻게 설정하는가에 따라 달라진다. 그러므로 허용할 수 있는 범위 내에서 다양한 사이클 타임을 검토하는 것도 의미가 있다. 관리자가 효율이 높은 방안을 선택하려고 산출률을 떨어뜨릴 수도 있다. 관리자는 산출률 저하로 인한 차질을 보충하기 위해 초과근무, 교대 연장, 교대조 추가 등으로 라인 운영 시간을 조정할 수도 있다. 또한 라인을 증설하는 것이 방법이 될 수도 있다.

학습목표 점검

학습목표	점검 가이드라인	온라인 자료
7.1 제약이론을 설명한다.	'제약이론' 절에서는 제약이나 병목은 서비스업에서나 제조업에서나 마찬가지로 내부자원이거나 시장 수요의 형태로 존재하면서 시스템 성과에 결정적 영향을 미친다는 점을 설명하고 있다. 서두에 소개한 IBM은 TOC를 비제조업체에 응용한 사례이고, 표 7.2에는 TOC의 주요 원리들이 담겨 있다.	
7.2 서비스 프로세스의 병목을 찾아내고 관리한다.	'서비스 프로세스의 병목 관리' 절은 서비스업체에서 병목을 찾는 방법을 보여준다. 예제 1은 그 예다.	
7.3 제조 프로세스의 병목을 찾아내고 관리한다.	'제조 프로세스의 병목 관리' 절은 제조업에서 병목을 찾아 해소하는 방법을 설명하고, 이 이론과 드럼-버퍼-로프 시스템이라는 생산계획 통제 시스템과 연결 지어 설명하고 있다.	
7.4 제약이론을 제품 믹스 결정에 응용한다.	'제약이론을 활용한 제품 믹스 결정' 절에서는 병목자원을 기반으로 해 자원을 배정하고 제품 믹스를 결정하면 어떻게 이윤이 증가하는지를 설명하고 있다. 실험학습 '민요 의류회사'에서는 가동 준비시간이 클 때 제품 믹스가 어떻게 결정될 수 있는지를 보여준다.	OM Explorer Solver: Min-Yo Garment Company spreadsheet
7.5 라인 프로세스의 제약을 관리하고 조립라인의 균형을 달성하는 방법을 설명한다.	'라인 프로세스의 제약 관리' 절에서는 조립라인의 균형을 이루면서 작업장을 구성하는 방법을 설명했다. 여기에서는 라인 밸런싱을 제조업에서나 서비스업의 라인 프로세스 사용할 수 있는 제약 관리의 한 형태로 볼 수 있고, 산출을 계획에 맞추는 효과적인 장치로서 프로세스를 효율적으로 운영하는 장치로 소개하고 있다. 라인 밸런싱의 응용을 다룬 예제 2번을 참조하라.	OM Explorer Tutor: 7.1: Calculate Line-Balancing Measures 윈도우용 POM: Line Balancing

주요 공식

라인 프로세스의 제약 관리

1. 사이클 타임: $c = \dfrac{1}{r}$
2. 작업장 수의 이론적 최소치: $\mathrm{TM} = \dfrac{\Sigma t}{c}$
3. 유휴시간: $nc - \Sigma t$
4. 효율(%): $\dfrac{\Sigma t}{nc}(100)$
5. 밸런스 비효율(%): 100 − 효율

핵심용어

드럼-버퍼-로프(drum-buffer-rope, DBR)
라인 밸런싱(line balancing)
밸런스 비효율(balance delay)
병목(bottleneck)
이동 시간 설정(pacing)
선행도표(precedence diagram)
총산출 시간(throughput time)
이론적 최소치(theoretical minimum, TM)
작업 요소(work elements)
제약(constraint)
제약이론(theory of constraints, TOC)
사이클 타임(cycle time)
직전 선행 작업(immediate predecessors)
혼류 라인(mixed-model line)
AON 네트워크(activity-on-node network, AON)

복습문제 1

퍼스트 커뮤니티 은행(First Community Bank)의 관리자는 대출 승인된 고객의 서류 처리시간을 줄이고 싶어 한다. 이 프로세스를 나타낸 그림 7.7의 흐름도에는 몇 가지 활동이 있는데, 활동마다 전담 직원이 1명씩 있다. 승인된 대출 요청 서류가 1단계에 도착하면 정확히 작성되었는지 검토한 후 순위를 부여한다. 2단계에서는 대출 목적(개인용/사업용)과 대출 규모에 따라 서류를 분류한다. 3단계에서는 신용을 조회하고 이와 병렬적으로 4단계에서는 대출 요청 자료를 기록으로 남기기 위해 정보 시스템에 입력하는데 4단계에는 숙련도가 다른 2명의 직원이 근무한다. 마지막 5단계에서 신규 대출을 위한 서류작업이 모두 완료된다. 작업에 필요한 시간(분)은 괄호 안에 표기되어 있다.

대출 수요가 이 프로세스의 처리용량보다 크다고 가정하고 병목 단계를 찾아라. 또한 이 시스템으로 하루 5시간 동안 처리할 수 있는 승인된 대출의 최대 건수가 경영진의 관심사이다.

풀이

각 단계의 대출 처리용량은 '고객당 처리시간'을 '시간당 고객 수'로 변환해 계산할 수 있다. 즉 1단계는 시간당 4(60/15)명, 2단계는 3(60/20)명, 3단계는 4(60/15)명, 5단계는 6(60/10)명 처리할 수 있다. 4단계의 입력을 담당한 직원은 2명인데, 직원 1은 시간당 고객 3(60/20)명을 처리할 수 있고, 직원 2는 2(60/30)명을 처리할 수 있다. 따라서 4단계의 시간당 총 처리능력은 5(3 + 2)명이고, 평균 처리시간은 12(60/5)분이다.

승인된 대출 1건을 처리하는 총 처리시간은 15 + 20 + max(15, 20) + 10 = 60분이다. 이 문제에서는 단계별로 대기시간이 있는 단계가 하나도 없다고 가정하고 있으나 실제 상황에서는 그렇게 부드럽게 흐름이 이어지지 않을 수도 있다. 예를 들어 실제 상황에서는 서류들의 도착 시간간격이 불규칙하고 서류당 실제 처리시간이 늘 균일하지는 않은 등의 요소들 때문에 실제 총 소요시간은 60분보다 더 길어질 수도 있다.

의사결정 포인트

이 은행에서는 건당 처리시간이 가장 긴 2단계가 병목지점이다. 이 은행은 현재 1시간에 고객 3명 즉, 5시간에 15명을 처리할 수 있다. 대출 처리 프로세스의 흐름을 증가시키려면 2단계의 처리능력을 늘려야 하는데, 관리자는 다른 단계가 새로운 병목지점이 되지 않을 정도로 2단계의 처리능력을 늘리는 것을 고려할 수 있다.

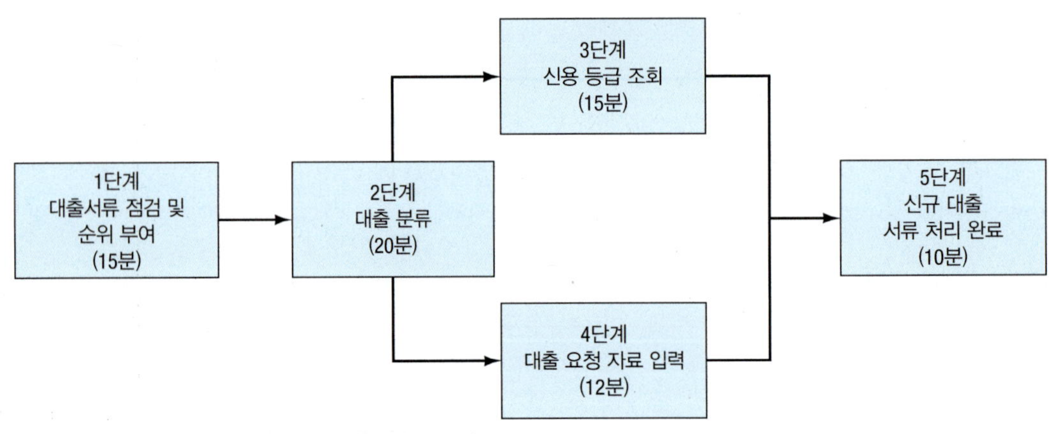

그림 7.7 퍼스트 커뮤니티 은행의 신용대출 신청 프로세스

복습문제 2

어떤 회사가 8시간 동안 제품 192개를 생산하기 위한 조립라인을 설계하려고 한다. 아래 표에는 작업 요소, 시간, 직전 선행 작업이 있다.

작업 요소	시간(초)	직전 선행 작업
A	40	없음
B	80	A
C	30	D, E, F
D	25	B
E	20	B
F	15	B
G	120	A
H	145	G
I	130	H
J	115	C, I
	합계: 720	

a. 이 라인의 바람직한 사이클 타임(초)은 얼마여야 하는가?
b. 최소한의 필요 작업장 수는 얼마인가?
c. 시행착오 방식으로 해답을 구하고 이를 바탕으로 선행도표를 작성하라.
d. 효율과 밸런스 비효율은 얼마인가?

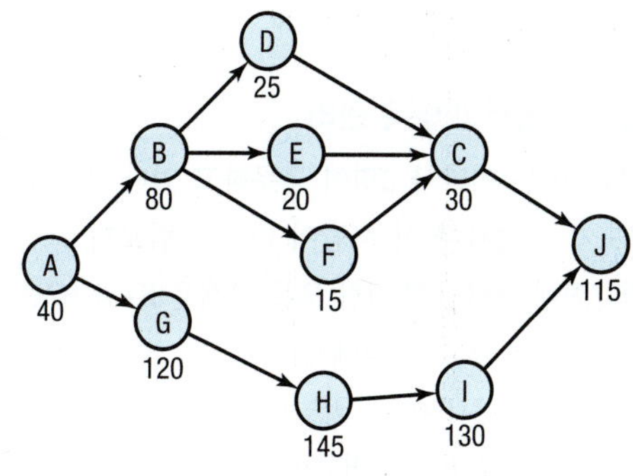

그림 7.8 선행도표

풀이

a. 사이클 타임 공식에 대입하면 다음과 같다.

$$c = \frac{1}{r} = \frac{8\text{시간}}{192\text{개}}(3{,}600\text{초/시간}) = 150\text{초/개}$$

b. 작업 요소 시간의 합이 720초이므로

$$\text{TM} = \frac{\Sigma t}{c} = \frac{720\text{초/개}}{150\text{초/작업장}} = 4.8 \text{ 또는 } 5\text{개 작업장}$$

단, 이 답은 실행 가능하지 않을 수도 있다.

c. 그림 7.8에 선행도표가 나타나 있다. 아래 표는 5개 작업장에 작업 요소를 배정한 결과를 나타내고 있다.

d. 효율은 96%이고, 밸런스 비효율은 4%(= 100 − 96)밖에 안 된다.

$$\text{효율} = \frac{\Sigma t}{nc}(100) = \frac{720\text{초/개}}{5[150\text{초/개}]}(100) = 96\%$$

작업장	후보	선택	작업 요소의 시간(초)	누적 시간(초)	유휴시간(c = 150초)
S1	A	A	40	40	110
	B	B	80	120	30
	D, E, F	D	25	145	5
S2	E, F, G	G	120	120	30
	E, F	E	20	140	10
S3	F, H	H	145	145	5
S4	F, I	I	130	130	20
	F	F	15	145	5
S5	C	C	30	30	120
	J	J	115	145	5

토론과제

1. 다음 활동에서 잠재적인 병목지점을 파악해 보라.
   a. 대중교통을 이용해 등교하기
   b. 슈퍼마켓에서 쇼핑하기
   c. 놀이공원 내 놀이기구 타기
   d. 공항에서의 체크인 프로세스
   e. 온라인 사이트에서 물건 구매하기
2. 1번 문제에서 제시된 프로세스들에서, 기존의 병목지점을 변화시키거나 다른 곳으로 이동시킬 수 있는 방법을 찾아보라.
3. 2번 문제에 따라 재설계된 프로세스의 효율성을 어떻게 더 향상할 수 있겠는가?

연습문제

이 책을 사용하는 모든 학생은 OM Explorer, 윈도우용 POM, Active Model 소프트웨어를 사용할 수 있다. 해당 소프트웨어의 다운로드 위치와 활용 방법은 강의 담당 교수에게 문의하라. 대부분의 교수자는 학생이 직접 계산하는 방법을 이해하기를 바란다. 하지만 소프트웨어를 이용하면 계산을 확인할 수 있다. 계산이 매우 복잡하고, 의사결정 과정에서 결과를 해석하는 것이 목표인 경우 소프트웨어가 수

작업 계산을 완전히 대체해도 무방하다.

서비스 프로세스에서의 병목 관리

1. 빌의 이발소에는 이발사 2명이 근무하고 있다. 두 이발사는 경험과 숙련도가 비슷하나 한 사람이 다른 사람보다 조금 속도가 늦다. 그림 7.9에 나타난 것처럼 모든 고객은 B1과 B2를 거치고 B3에서 이발사 2명 중 한 사람에게 서비스를 받게 된다. 이발소에서의 모든 프로세스는 B4에서 끝난다. 괄호 안의 수치는 각 단계에서 고객 1명을 처리하는 데 필요한 시간이다.
   a. 평균적인 고객이 이발을 마치는 데 시간이 얼마나 걸리겠는가?
   b. 전체 프로세스에서 병목이 되는 활동은 무엇인가?
   c. 이 프로세스로 한 시간에 몇 명을 이발할 수 있겠는가?

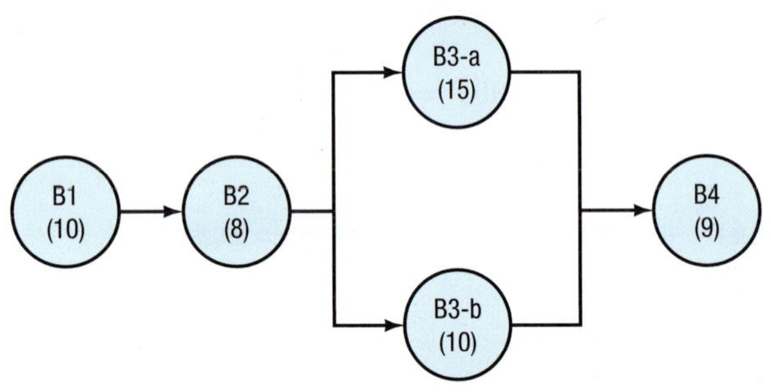

그림 7.9 빌 이발소의 프로세스 흐름

2. 멜리사 스튜디오는 개인사진이나 단체사진을 찍어준다. 그림 7.10의 프로세스 흐름도에서처럼 등록을 마친 고객은 계산원 둘 중 한 사람에게 요금을 지불한다. 그다음에 개인사진인지 단체사진인지에 따라 다른 방으로 간다. 마지막으로 사진을 찾는다.
   a. 단체사진을 찍으려면 총 시간이 얼마나 걸리는가?
   b. 개인사진과 단체사진 신청 비율이 같다고 가정하면 전체 프로세스에서 병목 활동은 무엇인가?
   c. 병목 활동에서의 개인사진과 단체사진의 총 처리용량은 얼마인가?
3. 고객의 드레스를 개조해주는 바버라 부티크의 고객 유형은 두 가지인데, 고객별 프로세스 흐름이 그림 7.11에 자세히 표현되어 있다. A유형 고객은 T1 단계를 마친 후에 T2를 거쳐 세 가지 T3 중 하나를 마치고 T4와 T7로 간다. B유형 고객은 T1에서 T5, T6을 거쳐 T7로 간다. 괄호 안의 수치는 단계별로 고객 1명의 드레스 개조에 드는 시간이다.
   a. A유형의 고객을 처리하는 바버라의 시간당 처리능력은 얼마인가? T1과 T7에 대기 중인 고객은 없다고 가정하자.
   b. A유형 고객이 30%이고 B유형 고객이 70%라면 바버라의 평균적인 처리능력(고객/시간)은 얼마인가?
   c. 시간당 도착 고객 수는 5명이 넘는다고 가정하자. B유형 고객이 없다면, A유형 고객은 어디에서 대기행렬을 경험하겠는가? 반대로, A유형 고객이 없다면 B유형 고객은 어디에서 대기행렬을 경험하겠는가?

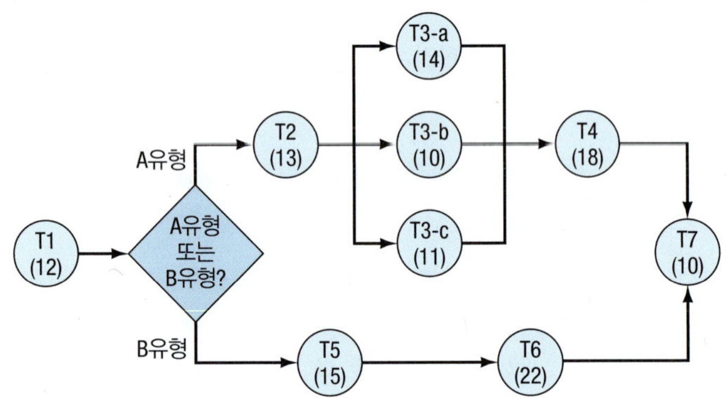

그림 7.11 바버라 부티크 고객의 프로세스 흐름

제조 프로세스에서의 병목 관리

4. 캐닌 커널스 컴퍼니(Canine Kernels Company, CKC)는 두 가지 강아지 장난감(A, B를 1,000개들이 박스로 판매)을 작업장 세 곳(X, Y, Z)에서 소규모 뱃치 프로세스로 생산하고 있다(그림 7.12 참조). 뱃치의 가동 준비시간은 무시해도 좋을 정도로 적다. 흐름도는 각 제품의 제조 프로세스를 제품가격, 주간 수요, 처리시간과 함께 표현한 것이다. 역삼각형은 제조 프로세스에 사용되는 구매 부품과 원재료를 의미한다. 제품은 주당 수요만큼 제조해 판매하는데 수요를 충족하지 못했다고 하더라도 별다른 페널티는 없

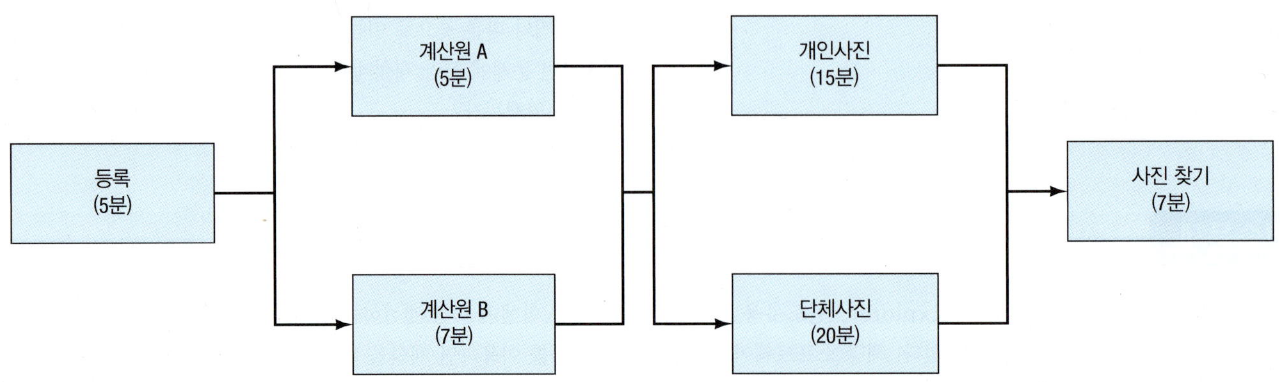

그림 7.10 멜리사 스튜디오의 프로세스 흐름

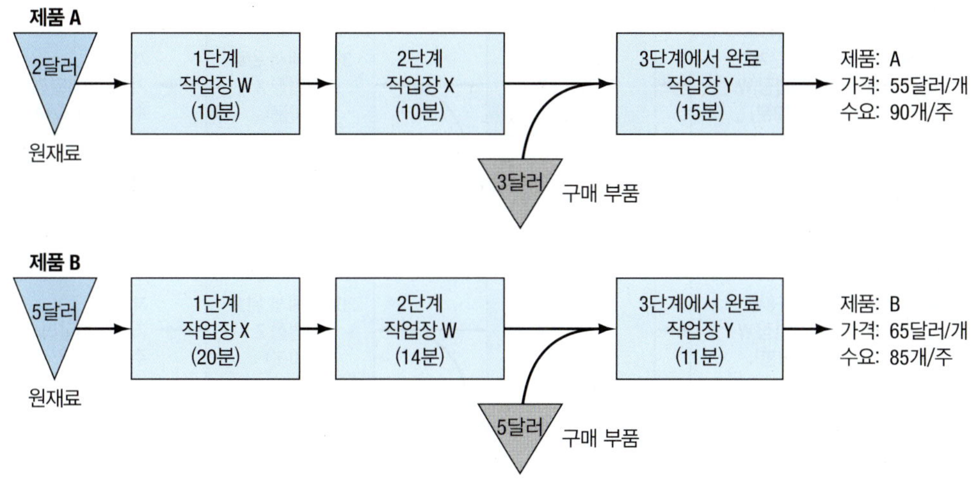

그림 7.12 CKC의 흐름도

다. 작업장마다 전담 작업자가 1명씩 배치되며 시간당 임금은 6달러이다. 작업자의 주당 임금 총액은 고정비용이다. 변동 간접비용은 3,500달러/주이다. 공장은 하루 8시간 1교대로 40시간/주 가동 중이다. X, Y, Z 중 어느 작업장이 총작업 부하가 가장 높아서 병목 작업장이 되겠는가?

5. 슈퍼 펀 인더스트리(Super Fun Industries)는 네 가지 인기 장난감 A-148, B-356, B-457, C-843을 생산하고 있다. 아래 표는 각 작업장에서 이 장난감을 생산하는 데 필요한 처리시간이다. 시간의 단위는 분이다. 회사의 공장은 평일 5일간은 하루 16시간, 토요일은 8시간 가동한다.

	A-148	B-356	B-457	C-843
제1작업장의 처리시간	6분	5분	0분	8분
제2작업장의 처리시간	4분	4분	5분	2분
제3작업장의 처리시간	5분	7분	4분	2분
제4작업장의 처리시간	3분	0분	10분	1분

a. A-148만 생산한다면 일주일에 얼마나 생산할 수 있는가?
b. 각 제품의 주당 수요가 A-148 = 200개, B-356 = 250개, B-457 = 250개, C-843 = 300개라면, 병목 작업장은 어느 지점인가? 수요량만큼 모두 생산할 능력이 있는가?

6. 5번 문제에서 각 제품의 주당 수요가 A-148 = 100개, B-356 = 400개, B-457 = 250개, C-843 = 100개라면 병목 작업장은 어느 곳인가? 수요량만큼 모두 생산할 능력이 있는가? C-843을 추가로 몇 개 더 생산할 수 있는가? 이 상황에서 병목지점이 달라지는가?

7. 요스트-페리 인더스트리(Yost-Perry Industries)는 중저가 악기 세 종류(A, B, C)를 4개 작업장(W, X, Y, Z)을 통해서 제작 조립한다. 뱃치 생산을 하고 있으나 가동 준비시간은 무시해도 될 만큼 작다. 제품 정보(가격, 주당 수요, 처리시간)와 작업 순서는 그림 7.13과 같다. 원재료와 구매 부품(단위당 소비율로 표시)은 역삼각형으로 표현했다. 회사는 수요만큼 생산하고 판매하며, 수요를 충족하지 못해도 페널티는 없다. 작업장마다 잘 훈련된 전담 작업자가 1명씩 있으며 임금은 시간당 15달러이다. 하루 8시간 1교대로 주 5일 가동한다. 즉 1인당 40시간/주 근무한다. 간접비용은 9,000달러/주이다. 4개 작업장(W, X, Y, Z) 중 부하가 가장 커서 병목지점이 되는 곳은 어디인가?

제약이론을 활용한 제품 믹스 결정

8. 4번 문제에서 언급한 CKC의 고위관리자는 현재의 생산능력에 신경을 쓰고 있기 때문에 기업 이윤을 최대로 하는 제품 믹스가 되도록 주문을 받고 싶어 한다. 지금까지 회사가 사용한 전통적 방식은 공헌이익이 가장 큰 제품을 최대한(수요 한도까지) 생산하고 난 뒤 생산능력이 남으면 공헌이익이 다음으로 높은 제품으로 옮겨가면서 생산능력을 모두 소진하는 방식이었다. 생산능력은 제한되어 있기 때문에 적정한 제품 믹스가 매우 중요하다. 새로 고용한 생산감독 트로이 헨드릭스(Troy Hendrix)는 제약이론의 정신에 따라 병목지점 기반의 일정 계획을 사용한다. 그는 병목자원을 기반으로 제품 믹스를 결정하면 이익이 증가할 것이라고 믿고 있다.
a. 전통적 공헌이익 방식으로 제품 믹스를 결정하면 이익이 얼마가 되는가?
b. 트로이가 주장하는 병목 기반 방식으로 제품 믹스를 정하면 이익이 얼마가 되는가?
c. TOC 원칙을 기반으로 제품 믹스를 결정하고 이익을 총액과 추가 이익률로 계산해 보라.

9. 한 공장이 주 5일, 하루 8시간 근무로 세 종류의 제품을 생산한다. 현재의 제품 믹스는 공헌이익을 극대화하도록 구성되었다. 다음 표는 주당 수요, 가격 및 원가를 보여준다.

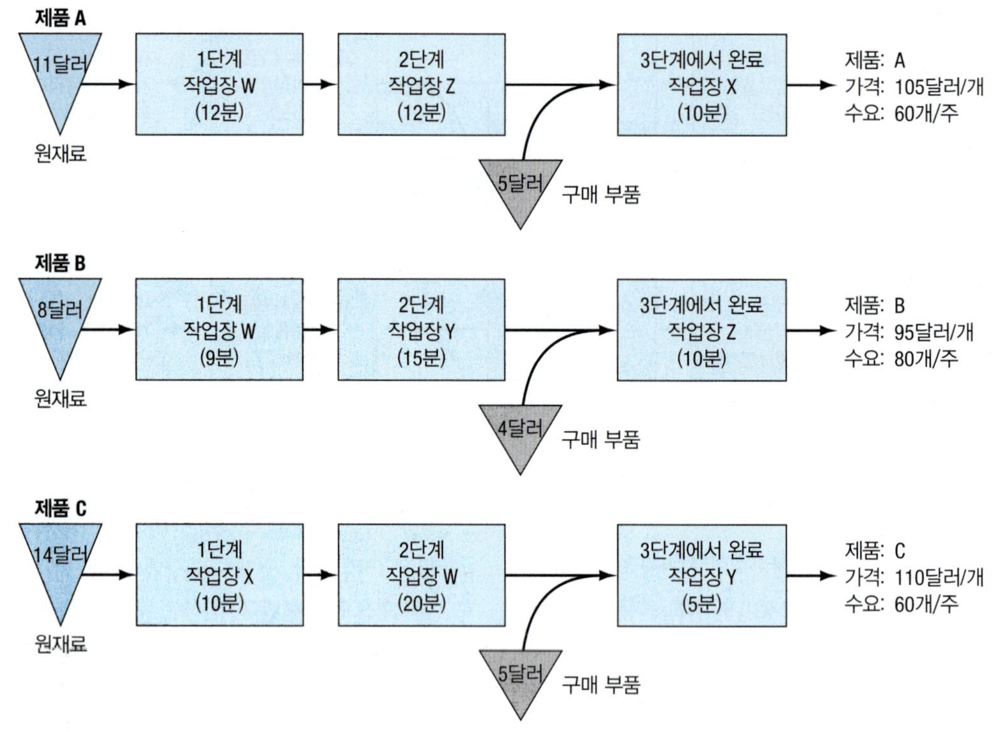

그림 7.13 요스트 페리 인더스트리의 흐름도

품목	주당 수요(단위)	가격	단위당 인건비 및 재료비	주당 간접비
정장	700	7달러	4.22달러	1,190달러
재킷	800	5달러	2.57달러	752.5달러
바지	600	2.5달러	1.59달러	417.5달러

각 제품은 아래 표에서처럼 여러 가지 작업이 요구된다.

품목	처리시간(분)					
	원단 절단	재봉 I	재봉 II	다림질 I	다림질 II	포장
정장	2.01	1.54	1.23	1.3	0.54	1.4
재킷	1.54	1.54	–	1.3	–	0.8
바지	0.47	–	1.23	–	0.54	0.6

a. 현재 제품 믹스 전략에 따른 이익은 얼마인가?

b. 병목 기반 방식을 사용한 이익은 얼마인가?

c. 어떤 방식이 더 높은 이익을 창출하는가? 각 제품의 생산 수량은 얼마인가?

10. 애완용품 제작사는 두 가지 새먹이통(고급, 특급)을 3개 작업장(X, Y, Z)을 거쳐서 소규모 뱃치로 생산하고 있다. 제품의 생산 흐름도는 그림 7.14와 같다. 추가적으로 흐름도에는 각 제품의 가격, 주당 수요, 단위당 처리시간 정보가 기재되어 있다. 뱃치의 가동 준비시간은 무시할 만하다. 회사는 수요가 허용하는 한 생산과 판매를 할 수 있으며 수요를 충족하지 못해도 페널티는 없다. 작업장마다 전담 작업자가 1명씩 있으며 임금은 시간당 16달러, 공장은 주 40시간 가동한다. 간접비용은 2,000달러/주이다. 주어진 정보와 흐름도에 제시된 정보를 이용해 다음 질문에 답하라.

a. 공헌이익을 기준으로 하는 전통적 방식에 의한 최적 제품 믹스는 무엇이고, 그에 따른 이익은 얼마인가?

b. 병목 기반 방식에 의한 최적 제품 믹스는 무엇이고, 그에 따른 이익은 얼마인가?

11. CRGW는 그림 7.15에 표기된 4종류의 탁상용 램프를 생산하고 있다. 생산관리자의 고민은 총수요에 비해 생산용량이 부족하다는 것이다. 그래서 이익을 최대화하는 생산 믹스를 알고 싶어 한다. 그림 7.15는 각 램프 모형의 가격, 생산 경로, 처리시간, 재료비를 표시한 것이다. 다음 달의 수요 예측치는 알파 모형이 200, 브라보가 250, 찰리가 150, 델타가 225이다. 다음 달 CRGW는 하루 8시간 1교대로 20일 가동할 예정이다(잔업은 없음). 또한 모든 작업장의 생산용량에서 10%의 여유생산능력을 확보해 놓아야 한다.

a. 어떤 작업장이 병목 작업장인가?

b. 공헌이익에 의존하는 전통적 방식에 의한 최적 제품 믹스는 무엇이고, 그에 따른 총이익은 얼마인가?

c. 병목 기반 방식에 의한 최적 제품 믹스는 무엇이고, 그에 따른 총이익은 얼마인가?

12. 데이비스 워터크래프트(Davis Watercraft)의 경영진은 현재의 제품 믹스를 바꾸어 수익성을 개선하고자 한다. 기존에는 공헌이익이 가장 큰 선박의 제조에 자원을 우선적으로 배정하고 있다. 이 회사는 항상 예비인력 10명을 보유하고 있으며, 이들의 임금은 시간당 25달러이고 간접비용은 35,000달러/주이다. 주 6일 하루

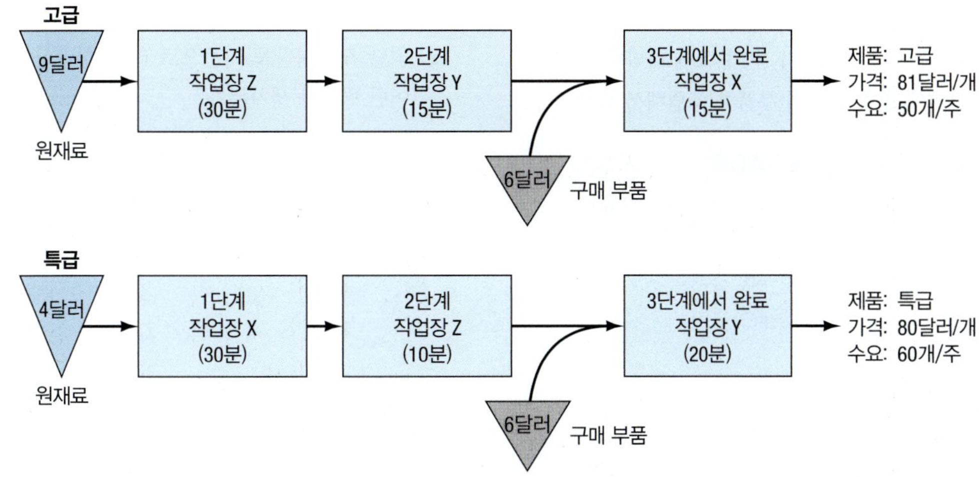

그림 7.14 애완용품 제작사의 흐름도

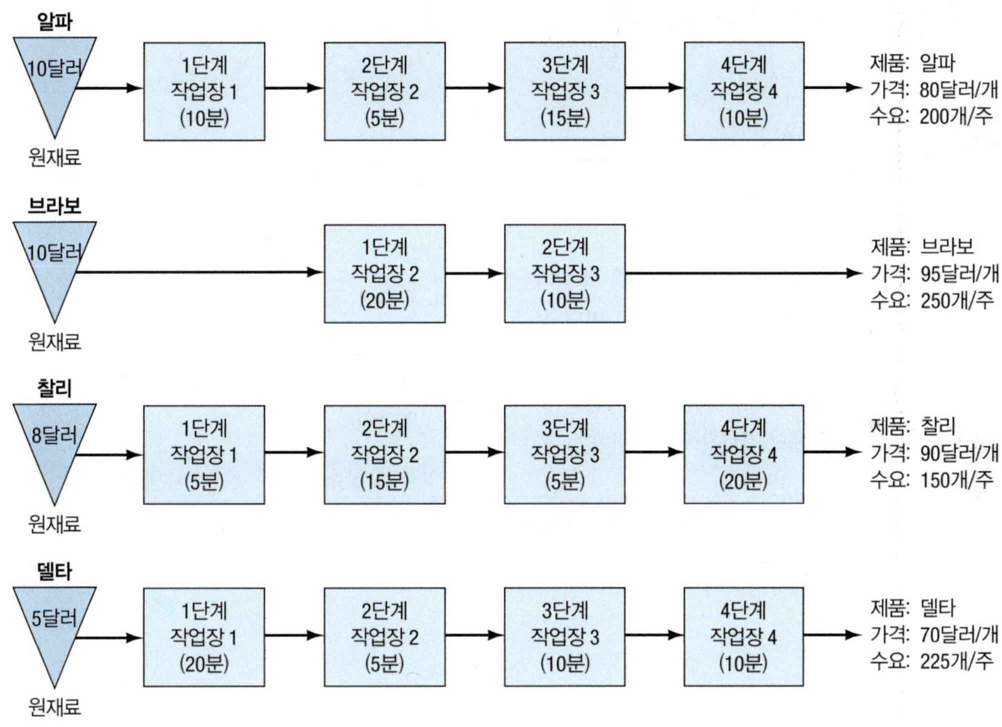

그림 7.15 CRGW의 흐름도

18시간 가동하는데 근로자들은 근무량에 상관없이 고정급여를 받기 때문에 임금은 고정비용으로 볼 수 있다. 생산 관리자는 제1작업장이 병목지점이라고 판단했다. 상세한 생산정보는 오른쪽 표에 표기된 바와 같다.

a. 공헌이익에만 의존하는 전통적 방식에 의한 최적 제품 믹스는 무엇이고, 그에 따른 총이익은 얼마인가?

b. 병목 기반 방식에 의한 최적 제품 믹스는 무엇이고, 그에 따른 총이익은 얼마인가?

	모델		
	A	B	C
가격	450달러	400달러	500달러
재료비	50달러	40달러	110달러
주간 수요	100	75	40
제1작업장의 처리시간	60분	0분	30분
제2작업장의 처리시간	0분	0분	60분
제3작업장의 처리시간	10분	60분	0분
제4작업장의 처리시간	20분	30분	40분

라인 프로세스에서의 제약 관리

13. 한 공장에서 장난감 자동차를 생산한다. 아래 표에 나타난 바와 같이 각 자동차는 11단계에 걸쳐 12개의 부품을 조립해서 생산된다.

단계	조립되는 부품	중간조립품	시간(초)
1	#11(뒷바퀴) #12(차량 하부)	#A	60
2	#8(앞바퀴), #A	#B	70
3	#9(기어와 받침) #10(좌석)	#C	46
4	#B, #C	#D	15
5	#4(문짝), #7(몸체)	#E	25
6	#5(차량 전면부), #E	#F	13
7	#1(앞 범퍼), #F	#G	13
8	#6(뒤 범퍼), #G	#H	20
9	#D, #H	#I	40
10	#2(엔진), #I	#J	1
11	#3(엔진 보닛), #J	최종 완제품	2

a. 작업자가 각 장난감 자동차의 모든 부품을 혼자서 조립할 경우, 시간당 몇 대의 장난감 자동차를 조립할 수 있는가?

b. 각 작업자가 혼자서 개별 장난감 자동차의 모든 부품을 조립하는 경우, 시간당 장난감 자동차 50대를 조립하려면 몇 명의 작업자가 필요한가?

c. 시간당 장난감 자동차 50대를 조립하려면 최장 작업시간 기준의 배정 규칙을 사용하는 경우 몇 개의 작업장이 필요한가?

d. (c)에서 찾은 해는 얼마나 효율적인가?

14. 최장 작업 기준의 배정 규칙으로 다음 표와 그림 7.16에 제시된 조립라인의 라인 밸런싱을 수행하라. 단, 시간당 40단위를 생산할 수 있어야 한다.

a. 사이클 타임은 얼마인가?

b. 작업장 수의 이론적 최소치는 얼마인가?

c. 각 작업장에는 어떤 작업 요소들이 배정되는가?

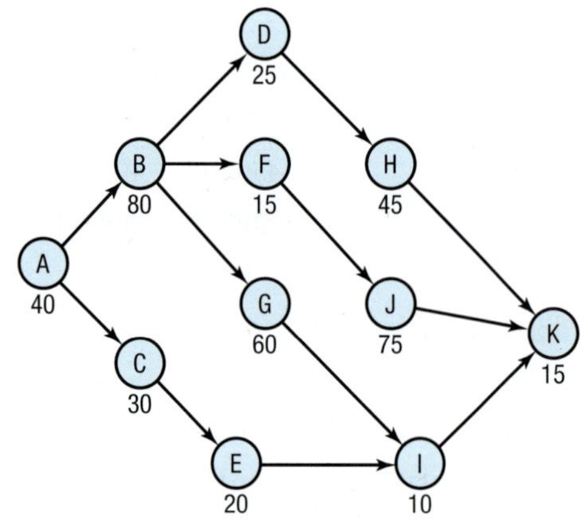

그림 7.16 선행도표

d. 효율과 밸런스 비효율은 얼마인가?

e. 최단 작업시간을 기준으로 라인 밸런싱을 한다면 풀이 결과에 어떤 변화가 생기는가?

작업 요소	시간(초)	직전 선행 작업
A	40	없음
B	80	A
C	30	A
D	25	B
E	20	C
F	15	B
G	60	B
H	45	D
I	10	E, G
J	75	F
K	15	H, I, J
	합계 415	

15. 존슨 콕스(Johnson Cogs)는 시간당 60명에게 서비스하는 라인을 설치하고자 한다. 작업 요소와 그들 간의 선행관계는 아래 표와 같다.

a. 작업장 수의 이론적 최소치는 얼마인가?

b. 최장 작업시간 규칙을 사용하면 필요한 작업장 수는 몇 개인가?

c. 이 문제에서 얻은 작업장의 수가 5개라고 하면, 이때의 효율은 얼마인가?

작업 요소	시간(초)	직전 선행 작업
A	40	없음
B	30	A
C	50	A
D	40	B
E	6	B
F	25	C
G	15	C
H	20	D, E
I	18	F, G
J	30	H, I
	합계 274	

16. PW사의 트림 라인(trim line)은 최종 차체 조립라인에 중간조립품을 공급하는 작은 조립라인이다. 새로운 E형 차를 만드는 PW사의 전체 생산 라인은 900개가 넘는 작업장으로 구성되어 있다. 트림 라인은 작업 요소 13개로 구성되어 있고 시간당 20단위를 처리해야 한다. 작업 요소에 대한 자료는 다음과 같다.

작업 요소	시간(초)	직전 선행 작업
A	1.8	없음
B	0.4	없음
C	1.6	없음
D	1.5	A
E	0.7	A
F	0.5	E
G	0.8	B
H	1.4	C
I	1.4	D
J	1.4	F, G
K	0.5	H
L	1.0	J
M	0.8	I, K, L

a. 선행도표를 그려라.

b. 원하는 산출률을 얻으려면 사이클 타임(단위: 분)은 얼마로 해야 하겠는가?

c. 작업장 수의 이론적 최소치는 얼마인가?

d. 최장 작업시간 규칙으로 라인 밸런싱하고, 효율을 계산하라.

e. 최대 후행작업의 수 규칙으로 라인 밸런싱하고, 효율을 계산하라.

17. 16번 문제로 돌아가서 이제 일반적인 선행관계 이외에 트림 라인에 두 가지 제약 조건이 있다고 해보자. 첫째, 작업요소 K와 L은 같은 작업장에 할당되어야 한다. 두 작업 요소는 같은 부품을 사용하므로, 같은 작업장에 배정해야 저장공간이 절약되기 때문이다. 두 번째로 작업 요소 H와 J는 같은 작업장에 배정할 수 없다.

a. 시행착오법을 이용해 라인 밸런싱하라.

b. 구한 답의 효율을 계산하라.

18. 알렉스의 파이 가게는 연휴기간 수요를 감당하기 위해 40시간 동안 호두파이 50개를 만들 수 있는 생산 라인이 필요하다. 파이를 만드는 과정은 네 단계로 구성되는데, 각 단계에서 소요되는 처리시간은 5분, 5분, 45분, 15분이다.

a. 이 생산 라인의 사이클 타임은 얼마가 되어야 하는가?

b. 이 사이클 타임에 맞게 생산 라인을 설계하려면 최소 작업장 수는 몇 개인가?

c. 작업장 4개로 생산 라인을 구성했다면 이 라인의 효율은 얼마인가?

19. 한 공장에 10개의 작업장으로 구성된 여성용 핸드백 조립라인이 있다. 다음 표에는 각 작업장에 배정된 작업 요소와 소요 시간이 나타나 있다.

작업장	배정된 작업요소	소요시간(분)
S1	1, 4, 2	55, 55, 472.7
S2	3, 5, 6	24, 22, 108
S3	9	114
S4	7	74
S5	8	139
S6	10, 11	61, 99
S7	12, 13, 14	60, 34, 32
S8	16	130
S9	15	120
S10	17, 18, 19	61, 30, 14

a. 유휴시간이 가장 적은 작업장은 어디인가? 이 작업장이 초래하는 제약을 고려할 때, 이 조립라인이 시간당 생산할 수 있는 최대 핸드백 수는 얼마인가?

b. 이 최대 생산 속도에 해당하는 사이클 타임은 얼마인가?

c. 조립라인이 최대 생산량으로 가동되고 각 작업장에 1명의 작업자가 배치되어 있을 때, 10시간 동안 운영된 조립라인의 누적 유휴시간은 얼마인가?

d. 조립라인은 얼마나 효율적인가?

20. 제인은 6개 작업 요소를 활용해 주문형 수제품 연하카드를 생산하고 있다. 제인은 8시간 동안 카드 10장을 생산하려고 한다. 그림 7.17에는 작업 요소의 선행관계와 작업소요시간(분)에 관한 정보가 제시되어 있다.

a. 원하는 산출량을 달성하려면 사이클 타임을 얼마로 해야 하는가?

b. 필요한 작업장 수의 이론적 최소치는 얼마인가?

c. 작업장 5개로 프로세스를 구성한다면 효율과 밸런스 비효율은 얼마인가?

d. 사이클 타임이 100% 증가하면 작업장 수의 이론적 최소치도 100% 증가하는가?

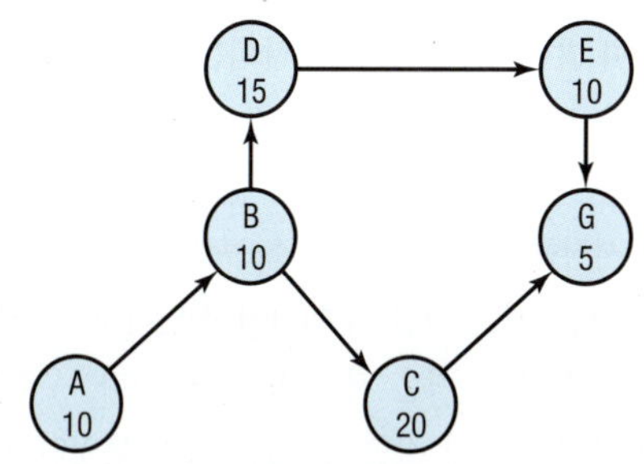

그림 7.17 주문형 수제품 연하카드의 선행도표

21. 사우스캐롤라이나대학교 경영학과 졸업생 그렉 데이비스(Greg Davis)는 캠퍼스 인근에서 타코 음식점을 개점했다. 이 음식점은 개점 1년 만에 인기가 높아져서 그렉은 이 사업모형을 완벽히 만

든 후 프랜차이즈화하고 싶어졌다. 그렉은 고객이 기다리는 시간을 최소화하면서도 작업자의 생산성은 최대화하려고 한다. 그중 한 분야가 오전 11:30부터 오후 12:30까지 이어지는 점심시간 동안의 드라이브스루 프로세스이다. 주문을 충족하려면 다음 표에 열거된 과업들을 수행해야 한다.

과업	시간(초)	직전 선행 작업
A. 주문대에서 주문을 받는다. 주문은 대부분 타코와 서브(sub)이다.	25	
B. 창구에서 돈을 받는다.	20	A
C. 음료수를 준비한다.	35	B
D. 타코를 만든다.	32	B
E. 서브를 만든다.	30	B
F. 타코, 음료, 서브를 한 봉지에 넣는다.	25	C, D, E
G. 봉지를 고객에게 전달한다.	10	F

그렉은 음식점 운영에 필요한 인력 활용 패턴을 이해하려고 한다. 대학에서 운영 관리를 수강한 그렉은 음식점이 고객 주문을 충족하는 과정이 조립라인 운영과 흡사함을 알았다. 또 그렉은 고객 수요 시나리오별 분석을 해보려고 한다.

a. 종업원 1명이 일곱 가지 과업을 모두 수행한다면 한 시간에 고객 몇 명을 처리할 수 있는가?

b. 가장 바쁜 시간대에 한 시간에 고객 45명을 처리하고자 한다면 종업원 몇 명이 필요한가?

c. 위 (b)에서 결정한 종업원 수로 시간당 고객을 몇 명까지 처리할 수 있는가? 즉 최대 산출량은 얼마가 되는가?

d. 과업 하나에 종업원을 여러 명 배정하지 않는다고 가정하면 이 조립라인의 최대 산출량은 얼마인가? 이 최대 산출량을 실제로 달성하려면 종업원이 몇 명이나 필요한가?

e. (d)에서 달성한 산출량 이상을 달성하기 위해 종업원 1명을 병목 작업에 추가로 배정한다면 어느 작업에 배정해야 하는가? 이렇게 하면 시간당 처리할 수 있는 고객 수가 늘어나는가? 그렇다면 드라이브스루의 시간당 최대 산출량은 얼마가 되는가?

실습과제 7.1: 민요 의류회사

민요 의류회사(Min-Yo Garment Company)는 대만에 있는 소기업으로 스포츠 의류를 생산해 도소매 시장에 판매하고 있다. 이 회사의 의류는 다양한 줄무늬나 인상적인 무늬의 직물에 멋진 자수를 놓은 독특한 것으로, 회사 설립 이래 20년간 스포츠 셔츠를 생산하면서 우수한 품질과 납품 신뢰도로 유명하다. 그러나 그 기간 동안 의류업계에도 변화가 진행되고 있었다. 과거에는 소수의 패턴과 색상으로 구성된 표준화된 셔츠를 대량으로 생산하고 생산 리드타임이 길어도 성공할 수 있었으나, 최근에는 지역적 특성을 반영하는 상품전략이 유행하고 소매시장에서 경쟁이 격심해지면서 구매자가 요구하는 리드타임은 짧아지면서 패턴과 색상에 대한 요구가 매우 다양해졌다. 이에 따라 민요처럼 평판이 좋은 업체는 전보다 좋은 사업 기회를 얻을 수 있었다.

이렇게 전망이 밝은데도 지난주 이사회는 우울했다. 회사의 소유주이며 사장인 민요 리(Min-Yo Lee) 씨가 회사 실적에 대한 우려를 표명했기 때문이다. "우리 제품들이 처한 경쟁상황은 더욱 격해지고 대형 의류업체는 시장규모가 큰 라이선스 브랜드의 가격을 계속 낮추고 있고, 맞춤 셔츠 시장에는 매일 새 회사가 진입하고 있는데, 우리 이익은 기대 이하이고 납기 능력은 저하되고 있습니다. 우리도 이제는 역량을 재검토해 우리가 가장 잘할 수 있는 일이 무엇인지 생각해야 합니다."

제품

회사의 제품은 라이선스 브랜드, 하청 브랜드, 특별 제작 의류의 세 카테고리로 나뉜다.

라이선스 브랜드

라이선스 브랜드는 브랜드를 소유한 회사가 라이선스 계약을 통해 다른 회사에게 특정 지역에서의 제품 생산과 판매를 허용하면서 브랜드 사용 권한을 허용하는 것이다. 이때 브랜드 소유 기업은 전 세계에 브랜드 사용업체를 둘 수 있다. 브랜드 차용업체는 라이선스료를 지불하고 해당 지역에서 마케팅 우선권을 얻으며 브랜드 소유 기업은 브랜드 광고를 하는데, 주로 전 세계에 노출되는 매체를 활용한다. 라이선스 계약의 핵심은 차용업체가 소매시장에 충분한 물량을 공급해야 한다는 점이다. 품절이 발생한다면 브랜드 이미지에 치명적이기 때문이다.

현재 회사는 라이선스 브랜드를 한 가지만 생산하고 있다. 머슬 셔츠라는 브랜드는 자체 생산설비가 없는 이탈리아 기업의 브랜드이다. 회사는 이 브랜드를 생산해 대만의 대규모 소매 체인에 판매하는 라이선스 계약을 맺고 있다. 소매 체인은 매 주말마다 신속한 제품 선적과 발송을 요구하고 있다. 다른 라이선스 브랜드들과의 심한 경쟁으로 인해 가격 경쟁력도 중요한데, 현재 회사는 셔츠를 소매 체인에 장당 6달러에 공급하고 있다.

머슬 셔츠의 주당 평균 수요는 900장이며, 다음 표에 향후 12주간의 머슬 셔츠에 대한 수요 예측치가 나타나 있다.

머슬 셔츠 수요 예측치의 오차범위는 ±200이며, 수요가 공급을 초과하는 주의 초과 수요는 상실된다. 미납 주문은 허용되지 않으며, 상실된 수요에 대한 별도의 페널티는 없다.

주	수요	주	수요
1*	700	7	1,100
2	800	8	1,100
3	900	9	900
4	900	10	900
5	1,000	11	800
6	1,000	12	700

* 즉 회사는 1주 차에 머슬 셔츠 700장이 팔릴 것으로 예상한다.

하청 브랜드

통상적으로 일반적인 의류 제조업체는 커다란 수요 불확실성하에 놓이게 된다. 또한 자체 보유한 공장의 생산량을 평탄화하기 위해 하청업체에 생산을 맡기는 경우가 많다. 회사는 업계에서 평판이 좋아 주요 하청업체로 고려되곤 한다. 하청업체 선정에는 가격도 고려 요소지만, 안정적인 납품과 수시로 바뀌는 주문량에 대응하는 역량도 중요하다.

현재 민요는 번쩍이는 색상으로 인해 썬더 셔츠라고 불리는 브랜드 하나만을 하청받아 생산하고 있다. 썬더 셔츠 브랜드는 싱가포르 회사의 것으로, 현재 민요는 이 회사에 장당 7달러에 제품을 납품한다. 주문은 한 달에 두 번 정도 들어오는데, 고객사는 이때 다음 2주 동안 납품할 구체적인 물량을 지정한다. 현재 최근 주문이 납기를 못 맞추었기 때문에 민요는 벌과금을 내야만 한다. 더 이상 벌과금을 내지 않으려면 민요는 1주 차에 200장을 납품해야 한다. 또한 이 싱가포르 회사는 1주 초에 2주 차 그리고 3주 차의 주문량을 결정할 것이며, 3주 초에는 다시 4, 5주 차의 주문량을 결정할 것이다. 이 고객사는 올해 주당 평균 수요가 200장일 것이라고 예측한 바 있으나, 이 예상치는 빗나가기 일쑤였다.

이 고객사의 중요성 때문에 영업 부서가 협상 노력도 많이 하고 있고 물량도 많기 때문에 민요의 경영진은 이 고객사의 요구를 맞춰 주기 위해 항상 노력하고 있다. 경영진은 이 고객사의 주문을 한 번이라도 거절하면 썬더 셔츠와 관련한 사업기회가 영원히 없어질 것이라고 믿고 있다. 계약서에는 매주 제품의 납품이 미루어질 때마다 장당 1달러씩의 벌과금을 낸다고 규정되어 있으며, 지연된 납품은 늦었더라도 빠짐없이 해결되어야 한다.

특별 제작 의류

특별 제작 의류는 물량도 적고 제시된 조건에 맞추어야 하기 때문에 고객 주문이 있을 때만 생산한다. 고객은 특별한 판촉 행사나 회사 행사에 이용할 의복을 민요에 주문한다. 특별 제작 의류는 정교한 자수와 동양적 기호가 곁들여진 제품이라서 드래곤 셔츠라고 부른다. 옷마다 고객의 요구 사양에 맞게 제작하고 별도의 생산작업이 필요하기 때문에 특별 제작 의류는 고객 주문이 확정되기 전에는 생산할 수 없다.

특별 제작 의류 시장에서는 가격이 중요한 고려사항은 아니지만 경쟁회사들이 이 시장에 들어오는 것을 방지하기 위해 민요는 장당 가격을 8달러로 책정하고 있다. 고객이 민요를 찾는 것은 회사가 어떤 디자인이든 고품질로 생산하면서 제시간에 납품하기 때문이다. 드래곤 셔츠를 주문하는 고객은 셔츠의 디자인을 보낼(가끔은 민요의 카탈로그에서 선택) 때 로고도 함께 보내고 물량과 납품 요청 일자를 지정한다. 과거에는 이러한 주문이 자체적인 생산 일정과 잘 들어맞는지를 경영진이 직접 검토해 이를 기준으로 주문을 받을 것인지 결정했다. 일단 주문을 받고 나서 납품하기로 한 주말까지 납품하지 못하면 지연된 주마다 장당 2달러의 벌과금을 내야 한다. 이 벌과금은 제품을 납품할 때까지 매주 내야 한다. 회사는 특별 제작 의류 시장의 수요를 예측하려고 했으나 결국 포기하고 말았다. 지난주에는 드래곤 셔츠 주문이 4건 들어왔으며 주문량은 각각 50, 75, 200, 60장이었으나 4건 모두 주문을 받지 않기로 했다. 과거 드래곤 셔츠의 주문량은 50~300장 사이였고, 리드타임은 다양했다.

그림 7.18은 민요가 현재 주문을 받아 제작 진행 중인 기발주 주문들의 목록인데, 여기를 보면 회사가 지난주에 납품하기로 하고 몇 주 전에 주문받은 400장짜리 썬더 셔츠 주문이 아직도 기발주 주문 파일에 남아 있는 것을 볼 수 있다. 기발주 주문 파일이 중요한 이유는 경영진이 고객과 맺은 약속이 들어 있기 때문이다. 약속은 수량과 납기에 대한 것이다. 고객 주문을 수락하면 납기가 이루어져야 하는 주의 셀에 주문량을 기입한다. 드래곤 셔츠는 주문마다 디자인이 다르기 때문에 주문마다 고유한 주문 번호를 부여해 나중에 활용한다. 지난 몇 주 동안 드래곤 셔츠 주문은 받은 적이 없기 때문에 기발주 주문 파일에는 나타나지 않고 있다.

제조 프로세스

민요는 첨단의 제조 기술을 갖춘 의류 생산기를 하루 3교대로 가동하고 있는데, 일일 3교대조마다 이 첨단장비를 운전하는 전담인력이 1명씩 있다. 이 장비를 이용하면 회사가 생산하는 모든 제품을 만들 수 있지만, 제품 간 생산 전환 시간이 생산용량의 상당 부분을 까먹는다. 회사 정책은 이 기계를 하루 3교대로 주당 5일씩 가동하는 것이다. 한편 어떠한 경우라도 근로자를 해고하지 않겠다는 것이 회사의 정책이기 때문에 이 기계를 계속 가동할 만한 수요 물량이 없으면 작업자는 유휴 상태가 된다. 마찬가지로 이 회사는 정책적으로 주말 작업을 하지 않기 때문에 프로세스의 용량은 5일 × 24시간 = 120시간/주로 정해져 있으며, 시간당 인건비가 10달러이므로 이 회사의 고정 인건비는 10달러 × 120시간 = 1,200달러/주가 된다. 일단 특정 제품을 생산할 가동 준비가 이루어지고 나면, 이 기계는 제품에 관계없이 시간당 10장씩 생산해 낼 수 있다. 재료비도 제품에 관계없이 장당 4달러가 든다. 원자재가 문제 된 적은 없으며, 필요하면 하룻밤 새에도 확보할 수 있다.

의류 생산기의 생산계획

민요 의류회사는 매주 1회 생산계획을 수립한다. 생산 계획의 시점은 기존 주문을 모두 소화하고 난 뒤 신규로 도착한 주문들을 대상으로 다음 주 생산을 시작하기 직전 생산계획을 정하게 된다. 생산 계획의 결과물로 두 가지 문서가 마련된다.

민요 의류회사

기발주 주문 파일

	납기(주)									
제품	1	2	3	4	5	6	7	8	9	10
썬더 주문	400									
드래곤 주문 1										
드래곤 주문 2										
드래곤 주문 3										
드래곤 주문 4										
드래곤 주문 5										
드래곤 주문 6										
드래곤 주문 7										
드래곤 주문 8										
드래곤 주문 9										
드래곤 주문 10										
드래곤 주문 11										
드래곤 주문 12										
드래곤 주문 13										
드래곤 주문 14										
드래곤 주문 15										

Intro | Open Order File | Week 1 | Week 2 | Week 3 | Week 4 | Week 5 | Week 6 | Week 7 | Week 8 | Week 9 | Week 10 | Su

주의: 모든 주문은 표시된 주의 주말까지 생산을 완료하고 납품해야 함

그림 7.18 민요의 기발주 주문 파일

민요 의류회사

생산 일정

제품		
	작업 전환	생산량
머슬	1	800
생산시간		88
썬더	1	200
생산시간		30

생산 일정표의 입력 자료 두 가지
1. 이번 기 생산 수량
2. 가동 준비 / 잔업 전환 필요 여부 ('1' 또는 '0')

	작업 전환	생산량		작업 전환	생산량		작업 전환	생산량
드래곤 주문 1			드래곤 주문 11			드래곤 주문 21		
드래곤 주문 2			드래곤 주문 12			드래곤 주문 22		
드래곤 주문 3			드래곤 주문 13			드래곤 주문 23		
드래곤 주문 4			드래곤 주문 14			드래곤 주문 24		
드래곤 주문 5			드래곤 주문 15			드래곤 주문 25		
드래곤 주문 6			드래곤 주문 16			드래곤 주문 26		
드래곤 주문 7			드래곤 주문 17			드래곤 주문 27		
드래곤 주문 8			드래곤 주문 18			드래곤 주문 28		
드래곤 주문 9			드래곤 주문 19			드래곤 주문 29		
드래곤 주문 10			드래곤 주문 20			드래곤 주문 30		
드래곤 생산시간 합계		0	드래곤 생산시간 합계			드래곤 생산시간 합계		
드래곤 생산 합계		0	드래곤 생산 합계			드래곤 생산 합계		

작업시간 합계		118

생산이 용량 범위 내인가? 예

그림 7.19 민요의 생산 일정

손익계산서

제품	가격	기초재고	생산량	확보량	수요	매출액	기말재고	재고비용/납기 지연 비용
머슬	6달러	550	800	1350	750	4500	600	60
선더	7달러		200	200	400	1400	-200	200
드래곤	8달러		0	0	0	0	0	0
계			1000			5900		260

		당월	누계
매출액		5,900달러	5,900달러
인건비	1,200달러		
재료비	4,000달러		
재고비용/벌과금	260달러		
총원가		5,460달러	
공헌이익		440달러	440달러

그림 7.20 민요의 손익계산서

첫 번째는 그림 7.19의 생산 일정인데, 관리자가 특정 주에 의류 생산기를 이용해 무엇을 생산하고자 하는 것에 대한 정보이다. 스프레드시트를 보면 해당 주에 생산할 제품마다 두 가지 정보가 입력되어야 하는데, 하나는 해당 제품을 생산하기 위해 별도의 가동 준비 또는 작업 전환이 필요하다면 '1' 그렇지 않으면 공란으로 남기는 가동 준비 여부에 관한 정보를 기입하는 열이고 다음 열에는 해당 제품의 생산 수량을 기입하게 된다. 그림 7.19의 일정을 보면 회사는 지난주에 머슬 800장과 썬더 200장을 생산했다. 지난주 두 제품의 생산에는 둘 다 가동 준비가 필요했음이 그림 7.19에 나타나 있다. 작업 전환 정보가 중요한 이유는 매주 말에 의류 생산기에 대한 별도의 작업 전환을 위한 가동 준비가 필요한지를 판단해야 하기 때문이다. 다음 주에 동일한 제품을 계속 생산하면 작업 전환은 필요 없겠지만, 다른 제품을 생산하려고 하면 작업 전환에 따른 가동 준비가 필요해진다. 작업 전환에 필요한 가동 준비시간 자체가 생산용량을 잡아먹는 요소이기 때문에 관리자는 생산물의 순서를 잘 관리해 가능한 한 작업 전환에 소요되는 가동 준비의 수를 줄여야 한다. 드래곤 셔츠는 예외인데, 주문마다 특성이 달라서 항상 작업 전환을 위한 가동 준비가 필요하다. 회사는 지난주(제0주)에 드래곤 셔츠는 생산하지 않았으나 머슬 셔츠 800장과 썬더 셔츠 200장을 생산했다. 마지막으로 스프레드시트가 수립된 생산 일정에 소요되는 시간을 계산해준다. 머슬과 썬더, 드래곤 셔츠 생산을 위한 작업 전환에 필요한 시간은 각각 8시간, 10시간, 25시간이다. 의류 생산기는 의류 품종에 상관없이 시간당 10장을 생산하므로, 800장의 머슬 셔츠 생산에 필요한 시간은 그림 7.19에 있는 것처럼 $8 + 800/10 = 88$시간이고, 200장의 썬더 셔츠 생산에 필요한 시간은 $10 + 200/10 = 30$시간이다. 의류 생산기를 가동할 수 있는 시간은 주당 120시간을 초과할 수 없다. 이런 제약 조건이 만족되지 않으면 스프레드시트는 다음으로 넘어가지 않는다.

두 번째 문서는 주간 손익계산서로 그림 7.20처럼 매출액과 원가를 보여주는데 원가에는 벌과금과 재고 유지비용이 포함되어 있다. 어떤 제품이든 재고 유지비용은 1주 동안에 장당 0.1달러이다. 손익계산서는 스프레드시트가 자동으로 계산해주는데, 머슬 셔츠의 수요가 확정되면 기발주 주문 파일과 생산 일정을 보고 손익계산서를 작성한다. 그림 7.20을 보면 지난주 머슬 셔츠의 실제 수요가 750장임을 알 수 있다.

참고사항

- 제품 납기 기한이 지난 납기 지연 수량은 기말재고란에 음수(−)로 표시된다.
- 가용재고 = 기초재고 + 생산량
- 매출액 = 수요량 × 가격('수요 < 가용재고'일 때)
- 가용재고 × 가격('수요 ≥ 가용재고'일 때)재고비용 = 0.10달러 × 셔츠 재고량
- 납기 지연 비용 = 납기 지연 수량 × 장당 페널티(썬더 셔츠는 1달러, 드래곤 셔츠는 2달러). 이 비용은 '재고비용/납기 지연 비용' 열에 합산되어 있다.

시뮬레이션

민요 의류회사 이사회는 매주 신규 주문 가능성과 의류 생산기의 작업부하를 검토한다. 이사회는 재무, 마케팅, 생산 부문의 경영진으로 구성된다. 독자들은 수업시간에 여러 팀으로 나뉘어 팀 내에서 각자 이사회 구성원 역할을 맡는다. 이 논의 과정에서는 여러분이 계획 대상기간을 미래의 언제까지로 할지를 정한다. 목표 시장의 선택도 장기적인 의사결정 사항이다. 수업시간 전에 시장을 검토해보고 생산에 대한 시사점을 미리 생각해 보아도 좋다. 그 밖의 의사결정은 단기적인 의사결정으로, 고객과의 약속을 달성하는 데 필요한 회사의 능력에 영향을 미친다. 이제 수업시간에는 다음과 같은 순서로 시뮬레이션을 수행해 보자.

1. 먼저 본문에 제시된 머슬 셔츠의 수요 예측 정보와 교수가 알려주는 드래곤 셔츠의 신규/기존 주문 정보를 이용해 1주 차의 생산 일정을 작성하라. 여러분의 직전 교대자가 의류 생산기를 썬더 셔츠 생산으로 전환해 놓았다고 가정하라. 이 생산일정 계획은 여러분

과 함께 수업을 수강하는 이사회 동료들과 함께 수립하라.

2. 모든 팀이 1주 차의 생산 일정을 작성하고 나면 교수가 1주 차의 실제 수요를 알려줄 것이다. 1주 차 스프레드시트의 손익계산서에 수량을 입력하라.
3. 1주 차의 손익계산서를 작성한 후 교수가 2주 차 이후의 썬더 셔츠와 드래곤 셔츠 신규 주문 정보를 알려줄 것이다.
4. 주문 내역에서 받아들일 주문과 거부할 주문을 정한다. 받아들일 주문을 기발주 주문 파일에 추가하라. 주문량을 납기(주)를 나타내는 셀에 기록하라. 일단 받아들이기로 한 주문을 번복할 수는 없다.
5. 새로운 생산 일정을 작성한다. 다음 주(2주 차)에 의류 생산기가 생산할 품목은 구체적으로 작성해야 한다.
6. 교수는 매주의 시뮬레이션 시간을 제한할 것이다. 한 주가 지나면 다음 주로 넘어가면서 시뮬레이션을 계속한다. 매주 스프레드시트가 자동으로 여러분의 생산과 재무정보를 요약 시트에 기록할 것이다.

출처: Min-Yo Lee, president and owner of Min-Yo Garment.

비디오 사례 코로나19 기간 중 클리블랜드 클리닉의 의료 서비스 제공을 위한 제약 관리

2020년 1월부터 미국은 전례 없는 세계적 규모의 건강 위기에 직면하게 되었다. 중국에서 시작된 코로나19 바이러스는 빠르게 전 세계로 확산했으며, 수십만 명의 사망자를 발생시키고 수백만 명의 삶에 영향을 미쳤다. 미국의 대표적인 의료 기관 중 하나인 클리블랜드 클리닉(Cleveland Clinic)은 이 바이러스가 장기적으로 지속될 것이며, 의료 서비스 제공의 모든 측면에 영향을 미칠 것임을 인식했다. 코로나19 치료에 대한 수요는 다른 유형의 환자 서비스 수요를 빠르게 초과하기 시작했다. 게다가 클리블랜드 클리닉은 역사적으로 유례가 없는 공급 병목 현상에 직면하게 되었다. 개인 보호 장비(PPE)에 대한 수요는 평소보다 300%에서 1,000%까지 급증했지만, 공급사슬 내 생산량은 최대 50% 증가하는 데 그쳤다. 클리블랜드 클리닉의 공급사슬 관리자는 대부분의 PPE가 중국에서 조달되었으며, 팬데믹이 심화함에 따라 공급이 빠르게 중단되었다는 사실을 확인했다. 이러한 위기를 해결하기 위해 클리블랜드 클리닉은 의료 서비스와 공급사슬 운영 방식 전반을 재조정할 필요가 있었다.

클리블랜드 클리닉은 정상적인 운영 환경에서는 공급업체 및 유통업체로부터 받은 개인 보호 장비(PPE)를 물류 창고에 보관했다. 이 창고 재고는 의료 시스템에서 정해진 일정에 따라 필요할 때 꺼내 사용할 수 있는 완충 역할을 하며, 기존의 수요 패턴을 기반으로 재고 관리가 이루어졌다. 그러나 코로나19로 인해 PPE에 대한 수요가 급격히 증가하면서, 창고에 보관된 재고가 빠르게 고갈되는 상황이 발생했다. 기존의 예측된 수요 패턴이 더는 유효하지 않았고, 클리블랜드 클리닉은 새로운 방식의 공급사슬 대응 전략을 마련해야 했다.

코로나19 팬데믹으로 인한 PPE 공급 부족이 예상되자, 클리블랜드 클리닉은 전국 각지의 의료 시설을 조정하고 공간을 재배치해 응급실, 집중 치료실(ICU), 일반 간호 시설의 수용 능력을 확대했다. 선택적 수술 절차와 관련 공간을 코로나19 환자 치료를 위한 시설로 전환하는 한편, 의료 서비스 운영을 극대화하기 위해 다양한 부서 간 협업이 이루어졌다. 공급사슬 관리팀(Supply Chain), 자선 기부팀(Philanthropy), 혁신팀(Innovations), 수술 운영팀(Surgical Operations), 품질 및 환자 안전팀(Quality and Patient Safety), 임상 연구소(Clinical Institutes) 간의 전방위적인 협력이 최우선 과제로 설정되었다. 이들 부서는 팬데믹 대응을 위한 새로운 공급사슬 전략을 수립하며, 여섯 가지 주요 업무 흐름을 설정했다.

1. 시장에서 확보 가능한 만큼 최대한 많은 PPE를 *구매*한다.

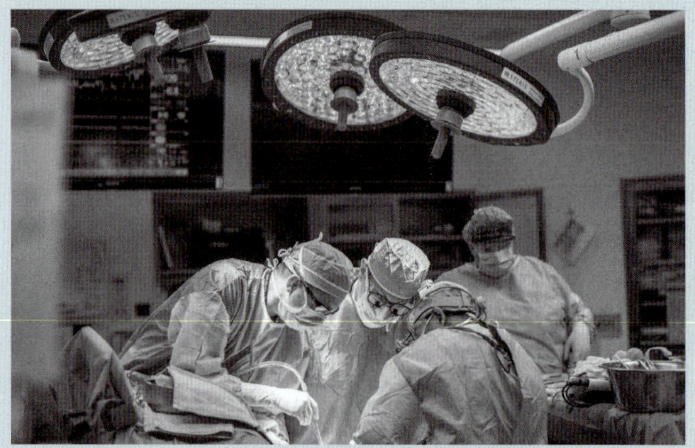

오하이오주 보건부는 코로나19 팬데믹에 대응하기 위해 2020년 3월 18일, 필수 수술이 원활히 진행될 수 있도록 개인 보호 장비(PPE)를 사용하는 모든 비필수 또는 선택적 수술과 시술을 중단했다. 클리블랜드 클리닉의 흉부외과 전문의 에드워드 솔테즈(Edward Soltez, MD, MPH)가 개심 수술을 집도하는 팀을 이끌고 있다.

출처: Photo courtesy of Cleveland Clinic/tussell Lee

2. 기존 공급업체에서 조달할 수 없는 PPE 부품을 *자체 제작*한다.
3. 기존 계약 방식으로 해결할 수 없는 비용 문제를 보완하기 위해 *기부금을 유치*한다.
4. 일부 PPE 품목을 소독 후 재사용해 작업 프로세스 내에서 재활용 가능하도록 적용했다.
5. *PPE 사용을 체계적으로 관리*해 낭비를 최소화하고, 필요한 곳에 정확하게 배분될 수 있도록 조정했다.
6. *데이터 분석*(data analytics)을 적극적으로 활용해 PPE 관리 프로세스에서 어떤 문제가 발생하는지 보다 명확하게 파악했다.

코로나19 감염 환자를 치료하는 방향으로 의료 서비스가 전환됨에 따라, 클리블랜드 클리닉은 공급사슬을 신속하게 평가해 인공호흡기 장비 및 PPE 조달 과정에서 병목 현상이 발생하는 지점을 파악할 필요가 있었다. 호흡 보호 마스크, 격리 가운, 장갑, 손 소독제 등 의료진과 환자의 안전을 보장하기 위해 필수적인 물품의 원활한 공급이 이루어져야 했다. 이에 따라 클리블랜드 클리닉은 내부적으로 환자 안전, 최고 수준의 의료 서비스, 그리고 최적의 환자 경험 제공을 핵심 목표로 설정하고 이를 기반으로 한 목표 및 핵심 결과를 수립했다. 모든 구성원은 즉각적인 의료 요구를 이해하고 해결하는 것이 최우선 과제임을 인식했으며, 적절한 PPE가 필요한 장소에, 필요한 시간에 정확히 배치되는 것이 필수적이라는 사실을 공유했다.

클리블랜드 클리닉은 코로나19 팬데믹에 대응하기 위해 표 7.2에 제시된 제약이론(TOC)의 원칙을 적용해 의료 시스템을 최적화하고자 했다. 이를 위해 다음과 같은 전략을 수립했다.

1. 자원 흐름의 균형을 조정해 증가하는 의료 수요를 수용하기 위해 자재, 인력, 물리적 공간을 최적화한다.
2. 새로운 치료 프로토콜 도입으로 인해 단기적으로 발생할 수 있는 효율 저하를 인식하고, 이를 해결하기 위한 대응책을 마련한다.
3. 병목 현상이 발생하는 지점을 정확히 파악하고, PPE 조달 지연과 같은 문제를 신속하게 해결한다.
4. 향후 몇 주 또는 몇 달간 수요 증가를 예상해 PPE 및 필수 물품을 미리 확보한다.
5. 업스트림과 다운스트림에 있는 인력, 프로세스, 자재를 재조정해 작업 흐름을 개선하고, 미래의 병목 현상과 불필요한 재고 증가, 운영 비용 상승을 방지한다.
6. 임상 활동 및 비응급 의료 서비스에서 비병목자원을 재배치해 운영상의 제약을 해결한다.
7. 새로운 장비와 유연한 시설에 대한 자본 투자를 면밀히 추적해, 이 조치들이 환자 치료의 질과 안전성, 재고 관리, 운영 비용에 부정적인 영향을 미치지 않도록 조정한다.

클리블랜드 클리닉은 팬데믹 상황에서 기존의 공급사슬 조달 방식만으로는 글로벌 PPE 공급 문제를 해결하기 어렵다는 사실을 깨달았다. 이에 따라 자선 기부팀, 혁신팀, 수술 운영팀이 협력해 통합된 팀 접근법을 구축하고 위기에 대응하고자 했다. 코로나19가 전 세계적으로 확산하면서 모든 의료 기관이 동일한 한정된 PPE 자원을 확보하기 위해 경쟁하고 있었다. 이는 단순히 수요 증가가 아니라, 전 세계적인 공급 부족이라는 근본적인 문제로 이어졌다. 클리블랜드 클리닉의 최고경영자 겸 회장인 톰 미할예비치(Tom Mihaljevic) 박사는 의료 시스템 전반에 걸쳐 '팀들의 팀(A team of teams)'이라는 협력적 접근 방식을 강조했다. 이러한 조직 운영 방식은 직원들이 각자의 위치에서 적극적으로 아이디어를 제시할 수 있도록 장려하며, 병목 현상을 해결하기 위한 공동 책임 의식을 형성하는 데 기여했다.

구매

클리블랜드 클리닉의 공급사슬 및 환자 지원 서비스 책임자인 심릿 산두(Simrit Sandhu)의 지도하에 공급사슬팀은 신속하게 지휘 센터를 구성해 클리닉의 PPE 조달 대응을 체계적으로 정리하고 평가했다. PPE를 확보하기 위한 모든 가능한 단서를 체계적으로 수집하기 위해 이메일 인박스가 마련되었으며, 이를 통해 들어오는 기회들은 앞서 언급된 작업 흐름에 따라 분류 및 검토되었다. 공급사슬팀은 이미 PPE에 대한 수요가 300~1,000% 증가했음에도 불구하고 해외 공급업체의 생산량은 최대 50% 증가하는 데 그쳤다는 점을 파악하고 있었다. 이러한 공급 부족으로 인해 제품 확보에 큰 차질이 발생하자, 팀은 기존의 네트워크와 협력 관계를 최대한 활용해 가능한 한 많은 PPE를 확보하는 전략을 추진했다.

클리블랜드 클리닉의 서비스 센터에서 근무하는 공급사슬 관리 직원들은 매일 평균 300건의 PPE 주문을 수작업으로 처리했다. 일반적인 PPE 패키지는 정기적으로 주문되는 70개 이상의 품목으로 구성되며, 이를 신속하게 분류하고 배포하는 작업이 지속적으로 이루어졌다. 팬데믹이 절정에 이르렀던 2020년 7월 23일, 기록적인 주문량을 기록하며 832건의 PPE 주문이 처리되었다. 이러한 제품과 장비는 오하이오 북동부 지역에 위치한 6개의 창고에 보관되며, 매일 2,500개 이상의 팔레트가 트럭을 통해 병원 시스템 전체에 배포되었다.

기부

클리블랜드 클리닉의 자선 기부팀은 코로나19 팬데믹 속에서 PPE 부족 문제를 해결하기 위해 'Make a Mask' 프로그램을 기획하고 홍보했다. 이를 통해 지역 사회에 협력을 요청해 직물 마스크의 제작 및 기부를 유도했다. 오하이오 북동부 지역에는 총 4개의 기부 접수처가 마련되었으며, 이곳에서는 6주 동안 자원봉사자들이 근무하며 기부된 물품을 관리했다. 150교대 근무를 합산하면 총 600시간의 봉사 활동이 이루어진 셈이다. 서비스 센터의 의료진들은 자선 기부팀이 확보한 수천 개의 기부 물품을 관리하고, PPE 공급 체계를 지원하는 역할을 했다. 이 프로그램은 지역 사회뿐만 아니라 대기업들의 협력도 이끌어냈다. P&G, 나이키, 루브리졸(Lubrizol), 셔윈-윌리엄스(Sherwin-Williams), 에브리 데니슨(Avery Dennison), 엣시(Etsy), 파나틱스(Fanatics) 등의 기업이 적극적으로 기부에 참여해 다음의 결과를 이루었다.

- 약 40,000개의 N95 마스크
- 250,000개 이상의 수술용 및 귀걸이형 마스크
- 250,000개 이상의 안면 보호대
- 250,000개 이상의 장갑
- 5,000개의 수제 마스크

자체 제작

클리블랜드 클리닉은 기존 공급업체로부터 PPE를 추가 구매하고, 기부를 통해 자원을 확보하는 방식만으로는 예상되는 수요를 충족하기 어려울 가능성을 인식했다. 이에 따라 외부 조달이 불가능해지는 상황을 대비해 자체적으로 PPE를 생산할 수 있는 체계를 구축하는 전략을 마련했다. 혁신팀은 공급사슬팀과 협력해 표준 PPE 제품의 사양을 확인한 후 직접 제품을 설계하고 제작하는 작업을 시작했다. 또한 클리블랜드 클리닉은 지역 제조업체와 파트너십을 체결해 자체 제작된 PPE를 의료 시스템에 도입할 수 있도록 준비했다.

클리블랜드 클리닉은 PPE 공급을 안정적으로 확보하기 위해 다양한 기업과 협력했으며, 그중 P&G와의 협업이 가장 큰 성과를 거두었다. P&G는 사출 성형 프로세스를 활용해 클리블랜드 클리닉이 지정한 사양에 맞춘 맞춤형 안면 보호대를 만들었다. 이 제품은 이후 P&G의 보다 광범위한 생산 과정에서 '베스트 프랙티스'로 자리 잡았다. 또한 라이선스 계약을 통해 클리블랜드 클리닉이 설계한 안면 보호대가 전국적으로 판매되기 시작했으며, 이 제품은 정부의 국가 비축 용도로도 제공되었다.

클리블랜드 클리닉은 마이크로브러시(Microbrush)와의 디자인 라이선스 계약을 통해 새로운 의료용 면봉을 개발했으며, 이는 현재 전국적으로 구매할 수 있는 제품이 되었다. 팬데믹 상황 속에서 클리블랜드 클리닉의 자체 제작팀은 몇 주 만에 다양한 신규 제품과 디자인을 개발하고 병원 시스템에 도입했다. 그 결과 다음과 같은 의료 장비 및 보호 장비를 생산할 수 있었다.

- 350,000개의 안면 보호대 (추가 60,000개 포함)
- 573,000개의 면 마스크
- 63,000개의 의료용 면봉
- 43,000천 개의 격리 가운
- 500개의 IV 줄기관 및 30,000개의 고유량 IV 거치대
- 100개의 삽관용 가방(intubation bags)
- 200개의 다중 환기 장치(multiplex vent pieces)

클리블랜드 클리닉의 자체 제작팀은 의료진의 의견을 반영해 N95 호흡 보호 마스크의 시제품도 제작했다. 이 마스크는 현재 최종 디자인 테스트 과정을 거치고 있으며, 향후 의료 현장에서 사용할 가능성을 고려하고 있다. 이러한 자체 제작 능력의 확보는 PPE 공급이 제한된 상황에서 추가적인 생산 역량을 확보하는 중요한 조치로 작용했다.

PPE의 소독과 재사용

클리블랜드 클리닉의 소독팀은 의료 시스템이 PPE를 전혀 조달할 수 없을 경우에 대비한 대체 전략을 개발하는 것을 주요 과제로 삼았다. 팀은 "일부 PPE를 소독해 재사용하는 것이 가능할까?"라는 질문을 던졌고, 이에 대한 해결책을 모색하기 위해 공급사슬, 수술 운영, 건물 및 시설 부서가 협력했다. 이들 부서는 9일 동안의 작업을 통해 병원 외부에 재처리 센터를 신속하게 구축하고, PPE를 소독해 재사용할 수 있는 체계를 마련하는 전략을 세웠다. 모든 팀은 디자인 설계와 물류 흐름을 공동 개발하며 규제 요건을 충족할 수 있도록 절차를 정비했다. 병원 내부의 시공팀은 하루 24시간 교대로 작업을 진행하며, 건물을 재활용한 새로운 소독 시설에 벽체 설치, 전기 공사, 조명, 도색 작업을 수행했다.

클리블랜드 클리닉의 소독 과정에는 외부 하청업체인 에버그린(Evergreen Co-Op)에서 운영하는 병원의 세탁 시설도 포함되어 있다. 사용된 PPE는 주황색 봉투에 담겨 환경 서비스팀에 의해 세탁물 픽업 장소로 옮겨졌다. 이후 에버그린 세탁 트럭이 이를 세탁 시설로 운송했으며, 그곳에서 멸균 처리 부서 직원들이 N95 마스크와 고글, 안면 보호대와 같은 플라스틱 PPE 제품을 분류했다.

N95 마스크는 집중 소독 프로세스를 거쳐 재처리된 후, 밀봉된 용기에 담겨 다시 클리닉의 서비스 센터로 운송되었다. 이후 공급사슬 관리팀이 PPE를 공급사슬에 재투입해 필요에 따라 배포할 수 있도록 조정했다. 지난 6개월 동안에만 이 소독 과정을 거쳐 71,353개의 N95 마스크, 35,970개의 고글, 15,369개의 안면 보호대가 재처리되었다.

현재도 PPE가 계속 수집되어 매일 재처리 및 저장되며, 클리블랜드 클리닉은 의료 시스템이 재개됨에 따라 PPE 지침이 지속적으로 변경될 가능성을 고려하고 있다. 이를 지속 가능한 방식으로 유지하기 위해 재처리 센터의 일일 인력을 확대하는 방안도 검토 중이다.

체계적인 관리

일반적인 환자 치료 프로토콜에서는 PPE가 각 환자 접촉 후에 폐기되며, 이로 인해 대량의 일회용 의료 폐기물이 발생했다. 이에 클리블랜드 클리닉 팀은 기존 폐기 방식의 필요성과 안전성을 재검토하고, 환자 안전에 영향을 미치지 않는 범위 내에서 일부 PPE 구성품의 재사용을 허용하는 새로운 기준을 마련했다. 이러한 체계적인 관리 방식을 통해 PPE의 재사용이 가능해졌으며, 이에 따라 공급 창고에서 새 PPE를 끌어오는 물량을 크게 줄일 수 있었다.

데이터 분석과 관리

이 모든 작업 흐름의 기반에는 강력한 데이터 분석팀이 있었다. 이 팀은 관련된 모든 공급량을 종합적으로 수집하고, 사용률을 계산해 의료 시스템의 운영을 지원했다. 또한 품질 및 환자 안전 부서와 임상 연구소에 실시간 대시보드를 통해 수요 패턴을 공유했다. 이를 통해 병원은 수요가 임계 수준에 도달하기 전에 필요한 조정을 수행할 수 있도록 지원받았으며, PPE 관리뿐만 아니라 의료 서비스 전반의 원활한 운영이 가능해졌다.

제약 조건에 대한 집중관리

클리블랜드 클리닉은 제약 조건을 효과적으로 관리하기 위해 6개의 작업 흐름을 체계적으로 조정하며 운영했다. 우선 병원은 강력한 구매 역량을 활용해 기존 공급업체 외에 대체 공급업체로부터 PPE를 조달했다. 동시에, 자선 기부팀은 기부를 요청하고 관리하는 체계적인 절차를 마련해 의료 물품을 확보하는 데 기여했다. 또한 PPE 부족을 해결하기 위한 중요한 대응책으로 병원은 자체 PPE 생산 역량을 추가하고, 새로운 소독 프로토콜을 도입해 일부 보호 장비를 반복 사용할 수 있도록 개선했다. 이 모든 과정에서 데이터 분석 및 대시보드가 활용되어 의사결정을 지원하고, PPE 사용 지침을 효과적으로 조정할 수 있도록 했다. 이러한 협력 덕분에 클리블랜드 클리닉의 PPE 재고는 병원 전체에 걸쳐 45일분 이하로 떨어지는 일이 없었으며, 이는 클리블랜드 클리닉이 추구하는 '환자를 위한 의료, 의료진을 위한 지원, 지역사회를 위한 보호, 조직을 위한 지속적인 운영'이라는 핵심 사명을 실현하는 데 중요한 역할을 했다.

클리블랜드 클리닉은 앞으로 공급사슬을 국내 생산 체제로 전환하는 것을 목표로 삼고 있다. 이는 코로나19 팬데믹 초기에 PPE 부족을 겪었던 경험에서 얻은 교훈을 바탕으로 한 결정이다. 병원은 기존 공급업체들에게 PPE 생산을 미국 내로 이전할 것을 요청하고 있으며, 동시에 새로운 국내 공급업체와 협력 관계를 구축해 조달 프로세스를 정비하고 있다. 이를 통해 PPE 수요를 보다 효과적으로 관리할 수 있도록 하고 있다. 새롭게 설정된 목표는 항상 최소 45일분의 PPE 재고를 확보하는 것이다. 팬데믹은 모든 의료 기관에 필수적인 PPE가 언제든지 국내에서 안정적으로 공급될 수 있도록 준비해야 한다는 교훈을 남겼다. 이 계획은 특히 미국 대통령이 필수 의료 물품의 국내 생산을 확대해 해외 공급업체에 대한 의존도를 줄일 필요가 있다는 입장을 강하게 표명하면서 더욱 강조되었다.

문제

1. 클리블랜드 클리닉은 의료 서비스 수요 급증에 대응하기 위해 여섯 가지 작업 흐름 전략을 실행했다. 그중 가장 지속 가능한 전략은 무엇이며, 그 이유는 무엇인가?
2. 클리블랜드 클리닉은 단순히 병원 내부의 해결책에 집중하지 않고 어떻게 글로벌 최적화를 통해 팬데믹 대응을 효과적으로 수행했는가? 이러한 대응이 총체적인 접근 방식 없이도 가능하다고 생각하는가?
3. 클리블랜드 클리닉은 데이터 분석 및 대시보드 시스템을 지속적으로 활용함으로써 앞으로 어떤 병목 현상을 예방할 수 있는가?

8 프로젝트 관리

출처: Kirby Lee/Alamy Stock Photo

라스베이거스 레이더스 풋볼팀의 요구를 수용하기 위해 만들어진 얼리전트 스타디움은 65,000명을 수용하도록 설계되었고 수용능력을 최대 72,000명까지 확장할 수 있으며 라스베이거스의 주요 관광지를 한눈에 볼 수 있는 전경을 가지고 있다.

얼리전트 스타디움

라스베이거스는 다양한 볼거리로 인해 매년 4,000만 명 이상의 관광객이 방문하고 있다. 베네치안에서는 환상적인 곤돌라를 탈 수 있고, 벨라지오의 분수 쇼는 꼭 봐야 하며, 네온 박물관에서는 라스베이거스의 초창기와 발전 과정에 대한 흥미로운 역사 수업을 들을 수 있다. 만달레이 베이의 샤크 리프 수족관과 뉴욕-뉴욕 호텔 & 카지노의 빅 애플 코스터 같은 가족 여행객을 위한 명소도 있다. 물론 '더 스트립(The Strip)'에 있는 카지노는 수백만 명의 여행객이 다양한 게임을 즐기며 평균 500달러를 잃는 곳이기도 하다. 또한 티켓 한 장에 180~700달러를 내면 라스베이거스 레이더스의 새 경기장에서 미식축구 경기를 관람할 수 있다.

미식축구는 농구, 야구, 하키를 능가하는 미국에서 가장 인기 있는 스포츠이다. 캘리포니아주 오클랜드에서 오랫동안 경기를 치른 레이더스팀은 경기장 수리가 절실히 필요했다. 낡은 경기장을 현대식 프로 미식축구 경기장 수준으로 개선하거나 로스앤젤레스 인근에 새 경기장을 지을 수 있는 지원을 찾을 수 없었던 레이더스 경영진은 다른 곳에서 기회를 찾기로 했다. 바로 라스베이거스였다. 네바다주에는 다른 프로 미식축구팀이 없었기 때문에 NFL팀을 위한 시장이 있었고, 새로운 경기장이 필요하고 레이더스팀이 건설할 모든 것을 공유할 수 있는 네바다대학교 라스베이거스캠퍼스(UNLV)가 있었기 때문이다. 네바다주에는 적절한 NFL 경기장이 없었기 때문에 레이더스 연고지 이전을 위해서는 새 경기장 건설이 필수적이었다. 라스베이거스이기 때문에 새 경기장은 화려해야 했다.

얼리전트 스타디움(Allegiant Stadium)의 건설은 대규모 프로젝트라고 해도 과언이 아니다. 180만 제곱피트 규모의 이 경기장은 65,000명을 수용할 수 있으며, 슈퍼볼과 같은 특별한 이벤트가 있을 때는 72,000명까지 확장할 수 있다. 이 경기장을 건설하는 데는 약 80,200m^{3}의 콘크리트, 약 684,000m^{3}의 흙 제거, 약 20km의 콘크리트 드릴링 축, 19대의 건설 크레인, 28,000톤의 강철, 600만 시간 이상의 노동 시간이 필요했다. 이 경기장에는 기억에 남는 미식축구 경기 관람 경험을 선사하기 위한 최첨단 시설이 갖춰져 있다. 예를 들어 약 2,800m^{2}에 달하는 에틸렌 테트라플루오로에틸렌(ETFE) 지붕은 100개의 스테인리스 스틸 케이블로 매달려 있어 가볍고 접을 수 있는 가로막 구조를 만들어냈다. 반투명 지붕은 야외 경기장의 분위기를 유지하면서 여름철 더위로부터 선수와 팬들을 보호한다. 또한 라스베이거스 스트립의 멋진 전망을 감상할 수 있는 대형 작동식 벽이 있다. 사막 한가운데 진짜 잔디 구장을 필요로 하는 레이더스 구단의 요구를 수용하기 위해 약 910kg에 달하는 개폐식 필드 시스템을 갖췄다. 천연 버뮤

학습목표

8.1 프로젝트의 정의, 조직과 관련된 주요 활동을 설명한다.

8.2 프로젝트 네트워크를 만드는 과정을 설명한다.

8.3 프로젝트의 일정을 수립한다.

8.4 프로젝트 네트워크에서 비용-시간 상쇄관계를 분석한다.

8.5 프로젝트 기한을 지키지 못할 위험을 측정한다.

8.6 프로젝트를 관찰하고 통제할 수 있는 수단을 파악한다.

출처: Erik Kabik Photography/Media Punch/Alamy Live News

라스베이거스 레이더스 풋볼팀의 요구를 수용하기 위해 얼리전트 스타디움에는 2,000만 파운드 무게의 천연 잔디 축구장이 들어 있는 접이식 1.2m 깊이의 트레이가 있다. 트레이 아래에는 UNLV 풋볼팀의 대학 풋볼 경기를 위한 완벽한 인조 잔디 구장이 있다.

다그래스 구장은 햇빛과 물을 위해 야외로 옮길 수 있는 1.2m 깊이 트레이 위에 있다. 이동식 트레이 아래에는 대학 경기가 열리는 UNLV의 요구를 수용하기 위해 완전한 인조 잔디 구장이 있다. 마지막으로 팬과 미디어의 인터넷 접속 요구를 충족하기 위해 경기장에는 현대 경기장 중 가장 기술적으로 진보된 분산 안테나 시스템(DAS)이 설치되어 있으며, 1,700개 이상의 Wi-Fi 액세스 포인트가 고속 인터넷, 365km의 광섬유 및 구리 연결, 5G 커버리지를 제공한다.

모텐슨 건설(Mortenson Construction)과 매카시 건설(McCarthy Construction)은 합작 투자로 이 프로젝트의 개발사를 맡았고, 매니카 건축(Manica Architecture)은 경기장 설계를 맡았다. 이 팀은 소유주인 라스베이거스 스타디움 당국과의 계약을 완료하기 위해 하나의 조직으로 일했다. 이러한 프로젝트 관리 방식을 *설계-시공*(design-build)이라고 하는데, 설계자와 시공자가 2개의 별도 법인인 *설계-입찰-시공*(design-bid-build) 방식과 달리 한 법인이 프로젝트 발주자와 단일 계약을 맺고 설계와 시공 서비스를 제공하는 방식이다. 전자의 접근 방식은 설계자와 시공자 간의 문제를 더 빨리 해결할 수 있고, 설계자의 부정확한 견적으로 인한 비용 초과에 대해 시공자가 책임지지 않아도 된다. 결국 이 팀은 처음부터 디지털 모델링 기법을 사용해 성과를 높이고 효율성을 극대화했다. 경기장의 최종 비용은 원래 예산보다 1억 7,500만 달러 많은 19억 7,000만 달러로, 얼리전트 스타디움은 세계에서 두 번째로 비싼 경기장이 되었다. 하지만 이 경기장은 단 31개월 만에 완공되어 NFL 역사상 가장 빠르게 건설된 경기장 중 하나로 기록되었다. 이 경기장에서 열린 첫 번째 행사는 2020년 9월 21일 월요일 밤 미식축구 경기로, 코로나19로 인해 팬들이 참석하지 않은 가운데 레이더스와 뉴올리언스 세인츠가 맞붙었다. 팬들이 참석한 첫 번째 레이더스 경기는 1년 후에 열렸다.

라스베이거스에서 가장 큰 경기장 중 하나인 얼리전트 스타디움은 축구 외에도 콘서트와 기타 스포츠 이벤트 등 다양한 행사를 유치할 수 있다. 얼리전트 스타디움 프로젝트의 운영 성과와 그 결과물인 경기장의 화려함이 대부분의 주목을 받지만, 우리가 알아야 할 매우 중요한 사실이 몇 가지 있다. 프로젝트팀은 프로젝트의 모든 단계에서 소외된 지역사회 구성원에게 기회를 제공함으로써 다양성을 증진하고 지역사회에 힘을 실어주기 위해 노력했다. 계약의 23%는 사회적, 경제적으로 취약한 개인이 51% 이상의 지분을 소유하고 있는 영리 목적의 소규모 사업체인 사회적 약자 기업(DBE)과 체결되었다. 이 기업은 유색인종과 여성이 전체 직원의 62%를 차지한다. 근로자의 80%는 라스베이거스 지역 커뮤니티 출신이었다. 프로젝트에 참여한 모든 계약업체는 네바다 노동청의 공공사업 프로젝트에 대한 생활 가능한 임금 요건을 충족해야 했다. 마지막으로 교육은 프로젝트에 참여한 기업과 근로자의 역량을 강화하기 위한 노력의 주요 부분이었다. 프로젝트 관리, 경영학, 마케팅 등의 주제로 강의와 세미나를 개최해 DBE 사업 성장에 도움을 주었다. 또한 1,000명이 넘는 견습생이 현장에서 기술을 배웠다. 얼리전트 스타디움 프로젝트는 최첨단 프로젝트 관리 기술을 활용하면서 다양성과 커뮤니티 참여를 실현한 프로젝트임이 분명하다.[1]

1 출처: mortenson.com/-/media/project/Mortenson/site/files/newsroom/news/2021/allegiant_stadium_community_benefits_plan_report.pdf; "Allegiant Stadium," https://www.mccarthy.com/projects/allegiantstadium(January 2023); Hikaru Kudo, "Learn the Story Behind Allegiant Stadium," https://www.si.com/nfl/raiders/news/las-vegas-raiders-allegiant-stadium-relocation (July 27, 2020); "Allegiant Stadium," https://www.stadiumsofprofootball.com (August 2020); "Allegiant Stadium Construction to End Up $25M Under Budget," *Las Vegas Review Journal* (December 9, 2020), https://www.reviewjournal.com/business/stadium/allegiant-stadiumconstruction-to-end-up-25m-under-budget-2211276/.

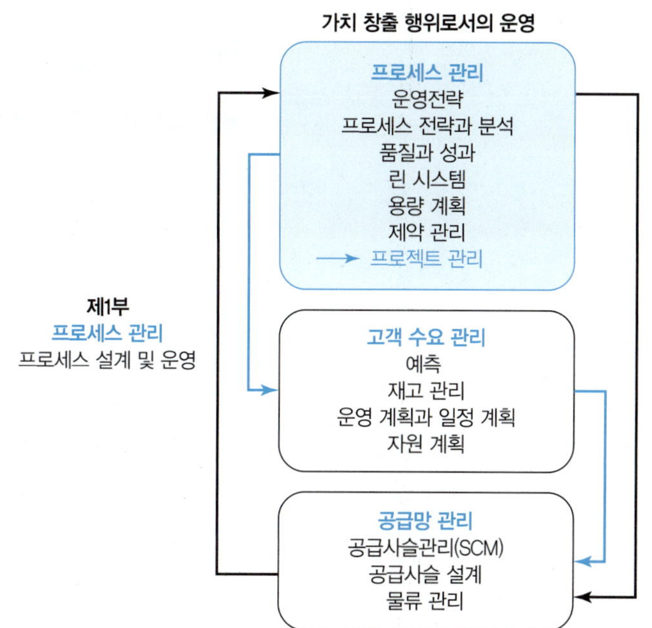

모텐슨 건설이나 매카시 건설 같은 건설회사와 프로젝트 관리자는 대규모 프로젝트를 관리하는 데 일가견이 있다. 이러한 회사는 시간과 원가를 비롯한 성과 기준을 엄격하게 준수하면서 **프로젝트**(project) 수행에 필요한 활동 일정을 수립하고 진척도를 점검하는 데 통달했다. 프로젝트는 상호 연관된 활동의 집합인데, 각 활동은 명확한 시작 시점과 종료 시점이 있고, 일정한 자원을 사용해 고유의 결과를 낳는다.

프로젝트는 사업은 물론이고 일상생활에서도 흔히 볼 수 있다. 결혼 준비, 욕실 개조, 학기 말 보고서 작성, 깜짝파티 준비 등이 일상생활에서 수행되는 소규모 프로젝트의 예다. 기업이 수행하는 대규모 프로젝트의 예로는 회계감사, 합병, 광고 캠페인, 프로세스 리엔지니어링, 제품 서비스 개발, 전략적 제휴 체결 등을 들 수 있다.

프로젝트의 세 가지 주요 목표는 (1) 기한 내에 완료하고, (2) 예산을 초과하지 않으며, (3) 사양을 충족해 고객을 만족시키는 것인데, 이 세 가지 목표를 철의 삼각형(iron triangle)이라고도 한다. 불확실성이 따르는 프로젝트를 수행해야 할 때는 가용 자원, 시한, 예산 측면에서 융통성을 갖는 것도 괜찮다. 따라서 프로젝트는 복잡하고 관리가 어려울 수 있다. **프로젝트 관리**(project management)는 이런 어려움을 극복하는 방법으로서 프로젝트를 정의, 구성, 계획, 점검, 통제하는 체계적이고 단계적인 접근이다.

프로젝트
상호 연관된 활동의 집합으로, 각 활동은 명확한 시작 시점과 종료 시점이 있고, 일정한 자원을 사용해 고유의 결과를 낳음

프로젝트 관리
프로젝트를 정의, 구성, 계획, 점검, 통제하는 체계적이고 단계적인 접근

프로젝트를 수행하려면 여러 직종과 조직의 능력이 필요하기 때문에 프로젝트에는 여러 조직이 개입하는 경우가 흔하다. 또한 일상적으로 수행되는 프로젝트도 프로젝트마다 특성이 다르기 때문에 수행에 필요한 자원과 기술의 조합이 달라진다. 예를 들어 지사를 신설하거나, 컴퓨터를 설치하거나 판촉 행사를 하는 일은 한 해에도 몇 번씩 일어날 수 있다. 이런 프로젝트는 이미 여러 번 반복되었을 수 있지만, 매번 조금씩 다르기 마련이다. 신기술의 출현이나 경쟁자의 움직임과 같은 불확실성 때문에 프로젝트의 성격이 바뀔 수도 있고, 대응책을 강구해야 할 수도 있다. 마지막으로 인력, 자재, 시설 등이 프로젝트 수행을 위해 일정한 시간 동안 모였다가 해산되기 때문에 프로젝트는 한시적이다.

프로젝트 관리를 활용하면 전략을 실현하거나 프로세스를 혁신하고 개선하기가 쉬워진다. 그러나 이런 효과가 프로젝트 하나에만 한정되는 것은 아니다. 운영전략을 실현하려면 상호의존적인 프로젝트를 조정해야 하는 경우가 흔하다. 이와 같은 프로젝트의 모음을 **프로그램**(program)이라고 하는데, 동일한 전략적 목적을 공유한 상호의존적인 여러 프로젝트의 집합이다. 새로운 프로젝트가 제안되면 경영진은 그들과 현재의 운영전략 및 진행 중인 구상 사이의 정합성을 평가해야 하며, 프로젝트에 투입될 수 있는 자금이 제한적인 경우가 보통이므로 제안의 우선순위를 매기는 수단이 있어야 한다. 또한 프로젝트는 프로세스나 공급사슬에 변화를 추진할 때도 유용하다. 예를 들어 새로운 정보기술을 광범위하게 도입하는 프로젝트는 기업의 모든 핵심 프로세스와 지원 프로세스뿐만 아니라 일부 공급자와 고객의 프로세스에까지 영향을 미친다. 그러므로 프로젝트는 프로세스와 공급사슬의 개선을 위한 유용한 수단이다.

프로그램
동일한 전략적 목적을 공유한 상호의존적인 여러 프로젝트의 집합

프로젝트의 정의와 조직 구성

8.1 프로젝트의 정의, 조직과 관련된 주요 활동을 설명한다.

프로젝트의 구조와 프로젝트팀 팀원들의 협동 방식을 확실하게 이해하는 것이 프로젝트 성공의 열쇠이다. 여기에서는 (1) 프로젝트의 범위와 목표 설정, (2) 프로젝트 관리자와 팀의 선정, (3) 프로젝트 조직의 구조 확인을 다룬다.

프로젝트의 범위와 목표 설정

프로젝트를 관리하려면 프로젝트의 범위와 기한, 할당된 자원을 꼼꼼하게 기술해야 한다. 이런 기술서는 흔히 **프로젝트 목표 기술서**(project objective statement)라고 한다. 범위는 프로젝트의 목표를 간결히 기술하고 프로젝트의 핵심적 결과를 주요 인도물의 형식으로 표현한 것인데, 인도물이란 프로젝트의 구체적인 산출물을 말한다. 프로젝트의 범위를 변경하면 불가피하게 비용이 증가하고 완료 시점이 지연된다. 범위를 자주 변경하는 행위를 **범위 잠식**(scope creep)이라고 하며, 그 규모가 어느 수준을 넘으면 프로젝트 실패의 일차적 원인이 된다. 프로젝트 기한은 '이 프로젝트는 2027년 1월 1일까지 완료해야 함'처럼 가능한 한 구체적으로 표현해야 한다. 마지막으로 프로젝트에 배정할 자원의 상세한 내용을 계획 초기 단계에 결정하는 것은 쉽지 않지만 프로젝트 관리에 중요하다. 자원 배정은 금액이나 정규직 인력 기준의 투입시간으로 표현하는 것이 좋다. 자원 배정이 구체적이면 프로젝트 진행 중에 프로젝트의 범위를 조정하기 좋다.

프로젝트 관리자와 팀 선정

프로젝트가 선정되면 반드시 프로젝트 관리자도 선정되어야 한다. 프로젝트 관리자의 자질은 그가 수행해야 할 역할과 적절한 조화를 이루어야 한다.

- **의사촉진자**(facilitator). 프로젝트 관리자는 업무 수행에 필요한 자원을 확보하기 위해 개인 간 혹은 부서 간 갈등을 해소해야 하는 경우가 종종 있다. 프로젝트 관리자는 리더십도 뛰어나야 하고 프로젝트, 자원, 산출물과 기업 전체의 상호관계를 꿰뚫는 **종합적 시각**도 있어야 한다.
- **의사소통자**(communicator). 프로젝트 관리자는 프로젝트의 진척 내용과 추가 자원 요청사항을 고위경영진과 기타 이해관계자에게 분명하게 전달해야 한다. 프로젝트 관리자는 팀원들과도 빈번하게 소통해야 최상의 성과를 얻을 수 있다.
- **의사결정자**(decision-maker). 훌륭한 프로젝트 관리자는 팀이 최고의 성과를 낼 수 있게 세심한 주의를 기울이고, 필요하다면 어려운 결정도 피하지 않아야 한다. 프로젝트 관리자는 팀 회의를 주재하고 팀의 의사결정 방식을 구체적으로 정하며 고위경영진에게 할 보고의 성격과 시기도 결정한다.

프로젝트팀 선정도 프로젝트 관리자 선정에 못지않게 중요하다. 프로젝트팀 선정 시 고려해야 할 몇 가지 특성은 다음과 같다.

- **기술적 역량**. 팀원은 자기에게 할당될 업무를 수행하는 데 필요한 기술적 역량이 있어야 한다.

- 세심함. 모든 팀원은 서로 갈등을 일으키지 않도록 조심해야 한다. 시니어 팀원은 고위경영진과의 문제를 완화하는 데 도움이 되도록 정치적으로 세심하게 처신해야 한다.
- 헌신. 팀원은 자신의 전문 분야를 넘어서는 문제도 기꺼이 해결해야 한다. 또한 자기 자신보다는 프로젝트 완료에 헌신해야 한다.
- 다양성. 팀 구성원은 다양한 민족적, 인종적, 성별 배경을 반영해야 한다. 이러한 다양한 배경의 조화는 기존에 간과될 수 있었던 새로운 의견과 제안을 촉진하며, 보다 포괄적인 사고와 창의적인 문제 해결을 가능하게 한다.

조직구조 확인

프로젝트팀과 프로젝트 관리자의 관계는 소속 기업의 조직구조에 따라 정해진다. 다음과 같이 세 가지 조직구조마다 프로젝트 관리의 특성이 달라진다.

- **기능 조직.** 프로젝트와 이해관계가 가장 강할 것 같은 부서나 기능 분야에 프로젝트를 배정한다. 다른 부서 인력의 도움이 필요하면 프로젝트 관리자가 협상력을 발휘해 얻어내야 한다. 이런 경우 한 부서가 전권을 장악하기 어려워져서 프로젝트 진행에 대한 프로젝트 관리자의 통제력이 약해진다.
- **순수 프로젝트 조직.** 조직 구성원이 프로젝트의 관리자에게 전속되는 형태를 가리킨다. 이런 구조는 지휘선이 단순하며, 업무량이 많아서 프로젝트 구성원이 전업으로 매달려 하는 대형 프로젝트에 효과적이다. 소형 프로젝트를 이런 조직으로 운영하면 자원이 심각하게 중복된다.
- **매트릭스 조직.** 이 구조는 기능 조직과 순수 프로젝트 조직을 절충한 형태이다. 기업의 모든 프로젝트 관리자는 프로그램 관리자에게 업무를 보고하는데, 프로그램 관리자는 부문 간 경계를 넘나들며 자원과 기술 요구를 조정하는 책임자를 말한다. 프로젝트에 투입된 인원과 기술은 기능 부문이 관리 권한을 가진다. 결과적으로 프로젝트팀의 팀원은 상관을 두 명 모시게 된다(프로젝트 관리자와 소속 부서 관리자). 이러한 지휘선의 혼선을 해소하려면 강력한 프로젝트 관리자가 필요하다.

뒤페이지의 '경영 과제'에서 볼 수 있듯이 모든 분야의 관리자가 프로젝트를 관리할 수 있다.

프로젝트 네트워크 그리기

8.2 프로젝트 네트워크를 만드는 과정을 설명한다.

프로젝트가 정의되고 구성되면, 프로젝트팀은 수행해야 할 업무를 구체적으로 파악하고 프로젝트를 구성하는 활동 간의 관계를 파악해야 한다. 프로젝트 네트워크를 그리는 두 단계는 (1) 업무 세부구조 정의와 (2) 이들을 연결하는 네트워크 그리기이다.

업무 세부구조 정의

업무 세부구조(work breakdown structure, WBS)는 해야 할 업무를 전부 나열한 기술서이다. 프로젝트 지연의 결정적 원인을 하나만 꼽는다면, 프로젝트를 성공적으로 완료하는 데 반드시 필요한 중요한 업무를 빠뜨리는 것이다. 프로젝트 관리자는 팀과 긴밀히 협력해 활동을 모

업무 세부구조(WBS)
해야 할 업무를 전부 나열한 기술서

경영 과제 마케팅

마사 코너스(Martha Connors)는 대형 금융 서비스 회사의 마케팅 부서장으로, 고객 및 잠재 고객을 대상으로 하는 메시지 전달을 총괄하고 있다. 마케팅 부서는 매년 수천 건의 요청을 처리해야 하며, 여기에는 창의적인 광고, 혁신적인 커뮤니케이션, 인쇄 브로슈어, 신규 웹 콘텐츠, 지속적인 영업 지원 등이 포함된다. 하지만 이러한 요청을 체계적으로 처리할 수 있는 명확한 프로세스가 마련되어 있지 않아 업무 지연이 빈번하게 발생했다. 이에 따라 마사는 CEO로부터 완전한 기능을 갖춘 메시지 요청 프로세스를 설계할 것을 요청받았다. 이 시스템은 주당 50건의 요청을 처리할 수 있어야 하며, 1개월 안에 완성되어야 한다. 이 프로젝트의 조직구조는 마케팅 부서 내에서만 운영되는 기능 조직으로 설정되었다. 이제 남은 중요한 결정은 프로젝트 관리자 선정이었다. 마사는 몇 년 전 지역 대학에서 채용된 비제이 사카르(Vijay Sarkar)를 프로젝트 책임자로 임명하기로 했다. 비제이는 원활한 의사소통 능력과 뛰어난 조정 능력을 갖추고 있으며, 신속하고 합리적인 의사결정을 할 수 있는 인물로 평가되었다. 무엇보다도 부서 내 직원들이 그를 신뢰하고 좋아한다는 점이 프로젝트 성공에 긍정적인 영향을 미칠 것으로 판단되었다.

비제이는 프로젝트를 성공적으로 수행하기 위해 해야 할 모든 작업을 정리하고, 각 작업을 담당할 인력을 배치해야 한다는 사실을 깨달았다. 우선 현재 마케팅 부서의 레이아웃은 요청을 효율적으로 처리하기에 적합하지 않았다. 광고 콘텐츠를 제작하는 직원들은 한 층에 있었지만, 디자인 작업을 담당하는 직원들은 다른 층에서 근무하고 있었다. 따라서 작업 공간을 재배치하고, 최신 기술을 적용한 컴퓨터로 업그레이드하는 과정이 필요했다. 또한 경우에 따라서는 새로운 인력을 채용하고 교육해야 했다. 비제이는 프로젝트의 여러 작업 사이에 선행 또는 후행되어야 하는 순서가 있음을 파악했다. 예를 들어 새 장비의 기술 사양과 새로운 레이아웃 설계가 완료된 후에야 워크스테이션을 옮길 수 있다. 또한 브로슈어 제작을 위한 소프트웨어, 컴퓨터, 프린터를 주문 및 설치한 후에야 해당 워크스테이션이 정상적으로 작동할 수 있었다. 하지만 몇몇 작업은 동시에 진행할 수 있었다. 소프트웨어, 컴퓨터, 프린터를 주문하는 작업과 새로운 책상 및 워크스테이션을 주문하는 작업을 함께 진행할 수 있었으며, 채용을 시작할 수는 있지만 교육은 장비와 레이아웃이 완비된 이후에 진행해야 했다. 비제이는 모든 활동에 대한 예상 소요 시간 견적을 가지고 있었다. 프로젝트 완료일에 대해 마사에게 어떻게 보고할 수 있을까? 어떤 활동이 프로젝트의 소요 기간에 결정적인 역할을 하며 가장 신경 써야 할까? 프로젝트의 진행 상황과 소비된 자원의 양을 어떻게 모니터링할 수 있을까? 이 장의 세부 사항은 그에게 도움이 될 것이다.

활동
업무의 최소 단위인데, 이를 수행하려면 프로젝트 관리자가 계획하고 통제하는 시간과 자원이 필요함

두 파악해야 한다. **활동**(activity)이란 업무의 최소 단위로, 이를 수행하려면 프로젝트 관리자가 계획하고 통제하는 시간과 자원이 필요하다. 활동을 파악하다 보면 자연스럽게 상세 업무의 위계구조를 정리하게 된다. 주요 업무를 작은 과제로 나누고, 이를 다시 활동으로 세분해 팀원에게 배정한다. 그림 8.1은 병원 이전 프로젝트의 업무 세부구조를 보여준다. 세인트존스병원(St. John's Hospital)의 이사회는 지역사회의 의료서비스를 개선하려고 병원 이전을 결정했다. 이 프로젝트는 병원 신축과 운영 준비로 구성된다. 업무 세부구조에서 1단계의 업무는 2단계의 상세 업무로 세분되며, 2단계의 업무는 다시 3단계로 분해될 수 있다. 이런 세분화 과정을 계속해 프로젝트 관리자가 일정계획을 수립하고 통제할 수 있는 수준의 활동을 얻어낸다. 예를 들어 그림 8.1의 '조직 구성과 부지 준비'는 2단계 활동 6개로 세분화되었다. 그림 8.1은 업무 세부구조라는 개념을 이해하기 쉽게 하려고 2단계까지만 나타냈다. 이 예의 활동을 더 세분하면 이 정도 프로젝트의 업무 세부구조에는 활동이 100개는 훨씬 넘을 것이다. 어떤 프로젝트이든 WBS에 중요한 활동을 빠뜨리지 않도록 주의해야 지연을 방지할 수 있다. 흔히 간과하는 활동에는 프로젝트 계획 수립, 단계별 경영진의 승인, 신서비스/제품의 시험, 최종 보고서 작성 등에 필요한 활동이 있다.

업무 세부구조의 개별 활동마다 책임질 '담당자'가 있어야 한다. **활동 담당제**(activity ownership)는 활동 실행 과정의 혼란을 줄이고 담당자에게 정시 완료의 책임을 부여한다. 합의에 의한 민주적 방식이건 관리자가 정하는 독재적 방식이건 간에 팀원에게 활동을 배정하는 과정이 명확해야 한다.

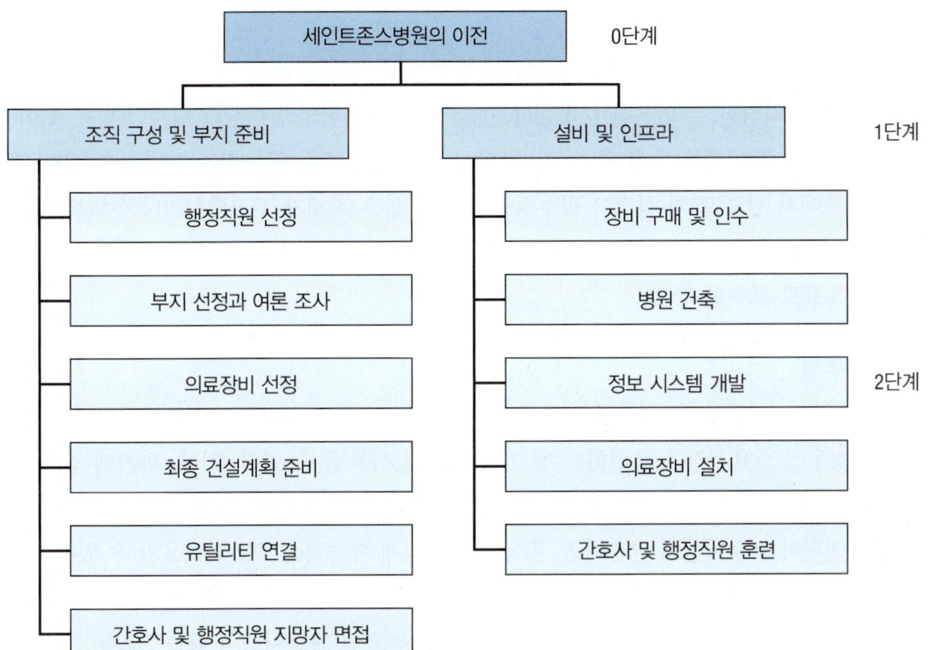

그림 8.1 세인트존스병원 프로젝트의 업무 세부구조

네트워크 도표 작성

네트워크 계획 기법은 관리자가 프로젝트를 점검하고 통제하는 데 유용하다. 이 기법은 프로젝트를 상호 연관된 활동의 집합으로 보며, 이 활동의 관계를 마디(원)와 가지(화살표)로 나타낸 그림이 **네트워크 도표**(network diagram)이다. 네트워크 계획법 두 가지가 1950년대에 개발되었다. **PERT**(program evaluation and review technique)는 3,000개 이상의 위탁업체와 공급자가 참여한 미 해군의 폴라리스 미사일 개발 프로젝트를 관리하려고 개발했다. **CPM**(critical path method)은 화공공장이 정비를 목적으로 하는 조업 중단의 일정 계획을 수립하려고 개발했다. 초기 PERT와 CPM의 차이는 활동시간 추정치를 처리하는 방식에 있었으나, 오늘날은 그 차이가 미미해졌다. 여기에서는 두 기법을 묶어서 PERT/CPM이라고 부르기로 한다. 이 기법은 프로젝트 관리자에게 다음과 같은 이점을 준다.

네트워크 도표
프로젝트 활동의 관계를 마디(원)와 가지(화살표)로 나타낸 네트워크 계획 기법

PERT
3,000개 이상의 위탁업체와 공급자가 참여한 미 해군의 1950년대 폴라리스 미사일 개발 프로젝트를 관리하려고 개발한 네트워크 계획 기법

CPM
1950년대에 화공공장이 정비를 목적으로 한 조업 중단의 일정 계획을 수립하려고 개발한 네트워크 계획 기법

1. 프로젝트를 네트워크의 형태로 표시하려면 팀원은 필요한 자료를 파악해 정리하고, 활동 간의 연관성을 파악해야 한다. 이런 과정에서 여러 기능 부서의 관리자가 여러 활동의 성격과 활동이 필요로 하는 자원의 특성을 논의하게 된다.
2. 네트워크를 활용하면 프로젝트 관리자가 프로젝트 완료 시점을 예측할 수 있어서 고객이나 공급자와 협상을 하거나 다른 활동계획을 세우기가 쉬워진다.
3. 프로젝트 네트워트에 기반한 보고서를 보면 프로젝트 일정 준수에 중요한 활동을 알 수 있다. 또 지연되어도 프로젝트 일정 준수에 문제가 없는 활동도 알 수 있어서 자원을 더 중요한 활동으로 옮길 수 있다.
4. 프로젝트 관리자는 네트워크 기법을 활용해 시간과 비용 간의 상쇄관계를 분석할 수 있다.

출처: Simon Turner/Alamy Stock Photo

영국 케임브리지의 팹워스병원(Papworth Hospital) 건설 부지를 보면 건설 과정에서 수행되어야 할 다양한 활동의 규모를 느낄 수 있다. 이런 프로젝트에는 복잡한 업무 세부구조와 네트워크 도표가 필요하다.

프로젝트 네트워크 도표를 작성하려면 활동 간 선후 관계를 정하고 활동별 소요시간을 추정해야 한다.

선후 관계
연관된 활동의 순서를 정하는 것으로 선행 활동이 완료되어야 다음 활동을 시작할 수 있음을 나타냄

선후 관계 설정

선후 관계(precedence relationship)는 연관된 활동의 순서를 말한다. 즉 선행 활동이 완료되어야 다음 활동을 시작할 수 있음을 나타낸다. 예를 들어 간부회의 안내장의 디자인(활동 A)이 완성되어야 안내장을 인쇄(활동 B)할 수 있다. 다시 말해 활동 A는 활동 B에 선행해야 한다. 대규모 프로젝트에서 선후 관계 설정이 필수적인 이유는 선후 관계가 부정확하거나 누락되면 값비싼 지연이 발생하기 때문이다. 선후 관계는 라인 밸런싱 문제에서처럼(제7장 '제약 관리' 참조) 네트워크 도표로 표현된다.

활동시간 추정

어떤 활동의 소요시간을 추정할 때 과거에 같은 사례가 많으면 정확도는 상대적으로 높을 것이다. 이런 경우에 소요시간을 추정하는 몇 가지 방법이 사용될 수 있다. 첫째, 과거에 경험한 실제 소요시간 자료를 구할 수 있으면 통계학적 방법을 사용할 수 있다. 둘째, 활동이 반복되면서 경험이 누적되어 소요시간이 단축되면, 활동시간 추정에 학습곡선모형을 적용할 수 있다. 셋째, 과거 경험이 없는 활동의 소요시간은 관리자의 과거 유사한 활동 경험에 근거한 관리자 의견으로 추정한다(제9장 '예측' 참조). 추정의 불확실성이 높으면 활동시간의 확률분포를 사용할 수 있다. 프로젝트 네트워크에 불확실성을 감안하는 방법은 이 장의 뒤쪽에서 위험 평가를 다룰 때 논의한다. 그때까지는 활동시간이 확실하다고 가정한다.

예제 8.1

세인트존스병원 프로젝트의 네트워크 도표 작성

세인트존스병원 프로젝트의 관리자인 셀레나 터너(Selena Turner)는 프로젝트를 2개의 주요 모듈로 나누었다. 그녀는 '조직 구성 및 부지 준비' 모듈을 존 스튜어트(John Stewart)에게 맡기고, '설비 및 인프라' 모듈은 아프람 아구(Afram Agu)에게 맡겼다. 프로젝트팀은 그림 8.1의 WBS를 사용해 다음 표와 같이 선후 관계, 활동시간 추정치, 책임자를 정했다.

활동	직전 선행활동	활동 소요시간(주)	책임자
세인트존스병원 프로젝트			터너
시작		0	
조직 구성 및 부지 준비			스튜어트
A. 행정직 선정	시작	12	존슨
B. 부지 선정과 여론 조사	시작	9	우
C. 의료장비 선정	A	10	브라운
D. 최종 건설계획 준비	B	10	우
E. 유틸리티 연결	B	24	버튼
F. 간호사 및 행정직원 지망자 면접	A	10	존슨
설비 및 인프라			아구
G. 장비 구매 및 인수	C	35	샘프슨
H. 병원 건축	D	40	마타
I. 정보 시스템 개발	A	15	창
J. 의료장비 설치	E, G, H	4	곤잘레스
K. 간호사 및 행정직원 훈련	F, I, J	6	애슈턴
끝	K	0	

주 5일 작업을 가정하고 이 병원 프로젝트의 네트워크를 작성하라.

풀이

이 프로젝트의 네트워크, 활동, 활동시간은 그림 8.2와 같다. 원은 활동을 나타내고 화살표는 활동의 수행 순서를 나타낸다. A와 B는 직전 선행 활동이 없으므로 시작 마디에서 뻗어 나온다. A를 C, F, I로 연결하는 화살표는 이 세 활동이 모두 A가 완료되어야 시작될 수 있음을 나타낸다. 마찬가지로 B가 완료되어야 D와 E를 시작할 수 있다. 나머지 그림도 같은 방식으로 작성했다. K는 후행 활동이 없기 때문에 끝 마디로 연결된다. '시작' 마디와 '끝' 마디는 실제 활동을 나타내지 않고, 네트워크의 시작과 끝을 나타내기만 한다.

'경영 사례 8.1'은 클리블랜드 클리닉이 영국 런던 버킹엄 궁전 근처에 새 병원을 짓기 위해 프로젝트 관리의 원칙을 어떻게 적용했는지 보여준다.

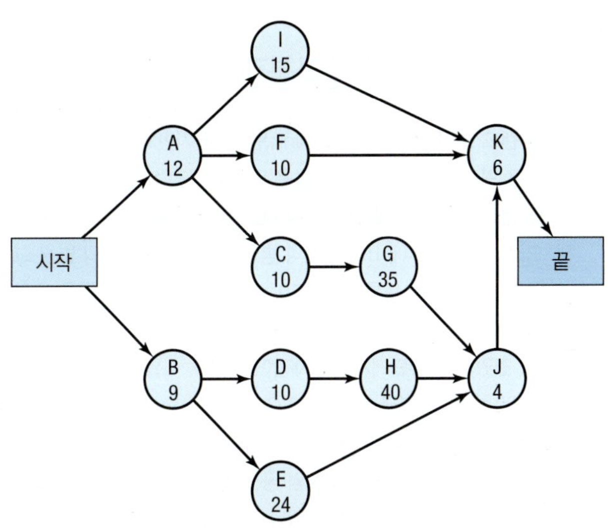

그림 8.2 세인트존스병원 프로젝트의 활동시간을 보여주는 네트워크

프로젝트 일정 수립

8.3 프로젝트의 일정을 수립한다.

네트워크 계획 기법의 주요 이점은 프로젝트 활동의 일정계획 수립에 도움을 주어 관리자가 프로젝트의 목표를 달성하게 해준다는 것이다. 프로젝트 네트워크가 있으면 (1) 주경로를 찾아서 프로젝트 완료 시점을 추정할 수 있고, (2) 프로젝트에 포함된 각 활동의 시작 시점과 완료 시점을 파악할 수 있으며, (3) 각 활동의 여유시간을 계산할 수 있다.

주경로

프로젝트 관리의 핵심은 프로젝트 완료시간 추정이다. 앞에 예를 든 병원 이전의 모든 활동을 하나씩 순서대로 수행한다면, 프로젝트의 완료 시점은 모든 활동의 활동시간을 더한 175주가 될 것이다. 그러나 그림 8.2에 나타난 것처럼 자원만 충분하면 활동 여러 개를 동시에 진행할 수도 있다. 프로젝트의 시작과 끝을 연결하는 활동의 연결선을 **경로**(path)라고 한다. 병원 이전 프로젝트의 네트워크에는 (1) A-I-K, (2) A-F-K, (3) A-C-G-J-K, (4) B-D-H-J-K, (5) B-E-J-K의 다섯 가지 경로가 있다. **주경로**(critical path)는 프로젝트의 시작과 끝을 연결하는 활동의 연결선 중에서 완료시간이 가장 긴 것을 말한다. 따라서 주경로상의 활동이 프로젝트의 완료시간을 결정한다. 즉 주경로에 속한 활동이 지연되면 전체 프로젝트가 지연된다. 병원 프로젝트의 경로별 예상 활동시간은 다음 표와 같다.

경로
프로젝트의 시작과 끝을 연결하는 활동의 연결선

주경로
프로젝트의 시작과 끝을 연결하는 활동의 연결선 중에서 소요기간이 가장 긴 것

경로	소요시간(주)
A-I-K	33
A-I-K	28
A-C-G-J-K	67
B-D-H-J-K	69
B-E-J-K	43

경영 사례 8.1 클리블랜드 클리닉

클리블랜드 클리닉(Cleveland Clinic)은 미국 기반의 세계적인 병원 그룹으로, 전문 의료 서비스 분야에서 높은 명성을 가진 기관이다. 이 병원 그룹은 클리블랜드 시내 근처에 위치한 약 667,700m^2 규모의 본원 캠퍼스를 포함해, 오하이오 북동부에 11개의 지역 병원, 플로리다에 5개의 병원 그리고 라스베이거스(네바다), 토론토(캐나다), 아부다비(UAE)에 병원을 운영하고 있다. 클리블랜드 클리닉은 캐나다와 중동 지역에서는 국제적인 영향력을 보유하고 있었지만, 유럽에서는 존재감이 없었다. 이를 개선하기 위해 여러 기회를 검토한 끝에, 영국 런던의 33 Grosvenor Place를 첫 유럽 병원의 입지로 선택했다. 그러나 이 프로젝트는 두 가지 주요 과제를 안고 있었다. 첫째, 33 Grosvenor Place는 버킹엄 궁전 바로 맞은편에 위치하며, 명망 높은 사무실과 외국 대사관이 인접해 있다. 따라서 *프로젝트의 범위와 목표*는 주변 지역과 왕실 건물을 존중하는 방향으로 신중하게 설정되어야 했다. 더불어 이곳은 문화재 보호 구역으로 지정되어 있어, 환경 및 건축적 요소를 세심하게 고려해야 했다. 둘째, 해당 부지에는 이미 6층 규모의 대형 오피스 빌딩이 자리 잡고 있었다. 새로운 초현대식 민간 병원으로 탈바꿈하기 위해서는 대규모 철거 작업이 필요했다. 하지만 일반적인 철거 방식(건물 철거 후 재건축)을 적용할 수 없었는데, 이는 기존 건물의 외관을 보존해야 한다는 프로젝트의 엄격한 조건 때문이었다. 즉 전체 철거 및 재건축 과정이 기존 구조 내에서 이루어져야 하며, 이를 통해 문화재 보호 기준을 충족해야 하는 매우 복잡한 작업이 요구되었다. 이러한 조건들로 인해 프로젝트의 복잡성이 크게 증가했으며, 클리블랜드 클리닉의 첫 유럽 병원 건립은 기술적, 환경적, 문화적 요소를 모두 고려해야 하는 고난도 개발 프로젝트로 진행될 수밖에 없었다.

현재 건물은 원래 1950년대에 에너지 회사의 본사로 건설되었으며, 1990년대에 사무 공간으로 전환되었다. 이번 프로젝트의 주요 건축적 과제는 이 사무용 건물을 완전한 의료 시설을 갖춘 민간 병원으로 탈바꿈하는 것이다. 이번 *프로젝트의 주요 목표*는 다음과 같이 정리할 수 있다.

- 기존 건물을 약 30,658m^2 규모의 200개 병상을 갖춘 민간 의료 병원으로 개조한다.
- 입원 환자를 위한 최상의 의료 서비스를 제공할 수 있도록 설계한다.
- 개인 침실 및 스위트룸 시설을 포함한다.
- 8개의 수술실과 진단 및 영상 센터를 갖춘다.
- 주변 환경과의 조화를 고려해 신중한 설계를 진행하며, 2021년 초까지 프로젝트를 완료한다.

이 프로젝트의 규모가 워낙 크기 때문에, *프로젝트팀*은 다양한 의료 산업 분야의 전문성을 갖춘 여러 기업으로 구성될 필요가 있었다. 여기에는 인사 및 인력 관리, 의료 기술 및 장비, 건설 분야의 전문가들이 포함되었으며, 모든 기업이 협력해 성공적인 프로젝트를 완성해야 했다. 프로젝트의 디자인 경쟁에서 PLP 아키텍처(PLP Architecture)가 최종 선택되어 설계를 담당하게 되었으며, 로버트 맥알파인 경(Sir Robert McAlpine)이 주요 계약을 체결하는 총괄 시공업체 역할을 수행하며, 실질적으로 *프로젝트 관리자*의 역할을 맡게 되었다. 이처럼 프로젝트팀이 각기 다른 여러 기업으로 구성되었기 때문에, 가장 합리적인 조직구조는 *순수 프로젝트 조직*이었다.

이 프로젝트의 *업무 세부구조*(work breakdown structure)는 매우 복잡했다. 먼저 건설 작업은 철거와 재건축 두 가지 주요 범주로 나뉘었다. 철거는 소프트 스트립과 하드 철거로 구분되는데 소프트 스트립은 비구조적 요소, 내부 기구, 비하중벽, 내부 천장을 제거하는 작업을 말하며 하드 철거는 콘크리트 및 강철 구조물을 대형 장비로 분해하고, 철거한 자재와 잔해를 제거하는 작업까지 포함하는 것을 말한다. 재건축 과정에서는 기존 건물을 현대식 병원으로 전환하는 작업이 포함되어 있는데, 지하층을 약 1.5m 낮추고, 기존 외관을 지지할 수 있는 새로운 구조물을 제작하고, 새로운 객실과 복도 공간을 설계하고, 창문을 새로 설치하며, 출입구를 변경해 평탄한 진입로를 마련하고, 보행 접근성을 개선했다. 결과적으로 건물의 6개 층 전체를 새롭게 설계하고, 향후 수십 년간 환자 치료에 최적화된 공간을 염두에 두면서 진행되었다.

이 프로젝트의 다양한 작업과 그 선행 관계를 고려하면, 프로젝트 *네트워크 도표*는 매우 복잡하게 구성되었다. 작업의 순서를 체계적으로 조정하는 것은 프로젝트 기간을 단축하는 핵심 요소였다. 예를 들어 철거 작업은 남쪽에서 시작해 북쪽으로 진행되도록 단계적으로 계획되었다. 이를 통해 재건축 작업을 남쪽에서 먼저 시작하고, 북쪽에서 철거가 완료되는 동안 동시에 진행할 수 있었다. 또한 상층부에서 하드 철거 작업을 수행하는 동시에 지하층을 낮추는 작업을 진행하는 방식이 적용되었다. 이 과정은 현장을 보다 복잡하고 위험한 환경으로 만들었지만, 프로젝트 기간을 최대 1년까지 단축하는 데 기여했다. 이러한 효율적인 작업 순서 조정 덕분에 건설 단계는 3년 만에 완료되었으며, 2019년 12월 6일 마지막 외부 빔이 설치되면서 프로젝트의 건설 작업이 마무리되었다.

이 프로젝트의 목표에는 환경적 우려도 포함되어 있다. 건설 과정에서 발생하는 먼지와 소음, 내부가 드러난 건물의 미관 문제가 주요 고려 사항이었다. 이를 해결하기 위해 건물 전체를 감싸는 특수 천이 설치되었다. 이 구조물은 건물과 창문의 이미지가 천 표면에 스텐실로 새겨져 있어 시각적인 완충 효과를 제공했다. 또한 먼지와 소음 발생을 줄이고, 작업자들이 바람과 비로부터 보호받을 수 있도록 설계되었다. 이 구조물은 약 3,623㎡ 규모로, 영국에서 가장 큰 외벽 랩 중 하나로 평가된다. 덕분에 왕실 가족 및 인근 사무실 직원들은 건설 기간 동안 불편을 최소화하며 안심할 수 있었다.

출처: David Taylor, "Delicate Demolition," *The Construction Index*, https://theconstructionindex.co.uk/news/view/delicate-demolition (April 12, 2018); https://plparchitecture.com/cleveland-clinic/ (accessed September 29, 2023); consultqd.clevelandclinic.org/final-beam-placed-for-cleveland-clinic-london (December 6, 2019); Lars G. Svensson, Brian Donley, and Tomosso Falcone, "Cleveland Clinic Comes to London," *Cardio Pulse in European Heart Journal* 39, no. 34 (September 2018): 3161-63 accessed April 9, 2020).

활동 사슬 B-D-H-J-K는 69주 만에 완성될 것으로 추정되며, 활동시간이 가장 길어서 주경로이다. 주경로가 프로젝트의 완료시간을 결정하므로, 프로젝트팀은 이 주경로와 이를 구성하는 활동에 주목하고, 이와 길이가 비슷한 다른 경로도 주목해야 한다.

출처: Gracethang2/Shutterstock

쿠알라룸푸르에 있는 메르데카 118(Merdeka 118)은 세계에서 두 번째로 높은 건물로 높이가 약 680m에 달한다. 레스토랑, 사무실, 파크 하얏트 호텔이 입주해 있다.

프로젝트 일정

프로젝트의 일반적 목표는 프로젝트를 가능한 한 빨리 완료하는 것이다. 프로젝트 일정계획은 모든 활동의 시작 시점과 완료 시점을 정하는 것이다. 프로젝트를 기한 내에 완료하려면 각 활동을 최조 시작시간과 최조 완료시간 사이나, 최지 시작시간과 최지 완료시간 사이에 수행하게 되는데, 주경로 밖의 활동은 이 사이의 적당한 시기에 해도 된다.

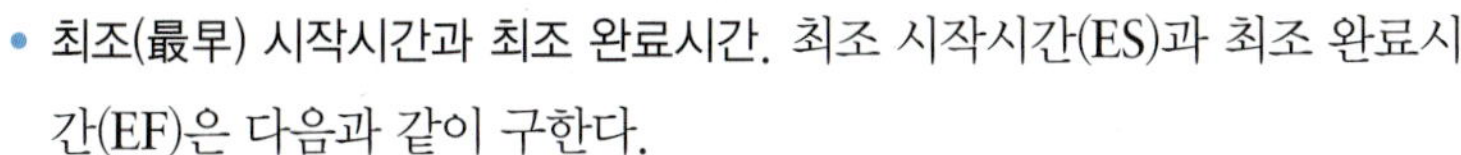

- 최조(最早) 시작시간과 최조 완료시간. 최조 시작시간(ES)과 최조 완료시간(EF)은 다음과 같이 구한다.

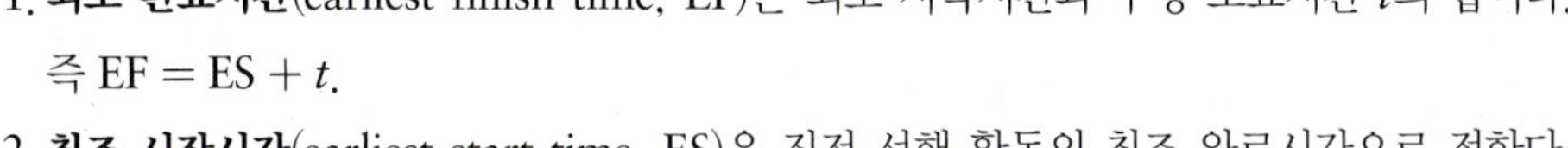

  1. **최조 완료시간**(earliest finish time, EF)은 최조 시작시간과 추정 소요시간 t의 합이다. 즉 EF = ES + t.

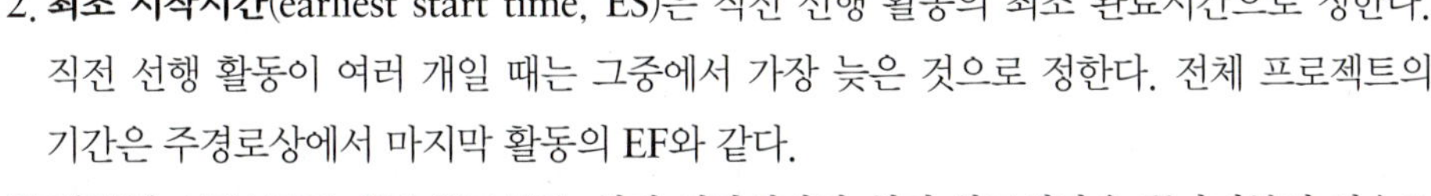

  2. **최조 시작시간**(earliest start time, ES)은 직전 선행 활동의 최조 완료시간으로 정한다. 직전 선행 활동이 여러 개일 때는 그중에서 가장 늦은 것으로 정한다. 전체 프로젝트의 기간은 주경로상에서 마지막 활동의 EF와 같다.

최조 시작시간(ES)
직전 활동의 최조 완료시간

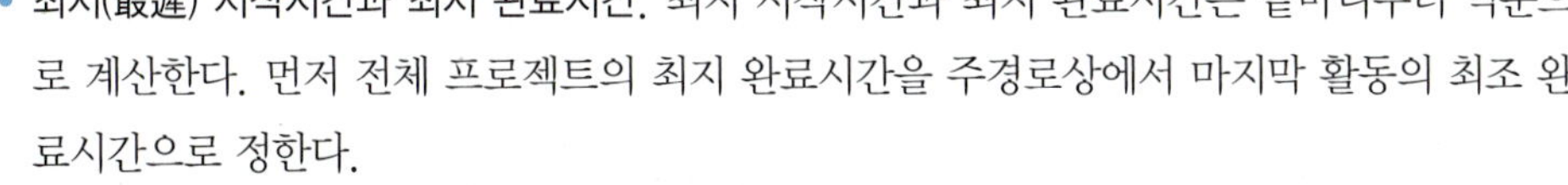

- 최지(最遲) 시작시간과 최지 완료시간. 최지 시작시간과 최지 완료시간은 끝마디부터 역순으로 계산한다. 먼저 전체 프로젝트의 최지 완료시간을 주경로상에서 마지막 활동의 최조 완료시간으로 정한다.
  1. **최지 완료시간**(latest finish time, LF)은 직후 활동의 최지 시작시간으로 정한다. 직후 활동이 여러 개이면 그중에서 가장 빠른 것으로 정한다.
  2. **최지 시작시간**(latest start time, LS)은 최지 완료시간에서 예상 소요시간 t를 뺀 것이다. 즉 LS = LF − t.

최지 완료시간(LF)
직후 활동의 최지 시작시간

시작시간과 완료시간의 계산

예제 8.2

예제 8.1에서 소개한 병원 프로젝트의 활동별 최조 시작시간, 최조 완료시간, 최지 시작시간, 최지 완료시간을 계산하라. 프로젝트팀은 어느 활동을 즉시 시작해야 하는가? 활동별 소요시간은 그림 8.2에 있다.

풀이

먼저 시작 마디의 시간을 0으로 설정한다. 활동 A, B는 선행 활동이 없으므로 최조 시작시간이 0이다. 이 활동의 최조 완료시간은 다음과 같다.

$$EF_A = 0 + 12 = 12, \quad EF_B = 0 + 9 = 9$$

활동 I, F, C의 최조 시작시간이 A의 최조 완료시간과 같으므로

$$ES_I = 12, \quad ES_F = 12, \quad ES_C = 12$$

같은 이유로

$$ES_D = 9, \ ES_E = 9$$

ES 시간을 네트워크 도표(그림 8.3)에 기록한 후 I, F, C, D, E의 EF 시간을 다음과 같이 계산한다.

$$EF_I = 12 + 15 = 27, \ EF_F = 12 + 10 = 22, \ EF_C = 12 + 10 = 22,$$
$$EF_D = 9 + 10 = 19, \ EF_E = 9 + 24 = 33$$

최조 시작시간은 직전 선행 활동의 EF 시간 중에서 가장 늦은 것이므로

$$ES_G = EF_C = 22, \ ES_H = EF_D = 19$$
$$EF_G = ES_G + t = 22 + 35 = 57$$
$$EF_H = ES_H + t = 19 + 40 = 59$$

이제 나머지 활동의 최조 시작시간을 모두 구한다. 활동 J는 직전 활동이 세 가지 있으므로, 활동 J를 시작할 수 있는 가장 이른 시간은 직전 선행활동의 최조 완료시간(EF_G, EF_H, EF_E) 중에서 가장 늦은 시간이다. 그러므로 $EF_J = 59 + 4 = 63$이다. 이와 유사하게 $ES_K = 63$이고, $EF_K = 63 + 6 = 69$이다. 활동 K는 주경로의 마지막 활동이므로, 프로젝트를 완료할 수 있는 가장 이른 시간은 69주이다. 모든 활동의 최조 시작시간과 최조 완료시간이 그림 8.3에 나타나 있다.

최지 시작시간과 최지 완료시간을 계산하려면 먼저 활동 K의 최지 완료시간을 69주로 정한다. 이는 활동 K의 최조 완료시간과 같도록 설정한다. K의 최지 시작시간은 다음과 같다.

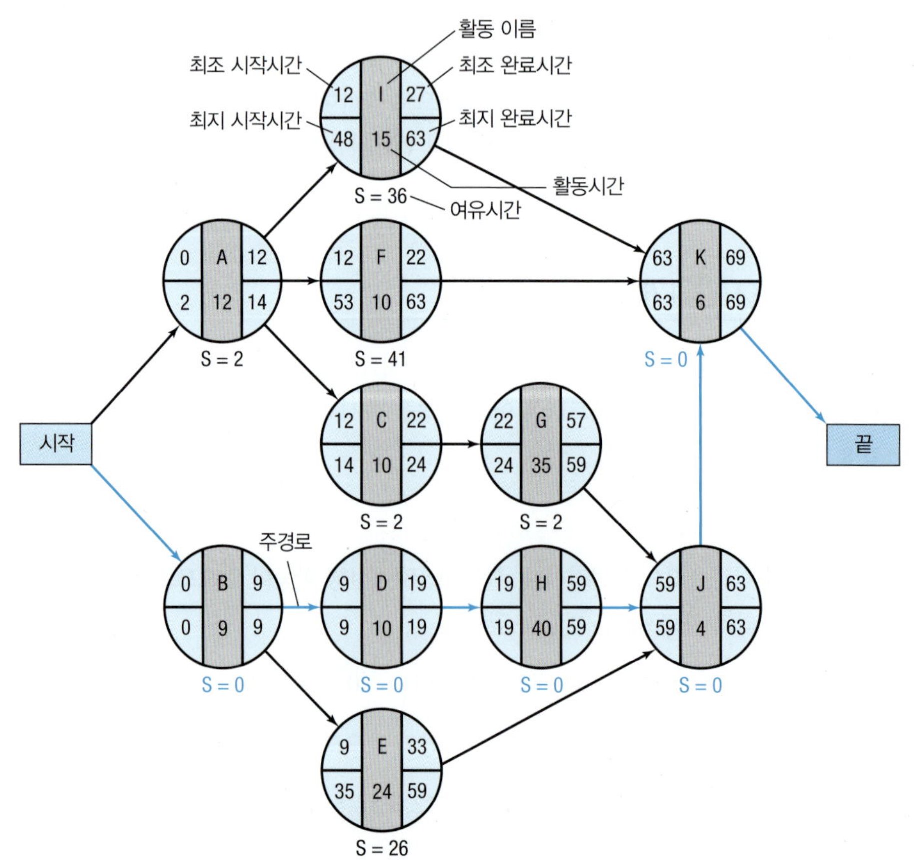

그림 8.3 시작시간, 완료시간, 여유시간을 표현한 네트워크

$$LS_K = LF_K - t = 69 - 6 = 63$$

K를 63주 이전에 시작하려면 선행 활동은 모두 63주 이전에 끝나야 한다. 따라서

$$LF_I = 63,\ LF_F = 63,\ LF_J = 63$$

이 활동의 최지 시작시간은 그림 8.3에 나타난 것처럼 다음과 같다.

$$LS_I = 63 - 15 = 48,\ LS_F = 63 - 10 = 53,\ LS_J = 63 - 4 = 59$$

LS_J를 구했으므로 활동 J의 직전 활동의 최지 시작시간은 다음과 같다.

$$LS_G = 59 - 35 = 24,\ LS_H = 59 - 40 = 19,\ LS_E = 59 - 24 = 35$$

마찬가지로 이제 활동 C, D의 최지 시작시간을 구하면

$$LS_C = 24 - 10 = 14,\ LS_D = 19 - 10 = 9$$

활동 A는 직후 활동이 여러 개(I ,F, C)이다. 후속작업의 최지 시작시간 중에서 가장 빠른 것은 C로 14주이기 때문에

$$LS_A = 14 - 12 = 2$$

유사하게 B도 직후 활동이 D와 E 두 가지다. 이 활동의 최지 시작시간 중에서 가장 이른 시간은 9이기 때문에

$$LS_B = 9 - 9 = 0$$

의사결정 포인트

최조 시작시간이나 최지 시작시간은 프로젝트 일정계획을 수립하는 데 사용할 수 있다. 예를 들어 B는 최지 시작시간이 0이므로, 즉시 시작하지 않으면 프로젝트를 69주 안에 완료할 수 없다. LS가 ES보다 큰 활동이 있으면 그 활동은 ES와 LS 사이에 아무 때나 시작하면 된다. 활동 E가 그런 경우인데 9주와 35주 사이에 아무 때나 자원을 확보할 수 있을 때 시작하면 된다. 그림 8.3에는 활동별 최조 시작시간과 최조 완료시간은 물론이고 최지 시작시간과 최지 완료시간이 나타나 있다.

활동 여유시간

활동 여유시간(activity slack)은 전체 프로젝트를 지연하지 않으면서 개별 활동을 늦추어도 되는 시간의 길이를 말한다. 따라서 주경로상의 활동은 여유시간이 0이다. 여유시간 정보는 주의를 집중해야 할 활동을 부각하기 때문에 유용하다. 활동 여유시간은 어떤 활동이 얼마까지 지연되어도 전체 프로젝트의 완료 시간에 지장을 주지 않는지를 나타낸다. 어떤 활동의 활동시간이 예상보다 길어지거나 자원이 부족해 시작이 늦어지면 그 활동의 여유시간이 줄어든다. 특정 활동의 여유시간은 다음 두 방법 중 한 가지로 계산할 수 있다.

활동 여유시간
전체 프로젝트를 지연하지 않으면서 개별 활동을 늦추어도 되는 시간의 길이를 말하며, S = LS − ES 또는 S = LF − EF로 계산할 수 있음

$$S = LS - ES \text{ 또는 } S = LF - EF$$

컴퓨터를 사용해 대형 프로젝트의 활동 여유시간을 계산해 정기 보고서를 작성하면 관리자가 프로젝트 진도를 점검하는 데 유용하다. 이런 보고서를 사용해 관리자는 여유시간을 조절해 일정 문제를 해결한다. 프로젝트에서 여러 활동이 같이 사용하는 자원이 있으면, 여유시간이 있는

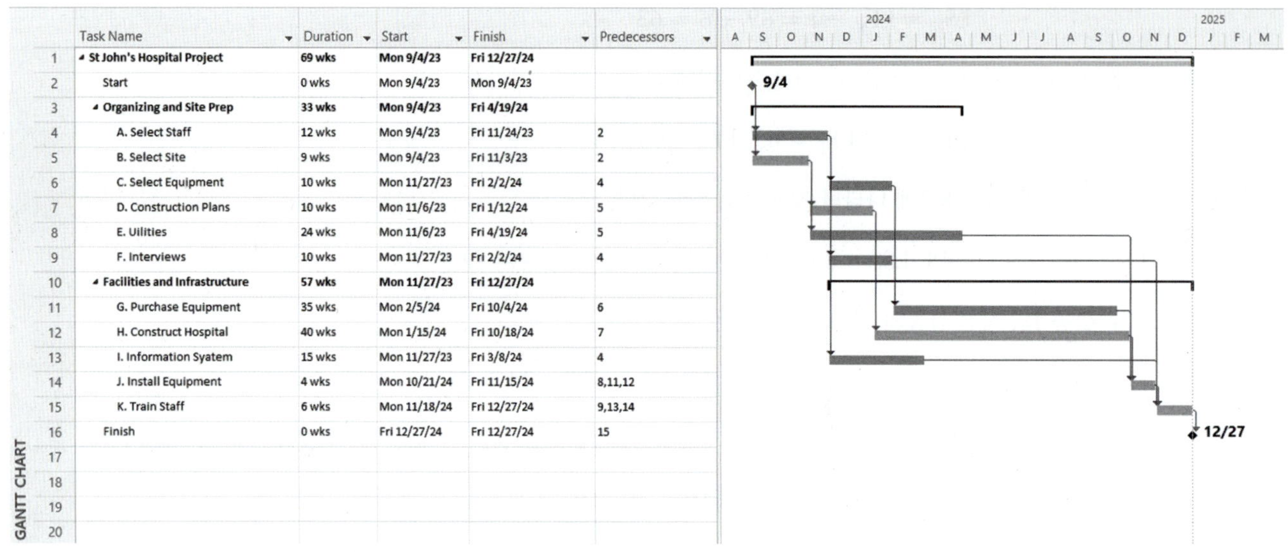

	Task Name	Duration	Start	Finish	Predecessors
1	St John's Hospital Project	69 wks	Mon 9/4/23	Fri 12/27/24	
2	Start	0 wks	Mon 9/4/23	Mon 9/4/23	
3	Organizing and Site Prep	33 wks	Mon 9/4/23	Fri 4/19/24	
4	A. Select Staff	12 wks	Mon 9/4/23	Fri 11/24/23	2
5	B. Select Site	9 wks	Mon 9/4/23	Fri 11/3/23	2
6	C. Select Equipment	10 wks	Mon 11/27/23	Fri 2/2/24	4
7	D. Construction Plans	10 wks	Mon 11/6/23	Fri 1/12/24	5
8	E. Uilities	24 wks	Mon 11/6/23	Fri 4/19/24	5
9	F. Interviews	10 wks	Mon 11/27/23	Fri 2/2/24	4
10	Facilities and Infrastructure	57 wks	Mon 11/27/23	Fri 12/27/24	
11	G. Purchase Equipment	35 wks	Mon 2/5/24	Fri 10/4/24	6
12	H. Construct Hospital	40 wks	Mon 1/15/24	Fri 10/18/24	7
13	I. Information Syatem	15 wks	Mon 11/27/23	Fri 3/8/24	4
14	J. Install Equipment	4 wks	Mon 10/21/24	Fri 11/15/24	8,11,12
15	K. Train Staff	6 wks	Mon 11/18/24	Fri 12/27/24	9,13,14
16	Finish	0 wks	Fri 12/27/24	Fri 12/27/24	15
17					
18					
19					
20					

그림 8.4 MS 프로젝트로 작성한 세인트존스병원 프로젝트 일정의 간트 도표

활동에서 자원을 빼내어 여유시간이 없어질 때까지 지체된 활동에 두입할 수 있다. 병원 프로젝트의 활동 여유시간이 그림 8.3에 나타나 있다.

간트 도표

간트 도표
프로젝트 관리자가 대개 컴퓨터 소프트웨어를 사용해 작성한 프로젝트 일정계획으로, 프로젝트 활동의 활동시간과 선후 관계를 시간축 위에 그림으로 표현한 것

프로젝트 관리자는 대개 컴퓨터 소프트웨어를 사용해 프로젝트 일정계획을 작성하는데, 프로젝트 활동의 활동시간과 선후 관계를 시간축 위에 그림으로 표현한 것을 **간트 도표**(Gantt chart)라고 한다. 그림 8.4는 많이 사용되는 프로젝트 관리 소프트웨어인 Microsoft Project Professional로 작성한 병원 프로젝트의 간트 도표이다. 주경로는 네트워크에서 가장 긴 경로(빨간색으로 표시)인 B-D-H-K이다. 그림을 보면 어떤 활동을 동시에 할 수 있는지, 언제 시작해야 하는지를 분명히 알 수 있다. 그림 8.4는 최조 시작시간을 사용한 일정도 보여준다. Microsoft Project Professional을 사용하면 최지 시간을 사용한 일정도 볼 수 있고, 토요일과 일요일을 근무기간으로 바꿀 수도 있다. 간트 도표를 많이 사용하는 이유는 직관적이고 작성하기 쉬워서이다.

비용-시간 상쇄관계 분석

8.4 프로젝트 네트워크에서 비용-시간 상쇄관계를 분석한다.

비용을 허용 수준으로 유지하는 것도 일정을 준수하는 것 못지않게 중요하다. 여기서는 PERT/CPM을 사용해 최소비용 일정을 구하는 방법을 설명한다.

현실적으로 프로젝트 관리에서는 항상 시간과 비용 간에 상쇄관계(trade-off)가 있다. 예를 들어 작업자를 더 많이 투입하고 교대조를 늘리면 프로젝트가 계획보다 일찍 끝날 수 있다. 프로젝트 기간을 단축하면 수익이 늘어나거나 비용이 절감될 수도 있다. **프로젝트의 총비용**(total project cost)은 직접비용과 간접비용, 지체상금의 합이다. 이 비용은 개별 활동시간이나 전체 프로젝트 기간에 따라 달라진다. **직접비용**(direct cost)은 노무비와 재료비, 기타 프로젝트 활동과 직접 관련된 비용이다. **간접비용**(indirect cost)은 관리비, 감가상각비, 금융비용, 기타 간접

변동비용인데, 프로젝트 기간을 단축하면 절감할 수 있다. 프로젝트 기간이 짧아질수록 간접비용도 줄어든다. 직접비용과 간접비용은 활동이 실제로 진행되는 과정에서 발생하기 때문이다. 그러나 프로젝트가 특정 시점 이후까지 연기되면 **지체상금**(penalty cost)이 발생할 수도 있고, 조기에 완료하면 **장려금**(incentive)을 받을 수도 있다. 지체상금과 장려금은 일반적으로 프로젝트 계약서에 명시된다. 지체상금은 프로젝트의 지체에 따라 고객에게 발생하는 비용의 증가 또는 수익의 감소 등과 관련이 있다. 관리자는 개별 활동의 소요시간을 잔업을 한다든지 인원과 설비 등을 추가로 투입해 단축할 수 있다. 따라서 관리자는 일부 활동을 긴급하게 처리하거나 재촉해 프로젝트 기간과 총비용을 줄일 수 있다.

출처: Gioia Forster/Dpa picture alliance/Alamy Stock Photo

건설 중인 그랜드 에티오피아 르네상스댐은 아프리카에서 가장 큰 수력발전소이다. 5,150MW 규모의 이 댐은 2011년에 착공되어 2020년 7월 21일에 완공되었다. 이 프로젝트는 전력 및 저장량에 관한 매개변수의 변경과 나일강 하류에 미치는 영향에 대한 논란으로 인해 여러 차례 지연되었다.

긴급처리비용

비용이나 일정관리의 관점에서 일부 활동을 긴급하게 처리하는 것이 유리한지 판단하려면 다음과 같은 비용과 시간 개념을 알아야 한다.

1. **정상시간**(normal time, NT)은 정상적인 상황에서 활동을 완료하는 데 필요한 시간이다.
2. **정상비용**(normal cost, NC)은 정상시간에 활동을 완료하는 데 드는 비용이다.
3. **긴급시간**(crash time, CT)은 활동을 완료할 수 있는 최단 시간이다.
4. **긴급비용**(crash cost, CC)은 긴급시간에 활동을 완료하는 데 드는 비용이다.

정상시간(NT)
정상적인 상황에서 활동을 완료하는 데 필요한 시간

정상비용(NC)
정상시간에 활동을 완료하는 데 드는 비용

긴급시간(CT)
활동을 완료할 수 있는 최단 시간

긴급비용(CC)
긴급시간에 활동을 완료하는 데 드는 비용

분석의 전제는 활동시간을 정상시간보다 단축하면 직접비용이 비례적으로 증가한다는 가정이다. 즉 활동시간을 일주일 단축시킬 때마다 직접비용이 일정하게 증가한다고 가정한다. 예를 들어 병원 프로젝트에서 활동 C의 정상시간 10주의 직접비용이 4,000달러라고 하고, 서두르면 활동시간을 5주로 단축할 수 있으며 직접비용은 7,000달러가 든다고 하자. 활동시간 단축은 5주이며 비용 증가는 3,000달러이다. 이때 C의 활동시간을 일주일 단축하는 비용을 $3,000/5 = 600$달러로 가정하는 것이다. 이러한 선형 한계비용의 가정이 그림 8.5에 나타나 있다. 따라서 활동 C를 10주에서 8주로 2주 단축하면 예상 직접비용은 $\$4,000 + 2(\$600) = 5,200$달러가 된다. 어떤 활동의 활동시간을 일주일 단축하는 데 필요한 비용은 다음과 같다.

$$\text{주당 단축비용} = \frac{CC - NC}{NT - CT}$$

표 8.1에는 병원 프로젝트의 직접 비용, 활동시간, 주당 단축비용 등이 나타나 있다.[2]

비용 최소화

비용분석의 목적은 프로젝트의 총비용을 최소화하는 일정을 결정하는 데 있다. 프로젝트의 간접비용이 일주일에 8,000달러라고 가정하자. 또한 65주 이후에도 병원을 정상 가동하지 않으면 지역 의료위원회에 주당 20,000달러씩 벌금을 내야 한다고 하자. 주경로의 완료시간이

2 이 예에 나오는 비용과 시간은 단지 설명 목적으로만 사용된다.

표 8.1 세인트존스병원 프로젝트의 직접비용과 시간 자료

활동	정상시간(NT)(주)	정상비용(NC)(달러)	긴급시간(CT)(주)	긴급비용(CC)(달러)	최대 단축 가능 시간(주)	주당 단축비용(달러)
A	12	12,000	11	13,000	1	1,000
B	9	50,000	7	64,000	2	7,000
C	10	4,000	5	7,000	5	600
D	10	16,000	8	20,000	2	2,000
E	24	120,000	14	200,000	10	8,000
F	10	10,000	6	16,000	4	1,500
G	35	500,000	25	530,000	10	3,000
H	40	1,200,000	35	1,260,000	5	12,000
I	15	40,000	10	52,500	5	2,500
J	4	10,000	1	13,000	3	1,000
K	6	30,000	5	34,000	1	4,000
	합계	1,992,000		2,209,500		

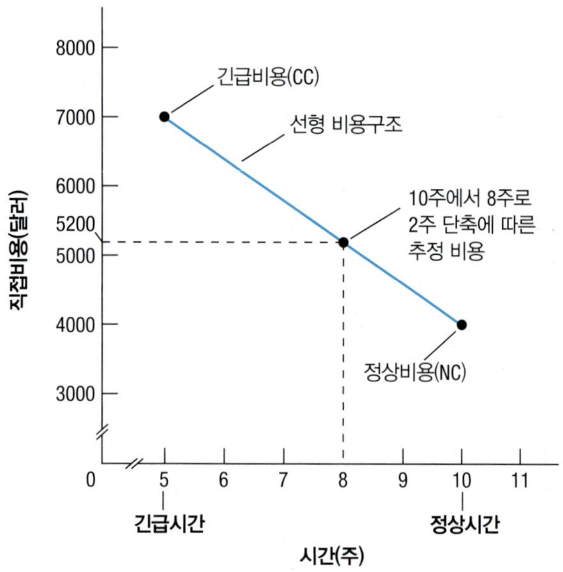

그림 8.5 비용분석에서 비용과 시간의 관계

최소비용 일정
정상시간으로 일정을 구한 다음, 주경로에 있는 활동의 시간을 단축해나가되, 추가되는 단축비용이 간접비용과 지체상금의 절약분을 초과하기 직전까지 단축해 결정되는 일정

69주이므로 일정을 바꾸지 않으면 벌금을 크게 물어야 한다. 완료 시기를 일주일 단축할 때마다(65주까지) 지체상금과 간접비용의 합인 28,000달러가 절감된다. 또한 65주 이하로 단축하면 일주일에 간접비용 8,000달러만 절감된다.

프로젝트 완료 기간의 최소치만 구현하려고 하면 모든 활동을 긴급시간으로 처리하면 된다. 그러나 이런 일정은 비용이 엄청나게 커진다. 프로젝트 관리자의 주 관심사는 비용을 줄여 예산을 초과하지 않는 데 있다. **최소비용 일정**(minimum-cost schedule)을 구하려면 먼저 정상시간으로 일정을 구한 다음, 주경로에 있는 활동만 긴급 처리한다. 이는 주경로의 길이가 곧 프로젝트의 기간이기 때문이다. 이때 추가되는 단축비용이 간접비용과 지체상금의 절감분을 초과하지 않게 해야 한다. 이 과정은 다음과 같은 단계로 진행된다.

1단계. 프로젝트의 주경로를 구한다.

2단계. 주경로상의 활동 중에서 주당 단축비용이 가장 적은 활동을 찾는다.

3단계. 이 활동의 활동시간을 (a) 직접비용 증가가 시간 단축으로 인한 간접비용과 지체상금 절감분을 넘어서거나, (b) 다른 경로가 주경로가 되거나, (c) 더 단축할 수 없을 때까지 단축한다. 이 과정에서 주경로가 여러 개가 되는 상황이 발생하면 그때부터는 모든 주경로마다 하나씩의 활동을 동시에 단축해야 실질적인 단축효과가 있다.

4단계. 직접비용의 증가가 비용 절감분보다 커질 때까지 이 과정을 반복한다.

예제 8.3 최소비용 일정계획 찾기

그림 8.3과 표 8.1의 정보를 이용해 세인트존스병원 프로젝트의 최소비용 일정을 구하라.

풀이

프로젝트의 예상 완료 기간은 69주이다. 프로젝트 비용은 직접비용이 1,992,000달러이고 간

접비용은 69($8,000) = 552,000달러이며 지체상금은 (69 − 65)($20,000) = 80,000달러이므로 총비용은 2,624,000달러가 된다. 네트워크에 있는 5개 경로의 정상시간은 다음과 같다.

A-I-K:	33주
A-F-K:	28주
A-C-G-J-K:	67주
B-D-H-J-K:	69주
B-E-J-K:	43주

이후 분석을 간단히 하기 위해 몇 가지 경로는 향후 분석에서 제외할 수 있다. 활동을 최대한 단축하면 A-C-G-J-K의 활동 기간은 47주가 되고, B-D-H-J-K는 56주가 된다. A-I-K, A-F-K, B-E-J-K는 정상시간이 이미 56주보다 짧기 때문에 어떤 경우에도 절대로 주경로가 될 수 없다. 따라서 이 세 경로는 향후 분석에서 제외할 수 있다.

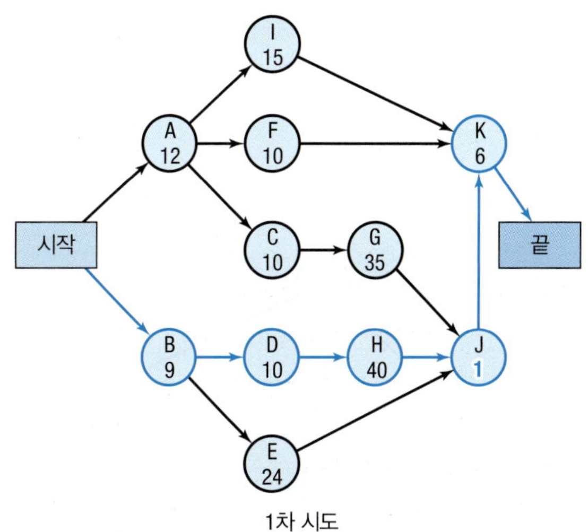

1차 시도

1차 시도

1단계. 주경로는 B-D-H-J-K이다.

2단계. 주당 단축비용이 가장 적은 활동은 1,000달러인 J로 주당 간접비 및 지체상금 절감분인 28,000달러보다 적다.

3단계. J를 주경로가 바뀌지 않는 범위 내에서 최대한(3주) 단축한다. 경로별 예상 기간을 새로 구하면 다음과 같다.

A-C-G-J-K: 64주, B-D-H-J-K: 66주

순절감액은 3($28,000) − 3($1000) = 81,000달러이고, 총 프로젝트 비용은 $2,624,000 − $81,000 = 2,543,000달러가 된다.

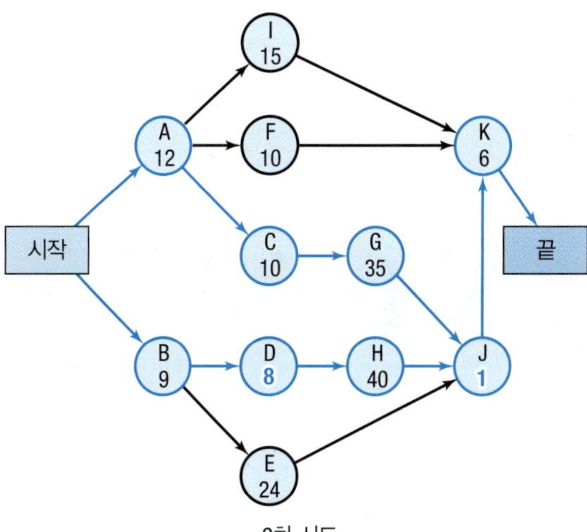

2차 시도

2차 시도

1단계. 주경로는 여전히 B-D-H-J-K이다.

2단계. 주당 단축비용이 가장 작은 활동은 2,000달러인 D이다.

3단계. D를 1주 단축하면 1주일분 지체상금을 절약하고 간접비용도 절약해 28,000달러를 절감할 수 있다. 1주 더 단축하면 65주 미만이 되어 절약할 지체상금이 없으므로 간접비용 8,000달러만 절감할 수 있다. 그러나 간접비용 절감만 해도 단축비용보다 크다. 수정한 경로별 예상 기간은 다음과 같다.

A-C-G-J-K: 64주, B-D-H-J-K: 64주

순절감액은 $28,000 + $8,000 − 2($2,000) = 32,000달러이고, 총 프로젝트 비용은 $2,543,000 − $32,000 = 2,511,000달러가 된다.

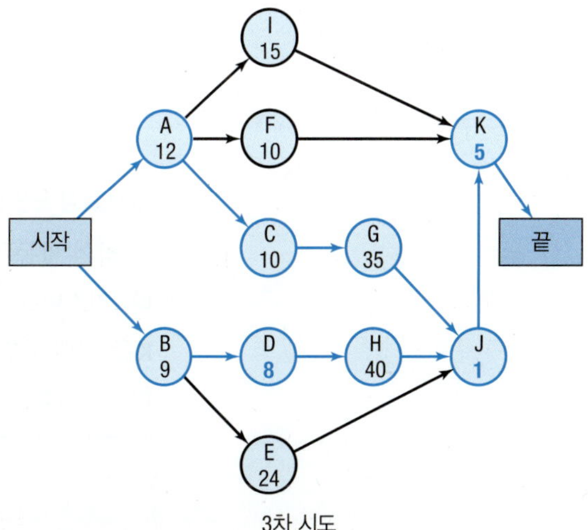

3차 시도

3차 시도

1단계. D를 단축하고 나면 주경로가 2개이다. 간접비용을 절감하려면 주경로를 둘 다 단축해야 한다. 한 경로만 단축하면 프로젝트 기간이 단축되지 않기 때문이다.

2단계. 단축 대안은 두 주경로상의 공통활동인 K(J는 이미 단축 처리)나 두 주경로의 활동을 조합한 (A, B), (A, H), (C, B), (C, H), (G, B), (G, H)가 된다. 대안 중에서 단축비용이 절감액 8,000달러보다 작은 것만 고르면 (C, B)와 K의 단축비용이 각각 7,600달러와 4,000달러이다. 단축비용이 적은 K를 단축하기로 한다.

3단계. 두 주경로상에 있는 K를 최대한, 즉 1주 단축해 5주로 만든다. 경로별 예상 기간을 수정하면 다음과 같다.

A-C-G-J-K: 63주, B-D-H-J-K: 63주

순절감액은 $8,000 − $4,000 = 4,000달러이고, 총 프로젝트 비용은 $2,511,000 − $4,000 = 2,507,000달러가 된다.

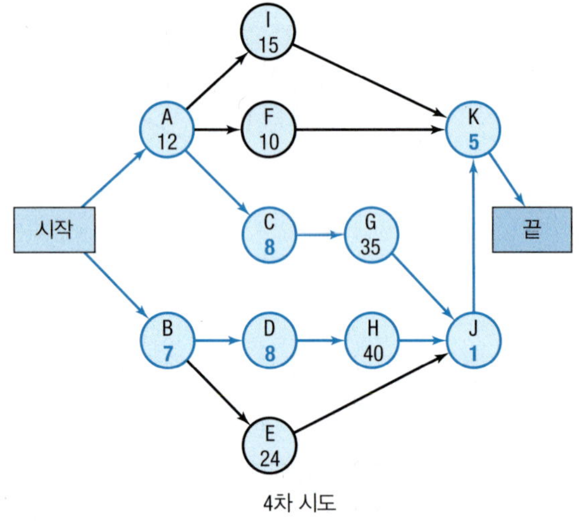

4차 시도

4차 시도

1단계. 주경로는 B-D-H-J-K와 A-C-G-J-K이다.

2단계. 주당 비용 절감액인 8,000달러보다 주당 단축비용이 작은 대안은 7,600달러를 들여 B와 C를 동시에 단축 처리하는 것밖에 없다.

3단계. B와 C를 B의 단축 한계인 2주만큼 단축 처리한다. 경로별 기대시간을 수정하면 다음과 같다.

A-C-G-J-K: 61주, B-D-H-J-K: 61주

순절감액은 2($8,000) − 2($7,600) = 800달러이고, 총 프로젝트 비용은 $2,507,000 − $800 = 2,506,200달러가 된다. 다음 표는 이 분석 과정을 요약한 것이다.

시도	단축된 활동	단축시간 (주)	단축 후 주경로	프로젝트 기간 (주)	직전 직접비용 (1,000달러)	단축비용 (1,000달러)	총간접비용 (1,000달러)	총지체상금 (1,000달러)	총 프로젝트 비용(1,000달러)
0	—	—	B-D-H-J-K	69	1,992.0	—	552.0	80.0	2,624.0
1	J	3	B-D-H-J-K	66	1,992.0	3.0	528.0	20.0	2,543.0
2	D	2	B-D-H-J-K	64	1,995.0	4.0	512.0	0.0	2,511.0
			A-C-G-J-K						
3	K	1	B-D-H-J-K	63	1,999.0	4.0	504.0	0.0	2,507.0
			A-C-G-J-K						
4	B,C	2	B-D-H-J-K	61	2,003.0	15.2	488.0	0.0	2,506.2
			A-C-G-J-K						

의사결정 포인트

이 밖의 활동은 단축해도 단축비용이 주당 간접비용을 초과하므로 전체 비용이 오히려 증가한다. 최소비용 일정은 61주이고, 총비용은 2,506,200달러이다. 이런 일정을 얻으려면 B, D, J, K를 최대한 단축 처리하고 C는 8주로 단축 처리해야 한다. 다른 활동은 정상시간으로 처리한다. 이 계획은 정상시간 일정계획보다 비용이 117,800달러 적게 든다.

위험 평가와 분석

8.5 프로젝트 기한을 지키지 못할 위험을 측정한다.

프로젝트 관리에서 위험(risk)이란 프로젝트의 목표 달성에 실패할 확률과 그 실패의 파장에 대한 지표이다. 프로젝트 위험은 기간과 비용의 불확실성과 관련되어 있다. 프로젝트팀은 종종 인력 부족, 날씨, 공급 지연, 중요한 점검의 결과 등으로 인한 불확실성에 대처해야 한다. 여기에서는 위험관리 계획과 위험분석 수단(시뮬레이션과 통계학적 분석)을 설명한다. 이 분석 수단을 이용하면 프로젝트를 기한 내에 완료할 확률과 주경로가 아닌 경로가 프로젝트 완료시간에 미칠 가능성을 추정할 수 있다.

위험관리 계획

프로젝트 초기에 관리자의 주요 임무는 **위험관리 계획**(risk-management plan)을 준비해 프로젝트 성공을 위협하는 핵심 위험과 그 해결 방안을 마련해둔다. 훌륭한 위험관리 계획은 위험을 계량화하고, 위험이 프로젝트에 미치는 영향을 예측하며, 위험 발생 시 해결 방안을 제시해야 한다. 프로젝트 위험은 다음 네 가지를 검토해 평가한다.

위험관리 계획
프로젝트의 성공을 위협하는 핵심 위험 요인과 그 해결 방안을 담은 계획

- 전략적 정합성. 프로젝트가 기업의 전략적 목표와의 연관관계가 분명하지 않아서 프로젝트의 전략적 정합성이 좋지 않을 수도 있다.
- 서비스/제품의 속성. 새로운 제품이나 서비스를 개발하는 프로젝트의 경우 시장, 기술, 법률적 위험이 있을지 모른다. 경쟁자가 더 좋은 제품을 내놓을 수도 있고, 출시하기도 전에 개발한 기술이 구닥다리가 되어버릴 수도 있다. 소송이나 손해배상 등으로 개발 중인 제품의 설계를 변경해야 하는 법률적 위험도 있을 수 있다.
- 프로젝트팀의 능력. 프로젝트의 규모와 복잡성이나 필요한 기술 수준 때문에 프로젝트를 성공적으로 완료하기에 프로젝트팀의 능력이 부족할 수도 있다.
- 운영 위험. 정보가 부정확하든지, 의사소통이 부족하다든지, 활동 선후 관계를 빠트린다든지, 활동시간 추정이 부정확해 프로젝트 운영이 어려움을 겪을 수도 있다.

이러한 위험들은 미리 파악해야 하며 그중 심각한 것에 대해서는 대비책을 세워야 한다. 프로젝트가 위험할수록 프로젝트가 어려움을 겪을 가능성이 높다.

시뮬레이션

PERT/CPM 네트워크를 사용하면 프로젝트 시간에 대한 위험을 계량화할 수 있다. 활동과 관련된 불확실성은 흔히 그 활동의 소요시간에 반영된다. 예를 들어 신제품 개발 프로젝트에서 핵심기술 개발이라는 활동에 8~12개월 걸린다고 하자. 활동시간의 확률분포를 이용해 네트워크 모형의 불확실성을 반영하는 방법에는 (1) 컴퓨터 시뮬레이션과 (2) 통계학적 분석이 있다. 시뮬레이션에서는 모든 활동의 소요시간을 확률분포에 따라 무작위로 결정하고, 이를 기준으로 주경로를 결정하며 프로젝트 완료시간을 계산할 수 있다. 이런 완료시간을 수없이 반복해 구하면 프로젝트 완료시간의 확률분포를 구할 수 있다. 뒤에서 준주경로를 논의할 때 시뮬레이션에 대해 더 이야기한다.

통계학적 분석

통계학적 분석 방법을 사용하려면 활동시간을 다음 세 가지 추정치로 파악해야 한다.

낙관적 활동시간
모든 상황이 의외로 잘 진행되었을 때 활동에 소요되는 최소시간

최우 활동시간
활동 수행에 필요한 시간 중에서 가장 가능성이 높은 소요시간

비관적 활동시간
활동 수행에 걸리는 최장 추정시간

1. **낙관적 활동시간**(optimistic time, a)은 모든 상황이 의외로 잘 진행되었을 때 활동에 소요되는 최소시간이다.
2. **최우 활동시간**(most likely time, m)은 활동 수행에 필요한 시간 중에서 가장 가능성이 높은 소요시간이다.
3. **비관적 활동시간**(pessimistic time, b)은 활동 수행에 걸리는 최장 추정시간이다.

이들 세 가지 추정치를 이용하면 활동을 계획대로 완료할 확률을 구할 수 있다. 이를 위해 먼저 활동별 확률분포의 평균과 분산을 계산해야 한다. PERT/CPM에서는 각 활동시간이 베타분포를 따르는 확률변수라고 간주한다. 베타분포는 형태가 다양해 낙관적 추정치(a)와 비관적 추정치(b) 사이 어느 곳에나 최우 추정치(m)가 있을 수 있다. 최우 추정치는 베타분포의 최빈치로 발생 가능성이 가장 높은 지점을 말한다. 이러한 조건은 정규분포에서는 성립하지 않는데, 정규분포는 대칭이므로 최빈치는 항상 분포의 중앙에 있다. 그림 8.6은 두 분포의 차이를 보여준다.

통계학적 분석은 두 가지 가정을 전제로 한다. 첫째, a, b, m을 정확히 추정할 수 있다고 가정한다. 이 추정치들은 활동 소요시간의 범위를 프로젝트 관리자와 팀 구성원이 협의해 합리적으로 정한 값이다. 둘째, 활동시간의 표준편차 σ는 $b - a$의 1/6이라고 가정한다. 따라서 실제 활동시간이 a와 b 사이일 확률이 높다. 이러한 가정이 타당한 이유는 무엇일까? 정규분포를 기준으로 보면 표준편차의 6배 사이에 들어갈 확률이 99.74%나 된다. 이러한 가정하에서 각 활동시간의 평균과 분산을 계산하는 공식은 복잡하다. 공식에 따르면 베타분포의 평균은 다음과 같은 가중평균으로 추정할 수 있다.

$$t_e = \frac{a + 4m + b}{6}$$

여기에서 최우 추정치의 가중치가 낙관적, 비관적 추정치의 가중치보다 4배나 크다는 점을 유의하라.

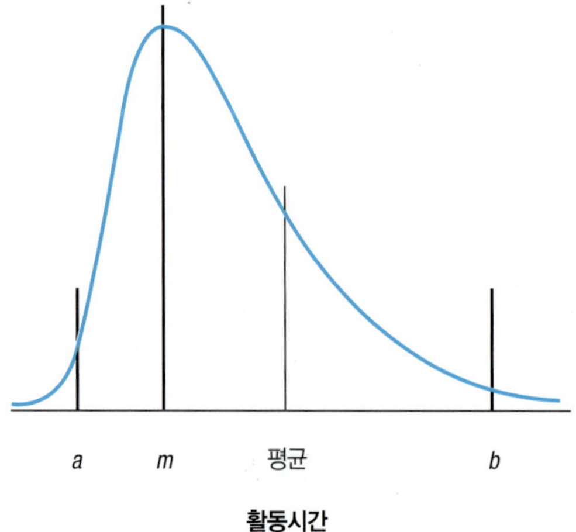

(a) **베타분포**: 최우 추정치(m)는 실현 가능성이 가장 큰 수치로, 낙관적 추정치(a)와 비관적 추정치(b) 사이에 어느 곳이라도 위치할 수 있다.

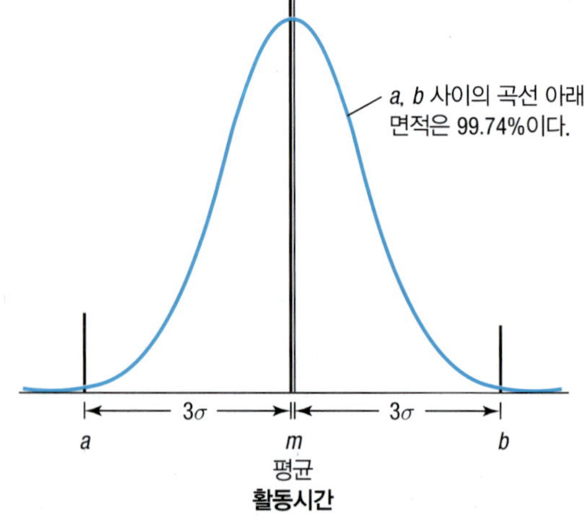

(b) **정규분포**: 평균과 최우 추정치가 같다. a와 b가 6σ 떨어져 있으면 실제 활동시간이 이 사이에 속할 확률이 99.74%가 된다.

그림 8.6 프로젝트 분석에서 베타분포와 정규분포의 차이점

베타분포에서 각 활동시간의 분산은 다음과 같다.

$$\sigma^2 = \left(\frac{b - a}{6}\right)^2$$

표준편차의 제곱인 분산은 낙관적 추정치와 비관적 추정치의 차이가 커질수록 커진다. 이는 활동시간을 추정하는 사람이 확신이 없을수록 분산이 커짐을 의미한다.

평균과 분산 계산

예제 8.4

세인트존스병원 프로젝트에서 프로젝트팀이 구한 활동 B의 소요시간 추정치가 다음과 같다고 하자.

$$a = 7\text{주},\ m = 8\text{주},\ b=15\text{주}$$

a. 활동 B의 소요시간의 기대치와 분산을 구하라.
b. 이 프로젝트에 속한 다른 활동에 대해 소요시간의 기대치와 분산을 구하라.

풀이

a. 활동 B의 소요시간 기대치는 다음과 같다.

$$t_e = \frac{7 + 4(8) + 15}{6} = \frac{54}{6} = 9\text{주}$$

이 기대치(9주)는 최우 추정치(8주)와 같지 않다. 이 두 값이 같아지는 경우는 최우 추정치가 낙관적 시간과 비관적 시간의 중앙에 있을 때다. 활동 B의 소요시간 분산은 다음과 같다.

$$\sigma^2 = \left(\frac{15 - 7}{6}\right)^2 = \left(\frac{8}{6}\right)^2 = 1.78$$

b. 다음 표는 이 프로젝트의 활동별 소요시간의 기대치와 분산을 나타낸다.

	시간 추정치(주)			활동시간 통계치	
활동	낙관적(a)	최우(m)	비관적(b)	기대치(t_e)	분산(σ^2)
A	11	12	13	12	0.11
B	7	8	15	9	1.78
C	5	10	15	10	2.78
D	8	9	16	10	1.78
E	14	25	30	24	7.11
F	6	9	18	10	4.00
G	25	36	41	35	7.11
H	35	40	45	40	2.78
I	10	13	28	15	9.00
J	1	2	15	4	5.44
K	5	6	7	6	0.11

의사결정 포인트

활동 I의 불확실성이 가장 크고, 그다음이 활동 E와 G이다. 이 활동들에 대해 불확실성의 원인을 분석하고 시간 추정치의 변동성을 줄이기 위한 조치를 취해야 한다.

확률 분석

활동시간의 추정치에 불확실성이 존재하므로 관리자는 기한 내에 프로젝트를 완료할 확률에 관심을 갖게 된다. 프로젝트 완료시간에 대한 확률분포를 도출할 때, 모든 활동은 다른 활동의 소요시간에 영향을 끼치지 않는다고 가정한다. 이 가정이 있으면 프로젝트 완료시간의 평균과 분산은 주경로상 활동들의 평균과 분산의 합이 된다. 그러나 동시 수행 가능성이 있는 두 활동에 동일한 사람을 투입할 경우에는 두 활동이 서로 종속적으로 되므로 이 가정이 성립하지 않는다. 또한 주경로 이외의 경로 중에 여유시간이 작은 경로가 있으면 언제 주경로로 바뀔지 모르므로 그 경로의 확률분포도 계산해야 한다.

활동시간이 상호 독립이라는 가정 덕분에, 상호 독립이고 동일한 분포를 따르는 확률변수의 합은 확률변수의 개수가 증가할수록 정규분포와 더 유사해진다는 중심극한정리(central limit theorem)를 이용할 수 있다. 이 정규분포의 평균은 경로상에 있는 활동의 소요시간 기대치의 합이다. 주경로의 이 평균치는 프로젝트 완료시간의 기대치가 된다.

$$T_E = \Sigma(\text{주경로상 활동의 소요시간의 기대치}) = \text{정규분포의 평균}$$

마찬가지로 활동시간의 독립성 가정에 따라 경로상의 각 활동 분산값의 합이 경로 전체 활동시간의 분산이 된다. 즉 주경로에 대해

$$\sigma_P^2 = \Sigma(\text{주경로상 활동의 분산})$$

정규분포를 이용해 프로젝트가 특정 시점에 완료될 확률을 구하려면 다음과 같은 z-변환 공식을 이용한다.

$$z = \frac{T - T_E}{\sigma_P}$$

$$T = \text{프로젝트 시한}$$

z값을 알면 부록의 정규분포표를 보고 프로젝트가 T 이전에 끝날 확률을 구할 수 있다. 이를 뒷받침하려면 프로젝트 수행 중에 주경로가 바뀌지 않는다는 암묵적 가정이 필요하다. 예제 8.5(a)에서 세인트존스병원 프로젝트를 대상으로 이 값을 계산해본다. 또한 특정 활동을 특정 시점에 완료할 확률도 같은 방법으로 구할 수 있다. 단, 이때에는 주경로 대신 시작 마디에서 해당 활동 마디까지의 최장 시간 경로를 이용해야 한다.

준주경로

프로젝트 소요 기간은 주경로에 따라 좌우된다. 그러나 주경로가 아니라도 길이가 주경로에 근접한 경로도 프로젝트가 진행되면서 주경로로 바뀔 수 있다. 현실에서는 프로젝트 관리자가 프로젝트 초기에 활동시간을 확실히 알지 못해서, 프로젝트가 완료되어 모든 활동의 실제 시간을 얼마였는지 사후적으로 알기 전까지는 주경로를 알 수 없을 때도 있다. 이렇게 활동시간이 불확실하다고 해서 어떤 경로가 프로젝트의 목표 기한을 넘기게 만들 확률이 있는지 파악할 필요

가 없어지지는 않는다. 집중 관리가 필요한 활동을 파악해야 하기 때문이다. 준주경로(near-critical path)로 인해 프로젝트가 지연될 가능성을 평가하려면 프로젝트 네트워크에서 소요기간이 긴 경로만 고려하면 된다. 이러한 경로의 소요기간과 분산을 감안해야 한다. 평균은 짧더라도 분산이 큰 경로는 평균은 길고 분산이 작은 경로만큼이나 프로젝트를 지연시킬 가능성이 높다. 모든 경로에 대해 그 경로 때문에 프로젝트가 목표 기한을 넘기게 될 확률을 추정할 수 있다. 이런 확률을 통계학적 분석으로 추정하는 방법을 예제 8.5(b)에서 보여준다.

특정 시점까지 프로젝트가 완료될 확률 계산

예제 8.5

(a) 주경로와 (b) 준주경로 A-C-G-J-K를 이용해 세인트존스병원이 72주 안에 운영 개시 준비를 마칠 확률을 구하라.

풀이

a. 주경로인 B-D-H-J-K의 길이는 69주이다. 예제 8.4의 표를 이용해 주경로의 분산을 구하면 $\sigma_P^2 = 1.78 + 1.78 + 2.78 + 5.44 + 0.11 = 11.89$이다. z값을 구하면 다음과 같다.

$$z = \frac{72 - 69}{\sqrt{11.89}} = \frac{3}{3.45} = 0.87$$

부록 1의 정규분포표에서 맨 왼쪽 열을 따라 아래로 내려가다가 0.8에서 멈춘 다음, 오른쪽으로 0.07열까지 가서 값을 읽으면 0.8078이다. 즉 주경로(B-D-H-J-K)의 작업 기간이 72주 이하일 확률은 약 0.81이다. 따라서 프로젝트가 72주 이상 걸릴 확률은 19%이다. 그림 8.7은 이 확률을 그래프로 표현한 것이다.

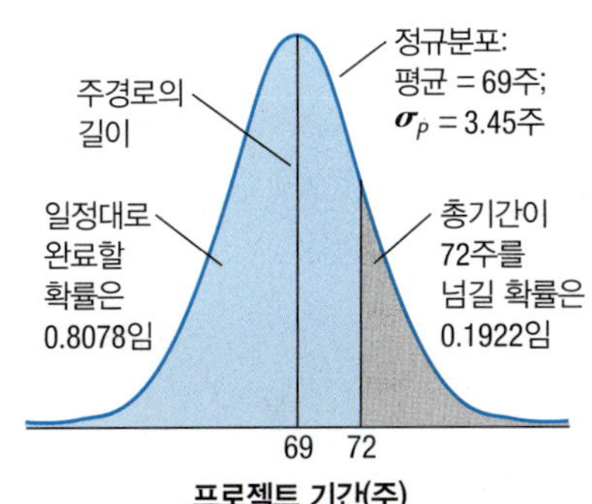

그림 8.7 세인트존스병원 프로젝트를 일정대로 완료할 확률

b. 예제 8.4의 표에서 A-C-G-J-K의 기대 활동시간의 합은 67이고, 분산은 $\sigma_P^2 = 0.11 + 2.78 + 7.11 + 5.44 + 0.11 = 15.55$이다. z값은 다음과 같다.

$$z = \frac{72 - 67}{\sqrt{15.55}} = \frac{5}{3.94} = 1.27$$

c. 경로 A-C-G-J-K가 72주 이하에 끝날 확률은 0.9이다.

의사결정 포인트

경로 A-C-G-J-K가 프로젝트를 72주 이후로 지연시킬 확률이 10%임을 알아야 한다. 확률이 높지는 않지만, 활동 A, C, G를 수행하는 57주까지는 주의를 기울여 지연이 있더라도 2주를 넘지 않게 해야 한다. 활동시간의 변동이 큰 G에 특히 주목해야 한다.

통계학적 방법 대신 시뮬레이션으로도 이런 확률을 추정할 수 있다. 시뮬레이션의 장점은 활동시간의 분포를 베타분포로 국한할 필요가 없다는 점이다. 또한 활동이나 경로 간의 복잡한 상호의존성을 반영해 분석하기에는 통계학적 분석보다 시뮬레이션 모형이 더 유리하다. 다행히 어떤 방법을 사용하든지 네트워크의 모든 경로를 분석할 필요는 거의 없다. 대규모 프로젝트 네트워크에는 프로젝트 기간에 영향을 미칠 가능성이 없을 정도로 기간도 짧고 분산도 작은 경로가 많이 있다.

요구사항 변경으로 인한 위험: 스크럼

스크럼
팀이 변화에 빠르고 효율적이며 효과적으로 대응할 수 있도록 하는 데 중점을 둔 애자일(agile) 프로젝트 관리 프레임워크

활동시간이나 비용의 불확실성은 분명 프로젝트 관리자의 불안을 야기할 수 있지만, 프로젝트 요구사항의 불확실성은 또 다른 차원의 문제이다. 이러한 불확실성은 수많은 기능을 만들어야 하는 소프트웨어 제품과 같은 제품 개발 프로젝트에서 발생한다. 프로젝트팀은 수행해야 할 활동 자체가 변하는 예상치 못한 상황에 대처하기 위해 민첩성을 갖춰야 한다. 가장 널리 채택된 프로젝트 관리 방식인 **스크럼**(scrum)은 팀이 신속하고 효율적이며 효과적으로 변화에 대응할 수 있도록 하는 데 초점을 맞춘 애자일 프레임워크이다. 이 장에서 소개한 전통적인 프로젝트 관리 방법은 조직적으로 더 체계적이며 보다 안정적인 환경을 필요로 한다. 표 8.2에는 전통적인 접근 방식과 스크럼 접근 방식의 차이점이 요약되어 있다.

'경영 사례 8.1'의 클리블랜드 클리닉 프로젝트는 전통적인 접근 방식에 적합한 프로젝트의 예다. 이 프로젝트는 규모가 크고 복잡하며, 많은 작업팀이 참여하고, 처음부터 명확하게 정의된 요구사항이 있으며, 단계의 순서를 강조하고, 전반적인 책임을 지는 프로젝트 관리자가 있다. 그러나 스크럼은 제품의 특징인 요구사항을 관리하기 위해 시간과 비용을 고정시킨다. 소프트웨어 패키지 개발은 스크럼에 적합한 프로젝트의 예다. 중소 규모이고, 개발자, 디자이너, 데이터베이스 관리자 등 여러 기술을 가진 소규모 팀으로 구성되며, 프로젝트 전반에 걸쳐 변경될 수 있는 일련의 기능적 제품 요구사항이 있으며, 순차적으로 수행할 필요가 없는 단계가 미리 알려져 있고, 팀이 제품 구축 방법에 대한 결정을 내릴 수 있다. 스크럼을 사용하는 많은 기업의 예로는 구글, 애플, 아마존, IBM, 야후, 넷플릭스 등이 있다.

그림 8.8은 스크럼의 프레임워크를 보여준다. 스크럼에는 스크럼팀으로 통칭되는 세 가지 역할이 있는데, 팀 커뮤니케이션을 촉진하고 진행상의 장애물을 제거하며 팀 외부의 사람들과 협상하는 스크럼 마스터(Scrum Master), 제품에 대한 결정 권한과 제품의 기능 우선순위를 정하는 권한을 가진 제품 소유자(Product Owner), 제품의 납품을 담당하는 소규모 다기능 그룹으로 구성된 개발팀(Development Team)이 있다. 개발팀은 업무 소요시간을 예측하고, 업무의 소유권을 할당하며, 럭비에서 유래한 'Daily Scrum'이라는 이름의 회의를 매일 진행하는데, 이는 럭비팀 멤버들이 경기 중간중간에 원 모양의 스크럼을 짜서 공을 되찾아올 전략을 논의하는 관행에서 따온 것이다. 개발팀은 스스로 조직을 구성하고 제품의 기능을 어떻게 구축할지 선택한다.

프로젝트는 일련의 제품 기능 또는 제품 변경 사항을 공식화해 중요도에 따라 우선순위를 정해 해야 할 활동들의 목록을 구성하면서 시작된다. 개발팀은 제품 소유자 및 스크럼 마스터와 함께 **스프린트**라고 하는 시간 상자(보통 1~4주)를 선택한 다음, 스프린트 내에 완료할 수 있다고 생각되는 요구사항을 해야 할 활동 목록에서 선택한다. 매일 스크럼을 통해 문제를 해결하고 프로젝트 상태를 전달한다. 스프린트가 끝나면 팀은 완료한 작업을 제품 소유자에게 보여주고,

표 8.2 전통적 접근 방식과 스크럼 접근 방식에 가장 적합한 프로젝트 특성

프로젝트 특성	전통적 접근 방식	스크럼 접근 방식
프로젝트 크기	크고 복잡	작음
작업팀	다수	하나
프로젝트의 요구사항(범위)	시작 시점에 고정	프로젝트 진행 중 변화 가능
프로젝트 활동	고정된 순서	유연한 순서
의사결정 주체	프로젝트 관리자	팀

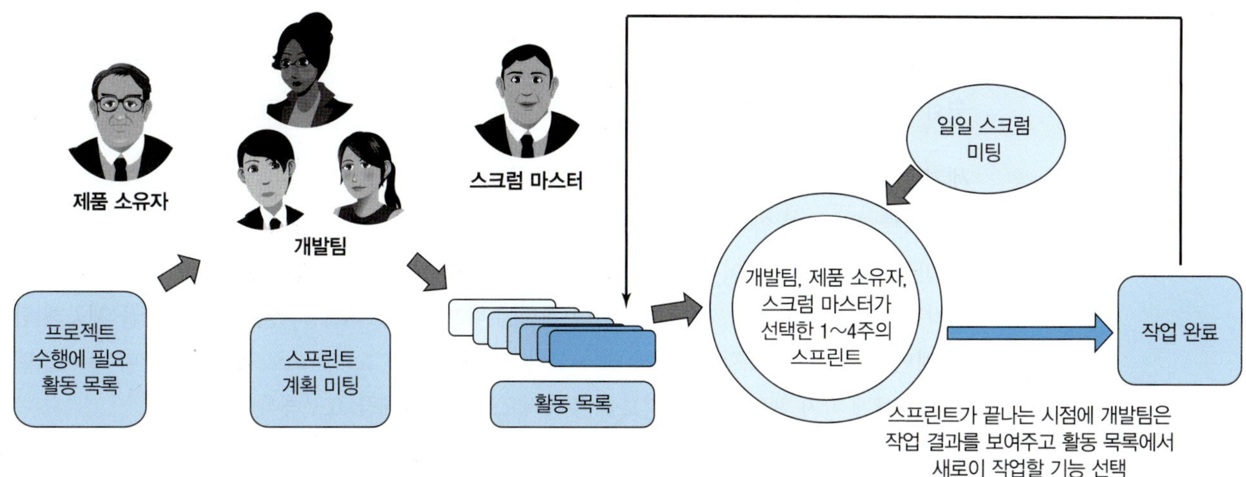

그림 8.8 계획 및 작업 주기를 보여주는 스크럼 프레임워크

지난 스프린트에서 미완성된 활동과 함께 해야 할 활동 목록에서 새로운 기능을 선택한 뒤 다음 스프린트를 시작한다. 프로젝트가 진행되는 동안 해야 할 활동 목록에서 기능을 추가하거나 제거할 수 있으므로 프로젝트 관리에 민첩하게 접근해야 할 필요성이 강조된다.

각 접근 방식에는 단점이 있기 때문에 프로젝트에 가장 적합한 접근 방식을 선택하는 데 신중을 기해야 한다. 기존 접근 방식에서는 운영 단계에서 발생한 문제를 관리자에게 전달해 해결해야 하기 때문에 변화하는 환경과 요구 사항에 빠르게 적응하기 어렵고, 예산 및 시간의 문제가 실제로 발생하기전에 조치를 취하기가 어렵다. 고객의 참여는 초기 단계로 제한되며 이후 변경 사항은 추후 해결 과정에서 낭비를 초래한다. 갑작스러운 요구사항 변경은 전체 프로젝트를 중단시킬 수 있다. 반면에 스크럼에도 단점은 있다. 조직은 유연한 관리 스타일을 유지해야 하며, 이 과정에서 일부 사람들에게서 권한이 박탈될 수도 있다. 점진적이고 빠르게 변화하는 스크럼의 특성으로 인해 대규모 프로젝트를 조정하는 것이 더 복잡해질 수 있다. 마지막으로 스크럼은 고객이 적극적으로 참여하지 않으면 그 효과를 잃게 된다. 요구사항의 변경, 개발 중 문제, 프로젝트 진행 상황은 모든 당사자 간에 일관되게 소통되어야 한다. 요약하면 전통적인 접근 방식과 스크럼 중 하나를 선택할 때는 프로젝트 복잡성, 조직 인프라, 기업 문화, 리더십 스타일을 고려해야 한다.[3]

출처: Boeing via NASA

한 엔지니어가 보잉 CST-100 스타라이너의 상단 돔을 하단 돔에 연결해 스타라이너의 구조 시험용 우주선(STA)의 첫 번째 프로토타입 선체를 완성하기 위해 지시를 내리고 있다. 이 작업은 플로리다에 있는 NASA 케네디우주센터(Kennedy Space Center)의 Commercial Crew and Cargo Processing Facility에서 진행되었다. STA는 우주 비행 조건을 모방한 가혹한 테스트를 견디도록 제작되어 설계 및 제조 기술이 우주로 실제로 발사되어 항해하는 스타라이너에 적용될 수 있음을 입증하는 역할을 한다. 프로젝트의 일정에 맞추기 위해 복잡한 프로젝트를 모니터링하고 관리하는 것은 매우 중요하다.

프로젝트의 점검과 통제

8.6 프로젝트를 관찰하고 통제할 수 있는 수단을 파악한다.

일단 프로젝트 계획을 수립하고 나면 주과제는 주어진 자원과 예산으로 프로젝트 일정을 지키는 것이다. 여기에서는 자원 사용과 프로젝트 현황을 추적하는 방법을 논의한다. 또한 프로젝트를 추적하고 통제하는 데 유용한 프로젝트 관리 소프트웨어의 기능도 살펴본다.

3 스크럼에 관련된 더 자세한 내용은 다음을 참조하라. M. Sliger, "Agile Project Management with Scrum," Paper presented at PMI Global Congress 2011—North America, Dallas, TX. Newton Square, PA: Project Management Institute (October 22, 2011); Ken Schwaber, "Agile Project Management with Scrum," *Microsoft Press* (2004); "Agile Project Management vs. Traditional Project Management," https://www.vivifyscrum.com/insights/agile-project=management-vs-traditional-project-management (April 17, 2019).

프로젝트 진척 상태 점검

좋은 추적 시스템이 있으면 프로젝트 목적을 달성하는 데 도움이 된다. 효과적인 추적 시스템이 수집하는 정보는 (1) 제기된 문제, (2) 위험, (3) 일정 현황 등 세 가지다.

제기된 문제와 위험

프로젝트 관리자의 임무 가운데 하나는 프로젝트 진행 중에 문제가 제기되면 시기를 놓치지 말고 반드시 해결하는 것이다. 추적 시스템은 프로젝트 관리자에게 제기된 문제의 해결 기한과 책임자를 알려주어야 한다. 또한 위험관리 계획에 나오는 프로젝트 지연 요인의 현황을 제공해 팀이 매번 회의에서 검토할 수 있게 해야 한다. 이런 정보를 효과적으로 확보하려면 추적 시스템이 팀원에게 각자 책임 영역의 정보를 주기적으로 갱신하게끔 요구해야 한다.

일정 현황

아무리 훌륭한 프로젝트 계획이라도 수행 중에 문제가 생길 수 있다. 추적 시스템이 일정계획상의 여유시간을 정기적으로 점검해 제공하면 관리자가 주경로의 활동을 통제하기 좋다. 진행 중인 활동의 현황을 정기적으로 갱신하면 추적 시스템이 활동별 여유시간을 다시 계산해 일정계획보다 뒤처진 활동이나 여유시간이 없어질 위험이 있는 활동을 알아낼 수 있다. 그러면 관리자는 이런 활동에 주의를 기울이고 필요하면 자원을 재배정할 수 있다.

프로젝트 자원 점검

프로젝트에 배정된 자원이 소진되는 속도가 현실에서는 평탄하지 않은데, 그 이유는 활동별 자원 사용 시점에 따라 달라지기 때문이다. 프로젝트의 **수명주기** 4단계는 (1) 정의와 조직 구성, (2) 계획, (3) 실행, (4) 종결로 구성되어 있다. 그림 8.9는 각 단계별로 자원 활용이 달라지는 것을 보여준다.

프로젝트 정의와 조직 구성 단계나 프로젝트 계획 단계에 해당하는 활동에 대해서는 이미 논의한 바 있다. 자원을 가장 많이 소모하는 단계는 **실행 단계**인데, 이때 관리자는 자원 사용과 관련된 활동에 초점을 맞춘다. 프로젝트 일정이 중요한 이유는 각 활동에 배정된 자원의 사용 시점을 알 수 있기 때문이다. 프로젝트 기간 전반에 걸쳐 활동의 진척 상황을 추적하면 자원에 과부하가 걸리는 것을 예측해 피할 수 있다. 일정이 겹치는 몇 개 활동에 건설 인력이나 전문 스태프 등이 동시에 필요하면 문제가 발생한다. 프로젝트 관리자가 자원문제를 완화하기 위해 사용할 수 있는 수단은 다음과 같다.

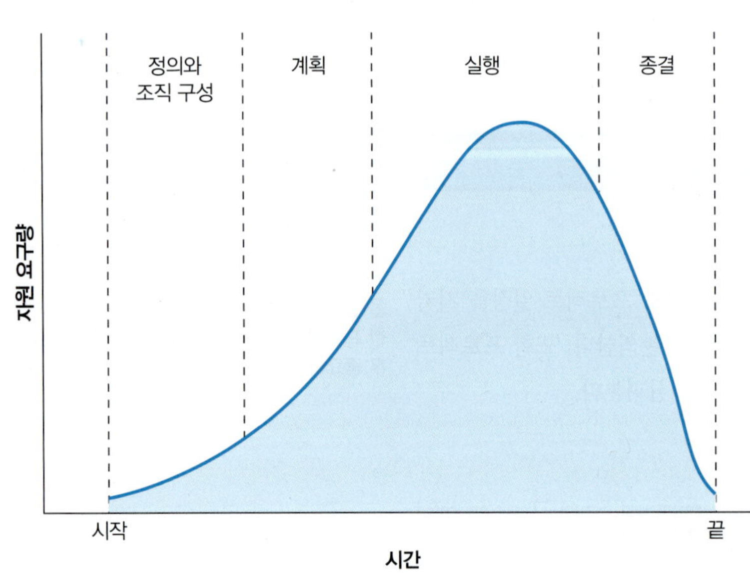

그림 8.9 프로젝트 수명주기

- **자원 평준화.** 같은 자원을 사용하는 활동의 일정을 최조 시작시간과 최지 시작시간 범위 안에서 조정해 자원 수요의 기복을 완화하려는 시도를 말한다. MS Project Professional과 같은 소프트웨어는 활동을 이동시켜 자원 중복을 피하는 알고리즘이 있다.
- **자원 배분.** 가장 중요한 활동에 자원을 할당하는 것을 말한다. 대부분의 유명한 프로젝트 관리 소프트웨어에는 자원 사용에 갈등이 생길 경우 어떤 활동에 우선

배정할지를 결정하는 우선순위 규칙이 있다. 예를 들어 같은 자원이 필요한 활동 중에서 시작시간이 가장 빠른 활동에 자원을 할당하는 규칙이 있다. 활동들의 여유시간 보고서를 보면 자원 사용 활동과 시점을 이전할 수 있는 활동들에 대한 정보를 얻을 수 있다. 자원을 여유시간이 많은 활동에서 일정계획에 뒤처진 활동으로 사용 시점과 활동을 옮기는 과정을 통해 자원을 보다 효과적으로 사용할 수 있다.

- **자원 획득.** 과부하 상태의 자원을 추가로 확보해 일정계획대로 활동들이 원만히 진행될 수 있도록 하는 행위를 말한다. 물론 이렇게 하려면 예산이 뒷받침되어야 한다.

프로젝트 통제

프로젝트 관리자는 활동을 관리해 프로젝트의 기간과 품질 목표를 달성하고, 기업의 자원을 효과적으로 사용할 책임이 있다. 기업의 자원에는 유형자원, 인적자원, 재무자원이 있다. 기계와 장비 같은 유형자산은 제때 유지보수함으로써 고장으로 인한 프로젝트의 지연을 막는다. 재고가 입고되면 미래에 대비해 저장하고 보충한다. 프로젝트 관리자는 인적자원의 개발에도 책임이 있다. 프로젝트는 지도자를 길러내는 데 좋은 환경을 제공한다. 프로젝트 관리자는 이 점을 잘 활용해 팀원에게 중요한 업무를 맡겨 경력 관리를 도와줄 수 있다. 마지막으로 프로젝트 관리자는 기업의 재무자원 지출을 통제해야 한다. 프로젝트 관리 소프트웨어 패키지에는 대부분 회계, 예산, 투자관리, 현금흐름에 관한 보고서가 포함되어 있다. 프로젝트 계획과 실적의 차이는 정기적으로 보고하고 원인을 분석해야 한다.

프로젝트의 점검과 통제는 프로젝트 수명주기의 3단계인 실행 단계에서 지속적으로 수행하는 활동이다. 그러나 4단계인 **종결**(closeout) 단계에도 자원을 배분해야 한다는 점을 관리자들이 곧잘 잊어버린다. 프로젝트 수명주기에서 마지막인 이 단계의 목적은 최종보고서를 작성하고 미완의 성과물을 마무리하는 것이다. 보고서의 핵심 내용은 철의 삼각형이라는 목적(시간, 예산, 고객 요구)의 달성 여부를 철저히 분석하는 것이다. 또한 프로젝트에 참여했던 팀원의 개선 제안을 정리하는 것도 이 단계의 중요 과제이다. 프로젝트가 종결되면 팀원은 이번 경험을 다른 프로젝트에 활용할 것이다.

종결
최종보고서를 작성하고 미완의 성과물을 마무리하며 프로젝트에 참여했던 팀원들의 개선 제안을 정리하는 행위

학습목표 점검

학습목표	점검 가이드라인	온라인 자료
8.1 프로젝트의 정의, 조직과 관련된 주요 활동을 설명한다.	이 장의 도입부와 '프로젝트 정의와 조직 구성' 절을 읽어 보라.	
8.2 프로젝트 네트워크를 만드는 과정을 설명한다.	'프로젝트 네트워크 그리기' 절을 집중해서 읽고, 예제 8.1을 주의해서 보라.	SmartDraw — Free trial
8.3 프로젝트의 일정을 수립한다.	'프로젝트 일정 수립' 절을 복습하라. 활동 여유시간과 주경로를 구하면 일정계획이 결정된다. 예제 8.2와 그림 8.3을 집중해서 보라.	Active Model Exercise: 8.1: Gantt Chart OME Solver: Single Time Estimates 윈도우용 POM: Single Time Estimates
8.4 프로젝트 네트워크에서 비용-시간 상쇄관계를 분석한다.	'비용-시간 상쇄관계 분석' 절과 예제 8.3을 보면 정보를 활용해 어떻게 최소비용 해법을 찾아내는지 알 수 있다. 이때 필요한 주요 가정은 그림 8.5에 설명되어 있다. 복습 문제 1은 풀이 과정을 상세히 보여준다.	Active Model Exercise: 8.2: Cost Analysis 윈도우용 POM: Crashing

학습목표	점검 가이드라인	온라인 자료
8.5 프로젝트 기한을 지키지 못할 위험을 측정한다.	'위험 평가와 분석' 절은 프로젝트 관리자가 직면하는 위험을 설명하고 확률을 계산하는 방법을 보여준다. 예제 8.4와 예제 8.5, 복습문제 2를 반드시 이해하라.	Active Model Exercise: 8.3: Probability Analysis OME Solver: Three Time Estimates 윈도우용 POM: Triple Time Estimates; Mean/Standard Deviation Given Simquick Simulation Exercise: Software Development Company
8.6 프로젝트를 관찰하고 통제할 수 있는 수단을 파악한다.	'프로젝트의 점검과 통제' 절을 보라.	OME Solver: Project Budgeting 윈도우용 POM: Cost Budgeting

주요 공식

프로젝트 일정 개발

1. 시작시간과 완료시간

t = 활동의 추정 소요시간

ES = 직전 활동의 EF 시간 중 가장 늦은 시간

EF = ES + t

LF = 직후 활동들의 LS 시간 중 가장 이른 시간

LS = LF − t

2. 활동 여유시간

$$S = LS - ES \text{ 또는 } S = LF - EF$$

비용-시간 상쇄관계 분석

3. 프로젝트 비용

$$\text{단위 시간당 단축 비용} = \frac{(\text{긴급비용} - \text{정상비용})}{(\text{정상시간} - \text{긴급시간})} = \frac{CC - NC}{NT - CT}$$

위험 평가와 분석

4. 활동시간의 통계량

t_e = 베타분포를 따르는 활동시간의 평균

$$t_e = \frac{a + 4m + b}{6}$$

σ^2 = 활동시간의 분산

$$\sigma^2 = \left(\frac{b - a}{6}\right)^2$$

5. z-변환 공식

$$z = \frac{T - T_E}{\sigma_P}$$

T = 프로젝트의 시한

$T_E = \Sigma$(주경로상 활동의 기대 활동시간) = 주경로 소요시간에 대한 정규분포의 평균

σ_P = 주경로의 소요시간 분포의 표준편차

핵심용어

간트 도표(Gantt chart)
경로(path)
긴급비용(crash cost, CC)
긴급시간(crash time, CT)
낙관적 활동시간(optimistic time, a)
네트워크 도표(network diagram)
비관적 활동시간(pessimistic time, b)
선후 관계(precedence relationship)
스크럼(scrum)
업무 세부구조(work breakdown structure, WBS)
위험관리 계획(risk-management plan)
정상비용(normal cost, NC)
정상시간(normal time, NT)
종결(closeout)
주경로(critical path)
최소비용 일정(minimum-cost schedule)
최우 활동시간(most likely time, m)
최조 시작시간(earliest start time, ES)
최조 완료시간(earliest finish time, EF)
최지 시작시간(latest start time, LS)
최지 완료시간(latest finish time, LF)
프로그램(program)
프로젝트(project)
프로젝트 관리(project management)
활동(activity)
활동 여유시간(activity slack)
CPM(critical path method)
PERT(program evaluation and review technique)

복습문제 1

여러분의 회사가 단골고객으로부터 특수한 전기모터를 주문받았다고 하자. 계약 조건에 따르면 13번째 날부터 주문이 납기 완료될 때까지 매일 지체상금을 100달러 물어야 한다. 프로젝트 간접비용은 매일 200달러씩 발생한다. 직접비용에 관한 자료와 활동의 선후 관계는 표 8.3에 나타나 있다.

표 8.3 전기모터 프로젝트 자료

활동	정상시간 (일)	정상비용 (달러)	긴급시간 (일)	긴급비용 (달러)	직전 활동
A	4	1,000	3	1,300	없음
B	7	1,400	4	2,000	없음
C	5	2,000	4	2,700	없음
D	6	1,200	5	1,400	A
E	3	900	2	1,100	B
F	11	2,500	6	3,750	C
G	4	800	3	1,450	D, E
H	3	300	1	500	F, G

a. 프로젝트의 네트워크 도표를 그려라.
b. 완료일을 언제로 하는 것이 바람직한가?

풀이

a. 그림 8.10은 AON 네트워크에 정상 활동시간을 표시한 것이다. 네트워크 도표를 작성할 때 다음 사항을 유의해야 한다.

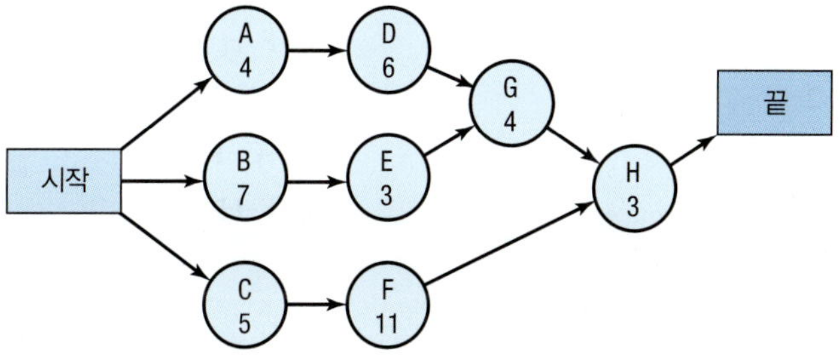

그림 8.10 전기모터 프로젝트의 네트워크 도표

1. 시작 마디와 끝 마디를 반드시 그린다.
2. 경로들이 교차하는 것을 피해서 도표를 단순하게 한다.
3. 두 마디를 연결할 때 화살표는 하나만 사용한다.
4. 선행 활동이 없는 활동을 좌측에 배치하고 화살표는 오른쪽으로 향하게 한다.
5. 여러 번 수정을 거쳐서 정확하고 정돈된 도표를 얻는 태도를 갖춘다.

b. 프로젝트를 정상시간으로 진행하면 19일에 끝나고 지체상금은 700달러가 된다. 적절한 완료 시점을 정하려면 최소비용 일정계획을 구하는 과정을 이용한다. 표 8.3의 자료를 이용해 모든 활동의 일일 단축비용과 최대 단축 가능 일수를 구할 수 있다. 활동 A를 예로 들면 다음과 같다.

$$
\begin{aligned}
\text{최대 단축 가능 일수} &= \text{정상시간} - \text{긴급시간} \\
&= 4\text{일} - 3\text{일} = 1\text{일}
\end{aligned}
$$

$$일일\ 단축비용 = \frac{(긴급비용 - 정상비용)}{(정상시간 - 긴급시간)} = \frac{CC - NC}{NT - CT} = \frac{1{,}300달러 - 1{,}000달러}{4일 - 3일} = 300달러$$

활동	일일 단축비용(달러)	최대 단축 가능 일수
A	300	1
B	200	3
C	700	1
D	200	1
E	200	1
F	250	5
G	650	1
H	100	2

표 8.4는 프로젝트 분석 과정과 결과적인 프로젝트 기간과 총비용을 요약한 것이다. 주경로는 네트워크 경로 중에서 가장 긴 C-F-H로 기간은 19일이다. 주경로에서 일일 단축비용이 가장 싼 활동은 H로 단축비용이 100달러이다. 간접비용과 지체상금의 절감액은 하루 300($200 + $100)달러이다. 이 활동을 2일(최대 단축 가능 일수) 단축하면 경로의 길이는 다음과 같이 된다.

A-D-G-H: 15일, B-E-G-H: 15일, C-F-H: 17일

주경로는 계속 C-F-H이다. 단축비용이 다음으로 싼 활동은 F로 250달러이다. F는 2일만 단축할 수 있는데, 더 단축하면 주경로가 3개로 늘어나기 때문이다. F를 2일 줄인 후에 프로젝트 기간을 더 단축하려면 여러 활동(D, E, F)을 동시에 단축해야 한다. 이렇게 하려면 일일 단축비용 650달러가 절감분인 300달러보다 커지므로 여기에서 중단한다. 모든 활동이 주경로 위에 있고, 완료 시점은 15일이며, 비용은 최소화되었다. 그러나 12일 납품을 바라는 고객을 실망시켜 고객의 신뢰가 훼손될지도 모른다.

표 8.4 프로젝트 비용 분석

단계	단축 대상 활동	단축 일수	단축 후 주경로	프로젝트 기간(일)	전 단계의 직접비(달러)	추가 단축비용(달러)	총간접비용(달러)	총지체상금(달러)	총 프로젝트 비용(달러)
0	—	—	C-F-H	19	10,100	—	3,800	700	14,600
1	H	2	C-F-H	17	10,100	200	3,400	500	14,200
2	F	2	A-D-G-H	15	10,300	500	3,000	300	14,100
			B-E-G-H						
			C-F-H						

복습문제 2

광고 프로젝트 관리자가 신규 광고 캠페인의 네트워크 도표를 그림 8.11과 같이 작성했다. 그리고 다음 표와 같은 활동별 시간 정보를 수집했다.

	추정시간(주)			
활동	낙관	최우	비관	직전 선행 활동
A	1	4	7	—
B	2	6	7	—
C	3	3	6	B
D	6	13	14	A
E	3	6	12	A, C
F	6	8	16	B
G	1	5	6	E, F

a. 각 활동 소요시간의 기대치와 분산을 구하라.

b. 기대시간을 기준으로 활동 여유시간을 계산하고 주경로를 결정하라.

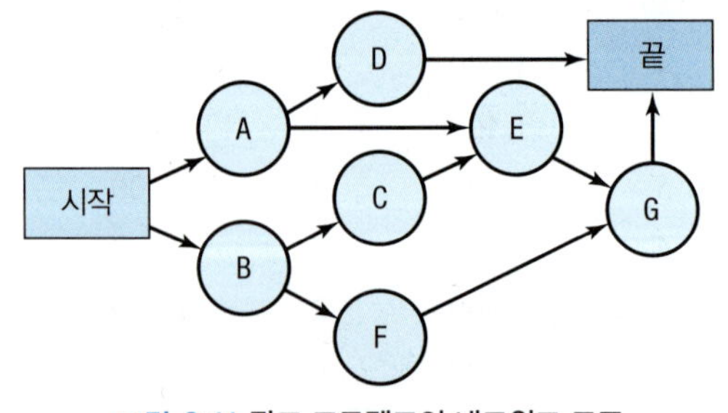

그림 8.11 광고 프로젝트의 네트워크 도표

c. 프로젝트를 23주 안에 완료할 확률은 얼마인가?

풀이

a. 활동별 기대시간과 분산을 계산하면 다음과 같다.

$$t_e = \frac{a + 4m + b}{6}$$

활동	기대시간(주)	분산(σ^2)
A	4.0	1.00
B	5.5	0.69
C	3.5	0.25
D	12.0	1.78
E	6.5	2.25
F	9.0	2.78
G	4.5	0.69

b. 활동별 최조 시작시간, 최지 시작시간, 최조 완료시간, 최지 완료시간을 계산한다. 네트워크의 시작 부분인 활동 A, B부터 네트워크의 끝까지 최조 시작시간과 최조 완료시간을 구하면 다음과 같다.

활동	최조 시작(주)	최조 완료(주)
A	0	$0 + 4.0 = 4.0$
B	0	$0 + 5.5 = 5.5$
C	5.5	$5.5 + 3.5 = 9.0$
D	4.0	$4.0 + 12.0 = 16.0$
E	9.0	$9.0 + 6.5 = 15.5$
F	5.5	$5.5 + 9.0 = 14.5$
G	15.5	$15.5 + 4.5 = 20.0$

기대시간을 기준으로 하면, 프로젝트의 최조 완료시간은 G가 완료되는 20주이다. 이를 목표 완료 시점으로 하고, 네트워크를 역순으로 따라가면서 최지 시작시간과 최지 완료시간을 구하면 다음 표와 같다. 이를 그림으로 표현한 것이 그림 8.12이다.

활동	최지 시작(주)	최지 완료(주)
G	15.0	20.0
F	6.5	15.5
E	9.5	15.5
D	8.0	20.0
C	5.5	9.0
B	0.0	5.5
A	4.0	8.0

이제 각 활동의 여유시간과 어떤 활동들이 주경로상에 있는지 파악해보자(마지막 표에 정리되어 있음). 먼저 각 경로별 총기대시간과 분산은 다음과 같다.

경로	기대시간 합계(주)	분산 합계(σ_p^2)
A-D	$4 + 12 = 1$	$1.00 + 1.78 = 2.78$
A-E-G	$4 + 6.5 + 4.5 = 15$	$1.00 + 2.25 + 0.69 = 3.94$
B-C-E-G	$5.5 + 3.5 + 6.5 + 4.5 = 20$	$0.69 + 0.25 + 2.25 + 0.69 = 3.88$
B-F-G	$5.5 + 9 + 4.5 = 19$	$0.69 + 2.78 + 0.69 = 4.16$

주경로는 B-C-E-G이며 기대시간은 20주이다. 한편 경로 B-F-G는 기대시간은 19주지만 분산이 크다.

c. z값을 구하면 다음과 같다.

$$z = \frac{T - T_E}{\sigma_P} = \frac{23 - 20}{\sqrt{3.88}} = 1.52$$

부록의 정규분포표를 이용해 프로젝트를 23주 안에 완료할 확률을 구하면 0.9357이다. 그러나 B-F-G도 길이가 주경로에 가깝고 분산이 커서 프로젝트 실행 과정에서 주경로로 변할 수도 있다.

	시작시간(주)		완료시간(주)			
활동	최조	최지	최조	최지	활동 여유시간	주경로
A	0.0	4.0	4.0	8.0	4.0	No
B	0.0	0.0	5.5	5.5	0.0	Yes
C	5.5	5.5	9.0	9.0	0.0	Yes
D	4.0	8.0	16.0	20.0	4.0	No
E	9.0	9.0	15.5	15.5	0.0	Yes
F	5.5	6.5	14.5	15.5	1.0	No
G	15.5	15.5	20.0	20.0	0.0	Yes

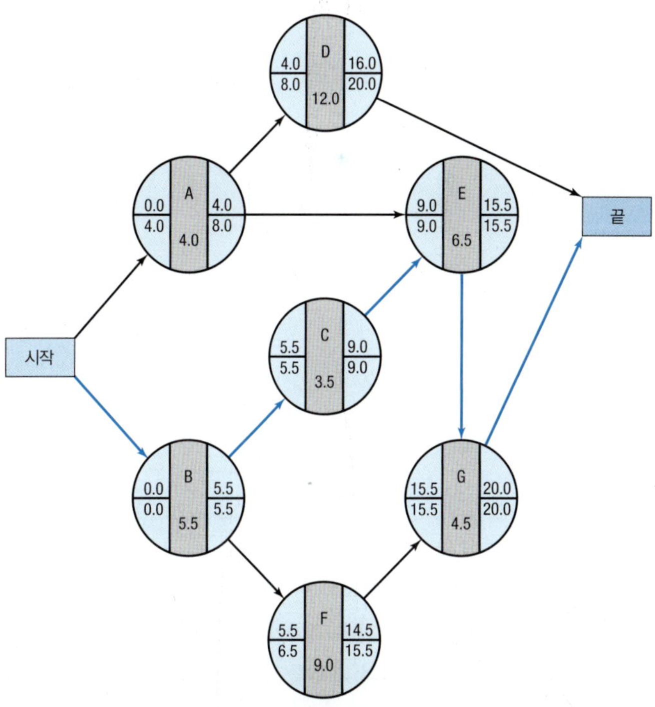

그림 8.12 활동 여유시간 계산에 필요한 모든 시간 추정치를 포함한 네트워크 도표

토론과제

1. 동료 중 한 사람이 소프트웨어가 프로젝트 관리 성공의 궁극적인 열쇠라고 말한다. 어떻게 대답하겠는가?
2. 프로젝트의 각 활동에 대한 여유시간을 파악하는 방법을 설명하라. 관리자가 프로젝트에서 여유가 있는 부분을 파악하는 것이 중요한 이유는 무엇인가?
3. 프로젝트에 적용되는 위험을 정의하라. 프로젝트의 주요 위험 요소는 무엇인가?

연습문제

이 책을 사용하는 모든 학생은 윈도우용 OM Explorer, POM 소프트웨어, Active Model 소프트웨어를 사용할 수 있다. 소프트웨어를 다운로드할 수 있는 곳과 사용법은 강의자에게 문의하라. 대부분의 교수자는 학생이 직접 계산을 통해 이해력을 늘리기를 원하겠지만 적어도 답안을 확인하는 용도로 소프트웨어를 이용할 수도 있다. 계산이 복잡하거나 의사결정을 위해 계산 결과를 해석하는 것이 목적이라면, 소프트웨어를 이용해 계산하는 것이 더 나을 수 있다.

프로젝트 일정 개발

1. 다음 표는 인근 고등학교에 새 컴퓨터 서버를 설치하는 프로젝트에 관한 자료이다.

활동	활동시간(일)	직전 활동
A	2	—
B	4	A
C	5	A
D	2	B
E	1	B
F	8	B, C
G	3	D, E
H	5	F
I	4	F
J	7	G, H, I

a. 네트워크 도표를 그려라.
b. 이 프로젝트의 주경로를 찾아라.
c. 활동 G, H, I의 여유시간은 얼마인가?

2. 다음 표는 아동의류 상점의 POS를 개선하는 프로젝트에 관한 자료이다.

활동	활동시간(일)	직전 활동
A	7	—
B	2	A
C	4	A
D	4	B, C
E	4	D
F	3	E
G	5	E

a. 네트워크 도표를 그려라.
b. 이 프로젝트의 주경로를 찾고 프로젝트 소요기간을 결정하라.
c. 각 활동의 여유시간을 계산하라.

3. 요금 청구 프로세스를 개선하기 위한 프로젝트에서의 활동시간과 활동 간 선후 관계는 다음 표와 같다.

활동	활동시간(일)	직전 활동
A	3	—
B	11	—
C	7	A
D	13	B, C
E	10	B
F	6	D
G	5	E
H	8	F, G

a. 네트워크 도표를 그려라.
b. 각 활동의 여유시간을 계산하라. 어떤 활동이 주경로상에 있는가?

4. 다음 표는 지역 고등학교의 행사를 준비하는 프로젝트 자료이다.

활동	활동시간(일)	직전 활동
A	3	—
B	4	—
C	5	—
D	4	—
E	7	A
F	2	B, C, D
G	4	E, F
H	6	F
I	4	G

활동	활동시간(일)	직전 활동
J	3	G
K	3	H

a. 네트워크 도표를 그려라.

b. 주경로를 찾아라.

5. 한 회사에 새 선반을 설치하는 프로젝트에 대한 정보는 다음과 같다.

활동	활동시간(일)	직전 활동
A	4	—
B	7	A
C	9	B
D	3	B
E	14	D
F	10	C, D
G	11	F, E

a. 네트워크 도표를 그려라.

b. 활동별 여유시간을 구하고 주경로를 찾아라. 프로젝트를 완료하는 데 얼마나 걸리겠는가?

6. 다음 표는 한 은행에 드라이브스루 창구를 설치하는 프로젝트에 관한 자료이다.

활동	활동시간(일)	직전 활동
A	5	—
B	2	—
C	6	—
D	2	A, B
E	7	B
F	3	D, C
G	9	E, C
H	11	F, G

a. 네트워크 도표를 그려라.

b. 주경로를 찾아라.

c. 활동 A와 D의 여유시간을 계산하라.

7. 건설 회사의 한 프로젝트에는 다음 표와 같이 13개의 활동이 포함된다.

활동	설명	직전 활동	활동시간(일)
A	건설자재 현장으로 이동	—	3
B	현장 청소와 현장사무소 설치	A	7
C	구조물 기반 작업	A	36
D	프레임 제작과 설치	B, C	87
E	지붕	D	13
F	벽 설치	C	53
G	벽 마감	F	63
H	바닥 마감	E, G	24
I	천장 마감	E	12
J	전기 공사	E, I	6
K	도색과 장식 설치	J	12
L	외관 작업	H	14
M	청소와 최종 점검	K, L	14

a. 이 프로젝트의 네트워크 도표를 그려라.

b. 주경로를 찾고 프로젝트 소요기간을 추정하라.

c. 각 활동의 여유시간을 계산하라.

8. 한 조작가가 새 작품 프로젝트를 시작했다. 이 프로젝트의 자료는 다음과 같다.

활동	활동시간(일)	직전 활동
A	4	—
B	1	—
C	3	A
D	2	B
E	3	C, D

a. 이 프로젝트의 네트워크 도표를 그려라.

b. 주경로와 소요시간을 구하라.

c. 각 활동의 여유시간을 계산하라.

9. 한 정비공장이 J2000 자동차를 조립하고 있다. 프로젝트의 자료는 다음과 같다.

활동	활동시간(일)	직전 활동
A	2	—
B	6	A
C	4	B
D	5	C
E	7	C
F	5	C
G	5	F
H	3	D, E, G

a. 이 프로젝트의 네트워크 도표를 그려라.

b. 주경로와 프로젝트 소요시간을 구하라.

c. 각 활동의 여유시간을 계산하라.

10. 아동보호재단의 모금 프로젝트에 관한 자료는 다음과 같다.

활동	활동시간(일)	직전 활동
A	10	—
B	11	—
C	9	A, B
D	5	A, B
E	8	A, B
F	13	C, E
G	5	C, D
H	10	G
I	6	F, G
J	9	E, H
K	11	I, J

a. 이 프로젝트의 네트워크 도표를 그려라.

b. 주경로와 프로젝트의 소요시간을 구하라.

11. (난이도 상) 주문형 문짝 몰딩을 생산하는 GMC 아카디아의 프로젝트 자료는 표 8.5와 같다.

표 8.5 GMC 아카디아 프로젝트 자료

활동	활동시간(일)	직전 활동
시작	0	—
A	3	시작
B	4	시작
C	4	B
D	4	A
E	5	A, B
F	6	D, E
G	2	C, E
끝	0	F, G

a. 당장 이 프로젝트를 시작하면 언제 끝나겠는가?

b. 가능하면 빨리 프로젝트를 완료하고 싶은데, 대안은 한 가지밖에 없다. 현재 활동 G에 배정된 직원 A가 활동 F에 배정된 직원 B를 돕게 할 수 있다고 하자. A가 B를 일주일 도울 때마다 G는 일주일 지연되고 F는 일주일 단축된다. 직원 A가 직원 B를 몇 주 돕도록 하는 것이 좋은가?

비용-시간 상쇄효과 분석

12. 표 8.6은 마을 환경정화 프로젝트에 관한 정보이다. 최소비용 일정계획을 적용해 일정을 3주 단축하라. 간접비용과 지체상금은 무시해도 될 정도라고 가정하자. 일정 단축에 따른 추가비용을 최소화하려면 어떤 활동(들)을 단축 처리해야 하는가?

표 8.6 환경정화 프로젝트 자료

활동	정상시간	긴급시간(주)	단축비용($/주)	직전 활동
A	7	6	200	없음
B	12	9	250	없음
C	7	6	250	A
D	6	5	300	A
E	1	1	—	B
F	1	1	—	C, D
G	3	1	200	D, E
H	3	2	350	F
I	2	2	—	G

13. 어떤 대형 은행의 통합정보 데이터베이스를 개발하는 프로젝트에 관한 자료가 표 8.7과 같다. 간접비용은 하루에 300달러이며, 프로젝트 기간이 14일을 초과할 경우 하루에 150달러의 지체상금이 추가된다.

표 8.7 데이터베이스 개발 프로젝트 자료

활동	정상시간 (일)	정상비용 (달러)	긴급시간 (일)	긴급비용 (달러)	직전 활동
A	6	1,000	5	1,200	—
B	4	800	2	2,000	—
C	3	600	2	900	A, B
D	2	1,500	1	2,000	B
E	6	900	4	1,200	C, D
F	2	1,300	1	1,400	E
G	4	900	4	900	E
H	4	500	2	900	G

a. 정상시간을 기준으로 프로젝트의 소요기간은 얼마인가?

b. 최소비용 일정계획은 무엇인가?

c. 최소비용 일정계획에서 주경로는 무엇인가?

14. 한 정부 부처에서 기존 보일러를 에너지 효율이 높은 보일러로 교체하는 프로젝트를 105일 이내에 완료하고자 한다. 표 8.8은 프로젝트의 세부 사항을 보여준다.

a. 목표 일정을 맞추기 위한 최소비용은 얼마인가?

b. 목표 달성을 위한 추가비용은 얼마인가?

15. 표 8.9에는 독일에서 수입한 발전기를 포르투갈의 사무실 부지에 설치하는 경우의 데이터가 포함되어 있다. 간접비용은 주당 200유로이고, 프로젝트가 50일을 넘기면 매일 900유로씩 지체상금을 물어야 한다.

a. 비용을 고려하지 않는다면 이 프로젝트는 얼마나 빨리 끝낼 수 있는가?

b. '정상'시간을 사용해 프로젝트를 완료하는 데 드는 총비용은 얼

표 8.8 보일러 교체 프로젝트 자료

활동	설명	직전 활동	정상시간(일)	긴급시간(일)	정상비용(달러)	긴급비용(달러)
A	기술적 사양 결정	—	10	8	4,900	6,000
B	입찰 진행	A	25	24	3,000	6,000
C	작업주문 발주	B	3	2	2,000	3,300
D	보일러 장비 공급	C	60	58	1,600	3,000
E	부자재 공급	C	20	19	5,000	6,000
F	파이프와 연결장비 공급	C	10	9	1,800	4,000
G	공공 작업	C	15	13	6,000	8,000
H	부자재와 파이프 설치	E, F, G	5	4	8,000	9,000
I	보일러 설치	D, H	10	9	3,000	4,000
J	점검과 감리	I	2	1	1,000	2,000

표 8.9 발전기 설치 프로젝트 자료

활동	직전 활동	정상시간(일)	긴급시간(일)	정상비용(달러)	긴급비용(달러)
A	—	10	5	700	1,000
B	—	10	10	300	300
C	A	17	6	1,200	4,000
D	B	17	12	1,200	2,800
E	C	7	7	800	800
F	D, E	30	20	500	1,000
G	E	17	12	900	1,800

마인가?

c. 최소비용 일정의 총비용은 얼마인가?

16. 그림 8.13은 고급 고양이집 신제품인 냥이콘도를 개발하는 프로젝트의 네트워크 도표이다. 관리자는 최소한의 추가비용으로 프로젝트 기간을 단축하려 한다. 최소비용으로 프로젝트를 25일 안에 완료하기 위한 일정계획을 구하라. 지체상금과 간접비용은 무시해도 될 정도라고 하자. 각 활동별 시간과 비용 자료는 표 8.10에 있다.

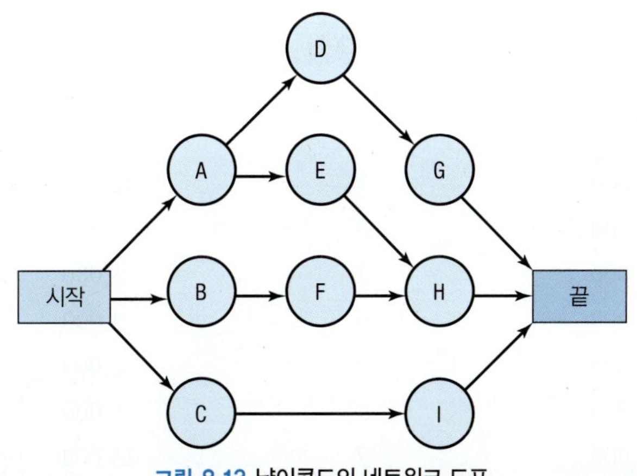

그림 8.13 냥이콘도의 네트워크 도표

표 8.10 프로젝트의 활동 및 비용 자료

	정상		긴급	
활동	시간(일)	비용(달러)	시간(일)	비용(달러)
A	12	1,300	11	1,900
B	13	1,050	9	1,500
C	18	3,000	16	4,500
D	9	2,000	5	3,000
E	12	650	10	1,100
F	8	700	7	1,050
G	8	1,550	6	1,950
H	2	600	1	800
I	4	2,200	2	4,000

17. (난이도 상) 지역 주민회관에서 프로그램을 새로 시작하려고 사무실을 하나 개조할 계획이다. 개조가 지연되면 인근 교회에서 유료로 공간을 임차해야 한다. 이 프로젝트의 자료는 표 8.11과 같다. 주민회관은 최소비용으로 이 프로젝트를 수행해야 한다.

a. 모든 활동을 정상시간으로 할 때, 이 프로젝트를 완료할 수 있는 최단 기간은 얼마인가?

b. 이 프로젝트는 간접비용이 하루에 50달러이고, 16일부터는 임

표 8.11 주민회관 프로젝트 자료

활동	정상시간(일)	정상비용(달러)	긴급시간(일)	긴급비용(달러)	직전 활동
시작	0	0	0	0	—
A	10	50	8	150	시작
B	4	40	2	200	시작
C	7	70	6	160	B
D	2	20	1	50	A, C
E	3	30	3	30	A, C
F	8	80	5	290	B
G	5	50	4	180	D
H	6	60	3	180	E, F
끝	0	0	0	0	G, H

시사무실 임차료를 하루에 40달러씩 지불해야 한다. 이 프로젝트의 최소비용 일정계획을 수립하라.

18. (난이도 상) 표 8.12에 어떤 내규모 기금 모금 프로젝트에 대한 자료가 나타나 있다.

표 8.12 기금 모금 프로젝트 자료

활동	활동시간(일)	활동 비용(달러)	직전 활동
A	3	100	—
B	4	150	—
C	2	125	A
D	5	175	B
E	3	150	B
F	4	200	C, D
G	6	75	C
H	2	50	C, D, E
I	1	100	E
J	4	75	D, E
K	3	150	F, G
L	3	150	G, H, I
M	2	100	I, J
N	4	175	K, M
O	1	200	H, M
P	5	150	N, L, O

a. 주경로와 프로젝트의 예상 소요시간을 구하라.

b. 모든 활동을 최조 시작시간에 시작한다는 가정하에 1일부터 예상 완료일까지의 총 프로젝트 비용을 그래프로 그려라. 최지 시작시간을 기준으로 같은 그래프를 그려서 두 결과를 비교하라. 시간에 대한 기준의 차이가 현금흐름과 프로젝트 일정계획에 어떤 영향을 주는가?

19. (난이도 상) 표 8.13과 같은 소프트웨어 설치 프로젝트를 최소비용으로 수행하려고 한다. 프로젝트 기간이 25주를 넘기면 주당 1,000달러씩 지체상금을 물어야 한다. 또한 이 프로젝트의 간접비용은 주당 2,500달러이다.

표 8.13 소프트웨어 설치 프로젝트 자료

활동	직전 활동	정상시간(주)	정상비용(달러)	긴급시간(주)	긴급비용(달러)
A	—	5	2,000	3	4,000
B	—	8	5,000	7	8,000
C	A	10	10,000	8	12,000
D	A, B	4	3,000	3	7,000
E	B	3	4,000	2	5,000
F	D	9	8,000	6	14,000
G	E, F	2	2,000	2	2,000
H	G	8	6,000	5	9,000
I	C, F	9	7,000	7	15,000

a. 여러분은 이 프로젝트 목표 완료 기간을 얼마로 정하겠는가?

b. 프로젝트를 목표 기간에 완료하면 전체 프로젝트 비용이 정상 시간으로 진행한 계획보다 얼마나 절약되는가?

위험 평가와 분석

20. 케이터링 관리인은 결혼식 피로연 과정을 최적화하고자 한다. 다음 표에는 세 가지 시나리오에 따른 각 활동의 예상 시간이 요약되어 있다.

a. 각 활동에 대한 예상 시간(t_e)을 계산하라.

b. 각 활동에 대한 분산(σ^2)을 계산하라.

활동	설명	낙관(분)	최우(분)	비관(분)
A	테이블과 의자 배치	138	180	210
B	테이블보 설치	24	30	45
C	식기구와 장식 설치	45	60	75
D	물컵 채우기	18	30	45
E	오븐 작동과 점검	16	18	21
F	메인요리 준비	180	195	210
G	샐러드 준비와 보관	60	75	90
H	손님 안내	30	45	60
I	샐러드 제공	60	75	78
J	주요리 제공	75	90	105

21. 한 회사에서 컴퓨터 시스템을 설치할 계획이다. 다음 표에는 세 가지 시나리오에서 각 활동에 필요한 시간이 요약되어 있다.

활동	설명	낙관(일)	최우(일)	비관(일)
A	프로젝트 분석	8	10	12
B	소프트웨어 구매	1	3	5
C	하드웨어 구매	2	4	6
D	데이터베이스 설치	1	2	3
E	소프트웨어 설치와 초기 세팅	1	2	3
F	업무 프로세스 적용	3	4	11
F	지사 사무소 설치	1	2	3
H	사용자 교육	3	4	5

다음 네트워크 도표는 각 활동의 직전 활동을 보여준다.

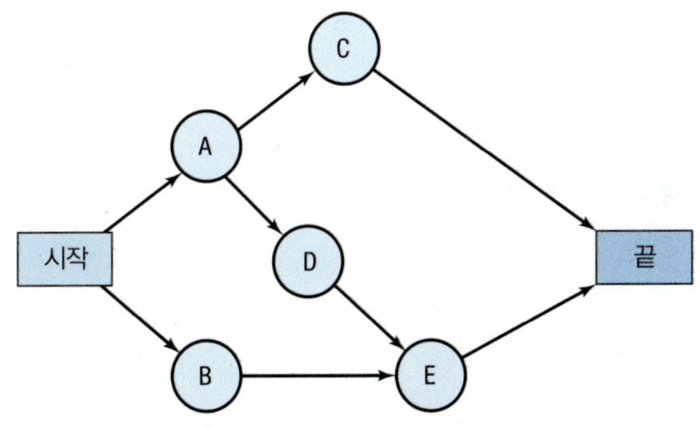

그림 8.14 연습문제 21의 네트워크 도표

a. 프로젝트는 얼마나 걸릴 것으로 예상되는가?

b. 예상 활동 시간을 사용해 각 활동에 대한 여유시간을 계산하라.

c. 프로젝트를 완료하는 데 29일을 초과할 확률은 얼마나 되는가?

22. 복습문제 2에서 주경로(B-F-G)가 20주 초과해 소요될 확률을 추정하라. 힌트: 1.0에서 (B-F-G)가 20주 이하가 될 확률을 뺀다.

23. 한 대학교의 평생교육 관리자가 영업 교육 세미나 계획을 막 승인했다. 행정직원은 표 8.14와 같이 수행해야 할 다양한 활동과 서로의 관계를 파악했다. 새 코스를 계획하는 데 불확실성이 있기 때문에 직원은 각 활동에 대해 다음과 같은 예상 시간도 제공했다.

표 8.14 영업 교육 세미나 활동

활동	설명	직전 활동
A	브로슈어 디자인과 과정 공지	—
B	잠재적 강사 파악	—
C	강의 세부 계획 준비	—
D	브로슈어와 수강생 지원서 발송	A
E	강사 지원서 발송	B
F	과정 강사 선발	C, E
G	수강생 선발	D
H	교재 선택	F
I	교재 주문과 수령	G, H
J	강의실 확보	G

	예상 시간(일)		
활동	낙관	최우	비관
A	5	7	8
B	6	8	12
C	3	4	5
D	11	17	25
E	8	10	12
F	3	4	5
G	4	8	9
H	5	7	9
I	8	11	17
J	4	4	4

평생교육 관리자는 영업일 기준 47일 이후에 세미나를 진행하려고 한다. 모든 것이 제시간에 준비될 확률은 얼마나 되는가?

24. 책 한 권을 제작하는 데는 여러 활동이 포함된다. 표 8.15는 세 가지 시나리오에서 각 활동에 필요한 시간을 보여준다.

a. 프로젝트의 예상 소요시간은 얼마인가?

b. 프로젝트를 250시간 초과해 완료할 확률은 얼마나 되는가?

표 8.15 책 제작 자료

활동	설명	직전 활동	낙관(시간)	최우(시간)	비관(시간)
A	원고 준비	—	37	44	47
B	샘플 페이지와 디자인 준비	—	38	41	44
C	책 서식 설정	—	33	38	41
D	원고 교정	A	35	36	40
E	샘플 페이지와 디자인 확정	B	36	41	55
F	책 디자인	C	38	40	43
G	책 서식 확정	C	38	44	48
H	책 디자인 확정	E, F	36	37	44
I	인쇄판 생산	D,H	33	38	48
J	책 완성	G,I	37	37	41
K	책 인쇄	J	34	47	51

25. 한 건설 회사가 침실 3개짜리 주택을 짓는 프로젝트를 수주할 계획이다. 표 8.16은 세 가지 시나리오에서 건설에 포함될 각 활동에 소요되는 시간을 보여준다.

a. 프로젝트는 얼마나 걸릴 것이라 예상하는가?

b. 프로젝트가 50일 초과해 완료될 확률은 얼마나 되는가?

c. 경로 A-B-C-E-F-J-L-N을 생각해 보자. 이 경로가 예상 주경로의 기대 시간으로 측정한 프로젝트 소요기간을 초과할 확률은 얼마인가?

표 8.16 주택 건설 프로젝트 활동 자료

활동	설명	직전 활동	낙관(일)	최우(일)	비관(일)
A	부지 정리	—	1	2	3
B	기초작업	A	2	3.5	8
C	블록 배치	B	6	9	18
D	지붕 작업	C	4	5.5	10
E	배관 작업	C	1	4.5	5
F	전기 작업	E	4	4	10
G	벽면 마감	D	5	6.5	11
H	문과 창문 설치	E, G	5	8	17
I	천장 작업	C	3	7.5	9
J	바닥 작업	F, I	3	9	9
K	내부 부착물 설치	J	4	4	4
L	외부 부착물 설치	J	1	5.5	7
M	페인팅	H	1	2	3
N	조경	K, L, M	5	5.5	9

26. (난이도 상) 표 8.17에 제시된 사무실 리노베이션 프로젝트 데이터를 고려해보자. 시간 추정치가 '0'이라는 것은 해당 활동의 소요시간이 매우 적어서 분석에서는 숫자 0으로 간주해야 함을 의미한다.

a. 주경로를 기준으로 사무실 리노베이션 프로젝트를 39일까지 완료할 확률을 구하라.

b. 프로젝트 완료를 90% 확신할 수 있는 프로젝트 소요기간을 찾아라.

표 8.17 사무실 리노베이션 프로젝트 자료

	예상시간(일)			
활동	낙관	최우	비관	직전 활동
시작	0	0	0	—
A	6	10	14	시작
B	0	1	2	A
C	16	20	30	A
D	3	5	7	B
E	2	3	4	D
F	7	10	13	C
G	1	2	3	D
H	0	2	4	G
I	2	2	2	C, G
J	2	3	4	I
K	0	1	2	H
L	1	2	3	J, K
끝	0	0	0	E, F, L

Active Model 연습문제

Active Model 8.1 간트 도표는 온라인에서 사용할 수 있다. 이를 통해 활동 시간 및 활동 선행 시간의 변화에 대한 프로젝트 소요시간의 민감도를 평가할 수 있다. 이 연습에서는 예제 8.2의 데이터를 사용해 간트 도표를 개발한다.

질문

1. 활동 B와 활동 K는 주경로상의 활동이다. 활동 B를 늘릴 때와 활동 K를 늘릴 때 그래프에서 발생하는 차이를 설명하라.
2. 활동 F는 주경로상의 활동이 아니다. 스크롤바를 사용해 활동 F가 주경로상의 활동이 되려면 활동 F를 몇 주까지 늘려야 하는지 결정하라.
3. 활동 A는 주경로상의 활동이 아니다. 활동 A가 주경로상의 활동이 되려면 활동 F를 몇 주까지 늘려야 하는가? 활동 A가 주경로상 활동이 되면 어떤 일이 벌어지는가?
4. 활동 A가 주경로상의 활동이 된 이후에 A의 활동시간을 1주일 추가로 증가하면 어떤 일이 벌어지는가?

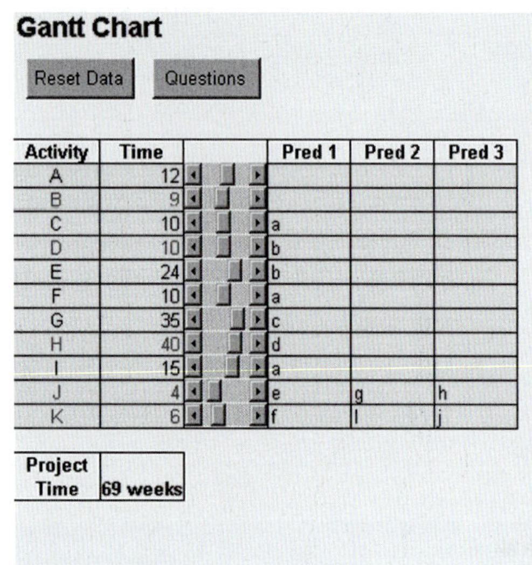

Gantt Chart

Reset Data | Questions

Activity	Time	Pred 1	Pred 2	Pred 3
A	12			
B	9			
C	10	a		
D	10	b		
E	24	b		
F	10	a		
G	35	c		
H	40	d		
I	15	a		
J	4	e	g	h
K	6	f	i	j

Project Time	69 weeks

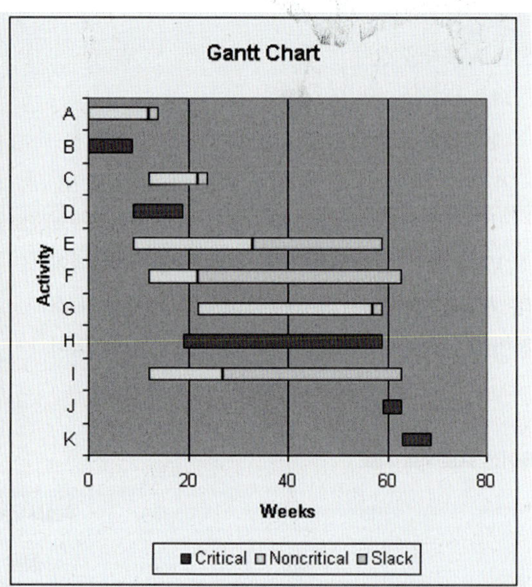

사례 연구 PERT 머스탱

RASAS(Roberts Auto Sales and Service)는 자동차 대리점 세 곳에서 미국제와 일본제 자동차를 판매하고 서비스하며, 부품판매점 두 곳, 대규모 정비 및 도색 사업장 한 곳, 폐차장 한 곳을 운영한다. RASAS의 소유주인 비키 로버츠(Vicky Roberts)는 부친에게서 포드 자동차 대리점을 상속받았다. 그녀는 자신의 경험과 지식을 이용해 회사를 오늘날과 같이 성공적이고 다각화된 작은 왕국으로 바꿀 수 있었다. 그녀의 좌우명은 "오늘 팔고, 내일 수리한다"이며, 이는 그녀가 사석에서 종종 말하는 "일단 손님이 왔다 가게 하라"는 전략을 반영한다.

로버츠는 항상 고성능 승용차 머스탱(Mustang)을 마음에 품고 있었는데, 낡고 수리가 좀 필요한 1965년형 셸비 머스탱 GT 350 한 대를 드디어 손에 넣었다. 그녀는 고전 승용차의 복원에 대한 대중적 관심이 높아지고 있음을 주목했다. 로버츠는 고전 승용차 복원사업에 진출하려는 생각이 있었기 때문에, 타당성 평가에 도움이 필요했다. 그녀는 자신의 1965년형 셸비 머스탱도 새것처럼 복원하고 싶었다. 승용차 복원사업에 진출한다면, 이 머스탱을 광고용 전시품으로 활용하고 자동차 박람회에도 출품해 고객을 유치하려고 한다.

세상에는 자기 손으로 구형차를 복원하는 짜릿함을 느끼고 싶지만 오래된 부품을 구하러 다닐 시간이 없는 사람들이 많다고 로버츠는 확신했다. 특이하다는 이유만으로 고전 자동차가 갖고 싶은 사람도 있고, 고전 자동차를 복원해주면 큰돈을 지불할 사람도 많다.

로버츠는 이 두 부류의 고객을 모두 휘어잡고 싶었다. 첫 번째 부류에게는 '고신품(new old stock)' 부품을 찾아주는 브로커 역할을 할 생각이다. 고신품이란 오래전에 생산되었지만 원래 포장 그대로 보관된 부품을 말한다. 부품을 정확히 찾아내려면 시간이 오래 걸릴 수 있다. RASAS는 구하기 어렵거나 없는 부품을 복제 생산할 수도 있다.

또 스스로 자동차를 복원하려는 고객에게 구형차의 부품 목록이나 차체 매뉴얼을 만들어 정보를 제공할 수도 있다. 이런 고객은 부품 목록을 뽑기 위해 RASAS에 도움을 요청할 것이고, RASAS는 부품 수배를 대행할 수도 있다. 두 번째 부류의 고객에게는 복원 과정 전체를 책임지고 대행해주려고 한다.

로버츠는 서비스 부문 책임자에게 자신의 머스탱을 잘 살펴보고 거의 60년 전에 공장에서 막 출고되었던 상태로 복원하려면 무엇을 해야 하는지 알아보라고 지시했다. 그녀는 이 머스탱을 복원해 디트로이트 자동차 박람회에 전시하고 싶었다. 만일 언론의 관심을 크게 끈다면 광고 효과가 대단할 것이며, 로버츠가 이 사업에 진출한다면 효과는 말할 것도 없다. 신사업을 시작하지 않더라도 최소한 기존 사업을 위한 훌륭한 전시품은 될 것이다.

로버츠는 서비스 부문 책임자에게 복원에 필요한 것을 파악하고, PERT/CPM을 사용해 45일 후의 디트로이트 박람회까지 완료할 수 있는지 보고서를 제출하라고 했다. 부품담당 관리자, 수리부문 관리자, 선임 수리기사들이 필요한 작업과 예상 소요시간 및 비용을 다음과 같이 제시했다.

a. 모든 소요 자재와 부품(실내장식, 앞유리, 기화기, 오일펌프) 주문. 소요시간: 2일. 비용(전화비 및 노무비): 100달러
b. 시트 커버용 실내장식 자재의 인수. 주문하기 전에 인수할 수 없음. 소요시간: 30일. 비용: 2,100달러
c. 앞유리 인수. 주문하기 전에 인수할 수 없음. 소요시간: 10일. 비용: 800달러
d. 기화기와 오일펌프 인수. 주문하기 전에 인수할 수 없음. 소요시간: 7일. 비용: 1,750달러
e. 차체에서 크롬 제거. 즉시 처리 가능. 소요시간: 1일. 비용: 200달러
f. 프레임에서 차체(문, 후드, 트렁크, 흙받이) 분리. 크롬을 제거하기 전에 할 수 없음. 소요시간: 1일. 비용: 300달러
g. 차체 수리부에서 흙받이 수리. 차체 분리 전에 할 수 없음. 소요시간: 4일. 비용: 1,000달러
h. 문, 트렁크, 후드 수리. 차체 분리 전에 할 수 없음. 소요시간: 6일. 비용: 1,500달러
i. 섀시에서 엔진 분리. 차체 분리 후에 해야 함. 소요시간: 1일. 비용: 200달러
j. 프레임에서 녹 제거. 엔진 분리 후에 해야 함. 소요시간: 3일. 비용: 900달러
k. 엔진밸브 재연마. 엔진 분리 후에 해야 함. 소요시간: 5일. 비용: 1,000달러
l. 기화기와 오일펌프 교체. 엔진 분리 후에 해야 함. 기화기와 오일펌프 인수 후에 해야 함. 소요시간: 1일. 비용: 200달러
m. 크롬 부품의 재도금. 차체에서 크롬 제거 후에 가능함. 소요시간: 3일. 비용: 210달러
n. 엔진의 재장착. 밸브 재연마 후에 해야 함. 기화기와 오일펌프 교체 후에 해야 함. 소요시간: 1일. 비용: 200달러
o. 프레임에 문, 후드, 트렁크 재부착. 문, 트렁크, 후드 수리 후에 해야 함. 프레임 녹 제거 후에 해야 함. 소요시간: 1일. 비용: 240달러
p. 변속장치 재장착과 브레이크 교체. 엔진 재장착 후에 해야 함. 문, 후드, 트렁크 재부착 후에 해야 함. 소요시간: 4일. 비용: 2,000달러
q. 앞유리 교체. 앞유리 인수 후에 해야 함. 소요시간: 1일. 비용: 100달러
r. 흙받이 재부착. 흙받이 수리 후에 해야 함. 변속장치 재장착과 브레이크 교체 후에 해야 함. 소요시간: 1일. 비용: 100달러
s. 차량 도색. 흙받이 재부착 후에 해야 함. 앞유리 교체 후에 해야 함. 소요시간: 4일. 비용: 1,700달러
t. 실내장식 재부착. 실내장식 자재 인수 후에 해야 함. 차량 도색 후에 해야 함. 소요시간: 7일. 비용: 2,400달러
u. 크롬 부품 재부착. 차량 도색 후에 해야 함. 크롬 부품 재도금 후에 해야 함. 소요시간: 1일. 비용: 100달러
v. 디트로이트 박람회로 차량 이동. 실내장식 재부착 후에 해야 함. 크롬 부품 재부착 후에 해야 함. 소요시간: 2일. 비용: 1,000달러

로버츠는 이 프로젝트에 투입하는 비용이 복원한 차를 팔아서 얻을 수 있는 수익보다 적기를 바란다. 머스탱 구입에 이미 50,000달러가 들어갔다. 또한 새로 제안한 사업이 기존 사업과 얼마나 잘 어울릴 수 있는지 그리고 비용, 품질, 고객 서비스, 유연성 등 측면에서 RASAS의 운영 부문 과업이 무엇인지에 대한 간단한 보고서도 바라고 있다.

승용차 복원사업에는 몇 가지 유형이 있다. 기본적인 복원은 외형을 깔끔하게 바꾸고 주행할 수 있도록만 고치지만, 완벽한 복원은 최초의 상태로 '마치 공장에서 막 나왔을 때처럼' 복원한다. 시장에서 팔릴 때 기본적인 복원만 한 차보다 완벽하게 복원한 차의 가격이 훨씬 높다. 또 복원할 때 고객의 주문에 따라 원형에는 없었던 것을 추가할 수도 있다. 로버츠는 지금의 머스탱은 사양 추가 없이 완벽하게 복원하고 싶다(그러나 계획 중인 복원사업에서는 고객이 원하면 모든 종류의 복원을 할 예정이다).

총예산은 이미 지출한 50,000달러를 포함해서 70,000달러를 넘을 수 없다. 또한 현재의 재정 상태로는 일주일에 3,600달러 이상 지출할 수도 없다. 대부분의 작업을 자체 수리기사가 처리하지만 노무비와 재료비를 감안해야 한다. 관련 비용은 모두 비용 추정치에 포함되어 있다.[4]

문제

1. 프로젝트가 즉시 시작된다는 가정하에 위 정보를 활용해 로버츠가 요구한 보고서를 작성하라. 프로젝트를 끝낼 때까지 남은 기간은 자동차를 디트로이트까지 수송하는 기간을 포함해 45일이다. 보고서에는 경쟁 우선순위 등 로버츠가 질문한 신규사업의 여러 측면을 간략하게 논의해야 한다.
2. 각 활동을 표시하는 문자, 소요시간 추정치, 선후 관계 등을 포함하는 표를 만들어 네트워크 도표 작성의 기초자료가 되게 하라.
3. 그림 8.3 같은 네트워크 도표를 그려라. 주경로상의 활동을 구하고 각 활동의 여유시간을 계산하라.
4. 활동별 비용과 프로젝트의 총비용을 보여주는 프로젝트 예산서를 작성하라. 프로젝트를 예산 한도 이내에서 수행할 수 있는가? 한 주에 3,600달러 이상 필요한 경우가 있는가? 이 질문에 대답할 때는 활동 B, C, D의 비용은 해당 부품이 인수될 때(즉 해당 활동의 최조 완료 시점) 지급된다고 가정하라. B, C, D 외 활동 중에서 소요시간이 2주 이상인 활동의 비용은 진행 기간에 정비례해 비용이 발생한다고 가정하자. 일주일은 5일이다. 만약 문제가 있다면, 로버츠는 이를 어떻게 극복하겠는가?

4 이 사례는 애리조나주립대학교의 수 시퍼드(Sue P. Siferd) 박사와 에메리타(Emerita) 교수의 허락을 받고 실은 것이다(2007년 9월 업데이트됨).

비디오 사례 초이스 호텔의 프로젝트 관리

초이스 호텔 인터내셔널(Choice Hotels International)은 저렴한 이코노로지(EconoLodge), 로드웨이 인(Rodeway Inns)부터 퀄리티 인(Quality Inns), 컴포트 인(Comfort Inns)을 거쳐 고급 호텔 어센드(Ascend)와 캠브리아(Cambria)에 이르기까지 다양한 호텔 브랜드를 운영하는 기업이다. 이 프랜차이즈가 국내외에 제공하는 숙박업소는 6,400개가 넘으며, 객실로는 50만 개가 넘는다.

초이스 호텔은 고객이 객실을 찾고 예약하는 것을 돕는 중앙예약시스템(central reservation system, CRS)으로 여행업자, 온라인 예약 웹사이트, 모바일 앱 사용자와 빈 객실을 연결한다. 이 시스템은 이면에서 본사의 수익관리 시스템이나 각 숙박업소의 프런트 데스크와도 연결되어 있다. 초이스에 CRS는 없으면 안 되는 심장 같은 것이다.

이 회사는 1980년대에 최신 관리기법과 IT 기술을 활용해 CRS를 개발했다. 그러나 20세기 상황에 맞게 설계된 유연성 없는 이 시스템은 IT 기술의 급속한 발전과 회사의 성장을 따라갈 수 없었다. 그러자 회사는 어쩔 수 없이 2014년 '초이스에지(choiceEDGE)'라는 프로젝트에 수백만 달러를 투자해 2017년까지 구형 시스템을 대체하기로 했다. 그러나 정보책임자(chief information officer, CIO) 토드 데이비스(Todd Davis)는 멀쩡히 운영 중인 시스템을 갑자기 정지시키고 새것으로 바꾸는 것이 너무 위험하다고 생각했다. 그렇다고 수년 동안 새 시스템을 개발한 후 일시에 교체하기도 곤란했다. 개발 기간 동안 이미 시대에 뒤떨어질 수도 있기 때문이다. 급변하는 기술과 비즈니스 세계 때문에 더 기다릴 수도 없었다. 관광업 경쟁자들이 같은 일을 하려고 수억 달러를 쓰고도 실패하는 것을 수없이 보아왔다.

그 대신 초이스 호텔의 고위경영진은 새로운 IT 개발 방식인 '애자일(Agile)'을 채택해 '프로젝트 속의 프로젝트'를 반복적으로 수행함으로써 업무 세부구조에 나타난 각각의 요구 사항을 완성하기로 했다. 결국 혼란 없이 회사 전체에 작업이 분산되었다. 이런 방식 덕분에 업무 단절을 최소화하고 종업원 교육 없이도 새로운 제도를 자연스럽게 시작할 수 있었다. 또한 바람직한 비즈니스 미래상을 구상한 후 몇 년씩 기다리지 않고 몇 달 만에 새 시스템의 이점을 누릴 수 있게 되었다.

초이스는 프로젝트의 범위와 목적을 정하던 초기 단계에 수천의 프랜차이즈 가맹점, 수십 개 비즈니스 파트너, 수백만 고객, 수천의 종업원 등 여러 이해관계자의 의견을 청취했다. 기술 부사장 브라이언 커클랜드(Brian Kirkland)는 전산 전문가 120명으로 구성된 프로젝트팀의 지휘를 맡았다. 처음부터 커클랜드는 팀원이 프로젝트 관리에 필요한 모든 도구를 사용하도록 했다. 예를 들어 IT 프로젝트 관리자 데니스 타워(Denise Tower)는 업무 세부구조와 간트 도표를 사용해 주경로를 찾았다. 커클랜드는 팀원과 함께 시스템의 기본 유통 엔진(모든 기능이 의존하는 기본 플랫폼)이 주경로임을 알아냈다. 어디서든 문제나 지연이 발생하면 후속작업의 지연과 프로그래머의 시간 낭비를 유발할 수 있다. 따라서 자원을 이동시켜 이 핵심 시스템이 정상을 찾고 주경로에서 벗어나게 했다. 그 후 자원을 되돌려 사업의 원래 성과를 달성하는 데 전념했고, 그러려면 프로젝트 진행 과정 내내 매주 진행하는 유통 엔진이 중요해졌다. 아침마다 '일일 점검회의'를 열어 진행 중인 작업을 점검하고, 확실한 이슈부터 우선 해결해 그 부분이 주경로가 되거나 일정이 지연되는 것을 막았다.

출처: Choice Hotels International, Inc.

오늘날 경쟁이 심한 관광업계에서 초이스에지는 수요에 맞추어 신속히 대응할 능력을 갖추었다. 시스템은 요금 조회, 빈방 검색, 예약 등 250만 건의 자료를 처리하고 있다. 아마존 웹서비스를 클라우드 저장장치로 쓰고 있다. 모바일 접속 요구가 많아지자 IT 부서가 즉각 대응하고 있다.

문제

1. 초이스에지 프로젝트의 위험관리 계획의 네 측면을 평가하라. 위 자료를 보고 초이스 호텔 프로젝트가 얼마나 위험한지 논의하라.
2. 온라인으로 '애자일' 정보시스템 개발과 스크럼 마스터(Scrum Master)의 역할을 조사하라. 선두 기업이 시스템 개발에 이러한 방식을 왜 사용한다고 생각하는가?
3. 여러분이 초이스에지의 프로젝트 총괄관리 책임자 데니스 타워라고 하자. 프로젝트를 관찰하고 통제해 범위, 예산, 일정을 제대로 관리하려면 무엇을 할 것인가?

9 예측

출처: Pio3/Shutterstock

스타벅스는 전 세계 모든 매장에서 빠르고 친절한 서비스를 제공하기 위해 노력한다.

스타벅스

화창한 가을날, 여러분은 점심시간에 근처 스타벅스 매장으로 향한다. 먼저 무엇을 먹을지 결정한다. 햄 앤드 스위스 치즈 파니니 또는 치폴레 치킨 랩 프로틴 박스 중 하나를 선택할 수 있다. 음료는 홀리 졸리 라테 또는 라즈베리 캐러멜 마키아토 중 하나를 선택한다. 결정을 한 후, 스마트폰으로 스타벅스 앱에 접속해 원하는 메뉴를 선택하고 결제한다. 매장에 도착하면 주문이 완료되어 있고 근처 공원 벤치에 앉아 점심을 먹으며 경치를 즐길 수 있다.

스타벅스 주문 뒤에서 어떤 일이 벌어졌을지 생각해보자. 주문에 필요한 재료가 모두 준비되어 있다. 음료 조합만 87,000개에 달한다는 점을 감안하면 대단하다! 또한 재료 준비는 전 세계 25,000개 이상의 매장에서 매주 9,000만 건 이상의 거래가 발생하는 스타벅스 공급사슬에는 매우 벅찬 일이다. 성공의 열쇠는 각 매장에서 제공하는 다양한 제품의 수요를 정확하게 예측하는 것이다. 스타벅스는 어떻게 예측을 할까? 답은 두 가지다. 각 거래에서 생성되는 많은 양의 자료와 그 자료를 사용해 단기 수요 패턴을 관리하면서 미래 수요를 예측하는 것이다. 스타벅스는 매주 9,000만 건의 거래에서 생성되는 자료를 통해 무엇을, 어디서, 어떻게 구매하는지를 파악하고, 미래 수요 패턴을 파악하는 데 이를 활용하고 있다. 또한 스타벅스 리워드 프로그램에 가입한 1,300만 명을 포함해 1,700만 명의 고객이 스타벅스 앱을 사용하고 있으며, 이들은 자신의 커피 구매 습관에 대한 정보를 수집할 수 있는 권한을 스타벅스에게 부여했다. 스타벅스는 집계된 정보를 개인 정보 및 기타 자료(지역 날씨, 판촉, 재고, 위치, 지역 행사)와 결합해 예측을 하므로 개인 맞춤형 서비스를 제공한다. 스타벅스는 앱 사용자의 평균 지출뿐만 아니라 월요일에는 보통 혼자가 아니며 음료나 특정 디저트에 더 많은 지출을 한다는 사실까지 파악할 수 있다. 따라서 스페셜 메뉴나 새로운 디저트는 다른 요일에 소개할 수 있다. 이런 식으로 수요 패턴을 관리해 단기간의 수요와 공급을 일치시킬 수 있다. 이러한 종류의 서비스는 고객 충성도를 높이고 예측 작업을 더 쉽게 만든다. 신뢰할 수 있는 고객인 스타벅스 리워드 프로그램 회원은 7,500만 고객의 약 18%에 불과하지만, 전체 매출의 36%를 차지하며 스타벅스는 이들의 소비 패턴에 대해 많은 것을 알고 있다.

출처: Eric Wilson, "How Starbucks Uses Predictive Analytics and Your Loyalty Card Data," Institute of Business Forecasting & Planning, May 29, 2018, https://demand-planning.com/2018/29/05/howstarbucks- uses-predictive-analytics-and-your-loyalty-card-data; Soumik Roy, "How Starbucks Uses Data and Insights to Win Big," TechHQ, September 4, 2018, https://techhq.com/2018/09/howstarbucksuses-data-and-insights-to-win-big/; Bernard Marr, "Starbucks: Using Big Data, Analytics and Artificial Intelligence to Boost Performance," Forbes, May 28, 2018, https://www.forbes.com/sites/bernardmarr/2018/05/28/starbucks-using-big-data-analytics-and-artificial-intelligence-to-boostperformance/2886ebef 65cd.

학습목표

9.1 경영자가 수요 패턴을 관리하는 방법을 설명한다.

9.2 예측에 중요한 의사결정 두 가지를 설명한다.

9.3 예측오차의 기본 척도 다섯 가지를 계산한다.

9.4 판단 예측기법 네 가지를 비교한다.

9.5 하나 이상의 독립변수를 가진 회귀분석으로 예측치를 계산한다.

9.6 일반적인 시계열분석법 다섯 가지를 사용해 예측치를 계산한다.

9.7 빅데이터와 인공지능을 활용한 예측 생성법을 설명한다.

9.8 예측 프로세스를 설명한다.

제2부는 제품/서비스의 수요를 예측하고 이러한 수요를 충족하기 위한 계획을 수립하는 방법을 설명한다. 다음 장에서는 예측된 수요를 충족하기 위해 재고를 관리하는 방법, 제품/서비스의 판매와 운영 계획을 세우는 방법, 그 계획에 맞추어 프로세스와 직원의 일정을 조정하는 방법, 세부 부품까지 자원의 생산일정을 계획하는 방법을 보여줄 것이다. 제품/서비스를 생산하는 데 필요한 모든 것을 직접 만들 수 있는 기업은 없으므로, 제3부는 여러 기업의 프로세스를 연결하는 공급사슬을 형성해 최종 수요를 적정한 재고로 충족하는 과정을 다룬다.

예측
계획 수립을 위해 미래의 사건을 예견하는 것

공급과 수요를 맞추는 것은 정확한 예측에서 시작된다. **예측**(forecast)은 계획을 세우기 위해 미래 사건을 예견하는 것이다. 반면 계획은 수요 예측에 잘 대응하기 위해 자원을 배분하는 방법을 정하는 과정이다. 예측기법은 과거 자료에 기반한 수학 모형과 경영자의 경험과 판단에 기반한 정성 모형이 있고, 때로 이 두 가지를 결합하기도 한다.

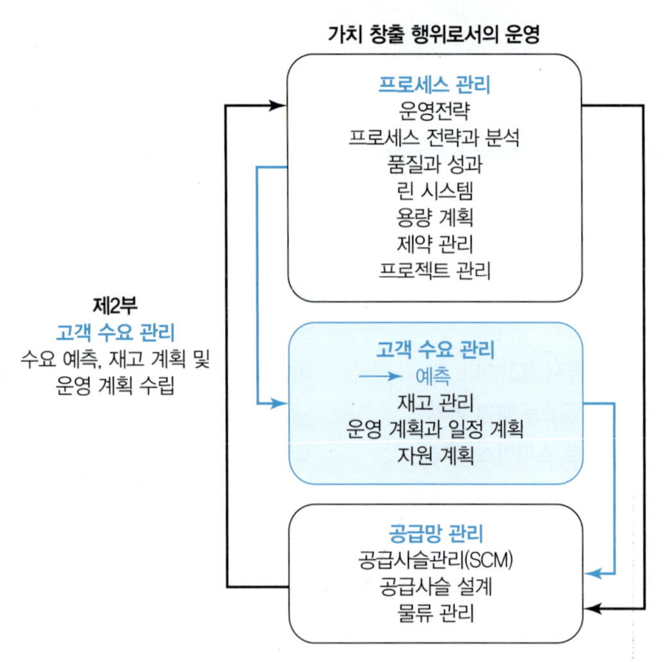

이 장은 수요 예측에 초점을 맞추고 있다. 먼저 수요 패턴의 여러 유형을 알아본다. 이어서 예측기법의 세 가지 기본 분류인 (1) 판단기법, (2) 인과 모형, (3) 시계열 기법을 살펴본다. 예측오차를 정의해 예측 개선에 중요한 단서를 제공한다. 다음으로 예측기법을 이해하고, 이 기법을 결합해 여러 곳에서 오는 정보를 통합하는 방법을 살펴본다. 마지막으로 휴대전화와 인터넷에서 얻은 방대한 자료를 활용하는 최신 예측 방법을 논의한 후, 전체 예측 프로세스와 예측 시스템의 설계도 살펴본다.

예측은 프로세스와 공급사슬의 관리에 유용하다. 공급사슬에서는 고객과 공급자를 조율하기 위해 예측이 필요하다. 프로세스에서는 병목 공정을 파악하고 해결을 포함해 조직 전반의 다양한 프로세스를 설계하기 위해 예측이 필요하다.

예상하다시피, 예측 프로세스는 여러 기능 조직과 관련되어 있다. 전체 수요 예측은 보통 마케팅 부서에서 수행하지만, 조직 내의 여러 부서도 예측치를 참고로 계획을 세우고 실행한다. 예측은 사업 계획, 연간 계획, 예산 수립에 중요한 입력 요소이다. 재무부서는 현금흐름과 투자소요액을 예상하기 위해 예측을 사용한다. 인적자원부서는 채용과 교육 수요를 예상하기 위해 예측을 사용한다. 마케팅부서는 외부 고객과 가장 가까이 있기 때문에 매출 예측 정보의 중요한 원천이다. 운영부서와 공급사슬 관리자는 생산량, 서비스 및 자재 구매, 인력 및 생산 일정, 재고, 장기 생산용량을 계획하기 위해 예측을 사용한다. 모든 직급의 관리자는 경쟁우선역량에 맞는 활동계획을 세우기 위해 미래 수요에 대한 예측을 필요로 한다.

수요 관리

9.1 경영자가 수요 패턴을 관리하는 방법을 설명한다.

수요 예측 도구와 기법을 알아보기 전에 고객 수요의 시기와 크기를 경영자가 조정할 수도 있음을 이해할 필요가 있다. 제품/서비스의 수요 변동폭이 크기 때문에 고객 수요를 정확하게 예측하는 것은 어렵다. 예를 들어 잔디용 비료의 수요가 봄과 여름에 증가한다는 것은 쉽게 예측할 수 있으나, 어느 주말에 수요가 급증할 것인지는 날씨와 같은 통제할 수 없는 요인 때문에 예측

그림 9.1 수요 패턴

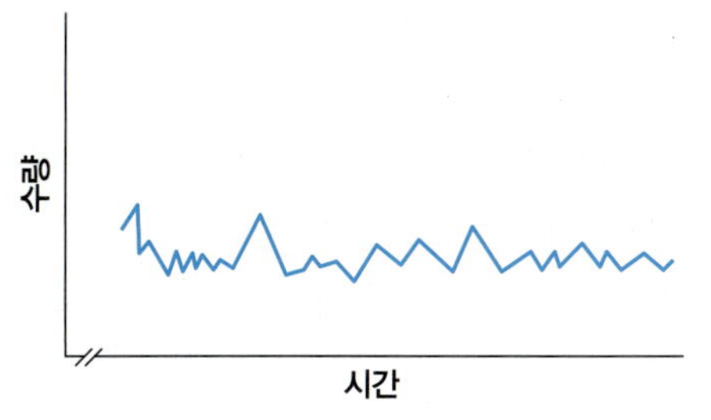

(a) 수평: 자료가 수평선 근처에 모여 있다.

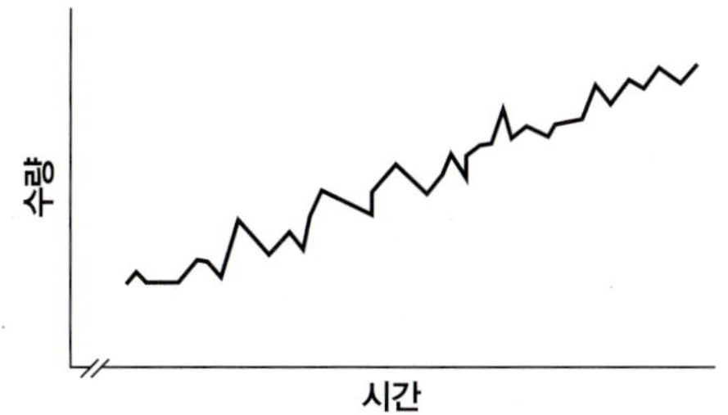

(b) 추세: 자료가 지속적으로 증가하거나 감소한다.

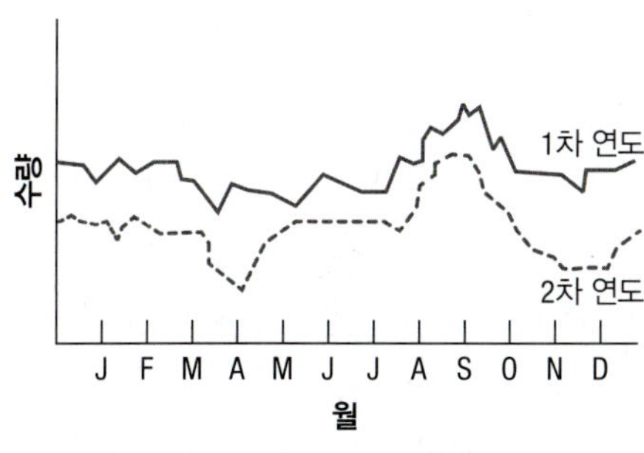

(c) 계절: 자료에 성수기와 비수기가 나타난다.

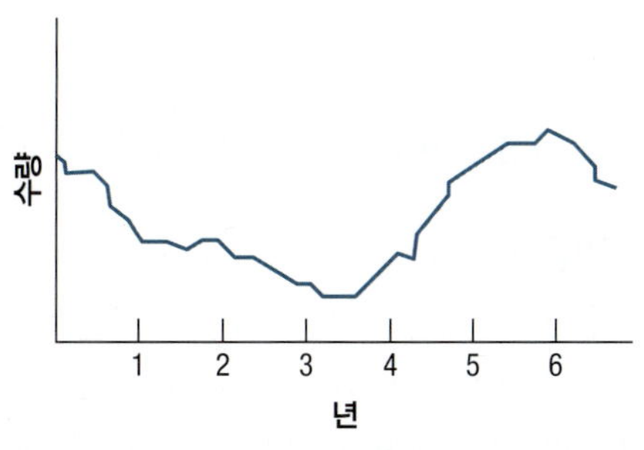

(d) 주기: 장기간에 걸쳐서 서서히 증가하거나 감소한다.

하기 어렵다. 이렇게 급변하는 수요는 예측이 되더라도 충족하기가 만만치 않다. 경영자가 급변하는 수요에 대응하려면 두 가지를 해야 한다. 첫째는 수요 패턴을 이해하는 것이고, 둘째는 변동을 완화하는 방법을 동원하는 것이다.

수요 패턴

수요를 예측하려면 주어진 정보의 기본 패턴을 찾아내야 한다. **시계열**(time series)은 제품/서비스의 수요를 발생 순서대로 관찰한 것이다. 수요 시계열의 다섯 가지 기본 패턴은 다음과 같다.

시계열
서비스나 제품의 수요를 발생 순서대로 관찰한 것

1. 수평 패턴: 평균을 중심으로 자료가 오르내리는 패턴
2. 추세 패턴: 시간이 지남에 따라 평균이 구조적으로 증가 또는 감소하는 패턴
3. 계절 패턴: 시간대별, 일간, 주간, 월간, 계절에 따라 반복적으로 증감하는 패턴
4. 주기 패턴: 장기간(1~10년)에 걸쳐 은근히 증감해 예측이 어려운 패턴
5. 확률 변동: 예측할 수 없는 수요의 변동

그림 9.1은 시계열 수요의 네 가지 패턴을 보여주며, 모두 확률 변동을 포함하고 있다. 주기 패턴은 두 가지 이유 때문에 발생한다. 첫째는 경기 주기인데, 이는 수년에 걸쳐 경제를 불황기에서 호황기로 변화시키는 경제 요인의 함수이다. 둘째는 제품/서비스의 수명 주기로, 이는 개발에서 쇠퇴까지의 수요 단계를 반영한다. 경기 주기에 따른 수요는 국내 또는 국제 사건의 영향을 받기 때문에 예측하기 어렵다.

수요의 네 가지 패턴(수평, 추세, 계절, 주기)은 다양하게 결합해 제품/서비스의 수요 패턴을 결정한다. 다섯 번째 패턴인 확률 변동은 우연히 발생하므로 예측할 수 없다. 따라서 확률 변동이 예측을 부정확하게 하는 근본 원인이다.

수요 관리 옵션

수요 패턴이 균일하지 않을 때 공급과 수요를 맞추는 것은 어려운 일이다. 월별, 주별, 심지어

시간대별로 수요가 바뀔 수 있다. 수요가 오르내리면 비용이 늘고 고객 서비스가 나빠진다. 뉴질랜드항공의 한 여객기는 빈 좌석으로 운행 중인데 비슷한 시간, 같은 노선, 같은 회사의 다른 여객기는 좌석이 모자라서 손님을 놓치고 있을 수도 있다. 수요를 균등하게 하지 못하면 판매 손실이 발생한다. 그렇지 않으면 여유 용량을 늘려야 하는데, 이는 추가 비용이 발생한다. 여기에서는 수요 옵션을 사용해 수요 패턴을 바꾸는 과정인 **수요 관리**(demand management)를 논의한다.

수요 관리
하나 이상의 수요 옵션을 사용해 수요 패턴을 바꾸는 과정

수요 관리 옵션에는 보완 제품, 판매촉진 가격, 사전 약정, 예약, 수익 관리, 주문 적체, 미납 주문, 재고 고갈이 있다. 이 장 첫 부분에 소개한 스타벅스는 다양한 위치의 매장에서 발생하는 수요를 관리하기 위해 리워드 회원에게 판매촉진 가격으로 보완 제품을 안내하고 있다. 경영자는 다음 옵션 중 하나 이상을 선택할 수 있다.

보완 제품

생산자원에 가해지는 부하를 균등화하는 수요 옵션으로 비슷한 자원을 활용하면서도 수요 주기가 다른 **보완 제품**(complementary products)이나 서비스를 생산하는 것이 있다. 예를 들어 유대인이 유월절에 먹는 무교병(matzoh ball) 생산은 계절성 사업이다. 연간 매출의 거의 절반이 유월절 8일 동안에 집중되어 있다. 해결책은 연중 내내 수요가 있는 저탄수화물, 저지방 음식인 통조림 수프와 크래커, 보르시, 케이크 믹스, 드레싱, 스프레드, 주스, 양념으로 사업을 확장하는 것이다.

보완 제품
비슷한 자원을 활용하면서도 수요 주기가 다른 제품이나 서비스

서비스업인 시청의 공원 관리/오락 부서는 여름에 집중되는 인력 소요에 균형을 맞추기 위해 겨울에 스케이트, 썰매, 실내 체육활동 서비스를 제공할 수 있다. 핵심은 기존 자원으로 생산할 수 있으면서도 연중 자원 소요를 고르게 할 수 있는 제품/서비스를 찾는 것이다.

판매촉진 가격

수요 창출 가격(creative pricing)으로 판촉 활동을 벌여 매출을 증가시키기도 한다. 예를 들어 자동차 할인 판매, 하절기 겨울 의류 가격 할인, 비수기 호텔 객실 할인, 타이어 반액 할인이 있다. 가격이 낮아지면 비수기에 신규 혹은 기존 고객의 수요가 늘어나거나 미래 수요가 앞당겨진다.

출처: Buzbuzzer/E+Getty Images
쇼핑몰의 한 매장에 판매 중인 다양한 겨울 남성복이 전시되어 있다.

사전 약정

서비스업체는 고객의 주문 처리 시기를 미리 정하기도 한다. 이 방식으로 수요를 평준화해 수요가 공급 용량을 넘지 않게 한다. 약정(appointment) 시스템은 고객에게 특정 서비스 시간을 정해준다. 이 방법의 장점은 적시 서비스 제공과 인력 이용률 제고이다.

의사, 치과의사, 변호사, 자동차 수리점은 약정 시스템을 사용하는 서비스업체의 예다. 의사는 하루 중 특정 시간에 환자를 진료할 수 있고, 변호사는 소송 준비할 시간을 따로 확보할 수 있다. 주의할 점은 일정한 시간 간격으로 고객을 배열만 하기보다는 고객별로 약정 시간의 길이도 조정해야 한다.

예약

예약(reservation) 시스템은 약정 시스템과 매우 유사하지만, 고

객이 서비스 관련 시설을 점유할 경우를 말한다. 예를 들어 호텔 객실, 자동차, 항공 좌석, 음악회 좌석의 예약이 있다. 예약 시스템의 가장 큰 장점은 서비스 관리자에게 리드타임을 주고 수요를 평준화한다는 점이다. 예약 불이행 고객에 대응하기 위해 초과 예약, 예약금, 위약금을 활용한다. 초과 예약으로 인해 예약한 고객이 서비스를 못 받는 경우도 있다. 이러한 경우 특별 보상을 제공하기도 한다. 항공사를 예로 들면 다음 비행기에 탑승뿐만 아니라 추가 무료 항공권을 주기도 한다.

수익 관리

서비스업체에서 가격정책과 예약 옵션을 적절히 섞은 것이 수익 관리이다. **수익 관리**(revenue management)는 기존 공급 용량으로 수익을 최대화하기 위해 고객 집단별로 적기에 가격을 변경하는 것이다. 효과적인 환경은 고객을 세분화할 수 있으며, 집단별로 가격을 달리할 수 있고, 고정비용은 높고 변동비용은 낮으며, 서비스 기간을 예측할 수 있고, 사용 못한 용량은 손실되는(perishable capacity라고 함) 경우이다. 항공사, 호텔, 유람선, 음식점(조조할인), 렌터카 등이 좋은 예다. 컴퓨터 예약 시스템은 수요 예측을 계속 갱신하면서 수요와 공급의 차이에 따라 가격을 조정할 수 있다. 항공 업계는 특정 항공편이 예상보다 잘 안 팔리면 가격을 낮추었다가 예약이 늘어나면 가격을 인상한다. 갑자기 업무 출장을 떠나는 고객은 높은 가격을 지불하는 반면, 휴가 여행을 위해 미리 예약하고 주말 내내 현지에 머무는 고객은 저렴한 가격을 지불한다. 사우스웨스트 항공은 'Business Select' 티켓 클래스를 신설해 높은 가격을 기꺼이 지불하는 단골 고객에게 특혜를 제공함으로써 고객을 세분화했다.

수익 관리
고객 집단별로 적기에 가격을 차별화해 고정된 용량으로 수익을 최대화하는 것

주문 적체

서비스업체의 약정이나 예약과 마찬가지로, **주문 적체**(backlog)는 제조업체가 미래에 인도하기로 약속한 고객 주문의 누적이다. 주문 적체가 사업 관행인 공급사슬상의 제조업체는 성수기에 주문 적체를 늘리고 비수기에 주문 적체를 다시 줄이기도 한다. 공급사슬의 전방에 있는 도소매업체와 달리 항공기 제조업체는 즉시 납품을 약속하지 않는다. 대신 주문 시점과 납품 시점 사이에 리드타임을 둔다. 예를 들어 자동차 부품 제조업체가 문고리 100개를 다음 화요일까지 배송하기로 자동차 수리점과 약속할 수 있다. 부품 제조업체는 이 납기를 활용해 생산 용량 한도 내에서 문고리 생산 계획을 세운다. 주문 적체를 흔히 사용하는(성수기에 적체량을 늘리는) 기업은 주문생산전략으로 맞춤형 제품을 생산하는 경우가 많다. 주문 적체는 미래 생산 소요량의 불확실성을 줄이고 수요를 평준화하는 데도 유용하다. 그러나 주문 적체가 너무 커지면 경쟁에서 불리해진다.

주문 적체
제조업체가 미래에 인도하기로 약속한 고객 주문을 쌓아둔 것

미납 주문과 재고 고갈

수요 관리의 최후 수단은 고객 서비스 수준을 낮추는 것으로, 미납 주문이나 재고 고갈이 있다. 주문 적체와의 차이를 설명하면, **미납 주문**(backorder)은 제때에 충족하지 못하고 나중에 늦게 충족되는 고객 주문이다. 미납 주문은 수요를 예측할 수 없거나 재고로 보유하기에는 비용이 너무 많이 드는 품목에서 잘 발생한다. 고객이 납기 지연을 좋아하지는 않겠지만 주문을 취소하지 않고 나중에 공급받는다. **재고 고갈**(stockout)은 주문을 충족할 수 없어 판매 손실이 발생하는 주문이다. 미납 주문은 다음 기간의 수요에 합해지지만 재고 고갈은 그렇지 않다. 미납 주문과 재고 고갈은 고객 불만족을 초래해 향후 거래처가 바뀌게 할 수도 있다. 일반적으로 미납 주문과 재고 고갈은 피해야 한다.

미납 주문
고객 주문 중에서 제때에 충족하지는 못하지만 늦게라도 충족해야 할 주문

재고 고갈
충족할 수 없어서 판매 기회 상실로 이어지는 주문

수요 옵션을 혼합해 사용할 수도 있다. 예를 들어 조명장비 제조업체의 제품이 몇 주 동안 2~3개만 판매되다가 다음 주에 갑자기 10,000개의 대량 주문이 들어왔다고 하자. 이유는 상업용 건물 관리자가 대형 사무용 건물의 조명을 바꾸려고 주문을 했기 때문이다. 그 결과 예측이 빗나갔고, 급증한 수요를 맞추기 위해 고비용 공급 옵션에 의존해야만 했다. 해결 방안으로 가격정책과 주문 적체를 같이 사용했다. 계약자에게 10,000개 이상을 5주 이상 미리 주문(주문 적체)하면 3% 할인(가격정책)을 해주겠다고 제안했다. 제조업체는 사전 예고로 생산 프로세스를 안정시키고 연간 수백만 달러를 절약할 수 있었다.

예측을 위한 사전 판단

9.2 예측에 중요한 의사결정 두 가지를 설명한다.

예측기법을 사용하려는 경영자는 (1) 예측 대상과 (2) 예측 대상별 예측기법을 결정해야 한다.

예측 대상 결정

개별 제품/서비스의 수요 예측이 필요한 경우에도 제품군의 총수요를 먼저 예측하고 개별 제품/서비스의 예측치를 도출하는 것이 더 쉬울 수 있다. 또한 적절한 측정 단위(제품 수량, 고객 수, 기계시간)를 선택하는 것도 최적의 예측기법을 선택하는 것만큼이나 중요하다.

제품 통합 수준

모든 제품/서비스의 연간 총수요를 묶어서 예측할 때는 5% 이상의 오차가 나는 경우는 거의 없다. 그러나 개별 제품의 단기간 예측 오차는 훨씬 커질 수 있다. 이 때문에 2단계 예측 시스템을 이용하는 기업이 많다. 1단계로 유사한 제품/서비스를 묶어서 제품/서비스군에 대한 예측을 한다. **통합**(aggregation)은 수요 특성이나 공정, 인력, 자재가 유사한 제품/서비스군으로 묶는 것을 말한다. 2단계로 재고 관리 단위(stock-keeping unit, SKU)라 하는 개별 품목에 대한 예측치를 도출한다. 재고 관리 단위(SKU)는 식별 코드가 있고 유통 센터와 같은 공급사슬상에 재고로 쌓여 있는 개별 품목이나 제품 단위이다.

통합
제품/서비스군에 대한 예측을 위해 유사한 제품/서비스를 묶는 행위

측정 단위

처음부터 화폐 단위로 예측하기보다 제품의 개수, 속달 소포의 수, 차량 수리 요청 건수와 같은 제품/서비스 단위로 시작하는 경우가 많다. 제품/서비스 단위에 단가를 곱하면 매출액을 예측할 수 있다. 제품/서비스 단위의 수요 예측이 어려운 경우, 주요 자원의 소요량인 표준 노동시간이나 기계시간으로 예측한다.

예측기법 유형 선택

다양한 예측기법이 있지만, 모든 품목과 상황에 항상 최적인 단일 기법은 없다. 예측의 목표는 수요 패턴에 적합한 기법을 사용해 가용한 정보로 유용한 예측을 하는 것이다. 예측기법을 크게 두 가지로 분류하면 판단기법과 정량기법이 있다. **판단기법**(judgement method)은 경영자 의견, 전문가 의견, 시장조사, 판매원 예상치 등을 수치로 변환하는 방법이다. 정량기법에는 인과모형, 시계열분석, 회귀분석을 이용한 추세 예측이 있다. **인과모형**(causal method)은 판촉 활동, 경제 상황, 경쟁사 행동와 같은 독립변수의 과거 자료를 이용해 수요를 예측한다. **시계열분**

판단기법
경영자 판단, 경제 상황, 경쟁자 행동 등 독립변수의 과거 자료를 이용해 수요를 예측하는 정량적 예측기법

인과모형
판촉 활동, 경제 상황, 경쟁자 행동 등 독립변수의 과거 자료를 이용해 수요를 예측하는 정량적 예측기법

시계열분석
과거 실적치에 의거하여 미래 수용의 크기, 성장 추세, 계절적 패턴을 예측하는 통계 기법

경영 과제 정보 기술

크레이머 헬스 클리닉(Kramer Health Clinic, KHC)은 대도시 인구 100만 명을 위한 병원 시스템이다. KHC는 응급실 서비스부터 심혈관 수술, 중증 호흡기 질환에 대한 장기 치료 서비스를 제공한다. 수요의 불확실성으로 인해 클리닉의 인력 배치 작업은 쉽지 않다. KHC의 인사 책임자인 실비아 창(Sylvia Chang)은 여러 의료 서비스의 예측치를 이용해 KHC와 계약한 직원(간호사, 간호조무사, 음식 서비스 및 시설 관리, 수술실 기술자, 의료 기술자)의 일정을 계획한다. 최근 일부 의료 서비스에서는 인력 배치가 수요를 충족하지 못했다. 예측에 사용해 온 소프트웨어는 수년 전에 개발된 것으로, 철저한 검토가 필요했다. 최근 실비아의 감독으로 정보 기술을 전공한 켄 휘트콤(Ken Whitcomb)을 채용했다. 켄의 첫 번째 임무는 예측 시스템을 검토하고 권장 사항을 제시하는 것이다.

켄이 발견한 사실은 의료 서비스마다 고유한 수요 패턴이 있고 이를 소프트웨어의 예측이 고려하지 않는다는 것이다. 예측오차는 어느 정도인가? 측정 단위는 올바른가? 각 예측에 어떤 기법(판단, 인과, 시계열, 추세 예측)이 사용되고 있으며, 기법은 특정 수요 패턴에 적합한가? 켄은 각 서비스마다 다른 예측기법을 추천할 예정이다. 각 기법을 선택할 때 어떤 기준을 사용해야 할까? 일부 예측에 대해서는 향후 몇 년 동안의 예상 인구, KHC의 시장 점유율, 타 지역에서의 수요를 고려한 인공지능과 빅데이터와 같은 완전히 새로운 접근 방식을 권장해야 할까? 실비아와 KHC가 사용하는 예측 프로세스는 무엇인가? 특히, 최종 장기 예측에 도달하기 위해 어떤 단계를 거치는가? 이 장의 나머지 내용은 켄이 과제를 수행하는 데 도움이 될 것이다.

석(time-series analysis)은 과거 수요 자료에 의거해 미래 수요의 크기, 성장 추세, 계절 패턴을 예측하는 통계 기법이다. **회귀분석을 이용한 추세 예측**(trend projection with regression)은 시계열분석과 인과모형의 혼합이다. 다음 '경영 과제'에서 알 수 있듯이, 정보 기술 분야 전문가의 도움을 받아 최선의 예측기법을 선택할 수 있다.

회귀분석을 이용한 추세 예측
시계열분석과 인과모형을 혼합한 예측기법

예측오차

9.3 예측오차의 기본 척도 다섯 가지를 계산한다.

모든 예측기법의 정확성을 측정하는 것은 중요하다. 예측에는 항상 오차가 있기 마련이다. 확률 오차는 예측할 수 없는 요인으로 예측오차의 원인이다. 예측 분석가는 예측모형을 잘 선택해 오차를 줄이고 싶어 하지만, 오차를 완전히 제거할 수는 없다.

예측오차(forecast error)는 기간 t의 실제 수요에서 예측치를 뺀 차이로, 다음과 같다.

예측오차
어떤 기의 실제 수요에서 예측치를 뺀 차이

$$E_t = D_t - F_t$$

E_t = 기간 t의 예측오차
D_t = 기간 t의 실제 수요
F_t = 기간 t의 예측치

이 등식(알파벳 순서대로 D_t가 F_t보다 앞임을 유의)은 긴 기간에 대한 예측의 오차 척도를 만드는 시작점이 된다.

예측오차의 기본 척도에는 CFE, MSE, σ, MAD, MAPE가 있다. 그림 9.2는 윈도우용 POM의 Error Analysis를 이용한 결과물이다. (a)는 실제 수요와 예측치를 비교한 그림이고, (b)는 오차 계산 과정을 상세히 보여주며, (c)는 예측오차 척도의 계산 결과를 요약한 것이다.

논의를 위해 그림 9.2(a)의 실제와 예측 수요 그래프를 보자.

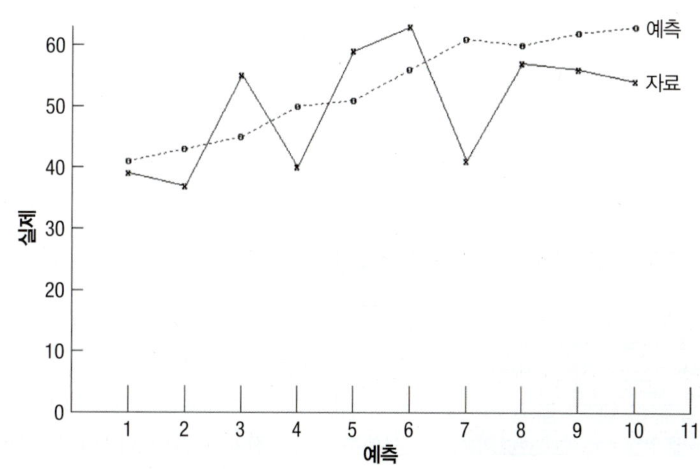

그림 9.2(a) 윈도우용 POM의 Error Analysis를 이용한 실제와 예측 수요 그래프

그림 9.2(b) 예측오차의 상세 계산

	Actual	Forecast	Error	|Error|	Error^2	|Pct Error|
Past period 1	39	41	-2	2	4	5.128%
Past period 2	37	43	-6	6	36	16.216%
Past period 3	55	45	10	10	100	18.182%
Past period 4	40	50	-10	10	100	25%
Past period 5	59	51	8	8	64	13.559%
Past period 6	63	56	7	7	49	11.111%
Past period 7	41	61	-20	20	400	48.78%
Past period 8	57	60	-3	3	9	5.263%
Past period 9	56	62	-6	6	36	10.714%
Past period 10	54	63	-9	9	81	16.667%
TOTALS	501		-31	81	879	170.621%
AVERAGE	50.1		-3.1	8.1	87.9	17.062%
Next period forecast		0	(Bias)	(MAD)	(MSE)	(MAPE)
				Std err	9.883	

누적 예측오차

누적 예측오차
예측오차의 합계로서 예측의 편의(bias)를 측정하는 지표

누적 예측오차(cumulative sum of forecast errors, CFE)는 예측오차의 합계이다.

$$\text{CFE} = \Sigma E_t$$

CFE는 누적 합계 값이다. 그림 9.2(b)는 기간 10 동안의 오차 합계를 보여준다. 주어진 대상 기간 동안의 오차 합계이다. 기간 2까지의 CFE는 −8(즉 −2 − 6)이다. CFE는 편의 오차(bias error)라고도 하며, 예측이 항상 너무 높거나 낮을 경우 발생한다. 이러한 오차는 보통 계획 수립에 큰 혼란을 야기한다. 예를 들어 예측이 실제 수요보다 계속 낮으면 CFE 값은 끝없이 커질 것이다. 이렇게 CFE가 계속 증가하면 예측기법에 구조적 결함이 있음을 나타낸다. **평균 편의**(mean bias)라고도 하는 평균 예측오차는 다음과 같다.

$$\bar{E} = \frac{\text{CFE}}{n}$$

예측오차의 산포도

평균 제곱오차
예측오차의 제곱의 평균으로 예측오차의 산포도를 나타내는 지표

오차의 표준편차
예측오차의 표준편차로 예측오차의 산포도를 나타내는 지표

평균 절대편차
예측오차의 절댓값의 평균으로 예측오차의 산포도를 나타내는 지표

평균 제곱오차(mean squared error, MSE), **오차의 표준편차**(standard deviation of the errors, σ), **평균 절대편차**(mean absolute deviation, MAD)는 추세, 계절, 주기, 확률 영향에 대한 예측오차의 삽포도를 측정한다.

$$\text{MSE} = \frac{\Sigma E_t^2}{n}$$

$$\sigma = \sqrt{\frac{\Sigma(E_t - \bar{E})^2}{n-1}}$$

$$\text{MAD} = \frac{\Sigma|E_t|}{n}$$

Measure	Value
Error Measures	
CFE (Cumulative Forecast Error)	-31
MAD (Mean Absolute Deviation)	8.1
MSE (Mean Squared Error)	87.9
Standard Deviation of Errors	9.883
MAPE (Mean Absolute Percent Error)	17.062%

그림 9.2(c) 오차 척도

출처: Howard J. Weiss, POM for Windows, Pearson Prentice Hall.

그림 9.2(b)에서 기간 1의 제곱오차는 4이고, 전체 기간의 MSE는 87.9이다. 그림 9.2(b)에서 오차의 표준편차는 9.327이고 엑셀 함수를 사용해 계산한 것이다. 기간 2의 절대오차는 6이고, 전체 기간의 MAD는 8.1이다.

수학 기호 ‖는 절대치를 나타낸다. 즉 값의 부호가 양인지 음인지 무시한다. MSE, σ, MAD가 작으면 예측이 정확하고, 크면 예측오차가 클 가능성이 있다. 척도마다 오차를 감안하는 방

식이 다르다. MSE와 σ는 오차를 제곱하기 때문에 큰 오차 값의 비중이 커진다. MAD는 예측 오차를 측정하는 데 많이 사용되고 이해하기 쉽다. 대상 기간 동안 절대치를 단순히 평균한 것으로, 오차가 음수인지 양수인지는 무시한다.

평균절대 백분율오차

평균절대 백분율오차(mean absolute percent error, MAPE)는 수요 크기에 대한 상대적 예측 오차를 측정하며, 예측 성과의 적절성을 측정하기 좋다.

평균절대 백분율오차
수요의 크기에 대한 상대적 예측오차를 측정하는 지표로서, 예측의 적절성을 측정하기 좋음

$$\text{MAPE} = \frac{(\Sigma|E_t|/D_t)(100)}{n} \text{ (단위는 \%)}$$

예를 들어 절대 예측오차가 같더라도 수요가 10,000단위일 때보다 수요가 200단위일 때 오차가 더 커진다. MAPE는 서로 다른 품목(SKU)의 시계열자료를 비교할 때 유용한 척도이다. 그림 9.2(b)에서 기간 2의 백분율오차는 16.216%이고 전체 주기의 평균인 MAPE는 17.062%이다.

그림 9.2(c)는 전체 기간 10의 주요 오차 척도를 요약한 것이다. 이 척도는 그림 9.2(b)에서도 찾을 수 있다. 예를 들어 그림 9.2(b)의 Error열 TOTALS 행에 CFE 값 −31이 있다. |Error| 열 AVERAGE 행에 MAD 값 8.1이 있다. |Pct Error| 열 AVERAGE 행에 MAPE 값 17.062%가 있다.

예측오차 계산

예제 9.1

다음 표는 장식용 의자의 지난 8개월간 실제 판매량과 예측치를 보여준다. CFE, MSE, σ, MAD, MAPE를 계산하라.

월 t	수요 D_t	예측치 F_t	오차 E_t	제곱오차 F_t^2	절대오차 $\lvert E_t\rvert$	절대 백분율오차 $(\lvert E_t\rvert/D_t)(100)$
1	200	225	−25	625	25	12.5%
2	240	220	20	400	20	8.3
3	300	285	15	225	15	5.0
4	270	290	−20	400	20	7.4
5	230	250	−20	400	20	8.7
6	260	240	20	400	20	7.7
7	210	250	−40	1,600	40	19.0
8	275	240	35	1,255	35	12.7
		합계	215	5,275	195	81.3%

풀이

각 척도의 공식을 사용하면 누적 예측오차(편의)는 다음과 같다.

$$\text{CFE} = -15 \text{(편의 또는 전체 기간에 대한 오차 합)}$$

평균 예측오차(평균 편의):

$$\bar{E} = \frac{\text{CFE}}{n} = \frac{-15}{8} = -1.875$$

평균 제곱오차:

$$\text{MSE} = \frac{\sum E_t^2}{n} = \frac{5,275}{8} = 659.4$$

오차의 표준편차:

$$\sigma = \sqrt{\frac{\sum[E_t - (-1.875)]^2}{7}} = 27.4$$

평균 절대오차:

$$\text{MAD} = \frac{\sum|E_t|}{n} = \frac{195}{8} = 24.4$$

평균절대 백분율오차:

$$\text{MAPE} = \frac{[\sum|E_t|/D_t]100}{n} = \frac{81.3\%}{8} = 10.2\%$$

CFE가 −15이므로 예측치가 수요를 과대 추정하는 경향이 있다. MSE, σ, MAD는 예측오차의 변동폭을 보여준다. MAD가 24.4라는 것은 평균 예측오차가 절대치로 24.4임을 의미한다. σ값 27.4는 예측오차의 표준편차가 27.4임을 나타낸다. MAPE가 10.2%라는 것은 오차가 평균적으로 실제 수요의 10% 정도라는 것이다. 이러한 측정값은 자료의 수가 증가할수록 신뢰도가 높아진다.

의사결정 요점

예측치 성과가 상당히 만족스럽지만, 분석팀은 몇 가지 예측기법을 더 시험해보고 최종 예측기법을 결정하기로 했다.

컴퓨터 지원

예측모형이 과거 자료와 얼마나 잘 맞는지 평가할 때 OM Explorer 또는 윈도우용 POM과 같은 컴퓨터 소프트웨어를 사용하면 오차를 쉽게 계산할 수 있다. 오차는 과거 자료(히스토리 파일이라고도 함)에 적용해보면 된다. 여러 가지 예측오차 척도를 과거 자료에 대해 계산하면 여러 예측기법을 평가할 수 있다. 예측기법을 선택했다면 그 기법으로 미래 예측치를 계산한다.

판단기법

9.4 판단 예측기법 네 가지를 비교한다.

정량 예측기법은 히스토리 파일이라는 과거 자료가 있어야 한다. 그러나 신제품이 출시되거나 기술의 변화가 예상되는 경우 히스토리 파일이 없다. 특별한 사건이 과거 자료에 영향을 주었거나 향후 발생할 것으로 예상되는 경우 히스토리 파일이 있어도 유용성이 떨어진다. 이러한 경우 이 장의 뒷부분에서 인공지능을 활용한 예측법을 설명하겠다. 그러나 인공지능 도입을 위한 첨단 기술이 없는 경우, 판단기법이 유일한 예측 방법이다. 판단기법으로 정량기법이 만든 예측치를 수정할 수도 있다. 또한 정량기법 중에서 최근 예측 성과가 좋은 것을 골라낼 수 있다. 수정자가 중요한 상황 지식을 가지고 있을 때 예측치 수정은 긴요해진다. 상황 지식(contextual knowledge)이란 실무자가 경험을 통해 습득한 지식으로, 예측하려는 값에 영향을 주는 인과 관계, 환경 단서, 조직 정보를 포함한다. 판촉 활동이나 국제정세 변화의 예외 상황에도 예측을 수정할 수 있다. 정량기법을 사용하기 전에 과거 자료에서 일회성 특별 사건의 영향을 제거하는 데도 판단기법을 사용할 수 있다. 효과적인 판단기법 다섯 가지로 (1) 판매원 추정법, (2) 경영자 의견, (3) 시장조사, (4) 델파이법, (5) 시나리오 예측이 있다.

판매원 추정법(salesforce estimate)은 판매원이 주기적으로 작성한 수요 추정치를 집계한 예측기법이다. 판매원은 가까운 미래에 어떤 제품/서비스가 얼마만큼 팔릴 것인지 가장 잘 아는 집단이다. 개별 판매원의 예측치를 집계하면 지역별 또는 국가별 판매 예측치를 쉽게 계산할 수 있다. 그러나 판매원의 개인 편견이 예측을 망칠 수도 있다. 천성적으로 낙관적인 사람도 있고 비관적인 사람도 있기 때문이다. 이러한 개인 편견을 줄이려고 예측치를 수정하기도 한다.

판매원 추정법
판매원이 주기적으로 작성한 수요 추정치를 집계해 예측하는 방식

경영자 의견(executive opinion)은 경영자 집단이나 고객의 의견, 경험, 기술 지식을 종합해 예측치를 얻는 예측기법이다. 판단기법에 감안하는 모든 요인을 경영자 의견에도 감안한다. 경영자 의견은 **기술 예측**(technological forecasting)에도 사용한다. 기술 변화의 속도가 빠르기 때문에 최신 기술을 따라가기가 어려워졌다.

경영자 의견
경영자 집단이나 고객의 의견, 경험, 기술 지식을 집약해 예측치를 얻는 예측기법

기술 예측
경영자 의견을 응용해 최신 기술 진보를 따라가는 것

시장 조사(market research)는 외부 고객의 제품/서비스에 대한 관심을 파악하기 위해 설문 자료를 통해 체계적으로 가설을 세우고 검증하는 방법이다. 시장 조사는 설문지를 설계하고, 설문하는 방법을 결정하고, 설문 대상 표본을 선택하고, 응답을 해석하기 위해 판단과 통계 기법을 이용한 정보 분석이 포함된다. 시장조사가 중요한 정보를 주지만, 엄격한 절차로 결과를 잘 해석해야 의미가 있다.

시장 조사
체계적으로 외부 고객의 관심사에 대한 가설을 만들고 설문자료 등으로 검증하는 방법

델파이법(Delphi method)은 전문가 집단의 합의를 익명으로 도출하는 과정이다. 이 방법은 통계모형을 개발할 수 있는 과거 자료가 없거나 경영자가 경험이 없어서 예측의 근거가 없을 때 사용한다. 예측 담당자는 외부 전문가에게 설문을 보내되, 누가 참여하는지는 비밀로 한다. 담당자는 응답에 대한 논거를 정리하고 통계 요약해 보고서를 작성한다. 이 보고서를 다시 전문가에게 보내 응답을 수정하게 한다. 이런 과정은 합의가 이루어질 때까지 반복된다.

델파이법
전문가 집단의 합의를 익명으로 도출하는 과정

시나리오 예측(scenario forecasting)은 그럴듯한 시나리오상에서 예측을 하는 판단기법이다. 앞으로 발생할 결과를 예측하는 델파이법과 달리, 각각의 시나리오 예측은 발생할 확률이 낮을 수 있다. 많은 예측치를 생성할 수 있으며, 각 예측치는 여러 요인의 영향과 요인 간의 상호작용을 고려한다. 여러 예측을 검토한 후 많은 경우에 '최선', '중간', '최악'으로 간주되는 예측치를 선택한다. 예측은 의사결정의 결과에 영향을 줄 수 있으므로 예측치를 반드시 검토한다. 의사결정자는 시나리오를 만드는 데 참여하기도 한다.[1]

시나리오 예측
그럴듯한 시나리오상에서 예측을 하는 판단기법

인과모형: 선형회귀법

9.5 하나 이상의 독립변수를 가진 회귀분석으로 예측치를 계산한다.

인과모형이 유용한 경우는 과거 자료를 이용할 수 있고, 예측하려는 변수와 내외부 영향 요인(정부 정책 또는 광고 판촉)의 관계를 알 수 있을 때다. 이러한 관계는 복잡한 수식으로 표현된

1 Rob J. Hyndman and George Athanasopoulos, *Forecasting: Principles and Practice*, 3rd ed., http://OTexts.com/fpp3 (May 31, 2021).

다. 인과모형은 수요 변화 시점 예측과 장기 예측에 유용하다. 여기서는 인과모형 중에서 가장 유명하고 많이 사용되는 선형회귀법에 초점을 맞춘다.

선형회귀법
종속변수를 독립변수들의 선형함수로 표현하는 인과형 기법

종속변수
예측하고 싶어 하는 변수

독립변수
종속변수에 영향을 주는 변수로, 과거 자료에서도 결과에 영향을 주었다고 가정하는 변수

선형회귀법(linear regression)은 하나의 종속변수를 하나 이상의 독립변수의 선형 함수로 표현한다. **종속변수**(dependent variable, 예: 경첩의 수요)는 경영자가 예측하고자 하는 변수이다. **독립변수**(independent variable, 예: 광고비 지출, 주택단지 신설)는 종속변수에 영향을 주는 변수인데, 과거 자료에서도 영향을 주었을 것으로 가정한다. 그림 9.3은 선형회귀선이 과거 자료와 어떤 관계인지 보여준다. 이론적으로 회귀선 결정 규칙은 실제 자료의 제곱 편차를 최소화하는 것이다.

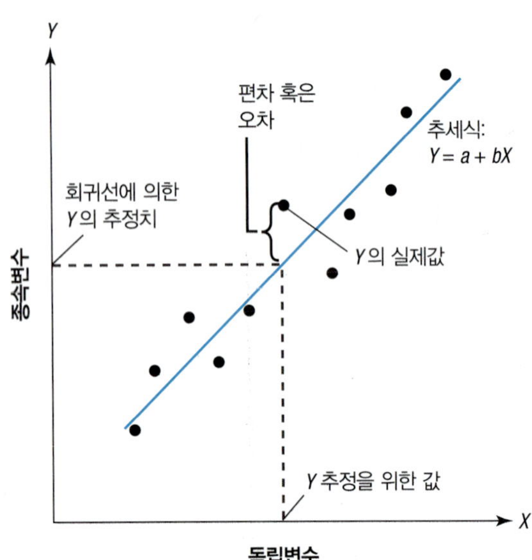

그림 9.3 실제 수요와 선형회귀선의 관계

가장 단순한 선형회귀모형은 독립변수 하나로만 종속변수를 표현하는데, 변수 간 이론적 관계는 직선이다.

$$Y = a + bX$$

Y = 종속변수
X = 독립변수
a = Y 절편
b = 직선의 기울기

선형회귀분석의 목적은 실제 자료 값과 회귀선 간의 편차를 제곱한 값의 합을 최소화하는 a값과 b값을 찾는 것이다. 이 계산은 컴퓨터 프로그램으로 할 수 있다. X와 Y를 짝지은 관찰 값을 입력하면 프로그램이 a와 b의 값을 계산하고 예측정확성 지표도 제공한다. 흔히 쓰이는 예측정확성 지표는 (1) 표본상관계수, (2) 표본결정계수, (3) 추정치의 표준오차이다.

표본상관계수(sample correlation coefficient, r)는 독립변수와 종속변수 간 인과관계의 방향과 강도를 측정한다. r값은 -1과 1 사이이다. 상관계수가 1이면 종속변수가 항상 독립변수와 같은 방향으로 변화(증감)함을 의미한다. r값이 -1이면 독립변수가 감소하면 항상 종속변수가 증가한다(반대 방향도 마찬가지). r값이 0이면 두 변수 간에 선형 관계가 존재하지 않음을 말한다. r값이 ± 1에 가까울수록 회귀식이 자료 값을 잘 설명한다는 뜻이다.

표본결정계수(sample coefficient of determination)는 종속변수의 변동 중 회귀선으로 설명할 수 있는 변동의 비율을 의미한다. 결정계수는 상관계수의 제곱인 r^2이다. r^2의 값은 0과 1 사이이다. r^2 값이 1에 가까울수록 회귀식이 잘 맞는다는 뜻이다.

추정치의 표준오차(standard error of the estimate, S_{xy})는 종속변수의 값이 회귀선 주위에 얼마나 가깝게 뭉쳐 있는지를 측정한다. 표본표준편차와 비슷하지만, 종속변수 Y값과 평균과의 오차를 측정한 것이 아니고, 회귀선까지의 오차를 측정한다. 따라서 회귀식에 의한 추정치와 실제 자료 값 사이의 표준편차이다.

예제 9.2 선형회귀를 이용한 제품 수요 예측

공급사슬 관리자는 경첩 수요를 잘 예측하는 방법을 찾고 있는데, 수요가 광고비와 관계가 있다고 생각한다. 다음 표는 지난 5개월간 판매량과 광고비이다.

월	판매량(1,000개)	광고비(1,000달러)
1	264	2.5
2	116	1.3
3	165	1.4
4	101	1.0
5	209	2.0

온라인 자료

Active Model 9.1은 y 절편과 기울기 값의 변화 결과를 보여준다.

다음 달에는 광고비를 1,750달러 지출할 예정이다. 선형회귀를 사용해 방정식을 세우고 수요를 예측하라.

풀이

윈도우용 POM으로 a, b, 상관계수, 결정계수, 추정치의 표준오차를 계산한다.

$$a = -8.135$$
$$b = 109.229$$
$$r = 0.980$$
$$r^2 = 0.960$$
$$S_{yx} = 15.603$$
$$MSE = 146.07$$

회귀식은 $Y = -8.135 + 109.229X$이고, 회귀선은 그림 9.4에 있다. 표본상관계수(r)는 0.98로 1에 가까우므로 판매량과 광고비 사이에는 강한 양의 상관관계가 있다. 표본결정계수(r^2)에 의하면 판매량 변동의 96%가 광고비로 설명됨을 알 수 있다.

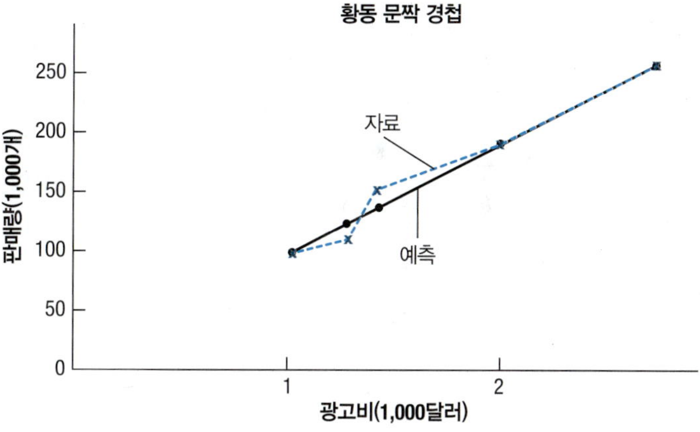

그림 9.4 윈도우용 POM을 사용해 도출한 판매량 및 광고비 자료에 대한 선형회귀선

의사결정 요점

공급사슬 관리자는 이 회귀모형을 이용해 6월의 생산계획을 수립하려 한다. 광고비가 1,750달러이므로 판매 예측치는 $Y = -8.135 + 109.229(1.75) = 183{,}016$개이다.

종속변수에 영향을 주는 독립변수가 여러 개일 수도 있다. 예를 들어 광고비, 창업기업 수, 주택건설량 모두 경첩 판매량에 영향을 줄 수 있다. 이러한 경우에는 종속변수를 독립변수 여러 개의 함수로 표현하는 다중회귀분석(multiple regression analysis)을 사용한다. 이 모형은 윈도우용 POM 또는 OM Explorer를 이용해 구할 수 있고 수요 변화 시점 예측과 다양한 계획 수립에 매우 유용하다.

시계열 기법

9.6 일반적인 시계열분석법 다섯 가지를 사용해 예측치를 계산한다.

시계열 기법은 회귀분석과 달리 독립변수를 사용하지 않고 종속변수의 과거 자료만을 사용한다. 이 방법은 종속변수의 과거 패턴이 미래에도 계속될 것이라는 가정을 기반으로 한다. 시계열분석은 과거 수요 관찰치에 나타난 패턴을 찾아서 과거 수요 패턴을 재생산하는 모형을 개발한다. 여기서는 수평, 추세, 계절 패턴을 다루는 통계 시계열 기법 다섯 가지(단순이동평균, 가중이동평균, 지수평활, 회귀분석을 이용한 추세 예측, 승법 계절모형)를 다룬다. 통계 시계열 기법을 논의하기 전에 아무 수요 패턴에나 적용할 수 있는 단순한 시계열 모형(초보 방법)을 살펴보자.

초보 방법

초보 방법
다음 기간 수요가 이번 기간 수요량과 같다고 예측하는 시계열 기법

실무에서 자주 사용하는 **초보 방법**(naïve forecast)은 다음 기간 수요(F_{t+1})가 이번 기간 수요(D_t)와 같다고 예측하는 것이다. 수요일의 실제 수요가 35명이었으면 목요일의 수요는 35명이라고 예측한다. 이름과 달리, 초보 방법이 실제로 좋은 성과를 거두기도 한다.

초보 방법에 추세도 감안할 수 있다. 지난 두 기간 동안의 수요 증감량을 이번 기간의 수요량에 더해 다음 기간의 예측치를 구한다. 이번 주 수요가 120이고 전 주의 수요가 108이었다면, 수요가 한 주에 12 증가하므로 다음 주 예측치는 120 + 12 = 132가 된다. 초보 방법은 계절 패턴도 감안할 수 있다. 작년 7월의 수요가 50,000이었고 연도별 증감이 없다는 가정하에, 올해 7월의 예측치는 50,000이 된다. 이 방법은 수평, 추세, 계절 패턴이 안정적이고 확률오차가 작을 때 효과적이다.

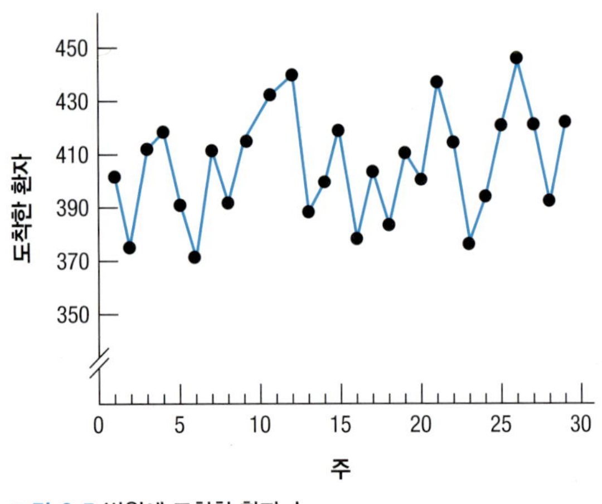

그림 9.5 병원에 도착한 환자 수

수평 패턴: 평균치 추정

뚜렷한 추세, 계절, 주기 패턴이 없는 시계열 예측의 통계 기법부터 소개하겠다. 시계열의 수평 패턴은 수요의 평균을 기준으로 하므로 시계열 자료의 평균을 추정하는 기법을 소개한다. 미래 기간의 수요 예측치는 현재 계산한 시계열 자료의 평균이다. 예를 들어 화요일에 계산한 과거 수요의 평균이 65라면 수요일, 목요일, 금요일의 예측치는 모두 65이다.

그림 9.5는 지난 28주 동안 병원에 도착한 환자 수이다. 시계열 자료에 수평, 확률 패턴만 있다고 가정하면 단순히 자료의 평균만 구하는 것도 괜찮은 예측기법이다. 그러나 추세, 계절, 주기 패턴이 있다면 이 방법을 적용할 수 없다. 시계열 자료의 평균을 추정하는 통계 기법으로는 (1) 단순이동평균법, (2) 가중이동평균법, (3) 지수평활법이 있다.

단순이동평균법

단순이동평균법
최근 n기간의 평균수요를 예측치로 이용하는 시계열 기법

단순이동평균법(simple moving average method)은 최근 n기간의 평균 수요를 계산해 미래 예측치로 사용한다. 다음 기간의 수요가 알려지면 가장 오래된 수요를 새로운 수요로 대체하고 평균을 다시 계산한다. 이러한 방식으로 최근 n기간의 수요를 사용하므로 평균이 매 기간 '이동'한다.

기간 t말(기간 t의 실제 수요가 알려진 후)에 기간 $t + 1$에 대한 예측은 다음과 같다.

$$F_{t+1} = \frac{\text{최근 } n\text{기간 수요의 합}}{n} = \frac{D_t + D_{t-1} + D_{t-2} + \cdots + D_{t-n+1}}{n}$$

D_t = 기간 t의 실제 수요
n = 대상 기간의 수
F_{t+1} = 기간 $t + 1$의 예측치

이동평균법을 이용한 평균치 추정

예제 9.3

온라인 자료

Active Model 9.2는 그림 9.5에서 n값의 변화 결과를 보여준다.

OM Explorer의 Tutor 9.1은 이동평균법을 연습할 수 있는 또 다른 예제를 제공한다.

a. 3주 이동평균법으로 4주의 환자 수를 예측하라. 지난 3주 동안의 환자 수는 다음과 같다.

주	환자 수
1	400
2	380
3	411

b. 4주에 실제 환자 수가 415명이라면 4주의 예측오차는 얼마인가?

c. 5주의 예측치는 얼마인가?

풀이

a. 3주 말의 이동평균은 다음과 같다.

$$F_4 = \frac{411 + 380 + 400}{3} = 397.0$$

b. 4주의 예측오차는 다음과 같다.

$$E_4 = D_4 - F_4 = 415 - 397 = 18$$

c. 5주의 예측에는 최근 3주 자료인 2~4주의 실제 환자 수가 필요하다.

$$F_5 = \frac{415 + 411 + 380}{3} = 402.0$$

의사결정 요점

따라서 3주 말에 예측한 4주 환자 수는 397명으로 실제 환자 수보다 18명 적다. 4주 말에 예측한 5주 예측치는 402명이다. 6주 이후 모든 주의 예측치도 402명이다.

이동평균법은 대상 주기의 수를 적절하게 선택할 수 있다. 수요가 안정적이면 큰 n값을 선택하고, 평균 수요의 변동이 심하면 작은 n값을 선택한다. 가장 낮은 단계의 $n = 1$은 초보 방법이 된다.

가중이동평균법

단순이동평균법에서 과거 수요는 동일한 가중치$(1/n)$를 가진다. **가중이동평균법**(weighted moving average method)에서는 과거 수요마다 다른 가중치를 준다. 가중치의 합은 1이다. 예를 들어 3주 가중이동평균법에서 최근 주에는 0.5, 지난 주에는 0.3, 그 전의 주에는 0.2의 가중치를 적용할 수 있다. 각 기간의 실재 수요에 해당 가중치를 곱한 다음 이를 모두 더해 평균치를 구한다.

가중이동평균법
평균 계산에 사용하는 과거 실적치마다 다른 가중치를 주며, 가중치의 합은 1인 시계열 기법

$$F_{t+1} = 0.50D_t + 0.30D_{t-1} + 0.20D_{t-2}$$

가중이동평균법을 사용해 평균 수요를 추정한 예가 복습문제 2와 OM Explorer의 Tutor 9.2이다.

가중이동평균법의 장점은 오래된 수요보다 최근 수요에 높은 비중을 줄 수 있다는 것이다.

(계절 영향을 감안하려면 전년의 같은 계절에 가중치를 크게 주면 된다.) 가중이동평균법은 단순이동평균법보다 시계열 자료의 평균 변화에 민감하게 반응한다.

지수평활법

지수평활법
시계열의 평균을 계산할 때 최근 수요에 더 많은 가중치를 부과하는 발전된 형태의 가중이동평균법

지수평활법(exponential smoothing method)은 최근 수요에 더 많은 가중치를 부여해 시계열의 평균을 계산하는 발전된 형태의 가중이동평균법이며, 시계열의 첫 기간 수요도 끝까지 활용한다. 이 방법은 계산이 간단하고 필요한 자료의 양이 적어 흔히 사용되는 예측기법이다. 과거 n기간 수요와 n개의 가중치가 필요한 가중이동평균법과 달리 지수평활법은 (1) 지난 기간에 구한 예측치, (2) 이번 기간의 실제 수요, (3) 평활상수 α(0과 1 사이의 값)만 필요하다. 기간 $t+1$에 대한 지수평활 예측치는 다음과 같이 구한다.

$$F_{t+1} = \alpha D_t + (1 - \alpha)F_t$$

최근 수요에 주는 가중치는 평활상수를 변화시켜 조정할 수 있다. α값이 클수록 최근 수요의 가중치가 커져서 예측치가 평균의 변화에 민감해진다. 반면 α값이 작을수록 과거 수요에 균일한 가중치를 주어 예측치의 변화가 적어진다. α값이 작을수록 이동평균법에서 n값이 커지는 효과와 같고, 과거 수요에 가중치가 커진다. 실무에서는 다양한 α값을 실험해보고 예측 성과가 가장 좋은 값을 선택한다.

지수평활법을 적용하는 첫 기간에는 예측치가 없다. 이 초기 예측치를 얻는 방법에는 여러 가지가 있다. OM Explorer 및 윈도우용 POM은 첫 기간의 실제 수요를 초기 예측치로 사용하며, 이는 기간 2의 예측이 된다. 그런 다음 예측치와 예측오차는 기간 2부터 계산한다. 과거 자료가 조금 더 있다면 초기 예측치는 첫 기간 이전의 수요 평균치로 정해도 괜찮다. 시간이 지날수록 이 초기 예측치의 영향은 사라지므로 걱정할 필요가 없다.

예제 9.4 지수평활법을 사용한 평균 수요 추정

온라인 자료

Active Model 9.3은 그림 9.5에서 α값의 변화 결과를 보여준다.

OM Explorer의 Tutor 9.3은 지수평활법을 위한 다른 예제를 제공한다.

a. 예제 9.3의 환자 자료에서 3주의 실제 환자 수는 411명이고 현재 시점은 3주 말이다. $\alpha = 0.1$인 지수평활법을 이용해 4주의 환자 수를 예측하라.
b. 4주의 실제 환자 수가 415명이라면 4주의 예측오차는 얼마인가?
c. 5주의 예측치는 얼마인가?

풀이

a. 지수평활법에는 초기 예측치가 필요하다. 첫 2주 동안 환자 수 평균인 390 = (400 + 380)/2]을 초기 예측치로 이용한다. (윈도우용 POM과 OM Explorer의 기본 설정은 첫 주의 실제 수요를 초기 예측치로 사용하고, 기간 2까지 예측오차를 계산하지 않는다.) 지수평활법에서 $D_3 = 411$, $\alpha = 0.10$, $F_3 = 390$이고 4주 예측치는 다음과 같다.

$$F_4 = 0.10(411) + 0.90(390) = 392.1$$

따라서 4주의 예측치는 392명이다.

b. 4주의 예측오차는 다음과 같다.

$$E_4 = 415 - 392 = 23$$

c. 5주의 새로운 예측치는 다음과 같다.

$$F_5 = 0.10(415) + 0.90(392.1) = 394.4$$

즉 394명이다. F_5를 계산할 때 F_4의 정숫값을 사용하지 않았음에 주의하라. 계산의 정확도를 유지하기 위해 최종 결과만 반올림을 한다(필요하면).

의사결정 요점

지수평활법을 사용한 예측은 4주가 392명이고 5주 이후에는 394명이 된다. 5주의 실제 수요가 파악되는 즉시 6주 예측치를 갱신한다.

지수평활법은 계산이 간단하고 최소한의 자료만 요구된다는 장점이 있기 때문에 저렴하고, 특히 매 기간 수천 개의 예측을 해야 하는 기업에게 적합하다. 그러나 수요에 추세가 있어서 평균이 변화하는 경우에는 적합하지 않다. 평균이 안정적이라는 가정하에 설계된 다른 방법과 마찬가지로 지수평활법도 평균의 변화를 뒤늦게 따라간다. 평균이 변화하는 상황에서 큰 α값을 사용해 예측오차를 줄일 수 있지만, 오차가 없어지지는 않는다. 지수평활법에 큰 α값(0.5 이상)이 필요하다면, 수요에 상당한 추세나 계절 영향이 있기 때문에 더 정교한 기법을 사용해야 한다.

회귀분석을 이용한 추세 예측

여기서는 추세가 있는 수요 시계열을 다룬다. 추세란 시계열의 평균이 시간축을 따라 구조적으로 증가 또는 감소하는 것을 말한다. 확실한 추세가 있는 경우에도 초보 방법, 이동평균법, 지수평활법을 쓸 수 있지만, 실제 수요보다 시차를 두고 뒤처지면서 예측치가 실제보다 높거나 낮게 유지되는 경향이 있다.

회귀분석을 이용한 추세 예측은 단순회귀분석으로 추세를 감안하는 예측모형이다. 추세를 예측하기 위한 회귀모형을 개발하려면 종속변수를 기간별 수요, 독립변수를 기간이라고 정의한다. 첫 번째 기간은 $t = 1$, 두 번째 기간은 $t = 2$이다. 회귀식은 다음과 같다.

$$F_t = a + bt$$

회귀분석을 이용한 추세 예측의 장점은 먼 장래의 수요를 예측할 수 있다는 것이다. 이전 모형은 다음 기간의 수요만 예측하고 그 이후의 수요는 모두 동일하다고 가정한다. 다른 예측모형과 마찬가지로 회귀분석을 이용한 추세 예측도 매 기간 자료를 갱신해 최신 상태를 유지할 수 있다. 반면 회귀분석을 이용한 추세 예측의 명백한 단점은 융통성이 없다는 것이다. 이 단점을 해결하는 요령은 다음 질문의 답에 있다. 1920년부터 포드 자동차의 과거 판매량이 있다면 회귀분석에서 모든 연도의 판매량에 같은 가중치를 줄 것인가? 아니면 최근 몇 년간의 판매량만을 이용할 것인가? 효과적인 분석 결과를 위해 최근 연도의 판매량만 이용하는 것으로 결정할 수 있다. 따라서 이동평균법(n 변경)이나 지수평활법(α 변경)처럼, 회귀분석을 이용한 추세 예측은 예측을 위한 자료 범위를 조정해 융통성을 높일 수 있다.

OM Explorer의 *Trend Projection with Regression* Solver 또는 *Time Series Forecasting* Solver를 이용해 회귀분석을 이용한 추세 예측을 수행할 수 있다. 두 Solver 모두 회귀계수, 결정계수(r^2), 오차 측정값, 예측치를 제공한다. 윈도우용 POM에는 추세를 반영한 다른 모형(이 책은 이 모형을 다루지 않지만 소프트웨어는 설명을 제공함)인 *Trend-Adjusted Smoothing*이 있다.

Trend Projection with Regression Solver는 추세 분석에 집중한다. 그래프를 제공하므로

모형이 실제 수요에 얼마나 잘 맞는지 그림으로 볼 수 있다. 회귀분석의 시작점, 대상 기간의 수, 예측이 필요한 미래 시점을 선택할 수 있다. 반면 *Time Series Forecasting* Solver는 모든 시계열 모형을 다룬다. 또한 나중에 다루는 여러 기법을 결합한 예측도 가능하다.

예제 9.5 회귀분석을 이용한 수요의 추세 예측

건강분석 회사는 인근 병원의 건강관리 프로그램에 필요한 혈액검사를 대행하고 있다. 최근 콜레스테롤이 심장병에 해로운 영향을 미친다는 내용이 발표되면서 혈액검사 수요가 급증하고 있다. 이에 경영진은 주당 혈액검사 수요를 예측하는 데 관심이 있다. 최근 16주 동안 혈액검사 의뢰 건수는 표 9.1과 같다. 다음 3주 동안의 수요를 예측하라.

표 9.1 지난 16주간 혈액검사 의뢰 건수

주	환자	주	환자
1	28	9	61
2	27	10	39
3	44	11	55
4	37	12	54
5	35	13	52
6	53	14	60
7	38	15	60
8	57	16	75

풀이

그림 9.6(a)는 *Trend Projection with Regression* Solver를 이용한 최근 16주 수요에 대한 회귀분석 결과를 보여주며, 그림 9.6(b)는 예측오차 계산을 보여준다.

Solver - Trend Projection with Regression

Regression begins in period	1
Error analysis begins in period	1
Number of future forecasts	3

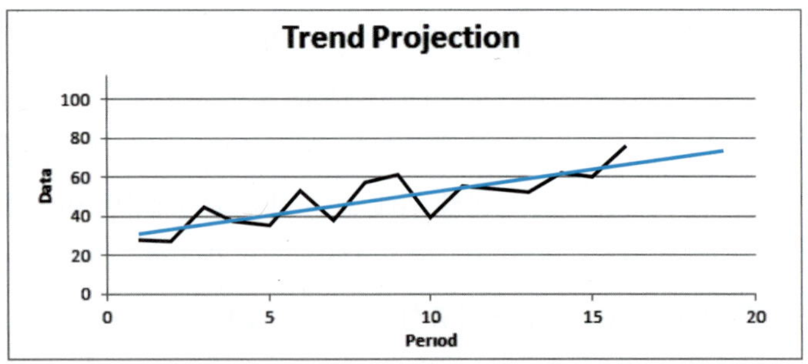

a (Y intercept)	28.50
b (slope or trend)	2.35
r2	0.69
CFE	0.00
MAD	6.21
MSE	52.96
MAPE	13.53%
Forecast for period 17	68.375
Forecast for period 18	70.72059
Forecast for period 19	73.06618

그림 9.6(a) 회귀 결과를 통한 추세 예측

그림 9.6(b) 예측오차 계산

					Averages		
				CFE	MSE	MAD	MAPE
				0.000	52.958	6.210	13.53%
Period #	Actual Demand	Forecast	Error	Running CFE	Error Squared	Absolute Error	Abs % Error
1	28	31	-2.846	-2.846	8.097	2.846	10.16%
2	27	33	-6.191	-9.037	38.331	6.191	22.93%
3	44	36	8.463	-0.574	71.626	8.463	19.23%
4	37	38	-0.882	-1.456	0.779	0.882	2.38%
5	35	40	-5.228	-6.684	27.331	5.228	14.94%
6	53	43	10.426	3.743	108.711	10.426	19.67%
7	38	45	-6.919	-3.176	47.874	6.919	18.21%
8	57	47	9.735	6.559	94.776	9.735	17.08%
9	61	50	11.390	17.949	129.725	11.390	18.67%
10	39	52	-12.956	4.993	167.855	12.956	33.22%
11	55	54	0.699	5.691	0.488	0.699	1.27%
12	54	57	-2.647	3.044	7.007	2.647	4.90%
13	52	59	-6.993	-3.949	48.897	6.993	13.45%
14	60	61	-1.338	-5.287	1.791	1.338	2.23%
15	60	64	-3.684	-8.971	13.571	3.684	6.14%
16	75	66	8.971	0.000	80.471	8.971	11.96%

그림 9.6(a)에 의하면 추세선의 Y절편 $a = 28.50$이고 기울기 $b = 2.35$이다. 따라서 $F_t = 28.5 + 2.35t$이다. 19주의 예측치는 $28.5 + 2.35(19) = 73$이다. 오차는 CFE = 0, MAD = 6.21, MSE = 52.96, MAPE = 13.53%이다. 결정계수 $r^2 = 0.69$이다. 완만하게 상승하는 추세선은 19주에 검사 의뢰가 73건에 도달한다. 매주 2.35건이 증가할 것으로 예측된다.

계절 패턴: 계절지수 활용

계절 패턴은 1년 이내의 기간(분기, 월, 주, 일, 시간) 안에 수요량이 증감을 반복하는 현상을 말한다. 여기에서는 이 기간을 **계절**이라고 부른다(그림 9.1의 계절 패턴 참조). 간이음식점에 고객이 몰리는 시간이 항상 오전 11시에서 오후 1시 사이와 오후 5시에서 오후 7시 사이라는 예를 들 수 있다.

승법계절모형
평균 수요에 계절지수를 곱해 계절 수요를 예측하는 기법

계절 수요를 다루는 쉬운 방법은 같은 계절의 자료만 분리해 지금까지 다룬 기법 중 하나를 적용하는 것이다. 예를 들어 요일별 계절 영향이 있으면 월요일 시계열 자료, 화요일 시계열 자료를 따로 분석하면 된다. 이 접근법으로 계절 영향을 감안할 수 있지만 과거 수요 정보를 제대로 활용하는 것은 아니다.

여기서 소개하는 예측모형은 과거 자료를 모두 동시에 분석한다. 평균 수요 예측치에 계절지수를 곱해 계절 수요를 예측하는 **승법계절모형**(multiplicative seasonal method)을 살펴보자. 평균 수요를 구할 때 정교한 모형(이동평균법, 지수평활법)을 사용할 수도 있으나, 여기서는 단순 평균을 사용하는 간단한 예측기법을 4단계로 나누어 소개한다. 1년을 주기로 월별 계절 영향을 고려한 예측기법을 설명하지만, 계절 주기가 다른 경우에도 적용 가능하다.

출처: Rblfmr/Shutterstock

푸드트럭은 시간별로 계절적 수요를 경험하며, 특히 정오 무렵에 수요가 급증한다. 사진 속 푸드트럭은 뉴욕 허드슨 야드에서 손님들에게 서비스를 제공한다.

1. 연도별로 연간 총수요를 계절 수로 나누어서 한 계절 평균 수요를 계산한다.
2. 연도별로 각 계절의 실제 수요를 한 계절 평균 수요로 나누어 **계절지수**(한 계절 평균 수요에 대한 실제 수요의 비율)를 구한다. 예를 들어 4월의 계절지수가 1.14라면, 4월의 수요가 평균 수요보다 14% 많음을 의미한다.
3. 2단계의 결과를 사용해 계절별로 평균 계절지수를 구한다. 즉 연도별 계절지수를 모두 합한 후, 연도 수로 나누어 평균 계절지수를 구한다.
4. 내년 계절별 수요를 예측한다. 여러 기법(초보 방법, 이동평균법, 지수평활화법, 회귀분석을 이용한 추세 예측) 중 하나를 사용해 내년도 총수요를 예측한 다음, 이를 계절 수로 나누어 내년의 계절별 평균 수요를 구한다. 마지막으로 계절별 평균 수요에 계절지수를 곱해 계절별 수요를 예측한다.

가법계절모형
각 계절 평균 수요에 일정한 계절 상수를 더해 계절 수요를 예측하는 기법

승법계절모형의 대안으로 각 계절 평균 수요에 일정한 계절 상수(예: 50단위)를 가감하는 **가법계절모형**(additive seasonal method)도 있다. 이 모형은 계절 영향이 평균 수요의 크기에 상관없이 상수라는 가정을 한다. 가법모형은 계절 간 수요 변동폭이 일정하다고 가정한다.

예제 9.6 승법계절모형을 이용한 고객 수 예측

스탠리 스티머 카펫 청소 회사는 내년 분기별 고객 수 예측치가 필요하다. 카펫 청소 사업은 계절 영향이 있어서, 3분기에 정점에 달하고 1분기에 저조하다. 5차 연도의 총수요가 2,600명이라는 예측에 기초해 5차 연도의 분기별 고객 수요를 예측하라.

풀이

다음 표는 분기별 계절지수를 계산한 것이다. 이 표는 지난 4년간의 분기별 수요와 각 분기의 평균 계절지수를 구하는 과정을 보여준다.

	1차 연도		2차 연도		3차 연도		4차 연도		
분기	수요	계절지수 (1)	수요	계절지수 (2)	수요	계절지수 (3)	수요	계절지수 (4)	평균 계절지수 [(1+2+3+4)/4]
1	45	45/250 = 0.18	70	70/300 = 0.23333	100	100/450 = 0.22222	100	100/550 = 0.18182	0.2043
2	335	335/250 = 1.34	370	370/300 = 1.23333	585	585/450 = 1.30	725	725/550 = 1.31818	1.2979
3	520	520/250 = 2.08	590	590/300 = 1.96667	830	830/450 = 1.84444	1,160	1,160/550 = 2.10909	2.0001
4	100	100/250 = 0.40	170	170/300 = 0.56667	285	285/450 = 0.63333	215	215/550 = 0.39091	0.4977
합계	1,000		1,200		1,800		2,200		
평균	1,000/4 = 250		1,200/4 = 300		1,800/4 = 450		2,200/4 = 550		

예를 들어 1차 연도 1분기의 계절지수는 실제 수요(45)를 그 해의 한 분기 평균 수요(1,000/4 = 250)로 나누어 계산한다. 이 과정을 4차 연도까지 하면 전체 연도의 1분기 평균 계절지수를 구할 수 있다. 결과는 0.2043이다.

모든 분기의 계절지수를 구하면(표의 마지막 열) 5차 연도의 예측치를 구할 수 있다. 우선 5차 연도의 총수요를 2,600명으로 예측했는데, 이는 매년 수요가 400명씩 증가한다는 가정으로 타당성이 있다(1차 연도 1,000명에서 4차 연도 2,200명 증가, 즉 1,200/3 = 400). 이 증가 추세를 적용해 5차 연도의 연간 수요를 2,200 + 400 = 2,600명으로 추정한 것이다. (이 결과

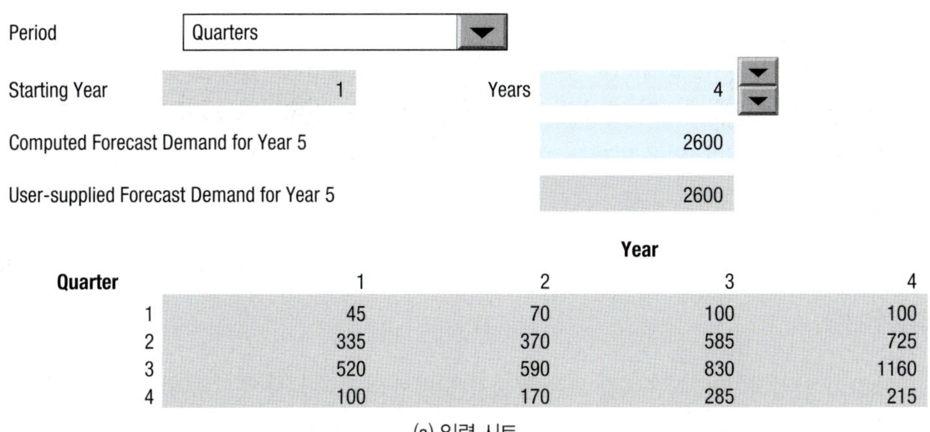

Period	Quarters		
Starting Year	1	Years	4
Computed Forecast Demand for Year 5			2600
User-supplied Forecast Demand for Year 5			2600

	Year			
Quarter	1	2	3	4
1	45	70	100	100
2	335	370	585	725
3	520	590	830	1160
4	100	170	285	215

(a) 입력 시트

Quarter	Seasonal Index	Forecast
1	0.2043	132.795
2	1.2979	843.635
3	2.0001	1300.065
4	0.4977	323.505

(b) 결과

그림 9.7 OM Explorer의 Seasonal Forecasting Solver를 이용한 수요 예측

는 OM Explorer의 *Trend Projection with Regression* Solver를 통해서도 확인된다.) 분기별 예측은 간단하다. 먼저 5차 연도의 한 분기 평균 수요 2,600/4 = 650을 구한다. 여기에 평균 계절지수를 곱한다.

분기	예측치
1	650 × 0.2043 = 132.795
2	650 × 1.2979 = 843.635
3	650 × 2.0001 = 1,300.065
4	650 × 0.4977 = 323.505

그림 9.7은 OM Explorer의 Seasonal Forecasting Solver의 결과이다. 수행한 모든 계산을 그림 9.7(b)에서 확인할 수 있다. 그림 9.7(a)의 수요 예측 입력 기본 설정은 연(year)이다. 그러나 추가 정보를 기반으로 판단 예측을 하고자 하는 경우 사용자 제공 수요 예측 옵션을 이용해 컴퓨터에서 제공하는 예측을 재정의할 수 있다.

의사 결정 요점

이 계절모형을 사용하면 1분기 수요 예측은 최저 133명, 3분기는 최고 1,300명이다. 계절 간의 차이가 명확히 나타난다.

시계열 예측기법 선택 기준

여러 가지 시계열 예측기법 중에서 어떤 것을 선택해야 할까? 선택 시 예측오차 측정치가 중요한 정보가 된다. 이 측정치는 예측모형에서 적정한 계수 값(이동평균법의 n값, 가중이동평균법의 가중치, 지수평활법의 α, 회귀분석에서 대상 자료의 수)을 결정하는 데 도움이 된다. 예측기법 설계와 계수 결정의 기준에는 (1) CFE의 최소화, (2) MAPE, MAD, MSE의 최소화, (3) 회귀분석에서 r^2의 최대화, (4) 예비자료를 이용한 분석, (5) 추적지표의 활용, (6) 수요 요소의 변화에 대한 경영자의 예감 고려, (7) 최근 기간의 예측오차 최소화가 있다. 처음 세 가지 기준은 과거 성과를 바탕으로 한 통계 기준이고, 네 번째는 실제 상황을 근거로 한 평가이며, 다섯 번째는 예측 성과를 평가해 기법의 변경 필요성을 찾는 것이고, 여섯 번째는 과거에 기초하지 않고 미래를 예상하는 것이며, 일곱 번째는 예측 시점에 가장 잘 맞는 기법을 선택하는 방식이다.

통계 기준 이용

예측기법의 선택에 통계 척도를 사용할 수 있다. 최선의 시계열 모형을 선택할 때 다음 지침이 도움이 된다.

1. 수요가 안정적이면, 작은 α값 또는 큰 n값을 써서 과거 자료를 충분히 활용한다.
2. 수요의 형태에 변화가 큰 경우에는 α값, n값을 위와 반대로 한다. 즉 수요 패턴에 변화가 있을 때는 최근 자료에 가중치를 많이 준다.

예비자료 활용

예비자료
시계열에서 모형을 만들 때 제외하는 일부 최근 자료로, 모형을 만든 후 테스트하는 데 사용함

예측팀은 편의(CFE)와 예측오차의 산포(MAPE, MAD, MSE) 중에서 절충점을 찾아야 한다. 과거 자료를 잘 설명하는 기법이 미래를 가장 잘 예측하는 것은 아닐 수 있음을 염두에 두어야 한다. 즉 과거 자료를 너무 잘 맞추는 현혹 효과일 수도 있다는 뜻이다. 과거 자료에서는 오차가 작았던 예측기법이 미래에는 오차가 커질 수도 있다. 이러한 이유로 **예비자료**(holdout sample)를 이용한 최종 평가가 선호되기도 한다(이 장 끝부분에 있는 실습과제 9.1 참조). 이 방식은 과거 시계열에서 최근 자료를 따로 떼어내고 나머지 자료로만 예측모형을 여러 개 만든다. 그리고 예측모형을 따로 두었던 예비자료로 최종 평가를 한다. 즉 예비자료로 MAD나 CFE 같은 성과지표를 계산해본다. 이 방식을 사용하든 안 하든 이후에도 예측오차를 추적해 예측 방식을 끊임없이 수정해야 한다. 예측 성과 평가의 궁극적 목적은 과거 자료나 예비자료에 잘 맞추는 것이 아니고 미래의 예측 능력을 평가하는 것이다.

추적지표 사용

추적지표
예측기법이 수요의 실질적인 변화를 정확히 예측하는지 나타내는 지표

추적지표(tracking signal)는 예측기법이 실제 수요 변화를 정확하게 예측하고 있는지를 나타내는 척도이다. 추적지표는 CFE가 MAD의 몇 배 정도인지를 나타낸다. 예측 시스템이 적절하면 CFE가 0에 수렴한다. 그러나 확률오차 때문에 CFE가 0이 되지 않을 수 있다. 추적지표의 공식은 다음과 같다.

$$\text{추적지표} = \frac{\text{CFE}}{\text{MAD}} \quad \text{또는} \quad \frac{\text{CFE}}{\text{MAD}_t}$$

기간 말마다 최근 오차를 반영해 CFE와 MAD를 재계산하고, 추적지표를 미리 설정된 기준과 비교한다. MAD를 계산하는 방법에는 두 가지가 있다. 전체 절대오차를 (1) 단순평균(예제 9.1)으로 계산하거나 (2) 지수평활법으로 가중평균한다. 후자의 식은 다음과 같다.

$$\text{MAD}_t = \alpha|E_t| + (1-\alpha)\text{MAD}_{t-1}$$

예측오차가 평균이 0인 정규분포를 따르면, σ와 MAD의 관계는 다음과 같다.

$$\begin{aligned} \sigma &= (\sqrt{\pi/2})(\text{MAD}) \cong 1.25(\text{MAD}) \\ \text{MAD} &= 0.7978\sigma \cong 0.8\sigma \\ \pi &= 3.1416 \end{aligned}$$

정규분포의 이러한 관계를 사용해 추적지표의 한계치를 설정할 수 있다. 추적지표가 한계치를 벗어나면, 예측모형이 수요를 적절히 추적하지 못하는 것이다. 예측 시스템을 전산화하면, 예측치가 한계선을 벗어날 때 자동적으로 경고하게 할 수 있다. 그림 9.8은 23기간 동안의 추적지표를 관리도 형태(control chart)로 보여준다. 관리도는 예측모형을 개선할 필요가 있는지를 판단하는 데 유용하다. 그림에서 처음 20개 자료는 0 근처에 모여 있어서 예측치 편의가 없음을 나타낸다. 그동안 CFA는 0으로 가는 경향이 있을 것이다. 그림 9.8에서 20번째 이후에 추적지표가 꾸준히 증가하고 있으므로 예측치가 관리 상태를 벗어나고 있다. 21번째와 22번째 지점은 한계선 안에 있으나 23번째 지점은 문제가 있다.

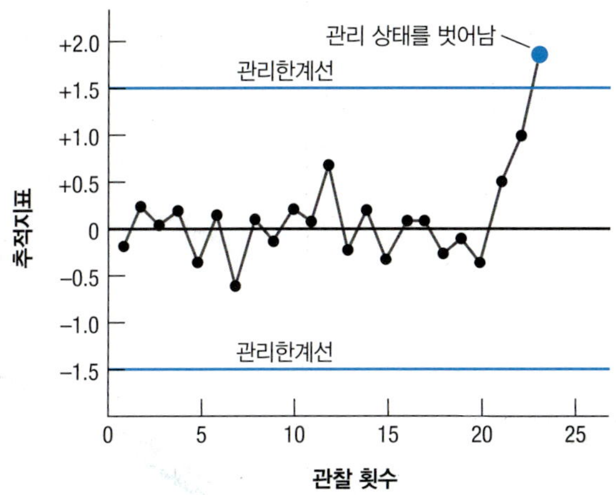

그림 9.8 추적지표

빅데이터와 인공지능

9.7 빅데이터와 인공지능을 활용한 예측 생성법을 설명한다.

기업은 수백, 수천 개의 제품/서비스에 대한 예측을 반복해야 하는 경우가 많다. 예를 들어 대규모 의료 시설은 모든 부서의 개별 서비스에 대한 수요 예측을 해야 한다. 이를 위해 방대한 자료로 끊임없이 계산을 반복해야 한다. 컴퓨터 소프트웨어를 활용하면 예측치를 생성하고 고객과 공급업체와 예측치를 조정하는 부담을 줄일 수 있다. 예측 소프트웨어의 예로는 IBM Planning Analytics, Forecast Pro, SAS Visual Forecasting이 있다. 그 기능이 어느 정도인지 짐작하기 위해서 OM Explorer와 윈도우용 POM을 참조할 수 있다. 자사 제품/서비스의 수요에 대한 통찰력을 얻기 위해 앞에 설명한 전통 예측기법을 넘어 최신 기법으로 매일 생성되는 방대한 자료를 분석하는 기업이 많다. 예측의 핵심은 기법이 전부가 아니라 설계하고 관리해야 하는 프로세스이다. 전능한 예측 프로세스는 없지만, 여기서는 방대한 자료를 활용한 수요 예측의 혜택과 어려움을 설명하고 그러한 자료를 다룰 수 있는 기법을 설명하겠다.

빅데이터

지금까지 예측모형 두 가지를 논의했다. 첫째인 인과모형은 독립변수 자료를 이용해 종속변수를 예측한다. 종속변수가 독립변수에 영향을 주었음을 과거 자료가 보여준다. 두 번째는 시계열 모형으로, 과거 자료만 사용해 미래를 예측한다. 이때의 가정은 과거의 수요 패턴이 안정적이며 미래에도 반복된다는 것이다. 이제 판매 활동과 관련된 세부 자료를 모두 가지고 있다고 가정하자. 즉 거래한 제품의 유형과 수량, 고객이 살펴본 다른 제품/서비스, 살펴본 시간, 장바구니에 일시적으로 넣은 제품의 수량, 판촉과 제품 추천의 영향, 마우스 클릭 순서를 통한 웹사이트 탐색 방법에 대한 자료가 있다고 가정해보자. 심지어 그날 날씨와 프로야구 경기 여부의 자료도 축적할 수 있다. 이는 엄청난 자료이다. 예를 들어 월마트가 모은 고객 거래 자료는 1시간에 2.5페타바이트가 넘었다. 페타바이트는 1,000조 바이트, 즉 파일 캐비닛 2,000만 개 분량에 해당한다.[2] 월마트는 이 재료를 사용해 1,600만 개가 넘는 온라인 제품의 수요를 예측한다.

2 빅데이터와 그 이점에 대한 개요는 다음을 참조하라. Andrew McAfee and Erik Brynjolfsson, "Big Data: The Management Revolution," *Harvard Business Review* (October 2012), 60–68; "What Is Big Data?," https//:www.oracle.com/big-is-bigdata/ (accessed February 28, 2023); Margaret Rouse, "Big Data," www.http://searchcloudcomputing.techtarget.com. (accessed June 6, 2017); James Michael Chui Manyika, Jaques Bughin, Brad Brown, Richard Dobbs, Charles Roxburgh, and Angela Hung Byer, "Big Data: The Next Frontier for Innovation, Competition, and Productivity," McKinsey Global

4억 개 이상의 제품을 온라인으로 판매하는 아마존의 자료 파일은 상상하기 힘들 정도로 방대하다.

빅데이터
전통적 프로그램을 처리하기 힘든 복잡한 대규모 자료 집합

이러한 현상을 설명하기 위해 **빅데이터**(big data)라는 용어가 만들어졌는데, 기존의 자료 처리 프로그램으로 처리할 수 없을 만큼 크거나 복잡한 자료 집합을 의미한다. 빅데이터는 전통적 원천과 디지털 원천에 쌓인 자료 집합으로 분석과 탐색의 대상이다. 이 장의 처음에 소개한 스타벅스는 빅데이터를 활용해 수요를 예측 및 관리하고 있었다. 빅데이터의 특징으로 3V[규모(volume), 다양성(variety), 속도(velocity)]가 있다.

규모

오늘날 인터넷에서 1초 동안 흐르는 자료가 20년 전 인터넷 전체에 저장된 자료 총량보다 많다. 자료의 출처는 기업 판매 기록, 스마트폰, 사물 인터넷(IoT)에 사용되는 실시간 센서이다. 이미 살펴보았듯이 월마트나 아마존 같은 온라인 소매업체는 방대한 자료를 모으고 있다. 다행히도 방대한 자료를 수집하고 저장하는 데 드는 비용은 시간이 지남에 따라 급격히 감소했다.

다양성

예측에 유용한 자료의 출처는 다양하다. 휴대전화, 온라인 쇼핑, 소셜네트워크(SNS), 전자 통신, 위성 위치 확인 시스템(GPS), 계측장비는 미래 수요를 예측하는 데 필요한 자료를 생성한다. 예를 들어 트래블로시티(Travelocity)에 올라온 호텔 이용 후기가 호텔 수요에 영향을 준다. 자료의 유형은 다양하게 정형 자료(기존 데이터베이스), 비정형 자료(예: X 대화), 스트리밍 자료(예: IoT센서에서 나오는 자료)가 있다.

속도

자료가 생성 및 분석되는 속도는 중요하다. 모든 빅데이터 분석 과제는 요청에 따라 자료 공급원을 수집하고, 연관성을 찾고, 분석한다. 실시간 정보를 가진 기업은 민첩하고 결국 경쟁력이 높다.

많은 자료를 확보하고 정리하는 것은 시작에 불과하다. 기업은 각자의 분야에서 경쟁력을 높이기 위해 인공지능을 활용하고 있다.

인공지능

2장 '운영전략'에서 스마트 제조 기술과 연계한 인공지능(AI)의 활용에 대해서 설명했다. 인공지능은 물체 감지, 로봇 공학, 자연어 처리, 예측으로 구성된 광범위한 분야이다. 기계가 논리와 이성을 적용해 의사결정을 내릴 수 있는 능력을 인공지능이 제공한다. 인공지능의 예로는 챗봇, 디지털 비서, 지도 및 내비게이션 시스템, 질병 분포 지도, 자연어 처리 도구, 자율 주행 자동차가 있다.

머신러닝
컴퓨터가 프로그래밍 없이도 학습할 수 있는 능력을 갖게 하는 인공지능의 하위 학문 분야

머신러닝(machine laerning)은 컴퓨터가 프로그래밍 없이도 학습할 수 있는 능력을 갖게 하는 인공지능의 하위 학문 분야이다.[3] 머신러닝은 학습 데이터(숫자, 사진, 텍스트) 준비에서 시

Institute (May 2011).

3 Sara Brown, "Machine Learning Explained," MIT Sloan, https://mitsloan.mit.edu/ideas-made-to-matter/machine-learning-explained (April 21, 2021); Harsh Chandra, "Artificial Intelligence (AI) vs Machine Learning (ML) vs Big Data, https://heartbeat.comet.ml/artificial-intelligence-ai-vs-machine-learning-ml-vs-big-data-909906eb6a92 (May 10, 2019); "Difference Between Artificial Intelligence and Machine Learning," https://www.interviewbit.com/blog/artificial-intelligence-and-machine-learning/ (June 23, 2022); Jorge Amar, Sohrab Rahimi, Zachary Surak, and Nocolai von Bismarck, "AI-Driven Operations Forecasting in Data-Light Environments," McKinsey & Company (February 2022); Christianlauer, "AI vs Big Data," Towards Data Science (August 10, 2021); Anirudh V K, "Business Applications of

작한다. 반복과 많은 자료를 통해 머신러닝 모형은 스스로 패턴을 찾고 예측을 할 수 있도록 훈련된다. 머신러닝의 예로는 교통경보, 비디오 감시, 온라인 비디오 스트리밍 애플리케이션, 추천 엔진(사용자의 선호도 자료를 수집하고 저장함)이 있다. 이는 시간이 지남에 따라 사용자가 관심을 가질 만한 제품/서비스를 찾아낸다. 예를 들어 아마존은 추천 엔진을 사용해 고객의 이전 구매를 기반으로 좋아할 만한 제품을 제안하고, 넷플릭스는 동일한 기술을 사용해 고객 취향에 맞는 영화와 프로그램을 추천한다. 이 기술을 이용해 고객 서비스 경험이 획기적으로 발전했다. 아마존은 매일 수백만 명의 사용자에게 맞춤형 홈페이지를 제공해 매출 증대 가능성을 높이고 있다.

출처: Pixellover RM 8/Alamy Stock Photo

아마존은 추천 엔진을 사용해 고객이 과거에 구매했던 제품을 구매하도록 유도한다.

머신러닝의 접근 방식에는 세 가지가 있다.

1. **지도 학습**(supervised learning). 분류가 된 자료 집합으로 머신러닝 모형을 훈련하며, 계속 훈련시켜 정확도를 높일 수 있다. 예를 들어 이미 분류된 광고 자료와 판매 자료로 훈련된 기계는 판매량 예측법을 학습할 수 있다.
2. **비지도 학습**(unsupervised learning). 머신러닝 프로그램이 아직 발견되지 않은 패턴이나 트렌드를 찾아낸다. 뉴스 기사, 트윗, 판매 자료, 경제 상황과 같은 분류되지 않은 자료가 제공된다. 예를 들어 비지도 머신러닝 프로그램은 온라인 판매 자료를 보고 구매 고객의 유형을 식별할 수 있다.
3. **강화 학습**(reinforcement learning). 복잡한 환경에서 시행착오와 보상 체계를 통해 최선의 의사결정을 내리도록 훈련한다. 게임이나 자율 주행차 운전에서 올바른 결정을 내린 시점을 알려주고 반복해서 훈련한다.

머신러닝으로 어떻게 예측할 수 있을까? 머신러닝 시스템은 자료를 이용해 무슨 일이 일어났는지 설명하는 **설명형**(descriptive), 무슨 일이 일어날지 예견하는 **예견형**(predictive), 어떤 조치를 취할지 제안하는 **처방형**(prescriptive)일 수 있다. 많은 응용 방법이 복잡하여 이 책의 범위를 벗어나지만, 선형회귀법은 지도 학습에 기반한 처방형 머신러닝 알고리즘의 한 예다. 예제 9.2에서 공급사슬 관리인은 경첩 수요를 예측하고자 했다. 머신러닝으로 표현하면, 분류된 자료 집합(지도 학습)은 경첩 판매량(종속변수 Y)과 월별 광고비(독립변수 X)이다. 지도 학습은 변수 간의 관계 $Y = a + bX$이다. 학습 동안 알고리즘은 평균제곱오차(MSE)를 비용 함수로 사용해 주어진 X값에 대한 Y값을 예측하는 최적의 a값과 b값을 찾는다. 이 모형은 월별 광고비에 대한 경첩 판매량을 예측할 수 있다. 이것은 간단한 예시였다. 수백, 수천 개의 독립변수가 있고 변수 간의 비선형 관계가 있는 현실적인 상황을 생각해보자. 변수의 수나 변수 간 관계는 시간이 지남에 따라 변할 수 있다. 바로 이때 인공지능과 머신러닝이 정확한 예측에 큰 도움이 될 수 있다.

빅데이터와 인공지능은 제품/서비스 수요를 예측하는 데 큰 희망을 준다. 하지만 이를 활용하고자 하는 경영자가 신중히 고려해야 할 점이 있다. 첫째, 방대하고 다양한 자료를 신속하게

Machine Learning," https://www.spiceworks.com/tech/artificial-intelligence/articles/business-aplications-of-machine-learning/ (February 10, 2022); "ML| Linear Regression," https://www.geeksforgeeks.org/ml-linear-regression/ (February 17, 2023).

처리하려면 서버 한 대나 몇 대로는 부족할 수 있다. 가끔씩만 사용되는 자료를 처리하는 데 수백, 수천 대의 서버가 필요할 수도 있다. 결국 공공 클라우드 공급업체가 빅데이터 프로젝트의 주인공으로 나타났다. 기업은 실제 사용한 저장용량과 사용 시간만큼만 비용을 지불하면 된다. 대표적인 예가 아마존 웹 서비스(AWS)인데, 사업 규모가 801억 달러 (2022년)이고 고속 성장하는 클라우드 서비스이다. 나사(NASA), 넷플릭스, Meta, ESPN, 미 해군과 같은 잘 알려진 기업과 조직이 온라인 고객 서비스 프로그램을 아마존 클라우드 서비스로 이전해 고객 행동 자료를 축적 및 분석하고 있다.[4]

둘째, 빅데이터 과제를 실행할 기술이 부족한 기업도 많이 있다. 성공의 핵심은 방대한 자료를 다룰 수 있는 기술을 가진 전문가와 과학자이다. 산만한 형태의 방대한 자료 집합을 정리하고 구조화하는 기술은 매우 중요하다. 셋째, 경영진은 빅데이터 과제의 결과물을 수용하는 문화를 조성해야 한다. 과거의 경험과 직관에 의존해 의사결정을 내려 온 경영진은 그 판단에 반하는 결과를 받아들일 수 있어야 한다. 또한 빅데이터를 활용해 어떤 문제를 해결해야 할지 파악하는 일은 기술자가 아니라 문제에 대한 깊은 지식을 가진 경영인이다. 조직 문화의 변화는 하루아침에 이루어지는 것이 아니라, 경영진의 합의가 필요하다. 그래도 자료에 기반한 의사결정을 채택하는 기업이 앞서 나가는 경향이 있다. '경영 사례 9.1'은 빅데이터를 업계에서 어떻게 활용하고 있는지 보여준다.

예측 프로세스

9.8 예측 프로세스를 설명한다.

전형적인 예측 프로세스는 6단계로 구성된다.

- 1단계: 데이터베이스에 있는 제품/서비스에 대한 과거 수요 히스토리 파일을 갱신한다. 판촉 활동, 재고정리 판매, 코로나 팬데믹처럼 예외적 수요 행태를 일으키는 요인은 데이터베이스에 따로 명시해 둔다. 최근 예측치도 히스토리 파일에 입력해 예측오차를 추적할 수 있도록 한다. 그 밖에 필요한 정보 원천으로는 판매원 추정치, 신규 주문입찰, 예약 주문, 시장조사, 경쟁사 동향, 경제 전망, 신제품 출시, 가격정책, 판촉 활동 및 검색 자료가 있다. 신제품의 역사 자료 구축은 과거 유사 제품에 대한 기업의 경험과 담당자의 판단을 바탕으로 한다.
- 2단계: 예측 소프트웨어 패키지를 사용해 초기 예측치를 구한다. 소프트웨어의 계수를 조정해 과거 수요 패턴에 잘 맞도록 하고, 동시에 여러 정보원과 부서가 보낸 수요 영향 정보나 사건에 대한 예측담당자의 판단을 반영한다.
- 3단계: 마케팅, 판매, 공급사슬 기획, 재무담당자와 같은 이해관계자와 합의를 도출하기 위한 회의를 진행한다. 주요 공급업체와 고객이 협조해준 정보도 얻는다. 이 단계는 장기 예측과 관련이 있다.
- 4단계: 3단계 입력을 종합 판단해 예측치를 수정한다.
- 5단계: 예측치를 운영위원회에 보고하고 검토해 최종 예측치를 도출한다.
- 6단계: 주요 이해관계자에게 예측치를 알려준다.

---

4 자세한 AWS 고객 사례는 다음을 참조하라. https://aws.amazon.com/solutions/case-studies/enterprise-it/ (accessed February 28, 2023).

경영 사례 9.1 인공지능을 활용한 예측

인공지능(AI)을 활용한 예측은 보편화되고 있다. 여기 서비스 업계의 사례 두 가지가 있다.

예방 치료

신뢰할 수 있는 의료 예측은 여러 가지 이유로 중요하다. 예방 의료 서비스를 확산하고, 긴급 환자를 예측하며, 의료 서비스 수요를 예측할 수 있기 때문이다. 전 세계 의료 시설에 적용된 빅데이터 방식이 삶의 질을 개선하고 있다.

코로나19 팬데믹으로 인해 방대한 양의 역학 및 과학 자료로 구성된 빅데이터 개발이 필요했는데, 이를 통해 의료진, 과학자, 역학자, 정책 입안자가 정확한 정보를 바탕으로 예측과 의사결정을 할 수 있다. 실시간 코로나19 추적기는 전 세계에서 자료를 지속적으로 가져와 사건 자료를 종합했다. 신종 바이러스 감염 외에도, 의료기관은 당뇨와 심장병을 예방할 방법을 찾으라는 보험사와 경영진의 압박을 받아왔다. 환자의 질병을 예측할 수 있다면 예방 치료를 통해 입원이나 조기 사망을 줄일 수 있다. 환자에게 직접 정보를 수집하는 병원도 있지만, 기업에서 소비자나 재무 정보를 얻고 정부기관에서 빈곤, 주택 밀도, 실업에 대한 정보를 얻는 병원도 많다. 미래 의료행위를 예측하기 위해서는 환자가 어떻게 사는지가 중요하기 때문이다. 예를 들어

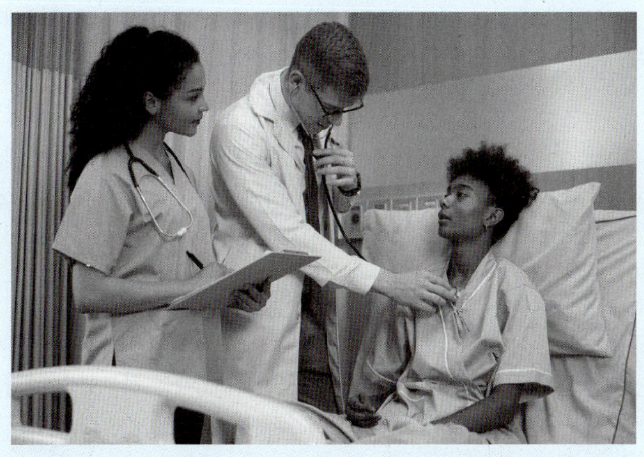

인공지능은 의료진이 정보에 기반한 예측과 의사결정을 내릴 수 있게 한다. 이를 위해서는 방대한 자료가 필요하다.

출처: Mangkorn Danggura/Shutterstock

페어뷰 병원(Fairview Health Services)은 1차 진료 환자에게 질병 관리에 대한 자신감을 묻는 설문조사를 한다. 1년간의 응답을 분석한 결과, 당뇨병 관리에 자신감이 없는 환자가 병원에 재입원할 확률이 56% 더 높았다. 페어뷰 병원은 이 분석을 통해 고위험 환자를 식별하고 지원 프로그램을 만들며 필요한 계획을 세울 수 있었다.

수요 예측

아마존과 같은 전자상거래업체는 많은 인력을 투입해도 수억 개의 제품 수요 예측을 매일 하기는 힘이 든다. 추세를 반영해 판매량을 예측하고, 대량 제품은 따로 신속하고 정확하게 조사해야 한다. 예전에 아마존은 수요가 안정된 상황에서 예측이 정확한 전통 시계열 모형을 활용했다. 그래서 과거 자료가 없는 신제품이나 계절 패턴이 뚜렷한 제품에 대한 예측을 할 수가 없었다. 아마존은 예측 플랫폼을 개편하기 위해 인공지능을 활용하기 위한 노력을 기울였다. 예를 들어 코로나19 팬데믹 동안 예기치 않게 수요가 급증하자(운동복 판매 급증) 아마존 머신러닝 모형은 새로운 수요 추세에 빠르게 반응했다. 코로나로 집에서 입는 옷의 추세를 전혀 예상하지 못했지만, 이러한 고급 예측모형을 활용해 수요 급증으로 인한 악영향을 완화할 수 있었다.

빠르고 정확한 예측을 위한 여정은 길고 험난했다. 과거 아마존 시계열 예측 시스템은 미래 수요 예측을 단일 수치로 제공하는 데 그쳤다. 이 때문에 가능 수요 범위를 알 수 없어 재고 의사결정이 어려웠고, 신제품 출시에도 도움이 되지 않았다. 하지만 동일한 수요 형태를 가진 많은 제품군이 있다는 발견이 큰 돌파구가 되었다. 즉 신제품의 수요 패턴은 다른 유사 제품의 초기 패턴을 참조할 수 있다. 수요, 판매, 제품 종류, 페이지 조회수와 같은 정보를 이용해 여러 의사결정나무로 구성된 랜덤 포레스트(random forest) 모형을 학습시켰으며, 이 모형은 정보에 입각한 재고 결정을 내리는 데 필요한 결과를 제공했다. 시스템은 크게 개선되었지만, 최상의 결과를 제공하기 위해서는 여전히 사람이 입력 변수를 정의해야 했다. 머신러닝을 포함한 추가 개발을 통해 사람의 입력 없이도 자료를 수집하고 여러 시나리오에 대한 예측을 생성하는 데 필요한 특징을 학습하는 시스템이 탄생했다. 자연어 처리 방법을 활용해 시스템은 과거 오류를 파악할 수 있다. 현재 아마존의 예측은 머신러닝 모형을 통해 자동화되었고, 모형에 없는 정보가 있을 때만 사용자는 예측을 재정의하기 위해 상호작용한다.[5]

응용 프로그램에 따라 예측 기간이 달라질 수 있다. 대부분 6개월에서 2년까지 월 단위로 예측하거나, 빅데이터 및 인공지능 응용 프로그램은 시간 단위로 측정하기도 한다. 대부분의 소프트웨어 패키지에는 개별 재고 관리 단위(SKU) 품목에 대한 예측치를 '묶어서' 또는 '통합화해' 제품군에 대한 예측으로 변환하는 기능이 있다. 반대로 통합 예측치를 상세 단위로 '세분화'할

5 출처: Randy Bean, "Big Data in the Time of Coronavirus (COVID-19)," *Forbes* (March 30, 2020), https://www.forbes.com; Jennifer Bresnick, "10 High-Value Use Cases for Predictive Analytics in Healthcare," *Health IT Analytics* (September 4, 2018); "The History of Amazon's Forecasting Algorithm," https://www.amazon.science/latest-news/the-history-of-amazons-forecasting-algorithm (August 9, 2021; "Predicting the Future of Demand: How Amazon Is Reinventing Forecasting with Machine Learning," https://www.forbes.com/sites/amazonwebservices/2021/12/03/predicting-the-future-of-demand-how-amazon-is-reinventing-forecasting-with-machine-learning (December 3, 2021).

수도 있다. 재고 생산(make-to-stock) 환경에서는 예측 대상이 상세해지는 경향이 있고, 구체적인 개별 제품 단위까지 내려가게 된다. 주문 생산(make-to-order) 환경에서는 제품군 단위로 예측하는 경향이 있으며, 원자재 수요 예측에 집중하게 된다. 또한 원자재 구매나 제품 생산 및 서비스 제공에 필요한 리드타임이 길면 먼 미래까지 예측해야 한다.

예측은 관리가 필요한 입력과 결과물이 있는 프로세스이다. 인공지능 및 머신러닝 응용 프로그램을 사용해 대부분의 예측 프로세스를 자동화할 수 있다. 그럼에도 불구하고 지속적으로 재검토해 개선해야 한다. 프로세스가 좋아지면 마케팅, 판매, 운영 부서 간의 관계가 개선된다. 또한 예측 성과가 개선된다. 예측모형을 정교화하는 것도 도움이 되지만, 예측 성공의 핵심은 소통과 협업이다.

여러 예측기법 활용

한 가지 예측 방법만 사용해 초기 예측치를 구할 필요는 없다. 예측치를 여러 개 활용해 최종 예측치를 결정하기도 한다. 여러 시계열 방법과 회귀분석으로 만든 통계 예측치를 관계자(마케팅 관리자, 판매팀, 공급업체, 고객)에게 배포해 조정할 수 있다. 이를 통해 과거 자료에 반영되지 않은 현재 시장과 고객 상황을 감안할 수 있다. 여러 판매팀이 서로 다른 예측치를 보내주지만, 그중에는 과거에 예측오차가 작았던 팀이 있다.

결합 예측
여러 예측기법이나 여러 다른 자료를 이용한 예측 결과의 평균을 이용한 예측

지난 20년간의 연구에 따르면 여러 예측치를 결합하면 더 정확해지는 경우가 많다. **결합 예측**(combination forecast)은 다양한 예측기법에 다양한 자료를 적용해 산출한 여러 예측치를 평균한 것이다. 결합 예측이 시간이 지남에 따라 단일 최고 기법으로 예측한 것보다 더 정확해진다는 점은 흥미롭다. 예를 들어 A기법의 예측치는 100이고, B기법의 예측치는 120이라고 가정해보자. 두 기법은 서로 다른 정보를 사용했고, 지금까지는 A기법이 더 정확한 경우가 많았다고 하자. 두 기법에 같은 가중치를 부여한 결합 예측치는 110(즉 $0.5 \times 100 + 0.5 \times 120$)이다. 60:40과 같은 다른 가중치를 사용할 수도 있다. 이 결합 예측치를 미래에 계속해서 사용하면 단일 최고 예측기법(A기법)보다 정확할 가능성이 훨씬 크다.

각각의 개별 예측기법이 서로 다른 정보를 반영하고 있을 때 결합 예측이 가장 효과가 있다. 여러 예측치에 균등한 가중치를 주었을 때 좋은 결과가 나타났다. 그러나 불균등한 가중치가 더 나은 결과를 제공할 수 있다. 윈도우용 OM Explorer와 POM을 사용해 여러 예측 모형을 평가하고 이들로부터 결합 예측을 할 수 있다. OM Explorer의 *Time Series Forecasting* Solver는 다양한 모형에 사용자가 제공한 가중치를 적용해 결합 예측을 자동 계산한다. 여기에는 초보 (1기간 이동 평균), 가중이동평균, 지수평활화, 회귀분석을 이용한 추세 예측 모형이 포함된다. 그림 9.9는 OM Explorer의 *Time Series Forecasting* Solver에 있는 94기간 자료 EL1을 사용한 결합 예측 결과를 보여준다. EL1 Data를 클릭하면 스프레드시트가 채워

Results

Solver - Time-Series Forecasting

Error Analysis begins in period 2

Method 1 - Moving Average:

1 - Period Moving Average

Forecast for Period 95	5,987
CFE	2,732
MAD	92.52
MSE	13,661
MAPE	2.04%

Method 2 - Weighted Moving Average:

2 - Period Weighted Moving Average

Forecast for Period 95	5,941
CFE	4,161
MAD	106.49
MSE	17,747
MAPE	2.36%

Method 3 - Exponential Smoothing:

α	0.20
Initial Forecast	3,255
Forecast for Period 95	5,842
CFE	12,937
MAD	198.26
MSE	50,740
MAPE	4.35%

Method 4 - Trend Projection

Intercept	3,553
Slope	22.23
r^2	0.80
Forecast for Period 95	5,665
Forecast for Period 96	5,688
Forecast for Period 97	5,710
Forecast for Period 98	5,732
Forecast for Period 99	5,754
Forecast for Period 100	5,776
CFE	0.00
MAD	258.58
MSE	90,125
MAPE	5.71%

Method 5 - Combination forecast

Forecast for Period 95	5,883
CFE	4,257
MAD	117.10
MSE	19,191
MAPE	2.58%

그림 9.9 *Time Series Forecasting* Solver를 사용한 결합 예측 예제

진다. 이 예제에서는 가중이동평균모형의 가중치는 기간 1에 0.4와 기간 2에 0.60이다. 결합 예측을 위해 모형 1부터 모형 4까지의 가중치를 0.25, 0.40, 0.15, 0.20으로 두었다. 여기서는 초보 예측의 결과가 가장 좋았다. 실제로는 각 모형을 분석해 최적 계수 값을 찾고 머신러닝을 사용해 결합 예측을 위한 최적 가중치를 결정할 수 있다. 새로운 자료가 도착하면 가중치와 계수 값은 수정될 수 있다.

윈도우용 POM에서도 결합 예측을 할 수 있다. 또한 *Time Series Forecasting* Solver를 사용하면 예비자료로 예측 결과를 평가할 수 있다. 예측자는 한 기간 앞을 예측하고 실제 수요가 주어지면 학습한다. 그리고 해당 기간에 대한 예측과 예측오차를 계산한다. 이 과정은 예비자료의 다음 기간에도 반복되어서 예측자는 다음 기간에 대한 예측을 한다. 특히 예측자는 다른 예측기법의 최근 성과에 대해서도 알고 있어야 한다.

초점 예측(focus forecasting)도 다양한 기법을 활용하는 방식인데, 개별 기법이 생성한 예측치 중에서 가장 좋은 것(오차 측정값에 기반)을 선택한다. 매 기간 모든 예측기법을 사용해 모든 품목의 예측치를 구한다. 보유 재고가 10만 개가 넘는 회사도 있기 때문에 컴퓨터를 이용해 예측한다. 여러 예측기법에 과거 파일을 적용해 현 기간의 예측치를 계산한다. 예측치를 실제 수요와 비교해 예측오차가 가장 작은 기법으로 다음 기간의 수요를 예측한다. 따라서 최상의 예측기법은 매번 바뀔 수 있다.

초점 예측
개별 기법이 산출한 예측치 중에서 가장 좋은 것을 선택하는 방법

예측 프로세스에서의 협력 구현

예측치에 대한 합의가 필요하다. 합의를 공식적으로 달성하는 방법인 **협력적 예측관리**(collaborative planning, forecasting, and replenishment, CPFR)는 인터넷을 통해 공급업체와 고객이 수요 예측에 협력할 수 있도록 공급사슬을 통합하는 프로세스이다. 전통적으로 대부분의 공급사슬에서 공급자와 구매자는 독립적으로 수요를 예측했다. CPFR을 시행하는 기업은 고객 중심 운영팀을 구성해 예측, 재고, 소매업체에 대한 판매량, 판촉, 생산계획, 예외사항에 대한 실시간 자료와 계획을 소매업체와 공유한다. CPFR에는 네 가지 상호작용 활동이 있다.

협력적 예측관리
인터넷을 통해 공급자와 고객이 수요 예측에 협력할 수 있도록 공급사슬을 통합하는 프로세스

- 전략과 계획: 협력 관계의 기본 규칙(사업 목표, 협력 범위, 역할 분담, 책임 할당)을 정한다.
- 수요와 공급 관리: 수요 예측, 주문 절차, 재고 위치를 개발한다.
- 실행: 공급업체와 고객 간의 주문 생성을 관리하고, 고객이 구매한 제품의 생산, 출하, 납품을 관리한다.
- 분석: 긴급 생산과 계획 과정을 관찰하고 사업 목표 달성을 평가한다.

CPFR은 어떻게 탄생했을까? 재고 예측 오류의 악영향을 극복하기 위해 1990년대 중반 월마트, IBM, SAP, Manugistics는 소프트웨어 패키지를 개발하기 위해 벤치마킹 파트너스(Benchmarking Partners, Inc.)를 지원했다. 리스테린(Listerine)은 시제품이었다. 월마트와 워너 램버트(Warner-Lambert)는 과거 판매 추세와 판촉과 같은 요인을 고려해 6개월 후 리스테린에 대한 수요를 각각 예측했다. 예측치가 정해진 비율 이상 차이가 나면, 서면 의견과 근거 자료를 교환했다. 그리고 수용 가능한 예측치로 수렴하기 위한 시간을 가졌다. 이 프로그램은 성공해 월마

출처: Iakov Filimonov/shutterstock

월마트는 영수증을 면밀히 분석하고 재고를 줄이기 위해 공급업체와 협력하는 것으로 유명하다. 이것이 CPFR로 이어졌다.

트는 재고 부족률이 15%에서 2%로 감소했고 매출이 증가했으며 재고 비용이 감소했고, 워너램버트는 원활하게 생산을 계획할 수 있었고 비용이 절감되었다. 이 시스템은 이후 보편화되어 CPFR이라고 불렸다.

CPFR을 사용해 공급사슬 전반에 걸쳐 예측과 계획을 실시하는 기업이 많다. CPFR을 사용하는 기업은 고객, 소매업체, 유통센터와의 협력이 강화되고, 예측 성과도 향상할 수 있다. CPFR의 핵심 성공 요인은 인적, 부서 간 문화적 연대를 강화하는 것이다.

예측은 단독 프로세스가 아니고 나머지 뒷장에서 다룰 폭넓은 프로세스의 일부이다. 결국 수요는 등식의 절반에 불과하며 나머지 절반은 공급이다. 예측한 수요를 충족하기 위한 자원을 공급하기 위한 미래 계획을 수립해야 한다. 자원에는 인력, 자재, 재고, 자금, 설비 용량이 있다. 수요와 공급 계획이 균형을 이루도록 하는 방법은 다음 장인 제10장 '재고 관리', 제11장 '운영 계획과 일정 계획', 제12장 '자원 계획'에서 다룬다.

학습목표 점검

학습목표	점검 가이드라인	온라인 자료
9.1 경영자가 수요 패턴을 관리하는 방법을 설명한다.	'수요 관리' 절을 복습하라. '수요 관리 옵션'과 수요 패턴을 변경할 수 있는 여덟 가지 방법에 집중하라.	
9.2 예측에 중요한 의사결정 두 가지를 설명한다.	'예측을 위한 사전 판단' 절에서 예측 대상을 결정하거나 예측기법을 선택할 때의 고려 사항에 집중하라.	
9.3 예측오차의 기본 척도 다섯 가지를 계산한다.	'예측오차' 절을 복습해 CFE, MSE, σ, MAD, MAPE를 이해하라. 그림 9.2(a)와 (b)를 예로 학습하라. 복습문제 2는 MAD 계산을 보여주고, 복습문제 3은 MAD와 MAPE의 계산을 보여준다.	윈도우용 POM: Error Analysis
9.4 판단 예측기법 네 가지를 비교한다.	'판단기법' 절을 보면 판매원 추정법, 경영자 의견, 시장 조사, 델파이법의 차이를 알 수 있다.	
9.5 하나 이상의 독립변수를 가진 회귀분석으로 예측치를 계산한다.	'인과모형: 선형회귀법' 절과 예제 9.2에서는 과거 자료가 있을 때 선형회귀가 어떻게 수요를 하나 이상의 독립변수에 대한 선형 함수로 표현하는지 설명한다. 선형회귀법에서는 컴퓨터가 중요한 역할을 한다. 예제 9.2와 복습문제 1은 회귀식이 자료에 얼마나 잘 맞는지를 측정하는 통계치를 보여준다.	Active Model: 9.1: Linear Regression OM Explorer Solver: Regression Analysis 윈도우용 POM: Least Squares-Simple and Multiple Regression 윈도우용 POM: Regression Projector
9.6 일반적인 시계열분석법 다섯 가지를 사용해 예측치를 계산한다.	'시계열 기법' 절은 초보 방법, 단순이동평균법, 가중이동평균법, 지수평활법, 회귀분석을 이용한 추세 예측, 승법계절모형을 설명한다. 예제 9.3~9.6과 복습문제 2, 3, 4는 계산법을 보여준다. 또한 실습과제 9.1은 결합 예측을 위해 시계열 모형을 세우는 학습 활동을 보여준다.	Active Models: 9.2: Simple Moving Averages, 9.3: Exponential Smoothing OM Explorer Tutors: 9.1: Moving Average Method, 9.2: Weighted Moving Average Method, 9.3: Exponential Smoothing OM Explorer Solvers: Time-Series Forecasting; Trend Projection with Regression; Seasonal Forecasting 윈도우용 POM: Time-Series Analysis Student Data File: Experiential Exercise 9.1 Data
9.7 빅데이터와 인공지능을 활용한 예측 생성법을 설명한다.	'빅데이터와 인공지능' 절을 참조하라. 빅데이터 접근법을 살펴보고 인공지능과 머신러닝이 어떻게 사용되는지 확인하라. 관련 품목 수를 고려하면 훨씬 더 복잡하다는 것을 알 수 있다.	
9.8 예측 프로세스를 설명한다.	예측 프로세스 6단계를 복습하라. 결합 예측과 초점 예측이 어떻게 작동하는지, 그리고 예측 프로세스에서의 협력에 CPFR(협력적 예측 관리)이 얼마나 중요한 역할을 하는지 이해하라.	

주요 공식

예측오차

1. 예측오차의 척도

$$E_t = D_t - F_t$$
$$\text{CFE} = \Sigma E_t$$
$$\overline{E} = \frac{\text{CFE}}{n}$$
$$\text{MSE} = \frac{\Sigma E_t^2}{n}$$
$$\sigma = \sqrt{\frac{\Sigma(E_t - \overline{E})^2}{n-1}}$$
$$\text{MAD} = \frac{\Sigma|E_t|}{n}$$
$$\text{MAPE} = \frac{(\Sigma|E_t|/D_t)(100\%)}{n}$$

인과모형: 선형회귀법

2. 선형회귀법

$$Y = a + bX$$

시계열 기법

3. 초보 방법

$$F_{t+1} = D_t$$

4. 단순이동평균법

$$F_{t+1} = \frac{D_t + D_{t-1} + D_{t-2} + \cdots D_{t-n+1}}{n}$$

5. 가중이동평균법

$$F_{t+1} = \text{Weight}_1(D_t) + \text{Weight}_2(D_{t-1}) + \text{Weight}_3(D_{t-2}) + \cdots + \text{Weight}_n(D_{t-n+1})$$

6. 지수평활화법

$$F_{t+1} = \alpha D_t + (1-\alpha)F_t$$

7. 회귀분석을 이용한 추세 예측

$$F_t = a + bt$$

8. 추적지표

$$\frac{\text{CFE}}{\text{MAD}} \text{ 또는 } \frac{\text{CFE}}{\text{MAD}_t}$$

9. 오차의 지수평활

$$\text{MAD}_t = \alpha|E_t| + (1-\alpha)\text{MAD}_{t-1}$$

핵심용어

가법계절모형(additive seasonal method)
가중이동평균법(weighted moving average method)
결합 예측(combination forecasts)
경영자 의견(executive opinion)
기술 예측(technological forecasting)
누적 예측오차(cumulative sum of forecast errors, CFE)
단순이동평균법(simple moving average method)
델파이법(Delphi method)
독립변수(independent variables)
머신러닝(machine learning)
미납 주문(backorder)
보완 제품(complementary products)
빅데이터(big data)
선형회귀법(linear regression)
수요 관리(demand management)
수익 관리(revenue management)
승법계절모형(multiplicative seasonal method)
시계열(time series)
시계열분석(time-series analysis)
시나리오 예측(scenario forecasting)
시장 조사(market research)
예비자료(holdout sample)
예측(forecast)
예측오차(forecast error)
오차의 표준편차(standard deviation of the errors, σ)
인과모형(causal methods)
재고 고갈(stockout)
종속변수(dependent variable)
주문 적체(backlog)
지수평활법(exponential smoothing method)
초보 방법(naïve forecast)
초점 예측(focus forecasting)
추적지표(tracking signa)
통합(aggregation)
판단기법(judgment methods)
판매원 추정법(salesforce estimates)
평균 제곱오차(mean squared error, MSE)
평균절대 백분율오차(mean absolute percent error, MAPE)
평균 절대편차(mean absolute deviation, MAD)
협력적 예측관리(collaborative planning, forecasting, and replenishment, CPFR)
회귀분석을 이용한 추세 예측(trend projection with regression)

복습문제 1

치킨 팰리스는 주기적으로 특판 가격에 포장치킨을 판매한다. 가격을 X, 판매량을 Y라고 하자. 다음 표를 이용해 회귀식, 상관계수, 결정계수를 구하라. 가격을 3달러로 한다면 판매량은 얼마로 예상되는가?

관측 횟수	가격(X)	판매량(Y)
1	2.70달러	760
2	3.50달러	510
3	2.00달러	980
4	4.20달러	250
5	3.10달러	320
6	4.05달러	480
합계	19.55달러	3,300
평균	3.258달러	550

풀이

컴퓨터(OM Explorer의 Regression Analysis Solver 또는 윈도우용 POM의 Regression Projector)를 사용해 a, b, 상관계수, 결정계수를 구한다.

$$
\begin{aligned}
a &= 1{,}454.60 \\
b &= -277.63 \\
r &= -0.84 \\
r^2 &= 0.71
\end{aligned}
$$

회귀식은 다음과 같다.

$$Y = a + bX = 1{,}454.60 - 277.63X$$

상관계수(r)가 -0.84이므로 두 변수 간에 음의 상관관계가 있다. 결정계수(r^2)가 71%인 것은 가격 외에도 판매량에 영향을 주는 변수가 있음을 의미한다. 이 회귀식을 경영자가 인정한다면, 가격을 3달러로 정했을 경우의 판매량 예측은 다음과 같다.

$$
\begin{aligned}
Y &= a + bX = 1{,}454.60 - 277.63(3.00) \\
&= 621.71 \text{ 또는 } 622
\end{aligned}
$$

복습문제 2

폴리시 제너럴 피자점은 동유럽 피자를 즐기는 손님을 위한 작은 레스토랑이다. 특히 폴란드식 피자가 인기 있다. 피자판을 미리 주문하려면 폴란드식 피자의 주별 수요를 예측해야 한다. 최근 수요는 다음과 같다.

주	판매량	주	판매량
6월 2일	50	6월 23일	56
6월 9일	65	6월 30일	55
6월 16일	52	7월 7일	60

a. $n = 3$인 단순이동평균법으로 4주에서 7주까지의 피자 수요를 예측하라. 그리고 $n = 3$이고 가중치가 0.5, 0.3, 0.2, 0.5(최근 자료에 적용)인 가중이동평균법으로도 예측하라.

b. 각 기법의 MAD를 계산하라.

풀이

a. 단순이동평균법과 가중이동평균법을 적용한 결과는 다음과 같다.

예측 시점	단순이동평균의 다음 주 예측치	가중이동평균의 다음 주 예측치
6월 16일	$\frac{52+65+50}{3} = 55.7$ 또는 56	$[(0.5 \times 52) + (0.3 \times 65) + (0.2 \times 50)] = 55.5$ 또는 56
6월 23일	$\frac{56+52+65}{3} = 55.7$ 또는 58	$[(0.5 \times 56) + (0.3 \times 52) + (0.2 \times 65)] = 56.6$ 또는 57
6월 30일	$\frac{55+56+52}{3} = 54.3$ 또는 54	$[(0.5 \times 55) + (0.3 \times 56) + (0.2 \times 52)] = 54.7$ 또는 55
7월 7일	$\frac{60+55+56}{3} = 57.0$ 또는 57	$[(0.5 \times 60) + (0.3 \times 55) + (0.2 \times 56)] = 57.7$ 또는 58

b. MAD는 다음과 같다.

		단순이동평균법		가중이동평균법	
주	실제 수요	이번 주 예측치	절대오차 $\lvert E_t \rvert$	이번 주 예측치	절대오차 $\lvert E_t \rvert$
6월 23일	56	56	$\lvert 56 - 56 \rvert = 0$	56	$\lvert 56 - 56 \rvert = 0$
6월 30일	55	58	$\lvert 55 - 58 \rvert = 3$	57	$\lvert 56 - 57 \rvert = 2$
7월 7일	60	54	$\lvert 60 - 54 \rvert = 6$	55	$\lvert 60 - 55 \rvert = 5$
			$\text{MAD} = \frac{0+3+6}{3} = 3$		$\text{MAD} = \frac{0+2+5}{3} = 2.3$

복습문제 3

애크미 로켓회사가 제조하는 제품의 월별 수요는 다음과 같다.

월	판매량	월	판매량
5월	100	9월	105
6월	80	10월	110
7월	110	11월	125
8월	115	12월	120

a. $\alpha = 0.2$인 지수평활법을 사용해 6월에서 내년 1월까지의 수요를 예측하라. 5월의 초기 예측치는 105이다.

b. 6월부터 12월까지 절대 백분율오차를 계산하고 12월 말의 MAD와 MAPE를 계산하라.

c. 12월 말의 추적지표를 계산하라. 예측기법의 성과를 논하라.

풀이

a.

예측 시점 (t)	다음 달 예측치 산출식 $F_t+1=\alpha D_t+(1-\alpha)F_t$	예측 대상 월 ($t+1$)
5월	0.2(100) + 0.8(105) = 104.0(104)	6월
6월	0.2(80) + 0.8(104) = 99.2(99)	7월
7월	0.2(110) + 0.8(99.2) = 101.4(101)	8월
8월	0.2(115) + 0.8(101.4) = 104.1(104)	9월
9월	0.2(105) + 0.8(104.1) = 104.3(104)	10월
10월	0.2(110) + 0.8(104.3) = 105.4(105)	11월
11월	0.2(125) + 0.8(105.4) = 109.3(109)	12월
12월	0.2(120) + 0.8(109.3) = 111.4(111)	1월

b.

월 (t)	실제 수요 D_t	예측치 F_t	오차 $E_t=D_t-F_t$	절대오차 $\lvert E_t\rvert$	절대 백분율오차 ($\lvert E_t\rvert/D_t$)(100%)
6월	80	104	−24	24	30.0%
7월	110	99	11	11	10.0%
8월	115	101	14	14	12.2%
9월	105	104	1	1	0.9%
10월	110	104	6	6	5.4%
11월	125	105	20	20	16.6%
12월	120	109	11	11	8.2%
합계	765		39	87	83.7%

$$\text{MAD} = \frac{\sum|E_t|}{n} = \frac{87}{7} = 12.4 \text{ 그리고 } \text{MAPE} = \frac{(\sum|E_t|/D_t)(100\%)}{n} = \frac{83.7\%}{7} = 11.96\%$$

c. 12월 말의 누적 예측오차는 39이다. (b)에서 계산한 MAD를 이용해 추적지표를 계산한다.

$$\text{추적지표} = \frac{\text{CFE}}{\text{MAD}} = \frac{39}{12.4} = 3.14$$

추적지표 3.14가 우연히 나올 가능성은 거의 없으므로 예측 방법을 수정해야 한다. 예측치가 계속 실제 수요보다 낮게 나오면 추세를 반영한 방법으로 바꿀 필요가 있다.

복습문제 4

노스빌 우체국의 우편량은 요일별 편차가 심하다. 대표적인 두 주의 자료가 1,000건 단위로 표시되어 있다.

요일	1주	2주
일요일	5	8
월요일	20	15
화요일	30	32
수요일	35	30
목요일	49	45
금요일	70	70
토요일	15	10
총	224	210

a. 요일별 계절지수를 계산하라.

b. 우체국장이 다음 주 우편물을 23만 통으로 예상한다고 하고, 요일별 우편물 처리량을 예측하라.

풀이

a. 주별로 우편물의 하루 평균치를 계산한다. 그런 다음 요일별 우편량을 하루 평균치로 나누어 계절지수를 구한다. 마지막으로 요일별로 두 계절지수를 더하고 2로 나누어서 평균 계절지수를 구하라. 이는 (b)의 예측에 사용된다. 옆페이지 표를 참조하라.

	1주		2주		평균 계절지수 [(1)+(2)]/2
요일	우편량	계절지수(1)	우편량	계절지수(2)	
일	5	5/32 = 0.15625	8	8/30 = 0.26667	0.21146
월	20	20/32 = 0.62500	15	15/30 = 0.50000	0.56250
화	30	30/32 = 0.93750	32	32/30 = 1.06667	1.00209
수	35	35/32 = 1.09375	30	30/30 = 1.00000	1.04688
목	49	49/32 = 1.53125	45	45/30 = 1.50000	1.51563
금	70	70/32 = 2.18750	70	70/30 = 2.33333	2.26042
토	15	15/32 = 0.46875	10	10/30 = 0.33333	0.40104
합계	224		210		
평균	224/7 = 32		210/7 = 30		

b. 하루 평균 우편량은 230,000/7 = 32,857이다. (a)에서 계산한 평균 계절지수를 곱하면 예측치는 다음과 같다.

	계산	예측치
일	0.21146(32,857) =	6,948
월	0.56250(32,857) =	18,482
화	1.00209(32,857) =	32,926
수	1.04688(32,857) =	34,397
목	1.51563(32,857) =	49,799
금	2.26042(32,857) =	74,271
토	0.40104(32,857) =	13,177
합계		230,000

토론과제

1. 그림 9.10은 콜로라도주 덴버의 여름철 대기 가시성을 측정한 것이다. 허용 기준은 100이며, 100 이상은 공기가 깨끗하고 가시성이 좋음을 나타내고, 100 미만은 산불, 화산 폭발, 혜성 충돌로 인한 기온 역전을 의미한다.
   - **a.** 이 자료에 추세가 있는가? 평균치를 추정하는 데 어떤 시계열 기법이 적합할까?
   - **b.** 덴버의 대기 상태가 악화하면, 호흡기질환 의료센터의 수요가 늘어난다. 당신이 대기 가시성의 단기(예: 3일) 예측을 담당한다면, 어떤 인과 요인을 분석하겠는가? 즉 어떤 외부 요인이 단기간에 가시성에 강한 영향을 미치겠는가?
   - **c.** 관광업을 주사업으로 하는 덴버는 도시 이미지가 중요하다. 가시성으로 측정되는 대기질은 도시 이미지에 영향을 미친다. 만약 당신이 관광산업 개발을 담당한다면, 가시성의 중기(예: 다음 두 여름) 예측을 하기 위해 어떤 인과 요인을 분석하겠는가?
   - **d.** 연방정부는 덴버가 8년 이내에 가시성 기준을 만족하지 않으면 수억 달러의 교통부 예산을 보류하겠다고 위협하고 있다. 향후 10년 이내 가시성을 개선할 수 있는 기술로 어떤 것이 출현할지를 어떻게 장기 예측을 하겠는가?

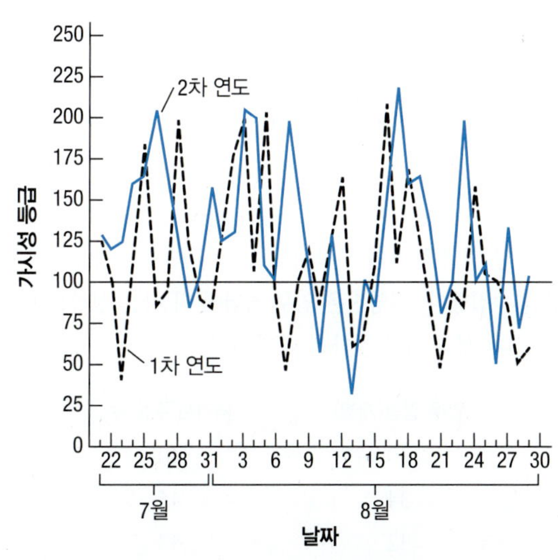

그림 9.10 여름철 대기 가시성 측정

2. 케이와 마이클은 지역 소식지인 '벼룩신문'을 격주로 발행한다. 벼룩신문은 구독자가 거의 없으며, 주로 가판대에서 판매된다. 수익의 대부분은 중고품 광고와 슈퍼마켓 세일 광고에서 발생한다. 너무 많은 신문을 인쇄하거나 잘못된 장소로 배달하는 데 드는 비용을 줄이기 위해 마이클은 판매 자료를 수집하는 전산 시스템을 도입했다. 가판대에 설치된 스캐너가 판매량을 정확하게 집계해 주었다. 시스템 도입 이후 총판매량은 꾸준히 감소했다. 광고 수주와 가판점의 판매대 확보가 점점 어려워졌다. 매출이 감소하자 비용 관리가 더 중요해졌다. 마이클은 판매대별 판매량을 고려해 신중하게 예측을 했다. 그런 다음 예측치에 맞추어 신문을 인쇄하고 배포했다. 마이클의 예측에는 판매 자료에 나타난 하락 추세가 반영되어 있었다. 이제는 남아도는 신문이 별로 없었다. 예측은 실제 판매량을 정확하게 예측했지만, 벼룩신문의 판매는 갈수록 악화했다. 케이는 마이클이 예측을 잘못하고 있다고 의심했지만 계산 오류를 발견할 수 없었다. 무슨 일이 일어나고 있는지를 말하라.

연습문제

이 책을 사용하는 모든 학생은 OM Explorer, 윈도우용 POM, Active Model 소프트웨어를 사용할 수 있다. 해당 소프트웨어의 다운로드 위치와 활용 방법은 강의 담당 교수에게 문의하라. 대부분의 교수자는 학생이 직접 계산하는 방법을 이해하기를 바란다. 하지만 소프트웨어를 이용하면 계산을 확인할 수 있다. 계산이 매우 복잡하고, 의사결정 과정에서 결과를 해석하는 것이 목표인 경우 소프트웨어가 수작업 계산을 완전히 대체해도 무방하다.

인과모형: 선형회귀법

1. 모기 퇴치제를 생산하는 회사는 다음 표에 있는 과거 자료를 활용해 미래 수요를 예측한다.

월	오일 교체 횟수
7월	31,364
8월	33,934
9월	36,470
10월	35,162
11월	36,814
12월	38,141

   a. 분산형 차트를 사용해 판매 자료를 시각화하라. 차트를 사용해 이론적 선형 관계를 결정하라.
   b. 선형 관계를 사용해 다음 달의 판매량을 예측하라.

2. 인터넷 의류 소매업자는 물류창고 직원의 생산성을 측정하고자 한다. 생산성 측정은 직원이 시간당 처리한 주문 수로 한다. 경영진은 다양한 경력을 가진 무작위로 선정된 13명의 창고 직원의 성과 자료를 수집했다. 경영진은 업무 경험이 더 나은 성과를 내는지 알고자 한다. 성과 자료는 다음 표에 있다.

업무 경험(개월)	처리한 주문 수
30	40
34	45
32	43
37	50
45	52
31	40
28	35
23	30
6	20
35	47
38	48
32	42
31	40

   a. 선형회귀법를 이용해 직원의 업무 경험(X)과 직원이 처리한 주문 수(Y)의 관계식을 찾아라.
   b. Y와 X 사이에 강한 상관관계가 있는가? 설명하라.

3. 오하이오 스위스 우유는 오하이오, 켄터키, 웨스트버지니아에서 아이스크림을 생산해 공급한다. 이 회사는 오하이오 북부에 공장을 신축하려 한다. 새 공장의 규모는 해당 지역의 수요에 의해 결정된다. 수요를 예측하기 위해 시장조사를 진행하고 있다. 이 회사는 판매량과 갤런당 원가 간의 함수관계를 알아내 수요량과 공장 규모를 결정하려 하며, 다음과 같은 자료가 수집되었다.

공장	1,000갤런당 원가(Y)	1,000갤런 단위의 판매량(X)
1	1,015달러	416.9
2	973	472.5
3	1,046	250.0
4	1,006	372.1
5	1,058	238.1
6	1,068	258.6
7	967	597.0
8	997	414.0
9	1,044	263.2
10	1,008	372.0
합계	10,182달러	3,654.4

a. 갤런당 원가를 판매량의 함수로 표시하는 회귀식을 만들어라.

b. 상관계수와 결정계수를 계산하라. 이를 근거로 회귀식에 대한 의견을 말하라.

c. 시장조사 결과 오하이오주 부사이러스 지역의 수요가 325,000갤런이 된다고 가정하자. 연간 325,000갤런을 생산하는 공장의 갤런당 원가를 추정하라.

4. 한 기업이 기능공의 생산 등급을 평가하기 위한 기능시험을 개발했다. 여러 기능공의 시험 점수와 생산 등급은 다음과 같다.

기능공	시험 점수	생산등급	기능공	시험 점수	생산등급
A	53	45	K	54	59
B	36	43	L	73	77
C	88	89	M	65	56
D	84	79	N	29	28
E	86	84	O	52	51
F	64	66	P	22	27
G	45	49	Q	76	76
H	48	48	R	32	34
I	39	43	S	51	60
J	67	76	T	37	32

a. 윈도우용 POM의 least squares-linear regression을 사용해 시험 점수와 생산 등급의 관계를 찾아라.

b. 시험 점수가 80점인 기능공의 생산 등급을 이 모형으로 추정하라.

c. 시험 점수와 생산 등급 간 상관관계의 강도를 논하라.

5. 한 회사의 자재담당자가 지게차의 유지비를 예측하려 한다. 담당자는 지게차의 수령에 따라 유지비가 증가한다고 생각한다. 다음의 자료가 수집되었다.

수령(년)	연간 유지비(달러)	수령(년)	연간 유지비(달러)
4.5	619	5.0	1,194
4.5	1,049	0.5	163
4.5	1,033	0.5	182
4.0	495	6.0	764
4.0	723	6.0	1,373
4.0	681	1.0	978
5.0	890	1.0	466
5.0	1,522	1.0	549
5.5	987		

a. 윈도우용 POM의 least squares-linear regression을 사용해 지게차 수령과 유지비 간의 관계를 찾아라.

b. 3년 된 지게차 20대의 연간 유지비를 추정하라.

시계열 기법

6. 마리안 슈워츠는 계약업체와 방문 고객에게 카펫 청소기를 대여한다. 마리안은 청소기와 함께 제공되는 소모품의 정확한 수량을 주문하기 위해 대여량을 예측하고자 한다. 최근 10주 자료는 다음과 같다.

주	대여량	주	대여량
1	15	6	20
2	16	7	24
3	24	8	27
4	18	9	18
5	23	10	16

a. 4주 이동평균법을 사용해 6주부터 10주까지 예측을 하라. 11주의 예측치는 얼마인가?

b. 10주 말의 평균 절대오차(MAD)를 계산하라.

7. 한 컴퓨터 회사의 지난 12개월 매출액은 다음과 같다.

월	매출액(달러)	월	매출액(달러)
1월	3,000	7월	6,300
2월	3,400	8월	7,200
3월	3,700	9월	6,400
4월	4,100	10월	4,600
5월	4,700	11월	4,200
6월	5,700	12월	3,900

a. 3개월 이동평균법으로 5월에서 12월까지 매출액을 예측하라.

b. 4개월 이동평균법으로 5월에서 12월까지 매출액을 예측하라.

c. MAD를 기준으로 두 예측법의 성과를 비교하라. 어떤 방법을 추천하겠는가?

d. MAPE를 기준으로 두 예측법의 성과를 비교하라. 어떤 방법을 추천하겠는가?

e. MSE를 기준으로 두 예측법의 성과를 비교하라. 어떤 방법을 추천하겠는가?

8. 브래들리사는 복사기를 판매하고 수리한다. 수리 인력계획을 위해 주당 수리 요청 수를 예측할 필요가 있다. 첫 주 예측치는 첫 주의 실제 수요로 하고 두 번째 주부터 오차를 계산한다. $\alpha = 0.20$인 지수평활법을 사용해 6주의 수리 요청 수를 예측하라.

주	실제 수리 요청
1	29
2	27
3	41
4	18
5	33

9. 7번 문제의 컴퓨터 회사 자료로 다음 질문에 답하라.

a. 3개월 가중이동평균법으로 4월에서 12월까지 매출액을 예측하라. 가중치는 4/8, 3/8, 1/8로 최근 자료에 비중을 많이 준다.

b. $\alpha = 0.6$인 지수평활법으로 4월에서 12월까지 매출액을 예측하라. 1월의 초기 예측치는 3,200달러로 가정하라. 4월부터 오차를 측정하라.

c. MAD를 기준으로 두 예측기법의 성과를 비교하라. 4월부터 오차를 측정하라. 어떤 방법을 추천하겠는가?

d. MAPE를 기준으로 두 예측기법의 성과를 비교하라. 4월부터 오차를 측정하라. 어떤 방법을 추천하겠는가?

e. MSE를 기준으로 두 예측기법의 성과를 비교하라. 4월부터 오차를 측정하라. 어떤 방법을 추천하겠는가?

10. 편의점이 최근 새로운 상표의 음료수를 팔기 시작했다. 이 상표를 계속 판매할지 아니면 다른 상표로 교체할지 결정하기 위해 미래 판매량을 예측하고자 한다. 다음 표는 주별 음료수 판매량이다. 회귀분석을 이용한 추세 예측과 지수평활법($\alpha = 0.4$, 첫째 주의 초기 예측치는 617)을 이용해 13주 수요를 예측하라. MAD와 MAPE를 이용해 두 기법을 비교하라. 분석 결과 판매량에 추세가 있는가? 만약 있다면, 어느 정도인가?

주	1	2	3	4	5	6	7	8	9	10	11	12
판매량	617	617	648	739	659	623	742	704	724	715	668	740

11. 무역 회사가 다음 표와 같이 지난 24개월 동안의 초콜릿 우유 판매 자료를 수집했다. 이 자료로 판매량을 예측하고자 한다. 회귀분석을 이용한 추세 예측을 사용해 25월과 26월의 매출량을 예측하라.

월	1	2	3	4	5	6	7	8	9	10	11	12
판매된 팔레트 수	89	60	103	103	100	96	113	111	123	109	85	173
월	**13**	**14**	**15**	**16**	**17**	**18**	**19**	**20**	**21**	**22**	**23**	**24**
판매된 팔레트 수	109	108	41	88	108	62	100	102	80	71	78	82

12. 하트빌 종합병원의 심장수술 횟수는 지난 수년간 꾸준히 증가했다. 병원 경영진은 6차 연도의 수술 수요를 예측할 수 있는 최선의 방법을 찾고 있다. 지난 5년간의 자료는 다음 표와 같다.

연	수술 수요
1	45
2	50
3	52
4	56
5	58

병원 경영진은 다음과 같은 예측기법을 고려하고 있다. 예측오차를 3차 연도부터 측정해 예측기법을 비교하라.

a. $\alpha = 0.6$인 지수평활법. 1차 연도의 초기 예측치는 실제 수요인 45로 설정.

b. $\alpha = 0.9$인 지수평활법. 1차 연도의 초기 예측치는 실제 수요인 45로 설정.

c. 회귀분석을 이용한 추세 예측.

d. 2년 이동평균법.

e. 2년 가중이동평균법. 가중치는 0.6, 0.4로 최근 자료에 큰 가중치 부여.

f. MAD 기준으로 어느 기법을 선택하겠는가?

g. MSE 기준으로 어느 기법을 선택하겠는가?

h. MAPE 기준으로 어느 기법을 선택하겠는가?

13. 다음 자료는 지난 9주 동안 전자제품 매장에서 판매된 계산기 판매량이다. 회귀분석을 통한 추세 예측을 이용해 10주에서 13주까지 판매량을 예측하라. 이 예측기법의 오차 측정값(CFE, MSE, σ, MAD, MAPE)은 얼마인가? r^2은 얼마인가?

주	판매량	주	판매량
1	46	6	58
2	49	7	62
3	43	8	56
4	50	9	63
5	53		

14. 노바(Nova)는 냉압착 올리브 오일 제조업체이다. 이 회사의 제조법은 돌 분쇄기로 올리브를 분쇄하고 압착해 오일을 추출하는 것이다. 가을에 올리브를 수확하고 재빨리 오일을 추출한다. 오일은 매년 관광객에게 주로 판매된다. 다음 표는 1월에서 10월까지 실제 판매를 보여준다. 회귀분석을 이용한 추세 예측으로 11월과 12월의 판매량을 예측하라. 과거 자료의 예측 정확도와 통계치를 기준으로 11월과 12월의 예측을 얼마나 확신하는가?

월	판매량(리터)	월	판매량(리터)
1월	790	7월	610
2월	700	8월	630
3월	725	9월	580
4월	740	10월	570

월	판매량(리터)	월	판매량(리터)
5월	730	11월	
6월	680	12월	

15. 지역 전력 회사는 전력 시스템의 수요를 예측하고자 한다. 다음 표는 시간당 1만 킬로와트 단위로 측정된 분기별 수요 자료이다.

a. 5차 연도 수요가 시간당 2,266.89만 킬로와트가 될 것으로 예측한다. 승법계절모형을 사용해 분기별 수요를 예측하라.

분기	1차 연도	2차 연도	3차 연도	4차 연도
1	393.27	426.79	427.08	499.68
2	381.54	412.03	462.74	520.62
3	399.69	432.34	483.96	543.23
4	433.86	458.13	508.99	566.15
합계	1,608.36	1,729.29	1,882.77	2,129.68

b. 5차 연도 분기별 실제 수요는 시간당 566.56, 565.46, 577.97, 550.66만 킬로와트이다. 누적 예측오차는 얼마인가?

16 알라이나 가든센터의 경영자는 갈퀴, 장갑과 같은 정원용품의 연간 구매계획을 세워야 한다. 비축 품목 중에는 액체 비료인 패스트 그로우가 있다. 이 품목의 판매는 봄, 여름, 가을에 절정을 이룬다. 지난 2년의 분기별 판매 상자 수는 다음과 같다.

분기	1차 연도	2차 연도
1	45	67
2	339	444
3	299	329
4	222	283
합계	905	1,123

3차 연도의 판매 예측치가 1,850상자일 때, 승법계절모형을 이용해 분기별 예측치를 계산하라.

17. 코 충혈 완화제 제조업체는 다음 표와 같이 수요가 꾸준히 감소하는 것을 관찰했다. 이 회사는 4차 연도의 수요를 3,000상자로 예측했다. 승법계절모형을 이용해 분기별 예측치를 계산하라.

분기	1차 연도	2차 연도	3차 연도
1	1,119	1,491	907
2	968	542	552
3	1,405	905	902
4	1,470	1,004	1,171
합계	4,962	3,942	3,532

18. (난이도 상) 프랭클린사는 제지회사에 필요한 공구를 생산한다. 이 회사의 제품은 모두 주문 생산이므로 고객이 주문하기 전까지는 부품 소요량을 알 수 없다. 하지만 부품 135.AG의 수요는 안정적이다. 지난 26주간 부품 135.AG의 수요는 다음과 같다.

주	수요	주	수요
1	137	14	131
2	136	15	132
3	143	16	124
4	136	17	121
5	141	18	127
6	128	19	118
7	149	20	120
8	136	21	115
9	134	22	106
10	142	23	120
11	125	24	113
12	134	25	121
13	118	26	119

OM Explorer Time Series Forecasting Solver를 이용해 다음 예측기법을 비교하라. 5주부터 오차를 측정하라. 초기 예측치는 소프트웨어에서 설정된 기본값을 사용한다.

a. 초보 방법(1주 이동평균)

b. 3주 이동평균법

c. $\alpha = 0.28$인 지수평활법

d. 회귀분석을 이용한 추세 예측

e. 다음의 척도를 적용할 때, 어떤 예측기법을 선택해야 하겠는가?

- CFE
- MSE
- MAD
- MAPE

19. (난이도 상) 18번 문제의 자료로 결합 예측을 할 수 있는 엑셀 스프레드시트를 만들어라. 18번 문제에서 제시한 예측기법 네 가지를 모두 사용해 결합 예측을 하라. 각 기법에 동일한 가중치를 부여하라. 또 네 가지 기법 중에서 MAD가 나은 세 가지 기법만으로 결합 예측을 하라. 이때에도 동일한 가중치를 부여하라. 마지막으로 가장 좋은 기법 두 가지만으로 결합 예측을 하라(동일 가중치). 결합 예측의 CFE, MAD, MSE, MAPE를 계산하라. 이 세 가지 예측기법이 18번 문제의 기법보다 더 나은가?

20. (난이도 상) 대형 공공도서관의 관장은 대출 도서와 정기 간행물을 재분류할 직원의 일정계획을 세워야 한다. 대출 품목 수가 노동 소요량을 결정한다. 다음 자료는 지난 3년간의 대출 품목 수이다.

월	1차 연도	2차 연도	3차 연도
1월	1,847	2,045	1,986
2월	2,669	2,321	2,564
3월	2,467	2,419	2,635
4월	2,432	2,088	2,150

월	1차 연도	2차 연도	3차 연도
5월	2,464	2,667	2,201
6월	2,378	2,122	2,663
7월	2,217	2,206	2,055
8월	2,445	1,869	1,678
9월	1,894	2,441	1,845
10월	1,922	2,291	2,065
11월	2,431	2,364	2,147
12월	2,274	2,189	2,451

관장은 다음 달 대출 품목 수를 예측하기 위해 시계열 기법을 이용하려 한다. 최선의 결과를 주는 단순이동평균법을 설계하라. '최선'의 의미를 결정하고 의사결정을 설명하라.

21. (난이도 상) 20번 문제의 자료와 OM Explorer의 Time Series Solver를 이용해, MAD를 최소로 하는 지수평활법의 α를 구하라. 기간1의 실제 수요를 기간 1의 초기 예측치로 사용하고, 기간 2부터 오차 분석을 하라.

22. (난이도 상) 20번 문제의 자료와 OM Explorer의 Time Series Solver를 이용해 회귀분석을 이용한 추세 예측을 하라. 그 성과를 21번 문제의 지수평활법 결과와 비교하라. 기간 2부터 오차 분석을 하라. MAD를 기준으로 두 가지 기법 중 어느 것을 선택하겠는가?

23. 지중해 국가의 문화관광부가 수집한 최근 5년간 관광객 수(단위: 1,000명) 자료는 다음 표와 같다.

월	1차 연도	2차 연도	3차 연도	4차 연도	5차 연도	6차 연도	7차 연도
1월	359	307	364	534	700	667	714
2월	405	426	481	608	697	627	787
3월	547	676	500	784	1,107	922	1,100
4월	885	853	669	1,104	1,348	1,373	1,521
5월	1,232	1,326	1,146	1,799	2,302	1,919	2,288
6월	1,388	1,458	1,511	1,898	2,403	2,369	2,774
7월	1,777	1,897	2,131	2,591	3,181	3,110	3,624
8월	1,601	1,900	2,275	2,493	2,861	2,906	3,384
9월	1,440	1,771	1,874	2,125	2,502	2,267	2,799
10월	1,066	1,420	1,658	1,842	2,108	1,714	2,153
11월	521	663	776	949	1,053	1,020	1,177
12월	398	560	644	789	862	927	1,019
합계	11,619	13,257	14,029	17,516	21,124	19,821	23,340

a. 승법계절모형을 이용해 월별 계절지수를 계산하라.
b. 연간 관광객 수를 예측하기 위해 단순선형회귀식을 세워라.
c. b에서 세운 회귀모형을 사용해 8차 연도의 연간 관광객 수를 예측하라.
d. (a)에서 계산한 월별 계절지수와 (c)에서 예측한 연간 관광객 수를 사용해 8차 연도의 월별 예측치를 계산하라.

24. (난이도 상) 미드웨스트 컴퓨터 회사는 5대호 지역의 업체와 거래하고 있다. 이 회사는 7개의 영업소를 통해 소모품과 교체품을 팔고, AS도 한다. 재고로 저장된 품목이 너무 많아서 재고를 정밀하게 관리해야 고객 서비스가 잘 된다. 최근 사업이 성장하면서 재고고갈을 고민하고 있다. 수개월 전에 수요를 예측해야 적절한 수량을 주문할 수 있다. 표 9.2는 지난 50개월 동안 성장한 레이저 프린터 카트리지(EP-37)의 판매량 자료이다.

표 9.2 EP-37 판매량과 사무실 임대량 자료

월	EP-37 판매량	임대	월	EP-37 판매량	임대
1	80	32	26	1,296	281
2	132	29	27	1,199	298
3	143	32	28	1,267	314
4	180	54	29	1,300	323
5	200	53	30	1,370	309
6	168	89	31	1,489	343
7	212	74	32	1,499	357
8	254	93	33	1,669	353
9	397	120	34	1,716	360
10	385	113	35	1,603	370
11	472	147	36	1,812	386
12	397	126	37	1,817	389
13	476	138	38	1,798	399

월	EP-37 판매량	임대	월	EP-37 판매량	임대
14	699	145	39	1,873	409
15	545	160	40	1,923	410
16	837	196	41	2,028	413
17	743	180	42	2,049	439
18	722	197	43	2,084	454
19	735	203	44	2,083	441
20	838	223	45	2,121	470
21	1,057	247	46	2,072	469
22	930	242	47	2,262	490
23	1,085	234	48	2,371	496
24	1,090	254	49	2,309	509
25	1,218	271	50	2,422	522

a. OM Explorer를 사용해 회귀분석을 이용한 추세 예측을 하라. 51번째 달의 수요를 예측하라.

b. 이 회사의 경영자문가가 사무실 건물의 신규 임대량이 판매량의 좋은 선행지표라고 제안했다. 자문가는 사무실 건물의 신규 임대량이 사무기자재의 수요를 3개월 정도 앞선다는 최근 대학 연구 결과를 인용했다. 연구 결과에 따르면 첫 번째 달의 임대가 네 번째 달의 판매에 영향을 주고, 두 번째 달의 임대는 다섯 번째 달의 판매에 영향을 준다. 윈도우용 POM의 linear regression을 사용해 임대를 독립변수로 하는 예측모형을 개발하라. 51번째 달의 수요를 예측하라.

c. 위의 두 기법 중 어떤 것이 더 나은가? 설명하라.

25. (난이도 상) P&Q 슈퍼마켓에서 판매하는 식료품의 지난 24개월 동안 수요 패턴은 다음 표와 같다.

주기	수요	주기	수요
1	33	13	37
2	37	14	43
3	31	15	56
4	39	16	41
5	54	17	36
6	38	18	39
7	42	19	41
8	40	20	58
9	41	21	42
10	54	22	45
11	43	23	41
12	39	24	38

a. OM Explorer의 Time Series Forecasting Solver의 결합 예측법을 사용하라. 오차 분석을 6번째 달부터 시작하라. (1) 5개월 이동평균법(결합 가중치 1/3), (2) $\alpha = 0.2$인 지수평활법(결합 가중치 1/3), (3) 추세 예측(결합 가중치 1/3)을 고려하라. 이 모형의 MAD를 계산하라. 25번째 달의 예측치를 구하라.

b. 그래프를 그려보면 계절지수를 고려해야 할 필요성을 알 수 있다. 5개월마다 수요가 급증한다. 안타깝게도 OM Explorer의 Seasonal Forecasting Solver는 한 주기에 기간 5개가 있는 경우를 다루지 않는다. 계산을 직접 해야 한다. 먼저 앞쪽 네 주기(20개월)의 월별 계절지수를 계산한 다음, 평균 계절지수를 계산하라(예제 9.6 참조). 이제 OM Explorer의 Time Series Solver에 있는 Trend Projection을 사용해 주기 5의 총판매량을 추정하라. 종속변수는 앞쪽 네 주기의 총판매량이다. 주기 5의 평균 수요 예측치를 계산한 다음, 여기에 계절지수를 곱하라. 이 승법계절모형의 예측오차(MAD 포함)를 계산하라(주기 5의 5번째 달은 제외). 윈도우용 POM의 Error Analysis를 사용할 수 있다.

c. 위 두 가지 예측기법을 어떻게 비교해야 하는가? MAD를 기준으로 어떤 것이 더 나은가?

26. (난이도 상) 토론과제 1의 가시성 그래프 자료가 표 9.3에 있다. 가시성 허용 기준은 100이다. 100 미만은 대기 오염으로 인해 가시성이 하락한 것이고, 100 이상은 공기가 맑음을 나타낸다.

a. 여러 가지 기법을 사용해 2차 연도 8월 31일의 가시성 지표를 예측하라. 어떤 기법이 가장 우수한가?

b. 여러 가지 기법을 사용해 3차 연도 여름의 가시성 지표를 예측하라. 어떤 기법이 가장 우수한가? 설명하라.

표 9.3 가시성 자료

날짜	1차 연도	2차 연도	날짜	1차 연도	2차 연도	날짜	1차 연도	2차 연도
7월 22일	125	130	8월 5일	105	200	8월 19일	170	160
23	100	120	6	205	110	20	125	165
24	40	125	7	90	100	21	85	135
25	100	160	8	45	200	22	45	80
26	185	165	9	100	160	23	95	100
27	85	205	10	120	100	24	85	200

날짜	1차 연도	2차 연도	날짜	1차 연도	2차 연도	날짜	1차 연도	2차 연도
28	95	165	11	85	55	25	160	100
29	200	125	12	125	130	26	105	110
30	125	85	13	165	75	27	100	50
31	90	105	14	60	30	28	95	135
8월 1일	85	160	15	65	100	29	50	70
2	135	125	16	110	85	30	60	105
3	175	130	17	210	150			
4	200	205	18	110	220			

27. (난이도 상) 톰 글라스는 지역 전력회사의 전력 수요를 예측한다. 전력 수요가 낮을 때에 유지보수를 위해 컴스톡 발전소의 가동을 중단한다. 가동 중단 후 유지보수를 수행하고 발전소를 재가동하는 데는 2주일이 걸린다. 전력회사는 발전소가 여러 개 있기 때문에 컴스톡 발전소의 가동을 중단해도 1,550메가와트(MW) 정도는 공급할 수 있다. 표 9.4는 과거 5년간의 가을철 주간 전략 수용량(MW)을 보여준다. 내년(6차 연도)에는 언제쯤 컴스톡 발전소의 유지보수 일정을 잡아야 하겠는가?

표 9.4 주간 전력 수요량

	8월				9월				10월				11월
연도	1	2	3	4	5	6	7	8	9	10	11	12	13
1	2,050	1,925	1,825	1,525	1,050	1,300	1,200	1,175	1,350	1,525	1,725	1,575	1,925
2	2,000	2,075	2,225	1,800	1,175	1,050	1,250	1,025	1,300	1,425	1,625	1,950	1,950
3	1,950	1,800	2,150	1,725	1,575	1,275	1,325	1,100	1,500	1,550	1,375	1,825	2,000
4	2,100	2,400	1,975	1,675	1,350	1,525	1,500	1,150	1,350	1,225	1,225	1,475	1,850
5	2,275	2,300	2,150	1,525	1,350	1,475	1,475	1,175	1,375	1,400	1,425	1,550	1,900

28. (난이도 상) 제조업체가 주요 제품 하나의 수요 예측을 개선하고 싶어 하며, 수요에는 추세가 있다고 생각한다. OM Explorer의 Trend Projection with Regression Solver에서 47개월 수요 자료를 입력하려면 'Load Problem 28 Data' 버튼을 클릭한다. 혹은 입력 시트에서 수요 자료를 직접 입력한다.

a. 기간 1을 회귀분석의 시작점으로 해 4차 연도의 12월 수요를 예측하라.

b. 기간 48(4차 연도 12월)의 실제 수요가 5,100이라고 하자. 이 수요를 과거 자료에 포함하고 기간 2를 회귀분석의 시작점으로 변경해 회귀의 기간 수를 47개월로 유지하라. 기간 49의 예측치는 기간 48의 예측치와 얼마나 차이가 나는가? 예측오차 차이는 얼마나 나는가?

c. 이제 회귀분석의 시작점을 기간 25로 변경하고 위의 과정을 반복하라. 어떤 차이가 나는가? 기간 49의 예측치는 얼마인가?

연도	1	2	3	4
1월	4,507	4,589	4,084	4,535
2월	4,400	4,688	4,158	4,477
3월	4,099	4,566	4,174	4,601
4월	4,064	4,485	4,225	4,648
5월	4,002	4,385	4,324	4,860
6월	3,963	4,377	4,220	4,998
7월	4,037	4,309	4,267	5,003
8월	4,162	4,276	4,187	4,960
9월	4,312	4,280	4,239	4,943
10월	4,395	4,144	4,352	5,052
11월	4,540	4,219	4,331	5,107
12월	4,471	4,052	4,371	

실습과제 9.1: 주요 에너지 통계 예측

다음 시계열 자료는 동부 연안 원유 수입의 주간 평균을 보여준다(단위: 1,000배럴).

1차 연도 2분기		1차 연도 3분기		1차 연도 4분기		2차 연도 1분기	
주	자료	주	자료	주	자료	주	자료
1	1,160	14	1,116	27	1,073	40	994
2	779	15	1,328	28	857	41	1,307
3	1,134	16	1,183	29	1,197	42	997
4	1,275	17	1,219	30	718	43	1,082
5	1,355	18	1,132	31	817	44	887
6	1,513	19	1,094	32	946	45	1,067
7	1,394	20	1,040	33	725	46	890
8	1,097	21	1,053	34	748	47	865
9	1,206	22	1,232	35	1,031	48	858
10	1,264	23	1,073	36	1,061	49	814
11	1,153	24	1,329	37	1,074	50	871
12	1,424	25	1,096	38	941	51	1,255
13	1,274	26	1,125	39	994	52	980

강의자는 53번째 주 이후의 자료를 '예비자료'로 가지고 있다. 윈도우용 POM의 Time Series Forecasting과 과거 자료를 이용해 예측을 하라. 수요자료를 Data Table에 직접 입력할 수 있다. 수업 전에 다음을 하라.

a. 윈도우용 POM의 Time Series Forecasting을 이용해 예비자료에 있는 수요를 가장 정확하게 예측할 것이라고 생각하는 초보, 이동평균, 가중이동평균, 회귀분석을 이용한 추세 예측모형을 설계하라. 5주부터 오차를 계산하라.

b. 엑셀 스프레드시트에 Time Series Forecasting으로 행해진 네 가지 예측치를 입력하라. 이 스프레드시트를 이용해 각 기간에 대한 결합 예측을 한다. 각 예측모형에 가중치를 할당해(가중치의 합은 1) '결합 예측치'를 구한다. 그리고 최적의 가중치를 찾는다. 특정 모형이 마음에 들지 않으면 가중치를 0으로 한다. 엑셀 스프레드시트에서 결합 예측에 대한 예측오차를 계산한다.

c. 예측모형 4개와 결합 예측의 기간별 예측과 과거 자료의 CFE와 MAPE를 보여주는 보고서를 작성하라.

학습활동 1

a. 엑셀 스프레드시트에 윈도우용 POM의 Time Series Forecasting으로 행한 예측을 입력해 예비자료의 첫 번째 기간(53주)에 대한 결합 예측을 하라.

b. 강의자가 알려준 실제 자료를 입력하고 예측모형 4개와 결합 예측의 예측오차를 계산하라. 결합 예측의 가중치를 적절히 수정하라.

c. 윈도우용 POM의 Time Series Forecasting에 새 기간의 실제 수요를 입력하고 갱신해 새 예측치를 얻어라.

학습활동 2

a. 윈도우용 POM의 Time Series Forecasting 예측을 엑셀 스프레드시트에 입력해 다음 기간(54주)에 대한 결합 예측을 한다. 이때 각 예측기법의 가중치를 변경할 수 있다. 상황 정보는 없지만 한 모형이 최근 몇 기간 동안 예측 성과가 좋을 수 있다. 팀원들 간에 의견이 다르면 반드시 합의에 도달해야 한다.

b. 강의자가 알려준 실제 자료를 입력하고, 예측모형 4개와 결합 예측에 대한 예측오차를 엑셀에서 계산한다.

c. 윈도우용 POM의 Time Series Forecasting에 새 기간의 실제 수요를 입력하고 갱신해 새 예측치를 얻어라.

학습활동 3

a. 강의자의 지시에 따라 수업활동 1과 2의 방식으로 계속 예측을 한다. 과제가 끝나면 예비자료를 이용한 예측모형 4개와 결합 예측의 기간별 예측, 예측오차, 백분율오차를 보여주는 두 번째 보고서를 작성한다. 예비자료 기간 동안 결합 예측의 가중치를 변경한 이유를 설명하라.

출처: 이 실습과제는 사우스캐롤라이나대학교의 존 젠슨(John Jensen) 박사가 학습 활동 형태로 만들었다. 박사의 허가를 받고 실었다.

사례 연구 양키 포크 앤드 호

양키 포크 앤드 호(Yankee Fork and Hoe Company)는 손수레, 반죽 팬, 핸드트럭, 삽, 갈퀴, 모종삽 같은 다양한 정원 도구를 생산하는 선도적인 업체이다. 전문가용 최상위 헤라클레스 제품부터 일반인을 위한 저가 가든 헬퍼 제품까지 네 가지 제품군을 판매한다. 정원 도구 시장은 제품 디자인이 단순하고 생산자가 많기 때문에 경쟁이 치열하다. 또한 잔디깎기 기계, 울타리 정리 기계, 이엉장비와 같은 전동 공구 수요가 늘어나면서 수동 공구에 대한 수요가 줄어들고 있다. 이러한 이유로 이 회사는 고품질과 배송 신뢰도를 유지하면서도 저렴한 가격을 유지해야 한다.

정원 도구는 성숙한 산업이다. 새로운 수동 제품이 개발되거나 정원 꾸미기가 유행하지 않는 한 매출이 급성장할 전망은 밝지 않다. 경쟁에서 앞서기 위해 끊임없는 전쟁을 해야 한다. 이것을 잘 아는 사람이 회사 대표 앨런 로버트(Alan Robert)이다.

오늘날 판매되는 도구의 유형은 대체로 30년 전과 동일하다. 새 고객을 유치하고 기존 시장을 유지하는 유일한 방법은 우수한 고객 서비스를 제공하고 고객 가치가 높은 제품을 생산하는 것이다. 이러한 접근 방식은 제조 시스템에 압박을 가해 최근에 어려움을 겪고 있다. 최근 로버트는 시어스(Sears), 트루밸류(True Value) 공구점과 같은 단골 고객에게서 배송 지연에 대한 불만 전화를 받았다. 이 고객은 정원 도구 판촉 광고를 하면서 정시 배송을 요구했다.

로버트는 시어스와 트루밸류 같은 고객을 잃으면 재앙이 된다는 것을 알고 있다. 로버트는 자문가인 샤론 플레이스(Sharon Place)에게 이 문제를 조사해 일주일 후에 보고해 달라고 요청하기로 결정했다. 로버트는 판매량이 많고 최근 고객 불만의 주요 원인이었던 정원 갈퀴를 집중 검토하라고 했다.

정원 갈퀴 생산계획

정원 갈퀴는 2.5cm 간격으로 톱니가 12개로 된 헤드, 단단한 나무 손잡이, 헤드와 손잡이를 연결하는 연결부, 연결부의 손잡이 접합 부분을 보강하는 금속물미로 구성되어 있다. 연결부는 헤드 끝부분에 용접해 붙이고 중간 부분을 구부려 손잡이에 부착할 수 있도록 하는 쇳조각이다. 정원 갈퀴의 길이는 약 160cm이다.

플레이스는 회사의 정원 갈퀴 생산계획 방법을 알아보기로 결심했다. 그리고 바로 필 스탠튼(Phil Stanton)을 찾아가 다음과 같은 설명을 들었다.

"우리는 계획을 비공식적으로 합니다. 처음에 마케팅부서에서 내년도 월별 판매 예측치를 정해서 저에게 줍니다. 솔직히 말해서 이 예측치는 보통 부풀려져 있어요. 아마도 마케팅 팀 자존심 때문일 겁니다. 이 예측치를 그대로 인정하면 비용이 많이 드는데, 이유는 철강제품은 장기 구매계약을 맺기 때문에 그냥 쌓아 두면 비용이 발생합니다. 그래서 보통 이 예측치에서 10% 정도 깎습니다. 깎아낸 예측치를 기준으로 월별 최종 조립 일정을 만들고, 이것을 보고 단조와 목공 부문에 필요한 물량을 결정합니다. 예측만 정확하면 시스템은 잘 돌아갑니다. 하지만 연말에 마케팅부서가 고객 주문이 밀렸다고 말하면, 생산 일정 계획이 엉망이 됩니다. 단조 부문이 가장 큰 타격을 입지요. 예를 들어 철판에서 갈퀴 헤드를 찍어내는 프레스 기계는 하루에 7,000개, 연결부 압연 기계는 하루에 5,000개만 처리할 수 있습니다. 그런데 이 두 기계는 갈퀴 헤드 말고도 할 일이 많습니다."

마케팅부서가 스탠튼에게 문제의 정보를 주기 때문에, 플레이스는 마케팅 담당자 조던 애덤스(jordan Adams)를 만나 보기로 했다. 애덤스는 예측치에 어떻게 도달하는지 설명했다.

"매년 똑같이 합니다. 물론 이런저런 판촉을 가끔 하지만, 보통 한 달 정도 전에 필에게 수요가 튈 것이라고 말을 합니다. 제가 여러 지역 판매 책임자를 만나서 작년 출하 자료를 검토하고 판촉계획, 경기 변화, 작년에 겪었던 재고 고갈에 대해 논의하지요. 이 회의를 바탕으로 다음 해의 월간 수요 예측치를 만듭니다. 예측에 시간을 많이 쓰지만 고객문제 해결에 도움이 되는 것 같지는 않습니다."

플레이스는 스탠튼과 애덤스의 의견을 심사숙고한다. 그리고 비용과 재고 절감에 대한 스탠튼의 걱정과 적시 배송을 위해 정원 갈퀴 재고를 충분히 보유해야 한다는 애덤스의 걱정을 모두 이해한다. 두 사람 모두 생산용량에 대해서도 걱정하고 있다. 지난 4년간 실제 수요(표 9.5)를 확인하고 나서 로버트에게 최종 보고를 하기로 했다.

표 9.5 정원 갈퀴의 과거 4년간 수요

월	수요			
	1차 연도	2차 연도	3차 연도	4차 연도
1	55,220	39,875	32,180	62,377
2	57,350	64,128	38,600	66,501
3	15,445	47,653	25,020	31,404
4	27,776	43,050	51,300	36,504
5	21,408	39,359	31,790	16,888
6	17,118	10,317	32,100	18,909
7	18,028	45,194	59,832	35,500
8	19,883	46,530	30,740	51,250
9	15,796	22,105	47,800	34,443
10	53,665	41,350	73,890	68,088
11	83,269	46,024	60,202	68,175
12	72,991	41,856	55,200	61,100

문제

1. 양키 사가 사용하고 있는 예측 시스템에 대해 논하고, 적절한 변경 또는 개선 대책을 제안하라.
2. 정원 갈퀴의 내년도(5차 연도) 월별 수요를 예측하라. 사용한 기법의 타당성을 설명하라.

비디오 사례 펫스마트의 예측 서비스

공급사슬하면 흔히 전 세계 사람에게 영향을 미치는 활동과 프로세스를 떠올린다. 최근 몇 년 동안 지구촌에 큰 혼란이 발생했을 때, 공급사슬 관리의 어려움이 집중적으로 부각되었다. 하지만 우리 삶에 위로와 기쁨을 주는 동물과 반려동물에게 영향을 미치는 공급사슬 또한 중요하다. 이 프로세스는 누가 돌보고 있을까?

답은 애리조나주 피닉스에 본사가 있는 펫스마트(PetSmart)이다. 미국과 캐나다 전역에 1,650개 이상의 매장을 보유한 이 회사의 사명은 보호자와 반려동물이 풍요로운 삶을 함께 살도록 돕는 것이다. 사람에게 필수품을 제공하는 것과 같은 방식으로, 펫스마트의 5만 명 직원은 매장이나 온라인에 제품과 서비스가 항상 준비되어 있도록 노력한다. 그렇다면 700여 개의 공급업체가 제공하는 10,000개에 달하는 재고 관리 단위(SKU)를 적시에 적재적소에 공급하기 위해 경영진은 어떤 노력을 하고 있을까? 모든 것은 예측에서 시작된다.

예측은 재고 관리, 판매 및 운영 계획, 자원 계획의 출발점이다. 공급사슬 담당 부사장 에드 올드햄(Ed Oldham)의 업무는 상하기 쉬운 식품부터 계절 상품에 이르기까지 다양한 제품의 균형을 유지하는 것이다. "계절을 타는 장난감과 반려동물 의상을 제외하면 반려동물 용품 시장에는 계절 효과가 거의 없기 때문에 연중 내내 예측을 면밀히 관리해 판매량을 유지하고 재정 안정을 이루어야 합니다."

운영 전반에서 입력된 정보를 바탕으로 매년 예측을 한다. 9개 물류센터의 노동력과 생산성, 소매점이 제공하는 구매 및 판매 예상 품목과 판매 계획도 중요하다. 또한 각 매장으로 일일 및 주간 배송을 위한 트럭 운송과 연료에 대한 예측도 한다. 펫스마트의 로열티 프로그램인 '트리츠(Treats)'는 소비자 구매 행동에 대한 자료를 제공해 구체적인 수요 패턴을 알려준다. 회사 매출의 90% 가까이가 트리츠 고객에게서 발생한다.

예측을 위해 펫스마트는 과거 추세를 살펴보고 많이 사용되는 소매점 소프트웨어 패키지인 RELEX 솔루션을 사용해 재고 분석을 한다. 이 소프트웨어는 매장별 및 개별 품목별 시계열 예측을 하고, 품목별 최적 주문 수량을 결정하며, 구매 및 출고 물류 관리자에게 세부 정보를 제공한다. 단일 물류센터의 총 재고는 10억 달러에 육박하며 연간 5회 가까이 재고가 회전한다.

출처: Richard W. Rodriguez/Associated Press

가장 잘 팔리는 품목은 개 사료로 전체 매출의 30~35%를 차지한다. 펫스마트는 미주리주 세인트루이스에 본사를 둔 네슬레 퓨리나(Nestle Purina)와 같은 여러 제조업체와 협력해 엄격한 품질 기준을 만족하는 사료를 공급하고 있다. 펫스마트에서 판매하는 사료의 대부분이 미국 국내에서 공급되기 때문에 매장으로의 공급이 안정적이다.

특별한 예측이 필요한 또 다른 흥미로운 제품군은 태국에서 활어를 구매하는 것이다. 활어를 특수 포장백에 넣어 항공화물로 펫스마트 물류센터로 운송한다. 물류센터에 도착한 활어를 신선한 정수된 물로 옮기고, 스트레스 해소를 위해 먹이를 준다. 적응이 끝나면 활어를 재포장하여 다른 상품과 함께 매장으로 배송한다.

펫스마트는 반려동물을 위한 약국, 데이 캠프, 훈련, 미용, 호텔 서비스도 제공한다. 이러한 서비스의 수요를 예측해 추가 인력 계획과 서비스 일정 계획을 세울 수 있다. 펫스마트는 지역 반려동물 입양기관과 협력해 개와 고양이가 새로운 보호자에게 입양되도록 돕고 있으며, 프로그램 시작 이후 1,000만 건 이상의 입양을 성공시켰다. 팬데믹 동안 급증한 온라인 판매량도 예측하고 있다. 배송비를 최소화하기 위해 고객과 가장 가까운 매장에서 주문이 처리된다.

거시적으로 펫스마트는 신규 매장, 확장, 신제품 도입에 대한 예측도 하고 있다. 신규 매장과 확장에 대한 이전 경험은 예측에 도움이 된다. 펫스마트의 재무팀은 내년도 이사회 승인을 위해 이러한 예측을 작성하는 데 중요한 역할을 한다.

예측이 개발되면 다양한 단계에서 결재가 이루어지며, 이사회 승인으로 공식 마무리된다. 그런 다음 공급업체에 주문을 하고, 물류센터에 적절한 공간이 있는지 확인하고, 배송 및 트럭 운송을 위한 물류를 확인하고, 매장 제품 배치를 결정하는 작업을 시작한다. 매장은 총 생산성과 수익에 따라 등급이 매겨지며, 판매량이 많은 매장은 수요에 대처하기 위해 더 많은 배송을 할당 받는다. 생산성과 판매량이 낮은 매장은 일주일에 한두 번만 배송을 받는다.

매주 경영진은 예측과 실제 결과를 비교한다. 펫스마트는 변화에 신속하게 대응함으로써 변화로 인한 재정적 영향을 최소화해 경쟁력을 유지할 수 있다. 각 매장에는 매주 예측 및 예산 성과에 대한 자세한 분석이 엑셀 파일로 제공된다. 매주 예산 변동에 대한 설명과 토론이 이루어지며, 이는 매장이 판촉과 비용 절감 계획을 세우는 데 도움이 된다.

문제

1. 이 장의 마지막에 있는 전형적 예측 프로세스를 사용해 펫스마트의 접근 방식이 얼마나 잘 부합하는지 설명하라.
2. 펫스마트가 직면한 예측 과제는 무엇이라고 생각하는가?
3. 펫스마트는 향후 몇 년 내에 미국에서 소매점 사업을 확장할 계획이다. 새로운 매장에는 고객 구성이 다를 수 있다는 점을 고려해 적절한 예측 방법을 설계하라.
4. 펫스마트가 예측 시스템에서 빅데이터를 효과적으로 활용할 수 있는 방법을 설명하라.

10 재고 관리

출처: SOPA Images Limited/Alamy Stock Photo

크로거(Kroger) 같은 식료품점은 신선한 농산물을 제공하기 위해 진열대를 계속해서 채워 넣어야 한다.

크로거

식료품점에 갔다가 필요한 제품의 재고가 없으면 실망을 하게 된다. 코로나19 팬데믹 기간 동안 공급사슬 중단으로 인해 이러한 재고 부족은 빈번했다. 팬데믹 이후 모두가 정상으로 돌아갈 것으로 기대했지만, 그렇지 않았다. 물가 상승과 심각한 공급사슬 문제가 결합해 식료품 업계에는 불확실성이 커졌다. 그럼에도 불구하고 2,700개 매장에서 465,000명의 직원을 고용하고 있는 1,480억 달러 규모의 크로거(Kroger)와 같은 주요 식료품업체는 2022년에 탄탄한 매출을 기록했다. 물가는 계속 상승하고 장바구니와 쇼핑 빈도는 줄어들었지만, 대형 식료품 체인은 새로운 쇼핑 방식, 새로운 자사 상표, 기타 혁신을 내놓음으로써 고객이 대규모로 이탈하는 것을 막을 수 있었다.[1] 재고 가용성과 빈번한 제품 재진열이 식료품업체의 주요 차별화 요소이다. 2022년 설문조사에 따르면, 쇼핑객의 51%는 원하는 제품이 항상 재고로 있는 판매자에게서 계속 구매하겠다고 답했다.

크로거는 재고 관리를 개선하기 위해 크게 두 가지 노력을 기울였다. 첫째, 제품 재진열에서의 큰 문제 중 하나는 정보를 제때 주지 않아서 직원의 유휴 시간이 많아진다는 점이다. 구글 클라우드(Google Cloud)와 딜로이트(Deloitte)는 크로거와 협력해 인공지능과 머신러닝을 활용한 작업관리 애플리케이션을 개발해 크로거의 야간 근무 관리자에게 특정 날짜에 도착하는 제품의 양과 종류, 매장 직원 배치 정보, 재입고 필요량에 대한 정보를 주었다. 그런 다음 이 시스템은 팀 활동의 우선순위를 정하고 직원에게 재고 또는 배송 변경 사항을 실시간으로 알려주었다. 둘째, 크로거는 재고 관련 기술 회사인 업샵(Upshop)과 협력해 수천 개의 매장에 납품을 위한 소프트웨어 시스템을 구축했다. 빵, 유제품, 맥주, 청

학습목표

10.1 재고 감축과 재고 비축의 상쇄관계를 설명한다.

10.2 재고의 다양한 종류와 공급사슬에서의 역할을 정의한다.

10.3 공급사슬에서 재고 감축을 위한 기본 전략을 설명한다.

10.4 주의를 기울여 엄격하게 재고 관리할 품목 결정을 위해 ABC 분석을 활용한다.

10.5 경제적 주문량을 계산하고 이를 여러 상황에 적용한다.

10.6 연속조사 재고통제 시스템에서의 재주문점 주문량을 결정한다.

10.7 주기조사 재고통제 시스템에서의 재주문점 주문량을 결정한다.

10.8 재고 관리에서 윤리의 역할을 설명한다.

---

1 출처: Jeff Wells, "Pardon the Disruption: The 7 Trends That Defined 2022," https://www.grocerydive.com/news/grocery-trends-that-defined-2022/ (December 14, 2022); *PYMNTS*, "Decoding Customer Affinity to Merchants Survey 2022," https://www.pymnts.com/news/retail/2023/google-ai-fixes-grocery-store-inventory-with-kroger-partnership/; Christoph Glatzel, Matt Hopkins, Tim Lange, and Uwe Weiss, "The Secret to Smarter Fresh-Food Replenishment? Machine Learning," https://www.mckinsey.com/industries/retail/our-insights/the-secret-to-smarter-freshfood-replenishment-machine-learning#/ (November 28, 2016); Sam Silverstein, "Google Cloud Rolls Out AI-Driven Inventory Tech," https://www.grocerydive.com/news/google-cloud-artificial-intelligence-inventory-tech-retailers/640611/ (January 18, 2023); Pini Mandel, "Putting the AI in Grocery Aisles," https://www.foodlogistics.com/software-technology/aiar/article/21207474/quicklizard-putting-the-ai-in-grocery-aisles(January 4, 2021); Matt Wampler, "The Future of Grocery: How AI Is Changing the Way Stores Operate," https://www.clearclogs.com/post/thefuture-of-grocery-how-aiis- changing-the-way-stores-operate (December 28, 2022); Supermarket News, "Kroger to Implement next-Gen DSD Solution," https://www.supermarketnews.com/retail-financial/kroger-implement-next-gen-dsd-solution (June 17, 2022); "Kroger Fulfillment Network Expands to Three New Cities," https://ir.kroger.com/CorporateProfile/press-releases/pressrelease/2022/Kroger-Fulfillment-Network-Expands-to-Three-New-Cities/default.aspx (March 4, 2022).

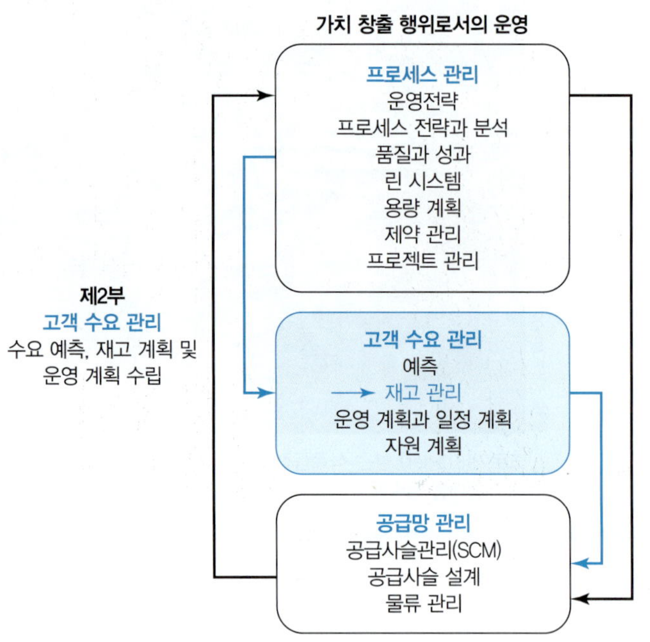

량음료와 같은 제품이 물류센터를 거치지 않고 공급업체나 유통업체로부터 매장으로 직접 배송되는 매장 직배송(direct-store delivery, DSD) 시스템을 도입했다. DSD 시스템은 재고 프로세스를 간소화하고 크로거 고객의 구매 가능성을 향상했다.

인공지능은 식료품점의 예측과 재고 관리를 크게 향상하고 있다. 식료품점은 인공지능을 이용해 고객의 구매 습관 자료를 분석하고 이를 통해 수요가 많은 제품을 예측할 수 있다. 특히 유통기한이 짧아 재고 과잉으로 인한 비용이 발생할 수 있는 신선식품 부서에서 정확한 예측이 중요하다. 미국에서는 매년 430억 달러 상당의 식품이 매장 진열대에서 쓰레기통으로 직행하는 것으로 추정된다. 하지만 천장에 설치된 컴퓨터 비전 시스템은 이미지 인식 소프트웨어를 사용해 유통기한이 지난 제품을 식별함으로써 손실을 일부 줄일 수 있다. 또한 컴퓨터 비전 시스템은 판촉을 위한 동적 가격 책정 엔진을 지원할 수 있고 재진열이 필요한 제품을 식별할 수 있다. 마지막으로, 크로거는 새로운 풀필먼트 센터(fulfillment centers)에서 재고를 관리하는 데 로봇을 사용하고 있다. 이 센터는 고객에게 식료품을 배송하는 라스트마일 배송 거점(last-mile cross-dock locations) 역할을 하는 소규모 시설을 지원한다. 풀필먼트 센터에서는 1,000대 이상의 로봇이 제품과 배송 준비가 완료된 고객 주문이 담긴 토트(totes)가 있는 거대한 3D 그리드(grid)인 '더 하이브(The Hive)' 주위를 빙글빙글 돌고 있다. 배송 시간이 가까워지면 로봇은 제품을 더 하이브에서 픽 스테이션(pick station)으로 가져가 배송을 위해 분류하는데, 이 모든 과정은 제품을 지능적으로 포장하는 알고리즘으로 관리된다. 예를 들어 깨지기 쉬운 품목은 맨 위에 배치하고, 포장의 무게를 균등하게 조정하며, 각 주문이 최소한의 포장에 들어갈 수 있도록 최적화해 플라스틱 사용을 줄인다. 마지막으로 식료품은 냉장 차량에 실려 고객에게 배송된다.

재고 관리, 즉 조직의 경쟁 우선순위를 달성하기 위해 재고를 계획하고 통제하는 것은 모든 유형의 기업에 중요한 관심사이다. 9장 '예측'에서 제품/서비스에 대한 고객 수요의 크기와 시기를 결정하는 데 예측이 어떻게 도움이 되는지 보았다. **재고 관리**(inventory management)는 고객 수요를 충족하는 방법에 초점을 맞춘, 제2부에서 논의하는 도구 중 첫 번째 도구이다. 어떤 공급사슬이든 역량을 최대한 실현하려면 효과적인 재고 관리가 필수적이다. 문제는 비용을 줄이기 위해 재고를 터무니없이 줄이거나 모든 수요를 충족할 수 있을 만큼 풍부한 재고를 보유하는 것이 아니라, 기업의 경쟁 우선순위를 달성할 수 있는 적절한 양의 재고를 보유하는 것이다. 이는 적절한 양의 재고가 공급사슬을 통해(즉 공급업체, 기업, 창고 또는 물류센터, 고객을 통과해) 흐르고 있어야만 가능하다. 재고 관리의 대부분은 **로트 크기 결정**(lot sizing)과 관련 있는데, 이는 얼마나 자주 그리고 얼마만큼의 양으로 재고를 주문할지를 결정하는 것이다. **로트 크기**(lot size)라는 용어를 많이 사용할 것인데, 이는 각 재고 품목에 대해 한 번에 공급자로부터 구매하거나 내부적으로 제조하는 양을 의미한다. 이 장에서는 재고 관리의 의사결정 측면에 중점을 둔다.

재고 관리
조직의 경쟁 우선순위를 달성하기 위해 재고를 계획 및 통제하는 활동

로트 크기 결정
재고를 얼마나 자주 그리고 얼마만큼 주문할지 결정하는 것

로트 크기
각 재고 품목에 대해 한 번에 공급자로부터 구매하거나 내부적으로 제조하는 양

재고는 모든 종류의 조직, 직원, 공급사슬에서 중요하다. 재고를 집계하고, 지불하고, 운영에 사용하고, 고객 만족을 위해 사용하고, 관리해야 하기에 재고는 매일의 기업 운영에 큰 영향을 미친다. 재고는 새 기계를 구입하는 것과 마찬가지로 자금 투자가 필요하다. 재고에 투자된 자금은 다른 곳에 투자할 수 없기 때문에 기업의 현금흐름에 부담이 된다. 그럼에도 불구하고 기업은 제품의 사용 가능성이 많은 시장에서 핵심 판매 요인이며 다른 많은 것에서도 중요하다는 것을 알고 있다.

그렇다면 재고는 득이 될까, 실이 될까? 재고를 너무 많이 보유하면 수익성이 떨어지고, 너무 적게 보유하면 공급사슬에 부족이 발생해 궁극적으로 고객 신뢰가 훼손된다. 따라서 재고 관리에는 상쇄관계(trade-off)가 존재한다. 이제 기업이 조직 전반에서 재고를 효과적으로 관리할 수 있는 방법을 알아보자.

재고의 상쇄관계

10.1 재고 감축과 재고 비축의 상쇄관계를 설명한다.

재고 관리의 가치는 공급사슬이 복잡할 때 분명해진다. 수많은 공급업체의 성과가 제품/서비스가 공급사슬의 다음 단계로 나가는 흐름을 결정한다. 그러나 자재의 흐름은 재고 수준을 결정한다. **재고**(inventory)란 고객 수요를 충족하고 서비스나 제품 생산을 지원하기 위해 비축한 자재를 말한다. 그림 10.1은 물탱크의 비유를 통해 공급사슬의 한 지점에서 재고가 어떻게 생성되는지 보여준다. 물탱크에 물이 유입되면 수위가 높아진다. 물의 유입은 철강, 부품, 사무용품, 완제품의 투입을 의미한다. 수위는 공장, 서비스 시설, 창고, 소매점에 보관된 재고량을 의미한다. 탱크에서 물이 유출되면 수위가 낮아진다. 물의 유출은 재고로 비축된 자재에 대한 수요를 의미하는데, 허피(Huffy) 자전거에 대한 고객 주문, 비누, 식품, 가구 같은 물자 요구를 예로 들 수 있다. 유출 속도는 제품/서비스의 수요를 만족시키는 기업의 능력을 반영한다. 또 다른 유출은 불량품 발생으로 일어난다. 유입과 유출의 차이가 재고 수준을 결정한다. 유출보다 유입이 많으면 재고가 늘어나고, 유출이 많으면 재고가 줄어든다. 그림 10.1은 기업이 불량을 줄이기 위해 6시그마와 전사적 품질경영(TQM)을 활용하는 이유를 명확하게 보여준다. 불량이 많아지면 주어진 유출량을 유지하는 데 필요한 자재의 유입량이 많아져야 한다.

재고
고객 수요를 만족시키고 서비스나 재화 생산을 지원하기 위해 비축한 자재

그림 10.1 재고 생성

공급사슬관리의 근본적인 질문은 재고를 얼마나 보유해야 하는가이다. 이 질문에 대한 답은 재고 보유의 장점과 단점 간 상쇄관계를 고려하는 것이다. 상황에 따라 적은 재고를 보유하는 유인은 많은 재고를 보유하는 유인보다 크거나 작을 수 있다.

재고 감축의 유인

재고 관리 담당자의 업무는 재고 감축과 재고 비축의 장단점을 파악하고 이 둘의 균형을 찾는 것이다. 재고를 감축하는 주된 이유는 재고가 일시적인 금전 투자를 요구하기 때문이다. 따라서 기업은 다른 목적에 사용할 수 있는 자금이 재고에 묶여 있기 때문에 기회비용이 발생한다. 이를 자본비용이라 한다. **재고 유지비용**(inventory holding cost, carrying cost)은 보관비용, 처리비용, 세금, 보험료, 상품 훼손비용과 같은 변동비용과 자본비용의 합이다. 이러한 요소가 재고의 수준에 따라 변화한다면 재고 유지비용도 그러하다.

재고 유지비용
보관 및 취급비용, 세금, 보험료, 상품 훼손비용과 같은 변동비용과 자본비용의 합

기업은 보통 단위 기간당 재고 유지비용을 해당 품목의 가치와 비교해 백분율로 표시한다. 재고 한 단위를 유지하는 데 드는 연간 비용은 보통 그 가치의 15~35%이다. 유지비용이 20%라고 가정해 보자. 총재고의 평균 가치가 매출액의 20%라면, 재고 유지비용은 매출액의 4%[0.20(0.20)]이다. 총이익률이 보통 10% 미만임을 감안하면 이 비용은 상당히 크다. 이런 재고 유지비용 구성 항목이 재고 감축에 대한 압박을 유발한다.

자본비용

자본비용은 유사한 위험이 있는 자산의 기대수익률에 비례한 어떤 자산에 투자하는 기회비용이다. 재고는 자산이므로, 자산을 조달하는 기업의 접근법을 적절히 반영하는 비용 척도를 사용해야 한다. 대다수 기업은 자본의 가중평균자본비용(weighted average cost of capital, WACC)을 사용한다. 이는 기업 주식자산의 필요수익률에 부채에 대한 이자율을 주식과 부채의 비중에 따라 가중한 평균이다. 자본비용은 재고 유지비용 중 가장 큰 비중을 차지하며, 기업의 자본 조

달 포트폴리오에 따라 다르지만 재고 가치의 15% 정도 된다. 기업은 전통적으로 WACC를 매년 갱신하는데, 그 이유는 WACC가 많은 재무 의사결정에 영향을 미치기 때문이다.

보관비용과 처리비용

재고는 공간을 차지하고 반입과 반출이 있다. 보관비용과 처리비용은 기업이 장단기로 저장공간을 임대할 때 발생한다. 또 빈 저장공간을 다른 용도로 활용할 수 있을 때도 발생한다.

세금, 보험료, 훼손

연말 재고가 많으면 세금이 많아지고, 보험료도 증가한다. 훼손(shrinkage)에는 세 가지 형태가 있다. 첫째는 고객과 직원의 좀도둑질(pilferage)과 절도로, 매출액의 상당 부분을 차지하는 기업도 있다. 둘째는 진부화(obsolescence)인데, 이는 모델 변경, 기술 변화, 예기치 않은 수요 감소로 인해 재고를 제값에 팔거나 사용할 수 없게 되는 것이다. 의류 소매점이 진부화로 손실을 많이 입는데, 계절이 지난 옷은 엄청나게 할인 판매되기 때문이다. 셋째로 물리적 결함이나 파괴로 인한 손상(deterioration)도 가치를 하락시킨다. 예를 들어 식음료는 유통기한이 지나면 가격이 하락하고 심지어 폐기된다. 손상률이 높은 재고를 대량으로 쌓아두는 것은 현명하지 못하다.

재고 비축의 유인

재고 유지비용이 있으니 재고를 아예 없애는 것은 어떨까? 재고 비축의 유인을 간단히 살펴보자.

고객 서비스

재고는 배달 속도를 빠르게 하고 정시 납품(on-time delivery)을 가능하게 한다. 재고는 도소매업체의 골칫거리인 재고 고갈이나 미납 주문의 가능성을 떨어뜨린다. 재고 고갈(stockout)은 주문량을 충족할 수 없어 판매 손실이 발생하는 것을 말한다. 미납 주문(backorder)은 약속 또는 요구 시점에 충족되지 않고 나중에 만족시켜 주는 고객 주문을 말한다. 고객은 미납 주문이 채워질 때까지 기다리는 것을 좋아하지 않는다. 많은 고객이 다음에는 다른 회사와 거래할 것이다. 때로는 기다리는 불편함에 대한 대가로 할인해 주기도 한다.

주문비용

주문비용
작업장에 제조 명령을 하거나 공급업체에 주문하는 데 필요한 비용

기업이 신규 주문을 할 때마다 **주문비용**(ordering cost)이 발생하는데, 이는 공급업체에 주문하거나 작업장에 제조 명령을 하는 데 필요한 비용이다. 같은 품목에 대한 주문비용은 주문량에 관계없이 동일하다. 구매 담당자는 주문량 결정, 공급업체 선정, 조건 협상에 시간을 할애해야 한다. 또한 서류 작업, 후속 조치, 물품 수납에도 시간이 소요된다. 자체생산 품목의 제조를 명령할 때도 청사진과 생산경로 지침서를 프로세스에 전달하여야 한다. 그러나 기술(technology)을 이용하여 주문 시기를 결정하는 방식으로 주문비용을 크게 줄일 수 있다.

가동 준비비용

가동 준비비용
생산설비가 생산 품목을 전환할 때 발생하는 비용

생산설비가 생산 품목을 전환할 때 발생하는 비용이 **가동 준비비용**(setup cost)이다. 여기에는 전환을 위한 인건비와 시간, 청소, 공구 교체가 포함된다. 작업 변경 직후에는 불량이나 재작업이 많이 발생할 수 있다. 준비비용은 주문량과 무관하므로 대량으로 주문하고 이를 재고로 유지하게 하는 유인이 된다. 이 경우에도 기술을 이용하여 기계를 유연하게 만들어 제품 전환 비용을 크게 줄일 수 있다. (3장 '프로세스 전략과 분석' 참조.)

노동력과 장비의 이용률

재고를 많이 확보하면 세 가지 방식으로 작업 인력의 생산성과 장비 이용률을 높일 수 있다. 첫째, 주문을 대량으로 가끔만 하면 가치를 더하지 못하는 가동 준비시간을 줄일 수 있다. 둘째, 부품재고 부족으로 인한 생산일정 변경을 줄일 수 있다. 셋째, 수요에 주기 또는 계절 효과가 있을 때도 산출량을 일정하게 유지할 수 있어 이용률이 높아진다. 비수기에 비축된 재고로 성수기의 추가 수요를 처리하는 데 사용한다. 이 접근 방식은 추가 작업 교대, 고용, 해고, 초과 근무, 추가 장비의 필요성을 최소화한다.

운송비용

재고 수준이 높아지면 출고 시 운송비용을 절감할 수 있다. 재고를 보유하면 만차 단위 적재가 가능하고, 비싼 긴급 운송의 필요성을 최소화할 수 있다. 입고 시 운송비용도 재고를 더 많이 확보함으로써 절감할 수 있다. 때로 동일한 공급업체에 여러 품목을 주문하는 경우가 있다. 이 경우 동시 주문으로 할인가격과 만차요율을 적용받아 운송비용과 원자재 비용을 절감할 수 있다.

납품대금

높은 재고 수준을 유지하면 공급업체에게서 총매입대금을 할인받을 수 있다. 주요 공급업체가 가격을 인상할 예정이라는 사실을 알게 되었다고 가정해 보자. 이 경우 일시적으로 재고가 증가하더라도 평소보다 더 많은 수량을 주문하여 가격 인상을 지연시키는 것이 더 저렴할 수 있다. 마찬가지로 **수량할인**(quantity discount)을 활용할 수도 있다. 수량할인은 주문량이 많을 때 단위당 가격을 낮추어 주는 것으로, 대량 주문에 대한 유인이 된다. 보론 B '특별재고모형'은 이러한 상황에서 주문 수량을 결정하는 방법을 보여준다.

수량할인
주문량이 충분히 클 때 단가를 할인함

재고량 결정에는 심사숙고가 필요하지만, 한 가지 피할 수 없는 사실이 있다. 재고에는 비용이 든다는 사실이다. 재고를 보유하는 모든 조직은 재고를 조달할 방법을 찾아야 한다. 다음 '경영 과제'는 재고가 어떻게 최고 경영진의 주목을 끌고, 그로 인해 하위 관리자가 해결해야 할 문제로 이어질 수 있는지 보여준다.

경영 과제 재무

라파엘 산체스(Raphael Sanchez)는 의료 기술 제조업체인 메드코(Medco)의 최고재무책임자(CFO)이다. 이 회사는 서반구 전역에 여러 제조 시설을 보유하고 있다. 라파엘은 회사의 사업 계획을 책임지고 계획 프로세스를 주도하는 역할을 맡고 있다. 따라서 계획을 수립하기 위해서는 조직 내 여러 부서로부터 정보를 확보해야 한다. 최근 라파엘은 계획의 핵심 재무 지표인 자산수익률(순이익을 총자산으로 나눈 값)이 하락하고 있다는 사실을 발견했다. 이에 주요 투자자들이 불안해하고 있다. 라파엘은 여러 가지 요인이 작용할 수 있지만, 총자산의 핵심 요소인 운전자본의 필요성이 증가하고 있다는 사실을 깨달았다. 재고는 운전자본으로 조달된다. 라파엘은 메드코가 재고 투자를 더 효율적으로 할 수 있다고 생각했다. 그리하여 본사 재무 분석가인 사라 코왈스키(Sara Kowalski)에게 메드코의 고객에게 영향을 주지 않으면서 재고를 줄일 수 있는 방법을 보고하라는 임무를 부여했다.

사라는 즉시 재고 의사결정 관련자의 의견을 들어야 한다는 사실을 깨달았다. 그리고 정보 시스템 부서의 로이 쉰(Roy Shin), 회계 부서의 줄리 포세트(Julie Fawcett), 운영 부서의 안토니오 타그리아니(Antonio Tagliani)에게 연락했고, 이들 모두 재고에 대해 논의하고 보고서 작성에 도움을 주기로 동의했다. 로이는 메드코의 재고 관리(보충 주문 및 미납 주문 관리) 프로그램과 경영 보고서를 잘 알고 있다. 줄리는 다양한 유형의 재고로 인해 발생하는 비용을 설명해 줄 수 있다. 안토니오는 재고 관리를 위한 주문 정책과 시스템을 선택하고 목표 재고 수준을 달성하는 데 필요한 자원계획에 직접 관여한다. 사라는 라파엘에게 보고하기 위해 몇 가지 질문에 대한 답변이 필요하다. 재고 결정은 어떻게 이루어지고 있는가? 주로 재무 부서의 소관인 자본비용은 재고 결정에 어떤 영향을 미치는가? 재고를 줄이기 위한 전략은 무엇이며 메드코에서 실행 가능한 전략은 무엇인가? 재고 관리를 위해 어떤 시스템을 사용하고 있으며, 이를 고객 서비스를 유지하면서 재고를 낮추는 데 사용할 수 있는가? 다른 관련자를 만나기 전에, 사라는 이 장에서 제공하는 관련 주제를 이해하는 것이 도움이 될 것이다.

재고의 유형

10.2 재고의 다양한 종류와 공급사슬에서의 역할을 정의한다.

재고는 여러 가지 방법으로 분류할 수 있다. 이 절에서는 회계상의 재고와 운영상의 재고를 설명한다.

회계상 재고

원재료(RM)
서비스나 재화를 생산하는 데 필요한 재고

재공품(WIP)
제조업의 최종 제품 생산에 필요한 부품이나 중간 조립품 같은 품목

완제품(FG)
제조공장, 창고 및 소매점에 있는 고객에게 판매하는 품목

재고는 회계 목적으로 크게 세 가지로 나눌 수 있다. **원재료**(raw materials, RM)는 제품/서비스 생산에 필요한 재고를 말한다. 이는 기업의 변환 프로세스에 투입되는 것을 말한다. **재공품**(work-in-process, WIP)은 제조 과정에서 최종 제품을 생산하는 데 필요한 부품이나 조립품 같은 품목을 말한다. 수리점, 식당, 수표 처리 센터, 택배 서비스 등 서비스 운영에도 재공품이 있다. 제조공장, 창고, 소매점에 있는 **완제품**(finished goods, FG)은 고객에게 판매하는 품목이다. 한 기업의 완제품이 다른 기업의 원재료가 될 수도 있다.

그림 10.2는 재고를 다양한 형태와 입고 지점에서 보유하는 방법을 보여준다. 이 예에서 원재료(공급업체의 완제품)는 공급업체와 제조공장이 모두 보유하고 있다. 공장의 원재료는 하나 이상의 공정을 거치면서 다양한 단계의 재공품으로 변환된다. 이 재고를 최종 처리하면 완제품 재고가 된다. 완제품은 공장, 물류센터(제조공장 또는 소매업체 소유의 창고일 수 있음), 소매업체에 보관된다.

독립수요품목
수요가 시장 상황의 영향만 받고 다른 품목의 재고 관리 의사결정의 영향을 받지 않는 품목

세 가지 재고 유형의 중요한 특성은 재고를 요구하는 수요의 성격에 있다. 완제품 재고는 **독립수요품목**(independent demand item)이다. 이는 수요가 시장 상황의 영향만 받고 다른 품목의 재고 관리 의사결정의 영향은 받지 않는 것을 말한다. JC페니(JCPenney)와 딜라즈(Dillard's) 같은 소매업체는 완제품을 취급한다. 독립수요품목의 예는 다음과 같다.

- 도소매 상품
- 서비스업 재고(예: 우체국의 우표나 라벨, 법률회사의 사무용품, 대학 연구소의 실험용품)
- 제품과 교체용 부품 재고
- 유지보수, 수리, 운영(MRO)을 위한 보급품(즉 직원 근무복, 연료, 페인트, 기계 수리용 부품과 같은 최종 완제품의 일부가 되지 않는 품목)

독립수요 재고는 외부 요인의 영향을 받기 때문에 관리하기가 까다롭다. 예를 들어 서점 주인은 다음 달에 베스트셀러 소설이 몇 권 팔릴지 확실히 알 수 없다. 따라서 만일에 대비해 여

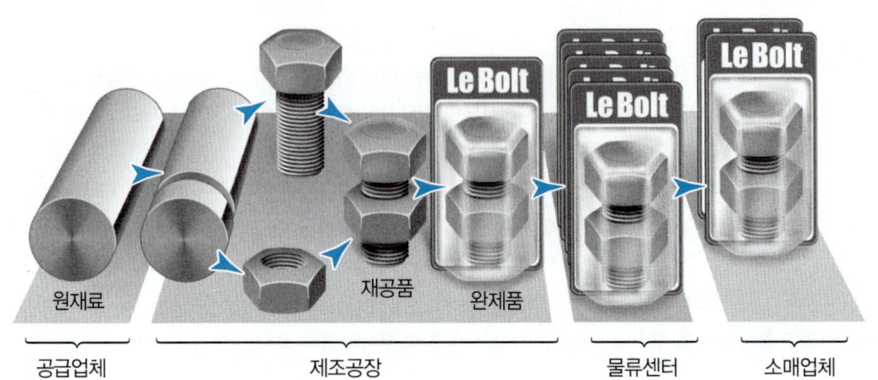

그림 10.2 연속적 재고 비축 지점

분을 쌓아 둘 수 있다. 그리고 수많은 서적에 대하여 각각의 독립수요를 9장 '예측'에서 설명한 기법을 사용해 예측해야 한다. 그러나 어떤 품목은 전혀 다른 성격의 수요가 있다. 원재료와 재공품 재고로 구성된 **종속수요품목**(dependent demand item)은 재고로 보유한 다른 품목의 생산계획에 따라 요구량이 변화하는 품목이다. 이들 품목은 서비스나 제품의 부품이나 재료로 요구된다. 종속수요는 예측이 아니라 계산해야 하며 독립수요와는 매우 다른 패턴을 보인다(12장 '자원 계획' 참조).

출처: Vanit Janthra/123RF

완제품 재고는 자동화 창고에 보관될 수 있다. 이곳에서는 무인 운반 차량이 로봇 팔과 협력해 창고에서 물품을 가져온다.

운영상 재고

재고는 생성되는 방법에 따라 분류할 수도 있다. 여기서 재고의 네 가지 형태는 (1) 주기재고, (2) 안전재고, (3) 예상재고, (4) 파이프라인 재고가 있다. 물리적으로 이들을 식별할 수는 없다. 즉 제품더미를 보고 어떤 것이 주기재고이고 어떤 것이 안전재고인지 아무도 구별할 수 없다. 그러나 개념적으로 네 가지 유형은 분명히 구별된다. 그 차이를 이해하면 재고를 감축하기 위한 다양한 방법을 처방할 수 있다.

종속수요품목
재고로 보유한 다른 품목에 대한 생산계획에 따라 요구량이 변화하는 품목

주기재고

전체 재고에서 로트 크기에 따라 달라지는 부분을 **주기재고**(cycle inventory)라 한다. 주기재고에는 두 가지 원칙이 적용된다.

주기재고
총재고 중에서 로트의 크기에 따라 직접적으로 변동하는 부분

1. 로트 크기(Q)는 주문 사이의 시간 간격(또는 주기)에 따라 달라진다. 5주마다 주문하면 평균 로트 크기는 5주 동안의 수요량과 같다.
2. 주문 사이의 시간이 길수록 주기재고의 양이 증가한다.

주문주기의 시작 시점에 주기재고는 최대인 Q가 되고, 끝나는 시점(새 로트의 도착 직전)에 주기재고는 최소인 0이 된다. 평균 주기재고는 이 양극단의 평균이다.

$$\text{평균 주기재고} = \frac{Q + 0}{2} = \frac{Q}{2}$$

이 공식은 수요율이 일정할 때만 성립한다. 그러나 수요율이 일정하지 않아도 이 공식은 좋은 추정치가 될 수 있다. 수요율 이외의 요인(예: 불량품)에 의해서도 오차가 발생할 수 있다.

안전재고

기업은 고객 서비스 차질과 부품 부족으로 인한 기회비용을 예방하기 위해 안전재고를 비축한다. **안전재고**(safety stock inventory)는 수요, 리드타임, 공급 변화의 불확실성에 대비하기 위한 여유재고이다. 공급업체가 주문량과 납품기한을 지키지 않거나 제조된 품목이 상당한 양의 불량품이 있거나 재작업이 필요한 경우에는 안전재고를 보유하는 것이 바람직하다. 안전재고는 이러한 문제가 발생했을 때 운영이 중단되지 않도록 보장해 후속 작업을 계속할 수 있도록 한다.

안전재고
제품 수요, 리드타임, 부품 공급 등의 불확실성에 대처하기 위해 기업이 보유하는 여유재고

안전재고를 비축하려면 필요한 시점보다 일찍 주문을 하면 된다.[2] 따라서 일찍 도착한 보충 주문량이 불확실성에 대한 완충 역할을 한다. 예를 들어 공급업체의 평균 리드타임이 3주인데,

2 주문이 일정한 간격으로 이루어질 때는 두 번째 방법을 사용해 안전재고를 확보한다. 주문량은 다음 납품 날짜까지 필요한 양보다 더 많다.

안전을 위해 5주 전에 미리 주문한다고 가정해 보자. 이 정책은 2주($5 - 3 = 2$) 분의 공급량을 안전재고로 만든다.

예상재고

예상재고
종종 직면하게 되는 불규칙한 수요와 공급에 대응하기 위한 재고

파이프라인 재고
품목에 대한 주문이 이루어졌으나 아직 수령하지 않은 상태로 있는 재고

종종 직면하는 불규칙한 수요 혹은 공급에 대응하기 위해 사용하는 재고를 **예상재고**(anticipation inventory)라 한다. 수요가 계절 패턴이 있고 예측 가능하면 예상재고를 사용하게 된다. 수요가 불규칙하면 비수기 동안 예상재고를 비축해 성수기에 생산 수준을 크게 높일 필요가 없다. 또한 공급업체가 파업이나 생산용량 제한 때문에 문제가 생겼을 때 예상재고가 도움이 된다.

출처: Mike Danneman/Moment/Getty Images

파이프라인 재고는 제품과 원자재를 한 위치에서 다른 위치로 이동할 때 발생한다. 열차는 대량의 상품을 경제적으로 운송할 수 있는 방법이라 파이프라인 재고 비용을 줄이기 위해 선호된다.

파이프라인 재고

품목에 대한 주문이 이루어졌으나 아직 수령되지 않은 상태로 있는 재고를 **파이프라인 재고**(pipeline inventory)라 한다. 이 형태의 재고는 주문의 리드타임을 충당하기 위해 충분한 재고(보유 재고와 운송 중 재고)를 확보해야 해서 존재한다. 리드타임이 길거나 주당 수요가 많을수록 파이프라인 재고가 더 많이 생긴다. 따라서 두 입고 지점 사이의 평균 파이프라인 재고는 리드타임 동안의 평균 수요인 $\bar{D}_L$로 측정할 수 있으며, 기간당 평균 수요($\bar{d}$)와 두 지점 간의 리드타임(L)의 곱으로 표현된다.

$$\text{파이프라인 재고} = \bar{D}_L = \bar{d}L$$

단, 여기서 $\bar{d}$와 L은 모두 상수이고, L은 주문이나 로트 크기 Q의 영향을 받지 않는다고 가정한다. 로트 크기를 변경해도 평균 파이프라인 재고량에 직접적인 영향을 주지 않는다. 하지만 로트 크기가 리드타임과 관련이 있으면, 파이프라인 재고에 간접적으로 영향을 준다. 이러한 경우 파이프라인 재고는 L의 Q에 대한 관계에 따라 변화한다. 예제 10.1은 이러한 상황이 어떻게 발생할 수 있는지 보여준다.

예제 10.1

재고 수준의 추정

온라인 자료
OM Explorer의 Tutor 10.1은 재고 수준 추정을 연습할 수 있는 다른 예를 제공한다.

한 공장에서 전기 드릴을 도매업체에 매달 납품하고 있는데, 평균 로트 크기는 280개이다. 도매업체의 평균 수요는 매주 70개이고, 공장에서 리드타임은 3주이다. 도매업체는 공장에서 선적을 하는 순간부터 재고비용을 지불해야 한다. 만약 도매업체가 구매량을 350개로 늘려주면 공장은 리드타임을 2주로 보장할 예정이다. 도매업체의 주기재고와 파이프라인 재고에 어떤 영향을 미치겠는가?

1. 평균 로트 크기, 기간당 평균 수요, 기간 수로 나타낸 리드타임을 입력하라.

평균 로트 크기	350
평균 수요	70
리드타임	2

2. 주기재고를 계산하려면 평균 로트 크기를 2로 나눈다.
파이프라인 재고를 계산하려면 평균 수요에 리드타임을 곱한다.

주기재고	175
파이프라인 재고	140

그림 10.3 Tutor 10.1을 이용한 재고 수준 추정

풀이

도매업체의 현재 주기재고와 파이프라인 재고는 다음과 같다.

$$\text{주기재고} = \frac{Q}{2} = \frac{280}{2} = 140\text{개}$$

$$\text{파이프라인 재고} = \bar{D}_L = \bar{d}L = (70\text{개/주})(3\text{주}) = 210\text{개}$$

그림 10.3은 도매업체가 제안을 수락한 경우의 주기재고와 파이프라

인 재고를 보여준다.

의사결정 포인트

새로운 제안의 영향은 주기재고가 35개, 즉 25% 증가한다. 그러나 파이프라인 재고는 70개, 즉 33% 감소한다. 이 제안으로 주기재고와 파이프라인 재고에 대한 총재고투자액을 줄일 수 있다. 또한 도매업체가 3주가 아닌 2주 전에만 주문해 주면 되기 때문에 유리하다.

재고 감축 방안

10.3 공급사슬에서 재고 감축을 위한 기본 전략을 설명한다.

관리자는 항상 적은 비용으로 공급사슬의 재고를 감축하기 위한 방법을 찾고 있다. 여기에서는 공급사슬의 주기, 안전, 예상, 파이프라인 재고를 줄이기 위한 기본 전술[이를 레버(lever)라고 함]에 대해 설명한다. 1차 레버는 재고를 감축하려면 반드시 실행해야 하는 것이다. 2차 레버는 1차 레버 적용에 따른 비용과 재고의 필요성을 감소시킨다.

주기재고

주기재고를 줄이기 위한 1차 레버는 공급사슬에서 이동하는 품목의 로트 크기를 줄이는 것이다. 그러나 아무 대비 없이 Q만 줄이면 매우 위험하다. 예를 들어 가동 준비비용이 급증할 수 있다. 그러하므로 두 가지 2차 레버를 사용할 수 있다.

1. 주문과 가동 준비 방법을 간소화하여 발주비용과 가동 준비비용을 절감하면 Q를 줄일 수 있다. 여기에는 정보 흐름을 위한 인프라를 재설계하거나 제조 프로세스를 개선하는 것이 포함될 수 있다.
2. 반복성을 높여 작업 변경의 필요성을 없애야 한다. **반복성**(repeatability)은 동일한 작업을 다시 수행할 수 있는 정도를 말한다. 반복성을 높이는 방법에는 수요량 증대, 전문화, 단일 제품 전용 설비화, 제품 간 동일 부품 사용, 유연 자동화, 일인 다기계 작업 방식, 그룹 테크놀로지가 있다. 반복성이 높아지면 새로운 가동 준비 방법을 사용할 수 있을 가능성도 있고, 운송비용이 절감되며, 부품업체로부터 수량할인을 받을 수도 있다.

반복성
같은 작업을 다시 수행하는 정도

안전재고

안전재고를 줄이기 위한 1차 레버는 가능한 한 늦게, 꼭 필요한 시점에 주문하는 것이다. 하지만 이 방법은 수요, 공급, 배달의 불확실성을 최소화할 수 없다면 고객 서비스를 나쁘게 할 가능성이 있다. 이 경우 2차 레버로는 다음 네 가지를 사용할 수 있다.

1. 수요 예측을 개선해 고객의 갑작스러운 요청이 줄어들도록 한다. 고객과의 협력을 강화해 수요 변화에 대한 조기 경보를 받을 수 있는 메커니즘을 설계한다.
2. 구매 또는 생산 품목의 리드타임을 단축해 수요 불확실성을 줄인다. 예를 들어 가능하면 리드타임이 짧은 인근 공급업체를 선정한다.
3. 공급 불확실성을 줄인다. 공급업체와 생산계획을 공유하면 공급업체의 예측이 정확해져서 공급 신뢰도가 높아진다. 공급업체와의 협력 강화 메커니즘을 마련한다. 생산 프로세스를

개선해 파손이나 재작업으로 인한 불의의 사태를 줄일 수 있다. 예방 보수를 통해 설비 고장으로 인한 문제를 최소화할 수 있다.

4. 설비와 노동력의 여분[여분의 생산용량(capacity cushion)이나 다기능공(cross-trained worker)]을 갖춘다. 특히 서비스 부문은 일반적으로 재고를 보관할 수 없기 때문에 이 여분은 중요하다.

예상재고

예상재고를 줄이기 위한 1차 레버는 수요율과 산출률을 일치시키는 것이다. 2차 레버는 다음과 같은 방법으로 수요를 균일하게 만드는 것이다.

1. 기존 제품과 계절주기가 반대인 신제품을 도입해 절정기 수요가 상쇄되게 한다.
2. 비수기에 판촉 캠페인을 실시한다.
3. 계절별로 가격 차등 정책을 쓴다.

파이프라인 재고

재고 운영관리자는 리드타임을 직접 통제할 수 있지만 수요율은 통제할 수 없다. 파이프라인 재고는 리드타임 수요의 함수이므로 리드타임을 줄이는 것이 1차 레버이다. 다음의 두 가지 2차 레버를 통해 리드타임을 단축할 수 있다.

1. 납기가 짧은 공급업체를 찾고, 운송 수단을 변경하며, 공장 내 자재 취급을 개선한다. 정보 시스템을 개선하면 물류센터와 소매업체 간의 정보 지연을 극복할 수 있다.
2. 로트 크기에 따라 리드타임이 달라지는 경우에는 Q를 감축한다.

공급사슬의 재고는 재고통제 시스템을 통해 관리한다. 이러한 시스템은 기업의 주기, 안전, 예상, 파이프라인 재고의 수준을 관리한다. 어떤 품목이 독립수요인지 혹은 종속수요인지에 관계없이 세 가지 중요한 질문에 답해야 한다. (1) 어느 정도의 통제를 해야 하는가? (2) 얼마나 주문해야 하는가? (3) 언제 주문해야 하는가? 다음 절에서 설명하는 ABC 분석 접근법은 첫 번째 질문에 답을 준다. 재고통제 시스템은 다음 두 질문에 답한다. 개별적인 적용을 위해 재고 관리 시스템을 선택할 때는 재고 품목의 수요 특성이 중요하다. 이 장에서는 서점 주인, 소매업체, 서비스 제공업체, 유통업체가 직면하는 수요의 유형인 독립수요품목에 대한 재고통제 시스템에 초점을 맞춘다. 한 고객의 수요는 예측하기 어렵지만, 특정 품목에 대한 일부 고객의 낮은 수요는 다른 고객의 높은 수요로 인해 상쇄되는 경우가 많다. 따라서 독립수요품목에 대한 총수요는 약간의 임의변동이 있는, 상대적으로 평탄한 패턴을 따르게 된다. 원자재와 재공품 재고와 같이 종속수요에 직면하는 품목에 대해서는 자재소요계획(MRP) 시스템이 유용하다. 이 중요한 재고통제 시스템에 대해서는 12장 '자원 계획'을 참조하라.

이 장의 나머지 부분에서는 먼저 어느 정도의 통제를 해야 하는지 다룬 후에 얼마나 주문할 것인지에 대해 답한다. 마지막 두 절에서는 두 가지 재고통제 시스템, 즉 (1) 연속조사 시스템(Q 시스템)과 (2) 주기조사 시스템(P 시스템)을 다룬다.

ABC 분석

10.4 주의를 기울여 엄격하게 재고 관리할 품목 결정을 위해 ABC 분석을 활용한다.

일반적인 조직에는 수천 가지 품목이 재고로 보유되고 있지만, 그중에서 집중 관리가 필요한 품목은 극히 일부에 불과하다. 재고로 보유되는 각 품목을 **재고 관리 단위**(stock-keeping unit, SKU)라 하는데, 이는 고유의 식별 코드가 있고 공급사슬 어딘가에 재고로 보유되는 개별 품목 또는 제품이다. **ABC 분석**(ABC analysis)은 경영자가 고가 품목에 집중할 수 있도록 재고품목을 재고가액에 따라 세 가지 등급으로 나누는 프로세스이다. 이 방법은 파레토 도표와 동일하지만, 품질 대신 재고에 적용된다는 점이 다르다. 그림 10.4에서 볼 수 있듯이 A부류의 품목 수는 약 20%에 불과하지만 금전 가치는 80%를 차지한다. B부류는 품목 수가 전체의 30%지만 금전 가치는 15%에 불과하다. 마지막으로 C부류는 품목 수 50%, 금전 가치 5%에 불과하다. ABC 분석의 목표는 A부류의 재고 수준을 확인하고, 앞에서 언급한 방법을 이용해 A부류의 재고를 집중적으로 관리하는 것이다.

재고 관리 단위(SKU)
고유의 식별 코드로 공급사슬상에 재고로 보유되고 있는 개별적 품목 또는 제품

ABC 분석
재고품목을 재고가액에 따라 3개로 분류해 경영자가 고가 품목에 집중할 수 있게 하는 기법

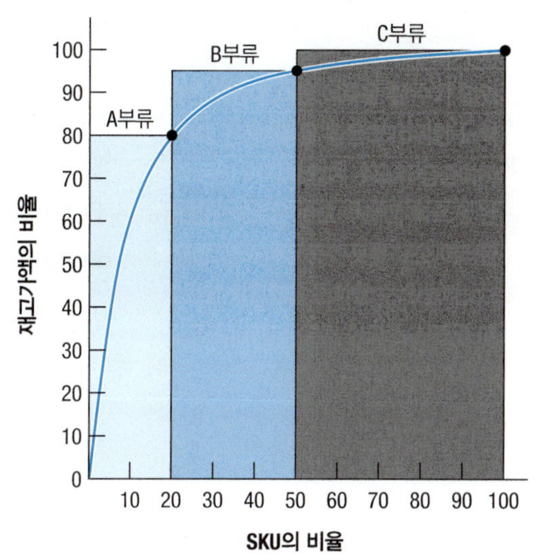

그림 10.4 전형적인 ABC 분석의 도표

ABC 분석의 첫 단계는 품목별로 연간 수요량에 단가를 곱하는 것이다. 다음으로 이 가액을 기준으로 순위를 정하여 파레토 도표를 만든 후, 그래프 모양의 변화를 관찰하여 분류한다. 그림 10.4에 표시한 경계선은 다분히 주관적이다. 보통 A부류가 품목 수는 20% 내외면서 가액은 상당한 비중을 차지하도록 분류한다.

A부류의 SKU를 자주 관찰하여 평균 로트 크기를 줄이고 공급업체로부터 적시에 배송이 되도록 한다. 이러한 품목은 높은 재고 회전율을 유지하는 것이 중요하다. 반면, B부류의 SKU는 중간 수준의 관리가 필요하다. 이 품목에 대해서는 공급업체에 대한 모니터링 빈도를 낮추고 적절한 안전재고를 확보하면 비용 효율적으로 수요를 충족할 수 있다. C부류의 SKU는 훨씬 더 느슨한 관리가 적절하다. C부류의 품절도 A부류의 품절만큼 심각한 문제가 되겠지만, C부류의 SKU의 재고 유지 비용은 낮은 편이기 때문에 재고 수준이 높아도 용인할 수 있으며, 따라서 C부류의 관리는 안전재고와 로트 크기를 증가시키는 것으로 충분하다. ABC 분석의 자세한 예는 복습문제 2에 있다.

재고 기록이 정확하지 않으면 ABC 재고 분류를 만들어도 소용이 없다. 공급사슬의 재고를 추적하는 데 기술(technology)이 도움이 될 수 있다. 제품과 함께 포장된 RFID칩은 제품에 대한 정보를 담고 있으며, 이 칩이 수신기에 의하여 인식되면 해당 신호가 중앙으로 전송되어 처리된다. 정확성을 획득하기 위해 좀 덜 정교한 다른 접근 방식도 사용할 수 있다. 한 가지 방법은 특정 직원에게 자재의 주문과 수취, 이때마다 정확한 보고를 책임지도록 하는 것이다. 다른 방법은 재고를 안전하게 통제된 곳에 보관하여 승인 및 보고되지 않은 무단 반출을 방지하는 것이다. 이 방법으로 새로 입고된 재고를 엉뚱한 곳에 보관하여 수개월 동안 찾을 수 없게 하는 것을 방지한다. **주기적 재고실사**(cycle counting)도 사용할 수 있는데, 이는 재고 보관 장소에서 사람이 직접 전체 SKU 중 일부의 품목을 매일 세어봄으로써 오류를 수정하는 방법이다. A부류의 SKU를 가장 자주 실사한다. 마지막 방법은 전산화된 시스템에서 적용할 수 있는데, 매번의 거래마다 논리 오류를 검사하여 불일치가 있는지를 조사하는 것이다. 여기에서 불일치는 (1) 예정에 없는 재고 수령이 일어나거나, (2) 재고 사용량이 보유재고를 초과하거나, (3) 수령한 품목의 SKU 번호가 부정확한(존재하지 않는) 경우 등이 해당된다.

주기적 재고실사
재고 보관 장소에서 사람이 직접 전체 SKU 중 일부 품목을 매일 세어봄으로써 오류를 수정하는 방법

가장 주목해야 할 재고품목을 정했으니 이제 주문량을 결정하는 방법을 살펴보자.

경제적 주문량

10.5 경제적 주문량을 계산하고 이를 여러 상황에 적용한다.

공급사슬 관리자는 재고 유지비용을 줄이려면 재고를 줄여야 하고 주문 횟수나 가동 준비 횟수를 줄이려면 재고를 늘려야 한다는 상충하는 상황에 직면한다. 재고 유지비용(inventory holding cost)은 자본비용과 보유재고의 유지에 드는 변동비용의 합이다. 재고 유지에 드는 비용은 보관과 취급비용, 세금, 보험료 및 재고 유실 등이 포함된다. 주문비용(ordering cost)은 공급업체에게 구매주문을 내거나 작업장에 제조주문을 내는 데 드는 처리비용이며, 가동 준비비용(setup cost)은 다른 품목을 생산하기 위해 기계의 설정을 변경하는 데 드는 비용이다. 여기에서는 총재고 중에서 로트 크기에 따라 직접 변하는 부분인 주기재고(cycle inventory)를 다룬다. 주기재고의 최적 수준을 결정하는 기초 해결책이 **경제적 주문량**(economic order quantity, EOQ)인데, EOQ란 연간 재고 유지비용과 주문비용의 합을 최소화하는 로트 크기를 의미한다. EOQ는 다음과 같은 가정을 기반으로 한다.

경제적 주문량(EOQ)
연간 재고 유지비용과 주문비용의 합을 최소화하는 로트 크기

1. 해당 품목의 수요율이 일정하고(예: 항상 하루에 10개) 확실히 알려져 있다.
2. 로트 크기에는 제한(예: 트럭 용량이나 자재 취급 한계)이 없다.
3. 관련된 비용은 재고 유지비용과 로트당 고정 비용(주문이나 가동 준비) 두 가지뿐이다.
4. 한 품목에 대한 결정은 다른 품목에 대한 결정과 독립적이다. 즉 여러 품목을 한 공급자에 몰아주어도 혜택이 없다.
5. 리드타임과 공급에 불확실성이 없다. 수요와 마찬가지로 리드타임은 일정하며(예: 항상 14일) 확실하게 알 수 있다. 입고량은 주문량과 정확히 일치한다.

위 다섯 가지 가정이 모두 충족될 때 경제적 주문량은 최적 대안이 된다. 그러나 현실에서는 모든 상황이 이렇게 간결하고 명확한 경우는 거의 없다. 그러나 가정 중에서 몇 개가 맞지 않는 경우에도 EOQ를 개략적인 평균 로트 크기를 구하는 데 사용할 수 있다. 언제 EOQ를 사용하거나 수정해야 할지에 대한 지침은 다음과 같다.

- **EOQ를 사용하지 말아야 하는 경우**
  - '주문 생산(make-to-order)' 전략을 사용하고 있는 상태에서, 고객이 주문량 전체를 한 번에 납품하도록 요구하는 경우
  - 기업의 생산 능력, 시험 장비의 양 또는 배송 트럭 수와 같은 용량 한계로 인해 주문량의 크기가 제약되는 경우
- **EOQ를 수정해야 하는 경우**
  - 수량할인이 있는 경우
  - 재고 보충이 즉각적이지 않은 경우, 즉 전체 로트가 완성되기 전에 품목이 사용되거나 판매되어야 하는 경우(보론 B '특수재고모형'에서 제시한 여러 가지 유용한 EOQ 수정 방법 참조)
- **EOQ를 사용할 수 있는 경우**
  - '재고 생산(make-to-stock)' 전략을 사용하며 대상 품목의 수요가 비교적 안정적인 경우

- 단위당 재고 유지비용과 가동 준비비용 또는 주문비용이 알려져 있고 비교적 안정적인 경우

EOQ는 최적의 기법은 아니다. 그럼에도 많은 경우에 로트 크기를 결정하는 데 유용하다.

EOQ 계산

먼저 로트 크기가 Q일 때의 총비용을 구한다. 다음으로 이를 최소화하는 Q, 즉 EOQ를 정한다. 마지막으로, EOQ를 이용해 주문 간격을 구한다.

EOQ 가정이 충족되면 재고량은 그림 10.5와 같이 변동한다. 주문량이 도착하면 재고량은 Q로 증가한다. 수요가 일정하기 때문에 재고량은 이후 균일하게 줄어든다. 또한 리드타임이 상수이기 때문에 다음 주문이 도착하는 순간에 재고량이 0이 되게 주문 시기를 맞출 수 있다. 재고량이 Q에서 0으로 균일하게 줄어들기 때문에 평균 주기재고는 로트 크기 Q의 절반이 된다.

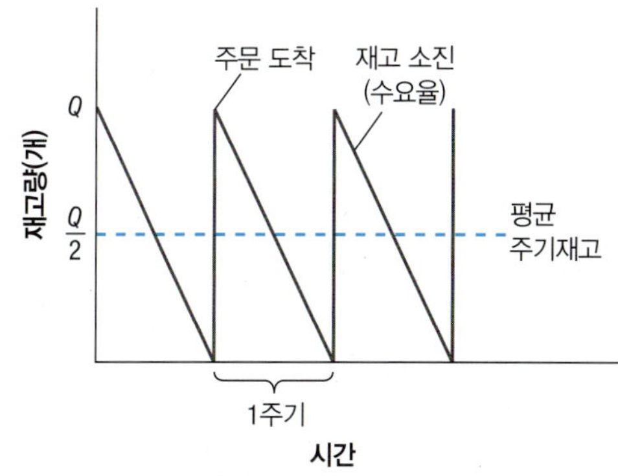

그림 10.5 주기재고 수준

그림 10.6(a)에서 볼 수 있듯이 연간 유지비용은 Q에 따라 선형적으로 증가하며 다음과 같다.

연간 유지비용 = (평균 주기재고)(단위 유지비용)

연간 주문비용은 다음과 같다.

연간 주문비용 = (연간 주문 횟수)(주문비용 또는 가동 준비비용)

연간 평균 주문 수는 연간 수요량을 Q로 나눈 값으로, 예를 들어 매년 1,200개를 주문해야 하고 평균 로트 크기가 100개이면 연간 12번 주문해야 한다. 연간 주문비용이나 가동 준비비용은 그림 10.6(b)와 같이 Q가 증가함에 따라 비선형적으로 감소한다.

그림 10.6(c)와 같이 연간 총비용[3]은 두 가지 비용의 합계이다.[4]

총비용 = 연간 유지비용 + 연간 주문비용 또는 가동 준비비용

$$C = \frac{Q}{2}(H) + \frac{D}{Q}(S)$$

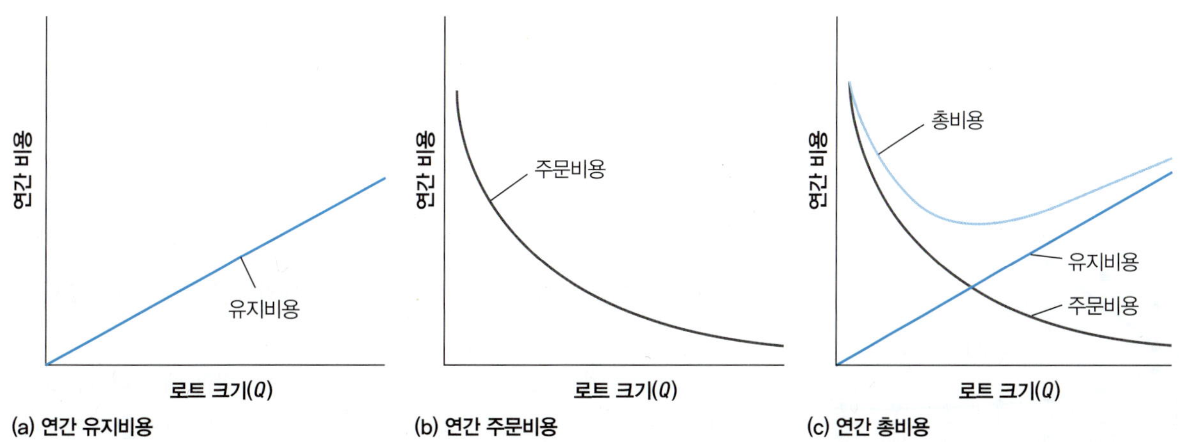

그림 10.6 연간 유지비용, 주문비용, 총비용의 그래프

3 총비용을 연 단위로 표현하는 것이(필수는 아니지만) 일반적으로 편리하다. D와 H 모두 다른 시간 단위로 표현할 수도 있다. 총비용을 월 단위로 계산하는 경우, D는 월별 수요이고 H는 1개월 동안의 단위 품목에 대한 유지비용이어야 한다.

4 수식에 분수 값을 사용할 수 있지만, 실제로 연도별 주문 수는 항상 정수이다. 그러나 계산 대상은 여러 해의 평균이므로 반올림할 필요가 없다. 평균은 정수가 아닌 경우가 많다.

C = 연간 총비용

Q = 로트 크기(제품 측정 단위로 표시)

H = 단위당 연간 유지비용, 종종 품목 가치의 백분율로 표현

D = 연간 수요량(단위/년으로 표시)

S = 로트당 주문비 또는 가동 준비비용(화폐 단위/로트로 표시)

예제 10.2에서는 로트 크기 정책의 비용을 계산하는 방법을 보여준다.

예제 10.2

온라인 자료

OM Explorer의 Tutor 10.2는 ABC 분석 적용의 다른 예를 제공한다.

로트 크기 정책의 비용

2년 전에 자연사박물관이 기념품 가게를 열었는데 재고 관리가 문젯거리이다. 재고회전율이 낮아서 이윤 폭이 줄고 현금흐름에 문제가 되고 있다.

가장 많이 팔리는 SKU 중 하나는 새 모이통이다. 판매량은 주당 18개이며 구매단가는 60달러이다. 주문비용은 45달러이다. 연간 유지비용은 구매가의 25%이며, 박물관은 연간 52주 운영한다. 경영진은 주문 횟수를 줄이기 위해 로트 크기를 390개로 정했다. 로트 크기를 390개로 하는 현재 정책의 연간 총비용은 얼마인가? 로트 크기를 468개로 하면 어떤가?

풀이

먼저 연간 수요와 유지비용을 다음과 같이 계산한다.

$$D = (18\text{개/주})(52\text{주/년}) = 936\text{개}$$
$$H = 0.25(60\text{달러/개}) = 15\text{달러}$$

따라서 현재 정책의 연간 총비용은 다음과 같다.

$$C = \frac{Q}{2}(H) + \frac{D}{Q}(S)$$
$$= \frac{390}{2}(15\text{달러}) + \frac{936}{390}(45\text{달러}) = 2{,}925\text{달러} + 108\text{달러} = 3{,}033\text{달러}$$

대체안의 연간 총비용은 다음과 같다.

$$C = \frac{468}{2}(15\text{달러}) + \frac{936}{468}(45\text{달러}) = 3{,}510\text{달러} + 90\text{달러} = 3{,}600\text{달러}$$

의사결정 포인트

로트 크기를 연간 수요량의 절반인 468로 하면 현재 정책보다 비용이 많이 들어간다. 주문비용의 절감은 보유비용의 증가로 인해 상쇄된다. 경영진은 연간 총비용 함수를 사용하여 다른 로트 크기 대안도 평가해보아야 한다.

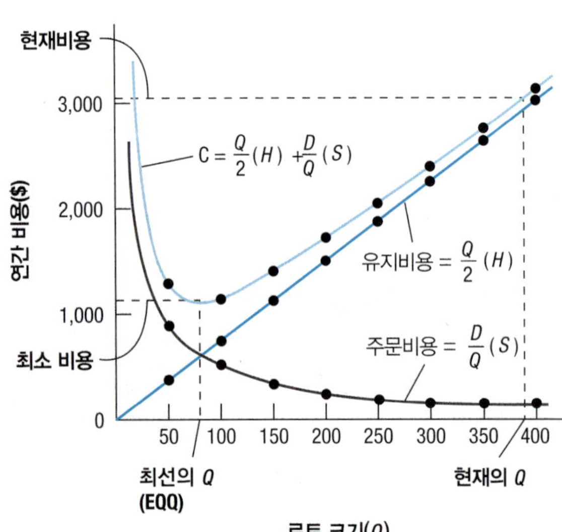

그림 10.7 새 모이통의 총재고비용 함수

그림 10.7은 예제 10.2의 새 모이통 주문량 Q가 변할 때 나타나는 효과를 보여준다. 현재 로트 크기 외에 여덟 가지 다른 로트 크기를 평가했다. 유지비용선과 주문비용선 위에 점으로 표시하고, 가장 중요한 연간 총비용선도 표시하였다. 그림은 최적의 로트 크기, 즉 EOQ가 연간 총비용이 가장 작은 지점인 50과 100 사이임을 보여준다. 현재 로트 크기($Q = 390$)

를 줄이면 비용이 많이 절감됨을 알 수 있다.

이런 방법보다 EOQ 공식을 이용하는 것이 더 편리하다.

$$\text{EOQ} = \sqrt{\frac{2DS}{H}}$$

미분을 사용하여 연간 총비용 함수에서 EOQ 공식을 구한다. 연간 총비용 함수의 Q에 대한 일차도함수를 구하여 이를 0으로 두고 Q에 대하여 푼다. 그림 10.7을 보면 EOQ에서 연간 유지비용과 연간 주문비용이 같다. 이 점에 착안하여 연간 주문비용과 연간 유지비용 공식을 같게 놓고 Q에 대해 풀어도 EOQ 공식을 얻을 수 있다. 그림 10.7에서 로트 크기가 390개일 때처럼 유지비용이 주문비용보다 크면 Q가 너무 크다는 의미이다. Q를 줄이면 유지비용이 감소하고 주문비용이 증가해 두 비용이 비슷해진다. 마찬가지로 연간 주문비용이 연간 유지비용보다 크면 Q를 늘려야 한다.

또 재고정책을 1회 주문량으로 결정하지 않고 재고 보충기간의 간격으로 결정하는 방법도 있다. **주문간격**(time between orders, TBO)이란 보충 주문이 도착하는(또는 주문을 내는) 시간 간격의 평균치를 말한다. 단위를 연으로 표시한다면 TBO는 주문량 Q를 연간 수요로 나눈 값이다. EOQ를 사용하고 단위를 월로 표시할 때의 TBO는 다음과 같다.

주문간격(TBO)
보충 주문이 도착하는 (또는 주문을 내는) 시간 간격의 평균치

$$\text{TBO}_{\text{EOQ}} = \frac{\text{EOQ}}{D}(12\text{월/년})$$

예제 10.3은 TBO를 연, 월, 주, 일 단위로 환산하는 방법을 보여준다.

EOQ, 총비용 및 TBO 찾기

예제 10.3

예제 10.2에서 새 모이통의 EOQ와 총비용을 계산하라. 이 EOQ를 사용하면 얼마나 자주 주문해야 하는가?

온라인 자료

OM Explorer의 Tutor 10.3은 EOQ 모형의 적용을 연습할 수 있는 다른 예를 제공한다.

Active Model 10.1은 EOQ 모형과 그 용도에 대한 이해를 돕는다.

풀이

EOQ와 연간 총비용에 대한 공식을 사용하면 다음과 같다.

$$\text{EOQ} = \sqrt{\frac{2DS}{H}} = \sqrt{\frac{2(936)(45)}{15}} = 74.94 \text{ 혹은 } 75\text{개}$$

그림 10.8은 연간 총비용이 현재 390개일 때의 3,033달러보다 훨씬 작다는 것을 보여준다.

EOQ를 사용할 경우의 주문간격(TBO)을 다양한 방식으로 표현할 수 있다.

$$\text{TBO}_{\text{EOQ}} = \frac{\text{EOQ}}{D} = \frac{75}{936} = 0.080\text{년}$$

$$\text{TBO}_{\text{EOQ}} = \frac{\text{EOQ}}{D}(12\text{개월/년}) = \frac{75}{936}(12) = 0.96\text{개월}$$

$$\text{TBO}_{\text{EOQ}} = \frac{\text{EOQ}}{D}(52\text{주/년}) = \frac{75}{936}(52) = 4.17\text{주}$$

$$\text{TBO}_{\text{EOQ}} = \frac{\text{EOQ}}{D}(365\text{일/년}) = \frac{75}{936}(365) = 29.25\text{일}$$

매개변수			
현재 로트 크기(Q)	390	경제적 주문량	75
수용량(D)	936		
주문비용(S)	$45		
단위당 유지비용(H)	$15		
연간 비용		**EOQ에 대한 연간 비용**	
연간 주문량	2.4	연간 주문량	12.48
연간 주문비용	$108.00	연간 주문비용	$561.60
연간 유지비용	$2,925.00	연간 유지비용	$562.50
연간 재고비용	$3,033.00	연간 재고비용	$1,124.10

그림 10.8 Tutor 10.3을 사용해 EOQ에 대한 연간 총비용 계산

출처: Mike Stewart/AP/Shutterstock

일반적으로 소매업체의 제품에 대한 수요는 독립수요이다. 수천 명의 고객이 대규모 창고형 매장에서 쇼핑을 하며, 각기 다른 제품을 찾고 있다. 제품은 해당 지역의 물류센터에서 재입고된다.

의사결정 포인트

EOQ를 사용하면 1년에 주문을 12회 정도 해야 한다. 현재 정책인 390개를 사용하면 1년에 평균 2.4회(5개월에 1회) 주문이 필요하다. 현재 정책은 주문비용을 절감할 수 있지만 주기재고 관리비용이 훨씬 더 많이 발생한다. 주문비용과 유지비용만 보면 주문량을 얼마로 하는 것이 최선인지 알 수 있지만, 최종 결정을 내리기 전에 다른 요인도 감안해야 한다. 예를 들어 공급업체가 대량 주문의 가격을 할인해준다면 대량 주문을 하는 것이 나을 수 있다.

EOQ의 경영상 시사점

EOQ 공식의 민감도 분석은 재고 관리에 귀중한 통찰력을 제공한다. 민감도 분석이란 중요한 매개변수를 변화시키면서 그 영향을 관찰하는 기법이다. 표 10.1은 공식의 분자 또는 분모에 다른 값을 대입했을 때 EOQ에 미치는 영향을 보여준다.

표 10.1 EOQ에 대한 민감도 분석

매개변수	EOQ	매개변수의 변화	EOQ의 변화	비고
수요량	$\sqrt{\frac{2DS}{H}}$	↑	↑	로트 크기는 D의 제곱근에 비례해 증가한다.
주문/가동 준비비용	$\sqrt{\frac{2DS}{H}}$	↓	↓	로트 크기가 감소하기 때문에 공급 주수(weeks of supply)는 감소하며 재고회전율은 증가한다.
재고 유지비용	$\sqrt{\frac{2DS}{H}}$	↓	↑	재고 유지비용이 줄어들면 로트 크기의 증가가 정당화된다.

표 10.1에서 볼 수 있듯이, EOQ는 재고 관리에 대한 직관을 일부 확인해 준다. 주문비용 또는 가동 준비비용의 변화가 재고에 미치는 영향은 린 시스템에서 특히 중요하다. 이 관계는 제조업체가 가동 준비에 소요되는 시간과 비용을 줄이는 데 그토록 신경을 쓰는 이유를 설명하며, 이는 가동 준비비용이 감소해야 작은 로트 크기에서도 경제성을 확보할 수 있기 때문이다. 실제로 린 시스템은 EOQ의 사용에 적합한 환경을 제공한다. 예를 들어 린 시스템에서는 연간, 월간, 일일 또는 시간별 수요율을 비교적 확실하게 알 수 있으며 수요율이 비교적 균일하다. 만약 기업이 제약 관리(7장 '제약 관리 참조')를 수행한다면 린 시스템(5장 '린 시스템' 참조)에서는 프로세스에 의하여 제약되는 사항이 거의 없다. 또한 린 시스템은 공급업체로부터 일정한 리드타임과 신뢰할 수 있는 납품 수량을 확보하기 위해 노력하는데, 이 두 가지 모두 EOQ의 가정이다. 따라서 로트 크기 결정 기법으로서 EOQ는 린 시스템의 원칙에 잘 부합한다고 말할 수 있다.

이제 두 가지 대표적인 재고통제 시스템인 연속조사 시스템(Q시스템)과 주기조사 시스템(P시스템)을 알아보겠다.

연속조사(*Q*) 시스템

10.6 연속조사 재고통제 시스템에서의 재주문점 주문량을 결정한다.

재주문점 시스템[reorder point(ROP) system] 또는 고정 주문량 시스템(fixed order quantity system)이라고도 하는 **연속조사 시스템**[continuous review(*Q*) system]은 재고를 인출할 때마다 SKU의 남은 재고량을 추적하여 재주문할 시점이 되었는지를 판단한다. 실무에서는 연속적으로(재고를 인출할 때마다) 재고를 조사한다기보다는 자주(예: 매일) 조사한다. 재고 기록과 연결된 컴퓨터와 전자금전등록기의 등장으로 연속조사가 쉬워졌다. 재고를 조사할 때마다 재고 상태에 대한 의사결정을 하게 된다. 재고 상태가 너무 낮다고 판단되면 주문을 시작한다. **재고 상태**(inventory position, IP)는 해당 SKU가 미래 수요를 충족할 수 있는 능력을 측정한다. 여기에는 주문은 접수되었지만 아직 수령하지 않은 주문인 **예정입고**(scheduled receipt, SR)와 보유재고(on-hand inventory, OH)의 합에서 미납 주문(backorder, BO)을 뺀 것이다. 예정입고를 **기발주 주문**(open order)이라고도 한다. 재고 상태를 구체적으로 설명하면 다음과 같다.

재주문점(ROP) 시스템
재고를 인출할 때마다 잔여 재고량을 추적해 재주문 시점이 되었는지를 판단하는 시스템

연속조사(*Q*) 시스템
재고를 인출할 때마다 잔여 재고량을 추적해 재주문 시점이 되었는지를 판단하는 시스템

재고 상태(IP)
재고가 미래 수요를 만족시킬 수 있는 능력을 측정한 값

예정입고(SR)
주문량 중 발주했으나 아직 입고되지 않은 양

기발주 주문
주문량 중 발주했으나 아직 입고되지 않은 양

$$\text{재고 상태} = \text{보유재고} + \text{예정입고} - \text{미납 주문}$$
$$\text{IP} = \text{OH} + \text{SR} - \text{BO}$$

최소 재고 수준인 **재주문점**(reorder point, *R*)을 미리 정해놓고 재고 상태가 이보다 작아지면 고정량 Q를 주문한다. 연속조사 시스템에서는 주문량(*Q*)이 고정되어 있지만 주문간격은 일정하지 않다. 따라서 Q를 결정하는 근거로는 EOQ, 가격 할인을 받을 수 있는 최소 주문량, 컨테이너 크기(예: 트럭 용량), 경영자가 결정하는 정책적 수량 등이 있다.

재주문점(*R*)
재고 상태가 이 값보다 작아지면 고정량 Q를 주문하도록 미리 정해둔 최소 수준

수요와 리드타임이 일정할 때의 재주문점 산출

예제 10.3에서 모이통의 수요는 항상 주당 18개이고, 리드타임은 항상 2주이며, 공급자는 항상 주문한 수량만큼을 제시간에 납품한다고 하자. 그러면 박물관의 구매담당자는 재고량이 36개[(18개/주)(2주)]로 줄어들 때까지 기다렸다가 주문을 내면 된다. 따라서 재주문점 *R*은 리드타임 동안의 총 수요량과 같으며, 안전재고는 필요 없다.

그림 10.9는 수요와 리드타임이 상수일 때 재고 시스템이 작동하는 방식을 보여준다. 아래쪽으로 기울어지는 직선은 일정한 비율로 고갈되는 재고 보유량을 나타낸다. 재고 보유량이 *R*이 되면 Q만큼 새로 주문한다. 이 주문량은 리드타임 동안은 도착하지 않기 때문에 재고 보유량이 계속 감소한다. 리드타임이 끝나는 시점이 되면 재고 보유량이 0이 된다. 이때 주문량이 도착하기 때문에 재고량은 갑자기 Q만큼 증가한다. 주문간격(TBO)은 재고주기와 같다.

그림 10.9와 같이 리드타임 동안 이외에는 재고 상태(IP)와 재고 보유량이 일치한다. 신규로 주문을 하는 순간에 IP는 *Q*만큼 증가하여 점선과 같이 된다. IP는 리드타임 내내 항상 OH보다 *Q*만큼 크다.[5] 리드타임이 끝날 때 예정입고가 재고로 전환되어 다시 IP = OH가 된다. 여기서 핵심은 재주문 여부를 결정할 때 OH가 아닌 IP를 *R*과 비교하는 것이다. 보통 예정입고나 미납 주문을 고려하지 않는 실수를

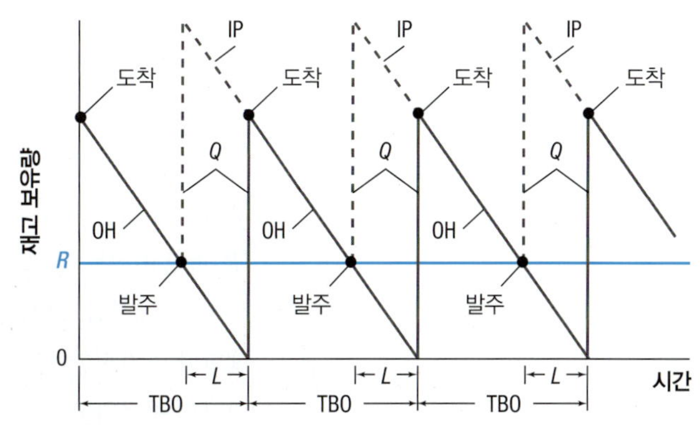

그림 10.9 수요와 리드타임이 일정한 *Q*시스템

5 가능한 예외 상황은 리드타임이 길거나 리드타임 동안 평균보다 큰 수요가 발생해 둘 이상의 예정입고가 동시에 열려 있는 경우이다. 예제 10.5는 이러한 상황을 보여준다.

하는 경우가 많다.

예제 10.4는 수요와 리드타임이 모두 일정할 때 새 주문을 발주하는 시기를 결정하는 방법을 보여준다.

예제 10.4

수요와 리드타임이 일정할 때의 재주문

한 슈퍼마켓의 닭고기수프 수요는 항상 하루에 25통이며, 리드타임은 항상 4일이다. 진열대에 수프가 방금 재진열되어 재고량은 10통밖에 없다. 현재 미납 주문은 없지만 기발주 주문이 200통 있다. 재고 상태는 얼마인가? 신규 발주해야 할 것인가?

풀이

$$R = \text{리드타임 동안의 평균 수요} = (25)(4) = 100\text{통}$$

$$\begin{aligned} \text{IP} &= \text{OH} + \text{SR} - \text{BO} \\ &= 10 + 200 - 0 = 210\text{통} \end{aligned}$$

의사결정 포인트

IP가 R보다 크므로(210과 100) 주문하지 않는다. 재고가 거의 소진되었지만, 예정입고가 진행 중이므로 새로 주문할 필요가 없다.

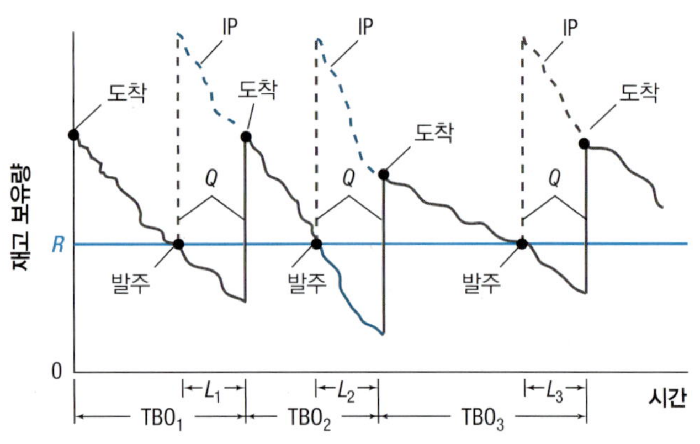

그림 10.10 수요가 불확실할 때의 Q시스템

리드타임이 일정하지만 수요가 불확실할 때의 재주문점 산출

실무에서 수요를 항상 예측할 수 있는 것은 아니다. 그림 10.10은 수요가 불확실하고 리드타임이 일정할 때 Q시스템이 어떻게 작동하는지를 보여준다. 물결 모양의 하향선은 수요가 매일 변동한다는 것을 나타낸다. 두 번째 주기에서 기울기가 더 가파른 것은 이 기간 동안의 수요율이 더 높다는 것을 의미한다. 수요율이 변한다는 것은 주문간격도 변한다는 것을 의미하므로 $TBO_1 \neq TBO_2 \neq TBO_3$이 된다. 예제 10.5는 수요가 변하고 리드타임이 일정할 때 연속조사 시스템의 기법을 보여준다.

예제 10.5

리드타임이 일정하지만 수요가 불확실할 때의 재주문

위스콘신에 있는 유통센터(DC)는 소니 플라스마 TV 세트를 재고로 보유하고 있다. 이 센터는 캔자스에 있는 대형 창고에서 재고를 받는데, 리드타임은 5일이다. DC는 300세트의 재주문점(R)과 250세트의 고정주문량(Q)을 사용한다. 영업 1일 차 말 현재의 보유재고(OH)는 400세트이고, 예정입고(SR)는 없으며, 미납주문(BO)도 없다. 모든 수요와 입고는 하루가 끝날 때 발생한다고 가정한다. 재고 상태는 수요와 입고가 처리된 후에 재주문점과 비교된다. 주문이 필요하다면 주문하고 재고 상태가 갱신된다. 오른쪽 표와 같이 수요가 발생할 때 Q시스템을 사용하여 주문할 시점을 결정하라.

일	수요	OH	SR	BO	IP	Q
1	50	400			400 + 0 = 400	
2	60	340			340 + 0 = 340	
3	80	260	250 주문 후		260 < R 주문 전 260 + 250 = 510 주문 후	250(8일 도착)
4	40	220	250		220 + 250 = 470	
5	75	145	250		145 + 250 = 395	
6	55	90	250		90 + 250 = 340	
7	95	0	250 + 250 = 500 주문 후	5	0 + 250 − 5 = 245 < R 주문 전 245 + 250 = 495 주문 후	250(12일 도착)
8	50	0 + 250 − 50 − 5 = 195	250		195 + 250 = 445	
9	45	195 − 45 = 150	250		150 + 250 = 400	
10	30	120	250		120 + 250 = 370	
11	50	70	250		70 + 250 = 320	
12	60	70 − 60 + 250 = 260	250 주문 후		260 < H 주문 전 260 + 250 = 510 주문 후	250(17일 도착)
13	40	260 − 40 = 220	250		220 + 250 = 470	
14	50	170	250		170 + 250 = 420	

풀이

다음 공식을 사용한다.

$$\text{재고 상태}(IP) = \text{OH} + \text{SR} - \text{BO}$$

의사결정 포인트

오른쪽 그림은 TV 세트의 재고 보유량과 재고 상태의 관계를 보여준다. 3일 차에 처음으로 재주문 지점인 300세트 아래로 떨어져서 250세트에 대한 주문이 촉발되었다. 7일 차에는 수요가 TV 공급을 초과하여 5세트의 미납 주문이 발생했다. IP에 대한 계산은 미납 주문과 함께 새 주문이 일어나면 2개의 예정입고가 있다는 사실을 유의하라. 이 상황은 250세트에 대한 기발주 주문을 받기 하루 전에 재주문점이 깨졌기 때문이다. 8일째 되는 날 250세트가 도착해 미납 주문이 충족되었다. 보유재고가 당일 수요와 미납 주문을 충족하므로 250세트의 입고로부터 단지 195세트의 재고만을 남긴다는 점을 주목하라. DC의 수요는 상당히 변동이 심해 때때로 재주문점이 극적으로 깨질 수 있다. 고객이 한 번에 하나씩 주문하지 않고 대량으로 주문할 때 연속 조사 시스템에서 이런 일이 자주 발생한다. DC의 고객은 판매 판촉을 위해 대량으로 TV를 구매하는 대형 소매업체일 수 있다. 또 다른 이유는 DC는 일과가 끝날 때 모든 재고 거래를 수행하기 때문에, 고객에게는 한 번에 한 세트씩을 보낼지라도 재고 관리 목적으로는 한 번에 많은 양을 보내는 것으로 취급된다. 최근의 기술과 제품 바코드 사용으로 DC는 연속적으로 재고를 모니터할 수 있고 재주문점에 도달하자마자 바로 주문을 할 수 있다.

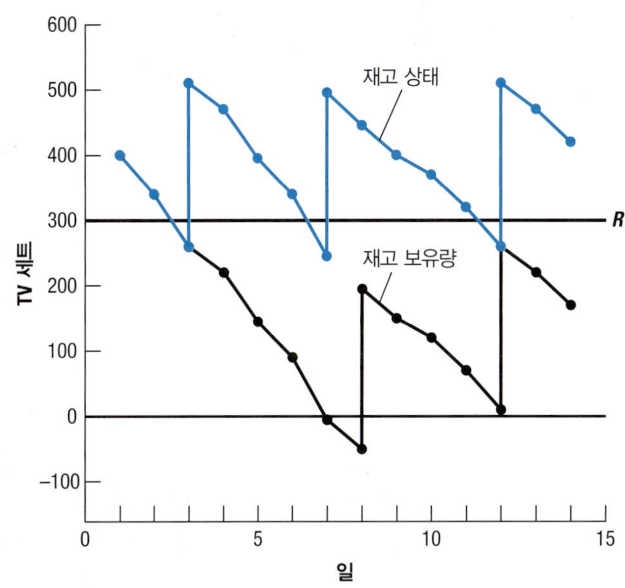

예제 10.5에서 볼 수 있듯이 수요가 불확실하면 리드타임 동안의 수요를 예측할 수 없기 때문에 미납 주문이나 재고 고갈이 발생할 수 있다. 그렇기에 관리자는 판매 상실에 대비하여 안전재고를 추가한다. 따라서 그림 10.10의 R이 그림 10.9의 R보다 더 크다. 같은 이유로 주문이 도착할 때 재고 보유량도 0이 아니다. 안전재고가 많으면 재주문점 R도 높아지고 재고 고갈의 가능성이 줄어든다. 일반적으로

$$\text{재주문점} = \text{리드타임 동안의 평균 수요} + \text{안전재고}$$
$$= \bar{d}L + \text{안전재고}$$

$\bar{d}$ = 주간(또는 일간, 월간) 평균 수요
L = 리드타임 주수(또는 일수, 월수)

리드타임 동안의 수요량이 불확실하므로 R을 선택할 때 안전재고를 감안한다. 안전재고의 크기를 결정할 때 고객 서비스와 재고 유지비용 사이의 상충관계가 있다. 비용 최소화 모형을 사용하여 최적의 안전재고를 찾을 수 있지만, 재고 고갈 비용과 미납 주문 비용을 정밀하게 추정하기 어렵다(즉 고객이 경쟁사로 이동하여 발생하는 매출 손실, 고객 신뢰도 손실, 향후 고객 충성도 및 시장 점유율의 영향을 추정하기 어려움). 일반적으로 경영자의 판단에 따라 적정한 서비스 수준이 결정되면 이를 충족하는 안전재고 수준을 결정한다. 재주문점 결정을 위한 3단계는 다음과 같다.

1. 적절한 서비스 수준 정책을 결정한다.
2. 리드타임 동안 수요의 확률분포를 파악한다.
3. 안전재고와 재주문점 수준을 결정한다.

1단계: 서비스 수준 정책

주문이 접수된 시점에 시작하여 재고가 입고될 때 종료되는 **서비스 수준**(service level) 또는 **주기 서비스 수준**(cycle-service level, 재고 고갈이 일어나지 않을 확률의 기대치)을 선택한다. 안전재고에 의존하여 재고 고갈을 막아야 하는 기간을 **보호기간**(protection interval)이라 한다. Q시스템에서는 보호기간이 리드타임과 같다. 예를 들어 한 가게의 관리인은 특정 상표의 샴푸에 대해 90%의 주기 서비스 수준을 선택할 수 있다. 즉 리드타임 동안 수요가 공급을 초과하지 않을 확률이 90%라는 뜻이다. 즉 보호기간 동안에 재고가 부족하여 재고 고갈 또는 미납 주문이 발생할 확률이 10%(100 − 90)이다. 리드타임 동안의 재고 고갈 위험은 전반적인 재고 고갈 위험보다 큰데, 그 이유는 리드타임이 아닌 기간에는 위험이 없기 때문이다.

서비스 수준
주문된 시간에 시작해 재고가 도착한 시간에 끝나는 주문주기 동안, 재고 고갈이 일어나지 않을 확률의 기대치

주기 서비스 수준
주문 주기(주문이 접수된 시점부터 재고가 입고되는 시점) 동안 재고 고갈이 일어나지 않을 확률의 기대치

보호기간
안전재고에 의존해서 재고 고갈을 막아야 하는 기간

2단계: 리드타임 동안 수요의 확률분포

리드타임 동안의 수요 분포를 결정하려면 평균과 표준편차를 알아야 한다. 서비스 수준 정책으로부터 안전재고 수준을 이끌어내기 위해서는 먼저 리드타임 동안의 수요 분포를 알아야 한다. 만약 수요와 리드타임이 평균 주변에서 거의 변하지 않는다면 안전재고는 적어도 된다. 반대로 주문 주기마다 수요가 크게 달라진다면 많은 양의 안전재고가 필요하다. 변동성은 리드타임 동안의 수요량에 대하여 측정된다. 때로는 리드타임 동안의 수요량 평균과 표준편차가 알려져 있지 않고, 수요율에 대한 정보와 리드타임에 대한 정보를 결합하여 계산해야만 할 때도 있다. 리드타임은 일정하고 수요만 변동성이 있다고 하더라도, 수요 자료가 리드타임 동안에 따로 집계되어 있지 않을 수도 있다. 동일한 재고통제 시스템을 사용하여 각각 리드타임이 다른 수천 가

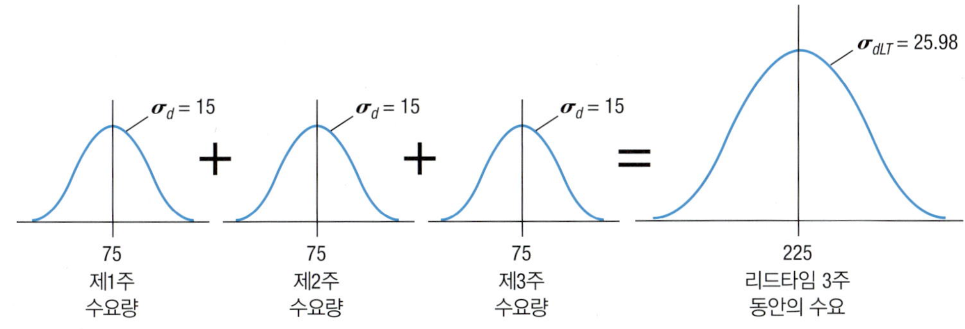

그림 10.11 리드타임 동안 수요 분포 산출

지 SKU를 관리할 수 있다. 예를 들어 매주 수요가 보고되는 경우, 리드타임이 정확히 1주일이면 이러한 기록을 사용하여 리드타임 동안 수요의 평균과 표준편차를 계산할 수 있다. 그러나 리드타임이 3주면 계산이 어려워진다.

몇 가지 합리적인 가정을 통해 리드타임 분포 동안의 수요를 결정할 수 있다. 리드타임과 반드시 일치하지 않는 기간 t(일간, 주간 등) 동안 수요의 평균($\overline{d}$)과 표준편차(σ_d)를 알고, 매 기간의 수요 분포가 동일하고 서로 독립이라고 가정하자. 예를 들어 t가 1주일이면 수요의 확률분포는 매주 동일하고(동일한 $\overline{d}$와 σ_d), 1주일의 수요는 다른 주의 수요에 영향을 미치지 않는다. 리드타임 L이 t의 배수로 표시되어 있다고 하자. 이러한 가정하에서 리드타임 동안의 평균 수요는 L개 기간 각각의 평균 수요(서로 독립이고 동일한)를 합한 것이다. 즉 $\overline{d} + \overline{d} + \overline{d} + \ldots = \overline{d}L$이다. 또한 리드타임 동안 수요의 분산은 L개 기간 각각에 대한 분산의 합이다. 즉

$$\sigma_d^2 + \sigma_d^2 + \sigma_d^2 + \ldots = \sigma_d^2 L$$

마지막으로 리드타임 동안 수요의 표준편차는 다음과 같다.

$$\sigma_{dLT} = \sqrt{\sigma_d^2 L} = \sigma_d \sqrt{L}$$

그림 10.11은 주별 수요 분포에서 리드타임 동안 수요 분포를 계산하는 법을 보여준다[여기서 $\overline{d} = 75$, $\sigma_d = 15$, $L = 3$이다]. 이 예에서 리드타임 동안의 평균 수요는 (75)(3) = 225이고 $\sigma_{dLT} = 15\sqrt{3} = 25.98$이다.

3단계: 안전재고 및 재주문점

안전재고를 결정할 때 그림 10.12와 같이 리드타임 동안의 수요가 정규분포라고 가정하는 경우가 많다.

리드타임 동안의 평균 수요는 그래프의 중심선이며, 우측의 확률이 50%, 좌측의 확률이 50%이다. 따라서 주기 서비스 수준을 50%로 하면 재주문점 R은 중심선과 같다. R은 리드타임 동안의 평균 수요에 안전재고를 더한 값이므로, R이 평균 수요와 같으면 안전재고는 0이다. 수요가 평균보다 적어질 확률이 50%이므로, 안전재고가 없어도 문제가 생기지 않을 확률은 50%이다.

서비스 수준을 50% 이상으로 제공하려면 재주문점이 리드타임 동안의 평균 수요보다 높아야 한다. 그림 10.12에서 재주문점을 중심선 오른쪽으로 이동하여 곡선 아래 영역의 50% 이상이 R의 왼쪽에 있도록 해야 한다. 그림 10.12에서는 R 왼쪽의 영역이 85%(회색)이고 오른쪽이 15%(파란색)이어서 85%의 주기 서비스 수준을 달성할 수 있다. 안전재고는 다음과 같이 계산

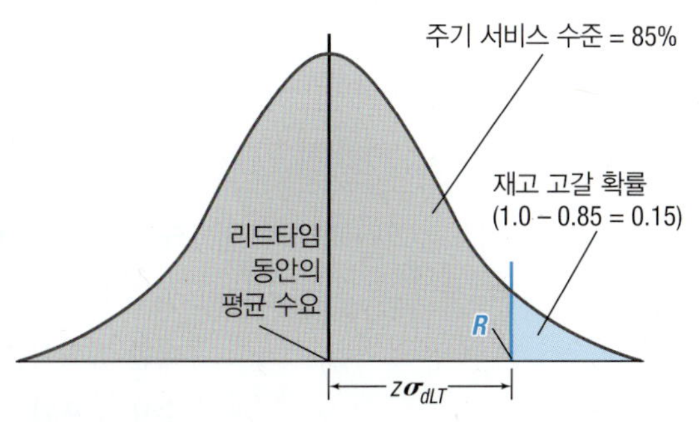

그림 10.12 정규분포에서 주기 서비스 수준이 85%일 때의 안전재고 산정

한다.

$$\text{안전재고} = z\sigma_{dLT}$$

z = 주기 서비스 수준을 달성하기 위하여 표준편차의 몇 배가 필요한지를 나타내는 표준 정규분포 계수

σ_{dLT} = 리드타임 동안 수요의 표준편차

이때 재주문점은 다음과 같다.

$$R = \bar{d}L + \text{안전재고}$$

z값이 클수록 안전재고와 주기 서비스 수준은 증가한다. $z = 0$이면 안전재고가 없고 주문 주기의 50% 동안 품절이 발생한다. 주기 서비스 수준이 85%이면 $z = 1.04$이다. 예제 10.6은 부록의 정규분포표에서 적절한 z값, 안전재고, 재주문점을 찾는 방법을 보여준다.

예제 10.6

온라인 자료

OM Explorer의 Tutor 10.4는 Q시스템의 안전재고와 재주문점을 결정하는 다른 예를 제공한다.

불확실한 수요와 일정한 리드타임일 때의 재주문점

예제 10.3의 새 모이통 문제를 다시 보자. EOQ는 75개이다. 주간 평균 수요가 18개, 표준편차가 5개라고 가정한다. 리드타임은 2주로 일정하다. 경영진이 주기 서비스 수준을 90%로 하고 싶을 때 안전재고와 재주문점을 결정하라.

풀이

이 경우 $\sigma_d = 5$, $\bar{d} = 18$개, $L = 2$주이므로 $\sigma_{dLT} = \sigma_d\sqrt{L} = 5\sqrt{2} = 7.07$이다. 부록의 정규분포표에서 서비스 수준 90%에 해당하는 0.9000을 찾는다. 가장 가까운 값이 0.8997이고 대응하는 머리행은 1.2, 머리열은 0.08이다. 이 값을 더하면 z값은 1.28이 된다. 이를 이용하여 안전재고와 재주문점을 계산한다.

$$\text{안전재고} = z\sigma_{dLT} = 1.28(7.07) = 9.05 \text{ 또는 } 9\text{개}$$

$$\text{재주문점} = \bar{d}L + \text{안전재고}$$
$$= 2(18) + 9 = 45\text{개}$$

의사결정 포인트

새 모이통 문제에서 Q시스템은 다음과 같이 작동한다: 재고 상태가 45개에 도달할 때마다 EOQ인 75개를 주문한다. 다양한 주문량과 안전재고 수준을 Q시스템에서 사용할 수 있다. 예를 들어 주문량을 다르게 하거나(배송상의 제약 때문에), 안전재고 수준을 다르게(저장공간의 제약 때문에) 지정할 수 있다.

수요와 리드타임이 모두 불확실할 때의 재주문점 산출

실무에서는 수요와 리드타임이 모두 불확실한 경우가 많다. 안타깝게도 안전재고와 재주문점에 대한 방정식은 더 복잡해진다. 아래 안전재고 방정식에서는 두 가지 단순화 가정을 한다. 첫째, 수요 분포와 리드타임 분포가 동일한 시간 단위로 측정된다고 가정한다. 예를 들어 수요와 리드타임 모두를 주 단위로 측정하는 것이다. 둘째, 수요와 리드타임은 **독립적**이다. 즉 주당 수요는

리드타임 길이에 영향을 받지 않는다.

$$\text{안전재고} = z\sigma_{dLT}$$
$$R = (\text{주간 평균 수요} \times \text{리드타임 주수}) + \text{안전재고}$$
$$= \bar{d}\bar{L} + \text{안전재고}$$

$\bar{d}$ = 주간(또는 일간, 월간) 평균 수요

$\bar{L}$ = 평균 리드타임 주수(또는 일수, 월수)

σ_d = 주간(또는 일간, 월간) 수요의 표준편차

σ_{LT} = 리드타임의 표준편차

$\sigma_{dLT} = \sqrt{\bar{L}\sigma_d^2 + \bar{d}^2\sigma_{LT}^2}$

리드타임이 불확실한 복잡한 상황에서도 수요의 평균과 표준편차를 결정했으니, 리드타임이 일정한 상황과 마찬가지로 예제 10.7처럼 안전재고를 결정하고 재주문점을 선택할 수 있다.

수요와 리드타임이 불확실할 때의 재주문점

예제 10.7

사무용품점은 인기 있는 볼펜의 주당 수요가 평균 12,000개, 표준편차 3,000개라고 추정한다. 현재 재고 정책에 따라 1회 보충 주문량은 156,000개이다. 공급업체로부터의 리드타임은 평균 5주, 표준편차 2주이다. 경영진이 95%의 주기 서비스 수준을 원한다면 재주문점을 어떻게 정해야 하겠는가?

풀이

$\bar{d} = 12{,}000$개, $\sigma_d = 3{,}000$개, $\bar{L} = 5$주, $\sigma_{LT} = 2$주이다.

$$\sigma_{dLT} = \sqrt{\bar{L}\sigma_d^2 + \bar{d}^2\sigma_{LT}^2} = \sqrt{(5)(3{,}000)^2 + (12{,}000)^2(2)^2} = 24{,}919.87\text{개}$$

95%의 주기 서비스 수준에 해당하는 0.9500에 대한 z값을 부록의 정규분포표에서 찾자. 이 값은 표에서 0.9495($z = 1.64$인 경우)와 0.9505($z = 1.65$인 경우)의 중간에 해당한다. 따라서 둘 중 보수적인 값인 1.65를 사용한다. 안전재고와 재주문점은 다음과 같이 계산한다.

$$\text{안전재고} = z\sigma_{dLT} = (1.65)(24{,}919.87) = 41{,}117.79 \text{ 또는 } 41{,}118\text{개}$$
$$\text{재주문점} = \bar{d}\bar{L} + \text{안전재고} = (12{,}000)(5) + 41{,}118 = 101{,}118\text{개}$$

의사결정 포인트

볼펜 재고가 101,118개가 될 때마다 관리자는 156,000개의 보충 주문을 발주한다.

수요와 리드타임에 대한 이론적 확률분포를 알 수 없는 경우가 많다. 이 경우 시뮬레이션을 사용하여 수요와 리드타임에 대한 이산확률분포를 사용하여 리드타임 동안 수요의 확률분포를 구할 수 있다. 또한 시뮬레이션은 재고 시스템의 성능을 추정하는 데도 사용할 수 있다. '실습과제 10.1'에서는 알려진 수요를 사용하여 재고 시스템의 운영을 시뮬레이션한다.

Q시스템에 기반한 시스템

Q시스템을 기반으로 한 시스템은 이중상자 시스템과 기본재고 시스템이다.

이중상자 시스템

시각 시스템
상자에 표시를 해 재고가 일정 수준에 이르면 종업원이 시각적으로 이를 확인해 발주할 수 있도록 하는 시스템

Q시스템의 개념을 **시각 시스템**(visual system)에 적용할 수 있다. 즉 상자에 표시를 하여 재고가 일정 수준에 도달하면 직원이 시각적으로 이를 확인하여 주문을 할 수 있게 한다. 시각 시스템은 재고 기록을 보관하지 않기 때문에 관리가 쉽다. 과거 발주량을 이용하여 과거 사용량을 간단히 재구성할 수 있다. 시각 시스템은 너트, 볼트, 사무용품과 같이 수요가 균일한 저가의 SKU에 사용할 만하다. 과잉 재고가 흔히 발생하지만, 상대적으로 저가 품목이기 때문에 추가 재고 유지비용이 그리 크지는 않다.

이중상자 시스템
Q시스템의 시각 시스템 유형으로서, 동일 품목의 재고를 두 곳에 저장함

Q시스템의 시각 시스템 유형 중 하나가 **이중상자 시스템**(two-bin system)인데, 이 시스템에서는 동일 품목의 재고를 두 곳에 저장한다. 첫 번째 상자부터 재고를 인출한다. 첫 번째 상자의 재고가 없어지면 두 번째 상자의 재고로 보충 주문이 도착할 때까지의 수요에 대응한다. 첫 번째 상자가 비어 있으면 새 주문이 필요하다는 신호를 보낸다. 미리 준비한 주문서 양식을 상자 근처에 비치하고 작업자가 주문서를 구매 부서나 공급업체에게 보낸다. 주문량이 도착하면 먼저 두 번째 상자를 정상 수준으로 채우고 나머지는 첫 번째 상자에 넣는다. 이중상자 시스템은 두 번째 상자의 정상 수준이 재주문점인 Q시스템이다. 실제로는 상자를 하나만 사용하고 상자에 재주문점을 표시하기도 한다.

기본재고 시스템

기본재고 시스템
재고가 인출될 때마다 인출량만큼 보충 주문을 하는 시스템

가장 간단한 형태의 **기본재고 시스템**(base-stock system)은 재고 인출이 발생할 때마다 인출량만큼 보충 주문(Q)을 한다. 이 1:1 보충 정책은 재고 상태를 리드타임 동안의 평균 수요량과 안전재고의 합과 동일하게 유지한다. 따라서 기본 재고량은 Q시스템의 재주문점과 같은 역할을 한다. 그러나 재고 상태를 항상 *R*로 유지하기 위해 주문량이 달라진다. 이것이 주기 서비스 수준을 유지하는 최소한의 IP이므로, 기본재고 시스템은 주기재고를 최소화하려고 할 때 사용한다. 주문 횟수는 많아지고 주문량은 적어진다. 따라서 이 시스템은 교체용 비행기 엔진과 같은 초고가 품목에 적합하다. 보충 주문이 도착할 때까지의 최대 예상 수요보다 재고가 많아지지 않는다.

*Q*시스템의 총비용 산출

연속조사(Q) 시스템의 총비용은 세 가지 비용의 합이다.

총비용 = 연간 주기재고 유지비용 + 연간 주문비용 + 연간 안전재고 유지비용

$$C = \frac{Q}{2}(H) + \frac{D}{Q}(S) + (H)(\text{안전재고})$$

연간 주기재고 유지비용과 연간 주문비용은 예제 10.2에서 총 연간 재고비용 계산식을 사용하여 구할 수 있다. 연간 안전재고 유지비용은 안전재고를 항상 보유하고 있다는 가정하에 계산한다. 그림 10.10을 참조하면, 주기에 따라서 수요가 평균보다 많을 때도 있고 적을 때도 있다. 따라서 1년 동안 안전재고를 가지고 있다고 볼 수 있다. 이 장의 마지막에 있는 복습문제 4와 복습문제 6에서 Q시스템의 총비용을 계산한다.

*Q*시스템의 장점

Q시스템의 주요 장점은 다음과 같다.

1. 각 SKU의 조사 빈도를 달리할 수 있다. 조사 빈도를 SKU에 맞게 정하면 주문비용과 재고 유지비용을 절감할 수 있다.
2. 로트 크기가 충분히 큰 경우 고정 로트 크기는 수량할인으로 이어질 수 있다. 트럭 용량, 자재 처리 방식, 진열대 크기 등의 물리적 한계로 인해 로트 크기를 고정하기도 한다.
3. 리드타임 동안 수요의 불확실성에 대비한 안전재고 수준이 낮다.

주기조사(*P*) 시스템

10.7 주기조사 재고통제 시스템에서의 재주문점 주문량을 결정한다.

다른 재고 관리 시스템으로는 고정 간격 재주문(fixed interval reorder) 시스템 또는 주기 재주문(periodic reorder) 시스템이라고도 하는 **주기조사(*P*) 시스템**(periodic review system)이 있는데, 이 시스템은 재고 수준을 연속적으로 조사하지 않고 주기적으로 조사한다. 이러한 시스템은 루틴을 설정하기 때문에 배송 일정을 단순화할 수 있다. 재고 수준을 조사할 때마다 재주문하게 되므로, 주문 간 간격(TBO)은 *P*로 고정되어 있다. 수요는 확률변수이므로 재고조사 사이의 수요는 매번 달라진다. *P*시스템에서 로트 크기(*Q*)는 주문마다 변경될 수 있지만 주문 사이의 시간은 고정되어 있다. 주기조사 시스템의 예로는 매주 매장을 순회하는 청량음료 공급업체를 들 수 있다. 공급업체는 매주 매장의 청량음료 재고를 조사하고 다음 주까지 수요와 안전재고량만큼 재고를 보충해준다.

주기조사(*P*) 시스템
재고 상태를 연속적으로 조사하지 않고 주기적으로 조사하는 시스템

여기에서는 EOQ의 네 가지 가정을 바탕으로 논의를 진행한다. (1) 로트 크기에 제한이 없고, (2) 관련 비용은 재고 유지비용과 주문비용만 있으며, (3) 한 SKU의 의사결정은 다른 SKU의 의사결정과 독립적이며, (4) 리드타임과 납품에 불확실성이 없다. 그러나 수요는 불확실한 것으로 한다. 그림 10.13은 이러한 가정하에서 *P*시스템을 보여준다. 아래쪽으로 기울어지는 선은 재고 보유량을 나타낸다. 일단 재고를 조사하고 일정한 기간 *P*가 경과하면, 점선으로 표시된 재고 상태를 목표재고 수준(*T*)까지 채울 만큼 주문한다. 첫 번째 주문량 Q_1은 T에서 재고 상태 IP_1을 차감하여 결정한다. 연속조사 시스템과 마찬가지로 IP와 OH는 리드타임 동안에만 다르다. 리드타임이 끝날 때 기발주 주문이 도착하면 OH와 IP는 다시 같아진다. 그림 10.13은 로트 크기가 주기에 따라 달라지는 것을 보여준다. 두 번째 주문에서는 재고 상태가 낮아서 주문량이 많아져야 재고 수준을 *T*까지 높일 수 있다.

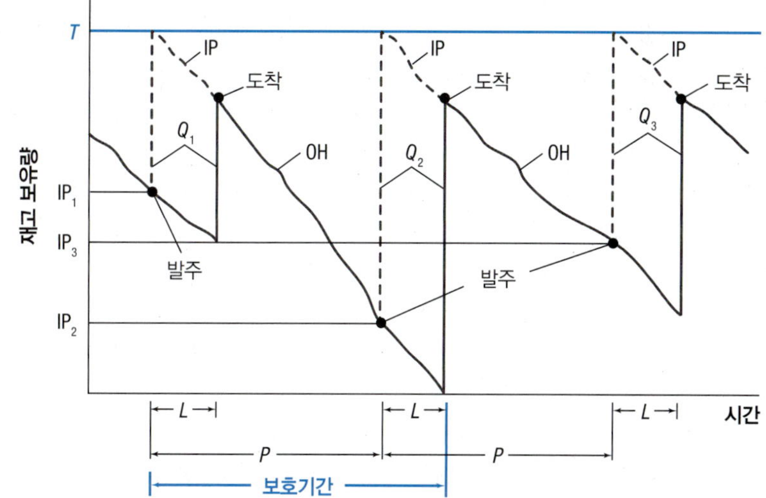

그림 10.13 수요가 불확실할 때의 *P*시스템

예제 10.8은 *P*시스템에서 주문량을 결정하는 방법을 보여준다.

*P*시스템에서 주문량 결정

예제 10.8

예제 10.5에 있는 유통센터(DC)의 예에서 경영진이 소니 TV 세트에 대해 주기조사 시스템을

사용하고자 한다고 가정하자. 재고의 첫 조사는 영업 2일 차에 이루어진다. 모든 수요와 입고는 하루 영업이 끝날 때 발생한다고 가정하자. 예정된 조사일에는 수요와 입고가 처리된 후에 재고 보충 주문이 이루어진다. 리드타임은 5일이며, 경영진은 $T = 620$, $P = 6$일로 정하였다. 아래 표와 같이 수요가 발생할 때, P시스템을 사용하여 주문량(Q)을 결정하라.

풀이

다음 공식을 사용한다.

$$\text{재고 상태}(IP) = \text{OH} + \text{SR} - \text{BO}$$
$$\text{주문량}(Q) = T - \text{IP}$$

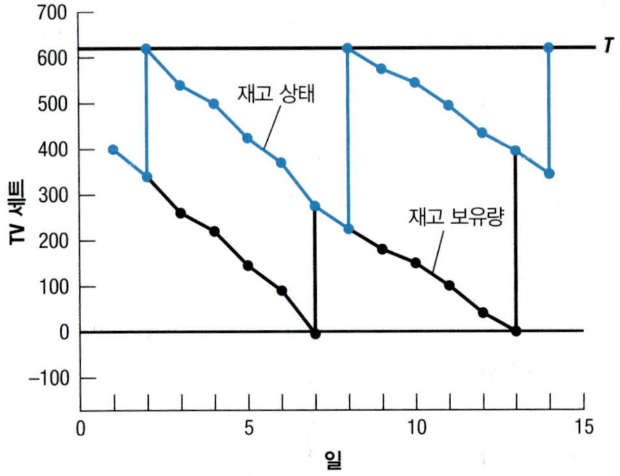

의사결정 포인트

왼쪽 그림은 보유재고와 재고 상태 간의 관계를 보여준다. DC는 7일 차에 보충 주문이 제때 도착했기 때문에 어떤 미납 주문도 경험하지 않았다. 주문량은 변하지만 주문간격이 일정하게 유지되는 것을 알 수 있다. 이 예의 P시스템 운용을 예제 10.5의 Q시스템과 비교하라. Q시스템은 언제 주문점에 도달하였는지 결정하기 위해 끊임없는 감시가 필요하다. 그러나 일별 평균 재고는 188세트에 불과한 반면, P시스템은 226세트에 달한다. 물론, Q시스템은 예상치 못한 대량 주문으로 인해 미납 주문이 발생하기도 했다. 그럼에도 불구하고 주기적 주문의 이점을 누리기 위해서는 같은 수준의 재고 고갈이나 미납 주문에 대비해 더 많은 재고를 보유해야 한다는 것이 일반적인 원칙이다. P시스템을 더 공부하게 되면 왜 그런지를 알게 될 것이다.

일	수요	OH	SR	BO	IP	Q
1	50	400			400	
2	60	340	280 주문 후		340 주문 전 340 + 280 = 620 주문 후	620 − 340 = 280 (7일 도착)
3	80	260	280		260 + 280 = 540	
4	40	220	280		220 + 280 = 500	
5	75	145	280		145 + 280 = 425	
6	55	90	280		90 + 280 = 370	
7	95	90 + 280 − 95 = 275			275 + 0 = 275	
8	50	225	395 주문 후		225 + 0 = 225 주문 전 225 + 395 = 620 주문 후	620 − 225 = 395 (13일 도착)
9	45	180	395		180 + 395 = 575	
10	30	150	395		150 + 395 = 545	
11	50	100	395		100 + 395 = 495	
12	60	40	395		40 + 395 = 435	
13	40	40 + 395 − 40 = 395			395 + 0 = 395	
14	50	345	275 주문 후		345 + 0 = 345 주문 전 345 + 275 = 620 주문 후	620 − 345 = 275 (19일 도착)

재고조사 간격 설정

고정 용량을 가지는 대규모 운송은 사전에 정해진 운행 일정이 필요하다. 이러한 상황에서는 주기조사 시스템이 필요하다. 사진에서 유조선은 철도 인프라가 있는 대형 항구에서 기름 선적을 기다리고 있다.

*P*시스템을 운영하려면 두 가지 결정을 내려야 한다. 이는 조사간격 *P*와 목표재고 수준 *T*이다. 먼저 조사간격 *P*는 매주 금요일 또는 격주 금요일과 같이 편리한 간격이 될 수 있다. 또 다른 방법은 EOQ의 비용 상충관계를 감안해 정한다. 즉 경제적 주문량에서의 주문 간 평균 시간 간격(TBO_{EOQ})으로 *P*를 결정한다. 수요가 불확실하기 때문에 주문량이 EOQ보다 커질 수도 있고 작아질 수도 있다. 그러나 장기적으로 평균 로트 크기는 EOQ와 비슷해진다. 로트 크기를 결정할 때 다른 모형(보론 B '특수재고모형')을 사용하였다면 로트 크기를 연간 수요 *D*로 나누어서 *P*값을 정한다. 이 값의 단위는 연이므로 필요하면 월, 주, 일로 환산할 수 있다.

수요가 불확실하고 리드타임이 일정할 때의 목표재고 수준 결정

이제 수요는 불확실하지만 리드타임이 일정할 때 목표재고 수준 *T*를 계산해 보겠다. 그림 10.13을 보면 주문량이 충분히 커야 재고 상태 IP가 *P*기간 후에 발생하는 다음 주문까지 견딜 수 있다. 이유는 *P*기간 동안은 담당자가 재고 상태를 점검, 조정, 재보충할 기회가 없기 때문이다. 그 후에 새로 주문을 낼 수 있으나 리드타임인 *L*만큼 지나야 도착하므로 그림 10.13에서 볼 수 있듯이 재주문할 때마다 $P + L$기간 동안을 보호기간(protection interval)으로 설정하여야 한다. *Q*시스템과 *P*시스템의 근본적인 차이점은 재고 고갈을 방지하여야 하는 기간의 길이다. *Q*시스템은 언제든지 재주문할 수 있고 *L*기간 후에 도착하므로 리드타임 동안에만 재고 고갈을 방지하면 된다. 그러나 *P*시스템은 주문이 정해진 간격으로만 이루어지고 다음 지정된 조사시간까지 재고량을 점검하지 않기 때문에 고갈 보호기간이 $P + L$로 길어진다.

*Q*시스템과 마찬가지로 보호기간 동안의 수요 분포를 측정하여야 한다. 다만 *P*시스템에서는 $P + L$기간 동안의 수요 분포를 측정해야 한다. 목표재고 수준 *T*는 보호기간($P + L$) 동안의 기대 수요와 동일한 보호기간 동안의 수요 불확실성에 대비할 수 있는 안전재고를 더한 것이다. 리드타임은 일정하고 한 기간의 수요는 다른 기간의 수요와 독립적이라고 가정한다. 따라서 보호기간 동안의 평균 수요는 $d(P + L)$이다. 즉

$$T = \bar{d}(P + L) + \text{보호기간 동안의 안전재고}$$

*P*시스템의 안전재고 계산 방식은 *Q*시스템과 유사하다. 다만 불확실성 대비 대상 기간이 길다는 점만 다르다. 정규분포를 사용할 때는 주기 서비스 수준에 해당하는 *z*값에 보호기간 동안의 표준편차(σ_{P+L})를 곱하여 안전재고를 산정한다. 주기 서비스 수준이 같으면 *z*값은 *Q*시스템에서와 같다. 따라서

$$\text{안전재고} = z\sigma_{P+L}$$

앞서 σ_{dLT}를 계산하는 논리에 따라 보호기간 동안 수요의 표준편차는 다음과 같다.

$$\sigma_{P+L} = \sigma_d\sqrt{P + L}$$

*P*시스템은 *Q*시스템보다 더 긴 기간 동안의 수요 불확실성을 대비하기 위해 안전재고가 필요하기 때문에, *P*시스템에서는 더 많은 안전재고가 있다(즉 σ_{P+L}이 σ_{dLT}보다 큼). 따라서 *P*시스템은 편리한 반면 재고 수준이 *Q*시스템보다 다소 높아진다. 예제 10.9는 새 모이통 문제에서 *P*

와 T의 계산을 보여준다.

예제 10.9

온라인 자료

OM Explorer의 Tutor10.5는 P시스템의 재고조사 간격과 목표재고 수준을 결정하는 다른 예를 제공한다.

*P*와 *T*의 산출

새 모이통 문제에서 주간 수요는 평균 18개, 표준편차 5개인 정규분포를 따른다. 리드타임은 2주이고 1년은 52주이다. 예제 10.6에서 Q시스템으로 주기 서비스 수준을 90%로 하려면 안전재고가 9개이고 EOQ는 75개였다. 이에 상응하는 P시스템은 어떤 것인가? 답은 반올림하라.

풀이

먼저 D와 P를 정한다. 여기서 P는 주간으로 표시된 재고조사 간격이다(모든 자료가 주간 단위로 표시되었기 때문에).

$$D = (18\text{개}/\text{주})(52\text{주}/\text{년}) = 936\text{개}$$

$$P = \frac{EOQ}{D}(52) = \frac{75}{936}(52) = 4.2 \text{ 또는 } 4\text{주}$$

다른 방식은 주간 수요 $\bar{d}$가 18개이므로 EOQ를 $\bar{d}$로 나누어 75/18 = 4.2, 즉 4주를 구해 P를 계산하는 것이다. 어느 방식이든 4주마다 재고를 조사한다. 이제 보호 기간($P + L = 6$) 동안 수요의 표준편차를 구한다.

$$\sigma_{P+L} = \sigma_d\sqrt{P + L} = 5\sqrt{6} = 12.25\text{개}$$

T를 계산하려면 z값이 필요하다. 주기 서비스 수준이 90%이면 $z = 1.28$이다(부록 정규분포표 참조). 안전재고는 다음과 같다.

$$\text{안전재고} = z\sigma_{P+L} = 1.28(12.25) = 15.68 \text{ 또는 } 16\text{개}$$

T는 다음과 같다.

$$\begin{aligned} T &= \text{보호기간 동안의 평균 수요} + \text{안전재고} \\ &= \bar{d}(P + L) + \text{안전재고} \\ &= (18\text{개}/\text{주})(6\text{주}) + 16\text{개} = 124\text{개} \end{aligned}$$

의사결정 포인트

4주마다 재고 상태(IP)가 목표재고 수준 124개에 이르도록 필요한 개수를 주문한다. P시스템에서는 16개의 안전재고가 필요하지만, Q시스템에서는 9개만 필요하다. 비용만 고려하면 새 모이통 문제는 Q시스템이 선택된다. 다음 절에서 설명하겠지만, 다른 요인도 고려해야 하기 때문에 P시스템이 유리할 수도 있다.

수요와 리드타임이 불확실할 때의 목표재고 수준 설정

실제로 P와 T를 찾는 데 유용한 방법은 시뮬레이션이다. 수요와 리드타임의 이산확률분포가 주어지면 시뮬레이션을 사용하여 보호기간 동안의 수요 분포를 추정할 수 있다. OM Explorer의 *Demand During the Protection Interval Simulator*를 사용하여 분포를 결정할 수 있다. 결정된 분포를 사용하여 원하는 주기 서비스 수준에 대한 T를 결정할 수 있다.

P시스템의 총비용 산출

P시스템의 총비용은 Q시스템의 동일한 세 가지 비용 요소의 합이다. 차이점은 주문량과 안전재고의 계산 방법이다. 그림 10.13에서 볼 수 있듯이 평균 주문량은 주문간격 P 동안의 평균 수요와 같다. 결국 $Q = \bar{d}P$이다. P시스템의 총비용은 다음과 같다.

$$C = \frac{\bar{d}P}{2}(H) + \frac{D}{\bar{d}P}(S) + (H)(\text{안전재고})$$

이 장의 마지막에 있는 복습문제 5에서 P시스템의 총비용을 계산한다.

P시스템의 장점

P시스템의 주요 장점은 다음과 같다.

1. 고정된 간격으로 재고를 보충하기 때문에 관리하기 편리하다. 주문간격이 고정되면 배달 시기와 배달 경로를 표준화할 수 있다. 반면, Q시스템에서는 주문간격이 달라질 수 있다.
2. 같은 공급업체에서 구매하는 여러 품목을 묶어서 주문할 수 있다. 이렇게 하면 주문비용과 운송비용이 절감되고 공급업체로부터 가격할인을 받을 수 있다.
3. 재고 상태인 IP는 (Q시스템에서처럼 연속적으로 파악하는 것이 아니라) 조사가 이루어질 때만 알면 된다. 그러나 이런 장점은 전산화된 자료관리 시스템을 사용하는 기업에서는 논의의 소지가 있다. 재고가 입고되거나 인출될 때마다 거래를 보고하기 때문이다. 재고기록을 항상 최신 상태로 유지하는 시스템을 **영속재고 시스템**(perpetual inventory system)이라고 한다.

영속재고 시스템
재고기록을 항상 최신 상태로 유지하는 재고 통제 시스템

Q시스템과 P시스템은 각기 다른 장점이 있다. 실제로 한 시스템의 장점은 다른 시스템의 약점이 되기도 한다. 결론적으로, Q시스템과 P시스템 중 어느 것을 선택해야 할지는 명확하지 않다. 어떤 시스템이 나은지는 다양한 상황에서 각각의 장점의 상대적 중요도에 따라 다르다.

P시스템에 기반한 시스템

P시스템을 기반으로 하는 두 가지 시스템은 단일상자 시스템과 조건부 보충 시스템이다.

단일상자 시스템

P시스템의 개념은 간단한 시각 시스템으로도 실현할 수 있다. **단일상자 시스템**(single-bin system)에서는 저장 선반이나 상자에 최대 수준을 표시하고, 주기적(예: 매주)으로 재고를 이 수준으로 채운다. 예를 들어 단일상자는 주유소의 휘발유 저장 탱크나 제조공장의 소규모 부품 상자일 수 있다.

단일상자 시스템
저장 선반이나 상자에 최대 재고 수준을 표시해 두고, 주기적으로 재고를 표시된 수준까지 보충하도록 하는 시스템

조건부 보충 시스템

조건부 조사, 최소-최대, (s, S) 시스템이라고도 하는 **조건부 보충 시스템**(optional replenishment system)은 P시스템과 매우 유사하다. 고정된 시간 간격으로 재고 상태를 조사하고, 재고 상태가 사전에 정한 수준 이하로 떨어지면 요구되는 재고량을 회복할 수 있을 만큼 주문한다. 주문량은 재고 상태를 목표재고 수준으로 올릴 수 있을 만큼으로 정해지며, 이는 P시스템의 T와 유사하다. 그러나 재고 상태가 설정된 최소 수준 이하가 아니면 주문하지 않는다. 최소 수준이 Q시스템의 재주문점 R과 유사한 역할을 한다. 목표 수준이 100이고 최소 수준이 60이면

조건부 보충 시스템
고정된 시간 간격으로 재고 상태를 조사해 재고 상태가 사전에 정한 수준 이하로 떨어지면 요구되는 재고량을 회복할 수 있을 만큼 주문하는 시스템

경영 사례 10.1 이케아의 재고 관리

여러분은 새 TV를 구입해 수납장과 선반 높이를 조절할 수 있는 TV 거치대가 필요하다. 온라인 광고를 보고 가까운 이케아(IKEA) 매장에 가서 거대한 쇼룸에서 쇼핑을 한다. 매장에는 9,500개에 달하는 제품이 있기 때문에 쇼핑 시간이 좀 길어질 수 있다. 하지만 원하는 제품을 정확히 찾았다. 선택한 품목을 기록하고 쇼룸 아래에 있는 창고의 5번 통로, 7번 빈에 제품이 있는 것을 확인한다. TV 거치대는 쉽게 접근할 수 있는 선반에 납작한 상자 3개에 담겨 있다. 카트에 거치대를 적재한 후 계산대로 이동하여 돈을 지불하고 차에 싣고 집으로 돌아와 거실에서 조립하면 된다. 세계 최대 가구 소매업체에서 가구를 구매한 것을 축하한다!

이케아는 63개국에 460개 매장과 231,000명의 직원을 보유한 450억 달러 규모의 기업이다. 저렴한 가격과 좋은 품질을 바탕으로 경쟁하는 이케아는 재고 관리를 잘하는 것이 핵심이다. 이케아의 전략에는 세 가지 요소가 있다. 이는 낮은 재고비용, 물량과 창고 배정의 연계, 재고 관리 시스템이다.

재고비용

이케아는 재고비용이 프로세스 설계와 관련이 있다는 것을 인식했다. 재고비용에는 보관 및 취급, 고객 서비스, 주문, 노동력 및 장비 활용, 운송 비용이 있다. 이를 위해 접촉당 비용(cost-per-touch)이라는 재고 관리 전략을 활용한다. 제품을 만지는 손이 많을수록(즉 프로세스 단계가 많을수록) 관련 비용이 증가한다는 것이다. 직원이 제품을 한 선반(rack)에서 다른 선반으로 옮기는 것처럼 간단한 작업이라도 제품을 만지고, 배송하고, 이동하고, 적재하고, 조립하고, 이동할 때마다 회사에 비용이 발생한다. 고객에게 '풀 서비스(full service)'를 제공하는 경쟁업체는 재고비용이 높은 경우가 많다. 이케아에서는 고객이 제품을 선택하고 창고에서 수령한 후 집으로 가져가서 조립한다. 세심한 프로세스 설계를 통해 고객은 매장에 있는 창고를 쉽게 탐색하고, 제품을 적재하고, 계산대까지 거의 도움 없이 이동할 수 있다. 창고는 사람이 닿을 수 있는 높이의 납작한 상자를 꼼꼼하게 쌓아 올려 고객을 도울 뿐만 아니라 창고에 재입고를 쉽게 할 수 있도록 설계되었다. 평평한 상자 덕분에 창고에 추가 물품을 입고할 수 있는 공간이 더 넓어졌다. 또한 제품을 50% 이상 지속가능하거나 재활용 제품으로 설계해 재고 가치를 낮추고, 재고에 묶여 있는 자본과 관련된 기회비용을 낮춰 재고비용을 절감하고 있다. 또한 품질이나 내구성을 해치지 않으면서도 더 적은 재료를 사용하도록 제품을 설계해 운송비용을 절감할 수 있다. 제품 배송에 더 적은 연료, 더 적은 이동거리, 더 적은 노동력이 사용된다. 이 모든 것이 저비용 운영과 낮은 가격의 수주 우선이라는 경쟁력을 뒷받침한다.

이케아 제품은 납작한 상자에 포장되어 직원과 고객이 쉽게 접근할 수 있도록 쌓여 있다.

출처: Andreas Rentz/Getty Images News/Getty Images

창고 할당

접촉당 비용 전략을 지원하기 위해 이케아는 매장을 창고로 활용한다. 창고 운영은 고유동성 제품과 저유동성 제품으로 나뉜다. 금전 가치의 80%를 차지하는 20%의 SKU를 'A부류' 품목으로 분류하는 ABC 분석의 원칙에 따라, 이케아는 A부류 품목을 고유동성 품목 전용 창고에 배정한다. 이곳은 TV 거치대를 수령할 때와 마찬가지로 대부분의 고객이 상품을 수령하기 위해 방문하는 곳이다. 이곳에서는 자동화 소프트웨어로 지원되는 자동 보관 및 검색 시스템을 통해 노동 시간을 줄일 수 있다. 매장 운영 시간 동안 이케아의 보관 시스템이 정확해야 셀프 서비스(self-service)가 효율적이다. 판매 속도가 느린 제품은 직원의 손이 덜 가도록 창고 내 저유동성 구역에 보관해 *접촉당 비용* 전략을 지원한다. 느리게 판매되는 제품에 대해서는 수동 절차를 따르는 창고 운영을 할 수 있다. 이케아는 창고 내 물량에 맞춰 작업을 조정함으로써 노동자원의 가치를 극대화할 수 있다.

재고 관리 시스템

이케아는 매장마다 주문 프로세스를 담당하는 물류 관리자와 자재 취급을 담당하는 상품 관리자를 고용하고 있다. 매장 내 물류 관리자는 이케아에서 '최소/최대 설정'이라고 하는 재고 관리 시스템을 사용하는데, 이는 *조건부 보충 시스템*, 더 정확하게는 (s, S) 시스템이다. 최소 설정(s)은 주문을 발생하는 재고량, 즉 *Q*시스템의 재주문점이다. 최대 설정(S)은 목표재고 수준, 즉 재고가 0인 경우 주문해야 하는 최대 주문량이다. 따라서 주문량은 주문 시점의 보유재고와 최대 설정(S)의 차이가 된다. 이 시스템은 주문 사이에 지정된 시간이 아니라 재고가 s 이하가 되어야 주문이 발생한다는 점을 제외하면 *P*시스템과 매우 유사하다. 특정 제품에 대한 수요는 매장 위치에 따라 다르기 때문에, 각 매장마다 고유한 최소/최대 설정이 있다. 물류 관리자는 판매 시점(point-of-sale, POS) 자료를 통해 제품의 일일 판매량을 알 수 있으므로 보충 주문이 필요한 시기를 결정할 수 있다.

이케아는 경쟁이 치열한 시장에서 대형 유통업체가 운영을 통해 어떻게 경쟁할 수 있는지를 명확하게 보여준다.[6]

6 출처: Jay Schofield, "How IKEA Keeps Track of Their Massive Inventory," http://www.systemid.com/learn/ikea (August 2, 2016); "3 Ways IKEA Aces Inventory Management (and You Can Too)," https://clearspider.net/blog/ikeainventory-management/ (April 24, 2018); "IKEA Supply Chain: How Does IKEA Manage Its Inventory?," http://www.tradegecko.com/blog/supply-chain-management/ (July 2, 2018).

주문량은 40개(100 − 60) 이상으로 유지된다. 경영 사례 10.1과 같이, 이케아(IKEA)는 이 시스템을 사용하여 전 세계 매장의 방대한 재고를 관리한다.

재고 관리에서의 윤리

10.8 재고 관리에서 윤리의 역할을 설명한다.

이 장에서는 다양한 유형의 재고와 이를 효율적으로 관리하기 위한 절차를 설명했다. 재고정책을 결정하는 데 사용된 비용과 자료는 실제 가치를 정확하고 공정하게 반영하여 추정되었다고 가정했다. 재고는 기업 자산의 주요 부분을 차지하며, 투자자는 주식 매입을 결정할 때, 은행은 대출 신청을 평가할 때 재고를 면밀하게 살펴본다. 따라서 기업이 재고 투자를 비윤리적으로 이행할 수 있다. 다음은 회사 차원에서 벌어지는 재고와 관련된 비윤리적인 행동의 몇 가지 예다.[7]

- 경영진이 재고 현황을 문의할 때, 본인 또는 부서를 잘 보이게 하려고 재고 수치를 조작함
- 배송 실적을 실제보다 좋게 보이게 하려고 파손 제품 배송을 은폐함
- 성수기에 안전 교육을 건너뛰고 신입 직원이 일을 빨리 끝내도록 독려하여 사람이 다치거나 제품 또는 장비가 손상될 수 있는 가능성을 무시함
- 재고를 옮길 때 수준 이하의 장비를 사용하거나 부상이나 손상을 유발할 수 있는 방식으로 재고를 보관함
- 창고 운영 인력의 미비로 기존 직원의 과로와 위험한 작업 환경 유발
- 저임금 노동력 사용. 그 자체로도 도덕적 문제지만, 저임금 직원은 업무에 충분히 주의를 기울이지 않거나 제품 손상 및 동료 근로자의 부상을 방지할 수 있는 충분한 교육을 받지 못했을 수 있다.

직장에서의 윤리적 의사결정은 직원 개인뿐만 아니라 모든 관계자의 이익을 고려한다. 사실 비윤리적인 행동은 아무런 대가를 치르지 않는다. 하지만 윤리적 기업은 수익성이 더 높고, 브랜드와 주주 가치를 더 잘 창출하며, 최고의 혁신 인재를 유치하고, 고객과 공급업체의 충성도를 높이고, 비용이 많이 드는 소송을 덜 경험한다.[8] 윤리적 행동은 회사 차원을 넘어선다. 공급사슬에서의 윤리적 문제는 13장 '공급사슬관리'에서 공급 기반 및 공급업체 관계 프로세스를 관리할 때 살펴볼 것이다.

---

7 J. Hankins, "Dangerous Ethics Problems in Warehouses," https://www.ethicaladvocate.com/author/jhankins/ (July 1, 2020).

8 *Principles and Standards of Ethical Supply Management Conduct with Guidelines*, Tempe, AZ: Institute for Supply Management, 2020.

학습목표 점검

학습목표	점검 가이드라인	온라인 자료
10.1 재고 감축과 재고 비축의 상쇄관계를 설명한다.	'재고의 상쇄관계' 절에서 이 점을 중요하게 다루었다. 재고 감축과 비축의 유인과 그림 10.1을 잘 살펴보자.	
10.2 재고의 다양한 종류와 공급사슬에서의 역할을 정의한다.	'재고의 유형' 절에서 각 재고의 종류를 설명하고 있으며 그림 10.2는 예를 보여준다. 예제 10.1과 복습문제 1을 통하여 재고 수준을 측정하는 방법을 알 수 있다. 독립재고와 종속재고의 차이점을 숙지하라.	OM Explorer Tutor: 10.1: Estimating Inventory Levels
10.3 공급사슬에서 재고 감축을 위한 기본 전략을 설명한다.	재고 수준을 관리하는 중요한 접근을 위해서는 '재고 감축 방안' 절을 참조하라. 불필요한 재고를 감축하기 위한 중요한 도구는 재고통제 시스템이다.	
10.4 주의를 기울여 엄격하게 재고 관리할 품목 결정을 위해 ABC 분석을 활용한다.	'ABC 분석' 절에서는 용이한 관리감독을 위하여 재고 물품을 분류하는 간단한 접근 방식을 설명하고 있으며, 그림 10.4의 예를 제시한다. 또한 복습문제 2를 통하여 계산식을 설명한다.	OM Explorer Tutor: 10.2: ABC Analysis 윈도우용 POM: ABC Analysis
10.5 경제적 주문량을 계산하고 이를 여러 상황에 적용한다.	'경제적 주문량' 절은 EOQ 모형에 대한 자세한 내용을 다룬다. 그림 10.5~10.7에서는 일반적인 가정하에 EOQ 모형이 재고 수준에 어떤 영향을 주는지, 경제적 주문량이 어떻게 최저비용 문제를 해결하는지 보여준다. 다양한 로트 크기에 따른 총비용 계산 방법은 예제 10.2, 예제 10.3, 복습문제 3을 통해 배울 수 있다. 표 10.1은 EOQ의 경영상 시사점을 보여준다. Active Model Exercise도 참조하라.	Active Model: 10.1: Economic Order Quantity OM Explorer Tutor: 10.3: Finding EOQ and Total Cost 윈도우용 POM: Economic Order Quantity (EOQ) Model Tutor Exercise: 10.1: Finding EOQ; Safety Stock; *R*, *P*, *T* at Bison College Bookstore
10.6 연속조사 재고통제 시스템에서의 재주문점 주문량을 결정한다.	'연속조사(*Q*) 시스템' 절은 기본 원칙부터 좀 더 현실적인 가정까지 *Q*시스템의 중요 내용을 정리한다. 그림 10.10과 그림 10.12를 이해해야 하며, 예제 10.4~10.6, 복습문제 4, 6을 통하여 다양한 가정하에서 매개변수 *Q*와 *R*을 추정하는 방법을 배울 수 있다.	OM Explorer Solvers: Inventory Systems Designer; Demand During Protection Interval Simulator; Q System Simulator OM Explorer Tutor: 10.4: Finding the Safety Stock and *R* Tutor Exercise: 10.1: Finding EOQ; Safety Stock; *R*, *P*, *T* at Bison College Bookstore Tutorial on Inventory Management Systems: Using Simulation to Develop Inventory Management Systems Advanced Problems: Office Supply Shop Simulation; Floral Shop Simulation; Simquick Simulation Exercise
10.7 주기조사 재고통제 시스템에서의 재주문점 주문량을 결정한다.	'주기조사(*P*) 시스템' 절에서 중요 개념을 정리하였다. 그림 10.13은 *P*시스템이 어떻게 작동하는지 보여주고 예제 10.8, 10.9, 복습문제 5는 매개변수 *P*와 *T*를 계산하는 방법을 보여준다.	OM Explorer Solver: Inventory Systems Designer; Demand During Protection Interval Simulator OM Explorer Tutor: 10.5: Calculating *P* and *T* Tutor Exercise: 10.1: Finding EOQ; Safety Stock; *R*, *P*, *T* at Bison College Bookstore Tutorial on Inventory Management Systems: Using Simulation to Develop Inventory Management Systems Advanced Problem: Grocery Store Simulation; Simquick Simulation Exercise
10.8 재고 관리에서 윤리의 역할을 설명한다.	'재고 관리에서의 윤리' 절은 재고와 관련된 비윤리적 행동의 예를 몇 가지 제시한다.	

주요 공식

재고의 유형

1. 평균 주기재고: $\frac{Q}{2}$

2. 파이프라인 재고: $\bar{D}_L = \bar{d}L$

경제적 주문량

3. 연간 총비용 = 연간 유지비용 + 연간 주문비용 또는 가동 준비비용

$$C = \frac{Q}{2}(H) + \frac{D}{Q}(S)$$

4. 경제적 주문량

$$\text{EOQ} = \sqrt{\frac{2DS}{H}}$$

5. 주문간격(주간 단위)

$$\text{TBO}_{\text{EOQ}} = \frac{\text{EOQ}}{D}\,(52주/년)$$

연속조사 시스템

6. 재고 상태 = 보유재고 + 예정입고 − 미납 주문: $IP = OH + SR - BO$

7. 연속조사 시스템

보호기간 = 리드타임(L)

리드타임 동안 수요의 표준편차(L이 일정할 때) = $\sigma_{dLT} = \sigma_d\sqrt{L}$

리드타임 동안 수요의 표준편차(L이 불확실할 때) = $\sigma_{dLT} = \sqrt{\bar{L}\sigma_d^2 + \bar{d}^2\sigma_{LT}^2}$

안전재고 = $z\sigma_{dLT}$

리드타임이 일정할 때 재주문점(R) = $\bar{d}L$ + 안전재고

리드타임이 불확실할 때 재주문점(R) = $\overline{dL}$ + 안전재고

주문량 = EOQ

보충 규칙: IP ≤ R이면 EOQ만큼 주문

Q 시스템 총비용: $C = \frac{Q}{2}(H) + \frac{D}{Q}(S) + (H)$(안전재고)

주기조사 시스템

주기조사 시스템

조사간격 = 주문간격 = P

보호기간 = 주문간격 + 리드타임 = $P + L$

보호기간 동안 수요의 표준편차 $\sigma_{P+L} = \sigma_d\sqrt{P + L}$

안전재고 = $z\sigma_{P+L}$

목표재고 수준(T) = 보호기간 동안의 평균 수요 + 안전재고 = $\bar{d}(P + L)$ + 안전재고

주문량: 목표재고 수준 − 재고 상태 = T − IP

보충 규칙: P기간마다 T − IP만큼 주문

P시스템 총비용: $C = \frac{\bar{d}P}{2}(H) + \frac{D}{\bar{d}P}(S) + (H)$(안전재고)

핵심용어

가동 준비비용(setup cost)
경제적 주문량(economic order quantity, EOQ)
기발주 주문(open orders)
기본재고 시스템(base-stock system)
단일상자 시스템(single-bin system)
독립수요품목(independent demand item)
로트 크기(lot size)
로트 크기 결정(lot sizing)
반복성(repeatability)
보호기간(protection interval)
서비스 수준(service level)
수량할인(quantity discount)
시각 시스템(visual system)
안전재고(safety stock inventory)
연속조사(*Q*) 시스템(continuous review system)
영속재고 시스템(perpetual inventory system)
예상재고(anticipation inventory)
예정입고(scheduled receipts, SR)
완제품(finished goods, FG)
원재료(raw materials, RM)
이중상자 시스템(two-bin system)
재고(inventory)
재고 관리(inventory management)
재고 관리 단위(stock-keeping unit, SKU)
재고 상태(inventory position, IP)
재고 유지비용(inventory holding cost)
재공품(work-in-process, WIP)
재주문점(reorder point, *R*)
재주문점 시스템(reorder point system, ROP system)
조건부 보충 시스템(optional replenishment system)
종속수요품목(dependent demand item)
주기 서비스 수준(cycle-service level)
주기재고(cycle inventory)
주기적 재고실사(cycle counting)
주기조사(*P*) 시스템(periodic review system)
주문간격(time between orders, TBO)
주문비용(ordering cost)
파이프라인 재고(pipeline inventory)
ABC 분석(ABC analysis)

복습문제 1

한 유통센터에 주간 평균 수요가 50개인 품목이 있다. 이 품목의 가치는 개당 650달러이다. 공장 창고에 입고되는 평균 물량은 1회에 350개이다. 평균 리드타임(주문에 걸리는 시간과 이동시간 포함)은 2주이다. 이 유통센터는 연간 52주 운영되며, 1주 분량의 재고를 안전재고로 보유하고 예상재고는 없다. 유통센터의 평균 재고량은 얼마인가?

풀이

재고 유형	평균 재고 계산	재고량
주기재고	$\frac{Q}{2} = \frac{350}{2}$	= 175개
안전재고	1주분	= 50개
예상재고	없음	
파이프라인 재고	$\bar{d}L$ = (50개/주)(2주)	= 100개
	평균 총재고	= 325개
	총재고 가치	= 650달러(325) = 211,250달러

복습문제 2

부커 제본소는 SKU를 금전 가치에 따라 세 가지 등급으로 나눈다. 다음 자료를 보고 각 SKU의 금전 가치를 계산하고 어떤 SKU가 A부류에 속하는지 판단하라.

풀이

각 SKU의 연간 사용액을 연간 사용량과 단가를 곱해 결정한다. 그림 10.14에서 볼 수 있듯이 SKU를 연간 사용액이 감소하는 순서로 정렬한다. 그리고 본문에 제시된 기준에 따라 대략적으로 A-B, B-C 부류의 경계선을 그린다. A부류는 단 하나의 SKU(전지)만 포함하며, 전체 SKU의 1/7(14%)에 불과하지만 연간 사용액의 83%를 차지한다. B부류는 두 가지 SKU를 포함하며, 전체 SKU의 28%를 차지하고 연간 사용액의 13%를 차지한다. 나머지 4개의 SKU는 C부류이며, 전체 SKU의 절반 이상을 차지하지만 연간 사용액의 4%에 불과하다.

부품 번호	설명	연간 사용량	단가 (달러)	연간 사용액 (달러)	전체 비중	재고가액의 누적 비율	품목 수의 누적 비율	부류
7	전지	150,000	0.45	67,500	83.0%	83.0%	14.3%	A
3	표지	10,000	0.75	7,500	9.2%	92.2%	28.6%	B
4	접착제	75	40.00	3,000	3.7%	95.9%	42.9%	B
1	박스	500	3.00	1,500	1.8%	97.8%	57.1%	C
5	속표지	20,000	0.05	1,000	1.2%	99.0%	71.4%	C
6	접착끈	3,000	0.15	450	0.6%	99.6%	85.7%	C
2	판지	18,000	0.02	360	0.4%	100.0%	100.0%	C
합계				81,310				

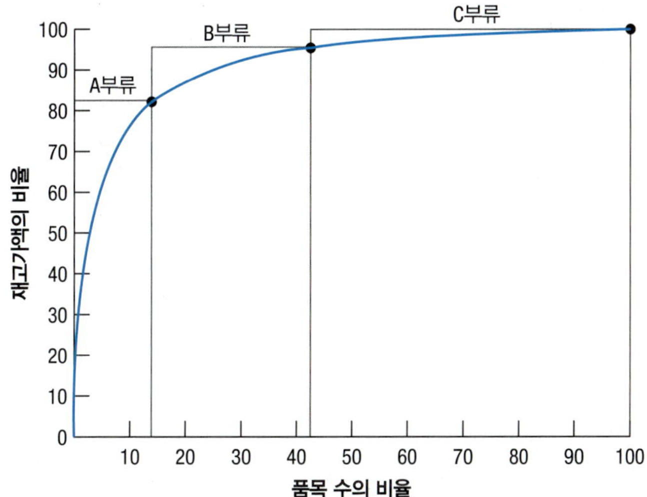

그림 10.14 Tutor 10.2를 사용한 A, B, C 품목의 연간 사용액

온라인 자료

OM Explorer의 Tutor 10.2는 ABC 분석 적용의 다른 예제를 제공한다.

부품번호	설명	연간 사용량	단가(달러)
1	박스	500	3.00
2	판지	18,000	0.02
3	표지	10,000	0.75
4	접착제	75	40.00
5	안표지	20,000	0.05
6	접착끈	3,000	0.15
7	전지	150,000	0.45

부품 번호	설명	연간 사용량		단가 (달러)		연간 사용액 (달러)
1	박스	500	×	3.00	=	1,500
2	판지	18,000	×	0.02	=	360
3	표지	10,000	×	0.75	=	7,500
4	접착제	75	×	40.00	=	3,000
5	속표지	20,000	×	0.05	=	1,000
6	접착끈	3,000	×	0.15	=	450
7	전지	150,000	×	0.45	=	67,500
					합계	81,310

복습문제 3

넬슨 철물점에는 인기 상품인 19.2볼트 무선 드릴이 있다. 연간 수요는 5,000개, 주문비용은 15달러, 재고 유지비용은 연간 개당 4달러이다.

a. 경제적 주문량은 얼마인가?

b. 이 재고의 연간 총비용은 얼마인가?

풀이

a. 경제적 주문량은 다음과 같다.

$$\text{EOQ} = \sqrt{\frac{2DS}{H}} = \sqrt{\frac{2(5{,}000)(15\text{달러})}{4\text{달러}}} = \sqrt{37{,}500}$$
$$= 193.65 \text{ 또는 } 194\text{개}$$

a. 연간 총비용은 다음과 같다.

$$C = \frac{Q}{2}(H) + \frac{D}{Q}(S) = \frac{194}{2}(4\text{달러}) + \frac{5{,}000}{194}(15\text{달러}) = 774.60\text{달러}$$

복습문제 4

지역 유통업체는 다양한 공급업체로부터 단종된 가전제품을 구매하여 지역 소매업체에게 판매한다. 유통업체는 주 5일, 연간 52주 운영하며, 영업하는 날에만 주문을 받는다. 다음은 조리대 믹서기에 대한 추정 자료이다.

일일 평균 수요($\bar{d}$) = 100개
일일 수요의 표준편차(σ_d) = 30개
리드타임(L) = 3일
유지비용 (H) = 9.40달러/개/년
주문비용 = 35달러/주문 주기 서비스 수준 = 92%
유통업체는 연속조사(Q) 시스템을 사용한다.

a. 주문량 Q와 재주문점 R은 얼마로 해야 하는가?
b. 시스템의 연간 총비용은 얼마인가?
c. 보유재고가 40개, 기발주 주문이 440개이고 미납 주문은 없다. 발주해야 하는가?

풀이

a. 연간 수요는 다음과 같다.

$$D = (5\text{일/주})(52\text{주/년})(100\text{개/일}) = 26{,}000\text{개/년}$$

주문량은 다음과 같다.

$$\text{EOQ} = \sqrt{\frac{2DS}{H}} = \sqrt{\frac{2(26{,}000)(35\text{달러})}{9.40\text{달러}}} = \sqrt{193{,}167} = 440.02 \text{ 또는 } 440\text{개}$$

리드타임 동안 수요의 표준편차는 다음과 같다.

$$\sigma_{dLT} = \sigma_d\sqrt{L} = 30\sqrt{3} = 51.96$$

주기 서비스 수준 92%는 $z = 1.41$에 해당한다(부록 정규분포표 참조). 따라서

$$\text{안전재고} = z\sigma_{dLT} = 1.41(51.96\text{개}) = 73.26 \text{ 또는 } 73\text{개}$$
$$\text{리드타임 동안 평균 수요} = \bar{d}L = 100(3) = 300\text{개}$$
$$\text{재주문점 } R = \text{리드타임 동안 평균 수요} + \text{안전재고} = 300 + 73 = 373\text{개}$$

연속조사 시스템에서 $Q = 440$, $R = 373$이다.

b. Q시스템의 연간 총비용은 다음과 같다.

$$C = \frac{Q}{2}(H) + \frac{D}{Q}(S) + (H)(\text{안전재고})$$

$$C = \frac{440}{2}(9.40\text{달러}) + \frac{26,000}{440}(35) + (9.40\text{달러})(73) = 4,822.38\text{달러}$$

c. 재고 상태 = 보유재고 + 예정입고 − 미납 주문

$$\text{IP} = \text{OH} + \text{SR} - \text{BO} = 40 + 440 - 0 = 480\text{개}$$

IP(480)가 R(373)을 초과하므로 신규 주문을 하지 않는다.

복습문제 5

복습문제 4의 유통업체가 주기조사 시스템을 사용한다고 하자. 그 외의 자료는 동일하다.

a. EOQ의 연간 주문 횟수와 비슷해지도록 P값을 설정하라(일 단위로 반올림).

b. 목표재고 수준 T는 얼마인가? 복습문제 4의 Q시스템과 비교하라.

c. P시스템의 연간 총비용은 얼마인가?

d. 재고를 조사한 결과 보유재고는 40개, 예정입고가 440개이고 미납 주문은 없다. 주문량은 얼마인가?

풀이

a. 주문간격은 다음과 같다.

$$P = \frac{\text{EOQ}}{D}(260\text{일/년}) = \frac{440}{26,000}(260) = 4.4 \text{ 또는 } 4\text{일}$$

b. 그림 10.15에서 $T = 812$이고, 안전재고 = (1.41)(79.37) = 111.91 또는 112개이다. Q시스템보다 안전재고가 적다.

c. P시스템의 연간 총비용은 다음과 같다.

$$C = \frac{\bar{d}P}{2}(H) + \frac{D}{\bar{d}P}(S) + (H)(\text{안전재고})$$

$$C = \frac{(100)(4)}{2}(9.40\text{달러}) + \frac{26,000}{(100)(4)}(35\text{달러}) + (9.40\text{달러})(1.41)(79.37)$$

$$= 5,207.80\text{달러}$$

재고 상태는 보유재고에 예정입고를 더하고 미납 주문을 뺀 것이다.

$$\text{IP} = \text{OH} + \text{SR} - \text{BO} = 40 + 440 - 0 = 480\text{개}$$

주문량은 목표재고 수준에서 재고 상태를 뺀 것이다.

$$Q = T - \text{IP} = 812 - 480 = 332\text{개}$$

332개의 믹서기를 주문해야 한다.

연속조사 시스템		주기조사 시스템	
Z	1.41	조사주기(P)	4.00 일
안전재고	73		☑ 직접 입력
재주문점	373	보호기간 동안 수요의 표준편차	79.37
연간 비용	4,822.38달러	안전재고	112
		보호기간 동안 평균 수요	700
		목표재고 수준(T)	812
		연간 비용	5,207.80달러

그림 10.15 OM Explorer Solver를 이용한 재고 시스템

복습문제 6

그레이울프롯지는 노스우즈에 위치한 500개의 객실을 갖춘 인기 호텔이다. 매니저는 소나무 향 비누를 포함한 모든 룸서비스 물품을 철저히 관리해야 한다. 비누의 일일 수요는 275개, 표준편차는 30개이다. 주문비용은 10달러, 재고 유지비용은 연간 개당 0.30달러이다. 공급업체로부터의 리드타임은 평균 5일, 표준편차 1일이다. 호텔은 1년 365일 운영한다.

a. 비누의 경제적 주문량은 몇 개인가?

b. 매니저가 99%의 주기 서비스 수준을 유지하려면, 비누의 재주문점은 얼마로 해야 하는가?

c. Q시스템을 사용한다면 비누의 연간 총비용은 얼마인가?

풀이

a. 연간 수요는 $D = (275)(365) = 100{,}375$개이고, 주문비용 = 10달러, $H = 0.30$달러이다. 비누의 EOQ는 다음과 같다.

$$\text{EOQ} = \sqrt{\frac{2DS}{H}} = \sqrt{\frac{2(100{,}375)(10\text{달러})}{0.30\text{달러}}} = \sqrt{6{,}691{,}666.7}$$
$$= 2{,}586.83 \text{ 또는 } 2{,}587\text{개}$$

b. $\bar{d} = 275$개/일, $\sigma_d = 30$개, $\bar{L} = 5$일, $\sigma_{LT} = 1$일이다. 리드타임동안 수요의 표준편차는 다음과 같다.

$$\sigma_{dLT} = \sqrt{\bar{L}\sigma_d^2 + \bar{d}^2\sigma_{LT}^2} = \sqrt{(5)(30)^2 + (275)^2(1)^2} = 283.06\text{개}$$

주기 서비스 수준 99%에 해당하는 z값은 2.33이다(부록 정규분포표 참조). 안전재고와 재주문점은 다음과 같다.

$$\text{안전재고} = z\sigma_{dLT} = (2.33)(283.06) = 659.53 \text{ 또는 } 660\text{개}$$
$$\text{재주문점} = \overline{dL} + \text{안전재고} = (275)(5) + 600 = 2{,}035\text{개}$$

c. Q시스템의 연간 총비용은 다음과 같다.

$$C = \frac{Q}{2}(H) + \frac{D}{Q}(S) + (H)(\text{안전재고})$$
$$C = \frac{2{,}587}{2}(0.30\text{달러}) + \frac{100{,}375}{2{,}587}(10\text{달러}) + (0.30\text{달러})(660) = 974.05\text{달러}$$

토론과제

1. 재고와 아홉 가지 경쟁 우선순위(2장 '운영전략' 참조)의 관련성은 무엇인가? 두 경쟁 제조업체인 H사와 L사가 재고량을 제외하고는 유사한 특성을 가지고 있다. H사는 L사보다 원자재, 재공품, 완제품 재고가 많다. H사는 아홉 가지 경쟁 우선순위 중에서 어떤 것에 강점을 가지고 있는가?
2. 공급사슬에서 구매력이 큰 대형 할인업체가 모든 공급업체에게 소매업체와 공급업체 간, 공급업체와 공급업체 간 주문비용을 절감할 수 있는 새로운 정보 시스템을 도입할 것을 요구한다고 가정해 보자. 또한 주문량과 리드타임이 관련되어 있어서, 주문량이 적을수록 공급업체로부터의 리드타임이 짧아진다고 하자. 공급사슬의 모든 구성원이 연속조사 시스템과 EOQ 주문량을 사용한다. 새로운 정보 시스템이 공급사슬 전반에 미치는 영향과 특히 공급사슬 구성원에게 미치는 영향을 설명하라.
3. 조직에 재고가 전혀 필요 없는 상황이 가능한가? 그 이유는 무엇인가?
4. 한 물류창고 관리자는 운영비용을 절감해야만 한다. 관리자는 어떻게 하면 윤리적인 방법으로 비용을 절감할 수 있겠는가?

연습문제

이 책을 사용하는 모든 학생은 OM Explorer, 윈도우용 POM, Active Model 소프트웨어를 사용할 수 있다. 해당 소프트웨어의 다운로드 위치와 활용 방법은 강의 담당 교수에게 문의하라. 대부분의 교수자는 학생이 직접 계산하는 방법을 이해하기를 바란다. 하지만 소프트웨어를 이용하면 계산을 확인할 수 있다. 계산이 매우 복잡하고, 의사결정 과정에서 결과를 해석하는 것이 목표인 경우 소프트웨어가 수작업 계산을 완전히 대체해도 무방하다.

재고의 유형

1. 어떤 부품은 1,000개 단위로 생산된다. 이 부품은 두 가지 구성품을 조립하여 만들어지며, 두 구성품의 구매비용 합계는 50달러이다. 여기에 60달러의 제조비용(인건비, 간접비)이 추가되어, 완제품 한 단위의 총비용은 110달러이다. 부품의 평균 리드타임은 6주이며 연간 수요는 3,800개이다. 연간 50주 영업하는 것으로 가정한다.
   a. 평균적 주기재고는 몇 개이고, 재고의 금전 가치는 얼마인가?
   b. 파이프라인 재고는 평균적으로 몇 개인가? 이 재고의 금전 가치는 얼마인가? (**힌트**: 일반적으로 파이프라인 재고는 50% 완성되었다고 가정하자. 따라서 제조비용의 절반이 추가되어 단가는 80달러(50달러 + 60달러/2)가 된다.
2. 노스 퀸즐랜드에 있는 한 회사는 매주 평균 160대의 냉장고를 대당 600달러에 판매하고 있다. 이 회사는 매주 냉장고를 2개의 컨테이너에 담아 배송한다. 각 컨테이너에는 냉장고 80대를 수용할 수 있다. 이 회사는 한 컨테이너는 철도를, 다른 컨테이너는 도로를 이용하여 운송한다. 철도 운송의 평균 리드타임은 28일이고 도로 운송은 24.5일이다. 안전재고 수준은 철도 운송은 30대, 도로 운송은 27대로 설정되어 있다.
   a. 두 가지 운송 방법의 파이프라인 재고는 각각 얼마의 금전 가치가 있는가?
   b. 회사가 보유한 총재고량(주기, 안전, 파이프라인 포함)은 얼마나 되는가?
3. 터미네이터 주식회사는 오토바이 부품을 250개 단위로 제조한다. 부품의 원자재비용은 150달러이고 제조비용은 개당 300달러여서, 완성품의 개당 총비용은 450달러이다. 부품 제조에 걸리는 리드타임은 3주이고 연간 수요는 4,000개이다. 연간 50주 근무한다고 가정한다.
   a. 평균적인 주기재고는 몇 개이며 금전 가치는 얼마인가?
   b. 평균적인 파이프라인 재고는 몇 개이며 금전 가치는 얼마인가?

재고 감축 방안

4. 제품의 일일 수요는 50개이고 단가는 100달러이다. 다음 표에는 고려 중인 네 가지 배송 방법에 대한 세부 정보가 있다.

방법	특징	추가 배송 (%)	평균 리드타임	할인/추가요금(%)
1	느리고 신뢰할 수 없음	10	15	−5
2	빠르지만 신뢰할 수 없음	10	12	0
3	느리지만 신뢰할 수 있음	0	15	0
4	빠르고 신뢰할 수 있음	0	12	−5

   a. 각 배송 방법의 파이프라인 재고는 얼마나 되는가?
   b. 모든 배송 방법의 평균 리드타임이 2일 단축될 경우, 각 배송 방법의 파이프라인 재고는 얼마인가?
   c. (a)와 (b)의 값 차이는 백분율로 얼마인가?
5. 헤일리 복사회사는 다른 주 공급업체로부터 종이를 구매한다. 주당 평균 종이 수요는 150상자이며, 헤일리 사는 상자당 15달러를 지불한다. 공급업체로부터의 1회 납품량은 평균 1,000상자이며 평균 리드타임은 3주이다. 헤일리 사는 연간 52주를 운영하며 4주 분량의 재고를 안전재고로 보유하고 예상재고를 보유하지 않는다. 최근 이 공급업체는 리드타임을 1주일로 단축할 수 있는 시설을 헤일리 사 근처에 건설할 것이라고 발표했다. 또한 이 공급업체는 1회 납품량을 200상자로 줄일 수 있을 것이다. 헤일리 사는 안전재고를 1주 분량의 공급량으로 줄일 수 있을 것으로 예상한다. 이러한 변화가 헤일리 사의 평균 재고 수준과 평균 총재고가치에 어떤 영향을 미치겠는가?

ABC 분석

6. 오크우드 병원은 검사실 재고품목을 세 부류로 구분하기 위하여 ABC 분석을 고려하고 있다. A품목: 공급업체로부터 매일 배송받을 것, B품목: 연속조사 시스템으로 관리할 것, C품목: 이중상자 시스템으로 유지할 것. 다음 표는 8개 샘플 재고품목에 대한 단가와 연간 사용량을 보여준다. 품목의 순위를 매기고 A, B, C로 분류하라.

품목	단가(달러)	재고가액
1	0.01	1,200
2	0.03	120,000
3	0.45	100
4	1.00	44,000
5	4.50	900
6	0.90	350
7	0.30	70,000
8	1.50	200

7. 서던 마켓은 ABC 분석을 사용하여 주요 재고품목에 집중하고자 한다. 현재 약 20,000개의 재고품목이 있으며 전체 재고가액은

10,000,000달러이다.

a. A, B, C부류에 대한 각 재고품목의 수와 연간 전체 재고가액이 얼마일 것으로 예상하는가?

b. 다음 표는 8개 재고품목의 단가와 연간 수요이다. 이 재고품목을 A, B, C부류로 분류하라.

품목	단가(달러)	수요(단위)
A104	2.10	2,500
D205	2.50	30
X104	0.85	350
U404	0.25	250
L205	4.75	20
S104	0.02	4,000
X205	0.35	1,020
L104	4.25	50

8. 뉴웨이브 쉘빙 사의 재고 관리자는 ABC 재고분류 시스템을 사용하고자 한다. 다음 표는 회사가 보유하고 있는 19개 품목의 연간 재고 사용량을 보여준다. 품목을 A, B, C부류로 분류하라.

품목	명세	연 사용량	단위당 가격(달러)
a-1	철 패널	500	25.00
a-2	철 범퍼	750	135.00
a-3	철 클램프	3,500	5.00
a-4	철 버팀대	200	20.00
b-1	동 코일	1,250	260.00
b-2	동 패턴	1,250	50.00
b-3	동 버팀대 1	250	75.00
b-4	동 버팀대 2	150	125.00
c-1	고무 범퍼	8,500	0.75
c-2	고무발	6,500	0.75
c-3	고무씰 1	1,500	1.00
c-4	고무씰 2	3,500	1.00
c-5	고무씰 3	1,200	2.25
d-1	플라스틱 잠금장치 키트	1,500	3.50
d-2	플라스틱 핸들	2,000	0.75
d-3	플라스틱 패널	1,000	6.50
d-4	플라스틱 범퍼	2,000	1.25
d-5	플라스틱 코일	450	6.00
d-6	플라스틱 다리	6,000	0.25

경제적 주문량

9. 루틴 메인테넌스 사의 연간 형광등 수요는 2,880개이다. 형광등 단가는 14.45달러이다. 연간 유지비용은 단가의 25%이다. 각 주문비용은 167달러이다.

a. 이 회사는 한 번에 몇 개의 형광등을 주문해야 하는가?

b. 주문간격은 얼마인가?

10. 선라이즈 가든 센터는 잔디 관리를 위해 한 달에 400포대의 비료를 구입한다. 주문비용은 12.50달러, 유지비용은 연간 포대당 0.12달러이다.

a. 선라이즈는 한 번에 몇 포대를 주문해야 하는가?

b. 주문간격은 얼마인가?

11. 대형서점인 닷컴에서는 연간 32,000권의 책에 대한 수요가 일정하다. 재고를 보충하기 위해 주문하는 비용은 1회에 10달러이며, 연간 재고유지비는 권당 4달러이다. 재고는 주문 후 영업일 기준 5일 후에 입고된다. 미납 주문은 허용되지 않는다. 연간 근무일은 300일로 가정한다.

a. 닷컴의 최적 주문량은 얼마인가?

b. 연간 최적 주문 횟수는 얼마인가?

c. 최적 주문간격은 며칠인가?

d. 리드타임 동안의 수요량은 얼마인가?

e. 재주문점은 얼마인가?

f. 발주 직후의 재고 상태는 얼마인가?

12. 빅빌더(BB)는 고속도로기관에 건설 장비(시멘트 혼합기, 손수레, 앵글 그라인더)를 판매한다. 고속도로기관은 도로 건설에 장비를 사용한다. BB는 이메일과 우편을 통해 여러 기관으로부터 주문을 받는다. BB가 한 건의 주문을 처리하는 데 드는 비용은 25파운드이며, 여러 기관의 수요를 합치면 연간 3,000대이다. 재고 유지비용은 연간 대당 55파운드이고, 단가는 1,100파운드이다. 품목은 독일에서 수입되며 주문 후 영업일 기준 7일 후에 재고가 입고된다. 미납 주문은 허용되지 않는다. 연간 근무일은 220일로 가정한다.

a. BB의 최적 주문량은 얼마인가?

b. 연간 최적 주문 횟수는 얼마인가?

c. 최적 주문간격은 며칠인가?

d. 리드타임 동안의 수요량은 얼마인가?

e. 재주문점은 얼마인가?

f. 연간 총비용은 얼마인가?

연속조사 시스템

13. 샘스 펫 호텔은 연간 52주, 주 6일 운영하며, 연속조사 재고 시스템을 사용한다. 고양이 배변 봉투를 개당 11.70달러에 구매한다. 이 봉투에 대한 정보는 다음과 같다.

수요 = 90개/주

주문비용 = 54달러/주문

연간 유지비용 = 구매가의 27%

주기 서비스 수준 = 80%

리드타임 = 3주(영업일 18일 기준)

주간 수요의 표준편차 = 15개

현재 보유 중인 재고는 320개이며, 기발주 주문이나 미납 주문은 없다.

a. EOQ는 얼마인가? 주문간격은 얼마인가(주 단위)?

b. R은 얼마가 되어야 하는가?

c. 방금 10개의 재고가 인출되었다. 재주문할 때가 되었는가?

d. 현재 로트 크기 500개(즉 $Q = 500$)를 사용하고 있다. 이 정책의 연간 유지비용과 연간 주문비용은 얼마인가? EOQ를 계산하지 않고 이 두 가지 계산을 통해 현재 로트 크기가 너무 크다는 결론을 어떻게 내릴 수 있는가?

e. 로트 크기 500개에서 EOQ로 전환하면 연간 절감되는 비용은 얼마인가?

14. 13번 문제의 샘스 펫 호텔의 고양이 배변 봉투 주문정책을 다시 고려하자.

a. 주당 90개의 수요 예측이 잘못되어 실제 수요는 주당 60개다. 이 예측 오류로 왜곡된 EOQ로 인한 총비용 상승은 얼마인가?

b. 실제 수요는 60개인데 인터넷을 사용하여 주문을 자동화함으로써 주문비용이 6달러로 절감되었다. 그러나 구매담당자는 이 감소된 주문비용을 반영하여 EOQ를 조정하지 않았다. 총비용은 EOQ를 조정했을 때와 비교하여 얼마나 더 높아지겠는가?

15. Q시스템에서 딸기 아이스크림의 수요는 주당 평균 300개이다. 리드타임은 9주이다. 주간 수요의 표준편차는 1개이다.

a. 리드타임 9주 동안 수요의 표준편차는 얼마인가?

b. 리드타임 9주 동안 수요의 평균은 얼마인가?

c. 주기 서비스 수준이 99%이면 재주문점이 얼마인가?

16. 페트로맥스 사는 어떤 재고품목에 연속조사 재고통제 시스템을 사용한다. 해당 품목에 대한 정보는 다음과 같다. 이 회사는 1년에 50주를 운영한다.

수요 = 50,000개/년
주문비용 = 35달러/주문
유지비용 = 2달러/개/년
평균 리드타임 = 3주
주간 수요의 표준편차 = 125개

a. 이 품목의 경제적 주문량은 얼마인가?

b. 주기 서비스 수준을 90%로 유지한다면, 안전재고와 재주문점은 얼마로 해야 하는가?

17. 연속조사 재고 시스템에서 문 손잡이의 리드타임은 5주이다. 리드타임 동안 수요의 표준편차는 85개이다. 주기 서비스 수준은 99%이다. 문 손잡이 공급업체는 운영을 간소화해 현재 리드타임 1주를 제시하고 있다. 주기 서비스 수준 99%를 낮추지 않고 안전재고를 얼마나 줄일 수 있겠는가?

18. 이중상자 시스템에서 2주 리드타임 동안 3인치 볼트나사의 수요는 주당 평균 53개로 정규분포를 따른다. 주간 수요의 표준편차는 5개이다.

a. 두 번째 상자의 정상 수준을 130개로 설정했을 때, 수요가 재주문점을 초과할 확률은 얼마인가?

b. 리드타임이 3주라면, 수요가 두 번째 상자의 130개를 초과할 확률은 얼마인가?

19. 여러분은 회사에서 가장 잘 팔리는 품목의 재고 관리를 담당하고 있다. 이 품목의 주간 수요는 평균 200개, 표준편차 16개이다. 이 품목은 도매업체에서 개당 12.50달러에 구매한다. 이 재고를 관리하기 위해 연속조사 시스템을 사용하고 있다. 납품 리드타임은 4주이다. 주문비용은 50달러이며, 연간 재고 유지비용은 원가의 20%이다. 회사는 연간 50주, 주 5일 운영한다.

a. 이 품목의 최적 주문량은 얼마인가?

b. 주문주기 동안 재고 고갈을 99% 확률로 방지하려면 안전재고를 얼마나 유지해야 하는가?

c. 납품 리드타임을 2주로 줄일 수 있다면, 재고 고갈 방지 확률을 99%로 동일하게 유지하기 위한 안전재고량은 몇 %나 줄어드는가?

d. 판촉을 통해 주간 수요의 표준편차가 16개가 아닌 8개가 되도록 수요 변동성을 줄인다면, 재고 고갈 방지 확률을 99%로 동일하게 유지하기 위한 안전재고량은 몇 %나 줄어드는가[(b)와 비교]?

20. 여러분의 회사는 연속조사 시스템을 사용하고 있으며 연간 52주를 운영한다. 한 품목의 성격은 다음과 같다.

수요량(D) = 20,000개/년
주문비용(S) = 40달러/주문
유지비용(H) = 2달러/개/년
리드타임(L) = 2주
주기 서비스 수준 = 95%

수요의 분포는 정규분포이며, 주간 수요의 표준편차는 100개이다. 현재 보유재고는 1,040개이며, 예정입고와 미납 주문은 없다.

a. 이 품목의 EOQ를 계산하라. 평균 주문간격은 얼마인가(주 단위)?

b. 주기 서비스 수준 95%로 하는 안전재고와 재주문점을 구하라.

c. 이러한 정책의 (i) 연간 유지비용과 (ii) 주문비용은 얼마인가?

d. 방금 15개가 인출되었다. 재주문해야 하는가? 그렇다면 주문량은 얼마인가?

21. 한 회사가 연속조사 시스템을 위한 주문정책 검토를 위해 몇 가지 품목에 대하여 현재 정책을 시험한다. 그중 한 품목의 특성은 다음과 같다.

수요(D) = 64개/주(연간 52주 가정)
주문 및 준비비용(S) = 50달러/주문
유지비용(H) = 13달러/개/년
리드타임(L) = 2주

주간 수요의 표준편차 = 12개
주기 서비스 수준 = 88%

a. 이 품목의 EOQ는 얼마인가?
b. 바람직한 안전재고는 얼마인가?
c. 재주문점은 얼마인가?
d. 이 품목에 대한 현재 정책이 $Q = 200$, $R = 180$이라면, 비용에 대한 시사점은 무엇인가?

22. 오스프리 스포츠는 낚시용품을 판매한다. 특히 낚시용 가짜 미끼는 지역 낚시꾼뿐만 아니라 인터넷으로도 많이 판매되고 있다. 공급업체에 주문하는 비용은 주문당 30달러이고, 수요는 하루 평균 4개, 표준편차는 1개, 재고 유지비용은 연간 개당 1.00달러이다. 공급업체로부터의 리드타임은 평균 10일, 표준편차는 3일이다. 서비스 수준과 재고 유지비용을 적절하게 균형을 맞추기 위해서는 97%의 주기 서비스 수준을 유지하는 것이 중요하다. 오스프리 스포츠는 1년 중 350일 영업하며, 가게 소유주는 이 품목에 연속조사 재고 시스템을 사용하기를 원한다.
a. 주문량은 얼마로 해야 하는가?
b. 재주문점은 얼마로 해야 하는가?
c. 이 재고 시스템의 연간 총비용은 얼마인가?

23. (난이도 상) 노스우드 리빙은 농가 장식 소품을 판매하는 시골의 잡화점이다. 인기 있는 품목 중 하나는 홀스타인 젖소의 미니어처이다. 주당 수요는 평균 30개, 표준편차 5개이다. 주문비용은 15달러이고 유지비용은 연간 개당 0.75달러이다. 그러나 공급업체는 중국에 있어서 신규 주문의 리드타임은 평균 8주, 표준편차 2주이다. 1년에 50주만 영업하는 노스우드 리빙은 이 품목에 대해 주기 서비스 수준이 90%인 연속조사 재고 시스템을 구현하고자 한다.
a. 미니어처를 위한 연속조사 시스템을 개발하고 실제로 어떻게 작동하는지 설명하라.
b. 개발한 시스템의 연간 총비용은 얼마인가?

24. (난이도 상) 머슬 바운드는 여러 대형 쇼핑센터에 위치한 운동용품 체인점이다. 최근 CEO가 모든 운영 담당자에게 보낸 내부 메모에는 머슬 바운드의 중앙 창고에서 예산이 초과되었다는 불만이 담겨 있었다. 특히 재고가 너무 많으니 모든 품목의 재고에 비례하여 예산을 대폭 삭감할 것이라고 했다. 이에 따라 창고 관리자는 예산 삭감이 고객 서비스에 어떤 영향을 미치는지 알아보기 위해 준비조사를 시작했다. 일단 부피가 크고 창고 공간을 많이 차지하는 5파운드 바벨을 선택했다. 바벨의 일일 수요는 평균 1,000개, 표준편차는 150개이다. 주문비용은 주문당 40달러이다. 유지비용은 연간 개당 2달러이다. 공급업체는 필리핀에 있어서 리드타임은 평균 35일, 표준편차 5일이다. 머슬 바운드는 연중 313일(일요일 휴무) 운영한다.

바벨에 연간 총비용으로 16,000달러의 예산이 할당되었다고 가정해 보자. 머슬 바운드가 연속조사 시스템을 사용하고 주문비용, 유지비용, 수요와 리드타임의 분포에 변화가 없다면, 최선의 주기 서비스 수준은 어떻게 되겠는가?

25. 조지아 조명센터는 3,000개 이상의 조명기구(샹들리에, 장식, 벽 램프, 트랙 조명 등)를 보유하고 있다. 이 매장은 주 6일 운영하며 '마을에서 가장 밝은 곳'이라고 홍보하고 있다. 어떤 고가의 조명기구가 하루 평균 5개씩 판매되고 있다. 재주문 정책은 $Q = 40$, $R = 15$이다. 재주문 시점에 도달한 날에 새 주문이 이루어진다. 리드타임은 영업일 기준 3일이다. 예를 들어 월요일에 주문하면 목요일에 도착한다. Q시스템의 성과를 3주(영업일 기준 18일) 동안 시뮬레이션하라. 재고 고갈이 발생하면 미납 주문이 아닌 판매 손실이 발생한다. 시작 재고는 19개이며 예정입고는 없다. 표 10.2는 운영 첫 주를 시뮬레이션한 것이다. 이어지는 12일간의 수요가 7, 4, 2, 7, 3, 6, 10, 0, 5, 10, 4, 7일 때, 이 표의 나머지 2주분을 시뮬레이션하라.

표 10.2 첫 주의 운영 결과

요일	기초재고	입고	수요	기말재고	재고 상태	주문량
1. 월	19	—	5	14	14	40
2. 화	14	—	3	11	51	—
3. 수	11	—	4	7	47	—
4. 목	7	40	1	46	46	—
5. 금	46	—	10	36	36	—
6. 토	36	—	9	27	27	—

a. 18일 동안의 일일 평균 마감 재고는 얼마인가? 재고 고갈은 몇 번 발생했는가?
b. $Q = 30$, $R = 20$ 시스템을 사용한다고 가정하고, 동일한 시작 재고와 일일 수요 자료를 사용해 재고 성과를 시뮬레이션하라. 평균 재고 수준과 재고 고갈 횟수를 계산하고 (a)와 비교하라.

주기조사 시스템

26. 한 제조업체는 주기조사 시스템을 사용하여 전력 변압기 제작을 위해 4주마다 냉간 압연 곡식 방향성 강재를 주문한다. 주문한 원재료를 받는 데 걸리는 리드타임은 3주이다. 주간 수요는 평균 76톤, 표준편차 25톤의 정규분포를 따른다.
a. 보호기간 동안 수요의 평균과 표준편차는 얼마인가?
b. 이 업체가 재고 고갈 방지를 97.5%로 하려면 목표재고 수준은 얼마인가?
c. 재주문 당시 재고량이 250톤이었다면 몇 톤을 주문해야 하는가?

27. P시스템에서 제초제의 리드타임은 2주, 조사간격은 1주일이다. 보호기간 동안의 수요는 평균 218박스, 표준편차 40박스이다.
a. 목표재고 수준을 300박스로 설정했을 때 주기 서비스 수준은

얼마인가?

b. 가을철에는 제초제에 대한 수요가 감소하지만 변동성이 더 커진다. 가을철에 보호기간 동안의 수요가 평균 180박스, 표준편차 50박스라고 가정하자. 목표재고 수준을 300박스로 설정한 경우 주기 서비스 수준은 얼마인가?

28. 13번 문제의 샘스 펫 호텔이 Q시스템 대신에 *P*시스템을 사용한다고 가정해보자. 일일 수요 평균은 $\bar{d} = \frac{90}{6} = 15$개이고 표준편차는 6.14개이다.

$$\sigma_d = \frac{\sigma_{주}}{\sqrt{6}} = \left(\frac{15}{\sqrt{6}}\right) = 6.14\text{개}$$

a. EOQ를 사용할 때와 비슷한 비용효과를 보려면 *P*(근무일 기준)와 *T*를 얼마로 해야 하는가?

b. Q시스템보다 안전재고가 얼마나 많아지는가?

c. 현재 조사 시점이라면 얼마나 주문해야 하는가?

29. 당신의 회사는 ABC 분석을 통해 B, C부류 품목에는 주기조사 시스템을 사용한다. 또한 A부류 품목에는 연속조사 시스템을 사용한다. 현재 A품목으로 분류된 특정 품목의 수요가 감소하고 있다. 해당 품목을 연속조사에서 주기조사로 변경할 경우의 영향을 평가해야 한다. 회사는 연간 52주 영업을 하고 있으며 해당 품목의 현재 특성은 다음과 같다.

수요(*D*) = 15,080개/년
주문비용(*S*) = 125.00달러/주문
유지비용(*H*) = 3.00달러/개/년
리드타임(*L*) = 5주
주기 서비스 수준 = 95%

수요는 정규분포를 따르며, 주간 수요의 표준편차는 64개이다.

a. EOQ를 계산하라.

b. EOQ를 사용하여 이 품목의 연속조사와 주기조사 시스템의 적절한 매개변수를 구하라.

c. 어떤 시스템에 더 많은 안전재고가 필요하며 그 차이는 얼마인가?

30. 21번 문제와 같은 정보를 이용하여, 주기조사 시스템을 위한 최선의 정책을 개발하라.

a. EOQ처럼 매년 비슷한 수의 주문을 하게 하려면 *P*는 몇 주가 되어야 하는가? 반올림하라.

b. 주기 서비스 수준을 88%로 하려면 안전재고와 목표재고 수준은 얼마가 되어야 하는가?

31. 우드카운티 병원은 매주 1,000상자의 반창고를 소비한다. 반창고 가격은 상자당 35달러이며, 병원은 1년에 52주 운영한다. 주문비용은 15달러이고, 한 상자를 1년 동안 보관하는 데 드는 비용은 구매가격의 15%이다.

a. 이 병원은 900상자의 로트 크기로 주문한다. EOQ 방식을 사용하면 절약할 수 있는 비용은 얼마인가?

b. 수요는 정규분포를 따르며, 주간 수요의 표준편차는 100상자, 리드타임은 2주이다. 병원에서 연속조사 시스템을 사용하고 97%의 주기 서비스 수준을 원하는 경우 안전재고는 얼마로 해야 하는가? 재주문점은 얼마로 해야 하는가?

c. 병원에서 *P* = 2주인 주기조사 시스템을 사용하면, 목표재고 수준 *T*는 얼마인가?

32. 한 골프 전문 도매업체는 연간 50주 영업을 하고 있다. 경영진은 다음과 같은 특성을 가진 1번 아이언의 재고정책을 정하려 한다.

수요(*D*) = 2,000개/년
수요는 정규분포를 따름
주간 수요의 표준편차 = 3개
주문비용(*S*) = 40달러/주문
연간 유지비용(*H*) = 5달러/개
주기 서비스 수준 = 90%
리드타임(*L*) = 4주

a. 주기검사 시스템을 사용하면 *P*와 *T*는 얼마인가? *P*는 주 단위로 구하고 반올림하라.

b. 연속조사 시스템을 사용하면 *R*은 얼마인가?

Active Model 연습문제

Active Model 10.1, 'Economic Order Quantity'는 온라인에 있다. 이를 통해 수요와 비용에 따라 EOQ와 재고비용이 어떻게 변화하는지 볼 수 있다.

문제

1. EOQ는 무엇이며 최소 총비용은 얼마인가?
2. EOQ에서 연간 재고 유지비용과 연간 주문비용은 얼마인가?
3. 그래프에서 최소 총비용과 재고 주문비용 및 유지비용 사이의 관계는 무엇인가?
4. 매장 관리인이 EOQ보다 2배 많은 새 모이통을 주문하면 총비용이 얼마나 증가하는가? EOQ의 절반을 주문하면 총비용은 얼마나 증가하는가?
5. 수요가 2배로 증가하면 EOQ와 총비용은 어떻게 되는가? 단가가 2배로 증가하면 EOQ와 총비용은 어떻게 되는가?
6. 주문비용이 감소하도록 스크롤하고 그래프가 어떻게 변화하는지 설명하라. EOQ는 어떻게 변화하는가?

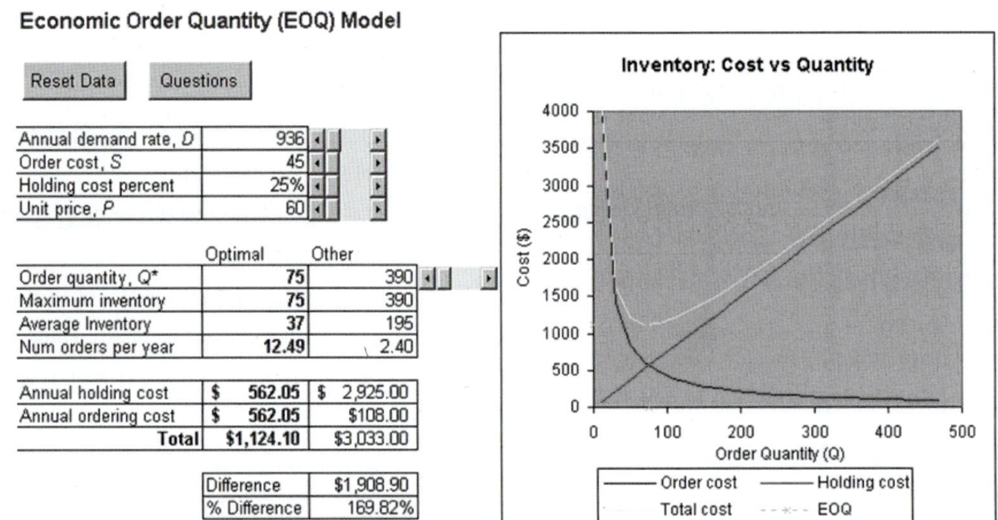

7. 수요 또는 비용 추정 오류에 대한 EOQ 모형의 민감도를 설명하라.

실습과제 10.1: 스위프트전자

남부 캘리포니아의 전형적인 가을 오후, 수천 명의 관광객이 즐거운 시간을 보내기 위해 해변으로 향하고 있었다. 하지만 약 40마일 떨어진 곳에서 스위프트전자(Swift Electronic Supply, Inc.)의 최고경영자 스티븐 홀랜드(Steven Holland)는 재고 관리 문제로 골머리를 앓고 있었다.

인텔(Intel)의 고참 직원이었던 홀랜드는 전자부품 유통업계에 20년 이상 근무하다가 7년 전에 전자부품 유통업체인 스위프트전자를 설립했다. 처음 몇 년간은 사업이 잘되었으나, 그 후로는 수익률 하락으로 어려움을 겪고 있다. 게다가 최근의 불황은 문제를 악화시켰다. B2B 전자상거래 성장, 시장의 세계화, 부가가치 서비스의 인기 상승, 전자부품 유통업체 간의 합병과 같은 요인이 스위프트의 미래에 영향을 주었다.

이러한 영향을 되돌리기 위해 홀랜드는 지역 대학에 자문을 구했다. 자문 끝에 재고비용을 줄이는 것이 수익성을 높이는 가장 효과적인 방법이라는 사실을 알았다. 대표 제품인 DRAM(dynamic random-access memory)을 자세히 살펴보고 개선의 출발점으로 삼았다.

산업 및 회사 개요

전자통신산업의 성장과 정보기술 혁명으로 전자부품 유통업체는 지난 10년간 매년 두 자릿수 성장을 기록했다. 직접구매비용을 절감하기 위해 인텔, 시스코, 텍사스인스트루먼트 같은 대형 부품 제조업체는 조달을 아웃소싱하고 제품 개발과 생산에 집중하려고 했다. 따라서 스위프트와 같은 독립 전자부품 유통업체가 이러한 기업에게 조달 서비스를 제안하기 시작했다.

스위프트는 캘리포니아와 애리조나에 있는 부품 제조업체를 위하여 일한다. 고객과 해외 OEM 업체 사이를 중개하는 스위프트의 사업 모형은 매우 간단하다. 고객 수요를 예측하여 여러 OEM에 주문을 하고, 제품을 입고하고, 수량을 줄여서 최종 고객에게 제품을 배송한다. 최근 경쟁이 더욱 치열해지고 수요가 감소함에 따라 스위프트는 유연한 배송 일정을 제공하고 소량 주문도 기꺼이 수용했다. 하지만 스위프트가 주문을 충족하지 못하면 고객은 언제나 경쟁업체로 넘어갈 수 있다. 홀랜드의 딜레마는 다음과 같다. 고객 상실이라는 무형의 비용도 막대할 수 있지만, 재고를 많이 쌓아두는 비용도 만만치 않다.

DRAM

홀랜드는 대표 제품으로 DRAM에 주목했다. 이전에는 필요하다고 생각될 때마다 많은 양을 주문했다. 홀랜드의 비서는 지난 2개월의 수요 자료(표 10.3)를 작성했다. 홀랜드의 경험에 따르면, DRAM 수요는 비교적 일정한 편이고 계절성이 없었다. 판매 담당자에 따르면, 올해의 상황이 지난해와 다르지 않으므로 과거 자료가 미래를 예측하는 좋은 기준이 될 것이라고 한다.

DRAM의 주요 제조업체는 동남아시아에 있다. 현재 스위프트는 128M DRAM을 단가 10달러에 구입하고 있다. 평판이 좋은 공급업체와 장기 계약을 체결하여 가격을 10달러로 유지하고 언제든지 주문할 수 있도록 했다. 이 공급업체는 다른 부품도 스위프트에 공급한다. 또한 DRAM 공급업체는 항공 운송업체를 통해 스위프트 창고로 배송하는 데 2일이 걸린다.

고객의 주문을 위한 충분한 재고가 없으면 판매 손실이 발생한다. 즉 고객이 경쟁업체를 통해 요구사항을 충족하기 때문에 미납 주문을 할 수 없다. 그러나 고객은 부분 배송을 허용한다.

표 10.3 과거 DRAM 수요 자료

날짜	수요	날짜	수요	날짜	수요
1	869	21	663	41	959
2	902	22	1,146	42	703
3	1,109	23	1,016	43	823
4	947	24	1,166	44	862
5	968	25	829	45	966
6	917	26	723	46	1,042
7	1,069	27	749	47	889
8	1,086	28	766	48	1,002
9	1,066	29	996	49	763
10	929	30	1,122	50	932
11	1,022	31	962	51	1,052
12	959	32	829	52	1,062
13	756	33	862	53	989
14	882	34	793	54	1,029
15	829	35	1,039	55	823
16	726	36	1,009	56	942
17	666	37	979	57	986
18	879	38	976	58	736
19	1,086	39	856	59	1,009
20	992	40	1,036	60	852

공급업체에 주문하는 데는 200달러의 비용이 든다. 이 금액에는 내부 주문비용과 배송비용이 포함된다. 홀랜드는 판매 손실비용이 DRAM 단위당 2달러라고 추정한다. 이 대략적인 추정치에는 이익 손실뿐만 아니라 고객 호의 상실의 무형 피해도 포함된다.

스위프트는 재고 관리 시스템을 단순화하기 위해 주기 서비스 수준을 95%로 유지한다는 방침을 세웠다. 단위당 하루 유지비용은 제품 종류에 관계없이 구입 원가의 0.5%로 추정된다. 재고 유지비용은 매일 마감재고를 기준으로 계산된다. 현재 DRAM 재고량은 1,700개이다.

매일의 구매 과정은 다음과 같다. 주문은 하루의 시작, 즉 스위프트가 고객 업무를 시작하기 전에 이루어진다. 주문은 2일 후 영업 시작 직전에 도착하며, 당일 영업에 사용될 수 있다. 예를 들어 1일 차 새벽에 발주한 주문은 3일 차 영업 개시 전에 도착한다. 실제 하루 판매량은 영업을 종료한 시점에 기록된다. 모든 비용 계산은 총판매량이 기록된 후에 이루어진다.

시뮬레이션

홀랜드는 다양한 재고 관리 대안을 평가하는 데 시뮬레이션이 유용한 도구라고 생각한다. 표 10.3의 과거 자료는 효과적인 재고정책을 개발하는 데 사용할 수 있다. 이 표는 여러 가지 비용을 기록하고 다양한 대안을 평가하기 위해 개발되었다. 최근의 DRAM 재고 의사결정을 보여주는 예가 표 10.4이다.

1. 제공된 자료를 사용해 스위프트의 재고 시스템을 설계하라.
2. 주문량과 주문 시기 결정을 위한 규칙을 포함해 시스템의 근거를 제시하라.
3. 제안된 재고 시스템을 시뮬레이션하고 비용을 기록하라. 표 10.4와 같은 표를 작성해 결과를 기록하라. 강의자는 시뮬레이션을 진행하는 동안 매일 실제 수요를 제공한다.

표 10.4 시뮬레이션 예

날짜	1	2	3	4	5	6	7	8	9	10
기초재고(당일)	1,700	831	1,500	391	3,000	3,232	2,315			
주문량	1,500	3,000	1,200	1,900						
수요량(하루분)	869	902	1,109	947	968	917	1,069			
기말재고(당일)	831	−71	391	−556	2,032	2,315	1,246			
주문비용(200달러/주문)	200	200	200	200			200			
유지비용(0.05달러/개/일)	41.55	0.00	19.55	0.00	101.60	115.75	62.30			
고갈비용(2달러/개)	0	142	0	1,112	0	0	0			
비용 합계	241.55	142.00	219.55	1,312.00	101.60	115.75	262.30			
전날까지 비용 누계	0.00	241.55	383.55	603.10	1,915.10	2,016.70	2,132.45			
당일까지 비용 누계	241.55	383.55	603.10	1,915.10	2,016.70	2,132.45	2,394.75			

사례 연구 부품백화점

부품백화점(Parts Emporium, Inc.)은 자동차 정비사 댄 블록(Dan Block)과 리야 키마티(Liya Kimathi)가 설립한 자동차 부품 유통업체이다. 원래 블록의 차고에 있던 이 회사는 시카고 사우스사이드의 낡고 버려진 육류 포장 창고로 이전하기 전까지 7년 동안 느리지만 꾸준한 성장세를 보였다. 재고 보관 공간이 넓어지자 다양한 부품을 공급할 수 있었다. 이렇게 늘어난 부품 선택의 폭은 자동차 소유 기간이 길어지는 추세와 맞물려 사업이 비약적으로 성장하였다. 15년 후, 부품백화점은 미국 중북부 최대 자동차 부품 유통업체가 되었다.

최근 부품백화점은 시카고 교외의 55번 고속도로에 있는 깨끗한 사무실과 창고 지역으로 이전했다. 창고 공간만 10만 제곱피트가 넘는다. 창고를 신축한 이후 몇 가지 신제품만 추가했지만, 창고 이용률은 65%에서 90%로 증가했다. 그러나 같은 기간 동안 매출은 침체되어 있었다. 이러한 상황으로 인해 블록과 키마티는 창업 이후 처음으로 외부 경영자를 고용하였다.

6월 6일은 수 맥캐스키(Sue McCaskey)가 부품백화점에 자재 관리자로 처음 근무하는 날이었다. 최근 명문 경영대학을 졸업한 맥캐스키는 설레는 마음으로 첫 번째 실무를 기다리고 있었다. 오전 8시 30분경, 재고 및 배송 현황 보고서가 도착하였다. 두꺼운 전산 출력물 맨 위에는 구매 관리자 조 도넬(Joe Donnell)의 메모가 있었다. "재고와 고객 서비스 성과 자료를 첨부합니다. 지난 주말에 실제 재고를 전수 조사했기 때문에 재고 수준은 정확하니 걱정 마세요. 안타깝게도 요청하신 분야 중 일부에 대한 집계 기록을 보관하고 있지 않습니다. 하지만 직접 하실 수 있을 것입니다. 취업을 축하합니다!"

총체적인 정보를 얻을 수 없다는 사실에 약간 당황한 맥캐스키는 100개 품목을 표본으로 선택하고 재고와 고객 서비스 특성을 수집해 '전체 그림'을 파악하기로 했다. 그 결과를 통해 부품백화점에 왜 자기 자리가 필요한지 알 수 있었다. 재고가 엉뚱한 곳에 배치되어 있는 것 같았다. 평균 약 60일 분량의 재고를 보유하고 있지만 고객 서비스는 별로였다. 부품백화점은 재고 고갈을 미납 주문으로 남기지만, 수요의 약 10%를 경쟁 유통업체에 빼앗기고 있었다. 재고 유지비용보다 재고 고갈비용이 많이 들기 때문에 맥캐스키는 주기 서비스 수준을 최소 95% 달성해야 한다고 생각한다.

맥캐스키는 자신이 변화를 주도할 수 있는 영향력은 제한적이지만, 당장 긍정적인 결과를 만들어야 한다는 것을 알고 있다. 따라서 두 가지 제품, 즉 EG151 배출 개스킷과 DB032 벨트에 집중하기로 했다. 이 두 제품의 재고 관리로 상당한 이익을 얻을 수 있다면, 아마도 블록과 키마티는 전체 재고 관리 시스템을 변경하는 데 지원을 할 것이다.

EG151은 해외 공급업체인 하이페이(Haipei, Inc.)에서 구매한다. 올해 첫 21주 동안의 실제 수요는 다음 표에 나와 있다.

다른 문서에 표시된 과거 주문 내역을 살펴보면 로트 크기는 150개였고, 하이페이의 리드타임은 일정하게 2주였다. 현재(21주 차 말) 재고는 없고 미납 주문은 11개이며, 예정입고는 150개이다.

DB032는 미시간주 그랜드 래피즈에 있는 벤독스(Bendox Corporation)에서 구매한다. 올해까지의 실제 수요는 다음 표에 나와 있다.

주	실제 수요	주	실제 수요
11	18	17	50
12	33	18	53
13	53	19	54
14	54	20	49
15	51	21	52
16	53		

이 제품은 신상품이므로 출시 이후 11주 자료만 있었다. 현재 재고량은 324개이며 미납 주문과 예정입고는 없다. 로트 크기는 1,000개였고 리드타임은 일정하게 3주였다.

부품백화점이 고객에게 부과하는 도매 단가는 EG151이 12.99달러이고 DB032가 8.89달러이다. 이 두 품목에는 수량할인이 제공되지 않기 때문에 이윤은 EG151이 도매가의 32%, DB032가 도매가의 48%이다.

부품백화점은 재고 유지비용을 재고가액의 21%로 추정한다. 이 비율은 재

주	실제 수요	주	실제 수요
1	104	12	97
2	103	13	99
3	107	14	102
4	105	15	99
5	102	16	103
6	102	17	101
7	101	18	101
8	104	19	104
9	100	20	108
10	100	21	97
11	103		

고투자에 대한 기회비용, 세금, 보험료 등을 포함한다. 연례 보고서에는 150만 달러에 지어진 10만 제곱피트 규모의 창고에 대한 유틸리티 비용, 유지비용, 자금비용이 기록되어 있다. 하지만 맥캐스키는 이러한 창고비용은 현재 고려 중인 재고정책에 영향을 미치지 않으므로 무시하기로 하였다.

부품백화점이 공급업체에 주문하는 데 드는 비용은 주문당 EG151가 20달러이고 DB032가 10달러이다. 출고 시에는 배송요금도 있다. 대다수 고객은 부품백화점에 와서 부품을 수령하지만, 일부 주문은 고객에게 배송된다. 이를 위해 부품백화점은 지역 회사와 주문당 21.40달러의 고정 수수료로 계약을 맺고 고객 청구서에 추가한다. 맥캐스키는 배송비용을 주문비용에 포함해야 하는지를 고민하고 있다.

문제

1. 맥캐스키의 입장이 되어 블록과 키마티에게 보낼 EG151과 DB032의 재고 관리에 대한 보고서를 작성하라. 관련 비용을 고려하여 적절한 재고 시스템을 제시하라.
2. 이 두 품목에 대한 제안이 주기재고, 재고 고갈, 주문비용을 얼마나 줄일 수 있는가?

비디오 사례 크레욜라의 재고 관리

크레욜라(Crayola)는 뛰어난 균형 잡기 활동으로 재고 관리를 수행한다. 크레용, 마커, 그림물감, 모형 재료 등의 전체 수요 42%가 가을학기 시작에 몰려 있어 미국 내 3,600개의 월마트, 1,400개의 타깃, 수천 개의 소매업체에 공급하기 위하여 2월부터 생산을 시작하여 80만 제곱피트 규모의 창고에 완제품을 보관한다.

즉 완제품이 소매 고객에게 전달되기 몇 달 전에 주요 생산일정에서 원자재에 대한 수요 예측을 해야 한다. 리드타임은 국내 원자재 공급원은 60일, 국외 공급업체의 완제품은 90일 이상까지 다양하다. 개학 훨씬 전부터 신학기에 맞춰 생산이 증가하기 때문에, 크레욜라는 1년 동안의 재고 수준을 계획하여 생산이 안정되도록 한다. 신학기 시즌이 연간 매출에서 가장 큰 비중을 차지하지만, 휴일 매출이 매출의 35%를 차지하고 나머지는 봄철 매출에서 발생한다. 크레욜라는 1,500개 이상의 품목과 225개에 가까운 대량 매출 품목을 보유하고 있기 때문에 정확한 예측이 필요하다.

펜실베이니아주 이스턴의 본사, 아칸소주 벤턴빌의 월마트 본사 인근, 미네소타주 미니애폴리스의 타깃 본사 인근에 위치한 미국 판매부서에서 생성된 주문과 과거 매출 패턴을 통해 관리자는 필요한 정보를 얻는다. 최신 영화와 만화책의 공동 브랜딩을 활용한 마케팅은 새로운 제품과 번들에 대한 예측에 큰 역할을 하고, 영화와 만화의 개봉과 동시에 소매점에 출시하지 않으면 시장을 놓치고 쉽게 팔 수 없는 재고를 떠안게 된다.

크레욜라의 재고 유지비용은 25%이고 평균 재고가치는 1억 1,000만 달러이다. 이 회사는 생산에 사용되는 원자재뿐만 아니라 완제품을 위한 창고 공간도 확보해야 한다. 염료, 점토, 포장재는 창고에서 꺼내 생산라인과 가까운 곳에 배치하고, 간반(Kanban) 시스템을 사용해 필요할 때 원자재 재고를 가져온다. 크레용 생산을 위해 루이지애나와 펜실베이니아에서 파라핀 왁스를 실은 탱커 화물기차가 일주일에 두 번 배송한다. 철도 차량이 직접 생산에 투입되기 때문에 배송에 차질이 생기면 생산이 중단될 가능성이 있다. 허리케인이나 눈보라가 물품 운송을 방해할 수 있어 악천후는 공급사슬에 특히 위험하다.

크레욜라는 가능한 한 많은 원재료를 국내에서 조달하려고 노력한다. 상자, 점토, 잉크, 라벨, 골판지 상자는 미국 중부 대서양 지역에서 오고, 마커의 촉과 같이 크레욜라가 현지에서 생산하지 않는 플라스틱 부품은 아시아에서 공급되며, 파나마 운하를 통해 뉴어크 항구까지 배송하는 데 최대 120일이 소요될 수 있다. 키트와 번들에 사용되는 재료는 한국, 중국, 베트남, 브라질에서 오며 비슷한 배송 방식이 사용된다.

크레욜라는 고객에게 약 1,500개의 제품을 공급하기 때문에 1억 1,000만 달러의 재고를 쌓아두고 있다. 사진과 같이 완제품 재고는 연간 수요의 42%를 차지하는 신학기와 같은 계절 수요 절정에 대비하여 저장되어야 한다.

출처: Pearson Education

크레욜라의 재공품 재고를 고려할 때, 생산라인에서 나오는 그림물감, 마커, 모형 점토와 많은 크레용은 키트 및 번들 제작에 사용하기 위해 트레이에 포장되어 있다. 이러한 품목은 개별 단위가 완제품(즉 크레용이나 마커는 라인에서 나오면 완전히 제조된 것임)이지만 재공품으로 간주된다. 마커를 담은 통, 그림물감을 담은 통과 다른 플라스틱도 마찬가지다. 이러한 품목을 후속 생산에 보내기 위하여 특수 장비가 사용된다.

최근 크레욜라의 경영진은 인기 완구 제품인 마커 메이커(Marker Maker©)의 실제 수요가 당초 예상보다 높을 것으로 보았다. 이에 대한 대응책으로 크레욜라는 중국과 미국에 각각 같은 규모의 생산설비를 구축하여 총잠재수요를 충족시키고자 하였다. 중국에서는 당초 예측대로 생산하여 계획대로 고객에게 납품했다. 하지만 실제 수요가 당초 예측보다 26%나 많았을 때, 크레욜라는 리드타임이 긴 잉크병은 펜실베이니아 공장에서 만들도록 하고 핵심 마커 제품의 마커 구성품을 사용하여 플라스틱 부품을 성형할 수 있었기 때문에 급증한 수요를 충족할 수 있었다. 공장의 기존 기계 용량을 활용하고, 펜실베이니아에서 잉크병을 생산하여 리드타임을 단축하고, 마무리 능력을 2배로 함으로써 크레올라는 연휴 기간에 고객과 소비자를 만족시킬 수 있었다.

문제

1. 재고 감축과 재고 비축의 유인을 고려하자. 어떤 것이 크레올라에 적합하며 그 이유는 무엇인가?
2. 크레올라에 독립수요품목과 종속수요품목은 어떤 것이 있는지 설명하라.
3. 마커 메이커©의 최근 예상치 못한 수요 급증으로 공급사슬의 기민함이 위기를 극복하는 데 도움이 되는 것으로 평가되었다. 운영상의 재고가 어떻게 생성되는지에 따라 네 가지로 분류하였다. 수요 충족을 위하여 관리자의 재고 사용 방법을 고려하면서 크레올라가 예상치 못한 수요 급증에 유연하게 대응할 수 있는 방법을 설명하라.

B 특수재고모형

현실 문제에서는 EOQ의 근간이 되는 가정 중 일부가 맞지 않는 경우가 있다. 이 보론에서는 단순한 EOQ 공식으로는 해결할 수 없는 상황을 다룬다.

1. 연속보충(noninstantaneous replenishment). 액체, 가스, 가루 등의 자재를 생산하는 연속 프로세스를 제조업체가 갖추고 있는 상황에서는 생산이 일시에 이루어지지 않으며 재고 보충도 로트 단위로 이루어지지 않고 지속적으로 이루어진다.
2. 수량할인(quantity discount). (1) 재고 유지비용, (2) 주문비용이나 가동 준비비용 등의 고정비용 및 (3) 자재 구매가액의 세 가지 연간 비용 요소가 고려된다. 서비스업체나 제조업체에서 구매량에 따라 자재 구매단가가 달라지는 경우가 많다.
3. 단일기간 의사결정(one-period decision). 소매점이나 패션제품 생산업계에서는 단일 기간 혹은 시즌 동안 불확실한 수요가 발생하는 경우가 많다.

이 보론은 10장 '재고 관리'와 보론 A '의사결정'을 숙지하고 있다고 전제한다.

학습목표

B.1 재고 보충이 연속적으로 이루어질 경우의 최적 로트 크기를 계산한다.

B.2 수량할인이 있을 경우의 최적 주문량을 결정한다.

B.3 단일기간 재고 의사결정에서 기대 이익을 최대로 만드는 주문량을 계산한다.

연속보충 시스템

B.1 재고 보충이 연속적으로 이루어질 경우의 최적 로트 크기를 계산한다.

품목을 구매하지 않고 자체생산하는 경우에는 개별 품목이 완성되면 로트 전체가 완성될 때까지 기다리지 않고 즉시 사용하거나 판매한다. 예를 들어 저녁 식사용 롤빵을 직접 생산하는 식당에서는 롤빵 한 뱃치가 완성되기 전이라도 첫 번째 완성된 빵부터 사용하기 시작한다. 이렇게 되면, 롤빵을 외부 업체에서 트럭에 싣고 한 번에 오는 경우와는 달리, 롤빵 재고량이 한 뱃치 수량인 5개까지 올라가지 못한다.

그림 B.1은 생산율 p가 수요율 d를 초과하는 일반적인 경우를 설명한다. 수요와 생산이 같으면 주기재고를 축적하지 않고 제조가 계속된다. 생산율이 수요율보다 낮으면 지속적으로 판매 기회의 상실이 일어난다. 이 보론에서는 $p > d$로 가정한다.

주기재고는 수요 발생보다 빨리 축적된다. 예를 들어 생산율이 하루 100개이고 수요가 하루

그림 B.1 연속 보충일 때의 로트 크기 결정

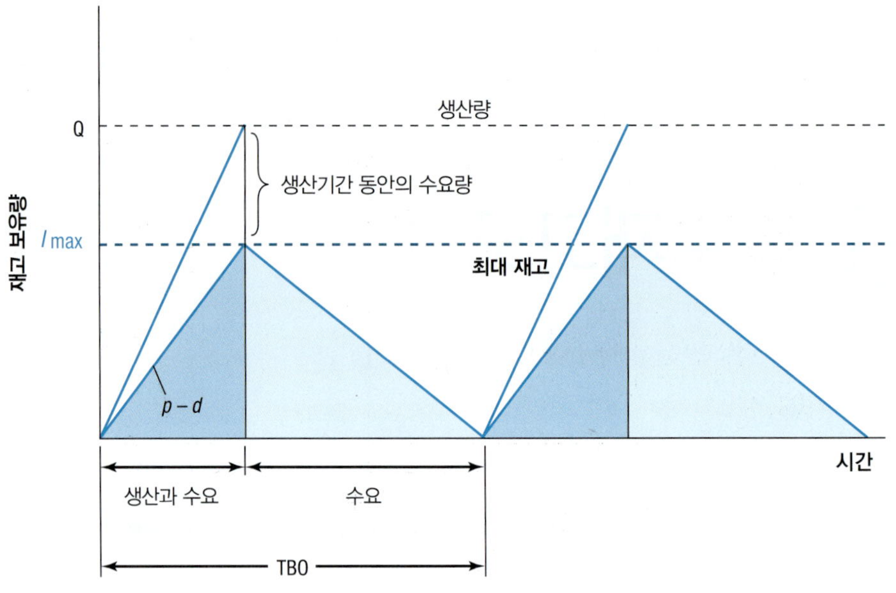

이 정유공장은 용량이 일정한 저장탱크에 제품을 보관한다. 탱크가 거의 비었을 때 다음 생산 주기를 계획한다.

5개이면 매일 95개가 축적된다. 이는 로트 크기인 Q반큼 생산될 때까지 재고가 계속 축적되며, 이 기간이 지나면 매일 5개씩 감소한다. 재고가 0이 되면 생산기간이 시작된다. 일관성을 유지하기 위해 p와 d는 같은 단위로 표현해야 한다. 여기에서는 개/일로 통일하기로 한다.

로트 크기가 Q이고 일일 생산량이 p개이므로, Q/p일 동안 하루 $p - d$개씩 축적된다. 예를 들어 로트 크기를 300개라고 하면 생산기간은 3일(300/100)이다. 생산기간과 축적률이 이와 같이 결정되면 최대 주기재고 I_{max}는 다음과 같다.

$$I_{max} = \frac{Q}{p}(p - d) = Q\left(\frac{p - d}{p}\right)$$

EOQ에서와는 달리 주기재고가 $Q/2$가 아니고, $I_{max}/2$이다. 앞서 정의한 것과 같이 연간 수요를 D, 하루 수요를 d라 하면 연간 총비용 공식은 다음과 같다.

연간 총비용 = 연간 유지비용 + 연간 주문비용 또는 준비비용

$$C = \frac{I_{max}}{2}(H) + \frac{D}{Q}(S) = \frac{Q}{2}\left(\frac{p - d}{p}\right)(H) + \frac{D}{Q}(S)$$

경제적 생산로트(ELS)
재고 보충이 연속적으로 이루어질 경우의 최적 로트 크기

이 비용함수에 근거해 구한 최적 로트 크기를 **경제적 생산로트**(economic production lot size, ELS)라고도 하는데, 이는 다음과 같다.

$$\text{ELS} = \sqrt{\frac{2DS}{H}}\sqrt{\frac{p}{p - d}}$$

두 번째 항이 1보다 크기 때문에 ELS는 EOQ보다 크다.

예제 B.1 경제적 생산로트 크기 결정

어떤 화학공장의 경영자가 하루 30배럴 소비되는 화학제품의 로트 크기를 결정해야 한다. 하루 생산율은 190배럴, 연간 수요는 10,500배럴, 가동 준비비용은 200달러, 연간 유지비용은

0.21달러/배럴, 연간 가동일수는 350일이다. 다음을 결정하라.

a. 경제적 생산로트(ELS)
b. 연간 총주문비용과 유지비용
c. ELS에 대응하는 TBO, 즉 주기의 길이
d. 로트당 생산 기간.
가동 준비시간을 10% 줄이면 어떤 이득이 있는가?

풀이

a. 우선 ELS를 구하면

$$\begin{aligned} \text{ELS} &= \sqrt{\frac{2DS}{H}}\sqrt{\frac{p}{p-d}} = \sqrt{\frac{2(10{,}500)(200\text{달러})}{0.21\text{달러}}}\sqrt{\frac{190}{190-30}} \\ &= 4{,}873.4\text{배럴} \end{aligned}$$

b. 이에 대응하는 총비용을 구하면

$$\begin{aligned} C &= \frac{Q}{2}\left(\frac{p-d}{p}\right)(H) + \frac{D}{Q}(S) \\ &= \frac{4{,}873.4}{2}\left(\frac{190-30}{190}\right)(0.21\text{달러}) + \frac{10{,}500}{4{,}873.4}(200\text{달러}) \\ &= 430.91\text{달러} + 430.91\text{달러} = 861.82\text{달러} \end{aligned}$$

c. TBO 공식을 ELS에 적용하면

$$\begin{aligned} \text{TBO}_{\text{ELS}} &= \frac{\text{ELS}}{D}(350\text{일/년}) = \frac{4{,}873.4}{10{,}500}(350) \\ &= 162.4 \text{ 또는 } 162\text{일} \end{aligned}$$

d. 한 주기 내의 생산주기는 로트 크기를 생산율로 나눈 것이다.

$$\frac{\text{ELS}}{p} = \frac{4{,}873.4}{190} = 25.6 \text{ 또는 } 26\text{일}$$

의사결정 포인트

그림 B.2에서 가동 준비비용을 10% 줄이면 로트 크기와 주문간격과 생산사이클 타임이 줄어든다. 결국, 연간 총비용이 줄어든다. 이렇게 되면 제품을 싼값에 빨리 만들 수 있기 때문에 제조 프로세스의 유연성이 증가한다. 경영진은 준비 프로세스 개선에 들어간 비용이 재고비용 감소와 유연성 증가보다 적은지를 판단해야 한다.

Period Used in Calculations	Day
Demand per Day	30
Production Rate/Day	190
Annual Demand	10,500
Setup Cost	$180
Annual Holding Cost ($)	$0.21
Operating Days per Year	350
Economic Lot Size (ELS)	4,623
Annual Total Cost	$817.60
Time Between Orders (days)	154.1
Production Time	24.3

◉ Enter Holding Cost Manually ○ Holding Cost As % of Value

그림 B.2 가동 준비비용 10% 하락의 효과를 보여주는 분석

수량할인

출처: Tada Images/Shutterstock

오리건주 클라카마스에 위치한 코스트코 매장의 계산대 풍경 (2021년 6월 23일)

B.2 수량할인이 있을 경우의 최적 주문량을 결정한다.

수량할인은 대량 구매의 유인을 제공해 재고를 증가시키게 하는 압박 요인이 된다. 예를 들어 구매량이 99개 이하이면 가격이 4달러이고, 100개에서 199개 사이이면 3.50달러이며, 200개 이상이면 3.00달러라고 하자. EOQ를 유도할 때와는 달리 가격이 고정되어 있는 것이 아니고, 구매량이 증가하면 가격이 하락한다. 따라서 최대 로트 크기를 산출하기 위한 새로운 방식이 필요하다. 즉 구매가격 하락과 주문 횟수 감소(주문량 증가의 이점)라는 장점과 재고 유지비용 상승이라는 단점의 균형을 감안해야 한다.

연간 총비용에는 유지비용$(Q/2)(H)$과 주문비용$(D/Q)(S)$ 이외에도 구매가격을 포함해야 한다. 구매단가가 P일 때의 총비용은 다음과 같다.

연간 총비용 = 연간 유지비용 + 연간 주문비용(또는 가동 준비비용) + 연간 자재원가

$$C = \frac{Q}{2}(H) + \frac{D}{Q}(S) + \text{PD}$$

일반적으로 재고로 유지하는 가액이 높을수록 유지비용이 높으므로, 단위당 유지비용 H를 구매단가에 대한 비율로 표현하는 경우가 많다. 따라서 구매단가 P가 낮아지면 H도 낮아지고, P가 높아지면 H도 높아진다.

총비용곡선은 U자 형태이다. 총비용 공식에 구매가액을 더해 주면, 그림 B.3(a)에 표현된 것처럼 곡선이 구간별로 고정량만큼 높아진다. 가격대별 세 가지 비용곡선이 생긴다. 제일 위의 곡선이 할인이 없을 때를 나타내고, 아래 곡선은 할인가격을 반영한 것이다. 구매량 범위에 따라 유효한 곡선이 달라진다. 구매량이 아주 작을 때에는 제일 높은 곡선이 적용되고 구매량이

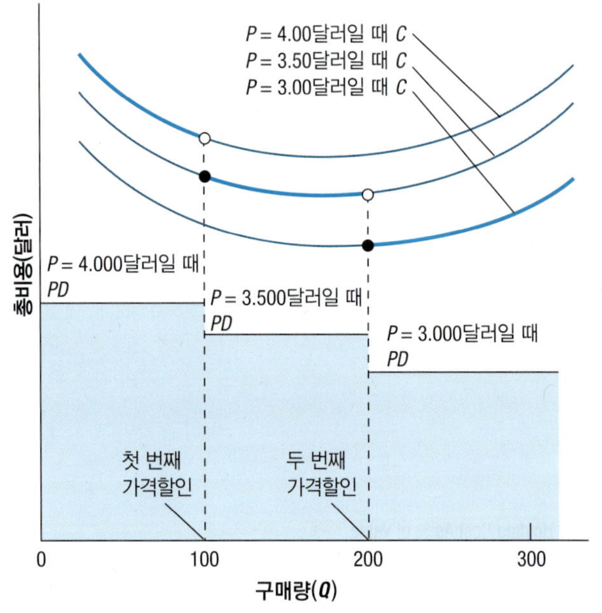

(a) 구매량 증가에 따른 총비용곡선

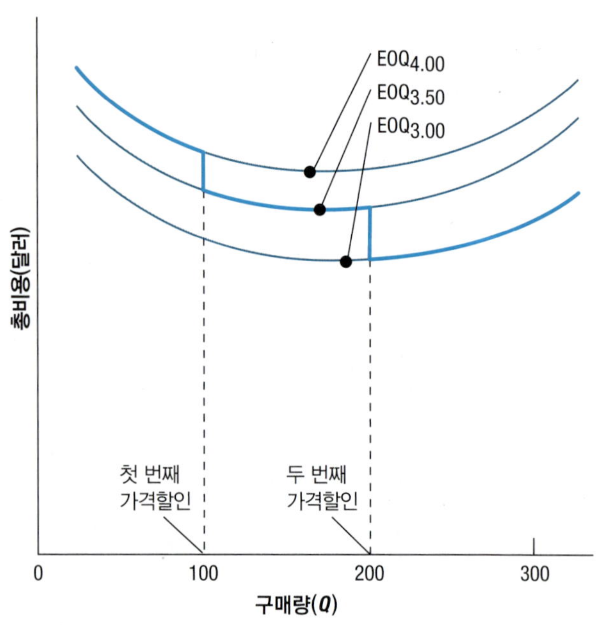

(b) 가격할인 구매량과 EOQ

그림 B.3 수량할인이 있을 때의 총비용곡선

가격할인점을 지날 때마다 하강하게 된다. 가격할인점(price break)이란 할인받기 위한 최소한의 구매량을 말한다. 그림 B.3(a)에서는 할인점이 두 곳(Q = 100과 Q = 200)에 있다. 결론적으로 총비용곡선이 가격할인점마다 갑자기 떨어진다.

그림 B.3(b)에 표시된 세 점은 각각 곡선마다 EOQ를 계산한 것이다. 이런 EOQ들이 최적의 로트 크기가 되지 않는 것은 다음과 같은 이유 때문이다.

1. 가격대별 EOQ는 유효 범위를 벗어날 수 있기 때문에 실행 가능하지 않을 수도 있다. 그림 B.3(b)에도 실행 불가능한 EOQ가 두 개 있다. 가격이 3.00달러인 곡선의 최소점은 200이나, 이 정도의 물량을 3.00달러에 공급받을 수 없다. 유사하게 4.00달러에 대한 EOQ도 첫 번째 가격할인점보다 높아서 실제 구매가격은 3.50달러이다.
2. 실행 가능한 EOQ가 반드시 최소비용 구매량이 아닐 수도 있다 — 실행 가능한 EOQ에서의 총비용이 더 낮은 가격대의 EOQ나 가격할인점에서의 비용보다 높을 수도 있다. 예를 들어 그림 B.3(b)에서 3.50달러 가격대의 EOQ는 실행 가능하지만 3.00달러 가격대의 가격할인점 200에서의 비용보다 더 높게 나타난다. 다만, 실행 가능한 EOQ에서의 비용은 더 높은 가격대의 비용곡선상에 있는 점보다는 항상 낮게 나타난다. 최소비용대의 EOQ가 실행 가능할 때는 비용을 비교해 보지 않아도 이 EOQ가 최선의 구매량이다. 그러나 그림 B.3(b)에서는 실행 가능한 EOQ가 중간가격대(3.50달러)에만 있으므로 이렇게 쉽게 결론을 내릴 수 없다.

따라서 실행 가능한 수량-가격 조합[그림 B.3(b)의 굵은 선] 중에서 최선의 로트 크기를 결정한다. 다음과 같은 과정을 거쳐서 최선의 로트 크기를 결정한다.

1단계. 가장 낮은 가격대부터 EOQ를 계산해 실행 가능한 EOQ가 발견될 때까지 계속 높은 가격대로 옮겨 가면서 EOQ를 계산한다. 가격대가 높아질수록 EOQ는 점점 작아지는데, H가 높아지고 H가 EOQ 공식의 분모에 있기 때문이다.

2단계. 첫 번째 실행 가능한 EOQ가 최저가격대에서 나오면 이것이 최선의 로트 크기이다. 그렇지 않을 경우에는 이 EOQ보다 큰 가격할인점의 비용과 이 EOQ에서의 비용을 계산한다. 이 중에서 비용이 가장 작은 것이 최적이다.

세인트 르로이 병원에서 수량할인하의 Q 계산

예제 B.2

세인트 르로이 병원(St. LeRoy Hospital)에 특수 도뇨관을 공급하는 공급자가 수량할인 정책을 채택했다. 가격할인 기준은 다음과 같다.

주문량	단가
0~299개	60.00달러
300~499개	58.80달러
500개 이상	57.00달러

이 품목의 연간 수요량은 936개이고, 주문비용은 45달러이며, 연간 유지비용은 구매단가의 25%이다. 총비용을 최소화하려면 몇 개씩 주문해야 하는가? 300~499개 구간의 가격이 58.00달러로 바뀌면, 주문량을 바꾸어야 하는가?

풀이

1단계. 최소가격대부터 실행 가능한 EOQ를 구한다.

$$\text{EOQ}_{57.00} = \sqrt{\frac{2DS}{H}} = \sqrt{\frac{2(936)(45.00\text{달러})}{0.25(57.00\text{달러})}} = 77\text{개}$$

EOQ 공식에서 가격을 57달러를 적용했으나, 77개에서의 실질 구매단가는 60달러이기 때문에 이 EOQ는 실행 불가능하다. 58.80달러 가격대에서 계산해 본다.

$$\text{EOQ}_{58.80} = \sqrt{\frac{2DS}{H}} = \sqrt{\frac{2(936)(45.00\text{달러})}{0.25(58.80\text{달러})}} = 76\text{개}$$

76개씩 주문하면 58.80달러에 구매할 수 없으므로 이 수량도 실행 불가능하다. 최고가격대에 대하여 계산해 본다.

$$\text{EOQ}_{60.00} = \sqrt{\frac{2DS}{H}} = \sqrt{\frac{2(936)(45.00)}{0.25(60.00)}} = 75\text{개}$$

구매량이 $P = 60$달러 가격대 안에 들어오므로 이 EOQ는 실행 가능하다.

2단계. 첫 번째 실행 가능한 EOQ인 75가 최소가격대에 속하지 않으므로, 이에 해당하는 비용을 이보다 낮은 가격대(58.80달러와 57.00달러)의 가격할인점(300과 500)에서의 비용과 비교해야 한다.

$$C = \frac{Q}{2}(H) + \frac{D}{Q}(S) + PD$$

$$C_{75} = \frac{75}{2}[(0.25)(60.00\text{달러})] + \frac{936}{75}(45.00\text{달러}) + 60.00\text{달러}(936) = 57{,}284\text{달러}$$

$$C_{300} = \frac{300}{2}[(0.25)(58.80\text{달러})] + \frac{936}{300}(45.00\text{달러}) + 58.80\text{달러}(936) = 57{,}382\text{달러}$$

$$C_{500} = \frac{500}{2}[(0.25)(57.00\text{달러})] + \frac{936}{500}(45.00\text{달러}) + 57.00\text{달러}(936) = 56{,}999\text{달러}$$

최적의 구매량은 500개로, 가격할인율이 가장 높은 가격대에 속해 있다.

의사결정 포인트

300~499개의 개당 가격이 58달러로 줄어들면, 그림 B.4에 나타난 것처럼 최선의 선택은 300단위이다. 결과를 보면 의사결정은 가격정책에 민감하다. 이 예에서 1%보다 조금만 더 바꾸면 의사결정이 달라진다. 그러나 가격할인이 있다고 항상 EOQ보다 많이 구매해야 하는 것은 아니다. 할인율이 하락하거나, 유지비용(H)이 상승하거나, 수요(D)가 줄어들면 가격할인제도가 지속되더라도 적정 로트 크기는 작아질 것이다.

단일기간 의사결정

B.3 단일 기간 재고 의사결정에서 기대이익을 최대로 만드는 주문량을 계산한다.

소매업체가 자주 직면하는 문제 중 하나가 겨울 코트 등의 계절성 상품을 처리하는 방법이다.

그림 B.4 최적 주문량 결정을 보여주는 분석 결과

More Fewer

Min. Amount Req'd for Price Point	Lot Sizes	Price/Unit
	0–299	$60.00
300	300–499	$58.00
500	500 or more	$57.00

Annual Demand	936
Order Cost	$45
Holding Cost (% or price)	25%

Best Order Quantity 300

	Price Point	EOQ or Req'd Order for Price Point	Inventory Cost	Order Cost	Purchase Cost	Total Cost	
	$60.00	75	$562.50	$561.60	$56,160	$57,284	
>>	$58.00	300	$2,175	$140.40	$54,288	$56,603	<<
	$57.00	500	$3,563	$84.24	$53,352	$56,999	

일반적으로 판매 시기를 넘기면 유행이 변하기 때문에 재고를 정상가격에 판매할 수가 없다. 반면 리드타임이 판매기간보다 길기 때문에 기대 이상으로 판매가 호조를 보여도 추가로 주문할 기회가 생기지 않는다. 의류생산업계(fashion goods)에도 유사한 문제가 있다.

이런 상황을 신문팔이 문제(newsboy problem)라고도 한다. 신문가판대에 신문을 충분히 준비해 놓지 않으면 판매 기회를 놓치게 되고, 너무 많이 준비해 놓으면 남는 분량은 어제 신문을 찾는 사람이 없기 때문에 팔 수가 없다.

다음은 이런 문제를 분석해 최선의 구매량을 결정하는 간단한 방법이다.

1. 실현될 가능성이 있는 여러 수준의 판매량과 그에 해당하는 확률 추정치를 나열한다.
2. 각 수요량 D와 구매량 Q의 조합에 해당하는 이윤을 나타내는 '보상행렬표(payoff table)'를 작성한다. 표의 행은 구매량을 표현하고 열은 수요량을 표현한다. 구매량-수요량 조합에 해당하는 보상액은 모든 물품을 정상 시즌 안에 정상 이윤에 팔 수 있는지 여부에 달려 있다. 두 가지 경우가 있을 수 있다.
   a. 수요가 충분해($Q \le D$) 정상 시즌 안에 모든 물품을 정상 이윤 p에 팔 수 있으면,
   $$\text{보상} = (\text{단위당 이윤})(\text{구매량}) = pQ$$
   b. 구매량이 수요보다 많아서($Q > D$) D만큼만 정상 이윤에 팔고, 나머지는 시즌이 끝난 후에 ℓ만큼 손실을 보면서 처분해야 하면,
   $$\begin{aligned}\text{보상} &= (\text{단위당 정상 이윤})(\text{수요량}) - (\text{단위당 손실})(\text{시즌 후의 처분량}) \\ &= pD - \ell(Q - D)\end{aligned}$$
3. 기대치(expected value) 의사결정 규칙을 사용해 Q별로 기대보상액을 구한다. Q별 기대보상액은 각 보상액과 그에 해당하는 확률을 곱한 것을 모두 합한 것이다.
4. 기대치가 가장 큰 Q를 선택하라.

이런 성격을 갖는 품목 전부에 대해 여러 계절 동안 이런 규칙을 적용하면 이윤이 최대화될 것이다. 물론 이런 방법은 잘못될 여지가 전혀 없는 것은 아니라서 가끔은 나쁜 결과로 귀결될 수 있다.

예제 B.3

단일기간 의사결정의 Q 결정

자연박물관의 선물가게에서 가장 잘 팔리는 물품 중 하나가 크리스마스 장식품이다. 이 품목을 시즌 중에 판매하면 하나에 10달러씩의 이익이 발생하지만, 시즌을 놓치면 개당 5달러씩 손실이 발생한다. 시즌 중 수요량이 다음과 같은 이산형 분포로 표현된다.

수요량	10	20	30	40	50
수요 분포	0.2	0.3	0.3	0.1	0.1

크리스마스 장식품을 몇 개 주문해야 하는가?

풀이

표에 나타난 수요치가 최적 주문량의 후보이므로, 보상표는 다섯 줄로 만들어야 한다. $Q = 10$인 첫 번째 줄에서는 수요량이 주문량 이상이므로 다섯 칸의 보상은 모두 다음과 같다.

$$\text{수익} = pQ = (10\text{달러})(10) = 100\text{달러}$$

시즌 중에 구매량이 전부 판매되는 구매량-수요량 조합에는 모두 이 식을 적용할 수 있다. 이런 조합은 $Q \leq D$라는 조건으로 표현되는데, 표의 우상단에 나타난다. 예를 들어 $Q = 40$이고 $D = 50$인 조합의 수익은 다음과 같다.

$$\text{수익} = pQ = (10\text{달러})(40) = 400\text{달러}$$

표의 좌하단 쪽에는 시즌 후에 일부를 처분해야 하는($Q > D$) 조합이 나타난다. 이 경우 두 번째 공식으로 수익을 계산한다. 이러한 과정을 거쳐 아래 표와 같은 수익표를 구할 수 있다. 예를 들어 $Q = 40$이고 $D = 30$인 조합의 수익은 다음과 같다.

$$\text{수익} = pD - \ell(Q - D) = (10\text{달러})(30) - (5\text{달러})(40 - 30) = 250\text{달러}$$

이 문제의 분석 결과로 그림 B.5와 같은 수익표를 얻는다.

이제 각각의 Q값에 대해, 수요량별 수익액과 해당 확률을 곱한 다음 이를 모두 합해 기대보상을 구한다. 예를 들어 $Q = 30$이면

$$\begin{aligned}\text{수익} &= 0.2(0\text{달러}) + 0.3(150\text{달러}) + 0.3(300\text{달러}) + 0.1(300\text{달러}) + 0.1(300\text{달러}) \\ &= 195\text{달러}\end{aligned}$$

Profit $10.00 (if sold during preferred period)
Loss $5.00 (if sold after preferred period)

Enter the possible demands along with the probability of each occurring. Use the buttons to increase or decrease the number of allowable demand forecasts. NOTE: Be sure to enter demand forecasts and probabilities in all tinted cells, and be sure probabilities add up to 1.

< >

Demand	10	20	30	40	50
Profitability	0.2	0.3	0.3	0.1	0.1

Payoff Table

		Demand				
		10	20	30	40	50
Quantity	10	100	100	100	100	100
	20	50	200	200	200	200
	30	0	150	300	300	300
	40	−50	100	250	400	400
	50	−100	50	200	350	500

그림 B.5 수익표를 보여주는 분석 결과

그러면 그림 B.6과 같은 수익표를 얻는다.

의사결정 포인트

Q = 30일 때에 기대보상이 195달러로 가장 높으므로, 30개가 최적 주문량이다. 경영진은 수요나 그 확률에 대한 민감도를 POM이나 OM Explorer로 분석해 의사결정을 얼마나 믿어도 되는지를 확인할 수 있다.

Weighted Payoffs

Order Quantity	Expected Payoff
10	100
20	170
30	195
40	175
50	140

Greatest Expected Payoff	195
Associated with Order Quantity	30

그림 B.6 기대수익을 보여주는 분석 결과

단일기간 재고 의사결정 문제는 제조업에서도 (1) 고객화된(특수) 품목의 1회 주문을 충족하기 위해 생산(구매)하는 경우, (2) 불량률이 높을 경우에 발생한다. 1회 주문에 의해 생산하는 특수품목은 재고로 비축하지 않는데, 이유는 사전에 수요를 예측할 수가 없기 때문이다. 사실상 남은 것을 다른 고객이 구매하는 경우는 드물기 때문에 제조업자는 주문량만큼만 만들고 싶어 한다. 또한 제조업자는 한 번 가동으로 주문량을 전부 생산해 가동 준비 횟수를 줄이고 납기를 준수하고 싶어 한다. 이 두 가지 목표는 불량률이 높을 때 상충하게 된다. 어떤 고객이 20개를 주문했다고 하자. 경영자가 20개를 생산(주문)하기로 결정하면, 이 중에 한두 개 정도의 불량품이 포함될 수 있다. 이런 경우 재고 고갈이 발생하므로 한 번 더 보충 생산(주문)해 불량품을 대체할 수밖에 없다. 이때 가동 준비시간이 길면 보충비용이 상승하고 납기 지연을 유발한다. 이런 문제를 피하려면 처음부터 20개보다 많이 주문하게 된다. 혹시 남는 것이 생기면 고객이 더 사줄 수도 있고 내부적으로 사용할 곳을 찾아볼 수도 있다. 예를 들어 폐기용 자재 계정을 만들어놓는 기업도 있다. 이 자재를 회사 내의 다른 부서에 싸게 공급해 사용을 촉진할 수도 있다.

학습목표 점검

학습목표	점검 가이드라인	온라인 자료
B.1 재고 보충이 연속적으로 이루어질 경우의 최적 로트 크기를 계산한다.	'연속보충 시스템' 절을 보라. ELS 결정을 돕기 위하여 예제 B.1과 복습문제 1을 공부하라.	
B.2 수량할인이 있을 경우의 최적 주문량을 결정한다.	'수량할인' 절을 보라. 최적 주문량 결정을 위한 단계적 접근을 위해 예제 B.2와 복습문제 2를 공부하라.	
B.3 단일기간 재고 의사결정에서 기대이익을 최대로 만드는 주문량을 계산한다.	'단일기간 의사결정' 절을 보라. 예제 B.3과 복습문제 3을 확실히 이해하라.	

주요 공식

연속보충

1. 최대 주기재고: $I_{max} = Q\left(\frac{p-d}{p}\right)$

2. 연간 총비용 = 연간 유지비용 + 연간 주문비용: $C = \frac{Q}{2}\left(\frac{p-d}{p}\right)(H) + \frac{D}{Q}(S)$

3. 경제적 생산로트: $\text{ELS} = \sqrt{\frac{2DS}{H}}\sqrt{\frac{p}{p-d}}$

4. 주문간격(년): $\text{TBO}_{\text{ELS}} = \frac{\text{ELS}}{D}$

수량할인

5. 연간 총비용 = 연간 유지비용 + 연간 주문비용 + 연간 자재원가: $C = \frac{Q}{2}(H) + \frac{D}{Q}(S) + PD$

단일기간 의사결정

6. 수익행렬: 수익 $= \begin{cases} pQ & (Q \leq D) \\ pD - \ell(Q - D) & (Q > D) \end{cases}$

핵심용어

경제적 생산로트(economic production lot size, ELS)

복습문제 1

피치킨 주식회사는 모헤어 스웨터, 피터팬 블라우스, 푸들치마 등의 1950년대 스타일의 일상복을 생산하고 있다. 모헤어 스웨터의 주간 평균 수요는 100벌이다. 생산용량은 일주일에 400벌이고, 가동 준비비용은 351달러이다. 완제품 재고의 가치는 40달러/벌이다. 단위당 연간 재고 유지비용은 재고가치의 20%이다.

a. 경제적 생산로트 크기(ELS)는 얼마인가?
b. 평균 주문간격은 얼마인가?
c. 연간 유지비용과 주문비용의 합은 얼마인가?

풀이

a. 총비용을 최소화하는 생산로트의 크기는

$$\text{ELS} = \sqrt{\frac{2DS}{H}}\sqrt{\frac{p}{p-d}} = \sqrt{\frac{2(100 \times 52)(351\text{달러})}{0.20(40\text{달러})}}\sqrt{\frac{400}{(400-100)}}$$
$$= \sqrt{456,300}\sqrt{\frac{4}{3}} = 780\text{벌}$$

b. 평균 주문간격은

$$\text{TBO}_{\text{ELS}} = \frac{\text{ELS}}{D} = \frac{780}{5,200} = 0.15\text{년}$$

이를 주 단위로 환산하면

$$\text{TBO}_{\text{ELS}} = (0.15\text{년})(52\text{주/년}) = 7.8\text{주}$$

c. 주문비용과 유지비용의 최소치는

$$C = \frac{Q}{2}\left(\frac{p-d}{p}\right)(H) + \frac{D}{Q}(S) = \frac{780}{2}\left(\frac{400-100}{400}\right)(0.20 \times 40\text{달러}) + \frac{5,200}{780}(351\text{달러})$$
$$= 2,340\text{달러/년} + 2,340\text{달러/년} = 4,680\text{달러/년}$$

복습문제 2

외과용품을 피셔 주식회사에서 일괄구매하는 병원이 있다. 피셔는 199개 이하를 구매하면 50.25달러를 받고, 200개 이상 구매하면 49달러를 받는다. 주문비용은 64달러이고, 연간 유지비용은 구매단가의 20%이며, 연간 수요량은 490개이다. 최적 구매량은 얼마인가?

풀이

최저가격대에서 EOQ를 구한다.

$$\text{EOQ}_{49.00} = \sqrt{\frac{2DS}{H}} = \sqrt{\frac{2(490)(64.00\text{달러})}{0.20(49.00\text{달러})}} = \sqrt{6,400} = 80\text{개}$$

피셔의 할인 정책에 따르면 80개를 49달러에 살 수 없으므로 이것은 실행 불가능하다. 따라서 그다음 가격대의 EOQ를 구한다.

$$\text{EOQ}_{50.25} = \sqrt{\frac{2DS}{H}} = \sqrt{\frac{2(490)(64.00\text{달러})}{0.20(50.25\text{달러})}} = \sqrt{6,241} = 79\text{개}$$

이 EOQ는 실행 가능하나 50.00달러는 최저가격대가 아니다. 따라서 구매량을 200으로 늘려서 가격할인을 받아 총비용을 줄일 수 있는지를 살펴보아야 한다.

$$C = \frac{Q}{2}(H) + \frac{D}{Q}(S) + PD$$

$$C_{79} = \frac{79}{2}(0.20 \times 50.25\text{달러}) + \frac{490}{79}(64.00\text{달러}) + 50.25\text{달러}(490)$$
$$= 396.98\text{달러/년} + 396.68\text{달러/년} + 24,622.50\text{달러/년} = 25,416.44\text{달러/년}$$

$$C_{200} = \frac{200}{2}(0.20 \times 49.00\text{달러}) + \frac{490}{200}(64.00\text{달러}) + 49.00\text{달러}(490)$$
$$= 980.00\text{달러/년} + 156.80\text{달러/년} + 24,010.00\text{달러/년} = 25,146.80\text{달러/년}$$

한 번에 200개씩 주문하면 79개씩 주문할 때보다 연간 269.64달러가 절약된다.

복습문제 3

스웰 프로덕션은 고전형 포드 승용차 수집가의 야외 모임을 후원하고 있다. 티버드 영역의 매점에서는 티셔츠, 푸들치마 등의 수집품을 팔고 있다. 푸들치마는 피치킨 주식회사에서 40달러씩에 구매해 75달러에 판매한다. 팔고 남은 치마는 피치킨에 돌려주고 30달러를 돌려받는다. 푸들치마의 판매량은 날씨, 참석자 수 등에 따라 달라진다. 다음 표는 수요량의 확률분포이다. 이 모임에 대비해 푸들치마를 몇 개나 생산해야 하는가?

판매량	확률	판매량	확률
100	0.05	400	0.34
200	0.11	500	0.11
300	0.34	600	0.05

풀이

이 문제의 수익표는 표 B.1과 같다. 우상단 쪽이 수요량 D가 주문량 Q 이상인 경우를 나타내고 있다. 수익은 단위당 이익(가격 − 원가)과 주문량을 곱한 것과 같다. 예를 들어 주문량이 100이고 수요량이 200이면

$$\text{수익} = (p - c)Q = (\$75 - \$40)100 = 3,500\text{달러}$$

표의 좌하측은 주문량이 수요량보다 많을 때의 수익을 나타내고 있다. 여기에서 수익은 매출이익 pD에서 초과재고 반송손실 $\ell(Q - D)$를 차감한 것이다. 단, ℓ은 구매원가와 돌려받는 금액의 차이이고, 반송량은 $(Q - D)$이다. 예를 들어 주문량이 100이고 수요량이 200이면

$$\text{수익} = pD - \ell(Q - D) = (\$75 - \$40)200 - (\$40 - \$30)(500 - 200) = 4,000\text{달러}$$

푸들치마를 400벌 주문할 때의 기대수익이 최대이다.

$$\begin{aligned}\text{기대수익}_{400} &= (\$500 \times 0.05) + (\$5{,}000 \times 0.11) + (\$9{,}500 \times 0.34) \\ &\quad + (\$14{,}000 \times 0.34) + (\$14{,}000 \times 0.11) + (\$14{,}000 \times 0.05) \\ &= 10{,}805\text{달러}\end{aligned}$$

표 B.1 수익표

	수요량, *D*						
Q	**100**	**200**	**300**	**400**	**500**	**600**	**기대수익**
100	$3,500	$3,500	$3,500	$3,500	$3,500	$3,500	$3,500
200	$2,500	$7,000	$7,000	$7,000	$7,000	$7,000	$6,775
300	$1,500	$6,000	$10,500	$10,500	$10,500	$10,500	$9,555
400	$500	$5,000	$9,500	$14,000	$14,000	$14,000	$10,805
500	($500)	$4,000	$8,500	$13,000	$17,500	$17,500	$10,525
600	($1,500)	$3,000	$7,500	$12,000	$16,500	$21,000	$9,750

연습문제

이 책을 사용하는 모든 학생은 OM Explorer, 윈도우용 POM, Active Model 소프트웨어를 사용할 수 있다. 해당 소프트웨어의 다운로드 위치와 활용 방법은 강의 담당 교수에게 문의하라. 대부분의 교수자는 학생이 직접 계산하는 방법을 이해하기를 바란다. 하지만 소프트웨어를 이용하면 계산을 확인할 수 있다. 계산이 매우 복잡하고, 의사결정 과정에서 결과를 해석하는 것이 목표인 경우 소프트웨어가 수작업 계산을 완전히 대체해도 무방하다.

연속보충

1. 볼드 비전 주식회사는 레이저 프린터와 사진 복사기용 토너를 생산한다. 수요율은 625개/주이고 생산율은 1,736개/주이며, 가동 준비비용은 100달러이다. 재고단가는 130달러이고 유지비용은 재고가액의 20%이다. 이 회사가 1년에 52주 가동을 한다면 경제적 생산로트 크기는 얼마인가?
2. 샤프 커터는 종이 재단기에 쓰이는 특수 칼날을 생산하는 중소기업이다. 어떤 칼날의 연간 수요는 100,000개이고, 1년 250일(휴무일 제외) 동안 균등하게 발생한다. 샤프 커터는 이 칼날을 로트로 생산하고 있으며 하루 평균 450개 생산할 수 있다. 로트당 가동 준비비용은 300달러이고, 1개당 연간 재고 유지비용은 1.20달러이다. 다음을 결정하라.
   a. 경제적 생산로트 크기(ELS)
   b. 연간 총가동 준비비용과 재고 유지비용
   c. 위 ELS에 대응되는 사이클 타임(또는 TBO)
   d. 로트당 생산시간
3. 수즈주류회사는 소규모 양조장으로부터 포장, 상표 부착, 유통을 위탁받아 대행하고 있다. 워트만 맥주의 주간 수요량은 600박스(박스당 24병)이고, 수즈의 생산율은 일주일에 2,400박스이며, 가동 준비비용은 800달러이다. 재고단가는 12.50달러이고 연간 유지비용은 재고가액의 30%이다. 경제적 생산로트 크기는 얼마인가?
4. 외눈두꺼비 도자기회사는 부자 고객을 위한 맞춤형 화분을 제작한다. 이 화분의 평균 수요는 매주 20개이다. 이 회사의 생산설비는 매주 화분 25개의 생산용량을 가지고 있다. 가동 준비비용은 1,500달러이다. 완제품 재고의 가치는 화분당 250달러이다. 연간 재고 유지비용은 재고가액의 35%이다. 다음을 결정하라.
   a. 경제적 생산로트 크기(ELS)
   b. 사이클 타임(TBO)
   c. 연간 총가동 준비비용과 재고 유지비용의 합

수량할인

5. 벅스그랜드 야구팀은 연간 50주간 경기를 치르고, 야구공을 주당 평균 350개 사용한다. 이 팀은 쿠퍼스타운 사로부터 야구공을 구매하는데, 주문비용은 100달러이고 유지비용은 구매가격의 38%이다. 쿠퍼스타운 사의 가격구조는 다음과 같다.

주문량	단가
1~999개	7.50달러
1,000~4,999개	7.25달러
5,000개 이상	6.50달러

   a. 한 번 주문할 때 몇 개씩 구매해야 하는가?
   b. 이 최적의 주문량을 적용할 때 연간 총비용은 얼마인가?
   c. 벅스팀에게 공급하는 배트를 제조하는 쿠퍼스타운 사의 특수

프로세스에 필요한 가동 준비비용을 너무 적게 평가했음을 알게 되었다. 따라서 쿠퍼스타운 사는 가격할인대를 추가해 대량 구매를 유도하게 되었다. 즉 한 번에 150,000개 이상을 주문하면 가격을 6.25달러로 할인해주기로 했다. 벅스팀은 주문량을 증가시켜야 하는가?

6. 피셔(복습문제 2 참조)는 판매 촉진을 위해 할인표를 새로 만들었다. 200개 가격할인점은 없어지고, 가격할인점도 높이고 할인율도 크게 바꾸었다. 1개에서 499개를 구매할 때의 단가를 50.25달러로, 500개 이상 구매할 때의 단가를 47.80달러로 변경했다. 주문비용, 연간 유지비용, 수요량은 각각 64달러, 구매단가의 20%, 490개로 그대로이다. 로트 크기는 얼마로 정해야 하는가?

7. 최고급 사립대학의 구내서점은 도매상에게서 샤프펜을 구매한다. 도매상은 다음 표와 같은 수량할인 제도를 실시하고 있다. 연간 수요는 2,500개이고 주문비용은 10달러이다. 연간 유지비용은 구매가격의 30%이다. 최선의 구매량은 얼마인가?

주문량	단가
0~200개	4.00달러
201~2,000개	3.50달러
2,001개 이상	3.25달러

8. 맥인더박스 주식회사는 컴퓨터를 통신판매한다. 이 회사는 1년에 스캐너를 1,200대 판매한다. 주문비용은 300달러이고, 연간 유지비용은 가격의 16%이다. 스캐너 제조회사가 다음과 같은 가격할인표를 제시했다. 연간 비용을 최소화하는 주문량은 얼마인가?

주문량	단가
0~11대	520달러
12~143대	500달러
144대 이상	520달러

9. 여러분은 재고 관리 담당자로, 연간 수요가 2,000개인 품목의 주문량을 결정해야 한다. 한 번 주문할 때마다 비용이 20달러 필요하다. 연간 유지비용은 재고가액의 20%이다. 공급자는 다음과 같은 가격할인표를 제시했다. 어떤 주문정책을 추천하겠는가?

주문량	단가
1개	2.50달러
200개	2.40달러
300개	2.25달러
1,000개	2.00달러

10. 1번 문제의 볼드 비전 주식회사는 토너를 그 지역의 공급업자로부터 구매해야 한다. 이 회사는 원자재 재고를 유지하지 않으려 하므로 한 번에 생산되는 토너 카트리지를 만들 수 있는 양의 토너만을 구매한다. 각 토너 카트리지는 1파운드의 토너가 필요하다. 원자재 공급업자는 볼드 비전에서 한 번에 2,000파운드 이상 구매할 경우 파운드당 2달러의 할인을 제안했다. 볼드 비전은 이 제안을 수락하고 자신의 토너 구매량을 바꾸어야 하는가?

단일기간 의사결정

11. 다운타운 병원은 다음 독감 시즌을 대비해 인플루엔자 백신을 주문해야 한다. 이 병원은 백신을 개당 4달러에 구입해 환자에게 15달러를 청구한다. 질병관리센터는 사용하지 않은 백신을 개당 1달러에 되사는 오랜 정책을 하고 있다. 시즌 수요의 확률분포는 다음과 같다.

수요량	확률
2,000개	0.05
3,000개	0.20
4,000개	0.25
5,000개	0.40
6,000개	0.10

a. 병원의 기대이익을 최대화하기 위해 백신을 얼마나 주문해야 하는가?

b. 이 병원은 연방정부에서 백신을 개당 2달러씩 할인해주는 프로그램에 참여해야 하는지 결정하려고 한다. 하지만 이 프로그램에 참여하면, 환자에게 개당 10달러 이상 청구할 수 없다. 순전히 이익 극대화의 관점에서 접근할 때, 이 프로그램에 참여해야 하는가?

12. 도로시 페이스트리는 퍼스 전 지역의 제과점에 굽자마자 공급된다. 하루가 지나면 할인가격에 팔아야 한다. 하루 수요량의 분포는 다음과 같다.

수요량	확률
50개	0.25
150개	0.50
200개	0.25

제조원가는 0.60달러이고 판매가격은 1.00달러이다. 그날 팔지 못한 것은 다음 날 0.30달러에 판다. 하루에 얼마씩 만들어야 하는가?

13. 애기스 축구팀은 올해 동창회 축구대회를 개최한다. 입장권 판매량을 참고해 핫도그 판매량을 다음과 같이 예측했다. 학교에서는 핫도그를 1.50달러에 구매해 경기 중에 3.00달러에 판매한다. 경기 중에 팔지 못한 것은 학생식당이 0.50달러에 사서 부대찌개를 만드는 데 사용한다. 수익 매트릭스를 사용해 경기 전에 주문할 핫도그 수를 결정하라.

판매량	확률
2,000개	0.10
3,000개	0.30
4,000개	0.30
5,000개	0.20
6,000개	0.10

14. 레이크 샤키 BBQ 레스토랑은 소고기 양지(brisket)를 바비큐로 요리해 무게로 판매한다. 노동절 주말 동안의 과거 판매 기록을 근거로 경영진은 아래 표와 같은 소고기 양지의 수요를 예측했다. 이 레스토랑은 소고기 양지 1파운드를 사서 요리하는 데 14달러가 들지만 23달러에 판매한다. 그 주말의 판매되지 않은 소고기 양지는 갈아서 칠리에 넣어 파운드당 12달러에 판매한다. 이번 노동절 판매를 위해 이 레스토랑은 얼마나 많은 소고기 양지를 준비해야 하는가?

판매량	확률
500개	0.10
1,000개	0.40
1,500개	0.30
2,000개	0.15
2,500개	0.05

11 운영 계획과 일정 계획

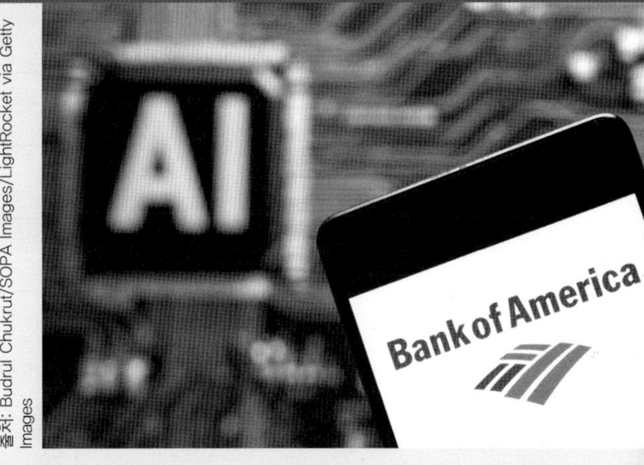

출처: Budrul Chukrut/SOPA Images/LightRocket via Getty Images

학습목표

11.1 운영 계획 및 일정 계획 프로세스를 구성하는 각 수준별 계획을 설명한다.

11.2 판매 및 운영 계획(S&OP)에 활용되는 공급 측면의 대안들을 설명한다.

11.3 판매 및 운영 계획을 수립하기 위한 추종 전략과 평준화 전략을 비교한다.

11.4 스프레드시트를 활용한 판매 및 운영 계획 수립 방법을 설명한다.

11.5 인력 및 작업장에 대한 일정을 수립한다.

뱅크 오브 아메리카

우리는 일상적인 은행 거래에서 인공지능(AI)을 이미 활용하고 있다. 오늘날에는 스마트폰을 통해 집에서도 손쉽게 대부분의 은행 업무를 처리할 수 있다. 은행은 고객 경험을 개선하기 위해 프런트오피스와 백오피스 운영 모두에서 AI 기술의 활용 범위를 넓히고 있다(전방 영업장과 후방 영업장과 서비스 구조에 대한 설명은 3장 '프로세스 전략과 분석' 참조). 전방 영업장에서는 고객이 기본적인 업무 요청을 처리하기 위해 챗봇과 상호작용하거나 일부 지점에서는 휴머노이드 로봇의 도움을 받을 수 있다. 백오피스에서는 머신 비전과 자연어 처리 기술을 활용해 문서나 생체 정보(음성, 영상, 지문 등)를 스캔하고 분석해 거래의 인증 및 승인을 수행한다. 많은 은행에서는 미지급금 처리, 모기지 심사, 신용카드 승인, 사기 탐지 등의 업무에 *로보틱 프로세스 자동화*(robotic process automation, RPA)를 적용하고 있으며, 뱅크 오브 아메리카(BOA)도 예외는 아니다. 현재 BOA는 전방, 중앙, 후방 영업장을 아우르는 업무 전반에 걸쳐 총 22개의 로봇을 운영하고 있다. 이렇게 많은 기술이 도입되면서 앞으로 사람은 더 이상 필요 없을지도 모른다고 생각할 수 있지만, 실제로는 그렇지 않다.

BOA는 전 세계적으로 3,900개의 리테일 금융 센터와 16,000개의 ATM을 보유하고 있으며, 약 950억 달러의 기업가치를 지닌 거대 은행이다. 이 은행은 소비자 금융, 글로벌 자산 및 투자 관리, 프라이빗 뱅킹, 글로벌 뱅킹, 글로벌 마켓의 5개 주요 사업 부문으로 구성되어 있으며, 이들 사업 부문 전체에서 약 217,000명의 직원이 근무하고 있다. 이러한 대규모 조직에서 인력 배치 계획은 단순한 인사관리 수준이 아닌 전략적인 운영 계획의 핵심이다. 더욱이 급변하는 글로벌 비즈니스 환경에서는 인력 계획을 장기적 관점에서 조율하는 일이 매우 복잡한 과제가 된다. 다음 그래프는 2009년부터 2022년까지의 BOA 연간 직원 수 변화를 보여준다.

직원 수는 2010년에 288,000명으로 정점을 찍은 뒤, 2018년에는 204,000명으로 감소했다. 이러한 변동의 원인은 무엇일까? 그 핵심은 시장 수요의 변화와 디지털 기술을 통한 운영 효율화, 그에 따른 기업 인수 및 구조조정이다. 예컨대 BOA는 2000년대 초반에 라살 은행(2007년)과 메릴린치(2009년)를 포함한 다수의 금융기관을 인수하면서 일리노이, 미시간, 인디애나 등 미국 중서부 지역에서 입지를 확대했고, 이로 인해 당시 세계 최대의 금융 서비스 기업이 되었다. 인수와 함께 인력이 증가했지만, 이후 경기 침체와 금융 규제 강화로 인해 수익성이 저하되면서 조직 축소가 불가피해졌다. 2011년부터 2014년까지는 다운사이징이 진행되었고, 이 과정에서 미시간 지역 내 24개 지점을 헌팅턴 뱅크셰어스에 매각

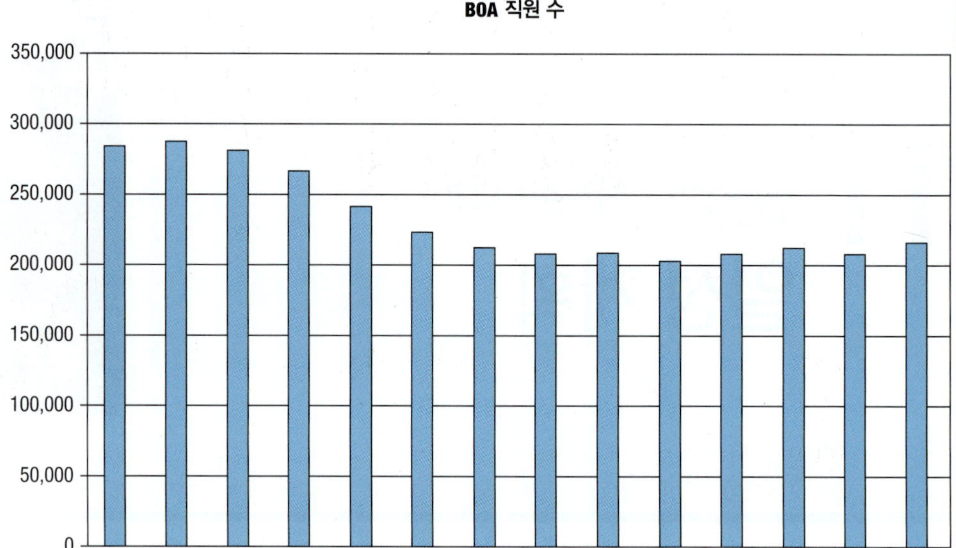

하기도 했다. 또한 모바일 뱅킹의 성공적인 확산과 같은 디지털 플랫폼의 발전은 오히려 물리적 지점의 폐쇄로 이어졌다. 2014년 이후에는 코로나19 팬데믹, 우크라이나 전쟁, 글로벌 인플레이션, 연준의 금리 정책 등 다양한 국제 환경 변화가 투자 활동, 금융 서비스 수요, 인력 수요에 지속적으로 영향을 미쳤다.

BOA의 인력 계획 목표는 각 사업 부문에서 제공하는 다양한 서비스에 대해 예측된 수요를 충족할 수 있는 적절한 인력 수준을 유지하는 것이다. 이를 위해 일반적으로는 신규 채용 또는 인력 감축이 고려되지만, 최근 팬데믹 이후에는 많은 근로자가 더 나은 보상을 찾거나 아예 노동시장을 이탈함에 따라 신규 채용이 어려워지고 있다. 여기에 더해 인구 성장률도 둔화하고 있는 상황이다. 이에 대응해 BOA는 임금을 인상하고, 전체 직원의 97%를 대상으로 10억 달러 규모의 '주식 보상 프로그램'을 도입하는 등 인재 유지를 위한 적극적인 정책을 시행하고 있다.

한편 인력을 줄이는 것은 비교적 수월하게 진행된다. BOA는 정리해고 대신 높은 이직률을 전략적으로 활용하고 있으며, 업계 평균 이직률은 연간 10% 이상에 달한다. 특히 지점이나 콜센터 등 저임금 직군이나 IT 같은 경쟁이 치열한 부문에서는 이직률이 더 높다. 또한 RPA 및 모바일 앱 고도화 등을 통해 고객과 직접 대면하지 않는 인력의 감축도 병행하고 있다. 여기에 더해 BOA는 한 부문에서 잉여 인력이 발생하면 타 부문으로 재배치하는 전략도 활용하고 있다. 예를 들어 2023년에는 자산 관리 및 대출 부서의 일부 인력을 다른 부서로 전환 배치했다.

BOA 사례는 대규모 조직에서의 인력 계획이 단순한 숫자 조절이 아니라 전략적이고 복잡한 운영 계획의 일부임을 보여준다.

출처: Macrotrends, "Bank of America: Number of Employees 2010-2022," https://www.macrotrends.net/stocks/charts/BAC/bank-of-america/number-of-employees (2022); FinTech Futures, "Case Study of Bank of America: How Robots Help Serve and Protect the Bank," https://www.fintechfutures.com/author/bankingtechnology/ (November 2, 2019); Han Hu, Quentin Jadoul, and Angelika Reich, "How Banks Can Build Their Future Workforce — Today," *McKinsey & Company* (August 2021); Steve Gelsi, "U.S. Banks Are Facing Body Blows from Ukraine War and a Slump in Investment Banking Activity," https:/www.marketwatch.com/story/u-sbanks-are-facing-body-blows-from-ukraine-war-and-a-slump-in-investment-banking-activity-11649356237 (April 12, 2022); Amiah Taylor, "Bank of America's CEO Gets Real About the Labor Shortage: 'We Don't Have Enough People Now' and Those Who Quit Aren't Coming Back," https://www.yahoo.com/now/bank-america-ceo-getsreal-230000777.html (January 21, 2021); Hugh Son, "'We Don't Lay Off People': This Is How Bank of America's CEO Plans to Reduce Employee Levels," https://www.cnbc.com/2022/12/06/bank-of-america-ceo-brian-moynihanon-how-he-plans-to-trim its-workforce.html (December 6, 2022); Tabby Kinder, Stephen Morris, and Imani Moise, "Bank of America Examines Relocating Staff from Hong Kong to Singapore," htps://www.ft.com/content/a2f645e8-d093-4d93-94fb-23f3cb690bd7 (January 26, 2022); Wikipedia, "Bank of America," http://en.wikipedia.org/wiki/Bank_of_America (2022); PYMNTS, "Bank of America Reshuffles Lending Unit Employees," https://www.pymnts.com/news/banking/2023/bank-of-america-reportedly-shifts-employees-from-lending-unit/ (March24, 2023); Matt Egan, "First on CNN: Bank of America Is Giving Workers $1 Billion of Stock," https://www.cnn.com/2022/01/25/investing/bank-of-america-stock-bonus/index.html (January 26, 2022).

수요 예측을 잘하거나 언제, 얼마나 주문할지를 아는 것만으로는 공급사슬을 효과적으로 관리하기에 충분하지 않다. 수요는 방정식의 절반일 뿐이고, 나머지 절반은 공급이다. 기업은 예측된 수요를 충족시키기 위해 필요한 자원을 확보하고 제공하는 계획을 수립해야 한다. 이러한 자원에는 인력, 자재, 재고, 자금, 장비의 생산능력 등이 포함된다. 이는 이 장의 시작 부분에서 소개한 뱅크 오브 아메리카 사례에서도 잘 나타난다.

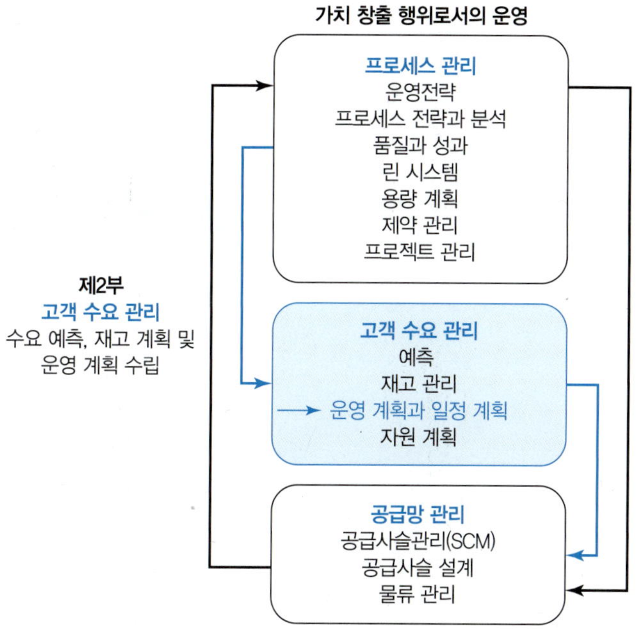

운영 계획 및 일정 계획(operations planning and scheduling)은 수요와 공급 간의 균형을 총괄적인 수준에서부터 단기 일정 수준까지 맞추는 과정을 말한다. 이 활동은 공급사슬 통합의 핵심으로, 공급업체의 납품부터 고객의 납기일 및 서비스까지 공급사슬 전반에서 상하로 계획이 수립되는 기반이 된다. 운영 계획 및 일정 계획이 중요한 이유는 다음과 같다.

첫째, 이 과정에는 기업의 모든 기능 부문에서 관리자 입력이 필요하다. 마케팅은 수요 예측을 제공하고, 회계는 비용 데이터와 기업의 재무 상태에 대한 정보를 제공한다. 둘째, 계획은 각 기능 부문에 영향을 미친다. 예를 들어 인력 확충이 포함된 계획은 인사 부문의 채용 및 교육 요구에 직접적인 영향을 주며, 계획의 실행 과정에서 발생하는 수익과 비용 흐름은 재무 부서가 관리해야 한다. 셋째, 모든 부서와 팀은 고유한 인력 구조를 가지고 있으므로, 각 부문의 관리자는 채용, 초과근무, 휴가 등에 대한 의사결정을 내려야 한다. 넷째, 기업이 항공사든 호텔이든 컴퓨터 제조업체나 대학이든 간에 일정은 일상적인 운영의 필수 요소이다. 일정은 조직 내 거의 모든 활동에 영향을 미치는 매우 구체적인 세부 계획으로 서비스 제공, 제품 생산, 직원 근무 등의 일정이 현금흐름 요구사항을 정하고, 청구 프로세스를 촉진하며, 교육 및 훈련 일정의 기초가 되기도 한다. 기업은 일정 계획을 통해 운영비용을 절감하고 대응 속도를 향상함으로써 글로벌 공급사슬의 전반적인 효율성에 영향을 미치게 된다.

이 장에서는 운영 계획 및 일정 계획의 세 가지 수준, 즉 (1) 판매 및 운영 계획(S&OP), (2) 자원 계획(resource planning), (3) 일정 계획(scheduling)을 설명하는 것으로 시작한다. 먼저 S&OP에서의 총괄화(aggregation) 개념과 이를 수립하는 데 필요한 정보 입력 항목을 다룬다. 이후 S&OP가 기업 내 다른 계획과 어떻게 연계되는지를 설명하고, 효과적인 S&OP 수립을 위

운영 계획 및 일정 계획
수요와 공급 간의 균형을 총괄적인 수준에서부터 단기 일정 수준까지 맞추는 과정

판매 및 운영 계획(S&OP)
수요와 공급이 균형을 이루도록 총괄적인 자원 수준을 계획하는 것으로, 수요 예측과 용량 제약에 부합하는 생산율, 인력 규모, 재고 보유 수준을 명시한다. S&OP는 향후 수개월 또는 수 분기 단위의 시간 기반 계획

총괄 계획
판매 및 운영 계획의 또 다른 용어

생산 계획
제조업체의 S&OP로, 생산율과 재고 수준에 초점을 둔 계획

인력 계획
서비스 기업에서 인력 배치 및 인사 관련 요소에 중점을 두는 S&OP

표 11.1 운영 계획 및 일정 계획의 유형

구분	정의
판매 및 운영 계획(S&OP)	수요와 공급이 균형을 이루도록 총괄적인 자원 수준을 계획하는 것으로, 수요 예측과 용량 제약에 부합하는 생산율, 인력 규모, 재고 보유 수준을 명시한다. S&OP는 향후 수개월 또는 수 분기 단위의 기간별 계획(time-phased plan)이다.
총괄 계획	판매 및 운영 계획의 또 다른 용어
생산 계획	제조 기업의 S&OP로, 생산율과 재고 수준에 초점을 둔 계획이다.
인력 계획	서비스 기업에서 인력 배치 및 인사 관련 요소에 중점을 두는 S&OP이다.
자원 계획	S&OP와 일정 계획 사이에 위치한 중간 수준의 계획으로, 자재와 기타 자원에 대한 요구사항을 보다 세부적으로 설정한다(→ 12장에서 자세히 다룸).
일정 계획	특정 작업을 수행하기 위해 단기적으로 자원을 할당하는 세부 계획이다.

한 공급 측면의 선택지와 전략을 소개한다. 또한 스프레드시트를 활용해 적절한 계획안을 도출하는 방법을 설명하며, 자원 계획은 12장에서 별도로 심도 있게 다룬다. 마지막으로는 일정 수립과 관련된 성과 지표 및 기본적인 일정 계획 기법을 소개한다.

운영 계획 및 일정 계획의 수준

11.1 운영 계획 및 일정 계획 프로세스를 구성하는 각 수준별 계획을 설명한다.

운영 관리자는 장기적인 계획부터 단기적인 계획에 이르기까지 다양한 시간 범위를 포괄하는 계획을 수립한다. 이 계획들은 계층적 구조를 이루며, 장기 계획은 단기 계획의 상위 개념으로서 일종의 '우산' 역할을 한다. 가장 상위 수준(수준 1)의 판매 및 운영 계획은 장기적 관점에서의 운영 계획으로, 자재 및 자원에 대한 주요 지출 결정을 위한 기반이 되므로 제품이나 서비스 수준에서 세부적인 내용을 포함하지는 않는다. 자원 계획은 중간 수준(수준 2)의 계획으로, S&OP보다 더 구체적이며 기간도 짧다. 가장 하위 수준(수준 3)은 일정 계획으로, 아주 짧은 기간 동안 특정 제품과 자원에 대한 세부 계획을 수립한다. 이러한 계층은 서로 연계되어야 하며, 수준 2 계획은 수준 1 계획과 일관되어야 하고, 수준 3 계획은 수준 2 계획과 일치해야 한다.

수준 1: 판매 및 운영 계획(S&OP)

이 절에서는 조직이 비즈니스 전체를 포괄하는 거시적 관점에서 계획을 수립하는 이유를 설명한다. 또한 이 장기 계획이 어떻게 다른 계획들과 연계되며, 최종적으로 즉각적인 실행이 가능한 구체적인 일정으로 전환되는지를 다룬다.

총괄화

S&OP는 세부적인 계획 수립에 앞서 조직의 전략적 목표 및 방향성과 일치하는 전반적인 행동 방침을 설정한다는 점에서 유용하다. 계획의 목표와 필요한 자원을 먼저 총체적으로 파악하고, 이를 바탕으로 부문별·일정별로 조정된 세부 계획이 수립된다. 관리자는 수천 개의 제품과 수많은 직원에 대해 개별적으로 일정을 구성하지 않고도 예산 목표를 달성할 수 있는지를 판단해야 한다. 비록 세부적인 일정이 궁극적인 목표일지라도, 계획은 항상 총체적인 수준에서 시작된다. 대개 총괄화는 다음의 세 가지 차원에서 수행된다.

제품군
비슷한 수요 특성과 공정, 인력, 자재 요건을 공유하는 제품 또는 서비스 그룹

1. **서비스 또는 제품.** 비슷한 수요 특성과 공정, 인력, 자재 요건을 공유하는 제품 또는 서비스 그룹을 **제품군**(product family)이라 한다. 제품군은 시장 세그먼트나 특정 공정 기반으로 구성될 수 있다. 이 단계에서는 세부적인 구분을 피하고, 비교적 폭넓은 제품군 단위로 총괄화하는 것이 일반적이다. 예를 들어 12종의 자전거 모델을 생산하는 제조업체는 판매 및 운영 계획 수립 시 이를 산악자전거와 도로용 자전거라는 두 제품군으로 구분해 계획할 수 있다. 이때에는 관련성과 공통성이 있는 측정 단위를 사용해야 한다.
2. **인력.** 기업은 인력의 유연성을 고려해 총괄화할 수 있다. 예를 들어 자전거 공장의 근로자들이 산악자전거와 도로용 자전거를 모두 생산할 수 있도록 훈련되어 있다면, 개별 기술 차이가 있더라도 전체 인력을 하나의 총괄화 그룹으로 간주할 수 있다.
3. **시간.** S&OP의 계획 기간은 보통 1년이지만 상황에 따라 달라질 수 있다. 생산량과 인력 수준을 자주 조정하면 비용과 혼란이 발생하므로, 일반적으로 월별 또는 분기별 단위로 조

정된다. 즉 시간은 주, 일, 시간 단위가 아니라 월, 분기, 계절 등의 총괄적 시간 단위로 총괄화된다.

입력 정보

수요 측면의 계획과 마찬가지로 공급 측면을 계획할 때도 부서 간 합의가 필수적이다. 모든 부서의 요구사항이 반영된 실현 가능한 S&OP를 수립하기 위해 다양한 정보 입력이 필요하다. 그림 11.1은 마케팅, 인사, 운영, 재무 등 각 기능 부문이 S&OP 수립 과정에 제공해야 하는 주요 입력 항목을 보여준다. 이러한 정보들이 조화롭게 통합될 때, 서비스·자재·정보의 흐름이 공급사슬 전체에서 동기화되며 수요-공급 간 최적의 균형을 달성할 수 있다.

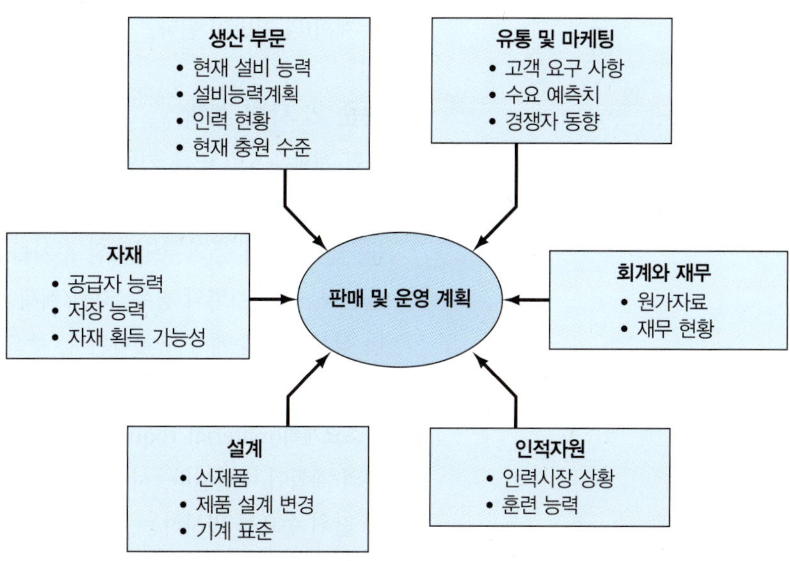

그림 11.1 S&OP 수립을 위한 기능별 관리자 입력 항목

관련 계획

조직의 가까운 미래, 즉 1~2년 이내의 재무 상황을 평가하는 계획을 **사업 계획**(business plan)이라 하며, 이는 일반적으로 영리 기업에서 사용된다. 비영리 기관에서는 이를 연간 계획 또는 재무 계획이라 한다. 사업 계획은 수입, 비용, 이익에 대한 예상치를 포함하는 재무 예측 문서이며, 보통 예산안, 예상 재무상태표, 자금의 출처와 사용 계획을 보여주는 예상 현금흐름표가 함께 제시된다. 이 계획은 운영, 재무, 영업, 마케팅 부문의 관리자들이 수립한 전략과 기대를 통합한 것이다. 특히 시장 점유 확대, 신제품 도입, 자본 투자와 같은 전략적 이니셔티브를 반영한다. 이러한 계획은 제조 기업뿐 아니라 소매업체, 로펌, 병원과 같은 영리 서비스 조직에서도 사용되며, 비영리 기관(예: 유나이티드웨이, 지방자치단체 등)에서는 이를 바탕으로 **연간 계획 또는 재무 계획**(annual plan or financial plan)을 수립한다.

사업 계획
수입, 비용, 이익에 대한 예상치를 포함하는 재무 예측 문서

연간 계획 또는 재무 계획
비영리 기관의 사업 계획

그림 11.2는 사업 또는 연간 계획, 제약 조건 관리, 예측, 운영 전략, 판매 및 운영 계획(S&OP) 간의 관계와 이로부터 파생되는 세부 계획 및 스케줄 간의 관계를 나타낸다. 공급사슬에 속한 서비스 조직에서는 최고경영진이 먼저 사업 또는 연간 계획을 수립하고, 이 계획이 조직의 방향성과 목표를 제시한다. 그 후 이를 기반으로 판매 및 운영 계획(S&OP)이 수립되며, 이는 주로 인력 배치와 같은 인사 관련 요소를 총괄화하는 데 초점을 둔다. 이 계획은 사업 또는 연간 계획에서 제시된 목표를 달성하는 데 필요한 인력의 수와 유형을 정의한다. 공급사슬 내의 제조 기업에서도 마찬가지로, 경영진은 사업 계획을 통해 최소 1년 이상의 전략적 목표를 설정하며, 이 과정에서는 운영 전략, 수요 예측, 용량 제약 관리의 결과를 입력으로 활용한다. S&OP는 제품군의 생산율, 재고 수준, 인력 규모 등을 구체화하며, 서비스 기업이든 제조 기업이든 상관없이 S&OP는 이후의 두 수준(자원 계획과 일

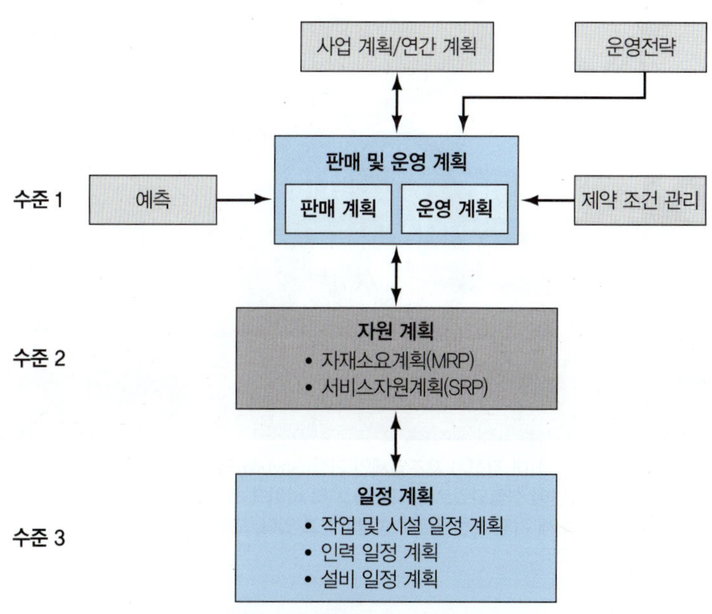

그림 11.2 판매 및 운영 계획, 일정 계획과 다른 계획과의 관계

정 계획)의 기반이 된다.

수준 2: 자원 계획

자원 계획은 S&OP를 기반으로 해 시간 기준, 공정 경로, 제품이나 서비스의 생산 방식에 대한 정보를 고려해 용량과 자재 요구사항의 시점을 계획하는 단계이다. S&OP에서 제시된 제품군, 인력, 시간 등의 총괄화된 수치를 단기 계획 수준으로 분해해 자재 및 자원 요구사항을 도출한다. 제조 기업의 경우, 자원 계획은 각 제품군 내의 개별 제품, 구매 자재, 기타 자원에 대해 더 상세한 수준에서 구체화된다. 주요 입력으로는 **기준생산계획**(master production schedule, MPS)이 있으며, 이는 제품군 내 각 제품의 생산 시기와 생산량을 명시한다. 이를 바탕으로 **자재소요계획**(material requirements planning, MRP)을 통해 구성 요소, 구매 자재, 작업장 단위의 계획이 수립된다. 서비스 조직에서는 자원 계획이 서비스 시설이나 노동력의 일일 또는 주간 단위 수요를 명시하는 방식으로 이루어진다. 핵심적으로 자원 계획은 자재, 부품, 제품, 노동력, 공간, 차량, 자금 등 다양한 자원의 공급 마감일을 정해주는 역할을 하며, 이로써 수준 3인 일정 계획의 기반을 마련하게 된다. 이 단계는 매우 중요하므로, 별도의 장(12장)에서 자세히 다룰 예정이다.

수준 3: 일정 계획

일정 계획은 자원 계획을 바탕으로 실제 운영 작업을 구체적인 활동으로 세분화해 실행 가능한 일정으로 전환하는 과정이다. 예를 들어 특정 환자의 수술 일정을 수술실의 수용 능력을 고려해 배정하는 경우가 이에 해당하며, 이는 시설을 효율적으로 활용하기 위한 스케줄이다. 또 다른 주요 유형은 **인력 일정 계획**으로, 직원들의 직무 유형에 따라 누구를 언제 배치할지 구체적으로 결정한다. 예를 들어 S&OP에서 특정 지역의 주간 근무조에 소방관 10명을 할당했다면, 자원 계획에서는 일반적인 한 주의 수요를 기반으로 필요한 인력을 결정하고, 일정 계획에서는 이 10명을 5명씩 월요일-금요일, 수요일-일요일 등으로 나누어 정확히 배치하게 된다. 또한 제조 환경에서는 MRP를 통해 도출된 작업들에 대해 병목 설비에 어떤 순서로 작업을 배치할지를 결정하는 것도 일정 계획의 일부이다.

그림 11.2의 화살표가 보여주듯이 계획 수립을 위한 정보는 위에서 아래로(전략적 → 실행적) 흐르기도 하고, 아래에서 위로(실행 가능성 → 전략 수정) 흐르기도 한다. 현재 보유한 자원으로 사업 계획 또는 연간 계획의 목표를 충족하는 판매 및 운영 계획을 수립할 수 없다면, 사업 계획 또는 연간 계획을 조정해야 할 수도 있다. 마찬가지로 실현 가능한 용량소요계획이나 자재소요계획을 수립할 수 없다면, 판매 및 운영 계획을 조정해야 할 수도 있다. 이러한 계획 수립 과정은 역동적이며, 일반적으로 매월 이루어지는 이중 피드백 구조를 기반으로 주기적인 계획 수정 또는 조정이 이루어진다.

출처: EMMANUEL DUNAND/Staff/AFP/Getty Images

이 공장은 네덜란드 최대 자전거 제조업체인 가젤(Gazelle)의 전기 자전거를 생산하고 있다. 가젤은 1892년에 설립되었으며, 제품을 시티 바이크, 트레킹 바이크, 러기드 라이프스타일 바이크의 세 가지 제품군으로 총괄화하고 있다. 고객은 이 중 일곱 가지 모델 중에서 선택할 수 있다.

판매 및 운영 계획에 사용되는 공급 대안

11.2 판매 및 운영 계획(S&OP)에 활용되는 공급 측면의 대안들을 설명한다.

판매 및 운영 계획(S&OP)을 수립한다는 것은 결국 여러 공급 대안 중에서 적절한 선택을 통해 수요를 충족하기 위한 결정을 내리는 과정을 의미한다. 이 절에서는 S&OP를 효과적으로 수립하기 위해 활용할 수 있는 여섯 가지 공급 측면의 대안을 소개한다. 이들 대안은 단독으로 혹은 조합해 사용할 수 있다.

1. 예상 재고(anticipation inventory). 예상 재고는 수요나 공급이 일정하지 않을 경우 그 변동을 완화하기 위한 수단이다. 예를 들어 계절적인 수요 변화가 큰 제조업체는 수요가 낮은 비수기에 제품을 미리 생산해 재고로 보유하고, 성수기에 이를 판매함으로써 생산율을 일정하게 유지할 수 있다. 에어컨 제조업체인 월풀(Whirlpool)의 경우, 연간 수요의 90%가 단 3개월에 집중된다. 이처럼 특정 시기에 수요가 몰리는 제품은 예상 재고를 통해 공급 안정성을 확보할 수 있다. 또한 수요가 아닌 공급 측면에서 불안정성이 예측될 때도 활용될 수 있다. 예컨대 공급업체가 향후 용량 부족을 예고하는 경우, 기업은 미리 해당 자재를 비축할 수 있다. 그러나 예상 재고를 보유하는 데는 상당한 비용이 발생할 수 있으며, 특히 완제품 형태로 저장할 경우 그 비용은 더 크다. 또한 맞춤형 제품이나 서비스의 경우에는 예상 재고 전략이 적절하지 않으며, 서비스 제공업체는 서비스를 물리적으로 저장할 수 없기 때문에 이 대안을 사용할 수 없다.

출처: Costfoto/NurPhoto/Shutterstock

일본 시가현 구사쓰의 다이킨 공장에서 직원들이 분리형 에어컨 실내기를 조립하고 있다. 에어컨 수요는 계절에 따라 극심한 변동을 보인다. 제조업체는 일반적으로 가을부터 생산을 시작해 봄까지 재고로 보유하며, 이로 인해 연간 생산량을 보다 일정하게 유지할 수 있다.

2. 인력 조정(workforce adjustment). 인력 조정은 생산량의 변화에 따라 인력을 채용하거나 해고해 수요에 대응하는 방식이다. 이 전략은 노동력이 대부분 비숙련 또는 준숙련이며, 노동시장에 인력 공급이 풍부한 경우 효과적일 수 있다. 그러나 기업마다 자격을 갖춘 인력을 충분히 채용할 수 있는 여건이 다르며, 신규 인력에 대한 교육도 필요하기 때문에 교육 시설의 수용 능력이 제약 요인이 될 수 있다. 또한 일부 산업에서는 노조나 계약 조건에 따라 해고가 어렵거나 일반적이지 않은 반면, 관광이나 농업과 같은 산업에서는 계절에 따라 고용과 해고가 반복되는 것이 일상적이다. 앞서 소개한 BOA 사례처럼 기업은 인위적인 해고 대신 자발적인 이직이나 인력 재배치를 활용해 규모 조정을 추진할 수도 있다.
3. 인력 활용(workforce utilization). 인력을 조정하는 대신 기존 인력의 근무 시간 활용도를 조정함으로써 수요 변화에 대응할 수도 있다. 이에는 **초과근무**(overtime)와 **단축근무**(undertime)의 활용이 포함된다. 초과근무는 정규 근무 시간 이상으로 근무하도록 해 생산 요구를 충족시키는 방식으로, 일반적으로는 정규 시급의 150%를 지급해야 한다. 장기적인 초과근무는 피로 누적, 생산성 저하, 품질 저하 등을 초래할 수 있으며, 직원의 선호도도 낮을 수 있다. 하지만 신규 인력을 채용하면서 발생하는 부가 혜택(의료보험, 연금, 유급휴가 등) 비용을 회피할 수 있다는 장점이 있다. 반대로 단축근무는 인력이 정규 시간만큼 활용되지 못하는 경우를 의미한다. 이는 생산능력이 수요를 초과했지만 재고를 쌓거나 납기를 앞당길 수 없는 상황에서 발생한다.

초과근무
정규 근무 시간 이상으로 근무하도록 해 생산 요구를 충족시키는 방식

단축근무
정규 근무 시간에 일이 충분하지 않은 상황

단축근무는 유급 또는 무급일 수 있다. 유급 단축근무의 예로는 근로자가 해고되지 않고

경영 과제 인적자원

레드우드 호텔(Redwood Hotel)은 콜로라도 시골에 위치한 대형 5성급 호텔이자 복합 컨벤션 센터이다. 이 호텔은 덴버에 본사를 둔 킹 엔터프라이즈(King Enterprise)가 운영하는 6개 호텔 중 하나로, 야외 활동을 즐기려는 관광객과 기업 행사, 회의를 위한 조용한 환경을 찾는 고객들에게 인기를 끌고 있다. 최근 라이언 블레이크(Ryan Blake)가 이 호텔의 인사 담당 이사로 새롭게 채용되었다. 그 배경에는 만성적인 인력 문제와 관련된 고객 불만이 있었다. 본사는 "필요할 때 직원이 보이지 않았다", "직원이 무례하거나 문제 해결 능력이 부족했다", "직원들이 하는 일 없이 서 있었다"는 식의 고객 피드백을 다수 접수했다.

라이언은 먼저 호텔의 계획 수립 방식이 어떻게 이루어지는지를 파악하는 것부터 시작했다. 본사에서는 호텔과 컨벤션 부문에 대해 월별 수요 예측이 포함된 사업 계획을 제공하고, 이는 레드우드 호텔이 달성해야 할 수익 목표의 기준이 된다. 그는 연간 예산의 약 40%가 인건비라는 사실에 주목하며, 적절한 인력 배치가 수익 목표 달성에 얼마나 중요한지를 인식하게 되었다. 또한 식음료, 하우스키핑, 고객 서비스, 회계 등 여러 부서에 대한 인력 계획을 동시에 수립해야 했다.

호텔의 운영은 계절에 크게 영향을 받는다. 7월부터 9월, 그리고 12월부터 2월 사이가 성수기이며, 이는 인력 수급의 변동을 야기한다. 라이언은 다음과 같은 의사결정을 내려야 했다. 성수기에 맞춰 채용과 해고를 반복할 것인가, 아니면 일정한 인력을 유지할 것인가? 초과근무를 활용할 것인가, 아니면 그 대신 시간제 근로자나 임시직을 활용할 것인가? 휴가 일정을 어떻게 반영할 것인가? 또한 '무례하다', '서비스가 부족하다'는 고객 피드백은 교육이 필요한 인력을 시사했다. 하지만 교육을 위해 직원을 업무에서 제외하는 동안에도 수요를 감당할 수 있는 인력이 확보되어야 한다. 신입 직원도 마찬가지로 투입 전 교육이 필요했다. 라이언은 본사의 수익 목표와 고객 기대치를 동시에 만족시킬 수 있는 인력 계획을 어떻게 수립할 수 있을지 고민하고 있었다. 이 장의 나머지 내용에서는 그를 위한 실질적인 지침을 제공할 것이다.

도 전체 급여를 받으면서 실제로는 바쁘지 않은 상태로 근무하는 경우가 있다. 일부 기업은 대체하기 어려운 숙련 인력의 유지가 필요하거나 해고가 어려운 경우에 이 전략을 채택한다. 단점은 낮은 생산성과 불필요한 인건비 지출이다.

4. 시간제 근로자(part-timeworker). 단축근무의 대안으로 피크 시간대나 피크 요일에만 근무하는 시간제 근로자를 활용할 수도 있다. 시간제 근로자는 근무한 시간만큼만 급여를 받으며, 일반적으로 부가 혜택이 제공되지 않는다. 이 방식은 예측 가능한 일정에 따라 근무할 수도 있고, 업무량이 적은 경우 호출되지 않을 수도 있다. 저숙련 임시직 임시직 근무를 선호하는 인력 풀이 충분한 경우에 효과적이다.
5. 하청(subcontracting). 일시적인 생산 능력 부족을 보완하기 위해 하청업체를 활용할 수도 있다. 하청업체는 제품의 일부 부품이나 하위 조립을 수행하거나, 아예 완제품을 대신 생산하기도 한다. 이 대안은 특히 성수기 또는 경기 호황기에 효과적이다.
6. 휴가 계획(vacation scheduling). 생산량이 낮아지는 시기에 정기휴가를 계획적으로 배치함으로써 생산율과 인건비를 조절할 수 있다. 예를 들어 제조업체는 연간 판매가 둔화되는 시점에 휴가를 집중적으로 배정하고, 그 외 기간에는 생산을 극대화할 수 있다. 병원이나 서비스 기업의 경우도 특정 기간에 직원이 휴가를 몰아서 가도록 장려하거나, 성수기에는 휴가를 제한하는 방식으로 인력 활용도를 조정할 수 있다. 단, 이는 고용주의 정책적 권한과 직원 동의 여부에 따라 시행 가능성이 달라진다.

이처럼 판매 및 운영 계획 수립은 공급 측면의 다양한 선택지 중에서 조합 가능한 최적 전략을 도출하는 복잡한 의사결정 과정이다. 특히 수요가 계절적으로 변동이 큰 경우에는 더욱 정교한 판단이 필요하다. '경영 과제'는 이러한 전략이 실제 기업 환경에서 어떻게 적용될 수 있는지를 보여준다.

판매 및 운영 계획 전략

11.3 판매 및 운영 계획을 수립하기 위한 추종 전략과 평준화 전략을 비교한다.

이 절에서는 판매 및 운영 계획을 수립할 때 활용할 수 있는 생산량 및 인력 수준 결정 전략 중에서 대표적인 두 가지 접근법인 추종 전략과 평준화 전략을 비교한다. 두 전략 모두 계획 수립의 출발점으로 유용하다.

추종 전략

추종 전략(chase strategy)은 예측된 수요에 맞춰 인력 수준을 주기별로 조정(채용 또는 해고)함으로써 공급과 수요를 일치시키는 방식이다. 이 전략은 초과근무나 재고의 축적 없이도 수요 변화에 대응할 수 있다는 장점이 있지만, 인력을 자주 변경하는 데 따른 채용 및 해고 비용 증가, 근로자의 소외 가능성, 생산성 및 품질 저하와 같은 단점이 있다.

출처: Kumar Sriskandan/Alamy Stock Photo

연하장 산업은 계절성이 매우 강해 생산 계획 수립이 어렵다. 수요가 급증하는 연말 시즌을 중심으로 인력과 자재를 조절해야 하며, 유연한 전략 선택이 요구된다.

평준화 전략

평준화 전략(level strategy)은 인력 수준을 일정하게 유지한 채 수요 변화에 따라 근무시간 활용률을 조절하는 방식이다. 이에는 초과근무, 단축근무, 휴가 계획 등이 포함된다. 이 전략에서 조직은 큰 인력 규모를 유지하고 성수기에도 초과근무를 최소화하는 대신, 비수기에는 단축근무가 증가하는 것을 감수하는 방식을 선택할 수 있다. 또는 소규모 인력을 유지하면서 성수기에는 초과근무에 의존하는 방식을 선택할 수 있는데, 이 경우 직원 피로와 품질 저하의 위험이 있다.

현실적으로 추종 전략이나 평준화 전략 단독으로는 최적의 계획을 도출하기 어려운 경우가 많다. 즉 고용 수준을 기간마다 수요에 맞추거나 완전히 평준화하는 것이 최선이 아닐 수 있다. 따라서 대부분의 조직은 예상 재고, 시간제 근로자, 하청, 이월 주문, 재고 부족 등 다양한 공급 대안을 고려하는 **혼합 전략**(mixed strategy)을 채택한다.

추종 전략
예측된 수요에 맞춰 인력 수준을 주기별로 조정(채용 또는 해고)함으로써 공급과 수요를 일치시키는 방식

평준화 전략
인력 수준을 일정하게 유지한 채 수요 변화에 따라 근무 시간 활용률을 조절하는 방식

혼합 전략
공급 대안을 모두 고려하는 방식

제약 조건과 비용

합리적인 판매 및 운영 계획(S&OP)을 수립하려면 계획 수립 과정에서 고려해야 할 관련 제약 조건과 비용을 인식해야 한다. 이러한 제약은 물리적인 것일 수도 있고, 관리 정책과 관련된 것일 수도 있다. 물리적 제약의 예로는 최대 생산량을 제한하는 기계의 용량이나 적절하지 않은 재고 보관 공간 등이 있다. 정책적 제약에는 이월 주문(backorder)의 수 제한, 하청업체 사용이나 초과근무 시간에 대한 제한, 원하는 안전 재고 수준을 유지하기 위한 최소 재고 요건 등이 포함될 수 있다. 또한 과도한 해고나 초과근무 요구와 같은 윤리적 문제 역시 계획의 제약으로 작용할 수 있다.

일반적으로 많은 계획에는 여러 가지 제약 조건이 함께 포함되어 있으며, 이에 따라 계획 수립자는 다양한 비용 요소도 함께 고려해야 한다. 표 11.2는 S&OP 수립 시 고려해야 할 주요 비용 항목을 제시하고 있다.

표 11.2 판매 및 운영 계획 시 고려해야 할 비용 항목

비용 항목	정의
정규 근무 시간 비용	직원의 기본 임금과 함께 건강보험, 치과 보험, 사회보장, 퇴직금, 유급휴가, 공휴일, 특정 결근에 대한 수당 등 고용주가 부담하는 법정 및 복리후생 비용을 포함한다.
초과근무 비용	정규 근무 시간 외의 근무에 대해 지급되는 급여로, 일반적으로 기본 시급의 150%(일요일·공휴일에는 최대 200%)까지 적용된다. 초과근무는 신규 인력 채용 시 발생할 수 있는 복리후생 비용을 회피하는 수단이 될 수 있다.
고용 및 해고 비용	구인광고, 면접, 신입사원 교육, 낮은 생산성에 따른 손실, 퇴사자 인터뷰, 퇴직금, 남은 직원의 유지 및 재교육 비용 등이 포함된다.
재고 유지 비용	자본 비용, 창고 및 보관 비용, 도난·노후화에 따른 손실, 보험료, 세금 등 재고 수준에 따라 달라지는 간접 비용이다.
이월 주문 및 품절 비용	지연된 주문을 빠르게 처리하기 위한 비용, 매출 손실, 고객 이탈(브랜드 이미지 손상) 등으로 구성된다.

프로세스로서 판매 및 운영 계획

판매 및 운영 계획은 계획 수립자와 경영진 모두가 참여하는 의사결정 프로세스이다. 새로운 정보가 제공되거나 새로운 기회가 생길 경우, 계획의 일부는 주기적으로 업데이트된다. 이 프로세스는 단발성 활동이 아니라 지속적이며 동적인 과정이다. 또한 이는 조직 내 모든 기능 부문이 지지할 수 있는 계획을 수립하는 부문 간 협업 프로세스(cross-functional process)이기도 하다. 각 제품군에 대한 계획은 비용 간 상충관계, 최근의 실행 이력, 계획 수립자 및 중간 관리자들의 제안, 경영진의 전략적 판단 등과 같은 다양한 요소에 기반해 결정된다.

그림 11.3은 한 제조 기업의 전형적인 계획을 보여주는 예시로, 특정 주문자상표부착생산(OEM) 제품군을 총괄화된 단위로 표현하고 있다. 이 간단한 형식의 계획은 수요와 공급 간의 상호작용을 명확하게 보여준다. 그림의 왼쪽에는 1월부터 3월까지의 과거 이력이 제시되어 있어, 예측이 실제 판매를 얼마나 잘 추적했는지, 실제 생산량이 계획과 얼마나 일치했는지를 확인할 수 있다. 재고 예측(inventory projection)은 제조 기업의 현금 요구사항에 직접적인 영향을 미치기 때문에 재무 부서가 특히 관심을 가져야 할 요소이다. 그림의 오른쪽 상단에 제시된

아틱에어사(Artic Air Company): 생산 및 판매 계획

제품군: 창문형 중간모형(재고생산) 단위: 100개

	실적 1월	실적 2월	실적 3월	4월*	5월	6월	7월	8월	9월	3차 3개월**	4차 3개월	13~18월	연간 추정($000)	연간 사업 계획($000)
판매														
예측(new)	45	55	60	70	85	95	130	110	70	150	176	275	$8,700	$8,560
판매실적	52	40	63											
차이	7	−15	3											
누계		−8	−5											
생산														
계획(new)	75	75	75	75	75	85	85	85	75	177	225			
실적	75	78	76											
차이	0	3	1											
누계		3	4											
재고														
계획	85	105	120	125	115	105	60	35	40	198	321			
실적	92	130	143											

수요 이슈와 가정

1. 내년 1월에 신제품 출시 예정

공급 이슈

1. 휴가는 11월, 12월에 최우선 배정
2. 7월과 8월에 초과근무

* 이 계획의 대상기간은 4월부터다. 다음 달에 수정 계획을 수립하면 대상기간은 5월부터이고, 마지막 실적은 4월이 되면서 1월은 실적에 표시하지 않는다.

** 이 열은 10월, 11월, 12월의 판매, 생산, 재고를 보여준다. 예를 들어 판매 예측량 150은 월 50(150/3 = 50)을 의미한다.

그림 11.3 OEM 제품군에 대한 판매 및 운영 계획 사례

마지막 두 열은 현재 회계연도에 대한 매출 전망이 기존 사업 계획과 얼마나 잘 부합하는지를 보여준다.

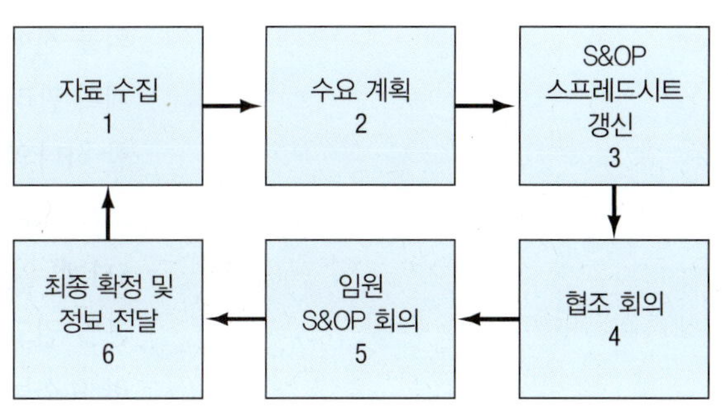

이 계획은 4월부터 시작해 총 18개월 동안을 대상으로 한다. 처음 6개월간의 예측, 생산, 재고 관련 정보는 월 단위로 제시되며, 그다음 6개월은 분기 단위로, 마지막 6개월은 전체 총합이 하나의 열로 표현된다. 이와 같은 형식은 단기 계획의 정확성을 유지하면서도 제한된 열 수로 장기 계획까지 포괄할 수 있도록 설계되어 있다.

이 사례에 포함된 제품군은 계절적 수요 특성이 강한 다품종 소량 생산 제품군이다. 운영 계획에서는 비수기인 1월부터 4월까지는 예상 재고를 축적하고, 11월과 12월에는 계획적으로 휴가를 부여하며, 성수기인 6월부터 8월까지는 초과근무를 활용하는 방식으로 전략을 설정하고 있다. 예를 들어 6~8월은 생산량을 월 75단위에서 85단위까지 늘리고, 9월에는 75단위로 되돌리며, 10~12월에는 평균 59단위(또는 177 ÷ 3)로 줄이는 방식이다. 판매 및 운영 계획의 형식은 채택된 생산 전략에 따라 다를 수 있다. 예컨대 조립 주문(assemble-to-order) 전략을 사용하는 경우, 재고는 완제품이 아니라 마감 또는 조립을 위해 미리 준비된 표준 부품 및 하위 조립품으로 구성된다. 반면 주문 생산(make-to-order) 전략을 따르는 경우, 재고 항목은 실제 재고 대신 계획된 주문 잔량 및 실제 주문 잔량(backlog)을 나타내는 열로 대체된다.

서비스 기업의 경우 판매 및 운영 계획은 이와 다르게 구성된다. 이러한 계획에는 보통 재고 항목이 포함되지 않으며, 대신 인력 수요와 공급에 중점을 둔다. 예측은 필요 인력 수로 표시되며, 계획 항목은 정규직, 초과근무, 휴가, 시간제 인력 등으로 구분된다. 서비스 기업에서는 제품군 대신 부서별 혹은 작업자 분류별로 구분된 계획이 사용된다.

판매 및 운영 계획 프로세스는 일반적으로 월 단위로 수행되며, 다음과 같이 여섯 단계로 구성된다. 이는 9장에서 다룬 '예측' 프로세스의 단계와 매우 유사하다.

- **1단계**: 새 계획 기간의 시작을 위한 수정 작업을 반복 수행한다. 즉 월말 직후부터는 예비 작업으로 실제 판매, 생산, 재고, 비용, 제약 조건 등의 데이터를 최신 정보로 갱신한다.
- **2단계**: 예측 및 수요 계획 프로세스를 통해 수요 예측(demand forecast)을 수립한다. 서비스 기업의 경우 이는 각 인력 그룹에 필요한 인원수를 의미한다. 예를 들어 병원의 간호 책임자는 간호 인력에 대한 업무량 지수를 개발하고 월별 환자 부하를 예측함으로써 각 월에 필요한 간호 시간 또는 간호사 수를 총괄화 단위로 변환할 수 있다.
- **3단계**: 공급업체의 자재 가용성, 신규 인력 교육 수용 능력, 기계 용량, 보관 공간 등과 같은 제약 조건과 관련 비용을 고려해 각 제품군에 대한 판매 및 운영 계획을 갱신한다. 제약 조건에는 이월 주문 수 제한, 하청 사용 또는 초과근무 제한, 안전 재고 수준 유지 등을 위한 최소 재고 요건 등이 포함될 수 있다. 대다수 계획은 다양한 제약 조건을 충족시킬 수 있는 방향으로 수정이 필요하며, 계획 수립자는 비용, 고객 서비스 수준, 인력 안정성 간의 균형을 고려해 계획을 반복적으로 수정할 수 있어야 한다.
- **4단계**: 공급과 수요를 조율하는 최적의 방법에 대해 이해관계자와 협

출처: Anna Berkut/Alamy Stock Photo

S&OP 프로세스에서 관련 팀이 해외 시장 데이터를 분석하고 이를 기반으로 수요 예측을 수립하고 있다.

의를 진행한다. 여기에는 공급사슬 관리자, 공장 관리자, 인사 부서장, 구매 관리자, 생산 계획 관리자, 물류 관리자 등이 포함될 수 있다. 이 회의의 목적은 임원 S&OP 회의에 제시할 하나의 권고안을 도출하는 것이다. 합의에 도달하지 못하면 대체 시나리오를 마련하고, 모든 제품군 계획을 금액 단위로 산출해 기업의 최신 재무 전망을 준비한다.

- **5단계**: 일반적으로 회사의 CEO와 기능별 부사장들이 참석하는 임원 S&OP 회의에서 제품군별 권고안을 발표한다. 이 계획은 사업 계획, 신제품 출시 계획, 특별 프로젝트, 기타 관련 요소들과 함께 검토된다. 경영진은 필요에 따라 계획을 조정하거나, 서로 충돌하는 목표 간의 균형을 맞추기 위한 변경을 요청할 수 있다. 이 회의에서 계획이 최종 승인된다고 해서 모든 사람이 전적으로 동의하는 것은 아니지만, 모든 구성원이 계획 달성을 위해 협력할 것을 약속한다는 점을 의미한다.
- **6단계**: 임원 회의의 결과를 반영해 계획을 최종 업데이트하고, 주요 이해관계자에게 계획을 전달하고 실행에 옮긴다. 이때 중요한 전달 대상에는 다음 장에서 다루게 될 자원 계획 담당자도 포함된다.

스프레드시트 활용

11.4 스프레드시트를 활용한 판매 및 운영 계획 수립 방법을 설명한다.

그림 11.3에 나타난 판매 및 운영 계획에서는 실제로 어떤 공급 대안이 사용되었는지, 각각의 공급 대안이 비용에 어떤 영향을 미쳤는지가 명확하게 드러나지 않는다. 이러한 세부 분석은 스프레드시트를 통해 가능하다. 부록 C '선형계획법'에서는 생산 계획 수립 시 운송 문제 방법을 사용하는 예시를 제공하고 있으며, 스프레드시트와 선형계획법은 모두 S&OP 프로세스의 3단계에서 예상 계획안을 개발할 때 유용한 보조 도구로 활용될 수 있다.

직접 개발한 스프레드시트뿐만 아니라 다양한 도구가 사용될 수 있으며, 이 책에서는 OM Explorer를 이용해 S&OP 계획 수립 방법을 설명한다.

제조 기업의 스프레드시트

그림 11.4는 초과근무를 제외한 모든 공급 대안을 활용한 제조 기업의 계획 사례를 보여준다. 스프레드시트 상단에는 수요 예측값과 함께 각 주기에 대한 공급 대안 선택사항이 **입력값**으로 제시되어 있다. 여기서 중요한 점은 각 입력값이 측정되는 방식의 차이를 이해하는 것이다. 예를 들어 인력 수준은 직원 수로 표시되지만, 수요 예측과 재고는 제품 단위로 표시된다. OM Explorer 스프레드시트는 통일된 단위 체계를 요구하므로 입력 전에 일부 데이터를 변환해야 한다. 이 예시에서는 예측치를 직원-기간 등가치(employee-period equivalent)로 변환한다. 즉 특정 수량의 제품을 생산하는 데 필요한 인원수로 환산한다. 예를 들어 직원 1명이 한 주기당 1,000개를 생산할 수 있고, 기간 1에 24,000개의 수요가 예상된다면, 해당 기간에는 24명의 직원이 필요하다. 이후 계획자는 다양한 공급 대안을 '조정'하며 더 나은 계획을 탐색할 수 있다.

스프레드시트의 중간 부분에는 입력값으로부터 **도출된 결과**가 표시된다. 첫 번째로 도출되는 값은 **근무시수**로, 이는 정규 근무시간 중 실제로 급여가 지급되며 생산에 투입된 시간이다. 근무시수는 인력 수준에서 단축근무와 휴가를 제외한 값으로 계산된다. 예를 들어 기간 1에서 인력 수준이 120명이고, 그중 단축근무 6명, 휴가 20명이 있다면, 근무시수는 94명(120 − 6 − 20)

	1	2	3	4	5	6	합계
입력 값							
수요 예측	24	142	220	180	136	168	870
고용 수준	120	158	158	158	158	158	910
단축근무	6	0	0	0	0	0	6
초과근무	0	0	0	0	0	0	0
휴가	20	6	0	0	4	10	40
하청	0	0	0	0	0	6	6
이월주문	0	0	0	4	0	0	4
도출 값							
근무시수	94	152	158	158	154	148	864
재고	70	80	18	0	14	0	182
고용	0	38	0	0	0	0	38
해고	0	0	0	0	0	0	0
산출 결과							
근무시수비용	$376,000	$608,000	$632,000	$632,000	$616,000	$592,000	$3,456,000
단축근무비용	$24,000	$0	$0	$0	$0	$0	$24,000
초과근무비용	$0	$0	$0	$0	$0	$0	$0
휴가비용	$80,000	$24,000	$0	$0	$16,000	$40,000	$160,000
재고비용	$2,800	$3,200	$720	$0	$560	$0	$7,280
이월주문비용	$0	$0	$0	$4,000	$0	$0	$4,000
고용비용	$0	$91,200	$0	$0	$0	$0	$91,200
해고비용	$0	$0	$0	$0	$0	$0	$0
하청비용	$0	$0	$0	$0	$0	$43,200	$43,200
비용 합계	$482,800	726,400	632,720	636,000	632,560	675,200	$3,785,680

그림 11.4 **스프레드시트를 사용한 제조 기업의 혼합 전략 계획**

이다. 이 값을 바탕으로 다음과 같이 재고를 산출할 수 있다.

$$\text{재고} = (\text{근무시수} - \text{수요 예측}) + \text{이전 기간의 종료 재고} + \text{하청} + \text{이월 주문}$$

예를 들어 기간 1의 근무시수가 94명이고 수요 예측이 24단위이며, 지난 기간 재고가 0이라면, 재고는 70단위가 된다.

스프레드시트는 인력 변화에 따른 채용 및 해고 수도 자동으로 계산해준다. 예를 들어 기간 2에서 인력 규모가 120명에서 158명으로 증가하면, 38명을 신규 채용한 것으로 간주된다. 그 이후의 기간에서는 인력 규모가 158명으로 유지되므로 추가 채용 또는 해고는 발생하지 않는다. 주의할 점은 초과근무와 단축근무는 스프레드시트에서 직접 입력하는 값이지 도출된 결과가 아니라는 점이다. 따라서 계획자는 입력값의 일관성을 유지해야 한다.

스프레드시트의 마지막 부분에서는 계획안의 비용 결과를 제시한다. 예시에서는 다음과 같은 비용이 사용된다.

- 인력 임금: 직원 1인당 주기당 4,000달러
- 재고비용: 직원 1인당 40달러
- 고용비용: 1인당 2,400달러
- 해고비용: 1인당 3,500달러
- 이월주문비용: 1인당 1,000달러
- 하청비용: 1인당 7,200달러
- 총합: 482,800달러

그림 11.4에 표현된 6개 기간 각각은 위의 비용을 고려해 평가된다. 예를 들어 기간 1에 대한 비용 계산은 다음과 같다.

- 근무시수 비용: 4,000달러 × 94 = 376,000달러
- 단축근무 비용: 4,000달러 × 6 = 24,000달러

- 휴가비용: 4,000달러 × 20 = 80,000달러
- 재고비용: 40달러 × 70 = 2,800달러
- 총합: 482,800달러

이 예시 계획의 전체 6개 주기 총비용은 3,785,680달러이다. 계획 수립자는 이처럼 수치적 분석과 함께 정성적인 고려사항도 반영해 계획의 적절성을 판단하거나 수정 여부를 결정해야 한다. 특정 비용 항목이 지나치게 높다면, 해당 항목을 중심으로 계획을 조정함으로써 전체 비용을 절감할 수 있다. 스프레드시트는 이러한 시나리오 분석을 용이하게 해주며, 효율적이고 실행 가능한 S&OP 수립의 강력한 도구가 된다.

그림 11.4의 계획은 특히 첫 두 주기에서 재고를 전략적으로 활용하고 있다는 점에서 전형적인 제조 기업용 계획임을 보여준다. 이 계획은 예상 재고, 이월 주문, 하청 활용이 포함되어 있으므로 혼합 전략에 해당한다. 기간 2에서는 인력 규모가 조정되지만, 그 수치는 예측 수요와 정확히 일치하지 않기 때문에 추종 전략의 전형은 아니다. 또한 단축근무와 휴가가 계획에 포함되어 있어 평준화 전략의 요소도 일부 포함되어 있으나, 해당 대안만으로 구성되지는 않는다.

서비스 기업의 스프레드시트

예상 재고를 사용할 수 없다는 점만 제외하면, 서비스 기업에서도 동일한 스프레드시트를 사용할 수 있다. 단, 시트의 보호를 해제하고 해당 없는 항목(예: '재고' 행)을 숨길 수 있다. 하지만 '재고' 행을 완전히 숨기기보다는 해당 셀이 0이거나 음수인 경우 계획 불일치의 신호로 삼는 것이 유익하다. 그림 11.4는 제조 기업을 위한 계획 예시지만, 이어지는 예제 11.1에서는 추종 전략과 평준화 전략(휴가는 제외)을 출발점으로 삼아 서비스 기업에 적합한 계획을 어떻게 수립할 수 있는지를 설명한다. 이 과정은 더 나은 혼합 전략으로의 통찰력을 제공할 수 있다.

예제 11.1 추종 전략과 평준화 전략을 출발점으로 사용하기

출처: Matthew Horwood/Alamy Stock Photo

웨일스 스완자에 있는 아마존 풀필먼트 센터 직원들이 재고 관리 업무를 수행하고 있다. 사이버 먼데이와 블랙프라이데이에는 추가 인력을 고용한다.

어떤 대형 유통센터의 경영자는 임시직원의 수를 결정해야 한다. 그는 처음에 추종 전략과 평준화 전략으로 된 2개의 계획에서 시작해 최소비용의 충원계획을 세우고 싶어 한다. 평준화 전략으로는 휴가 없이 단축근무를 최소화하면서 수요에 고용 수준을 맞추는 방식을 생각하고 있다.

우선 1년을 두 달씩 6개 기간으로 나누었으며, 임시직원은 정규시간 내에는 주 최대 20시간까지 근무시킬 수 있다. 단축근무만큼은 인건비를 지급하지 않으며, 비수기에는 1인당 근무시간을 줄였다. 일단 출근부에 올라가면 매일 출근은 시키지만 근무시간이 길지는 않다. 성수기에는 초과근무를 사용할 수 있다.

아래 표는 유통센터의 임시직 수요 예측을 나타낸 것으로 주 20시간 근무를 기준으로 계산한 인원이다. 예를 들어 세 번째 기간에는 주 20시간 근무하는 임시직원이 18명 필요하다.

	1	2	3	4	5	6	합계
수요 예측(임시직 인원)	6	12	18	15	13	14	78

현재 임시직원은 10명이 있으며, 위 수요 예측을 계산할 때 이 인원을 차감하지 않았다. 제약 조건과 비용은 다음과 같다.

a. 훈련설비의 제약으로 한 기간에 10명 이상 고용할 수 없다.
b. 이월 주문은 없어야 한다. 매 기간의 수요는 그 기간에 충족되어야 한다.
c. 초과근무는 정규근무의 20%(4시간)를 초과할 수 없다. 즉 임시직원의 주간 최대 근무시간은 1.20(20) = 24시간이다.
d. 비용은 다음과 같다.

정규시간 임금	주당 20시간 근무 시 기간당 2,000달러
초과근무 임금	정규시간 임금의 150%
고용 비용	1인당 1,000달러
해고 비용 1인당	500달러

수요를 충족하기 위해 추종 전략과 평준화 전략을 검토한다.

풀이

a. 추종 전략

그림 11.5에 나타난 바와 같이 추종 전략에서는 인원을 수요에 맞추어 변동시킨다. 스프레드시트의 행 중에서 사용하지 않는 행(재고, 휴가 등)은 숨겼다. 고용 수준은 수요 예측과 같게 했다. 현재 인원이 10명인데 1기에 필요한 인원은 6명이므로, 즉시 4명을 해고하고 이후에 고용과 해고를 반복해간다. 대학생처럼 시간제 근무를 좋아하는 사람도 많다. 총비용은 173,500달러인데 비용 증가의 주된 원인은 17,500달러나 되는 고용 및 해고 비용이다.

b. 평준화 전략

단축근무를 최소화하려면 초과근무를 최대한 사용해야 한다. 이 평준화 전략(다른 선택도 있을 수 있음)에서 최대 초과근무는 정규시간 작업 능력(w)의 20%이므로

$$1.20w = 18\text{명이 성수기(3기)에 필요}$$

$$w = \frac{18}{1.20} = 15\text{명}$$

15명을 고용하면 비수기의 단축근무를 최소화할 수 있다. 현재 10명을 고용하고 있으므로

	1	2	3	4	5	6	합계
입력 값							
수요 예측	6	12	18	15	13	14	78
고용 수준	6	12	18	15	13	14	78
단축근무	0	0	0	0	0	0	0
초과근무	0	0	0	0	0	0	0
도출 값							
근무시수	6	12	18	15	13	14	78
고용	0	6	6	0	0	1	13
해고	4	0	0	3	2	0	9
산출 결과							
근무시수비용	$12,000	$24,000	$36,000	$30,000	$26,000	$28,000	$156,000
단축근무비용	$0	$0	$0	$0	$0	$0	$0
고용비용	$0	$6,000	$6,000	$0	$0	$1,000	$13,000
해고비용	$2,000	$0	$0	$1,500	$1,000	$0	$4,500
비용 합계	$14,000	30,000	42,000	31,500	27,000	29,000	$173,500

그림 11.5 추종 전략 스프레드시트

그림 11.6 평준화 전략 스프레드시트

	1	2	3	4	5	6	합계
입력 값							
수요 예측	6	12	18	15	13	14	78
고용 수준	15	15	15	15	15	15	90
단축근무	9	3	0	0	2	1	15
초과근무	0	0	3	0	0	0	3
도출 값							
근무시수	6	12	15	15	13	14	75
고용	5	0	0	0	0	0	5
해고	0	0	0	0	0	0	0
산출 결과							
근무시수비용	$12,000	$24,000	$30,000	$30,000	$26,000	$28,000	$150,000
단축근무비용	$0	$0	$0	$0	$0	$0	$0
고용비용	$0	$0	$9,000	$0	$0	$0	$9,000
해고비용	$5,000	$0	$0	$0	$0	$0	$5,000
합계	$0	$0	$0	$0	$0	$0	$0
비용 합계	$17,000	24,000	39,000	30,000	26,000	28,000	$164,000

즉시 5명을 추가 고용해야 한다. 전체적인 계획은 그림 11.6과 같다. 총비용은 164,000달러인데, 비용 하한선이 156,000달러(78기간 × 2,000달러/기간)임을 고려하면 합리적인 대안이라고 할 수 있다. 이 하한선은 수요 예측 78기간을 모두 정규시간으로 처리하는 대안에 해당하는 비용이다. 이 계획이 합리적으로 보이는 주된 이유는, 이 계획이 단축근무를 많이(15기간) 사용하고 있는데 이 예제에서 단축근무가 무급이기 때문이다.

의사결정 포인트

이제 경영자에게는 다른 계획과 비교할 수 있는 참고 자료가 생겼다. 경영자는 추종 전략을 변형해 추가 대안을 몇 개 만들어 평가해보고 최종 결정을 내릴 것이다. 비용을 더 줄일 수 있는 방안은 초과근무를 하고 있는 세 기간의 초과근무 수당(3기간 × 3,000달러/기간)을 줄이거나 5명의 고용비용(5명 × 1,000달러/명)을 줄이는 것이다. 어쨌든 더 좋은 대안이 있을 가능성이 있다. 예를 들어 현재 인원이 2기까지는 충분하므로 고용 시기를 그때까지 늦추면 단축근무를 줄일 수 있을 것이다. 이렇게 고용 시기를 연기하면 무급 단축근무를 줄일 수 있어서 계획이 질적으로 개선된다.

일정 계획

11.5 인력 및 작업장에 대한 일정을 수립한다.

일정 계획(scheduling)은 그림 11.2에서 제시한 운영 및 일정 계획 프로세스의 마지막 단계이다. 일정 계획은 계획을 실제 실행으로 전환하는 과정이며, 흔히 말하는 '고무 타이어가 도로에 닿는 지점'이다. 이는 공급사슬 관리의 핵심 요소로서 하나의 독립된 운영 프로세스로 간주된다. 이 과정에는 수요 예측 또는 실제 고객 주문, 판매 및 운영 계획(S&OP)에서 파생된 자원 가용성, 자원 계획에서 정의된 자원 또는 자재의 납기일, 직원 및 고객으로부터 파생되는 다양한 제약 조건 등 다양한 출처로부터 데이터를 수집하는 작업이 필요하다. 이러한 입력값을 바탕으로 자원 계획에서 도출된 요구사항을 충족하기 위한 자원 또는 자재 공급 일정을 수립하게 된다. '경영 사례 11.1'에서 확인할 수 있듯이, 우수한 일정 계획은 기업의 경쟁우위 요소를 실현하는 데 기여할 수 있지만, 부적절한 일정 계획은 기업의 운영에 심각한 장애를 초래할 수 있다.

경영 사례 11.1 사우스웨스트항공의 일정 계획

항공편 지연이나 결항은 누구에게나 불편을 초래한다. 그러나 많은 승객이 항공사가 매일 마주하는 일정 계획의 복잡성을 잘 이해하지 못한다. 항공사 일정 수립 시 고려해야 할 주요 요소는 다음과 같다.

- 항공기 정비 활동: 모든 공항에서 정비가 가능한 것은 아니며, 정비 설비의 위치가 일정에 영향을 미친다.
- 공항 운영 제약: 슬롯(slot) 수, 조종사 자격 인증 등은 특정 공항의 취항 가능 여부를 결정짓는다.
- 환경 규제: 일부 공항은 야간 시간대에 항공기 이착륙을 금지하는 환경 규정이 있다.
- 항공교통관제 제한: 항공편 수용능력이나 공역 통제 등의 요소도 고려되어야 한다.
- 지역별 수요 패턴: 항공사가 운항하는 각 지역의 고객 수요 역시 핵심 고려 대상이다.

위와 같은 요소들이 복잡함을 더하지만, 가장 복잡한 요소는 항공기와 승무원 관련 요인이다. 항공 일정은 항공기 보유 수, 기종의 다양성, 서비스 클래스(퍼스트/비즈니스/이코노미)의 운영 구성, 승무원의 비행 가능 시간, 근무 방식(정규직 또는 시간제), 자격 요건, 승무원의 휴가 계획, 특정 목적지에 대한 선호 요청 등을 동시에 고려해야 한다. 이 모든 제약 조건은 정적인 환경에서도 복잡한 일정 계획 문제를 발생시키는데, 여기에 2022년 12월 22일, 미국 전역에 기록적인 눈폭풍이 몰아친 악천후와 같은 외부 변수가 개입되면 상황은 더욱 심각해진다.

모든 항공사가 폭설로 인해 항공편 취소와 지연을 겪었지만, 사우스웨스트항공(Southwest Airlines, SWA)은 그중 가장 많은 항공편을 취소했다. 폭풍이 발생한 지 일주일이 지난 12월 29일, SWA는 전체 운항의 68%에 해당하는 2,800편을 포함해 폭풍 발생 이후 일주일 동안 총 15,000편 이상의 항공편을 취소했다. 반면 같은 날 델타항공, 아메리칸항공, 유나이티드항공은 각각 40편 미만의 항공편만을 취소했다. 왜 SWA만 이토록 큰 혼란을 겪은 것일까? 그 이유는 다음의 두 가지 주요 요인으로 설명된다.

- **운항 모델.** SWA는 '지점 간(point-to-point)' 운항 모델을 채택하고 있다. 이 모델은 승객이 덴버나 뉴욕과 같은 대형 허브 공항을 거치지 않고도 소규모 도시에서 목적지로 직접 이동할 수 있도록 한다. 이를 위해 SWA는 상대적으로 작은 항공기를 이용해 소도시 간 직항 노선을 운항한다. 반면 유나이티드항공이나 아메리칸항공 등은 '허브 앤드 스포크(hub-and-spoke)' 모델을 사용한다. 이 모델에서는 소도시에서 대형 허브 공항까지 운항한 뒤, 허브 공항에서 환승을 통해 다른 지역으로 이동하게 된다. 지점 간 모델은 대도시에서 출발하지 않는 여행객에게 틈새시장을 제공한다. 예를 들어 오클라호마시티에서 피닉스로 이동하는 경우, 유나이티드항공을 이용하면 덴버에서 몇 시간 대기해야 할 수도 있지만, SWA는 직항으로 3시간 내에 목적지에 도달할 수 있다. 하지만 SWA처럼 다수의 소도시에 취항할 경우 대기 승무원과 조종사의 확보가 어렵다. 이로 인해 SWA에서 발생한 항공편 취소는 전체 네트워크에 연쇄적인 파급 효과를 일으켰다. 결과적으로 항공기와 승무원이 전국 각지에 분산되었고, 이를 다시 원래의 위치로 되돌리기 위해서는 대량의 항공편 취소가 불가피했다. 반면 허브 시스템을 운영하는 항공사는 대규모 공항에 출근 가능한 승무원 풀(pool)을 보유하고 있고, 항공기도 허브 근처에 집중되어 있어 유연성이 더 크다.
- **일정 계획 소프트웨어.** SWA의 일정 계획 소프트웨어도 큰 문제였다. SWA는 FAA(미국 연방항공청)의 승무원 배정 시스템인 *SkySolver*를 사용하고 있었는데, 이 소프트웨어는 승무원과 항공편을 자동으로 매칭하도록 설계되어 있다. 하지만 폭풍으로 인한 일정 변경 요청이 소프트웨어의 감당 범위를 초과하게 되자 시스템은 제 기능을 하지 못했다. 이로 인해 직원들은 일정을 수동으로 조정해야 했다. 예를 들어 버펄로에서 출발 예정이던 승무원이 항공편이 취소되어 볼티모어에 도착하지 못하면, 승무원 본인이 직접 회사에 연락해 자신의 위치를 보고하고 호텔을 예약해야 했다. 폭풍이 몰아친 동안 일부 직원들은 최대 17시간 이상 대기해야 했고, FAA 규정에 따라 '근무' 시간이 초과되어 '의무 휴식' 시간을 부여받아야 하는 상황도 발생했다. 예를 들어 SWA는 버펄로에서 도착하지 못한 승무원을 대신할 대체 인력을 볼티모어에서 찾아야 했는데, 이때 볼티모어에 있던 인력들도 회사가 자신의 위치를 파악하기 전까지 수 시간 동안 대기해야 했다. 실제로 SWA는 이륙 준비가 된 항공기와 승무원 모두를 보유하고 있었지만, 소프트웨어가 이들을 신속하고 정확하게 매칭하지 못했다. 이로 인해 일정 계획 담당자들은 수작업으로 문제를 해결해야 했고, 이는 고도의 숙련도를 요하며 지루하고 긴 과정을 수반했다.

폭설이 내리는 동안 장비가 활주로 정비를 시도하는 가운데 사우스웨스트항공의 항공기가 탑승구로 이동하고 있다.

출처: Bill Greenblatt/UPI/Alamy Stock Photo

SWA는 이번 폭풍으로 인한 재난에 대응하기 위해 세 가지 주요 계획을 수립했다. 첫째, 겨울철 장비인 제설차의 가용성을 높이고, 극심한 한파 속에서 근무해야 하는 공항의 지상 운영 직원을 위한 교대 인력을 추가 배치하는 등 겨울철 운영 체계를 개선하고 있다. 둘째, 운항이 중단되는 상황에서 승무원을 효율적으로 재배치하고, 승무원 및 고객으로부터 쏟아지는 대량의 전화 문의에 보다 효과적으로 대응할 수 있는 전화 시스템을 도입하는 등 기술과 소프트웨어 시스템 전반에 걸쳐 업그레이드 작업을 진행하고 있다. 셋째, 비행 일정을 설계하는 팀과 일상적인 항공 운영을 총괄하는 팀을 하나의 부서로 통합해, 두 부서 간의 협업을 보다 긴밀하게 조율하고 있다. 이 계획은 단기적인 대응책이 아니라 조직 전체의 운영 체계 개편을 통해 향후 유사 사태에 대한 회복력을 높이기 위한 조치이다. 이러한 대응 계획은 이미 일부 실행되고 있으며, 앞으로 더 많은 조치가 단계적으로 도입될 예정이다. 하지만 이와 같은 일정 계획 시스템의 업그레이드가 다음 대규모 혼란 상황에서 얼마나 효과적으로 작동할 수 있을지는 지켜봐야 할 것이다.[1]

인력 일정 계획

인력 일정 계획
일정 계획의 일종으로 종업원의 근무시기를 결정하는 활동

사우스웨스트항공의 사례는 인력의 근무 일정을 결정하는 일정 계획의 한 형태인 **인력 일정 계획**(workforce scheduling)이 수용 능력을 관리하는 중요한 수단이 될 수 있음을 보여준다. 특히 모든 직원이 주 5일, 하루 8시간씩 똑같이 일하지 않는 상황에서는 그 중요성이 더욱 두드러진다. 일정 계획은 간호사, 조종사, 승무원, 경찰관과 같이 특정 기간 동안 각 직원에게 근무일과 교대 시간을 배정하는 것으로, 근무 시간과 비근무 시간을 구분해 지정하는 것이다. 이와 같은 접근은 고객이 신속한 응답을 요구하고, 총 수요를 비교적 정확하게 예측할 수 있을 때 사용된다. 이러한 경우에는 서비스 시스템의 예상 부하를 충족하기 위해 수용 능력을 조정한다. 시즌이 시작되는 시점에 확정되는 야구 경기나 축구 경기 일정과 같이 수요를 명확히 예측할 수 있는 상황도 있다. 예를 들어 NFL 시즌 일정에는 약 1,000조 개의 가능한 조합이 존재하며, 26,000개 이상의 요소가 고려된다. 매치업의 질, 휴식 주간에 쉬는 팀과 경기하는 팀 사이의 형평성, 3연전 원정 경기의 부담, 월요일 밤 원정 경기 직후의 홈 경기와 같은 요소들은 형평성을 위해 반드시 고려된다.

인력 일정 계획은 인력 배치 계획, 즉 승무원 수와 같은 총량 기반 계획과 항공편 일정과 같은 시간 기반의 인력 요구사항을 각 직원의 구체적인 근무 일정로 전환하는 것이다. 하지만 각 직원의 근무일을 정했다고 해서 그것만으로 인력 배치 계획이 실행되는 것은 아니다. 인력 배치 계획에서 명시된 총 인력 수는 자원 계획 활동에서 도출된 일일 인력 요구 수준을 충족시켜야 한다. 매일 사용 가능한 인력 수용 능력은 일일 인력 수요를 충족하거나 초과해야 하며, 그렇지 않으면 일정 관리자는 요구 수준이 충족될 때까지 휴무일을 재조정해야 한다. 일정 계획이 적절히 이루어지지 않아 요구 수준을 충족할 수 없는 경우, 경영진은 인력 계획을 변경하거나 추가 인력을 채용해야 할 수 있으며, 초과 근무를 승인하거나, 더 많은 적체를 감수해야 할 수도 있다.

제약 조건

인력 일정 계획에 영향을 미치는 기술적 제약은 인력 배치 계획에서 정의된 자원의 가용성과 운영 시스템의 요구사항에서 비롯된다. 하지만 여기에 더해 법적 요건이나 행동상의 고려사항 등 다양한 제약이 함께 작용할 수 있다. 예를 들어 근무 주기가 14시간 이하인 항공 승무원은 반드시 연속 10시간의 휴식이 주어져야 한다. 이와 유사하게 소방서는 항상 최소한의 소방 및 안전 인력을 유지해야 하는 규정을 따른다. 이러한 제약은 경영진이 인력 일정 계획을 유연하게 설계하는 데 있어 일정한 제약 요인으로 작용한다.

근로자의 심리적 요구에 따른 제약도 일정 계획을 더욱 복잡하게 만든다. 이러한 제약의 일부는 노동 계약서에 명시적으로 포함된 경우가 많다. 예를 들어 고용주는 직원에게 주당 일정 일수의 연속 휴무일을 보장하거나, 연속 근무 일수에 대한 최대 제한에 동의할 수 있다. 휴가나 공휴일에 대한 근무 또는 순환 교대 근무 배정에 대한 조항들도 일정 수립에 영향을 미친다. 아울러 직원 개개인의 근무 선호도 또한 고려되어야 할 요소이다.

순환근무제
종업원을 일련의 작업일 또는 시간에 따라 순환시키는 일정 계획

관리자가 이러한 바람직하지 않은 일정 계획 요인을 처리하는 한 가지 방식은 **순환근무제**

1 출처: "Airline Scheduling: A Complex Process in Many Steps," http://motulus.aero/news-events/airlinescheduling-a-complex-process-in-many-steps/ (December 12, 2022); Steve Taplin, "How Outdated Software Can Cause Costly Glitches," *Forbes Technology Council* (February 24, 2023); Zeynep Tufekci, "Opinion: The Shameful Open Secret Behind Southwest's Failure," *The New York Times* (December 31, 2022); David Goldman, "Why Southwest Is Still Melting Down," https://www.cnn/2022/12/29/business/southwest-airlines-service-meltdown/index.html (December 29, 2022); Maria Cramer and Michael Levenson, "What Caused the Chaos at Southwest?," *The New York Times* (December 28, 2022); Southwest Airlines, "Our Path Forward," SouthwestAirlines@iluv.southwest.com (March 31, 2023).

(rotating schedule)를 활용하는 것이다. 이 방식에서는 각 직원이 일정한 주기 내에서 근무일과 휴무일이 번갈아 배정되며, 주말이나 휴일을 포함한 다양한 시간대의 근무 기회를 공정하게 분배받게 된다. 즉 특정 기간 동안 각 직원은 평일 근무뿐만 아니라 야간, 주말, 휴일 근무를 동일한 확률로 배정받는다. 순환근무제의 특징은 이번 주에 A직원이 담당한 일정이 다음 주에는 B직원에게 배정되는 식으로 일정이 순환된다는 점이다. 반면에 **고정근무제**(fixed schedule)의 경우 직원은 매주 동일한 요일과 시간에 근무한다.

고정근무제
종업원이 항상 같은 요일과 같은 시간에 근무하도록 하는 일정 계획

인력 일정 계획 수립

주 7일 근무하고 모든 종업원에게 매주 연휴를 주는 회사의 인력 일정 계획을 수립한다고 하자. 여기에서는 위와 같은 조건을 고려하는 일정 계획 방법을 제시하고자 한다. 목표는 모든 종업원에게 연휴를 주면서 유휴 생산용량을 최소화해 인력 가동률을 최대화하는 것이다. 작업자마다 휴무기간을 이틀씩 정해주면 근무기간은 자동적으로 5일이 된다. 계획 과정은 다음과 같다.

- **1단계**. 먼저 순소요량 계획에서 소요량이 가장 큰 날을 찾고, 그날이 들어가지 않는 연속된 이틀의 짝을 모두 찾아낸다. 그런 짝 중에서 이틀간 소요량 합계가 최소인 것을 선택한다. 단, 모든 짝에 최대 소요량 요일이 들어가 있는 경우에는 모든 짝 중에서 소요량 합계가 최소인 것을 택한다. 예로 종업원 소요량이 다음과 같다고 하자.

월	화	수	목	금	토	일
8	9	2	12	7	4	2

  하루 소요량이 최대인 날은 12명인 목요일이다. 소요량 합이 최소인 짝은 합계가 6(= 4 + 2)인 토요일-일요일이다.
- **2단계**. 최소치에 동점(tie)이 발생하면, 노사협약에 잘 맞는 것을 선택하거나 해당 작업자에게 문의하거나 임의로 선택하면 된다. 토요일-일요일에 우선권을 줄 수도 있다.
- **3단계**. 선택된 이틀을 종업원에게 연휴로 준다. 이 작업자의 근무량을 소요량에서 차감한다. 이 예에서는 이 작업자가 토요일-일요일에 휴무이므로, 소요량을 조정하면 월요일은 7, 화요일은 8, 수요일은 1, 목요일은 11, 금요일은 6이 되고, 토요일과 일요일에는 아직 근무자를 배정하지 않았기 때문에 소요량이 그대로이다.
- **4단계**. 소요량이 충족되거나 모든 작업자의 일정이 완성될 때까지 1~3단계를 반복한다.

이 방법은 인력 소요량이 적은 날의 유휴 생산용량을 줄이고, 소요량이 많은 날에 인력을 우선 배정한다. 또한 이 방법은 동점을 해결할 때 행위적 요인과 계약상의 요인을 어느 정도 감안하고 있다. 예제 11.2는 택배 서비스에 대한 네 단계 절차의 활용을 설명한다.

인력 일정 계획 수립

예제 11.2

온라인 자료
OM Explorer의 Tutor 11.3은 인력 일정 계획의 새로운 예제를 제공한다.

통합 택배 서비스는 주 7일 내내 운영된다. 다음은 해당 조직의 인력 수요 일정이다.

요일	월	화	수	목	금	토	일
인력 소요(명)	6	4	8	9	10	3	2

경영자는 모든 작업자에게 연휴를 주면서 총유휴능력을 최소화하는 인력 일정 계획을 원한다.

휴일 선택에서 동점을 처리할 때는 선택대안 중에 토요일-일요일 조합이 있으면 우선권을 주고, 토요일-일요일 조합이 없으면 임의로 선택한다.

어떤 인력 일정 계획을 추천하는가?

풀이

금요일의 소요량이 가장 많고, 소요량 합계가 가장 작은 짝은 토요일-일요일이다. 따라서 종업원 1을 월요일에서 금요일까지 근무에 배정한다.

토요일-일요일은 종업원 1이 휴무라서 소요량이 그대로이고, 최대 소요량은 여전히 금요일에 나타난다. 이렇게 업데이트된 소요량을 이용해 다음 종업원의 일정을 잡는다.

나머지 종업원의 연휴 배정은 다음 표와 같다.

휴가일정 계획 수립과정

월	화	수	목	금	토	일	종업원	설명
6	4	8	9	10	3	2	1	토-일의 소요량이 최소이므로, 종업원 1을 월-금에 배정하고 소요량을 조정한다.
5	3	7	8	9	3	2	2	토-일의 소요량이 최소이므로, 종업원 2를 월-금에 배정하고 소요량을 조정한다.
4	2	6	7	8	3	2	3	토-일의 소요량이 최소이므로, 종업원 3을 월-금에 배정하고 소요량을 조정한다.
3	1	5	6	7	3	2	4	월-화의 소요량이 최소이므로, 종업원 4를 수-일에 배정하고 소요량을 조정한다.
3	1	4	5	6	2	1	5	토-일의 소요량이 최소이므로, 종업원 5를 월-금에 배정하고 소요량을 조정한다.
2	0	3	4	5	2	1	6	월-화의 소요량이 최소이므로, 종업원 6을 수-일에 배정하고 소요량을 조정한다.
2	0	2	3	4	1	0	7	토-일의 소요량이 최소이므로, 종업원 7을 월-금에 배정하고 소요량을 조정한다.
1	0	1	2	3	1	0	8	최소치가 토-일, 일-월, 월-화, 화-수에 나타나나, 동점 해결 원칙(tie-breaking rule)에 따라 토-일을 선택한 후, 종업원 8을 월-금에 배정하고 소요량을 조정한다.
0	0	0	1	2	1	0	9	토-일의 소요량 합이 최소치가 아니므로 임의로 일-월을 선택한 후, 종업원 9를 화-토에 배정하고 소요량을 조정한다.
0	0	0	0	1	0	0	10	동점 해결 원칙에 따라 토-일을 선택한 후, 종업원 10을 월-금에 배정한다.

이 예제에서 금요일이 항상 최고 소요량을 나타내므로 휴무일 배정에서 제외되게 한다. 최종 일정 계획은 다음 표와 같다.

최종 일정 계획

종업원	월	화	수	목	금	토	일	합계
1	×	×	×	×	×	휴무	휴무	
2	×	×	×	×	×	휴무	휴무	
3	×	×	×	×	×	휴무	휴무	
4	휴무	휴무	×	×	×	×	×	
5	×	×	×	×	×	휴무	휴무	
6	휴무	휴무	×	×	×	×	×	
7	×	×	×	×	×	휴무	휴무	
8	×	×	×	×	×	휴무	휴무	
9	휴무	×	×	×	×	×	휴무	
10	×	×	×	×	×	휴무	휴무	
생산용량, C	7	8	10	10	10	3	2	50
소요량, R	6	4	8	9	10	3	2	42
유휴능력, C-R	1	4	2	1	0	0	0	8

의사결정 포인트

이 계획에는 상당한 유휴 생산용량이 있어서 유사한 계획이 여러 가지 있을 수 있다. 예를 들어 종업원 9에게 일-월, 월-화, 화-수 중에서 아무 때나 연휴를 배정해도 생산용량이 부족하지 않다. 사실 유휴능력이 8일이므로 종업원을 1명 줄여도 서비스를 처리할 수 있을지 모른다. 그러나 금요일에 10명이 모두 필요하다는 것이 문제이다. 경영자가 금요일에 9명만으로 운영하려 하거나 1명씩 교대로 금요일에 초과근무를 한다면 종업원 10은 필요 없어진다. 위 표를 보면 종업원 10을 배정할 때 남아 있는 소요량은 금요일 하루밖에 없다. 따라서 종업원 10은 휴가 중이거나 병가 중인 자리를 메우는 데 활용할 수도 있다.

작업물과 시설의 일정 계획

일정은 여러 가지 형식으로 표현할 수 있다. 작업물이나 활동별로 납기만 표시할 수도 있고, 표에 개시 시점과 종료 시점만 표시할 수도 있으며, 그래프에 개시 시점과 종료 시점을 표시할 수도 있다. 간트 도표(Gantt chart)는 이 중 세 번째 방법을 사용한다. 그림 8.4는 프로젝트 관리에 그림이 얼마나 중요한지를 보여주었는데, 일정 계획 기법에 익숙하지 않은 경영자도 이런 그림을 보면 계획의 핵심을 짚을 수 있다. 이 도구는 작업장의 부하를 관찰하고 작업의 진행 상황을 추적하는 가시적인 도구이다. 간트도표에는 (1) 일정 계획을 모니터하거나 개정하는 데 사용되는 작업물 또는 활동의 진척도표와 (2) 시설용량의 일정 계획에 사용되는 작업장도표라는 두 가지 기본적인 형태가 있다.

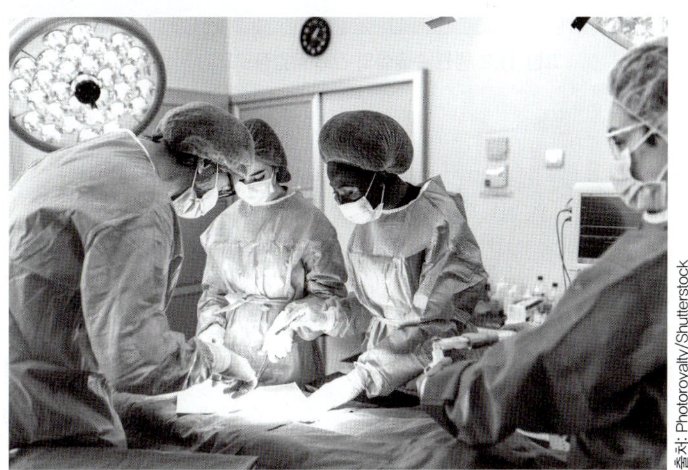

출처: Photoroyalty/Shutterstock

수술실은 미사용 시간이 없도록 주의 깊게 일정 계획을 잡아야 하는 고정된 생산용량을 의미한다. 외과의사가 사용하지 않는 모든 시간은 영원히 잃게 된다.

간트 진척도표

간트 진척도표(Gantt progress chart)는 활동이나 작업물의 진행 현황을 예정 완료일과 비교해 도표로 나타내 준다. 예를 들어 어떤 자동차 부품업체가 현재 포드, 닛산, 뷰익(Buick)에 납품하기 위한 세 가지 작업물을 처리하고 있다면, 각 작업물별 현황은 그림 11.7의 막대와 같이 나타낼 수 있다. 각 작업의 계획상 개시 시점과 완료 시점을 꺾은선으로 표시했다. 4월 21일 현재, 포드에 납품할 작업물이 4월 18일분까지밖에 진행되지 않아서 일정보다 뒤처져 있음을 알 수 있다. 닛산 작업물은 정확히 일정 계획을 지키고 있고, 뷰익 작업물은 일정 계획보다 앞서고 있다.

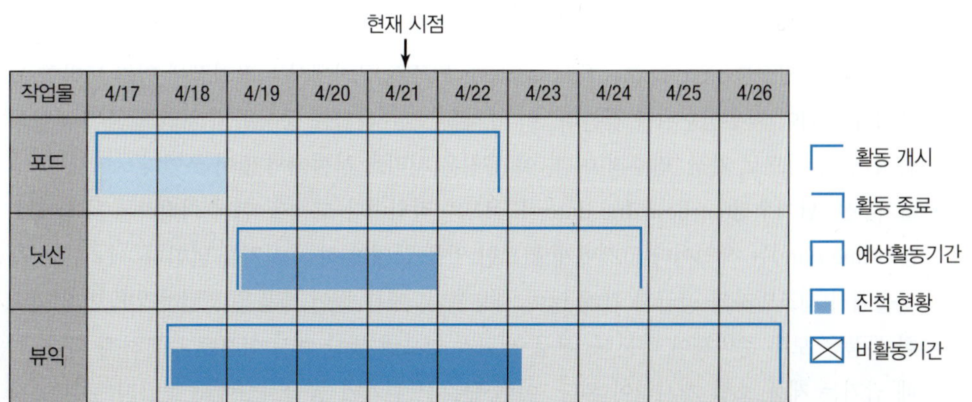

그림 11.7 자동차 부품회사의 간트 진척도표

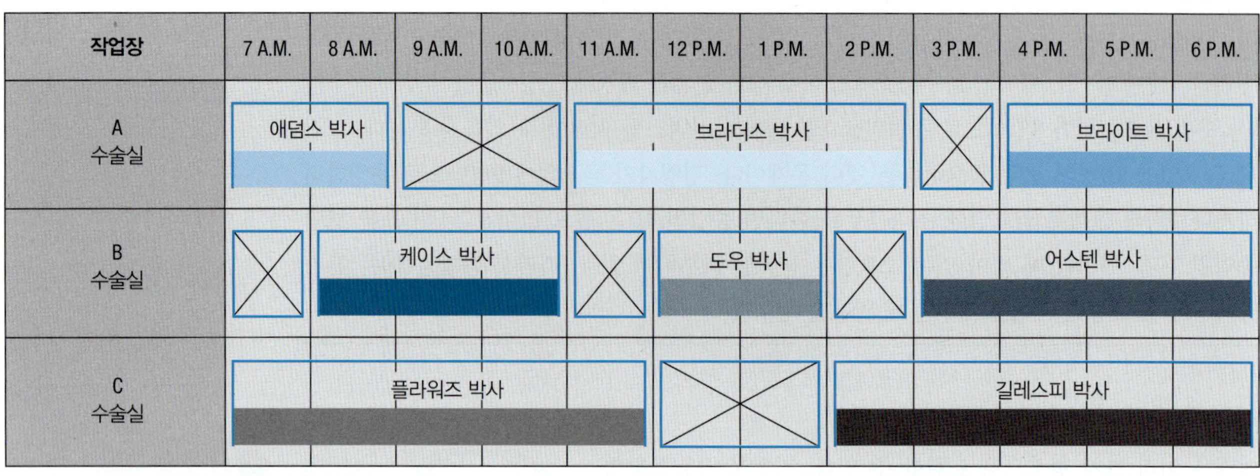

그림 11.8 병원 수술실의 간트 작업장도표

간트 작업장도표

그림 11.8은 어떤 날의 병원 수술실 간트 작업장도표(Gantt workstation chart)'이다. 이 도표는 그림 11.7과 같은 부호를 사용해 수술실의 부하와 유휴시간을 보여준다. 의사에게 배정된 시간에는 다음 수술을 위한 청소시간까지 포함되어 있다. 또 차트를 보고 일정에 없는 응급수술이 들어갈 수 있는 시간대를 알 수도 있다. 그리고 수술시간 변경 요청을 수용할지를 결정하는 데도 사용할 수 있다. 예를 들어 플라워즈 박사가 수술 시작시간을 오후 2시로 변경하려면 C수술실에 배정된 길레스피 박사와 시간을 바꾸든지, A수술실의 브라더스 박사에게 수술을 한 시간 빨리 시작하라고 부탁하고, 브라이트 박사에게 오전으로 옮겨 C수술실에서 수술해달라고 부탁해야 한다. 어떤 경우에나 병원관리팀이 관여해 수술 일정을 조정해야 한다.

작업장의 작업 우선순위 결정

우선순위 결정
작업장에서 대기하고 있는 작업이나 고객의 처리 순서를 결정하는 것

일정 계획 중에는 작업장의 작업 우선순위 결정도 있다. **우선순위 결정**(sequencing)은 작업장에서 대기하고 있는 작업이나 고객을 처리하는 순서를 결정하는 것이다. 여기에 기대 처리시간까지 반영하면 작업별 개시시간과 종료시간을 추정할 수 있으며, 간트 작업장도표를 활용할 수 있다.

우선순위 결정규칙

우선순위 결정규칙
다수 작업이나 고객이 작업장에서 대기 중일 때 처리 순서를 결정하는 규칙

작업이나 고객을 처리하는 순서를 결정하는 방법이 **우선순위 결정규칙**(priority sequencing rule)이다. 다음 두 가지가 흔히 사용되는 우선순위 결정규칙이다.

선입선출
작업장에 먼저 도착한 고객이나 작업에 최우선순위를 배정하는 우선순위 규칙

납기우선
납기일이 가장 가까운 작업이나 고객을 먼저 처리하는 우선순위 규칙

- 선입선출. **선입선출**(first-come, first-served, FCFS) 규칙에서는 작업장에 먼저 도착한 고객이나 작업이 최우선순위를 갖는다. 이 규칙은 모든 작업을 동등하게 처리해 줄에서 앞지를 수 없게 하므로 가장 '민주적'이다. 이 규칙은 서비스 시설에서 많이 쓰인다.
- 납기우선. **납기우선**(earliest due date, EDD)의 작업이나 고객을 먼저 처리하는 규칙이다. 납기(due date)는 작업이나 고객에게 필요한 일을 끝내야 하는 시기를 말한다. 납기는 공급사슬에서 제조업자와 공급자 간에 많이 사용한다. 예를 들어 제품을 조립하려면 먼저 필요한 부품을 모두 준비해야 하는데, 부품 재고가 없으면 생산 개시 이전에 주문하게 된다. 이때 납기는 제품 조립 개시일이 된다. 이런 단순한 관계가 공급사슬에서 공급자(또는 공장

내 선행 작업장)와 조화를 이루는 데 기본이 된다. 이것은 작업을 서둘러 완료시키는 과정인 **긴급처리**(expediting)의 신호탄이 되기도 한다. 긴급처리를 하려면 납기를 조정하거나, 작업을 대기행렬 앞쪽으로 옮겨놓거나, 공급자에게 이메일이나 전화로 부탁하거나, 용량을 추가하거나, 작업물에 빨간 딱지를 붙여 급한 사정을 알리기도 한다.

긴급처리
정상보다 작업을 서둘러 완료하는 과정

위 규칙 중 어느 것도 최적의 답을 보장하지는 않는다. 시행착오 방식으로 순위를 바꾸어보면 더 나은 일정이 나올 수도 있다. 사실 어떤 일정이 좋은 것인지 판단하는 성과지표도 여러 가지가 있다. 성과지표를 무엇을 쓰는지에 따라 결과가 달라질 수도 있다.

성과지표

일정계획의 성과는 다양한 방법으로 평가할 수 있다. 보통 사용하는 성과지표는 흐름시간과 납기 지연이다.

- 흐름시간. 작업물이 서비스/제조 시스템에서 소비하는 시간을 **흐름시간**(flow time)이라고 한다. 이는 기계나 서비스 요원을 기다리는 시간, 가동 준비시간을 포함한 처리시간, 작업 간 이동시간, 기계 고장이나 촉진 재화나 부품 부족 등으로 인한 지연시간의 총합이다. 흐름시간을 **스루풋 시간**(throughput time)이나 **시스템 내 시간**(time spent in the system)이라고도 한다. 같은 작업장에서 처리해야 할 작업물 집단의 작업물 흐름시간은 다음과 같다.

흐름시간
서비스/제조 시스템에서 작업물이 소비하는 시간

흐름시간 = 작업물이 작업장 도착 후 현재까지 경과된 시간 + 종료시간

- 이 식을 사용할 때 편의상 첫 작업물의 개시시간을 0으로 가정한다. 시간 0에는 모든 작업물이 작업장에서 처리 대기 중이다.
- 납기 지연. **납기 지연**(past due) 지표는 작업물이 납기를 지키지 못한 시간[**지각**(tardiness)이라고도 함] 또는 일정 기간 납기를 지키지 못한 작업물의 비율이다. 납기 지연을 최소화하면 원가(납기 지연 벌과금)와 품질(열악한 서비스라는 인식)과 시간(정시 납품)이라는 경쟁 우선순위가 좋아진다.

납기 지연
작업이 납기를 넘긴 시간의 크기

지각
납기 지연의 다른 표현

예제 11.3은 컨설팅 서비스에서 우선순위 결정규칙의 적용을 설명한다.

우선순위 결정규칙 적용

예제 11.3

어떤 컨설팅 회사에 5개 업무가 적체되어 있다. 주문이 도착한 후 경과한 시간, 처리시간, 납기는 다음 표와 같다. 선입선출 규칙으로 일정 계획을 작성하고, 평균 납기 지연과 흐름시간을 계산하라. 평균 흐름시간이 개선되는 일정 계획을 수립하라.

고객	도착 후 경과 일수	처리시간(일)	납기(남은 날짜)
A	15	25	29
B	12	16	27
C	5	14	68
D	10	10	48
E	0	12	80

풀이

a. 선입선출 규칙에 따르면 고객 A는 15일 전에 도착했으므로 제1순위이다. 고객 E는 오늘 도착했으므로 우선순위가 마지막이다. 다음 표에는 우선순위와 함께 납기 지연과 흐름시간도 계산되어 있다.

고객 순위	개시시간(일)		처리시간(일)		종료시간(일)	납기	납기 지연(일)	도착 후 경과 일수	흐름시간(일)
A	0	+	25	=	25	29	0	15	40
B	25	+	16	=	41	27	14	12	53
D	41	+	10	=	51	48	3	10	61
C	51	+	14	=	65	68	0	5	70
E	65	+	12	=	77	80	0	0	77

종료시간은 개시시간에 처리시간을 더한 것이다. 다음 작업물이 즉시 시작할 수 있도록 대기 중이라면, 어떤 작업물의 종료시간은 다음 작업물의 개시시간이 된다. 납기가 종료시간보다 크거나 같으면 납기 지연은 0이고, 그렇지 않으면 그 차이가 납기 지연이다. 흐름시간은 작업장 도착 후 경과 일수와 종료시간을 더한 것이다. 예를 들어 고객 C의 흐름시간은 종료시간(65일)에 도착 후 경과 일수(5일)를 더한 70일이 된다. 성과지표인 평균 납기 지연과 흐름시간은 다음과 같다.

$$\text{평균 납기 지연} = \frac{0 + 14 + 3 + 0 + 0}{5} = 3.4\text{일}$$

$$\text{평균 흐름시간} = \frac{40 + 53 + 61 + 70 + 77}{5} = 60.2\text{일}$$

b. 평균 흐름시간을 줄이는 작업 순서는 다음 표와 같은데, 이는 최단 처리시간[Shortest Processing Time(STP), 이 책에서는 설명하지 않음]이라는 우선순위 결정규칙을 사용한 결과이다(EDD 규칙을 사용하는 새로운 가능성을 복습문제 3이 보여준다).

고객 순위	개시시간(일)		처리시간(일)		종료시간(일)	납기	납기 지연(일)	도착 후 경과 일수	흐름시간(일)
D	0	+	10	=	10	48	0	10	20
E	10	+	12	=	22	80	0	0	22
C	22	+	14	=	36	68	0	5	41
B	36	+	16	=	52	27	25	12	64
A	52	+	25	=	77	29	48	15	92

$$\text{평균 납기 지연} = \frac{0 + 0 + 0 + 25 + 48}{5} = 14.6\text{일}$$

$$\text{평균 흐름시간} = \frac{20 + 22 + 41 + 64 + 92}{5} = 47.8\text{일}$$

이 일정에서 평균 흐름시간은 60.2에서 47.8로 21% 줄었다. 그러나 A와 B의 납기 지연은 늘어났다.

의사결정 포인트

경영진은 두 번째 일정(b의 답)을 조금 수정해 고객 B를 처리할 때 초과근무를 활용하기로 했다. 또한 고객 A에게 사전 통보한 결과 큰 문제 없이 일정을 조정할 수 있어서 납기를 77일로 연기해 주었다.

인공지능 및 소프트웨어 지원

인공지능(AI)과 컴퓨터 기반 일정 계획 시스템은 조종사와 승무원 일정 계획 수립에 존재하는 무수한 제약과 운영상 고려사항처럼 복잡한 인력 일정 계획 문제에 대응하기 위한 도구로 활용될 수 있다. 전화 회사, 우편 주문 카탈로그 회사, 긴급 핫라인을 운영하는 기관과 같은 일부 기업에서는 연중무휴 24시간 운영을 유지해야 하며, 이로 인해 일정 계획은 더욱 복잡해진다. 일정 계획에 AI를 활용하는 방식은 AI가 일정 관리자의 과거 의사결정 패턴을 학습하고 분석한 후, 증거 기반의 결론을 도출해 자동으로 일정을 생성하도록 하는 것이다. 여기에서 핵심은 데이터의 활용이다. 일정 계획 수립 소프트웨어가 도입되면, AI는 구현 이후 축적된 과거 데이터를 분석할 수 있게 된다. 이 데이터를 기반으로 AI는 일정 계획 수립 과정 전반에서 운영상의 인사이트를 제공하고, 효율성을 제고할 수 있다.

출처: Stephan Goerlich / imageBROKER / Shutterstock

자동차 조립라인의 일정 계획 수립은 매우 복잡하며 정교한 소프트웨어의 지원이 필요하다. 독일 바이에른 잉골슈타트의 아우디 공장에서 직원이 로봇 팔을 활용해 아우디 A3의 앞좌석 시트를 조립 중이다.

인력 일정 계획 수립은 방대한 데이터가 필요한 복잡한 문제이다. 때로는 일부 직원이 파트타임 근무를 수행하기도 하며, 이는 관리자의 입장에서는 일정 유연성을 확대하는 요소지만, 동시에 일정 계획의 복잡성을 가중하는 요소이기도 하다. 유연성은 겹치는 교대 근무나 비표준 교대 근무 설계를 통해 수요 예측 부하에 근접하게 대응할 수 있는 가능성을 의미한다. 반면 복잡성은 가능한 수많은 대안 중에서 최적의 조합을 탐색해야 한다는 부담을 수반한다. 게다가 경영진은 일정을 설계할 때 점심시간 및 휴식 시간의 시간대, 교대 근무 횟수 및 시작 시간, 각 직원의 휴가 계획 등까지 함께 고려해야 한다. 이러한 요소까지 포괄적으로 다루는 것은 인간 관리자에게 지나치게 과중한 작업이 될 수 있다. 사람은 대량의 데이터를 수집하고, 이를 바탕으로 정확하고 효율적인 의사결정을 내리는 데 한계가 있다. 하지만 기계학습이 적용된 인공지능은 인력 초과 또는 부족으로 인해 발생할 예상 비용을 최소화하는 일정을 자동으로 선택할 수 있다.

소프트웨어 패키지에 탑재된 인공지능 기능은 작업장의 작업 우선순위 결정에도 적용할 수 있다. 이를 통해 기업은 고객과 공급업체 사이에서의 연계를 설계하고, 공급사슬 내에서의 상호작용을 관리할 수 있다. 고객 주문 워크플로는 필요한 자재, 제조 공정, 유통 활동과 정밀하게 동기화되어야 하며, 이를 실현하기 위해서는 복합적이고 대량의 데이터를 실시간으로 처리할 수 있는 시스템이 필요하다. 이러한 컴퓨터 기반 소프트웨어는 인터넷 기반 연결성, 강화된 데이터 저장 및 처리 능력과 결합되며, 공급사슬 전반에 걸쳐 자원을 최적화하고 일상 업무를 전략적 목표에 맞추는 것을 목표로 하는 **APS**(advanced planning and scheduling)의 발전을 이끌었다. 기업이 공급사슬을 통해 상품과 서비스를 원활하게 흐르게 유지하면서도 일정을 신속하게 조정할 수 있는 능력은 오늘날의 경쟁 환경에서 중요한 경쟁우위가 된다.

APS
공급사슬 전반에 걸쳐 자원을 최적화하고 일상 업무를 전략적 목표에 맞추는 것을 목표로 하는 컴퓨터 소프트웨어 시스템

학습목표 점검

학습목표	점검 가이드라인	온라인 자료
11.1 운영 계획 및 일정 계획 프로세스를 구성하는 각 수준별 계획을 설명한다.	'운영 계획 및 일정 계획의 수준' 절에서는 계획 계층 구조의 다양한 수준과 이들이 서로 어떻게 연관되는지를 보여준다. 이 절에는 두 가지 핵심 그림이 포함된다. 그림 11.1은 계층 구조의 최상위에 있는 판매 및 운영 계획에 대한 정보 입력을, 그림 11.2는 계획의 수준 구조를 시각적으로 보여준다.	
11.2 판매 및 운영 계획(S&OP)에 활용되는 공급 측면의 대안들을 설명한다.	관리자가 판매 및 운영 계획을 통해 수요를 충족할 수 있는 여섯 가지 방법은 '판매 및 운영 계획에 사용되는 공급 대안' 절을 참조하라.	
11.3 판매 및 운영 계획을 수립하기 위한 추종 전략과 평준화 전략을 비교한다.	'판매 및 운영 계획 전략' 절은 추종 전략과 평준화 전략, 이들과 관련된 제약 조건 및 비용, 관리자가 판매 및 운영 계획을 수립하는 데 사용하는 전반적인 프로세스를 다룬다. 그림 11.3은 판매 및 운영 계획이 어떻게 시각적으로 나타나는지를 보여준다.	Active Model Exercise: 11.1: Level Strategy OM Explorer Tutors: 11.1: Chase Strategy; 11.2: Level Strategy Tutor Exercise: 11.1: Results of ndifferent Scenarios with a Level Strategy
11.4 스프레드시트를 활용한 판매 및 운영 계획 수립 방법을 설명한다.	'스프레드시트 활용' 절에서는 S&OP에서 스프레드시트를 어떻게 활용하는지를 설명하며, 예제 11.1은 서비스 시설에서 S&OP를 수립하는 절차를 보여준다. 복습문제 1도 함께 참조하라.	OM Explorer Solver: Sales and Operations Planning with Spreadsheets OM Explorer Tutor: 11.4: Staffing Strategies with Spreadsheets
11.5 인력 및 작업장에 대한 일정을 수립한다.	'일정 계획' 절에서는 작업장의 인력 일정 수립, 간트 도표의 활용, 작업의 우선순위 도출 방법을 다룬다. 예제 11.2와 복습문제 2에서는 간트 도표를, 예제 11.3과 예제 3에서는 작업 일정 계획 수립을 참고할 수 있다.	OM Explorer Solvers: Workforce Scheduler; Single-Workstation Scheduler OM Explorer Tutor: 11.3: ndeveloping a Workforce Schedule Tutor Exercise: 11.2: Staffing for the Newest MBA Class 윈도우용 POM: Scheduling Case: Food King

핵심용어

고용 및 해고 비용(hiring and layoff cost)
고정근무제(fixed schedule)
긴급처리(expediting)
납기우선(earliest due date, EDD)
납기 지연(past due)
단축근무(undertime)
사업 계획(business plan)
생산 계획(production plan)
선입선출(first-come, first-served, FCFS)
순환근무제(rotating schedule)
연간 계획 또는 재무 계획(annual plan or financial plan)
우선순위 결정(sequencing)
우선순위 결정규칙(priority sequencing rule)
운영 계획 및 일정 계획(operations planning and scheduling)
이월 주문 및 품절 비용(backorder and stockout cost)
인력 계획(staffing plan)
인력 일정 계획(workforce scheduling)
일정 계획(schedule)
자원 계획(resource plan)
재고 유지 비용(inventory holding cost)
정규 근무시간 비용(regular time cost)
제품군(product family)
지각(tardiness)
초과근무(overtime)
초과근무 비용(overtime cost)
총괄 계획(aggregate plan)
추종 전략(chase strategy)
판매 및 운영 계획(sales and operations plan, S&OP)
평준화 전략(level strategy)
혼합 전략(mixed strategy)
흐름시간(flow time)
APS(advanced planning and scheduling system)

복습문제 1

크랜스턴 전화회사(Cranston Telephone Company)는 전화선 부설 등 여러 가지 건설 업무를 수행하는 작업자를 고용하고 있다. 이 회사는 스스로 좋은 서비스를 자랑스러워하며, 계약을 수주한 분기 내에 모두 완료하려고 노력한다.

모든 작업자는 정규 작업시간에 분기당 600시간을 근무하며, 100시간까지 초과근무를 할 수 있다. 생산부서는 다음 4분기 동안의 서비스에 필요한 인력 소요량을 다음과 같이 추정했다.

분기	1	2	3	4
수요(시간)	21,000	18,000	30,000	12,000

1인당 정규시간 임금은 600시간 근무까지 분기당 6,000달러이며(단축근무 시에도 급여 지급), 초과근무 임금은 시간당 15달러이다. 새 종업원을 한 명 고용하고 훈련시키고 적응시키는 데에는 8,000달러가 든다. 해고비용은 1인당 2,000달러이다. 크랜스턴사는 현재 종업원 40명을 고용하고 있다. 서비스 지연이나 이월 주문이 있으면 안 된다. 스프레드시트를 활용해 다음 질문에 답하라.

a. 고용과 해고만으로 추종 전략 대안을 수립하라. 총 고용 인원과 해고 인원은 얼마인가?

b. 초과근무와 단축근무에만 의존한 평준화 전략으로 충원 계획 대안을 수립하라. 성수기에 초과근무를 최대한 활용해 고용 수준과 단축근무를 최소화하라.

c. 이보다 개선된 혼합전략을 수립해보라.

d. 위 세 가지 대안의 비용을 비교하라.

풀이

a. 추종 전략의 인력은 각 분기의 수요량을 600(종업원 한 명의 한 분기 정규 작업시간)으로 나누어서 구할 수 있다. 따라서 총 20명을 고용하고 40명을 해고해야 한다. 그림 11.9는 '추종 전략'을 사용한 결과이다.

	1	2	3	4	합계
입력 값					
수요 예측	35	30	50	20	135
고용 수준	35	30	50	20	135
단축근무	0	0	0	0	0
초과근무	0	0	0	0	0
도출 값					
근무시수	35	30	50	20	135
고용	0	0	20	0	20
해고	5	5	0	30	40
산출 결과					
근무시수비용	$210,000	$180,000	$300,000	$120,000	$810,000
단축근무비용	$0	$0	$0	$0	$0
초과근무비용	$0	$0	$0	$0	$0
고용비용	$0	$0	$160,000	$0	$160,000
해고비용	$10,000	$10,000	$0	$60,000	$80,000
합계	$220,000	190,000	460,000	180,000	$1,050,000

그림 11.9 추종 전략 스프레드시트

b. 성수기인 3분기의 수요가 30,000시간이다. 각 종업원은 분기당 700시간(정규근무 600시간과 초과근무 100시간)을 일할 수 있기 때문에 단축근무를 최소화하는 평준화 전략의 인력 수준은 30,000/700 = 42.86 또는 43명이다. 이 전략에서는 1분기 초에 3명을 고용하고, 해고는 없다. 수요 소요량을 600시간으로 나누어 인원-기간-등가로 환산한다. 예를 들어 1기의 수요 21,000시간은 35인원-기간-등가(21,000/600)로 환산하고, 3기의 수요는 50인원-기간-등가(30,000/60)로 환산한다. 그림 11.10은 이 평준화 전략의 스프레드시트인데, 단축근무를 최소화한다.

	1	2	3	4	합계
입력 값					
수요 예측	35	30	50	20	135
고용 수준	43	43	43	43	172
단축근무	8	13	0	23	44
초과근무	0	0	7	0	7
도출 값					
근무시수	35	30	43	20	128
고용	3	0	0	0	3
해고	0	0	0	0	0
산출 결과					
근무시수비용	$210,000	$180,000	$258,000	$120,000	$768,000
단축근무비용	$48,000	$78,000	$0	$138,000	$264,000
초과근무비용	$0	$0	$63,000	$0	$63,000
고용비용	$24,000	$0	$0	$0	$24,000
해고비용	$0	$0	$0	$0	$0
합계	$282,000	258,000	321,000	258,000	$1,119,000

그림 11.10 평준화 전략 스프레드시트

	1	2	3	4	합계
입력 값					
수요 예측	35	30	50	20	135
고용 수준	35	35	43	30	143
단축근무	0	5	0	10	15
초과근무	0	0	7	0	7
도출 값					
근무시수	35	30	43	20	128
고용	0	0	8	0	8
해고	5	0	0	13	18
산출 결과					
근무시수비용	$210,000	$180,000	$258,000	$120,000	$768,000
단축근무비용	$0	$30,000	$0	$60,000	$90,000
초과근무비용	$0	$0	$63,000	$0	$63,000
고용비용	$0	$0	$64,000	$0	$64,000
해고비용	$10,000	$0	$0	$26,000	$36,000
합계	$220.000	210,000	385,000	206,000	$1,021,000

그림 11.11 혼합 전략 스프레드시트

c. 다음의 혼합 전략 계획은 초과근무, 고용, 해고를 이용해 비용을 줄였다. 1분기 초에 5명을 해고하고 3분기에 8명을 고용하며, 4분기에 13명을 다시 해고한다. 그림 11.11이 그 결과이다.

d. 추종 전략의 총비용은 1,050,000달러이고, 평준화 전략은 1,119,000달러이다. 시행착오로 수립한 혼합 전략의 총비용은 1,021,000달러이다. 물론 이 혼합 전략을 더 개선할 수도 있다.

복습문제 2

푸드 빈(Food Bin) 채소가게는 주 7일 24시간 영업한다. 가게 관리인 프레드 벌거는 최근에 가게 운영의 효율성과 생산성을 분석하고 있다. 벌거는 요일별로 필요한 계산원의 수를 한 달간 관찰했다. 월말이 되자 벌거는 계산원 소요 인원의 요일별 평균치를 계산했다. 그 결과 토요일과 일요일에 최고 수요가 나타났다.

요일	월	화	수	목	금	토	일
계산원 소요 인원	3	4	5	5	4	7	8

벌거는 모든 계산원에게 연휴를 보장하면서 소요 인원을 충족하는 인력 일정 계획을 수립하려고 한다.

a. 모든 계산원에게 연휴를 보장하면서 소요 인원을 만족시키는 일정 계획을 수립하라. 계산원이 몇 명 필요한가? 계산원은 무슨 요일에 휴무를 배정하든지 별로 상관하지 않는다고 하자.

b. 이 일정계획의 결과로 생기는 유휴시간을 알면 유휴시간이 있는 계산원을 다른 작업에 활용할 계획을 수립할 수 있다. 이 일정계획을 따르면 요일별로 유휴시간이 얼마인가?

풀이

a. 예제 11.2에서 설명한 방법으로 필요한 계산원의 수를 구한다. 계산원은 최소 8명이 필요하다.

	요일						
	월	화	수	목	금	토	일
소요 인원	3	4	5	5	4	7	8*
계산원 1	휴무	휴무	X	X	X	X	X
소요 인원	3	4	4	4	3	6	7*
계산원 2	휴무	휴무	X	X	X	X	X
소요 인원	3	4	3	3	2	5	6*
계산원 3	X	X	X	휴무	휴무	X	X
소요 인원	2	3	2	3	2	4	5*
계산원 4	X	X	X	휴무	휴무	X	X
소요 인원	1	2	1	3	2	3	4*
계산원 5	X	휴무	휴무	X	X	X	X

	요일						
	월	화	수	목	금	토	일
소요 인원	0	2	1	2	1	2	3*
계산원 6	휴무	휴무	X	X	X	X	X
소요 인원	0	2*	0	1	0	1	2*
계산원 7	X	X	휴무	휴무	X	X	X
소요 인원	0	1*	0	1*	0	0	1*
계산원 8	X	X	X	X	휴무	휴무	X
소요 인원	0	0	0	0	0	0	0
*최대 소요 인원							

b. (a) 결과의 요일별 계산원 근무 인원에서 계산원 소요 인원을 차감하면 다른 작업에 활용할 수 있는 종업원 유휴 인원을 알 수 있다.

	월	화	수	목	금	토	일
근무 인원	5	4	6	5	5	7	8
소요 인원	3	4	5	5	4	7	8
유휴 인원	2	0	1	0	1	0	0

이 일정계획에서 유휴 인원을 보고, 벌거는 임시직(주 5일 미만 근무)으로 일하라고 요청할 수 있는 계산원의 수를 알 수 있다. 예를 들어 계산원 7은 화요일과 토요일과 일요일에만 근무하고, 계산원 8은 화요일과 목요일과 일요일에만 근무하게 하면 유휴를 줄이게 된다.

복습문제 3

컨설팅 회사에 적체된 작업이 5개 있던 예제 11.3의 EDD 규칙을 사용해 일정을 작성하고, 평균 납기 지연과 흐름시간을 구하라. 이 문제 상황에서 EDD 규칙이 선입선출 규칙보다 나은가?

풀이

고객 순위	개시시간(일)		처리시간(일)		종료시간(일)	납기	납기 지연	도착 후 경과 일수	흐름시간(일)
B	0	+	16	=	16	27	0	12	28
A	16	+	25	=	41	29	12	15	56
D	41	+	10	=	51	48	3	10	61
C	51	+	14	=	65	68	0	5	70
E	65	+	12	=	77	88	0	0	77

EDD 일정의 평균 흐름시간과 납기 지연 일수 성과지표는

$$\text{평균 납기 지연} = \frac{0 + 12 + 3 + 0 + 0}{5} = 3.0\text{일}$$

$$\text{평균 흐름시간} = \frac{28 + 56 + 61 + 70 + 77}{5} = 58.4\text{일}$$

두 가지 지표 모두에서 EDD가 선입선출보다 나았다. 납기 지연은 3.0 대 3.4이고, 흐름시간은 58.4 대 60.2이다. 그러나 평균 흐름시간은 예제 11.3의 (b)의 일정이 47.8로 여전히 가장 좋다.

토론과제

1. 직원을 해고할 때 발생하는 비용의 유형을 나열하라. 금전적으로 추정하기 어려운 비용에는 어떤 것이 있는가? 회사가 경기 침체에 직면해 있고, 각 직원이 연간 40,000달러의 가치를 창출하며, 1명을 해고하는 데 드는 총비용이 100,000달러라고 가정하자. 1년 후 사업이 회복될 것으로 예상된다면, 이 해고는 재정적으로 정당화될 수 있는가? 해고 결정에 대한 투자 회수 기간은 어떻게 산정할 수 있는가?
2. 넷플릭스는 구독자가 온라인으로 다양한 영화, TV 시리즈, 다큐멘터리, 오리지널 콘텐츠를 스트리밍할 수 있도록 하는 인기 플랫폼이다. 많은 오리지널 시리즈는 전체 시즌 동시 공개 전략을 채택하고 있는데, 이는 전체 시즌의 모든 에피소드를 동일한 날에 한꺼번에 제공하는 것이다. 이용자는 자신의 시청 속도에 따라 시즌 전체를 감상할 수 있다. 넷플릭스가 인기 시리즈의 새로운 시즌을 공개할 때 시청자 수요가 급증할 가능성이 높다. 이러한 수요에 대응하기 위해 운영 계획의 개념이 활용될 수 있다고 생각하는가?
3. 선입선출(FCFS)과 납기우선(EDD) 규칙 각각의 장단점은 무엇인가?
4. 서비스 조직과 제조 조직에서 경영진이 우선순위 시스템에 관심을 가져야 하는 이유는 무엇인가?

연습문제

이 책을 사용하는 모든 학생은 OM Explorer, 윈도우용 POM, Active Model 소프트웨어를 사용할 수 있다. 해당 소프트웨어의 다운로드 위치와 활용 방법은 강의 담당 교수에게 문의하라. 대부분의 교수자는 학생이 직접 계산하는 방법을 이해하기를 바란다. 하지만 소프트웨어를 이용하면 계산을 확인할 수 있다. 계산이 매우 복잡하고, 의사결정 과정에서 결과를 해석하는 것이 목표인 경우 소프트웨어가 수작업 계산을 완전히 대체해도 무방하다.

판매 및 운영 계획 전략

1. 바버턴시 도로유지관리국은 바버턴시와 주변 지역의 도로 정비를 담당하고 있다. 도로 유지 관리 책임자인 비제이 굽타는 정해진 정비 일정과 시 예산에 따라 내년도 인력 배치 계획을 제출해야 한다. 굽타는 향후 4분기에 각각 6,000명, 12,000명, 19,000명, 9,000명의 인력이 필요할 것으로 예상한다. 11명의 직원 각자가 분기당 500시간을 기여할 수 있다. 급여 비용은 최대 500시간의 정규근무 시간에 대해 근로자 1인당 6,000달러의 임금이 지급되며, 초과근무 시간당 18달러의 초과근무 수당이 지급된다. 초과근무는 어느 분기이든 정규근무 시간의 20%로 제한된다. 정규근무 시간에는 단축근무가 발생하더라도 시간당 12달러가 지급된다. 근로자를 고용하는 데 드는 비용은 3,000달러, 근로자를 해고하는 데 드는 비용은 2,000달러이다. 하청은 허용되지 않는다.
   a. 초과근무와 가능한 한 최소한의 단축근무를 유지하는 수준의 인력 배치 계획을 수립하라. 초과근무는 어느 분기에서나 한도 내에서 사용할 수 있다. 계획의 총비용은 얼마이며 초과근무 시간은 얼마나 필요한가?
   b. 초과근무를 사용하지 않고 인력 수준을 변화시키는 추종 전략으로 계획을 수립하라. 이 계획의 총비용은 얼마인가?
   c. 자신만의 계획을 제안하라. 자신의 계획을 (a), (b)의 계획과 비교하고 그 상대적 장점을 논하라.
2. 한 공장에서 예상 수요를 충족하기 위해 10kg 팩으로 어묵을 생산한다. 향후 12개월 동안의 예상 수요는 다음 표를 참조하라. 이 공장은 300명의 근로자와 함께 운영되며 하루 2,400팩의 생산 능력을 갖추고 있다. 근로자는 시간당 0.5달러의 임금을 받고 하루 8시간, 한 달 평균 25일 근무한다. 초과근무 임금은 시간당 0.6달러이다. 공장은 초과근무 시간을 하루 2시간, 한 달에 10일로 제한한다. 신규 근로자를 고용하고 교육하는 데 드는 비용은 5달러이다. 해고 비용은 근로자당 6달러이다.

월	1	2	3	4	5	6	7	8	9	10	11	12
예상 수요 ('000팩)	66	56	54	77	61	69	59	63	56	67	68	85

   a. 추종 전략을 사용하는 연간 총비용은 얼마인가?
   b. 평준화 전략을 사용하는 연간 총비용은 얼마인가?
   c. 어떤 전략이 연간 총비용을 더 낮출 수 있는가?
3. 한 제조업체는 다음 표와 같이 예측된 수요를 충족하기 위해 원유를 정제한다. 이 제조업체에는 120명의 근로자가 하루 8시간씩 3교대로 근무하고 있다. 각 근로자는 평균적으로 시간당 39배럴을 생산할 수 있다. 각 근로자의 급여는 월 194달러이다. 공장은 생산물이 예상 수요를 충족하지 못할 경우 신규 근로자를 채용하지 않고 생산을 하청한다. 각 하청 근로자의 급여는 월 226달러이다.

월	3월	4월	5월
생산 일수	31	30	31
예상 수요(배럴)	1,200,500	1,349,000	1,200,500

   a. 공장에서 매월 예상 수요량과 동일한 배럴을 생산할 경우 총비용은 얼마인가?

b. 예측상 수요가 3개월 동안 각각 4%, 3%, 2% 증가한다면 총비용은 얼마인가?

4. 한 대형 음료 회사의 생산 관리자가 생산 계획을 수립하고 있다. 향후 4분기에 300ml 레모네이드의 예상 수요를 충족하기 위한 예상 생산량은 각각 180만, 230만, 320만, 270만 병이다. 공급 대안으로 예상 재고에만 의존하는 수준의 인력이 필요하다. 재고 부족과 이월 주문은 물론 초과근무와 단축근무도 피해야 한다.

a. 연간 총 예상 수요를 충족하기 위해 필요한 분기별 생산량은 얼마인가?

b. 시작 재고가 0인 경우 각 분기 말의 예상 재고는 얼마인가?

c. 향후 4분기의 실제 생산량이 각각 230만, 250만, 280만, 240만 병이 될 경우 각 분기 말의 예상 재고량은 얼마인가?

5. 커비의 경영진은 다음과 같은 판매 계획을 결정했다.

월	1	2	3	4
수요	500	800	1,000	1,400
월	5	6	7	8
수요	2,000	3,000	2,700	1,500
월	9	10	11	12
수요	1,400	1,500	2,000	1,200

종업원 한 명이 월간 10개를 생산할 수 있고, 종업원의 정규임금은 한 달에 2,000달러이며 단축근무에 상관없이 지급한다. 초과근무와 하청을 하지 않기로 노조와 계약했다. 종업원 한 명을 고용하고 교육하는 데 2,000달러가 들며, 해고비용은 500달러이다. 재고 유지에는 매월 단위당 32달러가 든다. 현재 140명의 종업원이 고용되어 있고, 예상재고는 없다.

a. 일정한 고용 수준과 예상재고만 사용하는 생산 계획을 수립하라. 연말재고는 최소화하라. 해고, 단축근무, 휴가, 하청, 이월 주문, 재고 고갈은 사용할 수 없다. 고용 수준은 1월 초에 한 번 조정할 수 있다.

b. 고용과 해고만 사용하는 추종 전략으로 생산 계획을 수립하라.

c. 1~7월까지는 일정한 고용 수준(고용 인원은 1월 초에 한 번만 조정)으로 예상재고만 사용하는 혼합전략을 적용하고, 8~12월까지는 추종 전략을 적용해 생산 계획을 수립하라.

d. 위 세 가지 생산 계획을 연간 비용을 기준으로 비교하라.

6. 그레첸 통닭집은 고등학교 근처 목 좋은 곳에 있는 패스트푸드점이다. 사장은 연간 충원 계획을 수립해야 한다. 이 가게의 메뉴는 햄버거, 칠리, 음료수, 셰이크, 튀김통닭뿐이다. 고객 1,000명을 무작위로 조사한 결과 햄버거 2,100개, 칠리 200파인트, 음료수나 셰이크 1,000개, 통닭 1,000상자를 구매했음이 밝혀졌다. 따라서 충원 소요량을 추정하기 위해 경영자는 고객 한 명이 햄버거 2.1개, 칠리 0.2파인트, 음료수나 셰이크 1개, 통닭 1상자를 구매한다고 가정했다. 햄버거 한 개를 만드는 데 노동시간이 4분 필요하며, 칠리는 3분, 음료수나 셰이크나 통닭은 2분이 필요하다. 그레첸은 현재 월 80시간 근무하는 종업원 10명을 고용해, 시차제로 교대근무시키고 있다. 정규시간 임금은 월 400달러이고, 초과근무는 시간당 7.50달러이다. 한 명을 고용하고 훈련하는 데는 250달러가 들고, 해고하는 데는 50달러가 든다.

제품 보존기한 때문에 계절 재고는 비축하지 않는다. 판매 차질을 피하기 위해 수요는 즉시 만족되어야 한다. 다음의 세 가지 전략을 고려하자.

- 초과근무와 단축근무를 사용하는 평준화 전략을 채택하되, 초과근무는 정규시간 용량의 20%까지 활용할 수 있다.
- 10명을 기본 인원으로 하고, 고용과 해고를 필요한 만큼 해 초과근무를 없앤다.
- 추종 전략을 채택하고, 수요 변화에 따라 고용과 해고로 초과근무를 없앤다.

종업원 수를 계산할 때 항상 정수로 올림한다. 또한 초과근무가 꼭 필요한 달이 아니면 개인 근무시간이 80시간을 넘지 않게 한다. 내년의 월별 예상 수요(고객 수)는 다음과 같다.

1월	3,200	7월	4,800
2월	2,600	8월	4,200
3월	3,300	9월	3,800
4월	3,900	10월	3,600
5월	3,600	11월	3,500
6월	4,200	12월	3,000

a. 내년도 서비스 소요량 계획(단위: 시간/월)을 수립하라.

b. 어떠한 전략이 가장 효과적인가?

c. 고등학교와의 협정으로 지역 신문에 광고를 하지 않고도 좋은 종업원을 고용할 수 있다고 하자. 따라서 고용비용이 50달러로 감소되는데, 이 금액은 주로 훈련 중에 태워버리는 햄버거 값이다. 비용만 고려할 때, 새로운 고용 방법이 경영자의 전략을 변화시킬 것인가? 비용 이외의 목표를 고려하면, 경영자의 전략이 바뀌어야 한다고 생각하는가?

7. 어떤 제품의 주간 수요가 급등했으며, 이 급등이 얼마나 지속될지는 알 수가 없다. 현재 인원으로 초과근무를 할 것인지, 고용/해고를 하면서 정규시간 임금만 지급할 것인지를 선택할 수 있다. 정규시간 임금은 일주일에 500달러이고 초과근무는 750달러이며, 고용비용은 2,000달러이고 해고비용은 3,000달러이다. 이런 단기 고용을 원하는 사람을 충분히 구할 수 있다고 가정하고, 이런 단기 고용 정책이 의미가 있으려면 이 수요 급등이 얼마나 지속되어야 하겠는가? (**힌트**: 손익분기점 분석을 이용하라.) w를 수요 급등이 지속될 주간의 수(손익분기점 분석의 Q 대신)라고 정의하라. **정규시간 옵션의 고정비용은 얼마이며, 초과근무 옵션의 고정비용은 얼마인가?**

판매 및 운영 계획을 위한 스프레드시트 활용

8. 세금도우미사는 다음 12개월 동안의 세무사 인력 소요량을 다음 표와 같이 예측했다. 사장은 인력 충원 계획 대안 세 가지를 수립하라고 했다.

월	1	2	3	4
수요	5	8	10	13
월	5	6	7	8
수요	18	20	20	14
월	9	10	11	12
수요	12	8	2	1

현재 종업원의 수는 10명이다. 훈련설비의 제한으로 한 달에 10명까지만 새로 고용할 수 있다. 이월 주문은 허용하지 않으며, 초과근무는 정규시간 생산용량의 25%를 초과할 수 없다. 정규시간의 한 달 임금은 1,500달러이며, 단축근무를 해도 전액 지급한다. 초과근무 임금은 정규임금의 150%이다. 고용비용은 1인당 2,500달러이며, 해고비용은 일인당 2,000달러이다.

a. 단축근무를 최소로 사용하는 평준화 전략으로 충원 계획을 수립하라. 고용 수준은 1월 초에 한 번만 조정하라.

b. 최대한 추종 전략을 이용해 신규 고용 능력 제한을 만족하고 초과근무를 최소화하는 충원 계획을 수립하라.

c. 5월까지 매월 2명을 증원하고 6~12월까지는 매월 2명씩 감원하는 혼합전략 계획을 수립하라. 이 계획은 회사의 고용과 초과근무 제약에 위배되지는 않는가?

d. 연간 총비용 관점에서 위의 세 가지 계획을 비교하라.

9. 클라이밋콘트롤사는 탐험가용 우비를 생산한다. 경영진은 판매 예측에 맞추어 생산 계획을 수립해야 한다. 이 회사는 평준화 전략이 전통이다. 직원 9명은 모두 장기 근속자라서 가족과 같다. 직원 한 명이 한 달에 우비 2,000벌을 생산한다. 현재 완제품 재고는 24,000벌 있다. 수요 예측은 다음과 같다.

월	1	2	3	4
수요	25,000	16,000	15,000	19,000
월	5	6	7	8
수요	32,000	29,000	27,000	22,000
월	9	10	11	12
수요	14,000	15,000	20,000	6,000

a. 정규 생산량과 예상재고로 수요를 만족시킬 수 없을 때에만 초과근무를 실시한다. 단, 초과근무는 정규 용량의 20% 이내로 제한한다. 재고 고갈이나 이월 주문 등의 재고 부족은 없어야 한다. 재고 고갈이 일어나는 달에만 초과근무를 하면서도 고용 수준을 평준화할 수 있는가?

b. 초과근무를 전혀 하지 않는다고 가정하자. 그 대신 고객의 협조를 구해서 이월 주문을 활용하려고 한다. 그렇지만 한 달에 이월 주문을 5,000벌 이상 발생하게 하고 싶지는 않다. 이월 주문을 5,000벌 이하로 유지하면서 고용 수준을 평준화할 수 있는가?

c. 초기 4개월 동안 초과근무로 예상재고를 비축한다고 가정하자. 단, 초과근무는 정규 용량의 20% 이내로 제한한다. 재고 고갈이나 이월 주문 등의 재고 부족은 없기를 원한다. 초기 4개월 동안만 초과근무를 하면서도 고용 수준을 평준화할 수 있는가? 그렇지 않다면 몇 월에 초과근무를 추가로 실시해야 하는가?

10. 쿨킹사는 수요의 계절성이 강한 에어컨을 생산하지만 창사 이래로 무해고정책을 유지해왔다. 경영진은 이 정책의 비용 효과를 평가하려고 한다. 경쟁이 강화되어 원가 절감 방안을 찾아야 하기 때문이다. 내년의 수요 예측치(단위: 인-월-등가)는 다음과 같다.

1월	70	5월	130	9월	110
2월	90	6월	170	10월	60
5월	100	7월	170	11월	20
4월	100	8월	150	12월	40

원가, 재고, 이월 주문 등의 자료를 인-월-등가로 표현한 자료는 다음과 같다.

정규시간 제조원가	1,500달러	고용비용	500달러/인
초과근무 제조원가	정규 제조원가의 150%	해고비용	2,000달러/인
하청 원가	2,500달러	현재의 이월 주문	10
재고 유지비용	100달러	현재 재고	0
이월 주문비용	1,000달러	희망 기말재고	0
최대 초과근무	정규 용량의 20%	현재 고용 수준	130명

기술훈련원이 공장 근처에 있어서 고용비용이 해고비용보다 싸다. 단축근무에도 정규시간과 같은 임금을 지급한다. 1년 이상 근무한 종업원 모두에게 보름 이상의 유급휴가를 준다. 현재 근무 중인 130명은 전원 내년에 이 휴가를 받을 수 있다. 다음에 답하라.

a. 공급 대안 중에서 초과근무와 단축근무와 휴가만 사용한 평준화 전략으로 운영 및 판매 계획을 수립하라. 초과근무를 최대한 이용해 단축근무를 최소화하라. 이 계획의 총비용은 얼마이며, 장점과 단점은 무엇인가?

b. 추종 전략으로 운영 및 판매 계획을 수립하라. 휴가를 언제 얼마나 줄 것인지도 판단하라.

c. 이 계획의 총비용은 얼마이며, 이 계획의 장단점은 무엇인가?

d. 평준화 전략이나 추종 전략보다 비용이 적은 운영 및 판매 계획을 수립하되, 예상재고를 비롯해 모든 공급 대안을 활용하라. 하청업체가 50인-월-등가까지 공급할 수 있다. 이 계획의 총비

용은 얼마이며, 장점과 단점은 무엇인가?

11. 클래시코사의 운영관리자인 앨리샤 대프너는 5개월 생산 계획을 위해 스프레드시트를 활용해 운영 및 판매 계획을 세우고 있다. 그녀의 처음 계획은 평준화 전략을 사용해 고용 수준을 일정하게 유지하고 다음과 같이 초과근무와 이월 주문을 이용하는 것이다. 도출 값(활용된 시간, 재고, 고용과 해고 및 관련 비용)을 계산하기 위해 입력 값을 이용하라(힌트: 예측된 수요 및 반응적 대안을 인-기간-등가로 표시하는 것을 잊지 말라).

자료			
시작 노동력	20	작업자 1인당 고용비용	10,000.00달러
기간당 작업자 임금	4,000.00달러	작업자 1인당 해고비용	20,000.00달러
초과근무 수당(%)	150%	기초재고 수준	10
기간당 하청비용	0	기초 이월 주문	0
		재고비용	100.00달러
		이월 주문비용	250.00달러

기간	1월	2월	3월	4월	5월	합계
입력 값						
예측 수요	20	30	40	30	20	140
작업자 규모	20	20	20	20	20	100
단축근무	0	0	0	0	0	0
초과근무	0	0	10	20	0	30
휴가	0	0	0	0	0	0
하청	0	0	0	0	0	0
이월 주문	0	0	10	0	0	10
도출 값						
활용시간						100
재고						10
고용						0
해고						0
산출 결과						
활용시간 비용						400,000.00달러
단축근무 비용						
초과근무 비용						180,000.00달러
휴가비용						
재고비용						1,000.00달러
이월 주문비용						2,500.00달러
고용비용						
해고비용						
하청비용						
총비용						583,500.00달러

주의: 예측된 수요와 반응적 대안을 인-기간-등가로 표시할 것

12. 제미니사는 5개월 생산 계획을 위해 스프레드시트를 활용해 운영 및 판매 계획을 세우고 있다. 모형의 제공된 입력 값을 계산하기 위해 도출 값과 산출 결과를 이용하라(힌트: 예측된 수요 및 반응적 대안을 인-기간-등가로 표시하는 것을 잊지 말라).

자료			
시작 노동력	20	작업자 1인당 고용비용	20,000.00달러
기간당 작업자 임금	2,500.00달러	작업자 1인당 해고비용	5,000.00달러
초과근무 수당(%)	150%	기초재고 수준	0
기간당 하청비용	0	기초 이월 주문	10
		재고비용	100.00달러
		이월 주문비용	250.00달러

기간	1월	2월	3월	4월	5월	합계
입력 값						
예측 수요						165
작업자 규모						130
단축근무						0
초과근무						35
휴가						0
하청						0
미납 주문						10
도출 값						
활용시간	20	20	30	30	30	130
재고	0	10	15	15	0	40
고용	0	0	10	0	0	10
해고	0	0	0	0	0	0
산출 결과						
활용시간 비용	50,000.00달러	50,000.00달러	75,000.00달러	75,000.00달러	75,000.00달러	325,000.00달러
단축근무 비용						
초과근무 비용			56,250.00달러	37,500.00달러	37,500.00달러	131,250.00달러
휴가비용						
재고비용		1,000.00달러	1,500.00달러	1,500.00달러		4,000.00달러
이월 주문비용					2,500.00달러	2,500.00달러
고용비용			20,000.00달러			20,000.00달러
해고비용						
하청비용						
총비용	50,000.00달러	51,000.00달러	152,750.00달러	114,000.00달러	115,000.00달러	482,750.00달러

주의: 예측된 수요와 반응적 대안을 인-기간-등가로 표시할 것

인력 및 작업 일정 계획

13. 마이클 유통센터의 경영자 제럴드 글린은 데이터베이스를 검토한 후에 일용직 하역부의 일별 소요량을 결정했다. 이 센터는 주 7일 운영하며 일용직 하역부의 일별 소요 인원은 다음과 같다.

요일	월	화	수	목	금	토	일
소요 인원	6	3	5	3	7	2	3

최소 고용 인원을 구하라. 소요량을 충족하면서 모든 하역부에게 주당 1회의 연휴를 보장하는 인력 일정 계획을 수립하라. 동률이 일어나면 토요일-일요일에 우선권을 부여하라.

14. 카라 라이더는 대규모 스키리조트의 스키학교를 관리하고 있는데 강사들의 일정 계획을 수립하려고 한다. 강사들은 급여가 작으며 숙박비와 식비를 벌 정도만 일을 한다. 강사들은 무료로 스키를 탈 수 있으며 자유시간에는 주로 악명 높은 더블 블랙다이아몬드 슬로프에서 연습한다. 따라서 강사들은 주 4일 근무한다. 이 스키학교에서 개설하는 강습 패키지 중에 4일짜리 초보자 강습이 있다. 라이더는 강습자 한 그룹을 4일 동안 같은 강사에게 배당하고 싶어 한다. 따라서 강사들은 4일간 연속근무하고 3일간 연휴를 갖게 된다. 수요 예측에 관한 다년간의 경험으로 다음 달의 강사 소요 인원을 다음과 같이 추정했다.

요일	월	화	수	목	금	토	일
소요 인원	7	5	4	5	6	9	8

a. 강사를 몇 명이나 고용할 필요가 있는가? 연휴는 토요일-일요일에 우선권을 부여하라(힌트: 3일간 소요량이 최소치인 것을 찾아라).

b. 각 강사별 작업계획을 수립하라. 요일별 여유 능력은 얼마인가?

15. 중동 지역의 한 석유 및 천연가스 회사는 유전 및 탐사 현장으로의 항공 운송을 위해 자체 항공기와 정비 인력을 보유하고 있다. 정비사는 주 5일 근무하고, 2일 연속 휴무를 가진다.

요일	월	화	수	목	금	토	일
소요 인원	9	9	8	8	9	2	2

a. 해당 요건을 충족하는 데 필요한 최소 정비사 수를 구하라. 토요일-일요일 휴무 조합을 우선한다.

b. 각 정비사의 근무 일정을 지정하고, 요일별로 발생하는 여유 인원을 구하라.

c. 항공 부서에서 신규 항공기를 구입한 후 소요 인원이 월요일부터 일요일까지 10, 9, 9, 9, 11, 2, 5로 조정되었다. 이 경우에도 동일한 근무조건(주 5일 근무, 2일 연속 휴무)하에서 필요한 최소 정비사 수를 계산하고, 일정에 따른 일별 여유 인원을 계산하라.

16. 리틀식스 회계사무실은 납세기간 동안의 요일별 작업량을 다음과 같이 예측하고 있다.

	요일						
	월	화	수	목	금	토	일
개인소득세 신고	24	14	18	18	10	28	16
법인세 신고	16	10	12	15	24	12	4

회계사 한 명이 법인세 신고 1건을 처리하려면 4시간이 걸리고, 개인소득세 신고에는 90분이 걸린다. 납세기간 동안에 회계사는 하루 10시간까지 근무할 수 있다. 그러나 회계사가 주 5일 이상 근무하면 실수가 너무 많아져서 곤란하다.

힌트: x_i를 각 작업일정에 근무하는 인원이라고 하자. 즉 x_1은 화요일-토요일에 근무하는 인원이다.

a. 선형계획모형을 활용해 효율적이고 효과적인 작업일정을 수립하라.

b. 경영진이 주말 근무자에게 차등 급여를 지급하기로 했다. 회계사의 주급은 1,200달러인데, 추가급여를 토요일 근무자에게는 100달러, 일요일 근무자에게는 150달러씩 지급한다. 수요를 충족하면서도 비용을 최소화하는 일정 계획을 수립하라.

c. 금요일, 토요일, 일요일에 임시직 회계사 3명을 800달러에 고용할 수 있다고 가정하면 이들을 비용 효과적으로 활용할 수 있겠는가?

17. 일용직 하역부의 인력 일정계획을 다루는 13번 문제를 다시 생각하자. 모든 인부는 일주일에 3일만 연속 근무한다고 하자. 인력 일정계획 문제의 해결 방안을 제안하라. 단, 목적은 여유 인원을 최소화하는 것이다. 최소한의 하역부는 몇 명이고, 하역부별 일정 계획은 어떻게 되는가?

힌트: x_i를 각 3일 일정에 근무하는 인원이라고 하자. 즉 x_1은 화요일-목요일에 근무하는 인원이다.

18. 히코리사는 나무책상을 제작한다. 가장 인기 있는 모델의 주문적체를 해소하려고 매 주말 초과근무를 실시하고 있다. 책상 모퉁이를 자르는 곳에서 자동운반 로봇을 사용하고 있다. 자동운반 로봇은 다음 주문을 처리할 일정 계획을 수립해야 한다. 납기는 다음 공정으로 넘어가야 하는 시간을 의미한다.

주문	주문 도착 후 경과시간(시간)	추정 기계시간 (시간)	납기 (남은 시간)
1	6	10	12
2	5	3	8
3	3	15	18
4	1	9	20
5	0	7	21

a. 선입선출 규칙과 EDD 규칙을 사용해 일정 계획을 작성하라. 평균 흐름시간과 납기 지연을 근거로 두 일정 계획을 비교하라.

b. 위 지표를 보고 두 규칙의 성과에 대한 의견을 제시하라.

19. 웹사이트를 설계하는 회사에 적체된 고객 5명이 있다. 주문이 도착한 날짜, 처리시간, 납기는 다음 표에 있는데, 도착순으로 정렬되어 있다. 다섯 가지 작업 모두 오늘(190일) 시작할 준비가 되어 있다.

주문	주문 도착 후 경과시간(일)	기계시간 (일)	납기 (남은 날짜)
A	10	20	26
B	8	12	50
C	6	28	66
D	3	24	58
E	2	32	100

a. 선입선출 규칙과 EDD 규칙을 사용해 일정 계획을 작성하라. 평균 흐름시간과 납기 지연을 근거로 두 일정 계획을 비교하라.

b. 위 지표를 보고 두 규칙의 성과에 대한 의견을 제시하라. 어느 일정 계획이 나은가? 이유는 무엇인가?

20. 모리 공업사는 오늘(23일) 오전 8시부터 병목 공정이 처리해야 할 작업이 5개 있다. 주문이 도착한 날짜, 처리시간, 납기는 다음 표에 있는데, 도착순으로 정렬되어 있다.

작업	주문 도착 시점(일)	처리시간(일)	납기(남은 날짜)
A	11	10	22
B	10	8	13
C	8	4	19
D	6	4	16
E	1	3	30

a. 선입선출 규칙과 EDD 규칙을 각각 사용해 일정 계획을 작성하라. 평균 흐름시간과 납기 지연을 근거로 두 일정 계획을 비교하라.

b. 여러분의 판단에는 어느 일정 계획이 나은가? 이유는 무엇인가?

Active Model 연습문제

다음 질문은 OM Explorer에서 제공되는 Active Model 11.1 '평준화 전략' 시뮬레이션을 통해 탐색할 수 있는 시나리오들이다. 이를 통해 일정한 규모의 인력을 조정할 경우 어떤 효과가 발생하는지를 평가할 수 있다.

문제

1. 각 주기에서 동일한 수의 작업자를 사용할 때, 근로자 수가 15명에서 증가하면 어떤 변화가 생기는가?
2. 동일한 방식으로 근로자 수가 15명에서 감소하면 일정에 어떤 영향을 미치는가?
3. 근로자 1인을 채용하는 데 드는 비용이 1,100달러라고 가정하자. 이때 근로자 수를 증가시키는 것이 계획에 어떤 영향을 줄 수 있는가?
4. 초과근무 비용이 3,300달러로 설정되어 있다면, 근로자 수를 증가시키는 것이 계획의 총비용에 어떤 변화를 유도할 수 있는가?
5. 초과근무 비용이 정규근무 비용과 동일한 수준(유급 초과근무)이라고 가정할 경우, 모든 월별 수요를 충족하면서도 가장 많은 근로자를 유지할 수 있는 최적 인원수는 몇 명인가?
6. 초과근무 가능 비율이 30%로 증가할 경우, 각 월의 수요를 충족하기 위한 최소 근로자 수는 얼마인가?

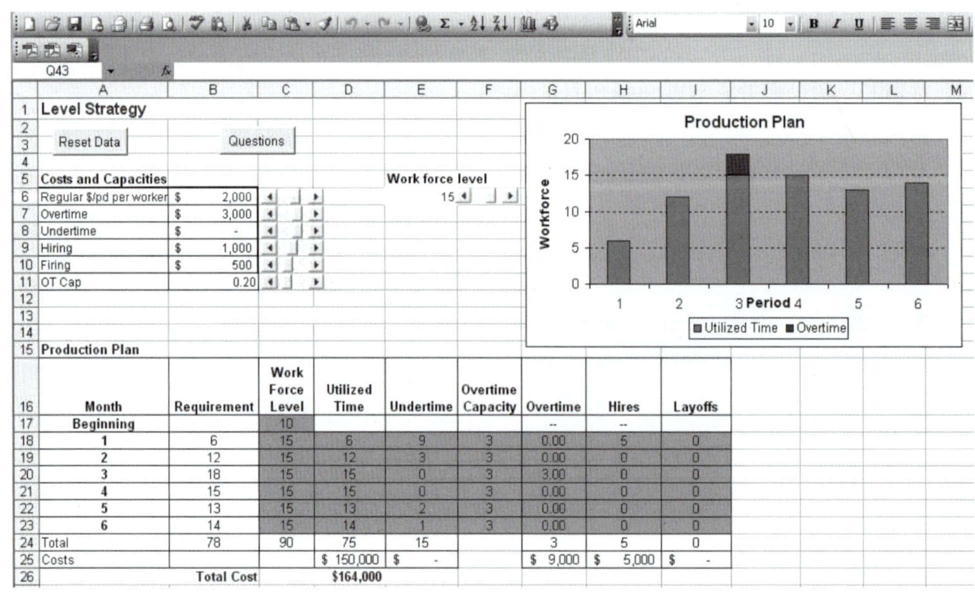

Month	Requirement	Work Force Level	Utilized Time	Undertime	Overtime Capacity	Overtime	Hires	Layoffs
Beginning		10				--	--	
1	6	15	6	9	3	0.00	5	0
2	12	15	12	3	3	0.00	0	0
3	18	15	15	0	3	3.00	0	0
4	15	15	15	0	3	0.00	0	0
5	13	15	13	2	3	0.00	0	0
6	14	15	14	1	3	0.00	0	0
Total	78	90	75	15		3	5	0
Costs			$ 150,000	$ -		$ 9,000	$ 5,000	$ -
	Total Cost		$164,000					

사례 연구 메모리얼 병원

메모리얼 병원(Memorial Hospital)은 노스캐롤라이나주 서쪽 산맥에 있는 265병상 규모의 지역 병원이다. 이 병원의 임무는 애시카운티(Ashe County)와 인근 6개 카운티의 주민에게 좋은 의료 서비스를 제공하는 것이다. 이 임무를 달성하기 위해 병원의 최고경영진은 세 가지 목표를 설정했다. (1) 고객만족도를 향상하기 위해 고객 서비스를 최대화한다. (2) 경쟁력 유지를 위해 비용을 최소화한다. (3) 지역 고용 안정을 위해 고용 인력 수준을 안정시킨다.

간호사 충원 계획과 일정 계획을 위해 병원을 8개의 주요 병동으로 나누어 운영한다. 표 11.3에는 병상 수, 환자/간호사 목표 비율, 평균 입원 환자 수 등의 병동 현황이 나타나 있다. 최근 몇 년간 인근 7개 카운티의 인구는 늘었는데, 이 병원의 서비스 수요는 거의 늘지 않고 있다. 그 원인은 인근 지역 병원 간의 경쟁이 심해지고 건강관리업체(HMOs) 등의 대체 의료시설이 늘었기 때문이다. 메모리얼 병원의 수요는 계절이나 병동별로 차이가 크다. 표 11.4는 각 병동의 월별 일평균 환자 수이다.

이 병원의 수간호사인 달린 프라이(Darlene Fry)는 매년 가을에 그다음 해의 간호사 충원 계획을 수립하는 데 어려움을 겪고 있다. 지난 몇 년간 간호사 수요는 일정했지만, 업무정책과 급여구조와 임시간호사 수급 상황과 인건비의 변화 때문에 충원 계획이 바뀌고 있다. 프라이는 가을이 오면 내년도 충원 계획에 필요한 자료를 수집한다.

이 병원의 간호사들은 하루 10시간씩 주 4일 근무한다. 직급에 상관없이 간호사 평균 정규시간 임금을 구하면 시간당 12달러이다. 필요에 따라 초과근무 계획을 수립할 수도 있으나, 간호사의 업무가 과중하기 때문에 제한적으로 활용해야 한다. 즉 하루 최대 12시간, 주 최대 5일까지만 근무한다. 초과근무 수당은 시간당 18달러이다. 성수기에는 임시직 간호원을 제한적으로 활용할 수 있으며, 임금은 시간당 15달러이다. 메모리얼 병원은 정책적으로 임시직 간호사가 전체 간호사의 15%를 넘지 못하게 하고 있다.

좋은 간호사를 찾아서 고용하고 장기근속하게 하는 것이 병원이 당면한 문제이다. 개인병원이 고임금과 자유시간으로 간호사를 유혹하기 때문이

표 11.3 변동규모 자료

병동	병상 수	환자/간호사	환자 수*
중환자실	20	2	10
심장병동	25	4	15
산부인과	30	4	10
소아과	40	4	22
외과	5	†	†
수술 후 조치	15	5	8 (T-F 일수 환산치)‡
응급실	10	3	5 (일수 환산치)‡
일반병동	120	8	98

* 1년간 수요를 하루 평균치로 환산한 값임.
† 외과 간호사 20명이 고용되어 있으며, 정기 외과수술은 화요일과 금요일에 있다. 이때 수술실(침상)당 하루 5건의 수술이 가능하다. 응급수술은 필요에 따라 일정을 잡는다.
‡ 이 병동의 간호사 일정계획에는 일수 환산치를 사용하는데, 이유는 이 병동은 환자가 금방 지나가 버리기 때문이다. 일수 환산치가 5이면 하루 평균 5명의 환자가 이 병동에서 치료를 받음을 의미한다.

표 11.4 월별 일평균 환자 수

병동	1월	2월	3월	4월	5월	6월	7월	8월	9월	10월	11월	12월
중환자실	13	10	8	7	7	6	11	13	9	10	12	14
심장병동	18	16	15	13	14	12	13	12	13	15	18	20
산부인과	8	8	12	13	10	8	13	13	14	10	8	7
소아과	22	23	24	24	25	21	22	20	18	20	21	19
외과*	20	18	18	17	16	16	22	21	17	18	20	22
수술 후 조치†	10	8	7	7	6	6	10	10	7	8	9	10
응급실†	6	4	4	7	8	5	5	4	4	3	4	6
일반병동	110	108	100	98	95	90	88	92	98	102	107	94

* 화요일과 목요일의 하루 평균 수술 건수
† 일수 환산치
출처: 이 사례는 웨이크포레스트대학교의 브룩 살라딘(Brooke Saladin) 박사가 수업 중 토론을 위한 기초 자료로 준비한 것이다.

다. 그래서 메모리얼 병원은 정규직 간호사에게 근무시간이 부족해도 주 30시간까지는 임금을 지급하고 있다. 또한 매년 4주간의 유급휴가를 준다. 그러나 기간별 간호수요 예측치를 감안해 바쁜 기간의 휴가는 인정하지 않고 있다.

현재 외과 간호사 20명을 포함해 간호사 130명을 고용하고 있다. 외과 간호사를 제외한 110명은 나머지 7개 병동에 배치한다. 인사과의 자료에 따르면 정규직 간호사 1명의 고용비용은 400달러이고 해고비용은 150달러이다. 해고를 활용할 수도 있으나, 병원의 기본 정책은 인력 평준화이다.

프라이는 모아놓은 자료를 검토한 뒤, 외과병동 간호사의 인원은 적정하다고 판단하고 나머지 병동의 인원을 조정하려고 한다.

문제

1. 프라이가 병원 간호사 충원 계획을 수립할 때 활용할 수 있는 대안들을 제시하라. 각 대안은 최고경영진이 선언한 목표를 얼마나 만족시키는가?
2. 현재의 자료를 근거로 간호사 충원을 제안하라. 제시한 계획의 논리적 근거를 설명하라.

출처: 이 사례는 웨이크포레스트대학교의 브룩 살라딘(Brooke Saladin) 박사가 수업 중 토론을 위한 기초 자료로 준비한 것이다.

비디오 사례 팰리세이즈 타호의 운영 계획 및 일정 수립

시에라네바다산맥은 험준하고 장엄하며 경관이 뛰어나다. 이 지역에 위치한 세계적 수준의 스키 리조트 팰리세이즈 타호(Palisades Tahoe)는 와쇼족(Washoe Tribe)의 선조들이 거주하던 올림픽 밸리 근처에 자리하고 있으며, 이러한 자연적 요소들의 조합이 바로 이곳을 찾는 수천 명의 모험가에게 연중 잊지 못할 경험을 제공하면서도 환경을 존중해야 하는 과제를 도전적이면서도 가치 있는 일로 만든다. 이 지역에는 한 시즌 동안 평균 400인치 이상의 눈이 내리며, 6,000에이커에 달하는 스키를 탈 수 있는 산악 지형이 펼쳐져 있다. 과거 동계올림픽이 열렸던 이 리조트는 겨울철 리프트 운영, 스키 및 스노보드 교실, 식음료 매장, 소매점, 숙박 시설 등 다양한 서비스를 제공한다.

이 외에도 월드컵 경기, 음악 축제, 산악 스키 및 스노보드 강습, 야간 눈썰매, 가이드와 함께하는 산악 모험 등 계절별로 특별한 이벤트가 열린다. 여름철에는 야외 콘서트, 하이킹, 자전거 타기, 야외 식사가 중심이 된다. 대부분의 운영은 끊임없이 변화하는 날씨의 영향을 받는다. 그럼에도 불구하고 팰리세이즈 타호는 운영 계획 및 일정 계획 과정을 통해 날씨 변화에 철저히 대비하고 있다. 사장이자 최고운영책임자(COO)인 디 번(Dee Byrne)은 다음과 같이 말한다. "전 세계에서 찾아오는 방문객과 자연의 아름다움을 함께 나누고자 하는 우리의 열정은 모든 고객의 기대를 충족시켜 그들이 다시 이 특별한 장소를 찾아와 친구와 가족과 함께 새로운 추억을 만들 수 있도록 하는 원동력이 됩니다."

본문에서 설명한 바와 같이 운영 계획 및 일정 계획은 가치 창출 행위로서의 운영 활동 중 '고객 수요 관리'에 속한다. 리조트 서비스에 대한 수요 예측이 완료되어야만 서비스와 인력 수준에 대한 계획 수립이 가능하다. 팰리세이즈 타호의 경우 수요 예측은 봄에 시작되며, 각 부서의 과거 실적 데이터와 콜로라도 덴버에 본사를 둔 모회사 알테라(Alterra)의 상위 전략 지침을 바탕으로 한다. 이후 팰리세이즈 타호의 각 사업부 관리자가 예산 수립 과정을 시작해 부서별 수요 예측을 작성하고, 이를 전체 리조트 예측으로 통합하는 방식으로 이루어진다. 6월이 되면 다음 회계연도(8월 시작)를 위한 예측과 예산이 확정된다.

연간 예측 활동이 완료되면 각 부서의 관리자는 승인된 목표치를 바탕으로 자신들의 예측을 운영 계획과 인력 계획으로 구체화한다. 연간 예측의 약 90%는 겨울 시즌 운영에 집중되며, 약 2,600명의 직원 대부분이 계절별 근무 일정에 따라 근무한다. 100개가 넘는 다양한 부서가 있으며, 겨울철 스키 교실·리프트·산악 운영 부서부터 분실물 보관소, 여름철 트램, 산악 안내, 유니폼 수선 인력을 포함한 유니폼 서비스 부서 등 비교적 덜 알려진 분야까지 다양하다.

팰리세이즈 타호는 아름다운 자연 경관을 자랑하며, 매년 수천 명의 손님이 다양한 여름과 겨울 액티비티를 즐기기 위해 찾아온다.

용량 제약과 비상 계획 또한 예측의 일부로 포함된다. 주차 공간은 제한적이며, 성수기에는 리프트 대기열이 혼잡해질 수 있다. 시에라네바다 지역의 날씨와 바람은 급변할 수 있으며, 이는 곤돌라, 리프트, 트램의 운영 중단을 초래할 수 있다. 예를 들어 겨울철 강풍이 산 능선을 강하게 휘몰아칠 경우 고지대 리프트는 '강풍으로 인한 보류(wind hold)' 상태로 전환된다. 이때 스키 순찰대는 손님들이 안전하게 산 정상에서 하산할 수 있도록 지원해야 한다. 고지대 리프트가 중단되면 셔틀버스를 통해 리조트 내 각 구역을 연결해 손님을 이동시킨다. 상당수의 손님이 이때 리조트 마을의 소매점과 식음료 매장으로 이동해 남은 시간을 즐기기도 한다.

스키 및 스노보드 교실 운영은 일반적으로 11월 말부터 5월 말까지 이어지며, 채용은 여름 동안 이루어지고, 수강생 모집은 늦가을에 진행된다. 식음료 부서와 같은 다른 직원들은 조용한 산악 환경에서 휴식과 레저를 즐기러 오는 손님을 위해 연중 내내 근무한다. 부지 내에 위치한 3개의 오두막(lodge)

에서 일하는 직원도 마찬가지이다.

겨울철 리프트 운영 인력은 계절에 따라 달라지며, 주로 미국과 계절이 반대인 남반구의 해외 국가에서 온다. 팰리세이즈 타호는 이 인력 확보를 위해 전 세계의 다양한 겨울 리조트와 경쟁하며, 겨울 시즌에 적합한 인력을 유치하기 위해 주거 지원과 같은 다양한 수단을 고려해야 한다. 국제 채용은 적절한 서류 및 비자 절차가 이루어지도록 각국 대사관과 영사관의 도움을 받아 진행된다.

방문객의 모든 접점은 운영 부서에서 계획하고 지원하며 일정화해야 한다. 예를 들어 매출에 대한 영업 및 마케팅 예측은 식음료팀에 전달되어 레스토랑 및 바 운영을 위한 재료 주문과 인력 배치 수준을 결정하는 데 활용된다. 소매점 역시 어떤 종류의 의류와 야외 장비를 얼마나 구비할지, 몇 명의 직원이 필요한지를 파악해야 한다. 여기에 결혼식, 음악 축제, 지구의 날 행사, 월드컵 경기와 같은 특별 행사가 더해지면 리조트 전반에 걸쳐 예상 수요에 맞춘 인력 조정이 필요해진다.

스키 및 스노보드 교실 관리자는 레슨 및 장비 대여 수요 예측을 바탕으로 계절별 강사 채용 계획을 수립한다. 유지보수 관리자는 제설차, 리프트, 건물, 발전소 등 모든 시설과 장비가 최상의 상태를 유지하도록 전기 기술자와 정비사를 고용해 점검을 수행해야 한다. 리조트 서비스 부문 수석 부사장인 마이크 드그로프(Mike DeGroff)는 다음과 같이 말한다. "예측과 계획은 준비와 일정 수립에 도움이 되지만, 날씨와 바람이 바뀔 경우 하루 단위는 물론 분 단위로 민첩하게 대응하고 유연성을 발휘할 수 있는 능력이 절대적으로 중요합니다."

겨울 시즌이 시작되면 방문객에 대한 주간 및 일일 수요 예측에 따라 일정과 운영이 유연하게 조정되며, 적시 적소에 적절한 인력이 배치될 수 있도록 한다. 겨울철에는 맑고 화창한 주말 하루가 리프트 티켓 전량 매진과 주차장 만차를 의미할 수 있다. 주차 요원은 차량을 통제하고, 매표소 직원은 전원 근무하며, 스키 강사 인력이 추가 배정되어 예약된 강습을 소화하고, 모든 슬로프가 개방될 수 있도록 리프트 운영 인력이 각 리프트에 배치된다. 동시에 스키 순찰대나 정비 인력과 같은 산악 운영 요원이 다양한 수준의 스키어와 스노보더를 위해 슬로프가 안전하고 준비된 상태를 유지하도록 관리한다. 새로 눈이 내리는 날은 신선한 눈과 길이 없는 슬로프를 찾는 방문객이 급증해 당일 산악 서비스에 대한 수요가 급격히 증가한다.

예상할 수 있듯이 인사 부서는 운영 계획 및 일정 계획 과정에 적극적으로 참여하고 있다. 이 부서는 모든 사업 부문에 걸쳐 다양한 직무에 적합한 인재가 채용 후보군에 꾸준히 유입될 수 있도록 관리한다. 계절제, 시간제, 정규직을 막론하고 상시 채용 공고는 공식 웹사이트, 링크드인(LinkedIn), 메타(Meta), 그 외 여러 소셜 미디어 채널을 통해 확인할 수 있다.

운영 계획과 일정이 수립되면 팰리세이즈 타호의 관리자들은 일일 직원 근무 일정을 생성하고 관리해 서비스 수준과 매출 목표가 달성되도록 한다. 매일 아침, 각 사업 부서장에게는 예상된 활동과 실제 활동 간의 차이를 모니터링할 수 있도록 상세한 엑셀 보고서가 전송된다. 또한 리조트의 재무 담당 이사는 주간 및 월간 보고서를 통해 예측치와 비교한 운영 현황을 확인할 수 있는 대시보드도 제공한다.

본문에서 언급한 바와 같이 인력 계획에는 두 가지 전략이 있다.

1. 추종 전략: 수요 패턴에 맞춰 직원을 고용하고 다시 해고하는 방식이다. 팰리세이즈 타호에서는 수백 명의 시간제 및 계절제 근로자가 이 전략에 따라 근무하고 있다.
2. 평준화 전략: 인력을 일정하게 유지하면서 수요 변화에 따라 초과근무, 휴가, 유급휴일 등을 조정하는 방식이다. 이 전략은 연중 근무하는 관리자나 연봉직 직원에게 더 일반적이다. 예를 들어 팰리세이즈 타호에서 월드컵 스키 대회와 같은 특별 행사가 열릴 때는 해당 행사를 위해 특별히 훈련된 인력을 별도로 투입한다.

팰리세이즈 타호를 방문하는 고객들은 잊지 못할 산악 체험에 대한 기대감으로 도착하지만, 운영이 원활하게 유지되기 위해 무대 뒤에서 어떤 준비가 이루어지는지 생각하는 이는 거의 없다. 그러나 각 운영 부서의 관리자들은 그들의 세심한 계획 수립과 일정 관리가 장대한 산악 경험의 꿈을 현실로 만드는 데 큰 역할을 하고 있다는 것을 잘 알고 있다.

문제

1. 그림 11.1을 참조해서 팰리세이즈 타호의 판매 및 운영 계획에 포함될 수 있는 투입 요소에는 어떤 것이 있는지 설명하라. 6개 기능 영역 각각의 관리자 관점에서 고려하라.
2. 팰리세이즈 타호는 계절 및 다양한 운영 활동을 고려할 때 어떤 인력 계획 문제에 직면할 수 있는가? 겨울과 여름, 일상 운영과 특별 행사 간의 차이 그리고 표 11.2에서 제시된 비용을 고려하라.
3. 팰리세이즈 타호가 운영 및 일정 계획을 모니터링하고 통제하는 데 있어 빅데이터(9장 '예측' 참조)를 어떻게 효과적으로 활용할 수 있을지 설명하라.

C 선형계획법

많은 비즈니스 상황에서 자원은 제한적이고, 그에 대한 수요는 높다. 예를 들어 제한된 수의 차량으로 여러 고객을 방문하는 운행 일정을 계획해야 할 수도 있고, 가능한 한 적은 인력으로 변화하는 수요를 충족할 수 있는 근무 계획을 수립해야 할 수도 있다. 이 보론에서는 이러한 문제를 해결하는 데 유용한 기법인 **선형계획법**(linear programming)을 소개한다. 선형계획법은 제한된 자원을 여러 경쟁 수요에 어떻게 배분할지를 결정하는 데 사용된다. 여기서 자원은 시간, 돈, 재료 등이 될 수 있으며, 이들을 제약하는 조건은 제약 조건이라고 한다. 선형계획법은 관리자가 자원을 가장 효율적으로 배분할 수 있는 최적해를 찾도록 도와주며, 추가 자원의 가치에 대한 정보도 함께 제공한다.

학습목표

- C.1 선형계획법 모형의 일곱 가지 특성을 이해한다.
- C.2 선형계획법 모형을 수립한다.
- C.3 2개 변수로 구성된 선형계획법 모형의 최적해를 그래프 해법을 통해 도출한다.
- C.4 컴퓨터 프로그램을 활용해 선형계획법 문제를 해결한다.
- C.5 판매 및 운영 계획(S&OP) 문제에 수송법을 적용한다.

선형계획법 모형의 특성

C.1 선형계획법 모형의 일곱 가지 특성을 이해한다.

운영 및 공급사슬 관리 문제를 선형계획법으로 해결하는 방법을 살펴보기 전에, 모든 선형계획법 모형이 공통으로 갖는 일곱 가지 특성을 먼저 이해해야 한다. 이 일곱 가지 특성은 (1) 목적함수, (2) 의사결정변수, (3) 제약 조건, (4) 실행가능영역, (5) 매개변수, (6) 선형성, (7) 비음성이다.

선형계획법
경쟁 수요에 따라 제한된 자원을 배분하는 데 유용한 기법

목적함수

선형계획법은 최적화를 위한 기법이다. 하나의 **목적함수**(objective function)는 이익이나 현재 가치처럼 최대화하고자 하는 항목, 또는 비용이나 폐기량처럼 최소화하고자 하는 항목을 수학적으로 표현한다. 목적함수는 다양한 해의 상대적 매력을 판단하는 기준이 된다.

목적함수
선형계획법 모형의 표현식으로, 무엇이 최대화되거나 최소화되는지를 수학적으로 표현함

의사결정변수

선형계획법 모형을 풀면 의사결정변수의 최적값을 구할 수 있다. **의사결정변수**(decision variables)는 의사결정자가 통제할 수 있는 선택사항을 나타낸다. 예를 들면 다음 달에 생산해

의사결정변수
의사결정자가 통제할 수 있는 선택사항을 나타내는 변수

야 할 제품의 수량이나 다음 달에 보유할 재고 수준 등이 이에 해당한다. 선형계획법은 의사결정변수가 연속형이라는 가정을 전제로 한다. 다시 말해 이 변수들은 정수일 필요가 없으며 분수 값도 가능하다. 이는 의사결정변수가 달러나 시간, 혹은 다른 연속적인 단위로 표현되는 경우 현실적인 가정이다. 의사결정변수가 근로자 수, 책상 수, 트럭 수처럼 분할이 불가능한 항목을 나타낼 때도 선형계획법 해의 값을 반올림해 제약 조건을 위반하지 않는 선에서 실용적인 해로 사용할 수 있다. 또는 **정수계획법**(integer programming)이라는 좀 더 정교한 기법을 사용할 수도 있다.

제약 조건

의사결정변수의 가능한 선택 범위를 제한하는 요소를 **제약 조건**(constraint)이라 한다. 각각의 제약 조건은 수학적으로 이하(≤), 같음(=), 이상(≥) 세 가지 형태 중 하나로 표현될 수 있다. ≤ 제약 조건은 의사결정변수의 어떤 함수에 대해 상한을 설정하며, 주로 극대화 문제에 사용된다. 예를 들어 ≤ 제약 조건은 서비스를 받을 수 있는 최대 고객 수나 기계의 용량 한도를 명시할 수 있다. = 제약 조건은 해당 함수가 어떤 값과 정확히 같아야 함을 의미한다. 예를 들어 특정 제품이 정확히 100단위(99도 아니고 101도 아님) 생산되어야 하는 경우가 여기에 해당한다. = 제약 조건은 다음과 같은 필수 관계를 나타낼 때 자주 사용된다: 기말 재고는 항상 기초 재고에 생산량을 더한 후 판매량을 뺀 값과 같아야 한다는 식이다. ≥ 제약 조건은 어떤 함수에 대해 하한을 설정한다. 예를 들어 어떤 제품의 생산량이 수요보다 같거나 많아야 한다는 제약이 이에 해당한다.

실행가능영역

실행가능영역
선형계획법 모형에서 의사결정변수의 모든 허용 가능한 조합을 나타내는 영역 의미한다.

모든 선형계획법 문제에는 하나 이상의 제약 조건이 존재한다. 이러한 제약 조건들을 종합하면 **실행가능영역**(feasible region)이 정의되며, 이 영역은 의사결정변수의 가능한 조합 중 제약 조건을 모두 만족하는 해들의 집합을 나타낸다. 드물게는 제약 조건이 지나치게 엄격해 가능한 해가 하나만 존재하거나 아예 존재하지 않는 경우도 있다. 그러나 일반적으로 실행가능영역은 의사결정변수가 연속 값을 가질 수 있다는 가정하에 무수히 많은 가능한 해를 포함한다. 의사결정자는 이 영역 안에서 가장 좋은 해, 즉 최적해를 찾아야 한다.

매개변수

매개변수
의사결정자가 통제할 수 없으며, 해법이 실행된 이후에도 변하지 않는 값

목적함수와 제약 조건은 의사결정변수와 매개변수의 함수로 표현된다. **매개변수**(parameter)는 **계수**(coefficient) 또는 **주어진 상수**(given constant)라고도 하며, 의사결정자가 통제할 수 없고 해가 적용된 이후에도 변하지 않는 값이다. 각 매개변수는 확실하게 알려져 있다고 가정된다. 예를 들어 소프트웨어 프로그래머가 프로그램을 실행하는 데 정확히 30분이 걸린다는 사실을 알고 있는 경우, 그 30이라는 값이 매개변수다.

선형성

선형성
선형계획 모형의 특성 중 하나로, 모든 관계가 비례성과 가산성에 기반해야 하며, 의사결정변수들 간의 곱이나 제곱 같은 항이 포함되어서는 안 된다는 개념

목적함수와 제약 조건은 선형이라고 가정한다. **선형성**(linearity)은 비례성과 가산성을 의미하며, 의사결정변수 간의 곱셈(예: $10x_1x_2$)이나 거듭제곱(예: x_1^3) 같은 항이 없어야 한다. 예를 들어 두 종류의 제품을 생산했을 때 얻게 되는 이익이 x_1과 x_2라는 의사결정변수로 표현되고, 이익이 x_1당 2달러, x_2당 3달러라면 전체 이익은 $2x_1 + 3x_2$가 된다. 비례성은 x_1이 1단위일 때

2달러를 기여한다면, 2단위일 때는 4달러를 기여해야 함을 의미한다. 가산성은 전체 이익이 x_1의 이익과 x_2의 이익의 합으로 표현된다는 것을 의미한다.

비음성

마지막으로, 선형계획법은 **비음성**(nonnegativity)을 전제로 한다. 이는 모든 의사결정변수의 값이 0 이상이어야 함을 의미한다. 예를 들어 스파게티 소스를 생산하는 회사는 음의 값만큼의 병을 생산할 수는 없다. 형식적으로 올바른 선형계획법 수식을 작성하려면 각 의사결정변수에 대해 0 이상이라는 제약 조건을 명시해야 한다.

비음성
모든 의사결정변수는 음수가 될 수 없으며, 0 이상이어야 한다는 가정

이처럼 선형성, 확실성, 연속형 변수라는 가정은 다소 제한적일 수 있으나, 선형계획법은 다양한 자원 배분 문제를 분석하는 데 매우 유용한 도구다. 또한 모형을 수립하는 과정 자체가 관리자에게 중요한 의사결정변수와 제약 조건이 무엇인지 명확히 정의하게 만들기 때문에 이 과정만으로도 문제 해결의 중요한 첫걸음이 될 수 있다. 이후에 나오는 민감도 분석(sensitivity analysis)을 통해 매개변수에 불확실성이 존재할 때 이를 어떻게 다룰 수 있는지와 '만약 ~이라면(what-if)'에 대한 질문에 어떻게 답할 수 있는지도 살펴볼 것이다.

선형계획법 모형의 수립

C.2 선형계획법 모형을 수립한다.

선형계획법을 적용하려면, 앞에서 설명한 일반적인 특성을 바탕으로 해당 문제를 표현하는 모형을 먼저 수립해야 한다. 이 절에서는 **제품 믹스 문제**(product-mix problem)를 예로 들어 모형화 과정을 설명한다. 제품믹스 문제는 하나의 기간 내에 서비스나 제품의 생산량(즉 제품 조합)을 최적화하는 계획 문제로, 자원 용량과 시장 수요라는 제약 조건을 고려해야 한다. 이 문제는 앞서 7장에서 제약 관리 주제와 함께 간단히 소개한 바 있으며, 이번에는 이를 좀 더 자세히 다룬다. 각기 다른 문제에 맞춰 모형을 수립하는 과정은 다음 세 단계로 이루어지며, 이는 선형계획법에서 가장 창의적이면서도 가장 어려운 부분일 수 있다.

제품 믹스 문제
일정 기간 동안 사용 가능한 자원과 시장 수요 제약을 고려해 제품 또는 서비스의 최적 생산 조합 또는 수량을 결정하는 계획 문제

1단계: 의사결정변수 정의. 결정하고자 하는 것이 무엇인가? 각각의 의사결정변수를 명확히 정의해야 한다. 이 변수들은 목적함수와 제약 조건 모두에서 사용되므로 가능한 한 구체적으로 정의하는 것이 좋다. 다음은 서로 다른 두 가지 정의 방식의 예다.

x_1 = 제품 1
x_1 = 다음 달에 생산 및 판매할 제품 1의 단위 수

두 번째 정의가 훨씬 구체적이므로, 이후 단계를 수행하기가 더 용이하다.

2단계: 목적함수 작성. 무엇을 최대화하거나 최소화하려는가? 만약 다음 달의 이익을 최대화하려는 것이라면, 이익을 의사결정변수의 선형함수로 나타내는 목적함수를 작성해야 한다. 각 의사결정변수에 대응되는 매개변수를 함께 명시해야 한다. 예를 들어 x_1이라는 변수의 단위당 이익이 7달러라면, x_1의 총이익 기여도는 $7x_1$이 된다. 어떤 변수든 목적함수에 영향을 주지 않는다면 그 계수는 0이 된다. 목적함수는 일반적으로 Z로 표기되며, Z를 최대화하거나 최소화하는 것이 목표가 된다.

3단계: 제약 조건 작성. 어떤 요소들이 의사결정변수의 값을 제한하는가? 모든 제약 조건을 확

인하고, 각 제약 조건에서 변수에 적용되는 매개변수를 함께 명시한다. 목적함수와 마찬가지로, 어떤 변수가 특정 제약 조건에 영향을 미치지 않는다면 그 계수는 0이 된다. 또한 각 변수에 대해 0 이상이라는 비음성 조건을 명시해 형식적인 완전성을 갖춰야 한다.

일관성을 점검하기 위해 각 제약 조건의 좌변과 우변, 그리고 목적함수 내 모든 항목에서 단위가 일치하는지 확인해야 한다. 예를 들어 어떤 제약 조건의 우변이 '월간 가용 시간(시간/월)'이라면, 좌변의 변수는 '월간 생산 단위 수(단위/월)'이고, 여기에 곱해지는 매개변수는 '단위당 소요 시간(시간/단위)'이어야 한다. 그래야 다음과 같이 단위가 상쇄되어 양변이 모두 '시간/월'로 일치하게 된다.

$$\left(\frac{\text{시간}}{\cancel{\text{단위}}}\right)\left(\frac{\cancel{\text{단위}}}{\text{월}}\right) = \left(\frac{\text{시간}}{\text{월}}\right)$$

물론 실제 문제 상황에서는 어떤 단계에서부터 시작하든 상관없으며, 문제를 바라보는 관점에 따라 단계를 오가며 진행할 수도 있다. 만약 1단계에서 막혔다면, 의사결정변수를 다시 정의해보는 것도 하나의 방법이다. 실제로 대부분 문제는 다양한 방식으로 모형화할 수 있다.

예제 C.1에서는 플라스틱 파이프를 생산하는 기업의 사례를 통해 선형계획법 모형을 수립하는 과정을 보여준다.

예제 C.1

선형계획법 모형 수립

스트래튼사(Stratton Company)는 두 가지 기본 유형의 플라스틱 파이프를 생산한다. 이 파이프의 생산에는 압출 시간, 포장 시간, 플라스틱 원재료에 섞는 특수 첨가제라는 세 가지 자원이 결정적인 영향을 미친다. 다음 표는 다음 주의 상황을 나타내는 자료이며, 모든 수치는 파이프 100피트 단위 기준으로 표현되어 있다.

	제품		
공정	**1형**	**2형**	**가용 자원**
압출	4시간	6시간	48시간
포장	2시간	2시간	18시간
첨가제	2파운드	1파운드	16파운드

100피트당 이익 및 간접비에 대한 기여도는 1형 파이프가 34달러, 2형 파이프가 40달러이다. 생산된 모든 제품은 전량 판매된다고 가정할 때, 이익과 간접비에 대한 총 기여도를 최대화하기 위해 각 유형의 파이프를 얼마만큼 생산할지 결정하는 선형계획법 모형을 수립하라.

풀이

1단계: 의사결정변수 정의

제품믹스를 결정하기 위해 다음과 같이 의사결정변수를 정의한다.

x_1 = 다음 주에 생산 및 판매할 1형 파이프 수량(단위: 100피트, 예: $x_1 = 2$는 200피트를 의미함)

x_2 = 다음 주에 생산 및 판매할 2형 파이프의 수량(단위: 100피트)

2단계: 목적함수 작성

두 제품이 이익과 간접비에 기여하는 총금액을 최대화하기 위한 목적함수를 작성한다. 1형 파이프는 단위당 34달러, 2형 파이프는 단위당40달러의 기여도를 가진다. 따라서 목적함수는 다음과 같다.

$$\text{Maximize } Z = 34x_1 + 40x_2$$

3단계: 제약 조건 작성

생산되는 각 x_1 및 x_2 단위는 일부 핵심 자원을 소비한다. 압출 공정에서는 x_1 단위에 4시간이 필요하고 x_2 단위에 6시간이 필요하다. 총 48시간을 초과해서는 안 되므로 ≤를 사용한다. 따라서 첫 번째 제약 조건은 다음과 같다.

$$4x_1 + 6x_2 \leq 48$$

마찬가지로 포장 및 원자재에 대한 제약 조건을 공식화할 수 있다.

$$2x_1 + 2x_2 \leq 18(\text{포장})$$
$$2x_1 + x_2 \leq 16(\text{첨가제})$$

또한 생산 수량은 음수가 될 수 없으므로 비음성 제약 조건을 추가한다.

$$x_1 \geq 0,\ x_2 \geq 0(\text{비음성 조건})$$

최종 모형 요약

$$\text{Maximize}: Z = 34x_1 + 40x_2$$
Subject to
$$4x_1 + 6x_2 \leq 48$$
$$2x_1 + 2x_2 \leq 18$$
$$2x_1 + x_2 \leq 16$$
$$x_1 \geq 0, x_2 \geq 0$$

x_1 = 다음 주에 생산 및 판매할 1형 파이프의 수량(단위: 100피트)
x_2 = 다음 주에 생산 및 판매할 2형 파이프의 수량(단위: 100피트)

그래프 해법

C.3 2개 변수로 구성된 선형계획법 모형의 최적해를 그래프 해법을 통해 도출한다.

선형계획법 모형이 수립되면 이제 최적해를 찾아야 한다. 실제로 대부분의 선형계획법 문제는 컴퓨터를 사용해 해결하지만, 단순한 2변수 문제를 **선형계획법의 그래프 해법**(graphic method of linear programming)으로 분석하면 컴퓨터 결과의 의미를 이해하는 데 도움이 된다. 이 방법은 의사결정변수가 3개 이상인 문제에는 실용적이지 않지만, 선형계획법의 개념을 시각적으로 이해하기 위해 먼저 그래프 해법부터 살펴보자.

선형계획법의 그래프 해법
제약 조건을 도식화하고, 실행가능영역을 찾은 후, 목적함수 선을 그려 시각적 해를 도출하며, 이후 대수적으로 해를 구하는 5단계 절차를 의미함

그래프 해법은 (1) 제약 조건 그리기, (2) 실행가능영역 파악하기, (3) 목적함수 선 그리기, (4) 시각적으로 최적해 찾기, (5) 대수적으로 최적해 구하기의 다섯 단계로 구성된다.

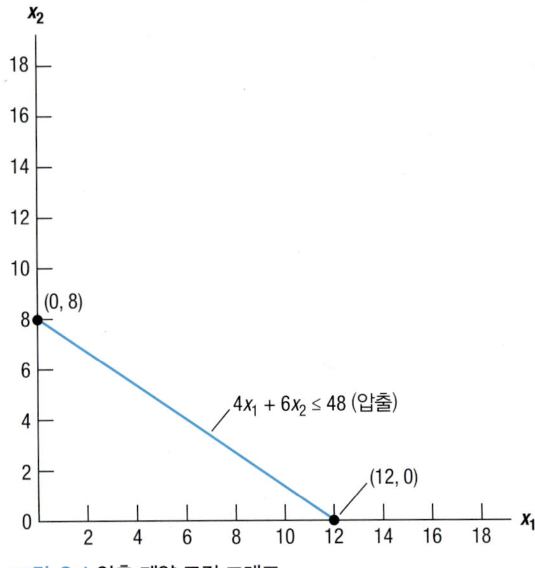

그림 C.1 압출 제약 조건 그래프

제약 조건 그리기

먼저 각 제약 조건의 부등식 기호를 무시하고, 등식으로 바꿔서 해당 직선을 좌표평면에 그린다. 각 제약 조건은 직선의 방정식으로 나타낼 수 있으며, 이 직선은 두 점만 알면 그릴 수 있다. 가장 간단한 두 점은 축 절편이다. 즉 x_1축과 x_2축을 각각 교차하는 점을 구하면 된다. x_1축 절편을 구하려면 $x_2 = 0$으로 두고 x_1을 계산하면 되고, x_2축 절편은 $x_1 = 0$으로 두고 x_2를 계산하면 된다. 예제 C.1의 스트래튼사 문제에서, 압출 공정에 대한 제약 조건은 다음과 같다.

$$4x_1 + 6x_2 = 48$$

x_1축 절편을 구하려면 $x_2 = 0$으로 두고 식을 풀면 되고, x_2축 절편을 구하려면 $x_1 = 0$으로 두고 식을 풀면 된다. 이렇게 얻은 두 점을 직선으로 연결한다. 예를 들어 스트래튼사의 압출 제약 조건인 식 $4x_1 + 6x_2 = 48$은 다음과 같은 두 점을 통해 그릴 수 있다.

- $x_2 = 0$일 때: $4x_1 = 48 \rightarrow x_1 = 12$
- $x_1 = 0$일 때: $6x_2 = 48 \rightarrow x_2 = 8$

이 두 점 (12, 0)과 (0, 8)을 직선으로 연결하면 압출 제약 조건을 나타내는 선이 완성된다. 그림 C.1은 이 제약 조건을 시각적으로 나타낸 것이다.

예제 C.2는 스트래튼사에 대한 제약 조건을 그리는 방법을 보여준다.

예제 C.2

제약 조건 그리기

스트래튼사의 나머지 두 제약 조건, 즉 포장 공정과 첨가제 혼합 공정에 대한 제약 조건을 좌표평면에 나타내라.

풀이

포장 공정에 대한 제약 조건은 다음과 같다.

$$2x_1 + 2x_2 = 18$$

이 선의 절편을 구하면 다음과 같다.

- $x_2 = 0$일 때: $2x_1 = 18 \rightarrow x_1 = 9$
- $x_1 = 0$일 때: $2x_2 = 18 \rightarrow x_2 = 9$

즉 이 선은 (9, 0)과 (0, 9)를 연결하는 직선이다.

첨가제 혼합 공정에 대한 제약 조건은 다음과 같다.

$$2x_1 + x_2 = 16$$

이 선의 절편도 구하면 다음과 같다.

- $x_2 = 0$일 때: $2x_1 = 16 \rightarrow x_1 = 8$
- $x_1 = 0$일 때: $x_2 = 16$

그림 C.2 세 가지 제약 조건 그래프

즉 이 선은 (8, 0)과 (0, 16)을 연결하는 직선이다. 포장 제약 조건은 (9, 0)과 (0, 9), 첨가제 혼합 제약 조건은 (8, 0)과 (0, 16)을 연결한 직선으로 표현된다. 그림 C.2는 위 세 가지 제약 조건을 모두 나타낸 그래프를 보여준다.

실행가능영역 파악하기

실행가능영역이란, 그래프상에서 비음성 제약 조건을 포함해 모든 제약 조건을 동시에 만족하는 해들의 집합이다. 실행가능영역을 찾으려면 먼저 각 제약 조건이 허용하는 해를 시각적으로 파악한 다음, 이들 제약 조건을 모두 동시에 만족하는 영역을 도출한다. 일반적으로 다음 세 가지 규칙을 통해 각 제약 조건의 실행가능영역을 식별할 수 있다.

1. = 형태의 제약 조건: 해는 직선 위의 점에만 존재한다.
2. ≤ 형태의 제약 조건: 해는 직선 위의 점과 선 아래쪽(또는 왼쪽)에 있는 점들이다.
3. ≥ 형태의 제약 조건: 해는 직선 위의 점과 선 위쪽(또는 오른쪽)에 있는 점들이다.

단, 예외도 있다. 제약 조건의 왼쪽에 있는 매개변수 중 하나 이상이 음수인 경우에는 위의 일반 규칙이 적용되지 않을 수 있다. 이 경우에는 먼저 제약 조건을 직선으로 그리고, 그 양쪽 중 하나에 있는 점을 대입해 해당 제약을 만족하는지를 확인한다. 조건을 만족하지 않으면 해당 영역은 실행 불가능한 부분이다. 예를 들어 다음과 같은 5개의 제약 조건과 2개의 비음성 제약 조건이 있다고 가정하자.

- $2x_1 + x_2 \geq 10$
- $2x_1 + 3x_2 \geq 18$
- $x_1 \leq 7$
- $x_2 \leq 5$
- $-6x_1 + 5x_2 \leq 5$
- $x_1 \geq 0$, $x_2 \geq 0$(비음성 제약 조건)

이 경우 실행가능영역은 그림 C.3의 음영 처리된 부분으로 나타난다. 각 제약선 위에는 실행가능한 해가 존재하는 방향을 화살표로 표시해두었다. 이러한 방향 규칙은 마지막 제약 조건을 제외한 나머지에는 모두 정상적으로 적용된다.

특히 다섯 번째 제약 조건인 $-6x_1 + 5x_2 \leq 5$는 계수가 음수이므로 방향 판별이 까다롭다. 이를 위해 테스트 좌표 (2, 2)를 선택해 식에 대입해보자.

$$-6(2) + 5(2) = -12 + 10 = -2 \leq 5 \rightarrow \text{만족함}$$

따라서 이 점을 포함한 선 아래 오른쪽 부분이 실행가능하다는 것을 확인할 수 있다.

예제 C.3은 실행가능영역이 문제의 모든 제약 조건을 동시에 만족하는 해의 집합임을 보여준다.

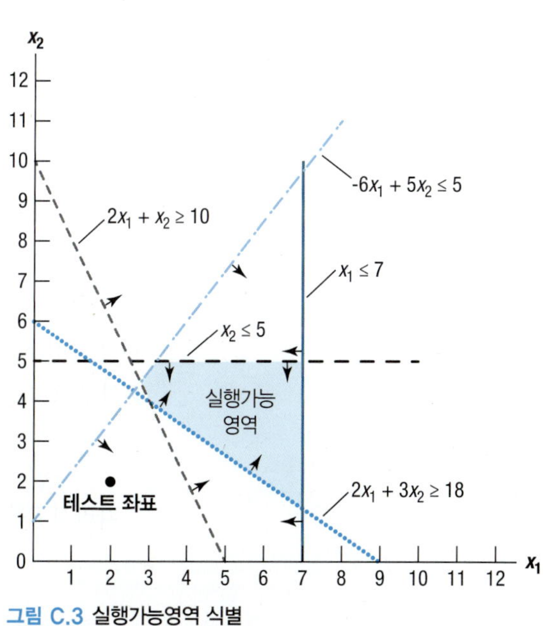

그림 C.3 실행가능영역 식별

예제 C.3

실행가능영역 식별하기

스트래튼사 문제의 실행가능영역을 파악하라.

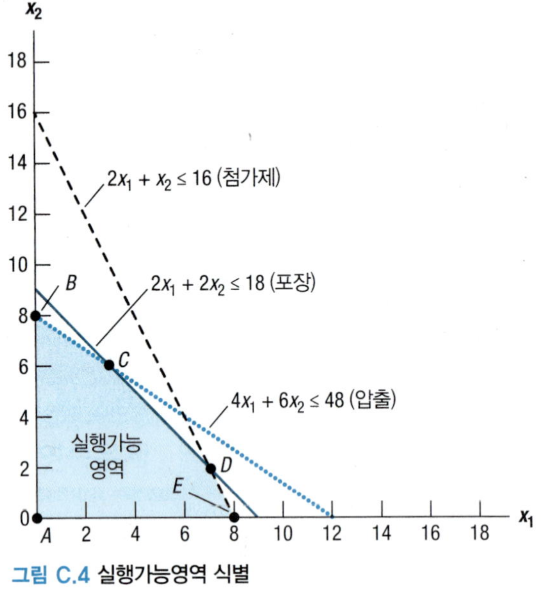

그림 C.4 실행가능영역 식별

극점
실행가능영역의 경계에서 2개 이상의 제약 조건 선이 교차하는 지점

풀이

이 문제는 모든 제약 조건이 ≤ 형태로 되어 있고, 각 제약 조건의 좌변에 있는 매개변수 또한 모두 양수이므로, 실행가능한 부분은 각 제약선의 아래쪽 또는 왼쪽이다. 그림 C.4에서 음영 처리된 영역은 세 가지 제약 조건을 모두 만족하는 해들로 구성된 실행가능영역이다.

목적함수 선 그리기

이제 목적함수를 최적화하는 해를 찾아야 한다. 실행가능영역에 속한 모든 점이 가능한 해가 될 수 있지만, 일반적으로 해의 탐색은 **극점**(corner point)으로 제한할 수 있다. 극점은 실행가능영역의 경계에서 2개 이상의 제약선이 교차하는 지점에 해당한다. 이러한 이유는, 최소 하나의 극점이 영역 내부의 어떤 점보다도 더 나은 해를 제공하기 때문이다. 따라서 실행가능영역의 내부 점은 고려할 필요가 없다. 마찬가지로, 경계 위에 존재하더라도 극점이 아닌 점은 극점보다 나은 해가 될 수 없기 때문에 무시할 수 있다.

그림 C.4에는 5개의 극점이 A, B, C, D, E로 표시되어 있다. 이 중 점 A는 원점이며, 다른 극점들이 더 나은 목적함수 값을 제공하므로 제외할 수 있다. 이제 다른 극점들을 하나씩 대입해 목적함수 값을 계산하고, Z값을 최대화하는 지점을 선택할 수 있다. 예를 들어 극점 B의 좌표가 (0, 8)이라고 가정해보자. 이를 목적함수에 대입하면 다음과 같다: $Z = 34(0) + 40(8) = 0 + 320 = 320$.

그러나 C나 D와 같은 극점의 좌표는 그래프상에서 정확히 읽기 어려울 수 있다. 이 경우, 해당 극점을 형성하는 두 제약 조건의 방정식을 대수적으로 풀어 교차점을 구할 수 있지만, 제약 조건이 많고 극점이 많을 경우 이 방식은 비효율적일 수 있다.

가장 효율적인 방법은 임의의 Z값을 기준으로 실행가능영역 그래프 위에 목적함수 선을 그려보는 것이다. 이 선을 이용하면 시각적으로 최적의 해를 찾을 수 있다. 목적함수가 이익을 나타내는 경우, 각 선은 동일한 이익을 산출하는 점들의 집합이므로 이를 등가 이익선(iso-profit line)이라 한다. 반대로 목적함수가 비용을 나타낼 경우, 동일한 비용을 나타내는 선을 등가 비용선(iso-cost line)이라 한다. 이 중에서 실행가능영역 내부, 특히 최적해가 있을 것으로 예상되는 근처에 첫 번째 등가 이익선을 그리면 해 탐색이 훨씬 쉬워진다.

스트래튼사의 사례에서 극점 E를 통과하는 등가 이익선을 그려보자. E는 원점에서 가장 멀리 떨어진 극점 중 하나이므로 최적해가 될 가능성이 있다. E의 좌표가 (8, 0)일 경우, 목적함수 Z의 값을 다음과 같이 계산할 수 있다.

$$Z = 34(8) + 40(0) = 272$$

따라서 E를 통과하는 목적함수 선은 다음과 같은 방정식이 된다.

$$34x_1 + 40x_2 = 272$$

이 선 위에 있는 모든 점은 $Z = 272$의 목적함수 값을 갖는다.

이 선을 그래프에 그리려면, 이 선 위의 두 점을 확인해 직선으로 연결하면 된다. 예를 들어 $x_1 = 0$으로 두었을 때의 x_2 절편을 계산하면 $34(0) + 40x_2 = 272 \rightarrow x_2 = 6.8$이다. 따라서 두 점 (8, 0)과 (0, 6.8)을 연결하면 된다.

그림 C.5는 위의 두 점을 연결한 등가 이익선($34x_1 + 40x_2 = 272$)을 보여준다. 이와 같은 등가 이익선은 여러 개 그릴 수 있으며, 이 선들끼리는 서로 평행하다. 우리가 그린 첫 번째 선보다 위쪽에 있는 평행선일수록 더 큰 Z값을 가지며, 아래쪽 선은 더 작은 Z값을 가진다. 따라서 가능한 해 중 가장 높은 Z값을 갖는 지점을 찾기 위해 등가 이익선을 점차 위쪽으로 평행 이동시키는 방식으로 최적해를 탐색할 수 있다.

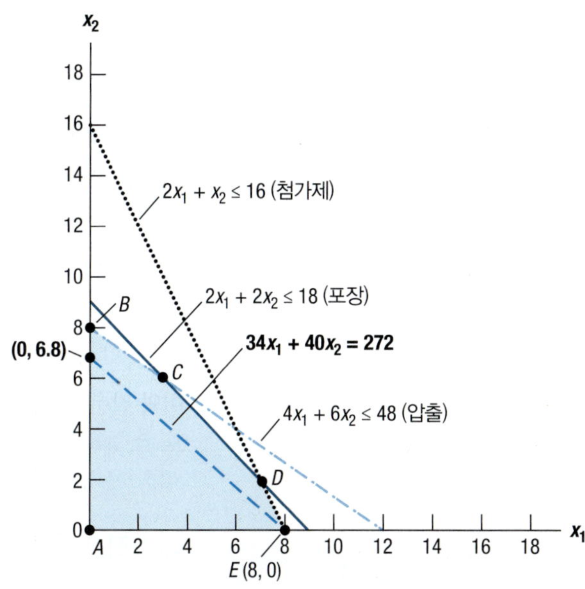

그림 C.5 극점 (8, 0)을 통과하는 등가 이익선

시각적으로 최적해 찾기

앞서 그린 $Z = 272$의 등가 이익선보다 더 높은 이익을 제공하는 점들이 그래프의 오른쪽 위에 존재하기 때문에, 극점 A와 E는 최적해 후보에서 제외할 수 있다. 우리의 목표는 이익을 극대화하는 것이므로, 최적해는 실행가능영역에 닿아 있으면서도 원점에서 가장 멀리 떨어진 등가 이익선 위에 위치한 점이다. 반대로, 최소화 문제의 경우에는 원점에서 가장 가까운 등가선 위의 실행가능한 점이 최적해가 된다.[1] 이제 남은 극점 B, C, D 중 어떤 점이 최적해인지 확인하기 위해 앞서 그린 등가 이익선과 평행한 선들을 추가로 그려보자. 이들 선은 Z값이 더 높은(최대화 문제의 경우) 또는 더 낮은(최소화 문제의 경우) 등가선이다. 실행가능영역에 닿는 마지막 등가 이익선이 최적해를 제공한다.

스트래튼사 문제에서는, 그림 C.6에 표시된 두 번째 등가 이익선이 실행가능영역과 마지막으로 접촉하는 지점을 보여준다. 이 지점이 바로 극점 C이며, 이 점이 최적해로 보인다. 다만, 이 접근은 시각적 방법이므로 근사적인 결과에 불과하며, 정확한 해를 얻기 위해서는 대수적 해법이 필요하다.

선형계획법 문제에서는 하나 이상의 최적해가 존재할 수도 있다. 이러한 상황은 목적함수가 실행가능영역의 한 면과 평행할 때 발생한다. 예를 들어 스트래튼사 문제에서 목적함수가 $Z = 38x_1 + 38x_2$ 같은 형태일 경우를 생각해 보자. 이 경우, 실행가능영역 내의 어떤 면이 이 목적함수와 평행하게 정렬된다면, 해당 면을 구성하는 2개의 극점뿐만 아니라 그 사이에 위치한 모든 점도 최적해가 된다. 이처럼 복수의 최적해가 존재하는 경우, 경영진은 Z값을 동일하게 만족하는 여러 대안 중에서 정량화하기 어려운 요인들을 기준으로 최종 결정을 내리게 된다. 그러나 이와는 별개로, 목적함수를 최적화할 때는 항상 극점에서만 해를 탐색하면 충분하다는 점을 이해해야 한다.

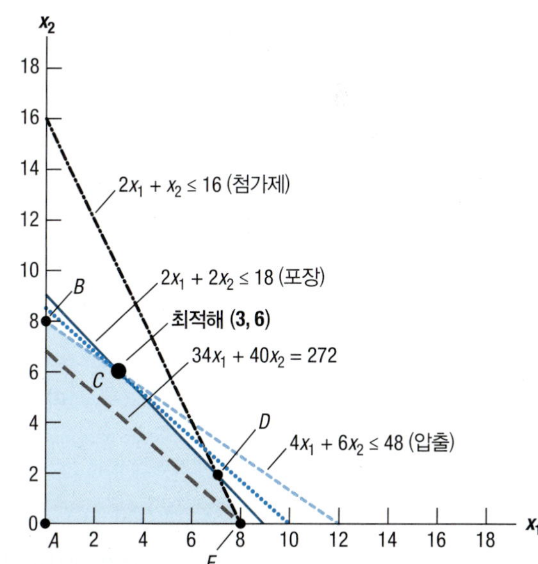

그림 C.6 두 번째 등가 이익선 그리기

대수적으로 최적해 구하기

보다 정확한 해법을 구하려면대수적 방법을 사용해야 한다. 먼저, 실행가능영역의 극점은 두 제약 조건의 교차점에서 형성된다는 사실에 주목하자. 따라서 해법을 찾기 위해서는 다음과 같은

1 목적함수 계수에 음수가 있는 경우 '원점에서 가장 멀리 떨어진', '원점에서 가장 가까운'이라는 표현은 적합하지 않다.

절차를 따를 수 있다.

1단계. 극점을 형성하는 두 제약 조건을 식별한다. 이 두 제약 조건을 등식 형태로 전환한 후, 이들을 연립방정식으로 풀어 x_1과 x_2값을 구한다.

2단계. 연립방정식을 푸는 방법은 다음과 같다.

- 두 방정식 중 하나의 변수 계수를 같게 만들기 위해 필요한 배수를 곱한다.
- 그런 다음 두 식을 서로 빼서 하나의 변수에 대한 방정식을 얻는다.
- 이 방정식을 풀어 첫 번째 변수의 값을 구한 뒤, 이를 원래 식 중 하나에 대입해 다른 변수의 값을 구한다.

이와 같은 방식으로, 스트래튼사 문제의 최적해를 구하는 과정은 예제 C.4에서 제시한다. 즉 이는 두 제약 조건이 교차하는 지점(극점)에 대한 해법을 찾는 문제이다.

예제 C.4

대수적으로 최적해 찾기

스트래튼사 문제의 최적해를 대수적 방법으로 구해보자. 의사결정변수 x_1, x_2가 최적값을 가질 때, 목적함수 Z의 값은 얼마인가?

풀이

1단계. 그림 C.6을 보면 최적해는 압출과 포장 제약 조건이 교차하는 지점, 즉 해당 극점에서 발생한다. 두 제약 조건을 등식 형태로 정리하면 다음과 같다.

$$\text{압출 제약 조건: } 4x_1 + 6x_2 = 48$$
$$\text{포장 제약 조건: } 2x_1 + 2x_2 = 18$$

포장 제약 조건의 각 항에 2를 곱하면 $4x_1 + 4x_2 = 36$이 된다. 이제 압출 제약 조건에서 이 식을 빼면 x_2만 남는 방정식이 된다. (또는 포장 제약 조건식에 3을 곱해 압출 제약 조건에서 빼면 x_1만 남는 방정식으로 만들 수 있다.)

2단계. $x_2 = 6$을 압출 제약 조건에 대입하면 다음과 같다.

$$4x_1 + 6(6) = 48$$
$$4x_1 + 36 = 48$$
$$4x_1 = 12 \rightarrow x_1 = 3$$

따라서 최적해는 다음과 같다.

$$x_1 = 3\ (\rightarrow 100\text{피트 단위이므로 } 300\text{피트})$$
$$x_2 = 6\ (\rightarrow 100\text{피트 단위이므로 } 600\text{피트})$$

Z값 계산하기

$$\begin{aligned} Z &= 34x_1 + 40x_2 \\ &= 34(3) + 40(6) \\ &= 102 + 240 = 342 \end{aligned}$$

의사결정 포인트

스트래튼사의 경영진은 다음 주 동안 1형 파이프 300피트, 2형 파이프 600피트를 생산해 총

342달러의 수익을 달성하기로 했다.

여유 및 잉여 변수

그림 C.6은 최적의 극점에서 두 제약 조건이 등식 형태로 성립함을 보여주며, 이는 최적의 제품 믹스가 압출 및 포장 자원을 모두 소진한다는 것을 의미한다. x_1과 x_2의 값을 해당 제약 조건에 대입해 보면 좌변과 우변이 같음을 확인할 수 있다.

$$4(3) + 6(6) = 48(\text{압출})$$
$$2(3) + 2(6) = 18(\text{포장})$$

최적의 극점을 형성하는 데 기여한 제약 조건(예: 압출 제약 조건)은 목적함수의 향상을 제한하기 때문에 **속박적 제약 조건**(binding constraint)이라고 한다. 속박적 제약 조건을 완화하거나 제한을 줄이면 더 나은 해를 구할 수 있다. 여기서 제약 조건을 완화한다는 것은, ≤ 제약 조건의 경우 우변의 매개변수를 증가시키고, ≥ 제약 조건의 경우 우변의 매개변수를 감소시키는 것을 의미한다.

속박적 제약 조건
최적해를 형성하는 데 영향을 주는 제약 조건으로, 목적함수의 값을 더는 개선하지 못하도록 제한함

그림 C.6에 나타난 첨가제 제약 조건과 같이 속박되지 않은 제약 조건은 완화하더라도 해를 개선할 수 없다. 예를 들어, 해당 제약 조건의 우변을 16에서 17로 늘리고 문제를 다시 풀더라도 최적해는 달라지지 않는다. 이는 현재 혼합된 첨가제 양이 이미 필요량보다 많기 때문이다. 속박되지 않은 부등식 제약 조건의 경우에는 좌변과 우변의 차이를 아는 것이 유용하다. 이 정보는 해당 제약 조건이 속박 상태에 얼마나 근접했는지를 알려준다. ≤ 제약 조건에서는 좌변이 우변보다 작은 양을 **여유**(slack)라고 하고, ≥ 제약 조건에서는 좌변이 우변보다 큰 양을 **잉여**(surplus)라고 한다. 대수적으로, ≤ 제약 조건의 여유를 찾기 위해서는 여유변수를 도입해 등식 형태로 바꾼다. 그런 다음 의사결정변수 값을 대입해 여유 값을 구할 수 있다. 예를 들어 그림 C.6의 첨가제 혼합 제약 조건 $2x_1 + x_2 \leq 16$에 대해 여유변수 s_1을 추가하면 다음과 같이 쓸 수 있다.

여유
선형계획법 모형 제약식에서 좌변항이 우변항보다 작은 경우, 그 부족한 양

잉여
선형계획법 모형 제약식에서 좌변항이 우변항보다 큰 경우, 그 초과된 양

$$2x_1 + x_2 + s_1 = 16$$

이제 최적해 $(x_1 = 3,\ x_2 = 6)$을 대입하면

$$2(3) + 6 + s_1 = 16$$
$$6 + 6 + s_1 = 16$$
$$s_1 = 4$$

왼쪽에서 잉여 변수를 빼는 것을 제외하면, ≥ 제약 조건에 대한 잉여를 구하는 절차는 거의 동일하다. 스트래튼사 문제의 또 다른 제약 조건이 $x_1 + x_2 \geq 6$이고, 이것이 생산 단위 수에 대한 하한을 의미한다고 가정하자. 그러면 잉여 변수 s_2를 도입해 다음과 같이 제약 조건을 다시 쓸 수 있다.

$$x_1 + x_2 - s_2 = 6$$

최적해 $(x_1 = 3,\ x_2 = 6)$을 대입하면

$$3 + 6 - s_2 = 6$$
$$s_2 = 3$$

표 C.1 선형계획법이 제공하는 민감도 분석

주요 용어	정의
한계비용	의사결정변수가 최적해에 포함되기 위해 목적함수 계수가 어느 정도 개선되어야 하는지를 나타낸다. 최대화 문제의 경우 계수는 증가해야 하고, 최소화 문제의 경우 계수는 감소해야 한다.
그림자 가격	제약 조건의 우변항을 한 단위 완화했을 때 목적함수 값 Z에 발생하는 미세한 변화량이다. 최대화의 경우 Z는 증가하고, 최소화의 경우 Z는 감소한다.
최적 범위	의사결정변수의 최적값이 변하지 않는 목적함수 계수의 변화 범위(상한과 하한)를 의미한다.
실현가능 범위	제약 조건의 우변항이 그림자 가격이 유지된 상태에서 변화할 수 있는 범위를 의미한다.

민감도 분석

목적함수의 매개변수와 제약 조건이 확실성을 가지고 알려지는 경우는 드물다. 실제로는 이러한 값들이 단지 추정치에 불과한 경우가 많다. 예를 들어 스트래튼사의 사용 가능한 포장 및 압출 시간은 결근이나 인사이동과 같은 변수를 반영하지 않은 값일 수 있고, 포장 및 압출에 필요한 단위당 시간 역시 평균에 기반한 추정치일 가능성이 있나. 마찬가지로, 목적함수 계수에 사용되는 이익 기여도 역시 확정적인 수치가 아니라, 판매가격의 변동 가능성이나 임금, 원재료비, 운송비 등 가변비용의 영향을 받지 않은 불완전한 값일 수 있다.

이와 같은 불확실성에도 불구하고, 문제를 풀기 위해서는 일단 초기 추정치를 기반으로 해법을 구해야 한다. 회계, 마케팅, 시간 표준 시스템 등의 정보 출처는 이와 같은 초기 추정치를 제공해줄 수 있다. 일단 이러한 값을 바탕으로 문제를 풀었다면, 분석가는 특정 매개변수가 다른 값을 가질 경우 의사결정변수의 최적값과 목적함수 값 Z가 얼마나 변동하는지를 평가할 수 있다. 이러한 '만약 ~이라면(what-if)'이라는 질문에 답하기 위해 해법 이후 수행하는 이와 같은 분석을 민감도 분석이라 한다.

선형계획법 문제에 대한 민감도 분석을 수행하는 한 가지 방법은, 하나 이상의 매개변수 값을 바꾸어가며 전체 문제를 다시 푸는 방식이다. 이를 무차별 대입 방식이라고 한다. 이 접근은 문제 규모가 작을 때는 유용하지만 매개변수가 많아지면 비효율적이다. 예를 들어 목적함수 계수가 20개일 때 각각에 대해 3개의 값을 대입해보려면 총 3^{20}, 즉 3,486,784,401개의 해법을 계산해야 한다. 다행히 문제 전체를 다시 풀지 않고도 민감도 정보를 효율적으로 산출할 수 있는 방법이 있으며, 이는 대부분의 선형계획법 소프트웨어에서 기본적으로 제공되는 기능이다. 표 C.1은 선형계획법 프로그램에서 제공하는 민감도 분석 정보의 네 가지 기본 유형을 요약한 것이다.

컴퓨터 분석

C.4 컴퓨터 프로그램을 활용해 선형계획법 문제를 해결한다.

대부분의 실제 선형계획법 문제는 컴퓨터를 통해 해결되므로, 이 절에서는 선형계획법의 사용과 그에 기반한 논리를 이해하는 데 중점을 둔다. 컴퓨터에서의 해법 절차는 선형계획법 문제를 해결하기 위한 반복적 대수 절차인 **심플렉스법**(simplex method)의 일종이다.

심플렉스법
선형계획법 문제를 체계적으로 해결하기 위한 반복적이고 대수적인 절차

심플렉스법

그래프 해법을 통해 우리는 극점에 주목하는 심플렉스법의 논리에 대해 직관적으로 이해할 수 있었다. 문제가 실행가능한 해를 갖고 있다면, (비록 최적해가 여러 개일 수는 있어도) 항상 하나 이상의 극점이 최적해가 된다. 따라서 심플렉스법은 하나의 극점에서 시작해, 각 반복에서 목적함수가 개선되거나(또는 최소한 유지되는) 방향으로 다른 극점을 체계적으로 탐색한다. 스트래튼사의 예제에서 이러한 개선은 이익의 증가를 의미한다. 더 이상 개선이 불가능해졌을 때 최적의 해가 도출되었다고 판단할 수 있다.[2] 또한 심플렉스법은 앞서 설명한 민감도 분석 정보를 수치적으로 도출하는 데도 기여한다.

각 극점에는 0보다 큰 변수가 최대 m개 이하 존재하며, 여기서 m은 제약 조건의 수이다(비음성 제약 조건은 제외). 이 변수들에는 원래의 의사결정변수뿐만 아니라, 문제를 등식형으로 전환할 때 도입한 여유 변수 및 잉여 변수도 포함된다. 이러한 특성으로 인해 m개의 변수를 제외한 나머지 모든 변수를 0으로 두고 m개의 제약 조건을 동시에 풀면 극점을 찾을 수 있다. 예를 들어 그림 C.6의 점 B에서는 0이 아닌 변수가 세 가지 존재한다: x_2, 포장 제약 조건에 대한 여유 변수, 첨가제 제약 조건에 대한 여유 변수. 이 세 가지 제약 조건을 동시에 만족시키면서, x_1과 압출 제약 조건에 대한 여유 변수는 0으로 두고 해당 값을 구할 수 있다. 이렇게 하나의 극점을 찾은 후, 심플렉스법은 한계비용(reduced cost)과 유사한 정보를 바탕으로 다음 극점이 현재보다 더 나은 Z값을 제공하는지를 판단한다. 더 나은 극점이 존재하지 않을 때까지 이 과정을 반복하며, 마지막으로 평가된 극점이 바로 최적의 극점이 된다.

컴퓨터 출력

컴퓨터 프로그램은 선형계획법 문제를 해결하는 데 필요한 시간을 획기적으로 단축해 준다. 그러나 사용되는 소프트웨어 패키지의 기능과 화면 구성은 프로그램마다 서로 다를 수 있다. 예를 들어 윈도우용 POM 소프트웨어는 중소 규모의 선형계획법 문제를 처리할 수 있다. 이 프로그램은 입력이 간편하며, 비음성 제약 조건을 따로 입력하지 않아도 된다. 또한 마이크로소프트 엑셀의 Solver는 비슷한 크기의 문제에 대해 사용할 수 있는 또 하나의 옵션이다. 보다 대규모 문제에 적합한 고급 선형계획법 소프트웨어는 다양한 공급처에서 구할 수 있다.

여기서는 윈도우용 POM 소프트웨어를 사용해 스트래튼사 문제를 해결한 컴퓨터 출력을 소개한다. 그림 C.7은 데이터 입력 화면 2개를 보여준다. 첫 번째 화면에서는 문제의 이름을 입력하고, 제약 조건 수와 의사결정변수 수를 지정하며, 최대화 또는 최소화 중 하나를 선택할 수 있다. 이 정보를 입력한 뒤 '확인' 버튼을 누르면 두 번째 화면인 데이터 테이블 입력 화면이 나타난다. 이 테이블에 각 매개변수를 입력하고, 필요에 따라 제약 조건과 의사결정변수에 이름을 지정할 수 있다. 또한 각 제약 조건에 대해 관계 유형(≤, =, ≥)도 지정한다. 그림 C.7의 두 번째 화면은 입력이 완료된 데이터 테이블의 예시다. 사용자는 의사결정변수 이름, 제약 조건 이름, 우변항 등을 자유롭게 설정할 수 있다. 예를 들어 첫 번째 의사결정변수를 'X1', 우변항을 'RHS', 압출 제약 조건을 'Extrusion'이라고 표기할 수 있다. 필요에 따라 여유 변수나 잉여 변수는 프로그램이 자동으로 추가한다. 모든 입력을 완료한 후에는 화면 오른쪽 상단의 'Solve(해 찾기)'라고 표시된 화살표 버튼을 클릭하면 된다.

그림 C.8은 결과 화면과 함께 최적해를 제시한다. 출력된 모든 결과는 앞서 계산한 값들과 그

2 심플렉스법을 직접 풀이하는 방법에 대한 자세한 내용은 Render, Barry, Ralph M. Stair, Michael E. Hanna, and Trevor S. Hale, Quantitative Analysis for Management (13th ed.) 혹은 기타 경영과학 관련 최신 교과서를 참조하라.

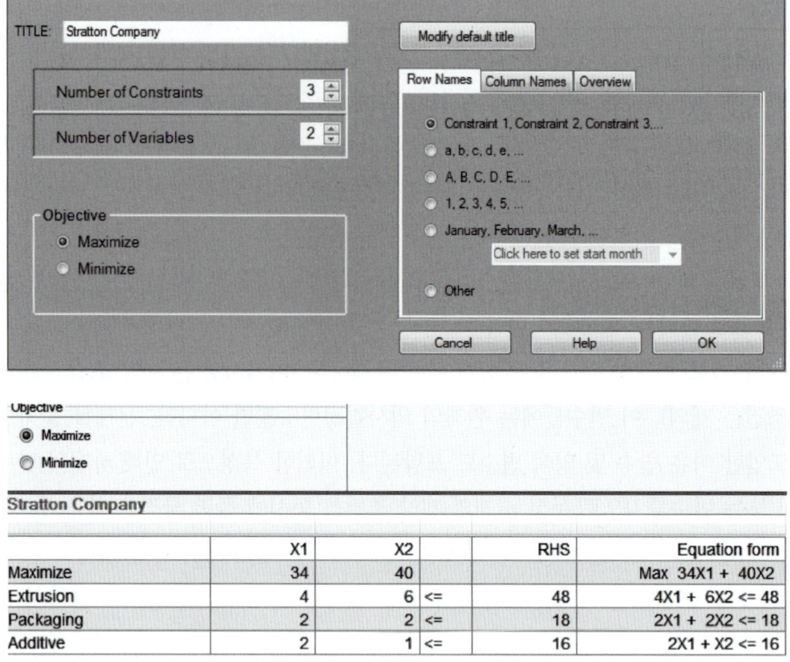

Stratton Company

	X1	X2		RHS	Equation form
Maximize	34	40			Max 34X1 + 40X2
Extrusion	4	6	<=	48	4X1 + 6X2 <= 48
Packaging	2	2	<=	18	2X1 + 2X2 <= 18
Additive	2	1	<=	16	2X1 + X2 <= 16

그림 C.7 데이터 입력 화면

Stratton Company Solution

	X1	X2		RHS	Shadow Price
Maximize	34	40			
Constraint 1	4	6	<=	48	3
Constraint 2	2	2	<=	18	11
Constraint 3	2	1	<=	16	0
Solution	3	6		342	

그림 C.8 결과 화면

래프 해법을 통해 도출한 결과들을 확인해주는 역할을 한다. 특히 주목할 부분은 화면 하단에 있는 맨 아래 행으로, 여기에는 의사결정변수의 최적해($x_1 = 3$, $x_2 = 6$)와 목적함수의 값(342달러)이 표시되어 있다. 또한, 각 제약 조건에 대한 그림자 가격은 테이블의 마지막 열에 함께 제공된다.

창 아이콘을 클릭한 다음 드롭다운 메뉴에서 두 번째 옵션을 선택하면, 그림 C.9와 같은 범위 지정 화면으로 전환된다. 이 화면의 상단은 의사결정변수에 대한 정보를 다루며, 특히 주목할 만한 부분은 한계비용(reduced cost)과 최적 범위의 하한 및 상한 값이다. 여기서 한계비용 정보를 해석할 때 유용한 두 가지 팁은 다음과 같다.

1. 한계비용 정보는 최적해에서 해당 의사결정변수가 0일 때만 의미가 있다. 즉 의사결정변

Variable	Value	Reduced Cost	Original Val	Lower Bound	Upper Bound
X1	3	0	34	26.67	40
X2	6	0	40	34	51
	Shadow Price	Slack/Surplus	Original Val	Lower Bound	Upper Bound
Constraint 1	3	0	48	40	54
Constraint 2	11	0	18	16	20
Constraint 3	0	4	16	12	Infinity

그림 C.9 범위 지정 화면

수가 0보다 큰 값을 가지는 경우에는 한계비용 수치를 무시해야 한다. 스트래튼사 문제에서는 최적해에서 두 변수 모두 양의 값을 가지므로, 표시된 한계비용 수치는 항상 0이고, 새로운 통찰력을 제공하지 않는다. 이 경우에는 목적함수 계수의 하한과 상한 값에 주목하는 것이 더 유익하다.

2. 최적해에서 값이 0인 의사결정변수의 경우, 그 목적함수 계수가 어느 정도로 개선되어야 (최대화 문제에서는 증가, 최소화 문제에서는 감소) 해당 변수가 최적해에 포함되게 되는지를 한계비용이 알려준다. 이때 해당 변수는 일정한 양의 수준에서 해에 포함되며, 새로운 해법을 탐색하고자 할 경우, 한계비용 수치보다 약간 더 개선된 계수를 설정해 윈도우용 POM을 다시 실행하면 된다.

이 화면의 상단에는 **최적 범위**(range of optimality)도 표시된다. 이는 의사결정변수의 최적해가 변하지 않는 범위 내에서 목적함수 계수가 얼마나 달라질 수 있는지를 보여준다. 예를 들어 현재 값이 34달러인 x_1의 목적함수 계수에 대해, 최적 범위는 26.67~40달러이다. 이 범위 내에서 계수가 변경되더라도 목적함수 Z값은 달라질 수 있지만, 의사결정변수의 최적해 자체는 변하지 않는다.

그림 C.9의 하단은 제약 조건에 대한 정보를 다루며, 여기에는 여유 또는 잉여 변수, 우변항, 그림자 가격이 포함되어 있다. **그림자 가격**을 해석할 때 유용한 두 가지 팁은 다음과 같다.

1. 그림자 가격은 최적해에서 여유 또는 잉여 변수가 0이고 해당 제약 조건이 속박 상태일 때만 의미가 있다. 비속박적 제약 조건의 경우, 그림자 가격은 항상 0이다.
2. 그림자 가격의 부호는 양수 또는 음수가 될 수 있으며, 이는 목적함수가 최대화 문제인지 최소화 문제인지, 그리고 제약 조건이 $\leq$인지 $\geq$인지에 따라 달라진다. 그러나 일반적인 해석에서는 부호를 따지지 않고 다음과 같이 이해할 수 있다: $\leq$ 제약 조건의 경우, 자원을 1단위 증가시켰을 때 얻는 편익, $\geq$ 제약 조건의 경우, 자원을 1단위 감소시켰을 때 얻는 편익이다. 이 편익은 최소화 문제에서는 Z값을 감소시키고, 최대화 문제에서는 Z값을 증가시킨다. 즉 그림자 가격은 제약 조건을 1단위 강화했을 때 발생하는 목적함수 값 Z의 한계 손실(또는 페널티)로도 해석할 수 있다.

스트래튼사 문제에서는 첨가제에 여유가 4파운드 있으므로 해당 제약 조건은 비속박적이며, 그림자 가격은 0달러이다. 반면, 포장 자원에는 여유가 없기 때문에 해당 제약 조건은 속박적이며, 포장 시간이 1시간 추가될 때의 그림자 가격은 11달러이다. 즉 포장 자원을 1시간 추가하면 Z값이 11달러만큼 증가하게 된다.

의사결정에 그림자 가격 활용하기

예제 C.5

(1) 압출 또는 포장 부서의 용량을 늘리는 데 기존 목적함수 계수에 반영된 일반 비용 외에 시간당 8달러의 추가 비용이 발생한다면, 이것은 경제적으로 타당한 선택인가?
(2) 포장 용량을 늘리는 데 시간당 6달러의 추가 비용이 든다면, 이 비용을 지불할 가치가 있는가?
(3) 원자재를 추가로 구매해야 할 경우, 비용을 지불하는 것이 타당한가?

풀이

압출 용량을 확대하는 데는 시간당 8달러의 추가 비용이 발생하지만, 해당 제약 조건의 그림자 가격은 3달러에 불과하다. 즉 시간당 8달러를 들여 확장한 만큼의 자원이 목적함수 Z에 3달러 만큼밖에 기여하지 못하므로, 이는 경제적으로 손해다. 반면, 포장 용량을 확장하는 데 드는 추가 비용은 시간당 6달러이며, 이때의 그림자 가격은 11달러이다. 즉 단위 자원당 Z값이 11달러만큼 개선되므로 비용보다 이득이 더 크다. 마지막으로 원자재의 경우, 현재 4파운드의 여유(잉여)가 이미 존재하므로 해당 제약 조건은 비속박적 제약 조건이고, 이에 대한 그림자 가격은 0달러이다. 따라서 이 자원을 더 구매해도 Z값에는 아무런 개선이 없으며, 추가 비용을 들일 이유가 없다.

의사결정 포인트

스트래튼사의 경영진은 포장 용량을 늘리기로 했지만, 압출 용량을 늘리거나 원자재를 추가로 구매하지는 않기로 했다.

그림 C.9의 마지막 부분은 그림자 가격을 변경하지 않고도 우변 매개변수가 변할 수 있는 실행가능 범위(range of feasibility)의 하한과 상한을 보여준다. 예를 들어 포장 제약 조건에 대한 그림자 가격 11달러는 16~20시간 범위 내에서 유효하다.

퇴화
최적해에서 0이 아닌 의사결정변수의 수가 제약 조건의 수보다 적을 때 발생하는 상태

또한 최적해(의사결정변수, 여유 변수, 잉여 변수 포함)에서 0보다 큰 값을 가지는 변수의 개수는 항상 제약 조건의 개수를 초과하지 않는다. 스트래튼사 문제의 경우, 3개의 제약 조건(비음성 제약 조건은 제외)과 0이 아닌 값을 갖는 3개의 변수(x_1, x_2, 첨가제에 대한 여유 변수)가 최적해에 존재하며, 이 규칙을 잘 보여준다. 하지만 드물게, 최적해에서 0이 아닌 변수의 개수가 제약 조건 수보다 적을 수도 있다. 이러한 상황을 **퇴화**(degeneracy)라고 하며, 이 경우 민감도 분석 정보의 신뢰성은 낮아질 수 있다. 만약 더 많은 '만약 ~이라면(what-if)' 질문에 대한 정보를 얻고자 한다면, 분석하고자 하는 새로운 매개변수 값을 입력해 소프트웨어 패키지를 다시 실행함으로써 검토할 수 있다.

수송법

C.5 판매 및 운영 계획(S&OP) 문제에 수송법을 적용한다.

수송문제
수요와 공급 제약 조건을 포함한 선형계획 문제의 특수한 형태

선형계획법의 한 특별한 경우는 **수송문제**(transportation problem)이며, 이는 일반적으로 수송표라고도 불리는 표준 테이블 형태로 표현될 수 있다. 그림 C.10은 그 예시로, 행(row)은 공급지를 나타내고, 열(column)은 수요지를 나타낸다. 공급과 수요는 모두 미래의 여러 기간으로 나눌 수 있다. 일반적으로, 이 표에서 행은 용량 제한을 부과하는 선형 제약 조건을 의미하고, 열은 특정 수요 수준을 충족해야 하는 선형 제약 조건에 해당한다. 표의 각 셀은 하나의 의사결정변수이며, 각 셀의 오른쪽 상단에는 해당 경로에 대한 단위당 수송비용이 표시된다. 그림 C.10에 나타난 테이블은 총 52개의 의사결정변수와 17개의 제약 조건을 포함하고 있다.

수송법
수송문제를 해결하는 데 사용되는 효율적인 해법 절차

수송문제는 일반적인 선형계획법 문제로 수립해 표준적인 해법으로 해결할 수 있다. **수송법**(transportation method)은 데이터 입력을 단순화하고, 보다 효율적인 해법 절차를 제공한다는 장점이 있지만, 그림 C.9에서와 같이 민감도 분석 정보는 제공되지 않으며, 용량과 수요 이외의 의사결정변수에 대한 추가 제약 조건을 설정할 수 없다는 한계도 존재한다. 여기에서는 생산 계획 문제를 수송문제로 수립하는 방법을 보여준다. 또한, 15장 '물류 관리'에서는 수송법의

또 다른 응용 사례로서 입지 문제(location problem) 해결에 수송법을 어떻게 활용할 수 있는지를 다룬다. 이 절에서는 문제의 설정과 해석에 초점을 맞추며, 나머지 해결 과정은 컴퓨터 소프트웨어 패키지를 통해 수행한다.

판매 및 운영 계획 수립을 위한 수송법

11장 '운영 계획과 일정 계획'에서 설명한 것처럼, 수요와 공급이 균형을 이루도록 하는 것이 판매 및 운영 계획(S&OP)의 핵심이기 때문에, 여기에 수송법을 적용할 수 있다는 것은 자연스러운 일이다. 수송법은 특히 예상 재고 수준을 결정하는 데 유용하며, 이는 서비스 기업의 인력 배치 계획보다는 제조업체의 생산 계획과 더 밀접하게 관련되어 있다. 실제로, 각 기간별 인력 수준은 수송법의 산출요소가 아니라 입력요소이다. 따라서 다양한 인력 조정 계획을 미리 설정하고 평가해야 하며, 최종 계획을 확정하기 전에 여러 수송문제 해법을 비교해볼 수 있다.

생산 계획에 수송법을 적용할 수 있으려면 다음과 같은 전제가 필요하다: 각 기간의 수요 예측과 함께 사용할 수 있는 가능한 인력 조정 대안이 존재해야 하며, 또한 각 기간에 대해 초과근무나 하청 사용에 대한 용량 제한도 주어져야 한다. 그리고 모든 비용이 생산량과 선형적 관계를 갖는다는 가정, 즉 생산량이 늘어나면 비용도 비례해서 증가한다는 전제가 필요하다.

공급지		기간 1	기간 2	기간 3	기간 4	공급용량
기간	초기재고					
1	유형 1					
	유형 2					
	유형 3					
2	유형 1					
	유형 2					
	유형 3					
3	유형 1					
	유형 2					
	유형 3					
4	유형 1					
	유형 2					
	유형 3					
수요량						

그림 C.10 수송표의 예

제조업체의 판매 및 운영 계획을 수립하기 위한 절차는 다음과 같다.

1. 판매 및 운영 계획에 포함될 각 기간의 수요 예측치를 수집하고, 미래 수요를 충족하는 데 사용할 수 있는 현재 재고 수준을 파악한다.
2. 추종 전략(chase strategy), 평준화전략(level strategy), 혼합전략 중 하나를 선택해 후보 인력 조정 계획을 결정하고, 각 기간에 적용 가능한 생산 대안(정규시간, 초과근무, 하청)의 수용 한도를 지정한다.
3. 재고 보유 비용과 정규직, 초과근무, 하청 등 생산 대안별 비용을 추정한다. 이때 모든 비용은 제품 단위당 기준으로 통일해서 표현해야 하며, 예를 들어 정규시간 임금, 초과근무 수당, 재고 보유 비용 등을 단위당 비용(예: 달러/단위) 형태로 변환한다. 정규시간 인력에 유휴시간이 발생할 경우에는 그에 따른 유휴시간 비용도 포함해야 한다.
4. 1~3단계에서 수집한 모든 정보를 컴퓨터 수송문제 표에 입력해 해를 구한 뒤, 예상 재고 수준을 계산하고, 계획 내 비용이 많이 드는 요소를 식별한다.
5. 비용과 질적 요소를 균형 있게 고려해 가장 적절한 해를 찾을 때까지 정규직, 초과근무, 하청 인력의 다른 조합으로 수송문제를 반복적으로 해결한다. 이 과정은 시행착오적 접근을 포함하지만, 각 공급 계획에 대해 최적의 인력 조합을 찾는 데 효과적이다.

예제 C.6은 윈도우용 POM 소프트웨어의 수송법(생산 계획) 모듈을 사용해 이 접근 방식을 실제로 구현하는 방법을 보여준다.

예제 C.6 수송법으로 생산 계획 수립하기

트루레인보우사(Tru-Rainbow Company)는 상업용 및 개인용 페인트 제품을 다양하게 생산한다. 페인트 수요는 계절적 변동이 심하며, 3분기에 수요가 정점에 도달한다. 초기 재고는 25만 갤런, 목표 최종 재고는 30만 갤런이다.

회사의 제조 부문 관리자는 다음의 수요 요건과 용량 계획 데이터를 바탕으로 최적의 생산 계획을 수립하고자 한다. 여기서 수요 및 용량 수치는 인력-기간 단위가 아닌, 천 갤런 기준으로 표현되어 있다. 관리자는 다음과 같은 단위당 비용 정보를 알고 있다.

정규시간 생산 비용: 1.00달러
초과근무 비용: 1.50달러
하청 생산 비용: 1.90달러
재고 보유 비용: 분기당 0.30달러
유급 유휴시간 비용: 단위당 0.50달러

여기서 주어진 비용은 노동비용만 포함하며, 재료비나 가변 간접비는 포함하지 않는다. 따라서 정규시간 비용이 가장 낮은 수준으로 책정되어 있다.

구분	수요	정규시간 용량	초과근무 용량	하청 용량
1분기	300	450	90	200
2분기	850	450	90	200
3분기	1,500	750	150	200
4분기	350	450	90	200
합계	3,000	2,100	420	800

다음과 같은 제약 조건이 적용된다.

a. 한 분기 내 최대 초과근무시간은 해당 분기 정규시간의 20%로 제한된다.
b. 하청업체는 분기당 최대 20만 갤런까지 공급 가능하다. 단, 재고 부족을 피하기 위해 한 분기에 생산을 하청하고, 초과분은 향후 기간의 재고로 이월할 수 있다.
c. 계획된 이월 주문이나 품절은 허용되지 않는다.

풀이

그림 C.11은 위 데이터를 윈도우용 POM 프로그램에 입력한 화면을 보여주며, 그림 C.12는

Period	Demand	Regular-Time Capacity	Overtime Capacity	Subcontract Capacity		Unit costs	Value
Quarter 1	300	450	90	200		Regular time	1
Quarter 2	850	450	90	200		Overtime	1.5
Quarter 3	1500	750	150	200		Subcontracting	1.9
Quarter 4	650	450	90	200		Holding/carrying cost	.3
						Backorder cost	Not allowed
						Idle RT Capacity cost	.5
						Initial Inventory	250

그림 C.11 트루레인보우의 윈도우용 POM 입력 화면

Tru-Rainbow Company Solution						
Optimal cost = $4,010	Quarter 1	Quarter 2	Quarter 3	Quarter 4	Excess Capacity	Capacity
Init Inventory	230		20			250
Quarter 1 RegTime	50	400				450
Quarter 1 Overtime			90			90
Quarter 1 Subcontract	20				180	200
Quarter 2 RegTime		450				450
Quarter 2 Overtime			90			90
Quarter 2 Subcontract			200			200
Quarter 3 RegTime			750			750
Quarter 3 Overtime			150			150
Quarter 3 Subcontract			200			200
Quarter 4 RegTime				450		450
Quarter 4 Overtime				90		90
Quarter 4 Subcontract				110	90	200
Demand	300	850	1500	650	270	

그림 C.12 트루레인보우 생산 계획 해법 화면

해당 인력 조정 계획에 따른 최적 생산 계획 결과 화면을 보여준다. 이 출력표는 앞서 제시한 표와 거의 동일하지만, 한 가지 중요한 차이점이 있다. 4분기의 수요가 원래 35만 갤런으로 예측되었음에도 불구하고, 그림 C.12에서는 65만 갤런으로 표시되어 있다. 이는 관리자가 4분기의 최종 재고 목표치를 30만 갤런으로 설정했기 때문에, 그 목표를 반영해 수요 열의 수치를 높인 것이다. 그림 C.12에서 주목해야 할 사항은 다음과 같다.

1. 그림 C.12에는 각 분기별로 각 공급 대안[그림 C.10의 '공급지(source of supply)'에 해당하는 항목]에 대한 행이 제시되어 있다. 첫 번째 행은 사용 가능한 초기 재고를 나타내며, 그 아래 행들은 각 분기의 정규시간 생산, 초과근무 생산, 하청 생산을 나타낸다. 초기 재고는 4개 분기 중 어느 분기의 수요를 충족하는 데도 사용 가능하며, 1분기의 정규시간 생산량도 마찬가지로 어느 분기의 수요에도 배분될 수 있다. 마지막 열의 숫자는 각 공급 대안에 대해 사용 가능한 최대 용량을 나타낸다. 예를 들어 3분기의 정규시간 생산 용량은 평소의 45만 갤런에서 75만 갤런으로 증가해, 3분기 수요로 예상되는 최대 150만 갤런을 충족할 수 있도록 설정되어 있다.
2. 열은 미래 각 분기의 수요를 나타내며, 마지막 행은 수요 예측치를 요약한다. 예를 들어 4분기의 수요는 65만 갤런으로 나타나는데, 이는 단순한 수요 예측이 아니라 최종 재고 목표(30만 갤런)를 포함한 수치다. 또한 '초과 용량' 열은 각 공급원이 완전히 활용되지 않았을 때의 미사용 용량을 나타낸다. 마지막 행의 숫자(270)는 총 공급 용량이 총수요보다 27만 갤런만큼 더 많음을 보여준다.
3. 가장 비용이 적게 드는 선택지는 생산과 판매가 같은 기간 내에서 이루어지는 경우이다. 예를 들어 4분기 초과근무 생산량은 4분기 수요를 충족하기 위해 사용되므로, 단위당 비용이 1.50달러에 불과하다(12행, 4열 참조). 반면, 2분기의 초과근무 생산량이 3분기 수요를 충족하는 데 사용될 경우, 보관비용이 더해져서 단위당 비용이 1.80달러로 증가한다. 그러나 용량 제한으로 인해 항상 동일 기간 내에서 생산과 판매를 일치시킬 수는 없기

때문에 재고를 발생시키는 대안이 불가피하게 선택되기도 한다.

4. 그림 C.12의 첫 번째 행은 초기 재고 25만 갤런 중 23만 갤런이 1분기 수요에 사용되었고, 나머지 2만 갤런은 3분기 수요에 배분되었음을 보여준다. 이처럼, 1열의 네 분기에 대한 총배정량은 오른쪽 열에 표시된 최대 용량(25만 갤런)을 초과하지 않는다. 수송법에서는 각 행에 대해 이 조건이 항상 만족되어야 한다. 사용되지 않은 잔여 용량은 '초과 용량' 열에 나타나며, 이 경우처럼 단위당 0.50달러의 미사용 비용이 발생하는 상황에서는 정규시간 용량이 일부 사용되지 않은 채 남아 있는 경우도 생긴다.

또한, 각 열에 할당된 값들의 합계는 해당 분기의 총수요와 정확히 일치해야 한다. 예를 들어 1분기의 수요 30만 갤런은 다음과 같이 충족된다: 초기 재고 23만 갤런, 1분기 정규 생산 5만 갤런, 1분기 하청 생산 2만 갤런. 이들을 모두 합하면 총 30만 갤런이 되며, 이는 정확히 예측 수요와 일치한다.

이 솔루션을 더 자세히 분석하려면, 그림 C.12의 내용을 테이블 형식으로 변환할 수 있다. 예를 들어 1분기 전체 정규시간 생산량은 45만 갤런인데, 이는 1분기 수요 충족을 위한 5만 갤런과 2분기 수요 충족을 위한 40만 갤런을 포함한다.

각 분기 말의 예상 재고 수준은 그림 C.12의 마지막 열에서 확인할 수 있으며, 이는 다음과 같이 계산된다.

해당 분기 시작 재고 = 정규시간, 초과근무, 하청을 통한 생산량 − 해당 분기의 수요

예를 들어 1분기의 경우

초기재고: 25만 갤런
총 공급량(정규시간 + 초과근무 + 하청): 56만 갤런
수요: 30만 갤런

종료 재고는 51만 갤런이며, 이는 2분기의 초기재고로 이어진다. 예상 재고 수준은 아래 표에서 보다 명확하게 확인할 수 있다.

분기	정규시간 생산량	초과근무 생산량	하청	총생산량	예상(기말)재고
1	450	90	20	560	250 + 560 − 300 = 510
2	450	90	200	740	510 + 740 − 850 = 400
3	750	150	200	1,100	400 + 1,100 − 1,500 = 0
4	450	90	110	650	0 + 650 − 350 = 300
Totals	2,100	420	530	3,050	

참고: 예상재고는 각 분기 말의 재고량이며 다음과 같이 계산된다.
초기재고 + 총생산량 − 실 수요량 = 기말재고

비용 내역은 그림 C.12의 각 셀에 있는 투입량과, 그림 C.11의 마지막 열에 제시된 단위당 비용을 곱함으로써 산출할 수 있다. 비용은 열 단위 또는 행 단위로 집계할 수 있으며, 계산 결과 총비용은 4,010,000달러 또는 4,010 × 1,000달러로 나타난다. 비용 내역은 별도의 비용 계산표를 참조하면 된다.

비용 산출		
1분기	230($0) + 50($1.00) + 20($1.90)	= 88달러
2분기	400($1.30) + 450($1.00)	= 970달러
3분기	20($0.60) + 90($2.10) + 90($1.80) + 200($2.20) + 750($1.00) + 150($1.50) + 200($1.90)	= 2,158달러
4분기	450($1.00) + 90($1.50) + 110($1.90)	= 794달러
		합계 = 4,010달러

의사결정 포인트

이 계획은 초과근무와 하청에 과도하게 의존하고 있으며, 재고 수준이 지나치게 높아 재고 보유 비용이 상당히 크다. 이에 따라 관리자는 정규직 생산 능력을 확대하는 등 생산 비용을 줄일 수 있는 더 나은 용량 계획을 검토하기로 했다. 심지어, 추가된 생산 능력에 드는 비용이 있더라도, 그만큼 전체 생산 비용이 절감될 수 있다면 이를 감수하겠다는 판단을 내렸다.

운영 및 공급사슬 관리뿐만 아니라 기타 기능 영역에서도 많은 문제를 선형계획법과 수송법을 통해 해결할 수 있다. 이 보론에서 이미 소개한 사례 외에도 프로세스 관리, 제약 조건 관리, 배송 할당, 재고 관리, 교대 근무 계획 설정 등 다양한 문제 영역에 응용이 가능하다. 이 보론 마지막에 제시된 복습문제와 이전 장 말미에 수록된 복습문제 중 상당수는 이러한 선형계획법 및 수송법 유형의 문제를 포함하고 있다. 의사결정자가 이러한 문제들을 일반적인 형식으로 수립할 수 있게 되면, 이를 현실의 다양한 상황에 맞게 조정해 적용할 수 있다.

핵심용어

극점(corner point)
매개변수(parameter)
목적함수(objective function)
비음성(nonnegativity)
선형계획법(linear programming)
선형계획법의 그래프 해법(graphic method of linear programming)
선형성(linearity)
속박적 제약 조건(binding constraint)
수송문제(transportation problem)
수송법(transportation method)
실행가능영역(feasible region)
심플렉스법(simplex method)
여유(slack)
의사결정변수(decision variables)
잉여(surplus)
제품 믹스 문제(product-mix problem)
퇴화(degeneracy)

복습문제 1

오코넬 항공은 알래스카 시슬리 허브에서 출발해 위스콘신주 로마 및 워싱턴주 시애틀까지 항공편을 운항하는 방안을 고려하고 있다. 시슬리 공항에는 하루 12시간 운항 가능한 하나의 게이트가 있으며, 각 항공편은 게이트 대기 시간으로 1시간이 소요된다. 로마행 항공편은 항공편당 15시간의 승무원 근무시간이 필요하고, 편당 2,500달러의 수익을 창출할 것으로 예상된다. 시애틀행 항공편은 항공편당 10시간의 승무원 근무시간이 필요하며, 편당 2,000달러의 수익이 예상된다. 승무원의 일일 총 근무시간은 150시간으로 제한된다. 또한 로마행 항공편 수는 하루 최대 9편으로 제한된다.

a. 선형계획법의 그래프 해법을 사용해 오코넬 항공의 수익을 극대화하라.

b. 여유 또는 잉여 변수를 가지는 제약 조건을 식별하라.

풀이

a. 목적함수는 수익 Z의 최대화이다.

$$\text{Maximize: } \$2{,}500x_1 + \$2{,}000x_2 = Z$$

x_1 = 위스콘신주 로마행 일일 항공편 수

x_2 = 워싱턴주 시애틀행 일일 항공편 수

제약 조건은 다음과 같다.

$$\begin{aligned} x_1 + x_2 &\leq 12 \text{(게이트 용량)} \\ 15x_1 + 10x_2 &\leq 150 \text{(근무시간)} \\ x_1 &\leq 9 \text{(시장 수요)} \\ x_1 \geq 0, \ x_2 &\geq 0 \end{aligned}$$

그림 C.13에서 등가 이익선을 주의 깊게 그리면 점 D가 최적의 해임을 알 수 있다. 이 점은 게이트 용량 제약과 근무시간 제약이 교차하는 극점에 위치한다. 대수적으로 해를 구하면 다음과 같다.

$$\begin{aligned} 15x_1 + 10x_2 &= 150 \text{(근무시간)} \\ -10x_1 - 10x_2 &= -120 \text{(게이트 용량} \times -10) \\ 5x_1 + 0x_2 &= 30 \\ x_1 &= 6 \\ 6 + x_2 &= 12 \text{(게이트 용량)} \\ x_2 &= 6 \end{aligned}$$

따라서 로마행 항공편 6편, 시애틀행 항공편 6편을 운항할 때 최대 수익 Z = 2,500달러(6) + 2,000달러(6) = 27,000달러가 된다.

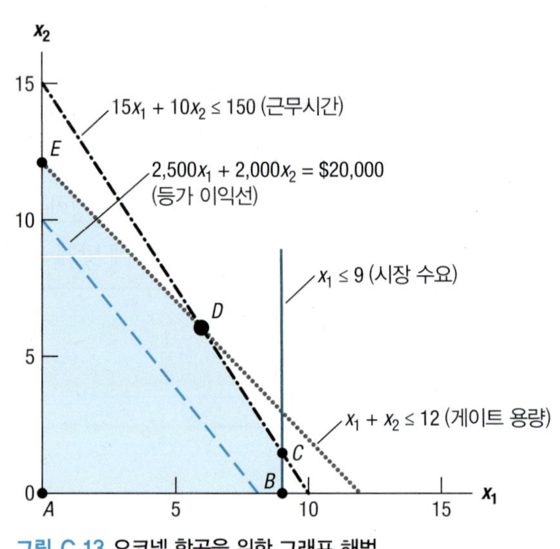

그림 C.13 오코넬 항공을 위한 그래프 해법

b. 로마행 항공편에 대한 시장 제약 조건에 여유(slack) 변수 s_3를 도입하면 다음과 같다.

$$\begin{aligned} x_1 &\leq 9 \\ x_1 + s_3 &= 9 \\ 6 + s_3 &= 9 \\ s_3 &= 3 \end{aligned}$$

즉 시장 제약 조건은 비속박적(non-binding) 제약 조건이며, 해당 제약에서 여유는 3편이다.

복습문제 2

한 제조회사가 가정용 에어컨을 생산한다. 제조 부문의 관리자는 다음과 같은 수요 및 용량 데이터를 바탕으로 차년도 판매 및 운영 계획(S&OP)을 수립하고자 한다. 모든 수치는 제품 단위 100대 기준으로 표현된다.

	수요	정규시간 용량	초과근무 용량	하청 용량
1~2월(1)	50	65	13	10
3~4월(2)	60	65	13	10
5~6월(3)	90	65	13	10
7~8월(4)	120	80	16	10
9~10월(5)	70	80	16	10
11~12월(6)	40	65	13	10
합계	430	420	84	60

초과근무는 무급이며, 초과근무 또는 하청 생산 능력의 미사용에 따른 추가 비용은 발생하지 않는다. 정규 근무시간에 에어컨 1대를 생산하는 비용은 인건비 300달러를 포함해 1,000달러이고, 초과근무로 생산하는 경우에는 단위당 1,150달러, 하청을 통한 생산은 단위당 1,250달러가 소요된다. 에어컨 재고 보유 비용은 2개월마다 단위당 60달러이다. 현재 200대의 초기 재고가 있으며, 계획 종료 시점인 6주기 말에는 400대를 보유해야 한다. 이월 주문(backorder)은 허용되지 않는다. 수송법을 사용해 총비용을 최소화하는 생산 및 재고 계획을 수립하라.

풀이

다음 표는 해당 문제의 최적 생산 및 재고 계획을 보여준다. 그림 C.14는 이 솔루션을 시각화한 수송표를 제시한다. 이 해법에서 이월 주문을 사실상 배제하기 위해 각 기간의 이월 비용을 인위적으로 매우 큰 값(99,999달러)으로 설정했다. 즉 이월 주문이 허용되지 않는 상황을 모형 내에서 강제한 것이다. 다시 강조하면, 모든 수량은 100단위로 표현된다. 예를 들어 6주기의 수요는 4,400으로 표시되는데, 이는 실제 수요 4,000대에 종료 재고 목표량 400대를 더한 값이다. 여기서의 예상 재고는 각 기간 말에 보유한 수량을 의미한다. 또한 비용 계산 시 초과근무 미사용에 따른 보상은 없으며, 근로자가 초과 인력이 될 경우 조직 내 다른 부서로 배치되어 생산적인 작업에 투입될 수 있음을 전제로 한다.

이 풀이에서 다소 의아하게 보일 수 있는 점은, 초기 재고 200대가 1주기의 수요를 충족하는 데 사용되지 않고, 4주기의 수요 충족에 먼저 배정된다는 점이다. 이러한 결과는 다음의 사실로 설명할 수 있다. 즉 이 문제에는 복수의 최적해가 존재하며, 여기 제시된 계획은 그중 하나에 해당한다. 그러나 어떤 최적해를 택하더라도, 도출되는 생산 계획과 예상 재고 수준은 동일하다.

기간	구분	주기 1	주기 2	주기 3	주기 4	주기 5	주기 6	사용 용량	총용량
기간	초기재고	0	60	120	180 2	240	300	0	2
1	정규시간	1,000 50	1,060 15	1,120	1,180	1,240	1,300	0	65
1	초과근무	1,150	1,210	1,270	1,330	1,390	1,450	13	13
1	하청	1,250	1,310	1,370	1,430	1,490	1,550	10	10
2	정규시간	99,999	1,000 41	1,060 12	1,120 12	1,180	1,240	0	65
2	초과근무	99,999	1,150 4	1,210	1,270	1,330	1,390	9	13
2	하청	99,999	1,250	1,310	1,370	1,430	1,490	10	10
3	정규시간	99,999	99,999	1,000 65	1,060	1,120	1,180	0	65
3	초과근무	99,999	99,999	1,150 13	1,210	1,270	1,330	0	13
3	하청	99,999	99,999	1,250	1,310	1,370	1,430	10	10
4	정규시간	99,999	99,999	99,999	1,000 80	1,060	1,120	0	80
4	초과근무	99,999	99,999	99,999	1,150 16	1,210	1,270	0	16
4	하청	99,999	99,999	99,999	1,250 10	1,310	1,370	0	10
5	정규시간	99,999	99,999	99,999	99,999	1,000 70	1,060	10	80
5	초과근무	99,999	99,999	99,999	99,999	1,150	1,210	16	16
5	하청	99,999	99,999	99,999	99,999	1,250	1,310	10	10
6	정규시간	99,999	99,999	99,999	99,999	99,999	1,000 44	21	65
6	초과근무	99,999	99,999	99,999	99,999	99,999	1,150	13	13
6	하청	99,999	99,999	99,999	99,999	99,999	1,250	10	10
	수요량	50	60	90	120	70	44	132	566

그림 C.14 최적의 생산 및 재고 계획 수립을 위한 수송표

생산 계획				
기간	정규시간	초과근무	하청	합계
1	6,500	–	–	6,500
2	6,500	400	–	6,900
3	6,500	1,300	–	7,800
4	8,000	1,600	1,000	10,600
5	7,000	–	–	7,000
6	4,400	–	–	4,400

예상 재고		
재고 기간	초기재고 + 총생산 − 수요	예상(기말) 재고
1	200 + 6,500 − 5,000	1,700
2	1,700 + 6,900 − 6,000	2,600
3	2,600 + 7,800 − 9,000	1,400
4	1,400 + 10,600 − 12,000	0
5	0 + 7,000 − 7,000	0
6	0 + 4,400 − 4,000	400

토론과제

1. 특정 선형계획법 최대화 문제에서는 (1) 원자재, (2) 근무시간, (3) 저장 공간 같은 제약 조건들이 존재한다. 이 중 최적해는 원자재와 근무시간 제약 조건의 교차점에서 발생하므로, 이 두 제약 조건은 속박적 제약 조건이다. 경영진은 초과근무 승인 여부를 고려하고 있다. 이러한 결정을 내릴 때, 선형계획법 해법이 경영진에게 어떤 유용한 정보를 제공할 수 있는가? 또한, 저렴한 가격에 창고를 임대할 기회가 생겼다고 가정해 보자. 경영진이 창고 임대 여부를 결정하기 위해 알아야 할 정보는 무엇인가? 그리고 이러한 상황에서 선형계획법 모형은 어떻게 의사결정에 도움을 줄 수 있는가?
2. 선형계획법과 수송법은 수학적으로 최적해를 제공한다. 그러나 현명한 관리자는 그림 C.8 또는 C.12에서 제시된 최적 결과를 확인한 이후에도 다른 계획을 실행하기로 할 수 있다. 이러한 의사결정은 어떻게 설명할 수 있는가? 수학적으로 최적인 해법이 실제 경영환경에서 반드시 최선의 선택은 아닐 수 있는 이유는 무엇인가?

연습문제

이 책을 사용하는 모든 학생은 OM Explorer, 윈도우용 POM, Active Model 소프트웨어를 사용할 수 있다. 해당 소프트웨어의 다운로드 위치와 활용 방법은 강의 담당 교수에게 문의하라. 2개 이상의 의사결정변수를 포함한 선형계획법 문제와 수송문제의 경우 윈도우용 POM을 활용해 모형을 수립하고 해법을 구하도록 한다. 이러한 문제에서는 모형을 어떻게 수립하는지와 컴퓨터의 출력 결과를 어떻게 해석하는지에 중점을 두도록 한다.

선형계획법 모형 수립

1. 해피도그는 세 가지 유형의 반려견 사료를 생산한다. 1세 미만의 개를 위한 퍼피 블렌드, 1~8세 사이의 개를 위한 어덜트 블렌드, 8세 이상의 개를 위한 제리어트릭 블렌드를 생산한다. 5파운드 봉지로 판매되는 각 블렌드에는 특정 원재료의 정확한 양을 필요로 하는 고유한 레시피가 있다.

	닭고기 (파운드)	어분 (파운드)	대두 가루 (파운드)	수요 (5파운드 봉지 기준)
퍼피 블렌드	2.5	1.0	0.5	2,000
어덜트 블렌드	1.5	2.0	0.5	8,000
제리어트릭 블렌드	1.0	2.0	1.0	1,000
원자재 가용량	10,000	20,000	5,000	

a. 원재료의 수요나 공급을 초과하지 않으면서 가능한 한 많은 개

사료 봉지를 생산하는 선형계획법 모형을 수립하라.

b. 회사가 현재 개 사료 생산에서 수익(판매가격 – 원재료비)을 극대화하기 위한 선형계획법 모형을 다시 수립하라. 퍼피 블렌드는 봉지당 9.50달러, 어덜트 블렌드는 봉지당 8.50달러, 제리어트릭 블렌드는 봉지당 9.00달러에 판매된다고 가정한다. 또한 닭고기는 파운드당 2.50달러, 어분은 파운드당 1.25달러, 대두 가루는 파운드당 2.00달러이다. 이 새로운 정보는 선형계획법 모형을 어떻게 변경하는가?

2. 어메이징 데어리는 요거트, 사워크림, 케피르, 코티지 치즈를 10파운드 용기에 담아 식품 서비스 업계에 공급한다. 각 제품은 10파운드 단위로 생산되며, 3대의 기계를 통해 유사한 가공 과정을 거친다. 각 기계의 처리 시간(분)을 포함한 어메이징 데어리의 제품 라인에 대한 자세한 정보는 다음과 같다.

	요거트	사워 크림	케피르	코티지 치즈
파운드당 가격(달러)	1.50	2.00	3.50	1.25
주간 수요(파운드)	200	350	50	150
기계 1 처리 시간	10파운드 용기당 15분	10파운드 용기당 10분	10파운드 용기당 15분	10파운드 용기당 5분
기계 2 처리 시간	10파운드 용기당 25분	10파운드 용기당 10분	10파운드 용기당 15분	10파운드 용기당 5분
기계 3 처리 시간	10파운드 용기당 5분	10파운드 용기당 15분	10파운드 용기당 30분	10파운드 용기당 20분

어메이징 데어리는 매주 각 기계당 최대 2,400분의 처리 시간을 사용할 수 있다. 총수익을 극대화하는 선형계획법 모형을 수립하라.

3. 렉싱턴시는 세 곳의 공급업체로부터 휘발유를 구입해 관용 차량에 연료를 공급하고 있다. 각 공급업체는 6,000갤런 단위로 휘발유를 배송한다. 공급업체는 연료를 배송해야 하므로, 각 배송에는 이동 거리 기준의 운송비가 추가된다. 각 시설에 필요한 배송 횟수, 각 공급업체에서 각 위치로 휘발유를 공급하는 데 드는 비용, 각 공급업체가 배송 가능한 트럭 수는 다음과 같다.

	경찰서	소방서	버스 차고지	공공 작업 차고	배송 가능 (트럭 수)
공급업체 A	500달러	525달러	550달러	600달러	20대
공급업체 B	350달러	425달러	450달러	575달러	14대
공급업체 C	400달러	375달러	625달러	475달러	10대
배송 수요(트럭 수)	12대	2대	18대	6대	

각 공급업체의 연료 갤런당 가격은 동일하다고 가정한다. 렉싱턴시의 모든 시설에 대한 연료 수요를 충족하기 위해 지불해야 하는 총운송비를 최소화하는 선형계획법 모형을 수립하라.

4. JP모건 체이스는 일정계획 문제에 직면해 있다. 작업자는 하루 8시간 교대 근무를 하며, 근무는 자정, 오전 4시, 오전 8시, 정오, 오후 4시, 오후 8시에 시작할 수 있다. 다음 표는 각 시간대별로 필요한 최소 작업자 수를 나타낸 것이다. 최소한의 작업자 수로 다음 수요 요구사항을 충족하는 선형계획법 모형을 수립하라.

시간대	필요한 작업자 수
자정~오전4시	4
오전 4시~오전 8시	6
오전 8시~정오	90
정오~오후 4시	85
오후 4시~오후 8시	55
오후 8시~자정	20

그래프 해법

5. 스포츠 슈 컴퍼니는 농구화와 축구화를 제조하는 회사이다. 마케팅 담당자는 광고 자원을 가장 효과적으로 활용할 수 있는 방법을 결정해야 한다. 이 회사가 후원하는 각 축구팀은 120켤레의 축구화가 필요하며, 각 농구팀은 32켤레의 농구화가 필요하다. 축구 코치에게는 신발 후원당 300,000달러가 지급되며, 농구 코치에게는 1,000,000달러가 지급된다. 관리인의 프로모션 예산은 총 3,000만 달러이다. 또한 이 회사는 판촉용 운동화에 사용되는 드물고 값비싼 화합물인 플러버의 공급량이 제한되어 있다. 플러버는 총 4리터(또는 4,000cm^3)만 사용할 수 있다. 농구화 한 켤레에는 3cc의 플러버가 필요하고, 축구화 한 켤레에는 1cc의 플러버가 필요하다. 관리인은 이용 가능한 자원을 고려해 가능한 많은 농구팀과 축구팀을 후원하고자 한다.

a. 목적함수와 제약 조건을 설명하는 선형 방정식을 수립하라.

b. 그래프 해법을 활용해 시각적인 해를 찾아보라.

c. 회사가 후원할 수 있는 각 팀 유형별 최대 수는 얼마인가?

6. 어느 대학의 경영학과 전공 학생은 졸업을 위해 총 65개의 과정을 이수해야 한다. 이 중 경영학과 과목은 최소 23개 이상 수강해야 하며, 교양과목은 최소 20개 이상 수강해야 한다. 평균적으로 경영학과 과목 하나당 60달러의 교재비와 120시간의 학습 시간이 소요된다. 반면, 교양과목은 하나당 24달러의 교재비와 200시간의 학습 시간이 필요하다. 이 학생은 교재 구입에 최대 3,000달러만 사용할 수 있다.

a. 목적함수와 제약 조건을 설명하는 선형 방정식을 수립하라.

b. 그래프 해법을 활용해 시각적인 해를 찾아보라.

c. 경영학과 및 교양과목의 총 학습 시간을 최소화하는 과목 조합은 무엇인가?

d. 여유 또는 잉여 변수를 식별하라.

7. 6번 문제에서, 교재 구입비용을 최소화하는 것이 목표이고, 학생의 총 학습 시간이 12,600시간으로 제한된다고 가정하자.

a. 그래프 해법을 사용해 총 교재 구입비용을 최소화하는 과목 조합을 결정하라.

b. 여유 또는 잉여 변수를 식별하라.

8. 한 제분 공장은 한 달에 3,000톤의 밀을 원료로 사용해 밀가루와 세몰리나를 생산한다. 공장은 하루 24시간, 한 달에 24일 동안 가동된다.

	1톤의 제품을 생산하기 위한 자원		판매 정보	
	밀(톤)	시간(분)	월별 수요	톤당 수익
밀가루	2	20	1,500톤	50달러
세몰리나	1	15	1,400톤	28달러

a. 선형계획법의 그래프 해법을 활용해 수익을 극대화하기 위한 밀가루와 세몰리나의 월별 최적 생산량을 결정하라.

b. 여유 또는 잉여가 발생하는 제약 조건을 식별하라.

9. 플라스틱 파이프 제조업체의 공장 관리인은 특정 유형의 플라스틱 파이프에 대해 두 가지 다른 처리 경로를 사용할 수 있다. 경로 1은 압출기 A를 사용하고 경로 2는 압출기 B를 사용한다. 두 경로 모두 동일한 용융 공정이 필요하다. 다음 표는 이러한 공정의 시간 요구사항과 용량을 보여준다.

	시간 요구사항(시간/100피트)		
공정	경로 1	경로 2	용량(시간)
용융	1	1	45
압출기 A	3	0	90
압출기 B	0	1	160

경로 1에서 처리된 각 100피트의 파이프는 5파운드의 원료를 사용하는 반면, 경로 2에서 처리된 각 100피트의 파이프는 4파운드만 사용한다. 이 차이는 압출 기계의 수율이 다르기 때문에 발생한다. 결과적으로 경로 1에서 처리된 100피트의 파이프당 수익은 60달러이고, 경로 2에서는 80달러이다. 총 200파운드의 원료를 사용할 수 있다.

a. 목적함수와 제약 조건을 설명하는 선형 방정식 집합을 수립하라.

b. 그래프 해법을 사용해 시각적 해를 찾아라.

c. 최대 수익은 얼마인가?

10. 섬유 염료 제조업체는 특정 유형의 염료에 대해 두 가지 다른 처리 경로를 사용할 수 있다. 경로 1은 건조 프레스 A를 사용하고, 경로 2는 건조 프레스 B를 사용한다. 두 경로 모두 건조 전에 염료용 화학 물질을 혼합하는 데 동일한 혼합 통이 필요하다. 다음 표는 이러한 공정의 시간 요구사항과 용량을 보여준다.

	시간 요구사항(시간/kg)		
공정	경로 1	경로 2	용량(시간)
혼합	2	2	54
건조 프레스 A	6	0	120
건조 프레스 B	0	8	180

경로 1에서는 처리되는 염료 1kg당 20리터의 화학 물질이 사용되는 반면, 경로 2에서는 처리되는 염료 1kg당 15리터의 화학 물질만 사용된다. 이 차이는 건조 프레스의 수율이 다르기 때문에 발생한다. 결과적으로 경로 1에서 처리된 킬로그램당 수익은 50달러이고, 경로 2에서는 65달러이다. 총 450리터의 투입 약품을 사용할 수 있다.

a. 수익을 극대화하기 위한 목적함수와 제약 조건을 수립하라.

b. 선형계획법의 그래프 해법을 사용해 최적해를 구하라.

c. 여유 또는 잉여가 발생하는 제약 조건을 식별하라.

컴퓨터 분석

11. 트림 룩 컴퍼니(Trim-Look Company)는 스커트, 원피스, 스포츠 코트 등 여러 라인의 제품을 생산한다. 최근 한 컨설턴트는 이 회사에 비치 라인을 재평가하고 수익과 간접비에 대한 기여도를 극대화할 수 있는 제품에 자원을 할당할 것을 제안했다. 각 제품에는 동일한 폴리에스테르 원단이 필요하며 재단 및 재봉 부서를 거쳐야 한다. 연구를 위해 다음과 같은 데이터가 수집되었다.

	처리 시간(시간)		
제품	재단	재봉	재료(야드)
스커트	1	1	1
원피스	3	4	1
스포츠 코트	4	6	4

재단 부서는 100시간, 재봉 부서는 180시간, 재료는 60야드를 사용할 수 있다. 스커트 한 벌당 수익과 간접비에 대한 기여도는 5달러, 원피스는 한 벌당 17달러, 스포츠 코트는 한 벌당 30달러이다.

a. 이 문제에 대한 목적함수와 제약 조건을 수립하라.

b. 윈도우용 POM과 같은 컴퓨터 패키지를 사용해 문제를 해결하라.

12. 11번 문제를 더 생각해 보자.

a. 재봉 시간을 1시간 더 늘리기 위해 얼마를 지불할 의향이 있는가? 재단 시간을 1시간 더 추가하려면? 추가 재료 1야드를 확보하기 위해서는? 각 질문에 대한 답변을 설명하라.

b. 재단 제약 조건과 재료 제약 조건에 대해 그림자 가격이 유효한 우변항의 실행가능 범위를 결정하라.

13. 폴리 아스테어(Polly Astaire)는 몸집이 크고 키가 큰 남성을 위한 고급 의류를 만든다. 몇 년 전 회사는 반바지, 바지, 셔츠로 구성된 선셋 라인으로 스포츠웨어 시장에 진출했다. 관리자는 수익을 극대화할 수 있는 각 제품의 생산량을 결정하고자 한다. 각 의류 유형은 A와 B라는 2개의 부서를 통해 생산되며, 각 제품에 대한 관련 데이터는 다음과 같다.

처리 시간(시간)			
제품	부서 A	부서 B	재료 사용량(야드)
셔츠	2	1	2
반바지	2	3	1
바지	3	4	4

부서 A의 사용 가능 시간은 120시간, 부서 B는 160시간이며, 재료는 90야드가 준비되어 있다. 셔츠 한 벌은 10달러, 반바지 한 벌은 10달러, 바지 한 벌은 23달러의 수익과 간접비에 기여한다.

a. 이 문제에 대한 목적함수와 제약 조건을 수립하라.

b. 윈도우용 POM과 같은 컴퓨터 소프트웨어 패키지를 사용해 이 문제를 해결하라.

c. 회사는 부서 A 사용 가능 시간을 1시간 추가하기 위해 얼마를 지불해야 하는가? 부서 B 사용 가능 시간을 1시간 늘리기 위해서는 얼마를 지불해야 하는가? 이 그림자 가격들은 어떤 우변항 범위 내에서 유효한가?

14. 버터플라이는 다양한 칼을 만든다. 각 제품은 4대의 기계에서 가공되며, 필요한 처리 시간은 다음 표와 같다. 기계의 용량은 기계 1이 1,500시간, 기계 2는 1,400시간, 기계 3은 1,600시간, 기계 4는 1,500시간이다.

가공 시간(시간)				
제품	기계 1	기계 2	기계 3	기계 4
A	0.05	0.10	0.15	0.05
B	0.15	0.10	0.05	0.05
C	0.20	0.05	0.10	0.20
D	0.15	0.10	0.10	0.10
E	0.05	0.10	0.10	0.05

제품에는 두 가지 기본 원재료가 필요하며, 그 양은 다음과 같다. 원재료 1의 가격은 온스당 0.50달러이고, 원재료 2는 온스당 1.50달러이다. 원재료 1은 75,000온스, 원재료 2는 100,000온스가 준비되어 있다.

필요량(온스/단위)			
제품	원재료 1	원재료 2	단위당 판매 가격
A	4	2	15.00달러
B	6	8	25.50달러
C	1	3	14.00달러
D	2	5	19.50달러
E	6	10	27.00달러

a. 이익을 최대화하는 것을 목표로 할 때, 이 문제에 대한 목적함수와 제약 조건을 수립하라. 노동비용은 무시할 수 있다고 가정한다.

b. 윈도우용 POM과 같은 컴퓨터 소프트웨어 패키지를 활용해 문제를 해결하라.

15. 넛메그사(Nutmeg Corporation)는 각각 1파운드 캔에 포장된 세 가지 제품(아몬드 러버스 믹스, 호두 러버스 믹스, 알뜰 믹스)을 생산한다. 넛메그의 제품에는 아몬드, 호두, 땅콩 등 세 가지 종류의 견과류가 사용된다. 현재 넛메그는 350파운드의 아몬드, 150파운드의 호두, 1,000파운드의 땅콩을 보유하고 있다. 넛메그의 각 제품은 다음 표와 같이 각 견과류가 일정한 비율로 포함되어야 하며, 표에는 각 제품당 수익과 각 견과류의 파운드당 비용도 제시되어 있다.

	캔당 요구사항 비율			
	아몬드	호두	땅콩	캔당 수익
아몬드-러버스 믹스	80%	20%	0%	8.00달러
호두-러버스 믹스	20%	80%	0%	10.00달러
알뜰 믹스	10%	10%	80%	4.50달러
파운드당 비용	4.50달러	6.00달러	3.00달러	

a. 현재 넛메그의 견과류 재고가 주어졌을 때, 수익을 최대화하려면 각 제품을 몇 캔 생산해야 하는가?

b. 넛메그가 단위당 이익(판매가격에서 원재료 비용을 뺀 값)을 최대화하려고 한다면, (a)에서 도출한 해법이 변경되는가?

c. 호두가 50파운드 추가로 제공된다면, (b)에서의 이익 최대화 해는 어떻게 달라지는가?

16. 가공 산업에서 관리인들이 자주 마주하는 문제 중 하나는 혼합(blending) 문제이다. 15번 문제의 넛메그사는 활동적이고 건강에 관심이 많은 성인 고객을 대상으로 한 신제품 출시를 고려하고 있다. 이 신제품은 특정한 건강 기준을 충족해야 하는 4온스 패키지 견과류 제품이 될 것이다. 첫째, 각 4온스 패키지는 720칼로리를 초과해서는 안 된다. 둘째, 최소 20그램의 단백질을 제공해야 한다. 셋째, 성인의 일일 권장 섭취량을 기준으로 칼슘은 15% 이상, 철분은 20% 이상을 제공해야 한다. 넛메그는 이번 신제품의 재료로 아몬드, 호두, 땅콩 세 가지 견과류만을 사용할 계획이다. 다음 표는 각 재료에 대한 영양 정보와 넛메그의 온스당 원가를 나타낸다.

a. 선형계획법을 사용해 각 4온스 패키지에 포함할 각 재료의 온스 수를 결정하고, 전체 원재료 비용을 최소화하라. 패키지당 총 원가(온스 기준 비용)는 얼마인가?

b. 넛메그의 마케팅 부서는 각 패키지에 아몬드를 최소 0.5온스, 호두를 최소 0.5온스 포함해야 하며, 땅콩은 최대 1온스를 초과하지 않아야 한다고 주장한다. (a)에서 도출한 해법은 이러한 새로운 제약 조건을 만족하는가? 만족하지 않는다면, 이 마케팅 요구사항을 포함한 새로운 선형계획 모형을 수립해 해법을 구하라. 새로운 패키지당 원가(비용)는 얼마인가?

재료	온스당 칼로리	온스당 단백질(g)	온스당 칼슘 비율(%)	온스당 철분 비율(%)	온스당 비용(달러)
아몬드	180	6	8%	6%	0.28
호두	190	4	2%	6%	0.38
땅콩	170	7	0%	4%	0.12

17. 한 소규모 제조 회사는 다른 회사에서 사용할 세 가지 기본 유형의 부품을 생산하고 있다. 각 부품은 3대의 기계에서 가공되며, 해당 기계의 시간당 처리 요구사항은 다음과 같다. 각 기계의 총 사용 가능 시간은 기계 1은 1,600시간, 기계 2는 1,400시간, 기계 3은 1,500시간이다.

	처리 시간(시간)		
부품	기계 1	기계 2	기계 3
A	0.25	0.10	0.05
B	0.20	0.15	0.10
C	0.10	0.05	0.15

각 부품은 서로 다른 양의 두 가지 기본 원료가 필요하다. 원료 1의 가격은 온스당 0.20달러, 원료 2의 가격은 온스당 0.35달러이며, 사용 가능한 양은 원료 1이 200,000온스, 원료 2가 85,000온스이다.

	필요량(온스/단위)		
부품	원료 1	원료 2	단위당 판매 가격
A	32	12	40달러
B	26	16	28달러
C	19	9	24달러

a. 회사는 부품 B를 최소 1,200개 이상 생산해야 하며, 노동비용은 무시할 수 있다고 가정한다. 목표는 이익을 최대화하는 것이다. 이 문제에 대한 목적함수와 제약 조건을 수립하라.

b. 윈도우용 POM과 같은 컴퓨터 패키지를 사용해 이 문제를 해결하라.

18. 다음은 세 가지 모자 스타일을 생산하는 맥신 모자 회사(Maxine's Hat Company)의 제품믹스를 분석하기 위한 선형계획법 모형이다.

Maximize: $\$7x_1 + \$8x_2 + \$6x_3 = Z$

Subject to: $2x_1 + 4x_2 + 2x_3 \leq 120$ (기계 A 시간)

$5x_1 + 3x_2 + 2x_3 \leq 400$ (기계 B 시간)

$2x_1 + 2x_2 + 4x_3 \leq 110$ (기계 C 시간)

$x_1 \geq 0, \quad x_2 \geq 0, \quad x_3 \geq 0$

그림 C.15의 윈도우용 POM 출력물은 이 문제에 대한 최적 해법을 보여준다. 다음 문장 각각을 독립적으로 고려해 참인지 거짓인지 판단하고 설명하라.

a. 모자 3의 가격을 11.50달러로 인상하면 최적 제품 믹스의 일부가 된다. (힌트: 모자 3은 x_3으로 표시되며, 현재의 최적값은 0이다. 이는 이 제품이 생산되지 않아야 함을 의미하며, 즉 최적 제품 믹스에 포함되지 않는다는 뜻이다.)

b. 수익에 영향을 주지 않고 기계 B의 용량을 280시간으로 줄일 수 있다.

c. 기계 C의 용량이 115시간일 경우, 최적해는 변하지 않는다.

Maxine's Hat Company Solution

	X1	X2	X3		RHS	Shadow Price
Maximize	7	8	6			
Machine A time	2	4	2	<=	120	.5
Machine B time	5	3	2	<=	400	0
Machine C time	2	2	4	<=	110	3
Solution	50	5	0		390	

Variable	Value	Reduced Cost	Original Val	Lower Bound	Upper Bound
X1	50	0	7	4.67	8
X2	5	0	8	7	14
X3	0	7	6	–Infinity	13
	Shadow Price	Slack/Surplus	Original Val	Lower Bound	Upper Bound
Machine A Time	.5	0	120	110	220
Machine B Time	0	135	400	265	Infinity
Machine C Time	3	0	110	60	120

그림 C.15 맥신 모자 회사를 위한 해법 화면

표 C.2 워싱턴화학의 생산 데이터

	제품					
자원	1	2	3	4	5	가용량
반응기(시간/파운드)	0.05	0.10	0.80	0.57	0.15	7,500시간*
분리기(시간/파운드)	0.20	0.02	0.20	0.09	0.30	7,500시간*
원재료 1(파운드)	0.20	0.50	0.10	0.40	0.18	10,000파운드
원재료 2(파운드)	—	0.70	—	0.50	—	6,000파운드
원재료 3(파운드)	0.10	0.20	0.40	—	—	7,000파운드
이익(달러/파운드)	4.00	7.00	3.50	4.00	5.70	

*총 사용 가능 시간은 가동 준비시간을 고려해 조정되었다. 다섯 가지 제품은 제품 간 교체비용 때문에 정해진 순서로 작동한다. 회사의 제품 주기는 35일(제품당 연간 10회)이다. 따라서 이러한 교체시간은 해당 기계의 총 사용 가능 시간에서 차감되었다.

19. 워싱턴화학은 접착제 산업을 위한 화학 물질과 용제를 생산한다. 생산 공정은 여러 개의 '집중 공장'으로 나뉘며, 각 공장은 특정 제품 세트를 생산한다. 지금은 집중 공장 중 하나에 대한 생산 계획을 수립해야 할 시점이다. 이 공장은 다섯 가지 제품을 생산하며, 이들은 모두 반응기와 분리기를 통과해야 한다. 또한 각 제품은 특정한 원재료 조합이 필요하다. 생산 데이터는 표 C.2에 나와 있다.

회사는 주요 접착제 제조업체와의 장기 계약에 따라 제품 3과 4를 각각 연간 최소 3,000파운드 생산해야 한다. 현재 수요가 생산 능력을 초과하고 있으므로, 이들 제품은 더 많이 생산해도 된다.

a. 이익을 최대화할 수 있도록 각 제품의 연간 생산량을 결정하라. 회사는 생산한 모든 제품을 판매할 수 있다고 가정한다.

b. 각 제품의 로트 크기를 결정하라.

수송법

20. 워워제조회사는 산업용 및 가정용 삽을 생산한다. 삽의 판매는 계절에 따라 달라지며, 워워의 고객들은 비수기에는 재고를 비축하지 않는다. 즉 고객은 재고를 최소화하고, 일정에 따라 배송되기를 고집하며, 이월 주문은 원하지 않는다.

회사는 기본적인 교육만 받은 미숙련 수작업 노동자를 고용한다. 삽 1,000개를 생산하는 데 정규시간에는 3,500달러, 초과근무에는 3,700달러의 비용이 든다. 이 비용에는 전체의 85% 이상을 차지하는 원재료비가 포함되어 있다. 초과근무는 분기당 5,000개의 삽 생산으로 제한된다. 또한 하청업체를 고용할 경우 삽 1,000개당 4,200달러가 소요되며, 회사의 노동 계약은 하청업체를 통한 분기당 생산을 5,000개로 제한하고 있다. 현재 재고 수준은 30,000개의 삽이며, 경영진은 연말에도 이 수준의 재고를 유지하고자 한다. 1,000개의 삽을 재고로 보유하는 데는 분기당 280달러의 비용이 발생한다. 최근 수립된 연간 수요 예측은 다음과 같다.

분기	수요
1	70,000
2	150,000
3	320,000
4	100,000
합계	640,000

윈도우용 POM의 수송법(생산 계획) 모듈을 사용해 최적의 정규 근무 시간대 용량 계획을 수립하라. 다음과 같은 상황을 가정한다.

- 이 회사의 직원 수는 현재 30명이며, 경영진은 4분기 말까지 이 인원을 그대로 유지하길 원한다.
- 각 작업자는 분기당 4,000개의 삽을 생산할 수 있다.
- 직원을 고용하는 데는 1,000달러, 해고하는 데는 600달러의 비용이 든다.

21. 워워제조회사의 경영진은 전통적인 시즌에 앞서 삽을 구매하도록 고객에게 인센티브로 가격 할인을 제공하고자 한다. 회사의 영업 및 마케팅 직원은 가격 인하로 인한 삽의 수요를 다음과 같이 추정했다.

분기	수요	기존 수요
1	120,000	70,000
2	180,000	150,000
3	180,000	320,000
4	160,000	100,000
합계	640,000	640,000

윈도우용 POM의 수송법(생산 계획) 모듈을 사용해 새로운 수요 일정에 따른 최적의 생산 계획(인력 배치 계획 포함)을 수립하라. 그리고 이를 기존 수요 일정에 따른 최적의 생산 계획과 비교하라. 수요 관리를 통해 기대할 수 있는 잠재적 효과를 평가하라.

22. 불 그린 컴퍼니는 다른 여러 회사에서 생산하는 동물 사료용 보충제를 생산한다. 1,000파운드의 보충제를 생산하는 데 정규시간에는 810달러, 초과근무에는 900달러의 비용이 든다. 이 금액에

는 비용의 80% 이상을 차지하는 재료비가 포함되어 있다. 이 공장은 정규시간에는 분기당 400,000파운드의 보충제를 생산할 수 있지만, 초과근무는 분기당 40,000파운드 생산으로 제한된다. 현재 재고 수준은 40,000파운드이며, 경영진은 이 수준에서 올해를 마무리하기를 원한다. 1,000파운드의 사료 보충제를 재고로 보유하는 데 분기당 110달러의 비용이 든다. 고용 및 해고 비용은 무시할 수 있는 수준이라고 가정한다. 최신 연간 수요 예측은 다음과 같다.

분기	수요(파운드)
1	100,000
2	410,000
3	770,000
4	440,000

a. 모든 의사결정변수를 정의한 후 이 생산 계획 문제를 선형계획법 모형으로 수립하라.

b. 윈도우용 POM과 같은 컴퓨터 패키지를 사용해 해당 모형을 풀이하라.

c. 하청업체를 이용해 불 그린이 필요로 하는 보충제를 1,000파운드당 1,100달러의 비용으로 생산할 수 있다고 가정할 경우, (b)에서 찾은 비용 최소화 해법은 변경되는가?

d. 불 그린이 실제로 현재 재고가 0파운드임을 알게 된 경우, (c)의 자원 조건하에서 전체 수요를 충족하고 연말 재고를 40,000파운드로 유지할 수 있는가? 가능하다면 생산 계획의 총비용은 얼마나 증가하는가?

23. 슈퍼트로닉스는 제품 믹스에 따라 회사의 수익성이 어떻게 달라지는지를 알고 싶어 한다. 현재 제품 믹스는 단위당 이익(판매가격과 재료비용의 차이로 정의됨)이 가장 높은 제품에 우선순위를 부여해 결정된다. 각 작업장의 처리 시간을 포함한 슈퍼트로닉스 제품 라인에 대한 세부 정보는 다음 표와 같다.

a. 슈퍼트로닉스가 매주 각 작업장에서 5,500분의 용량을 사용할 수 있다고 가정할 때, 이익을 극대화하는 제품 믹스를 정의하는 선형계획법 모형을 수립하라.

b. 윈도우용 POM과 같은 컴퓨터 패키지를 사용해 해당 모형을 풀이하라.

c. (b)에서 도출된 해법이 주어졌을 때, 어떤 기계가 병목인지 판단하라.

d. 각 제품의 50개 단위가 이미 고객에게 약정되어 있어 반드시 생산해야 하는 경우, (b)의 모형과 해법은 어떻게 변경되는가?

제품				
	알파	베타	델타	감마
가격(달러)	350.00	320.00	400.00	500.00
재료비용(달러)	50.00	40.00	125.00	150.00
주간 수요(단위)	100	60	50	80
기계 1에서의 처리 시간(분)	20	0	40	10
기계 2에서의 처리 시간(분)	25	20	0	50
기계 3에서의 처리 시간(분)	0	20	60	30

24. 22번 문제의 불 그린 컴퍼니를 다시 살펴보자. 일부 비용 및 수요 매개변수가 변경되었다. 현재 1,000파운드의 보충제를 생산하는 데 정규시간에는 830달러, 초과근무 시간에는 910달러의 비용이 든다. 정규 근무, 초과근무 또는 하청업체의 미사용 용량에 대해서는 추가 비용이 발생하지 않는다. 초과근무는 분기당 총 20,000파운드의 생산으로 제한된다. 또한 하청업체는 1,000파운드당 1,000달러에 고용할 수 있으나, 이 방식으로는 분기당 30,000파운드까지만 생산할 수 있다.

현재 재고 수준은 40,000파운드이며, 경영진은 이 수준에서 올해를 마무리하고자 한다. 1,000파운드의 사료 보충제를 재고로 보유하는 데 분기당 100달러의 비용이 든다. 최근 연간 예측은 표 C.3에 나와 있다.

윈도우용 POM의 수송법 모듈을 사용해 최적의 생산 계획을 찾고 비용을 계산하거나, 스프레드시트 방식을 사용해 양호한 생산 계획을 도출하고 비용을 계산하라.

표 C.3 예측 및 용량

	기간				
	1분기	2분기	3분기	4분기	합계
수요(파운드)	130,000	400,000	800,000	470,000	1,800,000
용량(파운드)					
정규시간	390,000	400,000	460,000	380,000	1,630,000
초과근무	20,000	20,000	20,000	20,000	80,000
하청	30,000	30,000	30,000	30,000	30,000

25. 컷라이트사(Cut Rite Company)는 산업용 잔디깎이의 주요 생산 업체이다. 현재 이 회사는 조립 공장에서 준숙련 근로자 720명을 고용하고 있으며, 이 인력은 분기당 평균 36,000대의 잔디깎이를 생산하고 있다. 정규직 생산량은 고용 인원 수에 비례한다. 초과근무를 통해 분기당 최대 3,000대의 잔디깎이를 추가로 생산할 수 있고, 하청 생산은 분기당 최대 1,000대까지 가능하다. 정규시간을 통한 잔디깎이 1대의 생산비용은 2,430달러이며, 이에는 원재료비가 포함되어 있다. 초과근무 시 생산비는 2,700달러, 하청을 통한 생산비는 3,300달러이다. 정규시간에 사용하지 못한 생산능력에는 대당 270달러의 비용이 발생한다. 반면, 초과근무 또는 하청의 미사용 용량에는 추가 비용이 없다. 잔디깎이 1대를 재고로 유지하는 비용은 분기당 300달러이며, 현재 재고는 4,000대이다. 경영진은 이 수준의 재고로 연말을 마감하고자 하며, 고객은 이월 주문을 허용하지 않는다. 올해 예상되는 잔디깎이 수요는 다음과 같다.

분기	1	2	3	4
수요	10,000	41,000	77,000	44,000

두 가지 인력 계획안이 제안되었지만, 경영진은 어떤 계획이 더 나은 선택인지 확신하지 못하고 있다. 아래 표는 각 계획에 따라 분기별로 고용될 직원 수를 나타낸다.

분기	1	2	3	4
계획 1	720	780	920	720
계획 2	860	860	860	860

a. 관리자에게 어떤 인력 계획을 추천하겠는가? 생산 계획에 수송법을 적용한 분석을 통해 추천의 근거를 설명하라.

b. 관리자가 창의적인 가격 책정을 통해 고객이 비수기에도 잔디깎이를 구매하도록 유도할 경우 다음과 같은 수요 일정이 발생한다.

분기	1	2	3	4
수요	20,000	54,000	54,000	44,000

이 새로운 수요 조건을 고려했을 때, 어떤 인력 계획을 추천하겠는가?

26. 할로웨이 캘린더(Holloway Calendar Company)는 상업용 및 개인용 인쇄 달력을 다양하게 제작한다. 달력 수요는 계절적 요인이 강하며, 특히 3분기에 정점을 이룬다. 현재 재고는 165,000개이며, 연말 종료 시점에 200,000개의 재고를 보유하고 있어야 한다.

할로웨이의 제조 관리자 앤 리터(Ann Ritter)는 다음 표에 제시된 수요 요구사항과 생산 능력 계획을 바탕으로 최적의 생산 계획을 수립하고자 한다. 여기서 수요와 생산 능력 수치는 직원-기간과 같은 인력 단위가 아닌 달력 1,000개 단위로 표시되어 있다. 리터는 다음과 같은 비용 정보를 알고 있다: 정규시간 생산의 단위당 비용은 0.50달러, 초과근무 비용은 단위당 0.75달러, 하청 생산은 단위당 0.90달러, 재고 보유비용은 분기당 달력 1개당 0.10달러이다. 사용하지 않은 정규시간에는 임금이 지급되지 않는다.

	분기				
	1	2	3	4	합계
수요	250	515	1,200	325	2,290
용량					
정규시간	300	300	600	300	1,500
초과근무	75	75	150	75	375
하청	150	150	150	150	600

a. 윈도우용 POM의 수송법(생산 계획) 모듈을 활용해 앤 리터에게 추천할 생산 계획을 수립하라. (단, 재고 부족이나 이월 주문이 발생하지 않도록 할 것.)

b. 수립된 생산 계획을 해석하고 그 내용을 설명하라.

c. 권장되는 생산 계획에 따른 총비용을 계산하라.

12 자원 계획

2022년 9월, 폴란드 슈체친(Szczecin) 상공 위를 비행하는 록히드 마틴 F-35 라이트닝 II 편대의 3D 일러스트

록히드 마틴

록히드 코퍼레이션(Lockheed Corporation)과 마틴 마리에타 코퍼레이션(Martin Marietta Corporation)은 1995년에 합병해 록히드 마틴(Lockheed Martin)이 탄생했다. 이어 1996년에는 로럴(Loral)의 방위 전자 및 시스템 통합 부문을 인수하면서 항공우주, 미사일 및 화력 통제 시스템, 회전익 및 임무 시스템, 우주 탐사 분야에서 기술 제품과 혁신적 솔루션을 제공하는 거대 기업으로 성장했다. 이 회사의 주요 고객은 미국 국방부와 미국 연방정부 기관이다. 록히드 마틴은 2022년 기준으로 116,000명의 직원, 375개의 시설, 52개국에 걸친 공급사슬을 보유하고 있으며, 매출은 660억 달러, 수주 잔액은 1,000억 달러에 달한다.

록히드 마틴의 미니어처 히트 투 킬(Miniature Hit-to-Kill, MHTK) 요격 미사일이 화이트 샌즈 미사일 시험장에서 시험 발사 중 발사대를 떠나는 모습. MHTK는 로켓, 박격포, 포탄, 무인 시스템 등 소형 위협을 요격하기 위해 록히드 마틴이 개발 중인 무기 체계이다.

록히드 마틴처럼 크고 다양하며 복잡한 조직에서 자원 계획을 수립하는 일은 매우 어려운 과제이다. 사업 부문 내외에서 제조 자원 계획을 수립하고 실행하는 데 필요한 제조, 공급사슬, 제품 데이터의 방대한 규모를 감안할 때, 전체 기업을 아우르는 시스템 없이는 사실상 불가능에 가까웠다. 이에 록히드 마틴은 전사적 시스템, 즉 전사적 자원 관리(ERP) 시스템 도입에 투자하기로 결정했다. ERP는 이 장 후반부에서 더 자세히 설명할 예정이다. 독일 소프트웨어 업체 SAP의 ERP 소프트웨어는 1년에 걸친 도입 작업 끝에 1999년 6월 21일 사우스캐롤라이나주 그린빌에 위치한 항공 및 물류 센터(Aircraft and Logistics Center)에서 처음으로 가동을 시작했으며, 이후 다른 사업 부문으로 순차적으로 확대되었다. ERP 시스템 도입이 완료된 이후

학습목표

12.1 자재소요계획에서 종속수요 개념이 자원 계획의 근간을 이루는 이유를 설명한다.

12.2 주생산일정을 수립하는 과정을 설명하고, 약속 가능 재고를 계산한다.

12.3 MRP 전개 논리를 적용해 종속수요 품목에 필요한 생산 및 구매 주문을 식별한다.

12.4 전사적 자원 관리 시스템이 어떻게 자원 계획을 개선하는 데 기여할 수 있는지를 설명한다.

12.5 자원 계획 원칙을 서비스 제공과 물류 재고 관리에 적용한다.

다양한 사업 부문에서 비용이 약 10~15% 절감되었고, 사이클 타임은 10~25% 단축되었으며, 전사적으로 고객 주문에 대응하는 속도 또한 더욱 민첩해졌다.

이후 록히드 마틴은 영국 국방부(MOD)를 지원하기 위해 JAMES(Joint Asset Management and Engineering Solutions)라는 물류 기술 개발을 주도했다. JAMES는 내부용 ERP 시스템으로 영국 육군, 해군, 공군을 포함한 영국군이 사용하는 수백만 개의 군사 장비 부품을 지원하고 있다. 2005년에 구축된 이후 JAMES는 매년 최소 세 차례의 주요 업데이트를 거쳐왔으며, 2018년에는 최신 기술을 반영하고 사용자 친화성과 법규 준수성을 강화하기 위한 전면적인 현대화 작업을 완료했다. 이 ERP 시스템은 육상 장비 및 일부 해상 함정을 포함해 나사와 볼트부터 무기, 차량에 이르는 160만 개 장비의 위치, 수량, 임무 준비 상태를 파악할 수 있으며, 유지보수 계획과 국방부 내 다른 공급사슬 및 물류 시스템과의 연계 정보도 함께 제공한다. 이러한 기능을 통해 원격 부대나 소규모 부대가 장기간 독립적으로 작전을 수행할 수 있는 역량을 확보할 수 있었다. 현재 JAMES는 34,000명의 활성 사용자가 활용하고 있으며, 시스템 운영에는 37테라바이트의 데이터가 필요하다. JAMES는 영국 국방부의 작전 효율성을 향상하는 주요 의사결정을 신속하고 비용 효율적으로 지원해왔을 뿐만 아니라, 미국 내 스텔스 다목적 전투기 F-35 프로그램을 지원하는 물류 및 정보 시스템에도 자산 관리와 공급사슬 관리 기능을 제공하고 있다.

제조업과 대규모 서비스 조직 전반에서 운영의 복잡성이 점점 증가하는 가운데, 록히드 마틴의 사례는 체계적인 자원 계획이 성공적인 결과를 이끌어낼 수 있음을 잘 보여준다.[1]

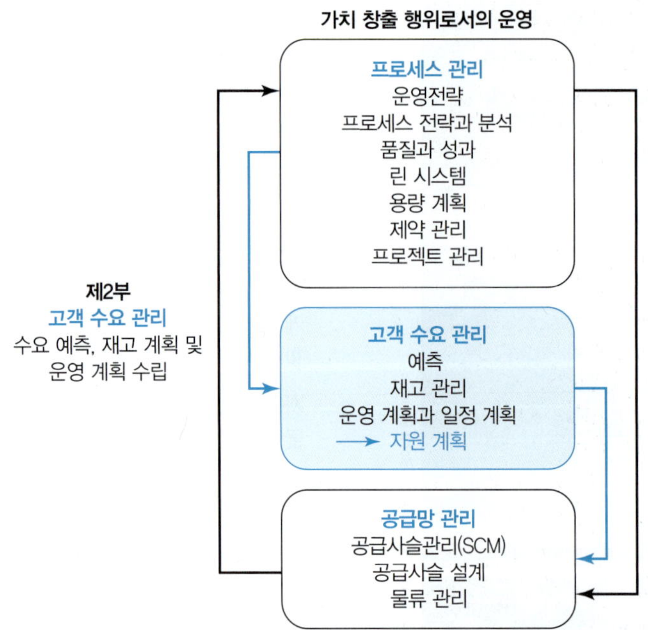

자원 계획
판매 및 운영 계획(S&OP)을 바탕으로 서비스나 제품이 어떻게 생산되는지를 설명하는 시간 기준, 공정 경로, 기타 정보를 처리한 뒤, 이를 통해 필요한 투입 자원 요구사항을 계획하는 프로세스

록히드 마틴의 사례는 기업이 수준 높은 자원 계획 수립에 집중하고, 심지어는 상류 공급업체(upstream supplier)까지 관리함으로써 경쟁우위를 확보할 수 있음을 보여준다. 이는 필요한 자원들이 적시에 준비되어 있어야 최종 서비스나 제품 생산이 원활하게 이루어질 수 있기 때문이다. 만약 필요한 자원이 제때 준비되지 않으면 기업은 사업 기회를 잃을 위험에 처할 수 있다. 제조업체의 경우 이 작업은 수천 개에 달하는 하위 조립품, 부품, 원자재뿐만 아니라 주요 설비 용량까지 관리하는 것을 의미한다. 서비스 제공업체의 경우에는 다양한 소모품을 관리하고, 여러 직원과 다양한 장비의 시간 및 용량 요구를 신중하게 조율하는 작업을 의미한다.

자원 계획(resource planning)은 모든 조직의 핵심에 해당하며, 다양한 기능 부문에 모두 영향을 미친다. 자원 계획은 판매 및 운영 계획(S&OP)을 기반으로 서비스나 제품이 어떻게 생산되는지를 보여주는 시간 기준(time standards), 공정 경로(routing), 기타 생산 관련 정보를 처리하고, 이를 통해 투입 자원 요구사항을 계획한다. 또한 인사, 구매, 영업 및 마케팅, 재무 및 회계와 같은 주요 기능 부문 관리자를 위한 다양한 보고서를 생성할 수도 있다. 본질적으로 자원 계획은 하나의 독립된 프로세스로, 기업의 경쟁 우선순위(competitive priority)와 연계해 분석할 수 있다.

이 장에서는 먼저 자원 계획을 위한 구체적인 접근 방식인 자재소요계획(MRP)을 살펴본다. MRP는 최종 제품에 대한 주생산일정(MPS)을 수립하고, 이를 지원하기 위해 필요한 부품 및

1 출처: http://www.uwosh.edu/faculty_staff/wresch/ERPlockheed.htm (April 25, 2023); https://www.lockheedmartin.com/en-us/who-we-are. (April 25, 2023); https://www.lockheedmartin.com/en-us/products/jointasset-management-engineering-solutions-james.html#JAMES (April 25, 2023); Eric Stefani, "ERP at Lockheed Martin," June 27, 2004.

원자재 주문 시점을 결정하는 방법론을 말한다. 이어서 전사적 자원 관리(ERP) 시스템을 설명한다. ERP는 자원 계획을 포함해 다양한 분야에서 유용한 도구로 자리 잡고 있다. 이 장 후반부에서는 서비스 제공업체가 어떻게 MRP 원칙을 적용해 소모품, 인적 자원, 장비, 재무 자원을 효과적으로 관리할 수 있는지를 구체적으로 소개한다.

자재소요계획

12.1 자재소요계획에서 종속수요 개념이 자원 계획의 근간을 이루는 이유를 설명한다.

자원 계획에 대한 이해는 종속수요 개념에서 시작되며, 이 점이 10장 '재고 관리'에서 다룬 기법과 구별되는 특징이다. **자재소요계획**(material requirements planning, MRP)은 제조업체가 종속수요 재고를 관리하고 보충 주문 일정을 수립할 수 있도록 특별히 개발된 컴퓨터 기반 정보 시스템이다. MRP 시스템의 주요 입력 정보는 주생산일정(MPS), 자재 명세서(bill of materials, BOM) 데이터베이스, 재고 기록 데이터베이스(inventory record database)이며, 이는 그림 12.1에 제시되어 있다. MRP 시스템은 이러한 정보를 활용해 새로운 생산 주문을 발주하거나, 주문 수량을 조정하거나, 지연된 주문을 긴급 처리하는 등 일정 준수를 위해 계획 담당자가 취해야 할 조치를 도출한다.

자재소요계획(MRP)
제조업체가 종속수요 재고를 관리하고 보충 주문 일정을 체계적으로 수립할 수 있도록 특별히 개발된 컴퓨터 기반 정보 시스템

MRP 시스템은 주생산일정과 교체 부품이나 유지보수 품목에 대한 독립수요 등 다양한 수요원을 기반으로 최종 조립품 생산에 필요한 모든 하위 조립품, 부품, 원자재의 소요량을 산출한다. 이 과정을 **MRP 전개**(MRP explosion)라 하며, 이는 다양한 최종 제품에 대한 수요를 구체적인 자재소요계획으로 전환해 모든 하위 조립품, 부품, 원자재의 보충 일정을 명확히 규정하는 작업이다.

MRP 전개
다양한 최종 제품의 소요량을 구체적인 자재소요계획으로 전환해 최종 제품 생산에 필요한 모든 하위 조립품, 부품, 원자재의 보충 일정을 명확히 규정하는 프로세스

이 절에서는 먼저 종속수요의 특성과 독립수요와의 차이점을 살펴본 뒤, 그림 12.1에 나타난 MRP 시스템의 주요 입력 정보에 대해 논의한다.

종속수요

수년 동안 많은 기업이 종속수요 재고를 독립수요 시스템으로 관리하려고 시도해왔다. 이는 10장 '재고 관리'에서 다룬 방식과 유사하지만, 종속수요는 본질적으로 독립수요와 성격이 다르기 때문에 결과는 대체로 만족스럽지 못했다. 종속수요 개념을 설명하기 위해 소매점 판매용으로 생산되는 허피(Huffy) 자전거를 예로 들어보자. 자전거와 같은 최종 제품에 대한 수요는 시장 상황에 좌우되므로 독립수요(independent demand)라고 한다. 반면에 자전거의 바퀴에 들어

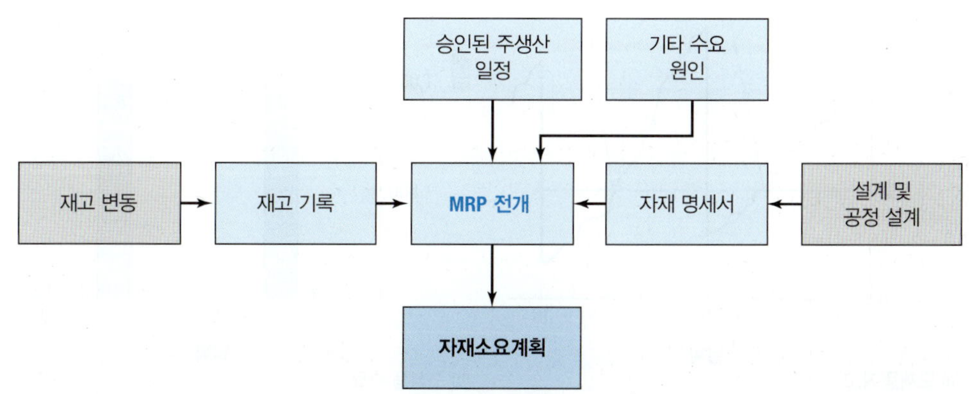

그림 12.1 자재 소요 계획 입력 정보

가는 스포크(spoke)에 대한 수요는 바퀴 생산 계획에 '의존'하므로 종속수요에 해당한다. 허피는 이러한 독립수요를 9장 '예측'에서 논의한 기법을 활용해 예측해야 한다. 그러나 허피는 완성 자전거를 생산하는 데 필요한 핸들바, 페달, 프레임, 휠 림(wheel rim) 등 많은 품목도 재고로 보유하고 있다. 이러한 품목들은 모두 **종속수요**(dependent demand)이다. 필요한 수량이 기업 재고에 있는 다른 품목(이 경우에는 완성 자전거)의 생산 계획에 따라 변동하기 때문이다. 예를 들어 프레임, 페달, 휠 림에 대한 수요는 완성 자전거 생산 계획에 종속된다. 판매 및 운영 계획(S&OP)에서 자전거 생산 수준이 설정되면, 운영 부서는 종속수요 품목에 대한 필요한 수량을 계산할 수 있다. 예를 들어 자전거 1대당 휠 림이 2개씩 필요하므로, 1,000대의 완성 자전거를 생산하려면 $1,000 \times 2 = 2,000$개의 휠 림이 필요하다. 따라서 휠 림에 대해서는 별도의 수요 예측 기법을 적용할 필요가 없다.

종속수요
어떤 품목에 대한 수요가 기업 재고 내 다른 품목의 생산 계획에 따라 변동하는 경우

자전거를 비롯해 하나 이상의 구성품으로 제조되는 모든 제품은 **모제품**(parent)이라고 한다. 휠 림은 **구성품**(component)의 예로, 하나 이상의 공정을 거쳐 가공되거나 하나 이상의 모제품의 일부가 되는 품목이다. 예를 들어 동일한 휠 림이 여러 종류의 자전거에 사용된다면, 이 휠 림은 여러 모제품을 가지게 된다. 이러한 모제품-구성품 관계는 구성품의 종속수요 패턴을 불규칙하게 만들 수 있다. 예를 들어 재고가 500단위 이하로 감소할 때마다 1,000대의 자전거를 추가 주문하는 경우를 생각해보자[그림 12.2(a) 참조]. 조립 작업 관리자는 완성품 생산을 위해 2,000개의 휠 림과 기타 부품을 재고에서 출고하도록 승인한다. 휠 림에 대한 수요는 그림 12.2(b)와 같이 나타난다. 따라서 완성 자전거에 대한 고객 수요는 연속적이고 비교적 일정하더라도 휠 림에 대한 생산 수요는 '불규칙(lumpy)'하게 발생한다. 즉 수요가 주기적으로 대량으로 몰려 나타나는 것이다. 결국 자전거 조립에 대한 생산 결정은 조립 비용과 조립 시점에 예상되는 조립 용량을 고려해 이루어지며, 이러한 생산 결정이 휠 림 수요를 결정짓게 된다.

모제품
하나 이상의 부품이나 구성품으로 제조되는 모든 제품

구성품
하나 이상의 공정을 거쳐 가공되거나 하나 이상의 모제품의 일부가 되는 품목

종속수요 재고를 관리하는 작업은 복잡하다. 일부 구성품은 종속수요와 독립수요를 동시에 가질 수 있기 때문이다. 예를 들어 작업장은 신형 자전거 생산을 위해 2,000개의 휠 림이 필요하지만, 동시에 기업은 기존 자전거를 위한 교체용 휠 림을 소매점에 직접 판매하기도 한다. 이 경우 교체용 휠 림 재고에는 독립수요가 발생한다. 이처럼 복잡한 상황, 즉 구성품이 종속수요와 독립수요를 동시에 갖는 경우에도 자재소요계획(MRP)을 활용할 수 있다. '경영 과제' 사례

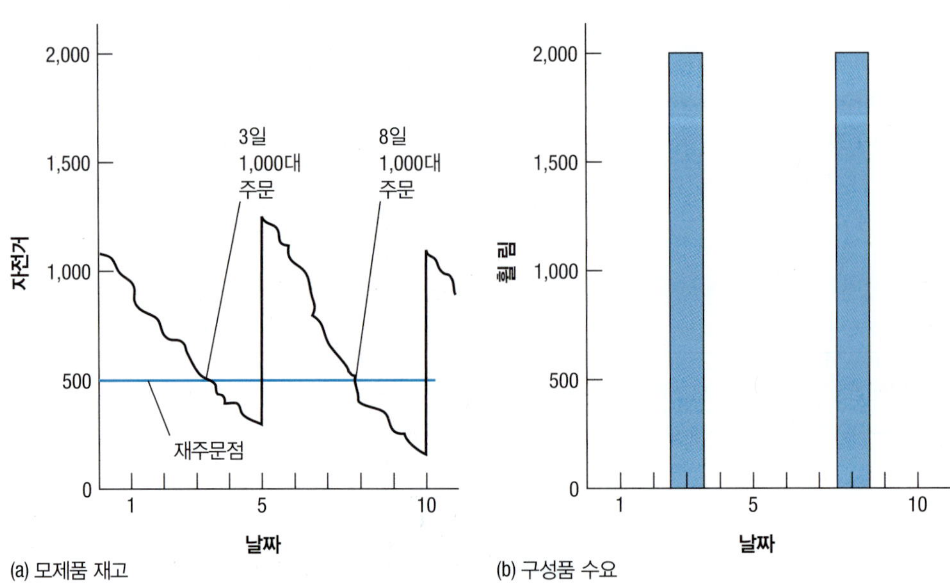

그림 12.2 연속적인 독립수요로 인해 발생하는 불규칙한 종속수요

경영 과제 운영

미시간주에 위치한 독립 가족 소유 기업인 렌셀라 인더스트리(Rennselar Industries, Inc.)는 자동차 부품을 생산하는 순정 부품 제조업체(original equipment manufacturer, OEM)이다. 세 곳의 주요 자동차 조립업체를 비롯해 미국 전역의 대형 자동차 딜러십과 부품 매장이 렌셀라의 고객 기업들이다. 주문 생산(made-to-stock) 방식으로 제공되는 OEM 부품에 대한 주간 수요는 세 주요 고객사의 자동차 생산량에 따라 결정되며, 12주 단위로 수요 정보가 제공된다. 이와 별도로 정비 및 유지보수를 위해 부품 매장과 딜러십으로부터의 주문이 매일 렌셀라 영업 사무소로 접수되며, 이를 주간 단위로 집계해 제조 공장으로 전달한다. 렌셀라는 주요 조립업체에 대한 OEM 납품은 제때 유지하고 있었지만, 지난 1년간 딜러십과 부품 매장으로부터의 판매 실적이 감소하면서 납기 성과 저하에 대한 우려가 커지고 있었다. 회사의 3세대 경영자인 CEO 마이클 렌셀라(Michael Rennselar)는 제조 부문 부사장인 제니퍼 우(Jennifer Wu)에게 문제를 면밀히 분석하고 개선 방안을 제시해달라고 요청했다.

제니퍼는 고객 관점에서 문제를 파악하기 위해 5개 지역 영업 관리자들과 면담을 했다. 렌셀라는 이들 독립 딜러십과 부품 매장에 250개 이상의 주문 생산 부품을 공급하고 있었다. 제니퍼는 최근 3개월 동안의 주문 중 무작위로 100건을 선정해 납기 성과를 분석했다. 그 결과 납기 지연은 최소 3~5일에서 최대 3주까지 다양하게 발생하고 있었으며, 고객들은 요청한 납기일을 맞출 수 없는 경우라도 배송 예정일에 대한 사전 통지가 없다는 점에 대해 불만을 표시했다. 이러한 정보가 사전에 제공된다면 고객이 자체 운영을 보다 효율적으로 계획할 수 있었을 것이다. 일부 고객은 결국 대체 공급업체로 눈을 돌리기 시작했다.

제니퍼는 이어 중서부 지역 세 곳의 제조 공장을 관리하는 시카고 지사 운영 관리자 판카즈 샤(Pankaj Shah)와 논의했다. 판카즈는 모든 OEM 주문이 완제품 재고에서 최우선적으로 출하되고 있음을 알고 있었다. 각 공장에서는 자체 개발한 엑셀 스프레드시트를 활용해 생산 일정을 수립하고, 부품 공급업체로부터 원자재를 주문하고 있었다. 그러나 각 공장의 판매 및 운영 계획(S&OP)은 매우 통합적으로 작성되어 세분화되어 있지 않았으며, OEM 주문과 정비용 주문을 모두 수용하면서도 요청 납기일을 반영하고, S&OP와 일관성을 유지하며, 지연 주문 및 지연 일수를 사전에 파악할 수 있는 주생산일정(MPS)을 생성할 수 있는 시스템은 전혀 운영되고 있지 않았다. 제니퍼는 판카즈에게 영업 관리자가 고객에게 약속 가능 재고와 납기일을 안내하고, 제조나 조달 과정에서 문제가 발생했을 때 주문을 추적할 수 있는 역량을 구축할 것을 지시했다. 이는 향후 고객을 유지하고, 렌셀라의 시장 지위를 지키는 데 필수적이었다.

이 장의 나머지 내용은 판카즈가 문제를 해결하는 데 필요한 사항을 이해하고, 제니퍼와 마이클에게 렌셀라의 비즈니스 목표를 충족할 수 있는 자원 계획 솔루션을 제안하는 데 도움이 될 것이다.

에서도 보여주듯이 종속수요와 독립수요를 모두 충족시키기 위해 적시에 자재와 자원을 계획하는 것은 매우 복잡한 과제이며, 이를 위해서는 이 장에서 소개하는 개념들에 대한 이해가 필수적이다.

주생산일정

12.2 주생산일정을 수립하는 과정을 설명하고, 약속 가능 재고를 계산한다.

자재소요계획에 필요한 첫 번째 입력 정보는 **주생산일정**(master production schedule, MPS)이다. 주생산일정은 특정 기간 동안 생산할 최종 제품의 수량을 구체적으로 계획한다. 이는 판매 및 운영 계획(S&OP)을 구체적인 제품별 생산 일정으로 세분화하는 작업이다. 그림 12.3은 가구 제조 회사에서 의자 제품군에 대해 수립한 판매 및 운영 계획이 개별 의자 종류별 주간 MPS로 어떻게 구체화되는지를 보여준다(여기서 기간 단위는 시간, 일, 주, 월 등 다양하게 설정할 수 있다). 의자 사례를 통해 주생산일정의 주요 특징을 살펴보면 다음과 같다.

주생산일정(MPS)
자재소요계획(MRP)의 일부로, 특정 기간 동안 생산할 최종 제품의 수량을 구체적으로 계획하는 문서

1. MPS 수량의 총합은 판매 및 운영 계획 수량과 일치해야 한다. 두 계획 간의 일관성은 매우 중요하다. 이는 판매 및 운영 계획 수립 시 수행한 경제성 분석을 반영하기 때문이다.
2. 생산 수량은 시간에 따라 효율적으로 배분해야 한다. 특정 의자 종류별 생산 비율(제품군 총수량 대비 각 의자 종류의 비율)은 과거 수요 데이터와 마케팅, 프로모션 전략을 고려해 결정된다. 계획자는 각 의자 종류에 대해 경제적 요인(예: 생산 설정 비용이나 재고 유지

그림 12.3 의자 제품군의 MPS

	4월				5월			
	1	2	3	4	5	6	7	8
식탁 의자	150					150		
주방 의자				120			120	
사무용 의자		200	200		200			200
의자 제품군의 판매 및 운영 계획(S&OP)	670				670			

비용)을 고려해 적절한 로트 크기를 설정해야 한다.

3. 생산 능력 제약 및 병목 현상도 고려해야 한다. 기계나 인력의 용량, 저장 공간, 운전자본(working capital) 등의 제약이 MPS의 생산 시점과 생산 수량에 영향을 미칠 수 있다. 계획자는 특정 의자 스타일이 다른 스타일에 비해 더 많은 자원을 요구할 수 있다는 점을 인식하고, 생산 수량과 타이밍을 이에 맞춰 조정해야 한다.

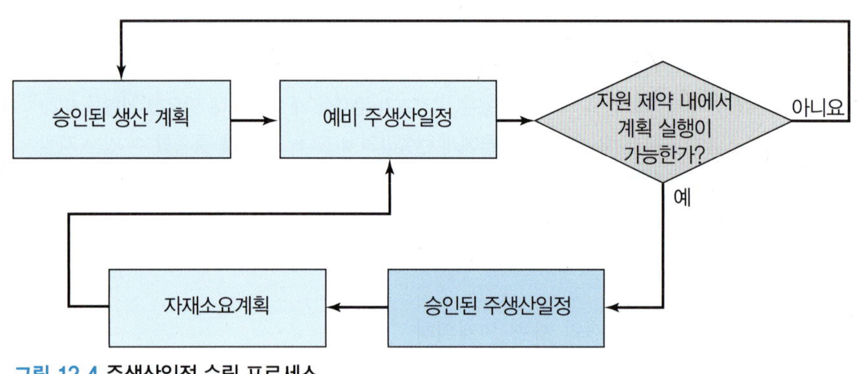

그림 12.4 주생산일정 수립 프로세스

그림 12.4는 MPS 수립 과정을 보여준다. 운영 부서는 먼저 판매 및 운영 계획에서 설정한 자원(예: 기계 용량, 인력, 초과근무, 하청업체 활용 등) 내에서 생산 일정을 충족할 수 있는지 검증하기 위해 예비 주생산일정(prospective MPS)을 수립해야 한다. 운영 부서는 필요한 경우 MPS를 수정해 모든 자원 제약을 만족하는 일정을 개발하거나, 현실적으로 가능한 일정이 없다는 결론에 도달할 때까지 조정 작업을 반복한다. 만약 현실적인 일정이 불가능하다고 판단되면, 운영 부서는 생산 계획을 수정해 생산 요구량을 조정하거나, 사용할 수 있는 자원을 증대시켜야 한다. 경영진이 수용 가능한 예비 MPS를 승인하면, 운영 부서는 이를 승인된 주생산일정(authorized MPS)으로 확정하고 자재소요계획(MRP)에 입력한다. 이후 운영 부서는 승인된 MPS를 바탕으로 부품 생산과 조립에 대한 구체적인 일정을 수립한다. 또한 재고 수준이나 품목 부족과 같은 실제 운영 데이터는 다음 기간을 위한 예비 MPS를 준비하는 데 활용된다. 이러한 주생산일정 수립 프로세스는 기간별로 반복적으로 수행된다.

주생산일정 수립 과정

주생산일정을 수립하는 과정은 크게 (1) 예상재고(projected on-hand inventory)를 계산하고, (2) 특정 제품의 생산 시점과 생산 수량을 결정하는 것으로 나눌 수 있다. 이 과정을 설명하기 위해 그림 12.5에 나온 식탁 의자를 사례로 사용한다. 단순화를 위해 이 예제에서는 최종 제품에 대한 안전재고를 사용하지 않는다고 가정한다(실제로는 많은 기업이 안전재고를 운용한다). 또한 계획 기간은 주 단위로 설정하지만 경우에 따라 시간, 일, 월 단위도 사용할 수 있다.

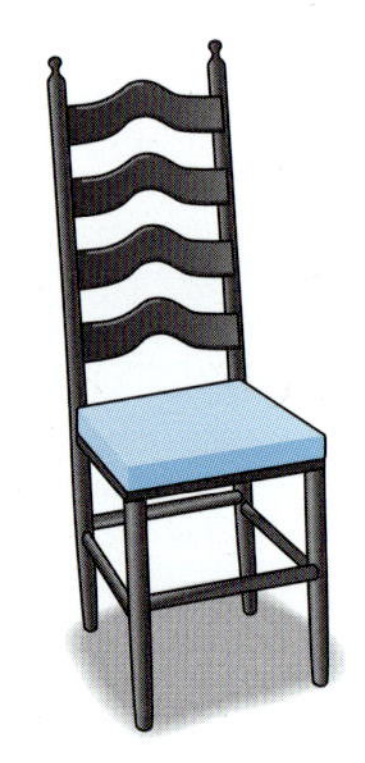

그림 12.5 식탁 의자

- **1단계.** 예상재고 계산하기. 첫 번째 단계는 주마다 예상재고를 계산하는 것이다. 예상재고는 특정 주 동안 수요를 충족한 후 남아 있는 재고량을 추정하는 값으로, 다음과 같은 방식으

로 계산한다.

$$\begin{pmatrix}\text{이번 주말}\\\text{예상재고}\end{pmatrix}=\begin{pmatrix}\text{지난 주말}\\\text{보유 재고}\end{pmatrix}+\begin{pmatrix}\text{이번 주 입고}\\\text{예정 MPS 수량}\end{pmatrix}-\begin{pmatrix}\text{이번 주}\\\text{예상 수요}\end{pmatrix}$$

일부 주에는 이미 충분한 재고가 존재할 수 있기 때문에 새로운 MPS 수량을 별도로 생산할 필요가 없을 수 있다. 예상 수요(projected requirement)를 결정할 때는 주어진 주에 대해 수요 예측과 이미 접수된 고객 주문(customer orders booked) 중 더 큰 값을 사용한다. 이는 수요 예측은 오차가 있을 수 있지만, 고객 주문은 확정된 수치이기 때문이다. 만약 고객 주문량이 수요 예측보다 많다면 실제 주문 수량을 사용해 예상재고를 계산하는 것이 더 정확하다. 반대로 수요 예측이 고객 주문보다 많을 경우, 일부 주문이 추가로 발생할 가능성을 고려해 수요 예측 수치를 사용한다.

예를 들어 식탁 의자를 생산하는 제조업체는 재고 생산(make to stock) 방식으로 제품을 생산하며, 이를 위한 MPS를 수립해야 한다. 마케팅 부서는 4월 첫째 주에 대한 수요를 30개로 예측했지만, 실제로 접수된 고객 주문은 38개였다. 현재 보유재고는 55개이며, 1주 차에는 입고 예정인 MPS 수량이 없다. 그림 12.6은 이러한 수치를 반영한 MPS 기록을 보여준다. 1주 차의 경우, 실제 주문량(38개)이 수요 예측량(30개)보다 많기 때문에 스케줄러는 실제 주문량을 기준으로 예상재고를 계산한다.

1주 차 말 예상재고 = 55(현재 재고) + 0(MPS 수량) − 38(고객 주문) = 17개

2주 차에는 수요 예측량이 실제 주문량보다 많기 때문에, 2주 차 말 예상재고는 17(1주 차 말 재고) + 0(MPS 수량) − 30(수요 예측량) = −13개로 계산된다. 재고가 −13개로 예상되면서 2주 차에는 추가 의자 생산이 필요함을 확인할 수 있다.

- **2단계.** MPS 수량의 시점과 크기 결정하기. MPS 수량의 시점과 크기를 결정하는 목적은 예상재고 잔고를 항상 0 이상으로 유지하는 데 있다. 재고 부족이 예상되는 경우 이를 보완할 수 있도록 MPS 수량을 계획해야 한다. 첫 번째 MPS 수량은 예상재고가 부족해지는 주에 맞추어 배정해야 한다. 예를 들어 그림 12.6에서 2주 차에 재고 부족이 발생할 것으로 예상되기 때문에, 2주 차에 MPS 수량을 계획해야 한다.[2] 스케줄러는 MPS 수량을 추가해 예상재고를 수정하고, 다음으로 재고 부족이 발생하는 주를 찾아 추가 MPS 수량을 계획하는 작업을 반복한다.

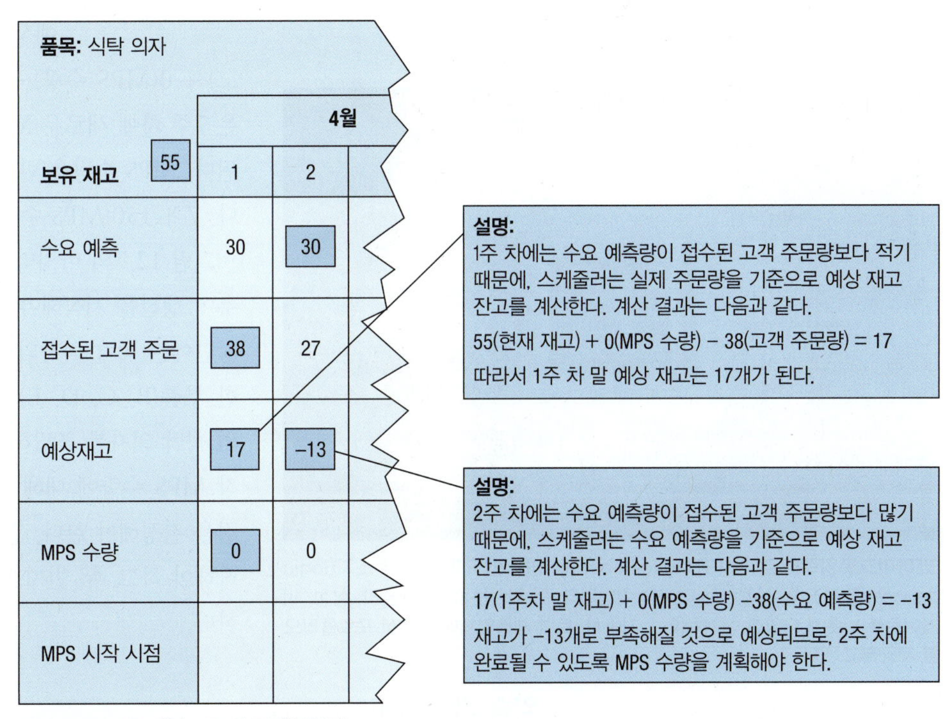

그림 12.6 1주 차와 2주 차 주생산일정

2 재고 고갈이 예상되지 않는데도 발주하는 경우가 있는데, 그 예로 안전재고나 예상재고를 비축하는 경우를 들 수 있다.

품목: 식탁 의자					생산 정책: 150개 리드타임: 1주			
	4월				5월			
보유 재고 55	1	2	3	4	5	6	7	8
수요 예측	30	30	30	30	35	35	35	35
접수된 고객 주문	38	27	24	8				
예상재고	17	137	107	77	42	7	122	87
MPS 수량		150					150	
MPS 시작 시점	150					150		

설명:
150개의 의자를 1주 안에 조립하려면 조립 부서는 1주 차에 작업을 시작해야 2주 차에 제품을 준비할 수 있다.

설명:
예상재고 잔고는 다음과 같이 계산된다.
17(1주 차 말 재고) + 150(MPS 수량) − 30(2주 차 수요 예측량) = 137
2주 차에는 30(수요 예측량) − 17(기존 재고) = 13으로, 계산하면 13개의 부족이 발생할 예정이었다. 따라서 이 부족을 피하기 위해 2주 차에 150개 MPS 수량을 계획해야 했다.

그림 12.7 1~8주까지의 주생산계획

그림 12.7은 향후 8주 동안 식탁 의자에 대해 수립된 MPS를 보여준다. 이 사례에서는 생산 정책에 따라 로트 크기를 150개 단위로 설정한다. 2주 차에 13개 의자의 부족이 예상되기 때문에, 스케줄러는 2주 차에 MPS 수량을 투입해 부족을 해소해야 한다. 한편 관례상 가독성을 높이기 위해 표에서 수량이 0인 경우에는 빈칸으로 표시한다. 단, '예상재고' 행만은 예외로 수치가 0이거나 음수여도 항상 수치를 명시한다.

2주 차에 MPS 수량을 계획하면 예상재고는 다음과 같이 갱신된다.

$$
\begin{aligned}
\text{2주 차 예상재고} &= 17(\text{1주 차 말 재고}) \\
&+ 150(\text{2주 차 MPS 수량}) \\
&- 30(\text{2주 차 수요 예측량}) \\
&= 137\text{개}
\end{aligned}
$$

스케줄러는 MPS 기록을 따라 열별로 진행하면서, 부족이 발생하지 않도록 필요한 경우마다 MPS 수량을 입력해 나간다. 현재 137개 재고는 7주 차까지의 수요를 충족할 수 있지만, 7주 차에는 재고 부족이 발생할 예정이다. 7주 차 예상재고는 다음과 같이 계산된다. 7(이월 재고) + 0(MPS 수량) −35(수요 예측량) = −28개. 이러한 부족은 7주 차에 새로운 MPS 수량 150개를 계획해야 한다는 신호가 된다. MPS 수량을 반영한 후 7주 차 말의 예상재고는 다음과 같다. 7 + 150(MPS 수량) − 35(수요 예측량) = 122개.

그림 12.7의 마지막 행은 MPS 수량이 필요로 하는 시점에 맞추어 생산을 시작해야 하는 주를 나타낸다. MPS 기록의 오른쪽 상단에는 식탁 의자의 리드타임이 1주로 설정되어 있다. 즉 필요한 부품(B, C, D, E)이 모두 준비되어 있다는 전제하에 150개의 식탁 의자를 조립하는 데 1주가 소요된다. 따라서 스케줄러는 각 MPS 수량에 대해 리드타임을 고려해서 역산해 생산 시작 시점을 결정해야 한다. 결론적으로 150개 생산 로트는 1주 차에 시작해야 하고, 두 번째 150개 로트는 6주 차에 생산이 시작되어야 한다.

출처: Andreas Merchel/Shutterstock

ST마이크로일렉트로닉스(STMicroelectronics)는 반도체와 논리 소자(logic devices)를 제조 및 설계하는 다국적 기업이다. 이 회사는 애플, 테슬라, 삼성, 씨게이트를 비롯해 다양한 전기차(EV), 자동차, 트럭 제조업체에 솔루션 포트폴리오를 제공하고 있다.

약속 가능 재고

MPS는 생산 부서에 생산 수량과 시점을 제공할 뿐만 아니라 마케팅 부서에도 고객과의 납기 협상에 유용한 정보를 제공한다. 마케팅 부서가 특정 날짜에 고객에게 납품을 약속할 수 있는 최종 제품 수량을 **약속 가능 재고**[available-to-promise(ATP) inventory]라고 한다. ATP는 이미 접수된 고객 주문 수량과 운영 부서가 계획한 생산 수량 간의 차이를 의미한다. 새로운 고객 주문이 접수될 때마다 ATP는 해당 수량만큼 감소해 기업이 배송을 약속한 물량을 반영한다. 다만 실제 재고는 고객에게 제품이 출고되기 전까지 변하지 않는다. MPS 수량은 생산될 새로운 재고의 시점과 규모를 명시하므로, 각 MPS 수량마다 관련된 ATP가 존재한다.

약속 가능 재고(ATP)
마케팅 부서가 특정 날짜에 고객에게 납품을 약속할 수 있는 최종 제품 수량

그림 12.8은 ATP 수량 행이 추가된 MPS 기록을 보여준다. 2주 차의 ATP는 2주 차 MPS 수량에서 다음 MPS 수량이 도착하기 전까지 접수된 고객 주문 수량을 차감해 계산한다. 즉 150(MPS 수량) − (27 + 24 + 8 + 0 + 0) = 91개이다. 즉 2주 차에 완료 예정인 150개 중 91개가 아직 확정되지 않은 상태이며, 마케팅 부서는 이 수량만큼 새로운 고객 주문을 받아 2주 차부터 납품을 약속할 수 있다. 7주 차에서는 아직 접수된 고객 주문이 없기 때문에 ATP는 150개가 된다.

ATP를 계산하는 절차는 현재 주(1주 차)에서는 약간 다르다. 현재 주는 이미 보유 중인 재고를 고려해야 하기 때문이다. 현재 주의 ATP는 현재 보유 재고와 해당 주의 MPS 수량을 합한 후, 다음 MPS 수량이 도착하기 전까지의 누적 고객 주문 수량을 뺀 값으로 계산한다. 따라서 그림 12.8에서 1주 차의 ATP는 다음과 같다: 55(현재 재고) + 0(MPS 수량) − 38(고객 주문) = 17개. 이 정보는 영업 부서에 다음과 같은 의미를 제공한다. (1) 이번 주에 최대 17개 제품을 추가로 약속할 수 있다. (2) 2~6주 차에 추가로 91개 제품을 약속할 수 있다. (3) 7주 차 또는 8주 차에는 150개 제품을 추가로 약속할 수 있다. 만약 특정 기간 동안 고객 주문 요청이 ATP 수량을 초과할 경우, 고객 주문을 접수하기 전에 MPS를 수정하거나 다음 MPS 수량이 준비될 때까지 납기일을 늦춰야 한다(이 장 마지막에 있는 복습문제 2에서는 ATP 수량을 활용한 의사결정 예시를 확인할 수 있다).

한편 재고 계획 담당자는 MPS를 직접 수작업으로 생성하지는 않는다. 그러나 MPS에 내재된 논리를 철저히 이해하고 있다. 그림 12.9는 OM Explorer 프로그램의 Master Production Scheduling Solver를 사용해 생성한 결과로, 그림 12.8의 출력 결과를 검증하는 예시이다.

품목: 식탁 의자

생산 정책: 150개
리드타임: 1주

	4월				5월			
보유 재고 55	1	2	3	4	5	6	7	8
수요 예측	30	30	30	30	35	35	35	35
접수된 고객 주문	38	27	24	8				
예상재고	17	137	107	77	42	7	122	87
MPS 수량		150					150	
MPS 시작 시점	150					150		
약속 가능 재고 (APT)	17	91					150	

설명:
다음 MPS 수량이 입고되기 전까지 접수된 고객 주문의 총합은 38개이다. 따라서 ATP는 다음과 같이 계산된다.
55(현재 재고) + 0(MPS 수량) − 38(고객 주문 수량) = 17

설명:
다음 MPS 수량이 입고되기 전까지 접수된 고객 주문의 총합은 27 + 24 + 8 = 59개이다. 따라서 ATP는 다음과 같이 계산된다.
150(MPS 수량) − 59(고객 주문 수량) = 91개

그림 12.8 약속 가능 재고(ATP)가 포함된 주생산계획(MPS)

주생산일정 고정하기

MPS는 최종 제품, 하위 조립품, 부품, 자재 일정의 기반이 된다. 따라서 MPS를 변경하면, 특히 완성 직전의 MPS 수량을 수정할 경우 상당한 비용이 발생할 수 있다. MPS 수량을 증가시키면 자재 부족, 고객 배송 지연, 과도한 긴급 조달 비용이 발생할 수 있다. 반대로 MPS 수량

로트 크기	150								
리드타임	1								
보유 재고	55	1	2	3	4	5	6	7	8
수요 예측		30	30	30	30	35	35	35	35
접수된 고객 주문		38	27	24	8				
예상 재고		17	137	107	77	42	7	122	87
수량			150					150	
시작 시점		150					150		
약속 가능 재고(ATP)		17	91					150	

그림 12.9 OM Explorer를 통해 생성한 주생산계획 결과

을 감소시키면, 사용되지 않은 자재나 부품이 쌓이거나(추후 다른 용도가 생기기 전까지), 불필요한 제품 생산으로 인해 귀중한 생산 능력이 낭비될 수 있다. MPS 수량에 대한 예정 납기일을 변경할 경우에도 이와 유사한 비용이 발생한다. 이러한 이유로 많은 기업이 특히 주문 생산이 아닌 재고 생산 전략을 채택하고, 저비용 운영을 중시하는 경우에는 MPS의 근시일 구간(near-term portion)을 '고정(freeze)'하거나 변경을 금지하는 정책을 운영한다.

MRP 수요 예측을 위한 인공지능(AI) 활용

수요 예측과 실제 수주량은 MPS를 결정하는 핵심 요소다. 9장 '예측'에서 이미 살펴본 것처럼 전통적인 수요 예측 방법만으로는 빠르게 변화하는 시장의 복잡성과 불확실성을 충분히 포착하기 어려운 것이 사실이다. 특히 공급사슬 붕괴, 고객 선호 변화, 비즈니스의 디지털 전환 등으로 시장이 급변하는 상황에서는 인공지능(AI) 기법이 경쟁우위를 제공할 수 있다. AI를 활용하면 판매 기록뿐만 아니라 고객 피드백, 날씨, 이벤트, 경쟁사 동향과 같은 다양한 입력 데이터를 고려해 MRP 의사결정(즉 얼마나 주문할 것인가, 언제 주문할 것인가, 어디에 재고를 배분할 것인가)에 대한 통찰을 얻을 수 있다. 또한 AI 기법은 모든 품목이 아니라 일부 품목에 대해서만 선택적으로 적용할 수도 있다. 단, AI 예측 결과는 반드시 지속적으로 모니터링하고, 인간의 판단과 함께 신중히 검증해야 한다.[3]

주생산일정과 판매 및 운영 계획 조정

MPS는 수요 예측과 실제 수주량을 모두 반영해 수립되기 때문에 월별 기간을 합산했을 때 판매 및 운영 계획(S&OP)과 차이가 발생할 수 있다. 그러나 MPS와 S&OP 계획은 반드시 일관성을 유지해야 한다. MPS는 실제 생산할 산출물을 명시하는 반면, S&OP는 이 산출물 생산에 필요한 총자원(aggregate resource)을 결정하기 때문이다. 예를 들어 그림 12.3에서 4월 한 달 동안 세 가지 의자 모델의 MPS 수량 총합이 670개가 아니라 725개라면, 경영진은 (1) 추가 자원을 승인해 판매 및 운영 계획을 상향 조정하거나, (2) 4월의 MPS 수량을 줄여 기존 판매 및 운영 계획과 일치시키는 방안을 선택해야 한다. MPS는 생산 공장과 공급업체 활동을 직접적으로 주도하기 때문에 실제 고객 수요와 판매 및 운영 계획과 항상 긴밀하게 연동되어야 한다. 이를 통해 기업은 수립한 계획이 지속적으로 현장에서 실행되도록 보장할 수 있다.

MRP 전개

12.3 MRP 전개 논리를 적용해 종속수요 품목에 필요한 생산 및 구매 주문을 식별한다.

앞 절에서는 승인된 주생산일정과 기타 독립수요원이 주간 기준으로 필요한 품목을 시간단위별로 어떻게 정의하는지 설명했고, 이 절에서는 그림 12.1에 제시된 MRP 시스템의 다른 입력 요소를 설명할 것이다. 여기에는 자재 명세서와 재고 기록 정보가 포함되며, 이들은 계획 요소(planning factor)와 결합해 MRP 논리 내에서 MRP 전개를 진행하게 된다. 이어지는 내용에서는 이 전개 과정의 결과로 생성되는 출력과 최종 자재소요계획을 구성하는 다양한 보고서를

3 https://www.linkedin.com/advice/0/what-benefits-challenges-using-ai-mrp

설명한다. 또한 MRP 시스템이 가장 효과적으로 작동하는 운영 환경에 대해서도 함께 다룬다.

자재 명세서

구성품의 보충 일정(replenishment schedule)은 모제품의 생산 일정에 따라 결정된다. 따라서 시스템은 모제품–구성품 간의 관계에 대한 정확한 정보가 필요하다. **자재 명세서**(bill of material, BOM)는 하나의 제품을 구성하는 모든 부품, 모제품–구성품 관계, 설계 및 공정 설계에 기반해 도출된 **소요량**(usage quantity)을 기록한 문서다. 그림 12.10에서는 주생산일정(MPS) 사례로 사용한 식탁 의자의 BOM을 보여준다. 이 의자는 등받이 하위 조립품, 좌석 하위 조립품, 앞다리, 다리 지지대로 구성된다. 등받이 하위 조립품은 다시 뒷다리와 등받이 슬랫으로, 좌석 하위 조립품은 좌석 프레임과 좌석 쿠션으로 구성된다. 또한 좌석 프레임은 좌석 프레임 보드로 만들어진다. 편의상 그림 12.10에서는 각 품목을 알파벳으로 표기했다.

A를 제외한 모든 품목은 모제품을 생산하는 데 필요한 구성품

자재 명세서(BOM)를 설명하기 위한 분해된 자동차를 묘사한 이미지

출처: iurii/Shutterstock

자재 명세서(BOM)
하나의 제품을 구성하는 모든 부품, 모제품-구성품 간의 관계, 설계 및 공정 설계에 기반해 도출된 소요량을 기록한 문서

소요량
하나의 직접 모제품(immediate parent)을 생산하는 데 필요한 구성품 단위 수

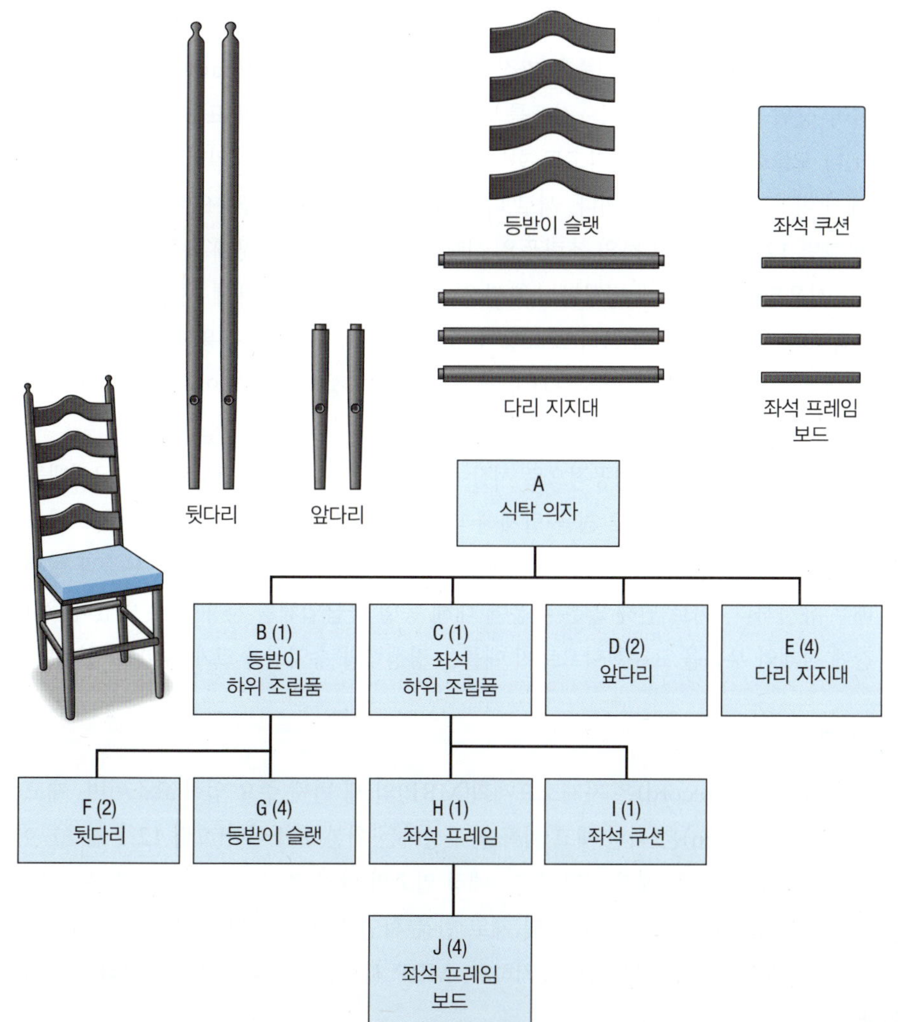

그림 12.10 식탁 의자의 BOM

이다. 품목 A, B, C, H는 모두 하나 이상의 구성품을 가지고 있으므로 모제품으로 분류된다. BOM은 각 모제품-구성품 관계에 대해 소요량도 함께 명시한다(소요량은 괄호 안에 표시되어 있다). 예를 들어 식탁 의자(A)는 등받이 하위 조립품(B) 1개, 좌석 하위 조립품(C) 1개, 앞다리(D) 2개, 다리 지지대(E) 4개로 제작된다. 또 등받이 하위 조립품(B)은 뒷다리(F) 2개와 등받이 슬랫(G) 4개로 구성된다. 좌석 하위 조립품(C)은 좌석 프레임(H) 1개와 좌석 쿠션(I) 1개로 구성된다. 좌석 프레임(H)은 좌석 프레임 보드(J) 4개로 제작된다.

최종 제품
고객에게 판매되는 완성된 제품

중간 제품
하나 이상의 모제품과 하나 이상의 구성품을 동시에 가지는 품목

하위 조립품
둘 이상의 구성품을 조립해 만들어진 중간 제품(단순 변형이 아닌 조립 과정을 통해 완성됨)

구매 품목
공급업체로부터 납품되기 때문에 자체 부품은 없지만, 하나 이상의 모제품을 가지는 품목

재고 품목을 설명할 때 자주 사용하는 네 가지 용어는 **최종 제품**(end item), **중간 제품**(intermediate item), **하위 조립품**(subassembly), **구매 품목**(purchased item)이다. 최종 제품은 고객에게 판매되는 완성된 제품을 의미한다. 최종 제품은 모제품이지만 구성품은 아니다. 그림 12.10의 품목 A(완성된 식탁 의자)가 이에 해당한다. 회계에서는 최종 제품 재고를 작업 중 재공품(WIP)이나 완제품(finished goods)으로 분류한다. 중간 제품은 하나 이상의 모제품과 하나 이상의 구성품을 동시에 가지는 품목을 의미한다. 품목 B, C, H가 이에 해당하며, 제품에 따라 여러 단계의 중간 제품을 포함할 수도 있다. 중간 제품의 모제품도 또 다른 중간 제품이 될 수 있다. 중간 제품 재고는 완성 여부에 관계없이 작업 중 재공품(WIP)으로 분류된다. 하위 조립품은 둘 이상의 구성품을 조립(단순 변형이 아님)해 제작한 중간 제품을 의미한다. B와 C는 하위 조립품이다. 구매 품목은 공급업체로부터 납품되기 때문에 구매자의 재고에는 부품이 존재하지 않는다. 그러나 이들은 하나 이상의 모제품을 가진다. 예를 들면 그림 12.10에 나오는 D, E, F, G, I, J 항목이 해당한다. 구매 품목의 재고는 회계상 원자재(raw material)로 처리된다.

부품 공용화
하나의 부품이 둘 이상의 직접 모제품에 공유되는 것

하나의 부품은 둘 이상의 모제품을 가질 수도 있다. **부품 공용화**(part commonality)는 부품이 여러 상위 품목과 공유되는 정도를 의미하며, 때로는 부품의 표준화(standardization of part)나 모듈화(modularity)라고도 한다. 부품 공용화로 인해 동일한 부품이 하나의 제품 BOM에서 여러 위치에 나타나거나, 서로 다른 제품들의 BOM에 공통으로 포함될 수 있다. 예를 들어 그림 12.10의 좌석 하위 조립품은 식탁 의자와 동일 제품군에 속하는 주방 의자의 구성품으로 사용된다. BOM에 명시된 소요량은 특정 상위-하위 관계에 대해 정의된다. 따라서 동일 부품이라도 상위 품목에 따라 소요량이 달라질 수 있다. 부품 공용화, 즉 동일 부품을 여러 상위 제품에 사용하는 것은 생산량과 반복성을 높여 공정상의 여러 이점을 제공하며, 동시에 재고 비용을 절감하는 데도 도움이 된다.

애플은 에어팟 이어폰으로 성공적으로 시장에 데뷔한 후, 에어팟 프로 1세대와 2세대를 잇달아 출시했다. 2세대 모델은 H2 칩을 탑재해 더 나은 오디오 경험과 향상된 노이즈 캔슬링 및 주변음 투과 기능을 제공한다. 그러나 두 세대 모두 케이스 크기가 동일하며, 부품과 설계 면에서도 매우 유사하다. 이로 인해 많은 부품에 대해 동일 공급업체를 사용할 수 있었다. 세대 간, 제품 간에 설계와 부품을 표준화함으로써 애플은 경쟁력과 수익성을 크게 높일 수 있었다.

재고 기록

재고 기록
품목의 로트 크기 정책, 리드타임, 다양한 시점별 데이터를 나타내는 기록

재고 기록(inventory record)은 자재소요계획(MRP)의 세 번째 주요 입력 요소이며, 재고 변동(inventory transaction)은 최신 재고 기록을 구성하는 기본 요소이다(그림 12.1 참조). 이러한 거래에는 신규 주문 발주, 예정 입고 수령, 예정 입고의 납기 조정, 재고 인출, 주문 취소, 재고 오류 수정, 입고품 반려, 스크랩 손실 및 재고 반품 확인 등이 포함된다. 거래를 정확히 기록하는 것은 보유 재고 수량을 올바르게 유지하고, MRP 시스템을 효과적으로 운영하기 위해 필수적이다.

재고 기록은 미래를 시간 구간(time bucket)으로 나누어 관리한다. 여기에서는 주간 단위의 시간 구간을 사용해 주생산계획(MPS) 예제와 일관성을 유지하지만, 다른 시간 단위도 동일하게 적용할 수 있다. 재고 기록에는 품목의 로트 크기 정책, 리드타임, 다양한 시점별 데이터가 포함된다. 재고 기록의 목적은 재고 수준과 부품 보충 필요량을 지속적으로 추적하는 데 있다. 재고 기록에 포함된 시점별 정보는 (1) 총소요량, (2) 예정 입고, (3) 예상 보유 재고, (4) 계획 입고, (5) 계획 발주로 구성된다.

이 재고 기록 논의는 그림 12.10에 나온 좌석 하위 조립품(품목 C)을 예로 들어 설명한다. 이 부품은 식탁 의자와 주방 의자 두 제품에 사용된다고 가정한다.

총소요량

총소요량(gross requirement)은 모든 모제품의 생산 계획에서 파생된 전체 수요를 의미한다. 여기에는 이미 판매된 제품의 교체 부품 수요와 같이 별도로 설명되지 않는 추가 수요도 포함된다. 그림 12.11은 좌석 하위 조립품(품목 C)의 재고 기록을 보여준다. 품목 C는 230개 단위로 생산되며, 리드타임은 2주이다. 재고 기록에는 향후 8주 동안의 총소요량이 나타나 있으며, 이는 식탁 의자와 주방 의자의 주생산계획(MPS)에서 도출된다(그림 12.3 참조). 각 모제품의 MPS 시작 수량을 합산해 매주 총소요량을 계산한다. 좌석 하위 조립품의 총소요량은 불규칙한 수요 패턴을 보이며, 8주 중 4주에만 좌석 하위 조립품이 재고에서 인출된다.

총소요량
모든 모제품의 생산 계획에서 파생된 전체 수요

MRP 시스템은 부품과 하위 조립품의 생산 및 납품을 계획하기 위해 주문 발주일을 기준으로 작동한다. MRP 로직은 모제품의 생산 지시가 발주될 때, 해당 리드타임 시작 시점에 필요한 모든 자재를 재고에서 인출하는 것을 전제로 한다.

예상 보유 재고
총 소요량이 충족된 후 매주 사용 가능한 재고 수량에 대한 추정치

예정 입고

예정 입고[scheduled receipt, 때때로 개방 주문(open order)이라고도 함]는 발주되었지만 아직 완료되지 않은 주문을 의미한다. 구매 품목의 경우 예정 입고는 여러 단계에 있을 수 있다(공급업체에서 생산 중이거나, 운송 중이거나, 구매자의 입고 부서에서 검사 중일 수 있다). 자체 생산 품목의 경우 주문은 작업장에서 가공 중이거나, 부품을 기다리거나, 기계 사용 대기 중이거나, 다음 공정으로 이동 대기 중일 수 있다. 그림 12.11에 따르면 품목 C에 대해 230개 단위의 주문이 1주 차에 예정되어 있다. 리드타임이 2주이므로, 재고 계획자는 아마도 2주 전에 해당 주문을 발주했을 것이다. 품목 리드타임을 초과하는 예정 입고는 드물지만, 이는 MPS의 막판 변경과 같은 특수 상황에서 발생할 수 있다.

품목: C　　**로트 크기:** 230개
설명: 좌석 하위 조립품　　**리드타임:** 2주

		주							
		1	2	3	4	5	6	7	8
총소요량		150			120		150	120	
예정 입고		230							
예상 보유 재고	37	117	117	117	−3	−3	−153	−273	−273
계획 입고									
계획 발주									

설명:
총소요량은 두 종류 의자에 대한 전체 수요를 의미한다. 1주 차의 예상 보유 재고는 37 + 230 − 150 = 117개이다.

그림 12.11 좌석 하위 조립품의 MRP 기록

예상 보유 재고

예상 보유 재고(projected on-hand inventory)는 총소요량이 충족된 후 매주 사용 가능한 재고 수량에 대한 추정치이다. 초기 재고(beginning inventory)는 그림 12.11의 첫 번째 항목(37)으로 표시되며, 이는 재고

기록이 작성된 시점에 사용 가능한 보유 재고를 나타낸다. 예정 입고와 마찬가지로, 실제 인출 및 입고가 발생할 때마다 이를 기록해 MRP 데이터베이스를 최신 상태로 유지한다. 그런 다음 MRP 시스템이 수정된 기록을 생성할 때 정확한 재고 수량이 반영된다.

행(row)의 다른 항목들은 향후 주 차에 예상되는 재고 수준을 보여준다. 예상 보유 재고는 다음과 같이 계산된다.

$$\begin{pmatrix}\text{해당 주의}\\ \text{예상 보유 재고}\end{pmatrix} = \begin{pmatrix}\text{이전 주}\\ \text{보유 재고}\end{pmatrix} + \begin{pmatrix}\text{해당 주 예정 입고}\\ \text{(또는 계획 입고)}\end{pmatrix} - \begin{pmatrix}\text{해당 주}\\ \text{총소요량}\end{pmatrix}$$

계획 입고
아직 작업장이나 공급업체로 발주되지 않은 주문

이 예상 보유 재고 계산에는 **계획 입고**(planned receipt)가 반영되는데, 계획 입고란 아직 작업장이나 공급업체로 발주되지 않은 주문을 의미한다. 계획 입고를 예정 입고와 혼동해서는 안 된다. 계획 입고는 아직 계획 단계에 있으며, 주마다 변경될 수 있다. 반면에 예정 입고는 작업장이나 공급업체에서 실제로 진행되고 있는 주문을 의미한다. 그림 12.11에서는 모든 계획 입고가 0으로 표시되어 있다. 각 주차별 예상 보유 재고 계산은 다음과 같다.

1주:	$37 + 230 - 150 = 117$
2주, 3주:	$117 + 0 - 0 = 117$
4주:	$117 + 0 - 120 = -3$
5주:	$-3 + 0 - 0 = -3$
6주:	$-3 + 0 - 150 = -153$
7주:	$-153 + 0 - 120 = -273$
8주:	$-273 + 0 - 0 = -273$

4주 차에는 보유 재고가 −3개로 감소해, 추가로 좌석 하위 조립품을 생산하지 않으면 3개의 부족이 발생할 것임을 나타낸다. 이 상황은 4주 차에 계획 입고가 도착해야 함을 의미한다. 또한 추가 입고가 없을 경우, 부족량은 7주 차와 8주 차에 273개까지 증가하게 된다.[4]

계획 입고

신규 주문의 입고를 계획하는 것은 예상 보유 재고가 0 미만으로 떨어지는 것을 방지하는 데 도움이 된다. '계획 입고' 행은 다음과 같은 절차로 작성된다.

1. 주별 보유 재고를 예측해 부족(shortage)이 발생하는 시점을 찾는다. 최초 계획 입고의 완료 시점은 부족이 예상되는 주에 맞춰 설정한다. 새롭게 계획된 입고를 추가함으로써 예상 보유 재고가 0 이상이 되도록 한다. 계획된 입고량이 해당 주의 소요량을 초과할 경우, 예상 보유 재고는 0을 초과하게 된다.
2. 예상 보유 재고는 다음 부족이 발생할 때까지 계속 예측한다. 이 부족은 두 번째 계획 입고의 필요성을 알리는 신호가 된다.

이 과정은 MRP 기록을 열별로 따라가면서 필요한 경우 계획 입고를 채워 넣고, '예상 보유 재고' 행을 완성하는 방식으로 계획 기간이 끝날 때까지 반복된다. 그림 12.12는 좌석 하위 조립품에 대한 계획 입고를 보여준다. 4주 차에는 예상 보유 재고가 0 이하로 떨어질 예정이므로,

4 '예상재고가 음수일 때 계획 입고를 설정한다'는 규칙에도 예외가 있다. 예상재고가 음수인 시기 이후에 예정 입고가 발생하는 경우에는 계획 입고를 잡기 전에 예정 입고를 앞당길 수 있는지(납기 단축)부터 검토한다.

230개의 계획 입고가 4주 차에 예정되어 있다. 3주 차 말 기준 보유 재고는 다음과 같이 계산된다. 117(3주 차 재고) + 230(계획 입고) − 120(4주 차 총소요량) = 227개. 5주 차에는 예정 입고나 총소요량이 발생하지 않기 때문에 예상 보유 재고는 227개로 유지된다. 6주 차에는 다음과 같은 계산이 적용된다. 227(5주 차 재고) − 150(6주 차 총소요량) = 77개. 이때 보유 재고가 0보다 크므로, 추가적인 계획 입고는 필요하지 않다. 그러나 7주 차에는 추가 좌석 하위 조립품이 입고되지 않으면 부족이 발생할 것이다. 따라서 7주 차에 계획 입고를 설정하면 업데이트된 재고 잔액은 다음과 같이 된다.

77(6주 차 말 재고) + 230(계획 입고) − 120(7주 차 총소요량) = 187개

계획 발주

계획 발주(planned order release)는 특정 수량의 품목에 대해 주문을 발주해야 하는 시점을 나타낸다. 계획 발주 수량을 적절한 시간 구간에 배치하려면 일정한 가정을 세워야 한다. 즉 모든 재고 흐름(예정 입고, 계획 입고, 총소요량)이 시간 구간 내 동일 시점에 발생한다고 가정해야 한다. 어떤 기업은 모든 재고 흐름이 기간의 시작 시점에 발생한다고 가정하고, 다른 기업은 기간의 끝이나 중간에 발생한다고 가정한다. 재고 흐름이 발생하는 시점을 어떻게 가정하든 발주일(release date)은 입고일(receipt date)에서 리드타임을 빼서 결정한다. 예를 들어 그림 12.12에서 첫 번째 계획 발주의 발주일은 다음과 같이 계산된다. 발주일 = 4주 차 계획 입고일 − 리드타임 2주. 그림 12.12는 좌석 하위 조립품에 대한 계획 발주를 보여준다. 계획대로 진행된다면, 다음 주(2주 차)에 230개 좌석 하위 조립품에 대한 주문을 발주할 것이다. 이 발주는 재고 기록에 일련의 업데이트를 유발한다. 우선 해당 주문에 대한 계획 발주가 삭제되고, 이어서 4주 차에 예정되어 있던 230개 계획 입고도 삭제된다. 마지막으로 4주 차 '예정 입고' 행에 230개의 새로운 예정 입고가 나타나게 된다.

계획 발주
특정 수량의 품목에 대해 주문을 발주해야 하는 시점을 나타내는 것

품목: C　**로트 크기:** 230개
설명: 좌석 하위 조립품　**리드타임:** 2주

	주							
	1	2	3	4	5	6	7	8
총소요량	150			120		150	120	
예정 입고	230							
예상 보유 재고 37	117	117	117	227	227	77	187	187
계획 입고				230			230	
계획 발주		230			230			

설명:
4주 차에 계획 입고가 없다면, 3개의 부족이 발생한다. 117 − 120 = −3개. 계획 입고를 추가하면 재고는 다음과 같이 계산된다.
117 + 230 − 120 = 227개.
2주의 리드타임을 고려하면, 해당 계획 발주는 2주 차에 이루어져야 한다.

설명:
첫 번째 계획 입고는 7주 차까지 재고를 유지해 준다. 7주 차에는 예상 보유 재고가 77 − 120 = −43개로 감소하게 된다. 두 번째 계획 입고를 추가하면 재고는 다음과 같이 회복된다.
77 + 230 − 120 = 187개.
따라서 해당 계획 발주는 5주 차(7주 차에서 2주 리드타임을 뺀 시점)에 이루어져야 한다.

그림 12.12 좌석 하위 조립품의 재고 기록 완성본

계획 요소

MRP 재고 기록에서의 계획 요소들은 MRP 시스템의 전반적인 성능에 중요한 역할을 한다. 관리자는 이러한 요소들을 조정함으로써 재고 운영을 세밀하게 조정할 수 있다. 이 절에서는 계획 리드타임, 로트 크기 규칙, 안전재고에 대해 설명한다.

계획 리드타임

계획 리드타임은 품목에 대해 주문을 발주한 시점부터 재고로 입고되기까지 걸리는 시간에 대

한 추정치이다. 계획 리드타임의 정확도는 매우 중요하다. 품목이 필요한 시점보다 일찍 입고되면 재고 보유 비용이 증가하고, 반대로 너무 늦게 입고되면 품절, 긴급 조달 비용 증가 또는 그 두 가지가 동시에 발생할 수 있다.

구매 품목의 경우 계획 리드타임은 발주 후 공급업체로부터 입고되기까지 허용되는 시간으로, 일반적으로 발주 소요 시간도 포함된다. 많은 경우 구매 계약서에 납기일이 명시되어 있다. 자체 생산 품목의 경우에는 최근 주문의 실제 리드타임을 추적해 평균값을 계산하면 대략적인 계획 리드타임을 산정할 수 있다. 보다 정교한 추정 방법은 다음 요소를 각각 분해해 계산하는 것이다.

- 가동 준비시간(setup time)
- 가공 시간(processing time)
- 공정 간 자재 이동 시간(materials handling time between operations)
- 대기 시간(waiting time)

이러한 시간은 품목이 거치는 각 작업 공정에 대해 추정되어야 한다. 가동 준비, 가공, 자재 이동 시간은 비교적 쉽게 추정할 수 있지만, 자재 이동 장비나 작업장이 특정 작업을 수행하기까지의 대기 시간을 추정하는 것은 상대적으로 정확한 추정이 어렵다. 주문생산 전략을 사용하는 작업장(machine shop)에서는 작업장 부하가 시점에 따라 크게 달라지므로, 개별 주문의 실제 대기 시간이 매우 불규칙하게 변동될 수 있다. 따라서 대기 시간을 정확하게 추정하는 것은 계획 리드타임을 정확하게 산정하는 데 특히 중요하다. 반면 재고생산 전략을 사용하는 조립공장(assembly plant)에서는 제품 흐름이 더 표준화되어 있어 대기 시간이 예측 가능하며, 대기 시간은 계획 리드타임 산정에서 상대적으로 큰 어려움을 일으키지 않는다.

고정 주문량(FOQ)
주문이 발주될 때마다 항상 같은 수량으로 유지되는 주문 방식

출처: Steve Skjold/Shutterstock

위네바고(Winnebago)는 정기적으로 새로운 모델의 모터홈을 출시하고 있으며, 이 중 다수가 《모터홈 매거진(MotorHome Magazine)》의 '독자 선정 상'을 수상한 바 있다. 위네바고는 제품 종류를 지속적으로 확장하면서 자체 개발한 MRP 시스템을 IBM 메인프레임에서 운영하고 있다. 이 시스템은 신차의 생산 일정 수립과 자재 명세서(BOM) 구성을 유연하게 수정할 수 있도록 설계되어 있다. 사진은 2021년 6월 2일, 미국 미네소타주 세인트폴의 한 주택가에 주차된 위네바고 트래블 트레일러(Winnebago Travel Trailer)의 모습이다.

로트 크기 결정 규칙

로트 크기 결정 규칙은 주문 시기와 주문 수량을 결정하는 기준이다. 계획 입고와 계획 발주를 산출하기 위해서는 각 품목에 적절한 로트 크기 결정 규칙이 사전에 지정되어 있어야 한다. 이러한 규칙의 선택은 품목별로 필요한 설정의 횟수와 재고 보유 비용에 직접적인 영향을 미치기 때문에 매우 중요하다. 이 절에서는 세 가지 대표적인 로트 크기 결정 규칙인 (1) 고정 주문량, (2) 기간별 주문량, (3) 일대일 주문을 소개한다.

고정 주문량

고정 주문량(fixed order quantity, FOQ) 규칙은 매번 주문이 발주될 때 동일한 수량을 유지하는 방식이다.[5] 예를 들어 한 번 생산할 때 로트 전체를 용광로에 투입해야 하는 상황처럼 로트 크기가 설비의 수용 용량에 따라 결정되는 경우가 있는 것이다. 구매 품목의 경우 고정 주문량은 수량 할인 기준, 트럭 적재 용량, 최소 구매 수량 등에 따라 결정되기도 한다. 또는 경제적 주문량(EOQ) 공식을 활용해 로트 크기를 정할 수도 있다(자세한 내용은 10장 '재고 관리' 참조). 그림 12.12는 고정 주문량 규칙의 예를 보여준다. 하지만 어떤 품목의 한 주간 총소요량이 매우 큰 경우에는 고정 주

5 간반 시스템은 본질적으로 주문량이 아주 적은 FOQ 규칙을 사용한다.

문량만으로는 부족해 재고 부족이 발생할 수 있다. 이런 예외의 경우에는 재고 계획 담당자가 고정 주문량을 초과해 부족을 피할 수 있을 만큼 로트 크기를 늘려야 한다. 또 다른 방식으로는 주문 수량을 고정 주문량의 정수배로 설정하는 방법이 있다. 이 방법은 생산 능력의 제약으로 인해 한 번에 고정 주문량 단위로만 생산해야 할 때 적합하다.

기간별 주문량

기간별 주문량(periodic order quantity, POQ) 규칙은 주문이 발주될 때마다 주문 수량은 달라질 수 있으나, 정해진 시간 간격(예: 2주마다)에 따라 주문을 발주하는 방식이다. 이때 주문 수량은 다음 주문이 발주되기 전까지 필요한 수요를 충족할 수 있을 만큼 충분해야 하며, 부족이 발생하지 않도록 설정되어야 한다. 구체적으로 기간별 주문량은 다음과 같이 계산된다.

기간별 주문량(POQ)
발주 시마다 주문 수량은 달라질 수 있으나, 정해진 시간 간격에 따라 주문을 발주하는 방식

$$\text{POQ 주문량} = \text{지정된 기간 } P \text{ 동안의 총소요량} - \text{1주 차 말의 예상재고 잔량}$$

이 수량은 정확히 P주 동안의 총소요량을 충족하도록 설정된다. 즉 P주 차가 끝날 때 예상재고가 0이 되는 것이 이상적이다.

예를 들어 그림 12.12에서 사용된 고정 주문량 규칙을 기간별 주문량 규칙으로 전환한다고 가정하자. OM Explorer의 Single-Item MRP Solver로 작성된 그림 12.13은 $P = 3$주인 경우를 기준으로 좌석 부품의 재고에 기간별 주문량 규칙을 적용한 예시이다. 첫 번째 주문은 4주 차에 필요하다. 이는 4주 차에 예상재고가 0 이하로 떨어지기 때문이다. 이때 첫 주문량은 다음과 같이 계산된다.

$$\begin{aligned}\text{POQ 주문량} &= \text{4, 5, 6주 차의 총소요량} - \text{3주 차 말의 재고} \\ &= (120 + 0 + 150) - 117 = 153\text{개}\end{aligned}$$

두 번째 주문은 7주 차에 도착해야 하며, 해당 로트 크기는 다음과 같다.

$$\text{POQ 주문량} = \text{7, 8주 차의 총소요량} - \text{6주 차 말 재고} = (120 + 0) - 0 = 120\text{개}$$

두 번째 주문은 계획 기간의 끝까지 남은 2주 분량의 수요만을 반영한다.

기간별 주문량 규칙은 반드시 P주마다 주문을 발주해야 함을 의미하지 않는다. 오히려 한 번 주문이 계획될 경우, 그 주문량은 연속된 P주 분량의 수요를 충족할 수 있어야 한다는 뜻이다. P값을 결정하는 한 가지 방법은 경제적 주문량 또는 그 외의 적정 주문량을 주당 평균 수요로 나누는 것이다. 즉 목표 주문량을 '공급 가능 주 수(weeks of supply)'로 표현한 뒤, 가장 가까운 정수로 반올림하면 된다.

기간 8

품목	좌석 조립품	기간별 주문량의 기간 기준	3	로트 크기(고정 주문량)	
설명				리드타임	2

기간별 주문량 기준 ▼

		1	2	3	4	5	6	7	8
총소요량		150			120		150	120	
예정 입고		230							
예상 보유 재고	37	117	117	117	150	150			
계획 입고					153			120	
계획 발주			153			120			

그림 12.13 L4L 규칙하에서 좌석 하위 조립품의 재고 기록

품목: 식탁 의자					**주문 정책:** 일대일 주문 **리드타임:** 2주				
		주							
		1	2	3	4	5	6	7	8
총소요량		150			120		150	120	
예정 입고		230							
예상 보유 재고	37	117	117	117					
계획 입고					3		150	120	
계획 발주			3		150	120			

그림 12.14 안전재고가 있을 때 좌석 하위 조립품의 재고 기록

일대일 주문

일대일 주문 규칙[lot-for-lot(L4L) rule]은 기간별 주문량 규칙의 특수한 경우로, 주문량이 해당 주의 총소요량을 정확히 충족하도록 설정되는 방식이다. 즉 $P = 1$로 고정되며, 재고 수준을 최소화하는 것이 주요 목적이다. 이 규칙에서는 계획 발주량이 해당 주에 발생할 수 있는 재고 부족을 막을 수 있을 만큼만 발주된다. 일대일 주문 주문량은 다음과 같이 계산된다.

$$\text{L4L 주문량} = \text{특정 주}(t)\text{의 총소요량} - \text{이전 주 차}(t-1)\text{ 말의 예상재고 잔량}$$

즉 도착 주 차(t)에 필요한 총소요량에서 이전 주 차 말의 예상 보유 재고를 차감해 계산된다. 새로운 계획 발주와 함께 예상 보유 재고가 주 차 t 말에 0이 되도록 조정된다. 초기 계획 발주 이후에는 이후 발생하는 각 주의 총소요량에 맞추어 추가적인 계획 발주가 설정된다.

일대일 주문(L4L) 규칙
한 주간의 총소요량을 충족할 만큼만 주문하는 방식

이번에는 고정 주문량 규칙에서 일대일 주문 규칙으로 전환해 보자. 그림 12.14는 좌석 부품 재고에 일대일 주문 규칙을 적용한 예를 보여준다. 앞선 사례와 마찬가지로 첫 번째 발주는 4주 차에 필요하다.

$$\begin{aligned}\text{L4L 주문량} &= \text{4주 차의 총소요량} - \text{3주 차 말의 재고 잔량}\\ &= 120 - 117 = 3\text{개}\end{aligned}$$

이후의 총소요량을 충족하기 위해 6주 차와 7주 차에도 추가 발주를 받아야 한다. 6주 차 계획 입고는 150개, 7주 차 계획 입고는 120개로 설정된다.

로트 크기 결정 규칙 비교

로트 크기 결정 규칙은 재고 보유 비용뿐만 아니라 설정 및 주문 비용 등 재고관리 전반에 영향을 주는 중요한 기준이다. 고정 주문량(FOQ), 기간별 주문량(POQ), 일대일 주문(L4L) 규칙은 이러한 비용 항목 중 하나 또는 둘 모두에서 서로 다르게 작용한다. 예제에서는 4주 차부터 각 규칙이 적용되었으며, 첫 주문이 발주되었다. 계획 기간의 4~8주 차까지 예상재고의 평균값을 비교해보자. 각 데이터는 그림 12.12, 12.13, 12.14에 각각 제시되어 있다.

$$\text{고정 주문량(FOQ)}: \frac{(227 + 227 + 77 + 187 + 187)}{5} = 181\text{개}$$

$$\text{기간별 주문량(POQ)}: \frac{(150 + 150 + 0 + 0 + 0)}{5} = 60\text{개}$$

$$\text{일대일 주문(L4L)}: \frac{(0 + 0 + 0 + 0 + 0)}{5} = 0\text{개}$$

평균 재고 수준 측면에서 일대일 주문 방식은 추가 계획 발주와 그에 수반되는 설정 시간 및 비용의 증가를 동반한다. 이 비교를 통해 다음 세 가지 결론을 도출할 수 있다.

1. 고정 주문량 규칙은 평균 재고 수준이 높다. 이는 요구량과 맞지 않는 주문으로 인해 잔여재고(remnant)가 발생하기 때문이다. 잔여재고란 주 차 초에 남아 있는 재고로, 부족은 막지 못하는 수준이지만 남게 되는 재고를 의미한다. 예를 들어 그림 12.12에 따르면 4주 차

에 첫 계획 입고가 발생한 이후, 7주 차 초에는 77개가 남아 있음에도 불구하고 추가 발주가 필요하다.이 77개는 3주간 보유되는 잔여재고이며, 평균 재고는 증가시키지만 예기치 않은 손실, 병목, 부정확한 재고 기록, 불안정한 소요량 등의 상황에서 완충 역할을 할 수 있다.

2. 기간별 주문량 규칙은 요구량에 더 잘 맞추어 주문량을 조정하기 때문에 평균 재고 수준이 낮다. 수요가 증가하거나 감소할 때마다 로트 크기를 탄력적으로 조절한다. 그림 12.13에서 볼 수 있듯이 POQ가 완전히 적용된 7주 차의 예상재고는 0으로, 잔여재고가 없다.
3. 일대일 주문 규칙은 재고 투자 수준을 최소화하지만, 주문 횟수는 가장 많아진다. 이 규칙은 단가가 높은 품목이나, 주문 비용 또는 설정 비용이 매우 낮은 품목에 적합하다. 또한 주문 생산 방식의 저수량 품목에 유일하게 적용 가능한 규칙이며, 린 시스템에서의 소량 재고 수준을 모방할 수도 있다.

한편, 잔여재고를 방지하는 POQ와 L4L 규칙은 수요에 매우 밀접하게 연동된 발주 구조를 갖기 때문에 오히려 생산 일정의 불안정을 초래할 수 있다. 요구량이 바뀌면 로트 크기도 즉시 변경되어야 하므로 부품 일정에 혼란이 생길 수 있다. 특히 최종 제품의 주문이 막판에 증가하면, 구성 부품이 제때 준비되지 않아 대응이 어려워질 수 있다.

안전재고

안전재고 수준 결정은 중요한 관리적 의사결정이다. 특히 종속수요 품목의 경우에는 독립수요 품목보다 그 결정이 더 복잡하다. 총소요량이 불규칙하게 발생하는 종속수요 품목의 경우, 향후 총소요량, 예정 입고의 시기나 수량, 혹은 발생할 폐기량(scrap)의 불확실성이 존재할 때만 안전재고가 실질적인 도움이 된다. 이러한 불확실성이 해소되면 안전재고를 점차 줄여나가며, 궁극적으로는 없애는 것이 바람직하다. 일반적인 정책은 다음과 같다. 최종 제품이나 구매 품목에는 고객 주문의 변동성과 부품 공급업체의 신뢰도 문제에 대비해 안전재고를 사용하는 것이 권장된다. 그러나 중간 제품에 대해서는 가능한 한 안전재고를 사용하지 않는 것이 바람직하다.

MRP 로직에서는 다음 규칙을 사용해 안전재고를 반영할 수 있다. 예상 보유 재고가 원하는 안전재고 수준보다 낮아질 경우 계획 입고를 일정에 추가한다(이전에는 재고가 0보다 낮아질 경우에만 계획 입고가 생성되었다). 이러한 방식의 목적은 계획 재고 수준을 항상 안전재고 수량만큼 유지하는 것이다. 그림 12.15는 좌석 하위 조립품에 대해 기존 안전재고 수준이 0개에서 80개로 상향 조정되었을 때 어떤 변화가 발생하는지를 보여준다. 이때 사용된 고정 주문량(FOQ)은 230개이며, 안전재고 정책이 도입되었을 당시의 예상재고는 37개였다. 정책 도입 이후에는 어떠한 주차에서도 예상재고가 80개 이하로 떨어질 수 없다. 그림 12.15의 결과를 그림 12.12와 비교해보면 두 번째 계획 발주가 5주 차에서 4주 차로 앞당겨져 있음을 알 수 있다. 이는 6주 차에 예상재고가 80개 아래로 떨어지는 것을 방지하기 위한 조치이다.

고정 주문량 규칙						**로트 크기:** 230개 **리드타임:** 2주 **안전재고:** 80개			
		주							
		1	2	3	4	5	6	7	8
총소요량		150			120		150	120	
예정 입고		230							
예상 보유 재고	37	117	117	117	227	227	307	187	187
계획 입고					230		230		
계획 발주			230		230				

그림 12.15 좌석 하위 조립품에 안전재고를 적용한 재고 기록 예시

MRP의 산출물

그림 12.16에서 볼 수 있듯이, MRP 시스템은 종속수요 재고를 관리하는 계획자(planner)를 지원하기 위해 다양한 보고서, 일정표,

그림 12.16 MRP 산출물

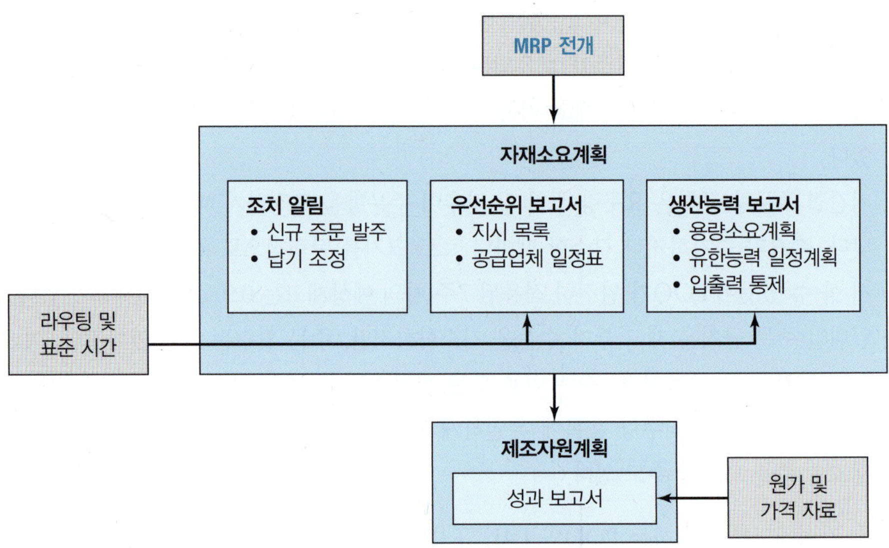

알림 등을 제공한다. 이 절에서는 자재 소요량을 산출하는 MRP 전개 프로세스, 계획자의 주의를 요하는 항목에 대한 알림, 자원 소요 보고서(resource requirement report), 성과 보고서를 살펴본다.

자재 소요량

MRP는 주생산일정(MPS)과 기타 수요 정보를 기반으로 모든 하위 조립품, 구성품, 원자재에 대해 필요한 소요량을 산출한다. 이 전개 과정을 통해 각 구성 품목에 대한 자재소요계획이 수립된다.

품목의 총소요량은 다음 세 가지 정보를 바탕으로 산출된다.

1. 최종 제품에 해당하는 직접 모제품의 MPS
2. MPS 수준 이하에 있는 직접 모제품의 계획 발주(총소요량, 예정 입고, 계획 입고는 해당되지 않음)
3. MPS에서 비롯되지 않는 기타 수요(예: 교체 부품에 대한 수요 등)

그림 12.12에서 제시된 좌석 하위 조립품과 그 재고 기록을 살펴보자. 이 하위 조립품은 좌석 쿠션과 좌석 프레임이 필요하며, 좌석 프레임은 다시 4개의 좌석 프레임 보드로 구성된다. 이 품목의 자재 명세서(BOM)는 그림 12.17에 나와 있으며(전체 제품과의 관계는 그림 12.10 참조), 다음과 같은 의사결정이 필요하다. 좌석 쿠션은 몇 개를 공급업체에 발주할 것인가? 좌석 하위 조립품 일정을 맞추기 위해 좌석 프레임은 몇 개 생산할 것인가? 좌석 프레임 보드는 몇 개가 필요할 것인가? 이러한 질문에 대한 답은 해당 품목의 현 재고와 이미 진행 중인 보충 주문(예정 입고 및 계획 입고 등)에 따라 달라진다. 자재소요계획(MRP)은 이러한 의사결정에 대해 전개(explosion) 과정을 통해 답을 제시할 수 있다.

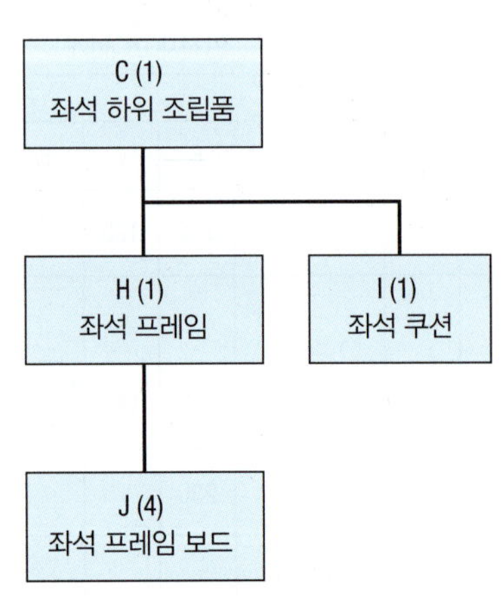

그림 12.17 좌석 하위 조립품의 자재 명세서(BOM)

그림 12.18은 좌석 하위 조립품과 그 구성품에 대한 MRP 기록을 보여준다. 앞서 좌석 하위 조립품의 MRP 기록을 어떻게 작성하는지를 살펴본 바 있다. 이번에는 좌석 하위 조립품의 구성품 MRP 기록을 설명할 것이다. 각 구성품에 적용되는 로트 크기 규칙은 다음과 같다. 좌석 프레임은 고정 주문량(FOQ) 300개, 좌석 쿠션은 일대일 주문(L4L), 좌석 프레임 보드는 고정 주문량(FOQ) 1,500개이다. 세 품목 모두 리드타임은 1주이다. 전개 과정의 핵심은 각 구성

품목: 좌석 하위 조립품
로트 크기: 230개

리드타임: 2주	주 1	2	3	4	5	6	7	8
총소요량	150			120		150	120	
예정 입고	230							
예상 보유 재고 37	117	117	117	227	227	77	187	187
계획 입고				230			230	
계획 발주		230			230			

소요량: 1

소요량: 1

품목: 좌석 프레임
로트 크기: 300개

리드타임: 2주	주 1	2	3	4	5	6	7	8
총소요량		230			230			
예정 입고		300						
예상 보유 재고 40	40	110	110	110	180	180	180	180
계획 입고					300			
계획 발주			300					

품목: 좌석 쿠션
로트 크기: L4L

리드타임: 1주	주 1	2	3	4	5	6	7	8
총소요량		230			230			
예정 입고								
예상 보유 재고 0	0	0	0	0	0	0	0	0
계획 입고		230			230			
계획 발주	230			230				

소요량: 4

품목: 좌석 프레임 보드
로트 크기: 1,500개

리드타임: 1주	주 1	2	3	4	5	6	7	8
총소요량			1,200					
예정 입고								
예상 보유 재고 200	200	200	500	500	500	500	500	500
계획 입고			1,500					
계획 발주		1,500						

그림 12.18 좌석 하위 조립품과 구성품의 MRP 전개

품에 대해 총소요량의 적절한 시점과 수량을 결정하는 것이다. 이 값을 결정한 후에는 기존의 MRP 로직을 사용해 각 구성품의 계획 발주 일정을 도출할 수 있다.

이 사례에서는 구성품이 교체 부품 등으로서의 독립수요를 갖지 않는다. 따라서 그림 12.18에서 구성품의 총소요량은 상위 품목의 계획 발주에서 유도된다. 좌석 프레임과 좌석 쿠션은 모두 좌석 하위 조립품의 계획 발주 일정을 기반으로 총소요량이 산출된다. 두 구성품 모두 2주 차와 5주 차에 230개의 총소요량을 가지며, 이는 바로 해당 주 차에 좌석 하위 조립품을 생산하기 위한 계획 발주가 예정된 시점과 일치한다. 예를 들어 2주 차에는 조립 부서의 자재 담당자가 좌석 프레임과 좌석 쿠션을 각각 230개씩 인출해 4주 차 재고 부족을 피할 수 있도록 하위 조립품 생산을 준비하게 된다. 따라서 좌석 프레임과 좌석 쿠션에 대한 자재 계획 역시 이를 감안해야 한다.

2주 차와 5주 차의 총소요량을 기준으로, 그림 12.18과 같이 좌석 프레임과 좌석 쿠션의 MRP 기록을 작성할 수 있다. 좌석 프레임의 경우 2주 차에 300개의 예정 입고가 있고, 현 재고가 40개 있으며, 리드타임이 1주이므로, 4주 차 조립 일정을 지원하기 위해 4주 차에 300개의 계획 발주가 필요하다. 좌석 쿠션은 예정 입고도 없고 현 재고도 없기 때문에 리드타임 1주와 일대일 주문 규칙에 따라 1주 차와 4주 차에 각각 230개를 발주해야 한다.

이제 좌석 프레임의 보충 일정이 결정되었으므로 좌석 프레임 보드의 총소요량도 산출할 수 있다. 우리는 4주 차에 좌석 프레임 300개를 생산할 계획이며, 프레임 하나당 보드 4개가 필요하므로 $300 \times 4 = 1{,}200$개의 좌석 프레임 보드를 4주 차에 확보해야 한다. 따라서 4주 차의 총소요량은 1,200개가 되며, 예정 입고는 없고 현 재고는 200개이며, 리드타임이 1주, 고정 주문량(FOQ)이 1,500개이므로 3주 차에 1,500개의 계획 발주가 필요하다.

따라서 앞서 언급된 의사결정 문제에 대한 답은 다음과 같다.

- 좌석 프레임: 4주 차에 300개 계획 발주
- 좌석 쿠션: 1주 차 및 4주 차에 각각 230개 계획 발주
- 좌석 프레임 보드: 3주 차에 1,500개 계획 발주

MRP 계획이 매주 업데이트된다고 가정하면, 현재 시점에서는 1주 차의 계획 발주만 실제로 실행해야 한다. 이 발주가 실행되면, 좌석 쿠션 230개의 예정 입고가 재고 기록에 새롭게 반영된다. 나머지 발주는 여전히 계획 단계에 있으며, 이후 주차의 MRP 전개에 따라 변경될 수 있다.

현실적으로 기업은 수천 개에 달하는 종속수요 품목을 보유하고 있으며, 평균적으로 6단계 이상의 자재 명세서(BOM) 수준을 가진다. 계획 수립을 위한 시간 범위는 종종 30개 이상의 기간에 걸쳐 미래까지 확장된다. 그림 12.18에 제시된 방식처럼 수작업으로 MRP 전개를 수행하는 것은 사실상 불가능하다. 이럴 때 필요한 것은 대량의 데이터를 처리할 수 있는 역량이며, 이는 컴퓨터가 가장 잘하는 분야이다. 의사결정은 재고 분석가(inventory analyst)가 담당하고, 연산은 컴퓨터가 맡는 방식이다. OM Explorer에 포함된 Material Requirements Planning Solver는 소규모 환경에서 이러한 기능을 구현한 예다. 이 도구는 최대 2개의 최종 제품에 대해 소요량을 계산할 수 있으며, 최대 18단계의 품목에 대한 재고 기록도 작성할 수 있다. 계획 파라미터가 변경되더라도 재계산이 가능하다. 규모가 커질수록 기업은 벤더가 제공하는 상용 소프트웨어 패키지를 활용해 다양한 부품의 재고를 추적하고 구매 및 생산 일정을 조정할 수 있다. '경영 사례 12.1'은 NTPV라는 소규모 제조업체에서 MRP를 실제로 활용한 사례를 보여

경영 사례 12.1 NTPV의 MRP 시스템 도입 사례

NTPV(North Texas Pressure Vessels)는 석유 및 천연가스 산업용 압력 용기를 제조하는 기업이다. 핵심 사업은 고객별 사양에 따라 압력 용기를 설계·제조하고 용접 계약을 수행하는 것이다. 설계자들은 최신 압력 용기 설계 소프트웨어를 활용해 제품을 개발하며, 사내에서 직접 제조를 수행함으로써 NTPV는 더 큰 경쟁업체에 비해 더 빠른 리드타임과 더 낮은 가격 그리고 생산 통제력과 제품 품질에 대한 우위를 확보하고 있다.

하지만 이러한 원활한 운영이 항상 가능했던 것은 아니었다. NTPV가 재고 및 관련 비용을 관리할 정식 시스템을 갖추기 이전에는 작업 단가를 정확히 산정하지 못했고, 구매 부서는 생산 일정을 지원하기에 충분한 재고가 있는지 확인하기 위해 여러 개의 엑셀 스프레드시트를 사용해야 했으며, 결과적으로 구매 발주 처리 비용이 상당히 높았다. 이러한 문제를 해결하기 위해 NTPV는 MISys라는 업체와 협력하게 되었다. MISys는 NTPV에 적합한 자재소요계획(MRP) 시스템을 도입하고 사용 교육을 할 수 있는 역량을 보유하고 있었다. NTPV 직원들은 먼저 시스템 교육을 이수하고, 이후 엑셀 템플릿을 활용해 19,000개 품목의 데이터를 MISys 시스템에 입력했다. 이 전환은 한 번에 이루어진 것이 아니라 직원들이 매주 일정 시간을 기존 업무 시간에서 할애해서 MISys 도입에 집중하는 방식으로 점진적으로 진행되었다. 시스템은 1월 1일부로 본격 가동되었으며, 새 회계연도가 새로운 시스템과 함께 시작될 수 있도록 구성되었다.

유전 정제소 배관 플랜트의 열교환기에서 증기 압력 용기와 컬럼 탱크를 작업자가 점검하고 있다.

출처: Noomcpk/Shutterstock

이 시스템은 가동 후 14개월 이내에 인상적인 성과를 보여주었다. 재고 수준은 절반으로 감소해 80만 달러에서 40만 달러로 줄었고, 구매 발주 소요 시간과 지연 주문 식별 시간도 단축되었으며, 구매 프로세스의 가시성이 높아져 업무 효율성이 크게 향상되었다. MISys의 MRP 시스템을 통해 NTPV는 원자재 및 생산 비용을 보다 효과적으로 관리할 수 있었고, 그 결과 매출이 감소했음에도 불구하고 총이익률이 상승해 전년도보다 더 나은 수익을 달성할 수 있었다. 주간 생산 회의는 더욱 효과적으로 진행되었으며, 생산 일정, 미결 구매 발주, 관련 보고서를 대형 모니터에 바로 표시할 수 있게 되어 이전처럼 엑셀 인쇄물을 보며 회의하던 방식에서 탈피할 수 있었다. 또한 영업 부서도 견적 산출이 용이해졌는데, 기존 유사 제품의 자재 명세서(BOM)를 활용해 새로운 작업의 사양에 맞게 쉽게 수정할 수 있게 되었기 때문이다. 그 외에도 다양한 비정량적 성과가 있었다. 예를 들어 시간을 절약한 구매 담당자들이 이제는 공급업체와의 협상, 공급사슬관리 등 새로운 역할을 수행할 수 있게 되었다.[6]

주며, MRP 시스템이 중소 제조업체에도 충분히 유익하다는 점을 입증하고 있다.

조치 알림

MRP 계산이 완료되면, 자재 명세서(BOM)에 포함된 어떤 품목이든 그 재고 기록을 인쇄하거나 컴퓨터 화면에 표시할 수 있다. 재고 계획 담당자는 컴퓨터가 생성한 메모 형태의 **조치 알림**(action notice)을 활용해 신규 발주를 실행하거나 예정 입고의 납기일을 조정할지 여부를 결정한다. 예를 들어 그림 12.18의 출력 결과를 기준으로 보면, 좌석 쿠션 230개의 계획 발주가 이번 주에 발주 시점에 도달했음을 재고 계획 담당자에게 알려주는 조치 알림이 생성된다. 별다른 문제가 없다면 담당자는 공급업체에 해당 발주를 실행하게 된다. 동시에 담당자는 다음과 같은 거래 내역을 시스템에 입력한다. 1주 차의 계획 발주를 삭제하고, 2주 차의 계획 입고를 제거하며, 2주 차에 230개의 예정 입고를 입력한다. 좌석 프레임이나 좌석 프레임 보드에 대해서는 현재 조치가 필요하지 않기 때문에, 담당자가 이들 품목의 기록을 굳이 살펴볼 필요는 없다.

조치 알림
신규 발주 실행 여부나 예정 입고의 납기일 조정 여부를 계획 담당자에게 알려주는 컴퓨터 생성 메모

조치 알림은 시스템이 업데이트될 때마다 생성되며, 일반적으로 매주 한 번씩 이루어진다. 조치 알림은 해당 기간에 계획 발주가 있는 품목이나 납기일 조정이 필요한 예정 입고가 있는 품

6 출처: http://www.ntpvinc.com (May 12, 2023); https://misysinc.com/our-customers/customer-success-stories/north-texas-pressure-vessels-inc/ (May 12, 2023).

목처럼 계획 담당자의 주의가 필요한 품목만을 선별해 알려준다. 계획 담당자는 이러한 품목들의 전체 기록을 조회한 후 필요한 조치를 취할 수 있다. 조치 알림은 단순히 조치가 필요한 품목 번호 목록일 수도 있고, 각 품목의 전체 재고 기록에 조치 사항을 명시한 메모가 함께 포함된 형태일 수도 있다.

자원 소요 보고서

MRP 시스템 자체적으로는 계획 발주를 계산할 때 용량 제약(capacity limitation)을 고려하지 않는다. 다시 말해 물리적으로 생산 가능한 양을 초과하는 계획 발주를 요구할 수도 있다는 뜻이다. 따라서 계획 담당자의 핵심 역할 중 하나는 자재소요계획에서 발생하는 용량 요구사항을 모니터링하고, 실행 불가능한 계획이 있으면 이를 조정하는 것이다. 이때 특히 병목(bottleneck) 공정에 주의를 기울이게 된다. 계획 담당자는 병목 작업장의 흐름을 유지하기 위해 제약이론(theory of constraint, TOC)의 원칙(7장에서 다룸)을 적용할 수 있다. 이 과정에서 로트 크기 규칙을 조정하거나, 때때로 계획 발주를 수동으로 변경하는 등의 방법이 사용된다. 이러한 작업을 지원하기 위해 여러 형태의 용량 보고서(capacity report)가 제공된다. 예를 들어 **용량소요계획**(capacity requirements planning, CRP) 보고서는 작업장별로 시간대에 따라 구분된 예상 용량 요구사항을 제시한다. 이 보고서는 (1) 이미 공정 내에 투입되어 있는 예정 입고를 완료하는 데 필요한 작업량과 (2) 아직 발주되지 않은 계획 발주를 완료하는 데 필요한 작업량을 기준으로 작업 부하(workload)를 계산한다. 병목 작업장이란 이러한 예상 작업 부하가 해당 작업장의 가용 용량을 초과하는 경우를 의미한다.

용량소요계획(CRP)
작업장별로 시간내에 따라 변화하는 용량 요구량을 예측하는 기법. 그 목적은 자재소요계획(MRP)과 주요 공정의 가용 용량을 일치시키는 데 있음

성과 보고서

MRP 시스템에서는 다양한 형태의 출력 결과를 생성할 수 있다. 예를 들면 작업장이나 공급업체에 이미 발주된 주문에 대한 우선순위 보고서(priority report)가 이에 해당한다. 우선순위 보고서는 예정 입고에 부여된 납기일을 기준으로 하며, 계획 담당자는 해당 납기일이 실제로 필요한 시점을 반영하도록 수시로 갱신한다. 더 넓은 관점에서 보면, MRP 시스템에 담긴 정보는 생산 운영 부서 외의 여러 기능 부서에도 유용하게 활용될 수 있다. 실제로 MRP는 점차 발전해 **제조자원계획**(manufacturing resource planning, MRP II) 시스템으로 확장되었으며, 이는 기본적인 MRP 시스템을 기업의 재무 시스템 및 기타 핵심·지원 프로세스와 연계한 통합 시스템이다. 예를 들어 경영진은 MRP 계획과 회계 시스템의 가격 정보, 제품 원가, 활동 원가 등을 함께 활용해 출하 금액 규모, 제품 원가, 간접비 배분, 재고 수준, 수주 잔량, 이익 추정치 등의 수치를 예측할 수 있다. 또한 주생산일정(MPS), 예정 입고, 계획 발주 등의 정보를 활용해 현금 흐름 추정치를 산출할 수 있으며, 이는 제품군 단위로 세분화된다. 이와 유사한 방식으로, 경영진이 관심을 가지는 다양한 성과 지표에 대한 예측도 가능하다. 다만 일부 기업은 벤더가 제공하는 상용 MRP 시스템의 도입에 막대한 예산과 자원이 요구된다는 점을 고려해 외부 솔루션 대신 사내에서 자체적으로 MRP 시스템을 구현하는 방식을 선택하기도 한다.

제조자원계획(MRP II)
기본적인 자재소요계획(MRP) 시스템을 기업의 재무 시스템, 기타 핵심 및 지원 프로세스와 연계한 시스템

MRP와 환경

소비자와 정부가 자연환경 악화에 대해 우려를 표하면서, 제조업체들은 환경친화적인 방향으로 공정을 재설계하고 있다. 기본 원자재의 재활용이 점점 보편화되고 있으며, 제품 설계 단계에서부터 수명이 끝난 후 재제조(remanufacturing)가 가능하도록 고려하는 경우도 늘고 있다. 그럼에도 불구하고 대부분의 제조 공정에서는 다양한 형태의 폐기물이 발생하며, 이들은 적절하게

처리되어야 한다. 폐기물은 다음과 같이 다양한 형태로 존재할 수 있다.

- 배출물: 일산화탄소, 아황산가스, 기타 유해 화학물질 등 제품 생산 공정에서 발생하는 물질
- 작업 관련 물질: 금속 절삭편, 윤활유, 특정 공정에서 사용되는 화학물질 등
- 포장재: 사용 불가능한 골판지나 플라스틱 등 특정 제품이나 구매 품목과 관련된 포장재
- 스크랩: 제조 공정에서 발생한 결함 제품이나 부품 등 활용 불가능한 잔재

기업은 MRP 시스템을 수정해 이러한 폐기물의 발생을 추적하고 처리 계획을 수립할 수 있다. 각 품목에 대해 해당 폐기물의 종류와 발생량을 자재 명세서(BOM)에 마치 구성품처럼 입력함으로써 이를 관리할 수 있다. 예를 들어 주생산일정(MPS)이 작성되면, 생산 과정 중 어떤 시점에 어느 정도의 폐기물이 발생할지 예측하는 보고서를 생성할 수 있다. 물론 이 접근법을 적용하려면 BOM을 대폭 수정해야 할 수도 있지만, 그에 상응하는 실질적인 이점도 크다. 기업은 폐기물 문제를 사전에 인식하고, 경우에 따라 공정 개선을 통해 이를 제거하거나, 불가피할 경우에는 적절한 폐기 계획을 수립할 수 있다. 또한 이 시스템은 환경 법규 준수 여부를 입증하기 위한 공식 문서를 생성하는 데도 활용될 수 있어 기업의 환경 규제 대응에도 도움이 된다.

MRP, 핵심 프로세스, 공급사슬 연계

조직의 네 가지 핵심 프로세스는 기업 내부 및 공급사슬상에서 외부기업과도 연계되며, MRP 시스템은 이 모든 프로세스와 입력 또는 출력 형태로 상호작용한다. 그 시작은 최종 제품 및 교체 부품에 대한 고객 주문에서 비롯된다. MRP 및 자원 계획 기능은 일반적으로 주문 이행(order fulfillment) 프로세스 내에 포함되며, MPS는 MRP의 핵심 구성요소이다(그림 12.1 참조). 그림 12.19에 도식적으로 나타난 바와 같이, MPS는 주문 이행 프로세스와 고객관계 프로세스 간의 피드백을 제공한다. 이는 주문 접수 확인과 납기 약속일(promised due date)을 통해 이루어진다. 그리고 MPS는 고객관계 프로세스를 담당하는 영업 부서에 향후 주문 가능 시점 또는 기존 주문의 납기 조정 가능 여부에 대한 정보를 제공한다. 한편 신제품 및 서비스 개발 프로세스는 MRP 시스템에 최신 자재 명세서(BOM)를 제공해서 최종 제품 생산에 필요한 모든 구성품과 조립품의 정보를 저장하고 반영되도록 보장한다.

입고 측면에서도 마찬가지로, 외부 공급업체에 대한 주문은 MRP 보고서 결과에서 도출된 계획 발주를 기반으로 한다. 그러나 MRP의 진정한 강점은 기존 일정에 변경이 필요할 때 더욱 뚜렷하게 드러난다. 예를 들어 고객이 향후 주문의 시점이나 수량을 변경하고자 할 때, 자재 부족이나 예기치 않은 설비 고장과 같은 내부 문제 발생 시 또는 공급업체의 납품 실패 등으로 인해 MPS 변경이 발생하면 일정 변경이 불가피해진다. 공급사슬 내에서는 이러한 일정 변경이 고

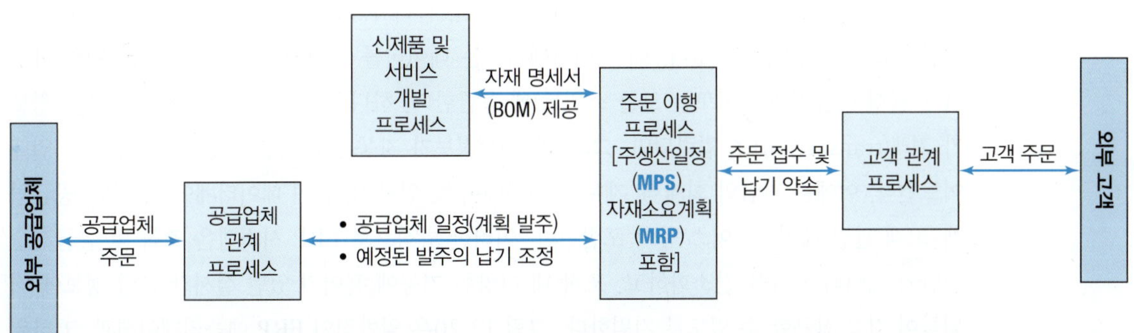

그림 12.19 공급사슬 내 MRP 기반 정보 흐름

객과 공급업체 모두에게 영향을 미치게 된다. 일부 기업은 공급업체와의 협업을 통해 공급업체의 재고 상태를 직접 조회할 수 있는 MRP 시스템을 운영하기도 한다. 이를 통해 특정 품목의 재고 보유 여부 또는 다음 입고 가능 시점을 '확인'할 수 있다. 이러한 기능은 계획 발주 일정을 변경해야 할 때 매우 유리하게 작용한다. 이와 같은 시스템은 매우 강력한 도구지만, 동시에 불필요한 계획 발주 시점 및 수량의 변동을 초래하지 않도록 주의가 필요하다. 이는 선택된 로트 크기 정책에 따라 변동성이 커질 수 있기 때문이다. 예를 들어 기간별 주문량(POQ)이나 일대일 주문(L4L)과 같은 로트 크기 규칙은 수요 변동에 민감하게 반응하며, 이를 무분별하게 사용하면 보충 주문의 불안정성을 유발할 수 있다. 이러한 보충 주문의 불안정성은 기업의 MRP 시스템이 공급업체의 생산 계획 및 통제 시스템과 전자적으로 연계되어 있는 경우 공급사슬 내의 후방 업체로까지 전파될 수 있다.

그림 12.19에 나타난 바와 같이, MRP 기반 계획이 핵심 프로세스 간 정보 흐름을 통해 실행되면 기업은 공급사슬의 후방 업체 및 전방 업체와 효과적으로 연계될 수 있다. 이와 같은 MRP 기반 프레임워크가 없다면 고객과 공급업체의 실제 우선순위를 제대로 인식하거나 반영하기 어렵다. 실제로 많은 기업은 이러한 연계 구조를 ERP 시스템을 통해 구현하고 있으며, 이에 대해서는 다음 절에서 다룰 것이다.

전사적 자원 관리

12.4 전사적 자원 관리 시스템이 어떻게 자원 계획을 개선하는 데 기여할 수 있는지를 설명한다.

전사적 프로세스
기능 부서, 사업부, 지리적 지역, 제품군 등 조직 전체를 아우르며 횡단하는 회사 차원의 프로세스

전사적 자원 관리(ERP) 시스템
다양한 전사적 프로세스와 데이터 관리 필요 사항을 지원하는 대규모 통합 정보 시스템

전사적 프로세스(enterprise process)란 기능 부서, 사업부, 지리적 지역, 제품군, 공급업체, 고객을 모두 아우르는 회사 전체에 걸친 프로세스를 의미한다. **전사적 자원 관리 시스템**[enterprise resource planning(ERP) system]은 이러한 전사적 프로세스와 데이터 관리 필요 사항을 지원하는 대규모 통합 정보 시스템이다. ERP 시스템은 기업의 기능 부문을 통합함으로써 조직이 다양한 부서나 사업부에서 개별적으로 산출한 정보를 일일이 모으는 대신 전체 운영 현황을 하나의 통합된 관점에서 파악할 수 있게 한다. 오늘날 ERP 시스템은 제조업체, 음식점, 병원, 호텔과 같은 전통적인 오프라인 조직뿐만 아니라, 고객 및 공급업체와의 연결을 웹 기반으로 광범위하게 운영하는 인터넷 기업에서도 폭넓게 활용되고 있다.

ERP 시스템 설계 방식

ERP는 조직 전체(또는 전사적 수준)에서 활용 가능한 단일 통합 데이터베이스를 중심으로 운영된다. 시스템 보안 설정을 통해 각 사용자는 허용된 영역에만 접근할 수 있도록 제한된다. 기업의 모든 정보를 하나의 데이터베이스에 저장하면, 관리자 입장에서 전 지점의 모든 제품을 실시간으로 모니터링할 수 있다. 이 데이터베이스는 데이터를 수집해 소프트웨어 시스템의 다양한 모듈형 애플리케이션(또는 모듈 스위트)에 공급한다. 하나의 애플리케이션에서 새로운 정보가 거래(transaction)로 입력되면, 그와 관련된 정보가 자동으로 다른 애플리케이션에도 업데이트된다. 이에는 기업의 회계 및 재무 데이터베이스, 인사 및 급여 데이터베이스, 영업·공급업체·고객 관련 데이터베이스 등이 포함된다. 이러한 방식으로 ERP 시스템은 조직 및 공급사슬 전반의 데이터 흐름을 간소화하고, 조직 내 다양한 기능에 흩어져 있던 실시간 운영 정보에 직원들이 직접 접근할 수 있도록 지원한다. 그림 12.20은 일반적인 ERP 애플리케이션과 그 하위

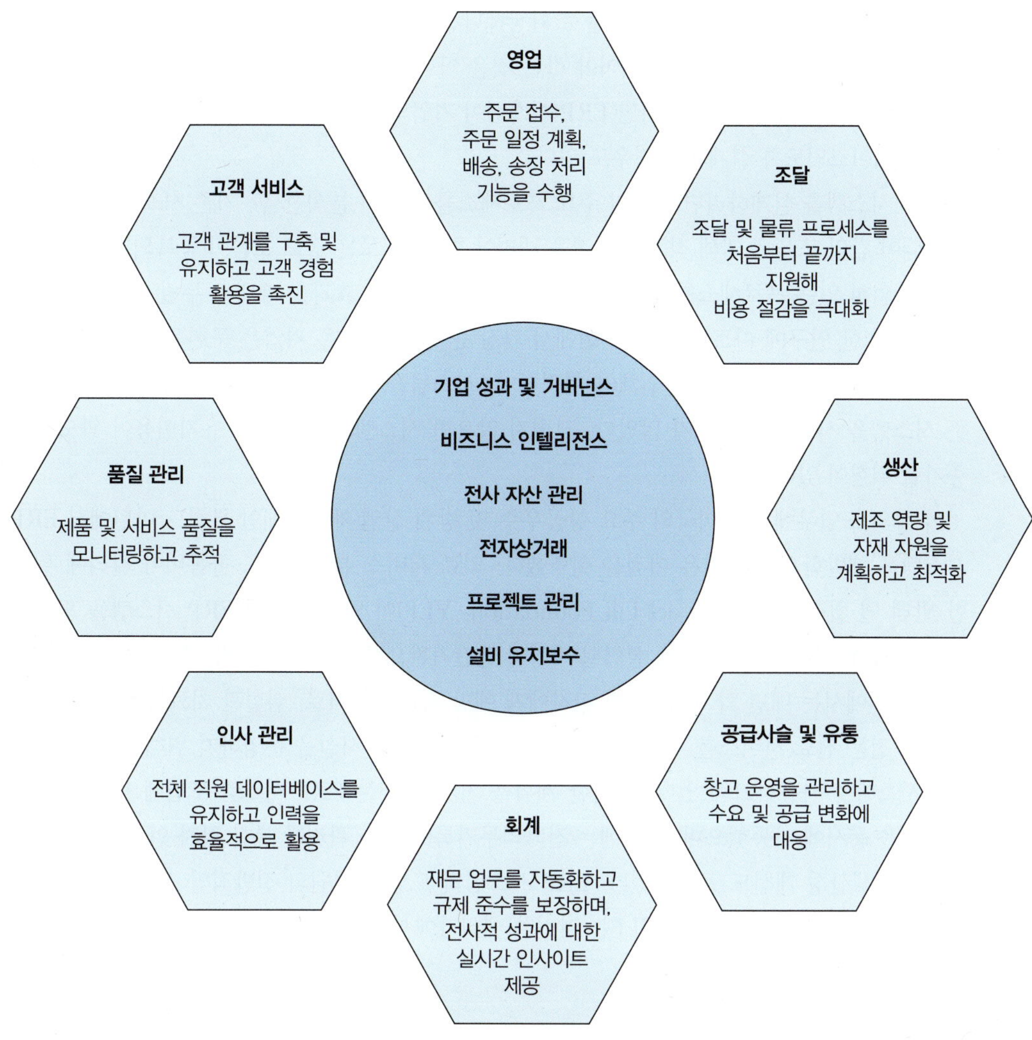

그림 12.20 ERP II 시스템의 주요 모듈

프로세스를 보여준다. 일부 애플리케이션은 제조나 급여와 같은 백오피스(back-office) 운영을 위한 것이며, 일부는 고객 서비스를 비롯한 프런트오피스(front-office) 운영에 해당한다. 특히 그림 속 생산 및 공급사슬, 물류/유통 모듈은 자원 계획 기능을 담당한다. 실제로 많은 기업에서 MRP II는 궁극적으로 ERP로 발전했다.

오늘날 대부분의 ERP 시스템은 그래픽 사용자 인터페이스(GUI) 기반으로 작동하지만, 이전의 텍스트 기반 키보드 조작 시스템도 여전히 기술적으로 단순하고 안정적이어서 널리 사용되고 있다. 사용자는 다양한 화면과 메뉴를 통해 시스템을 탐색하며, ERP 도입 시의 사용자 교육은 이러한 화면과 기능에 대한 이해를 중심으로 이루어진다. 대표적인 상용 ERP 패키지 공급업체는 SAP AG이며, 그 뒤를 오라클(Oracle Corporation)이 잇는다.

아마존은 ERP 시스템을 활용하는 대표적인 기업이다. 아마존의 ERP에서 공급사슬 애플리케이션은 특히 중요한데, 고객 주문을 창고 출고, 나아가 공급업체의 보충 주문까지 실시간으로 연계해주기 때문이다. 이와 달리 다른 기업에서는 다른 ERP 애플리케이션이 더 핵심적인 역할을 할 수도 있다. 예를 들어 대학은 인사 및 회계/재무 애플리케이션에, 제조업체는 거의 모든 애플리케이션 모듈에 관심을 가진다. 많은 제조기업이 ERP 도입 초기에는 회계, 인사, 영업 모듈부터 시작한 후,

출처: Yen Duong/Bloomberg/Getty Images

베트남 최대 유제품 생산업체인 비나밀크(Vinamilk)는 클라우드 기반 ERP 시스템을 활용해 자사 운영을 효율적으로 관리하고 일본, 캐나다, 미국, 호주를 포함한 50개 이상의 해외 시장에 수출하고 있다.

점차 제조 및 공급사슬 관련 고급 모듈로 확장해나간다. 그림 12.20에 나오는 모든 애플리케이션이 ERP 시스템에 반드시 통합되어야 하는 것은 아니지만, 제외된 애플리케이션은 ERP 시스템과 정보를 공유하지 않는다. 다만 ERP 시스템이 기업의 기존 '레거시 시스템(legacy system)'과 인터페이스되도록 설계되는 경우도 있다.

ERP 시스템을 설계하려면 기업의 주요 프로세스를 면밀히 분석한 후, 기존 시스템과 신규 소프트웨어 간의 조율에 대해 적절한 결정을 내려야 한다. 때로는 정보 흐름이 중복되거나 비효율적으로 얽혀 있는 프로세스를 전면 재설계해야 ERP의 통합 효과를 제대로 누릴 수 있다. 하지만 최근의 한 연구에 따르면 ERP 구현에서 가장 큰 효과를 얻은 기업은 구현을 단순하게 유지하고, 소수의 소프트웨어 공급업체와 협력하며, 시스템을 과도하게 커스터마이징하지 않고 표준 시스템을 사용하는 경우가 많았다. 그렇지 않으면 시스템이 복잡하고 유지비용이 과도하게 증가할 위험이 있다.

이 장의 도입부에서는 미국의 주요 항공우주 및 방위 산업 계약업체인 록히드 마틴에서 ERP 시스템을 개발함으로써 얻은 이점을 설명했다. 의료 서비스 분야에서도 콜롬비아 칼리에 위치한 발레 델 릴리 재단(Valle del Lili Foundation, VLF)이 SAP 기반의 ERP 시스템을 도입한 사례가 있다. VLF는 1982년에 설립된 비영리 민간기관으로 3차 의료 서비스를 제공하고 있다. VLF 병원에서는 매년 약 60만 명의 환자에게 예방 검진, 암 치료, 심혈관 치료를 포함한 60개 이상의 전문 진료 서비스를 제공하는 500병상 규모의 의료 시설을 운영하기 위해 30개 이상의 정보시스템을 사용하고 있었다. 면밀한 계획을 거쳐 VLF는 ERP 시스템 도입에 필요한 모든 시스템을 동시에 가동했으며, 여기에는 전자의무기록(EMR) 관리를 통한 환자 안전, 진료 효율성, 인력 생산성 개선도 포함되었다. ERP 시스템의 도입은 병원의 전반적인 성과, 수익, 운영 마진을 향상시켰으며, 그 결과 VLF는 라틴 아메리카에서 세 번째, 콜롬비아에서는 최고의 병원으로 평가받게 되었다.[7]

서비스 제공업체의 자원 계획 수립

12.5 자원 계획 원칙을 서비스 제공과 물류 재고 관리에 적용한다.

앞서 제조업체가 완제품에 대한 주생산일정(MPS)을 어떻게 분해(disaggregate)하고 이를 인력, 설비, 부품, 재무 자산 등 다양한 자원에 대한 수요로 전환하는지를 살펴보았다. 이러한 자원 소요를 유도하는 핵심은 자재소요계획(MRP)이다. 물론 서비스 제공업체 또한 제조업체와 마찬가지로 자원을 계획해야 한다. 그러나 완제품과 달리 서비스는 재고로 보관할 수 없으며, 고객의 요청에 따라 실시간으로 제공되어야 한다. 따라서 자원 계획 측면에서 서비스 조직은 고객에게 서비스를 제공할 수 있는 **용량**(capacity)을 유지하는 데 초점을 두어야 한다. 이 절에서는 서비스 제공업체가 종속수요와 자원 명세서(BOR) 개념을 어떻게 활용해 용량을 관리하는지 살펴본다.

7 J. Cajiao and Enrique Ramirez, "Surviving SAP Implementation in a Hospital," *International Journal of Case Studies in Management* 14, no. 2 (2016): 1-25; Molla S. Donaldson, Janet M. Corrigan, and Linda T. Kohn, eds., "To Err Is Human: Building a Safer Health System," *National Academies Press*, 6 (2000): 93-95; https://www.gs1co.org/Portals/0/Contenido/Caso_de_exito_Valle_de_Lili.pdf (July 18, 2020).

서비스업에서의 종속수요

이 장 앞부분에서 제조업체의 계획 및 통제 시스템을 설명하며 종속수요 개념을 소개한 바 있다. 종속수요란 기업이 생산하는 특정 품목의 생산 계획에 따라 결정되는 다른 품목의 수요를 의미한다. 서비스 자원 계획(service resource planning)에서는 이 개념을 확장해, 고객 서비스 요청에 대한 수요 예측 또는 회사가 제공하는 서비스를 지원하기 위한 다양한 활동 계획에 의해 유도되는 자원의 수요도 종속수요로 정의할 수 있다. 다음은 서비스 제공업체가 직면하는 종속수요의 사례이다.

레스토랑

고객이 음식을 주문할 때마다 레스토랑은 식자재(조리 전 식품, 접시, 냅킨), 인력(주방장, 서버, 설거지 담당자), 장비(가스레인지, 오븐, 조리도구) 등에 대한 자원 수요가 발생하게 된다. 레스토랑 관리자는 각 식사 종류에 대한 수요 예측을 통해 필요한 자원의 양을 산출할 수 있다. 예를 들어 많은 레스토랑은 특정 요일에 '스페셜 메뉴'를 제공한다(예: 금요일엔 생선 요리, 토요일엔 프라임 립). 이러한 스페셜 메뉴는 특정 식사 유형(및 그에 필요한 식자재)에 대한 수요 예측 정확도를 높여주며, 일반적으로 평균 이상의 인력 배치를 요구하게 된다. 궁극적으로 어떤 자원이 얼마나 필요한지는 해당 레스토랑이 하루에 얼마나 많은 식사를 제공할 것으로 예상하느냐에 따라 달라진다. 따라서 식자재와 직원은 종속수요 항목이라 할 수 있다.

항공사

항공편이 일정에 따라 계획될 때마다 항공사는 다음과 같은 자원을 필요로 한다.

- 물자: 기내 음료, 스낵, 항공 연료
- 인력: 조종사, 승무원, 공항 서비스 인력
- 장비: 항공기, 탑승구(게이트)

항공사가 운항할 항공편 수와 예상 승객 수에 따라 이러한 자원 수요가 결정된다. 제조업체가 주생산일정을 자재소요계획으로 전환하듯, 항공사 역시 항공편의 마스터 스케줄을 자원 소요 요구로 변환할 수 있다.

병원

응급실 서비스를 제외하면 병원은 입원 예약(admission appointment)을 바탕으로 주일정(master schedule)을 수립할 수 있다. 이 주일정을 전개하면 병원이 특정 기간에 필요로 하는 자원을 산정할 수 있다. 예를 들어 외과 수술 일정을 예약하는 경우 다음과 같은 자원에 대한 수요가 발생한다.

- 지원 물자: 약품, 수술복, 리넨
- 인력: 외과 의사, 간호사, 마취과 의사
- 장비: 수술실, 수술 도구, 회복용 병상

병원이 주일정을 수립할 때는 특정 장비나 인력이 과도하게 배정되지 않도록, 즉 용량이 유지되도록 주의해야 한다. 예를 들어 중요 수술의 경우, 병원의 다른 자원(수술실, 간호 인력 등)은 현

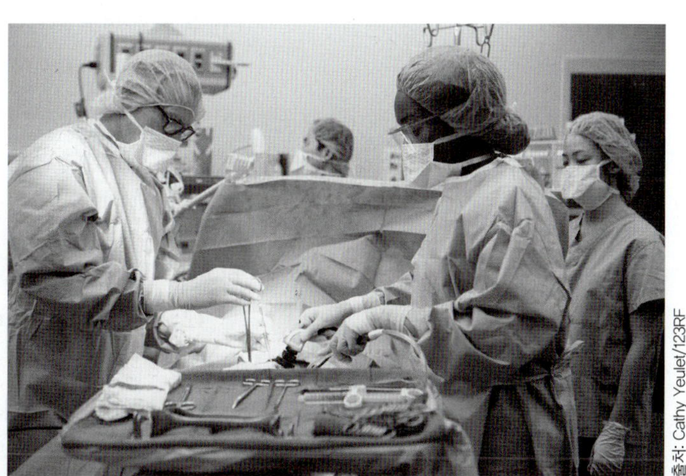

외과 의사팀이 환자를 수술하고 있다.

출처: Cathy Yeulet/123RF

재 이용 가능하더라도 해당 수술을 집도할 외과 의사의 가용 일정에 맞추어 미리 예약해야 할 수도 있다.

호텔

여행자가 호텔을 예약하면 다음과 같은 자원에 대한 수요가 발생한다.

- 지원 물자: 비누, 수건
- 인력: 프런트 데스크 직원, 객실 정비원, 컨시어지
- 장비: 팩스, TV, 운동용 자전거 등

호텔은 자원의 종속수요를 파악하기 위해 이미 예약된 객실 수에 예상 방문객(walk-in customer) 수를 더한다. 이 수치를 바탕으로 호텔의 주일정이 수립된다. 하지만 호텔이 쉽게 조정할 수 없는 자원이 하나 있다면 그것은 객실 수다. 예를 들어 초과 예약(overbooking)이 발생했을 때 객실을 즉석에서 추가할 수는 없다. 반대로 투숙객이 너무 적다고 해서 객실 수를 '줄일' 수도 없다. 객실은 막대한 자본 비용이 드는 자원이기 때문에, 호텔은 이용률을 최대한 높이려 노력한다. 이를 위해 연중 특정 시기에 단체 할인 요금이나 특별 프로모션을 제공하기도 한다. 즉 이와 같은 방식으로 특정 자원에 대한 종속수요를 높이려는 전략을 구사하는 것이다.

자원 명세서

자원 명세서(BOR)
서비스 기업에서 사용되는 상위 구성 관계를 기록한 문서로, 이에 연관된 자재, 장비 가동 시간, 인력, 기타 자원을 소요량과 함께 포함함

제조업에서의 자재 명세서(BOM)에 해당하는 서비스업의 개념은 **자원 명세서**(bill of resource, BOR)이다. 자원 명세서는 서비스 기업의 상위-구성(parent-component) 관계를 기록한 문서로, 여기에 관련된 자재, 장비 가동 시간, 인력, 기타 자원과 그에 따른 소요량이 포함된다. 서비스 기업이 주일정을 수립한 후에는 BOR을 활용해 어떤 자원이 필요한지, 각 자원이 얼마나 필요한지, 언제 필요한지 결정할 수 있다.

서비스 제공업체의 BOR은 제조업체의 BOM만큼이나 복잡할 수 있다. 예를 들어 한 지역의 종합병원이 최첨단 시설을 도입해서 동맥류 치료도 제공할 수 있는 경우를 생각해보자. 그림 12.21(a)에 나타난 바와 같이, 동맥류 치료에 대한 BOR은 총 7단계로 구성되어 있으며, 최상위 항목부터 다음과 같은 순서로 구성된다.

(1) 퇴원
(2) 중간 병동 치료
(3) 수술 후 병동 치료
(4) 수술 후 중환자실 치료
(5) 수술
(6) 수술 전 혈관조영술
(7) 수술 전 검사

BOR의 각 단계에는 고유한 자재 및 자원 요구사항과 리드타임이 정의되어 있다. 예를 들어 그림 12.21(b)에 표시된 6단계(혈관조영술)에서는 간호사 6시간, 주치의 1시간, 호흡치료사 1시간, 병상 사용 24시간, 실험실 검사 3회, 식사 1회, 약국에서 제공되는 10종의 약품과 같은 자원이 필요하다. 이 단계의 리드타임은 1일이다. 그림 12.21 전체를 기준으로 할 때, 동맥류 치료 전 과정을 아우르는 누적 리드타임, 즉 환자의 병원 체류 시간은 총 10일에 이른다.

병원은 향후 15일간 동맥류 치료 과정에서 간호사, 병상, 실험실 검사와 같은 주요 자원이 얼

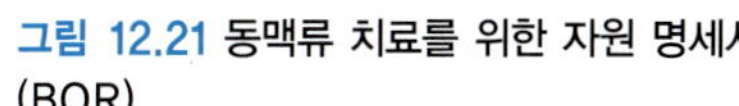

그림 12.21 동맥류 치료를 위한 자원 명세서 (BOR)

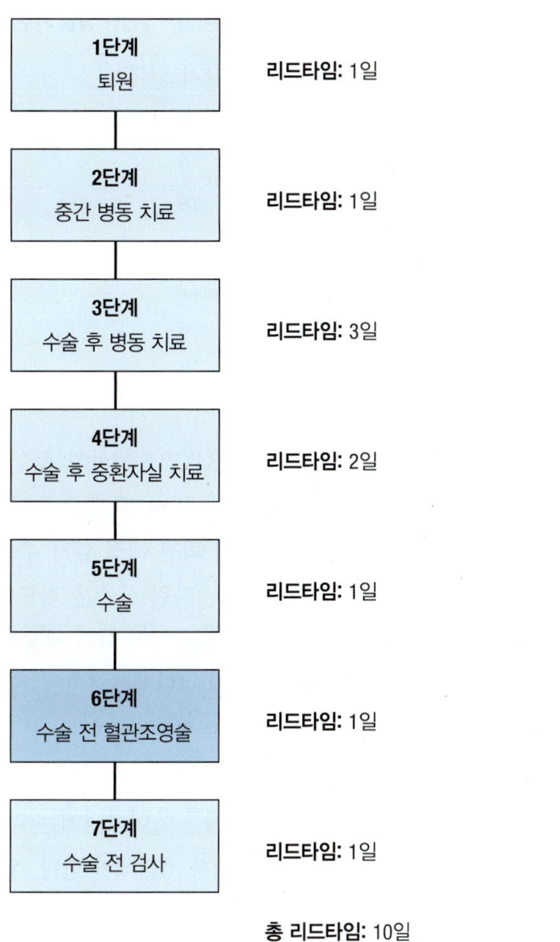

(a) 치료 단계별 구조 및 리드타임

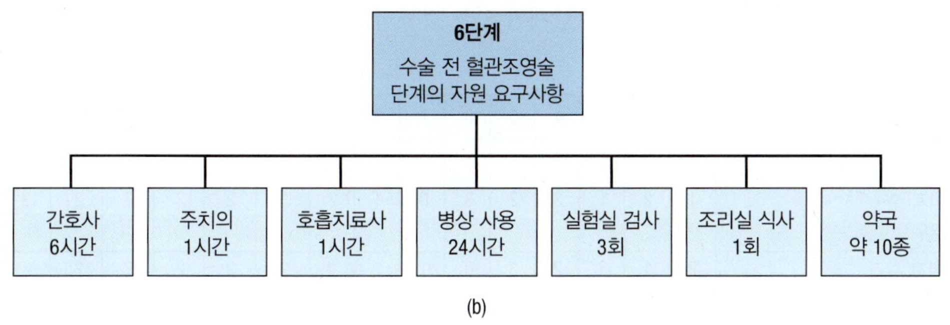

(b)

마나 필요한지를 파악하고자 한다. 표 12.1에 나타난 퇴원 예정 환자 수는 이를 위한 기준 자료이다. 이 중 첫 10일의 환자 수는 실제 치료를 시작한 환자(즉 확정된 예약 주문에 해당)이며, 마지막 5일의 환자 수는 사전 예약자이거나 과거 기록을 바탕으로 예측된 퇴원자이다. 결과적으로 표 12.1은 퇴원 단계를 기준으로 한 동맥류 치료 프로세스의 주생산일정(MPS)이라 할 수 있다. 한편 표 12.2에는 각 BOR 단계에서 환자 1인당 일일 자원 소요량이 정리되어 있다.

표 12.1 동맥류 치료 후 퇴원 예정 환자 수

날짜	1	2	3	4	5	6	7	8	9	10	11	12	13	14	15
환자 수	1	2	1	3	2	3	0	1	2	1	2	2	2	2	2

표 12.2 BOR 단계별 동맥류 치료 자원 소요량(환자 1인당 일일 기준)

BOR 단계	간호사 시간(시간)	병상 수(개)	실험실 검사 수(회)
1단계 – 퇴원	0	0	0
2단계 – 중간 치료	6	0	0
3단계 – 병동 치료	16	1	4
4단계 – 중환자실 치료	12	1	6
5단계 – 수술	22	1	2
6단계 – 혈관조영술	6	1	3
7단계 – 수술 전 검사	1	0	0

이제 표 12.2의 정보를 활용해 MRP 기록에서의 총소요량처럼 일일 자원 소요량을 산출할 수 있다. 이를 위해 먼저 각 치료 단계(BOR 단계)별로 매일 해당 단계에 머무는 환자 수를 계산해야 한다. 그림 12.22에서 보듯이 퇴원 예정 환자 수는 1단계의 주일정이 되며, 이 수요가 각 단계의 자원 요구량을 결정짓는다. 자원 산출은 리드타임을 반영해 1단계에서 역방향으로 추적하며 계산하게 된다. 예를 들어 10일 차에 퇴원 예정인 환자(굵은 표시)는 10일 차에는 1단계, 9일 차에는 2단계, 3단계에서 3일, 4단계에서 2일, 5단계와 6단계에서 각 1일씩, 7단계에는 1일 차부터 해당 단계에 머물렀다고 볼 수 있다.

이와 같은 방식으로 모든 환자를 해당 날짜에 어떤 단계에 있었는지를 추적하면 특정 날짜에 각 단계별 환자 수를 구할 수 있다. 예를 들어 4단계는 리드타임이 2일이므로, 해당 날짜에 여러 날에 걸쳐 머무는 환자들을 누적해서 고려해야 한다. 5일 차의 4단계에 있는 환자 3명은 10일 차 퇴원 예정 환자 1명, 11일 차 퇴원 예정 환자 2명으로 구성된다.

이처럼 단계별 환자 수를 날짜별로 계산한 후, 이를 각 단계에서 요구되는 자원 소요량과 곱하면 일일 자원 총소요량을 구할 수 있다. 예를 들어 5일 차의 실험실 검사 총소요량은 5일 차에 각 단계에 머무는 환자 수 × 해당 단계의 일일 검사 소요량을 모두 더한 값이다. 다음은 계

날짜		1	2	3	4	5	6	7	8	9	10	11	12	13	14	15
동맥류 퇴원 예정 환자 수		1	2	1	3	2	3	0	1	2	**1**	2	2	2	2	2
1단계 환자 수 (LT = 1일)		1	2	1	3	2	3	0	1	2	**1**	2	2	2	2	2
2단계 환자 수 (LT = 1일)		2	1	3	2	3	0	1	2	**1**	2	2	2	2	2	
3단계 환자 수	2단계 진입 환자 수	1	3	2	3	0	1	2	**1**	2	2	2	2	2		
	2일 차 진행 중	3	2	3	0	1	2	**1**	2	2	2	2	2			
	1일 차 진행 중	2	3	0	1	2	**1**	2	2	2	2	2	–	–		
(LT = 3일)	**총 환자 수**	6	8	5	4	3	4	5	5	6	6	6	4	2		
4단계 환자 수	3단계 진입 환자 수	3	0	1	2	**1**	2	2	2	2	2					
	1일 차 진행 중	0	1	2	**1**	2	2	2	2	2	–					
(LT = 2일)	**총 환자 수**	3	1	3	3	3	4	4	4	4	2					
5단계 환자 수 (LT = 1일)		1	2	**1**	2	2	2	2	2							
6단계 환자 수 (LT = 1일)		2	**1**	2	2	2	2	2								
7단계 환자 수 (LT = 1일)		**1**	2	2	2	2	2									

그림 12.22 동맥류 치료 단계별 환자 수

주: 1~10일 차까지의 퇴원자는 실제 치료 중인 환자, 11~15일 차까지는 예상 퇴원 환자를 의미한다. 각 단계에서 다음 단계로의 이행 또는 병원 퇴원은 하루가 끝나는 시점에 발생한다. 각 행은 리드타임(LT)을 반영해, 각 단계에 머무르고 있는 환자 수를 나타낸다. 각 단계의 최상단 행은 그날의 종료 시점에 다음 단계로 넘어갈 환자 수를 의미한다.

표 12.3 동맥류 치료 자원 총소요량

자원 항목	1일	2일	3일	4일	5일	6일	7일	8일	9일	10일	11일	12일	13일	14일	15일
간호사 시간(시간)	179	198	170	170	160	170	190	184	150	132	108	76	44	12	0
병상 수(개)	12	12	11	11	10	12	13	11	10	8	6	4	2	0	0
실험실 검사 수(회)	50	45	46	44	40	50	54	48	48	36	24	16	8	0	0

산 예시이다.

$$\text{실험실 검사 총소요량(5일 차)} \\ = (0 \times 2) + (0 \times 3) + (4 \times 3) + (6 \times 3) + (2 \times 2) + (3 \times 2) + (0 \times 2) \\ = 0 + 0 + 12 + 18 + 4 + 6 + 0 = 40\text{건}$$

그림 12.22에서 볼 수 있듯이, 리드타임이 존재하기 때문에 BOR의 하위 단계로 갈수록 미래 자원 소요량에 대한 가시성은 낮아진다. 이 문제를 해결하려면, 주일정의 계획 기간을 더 길게 연장함으로써 하위 단계 자원 수요에 대한 예측력을 보완할 수 있다.

표 12.3은 동맥류 환자를 치료하기 위해 15일간의 주일정에 따라 총 소요되는 핵심 자원의 양을 보여준다. 간호 인력 입장에서 가장 바쁜 날은 2일 차, 실험실 검사실에 가장 큰 부하가 걸리는 날은 7일 차로, 이때는 총 54건의 검사가 요청된다. 또한 15일간의 계획 기간 전체에서 총 13개의 병상이 동맥류 환자를 위해 운영되었음도 주목할 만하다. 여기서 중요한 점은 10일 이전에 퇴원하는 환자들의 치료 과정에서 이미 소모된 자원들(예: 5~7단계에서의 간호 시간, 병상, 검사 등)은 표 12.3에 반영되어 있지 않다는 점이다. 즉 1일 이전에 발생한 치료 지연 등은 퇴원 일정의 주일정 조정을 통해 반영되었을 것이다. 결과적으로 표 12.3은 1~15일 차까지 현재 주일정에 따라 요구되는 자원만을 보여준다.

동맥류 치료에 필요한 자원 총소요량을 예측한 것처럼, 병원은 질병별 자원 명세서(BOR)와 입원 주일정을 통해 주요 자원을 효율적으로 관리할 수 있다. 앞서 이 장에서 다룬 MRP II 보고서와 유사한 보고서를 병원 내 각 기능 부서 관리자들에게 제공할 수 있다.

서비스 제공 조직이라면 누구나 반드시 확보해야 할 자원이 하나 있다면, 그것은 바로 현금이다. 서비스 조직은 예상 고객 수요를 정확히 예측해 서비스 제공에 필요한 자재(노동력 및 기타 물자)를 미리 구매할 수 있도록 충분한 현금 유동성(cash on hand)을 확보해야 한다. 이러한 자재의 구매는 기업의 외상매입금(accounts payable)을 증가시키며, 고객에게 실제로 서비스를 제공할 때는 외상매출금(accounts receivable)이 증가하게 된다. 기업은 주일정과 외상매출금/매입금 정보를 활용해 현금흐름의 시점과 규모를 예측할 수 있다.

학습목표 점검

학습목표	점검 가이드라인	온라인 자료
12.1 자재소요계획에서 종속수요 개념이 자원 계획의 근간을 이루는 이유를 설명한다.	'종속수요' 절을 참조해 독립수요가 어떻게 불규칙한 종속수요로 이어지는지를 확인하자. 이러한 종속수요 상황을 관리하기 위해 별도의 시스템인 MRP가 필요함을 이해할 수 있다.	
12.2 주생산일정을 수립하는 과정을 설명하고, 약속 가능 재고를 계산한다.	'주생산일정' 절에서는 생산 계획을 더 세부적인 일정으로 분해하는 과정을 설명한다. 그림 12.3, 12.4, 12.5 간의 핵심 관계를 이해하라.	OM Explorer Solver: Master Production Scheduling OM Explorer Tutor: 12.1: Master Production Scheduling
12.3 MRP 전개 논리를 적용해 종속수요 품목에 필요한 생산 및 구매 주문을 식별한다.	그림 12.11을 참조해 특정 로트 크기 규칙에 따른 재고 기록이 어떻게 구성되는지 이해한다. '계획 요소' 절에서는 다양한 경영 방침이 자재 계획에 어떤 영향을 미치는지 설명한다. 그림 12.17과 복습문제 3을 통해 MRP 전개 과정을 집중적으로 학습하자.	Active Model Exercise: 12.1: Material Requirements Planning OM Explorer Solver: Material Requirements Planning Single-Item MRP OM Explorer Tutor: 12.2: FsQ, PsQ, and L4L Rules
12.4 전사적 자원 관리 시스템이 어떻게 자원 계획을 개선하는 데 기여할 수 있는지를 설명한다.	'전사적 자원 관리' 절을 복습하자. 그림 12.20을 통해 다양한 모듈이 ERP 시스템 내에서 어떻게 통합되어 기능성과 가치를 제공하는지 이해한다.	
12.5 자원 계획 원칙을 서비스 제공과 물류 재고 관리에 적용한다.	'서비스 제공업체의 자원 계획 수립' 절과 복습문제 4를 통해 자원 명세서(BOR)를 활용해 서비스 환경(예: 레스토랑, 항공사, 병원, 호텔)에서 종속수요를 계획하는 방법을 확인하라.	

핵심용어

계획 발주(planned order release)
계획 입고(planned receipt)
고정 주문량(fixed order quantity, FOQ)
구매 품목(purchased item)
구성품(component)
기간별 주문량(periodic order quantity, POQ)
모제품(parent)
부품 공용화(part commonality)
소요량(usage quantity)
약속 가능 재고[available-to-promise(ATP) inventory]
예상 보유 재고(projected on-hand inventory)
용량소요계획(capacity requirements planning, CRP)
일대일 주문(L4L) 규칙[lot-for-lot(L4L) rule]
자원 계획(resource planning)
자원 명세서(bill of resource, BOR)
자재 명세서(bill of material, BOM)
자재소요계획(material requirements planning, MRP)
재고 기록(inventory record)
전사적 자원 관리(ERP) 시스템[enterprise resource planning(ERP) system]
전사적 프로세스(enterprise process)
제조자원계획(manufacturing resource planning, MRP II)
조치 알림(action notice)
종속수요(dependent demand)
주생산일정(master production schedule, MPS)
중간 제품(intermediate item)
총소요량(gross requirement)
최종 제품(end item)
하위 조립품(subassembly)
MRP 전개(MRP explosion)

복습문제 1

그림 12.23에 제시된 최종 제품 A의 자재명세서(BOM)를 참조하라.

기존 재고도 없고 예정된 입고(계획 입고)도 없는 경우, 최종 제품 A를 5개 생산하기 위해 부품 G, E, D는 각각 몇 개를 구매해야 하는가?

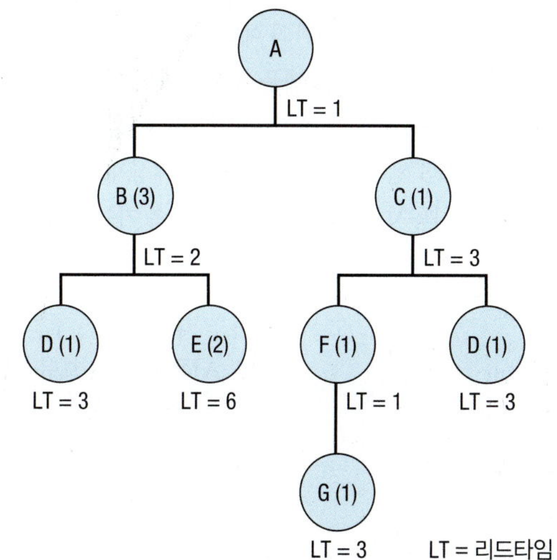

그림 12.23 제품 A의 BOM

풀이

최종 제품 A를 5개 생산하기 위해서는 부품 G: 5개, 부품 E: 30개, 부품 D: 20개를 구매해야 한다. 해당 계산은 그림 12.23의 소요량을 기반으로 다음과 같이 이루어진다.

- 부품 E 계산: 제품 A 1개당 부품 B가 3개 필요, 부품 B 1개당 부품 E가 2개 필요 → 그러므로 A 5개 생산에는 2(E/B) × 3(B/A) × 5(A) = 30개의 E가 필요
- 부품 D 계산: 제품 A 1개당 부품 B가 3개 필요, 부품 B 1개당 부품 D가 1개 필요 → 1 × 3 × 5 = 15개의 D가 필요
- 또한 제품 A 1개당 부품 C가 1개 필요, 부품 C 1개당 부품 D가 1개 필요 → 1 × 1 × 5 = 5개의 D가 필요 → 따라서 D 총소요량: 15 + 5 = 20개
- 부품 G 계산: 제품 A 1개당 부품 C가 1개, 부품 C 1개당 부품 G가 1개 → 1 × 1 × 5 = 5개의 G가 필요

복습문제 2

최종 제품 A는 50단위 고정 주문량(FOQ) 정책에 따라 생산된다. 그림 12.24에 제시된 데이터를 활용해 '예상재고' 및 'MPS 수량' 행을 완성하라. 그런 다음 최종 조립 리드타임을 고려해 'MPS 시작 시점' 행을 작성하라. 제품 A에 대한 약속 가능 재고(ATP)를 계산하라. 마지막으로 다음의 신규 고객 주문 요청을 평가하라. 이때 주문은 연속적으로 접수되며, 각 주문은 ATP에 누적 반영된다고 가정한다. 또한 MPS 시작 수량을 변경하지 않고 주문을 수용할 수 있는지를 판단하라.

품목: A								**주문 정책:** 50개 **리드타임:** 1주		
	주									
보유 재고 5	1	2	3	4	5	6	7	8	9	10
수요 예측	20	10	40	10			30	20	40	20
접수된 고객 주문	30	20	5	8		2				
예상재고	25									
MPS 수량	50									
MPS 시작 시점										
약속 가능 재고										

그림 12.24 최종 제품 A의 MPS 기록

고객 주문 요청

a. 고객 A는 1주 차에 30개를 요청함
b. 고객 B는 4주 차에 30개를 요청함
c. 고객 C는 3주 차에 10개를 요청함
d. 고객 D는 5주 차에 50개를 요청함

풀이

2주 차의 예상 보유 재고는 다음과 같이 계산된다.

$$\begin{pmatrix}\text{2주 차 말}\\ \text{보유 재고}\end{pmatrix} = \begin{pmatrix}\text{1주 차}\\ \text{보유 재고}\end{pmatrix} + \begin{pmatrix}\text{2주 차}\\ \text{MPS 수량}\end{pmatrix} - \begin{pmatrix}\text{2주 차}\\ \text{수요 요건}\end{pmatrix}$$
$$= (0) + (25) - (20) = 5\text{개}$$

여기에서 수요 요건은 해당 기간의 예측 수요와 실제 고객 주문 수요 중 더 큰 값을 사용한다.

3주 차에 MPS 수량이 없으면 제품 A의 부족이 발생한다[5 + 0 − 40 = −35개(재고 부족)]. 따라서 고정 주문량(FOQ)인 50개의 MPS 수량을 3주 차에 완료되도록 일정에 추가해야 한다. 이렇게 하면 3주 차의 예상 보유 재고는 5 + 50 − 40 = 15개이다.

그림 12.25는 MPS 계산을 완료했을 때의 예상재고와 MPS 수량을 보여준다. MPS 시작 시점은 'MPS 수량' 행을 1주 단위 리드타임을 고려해 왼쪽으로 한 칸 이동시켜 작성한다. 또한 약속 가능 재고(ATP)도 함께 표시된다.

1주 차의 ATP 계산

$$\begin{pmatrix}\text{1주 차의}\\ \text{ATP}\end{pmatrix} = \begin{pmatrix}\text{1주 차}\\ \text{보유 재고}\end{pmatrix} + \begin{pmatrix}\text{1주 차}\\ \text{MPS 수량}\end{pmatrix} - \begin{pmatrix}\text{3주 차 이전까지}\\ \text{확정된 주문의 합}\end{pmatrix}$$
$$= (5) + (50) - (30 + 20) = 5\text{개}$$

3주 차의 ATP 계산

$$\begin{pmatrix}\text{3주 차의}\\ \text{ATP}\end{pmatrix} = \begin{pmatrix}\text{3주 차}\\ \text{MPS 수량}\end{pmatrix} - \begin{pmatrix}\text{7주 차 이전까지}\\ \text{확정된 주문의 합}\end{pmatrix}$$
$$= 50 - (5 + 8 + 0 + 2) = 35\text{개}$$

다른 주차의 ATP는 해당 주차에 MPS 수량이 있고, 확정 주문이 없는 경우이므로 ATP = MPS 수량 = 50개 등으로 그대로 유지된다.

신규 고객 주문 수용 여부 평가

- 고객 A: 1주 차에 30개 요청 → 1주 차 ATP(5개)로는 충족 불가 → 3주 차부터 출하 가능. 고객 A의 주문이 거절된다고 가정하면, 고객 B(4주 차 30개)는 수용 가능. 이 경우 1주 차 ATP는 그대로 5개 유지, 3주 차 ATP는 35 − 30 = 5개로 줄어듦. 이후 들어오는 5개 이하 주문은 즉시 수용 가능
- 고객 C: 3주 차에 10개 요청 → 3주 차 ATP(5개) + 1주 차 잔여 5개로 수용 가능. 1주 차와 3주 차 ATP 모두 0개로 소진. MPS 업데이트 시 3주 차 확정 주문은 15개로 반영
- 고객 D: 5주 차에 50개 요청 → ATP 부족, MPS 변경 없이는 수용 불가

주문 정책: 50개
리드타임: 1주

보유 재고 5	주 1	2	3	4	5	6	7	8	9	10	11	12	13	14	15
수요 예측	20	10	40	10			30	20	40	20					
접수된 고객 주문	30	20	5	8		2									
예상재고	25	5	15	5	5	3	23	3	13	43					
MPS 수량	50		50				50		50	50					
MPS 시작 시점		50				50		50	50						
약속 가능 재고	5		35				50		50	50					

그림 12.25 최종 제품 A의 완성된 MPS 기록

복습문제 3

제품 A에 대한 주생산일정(MPS)의 시작 수량에 따르면, 조립 부서는 다음과 같은 일정에 따라 최종 조립을 시작해야 한다. 2주 차에 100단위, 4주 차에 200단위, 6주 차에 120단위, 7주 차에 180단위, 8주 차에 60단위. 그림 12.26에 제시된 자재 명세서(BOM)와 표 12.4의 재고 기록 데이터를 바탕으로 항목 B, C, D에 대한 향후 8주간의 자재소요계획(MRP)을 수립하라.

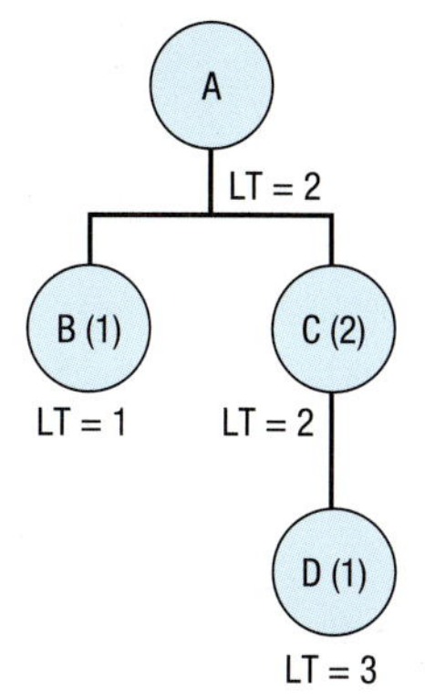

그림 12.26 제품 A의 BOM

표 12.4 재고 기록 데이터

	제품		
데이터 구분	**B**	**C**	**D**
로트 크기 결정 규칙	POQ ($P = 3$)	L4L	$FOQ = 500$개
리드타임	1주	2주	3주
예정 입고	없음	200개(1주)	없음
보유 재고	20개	0	425개

FOQ: 고정 주문량
POQ: 기간별 주문량
L4L: 일대일 주문

온라인 자료

Active Model 12.1에서 이 문제의 로트 크기 결정에 대해 다양한 방법을 확인할 수 있다.

풀이

우선 항목 B, C부터 시작해 그림 12.27에 제시된 것처럼 이들의 재고 기록표를 작성한다. 항목 C의 총소요량은 제품 A에 필요한 소요량이 2이기 때문에 제품 A에 대한 주생산일정(MPS)에 2를 곱해줘야 한다. 이후 항목 C의 계획 발주가 결정되면 이를 바탕으로 항목 D의 총소요량을 계산할 수 있다.

품목: B　　**로트 크기:** 기간별 주문량(P = 3)
설명:　　**리드타임:** 1주

		주									
		1	2	3	4	5	6	7	8	9	10
총소요량			100		200		120	180	60		
예정 입고											
예상 보유 재고	20	20	200	200	0	0	240	60	0	0	0
계획 입고			280				360				
계획 발주		280				360					

그림 12.27 구성품 B, C, D의 재고 기록

그림 12.27 구성품 B, C, D의 재고 기록(계속)

품목: C 설명:	로트 크기: L4L 리드타임: 2주									
	주									
	1	2	3	4	5	6	7	8	9	10
총소요량		200		400		240	360	120		
예정 입고	200									
예상 보유 재고 0	200	0	0	0	0	0	0	0	0	0
계획 입고				400		240	360	120		
계획 발주		400		240	360	120				

품목: D 설명:	로트 크기: 고정 주문량 = 500개 리드타임: 3주									
	주									
	1	2	3	4	5	6	7	8	9	10
총소요량		400		240	360	120				
예정 입고										
예상 보유 재고 425	425	25	25	285	425	305	305	305	305	305
계획 입고				500	500					
계획 발주	500	500								

복습문제4

애견훈련 아카데미에서는 문제 행동이 있는 반려견을 위한 5일간의 훈련 프로그램을 운영한다. 표 12.5에서 확인할 수 있듯이 이 훈련 과정은 1일 차 오전 8시에 반려견이 도착하면서 시작되어, 5일 차 오후 5시에 샴푸와 털 손질을 마친 뒤 퇴소하면서 종료된다.

반려견을 효과적으로 훈련하기 위해 아카데미는 훈련 코치, 반려견 영양사, 케어 보조 인력, 반려견이 머무는 보딩 켄넬이 필요하다. 표 12.6에는 각 직원 및 자원 유형이 프로세스 단계별로 반려견 1마리당 소요되는 시간이 제시되어 있다.

훈련을 마친 반려견에 대한 주일정은 다음 표에 제시되어 있다. 1~5일 차까지는 실제 퇴소이며, 6~12일 차까지는 예측된 퇴소 수요를 나타낸다.

표 12.5 애견훈련 아카데미의 서비스 리드타임 데이터

애견훈련 아카데미 훈련 프로세스	리드타임(일)
1단계: 퇴소일	1
2단계: 3일 차	1
3단계: 2일 차	2
4단계: 입소일	1
총 소요 기간	5

표 12.6 애견훈련 아카데미의 반려견 훈련을 위한 자원 소요량

프로세스 단계 훈련 일정	훈련 코치(시간/마리)	반려견 영양사(시간/마리)	케어 보조 인력(시간/마리)	보딩 켄넬(시간/마리)
1단계: 퇴소일	2	1	1	12
2단계: 3일 차	3	1	2	24
3단계: 2일 차	3	1	2	24
4단계: 입소일	2	1	1	12

a. 표의 정보를 활용해 각 직무 범주별 직원이 매일 필요로 하는 자원 시간(시간 단위)과 반려견 훈련을 위해 필요한 켄넬의 시간 수요를 계산하라.

날짜	1	2	3	4	5	6	7	8	9	10	11	12
훈련받는 개의 기준일정계획	5	2	2	8	3	0	1	8	4	3	6	0

b. 켄넬은 하루 24시간 사용 가능하다고 가정할 때, 하루에 필요한 켄넬의 수는 얼마인가?(단, 소수점이 발생할 경우 올림 처리함)

c. 각 직원은 하루에 8시간만 근무할 수 있다고 가정할 때, 각 직무 범주별로 하루에 필요한 인원수는 얼마인가?(단, 소수점이 발생할 경우 올림 처리함)

풀이

a. 그림 12.28에는 반려견이 아카데미에 머무는 동안 각 단계별로 배정된 반려견 수가 제시되어 있다. 각 단계의 상단 행에는 해당 일자의 종료 시점에 다음 단계로 넘어갈 반려견 수가 나타나 있다. 예를 들어 5일 차에 퇴소 예정인 반려견 3마리(굵게 표시됨)는 다음과 같은 경로를 따른다. 5일 차 1단계, 4일 차 2단계, 3~2일 차 3단계, 1일 차 4단계(입소일). 표 12.7에는 퇴소 예정 반려견 훈련에 필요한 자원별 일일 소요 시간이 정리되어 있다. 예를 들어 2일 차의 케어 보조 인력에 대한 시간 수요는 각 단계에 있는 반려견 수에 해당 단계에서 요구되는 CA의 시간(시간/마리)을 곱한 값을 모두 더해서 계산한다.

2일 차의 1단계에는 반려견 2마리가 있고, 각 1시간이 소요됨
이런 방식으로 계산해 총 28시간이 소요됨

$$2\text{일 차 케어 보조 인력(CA) 총 소요 시간 계산 예시} = (1 \times 2) + (2 \times 2) + (2 \times 11) + (1 \times 0) = 28\text{시간}$$

b. 하루에 필요한 보딩 켄넬 수는 보딩 켄넬 총 소요 시간을 24로 나눈 값을 기준으로 계산하며, 소수점은 올림 처리한다. 이 계산 결과는 표 12.7의 마지막 행에 정리되어 있다.

c. 하루에 필요한 각 직무 범주의 인원수는 표 12.7에 있는 각 자원 소요 시간을 기준으로 해, 이를 1인당 근무 가능 시간(8시간/일)로 나누어 계산한다. 역시 소수점은 올림 처리하며, 이 결과는 표 12.8에 제시되어 있다.

날짜		1	2	3	4	5	6	7	8	9	10	11	12
훈련을 마친 반려견의 퇴소 수		5	2	2	8	**3**	0	1	8	4	3	6	0
1단계 반려견의 수 (리드타임: 1일)		5	2	2	8	**3**	0	1	8	4	3	6	0
2단계 반려견의 수 (리드타임: 1일)		2	2	8	**3**	0	1	8	4	3	6	0	
3단계 반려견의 수 (리드타임: 2일)	2단계로 넘어가기 전 (3단계 둘째 날)	2	8	**3**	0	1	8	4	3	6	0		
	3단계 첫날	8	**3**	0	1	8	4	3	6	0	–		
	총합	**10**	**11**	**3**	**1**	**9**	**12**	**7**	**9**	**6**	**0**		
4단계 반려견의 수 (리드타임: 1일)		**3**	0	1	8	4	3	6	0				

그림 12.28 각 단계별 할당되는 반려견의 수

표 12.7 반려견 훈련을 위한 총 자원 소요량

자원 항목	1	2	3	4	5	6	7	8	9	10	11	12
훈련 코치(시간/일)	52	43	39	44	41	45	59	55	35	24	12	0
반려견 영양사(시간/일)	20	15	14	20	16	16	22	21	13	9	6	0
케어 보조 인력(시간/일)	32	28	25	24	25	29	37	34	22	15	6	0
보딩 켄넬(시간/일)	384	336	300	288	300	348	444	408	264	180	72	0
필요 보딩 켄넬 수(24시간 기준)	16	14	13	12	13	15	19	17	11	8	3	0

표 12.8 반려견 훈련을 위한 일일 인력 수요

직무 범주	1	2	3	4	5	6	7	8	9	10	11	12
훈련 코치	7	6	5	6	6	6	8	7	5	3	2	0
반려견 영양사	3	2	2	3	2	2	3	3	2	2	1	0
케어 보조 인력	4	4	4	3	4	4	5	5	3	2	1	0

토론과제

1. 회사의 서로 다른 기능 부서를 대표하는 구성원으로 그룹을 구성하라. 각 기능 부서별로 주생산일정(MPS)으로부터 생성될 수 있는 정보 중 가장 중요한 것부터 가장 덜 중요한 것까지 우선순위 목록을 작성하라. 그리고 부서별 목록이 왜 서로 다를 수밖에 없는지 그 이유를 설명하라.
2. 뉴질랜드항공 같은 주요 항공사의 마스터 비행 일정을 고려해보고, 이 일정이 제조업체의 주생산일정(MPS)과 어떤 방식에서 유사한지 논의하라.
3. 당신이 선택한 조직(예: 과거 근무했던 조직)을 대상으로 전사적 자원 관리(ERP) 시스템이 어떻게 활용될 수 있을지 그리고 해당 시스템이 조직의 효과성을 높이는 데 도움이 되는지를 논의하라.
4. UPS나 페덱스 같은 배송 서비스를 제공하는 기업을 고려하라. 이러한 기업에서 자재소요계획(MRP)과 자원 명세서(BOR)의 원칙이 어떻게 유용하게 적용될 수 있는지 논의하라.

연습문제

이 책을 사용하는 모든 학생은 OM Explorer, 윈도우용 POM, Active Model 소프트웨어를 사용할 수 있다. 해당 소프트웨어의 다운로드 위치와 활용 방법은 강의 담당 교수에게 문의하라. 대부분의 교수자는 학생이 직접 계산하는 방법을 이해하기를 바란다. 하지만 소프트웨어를 이용하면 계산을 확인할 수 있다. 계산이 매우 복잡하고, 의사결정 과정에서 결과를 해석하는 것이 목표인 경우 소프트웨어가 수작업 계산을 완전히 대체해도 무방하다.

주생산일정(MPS)

1. 그림 12.29에 제시된 단일 품목에 대한 주생산일정(MPS) 기록표를 완성하라.

품목: A　　**주문 정책:** 60단위　**리드타임:** 1주

	주							
보유 재고 35	1	2	3	4	5	6	7	8
수요 예측	20	18	28	28	23	30	33	38
접수된 고객 주문	15	17	9	14	9		7	
예상재고								
MPS 수량								
MPS 시작 시점								

그림 12.29 단일 품목에 대한 MPS 기록

2. 그림 12.30에 제시된 단일 품목에 대한 주생산일정(MPS) 기록표를 완성하라.

품목: A					**주문 정책:** 100단위 **리드타임:** 1주			
	1월				**2월**			
보유 재고 75	1	2	3	4	5	6	7	8
수요 예측	65	65	65	45	50	50	50	50
접수된 고객 주문	40	10	85		35	70		
예상재고								
MPS 수량								
MPS 시작 시점								

그림 12.30 단일 품목에 대한 MPS 기록

3. 어떤 최종 제품에 대해 향후 10주간의 수요 예측량은 다음과 같다: 30, 20, 35, 50, 25, 25, 0, 40, 0, 50단위. 현재 보유 재고는 80단위이며, 생산 정책은 100단위씩 생산하는 로트 생산 방식이다. 이 품목에 대한 확정 고객 주문은 1주 차부터 각각 다음과 같다: 22, 30, 15, 9, 0, 0, 5, 3, 7, 0단위. 현재 이 품목에 대해 주생산일정(MPS) 수량은 아직 생산된 것이 없다. 리드타임은 2주이다. 이 최종 제품에 대한 주생산일정(MPS)을 수립하라.

4. 그림 12.31에는 볼 베어링에 대한 주생산일정(MPS) 기록표가 일부 작성되어 있다.

a. 볼베어링에 대한 주생산일정(MPS)을 완성하라.

b. 다음과 같은 순서로 고객 주문 4건이 도착했다.

주문 번호	수량	요청 납기 주차
주문 1	500	4주 차
주문 2	400	5주 차
주문 3	300	1주 차
주문 4	300	7주 차

고객 주문은 도착한 순서대로 처리해야 하며, 요청된 배송 날짜나 주생산일정(MPS)은 변경할 수 없다고 가정하라. 이러한 조건하에서 수락해야 할 주문은 어떤 것인지 결정하라.

품목: 볼 베어링							**주문 정책:** 500단위 **리드타임:** 1주			
	주									
보유 재고 400	1	2	3	4	5	6	7	8	9	10
수요 예측	550	300	400	450	300	350	200	300	450	400
접수된 고객 주문	300	350	250	250	200	150	100	100	100	100
예상재고										
MPS 수량	500									
MPS 시작 시점										
약속 가능 재고										

그림 12.31 볼 베어링의 MPS 기록

5. 태바드 산업은 자사의 가장 수익성 높은 제품 중 하나에 대해 향후 8주간의 수요 예측치를 다음과 같이 제시했다: 120, 120, 120, 100, 100, 100, 80, 80단위. 이 제품에 대해 1주 차부터 시작하는 확정 고객 주문은 다음과 같다: 100, 80, 60, 40, 10, 10, 0, 0단위. 현재 보유 재고는 150단위, 주문 수량은 200단위, 리드타임은 1주이다.

a. 이 제품에 대해 주생산일정(MPS)을 수립하라.

b. 마케팅 부서가 수요 예측을 수정했다. 1주 차부터 시작하는 새로운 수요 예측은 다음과 같다: 120, 120, 120, 150, 150, 150, 100, 100단위. (a)에서 작성한 예비 MPS가 변하지 않는다고 가정하고, 수정된 MPS 기록표를 작성하라. 이때 태바드가 직면하게 된 상황에 대해 논의하라.

c. 다시 초기 수요 예측과 (a)에서 작성한 MPS 기록표로 돌아가, 마케팅 부서가 2주 차에 200단위의 신규 고객 주문을 수락하였다고 가정하라. 이에 따라 2주 차의 확정 주문량은 총 280단위가 되었다. (a)에서 작성한 예비 MPS가 변하지 않는다는 가정하에, 수정된 MPS 기록표를 작성하라. 이때 태바드가 직면하게 된 상황에 대해 논의하라.

6. 그림 12.32에는 2인치 공압 제어 밸브에 대한 주생산일정(MPS) 기록표가 일부 작성되어 있다. 이때 오른쪽에 제시된 밸브 주문이 도착 순서대로 접수되었다고 가정했을 때, 주문이 도착할 때마다 수락할지 또는 거절할지를 결정해야 한다. 어떤 주문을 배송 대상으로 수락해야 하는지 결정하라.

주문 번호	수량(단위)	요청 납기 주차
주문 1	15단위	2주 차
주문 2	30단위	5주 차
주문 3	25단위	4주 차
주문 4	75단위	3주 차

품목: 2인치 공압 제어 밸브						**주문 정책:** 75단위 **리드타임:** 1주		
	주							
보유 재고 10	1	2	3	4	5	6	7	8
수요 예측	40	40	40	40	30	30	50	50
접수된 고객 주문	60	45	30	35	10	5	5	
예상재고	0	0	0	0	0	0	0	0
MPS 수량	75	75						
MPS 시작 시점	75							
약속 가능 재고								

그림 12.32 2인치 공압 제어 밸브의 MPS 기록

7. 전동 핸드 드릴에 대한 향후 6주간의 수요 예측은 다음과 같다: 15, 40, 10, 20, 50, 30단위. 마케팅 부서에서는 다음과 같이 고객 주문을 접수했다: 1주 차(현재) 20단위, 2주 차 25단위, 3주 차 10단위, 4주 차 20단위. 현재 보유 재고는 30단위이며, 주문 정책은 60단위씩 주문하는 것이고, 리드타임은 1주이다.

a. 전동 핸드 드릴에 대한 주생산일정(MPS) 기록표를 수립하라.

b. 한 유통업체가 15단위의 핸드 드릴을 주문했다. 이 주문 전체를 배송할 수 있는 적절한 배송일(주차)은 언제인가?

8. 자동차 휠 림을 제조하는 한 업체는 특정 모델을 한 번 생산할 때마다 200,000개씩 일괄 생산한다. 다음 표는 향후 3개월 동안의 수요 예측치와 접수된 고객 주문량을 보여준다. 월별 수요 예측량은 각 월의 4주에 균등하게 배분되어 있고, 생산 관리자는 월별 고객 주문량이 각 월의 4주에 각각 20%, 30%, 30%, 20% 비율로 분배된다고 가정한다. 리드타임은 1주일이며, 초기 보유 재고는 63,000개이다. 이 정보를 바탕으로 주별 주생산일정을 수립하라. 또한 각 주차별 약속 가능 재고(ATP)는 얼마인지 계산하라.

구분	1월	2월	3월
수요 예측량(개)	220,000	246,000	240,000
접수된 고객 주문량(개)	243,000	224,000	256,000

9. 어떤 최종 제품에 대해 향후 6주간의 수요 예측치는 각각 30단위이며, 7~10주 차까지는 각 25단위이다. 현재 보유 재고는 60단위이며, 주문 정책은 100단위씩 생산하는 로트 생산 방식이다. 이 품목에 대한 접수된 고객 주문은 1주 차부터 다음과 같다: 22, 30, 15, 11, 0, 0, 9, 0, 0, 0단위. 리드타임은 2주이다.

a. 이 최종 제품에 대해 주생산일정(MPS)을 수립하라.

b. 마케팅 부서가 다음과 같이 총 6건의 신규 주문을 순서대로 접수했다.

주문 1: 3주 차 납기, 40단위
주문 2: 4주 차 납기, 60단위
주문 3: 6주 차 납기, 70단위
주문 4: 3주 차 납기, 40단위
주문 5: 5주 차 납기, 20단위
주문 6: 9주 차 납기, 115단위

(a)에서 수립한 예비 MPS가 변하지 않는다고 가정했을 때, 약속 가능 재고(ATP) 기준으로 어떤 주문을 수락할 수 있는지를 판단하라.

10. 어떤 최종 제품에 대한 향후 10주간의 수요 예측치는 다음과 같다: 30, 30, 30, 30, 20, 20, 30, 30, 30, 30단위. 현재 보유 재고는 100단위이며, 주문 정책은 75단위씩 생산하는 고정 로트 방식이다. 이 품목에 대한 접수된 고객 주문은 1주 차부터 다음과 같다: 15, 38, 7, 5, 0, 3, 10, 0, 0, 0단위. 리드타임은 2주이다.

a. 이 최종 제품에 대한 주생산일정(MPS)을 수립하라.

b. 마케팅 부서는 다음과 같이 총 5건의 신규 주문을 순서대로 접수했다.

주문 1: 1주 차 납기, 20단위
주문 2: 4주 차 납기, 75단위
주문 3: 6주 차 납기, 90단위
주문 4: 7주 차 납기, 75단위
주문 5: 10주 차 납기, 90단위

(a)에서 수립한 예비 MPS가 변하지 않는다고 가정했을 때, 약속 가능 재고(ATP) 기준으로 어떤 주문을 수락할 수 있는지를 판단하라.

MRP 전개

11. 그림 12.33의 자재 명세서(BOM)를 참조하라.

a. 품목 I는 몇 개의 직접 상위 항목(바로 한 단계 위의 부모 항목)을 가지고 있는가? 품목 E는 몇 개의 직접 상위 항목을 가지고 있는가?

b. 제품 A는 모든 계층을 포함해 총 몇 개의 고유 부품을 가지고 있는가?

c. 이들 부품 중 어떤 항목이 외부 구매품인가?

d. 제품 A는 모든 계층에서 총 몇 개의 중간 조립품을 가지고 있는가?

e. 그림 12.33에 제시된 리드타임(LT)을 고려할 때, (c)에서 식별한 외부 구매품 중 가장 빠른 납품을 위해서는 출하 시점보다 최소 몇 주 전에 구매 확약이 이루어져야 하는가?

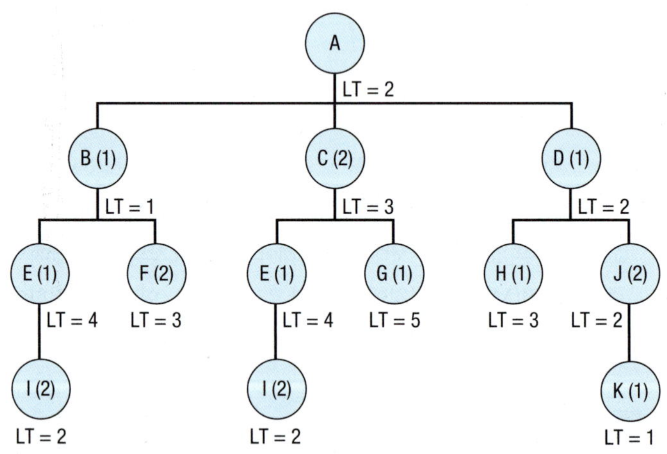

그림 12.33 제품 A의 BOM

12. 제품 A는 부품 B, C, D로 구성되어 있다. 항목 B는 2개의 C와 1개의 E를 필요로 하는 중간 조립품이다. 항목 D 역시 중간 조립품이며, 2개의 F로부터 만들어진다. 기타 모든 구성 항목의 소요 수량은 2개이다. 제품 A의 자재 명세서(BOM)를 작성하라.

13. 그림 12.34에 제시된 BOM을 기준으로 재고나 계획 입고가 전혀 없다고 가정할 때, 고객 주문에 대응하기 위한 제품 A의 리드타임(주 단위)은 얼마인가?

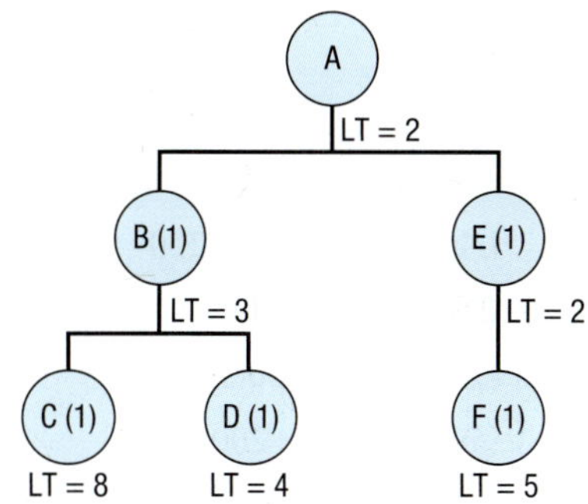

그림 12.34 제품 A의 BOM

14. 제품 A는 부품 B와 C로 구성되어 있다. 항목 B는 다시 D와 E로 구성되어 있으며 항목 C 또한 중간 조립품으로 F와 H로 구성된다. 마지막으로, 중간 조립품 E는 H와 G로부터 만들어진다. 여기서 항목 H는 2개의 상위 항목을 가진다는 점에 유의하라. 각 항목의 리드타임(주 단위)은 다음과 같다.

항목	A	B	C	D	E	F	G	H
리드타임(주)	1	2	2	6	5	6	4	3

a. 재고나 계획 입고가 전혀 없다고 가정할 때, 고객 주문에 대응하기 위해 필요한 제품 A의 리드타임은 몇 주인가?

b. 외부 구매품인 D, F, G, H가 모두 재고로 보유되어 있다고 가정할 경우, 고객 대응 리드타임은 몇 주인가?

c. 외부 구매품 중 하나만 재고로 보유할 수 있다고 할 때, 어떤 품목을 선택하는 것이 가장 효율적인가?

15. 그림 12.23과 복습문제 1을 참조하라. 현재 재고가 B 2개, F 1개, G 3개일 때, 제품 A를 5개 생산하기 위해 구매해야 하는 G, E, D의 수량은 각각 얼마인가?

16. 그림 12.35에 제시된 테이블 상판 하위 조립품의 자재 기록표는 총소요량, 계획 입고, 리드타임, 현재 재고를 일부 포함하고 있다.

a. 고정 주문량(FOQ)을 110개로 할 때, 마지막 세 행을 완성하라.

b. 일대일 주문량(L4L) 규칙을 사용할 때, 마지막 세 행을 완성하라.

c. 기간별 주문량(POQ) 규칙을 사용할 때, 주기 $P = 2$로 설정해 마지막 세 행을 완성하라.

품목: M405—X **설명:** 테이블 상판 하위 조립품									**로트 크기:** **리드타임:** 2주	
	주									
	1	2	3	4	5	6	7	8	9	10
총소요량	90		85		80		45	90		
예정 입고	110									
예상 보유 재고 [40]	0	0	0	0	0	0	0	0	0	0
계획 입고										
계획 발주										

그림 12.35 테이블 상판 하위 조립품의 재고 기록

17. 그림 12.36에 제시된 로터 하위 조립품의 자재 기록표는 총소요량, 계획 입고, 리드타임, 현재 재고를 일부 포함하고 있다.

a. 고정 주문량(FOQ)을 150개로 할 때, 마지막 세 행을 완성하라.

b. 일대일 주문량(L4L) 규칙을 사용할 때, 마지막 세 행을 완성하라.

c. 기간별 주문량(POQ) 규칙을 사용할 때, 주기 $P = 2$로 설정해 마지막 세 행을 완성하라.

품목: 로터 하위 조립품								**로트 크기:** **리드타임:** 2주
	주							
	1	2	3	4	5	6	7	8
총소요량	65	15	45	40	80	80	80	80
예정 입고	150							
예상 보유 재고 [20]	0	0	0	0	0	0	0	0
계획 입고								
계획 발주								

그림 12.36 로터 하위 조립품의 재고 기록

18. 그림 12.37에 제시된 드라이브샤프트 하위 조립품 재고 기록은 총소요량, 예정 입고량, 리드타임, 현재 보유 재고까지만 부분적으로 완성되어 있다.

a. 고정 주문량(FOQ) 50단위 기준으로 마지막 세 행을 완성하라.

b. 일대일 주문량(L4L) 규칙을 적용하여 마지막 세 행을 완성하라.

c. 기간별 주문량(POQ) 로트사이징 규칙($P = 4$)을 적용하여 마지막 세 행을 완성하라.

품목: 드라이브샤프트 하위 조립품								**로트 크기:** **리드타임:** 3주
	주							
	1	2	3	4	5	6	7	8
총소요량	35	25	15	20	40	40	50	50
예정 입고	80							
예상 보유 재고 [10]	0	0	0	0	0	0	0	0
계획 입고								
계획 발주								

그림 12.37 드라이브샤프트 하위 조립품의 재고 기록

19. 그림 12.38에 제시된 리어 휠 하위 조립품 재고 기록은 총 소요량, 예정 입고량, 리드타임, 현재 보유 재고까지만 부분적으로 완성되어 있다.

a. 고정 주문량(FOQ) 200단위 기준으로 마지막 세 행을 완성하라.

b. 고정 주문량(FOQ) 100단위 기준으로 마지막 세 행을 완성하라.

품목: MQ-09 **설명:** 리어 휠 하위 조립품										**로트 크기:** **리드타임:** 1주
	주									
	1	2	3	4	5	6	7	8	9	10
총소요량	25	105	110	90		45	110	60		
예정 입고										
예상 보유 재고 50	0	0	0	0	0	0	0	0	0	0
계획 입고										
계획 발주										

그림 12.38 리어 휠 하위 조립품의 재고 기록

c. 일대일 주문량(L4L) 규칙을 적용해 마지막 세 행을 완성하라.

20. 그림 12.39에는 모터 하위 조립품에 대한 재고 기록이 부분적으로 완성되어 있다.
   a. 일대일 주문량(L4L) 규칙을 적용해 마지막 세 행을 완성하라.
   b. 기간별 주문량(POQ) 로트 사이징 규칙($P = 2$)을 적용해 마지막 세 행을 완성하라.
   c. 기간별 주문량(POQ) 로트 사이징 규칙($P = 4$)을 적용해 마지막 세 행을 완성하라.
   d. 한 주에서 다음 주로 재고를 보유하는 데 드는 비용이 단위당 1달러, 주문을 발주하는 데 드는 비용이 50달러일 때, 위에서 사용한 로트 사이징 규칙 중 재고 보유 비용 + 주문 발주 비용의 총합이 가장 낮은 경우는 어느 규칙인지 판단하라.

품목: GF-4 **설명:** 모터 하위 조립품										**로트 크기:** **리드타임:** 2주
	주									
	1	2	3	4	5	6	7	8	9	10
총소요량		80	50	35	20	55	15	30	25	10
예정 입고	60									
예상 보유 재고 20	0	0	0	0	0	0	0	0	0	0
계획 입고										
계획 발주										

그림 12.39 모터 하위 조립품의 재고 기록

21. 그림 12.40에 제품 A의 자재 명세서(BOM)가 제시되어 있으며, 표 12.9에는 재고 기록에서 가져온 데이터가 제시되어 있다. 제품 A의 주생산일정(MPS)에 따르면, MPS 시작 행에는 3주 차에 100

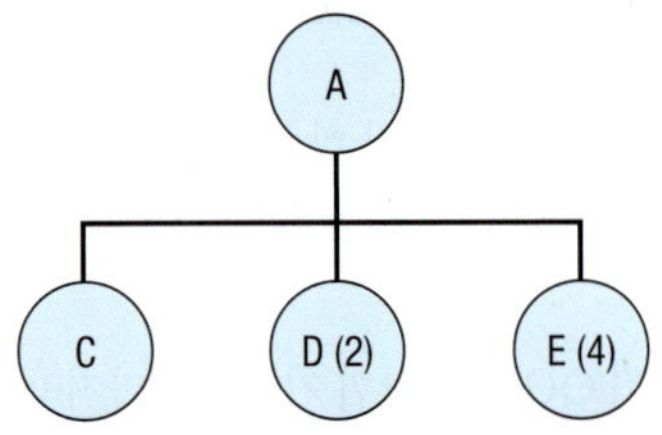

그림 12.40 제품 A의 BOM

표 12.9 재고기록 자료

	품목		
구분	C	D	E
로트 크기	L4L	FOQ = 200	POQ(P = 2주)
리드타임	2주	1주	1주
예정 입고	없음	200(3주)	200(3주)
기초 보유재고	50	200	3

단위, 6주 차에 200단위가 설정되어 있다.
   a. 품목 C, D, E에 대해 향후 6주간의 자재소요계획(MRP)을 수립하라.
   b. 1주 차에 수행해야 할 구체적인 관리 조치는 무엇인가?

22. 그림 12.41에는 제품 A와 B의 자재 명세서(BOM)가, 표 12.10에는 재고 기록 데이터가 제시되어 있다. 제품 A의 주생산일정(MPS)에 따르면, MPS 시작 행에는 2주 차에 85단위, 4주 차에 200단위, 8주 차에 50단위가 설정되어 있다. 제품 B의 주생신일정(MPS)에는 3주 차에 65단위, 4주 차에 50단위, 5주 차에 50단위, 8주 차에 75단위가 설정되어 있다.
   a. C, D, E 품목에 대해 향후 8주간의 자재소요계획(MRP)을 수립하라. 이때 재고 기록에서 확인되는 문제점이 있다면 함께 언급하라.
   b. (a)에서 언급한 문제점들이 예정 입고량을 앞당기는 방식으로 해결 가능한지 검토하라.

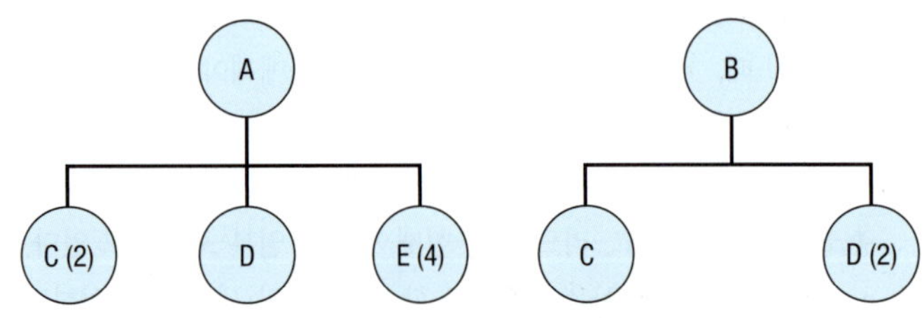

그림 12.41 제품 A와 B의 BOM

표 12.10 재고 기록 데이터

	제품		
데이터 구분	C	D	E
로트 크기 결정 기준	일대일 주문량 (L4L)	고정 주문량(FOQ) = 200	기간별 주문량 (POQ) ($P = 2$주)
리드타임	2주	1주	1주
예정 입고	200(3주 차)	0	0
보유재고	0	0	200

23. 그림 12.42에는 제품 A의 자재 명세서(BOM)가 제시되어 있으며, 제품 A의 주생산일정(MPS) 시작 행은 다음과 같다: 2주 차에 50단위, 5주 차에 65단위, 8주 차에 80단위. 품목 C는 제품 A 생

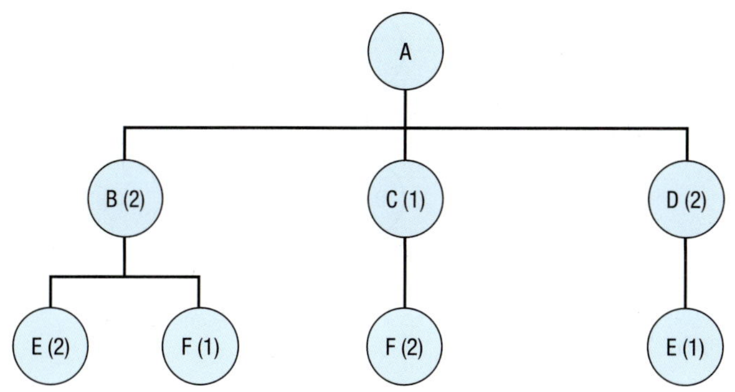

그림 12.42 제품 A의 BOM

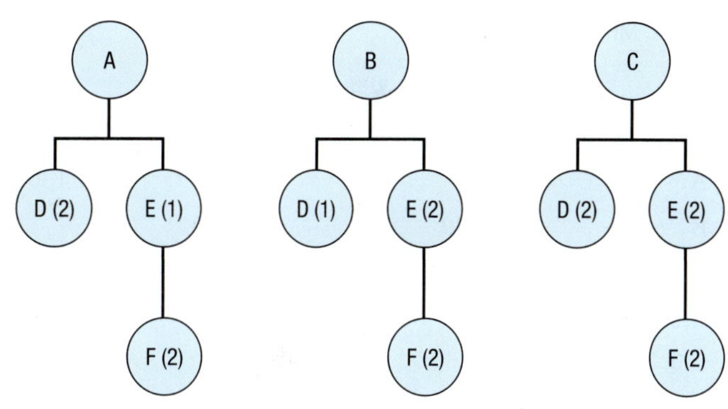

그림 12.43 제품 A, B, C의 BOM

산용뿐 아니라 교체 부품 수요도 충족해야 하며, 과거 교체 부품 수요는 주당 20단위였다. 따라서 C의 총소요량에는 매주 20단위를 추가해야 한다. 각 품목의 리드타임은 다음과 같다.

F, C: 1주
B, D, E 등 나머지 품목: 2주
안전재고는 B, C, D, E, F 품목에 대해 필요하지 않다.
로트사이징 규칙:
B, F: 일대일 주문량(L4L)
C: 기간별 주문량(POQ, $P = 2$)
E: 고정 주문량(FOQ) 600단위
D: 고정 주문량(FOQ) 250단위
보유 재고:
B: 50단위
C: 50단위
D: 120단위
E: 70단위
F: 250단위
예정 입고량:
B: 2주 차에 50단위
→ B, C, D, E, F에 대해 향후 8주간의 자재소요계획(MRP)을 수립하라.

24. 세 가지 MPS 품목에 대해 다음 정보가 주어져 있다.

제품 A	3주 차에 80단위
	6주 차에 55단위 생산 시작 예정
제품 B	5주 차에 125단위 생산 시작 예정
제품 C	4주 차에 60단위 생산 시작 예정

자재 명세서(BOM)는 그림 12.43, 재고 기록은 표 12.11에 제시되어 있다. 품목 D, E, F에 대해 향후 6주간의 자재소요계획(MRP)을 수립하라. (주의: F 품목에는 안전재고 요건이 적용된다. 따라서 예상 보유 재고가 안전재고보다 작아지는 주에는 필히 입고 계획을 수립해야 한다.)

표 12.11 재고 기록 데이터

	제품		
데이터 구분	**D**	**E**	**F**
로트 크기 결정 기준	고정 주문량 (FOQ) = 150	일대일 주문량 (L4L)	기간별 주문량 (POQ) ($P = 2$주)
리드타임	3주	1주	2주
안전재고	0	0	30
예정 입고	150(3주 차)	120(2주 차)	0
보유재고	150	0	100

25. 그림 12.44에는 제품 A와 B의 자재 명세서(BOM)가 제시되어 있으며, 표 12.12에는 각 제품의 주생산일정(MPS) 시작 수량과 시작 주차가 제시되어 있다. 또한 표 12.13에는 품목 C, D, E에 대한 재고 기록 정보가 포함되어 있다. 모든 품목에 대해 안전재고 요건은 없다.

a. 품목 C, D, E에 대해 향후 8주간의 자재소요계획(MRP)을 수립하라. 이는 그림 12.44의 자재명세서(BOM), 표 12.12의 MPS 시작 수량 및 시점, 표 12.13의 재고 데이터를 기반으로 한다.

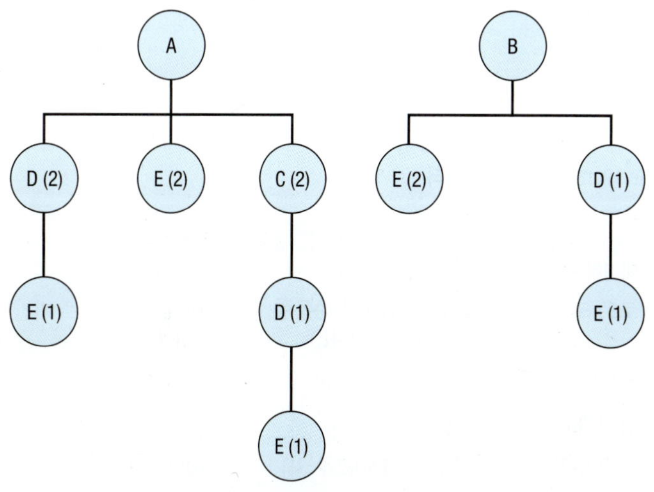

그림 12.44 제품 A, B의 BOM

표 12.12 MPS 수량과 시작 일정

	일정							
제품	1	2	3	4	5	6	7	8
A		125		95		150		130
B			80			70		

표 12.13 재고 기록 데이터

	제품		
데이터 구분	C	D	E
로트 크기 결정 기준	일대일 주문량 (L4L)	기간별 주문량 (POQ) ($P = 3$주)	고정 주문량 (FOQ) = 800
리드타임	3주	2주	1주
예정 입고	200(2주 차)	0	800(1주 차)
보유재고	85	625	350

b. 1주 차에 수행해야 할 구체적인 관리 조치를 식별하라. (예: 계획 발주, 부족 발생에 따른 조정 조치 등)

c. 매우 중요한 고객으로부터 제품 A 200단위 긴급 주문이 들어온 상황을 가정하라. 이 주문을 만족시키기 위해서는 5주 차에 제품 A의 새로운 MPS 200단위가 추가되어야 한다. 이때 발생하는 자재소요계획(MRP)의 변경 사항을 도출하라. 또한 문제점(예: 리드타임 부족, 재고 부족, 발주 타이밍 지연 등)이 있다면 함께 명시하라.

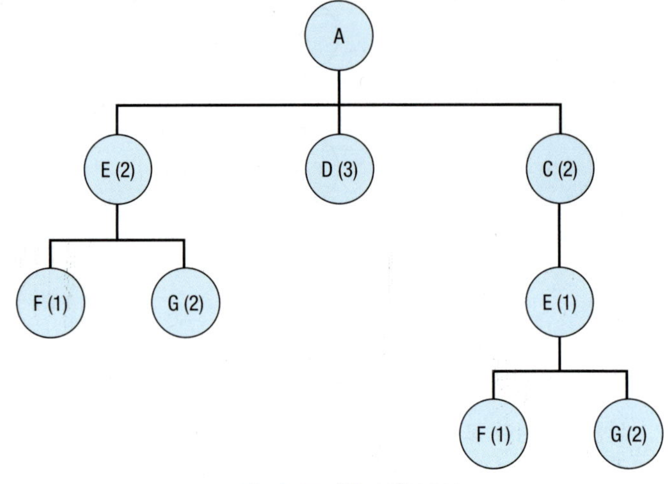

그림 12.45 제품 A의 BOM

26. 그림 12.45에는 제품 A의 자재 명세서(BOM)가 제시되어 있으며, 주생산일정(MPS)에 따르면 다음과 같은 생산 시작이 계획되어 있다: 2주 차, 4주 차, 5주 차, 8주 차에 각각 120단위. 표 12.14에는 각 구성 품목에 대한 재고 기록 데이터가 포함되어 있다.

a. 각 품목에 대해 향후 8주간의 자재소요계획(MRP)을 수립하라.

b. 1주 차에 요구되는 구체적인 관리 조치는 무엇인가? 재고 기록상에서 발생할 수 있는 특정한 문제점이 있다면 반드시 함께 설명하라.

27. 복습문제 1의 그림 12.23에는 제품 A의 자재 명세서(BOM)가 제시되어 있으며, 표 12.15에는 구성 부품 및 중간 조립품에 대한 재

표 12.14 재고 기록 데이터

	제품				
데이터 구분	C	D	E	F	G
로트 크기 결정 기준	일대일 주문량 (L4L)	고정 주문량(FOQ) = 700	고정 주문량(FOQ) = 700	일대일 주문량 (L4L)	일대일 주문량 (L4L)
리드타임	3주	3주	4주	2주	1주
안전재고	0	0	0	50	0
예정 입고	150(2주 차)	450(2주 차)	700(1주 차)	0	1400(1주 차)
보유재고	125	0	235	750	0

표 12.15 재고 기록 데이터

	제품					
데이터 구분	B	C	D	E	F	G
로트 크기 결정 기준	일대일 주문량 (L4L)	일대일 주문량 (L4L)	기간별 주문량(POQ) ($P = 2$주)	일대일 주문량 (L4L)	일대일 주문량 (L4L)	고정 주문량(FOQ) = 100
리드타임	2주	3주	3주	6주	1주	3주
안전재고	30	10	0	0	0	0
예정 입고	150(2주 차)	50(2주 차)	0	400(6주 차)	40(3주 차)	0
보유재고	30	20	60	400	0	0

고 기록 정보가 포함되어 있다. 제품 A의 주생산일정(MPS)에 따르면 다음과 같이 생산이 계획되어 있다: 2주 차, 6주 차, 8주 차, 9주 차에 각각 50단위 시작(주의: B품목과 C품목에는 안전재고 요건이 적용된다. 따라서 이들 품목의 예상 보유 재고가 안전재고 이하로 떨어지는 경우, 입고 계획을 반드시 수립해야 한다). 제품 A에 필요한 모든 부품 및 중간 조립품 전체에 대해, 향후 10주간의 자재소요계획(MRP)을 수립하라.

28. 제품 A의 자재 명세서(BOM)와 재고 기록 데이터는 그림 12.46에 제시되어 있다. 제품 A의 MPS 시작 수량은 1주 차, 2주 차, 3주 차, 4주 차, 7주 차, 8주 차, 9주 차, 10주 차에 각각 100단위이다. 표 12.16의 데이터를 활용해 제품 A를 구성하는 부품들에 대한 자재소요계획(MRP)을 도출하라.

1주 차에 어떤 구체적인 관리 조치가 필요한지 설명하라. 재고 기록에서 나타나는 특정 문제점이 있다면 반드시 함께 언급하라.

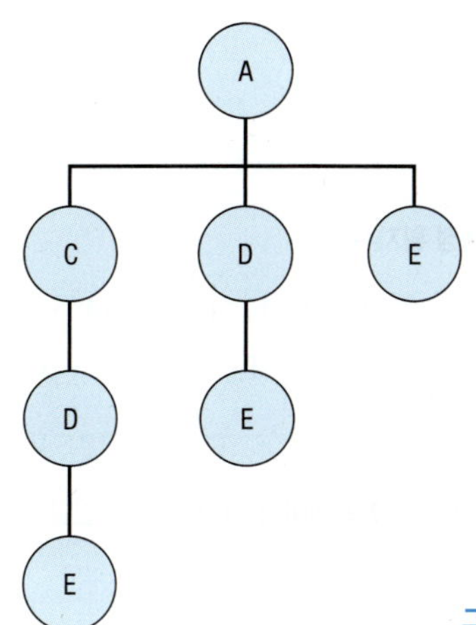

그림 12.46 제품 A의 BOM

표 12.16 재고 기록 데이터

	제품		
데이터 구분	C	D	E
로트 크기 결정 기준	일대일 주문량(L4L)	일대일 주문량(L4L)	고정 주문량(FOQ) = 300
리드타임	1주	2주	2주
예정 입고	0	100(2주 차)	300(2주 차)
보유재고	225	350	100

29. 제품 A의 자재 명세서(BOM)와 재고 기록 데이터는 그림 12.47에 있다. 제품 A의 MPS 시작 수량은 1주 차, 2주 차, 3주 차에 각각 50단위, 6주 차와 8주 차에 각각 150단위이다. 표 12.17의 데이터를 활용해 제품 A를 구성하는 부품들에 대한 자재소요계획(MRP)을 도출하라.

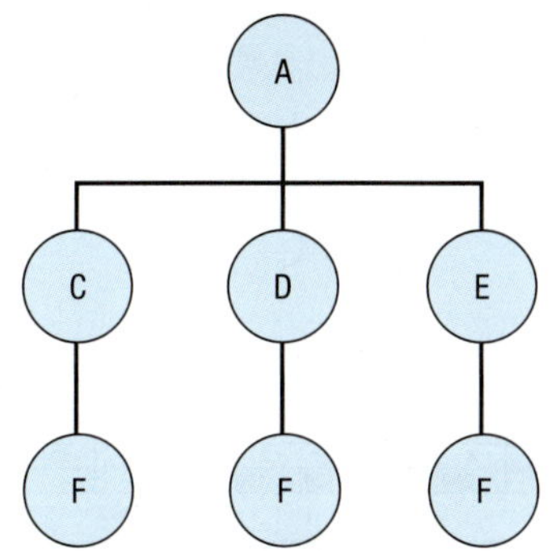

그림 12.47 제품 A의 BOM

표 12.17 재고 기록 데이터

	제품			
데이터 구분	C	D	E	F
로트 크기 결정 기준	기간별 주문량(POQ) ($P = 2$주)	일대일 주문량 (L4L)	고정 주문량 (FOQ) = 300	고정 주문량 (FOQ) = 400
리드타임	1주	1주	2주	4주
예정 입고	0	100(2주 차)		400(1주 차)
보유재고	100	0	110	40

서비스 제공업체의 자원 계획 수립

30. 한 치과병원이 환자 진료를 위한 치위생사 주일정을 수립하고자 한다. 전일제 치위생사 5명이 주 6일 근무하도록 스케줄되어 있으며, 각 치위생사는 하루에 환자 10명을 진료할 수 있다. 예상 환자 수가 스케줄된 치위생사의 처리 능력을 초과할 경우, 임시 인력 고용 업체를 통해 일일 단위로 치위생사를 추가 채용할 수 있다. 이때 해당 업체는 1일 전 통보를 요구한다. MPS(주생산일정)에 대한 지식을 바탕으로 그림 12.48에 제시된 스케줄 양식을 완성하라.

	월요일	화요일	수요일	목요일	금요일	토요일
예측 환자 수	50	50	50	50	50	75
예약 환자 수	45	60	25	25	50	40
치위생사 일정						
필요 치위생사 수						
통보 필요 치위생사 수						

그림 12.48 치위생사 주일정

31. 한 자선 단체가 반둥 지역의 지역 농산물을 온라인으로 판매해 농가로부터 최종 소비자에게 전달하고 있다. 이 농산물 판매 프로세스는 표 12.18에 제시된 4개 단계를 거쳐 완료된다.

표 12.18 자선단체의 리드타임 데이터(농산물 판매 프로세스)

단계	프로세스	리드타임(시간)
1단계	결제 처리	1시간
2단계	주문 배송	2시간
3단계	주문 수집 및 포장	1시간
4단계	수령 및 확인	1시간
총합		5시간

각 주문은 운영팀, 배송팀, 재무팀에 의해 처리되며, 이에 대한 상세 내용은 표 12.19에 제시되어 있다.

표 12.19 자선단체의 리소스 소요 시간 데이터(단위: 주문당 소요 시간, 분)

단계	프로세스	운영팀	배송팀	재무팀
1단계	결제 처리	0분	1분	10분
2단계	주문 배송	2분	120분	0분
3단계	주문 수집 및 포장	6분	2분	0분
4단계	수령 및 확인	5분	0분	0분

어느 날, 해당 업체는 영업 개시 후 처음 9시간 동안 처리한 주문 수를 기준으로 다음과 같은 결과를 얻었다.

시간대	1	2	3	4	5	6	7	8	9
주문 수(건)	3	7	10	18	15	12	7	14	8

각 시간대별로 각 리소스(운영팀, 배송팀, 재무팀)가 요구되는 시간(소요 시간)을 계산하라.

32. '서비스 제공업체의 자원 계획 수립' 절에서 다룬 광역 종합병원은 최신 시설에서 심장 우회 수술을 수행하고 있다. 동맥류 수술과 마찬가지로, 이 수술 역시 환자가 7단계의 치료 과정을 거쳐야 하며, 이 치료 단계는 그림 12.21(a)에 제시된 자원 명세서(BOR)에 나타나 있다. 환자가 한 치료 단계에서 다음 단계로 이동하는 데 걸리는 시간은 표 12.20에 제시되어 있으며, 향후 15일 동안 완료될 것으로 예상되는 우회 수술 건수는 표 12.21에 나와 있다.

각 치료 단계에서 요구되는 세 가지 핵심 자원(간호사, 병상, 검사)은 표 12.22에 제시되어 있다.

a. 위의 정보를 활용해, 이 광역 종합병원에서 우회 수술을 받은 환자를 치료하기 위한 자원별 일일 수요량(자재 기록서에서의 총소요량 개념에 해당)을 계산하라.

b. 동맥류 수술 환자와 심장 우회 수술 환자 모두를 치료하는 데 필요한 15일간의 자원 수요량은 얼마인가?

표 12.20 자원 명세서(BOR) 단계별 리드타임 데이터

BOR 단계	리드타임(일)
1단계	1일
2단계	1일
3단계	1일
4단계	2일
5단계	1일
6단계	2일
7단계	1일
총합	9일

표 12.21 심장 우회 수술의 일별 퇴원 예정 환자 수

날짜	1	2	3	4	5	6	7	8	9	10	11	12	13	14	15
퇴원 환자 수	2	3	2	2	2	3	0	3	2	3	4	3	2	0	3

표 12.22 우회 수술 환자 치료를 위한 자원 소요량 데이터(단위: 환자 1인당 1일 기준)

BOR 단계	간호사 근무 시간 (시간)	병상 수(개)	검사 수(건)
1단계	0	0	0
2단계	2	1	0
3단계	8	1	2
4단계	12	1	4
5단계	22	1	1
6단계	12	1	4
7단계	1	0	0

Material Requirements Plan

Reset Data　Questions

Master Produc

Finished Item A	1	2	3	4	5	6	7	8	9	10
Finished Item A MPS Start		100		200		120	180	60		

Scheduled rec

	1	2	3	4	5	6	7	8	9	10
Item B										
Item C	200									
Item D										

Inventory Rec

	B	C	D
Lead time	1	2	3
Beginning (on-hand) inventory	20	0	425
Fixed order quantity			500
POQ	3		

Planned Order Releases

	Week 1	2	3	4	5	6	7	8
B	280				360			
C		400		240	360	120		
D	500	500						

복습문제 3과 표 12.4의 데이터를 활용하는 Active Model

Active Model 연습문제

이 Active Model은 온라인에서 사용할 수 있다. 이를 통해 재고 기록 데이터와 계획 발주 간의 관계를 실습을 통해 확인할 수 있다.

문제

1. 품목 B의 기간별 주문량(POQ)이 3주에서 2주로 변경된다면, 이 변화는 품목 B, C, D의 계획 발주에 어떤 영향을 미치는가?
2. 품목 C의 현재 보유 재고가 0에서 200으로 증가할 경우 품목 B, C, D의 계획 발주는 어떻게 변화하는가?
3. 품목 D의 고정 주문량(FOQ)이 500에서 750으로 증가할 경우 품목 B, C, D의 계획 발주는 어떻게 변화하는가?
4. 품목 C의 리드타임이 변경될 경우 품목 B, C, D의 계획 발주는 어떻게 변화하는가?

사례 연구 울버린

울버린(Wolverine, Inc.)은 약 900명의 직원과 125명의 관리자 및 행정 직원을 고용하고 있는 중견 규모의 기업이다. 이 회사는 자동차 전기 부품을 생산하며, 지역 내 약 95곳의 자동차 부품 매장과 여러 자동차 딜러에게 제품을 공급하고 있다. 사장인 조니 베넷(Johnny Bennett)은 자신의 차고에서 케이블 어셈블리를 생산하며 회사를 설립했다. 그는 꾸준한 노력과 일관된 제품 품질, 우수한 고객 서비스를 바탕으로 사업을 확장해 다양한 전기 부품을 생산하는 기업으로 회사를 성장시켰다. 고객 서비스에 대한 베넷의 확고한 신념은 건물 로비에 걸린 그의 대형 초상화 아래 자리한 "고객을 자신처럼 사랑하라"라는 문구가 새겨진 주철 명판에서도 확인할 수 있다.

이 회사의 가장 수익성 높은 두 제품은 자동차용 전면 사이드램프(front sidelamp)와 헤드램프(headlamp)이다. 유로스포츠(Eurosport) 세단의 인기가 높아지면서 울버린은 이 두 램프 제품에 대한 상당한 수요 증가를 누리고 있다.

작년, 운영 및 공급사슬 관리 부사장인 캐서린 말리(Kathryn Marley)는 새로운 자재소요계획(MRP) 시스템 설치를 승인하였다. 이는 향후 전사적 자원관리(ERP) 시스템 구축이라는 장기적 목표를 향한 중요한 첫 단계였다. 말리는 MRP 시스템 구축을 위해 구성된 태스크포스와 긴밀히 협력했으며, 선정된 직원을 대상으로 한 교육 세션에도 자주 참석해 MRP가 울버린의 경쟁우위 확보에 어떻게 기여할 수 있는지를 지속적으로 강조했다.

1년이 지난 현재, MRP 시스템은 비교적 안정적으로 운영되고 있다. 그러나 말리는 항상 더 나은 방법이 있다고 믿으며, 회사의 프로세스를 지속적으로 개선하기 위해 노력하고 있다. 개선 가능성을 보다 명확히 파악하기 위해 그녀는 생산 및 재고 통제 관리자, 작업장 감독자, 구매 관리자와 면담을 진행했다. 다음은 그들의 주요 관찰 내용이다.

생산 및 재고 통제 관리자

재고 기록과 BOM 파일은 정확하며 잘 유지되고 있다. 재고가 보충되거나 반출될 때마다 재고 거래가 정확하게 처리되므로 현재 재고 보유량은 신뢰할 수 있다. 매주 MRP 전개가 수행되어 회사는 새로운 MRP 결과를 얻게 된다. 이 정보는 새로운 주문을 언제 발주해야 하는지를 식별하는 데 도움이 된다. 또한 해당 정보를 조회함으로써 예정된 입고 중 어떤 항목은 긴급 처리가 필요하고, 어떤 항목은 납기일을 조정해 지연 처리할 수 있는지를 판단함으로써 보다 긴급한 작업에 자원을 배정할 수 있다.

한 계획 담당자는 MRP 결과에 우선순위 보고서와 용량 보고서를 추가하고, 어떤 품목에 주의를 기울여야 하는지를 지시하는 정보가 함께 제공되어야 한다고 제안했다. 당초 계획은 우선적으로 주문 실행 기능을 구현하는 것이었다. 그러나 현재는 각 예약 입고에 최초로 납기일을 할당하는 것 외에는 공식적인 우선순위 계획 시스템이 존재하지 않는다. 이 납기일은 계획 발주가 예약 입고로 전환될 때 설정되며, 이후 예기치 못한 스크랩 손실, 생산능력 부족, 부족한 선적, 선호 고객의 요청에 따른 주생산일정(MPS)의 마지막 순간에 변경이 발생하더라도 업데이트되지 않는다. 현재 작업은 납기일 기준으로 작업 현장과 공급업체에서 가장 빠른 납기일부터 처리하는 납기 우선(EDD) 규칙에 따라 일정이 수립된다. 만약 예약 입고의 납기일이 실제 상황에 맞춰 지속적으로 업데이트된다면, 개방 주문을 실제로 필요한 시점에 완료하는 데 도움이 될 수 있다. 또한 작업 구간에 있는 계획 발주는 구성품의 가용성을 확인한 후 재고 거래를 통해 예약 입고로 전환된다. 그러나 현재 시스템은 새로운 주문을 실행할 때 발생할 수 있는 생산능력 문제를 고려하지 않고 있다.

작업장 감독자

작업장의 주된 불만은 작업량이 전혀 평준화되어 있지 않다는 점이다. 어떤 주는 거의 일이 없어 감독자가 모든 직원을 바쁘게 움직이도록 하기 위해 예약 입고로 계획된 수량보다 과잉 생산을 하기도 한다. 그다음 주는 정반대 상황이 벌어질 수 있다. 촉박한 납기를 가진 신규 주문이 몰리면서 거의 모든 직원이 초과근무를 하지 않으면 안 되거나, 그렇지 않으면 예약 입고 수량을 즉시 필요한 수량만큼 줄여야 한다. 작업장에서 유연하게 대처하지 않으면 '풍년과 흉년'이 반복되는 셈이다. 계획된 예약 입고에서 벗어난 사항을 보고하기 위해 재고 거래를 등록하긴 하지만, 이러한 '수정(override)'은 MRP 기록 내 예약 입고 정보의 신뢰도를 낮추어 계획 담당자에게 혼란을 초래한다. 특히 병목 공정이 항상 가동 상태를 유지하도록 하는 것이 가장 중요한 과제 중 하나이다.

구매 관리자

구매 담당자는 크고 작은 문제를 수습하느라 바빠 창의적인 구매 활동을 할 시간이 거의 없다. 이런 상황에서는 대부분의 시간이 긴급하게 필요한 주문이나 이미 납기가 지연된 주문을 추적하고 후속 조치하는 데 소모된다. 때때로 MRP에서는 거의 즉시 필요한 구매 품목에 대해 계획 발주가 표시되기도 하며, 이로 인해 계획 리드타임이 반영되지 않은 상태로 나타난다. 그러

표 12.23 부품번호와 설명

부품번호	설명
C206P	나사
C310P	후면 고무개스킷
HL200E	전조등
HL211A	전방 틀 조립품
HL212P	전방 렌즈
HL222P	전조등 모듈
HL223F	전방 틀
SL100E	측면 램프
SL111P	측면 렌즈
SL112A	측면 틀 조립품
SL113P	측면 렌즈 고무개스킷
SL121F	측면 틀
SL122A	측면 전구 조립품
SL123A	깜빡전구 조립품
SL131F	측면 전선 소켓
SL132P	측면 전구
SL133F	깜빡전선 소켓
SL134P	깜빡전구

나 MRP 기록을 확인해보면 계획 리드타임 자체는 현실적이며, 실제로 공급업체가 기대하는 수준과 일치하고 있다. 예를 들어 지난주까지는 아무런 문제가 없던 품목이 이번 주에는 갑자기 긴급 주문이 필요한 상황이 발생한다. 과연 문제는 무엇일까?

표 12.24 기준생산계획

부품번호와 수량	수량	MPS 시작 시점
전조등(HL200E)	120	4주
	90	5주
	75	6주
측면 램프(SL200E)	100	3주
	80	5주
	100	6주

표 12.25 교체용 부품 수요

부품번호와 수량	수량	시점
측면 렌즈(SL111P)	40	3주
	35	6주

말리는 이와 같은 다양한 정보를 종합적으로 파악하고자 했다. 그녀는 잠재적인 문제의 원인을 좀 더 깊이 이해하고 개선이 필요한 영역을 식별하기 위해, 자동차용 사이드램프와 헤드램프에 대한 모든 관련 정보(표 12.23~26 및 그림 12.49)를 수집하기로 결정했다.

과제

말리의 입장에서 조사 결과를 바탕으로 보고서를 작성하라. 구체적으로는 현재 주(1주 차)를 시작으로 향후 6주 동안 사이드램프와 헤드램프에 대해 수동 MRP 전개를 수행하라. 표 12.27에 제공된 계획 발주 양식을 작성하고, 향후 6주 동안의 모든 품목에 대한 계획 발주를 해당 양식에 포함시켜 보고서에 첨부하라.

보고서에는 수동 MRP 전개 결과를 정리한 워크시트를 함께 포함하고, 이

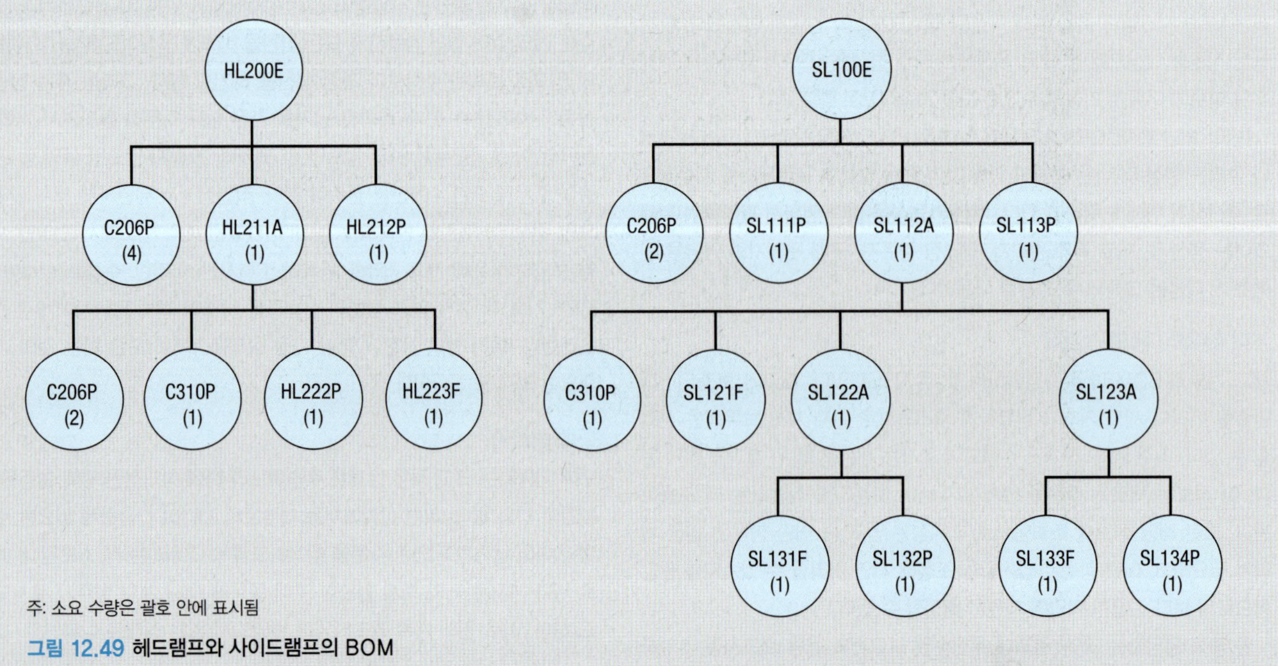

그림 12.49 헤드램프와 사이드램프의 BOM

표 12.26 재고자료 요약

부품번호	리드타임(주)	안전재고(개)	로트 크기 규칙	재고(개)	예정입고(개/납기)
C206P	1	30	FOQ = 2500	270	–
C310P	1	20	FOQ = 180	40	180(1주)
HL211A	3	0	L4L	0	–
HL212P	2	15	FOQ = 350	15	–
HL222P	3	10	POQ(P = 4주)	10	285(1주)
HL223F	1	0	POQ(P = 4주)	0	120(1주)
SL111P	2	0	FOQ = 350	15	–
SL112A	3	0	L4L	20	80(2주)
SL113P	1	20	FOQ = 100	20	–
SL121F	2	0	L4L	0	80(2주)
SL122A	2	0	L4L	0	80(2주)
SL123A	2	0	FOQ = 200	0	–
SL131F	2	0	POQ(P = 2주)	0	110(1주)
SL132P	1	25	FOQ = 100	35	100(1주)
SL133F	2	0	FOQ = 250		–
SL134P	1	0	FOQ = 400	100	–

출처: This case was originally prepared by Professor Soumen Ghosh, Georgia Institute of Technology, for the purpose of classroom discussion only. Copyright © Soumen Ghosh. Used with permission

표 11.27 계획 발주 양식

부품별 계획 발주를 채워라.						
	주					
부품 설명/번호	1	2	3	4	5	6
측면 렌즈(SL111P)						
측면 렌즈 고무개스킷(SL113P)						
측면 틀 조립품(SL1112A)						
측면 틀(SL121F)						
측면 전구 조립품(SL122A)						
깜빡전구 조립품(SL123A)						
측면 전선 소켓(SL1331F)						
깜빡 전선 소켓(SL133F)						
측면 전구(SL132P)						
깜빡전구(SL134P)						
전방 틀 조립품(HL212a)						
전방 렌즈(HL212P)						
전조등 모듈(HL222P)						
전방 틀(HL223F)						
후면 고무개스킷(C310P)						
나사(C206P)						

번 주 계획 담당자가 고려해야 할 조치를 다음 세 가지 항목으로 구분해 나열하라.

1. 신규 주문 발주
2. 예약 입고의 긴급 처리
3. 예약 입고의 납기일 연기

마지막으로 울버린의 MRP 시스템 구현이 가져온 긍정적 및 부정적 측면을 파악하고, 자원 계획 프로세스를 어떻게 개선할 수 있을지에 대한 제안으로 보고서를 마무리하라.

비디오 사례 클리블랜드 클리닉의 자원 계획

1921년, 환자에게 더 나은 진료를 제공하고 환자 문제를 조사하며 의료 종사자를 교육한다는 사명을 가진 4명의 의사가 설립한 클리블랜드 클리닉(Cleveland Clinic)은 세계에서 가장 존경받는 의료기관 중 하나로 성장했다. 이 기관은 세계적 수준의 의료 전문가가 진료하는 글로벌 네트워크를 통해 환자에게 서비스를 제공하고 있다. 클리블랜드 클리닉은 '환자 우선'이라는 철학을 중심으로 운영되며, 이는 환자에게 안전한 진료, 높은 가치의 진료, 고품질 진료, 높은 환자 만족도를 제공하는 환자 경험을 의미한다. 이러한 노력을 인정받아 《U.S. 뉴스 앤드 월드 리포트(U.S. News and World Report)》는 26년 연속 클리블랜드 클리닉을 심장학 및 심장 수술 분야 1위로 선정했으며, 그 외 13개 진료 분야도 상위 10위 안에 이름을 올렸다.

클리블랜드 클리닉 웹사이트에 따르면 이와 같은 '환자 중심'의 약속을 실현하기 위해서는 '단순한 임상 진료를 넘어선 환자의 신체적 편안함은 물론 교육적, 정서적, 영적인 필요까지 고려하는 전인적 진료 경험'이 필요하다. 클리닉은 미국 내 주요 학술 의료기관 중 최초로 환자 경험을 전략적 목표로 설정하고, 최고 환자 경험 책임자(Chief Experience Officer)를 임명하며, 환자 경험 전담 부서(Office of Patient Experience)를 설립했다.[8]

클리닉 내 각 환자는 병원 내 다양한 활동과 자재에 대한 수요를 창출하며, 이는 '종속수요'라고 불린다. 클리닉의 공급사슬 및 환자 지원 서비스팀(Supply Chain and Patient Support Services)은 이러한 수요를 정확히 이해하고 이를 충족시킴으로써 환자 치료 성과를 극대화하는 전략적 소싱 체계를 구축하고 있다. 이 여정은 수술 전 준비부터 퇴원까지 전 치료 단계에 걸쳐 공급사슬을 연계하는 혁신적 프로그램에 의해 뒷받침되고 있다.

클리블랜드 클리닉은 매일 수많은 고난이도 수술 및 시술을 수행하며, 각 시술은 고유한 자원 요구사항을 갖는다. 이에는 다양한 의료 소모품, 수술실, 회복실, 간호사, 의사, 지원 인력 등이 포함된다. 자원 소요 시점과 수량은 각 환자의 수술 유형과 일정에 따라 집계되며, 클리닉은 이를 자원 명세서(BOR) 기반처럼 각 환자의 치료 단계를 역추적함으로써 종속수요를 효과적으로 관리한다.

이러한 자원 계획의 간단한 예는 정맥주사(IV) 라인의 막힘을 방지하기 위해 간호사가 헤파린(Heparin) 세척액을 사용해서 주입 라인을 세척하는 일과에서 확인할 수 있다. IV 사용에 대한 일일 수요는 매일 예정된 수술 및 시술 건수에 따라 결정되며, 임상 프로토콜에 따라 간호사는 각 IV 라인에 헤파린 세척 주사기를 이용해서 여러 차례 세척 작업을 수행한다. 이 작업에

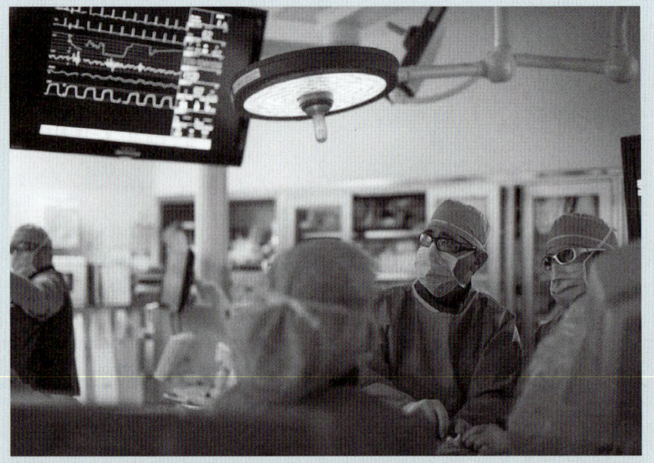

심장외과 전문의인 에릭 로셀리(Eric Roselli) 박사는 클리블랜드 클리닉의 하이브리드 심장 카테터 삽입 시술실에서 수술을 집도한다. 이와 같이 복잡한 수술은 필요한 물품, 수술실, 회복실, 간호사, 의사, 지원 인력을 모두 필요로 하며 이는 자원 계획 정보시스템(resource planning information systems)을 통해 계획된다.

출처: Cleveland Clinic/Russell Lee

사용되는 미리 충전된 헤파린 세척 주사기는 환자 병실 내 또는 근처 공급 카트에 비치되어 있으며, 일정 시점에 서랍을 재보충해야 한다. 해당 공급품은 공급사슬 조직에서 관리하는 인근 재고 보관 장소에 보관되며, 헤파린 재고가 부족해질 경우 적시에 보충될 수 있도록 재고 수준에 대한 알림이 필요하다.

환자의 수가 많아질수록 헤파린 사용량이 증가하고, 반대로 감소하면 사용량도 줄어든다. 따라서 향후 IV가 필요한 환자 수를 예측하는 것이 적정 재고 유지에 핵심적이다.

이와 같은 프로세스는 환자에게 제공되는 수백 가지 일상 치료 항목마다 반복되며, 각 항목은 고유한 수요 패턴을 갖는다. 공급사슬 조직은 이러한 환자로부터 유도되는 모든 종속수요 패턴을 파악해, 내부 공급 장소는 물론 외부 공급업체 및 제조업체로까지 공급 흐름을 확장해야 한다. 이러한 '환자 중심 공급사슬'은 간호사가 치료를 위해 필요한 품목을 요청함으로써 발생하는 수요 풀(demand pull)에 빠르게 반응한다. '환자 우선'이라는 목표는 물류 흐름 전체를 주도하며, 이는 병원 운영 부서의 입고 도크(receiving

8 https://my.clevelandclinic.org/departments/patient-experience/depts/office-patient-experience/about

dock)를 시작점으로 병원의 다양한 보관 장소, 공급 카트를 거쳐 최종적으로 간호사와 환자에게 도달하게 된다.

전통적으로 병원 내 진료 시점(point-of-care) 공급 장소는 간호사가 직접 관리했으며, 수술 및 시술 구역은 일반 직원의 출입이 제한되었고, 바닥에는 '적색선'을 그려 '직원 전용' 구역임을 표시했다. 적색선 안에서 사용되는 품목은 고유하고 복잡한 것으로 간주되어 일반적으로 변기, 장갑, 거즈, 주사기, 붕대, 헤파린 세척액 등 고속 소비 항목을 관리하던 물류 조직은 관여하지 않았다. 그러나 환자 중심 공급사슬이 도입되면서 이러한 관행이 바뀌었다. 이제 공급사슬 조직은 임상 직원의 수요에 맞춰 적색선을 넘어 직접 필요한 물품을 보충할 수 있으며, 공급 카트의 재고 부족 위험 없이 연속적인 진료 흐름을 유지할 수 있다.

문제

1. 클리블랜드 클리닉에서 종속수요와 자원 명세서 개념이 어떻게 활용되고 있는가? 헤파린 세척액 사례를 사용해 이 개념들이 클리닉의 '환자 우선' 전략을 어떻게 뒷받침하는지 설명하라.
2. 클리블랜드 클리닉의 환자 중심 공급사슬이 조직의 전략적 비전과 향후 계획에 중요한 이유는 무엇인가?
3. 만약 공급사슬 조직이 수술 전 관리부터 퇴원까지 환자의 종속수요 전체를 포괄하지 못할 경우 어떤 위험이 발생할 수 있는가?

13 공급사슬관리

코카콜라는 팔라즈 관개 시스템의 관개 효율성을 높여 아랍에미리트의 수질을 개선하는 데 기여했다. 이러한 팔라즈 관개 시스템을 통해 대추야자 농장에 물을 공급하고 있다.

코카콜라

코카콜라(Coca-Cola)는 세계에서 가장 인기 있는 청량음료를 생산하는 400억 달러 규모의 기업으로, 전 세계적으로 초당 1만 개의 코카콜라 청량음료가 소비되고 있다. 이로써 코카콜라는 세계 최대의 무알코올 음료 제조 및 유통 기업이 되었다. 코카콜라는 82,500명의 직원이 200여 개국에서 500개 브랜드, 3,500개 음료를 생산 및 유통하고 있다. 목마른 고객들은 북극권에서 나이지리아의 열대지역에 이르기까지 코카콜라 제품을 찾는다. 시장의 지리적 규모와 엄청난 수요량은 제조 시설, 보틀링 파트너(bottling partner), 유통 센터, 수만 개의 공급업체로 구성된 공급사슬에 큰 부담을 주고 있다. 코카콜라는 설탕, 감귤류, 차, 커피를 구매하는 세계 최고의 구매자 중 하나이며, 공급업체는 대부분 농업 부문에 속해 있는데, 이러한 구조는 최종 제품이 단순함에도 불구하고 공급사슬의 복잡성을 더욱 가중하는 요소로 작용한다.

공급사슬관리에 있어 환경을 보호하고 사업 운영 지역 사회의 요구를 이해하는 것이 갈수록 중요해지고 있다. 세계에서 가장 많은 물을 소비하는 기업 중 하나인 코카콜라는 홍보 측면에서뿐만 아니라 특히 운영 측면에서도 무언가 행동을 보여줘야 했다. 2016년에 코카콜라는 물 한 방울을 사용할 때마다 한 방울을 돌려주겠다는 과감한 선언을 통해 물 중립에 대한 정의를 수립했다. 이 선언은 '운영' 측면에서 물 사용에 초점을 맞춘 것이다. 예를 들어 보틀링 공장에서 0.5리터의 음료를 만드는 데는 0.4리터의 물이 필요하다. 하지만 우리가 소비하는 모든 것에 들어가는 물을 합산하는 방식인 *물 발자국*에 따르면, 음료를 만드는 데 들어가는 모든 재료를 계산하면 실제로는 음료의 단맛을 내는 사탕무를 재배하는 데 28리터, 플라스틱병을 만드는 데 7리터가 추가로 소요된다. 코카콜라 경영진은 모든 제품에 대한 추가 연구 끝에 제품에서 소비되는 물의 약 85%가 농작물 원료에서 나온다는 사실을 깨달았다. 물 사용과 보충에 대한 완전히 다른 접근 방식이 필요했고, 공급업체와 사업장 인근 지역사회가 참여하는 접근 방식이 요구되었다. 이에 따라 코카콜라는 전 세계에서 물 보충 프로젝트를 시작했다. 예를 들어 중국에서는 오염된 물을 처리하기 위해 20개의 습지를 건설해 수질을 개선했으며, 이 사업은 400만 명에게 혜택을 제공했다. 코카콜라는 인도에서 계절성 몬순 강우를 포집하는 댐과 빗물 집수 구조물을 건설해 130억 리터 이상의 물 보충 잠재력을 창출함으로써 농업용수 가용성을 개선했다. 또한 아랍에미리트에서는 샤르자 와디 시스에 위치한 팔라즈 관개 시스템의 누수 감소, 취약한 구조물 보강, 수로 및 물탱크 밀봉 개선을 통해 물 부족 문제를 해결하고 있다. 팔라즈 관개 시스템은 기계를 사용하지 않고 지하수에서 물을 추출

학습목표

13.1 효과적인 공급사슬을 구축할 때 고려해야 할 경쟁압력 요소를 설명한다.

13.2 공급 기반 관리와 관련된 다섯 가지 주요 프로세스를 설명하고 총비용 분석과 선호도 행렬을 사용해 공급원을 식별한다.

13.3 고객 주문을 이행하는 데 관련된 네 가지 주요 프로세스를 식별하고 기댓값 의사결정 규칙을 사용해 적절한 물류 자원의 용량을 결정한다.

13.4 고객 인터페이스 관리와 관련된 세 가지 주요 프로세스를 정의한다.

해 땅에 파낸 수로를 통해 공급하는 전통적인 관개 시스템이다. 코카콜라는 2012년 이후 매년 약 300건의 프로젝트를 통해 전 세계적으로 1조 5,000억 리터의 물을 보충해왔다. 코카콜라와 같은 대기업이 행하는 이러한 창의적인 보존 관행은 매우 중요하다. 농업 부문만 해도 지구 담수의 약 69%를 소비하는데, 이는 다른 모든 산업(23%)의 2배 이상이며 도시 지역 사용량(8%)을 크게 앞지르고 있기 때문이다. 코카콜라의 사례는 기업이 환경 보호에 대한 책임을 다하면서 공급사슬을 효과적으로 관리하는 것이 운영 및 홍보 측면에서 모두 유익하다는 것을 보여주고 있다.

출처: https://www.statista.com/statistics/254562/coca-colas-number-of-employeesworldwide/(2022); https://investors.coca-colacompany.com/financial-information/financial-results(2022); "The Coca-Cola Company: Partnering with WWF to Promote Sustainable Agriculture," supplychain. unglobalcompact.org/site/article/71 (January 18, 2020); "UAE Minister of Climate Change and Environment Inaugurates Regenerated Site at Wadi Shees," https://www.coca-cola.com/xf/en/sustainability/water-stewardship/uae-minister-of-climate-change-and-environxfnt-inauguratesregenerated-site-at-wadi-shees#:~:text = Sharjah%2DUAE%3A%2026%20December%2C,in%20the%2-0emirate%20of%20Sharjah. (December 26, 2019); "The Coca-Cola Company/2019 Business & Sustainability Report," http://investors.coca-colacompany.com/financial-information/financialresults; Christine MacDonald, "Coke Claims to Give Back as It Uses: An Investigation Shows It Isn't Even Close," https://www.theverge.com/2018/5/31/17377964/coca-cola-water-sustainabilityrecycling-controversy-investigation (May 31, 2018).

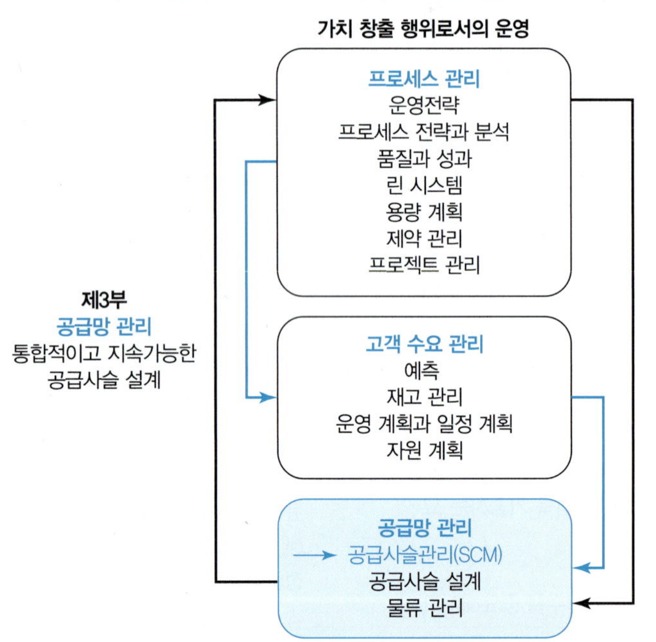

지금까지 성공적인 기업이 어떻게 내부 프로세스를 설계하고 운영하며 제품 및 서비스에 대한 수요를 관리하는지를 주로 살펴보았다. 그러나 아직 다루지 않은 중요한 연결고리가 있는데, 이는 개별 기업이 자체적으로 생산할 수 없는 필요한 자재와 서비스를 어떻게 확보하느냐 하는 문제이다. 3부에서는 기업 간 연결된 프로세스로 구성된 지속 가능한 공급사슬의 관리, 설계 및 물류에 대해 다룬다. **공급사슬**(supply chain)이란 고객 만족을 위해 서비스나 제품을 생산하는 기업 내부 및 여러 기업 간의 상호 연관된 일련의 프로세스이다. 더 구체적으로, 공급사슬은 기업의 고객 관계, 주문 처리 및 공급업체 관계 프로세스를 공급업체 및 고객의 프로세스와 연결하는 서비스, 자재, 자금 및 정보 흐름의 네트워크이다. 아마존닷컴(Amazon.com)은 경쟁이 치열한 시장에서 공급사슬을 고객 요구에 성공적으로 맞춤화할 수 있는 방법을 보여주는 훌륭한 기업 사례이다. 그러나 아마존과 같은 기업은 구매 및 판매하는 제품의 구성에 따라 여러 공급사슬을 가질 수 있다는 점에 유의해야 한다. 한 공급사슬의 공급업체가 다른 공급사슬에서는 공급업체가 아닐 수도 있는데, 이는 제품이 다르거나 공급업체가 성공적인 계약을 협상하지 못하기 때문이다.

효과적인 공급사슬 구축

13.1 효과적인 공급사슬을 구축할 때 고려해야 할 경쟁압력 요소를 설명한다.

효과적인 공급사슬을 구축하려면 외부의 경쟁압력뿐만 아니라 영업, 마케팅, 제품 개발과 같은 조직 내부의 압력 요소를 인식해야 한다. 이러한 압력 요소에는 (1) 역동적 판매량, (2) 고객 서비스 및 품질 기대치, (3) 서비스 및 제품 확산, (4) 신흥 시장이 포함된다.

역동적 판매량

공급사슬에서 가장 비용이 많이 드는 운영 측면 중 하나는 변동이 심한 판매량 요구를 충족하는 것이다. 이는 종종 과도한 재고, 활용도가 낮은 인력 또는 더 비싼 배송 옵션을 사용해 고객의 요구를 적시에 충족하는 것이 포함된다. 이러한 변동성이 큰 수요는 고객과 같은 외부 요인에 의해 발생하는 경우도 있지만, 월말 세일 프로모션과 같은 내부 요인에 의해 발생하는 경우도 빈번하다. 효과적인 공급사슬관리를 위해서는 모든 부서의 최고 관리자 간의 긴밀한 협력이 필수적이며, 이를 통해 불필요하게 비용이 많이 드는 공급사슬 옵션을 피할 수 있다. 공급사슬 역학의 의미는 14장 '공급사슬 설계'에서 더 자세히 논의할 것이다.

고객 서비스 및 품질 기대치

조직의 내부 재고와 관련된 고객 서비스 수준에 대해서는 10장 '재고 관리'에서 설명했다. 여기서는 조직의 고객을 위한 우수한 서비스 수준을 위해 영업 및 마케팅 그룹에서 발생하는 조직적 압력에 초점을 맞춘다. "어떤 서비스 수준을 보장해야 하는가?" 또는 "배송 속도는 얼마나 빨라야 하는가?"와 같은 질문에는 영업, 마케팅, 재무 그룹이 공동으로 논의해야 한다. 또한 고객은 서비스 또는 제품 사양에 대한 더 엄격한 준수와 더 높은 수준의 품질을 요구하고 있다. "어떤 수준의 품질을 어떤 비용으로 달성할 수 있는가?" 이러한 질문에 대한 답은 공급사슬관리, 특히 공급지점 및 공급업체 선택에 영향을 미친다.

서비스 및 제품 확산

영업 및 마케팅 그룹은 고객 및 고객의 니즈와 밀접하게 접촉하기 때문에 새로운 서비스나 제품을 창출할 수 있는 원동력을 제공한다. 모든 조직의 생존은 새로운 시장의 개척에 달려 있다. 그러나 서비스나 제품을 추가할수록 공급사슬은 더욱 복잡해진다. 상대적으로 큰 비중을 차지하는 SKU가 전체 매출에서 차지하는 비중이 작은 경우는 드문 일이 아니다. 일반적으로 이러한 틈새 서비스나 제품은 생산량이 적기 때문에 생산, 마케팅, 배송 비용이 더 많이 든다. 공급사슬 운영 비용과 새로운 서비스 및 제품 마케팅의 필요성 사이에서 신중한 균형을 맞춰야 한다.

신흥 시장

글로벌 시장에서 신흥 시장(emerging market)의 중요성과 역할이 커지면서 철광석, 농산물, 인건비 등 핵심 자원에 대한 압박이 더욱 증가하고 있다. 예를 들어 다양한 신흥 시장 간의 성장률 차이 또는 내부 갈등은 인건비 상승으로 제조 시설의 매력도가 빠르게 변할 수 있음을 의미한다. 또한 신흥 시장은 저가형 제품을 요구하는 새로운 고객층을 형성한다. 질레트가 인도 시장 진출을 위해 저가 면도기를 생산한 사례가 바로 이에 해당한다. 세계 경제의 성장세는 조직의 공급사슬 설계 검토 필요성을 결정하기도 한다.

효과적인 공급사슬 설계는 네 가지 압박을 충족하기 위해 CEO부터 하위까지 모든 구성원의 협력적인 노력이 요구된다. 모든 기능 부서는 조직의 공급사슬에 이해관계를 가지고 있다. 기업의 운영 전략과 경쟁 우선순위는 공급사슬 선택의 기준이 된다. 그림 13.1은 효과적인 공급사슬 구축에 있어 세 가지 주요 핵심 영역을 보여준다.

1. 서비스 또는 제품을 내부 프로세스와 연결한다. 이 책의 1부와 2부에서는 기업이 내부 프로세스 결정을 운영전략에 포함된 서비스 또는 제품의 경쟁 우선순위와 어떻게 조율하는지 살펴보았다.
2. 서비스 또는 제품을 외부 공급사슬과 연결한다. 기업의 서비스 또는 제품에 할당된 경쟁 우선

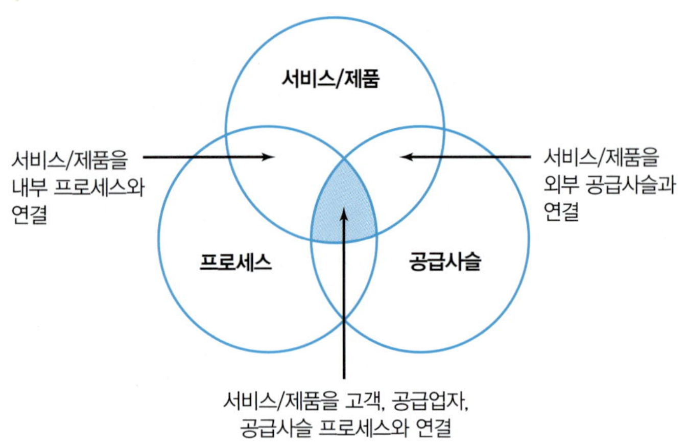

그림 13.1 효과적인 공급사슬 구축

순위는 공급업체 네트워크 설계에 반영되어야 한다.

3. 서비스 또는 제품을 고객, 공급업체 및 공급사슬 프로세스와 연결한다. 고객이 원하는 것을 개발하고, 공급업체와 소통하고, 서비스 또는 제품을 제공하고, 고객과 소통하고, 환경 및 윤리 문제를 해결하고, 운영 전략 실행에 필요한 정보와 계획 도구를 제공하는 기업의 프로세스는 효과적인 공급사슬을 연결하는 접착제와 같다.

공급사슬관리
기업 운영 전략의 경쟁 우선순위를 충족할 수 있도록 기업의 공급사슬을 설계하는 활동

공급사슬관리(supply chain management), 즉 기업의 프로세스를 공급업체 및 고객의 프로세스와 동기화해 자재, 서비스 및 정보의 흐름을 수요와 일치시키는 것은 대부분 조직에서 중요한 기술이다. 공급사슬관리의 핵심은 공급사슬 설계로, 기업 운영 전략의 경쟁 우선순위를 충족하도록 기업의 공급사슬을 설계하는 것이다. 이 장에서는 공급사슬 관리의 이러한 주요 측면에 대해 다룬다. 그런데 그림 13.2에서 볼 수 있듯이 공급사슬은 매우 복잡할 수 있다. 그림에 나타난 공급사슬은 매우 단순화한 것이다. 많은 기업이 수백, 아니 수천 개의 공급업체를 보유하고 있기 때문이다. 이 예시에서 해당 기업은 미국에 있는 제조업체이며 국제적인 공급사슬을 다루고 있다. 공급업체는 종종 공급사슬 내 위치로 식별된다. 여기서 1차 공급업체는 제조업체에서 조립하는 주요 하위 조립품을 제공하고, 2차 공급업체는 1차 공급업체에 부품을 제공하는 식으로 구성된다. 모든 기업이 공급사슬 내 단계 수가 동일한 것은 아니다. 예를 들어 고객 사양에 맞춰 제품을 설계하는 회사는 일반적으로 공급사슬의 일부로 유통센터를 두지 않는다. 이러한 회사는 종종 고객에게 직접 제품을 배송한다.

서비스 제공업체의 공급사슬 또한 복잡할 수 있다. 그림 13.3은 의료 서비스업체의 단순화된 공급사슬을 보여준다. 그림 13.3에 나와 있는 각 제조업체의 공급사슬은 그림 13.2에 나와 있는 것만큼 복잡할 수 있다는 점을 유념하자. 예를 들어 박스터(Baxter), 머크(Merck), 화이자(Pfizer), 브리스톨마이어스(Bristol-Meyers)와 같은 제조업체가 있을 수 있다. 이러한 회사의 제품은 카디널 헬스(Cardinal Health)나 매케슨(McKesson) 같은 유통업체로 배송되거나 의료 서비스업체로 직접 배송될 수 있다. 제품은 의료 서비스업체의 재고로 들어가 궁극적으로 환

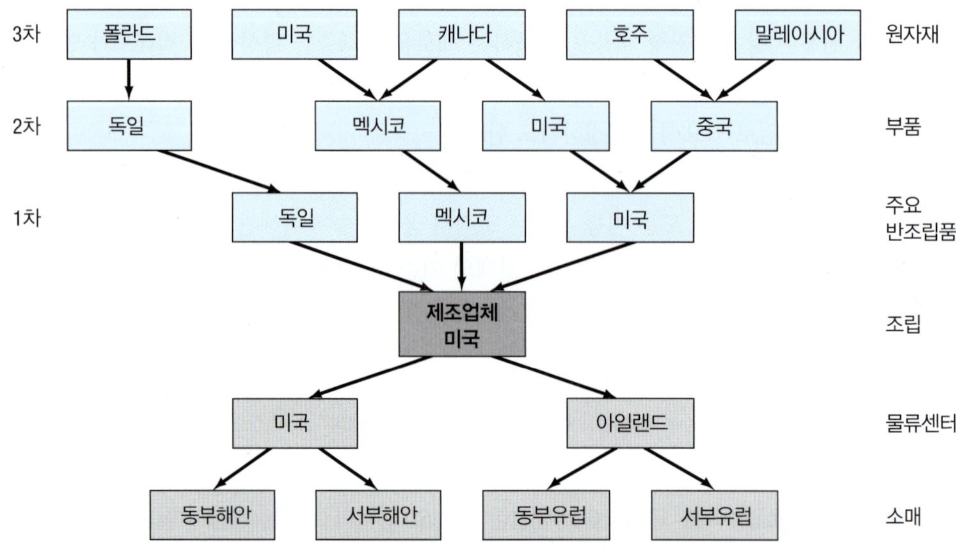

그림 13.2 제조 기업의 공급사슬

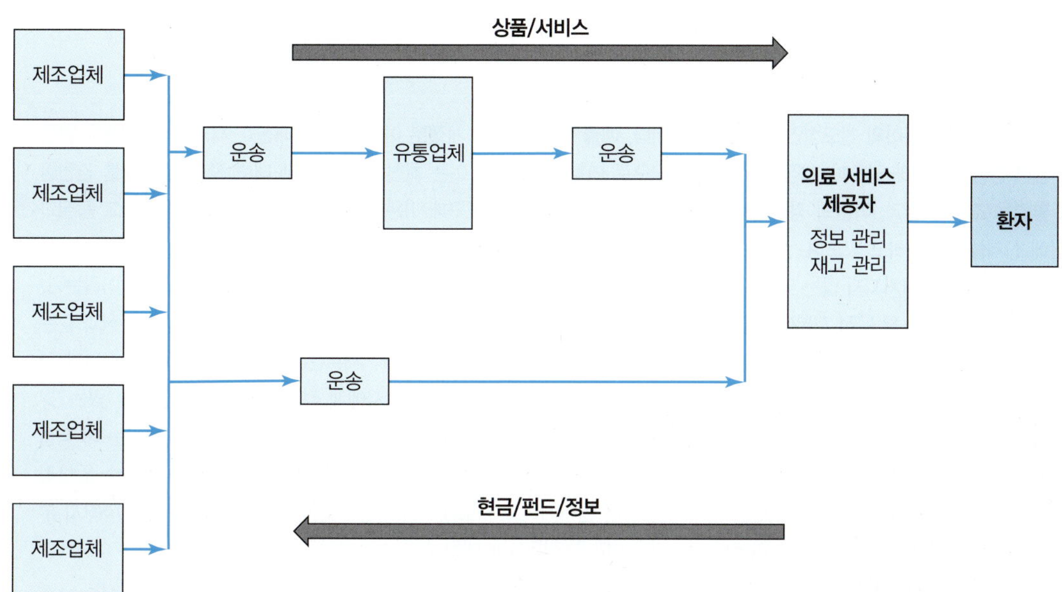

그림 13.3 의료 서비스 제공자의 공급사슬

자에게 전달된다. 공급사슬에서 상품과 서비스는 하류로 흘러가는 반면, 현금, 자금 및 정보는 상류로 흐른다.

공급사슬관리의 중요성을 더 잘 이해하기 위해 그림 13.4를 살펴보자. 이 그림은 공급사슬관리자들이 직면한 문제를 개념적으로 보여준다. 그래프의 실선은 **효율성 곡선**(efficiency curve)으로, 현재 공급사슬 설계에서 공급사슬이 최대한 효율적으로 운영될 경우 비용과 성과 간의 상충관계(trade-off)를 보여준다. 이제 기업이 '비효율적인 공급사슬 운영'이라고 표시된 실선 원으로 표시된 실제 비용과 성과를 그래프로 표시한다고 가정해보자. 이는 효율성 곡선에서 크게 벗어나 있는데, 드문 일은 아니다. 아마도 위에서 언급한 네 가지 압력을 일정 기간 방치했기 때문에 저조한 성과가 발생한 것일 수 있다. 문제는 운영을 가능한 한 실선에 가까운 색조 영역으로 이동시키는 것인데, 이는 이전 장에서 이미 논의한 예측, 재고 관리, 운영 계획 및 일정 계획, 자원 계획 등을 개선함으로써 달성할 수 있다. 또한 이 장에서 논의하는 공급 기반 관리, 고객 주문 이행, 고객 인터페이스 관리를 효과적으로 수행함으로써 개선할 수 있다. 그러나 건전한 운영 전략에 따라 공급사슬 설계를 개선하고 최신 기술을 도입함으로써 비약적인 개선을 이룰 수 있으며, 이는 점선으로 표시된 곡선을 따라 이동한다. 목표는 비용을 절감하는 동시에 성과를 높이는 것이다.

조직의 요구에 가장 잘 부합하는 공급사슬을 관리하기 위해 어떤 옵션을 사용할 수 있는가? 공급사슬관리 옵션은 세 가지 범주로 나눌 수 있다.

1. 운영 옵션(operational option). 이 옵션은 공급업체 기반, 주문 처리 및 고객 인터페이스에 중점을 두며, 이 장에서 모두 다룬다. 이러한 옵션은 '쉽게 얻을 수 있는 열매(low-hanging

출처: AFP/Getty Images

화이자-바이오텍(Pfizer-BioNTech) 코로나19 백신 102,960회분의 첫 번째 배치가 2021년 3월 3일 르완다 키갈리의 키갈리 국제공항에 도착했다. 르완다는 화이자-바이오텍 코로나19 백신을 공급받은 최초의 아프리카 국가가 되었으며, 약 10만 회분의 백신이 전달되었는데, 제약 회사 측은 이를 아프리카 대륙의 '획기적 사건'이라 했다.

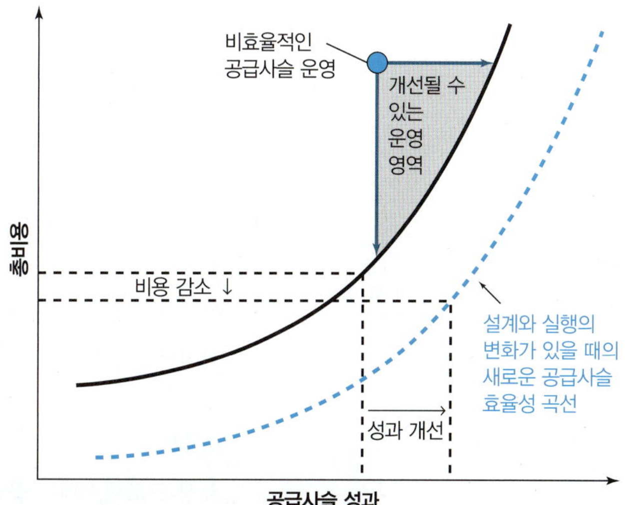

그림 13.4 공급사슬 효율성 곡선

경영 과제 운영

패션 업계에서는 타이밍이 가장 중요하다. 여성복 분야의 선도적인 패션 브랜드 제조업체인 어던(Adorn)은 치열한 경쟁에 직면해 있으며, 시장 출시 경쟁에서 뒤처지고 있다. 최근 경쟁 환경을 조사한 결과, 어던의 경쟁업체들은 디자인에서 출시까지 6~8주 만에 신제품을 출시하고 있으며, 일부는 시즌 제품을 3주 만에 서둘러 시장에 출시해 시즌에 뒤처지지 않는 역량을 갖추고 있는 것으로 나타났다. 재무 부서는 수익이 감소해 운전 자본에 부담을 준다고 불평했다. 마케팅 부서는 지체된 성과에 화가 난 소매점 바이어들의 불만을 듣는 데 지쳐 있다.

공급사슬관리자인 웬디 첸(Wendy Chen)은 어던을 정상 궤도에 올려놓기 위해 채용되었다. 그녀는 원사, 원단 등 원자재 조달부터 시작해 소매점에서 판매할 수 있는 완제품이 나올 때까지의 전 과정을 책임지고 있다. 이 과정에서 그녀는 생산 계획, 공급원, 원자재 및 공장 소싱, 물류 등을 감독한다. 그녀의 일을 더욱 어렵게 만드는 것은 패션업계가 매우 까다롭다는 사실이다. 예를 들어 매출은 계절뿐 아니라 파리 패션쇼 시기에 따라 매우 역동적으로 변할 수 있으며, 이는 최신 유럽 패션에 대한 전 세계 수요를 견인한다. 고객(주요 소매점의 구매자)은 새로운 의류 및 액세서리의 최고 품질과 빠른 개발을 요구한다.

웬디는 이전 경험을 통해 공급사슬관리가 성공적인 성과의 기반이라는 것을 알고 있다. 현재 공급 기반이 최고의 품질, 개발 속도, 물량 유연성과 같은 경쟁 우선순위를 지원하고 있는가? 새로운 공급원(source)을 고려해야 하는가? 주문 이행 프로세스가 구매자에게 적시에 제품을 전달할 수 있는가? 현재 어떤 성과 측정 방법을 사용하고 있으며 문제 지점을 식별하는 데 적절한가? 어던을 고객에게 더 적응력 있고 사용자 친화적으로 만들 수 있으려면 고객 인터페이스 프로세스에 어떤 개선이 필요한가? 이 장의 나머지 부분은 이러한 질문들에 대한 중요한 통찰력을 제공한다.

fruit)'로 간주할 수 있다.

2. 전략적 옵션(strategic option). 여기에는 공급사슬 설계를 경쟁 우선순위에 연계하고, 대량 맞춤화, 아웃소싱 의사결정, 공급사슬을 더욱 효과적으로 통합하고 위험을 최소화하기 위한 새로운 디지털 기술 도입이 포함된다. 이러한 주제는 14장 '공급사슬 설계'에서 다룬다.
3. 물류 네트워크 옵션(logistical network option). 여기에는 시설 입지, 재고 배치, 자재 흐름 네트워크의 자동화 수준 등이 포함된다. 자세한 내용은 15장 '물류 관리'를 참조하라.

비효율적인 공급사슬을 개선하려면 '경영 과제'에서 설명하는 것처럼 기업의 모든 기능 영역에 영향을 미치는 여러 가지 주요 의사결정이 필요하다.

공급 기반 관리

13.2 공급 기반 관리와 관련된 다섯 가지 주요 프로세스를 설명하고 총비용 분석과 선호도 행렬을 사용해 공급원을 식별한다.

서비스 또는 제품의 특성에 따라 조직의 공급 기반 구조가 결정된다. 공급업체 관계 프로세스(그림 1.4 참조)는 기업과 공급업체 간의 상호작용에 초점을 맞춘 것으로, (1) 소싱, (2) 디자인 협업, (3) 협상, (4) 구매, (5) 정보 교환의 다섯 가지 주요 중첩 프로세스를 포함한다. 많은 기업에서 이러한 프로세스는 조달(procurement)이라고도 하는 **구매**(purchasing)의 조직적 책임이며, 이는 거래할 공급업체를 결정하고, 계약을 협상하고, 정보 흐름을 유지하고, 현지 구매 여부를 결정하는 활동이다.

구매
어떤 공급업체와 거래할지 결정하고, 계약을 협상하고, 현지 구매 여부를 결정하는 활동

소싱

소싱 프로세스에는 공급업체 선정, 인증, 평가와 일반적으로 공급 계약 관리가 포함된다.

공급업체 선정

공급업체 선정의 출발점은 총비용 분석을 수행하는 것이다. 각 공급업체에 대해 고려해야 할 네 가지 주요 비용이 있다.

- **재료비용.** 서비스 또는 제품 제공을 위해 공급업체와 협상을 통해 단위당 가격(또는 서비스 적용 단위당 가격)이 결정된다. 재료비는 연간 소요량(D)에 단위당 가격을 곱한 값(p)과 같다.

$$\text{연간 재료비용} = pD$$

- **운송비용.** 제품 또는 서비스를 수행할 장비 및 인력 운송 비용은 공급업체의 위치, 선적 규모[독차(TL) 운송이 혼적(LTL) 운송보다 파운드당 저렴함], 연간 선적 횟수, 운송방식(항공 운송은 트럭이나 철도 운송보다 비쌈)에 따라 크게 달라질 수 있다.
- **재고비용.** 제품 구매에 관심 있는 구매자는 배송 수량과 공급업체의 리드타임을 고려해야 한다. 배송 수량(Q)에 따라 구매자가 제품의 다음 배송까지 유지해야 하는 주기 재고(cycle inventory)가 결정된다.

$$\text{주기 재고} = Q/2$$

리드타임(L)과 일일(또는 주) 평균 소요량($\bar{d}$)은 파이프라인 재고(pipeline inventory) 수준을 결정하며, 이는 구매자의 책임이기도 하다. 리드타임이 일정하다고 가정하면 파이프라인 재고는 다음과 같이 구할 수 있다.

$$\text{파이프라인 재고} = \bar{d}(L)$$

구매자는 주기 및 파이프라인 재고에 대한 재고 보유 비용을 지불해야 한다. 연간 재고비용은 주기 및 파이프라인 재고의 합계에 단위당 연간 보유 비용(H)을 곱한 값과 같다. 재고 보유 비용과 주기 및 파이프라인 재고에 대한 자세한 내용은 10장 '재고 관리'를 참조하라.

$$\text{연간 재고비용} = (Q/2 + \bar{d}L)H$$

- **관리비용.** 공급업체와의 접촉을 모니터링해야 하며, 공급업체와의 잦은 상호작용이 필요할 수 있다. 관리비용에는 공급업체와의 상호작용과 관련된 관리 시간, 출장 및 기타 가변비용이 포함된다. 이러한 비용은 공급업체의 위치에 따라 크게 달라질 수 있으며, 일반적으로 멀리 떨어져 있는 공급업체일수록 더 많은 관리적 주의가 요구된다. 공급업체의 연간 총비용은 이러한 비용의 합계이다.

$$\text{연간 총비용} = pD + \text{운송비용} + (Q/2 + \bar{d}L)H + \text{관리비용}$$

예제 13.1은 총비용 분석을 사용해 공급업체를 선정하는 방법을 보여준다.

공급업체 선정을 위한 총비용 분석

예제 13.1

컴프턴 일렉트로닉스(Compton Electronics)는 주요 컴퓨터 제조업체를 위한 노트북을 제조한다. 노트북의 핵심 요소는 키보드이다. 컴프턴은 키보드의 잠재적 공급업체 세 곳을 파악했으며, 각 공급업체는 전 세계 각지에 있다. 중요한 비용 고려 사항은 키보드 개당 가격, 운송비용, 재고비용, 계약 관리 비용이다. 키보드의 연간 요구량은 30만 개이다. 컴프턴의 영업일은 연간

250일이라고 가정한다. 관리자는 각 공급업체에 대해 다음과 같은 데이터를 확보했다.

	연간 운송비용		
	배송 수량(단위/배송)		
공급업체	**10,000**	**20,000**	**30,000**
벨파스트	380,000달러	260,000달러	237,000달러
홍콩	615,000달러	547,000달러	470,000달러
시리브포트	285,000달러	240,000달러	200,000달러

	키보드 비용 및 배송 리드타임			
공급업체	**단위당 가격 (달러)**	**단위당 연간 재고 운반비용(달러)**	**배송 리드타임**	**관리비용 (달러)**
벨파스트	100	20.00	15	180,000
홍콩	96	19.20	25	300,000
시리브포트	99	19.80	5	50,000

컴프턴에 가장 낮은 연간 총비용을 제공하는 공급업체는 어디인가?
벨파스트의 연간 비용을 계산하라.

풀이

일평균 요구사항은 다음과 같다.

$$\overline{d} = 300{,}000/250 = 1{,}200\text{개}$$

각 옵션은 다음 공식을 사용해 배송 수량을 고려해 평가해야 한다.

$$\begin{aligned}\text{연간 총비용} &= \text{재료비용} + \text{운송비용} + \text{재고비용} + \text{관리비용}\\ &= pD + \text{운송비용} + (Q/2 + \overline{d}L)H + \text{관리비용}\end{aligned}$$

예를 들어 배송 수량이 $Q = 10{,}000$개인 벨파스트 옵션을 고려하면 비용은 다음과 같다.

$$\begin{aligned}\text{재료비용} &= pD = (100\text{달러/개})(300{,}000\text{대}) = 30{,}000{,}000\text{달러}\\ \text{운송비용} &= 380{,}000\text{달러}\\ \text{재고비용} &= (\text{주기 재고} + \text{파이프라인 재고})H = (Q/2 + \overline{d}L)H\\ &= (10{,}000\text{개}/2 + 1{,}200\text{개/일}(15\text{일}))20\text{달러/개/년} = 460{,}000\text{달러}\\ \text{관리비용} &= 180{,}000\text{달러}\\ \textbf{연간 총비용} &= 30{,}000{,}000 + 380{,}000 + 460{,}000 + 180{,}000 = 31{,}020{,}000\text{달러}\end{aligned}$$

세 가지 배송 수량 옵션 모두에 대한 총비용은 유사하게 계산되며 다음 표에 포함되어 있다.

	키보드 공급업체의 연간 총비용		
	배송 수량		
공급업체	**10,000**	**20,000**	**30,000**
벨파스트	31,020,000달러	31,000,000달러	1,077,000달러
홍콩	30,387,000달러	30,415,000달러	30,434,000달러
시리브포트	30,352,800달러	30,406,800달러	30,462,800달러

의사결정 포인트

배송 수량이 중요한 역할을 하며, 벨파스트 공급업체의 최저 비용은 20,000개의 키보드 배송 수량을 제공한다. 그럼에도 불구하고 총비용 분석에 따르면 시리브포트 공급업체는 컴프턴에 가장 낮은 비용을 제공할 것이다. 컴프턴은 10,000개의 키보드 배송 수량을 선택해야 하는데, 이는 연간 30회(또는 300,000/10,000)의 배송이 있을 것임을 의미한다. 홍콩 공급업체의 키보드당 가격은 가장 낮았지만 물류, 재고 및 관리 비용을 포함한 전체 비용이 가장 낮은 시리브포트 공급업체가 컴프턴에 키보드를 배송할 수 있다.

출처: Helen Sessions/Alamy Stock Photo

기업은 친환경적 원재료를 구매하고, 소비자는 환경적으로 안전하고 생분해되는 제품을 선호하는 경우가 많아졌다.

공급업체를 선택할 때 총비용이 중요한 고려 사항이지만, 다른 성과 측면도 중요할 수 있다. 품질 저하로 인한 숨겨진 비용이 높을 수 있으므로 공급업체의 자재 품질이 중요할 수 있다. 마찬가지로 리드타임이 짧고 정시 배송이 가능하면 구매 기업은 재고를 줄이면서도 만족스러운 고객 서비스를 유지할 수 있다. 따라서 경영진은 서비스를 제공하고자 하는 시장 부문을 검토하고 그에 따라 공급업체 선정 요구사항을 공급사슬과 연관시켜야 한다. 회사의 경쟁 우선순와 우위요건(order winners) 성과 기준 목록을 작성하는 것이 좋은 출발점이 된다. 예를 들어 식품 서비스 회사의 관리자라면 총비용 외에도 정시 납품과 품질을 공급업체 선정의 최우선 기준으로 삼을 것이다. 이러한 기준은 식품 서비스 공급사슬이 충족해야 하는 요구사항을 반영한다.

공급업체를 선정할 때 중요한 또 다른 기준은 환경적 영향이다. 많은 기업이 환경 폐기물의 흐름을 파악, 평가, 관리하고 이를 줄이고 환경에 미치는 영향을 최소화하는 방법을 찾는 **녹색 구매**(green purchasing)에 참여하고 있다. 공급업체는 서비스나 제품을 설계하고 생산할 때 환경을 고려할 것을 요구받고 있다. 친환경, 생분해성, 천연, 재활용과 같은 요건은 계약 입찰 시 입증되어야 한다. 이 장의 서두에서 논의했듯이 코카콜라는 공급 기반 관리에 있어 환경을 고려한 정책을 채택했을 뿐만 아니라, 공급업체와 협력해 더욱 친환경적인 행동을 장려해왔다.

녹색 구매
환경 폐기물의 흐름을 파악, 평가, 관리하고, 이를 줄이고 환경에 미치는 영향을 최소화하는 방법을 찾는 프로세스

공급업체 선정 문제에서 여러 기준에 직면할 경우, 관리자는 예제 13.2와 같이 선호도 행렬을 사용할 수 있다. 이 접근방식에 대한 자세한 내용은 보론 A '의사결정'을 참조하라.

공급업체 선정을 위한 선호도 행렬 사용

예제 13.2

컴프턴 일렉트로닉스의 경영진은 세 곳의 국제 키보드 공급업체를 대상으로 총비용 분석을 수행했다(예제 13.1 참조). 또한 컴프턴은 공급업체 선정 과정에서 정시 납품, 일관된 품질, 환경적 책임도 고려한다. 각 기준에는 가중치(총 100점)가 부여되며, 각 공급업체는 각 기준에 대해 점수를 받는다(1 = 미흡, 10 = 우수). 관련 데이터는 다음 표에 나와 있다.

		점수		
기준	가중치	벨파스트	홍콩	시리브포트
총비용	25	5	8	9
정시 납품	30	9	6	7
일관된 품질	30	8	9	6
환경	15	9	6	8

각 공급업체의 가중치를 구하라.

풀이

각 공급업체에 대한 가중치는 각 기준의 점수에 가중치를 곱해 총점을 산출하는 방식으로 계산된다. 예를 들어 벨파스트 가중치는 다음과 같다.

$$WS = (25 \times 5) + (30 \times 9) + (30 \times 8) + (15 \times 9) = 770$$

마찬가지로 홍콩의 가중치는 740점, 시리브포트는 735점으로 벨파스트가 우선 공급업체로 선정되었다.

의사결정 포인트

벨파스트는 예제 13.1의 계산에 따라 총비용이 더 높았지만, 컴프턴이 매우 중요하게 여기는 기준에서 다른 공급업체를 크게 앞질렀다. 기준에 부여된 가중치를 고려할 때, 컴프턴은 더 나은 배송 성과, 품질, 환경적 책임감을 위해 추가비용을 기꺼이 지불할 의향이 있음이 분명하다.

공급업체 인증 및 평가

공급업체 인증 프로그램은 잠재적 공급업체가 구매 회사가 요구하는 서비스 또는 자재를 제공할 수 있는 역량을 갖추고 있는지 검증한다. ISO 9001:2008은 이러한 프로그램 중 하나이다(자세한 내용은 4장 '품질과 성과' 참조). 그럼에도 불구하고 인증에는 일반적으로 구매 기업의 교차 기능팀이 현장을 방문해 프로세스 및 정보 시스템 관점에서 비용, 품질, 납기, 유연성 목표를 충족하는 공급업체의 역량을 심층적으로 평가한다. 이 팀은 운영, 구매, 엔지니어링, 정보 시스템, 회계 담당자로 구성될 수 있다. 서비스 또는 자재 생산의 모든 측면을 검토한다. 팀은 공급업체의 실제 프로세스를 관찰하고 문서의 완전성과 정확성을 검토한다. 인증을 받은 공급업체는 구매 부서에서 별도의 신원 조회 없이 사용할 수 있다.

한번 인증을 부여받은 공급업체가 향후 평가에서 프리패스를 부여받는 것은 아니다. 성과는 정기적으로 모니터링되고 성과 기록이 보관된다. 인증팀의 주기적인 방문이 이루어질 수 있다. 일정 기간이 지나거나 성과가 저하되면 재인증이 필요할 수 있다.

디자인 협업

디자인 협업(design collaboration) 프로세스는 새로운 서비스나 제품을 주요 공급업체와 공동으로 설계하는 것으로, 특히 설계 및 개발 단계에서 주요 공급업체를 새로운 서비스/제품 개발 프로세스에 참여시킴으로써 동시 엔지니어링(concurrent engineering)을 촉진한다. 이 프로세스는 여러 공급업체가 동시에 서비스 패키지나 제조 부품을 설계할 때 발생하는 비용이 많이 드는 지연과 실수를 제거하는 것을 목표로 한다.

조기 공급업체 참여
서비스 또는 제품의 설계 단계에 공급업체를 참여시키는 프로그램

많은 기업이 디자인 협업 프로세스에서 사용하는 접근방식 중 하나는 **조기 공급업체 참여**(early supplier involvement)이다. 이는 서비스 또는 제품의 설계 단계에 공급업체를 참여시키는 프로그램이다. 공급업체는 설계 변경 및 재료 선택에 대한 제안을 통해 보다 효율적인 운영과 더 높은 품질로 이어질 수 있는 아이디어를 제공한다. 자동차 산업에서는 이보다 더 높은 수준의 조기 공급업체 참여가 **프리소싱**(presourcing)으로 알려져 있는데, 이는 제품의 개념 개발 단계 초기에 공급업체를 선정하고, 제품의 특정 부품이나 시스템 설계에 대해 전부는 아니더라도 상당한 책임을 부여하는 것이다. 프리소싱 공급업체는 생산 품목의 비용, 품질, 정시 납품에 대한 책임도 지게 된다.

프리소싱
공급업체가 제품 개념 개발 단계 초기에 선정되어 제품의 특정 구성 요소나 시스템 설계에 대한 상당한 책임(전적인 책임은 아니더라도)을 부여받는 공급업체 참여 수준

기업은 구매하거나 생산하는 서비스나 제품의 비용을 줄이거나 성과를 개선하기 위한 체계적인 노력인 **가치 분석**(value analysis)에 참여하는 데 중점을 둔다. 이는 서비스나 제품의 생산과 관련된 서비스, 자재, 프로세스, 정보 시스템, 자재 흐름을 집중적으로 조사하는 것이다. 가치 분석은 생산, 자재, 유통 비용이 절감되고, 이익 마진이 개선되며, 고객 만족도가 향상되는 등의 이점이 있다.

가치 분석
구매하거나 생산하는 서비스 또는 제품의 비용을 절감하거나 성과를 개선하기 위한 체계적인 노력

협상

협상 과정은 공급업체 관계 프로세스 내부 고객의 가격, 품질, 납품 요건을 충족하는 효과적인 계약을 체결하는 데 중점을 둔다. 공급업체와 유지되는 관계의 성격은 회사 서비스 및 제품의 품질, 적시성 및 가격에 영향을 미칠 수 있다. 공급업체 관계에 대한 회사의 지향점은 협상 및 설계 협업 프로세스에 영향을 미친다.

경쟁적 지향

경쟁적 지향(competitive orientation)은 구매자와 판매자 간의 협상을 제로섬 게임으로 간주한다. 한쪽이 잃는 것은 무엇이든 다른 쪽이 얻는 것이다. 장기적인 약속보다 단기적인 이점을 중시한다. 구매자는 공급자의 가격을 생존 가능한 최저 수준까지 낮추거나 호황기에는 수요를 높은 수준으로 끌어올리고 불황기에는 거의 주문하지 않으려고 할 수 있다. 반대로 공급업체는 특정 수준의 품질, 고객 서비스, 물량 유연성을 위해 더 높은 가격을 요구할 수 있다. 어느 쪽이 승리하는지는 누가 더 큰 영향력을 가지고 있느냐에 따라 크게 달라진다.

경쟁적 지향
구매자와 판매자 간의 협상을 제로섬 게임으로 보는 공급자 관계. 즉 한쪽이 손해를 보면 다른 쪽은 이익을 얻고, 단기적 이익이 장기적 약속보다 더 중요하게 여겨지는 관계

구매력(purchasing power)은 기업의 영향력을 결정한다. 구매자의 구매량이 공급자의 매출에서 상당한 비중을 차지하거나 구매 서비스나 품목이 표준화되어 있고 대체재가 많으면 구매력이 있는 것이다. 이러한 상태를 경제적 의존도(economic dependency)라고 한다. 그러나 기업은 공급업체와의 관계에서 다른 형태로 구매력의 원천을 확보할 수도 있다. 이러한 구매력의 원천은 다음을 포함한다.

- 참조 대상. 공급업체는 구매자와의 동일성을 중요하게 생각한다. 예를 들어 한 기업이 IBM에 공급하고 있다는 사실은 다른 고객과의 비즈니스의 문을 열어줄 수 있다.
- 전문가. 구매자는 공급업체가 원하는 지식, 정보 및 기술에 액세스할 수 있다. 예를 들어 UPS의 공급업체는 UPS가 보유한 물류 계획 기술을 이용할 수 있다.
- 보상. 구매자는 공급자에게 보상을 제공할 수 있다. 종종 보상에는 향후 비즈니스에 대한 약속이나 향후 언젠가 파트너가 될 수 있는 기회가 포함될 수 있다.
- 법률. 구매자는 공급업체의 행동을 규정할 법적 권리가 있다. 예를 들어 구매자는 협상된 계약의 엄격한 준수를 요구할 수 있으며, 그렇지 않을 경우 소송으로 이어질 수 있다.
- 강압. 구매자는 공급업체를 처벌할 수 있는 권한이 있다. 예를 들어 구매자는 공급업체가 구매자의 요구를 따르지 않으면 향후 공급업체와의 거래를 취소하겠다고 압박할 수 있다.

구매자가 그들의 관계에서 항상 구매력을 갖는 것은 아니라는 점에 유의해야 한다. 때로는 공급자가 구매력을 보유할 수 있으며, 따라서 공급자도 이러한 구매력의 원천을 행사할 수 있는 것이다.

협력적 지향

협력적 지향
구매자와 판매자가 파트너로서 서로 최대한 협력하는 공급자 관계

협력적 지향(cooperative orientation)은 구매자와 판매자가 서로를 최대한 돕는 파트너라는 점을 강조한다. 협력적 지향은 장기적인 약속, 품질 및 서비스나 제품 디자인에 대한 공동 작업, 공급자의 경영, 기술 및 역량 개발에 대한 구매자의 지원을 의미한다. 협력적 지향은 특정 서비스나 품목의 공급업체 수를 줄이는 것을 선호하며, 한두 개의 공급업체가 이상적이다. 주문량이 증가함에 따라 공급업체는 규모의 경제를 달성해 비용을 절감할 수 있다. 계약 규모가 크고 장기적인 관계가 보장되면 공급업체는 새로운 시설을 건설하고 새로운 인력을 고용해 구매자의 공장 근처로 이전할 수도 있다. 공급업체가 구매자의 연장선상에 있는 셈이다.

협력적 지향은 구매자가 공급업체의 향후 구매 의도에 대해 더 많은 정보를 공유한다는 것을 의미한다. 이러한 전방 가시성을 통해 공급업체는 미래 수요에 대해 더 정확하고 신뢰할 수 있는 예측을 할 수 있다. 구매자는 공급업체의 공장을 방문해 협력적인 태도를 함양한다. 구매자는 공급업체의 운영을 개선할 방법을 제안할 수도 있다. 공급업체와의 긴밀한 협력은 구매자가 입고되는 자재를 검사할 필요가 없다는 것을 의미할 수도 있다. 또한 서비스나 제품 설계에 공급업체를 더 많이 참여시키고, 비용 절감 아이디어를 구현하며, 절감된 비용을 공유할 수도 있다.

협력적 지향의 또 다른 장점은 공급사슬의 공급업체 수를 줄여 관리의 복잡성을 줄일 수 있다는 것이다. 그러나 서비스나 품목의 공급업체 수를 줄이면 공급 중단의 위험이 높아질 수 있다. 또한 구매자의 영향력이 크지 않은 한 좋은 거래를 이끌어낼 기회가 줄어든다. 서비스나 품목에 대한 계약을 단 하나의 공급업체에만 수주하는 **단독 소싱**(sole sourcing)은 공급업체와의 문제를 더욱 악화시킬 수 있다.

단독 소싱
단 하나의 공급업체에만 서비스나 품목에 대한 계약을 수주하는 방식

경쟁적 지향과 협력적 지향 모두 장단점이 있다. 핵심은 회사의 경쟁 우선순위에 가장 적합한 접근방식을 채택하는 것이다. 일부 기업은 혼합전략을 활용해 일용품과 같은 공급에는 경쟁적 접근방식을 적용하고, 복잡하고 가치가 높거나 대량 생산되는 서비스와 자재에는 협력적 접근방식을 활용하기도 한다.

구매

구매 프로세스는 공급업체로부터 서비스 또는 자재를 실제로 조달하는 것과 관련이 있다. 이 프로세스에는 구매 주문서의 작성, 관리, 승인이 포함되며, 구매 결정의 통제 위치(locus of control)를 결정한다. 컴퓨터와 인터넷은 구매 프로세스의 효과적인 관리에 중요한 역할을 한다. 여기에서는 구매 프로세스에서 인공지능의 역할과 전자 구매에 대한 네 가지 접근방식, 즉 (1) 전자 데이터 교환, (2) 카탈로그 허브, (3) 거래소, (4) 경매에 대해 논의하고, 통제 위치 선택의 의미를 논의한다.

인공지능(AI)

구매 기능에는 방대한 데이터와 서류 작업이 수반된다. 많은 양의 데이터를 수동으로 처리하면 인적 오류가 발생하고, 이로 인해 수정 및 부정 구매를 추적하는 데 인력 자원을 비효율적으로 사용하게 된다. 종이 및 수작업 프로세스는 문서를 수작업으로 수집, 검토, 보관해야 하기 때문에 기업의 환경 발자국(environmental footprint)을 증가시킨다. 또한 화재, 홍수, 기타 자연재해로 인한 기록 손실의 위험도 증가한다. 수작업 구매 승인은 지연과 오류가 발생하기 쉬우며, 결제 지연, 부정확, 누락으로 인해 공급업체와의 관계가 손상될 수 있다. 이러한 단점을 극복하

기 위해 기업은 구매 거래를 디지털화하고, 사용하기 쉽도록 데이터 세트로 정리해 클라우드에 저장할 수 있다. 방대한 데이터를 정확하고 빠르게 처리할 수 있는 인공지능은 다음과 같은 방식으로 활용될 수 있다.

출처: MONOPOLY 919/Shutterstock

스마트 리테일의 안내 로봇은 고객을 맞이하고, 상품 정보를 제공하고, 계산을 받는 계산원 역할을 한다.

- **소싱을 위한 데이터 분석.** AI는 경쟁력이 없거나 수익성이 낮은 결제 조건, 중복 공급업체, 불량 구매 등의 데이터를 분석해 선호하는 공급업체 목록을 만드는 데 활용할 수 있다. 이러한 분석을 통해 구매 가이드를 작성하고, 이를 통해 회사 전체의 직원들이 선호 공급업체로부터 품목을 구매할 수 있다. 또한 구매 및 판매 데이터를 분석해 시장 가격을 추정하고 잠재적 공급업체를 파악해 진출할 특정 시장에 대한 정보를 경영진에게 제공할 수 있다.
- **공급업체 위험 관리.** AI는 공급업체 성과의 갑작스러운 변화를 정확하고 신속하게 식별하고, 이러한 변화가 위험을 증가시키는지 감소시키는지를 처리함으로써 공급업체 위험 관리를 지원할 수 있다.
- **로봇 프로세스 자동화(RPA).** RPA 같은 도구를 사용하면 대량의 반복적이고 지루한 작업을 간소화하고 최적화할 수 있다. 소프트웨어 로봇은 구매 주문 승인 및 송장을 처리하고, 내부 프로세스와 공급업체 성과 및 규정 준수와 같은 중요한 공급업체 관계 요인 모두에 대한 핵심성과지표(KPI)를 모니터링할 수 있다.

이러한 것들은 AI와 머신러닝이 구매 프로세스를 지원하는 방법의 일부에 불과하다. 본질적으로 AI는 인간이 일상적이고 지루하며 대량의 작업에서 벗어나 더 전략적인 활동에 집중할 수 있도록 지원한다.[1]

전자 데이터 교환

전자 구매의 전통적인 형태는 **전자 데이터 교환**(electronic data interchange, EDI)으로, 일상적이고 표준화된 비즈니스 문서를 컴퓨터에서 컴퓨터로 전송할 수 있는 기술이다. 특수 통신 소프트웨어는 문서를 일반적인 형식으로 번역해 조직이 서로 다른 하드웨어 및 소프트웨어 구성요소를 가지고 있어도 정보를 교환할 수 있도록 한다. 송장, 구매 주문서, 결제 정보 등은 EDI가 처리할 수 있는 일상적인 문서 중 일부이며 전화, 팩스, 우편으로 보내는 문서를 대체한다. EDI의 목표는 '사람 없이, 종이 없이'이다.

전자 데이터 교환(EDI)
표준 형식을 갖춘 일상적인 비즈니스 문서를 컴퓨터에서 컴퓨터로 전송할 수 있게 해주는 기술

카탈로그 허브

카탈로그 허브(catalog hub)는 공급업체에 주문하는 비용과 서비스 또는 상품 자체의 비용을 절감하는 데 사용할 수 있다. 공급업체는 허브(hub)에 품목 카탈로그를 게시하고, 구매자는 필요한 품목을 선택해 전자 방식으로 구매한다. 허브는 인터넷을 통해 기업을 잠재적으로 수백 개의 공급업체와 연결해주기 때문에 개별 공급업체와 일대일로 연결해야 하는 EDI 비용을 절감할 수 있다. 또한 구매 기업은 사무용품, 기술 장비, 서비스 등의 품목에 대해 개별 공급업체와

카탈로그 허브
공급업체가 자사의 품목 카탈로그를 인터넷에 게시하고, 구매자가 필요한 품목을 선택해 전자적으로 구매하는 시스템

1 Rob Biedron, "Artificial Intelligence in Procurement," http://planergy.com/blog/ai-in-procurement/ (April 24,2023); "AI in Procurement: Comprehensive Guide to Artificial Intelligence in Procurement," Simfoni.com/ai-inprocurement (October 16, 2023); Stephen Resar, Sarthak Pany, and Euan Hunter Smillie. "The AI Opportunity in Sourcing and Procurement," https://www2.deloitte.com/content/dam/Deloitte/ca/Documents/deloitte-analytics/ca-en-omniaai-supplychain-pov-aoda.pdf (October 16, 2023).

가격을 협상할 수 있다. 구매 회사의 직원이 보는 카탈로그는 승인된 품목과 구매자가 공급업체와 사전 협상한 가격으로만 구성된다. 직원들이 PC를 사용해 필요한 품목을 선택하면 시스템이 구매 주문서를 생성하고, 이 주문서는 전자적으로 공급업체에 발송된다.

거래소

거래소
구매 기업과 판매 기업이 함께 모여 비즈니스를 수행할 수 있게 해주는 전자 시장

거래소(exchange)는 구매 기업과 판매 기업이 함께 모여 비즈니스를 수행하는 전자 시장이다. 거래소는 구매자와 판매자 간의 관계를 유지해 계약 협상이나 기타 장기적인 조건 없이도 쉽게 사업을 수행할 수 있도록 해준다. 거래소는 종종 최저 비용으로 즉각적인 수요를 충족하기 위한 '현물' 구매에 사용된다. 석유, 철강, 에너지와 같은 원자재가 이 범주에 속한다. 또한 호텔이나 병원 용품과 같은 거의 모든 품목에도 거래소를 활용할 수 있다.

경매

경매
기업들이 경쟁 입찰을 통해 구매 활동을 할 수 있게 해주는 장터

거래소의 확장된 형태인 **경매**(auction)는 기업이 물건을 구매하기 위해 경쟁 입찰을 하는 것이다. 예를 들어 특정 산업을 위한 특정 사이트가 형성될 수 있으며, 초과 생산능력이나 자재를 보유한 기업은 최고 입찰자에게 이를 판매할 수 있다. 입찰은 비공개로 진행하거나 공개할 수 있다. 경매가 가치 있는 산업으로는 중고 자동차, 철강, 화학 제품 등이 있다. 소비자를 대상으로 하는 예로는 이베이(eBay)와 프라이스라인닷컴(Priceline.com)이 있다. 상당한 관심을 받고 있는 방식은 소위 역경매(reverse auction)로, 공급업체가 구매자와 계약을 체결하기 위해 입찰하는 방식이다. 각 입찰가는 게시되므로 공급업체는 계약에 참여하기 위해 다음 입찰가를 얼마나 낮춰야 하는지 확인할 수 있다. 각 계약에는 협상 불가능한 모든 사양, 조건, 기타 요건을 제공하는 전자 안내서가 있다. 구매자는 부담해야 할 비용만 결정하면 된다. 구매자는 일반적인 계약 가격보다 최대 20~30%까지 절감할 수 있다.

공급업체 관리 재고

공급업체 관리 재고(VMI)
공급업체가 고객의 재고 데이터에 접근하고 고객 사이트의 재고 유지를 관리할 책임이 있는 시스템

클라우드 컴퓨팅과 같은 기술을 통해 공급사슬에 속한 모든 기업의 재고에 관한 신뢰할 수 있는 정보를 얻으면 기업은 자재 흐름을 개선하는 효과적인 방법에 대해 협업할 수 있다. 신뢰할 수 있는 정보 교환 프로세스가 필요한 전략은 **공급업체 관리 재고**(vendor-managed inventory)로, 공급업체가 고객의 재고 데이터에 액세스하고 고객이 요구하는 재고 수준을 유지할 책임이 있는 시스템이다. 재고는 고객 측에 있으며, 공급업체는 고객이 사용할 때까지 재고를 보유하는 경우가 많다. 월마트, 델과 같은 기업은 시장 지위를 활용해 VMI를 의무화하고 있다. 공급업체 관리 재고는 몇 가지 핵심 요소를 갖추고 있다.

- 협업 노력. VMI가 성공하려면 고객이 공급업체의 재고 정보에 대한 액세스를 기꺼이 허용해야 하며, 이는 사물 인터넷(IoT)을 통해 촉진할 수 있지만 예측, 판매 프로모션, 기타 수요 관련 데이터에 대한 정보로 강화되어야 한다. 이는 공급업체가 재고 관리에서 중요한 관리 역할을 맡는다는 의미이다. 따라서 높은 수준의 상호 신뢰와 책임감이 요구된다.
- 비용 절감. 공급업체와 고객은 더 나은 운영 계획을 통해 과잉 재고의 가능성을 제거할 수 있다. VMI는 관리 및 재고 비용을 줄여 비용을 절감한다. 주문 처리 비용도 절감된다.
- 고객 서비스. 공급업체는 고객 현장에 자주 방문해 고객의 운영 방식을 더 잘 이해함으로써 대응 시간을 단축하고 재고 부족을 줄인다.
- 서면 계약. 양 당사자가 각 파트너의 책임을 완전히 이해하는 것이 중요하다. 청구 절차, 예

측 방법, 보충 일정 등의 영역이 명확하게 명시되어야 한다. 또한 예측 수정 및 계약 기간 변경으로 인한 재고 소진에 대한 책임도 명시되어야 한다.

VMI는 서비스 제공업체와 제조업체 모두 사용할 수 있다. AT&T, 로드웨이 익스프레스(Roadway Express), 월마트, 델, 웨스팅하우스(Westinghouse), 보스(Bose) 등이 VMI를 사용하는 대표적 기업이다.

구매자-공급자 윤리 및 지속가능성

지속가능한 기업은 미래 세대에 해를 끼치지 않으면서 인류의 필요를 충족하고자 한다. 윤리적 행동은 지속가능성의 세 가지 요소인 사회적 책임, 재무적 책임, 환경적 책임을 바탕으로 하기 때문에 이러한 목표를 달성하는 데 핵심적인 역할을 한다(그림 1.5 참조). 공급사슬관리자는 공급업체와 거래할 때 윤리의 중요성을 인식해야 한다. 윤리적 문제가 발생했을 때, 기업은 전적으로 책임이 없고 실제로는 상류 공급업체에 책임이 있는 경우에도, 고객은 종종 서비스나 제품을 직접 판매한 해당 기업을 비난하는 경우가 많다. 따라서 윤리적 행동 강령을 준수하는 공급업체를 선정하는 것은 공급사슬관리의 중요한 측면이다. 이는 어려운 작업이지만, 사회적 책임을 다하는 기업은 윤리적 공급업체를 선정하기 위한 몇 가지 지침을 가지고 있다. 윤리적 사업장 구현을 정의하고 검증하는 기관인 사회적 책임 국제기구(Social Accountability International)는 윤리적 인력 관리의 아홉 가지 차원을 다루는 표준 목록인 **SA8000:2014**를 만들었다.

SA8000:2014
윤리적 인력 관리의 아홉 가지 측면을 포괄하는 표준 목록

1. **아동 노동.** 일반적으로 15세 미만으로 간주되는 미성년 근로자를 고용하지 않는다.
2. **강제 또는 의무 노동.** 감옥 노동이나 채무 노예 노동을 포함한 강제 노동이나 의무 노동을 금지한다.
3. **건강 및 안전.** 안전하고 건강한 근무 환경을 제공한다.
4. **결사의 자유 및 단체교섭권.** 노동조합을 결성하고 가입하고 단체 교섭을 할 권리를 존중한다.
5. **차별.** 인종, 계급, 출신, 종교, 장애, 성별, 성적 지향, 노조 또는 정치적 성향, 나이에 따른 차별에 관여하거나 지지하지 않으며, 성희롱을 하지 않는다.
6. **징계 관행.** 체벌, 정신적 또는 신체적 강압, 언어적 학대를 사용해서는 안 된다.
7. **근무시간.** 주당 48시간을 초과하지 않고, 7일마다 최소 1일의 휴일을 보장하며, 초과 근무시간과 단체 교섭에 따른 임금을 지급해야 한다.
8. **보수.** 법적 및 산업 기준을 충족하고 근로자와 그 가족의 기본적인 필요를 충족하기에 충분한 표준 주당 근무시간에 대한 임금을 지급해야 한다.
9. **관리 시스템.** 이 차원에는 SA8000:2014 표준을 충족하고 준수하기 위해 경영진의 조치가 필요한 열 가지 요소가 있다. 인증을 취득하고 유지하려는 시설은 단순한 준수를 넘어 해당 표준을 경영 시스템 및 관행에 통합해야 한다.

인증을 받은 기업은 3년마다 재인증을 받아야 한다. 2020년 11월 17일 기준으로 59개국 57개 산업 분야에서 2,201,024명의 근로자를 고용하고 있는 4,645개의 인증 시설이 있다. SA8000:2014와 같은 표준은 사회적으로 책임 있는 공급사슬을 구축하는 데 큰 도움이 된다.

윤리적인 인력 운영 방식을 갖춘 공급업체를 파악하는 것 외에도, 기업은 시장 기준과 경쟁

우선순위에 따라 공정하게 공급업체를 선정하기 위해 노력해야 한다. 친분, 가족 관계, 공급업체에 대한 투자를 이유로 공급업체를 우대하는 행위는 지양해야 한다. 구매자는 계약 협상 시 진실해야 하며, 공급업체의 비용 구조와 성과 개선을 위한 모든 노력을 존중해야 한다. 구매자에게 감사 표시 이상의 사례금을 제공하는 행위는 금지되어야 한다. 기타 비윤리적인 활동에는 다음이 포함된다.

- 비밀 입찰을 공개하고 특정 공급업체의 재입찰을 허용하는 행위
- 회사가 공급업체로부터 구매하고, 공급업체는 다시 회사로부터 구매하는 상호 계약을 체결하는 행위
- 더 나은 거래를 얻기 위해 상황을 과장하는 행위
- 개인적인 이익을 위해 회사의 자원을 사용하는 행위

공급업체는 제품 라벨(labelling)의 정확성과 관련해 윤리적 책임을 져야 한다. 부정행위에 대한 결과는 심각할 수 있다. 예를 들어 월마트와 타깃(Target)은 세계 최대 섬유 제조업체 중 하나인 웰스펀 인디아(Welspun India)의 면 시트 판매를 중단했다. 웰스펀은 이 시트가 다른 면보다 더 부드럽고 내구성이 좋은 것으로 알려진 이집트산 면 100%로 만들어졌다고 주장했다. 하지만 실제로는 이집트산 면화의 생산량이 적어 웰스펀은 더 저렴한 대체재를 사용한 것으로 DNA 분석을 통해 확인되었다. 2016년 8월, 타깃은 웰스펀의 가짜 이집트산 면화 시트와 베개 커버 75만 장을 리콜했고, 월마트는 같은 제품에 대해 고객 환불을 제공했다. 타깃의 발표 이후 웰스펀의 주가는 거래가 중단되기 전까지 20% 하락했다.

마지막으로 구매자와 공급자의 관계에 대해 특별히 언급할 필요가 있다. 거의 모든 공급사슬에서 구매력은 구매자와 공급자 간의 관계에서 중요한 역할을 한다. 공급업체 매출의 많은 부분을 차지하는 구매자는 공급업체의 이익에 부합하지 않을 수 있는 양보를 공급업체에 요구하는 경우가 있다. 예를 들면 강력한 구매자가 자신과 다른 모든 사람이 장기적으로 이익을 얻을 것이라는 전제하에 공급업체에 단기적으로라도 손해를 감수하도록 강요하는 상황이 종종 목격된다. 월마트가 모든 공급업체에 재고와 배송을 추적하기 위해 무선 주파수 식별(RFID) 기술에 투자할 것을 요구한 것이 그 사례라고 할 수 있다. 일부 공급업체, 특히 이윤이 적은 상품을 판매하는 공급업체는 월마트의 공급업체로 남기 위해 손해를 감수해야만 했다. 장기적으로는 공급사슬의 모든 구성원이 RFID로 전환하기 전보다 더 나아질 것이라고 주장하는 사람들도 있다. 그럼에도 불구하고 월마트의 초기 RFID 도입 시도는 공급업체로부터 좋은 평가를 받지 못했고, 공급업체의 반발로 인해 프로그램이 흔들리게 되었다. 현재 월마트는 공급업체 비용을 분담하고 있으며, 특히 혜택이 더 명확하게 정의될 수 있는 의류와 같은 품목 수준에서 RFID에 더 집중하고 있다. 그러나 개인정보보호 전문가들은 RFID 사용에 대해 여전히 우려를 표하고 있다. 그 이유는 소비자가 태그가 부착된 제품을 집으로 가져갈 때 개인 정보 침해가 발생할 수 있다고 생각하기 때문이다.

이와 같은 윤리적 문제는 강력한 공급업체, 특히 소매업체와의 계약에서 자사 제품의 독점권이나 주문 정책에 대한 통제권과 관련해 빈번히 발생한다는 점을 주지할 필요가 있다.

공급 기반 관리를 위한 핵심 성과지표

공급사슬의 성과를 모니터링해 개선이 필요한 부분을 파악하거나 중단의 영향을 측정하는 것이 중요하다. 공급사슬관리자는 비용, 시간, 품질, 환경적 영향을 측정해 성과를 모니터링한다. 다

음은 공급업체 관계 프로세스에서 일반적으로 사용되는 몇 가지 성과지표이다.

- 공급업체의 정시 납품 비율
- 공급업체의 리드타임
- 서비스 및 구매 자재의 결함 비율
- 서비스 및 구매 자재 비용
- 공급품 및 구매 부품의 재고 수준
- 공급업체의 간소화 및 폐기물 처리 협력 평가
- 공급업체에 대한 환경 기술 이전량

고객 주문 이행

13.3 고객 주문을 이행하는 데 관련된 네 가지 주요 프로세스를 식별하고 기댓값 의사결정 규칙을 사용해 적절한 물류 자원의 용량을 결정한다.

주문 이행 프로세스(그림 1.4 참조)는 서비스 또는 제품을 생산해 고객에게 전달하는 과정이다. 여기에는 (1) 고객 수요 계획, (2) 공급 계획, (3) 생산, (4) 물류의 네 가지 주요 중첩된 프로세스가 있다.

고객 수요 계획

고객 수요 계획(customer demand planning, CDP) 프로세스는 서비스 또는 제품에 대한 고객 요구사항을 예측할 목적으로 공급업체와 고객의 협업을 촉진한다. CDP는 영업팀(및 고객)이 서비스 계획 프로세스, 생산 및 재고 계획, 수익 계획에 대한 입력으로 수요 예측을 개발할 수 있도록 하는 비즈니스 계획 프로세스이다. 일반적으로 예측은 계획보다 선행되어야 한다. 예측 기간 동안의 수요를 합리적으로 정확하게 파악할 수 있는 예측이 개발되기 전에는 인력 배치 수준, 구매 약정, 재고 수준에 관한 결정을 내릴 수 없다. 9장 '예측'에는 고객 수요 예측을 위한 실용적인 도구들이 소개하고 있다.

공급 계획

공급 계획(supply planning) 프로세스는 고객 수요 계획 프로세스에서 생성된 수요 예측, 재고 관리에서 제공하는 고객 서비스 수준 및 재고 목표, 판매 및 운영 계획에서 제공하는 자원을 사용해 수요를 충족하기 위한 계획을 생성한다. 기업이 서비스를 생산하든 제품을 생산하든, 이 프로세스는 공급사슬에서 효과적인 실행을 위해 필수적이다. 효과적인 공급 계획 총괄 및 세부 수준에서 준비하는 방법에 대한 자세한 내용은 10장 '재고 관리', 11장 '운영 계획과 일정 계획', 12장 '자원 계획'을 참조하라.

생산

생산(production) 프로세스는 서비스나 제품을 생산하기 위해 공급 계획을 실행한다. 하지만 생산 프로세스는 투입물을 공급하고, 수요를 설정하고, 고객에게 제품을 전달하는 프로세스와 통합되어야 한다. 예를 들어 고객은 베스트바이(Best Buy)나 코스트코(Costco) 같은 소매점에서 표준화된 델 컴퓨터 패키지를 구매할 수 있지만, 컴퓨터 제조업체에 직접 맞춤형 컴퓨터를 주문하는 경우 주문, 구매, 생산, 물류 프로세스는 델에서 긴밀하게 연결된다. 델의 공급사슬은 조립 후 주문 전략을 지원하므로 재고를 최소화하면서 신속한 서비스를 제공할 수 있다.

공급업체와 고객 대면 프로세스를 생산 프로세스에 통합하는 것은 제조 기업만큼이나 서비스 기업에도 중요하다. 최고의 기업은 생산 프로세스를 고객뿐만 아니라 공급업체와도 긴밀하게 연결한다.

물류

주문 처리의 핵심은 제품이나 서비스를 고객에게 전달하는 물류(logistics) 프로세스이다. 물류 프로세스의 설계 및 구현을 결정하는 다섯 가지 중요한 요소는 (1) 소유권 수준, (2) 시설 위치, (3) 운송 수단, (4) 용량 수준, (5) 크로스도킹이다.

- **소유권 수준.** 기업은 물류 프로세스를 소유하고 운영할 경우, 즉 **민간 운송업체**가 될 경우 물류 프로세스에 대한 통제력을 가장 크게 확보할 수 있다. 이러한 접근방식은 기업의 경쟁 우선순위를 더욱 효과적으로 달성하는 데 도움이 될 수 있지만 장비, 인건비, 시설 및 유지보수 비용이 높을 수 있다. 기업은 대신 유통을 **제3자 물류 제공업체**(3PL)에 맡기고 특정 서비스에 대해서는 운송업체와 협상할 수 있다. 이러한 서비스에는 주문 처리 프로세스의 상당 부분이 포함될 수 있다. 3PL은 일반적으로 제품을 시장에 출시해야 하는 기업 고객에게 운송 및 포장 서비스부터 창고 및 재고 관리까지 통합 서비스를 제공한다. 3PL은 고객의 공급사슬 설계를 지원하고 공급사슬 전반의 정보 흐름을 촉진한다.
- **시설 위치.** 공급사슬의 효율성에 영향을 미치는 중요한 결정은 서비스, 보관, 제조 지점 역할을 하는 시설의 위치이다. 15장 '물류 관리'에서 시설 위치 선택에 대한 전체 논의를 확인할 수 있다.
- **운송 수단.** 다섯 가지 기본 운송 모드는 (1) 트럭, (2) 기차, (3) 선박, (4) 파이프라인, (5) 비행기이다. 선택의 동인은 회사의 경쟁 우선순위에 따라 결정해야 한다. 트럭은 도로가 있는 곳이면 어디든 갈 수 있기에 유연성이 가장 뛰어나다. 운송시간이 양호하고, 소량 및 단거리의 경우 일반적으로 기차보다 요금이 저렴하다. 철도 운송은 대량 물량을 저렴하게 운송할 수 있지만, 운송시간이 길고 변동성이 큰 경우가 많다. 수상 운송은 용량이 크고 비용이 저렴해 부피가 큰 품목의 해외 운송에 적합하지만, 운송시간이 느리고 최종 목적지까지 고속도로 또는 철도 운송이 필요한 경우가 많다. 파이프라인 운송은 고도로 전문화되어 있으며 액체, 가스, 고체 형태의 슬러리 운송에 사용된다. 지리적 유연성은 제한적이지만, 파이프라인을 통한 운송은 포장이 필요 없고 마일당 운영 비용이 낮다. 마지막으로 항공 운송은 마일당 가장 빠르고 비용이 많이 드는 운송 수단이다. 그럼에도 불구하고 재고 및 창고 처리 비용을 고려하면 항공 운송을 통해 고객에게 제품을 빠르게 배송하는 것이 실제로 총비용을 절감할 수 있다. 일부 운송 중 재고에 묶여 있는 자금은 상당한 비용이 될 수 있다. 기업은 또한 혼합 모드 운송을 사용해 특정 화물에 두 가지 이상의 서로 다른 모드를 결합할 수 있다. 예를 들어 컨테이너는 트럭, 기차, 선박으로 여러 운송 구간에서 운송할 수

출처: Christopher Furlong/Getty Images

영국 버켄헤드의 머지강에 있는 에사르 오일 트랜미어 터미널(Essar Oil Tranmere Terminal)에서 하역 중인 유조선. 이 터미널은 에사르 미들랜드(Essar Midland)가 영국 전역과 그 밖의 지역에서 운전자에게 연료를 공급하고 운행할 수 있도록 운영하는 유통 허브 네트워크의 중요한 연결고리 중 하나이다.

있으며, 비용과 배송시간 간에 최적의 상충되는 결과를 얻을 수 있다.

- **용량 수준.** 물류 프로세스의 성과는 용량과 직접적으로 연관된다. 소유권 결정과 운송 수단 선택 결정은 필요한 용량이 얼마인지에 대한 문제를 해결해야 하기 때문에 종종 서로 얽혀 있다. 장비 및 시설 소유권을 고려하는 경우, 자본비용과 변동 운영비용을 공급업체로부터 물류 서비스를 확보하는 비용과 비교해야 한다. 물류 프로세스의 요구사항을 확실하게 아는 경우가 드물다는 점이 상황을 더욱 어렵게 만든다. 이 경우 경영진은 **기댓값 의사결정 규칙**을 사용해 용량 대안을 평가할 수 있다. 대안의 기댓값은 다음과 같이 계산한다.

  대안의 기댓값 = (특정 수요 수준의 발생 확률) ×
  (해당 수준의 수요가 실현될 경우 대안 사용에 대한 보상)
  이는 가능한 모든 수요 수준에 대해 합산한 값이다.

  이 접근방식에 대한 자세한 내용은 보론 A '의사결정'을 참조하라. 예제 13.3은 트럭 수용 능력을 분석하기 위해 기댓값 의사결정 규칙을 사용하는 방법을 보여준다.

- **크로스도킹.** 최종 목적지에 따라 출고를 위한 중간 창고에서 쉽게 분류할 수 있도록 입출고 차량에 상품을 포장해서 창고에 재고로 보관하지 않고, 입출고 차량 도킹 지점에서 출고 차량 도킹 지점까지 이동하는 **크로스도킹**(cross-docking)이라는 기술을 통해 비용 절감과 배송 속도를 높일 수 있다. 창고는 고객에게 효율적인 배송을 구성하기 위한 단기 보관 장소가 된다. 크로스도킹의 이점으로는 재고 투자, 보관 공간 요구사항, 취급 비용 및 리드타임 감소, 재고 회전율 증가 및 현금흐름 가속화 등이 있다. 경영진은 전체 품목의 흐름과 목적지를 고려해 크로스도킹 작업을 가장 잘 배치할 수 있는 위치를 결정해야 한다.

크로스도킹
입고되는 제품을 포장해 최종 목적지에 따라 중간 창고에서 쉽게 분류될 수 있도록 하는 작업

트럭 용량에 대한 기댓값 의사결정 규칙 사용

예제 13.3

타워 유통업체는 지역 제조업체에 물류 서비스를 제공한다. 타워는 제조업체로부터 제품을 수거해 유통 센터로 운송한 후, 지역 내 소매업체로 배송물을 조립한다. 타워는 새로운 유통 센터를 건설해야 하므로 사용할 트럭 대수를 결정해야 한다. 월 상각 자본 소유 비용은 트럭 한 대당 2,100달러이다. 운영 변동비용은 타워가 소유한 각 트럭의 마일당 1달러이다. 어떤 달에 용량을 초과하는 경우, 타워는 마일당 2달러에 트럭을 임대할 수 있다. 타워가 소유한 각 트럭은 한 달에 10,000마일을 사용할 수 있다. 그러나 트럭에 대한 요구사항은 불확실하다. 관리자는 몇 가지 가능한 수요 수준과 해당 차량 규모에 대해 다음과 같은 확률을 추정했다.

요구사항(마일/월)	100,000	150,000	200,000	250,000
차량 규모(트럭)	10	15	20	25
확률	0.2	0.3	0.4	0.1

확률의 합은 1.0이어야 한다는 점에 유의하자. 타워가 예상 운영비용을 최소화하려면 몇 대의 트럭을 사용해야 하는가?

풀이

기댓값 의사결정 규칙을 사용해 예상 월별 비용을 최소화할 수 있는 대체 차량 규모를 평가한다. 먼저 차량 규모와 요구사항의 가능한 각 조합에 대해 월 비용(C)을 구해야 한다. 비용은 해

당 월에 추가 용량을 임대해야 하는지 여부에 따라 달라진다. 예를 들어 월 100,000마일을 운행할 수 있는 10대의 트럭 규모 대안을 생각해보자.

(C) = 월 자본 소유 비용 + 월별 가변 운영비용 + 필요 시 임대비용

C(100,000마일/월) = (2,100달러/트럭)(10트럭) + (1달러/마일)(100,000마일)
= 121,000달러

C(150,000마일/월) = (2,100달러/트럭)(10트럭) + (1달러/마일)(100,000마일)
+ (2달러 임대/마일)(150,000마일 − 100,000마일)
= 221,000달러

C(200,000마일/월) = (2,100달러/트럭)(10트럭) + (1달러/마일)(100,000마일)
+ (2달러 임대/마일)(200,000마일 − 100,000마일)
= 321,000달러

C(250,000마일/월) = (2,100달러/트럭)(10트럭) + (1달러/마일)(100,000마일)
+ (2달러 임대/마일)(250,000마일 − 100,000마일)
= 421,000달러

그리고, 트럭 10대 규모의 대안에 대한 기댓값을 다음과 같이 계산한다.

기댓값(트럭 10대) = 0.2(121,000달러) + 0.3(221,000달러) + 0.4(321,000)
+ 0.1(421,000달러) = 261,000달러

유사한 논리를 사용해 다른 각 차량 크기 옵션에 대한 예상 비용을 계산할 수 있다.

기댓값(트럭 15대) = 0.2(131,500달러) + 0.3(181,500달러) + 0.4(281,500달러)
+ 0.1(381,500달러) = 231,500달러

기댓값(트럭 20대) = 0.2(142,000달러) + 0.3(192,000달러) + 0.4(242,000달러)
+ 0.1(342,000달러) = 217,000달러

기댓값(트럭 25대) = 0.2(152,500달러) + 0.3(202,500달러) + 0.4(252,500달러)
+ 0.1(302,500달러) = 222,500달러

기댓값 의사결정 규칙을 사용해 타워는 20대의 트럭을 사용해야 한다.

의사결정 포인트

트럭 20대의 차량 규모는 타워가 요구사항의 90%(100,000마일, 150,000마일, 200,000마일에 대한 확률의 합)를 처리할 수 있는 충분한 용량을 보유하게 된다는 것을 의미한다. 또한 초과 용량을 보유할 확률은 50%이다(100,000마일과 150,000마일에 대한 확률을 합산한 값). 20대의 트럭에 투자하기로 결정하면 예상비용을 최소화할 수 있지만, 이는 용량 부족으로 인해 발생하는 비교적 높은 비용을 반영하는 50%의 여유 용량을 제공하게 된다.

물류 프로세스는 모든 기업의 경쟁 우선순위를 달성하는 데 있어 핵심적인 요소다. 그러나 오늘날과 같이 빠르고 끊임없이 변화하는 글로벌 환경에서 경쟁 압력의 균형을 맞추는 것은 '경영사례 13.1'에서 볼 수 있듯이 복잡성을 더욱 가중한다.

경영 사례 13.1 국제 배송 플랫폼

해외에서 온라인으로 물건을 구매한 적이 있는가? 그렇다면 전자상거래 플랫폼(e-commerce platform)의 비즈니스 모델에 따라 예상 배송시간과 배송비용이 크게 달라질 수 있다는 사실을 알고 있었을 것이다. 플랫폼은 어떻게 시간, 비용, 품질이라는 경쟁 압력을 관리하면서 효과적인 공급사슬을 구축할 수 있을까?

디지털 기술의 발달로 전자상거래 플랫폼은 점점 더 편리하고 포괄적인 방식으로 다양한 상품을 구매할 수 있는 수단을 제공하고 있다. 3억 명 이상의 사용자를 보유한 전자상거래 플랫폼 샤오훙슈는 14만 개 이상의 브랜드가 입점한 온라인 포털을 제공하며, 중국 본토에서 가장 빠르게 성장하는 수입품 구매용 전자상거래 애플리케이션으로 인정받고 있다. 샤오훙슈는 주요 오피니언 리더 및 유명인사와의 긴밀한 파트너십을 통해 라이브 스트리밍, 브이로그, 기사 작성, 해시태그, 트렌드 검색, 위챗 미니 프로그램 등의 기능을 통합하고 있다. 이를 통해 사용자는 다양한 제품 카테고리를 조사하고, 가격을 비교하고, 피어 리뷰(peer review)를 읽을 수 있다.

국경 간 세금 징수, 거래 대금 결제, 국경 간 물류, 보세 창고 보관, 고객 통관 등 정교한 핵심 역량이 샤오훙슈의 기반을 구축한다. 사용자가 해외에서 상품을 구매하는 것은 편리하지만, 막대한 수입 및 배송비를 지불하거나 해외 배송으로 인해 오래 기다릴 필요 없이 이를 가능하게 하는 기본 공급사슬 기술을 간과하기 쉽다. 이 플랫폼은 온라인 구매 시 '해외 직접 소싱+자체 운영 보세 창고+국제 물류 시스템'을 구현한다.

샤오훙슈는 주요 공급사슬 지점을 직접 소유하고 관리함으로써 판매되는 모든 제품의 원산지를 보장한다. 따라서 샤오훙슈를 통해 고급 브랜드 상품을 자주 구매하는 구매자는 안심할 수 있다. 파트너 브랜드는 샤오훙슈의 약 30개 해외 물류창고 중 한 곳에 재고를 보관한다. 그런 다음 통관을 위해 중국 본토의 보세 창고로 배송을 보내고 국내 배송을 준비한다. 이 과정은 상품을 확인하고 모니터링하는 정보 시스템으로 관리되며, 추적 가능성과 투명성을 최종 단계까지 보장해 고객에게 편리하고, 확실하며, 시간을 절약할 수 있는 해외 쇼핑 경험을 제공한다.

그러나 모든 시스템과 비즈니스 모델은 도전에 직면한다. 샤오훙슈의 제품은 수입품이기 때문에 재고 회전율이 중요한 문제이다. 해외 창고에서 상품을 배송하고 통관하는 데 걸리는 시간으로 인해 중국 본토의 재고 수준이 너무 낮으면 국내 배송이 지연될 수 있다. 이는 샤오훙슈의 평판과 판매량에 부정적인 영향을 미칠 수 있다. 또한 샤오훙슈가 잘 팔리는 품목의 재고 관리를 개선하기 위해 제품군을 통합하면 경쟁업체가 빠르게 고객을 빼앗아갈 가능성이 있다. 중국의 전자상거래 플랫폼은 단기간 내에 상당한 수요를 창출할 수 있는 특별 이벤트를 기획할 수 있다. 예를 들면 샤오훙슈의 연례 행사는 단 2시간 만에 1억 개의 상품을 판매할 수 있다. 이는 원활한 공급사슬 운영을 지속적으로 가능하게 하는 신뢰할 수 있는 데이터를 제공하기 위한 정확한 예측 관리의 필요성을 자연스럽게 보여준다.

샤오훙슈는 중국 시장에 진출하려는 해외 브랜드를 위한 주요 플랫폼으로 인기를 얻고 있지만, 진정한 가치와 경쟁우위는 프로세스 관리, 고객 수요, 공급사슬관리의 압박 속에서 보이지 않는 균형을 통해 창출된다.

출처: Wang, L., Research on Imported Cross-border E-commerce Marketing Strategy—A Case Study of Little Red Book, BCP Business & Management, Vol 34, pp.674-683, (2022); Chi, R. "Jump on the rise of Xiaohongshu, China's fastest-growing social media marketing platform", The Drum, https://www.thedrum.com/opinion/2021/06/09/jump-the-rise-xiaohongshu-china-s-fastest-growing-social-media-marketingplatform(2021).

주문 이행 프로세스의 핵심 성과지표

관리자는 성과 측정 데이터를 주기적으로 수집하고 이를 추적해 수준이나 방향의 변화를 파악한다. 오늘날 보안과 환경에 대한 우려로 인해 공급사슬관리자는 자사와 공급업체의 주문 이행 운영을 면밀하게 검토하고 있다. 성과 모니터링에 사용되는 몇 가지 지표는 다음과 같다.

- 미이행 배송 주문 비율
- 정시 배송 주문 비율
- 주문 처리 시간
- 서비스 실패 또는 반품 비율
- 서비스 또는 제품 생산 비용
- 주문 이행 프로세스에 대한 고객 만족도
- 재공품 및 완제품 재고 수준
- 대기 중으로 배출되는 온실가스 양
- 보안 침해 건수

고객 인터페이스 관리

13.4 고객 인터페이스 관리와 관련된 세 가지 주요 프로세스를 정의한다.

고객 관계 프로세스(그림 1.4 참조)는 공급사슬에서 기업과 고객 간의 인터페이스를 다룬다. 고객 관계 관리(CRM) 프로그램을 지원하는 고객 관계 프로세스의 목적은 고객을 식별, 유치해 관계를 구축하고 주문 전달 및 추적을 용이하게 하는 것이다. 핵심 중첩 프로세스에는 마케팅, 주문 배치, 고객 서비스 프로세스가 포함된다.

마케팅

마케팅 프로세스는 타깃 고객을 정하고, 이들을 어떻게 공략할지, 어떤 서비스나 제품을 제공하고 가격을 어떻게 책정할지, 판촉 캠페인을 어떻게 관리할지 등의 문제에 초점을 맞춘다. 이러한 측면에서 비즈니스 프로세스의 공급사슬 전반에 걸쳐 정보 통신 기술을 적용하는 **전자상거래**(electronic commerce, e-commerce)는 공급사슬 전반에 걸쳐 막대한 영향을 미치고 있다. 마케팅 프로세스와 관련된 전자상거래 기술에는 (1) 기업 대 소비자(B2C), (2) 기업 대 기업(B2B) 시스템 등이 있다.

전자상거래
비즈니스 프로세스의 공급사슬 전반에 걸쳐 정보 및 통신 기술을 적용하는 방식

기업 대 소비자 시스템(B2C)

고객이 인터넷을 통해 비즈니스 거래를 할 수 있도록 하는 기업 대 소비자(B2C) 간 전자상거래 시스템은 이미 보편화되었다. B2C 전자상거래는 기업에 새로운 유통 채널을 제공하며, 소비자는 긴 계산대 줄과 주차 공간 부족으로 붐비는 백화점을 피할 수 있다. 전자상거래의 많은 장점은 아마존닷컴, 이트레이드(E*TRADE), 오토바이텔(Autobytel)과 같은 소매 'e-비즈니스' 기업들이 처음 활용했다. 이 세 회사는 전통적인 서점, 중개 회사, 자동차 대리점의 인터넷 버전을 만들었다. 인터넷은 기존 소매업체의 운영, 프로세스, 비용 구조까지 변화시켰으며, 사용량은 전반적으로 폭발적으로 증가했다. 오늘날 인터넷만 연결되어 있으면 누구나 사이버 공간에 매장을 열 수 있다. 월마트 같은 유명 소매업체는 고객이 인터넷에서 쇼핑하고 가장 가까운 매장에서 주문한 상품을 짧은 리드타임으로 수령할 수 있는 사이트 투 스토어(site-to-store) 프로그램을 통해 웹 기반 쇼핑 서비스를 제공하고 있다.

기업 대 기업 시스템(B2B)

그러나 가장 큰 성장은 기업 대 기업 전자상거래, 즉 B2B 전자상거래 시스템에서 이루어졌다. 실제로 B2B 전자상거래는 B2C 거래를 앞지르며, 기업 간 거래는 일반 경제의 70% 이상을 차지한다. 이러한 시스템은 공급사슬의 상·하향 거래를 원활하게 해 서비스나 제품의 구매 및 판매를 용이하게 한다. B2B 시스템은 또한 자재 흐름을 관리하는 데도 도움이 될 수 있다. 예를 들어 유통업체의 재고가 부족할 경우, 회사의 중앙 창고에 알림을 보내 보충 재고를 고객에게 즉시 배송할 수 있도록 해준다.

주문 배치

주문 배치(order placement) 프로세스는 판매 실행, 주문 요청 세부사항 등록, 주문 수락 확인, 주문 완료까지의 진행 상황 추적에 필요한 활동을 포함한다.

인터넷을 통해 기업은 고객과 기업 모두에게 이익이 되도록 주문 배치 프로세스를 재설계할

수 있다. 인터넷은 기업의 주문 배치 프로세스에 다음과 같은 이점을 제공한다.

- **비용 절감.** 인터넷을 활용하면 고객의 참여가 확대되어 주문 처리 비용을 절감할 수 있다. 고객은 원하는 서비스나 제품을 선택하고 직접 담당자와 상담하지 않고도 회사에 주문할 수 있다. 이러한 접근방식은 노동집약적이고 주문 처리 시간이 오래 소요되는 콜센터의 필요성을 줄여준다.
- **매출 흐름 증가.** 기업 웹페이지를 통해 고객은 주문 과정에서 신용카드 정보나 구매 주문 번호를 입력할 수 있다. 이러한 방식을 통해 고객에게 청구서를 발송하거나 우편으로 수표를 받는 데 걸리는 시간 지연을 줄일 수 있다.
- **글로벌 접근성.** 인터넷이 기업에 제공하는 또 다른 장점은 24시간 주문을 받을 수 있다는 점이다. 전통적인 오프라인 매장은 정규 업무시간에만 주문을 받는다. 인터넷에 접속할 수 있는 기업은 언제든지 쇼핑하고 구매할 수 있는 고객들의 응대에 소요되는 시간을 줄여준다. 이러한 접근성은 오프라인 매장 기업에 비해 경쟁우위를 제공한다.
- **가격 책정 유연성.** 웹에 서비스 및 제품을 게시한 기업은 필요에 따라 가격을 쉽게 변경할 수 있으므로 새 카탈로그를 발행하는 데 드는 비용과 지연을 피할 수 있다. 주문을 하는 고객은 현재 가격을 고려해 제품을 선택할 수 있다. 공급사슬 관점에서 델은 이러한 기능을 활용해 부품 부족을 관리한다. 델은 직접 판매 방식과 프로모션 가격 책정을 통해 고객이 충분한 재고가 있는 특정 구성의 컴퓨터를 선택하도록 유도할 수 있다.

고객 서비스

고객 서비스(customer service) 프로세스는 서비스 또는 제품과 관련된 질문에 대한 답변을 제공하고, 문제를 해결하며, 일반적으로 고객을 지원하기 위한 정보를 제공한다. 이는 기업과 고객 간의 중요한 접점이며, 고객은 이 프로세스에 대한 경험을 바탕으로 기업을 판단할 수 있다. 그러나 비용과 품질 사이의 오랜 상충 관계가, 특히 콜센터의 경우에 중요한 문제로 대두된다. 많은 기업이 고객 서비스 프로세스 비용을 줄이기 위해 인간 상담원을 자동화 시스템으로 대체하고 있는데, 이 경우 고객은 때때로 좌절감만 안겨주는 지루한 일련의 옵션을 거쳐야 하는 경우가 많다. 다른 기업들은 Verbot®, 즉 '언어 로봇(verbal robot)'이나 정교한 인공지능의 지원

출처: VesnaArt/Shutterstock

로봇은 콜센터에서 사람과 함께 일하는 수준까지 발전했다.

을 받는 챗봇이라는 진화된 형태의 로봇을 사용하고 있다. 챗봇은 개성이 있고, 질문을 하고 답변하며, 경우에 따라 전화 통화에서는 인간과 거의 구별되지 않는 수준에 이르렀다. 그럼에도 불구하고 대부분 고객과 서비스나 제품에 대한 정보를 찾는 사람들은 인간을 선호한다. 따라서 많은 기업은 관련 비용을 고려해 인건비가 저렴한 해외 지점에 고객 서비스 프로세스를 아웃소싱해 공급사슬을 확장하고 있다. 이러한 측면에서 인도는 저비용 콜센터에 대한 국제적인 수요에 크게 부응하고 있다. 물론 고객 서비스 프로세스 또는 그 일부를 아웃소싱하는 데 있어 가장 큰 위험은 기업이 고객과 직접 소통하는 프로세스에 대한 통제력을 잃을 수 있다는 것이다. 이러한 사항은 최종 분석 과정에서 신중하게 검토해야 한다.

고객 관계 프로세스의 핵심 성과지표

고객 관계 프로세스는 기업과 고객 간의 접점이므로 개선이 필요한 부분을 파악하기 위해서는 성과를 모니터링하는 것이 중요하다. 시간 경과에 따른 성과 측정값을 추적해 변화를 파악할 수 있다. 통계적 프로세스 제어 차트를 사용해 변경 사항이 통계적으로 유의미한지를 확인할 수 있다. 고객 관계 프로세스에 일반적으로 사용되는 몇 가지 성과지표는 다음과 같다.

- 정확하게 처리된 주문 비율
- 주문 배치 완료 시간
- 주문 배치 과정에 대한 고객 만족도
- 기업의 환경 관리에 대한 고객 평가
- 공급사슬 중단으로 인한 사업 손실 비율

학습목표 점검

학습목표	점검 가이드라인	온라인 자료
13.1 효과적인 공급사슬을 구축할 때 고려해야 할 경쟁압력 요소를 설명한다.	공급사슬 전략 및 설계의 전반적인 이해를 위해서는 그림 13.1, 13.2, 13.3을 검토하라. '효과적인 공급사슬 구축' 절에서는 경쟁 우선순위를 지원하는 공급사슬의 특성과 공급사슬 설계에 영향을 미치는 압력을 설명한다.	
13.2 공급 기반 관리와 관련된 다섯 가지 주요 프로세스를 설명하고 총비용 분석과 선호도 행렬을 사용해 공급원을 식별한다.	다섯 가지 중첩된 프로세스에 대한 논의는 '공급 기반 관리' 절을 참조하라. 총비용 모형과 적절한 공급원을 찾기 위한 선호도 행렬 접근법을 설명하는 '소싱' 프로세스에 중점을 둔다. 예제 13.1, 13.2, 복습문제 1, 2를 공부하라.	OM Explorer Tutor: A.3: ureference Matrix OM Explorer Solver: Preference Matrix 윈도우용 POM: Preference Matrix
13.3 고객 주문을 이행하는 데 관련된 네 가지 주요 프로세스를 식별하고 기댓값 의사결정 규칙을 사용해 적절한 물류 자원의 용량을 결정한다.	네 가지 주요 중첩 프로세스를 설명하는 '고객 주문 이행' 절을 복습하라. 기댓값 의사결정 규칙을 사용해 적절한 트럭 용량을 선택하는 방법을 보여주는 예제 13.3을 집중적으로 살펴보라. 복습문제 3은 기댓값 의사결정 규칙과 관련된 문제의 설정 및 해결 방법을 보여준다.	OM Explorer Tutor: A.5: Decisions Under Risk OM Explorer Solver: Decision Theory 윈도우용 POM: Decision Tables
13.4 고객 인터페이스 관리와 관련된 세 가지 주요 프로세스를 정의한다.	'고객 인터페이스 관리' 절에서는 세 가지 주요 중첩된 활동과 이들이 서로 연결되는 방식을 설명한다.	

주요 공식

공급 기반 관리

1. 연간 총비용 = 재료비용 + 운송비용 + 재고비용 + 관리비용
$= pD +$ 운송비용 $+ (Q/2 + \bar{d}L)H +$ 관리비용

고객 주문 이행

2. 기댓값 = (수요 수준의 발생 확률) × (해당 수준의 수요가 실현될 경우 대안 사용에 대한 보상)
이는 가능한 모든 수요 수준에 대해 합산한 값이다.

핵심용어

가치 분석(value analysis)
거래소(exchange)
경매(auction)
경쟁적 지향(competitive orientation)
공급사슬관리(supply chain management)
공급업체 관리 재고(vendor-managed inventory, VMI)
구매(purchasing)
녹색 구매(green purchasing)
단독 소싱(sole sourcing)
전자 데이터 교환(electronic data interchange, EDI)
전자상거래(electronic commerce, e-commerce)
조기 공급업체 참여(early supplier involvement)
카탈로그 허브(catalog hub)
크로스도킹(cross-docking)
프리소싱(presourcing)
협력적 지향(cooperative orientation)
SA8000:2014

복습문제 1

이글 일렉트릭 리페어는 여러 주요 가전제품 제조업체의 수리 시설이다. 이글은 다양한 가전제품에 사용되는 전기 릴레이 스위치를 저렴하게 공급할 업체를 찾고 있다. 릴레이 스위치(D)의 연간 수요는 100,000개이다. 이글은 연중 250일 운영한다. 이 부품의 두 공급업체인 크레이머와 선라이즈에 대한 데이터는 다음과 같다.

	운임비용/배송 수량(Q)					
공급업체	**2,000**	**10,000**	**가격/단위(P)**	**운반비용/단위(H)**	**리드타임(L)(일)**	**관리비용**
크레이머	30,000달러	20,000달러	5.00달러	1.00달러	5	10,000달러
선라이즈	28,000달러	18,000달러	4.90달러	0.98달러	9	11,000달러

연간 총비용이 가장 낮은 공급업체는 어디인가?

풀이

릴레이 스위치의 일일 요구사항은 다음과 같다.

$$\bar{d} = 100,000/250 = 400\text{개}$$

각 대안에 대한 연간 총비용을 계산해야 한다.

연간 총비용 = 재료비용 + 운송비용 + 재고비용 + 관리비용 $= pD +$ 운송비용 $+ (Q/2 + \bar{d}L)H +$ 관리비용(H)

크레이머

$Q = 2,000: (\$5.00)(100,000) + \$30,000 + (2,000/2 + 400(5))(\$1) + \$10,000 = 543,000$달러
$Q = 10,000: (\$5.00)(100,000) + \$20,000 + (10,000/2 + 400(5))(\$1) + \$10,000 = 537,000$달러

선라이즈

$$Q = 2{,}000{:}(\$4.90)(100{,}000) + \$28{,}000 + (2{,}000/2 + 400(9))(\$0.98) + \$11{,}000 = 533{,}508\text{달러}$$
$$Q = 10{,}000{:}(\$4.90)(100{,}000) + \$18{,}000 + (10{,}000/2 + 400(9))(\$0.98) + \$11{,}000 = 527{,}428\text{달러}$$

분석 결과, 선라이즈를 사용하고 배송 수량을 10,000개로 설정하면 연간 총비용이 가장 적게 드는 것으로 나타났다.

복습문제 2

이글 일렉트릭 리페어는 연간 총비용, 일관된 품질, 배송 속도를 기준으로 공급업체를 선정하고자 한다. 다음 표는 각 기준에 할당된 관리 가중치(총 100점)와 각 공급업체에 할당된 점수(우수 = 5, 미흡 = 1)를 보여준다.

		점수	
기준	가중치	크레이머	선라이즈
연간 총비용	30	4	5
일관된 품질	40	3	4
배송 속도	30	5	3

이러한 기준과 점수를 고려할 때 이글은 어떤 공급업체를 선택해야 하는가?

풀이

선호도 행렬 접근방식을 사용해 계산한 각 공급업체의 가중치 점수는 다음과 같다.

$$\text{크레이머: } WS = (30 \times 4) + (40 \times 3) + (30 \times 5) = 390$$
$$\text{선라이즈: } WS = (30 \times 5) + (40 \times 4) + (30 \times 3) = 400$$

가중치 점수에 따라 이글은 크레이머를 사용하면 배송 속도 성능이 더 좋지만 선라이즈를 선택해야 한다.

복습문제 3

슈나이더 로지스틱스 컴퍼니는 오하이오주 콜럼버스에 새로운 창고를 건설해 해당 지역 고객에게 화물을 통합 배송할 수 있도록 했다. 조지 슈나이더는 크로스토킹 작업과 기타 창고 활동을 처리하기 위해 몇 개의 도크 작업자 팀을 고용해야 할지 결정해야 한다. 각 팀의 임금과 간접비는 주당 5,000달러이다. 추가 인력은 팀당 주당 8,000달러의 비용으로 하청을 줄 수 있다. 각 팀은 사내 또는 하청에 관계없이 주당 200시간의 노동시간을 충족할 수 있다. 새 시설의 노동시간 요건은 불확실하다. 경영진은 요구사항에 대해 다음과 같은 확률을 추정했다.

요구사항(시간/주)	200	400	600
팀 수	1	2	3
확률	0.20	0.50	0.30

슈나이더는 몇 개의 팀을 고용해야 하는가?

풀이

기댓값 의사결정 규칙을 사용해 각 가능한 요구사항 수준에 대한 각 옵션의 비용을 먼저 계산한 다음, 확률을 사용해 각 옵션의 기댓값을 결정한다. 슈나이더는 기대비용이 가장 낮은 옵션을 구현할 것이다. '단일팀(one team)' 사내 옵션을 사용해 이 접근 방식을 시연한다.

사내 단일팀

$$C(200) = 5{,}000\text{달러}$$
$$C(400) = \$5{,}000 + \$8{,}000 = 13{,}000\text{달러}$$
$$C(600) = \$5{,}000 + \$8{,}000 + \$8{,}000 = 21{,}000\text{달러}$$

기댓값

$$(\text{단일팀}) = 0.20(\$5{,}000) + 0.50(\$13{,}000) + 0.30(\$21{,}000) = 13{,}800\text{달러}$$

전체 결과의 표가 다음과 같다.

기댓값 의사결정 규칙에 따라 슈나이더는 물류창고에 2개의 팀을 고용해야 한다.

	주당 노동 요구사항			
사내	200시간	400시간	600시간	기댓값
단일팀	5,000달러	15,000달러	21,000달러	13,800달러
2개 팀	10,000달러	10,000달러	18,000달러	12,400달러
3개 팀	15,000달러	15,000달러	15,000달러	15,000달러

토론과제

1. 기업이 공급사슬 성과를 개선하면서 비용을 절감할 수 있는 방법을 설명하라.
2. 최저 가격을 청구하는 공급업체를 선택하면 기업이 저비용 운영이라는 경쟁 우선순위를 달성하는 데 도움이 되며, 이는 주주에 대한 기업의 재정적 책임을 뒷받침한다. 낮은 가격에 집중하는 것이 공급사슬관리자에게 어떻게 윤리적 딜레마를 야기할 수 있는지 설명하라.
3. 전통적인 구매자와 공급업체의 관계는 재정적 고려를 중심으로 이루어진다. 구매자와 공급업체는 모두 회사를 위해 최상의 거래를 성사시키려고 노력하며, 종종 한쪽의 이익이 다른 한쪽의 손실로 이어지기도 한다. 오늘날 많은 기업은 재무적, 환경적, 사회적 책임을 포함하는 지속가능한 운영을 중요시하고 있다. 이러한 새로운 환경에서 구매자와 공급업체의 관계가 어떻게 진화하고 있는지 설명하라.
4. 크라이슬러(Chrysler)와 GM은 여러 자동차 및 트럭 시장에서 치열한 경쟁을 벌이고 있다. 호세 이그나시오 로페즈(Jose Ignacio Lopez)가 GM 구매 담당 부사장으로 재직했을 당시, 그는 구매 담당자들에게 공급업체의 오찬 초대를 수락하지 말 것을 분명히 했다. 당시 크라이슬러 구매 담당 책임자였던 토머스 스탈캠프(Thomas Stalcamp)는 구매 담당자들에게 공급업체와 오찬을 함께하도록 지시했다. 공급업체 관계와 공급사슬관리에 미치는 영향을 고려해 이 두 가지 지침을 합리적으로 설명하라.

연습문제

이 책을 사용하는 모든 학생은 OM Explorer, 윈도우용 POM, Active Model 소프트웨어를 사용할 수 있다. 해당 소프트웨어의 다운로드 위치와 활용 방법은 강의 담당 교수에게 문의하라. 대부분의 교수자는 학생이 직접 계산하는 방법을 이해하기를 바란다. 하지만 소프트웨어를 이용하면 계산을 확인할 수 있다. 계산이 매우 복잡하고, 의사결정 과정에서 결과를 해석하는 것이 목표인 경우 소프트웨어가 수작업 계산을 완전히 대체해도 무방하다.

공급 기반 관리

1. 호라이즌 셀룰러는 자사 통신망에서 독점적으로 사용할 휴대전화를 제조한다. 경영진은 곧 시장에 출시될 새 휴대전화의 회로 기판 공급업체를 선정해야 한다. 연간 요구량은 50,000대이며 호라이즌의 공장은 연간 250일 가동된다. 세 공급업체에 대한 데이터는 표 13.1에 있다.

   어떤 공급업체와 배송 수량이 호라이즌 셀룰러에 가장 낮은 총비용을 제공하는가?

표 13.1 호라이즌 셀룰러의 공급업체 데이터

	연간 운송비용/배송 수량					
공급업체	10,000	20,000	가격/단위	연간 보유비용/단위	리드타임(일)	연간 관리비용
애벗	10,000달러	7,000달러	30달러	6.00달러	4	10,000달러
베이커	12,000달러	9,000달러	28달러	5.60달러	7	12,000달러
카펜터	9,000달러	6,500달러	31달러	6.20달러	3	9,000달러

2. 에잇 플래그는 미국 중서부에서 여러 놀이공원을 운영하고 있다. 이 회사는 놀이공원의 수많은 놀이기구를 정비하기 위해 기계 오일을 비축하고 있다. 연간 30,000갤런의 오일이 필요하며, 놀이공원은 1년에 50주 동안 운영한다. 경영진은 현재 오일 공급업체에 만족하지 못하고 다른 공급업체로부터 두 차례 입찰을 받았다. 자료는 표 13.2에 있다.

어떤 공급업체와 배송 수량이 에잇 플래그에 가장 낮은 비용을 제공하는가?

표 13.2 에잇 플래그의 공급업체 데이터

	연간 운송비용/배송 수량						
공급업체	5,000	10,000	15,000	가격/단위	연간 보유비용/단위	리드타임(주)	연간 관리비용
샤프	5,000달러	2,600달러	2,000달러	4.00달러	0.80달러	4	4,000달러
윈클러	5,500달러	3,200달러	2,900달러	3.80달러	0.76달러	6	5,000달러

3. 업계 전문가들로 구성된 전문가 위원회는 다음 표와 같이 자동차 산업을 위한 친환경 공급사슬관리(GSCM) 기준 목록을 작성했다. GSCM은 환경적 책임 원칙과 벤치마크를 공급사슬관리에 통합해 공급사슬 활동 중 환경 발자국을 줄이고 폐기물을 제거하는 것을 목표로 한다. 이 목록은 세 공급업체의 성과를 평가하는 데 사용된다. 공급업체를 선별하기 위해 총점 80점을 기준으로 한다.

a. 각 공급업체에 대한 총가중치를 계산하라.

b. 총점 기준을 통과한 공급업체는 어디인가?

c. 공급업체 선정에서 '가장 저렴한 제안이 승리하는' 방식과 비교해 가중치 점수 방식의 장점과 단점을 각각 한 가지씩 이야기해 보라.

No.	기준	가중치	공급업체 1	공급업체 2	공급업체 3
1	GSCM에 대한 투자 증가	4	0.87	1.00	1.00
2	총비용 절감	4	0.75	0.62	1.00
3	강력한 환경 정책 적용	4	1.00	0.86	0.86
4	효과적인 폐기물 관리 시스템	9	1.00	0.78	0.78
5	친환경적 계획	19	1.00	0.87	1.00
6	친환경 포장재 사용	4	0.87	1.00	0.87
7	배출 조절계 사용	19	1.00	0.83	1.00
8	자원의 적절한 활용을 위한 설계	29	0.86	0.57	1.00
9	원료 재사용	2	1.00	0.75	0.87
10	에너지 효율적인 기술 사용	6	0.87	0.50	1.00

4. 한 레스토랑에서는 다음 표와 같이 평가를 위한 일련의 공급업체 성과 기준을 개발했다. 식품 산업에서 공급업체의 원재료는 식품 품질과 안전성을 보장하는 데 중요한 역할을 한다. 따라서 원재료 가격과 원재료 품질에 부여하는 가중치는 다른 항목의 2배이다. 가중치가 가장 높은 공급업체를 선택해야 하는 이유는 무엇인가?

기준	공급업체 1	공급업체 2	공급업체 3	공급업체 4
1. 원자재 가격	80	82.5	95.83	100
2. 고객 관리 및 반응	75	80	91.84	100
3. 원자재 품질	75	85	90.78	98.79
4. 완벽한 주문 이행	81.67	90	94.61	96.67
5. 정시 납품 성과	83.33	85	89.36	97.92

5. (난이도 상) 브래들리 솔루션스와 알렉산더 리미티드는 저렴한 공구를 공급하는 것으로 확고한 입지를 굳힌 업체이다. 위크엔드 프로젝트는 잘 갖춰진 공구 상자에 투자하는 것보다는 빠른 작업을 선호하는, 가끔씩 수리를 하는 사람들을 위한 전국적인 소매 체인점이다. 위크엔드 프로젝트는 잘 팔릴 것으로 예상되는 특정 공구 세트의 공급업체를 찾고 있다. 예상 연간 판매량은 10만 대이다. 위크엔드의 창고는 연중 50주 동안 운영된다. 경영진은 두 공급업체에 대한 자료를 수집했으며, 이 자료는 첫 번째 표에 포함되어 있다.

a. 두 공급업체 중 위크엔드 프로젝트에 가장 낮은 연간 비용을 제공하는 업체는 어디인가? 어떤 배송 수량을 제안하겠는가?

b. 경영진이 결정을 내리기 전에 다른 옵션을 사용할 수 있게 되었다. 젤다는 단 8달러에 도구 세트를 제공했지만 다른 두 공급업체보다 리드타임이 더 길었다. 젤다는 신생 공급업체로 업계에 진출한 지 얼마 되지 않았다. 젤다에 대한 추가 자료는 두 번째 표에 나와 있다.

경영진은 젤다와의 계약을 관리하기 위한 관리비용을 평가하기 시작했다. 위크엔드 프로젝트가 젤다를 사용할 때와 (a)에서 선택한 옵션을 사용할 때, 관리비용이 가장 낮은 수준은 얼마인가?

	운송비용/배송 수량						
공급업체	10,000	25,000	50,000	가격/단위	연간 보유비용/단위	리드타임(주)	연간 총비용
브래들리	35,000달러	25,000달러	18,000달러	8.10달러	1.62달러	6	10,000달러
알렉산더	40,000달러	28,000달러	19,000달러	8.10달러	1.62달러	4	15,000달러

	운송비용/배송 수량					
공급업체	10,000	25,000	50,000	단위/가격	연간 총비용	리드타임(주)
젤다	45,000달러	25,000달러	17,000달러	8.00달러	1.60달러	7

6. (난이도 상) 완다 럭스는 새로운 헤어 샴푸용 플라스틱병과 전용 디스펜서 공급업체를 선정해야 한다. 완다의 요청에 따라 3개의 공급업체가 입찰에 참여했으며, 모든 입찰은 연간 40,000개에 해당하는 20,000병의 배송 수량에 대한 것이다. 완다의 공장은 연간 250일 가동된다. 첫 번째 표에는 각 공급업체의 가격, 연간 예상 운송비, 현재 리드타임이 표시되어 있으며, 경영진은 각 공급업체의 보유비용과 관리 감독 비용에 대한 추정치를 추가했다.

그러나 비용 외에도 완다는 공급업체 선정에서 중요하게 고려하는 세 가지 다른 기준이 있다. 두 번째 표에는 총비용을 제외한 모든 기준과 가중치, 점수가 표시되어 있으며, 1점은 '열악함', 10점은 '우수함'을 나타낸다. 세 공급업체 모두 이전에 완다 럭스와 거래한 경험이 있으므로 경영진은 연간 총비용이 가장 낮은 공급업체에 '10', 그다음으로 낮은 비용에 '8.5', 세 공급업체 중 가장 낮은 비용에 '7.0'의 점수를 부여한다.

공급업체	운송비용	가격/개	단위당 연간 보유비용	리드타임(일)	연간 관리비용
도버 플라스틱	3,500달러	5.10달러	1.02달러	15	4,000달러
에반 & 선즈	3,000달러	5.05달러	1.01달러	12	6,000달러
팔리	4,500달러	5.00달러	1.00달러	20	3,000달러

		점수		
기준	가중치	도버	에반	팔리
총비용	30	?	?	?
일관된 품질	30	9	9	7
정시 배송	20	8	9	9
친환경	20	8	7	7

a. 세 공급업체 중 완다 럭스에 가장 낮은 연간 비용을 제공하는 업체는 어디인가?

b. 완다의 기준과 가중치 시스템을 고려할 때, 완다는 어떤 공급업체와 계약을 체결해야 하는가?

7. (난이도 상) 아델리 엔터프라이즈는 그린우드 지역의 가정에 매주 식료품을 배달하는 새로운 서비스를 모색하고 있다. 이 회사의 고객들이 웹 기반 주문을 하면 아델리의 팀이 특수 설계된 판지 상자에 주문 상품을 넣어 배송하는 방식이다. 저렴하고 효율적으로 상자를 공급할 수 있는 공급업체를 찾고자 했던 경영진은 각 잠재적 공급업체가 회사의 요구사항을 충족할 수 있는 능력이 수요 수준에 영향을 받는다는 사실을 발견했다. 다음 표는 서비스에 대한 수요가 '낮음, 보통, 높음'이라는 가정하에 아델리의 공급업체 선정 기준, 기준 가중치 및 순위(1~10, 10이 가장 높음)를 보여준다.

낮음, 보통, 높음 수준의 수요 단계에 따른 공급업체 평가										
		현지 공급업체			국가 공급업체			해외 공급업체		
	가중치	낮음	보통	높음	낮음	보통	높음	낮음	보통	높음
제품 품질	0.35	8	6	5	7	7	7	6	6	6
배송 속도	0.15	9	7	3	6	6	6	4	5	7
제품 가격	0.25	5	5	3	5	7	9	7	7	9
환경적 영향	0.25	9	9	9	7	7	7	8	8	8

a. 아델리의 새로운 서비스에 대한 수요가 적을 경우 어떤 공급업체를 선택해야 하는가? 중간 수준의 수요 가정하에서는 어떤 공급업체를 선택해야 하는가? 수요가 높다고 가정하면?

b. 아델리가 최대최소 결정 기준(보론 A '의사결정' 참조)을 사용해 각 대안을 평가하는 경우, 어떤 공급업체가 선택되는가?

c. 수요가 낮을 확률이 35%, 보통 수요가 45%, 높은 수요가 20%인 경우 가장 높은 기대 순위를 달성하는 공급업체는 어디인가?

8. (난이도 상) 아델리 엔터프라이즈(7번 문제에 이어)는 국제 공급업체를 고려 대상에서 제외하기로 했다. 또한 아델리는 유통 시설의 가용 저장 공간 사용을 최적화하기 위해 10,000개 단위로 상자를 주문하기로 했다. 현지 또는 국내 공급업체 선정과 관련된 비용/물량 상충관계를 보다 완벽하게 고려하기 위해 경영진은 다음 데이터를 수집했다. 아델리는 연간 250일 동안 고객에게 서비스를 제공한다.

	수요 단계	수요	가격/단위	운송비용/1,000개	재고 유지비용/단위	리드타임(일)	관리비용
지역 공급업체	낮음	50,000	1.25달러	20달러	0.10달러	1	15,000달러
	보통	100,000	1.25달러	20달러	0.10달러	1	15,000달러
	높음	250,000	1.25달러	20달러	0.10달러	1	15,000달러
국내 공급업체	낮음	50,000	1.35달러	120달러	0.10달러	15	12,500달러
	보통	100,000	1.25달러	120달러	0.10달러	15	12,500달러
	높음	250,000	1.20달러	120달러	0.10달러	15	12,500달러

a. 순수하게 총비용 기준으로 아델리의 새로운 서비스에 대한 수요가 적을 경우 어떤 공급업체를 선택해야 하고, 중간 정도의 수요 가정하에서 어떤 공급업체를 선택해야 하며, 높은 수요하에서는 어떤 공급업체를 선택해야 하는가?

b. 낮은 수요가 발생할 확률이 35%, 중간 수요가 45%, 높은 수요가 20%일 때, 가장 낮은 예상 비용을 달성하는 공급업체는 어디인가?

고객 주문 이행

9. 한 물류 회사는 해외 시장으로 배송하기 위해 고객의 공장에서 홍콩의 창고로 상품을 운송하는 일을 담당하고 있다. 이 회사는 고객에게 상자당 1.2달러를 청구한다. 각 운전자는 일주일에 5일, 하루에 두 번 배송을 할 수 있다. 이 회사에서 사용하는 트럭은 각각 250개의 상자를 적재할 수 있다. 이 회사는 각 사내 트럭에 대해 매주 200달러의 운영비용이 발생한다. 한 번 출동하는 데 드는 비용은 35달러이고, 배송을 위해 트럭을 빌리는 데 드는 비용은 65달러이다. 이 회사는 정보에 입각한 결정을 내리기 위해 다음 표와 같이 비관적, 중립적, 낙관적 시나리오를 평가한다. 최적의 차량 규모는 어느 정도인가?

	비관적	중립적	낙관적
주간 요구사항(상자)	8,200	8,800	9,400
확률	0.1	0.8	0.1
트럭 수	2	3	4

10. 산체스 트럭킹은 창고 운영이 지연되는 문제를 겪고 있었다. 경영진은 컨설턴트를 고용해 지역 기업으로의 서비스 배송이 예상보다 오래 걸리는 이유를 알아냈다. 컨설턴트는 트럭에 화물을 적하하고 내리는 작업 인력의 수로 문제를 좁혔다. 각 작업팀은 6명의 직원으로 구성되어 다양한 작업을 한 팀으로 수행하며, 각 직원은 일주일에 40시간씩 근무한다. 그러나 비용도 문제이다. 컨설턴트는 경영진에게 주간 단위로 예상치 못한 수요를 충당하기 위해 더 높은 비용을 지불하고 단기로 작업 직원을 보충할 수 있다고 조언했다. 산체스가 정규직으로 고용한 각 작업 직원의 임금 및 복리후생 비용은 주당 3,200달러인 반면, 단기 직원으로 구성된 직원의 비용은 주당 5,000달러이다. 배송 건수의 변동성 때문에 작업 직원의 주당 시급이 불확실하다는 점이 결정을 더욱 복잡하게 만든다. 컨설턴트는 경영진과 함께 고민한 끝에 다음과 같은 데이터에 도달했다.

요구사항(노동시간)	720	960	1,200	1,440
확률	0.2	0.4	0.3	0.1
직원 수	3	4	5	6

컨설턴트가 산체스의 예상 주간 비용을 최소화하는 솔루션을 제공하고자 한다면, 산체스는 몇 명의 작업 인력을 정규직으로 고용해야 하겠는가?

11. 아카디아 로지스틱스는 최종 마일 서비스에 대한 수요가 크게 증가할 것으로 예상되는 만큼 이를 수용하기 위해 더 많은 물류 센터 공간이 필요할 것으로 예상한다. 아카디아는 공공 창고 공간을 임대해 모든 단계의 수요를 충족하거나 자체 물류 센터를 건설해 특정 수준의 수요를 충족한 다음 나머지는 공공 창고를 사용할 수 있다. 상각된 건설비용을 포함해 자체 시설을 건설하고 운영하는 데 드는 연간 비용은 제곱피트당 12달러이다. 공공 창고 공간을 임대하는 연간 비용은 제곱피트당 20달러이다. 예상 수요 요건은 다음 표와 같다.

요구사항 (제곱피트)	200,000	300,000	400,000	500,000
확률	0.4	0.3	0.2	0.1

a. 수요에 따라 필요한 공용 창고 공간 임대의 기댓값을 계산하라.
b. 20만 제곱피트 규모의 물류 센터를 건설하고 수요가 20만 제곱피트의 필요 공간을 초과하는 경우 공공 창고 공간을 필요에 따라 임대할 때의 기댓값을 계산하라.
c. 30만 제곱피트 규모의 물류 센터를 건설하고 수요가 30만 제곱피트의 필요 공간을 초과하는 경우 공공 창고 공간을 필요에 따라 임대할 때의 기댓값을 계산하라.
d. 40만 제곱피트 규모의 물류 센터를 건설하고 수요가 40만 제곱피트의 필요 공간을 초과하는 경우 공공 창고 공간을 필요에 따라 임대할 때의 기댓값을 계산하라.
e. 50만 제곱피트 규모의 물류 센터를 건설할 때의 기댓값을 계산하라.
f. 다음 중 어떤 결정이 최소한의 기댓값을 제공하는가?

12. 한 회사가 공장에서 창고로 제품을 배송하기 위해 추가 배송이 필요하다고 예측한다. 다음 표에는 세 가지 시나리오와 각각의 확률이 나와 있다.

추가 배송 요청 횟수	60	80	100
확률	0.2	0.6	0.2

회사는 추가 배송 요청을 처리하기 위해 세 가지 옵션을 고려하고 있다. 각 시나리오는 아래 표와 같이 이익 또는 손실을 가져올 수 있다. 기댓값 접근법을 사용하면 어떤 옵션이 가장 좋겠는가?

옵션	추가 배송 요청 횟수		
	60	80	100
(A) 추가 트럭 1대 획득	−38,000달러	210,000달러	315,000달러
(B) 추가 트럭 2대 획득	−65,000달러	175,000달러	490,000달러
(C) 아웃소싱	15,000달러	20,000달러	25,000달러

사례 연구 울프 모터스

울프 모터스(Wolf Motors)의 사장인 존 울프(John Wolf)는 회사가 새로 인수한 자동차 대리점을 방문한 후 사무실로 돌아왔다. 이 대리점은 인구 40만 명의 대도시 지역에 서비스를 제공하는 울프 모터스의 네 번째 네트워크 대리점이다. 대도시를 벗어나 차로 45분 거리에 또 다른 50만 명의 인구가 살고 있다. 네트워크에 속한 각 대리점은 서로 다른 브랜드의 자동차를 판매하고 있으며, 이전에는 자율적으로 운영되었다.

울프는 이 새로운 대리점이 네트워크 내 최초의 '오토 슈퍼마켓(auto supermarket)'이라는 점에서 특히 기대가 컸다. 오토 슈퍼마켓은 같은 장소에서 여러 브랜드의 자동차를 판매한다는 점에서 기존 자동차 대리점과 다르다. 이 새로운 대리점에서는 쉐보레, 닛산, 폴크스바겐의 전 라인을 판매했다.

15년 전 파산한 닷지(Dodge) 대리점을 인수하면서 시작한 울프 모터스는 규모와 명성이 꾸준히 성장했다. 울프는 이러한 성공의 비결로 세 가지 상호 의존적인 요인을 꼽았다. 첫 번째는 물량이었다. 많은 판매량을 유지하고 재고를 빠르게 회전시킴으로써 규모의 경제를 달성할 수 있었고, 이를 통해 비용을 절감하고 고객에게 다양한 선택권을 제공할 수 있었다. 두 번째 요인은 '번거로움 없는 구매 경험'이라는 마케팅 접근 방식이었다. 각 자동차에는 '최저가 단일 가격'이 표시되어 있었다. 고객은 강압적인 영업 사원의 접근 없이도 매장에 들어와서 차를 둘러보고 가격을 비교했다. 궁금한 점이 있거나 구매할 준비가 되었을 때 고객 서비스 데스크에 가면 전문 지식을 갖춘 영업사원이 도움을 주었다. 세 번째는 울프 모터스가 가장 중요하게 생각한 사후 서비스였다. 울프 모터스는 최초에 차량을 정확하게 진단하고 적시에 수리하는 것으로 확고한 명성을 쌓았다.

판매 후 고품질 서비스는 세 가지 필수 요소에 달려 있다. 첫째는 높은 자격을 갖추고 잘 훈련된 서비스 기술자의 존재이다. 둘째는 진단 및 수리 활동을 지원하기 위한 최신 설비와 기술을 사용하는 것이다. 셋째는 서비스 및 수리를 지체 없이 완료하는 데 필요한 모든 부품과 자재를 구비하는 것이다. 울프는 훈련된 인력과 기술을 확보하기 위해 교육과 장비에 투자했다. 울프 모터스가 성장하면서 가장 걱정되었던 부분은 적절한 부품과 자재의 지속적인 공급이었다. 이러한 우려 때문에 울프는 공급업체 관계 프로세스와 공급사슬 내 서비스 부품 및 자재 흐름 관리에 집중하게 되었다.

울프는 신문 경제면에 실린, 성장에 대한 적절한 계획을 세우지 못한 기업들의 실패담을 담은 기사들을 떠올렸다. 이런 기업들은 기존의 정책, 절차, 통제 시스템을 뛰어넘어 성장했다. 시스템을 업데이트할 계획이 없었던 기업들은 비효율성과 효과적인 경쟁을 할 수 없게 되는 무수한 문제를 경험했다. 그는 울프 모터스에 그런 일이 일어나기를 원치 않았다.

4개 대리점은 각각 자체적으로 서비스 부품과 자재를 구매했다. 구매는 과거 수요 데이터에서 도출된 예측을 기반으로 계절성 등의 인자를 고려했다. 배터리와 발전기는 겨울철에 고장률이 높았고, 에어컨 부품은 여름철에 수요가 많았다. 마찬가지로 봄에는 여름철 에어컨을 정비하기 위해 냉각수가 필요했고, 가을에는 자동차의 월동을 위해 부동액이 필요했다. 또한 특수 차량 판매 및 서비스 프로모션에 대한 예측이 조정되어 신차 준비 및 기타 차량 서비스에 사용되는 자재의 필요성이 증가했다.

서비스 부품 및 자재 구매를 어렵게 만드는 한 가지 요인은 보유해야 하는 부품의 종류가 엄청나게 많다는 점이다. 이러한 부품 중 일부는 고객 자동차 정비에 사용되었고, 일부는 일반 매장에서 판매되었다. 일부는 자동차 제조업체나 공인 도매업체에서 구매해야 했다. 하지만 오일, 윤활유, 팬 벨트와 같은 다른 부품 및 자재는 여러 공급업체에서 구매할 수 있었다. 구매 부서는 대리점의 성공이 (1) 번거로움 없는 단일 가격 최저가 개념을 지원하기 위한 비용 절감, (2) 빠르고 안정적인 사후 서비스를 지원하기 위해 적시에 적절한 부품을 공급하는 데 달려 있다는 점을 명심해야 했다.

울프는 부품 및 자재 구매에 대해 생각하면서 두 가지가 계속 떠올랐다. 즉 부품 보관에 필요한 공간과 부품 및 자재에 투자할 수 있는 재정 자원의 수준이었다. 오토 슈퍼마켓 대리점을 인수하면서 한 시설에서 3개의 서로 다른 자동차 라인을 지원해야 하는 등 재정과 공간 모두에 부담이 가중되었다. 울프는 이러한 문제를 해소하고 부담을 완화하기 위해 구매 부서에서 무엇을 할 수 있을지 고민했다.

출처: 이 사례는 웨이크포레스트대학교의 브룩 살라딘 박사가 강의실 토론의 기초 자료로 준비했다.

문제

1. 울프 모터스 대리점 네트워크의 공급업체 관계 프로세스를 구조화하는 것과 관련해 존 울프에게 어떤 조언을 하겠는가?
2. 대리점에서 서로 다른 유형의 서비스 부품 및 자재를 구매할 때(예: 윤활유 대 GM 순정 부품), 구매 정책과 절차가 어떻게 달라질 수 있는가?
3. 효과적인 공급사슬관리를 통해 존 울프는 적절한 서비스 수준을 유지하면서 투자 및 공간 요구사항을 어떻게 개선할 수 있는가?

비디오 사례 크레욜라의 공급 기반 관리

크레욜라(Crayola, LLC)는 미주리주 캔자스시티에 위치한 홀마크 카드(Hallmark Cards)의 전액 출자 자회사로 수익성이 높은 기업이다. 본사는 미국 펜실베이니아주 이스턴에 있으며, 하우스 마케팅, 영업, 운영 및 제조, 재무, 연구개발(R&D), 인터넷 서비스, 고객 관리 및 소비자 문제, 기업 홍보 등의 부서를 운영하고 있다. 이스턴, 벤턴빌(아칸소), 미니애폴리스에 있는 영업 사무소는 국내 계정을 관리하고 캐나다, 멕시코, 프랑스, 이탈리아, 일본, 홍콩에 있는 사무소는 해외 비즈니스를 관리한다. 이스턴에 있는 해외 운영 부서는 전 세계 크레욜라 제품의 조달, 품질 관리, 제조, 물류를 담당하고 있다.

전 세계 크레욜라 판매량의 3분의 2는 펜실베이니아주 리하이 밸리에 위치한 세 곳의 공장에서 생산된다. '포크스 I' 공장은 크레용과 마커, '포크스 II' 공장은 플라스틱 몰딩, 리하이 밸리 산업 단지(LVIP)는 페인트, 모델링 컴파운드, 액티비티 키트, 실리 퍼티(Silly Putty)를 생산한다. 펜실베이니아주 베들레헴 인근에 위치한 80만 제곱피트 규모의 단일 유통 센터는 미국 및 해외 고객과 글로벌 사업부로의 물류를 위한 완제품을 처리한다.

각 공장과 제품은 원자재, 공급업체, 요구 조건이 모두 다르기 때문에 고유한 공급사슬을 구축하고 있다. 예를 들어 크레용용 파라핀 왁스는 일주일에 두 번 루이지애나와 펜실베이니아에서 철도 탱커를 통해 공급받는다. 따라서 포크스 I 공장에서 크레용을 생산하려면 철도와의 근접성이 필수적이다. 각 공급사슬의 모든 원자재는 먼저 위원회에서 인증한 독립된 독성학자들의 평가를 통해 최고 품질뿐만 아니라 안전하고 무독성인 크레욜라 제품을 생산할 수 있도록 보장한다. 그런 다음 개발 과정에서 모든 제품에 대한 설계 위험 및 위험성 평가를 실시해 생산이 ACMI(Art and Creative Materials Institute)에서 정한 엄격한 기준을 충족하는지 여부를 확인한다.

글로벌 운영 담당 부사장인 피트 루지에로(Pete Ruggiero)와 그의 팀은 품질, 윤리, 비용 고려 사항을 충족하는 동시에 혁신적이고, 탄력적이며, 대응력이 뛰어나고, 지속가능한 공급사슬을 설계할 책임을 맡고 있다. 회사의 마케팅 부서에서는 페인트, 점토, 크레용, 마커, 기타 제품을 포함하는 새로

크레욜라의 LVIP 공장에서 조립되는 워셔블 디럭스 페인팅 키트는 미국에서 생산된 물감과 수채화 물감 그리고 아시아에서 생산된 페인트 붓, 작업복, 스펀지로 구성되어 있다. 이 키트에 대한 국제 시장의 수요가 크게 증가함에 따라, 아시아 수요를 충족하기 위해 전체 키트를 생산 및 조립할 수 있는 아시아 생산 시설을 갖추도록 공급사슬을 재설계했다.

출처: Pearson Education

운 제품 키트를 개발할 때마다 원자재의 공급사슬 조달과 하류 생산 프로세스를 처리해 기존 시설 내에서 예상 수요를 충족할 수 있는지 확인해야 한다. 이 회사는 판매용으로 포장된 특수 용지에만 쓸 수 있는 펜으로 구성된 컬러 원더(Color Wonder)라는 혁신적인 제품을 출시했다. 이를 위해 기존 공급사슬이 특수 잉크 마커 생산을 추가로 지원할 수 있는지, 코팅 용지는 어디에서 조달해야 하는지, 마커와 용지가 모두 포함된 키트를 가장 효과적으로 제작할 수 있는 방법은 무엇인지 검토해야 했다.

오늘날 컬러 원더는 전 세계적으로 베스트셀러로 자리 잡았으며, 일본 매출의 약 40%가 이 제품에서 발생하고 있다. 관리자들은 시장에서 키트에 들어 있는 펜이 종이보다 더 오래 간다는 피드백을 받았고, 공급사슬에서는 별도의 종이 팩을 만들어 소비자가 키트의 처음 페이지를 사용한 후 종이만 구매할 수 있도록 조취를 취했다. 이러한 조치는 마커 수요에 파급 효과를 발생시켰는데, 소비자의 전체 키트 구매는 줄고 컬러 원더 서적 구매는 늘어나면서 결과적으로 마커 수요의 감소를 초래했다. 따라서 공급사슬과 생산은 다시 한번 조정되어야 했다.

또 다른 당면 과제는 다양한 공급사슬에서 부품을 가져와 회사의 LVIP 공장에서 완제품으로 조립하는 키트 조립이다. 인기 있는 워셔블 디럭스 페인팅 키트(Washable Deluxe Painting Kit)가 그 사례이다. 이 키트는 물감과 수채화, 붓, 전문가용 작업복, 특수 효과용 스펀지로 구성되어 있다. 이 회사는 성장하는 아시아 시장으로 판매를 확대하고자 한다. 키트의 물감과 수채화는 미국 크레욜라에서 생산하지만, 붓과 스펀지는 중국에서, 작업복은 베트남에서 생산해 들여오고 있다. 미국에서 키트를 조립하는 데 드는 인건비는 상당한 비중을 차지하므로, 크레욜라가 키트를 해외에 판매하려면 기존 공급사슬 설계를 유지하는 것이 타당한지, 아니면 해외 고객 기반 성장에 맞추어 키트 생산을 시작하는 방향으로 변경하는 것이 타당한지 검토해야 한다. 이 결정의 핵심은 생산 효율성을 높이고 관세와 리드타임을 최소화하기 위해 모든 구성품(과거 미국에서 제조된 물감과 수채화 트레이 포함)을 아시아에서 생산해야 한다는 것이다. 크레욜라는 구성품과 포장을 포함한 전체 제품을 아시아에서 생산함으로써 시장에 대한 배송 비용을 최적화할 수 있을 것이다. 하지만 이 제품을 미국에서 출시해 아시아로 배송할 경우 비용과 리드타임 문제로 인해 어려움을 겪을 수 있다.

문제

1. 크레욜라의 컬러 원더® 및 워셔블 디럭스 페인팅 키트 공급사슬과 관련해서, 공급사슬 설계에 대한 네 가지 외부 및 내부 압력을 설명하라.
2. 이 사례에서 구매자-공급자 관계의 윤리적 고려 사항을 검토하라. 사례에서 설명한 크레욜라의 공급 기반을 고려해 경영진이 공급 기반 변경을 평가할 때 검토해야 할 사항을 설명하라.
3. 워셔블 디럭스 페인팅 키트의 공급사슬 설계와 관련해서 크레욜라는 아시아에서의 넥스트-쇼어링(next-shoring) 전략과 미국에서 키트를 조립하는 기존 네트워크 유지 중 어떤 전략을 선택할지 평가해야 한다. 이 사례에서 논의한 아웃소싱의 결정 요인과 함정의 관점에서 이 두 가지 공급사슬 옵션을 비교하라.

14 공급사슬 설계

출처: Dima Zel/Shutterstock

국제우주정거장 공급

1998년에 발사되어 15개국 5개 우주기관이 공동 운영하는 국제우주정거장(ISS)은 여러 국가가 각기 다른 부품을 제공해 건설한, 우주에서 사람이 가장 오랫동안 지속적으로 거주해 온 거주 시설이다. 2023년 8월 기준 21개국 273명의 인원이 ISS에 머물렀으며, 체류 기간은 일주일에서 거의 1년에 이르기까지 다양하다.

ISS는 인류가 만든 가장 복잡한 단일 구조물 중 하나로, 상호 연결되고 상호 의존적인 산업 제어 시스템과 감독·제어·데이터 수집 시스템(SCADA)으로 구성되어 있다. 광범위한 통신망, 궤도상 엔지니어링 및 수리 시설, 의료 시설, 생명 유지 시스템 그리고 우주 의학, 생명 및 물리과학, 천문학, 기상학 연구를 위한 대형 실험실 등이 갖추어져 있다.

ISS의 다양한 부품의 명세, 설계, 배치, 관리, 복구는 방대하고 탄력적인 공급사슬이 담당한다. 많은 시스템과 하드웨어는 최초의 아이폰이 출시되기 훨씬 이전에 제작되어 점점 더 많은 유지보수, 수리, 교체가 필요해지고 있다. 그러나 ISS에는 항구가 없으니, 우주비행사들은 어떻게 필요한 물자를 보급받을 수 있을까?

물류 및 재보급을 위해 ISS는 러시아의 프로그레스 화물선, 유럽의 ATV(Automated Transfer Vehicle), 일본의 H-II 화물선 그리고 상업적으로 운용되는 스페이스X 드래곤(SpaceX Dragon)과 오비털 ATK 시그너스(Orbital ATK Cygnus)에 의존한다. NASA에 따르면, ISS로 화물을 운송하는 비용은 드래곤의 경우 1kg당 평균 89,000달러, 시그너스는 1kg당 135,000달러에 달한다. 드래곤의 최대 적재량은 6,000kg, 시그너스는 2,700kg으로, 각 보급 임무마다 막대한 비용이 소요된다. 모든 물품은 무게와 우선순위를 평가해 실을지 결정된다.

ISS에서는 재고 자원을 추적하는 시스템을 사용한다. 보급 임무의 일정과 타이밍을 조율하는 데 드는 비용과 운영상의 어려움 때문에, 데이터의 정확성은 매우 중요하다. 지구상의 각종 규제와 제약이 보급 일정의 유연성을 떨어뜨리고, 이로 인해 ISS 보급의 어려움이 가중된다.

그러나 시간, 비용, 저장 용량의 한계만이 ISS가 직면한 문제는 아니다. 해발 약 400km 상공의 궤도를 유지하는 ISS는 그 존재 자체와 우주비행사들의 생존에 위협이 되는 여러 요인에 정기적으로 노출된다. NASA에 따르면, 야구공 크기 이상의 우주 쓰레기 23,000여 개를 실시간으로 추적 중이며, 1999년 이

학습목표

14.1 공급사슬의 핵심 성과지표를 산출한다.

14.2 공급사슬 설계를 위한 전략적 방안을 설명한다.

14.3 고객 중심 공급사슬 전략을 이해하고 그것이 공급사슬 설계에 미치는 영향을 설명한다.

14.4 프로세스 아웃소싱 의사결정 시 기업이 고려하는 사항을 설명한다.

14.5 공급사슬 교란의 주요 원인을 식별한다.

14.6 공급사슬의 운영 및 보안 위험을 줄일 방법을 설명한다.

14.7 공급사슬 통합을 위해 클라우드 컴퓨팅과 블록체인이 어떻게 활용될 수 있는지 설명한다.

후 ISS는 위성이나 우주 쓰레기를 피해 궤도를 32회 조정한 바 있다. 한번은 셔틀 창문 일부가 파편에 손상되어 교체하기도 했는데, 나중에 페인트 조각이 원인이었음이 밝혀졌다. ISS는 시속 28,000km 이상으로 이동하고, 우주 쓰레기는 최대 시속 29,000km에 달하는 상황이라, 작은 잔해 조각이라도 충돌 시 큰 위험이 될 수 있다.

따라서 ISS의 공급사슬관리에서는 재보급뿐 아니라 이미 우주정거장에 탑재된 시스템과 장비 그리고 사람 거주로 생기는 부산물까지 수리 가능성, 재구성 가능성, 재사용성에도 큰 비중을 두고 있다. 고도화된 폐쇄형 순환 시스템은 이산화탄소와 물을 산소와 메탄으로 변환해 공기의 40%를 재활용하며, 우주비행사들은 땀과 소변까지 포함해 98%의 물 회수율을 달성했다. 2014년에는 ISS에 3D 프린터를 도입해 필요한 부품을 즉석에서 제작할 수 있게 함으로써 일부 품목의 보급 시간과 비용을 획기적으로 줄였다.

ISS는 공급사슬을 설계, 구축, 유지할 때 철저한 계획과 협력이 얼마나 중요한지를 보여준다. 노후화된 시스템과 신기술은 도전과 기회를 동시에 가져오며, 우주 쓰레기나 태양 노출에 따른 온도 변화 등 통제 불가능한 외부 요인도 조직이 다양한 비상 상황에 대비해야 함을 시사한다.

우주정거장은 과학 실험의 플랫폼일 뿐 아니라, 우주비행사들의 장기간 생존에 필요한 모든 자원을 공급해야 한다. 이를 위해서는 예측, 우선순위 선정, 조달, 적재, 공급, 운송, 보관, 재고 관리 등 수많은 국제적 파트너십을 통한 고도의 공급사슬이 필수적이다.

출처: Hannan, N. (2018). An Assessment of Supply-Chain Cyber Resilience for the International Space Station. *The RUSI Journal*, 163(2), 28-32; Lewis, S. "Space junk slams into International Space Station, leaving hole in robotic arm", CBSnews.com, https://www.cbsnews.com/news/space-junkdamage-international-space-station/ (June 2, 2021).

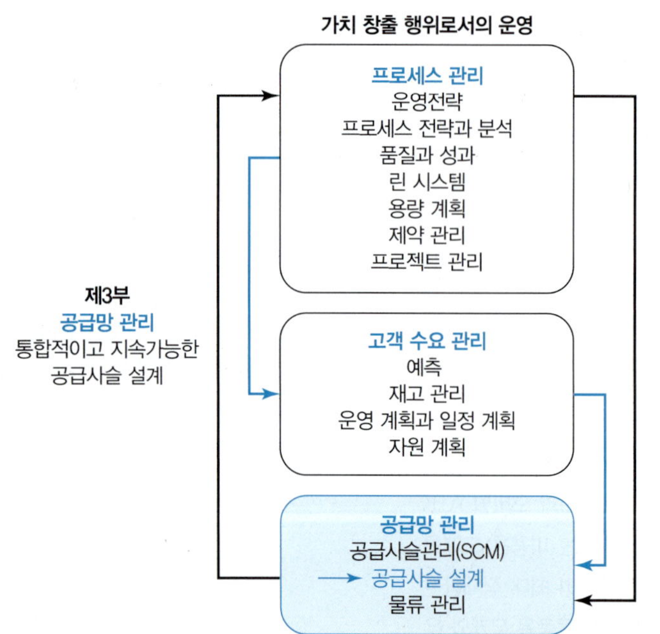

공급사슬은 소비자에게 제품과 서비스를 제공하기 위한 메커니즘이며, 오늘날의 글로벌 경제에서는 이를 운영하기가 점점 더 어려워지고 있다. 앞서 13장 '공급사슬관리'에서는 공급 기반을 관리하고, 고객 주문을 이행하며, 고객 인터페이스를 관리하는 과정을 다루었다. 이 장에서는 소비자에게 제품이나 서비스를 제공하는 기업들이 상호 연결되어 형성된 공급사슬을 조망하는 거시적 관점을 제시한다. 먼저, 공급사슬 성과를 평가해 개선 필요성을 판단할 때 관리자가 사용하는 핵심 성과 측정 지표들을 살펴본다. 때로 기업은 자사의 공급사슬이 경쟁 우선순위를 충족하지 못해 성과에 문제가 발생하기도 한다. 이어 공급사슬 설계를 위한 기본적인 전략적 선택지와, 이를 통해 대량 맞춤화나 시장 세분화 전략을 지원하는 방법을 설명한다. 첫 번째 절의 마지막에서는 기업이 특정 공정을 외주화(outsourcing)할지, 어디에 배치할지 혹은 내부에 유지할지를 결정해 공급사슬을 구축하는 과정을 다룬다.

두 번째 절에서는 모든 공급사슬의 골칫거리인 공급사슬 교란과 그로 인한 역동성을 살펴보고, 운영 및 보안 위험을 줄일 수 있는 방안을 제시한다. 마지막으로 기술이 공급사슬의 경쟁 우선순위를 지원하는 정보와 제품의 흐름을 조정하는 수단으로 어떻게 활용될 수 있는지를 설명하며 장을 마친다. 장 도입부에서 다룬 국제우주정거장은 기업과 조직이 공급사슬을 설계하고 조정할 때 고려해야 할 다양한 기회와 과제를 보여주는 사례다. 효과적인 공급사슬을 위해서는 정확한 재고 및 수요 정보, 그리고 여러 국제 이해관계자 간의 긴밀한 협력이 결합해야 한다.

공급사슬 성과 측정

14.1 공급사슬의 핵심 성과지표를 산출한다.

서비스업체이든 제조업체이든 경영자는 공급사슬의 변화에 따른 효과를 평가하기 위해 성과 척도가 필요하다. 공급사슬 설계에 관한 중요한 의사결정 사항을 논의하기 전에 공급사슬 성과를 지속적으로 파악하고 공급사슬 설계안을 평가하는 데 유용한 전형적인 재고 척도와 재무지표를 정의한다.

재고 척도

재고는 우선 개수, 부피, 무게 등의 물리적 단위로 측정한 후에 세 가지 기본적인 형태(평균 총재고 가치, 공급가능주수, 재고회전율)로 변환한다. **평균 총재고 가치**(average aggregate inventory value)는 어느 기업에서 재고로 있는 품목의 총평균가액을 의미한다. 이때 모든 품목의 금액을 원가로 표시하는데, 이유는 그렇게 해야 원재료와 재공품과 완제품의 금액을 합할 수 있기 때문이다. 판매가격은 완성된 서비스나 완제품에만 적용할 수 있을 뿐 모든 품목에 적용할 수 없다. '평균'이란 개념은 일정 기간 동안의 재고투자를 나타내는 데 쓰인다. 소매점에 A품목과 B품목을 재고로 보관하고 있다고 하자. A는 하나에 몇 달러밖에 안 되는데, B는 수천 달러일 수 있다. 이는 노동력이나 기술 등의 가치를 부가하는 행위가 운영 과정에 있었기 때문이다. 품목이 A와 B 두 가지밖에 없을 때의 평균 총재고 가치는 다음과 같다.

평균 총재고 가치
재고 품목의 총 평균 가액

$$\text{평균 총재고 가치} = (\text{A의 일상적 보유량})(\text{A의 단가}) + (\text{B의 일상적 보유량})(\text{B의 단가})$$

모든 재고품목에 대해 위와 같이 합한 총액은 재고에 묶인 자산이 어느 정도인가를 알려준다. 총자산 중 재고가 차지하는 비율은 제조업체가 대체로 약 25%이고 도소매업자는 약 75%이다.

관리자는 과거 자료나 동종 기업과 비교하거나 주관적 판단으로 총재고액이 너무 많은지 적은지를 어느 정도 결정할 수 있다. 그러나 총재고액 평가 척도에 수요를 반영하면 재고가 기업에 머무는 기간을 파악할 수 있으므로 더 유용하다. **공급주수**(weeks of supply)가 바로 이러한 척도이며, 이는 평균 총재고 가치를 주간매출원가로 나눈 값이다(재고가 적은 업종에서는 공급일수나 더 나아가 공급시간이 더 적합한 시간 단위일 수 있다). 공급주수를 구하는 공식은 다음과 같다.

공급주수
평균 총재고 가치를 주당 매출원가로 나누어 얻은 측정치

재고회전율
재고 척도의 하나로 연간 매출원가를 연간 평균 총재고 가치로 나누어서 구함

$$\text{공급주수} = \frac{\text{평균 총재고 가치}}{\text{주간매출원가}}$$

분자가 모든 품목(원료, 재공품, 완제품)의 가치를 포함하는 반면 분모는 완제품의 주당 매출원가이다. 매출원가란 제품의 판매가격이 아니라 제조원가를 기준으로 계산한 값이다.

재고회전율(inventory turnover, turns)은 연간 매출원가를 평균 총재고 가치로 나누어 구한다.

$$\text{재고회전율} = \frac{\text{연간 매출원가}}{\text{평균 총재고 가치}}$$

재고회전율로도 '최선의' 재고 수준을 결정하기란 쉽지 않다. 좋은 방법 중 하나는 업계의 선두 기업을 벤치마킹하는 것이다. 예제 14.1은 가장 일반적으로 사용

출처: Alistair Berg/Getty Images

재고의 양만 보고는 그것이 문제인지 아니면 기업의 중요한 전략 요소인지 알 수 없다. 업계 대비 공급주수나 재고회전율 같은 척도가 필요하다. 이 사진은 한 의류업체 물류센터의 적재 작업 모습인데, 업계 평균적으로 1년에 5회 정도 회전한다.

되는 두 가지 재고 성과를 계산하는 방법을 보여준다.

예제 14.1

온라인 자료

OM Explorer의 Tutor 14.1에서는 재고 성과 계산을 연습할 수 있는 새로운 예제를 제시한다.

재고 성과 계산

독수리기계공업사는 작년에 평균 200만 달러의 재고를 보유했으며, 매출원가는 1,000만 달러였다. 그림 14.1에 원자재, 재공품, 완제품 재고가 어떻게 나뉘어 있는지 나와 있다. 이 회사가 속한 업계 최고 재고회전율은 연간 6회(turns)이다. 회사가 연간 52주 동안 영업한다고 가정하면, 현재 이 회사는 몇 주 치의 재고를 보유하고 있는 것인가? 재고회전율은 얼마이며, 회사는 무엇을 해야 하는가?

풀이

평균 총재고 가치가 200만 달러일 때, 이는 10.4주 치의 재고와 연간 재고회전율 5회에 해당한다. 계산은 다음과 같다.

$$\text{공급주수} = \frac{\text{200만 달러}}{\text{1,000만 달러/52주}} = \text{10.4주}$$

$$\text{재고회전율} = \frac{\text{1,000만 달러}}{\text{200만 달러}} = \text{5회/년}$$

의사결정 포인트

이 분석은 경영진이 재고회전율을 20% 개선해야 한다는 것을 보여준다. 주문 이행(order fulfillment) 프로세스를 개선해서 완제품 재고를 줄여야 한다. 또한 공급사슬 운영을 향상해 원자재와 재공품 재고도 과도하게 쌓아 둘 필요가 없도록 해야 한다. 목표인 연간 6회 회전을 달성하려면 약 16% 정도의 재고 감축이 필요하다. 하지만 만약 매출이 증가한다면 반드시 그렇게 많은 재고를 줄여야 할 필요는 없다. 예를 들어 판매 부서가 매출을 8% 증가시켜 1,080만 달러

매출원가	$10,000,000
가동 주수	52

	품목번호	평균수준	단위가격	총가격
원재료	1	1,400	$50.00	$70,000
	2	1,000	$32.00	$32,000
	3	400	$60.00	$24,000
	4	2,400	$10.00	$24,000
	5	800	$15.00	$12,000
재공품	6	320	$700.00	$224,000
	7	160	$900.00	$144,000
	8	280	$750.00	$210,000
	9	240	$800.00	$192,000
	10	400	$1,000.00	$400,000
완제품	11	60	$2,000.00	$120,000
	12	40	$3,500.00	$140,000
	13	50	$2,800.00	$140,000
	14	20	$5,000.00	$100,000
	15	40	$4,200.00	$168,000
				$2,000,000

주당 평균 매출원가	$192,308
공급주수	10.4
재고회전율	5.0

그림 14.1 재고지표 계산

를 달성한다면, 연간 6회 재고회전을 위해 줄여야 할 재고는 10% 감소, 즉 180만 달러에 불과하다. 이제 경영진은 민감도 분석(sensitivity analysis)을 통해 개별 품목의 재고를 줄이거나 연간 매출을 늘리는 것이 공급주수와 재고회전율에 어떤 영향을 주는지 확인할 수 있다.

재무지표

공급사슬의 설계와 관리는 기업의 재무 상태에 엄청나게 영향을 미친다. 재고는 미래에 사용하기 위해 비축하므로 일종의 투자이다. 그러나 재고는 다른 분야에 활용해 이윤을 창출할 수도 있는 자금을 묶는다. 그림 14.2는 공급사슬과 관련된 의사결정이 어떻게 재무지표에 영향을 미치는지 보여준다.

총수입

시간은 공급사슬 운영에서 아주 중요한 관리 대상이며 이와 관련된 성과 척도는 재무 성과에도 영향을 미친다. 납기를 넘기지 않고 서비스나 제품을 고객에게 납품하는 비율과 공급자로부터 납품받는 비율, 즉 납기 준수율을 주시하는 기업이 많이 있다. 예를 들어 납기 준수율이 상승하면 만족한 고객이 다시 구매를 하기 때문에 **총수입**(total revenue)이 늘어날 것이다.

매출원가

자재나 서비스를 더 저렴하게 사서 더 효율적으로 서비스나 제품으로 변환하면 **매출원가**(cost of goods sold)가 줄어들 것이며, 나아가서 **순이익**(net income)이 늘어날 것이다. 이러한 개선은 가격과 변동비의 차액인 **공헌이익**(contribution margin)에도 영향을 미친다. 제조비용, 재료비용, 운송비용, 품질 불량비용을 줄이면 공헌이익이 커져서 이익이 늘어난다. 공헌이익은 흔히 기업이 공급하는 서비스나 제품의 구성비를 결정할 때 중요한 정보이다.

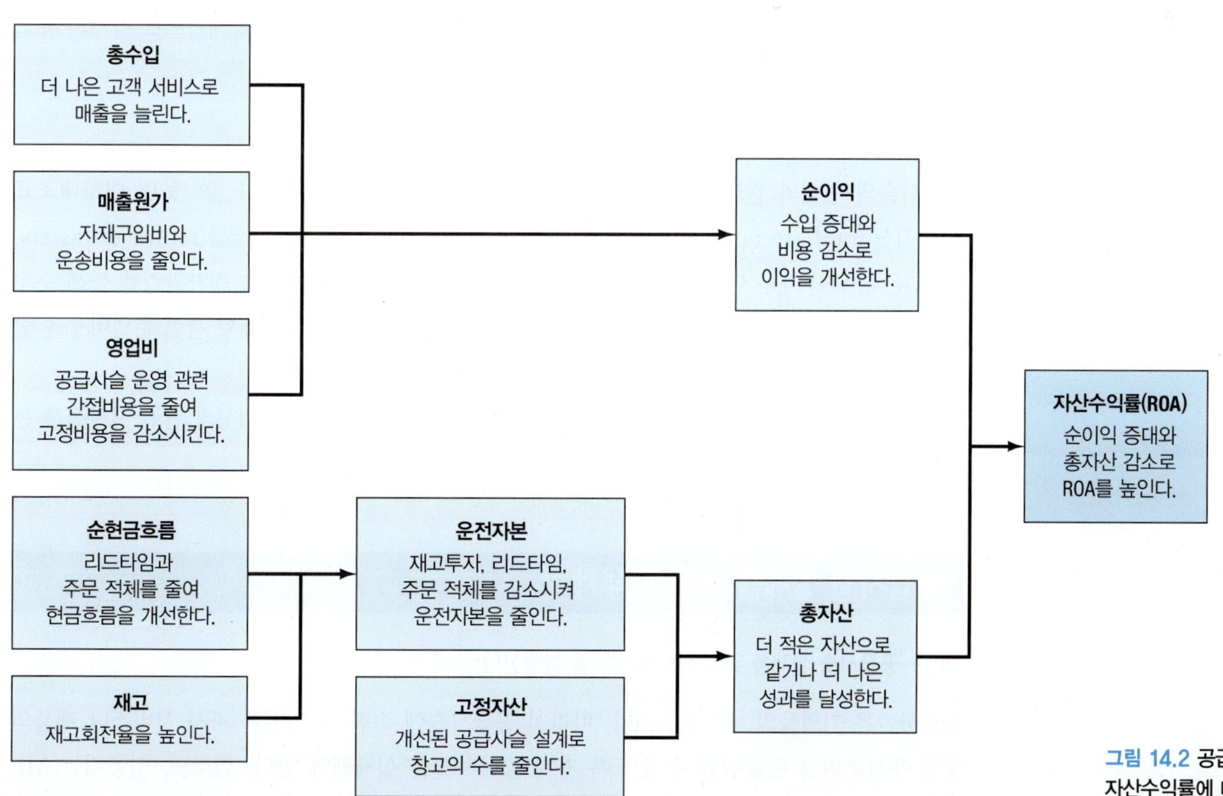

그림 14.2 공급사슬 의사결정이 자산수익률에 미치는 영향

영업비용

판매비용, 고정비용, 감가상각비는 영업비용으로 간주된다. 공급사슬에 투자되는 자본이 줄어들수록 감가상각비는 줄어든다. 공급사슬의 기반 시설이나 설비의 변경은 간접비용에 영향을 미치며, 간접비용은 고정비용으로 간주된다.

현금흐름

리드타임 단축과 주문 적체의 감축에 주안점을 두고 공급사슬을 설계하면 순현금흐름을 개선할 수 있다. 인터넷 때문에 시간과 관련된 새로운 재무지표인 **입출금 시차**(cash-to-cash)가 부각되었다. 이 지표는 서비스나 제품을 생산하는 데 필요한 서비스나 재료의 대금을 지불하는 시점과 그것의 판매에 따른 매출액이 입금되는 시점의 차이를 말한다. 이 시차가 줄어들수록 운전자본이 적게 필요하므로 기업의 **현금흐름**(cash flow)이 좋아진다. 그러면 이렇게 해서 생긴 여유자금을 다른 프로젝트나 투자에 사용할 수 있다. 고객의 주문 프로세스를 재설계해 고객이 주문하는 시점에 대금이 입금되도록 하면 입출금 시차를 줄일 수 있다. 반면 서비스를 종료한 후나 제품을 출하한 후에 청구서를 발송하면 운전자본의 소요는 늘어난다. 입출금 시차가 음(-), 즉 고객으로부터 주문 시점에 제품이나 서비스 대금을 먼저 받은 다음에 주문을 충족하는 데 필요한 자원이나 재료를 구매하면 최상이다. 이 경우 공급자의 재고를 위탁 받아 관리하다가 사용 시점에 대금을 지불해야 한다.

운전자본

공급주수나 재고회전율은 일상적 운영에 사용한 자금을 의미하는 **운전자본**(working capital)이라는 재무지표에 영향을 준다. 공급주수를 줄이거나 재고회전율을 높이면 재고가 줄어서 운전자본 소요가 줄어든다. 재고회전율을 향상하려면 고객관계, 주문 충족, 공급자 관계 프로세스를 개선해야 한다. 예를 들어 납품업체의 리드타임을 줄이면 공급주수가 줄어들고 재고회전율이 늘어나는 효과가 있다. 수요 예측 대상기간이 짧아져서 예측이 더 정확해지므로 자재의 유입과 유출을 일치시키기 쉬워진다.

자산수익률

공급사슬의 설계와 관리를 통해 창고와 같은 고정투자나 총재고투자가 줄어들면 대차대조표의 **총자산**(total assets)이 줄어든다. 순이익을 총자산으로 나눈 **자산수익률**(return on assets, ROA)은 중요한 재무지표이다. 결국, 재고투자 총액을 줄이거나 더 나은 원가관리를 통해 순수입을 늘리면 ROA가 커진다. 재고비용, 수송비용 및 자원 활용과 일정계획 관련 운영비용을 줄이는 기법은 후속 장에서 논의한다.

이제 공급사슬 설계와 관련된 몇 가지 중요한 전략 대안과 그것의 기업성과 관련 시사점을 논의한다.

공급사슬 설계를 위한 전략 대안

14.2 공급사슬 설계를 위한 전략적 방안을 설명한다.

공급사슬은 기업들의 네트워크이다. 따라서 공급사슬에 속한 각 기업은 자사 서비스나 제품의 경쟁 우선순위를 뒷받침할 수 있도록 자체 공급사슬을 설계해야 한다. 인터넷, 인공지능(AI),

표 14.1 효율적 공급사슬과 반응적 공급사슬에 가장 적합한 환경

요인	효율적 공급사슬	반응적 공급사슬
수요	예측 용이, 예측오차 작음	예측 불가, 예측오차 큼
경쟁 우선순위	저원가 운영, 품질 일관성, 정시 납품	개발 속도, 납품 속도, 고객화, 물량 유연성, 다양성, 최고 품질
신규 서비스 및 제품 출시	드묾	잦음
공헌이익	낮음	높음
제품 다양성	낮음	높음

머신러닝, 컴퓨터 지원설계(computer-assisted design, CAD), 유연생산, 자동화 창고와 같은 다양한 기술을 공급사슬의 모든 단계에 적용해 왔음에도 불구하고, 성과가 아주 저조한 공급사슬도 많이 있다. 이런 실패의 원인 중 한 가지는 관리자들이 자사 서비스나 제품에 대한 수요의 특성을 제대로 이해하지 못해 그 수요를 충족시킬 공급사슬을 설계하지 못한다는 데 있다. 경쟁 우선순위를 확보하기 위해 사용되는 두 가지 뚜렷한 설계 접근법은 **효율적 공급사슬**(efficient supply chains)과 **반응적 공급사슬**(responsive supply chains)이다. 표 14.1은 각각의 설계에 가장 잘 맞는 환경을 보여준다.

효율적 공급사슬

공급사슬 유형의 선택을 결정하는 핵심 요인 중 하나가 서비스/제품에 대한 수요의 특성이다. 효율적 공급사슬은 식료품점의 주식 식품이나 포장된 공산품 배달 서비스같이 수요 예측이 매우 쉬운 환경에 가장 적합하다.

일반적 설계 대안

효율적 공급사슬을 위한 일반적인 설계 대안이 하나 있다.

- 재고 생산(make-to-stock, MTS): 판매 예측에 따라 제품을 생산해 재고로 쌓으며 고객에게는 이런 재고 중에서 판다. 최종 소비자는 제품의 설계에 개별적인 요구를 하지 못하고 미리 생산된 완제품을 소매상으로부터 구입한다. 식료품, 잡화류, 서적, 가전제품, 가정용품 등을 비롯한 많은 소비재가 이런 상품이다. 그림 14.3은 이런 설계가 예측에 크게 의존해 자재를 고객 방향(공급사슬 하류)으로 흘려보내는 과정을 보여준다.

출처: Billy F Blume Jr/Shutterstock

재고 생산을 위한 공급사슬은 서비스 및 자재의 효율적인 흐름과 재고 최소화에 치중한다. 시장의 특성상 서비스/제품은 디자인의 수명이 길고, 신제품이 자주 나오지 않으며, 다양성이 별로 없다. 이런 시장에서는 보통 가격이 주문 획득에 결정적인 역할을 하기 때문에 공헌이익이 낮고 효율성

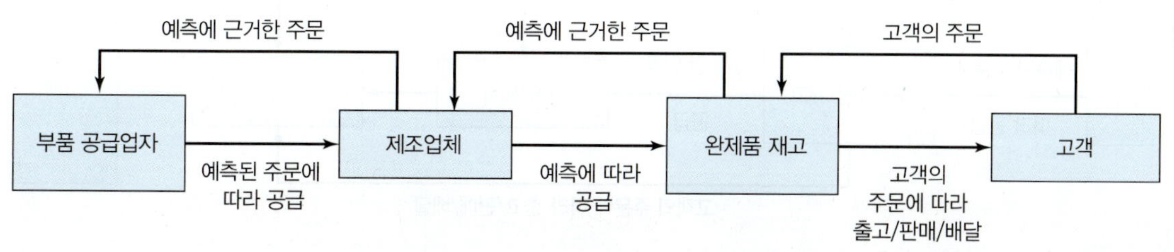

그림 14.3 재고 생산 전략의 공급사슬 설계

이 중요해진다. 결과적으로 저원가 운영, 품질 일관성, 정시 납품이 경쟁 우선순위이다.

반응적 공급사슬

반응적 공급사슬은 수요의 불확실성에 신속하게 대응할 수 있도록 설계한 공급사슬이다. 반응적 공급사슬은 서비스와 제품이 다양하고 수요 예측이 어려운 환경에 매우 효과적이다.

일반적 설계 대안

반응적 공급사슬을 위한 세 가지 일반적인 설계 대안이 있다.

- **주문조립 생산**(assemble-to-order, ATO): 제품은 고객의 요구 조건에 맞추어 기존의 표준부품 재고를 활용해 만든다. 고객은 자기의 제품을 구성할 때 여러 가지 표준부품 중에서 선택할 수 있다. 그러나 부품 설계에는 어떤 영향력도 행사할 수 없다. 제품의 조립은 주문이 접수된 다음에 한다. 주문조립 생산의 예로는 데스크톱 컴퓨터와 랩톱 컴퓨터를 고객 맞춤화하는 델(Dell)의 방식과 각 모델에 여러 가지 선택 사양을 제공하는 자동차 제조업체의 방식을 들 수 있다. 그림 14.4는 주문조립 생산을 위한 공급사슬의 설계를 보여준다. 주목할 점은, 대부분의 자재 흐름이 재고 생산(MTS) 방식과 달리 '필요에 따라' 진행된다는 것이다. 대량고객화 전략을 다룰 때 이 공급사슬 구조를 다시 논의한다.
- **주문 생산**(make-to-order, MTO): 제품의 표준설계가 있지만 부품 생산과 최종제품의 제조는 고객의 요구에 따른다. 이런 식으로 만들어지는 제품의 예로는 랜즈 엔드(Land's End)와 타미 힐피거(Tommy Hilfiger)가 제공하는 맞춤식 의류, 사전 설계된 주택, 보잉이 제작하는 상업용 비행기 787 드림라이너 등이 있다.
- **주문 설계**(design-to-order, DTO): 제품은 전적으로 고객의 요구에 따라 설계하고 만든다. 이 공급사슬은 고객이 자신의 특정한 니즈에 맞추어 제품을 설계하는 것을 허용한다. 예로는 대규모 건설 프로젝트, 디자이너에게 의뢰해 맞추는 여성복, 남성용 맞춤 양복, 건축가에 의뢰해 짓는 독창적 설계의 단독주택 등이 포함된다.

반응적 공급사슬을 채택한 기업은 경쟁력을 유지하기 위해 새로운 서비스/제품을 끊임없이 내놓아야 하는 부담이 있지만, 서비스/제품의 혁신성 덕분에 높은 공헌이익이라는 혜택을 누릴 수 있다. 전형적인 경쟁 우선순위는 개발 속도, 납품 속도, 고객화, 다양성, 수량 유연성, 최고 품질 등이다. 고객이 주문하기 전에는 어떤 서비스/제품을 생산해야 할지 알 수 없을 수도 있다. 더구나 패션업계처럼 수요의 지속 기간이 매우 짧을 수도 있다. 반응적 공급사슬은 반응시간을 줄이는 데 치중한다. 반응시간이 짧아야 값비싼 재고를 쌓아 두었다가 헐값에 처분하는 일을 피할 수 있기 때문이다.

특정 부문의 시장을 겨냥할 경우나 두 가지 다른 요구 조건을 충족하기 위해 공급사슬을 나

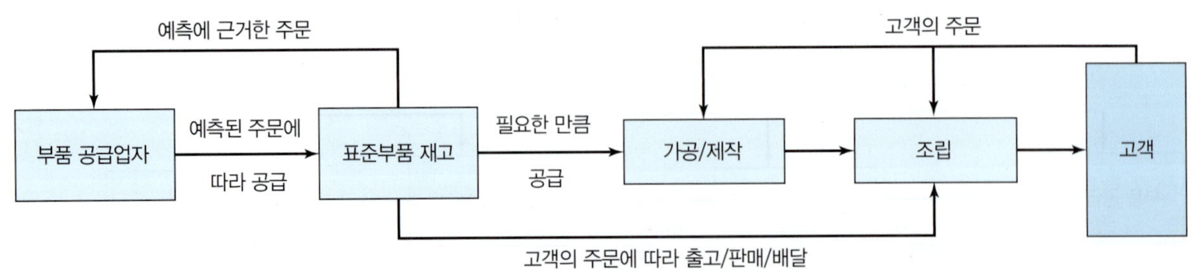

그림 14.4 주문조립 생산 전략의 공급사슬 설계

눌 수 있을 경우에는 두 가지 공급사슬 유형을 모두 활용해야 할 수도 있다. 예를 들어 한 조선사에서 원유 운송선 같은 표준제품과 고급 유람선같이 고객화된 제품을 건조하는 경우, 두 가지 제품 모두 바다에서 운항할 선박이지만 각각의 공급사슬은 요구사항이 매우 다르다. 하나의 공급사슬 안에 효율성을 위한 요소와 반응성을 위한 요소가 모두 있는 경우도 있다. 예를 들어 질레트(Gillette)는 효율적 공급사슬을 이용해 자본집약적인 제조 프로세스로 제품을 제조한 후, 제품 포장은 최후 순간까지 미루었다가 소매점의 수요에 민첩하게 반응한다. 포장 공정에서는 여러 언어로 인쇄해 고객화한다. 각기 다른 프로세스 구조 때문에 프로세스를 여러 부분으로 나눌 수 있는 것처럼 공급사슬 프로세스도 최적의 성과를 달성하도록 단계별로 달리할 수 있다.

출처: Amadeja Plankl/Alamy Stock Photo

공사 중인 인터컨티넨탈 원더랜드 호텔은 중국 상하이에 있는 89미터 깊이의 옛 채석장 구덩이 동쪽에 있다. 2019년 11월에 문을 연 이 호텔은 지상 2층, 지하 14층, 수심 33피트 깊이의 수족관 2개 층으로 구성되어 있다. 이 호텔은 반응적 공급사슬이 필요한 주문 설계 제품의 사례이다.

효율적 공급사슬과 반응적 공급사슬의 설계 특징

표 14.2는 효율적 공급사슬과 반응적 공급사슬의 기본 설계 특성을 보여준다. 효율적 공급사슬에서 더 하류에 있는 기업일수록 표준화된 서비스/제품의 대량생산을 지원하는 라인흐름전략을 가지고 있을 가능성이 크다. 따라서 효율적 공급사슬에 있는 공급자는 설비 이용률이 높아야 단위원가가 낮아지기 때문에 여유 생산용량을 적게 유지해야 한다. 원가 절감을 위해 재고투자도 낮추어야 하므로 재고회전율을 높여야 한다. 발주업체는 공급자와 협력해 리드타임을 줄여야 하나 원가를 너무 상승시키는 방식을 사용하지 않도록 주의해야 한다. 예를 들어 철도 운송에서 항공 운송으로 전환하면 공급자의 리드타임을 줄일 수 있지만, 비용이 증가해 리드타임 단축으로 인한 이득이나 경쟁우위가 무의미할 수도 있다. 공급자를 선정할 때는 저원가, 품질 균일성, 정시 납품 능력을 중시해야 한다. 효율적 공급사슬의 경우 여유 생산용량이 적기 때문에 공급사슬에 문제가 생기면 막대한 비용이 발생할 수 있으므로 이를 예방하는 것이 중요하다. 그림 14.5는 대규모 뱃치, 라인, 연속 프로세스를 가진 기업이 효율적 공급사슬이 될 가능성이 더 높다는 점을 보여준다.

이와는 대조적으로 반응적 공급사슬에 속한 기업은 충분한 여유 생산용량도 유지하고 시스템도 유연해야 한다. 재공품 재고는 납품 속도를 줄일 목적으로 비축하며 비싼 완제품 재고 비축은 피해야 한다. 발주업체는 공급자와 적극적으로 협력해 리드타임을 단축해야 하는데, 리드타임을 줄여야 고객 주문을 받아들이는 시기를 최대한 늦출 수 있기 때문이다. 이는 다른 말로 하자면 더 큰 유연성을 준다는 것이다. 기업은 서비스/제품의 경쟁 우선순위를 지원할 수 있는 공급자를 선정해야 하는데, 이 경우에는 신속히 배달하고, 서비스나 부품을 고객화하며, 수량 변화에 빨리 적응하고, 시장 수요 주기에 잘 맞추고, 다양성과 최고 품질을 제공하는 능력을 갖춘

표 14.2 효율적 공급사슬과 반응적 공급사슬의 설계 특성

요인	효율적 공급사슬	반응적 공급사슬
운영전략	표준화된 서비스 또는 제품의 재고생산, 대량생산 강조	고객화된 서비스 또는 제품의 주문 조립, 주문 생산, 주문 설계, 다양성 강조
여유 생산용량	낮음	높음
재고 투자	낮음; 재고회전율이 높을 수 있음	신속한 납기 달성에 필요한 정도
리드타임	단축하되 비용을 늘리지 않기	적극적으로 단축하기
공급자 선정	저가격, 품질 일관성, 납기 준수 강조	신속 납기, 고객화, 다양성, 수량 유연성, 최고 품질 강조

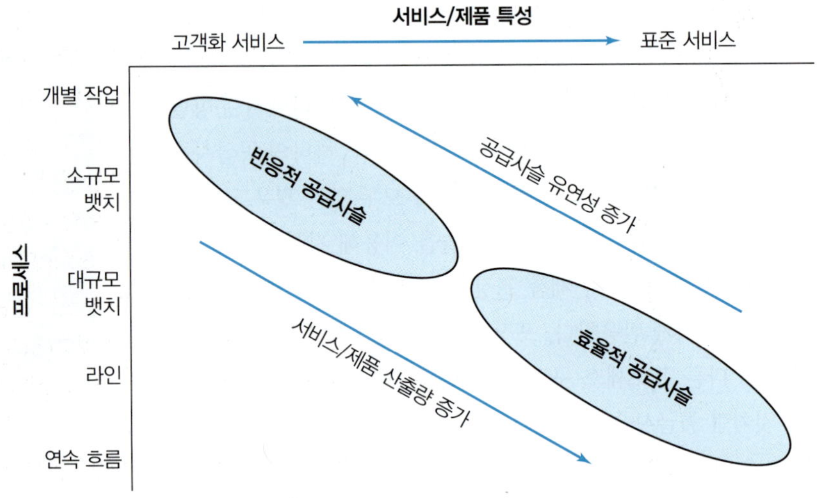

그림 14.5 서비스 혹은 제품 특성 및 프로세스 유형에 따른 공급사슬 유형

공급자를 의미할 것이다. 그림 14.5는 개별 작업이나 소규모 뱃치 프로세스를 가진 기업은 반응적 공급사슬이 될 가능성이 더 높다는 점을 보여준다.

공급사슬 성과가 저조한 원인은 종종 제공하는 서비스나 제품에 적합하지 않은 공급사슬 설계를 사용하는 데서 비롯된다. 대표적인 실수는 반응적 공급사슬이 요구되는 환경에 효율적 공급사슬을 그대로 적용하는 경우다. 시간이 지남에 따라 기업은 기본적인 서비스나 제품에 다양한 옵션을 추가하거나 변형을 도입함으로써 제품 구색이 급격히 다양해지고, 이에 따라 개별 서비스나 제품에 대한 수요 예측 가능성은 떨어지게 된다. 그럼에도 불구하고, 기업은 기존과 동일한 기준으로 공급사슬 성과를 효율성 중심으로 측정하며, 공헌이익률이 반응적 공급사슬 설계를 감당할 수 있는 수준임에도 불구하고 설계 전환을 고려하지 않는다. 그림 14.6은 어떤 기업의 재고 관리 단위(SKU)를 연간 판매량과 주간 수요의 변동성이라는 두 특성을 축으로 한 평면에 나타낸 산포도로, 두 특성 사이의 관계를 일반화해 보여준다. 이 기업의 경우 어떤 품목은 판매량이 많고 수요 변동성이 낮은 반면, 일부는 판매량은 적으면서 주간 수요 변동성이 매우 높은 특성을 보인다. 수요의 변동성이 기업의 통제 범위를 벗어나 있으면, 기존의 공급사슬을 계속 유지하는 것은 공급사슬 역동성(supply chain dynamics)으로 인해 오히려 과도하게 많은 비용을 초래할 수 있다. 그림 14.6과 같이 연간 판매량과 주간 수요의 변동성을 기준으로 산포도를 그려보면 적합한 공급사슬 설계 구성을 발견할 수 있다. 따라서 기업은 서로 다른 두 제품군을 위해 명확히 구분된 두 가지 공급사슬 설계를 운용할 수 있다. 예를 들어 연간 판매량은 적고 주간 수요 변동성이 큰 품목에 대해서는 ATO나 MTO 같은 반응적 공급사슬 설계를 통해 대응하는 것이 더 효과적일 수 있다. 이렇게 하면 예측이 어려운 수요에 대응해 완제품 재고를 과도하게 보유할 필요가 줄어든다. 반면에, 판매량이 많고 주간 수요 변동성이 낮은 품목은 MTS와 같은 효율적 공급사슬이 더 나을 것이다. 이 경우에는 수요 예측이 더 정확하고, 완제품 재고를 전략적으로 운영하는 것이 효과적이기 때문이다. 공급사슬의 재설계는 비용이 많이 드는 큰일인 만큼, 공급사슬의 역동성 문제를 다른 수단으로는 충분히 해소할 수 없는 경우에만 고려해야 한다.

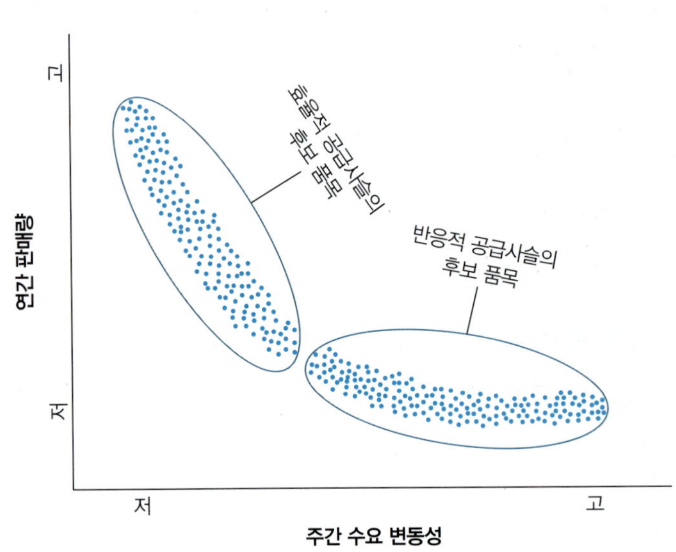

그림 14.6 재고유지 품목의 연간 판매량과 주간 수요의 변동성

고객 중심 공급사슬 전략

14.3 고객 중심 공급사슬 전략을 이해하고 그것이 공급사슬 설계에 미치는 영향을 설명한다.

우리는 앞서 효율적 공급사슬과 반응적 공급사슬이라는 두 가지 기본 공급사슬 설계와 그것들이 다양한 경쟁 우선순위를 어떻게 지원하는지 살펴보았다. 이 기본 설계들은 고객 경험에 초점을 맞추고, 고객 요구에 맞게 이행(fulfillment) 프로세스를 조정하는 전략을 지원하는 데 활용할 수 있다. 이런 초점을 가진 공급사슬을 **고객 중심 공급사슬**(customer-centric supply chains)이라고 한다. 이 절에서는 고객의 니즈를 충족시키도록 이행 프로세스를 맞춤화하는 두 가지 운영적 접근법을 다룬다: 높은 수준의 다양성과 개별화를 원하는 요구에 대응하는 대량고객화, 그리고 공통 특성을 지닌 특정 고객 집단을 식별해 단일 채널, 다중 채널, 옴니채널과 같은 공급사슬 설계를 통해 이들에게 서비스를 제공하는 시장 세분화이다.

대량고객화

기업의 공급사슬은 고객의 주문을 획득할 경쟁 우선순위를 발휘할 능력이 있어야 한다. 고객의 요구는 흔히 표준화 서비스나 제품의 구색보다 다양하다. 자기에게 꼭 맞는 서비스나 제품을 원하며, 그것도 빨리 손에 넣고 싶어 한다. 가령 거실을 다른 색으로 칠하고 싶다고 해 보자. 현재의 가구나 벽에 걸린 장식품 그리고 카펫과 조화를 이루는 색이 필요하다. 페인트 가게에 가서 온갖 색지를 묶은 색깔 견본책에서 원하는 색을 고른 후 잠시 기다리면 어떤 색이든지 원하는 대로 가져온다. 페인트 가게는 싼 가격에 이런 서비스를 할 수 있을까? 이 가게가 수천 가지 페인트를 충분히 쌓아 둘리는 만무하다. 이 소매점에는 몇 가지 기본 색상 페인트와 색소를 쌓아 두었다가 필요에 따라 이를 혼합해 고객이 원하는 색이 무엇이든 판매한다. 페인트 가게는 **대량고객화**(mass customization), 즉 유연한 프로세스로 합리적인 가격에 다양한 서비스와 제품을 공급하는 전략을 실행한 것이다. 근본적으로 기업은 다양한 표준 선택 사양을 조합할 수 있게 함으로써 고객이 원하는 서비스나 제품을 얻을 수 있게 한다.

경쟁우위

대량고객화에는 세 가지 중요한 경쟁우위가 있다.

1. 고객관계관리. 대량고객화는 이상적인 서비스나 제품을 만들기 위해 고객으로부터의 자세한 투입 자료를 필요로 한다. 기업은 입수하는 자료로부터 고객에 대해 많은 것을 알 수 있다. 일단 고객은 데이터베이스에 등록되면 계속 추적할 수 있다. 대량고객화 전략에 기반을 둔 밀접한 고객관계를 통해 의미 있는 경쟁우위를 실현할 수 있다.
2. 완제품 재고 제거. 예측이란 완벽하지 않다. 그러므로 예측에 근거하기보다 고객의 주문에 따라 생산하면 훨씬 효율적이다. 이때의 비결은 주문품을 빨리 제조하기 위해 필요한 모든 것을 갖추는 것이다. 여러 기업이 고객의 주문 프로세스에 사용하는 기술은 **컨피규레이터**(configurator)라는 소프트웨어 시스템인데 이를 통해 기업과 고객은 서비스나 제품에 포함할 수 있는 옵션과 관련된 자료에 쉽게 접근할 수 있다. 델은 이를 이용해 고객이 재고가 있는 표준부품을 스스로 선택해 컴퓨터를 설계하도록 한다. 일단 주문이 접수되면 고객이 선택한 대로 제품이 조립되어 배달된다. 델은 판매촉진책을 활용해 고객이 재고가 없는 옵션 대신에 재고가 있는 옵션을 선택하도록 유도하는 방식으로 부품에 대한 재고 요구를 어

느 정도 통제할 수 있다. 이 통제 수단 덕분에 고객을 만족시키면서도 공급사슬의 부담을 덜어준다.

서비스 제공자도 재고 수준을 감축하기 위해 대량고객화를 활용한다. 영국 항공(British Airways)은 고객이 일단 비행기에 탑승하면 고객별 맞춤 서비스를 제공하려고 노력한다. 이 항공사는 최우수 고객의 잡지 취향까지 추적하는 소프트웨어 시스템이 있다. 이 정보를 활용해 비행편마다 준비해야 할 것을 좀 더 정확하게 계획할 수 있다. 이를 통해 승객이 원하지 않는 편의품은 준비하지 않아도 되므로 비용을 상당히 절감할 수 있다.

3. **서비스나 제품의 가치 인식 제고.** 대량고객화 덕분에 고객은 자기 뜻대로 할 수 있다. 일반적으로 고객은 고객화 서비스나 제품에 실제로 비용을 좀 더 지불하더라도 가치를 더 높게 인식한다. 이 덕분에 기업은 꽤 많은 이익을 낼 수 있는 가격을 매길 수 있다.

대량고객화를 위한 공급사슬 설계

대량고객화는 공급사슬 설계에 어떻게 영향을 미치는가? 우리는 세 가지의 중요한 사항을 다룬다.

1. **주문조립 전략.** 대량고객화의 토대가 되는 프로세스 설계는 주문조립 생산 전략이다. 이 전략에서는 서비스나 제품의 제공 프로세스가 두 단계로 나뉜다. 첫 번째 단계는 표준부품을 제조하거나 구매해 재고로 유지한다. 이 단계는 기업이 대량으로 부품을 제조하거나 구매해 비용을 낮게 유지할 수 있으므로 중요하다. 두 번째 단계에서 기업은 이러한 표준부품을 특정한 고객 주문에 맞추어 조립한다. 대량고객화에서 이 단계는 수많은 조합을 처리할 수 있도록 유연해야 하고 주문을 빠르고 정확하게 생산할 능력이 있어야 한다. 예를 들어 커스텀 돌 베이비 사(Custom Doll Baby, Inc.)의 경우 부품 조합으로 만들 수 있는 인형이 500가지가 넘는다. 정확도를 보장하기 위해 웹사이트는 고객이 각 부분에 대한 선택을 하게 하고, 선택된 것이 추가될 때마다 결과를 미리 볼 수 있게 한다. 주문조립 생산을 소개할 때 그림 14.4에서 보았듯이 고객의 주문 내용은 가공 및 조립 단계로 전달되며 표준 구매부품은 주문 완성에 필요한 대로 가공이나 조립 단계에 투입된다. 여기에 완성품 재고가 없다는 점을 주목하라.
2. **모듈화 설계.** 서비스나 제품은 고객이 원하는 '고객화(customization)'가 가능하도록 모듈로 나누어지도록 설계해야 한다. 이 접근은 최종 서비스나 제품이 표준화된 모듈로부터 저렴하고 신속하게 조립되어 고객의 주문에 빠르게 대응할 수 있도록 서비스나 제품의 설계에 세심하게 정성을 쏟아야 한다.
3. **연기.** 성공적인 대량고객화 기업들은 특정 고객을 위한 서비스나 제품의 차별화 작업을 가능한 마지막 순간까지 미루는 전략을 사용한다. 이러한 전략을 **연기**(postponement)라고 하며, 이는 서비스나 제품 제공의 마지막 단계 일부를 실제 주문이 접수될 때까지 지연시키는 개념이다. 이렇게 함으로써 실제로 고객화가 되기 전에 표준화 모듈을 최대한 활용할 수 있다. 연기는 중대한 공급사슬 전략 결정 중 하나다. 이유는, 이 전략이 표준화된 대량생산 공정과 고객 맞춤형 조립 공정을 어디에서 분리할지를 명확히 정해주기 때문이다. 경우에 따라 최종 맞춤화는 제품 출고 직전 단계에서 발생하기도 한다. 예를 들어 고객이 엘엘빈(L.L.Bean)의 배낭을 주문하면서 로고나 이니셜 자수를 요청하는 경우, 이 맞춤 작업은 출고 직전에 표준 배낭에 추가되어 수행된다.

   연기 전략을 어느 정도 사용할지는 재고비용과 운송비용에 크게 좌우된다. 이 전략을 통해 제조업체는 불필요한 재고 과잉 누적을 방지할 수 있다. 어떤 기업은 **채널 조립**(channel assembly)이라는 프로세스를 활용하는데, 이는 유통 채널의 구성원들이 마치 공장의 조립작업장 같은 역할을 하는 것이다. 유통센터나 창고가 특정한 주문을 실제로 받은 후에 마지막 고객화 과정을 수행하는 것이다. 채널 조립 방식은 언어, 기술 사양 등 지역적 요인으로 인해 맞춤화가 필요한 경우 특히 유용하다. 예를 들어 국가별 언어가 다르거나 전압 규격이 다른 경우, 유통 단계에서의 후반 조립은 효과적인 해결책이 될 수 있다. 일반적으로 재고 이점 외에도 유통 채널에서 연기의 이점은 공장에서는 제품의 표준화된 부분에 집중할 수 있고, 반면 유통업체에서는 지역 특성에 맞춘 부품이나 맞춤 요소를 추가해 고객 맞춤화를 수행할 수 있다는 점이다.

출처: Melodie Jeng/Getty Images Entertainment/Getty Images

예를 들어 엘엘빈에서 배낭을 주문하는 고객은 배낭에 특정 로고나 자신의 이니셜을 자수로 새겨달라고 요청할 수 있다. 이 맞춤 제작은 배낭이 배송되기 직전에 표준 배낭에 적용된다.

시장 세분화

많은 소비재 및 소매 기업은 다양한 시장 세그먼트를 서비스하기 위해 공급사슬 내에 여러 유통 채널을 두고 있다. 유통 채널(distribution channel)이란 제품이나 서비스를 고객에게 전달하는 데 관여하는 개인과 조직의 네트워크다. 여기서 '고객'은 실제로 제품을 사용하는 개인 소비자뿐 아니라 상품과 서비스를 직접 인수하는 기업(예: 소매업체)도 포함한다. 공급사슬 설계가 얼마나 고객 중심적인지를 측정하는 한 가지 방법은 고객이 경험하는 접점(touchpoint)의 수다. 접점은 기업이 고객과 상호작용하는 지점이나 상황을 뜻한다. 그림 14.7(a)와 (b)에 보이는 단일 채널(single-channel)과 다중 채널(multichannel) 설계는 대표적인 전통적 공급사슬로, 각기 다른 접점을 제공한다. 반면에 그림 14.7(c)의 옴니채널(omnichannel) 설계는 이런 설계를 기반으로 발전한 형태로, 고객에게 다양한 접점을 동시에 제공한다.

채널 조립
공급망의 유통 경로 구성원인 중간업체들을 공장의 조립라인처럼 활용하는 것으로, 이들이 일부 조립을 맡도록 함으로써 최종 조립이 고객에 가까운 위치에서 이루어지도록 하는 방법

단일 채널 공급사슬

단일 채널 공급사슬 설계는 고객에게 하나의 접점을 제공하는 방식이다. 예를 들어 소매업체의 웹사이트이거나, 하나의 오프라인 매장이거나, 여러 점포를 가진 체인점일 수 있다. 고객은 웹사이트를 통해 상품의 재고를 확인하거나, 주문을 하거나, 반품 절차를 시작할 수 있으며, 직접 매장을 방문해 오프라인 쇼핑을 할 수도 있다. 이 경우, 소매업체는 유통업체로부터 재고를 제공받고, 유통업체는 생산업체로부터 재고를 공급받는다. 생산업체의 공급사슬은 유통업체가 소매업체에 물량을 공급할 수 있도록 충분한 재고를 확보하게끔 설계되어야 한다.

다중 채널 공급사슬

다중 채널 공급사슬 설계에서는 고객이 여러 접점을 통해 쇼핑할 수 있으며, 대개 그 어느 접점에서도 유사한 활동을 수행할 수 있다. DTC(direct-to-customer) 채널에서는 고객이 우편 주문, 전화, 인터넷을 통해 생산자에게 직접 주문할 수 있고, 생산자는 고객에게 직배송한다. 펩시(PepsiCo)는 팬트리샵닷컴(PantryShop.com)과 스낵스닷컴(Snacks.com) 웹사이트를 통해 스낵과 음료를 고객에게 직접 판매한다. 또 다른 선택지는 고객이 오프라인 소매 매장에서 쇼핑하는 것으로, 이는 단일 채널 공급사슬에서 제공하는 기회와 유사한 경험을 준다. 마지막으로, 소매업체 입장에서는 유통업체를 거치지 않고 생산자로부터 직접 배송을 받는 것이 유리할 수 있다. 예를 들어 펩시는 DSD(direct-store-delivery)라는 전략을 사용해 스낵, 탄산음료, 빵을 매장의 하역장(receiving dock)까지 직접 배송한다. 다중 채널 공급사슬은 각 채널과 그 채널이

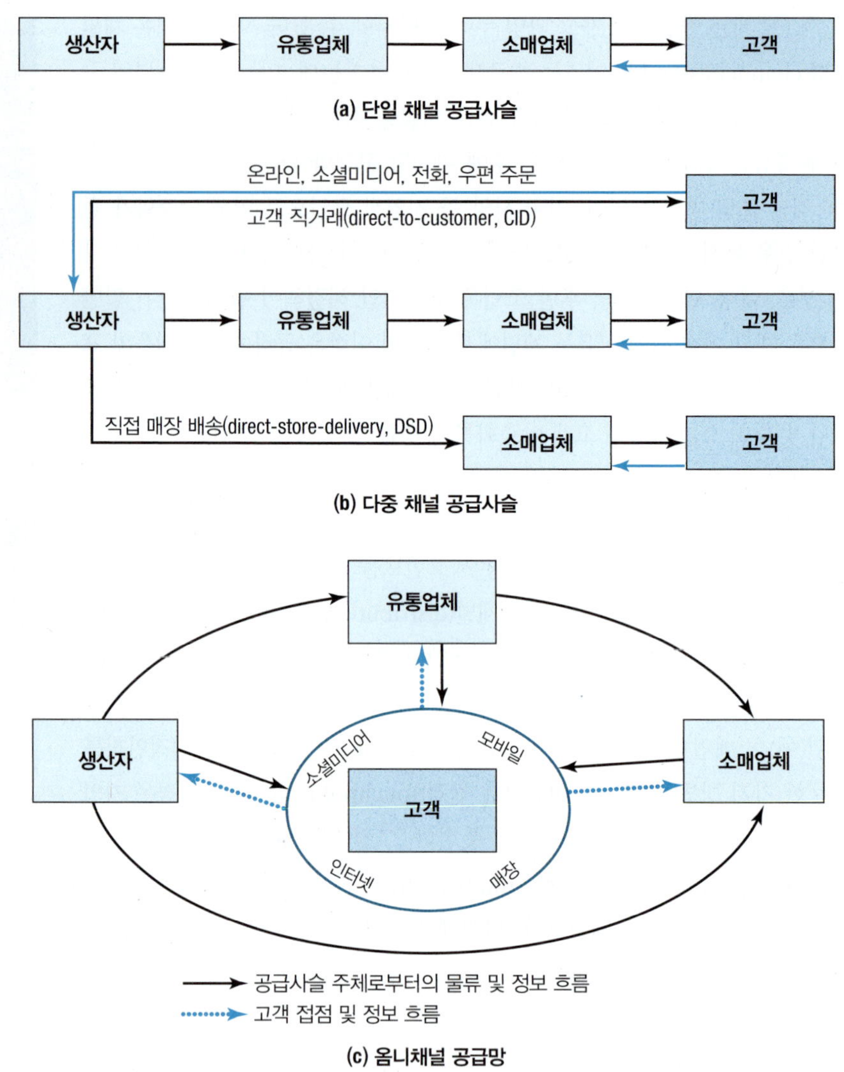

그림 14.7 시장 세분화 전략에 따른 공급사슬 유형

중점을 두는 경쟁 우선순위를 지원할 수 있도록 설계되어야 한다. 예를 들어 인터넷 기반 DTC 채널을 이용하는 고객은 배송 속도와 정시 배송을 원하고, 배송 단위는 개별 품목 수준인 경우가 많다. 이때 배송에는 페덱스(FedEx), UPS, USPS 같은 물류 서비스업체가 활용된다. 반면 생산자가 유통업체에 물품을 보낼 때는 일반적으로 리드타임이 길고 화물차 단위의 대량 배송이 이루어지며, 정시 배송과 저비용 운영이 중요하다. DSD 채널을 운영하는 소매업체는 자사 창고가 크지 않기 때문에 자주 소량 배송을 원하며, 배송 단위는 팔레트 수준이다. 정시 배송이 필수적이며, 재고 부족을 방지하는 것이 핵심이다. 일반적으로 다중 채널 공급사슬의 각 채널은 채널 간 연계가 없고, 각각 독립적으로 관리된다. 다중 채널 공급사슬은 단일 채널보다 설계와 운영 면에서 더 높은 복잡성을 지닌다.

옴니채널 공급사슬

옴니채널 공급사슬은 다중 채널 공급사슬을 더욱 발전시켜 고객이 어느 채널을 이용하든 일관되고 연결된 경험을 제공할 수 있도록 공급사슬 구조와 정보기술을 조직화한 것이다. 옴니채널 공급사슬의 특징은 다음과 같다.

- 고객 중심 전략(customer-centric strategy). 서비스해야 할 시장 세그먼트와 각 세그먼트

에 무엇을 제공해야 하는지를 식별한다. 예를 들어 프리미엄 고객이 주요 물류센터 근처에 거주할 경우 당일 배송이 가능할 수 있고, 농촌 지역 고객은 4일이 걸릴 수도 있다. 시장 세그먼트마다 요구하는 경쟁 우선순위와 물류 역량이 다르기 때문에 이를 공급사슬 전략에 반영해야 한다.

- **협업**(collaboration). 공급업체부터 최종 소비자에 이르는 공급사슬 전체가 통합되어야 하며, 정보의 흐름 또한 통합되어야 한다. 그래야 변화하는 고객의 요구를 빠르게 반영할 수 있다. 이는 특히 제품이나 서비스의 고객 맞춤화 시점을 뒤로 늦추는 지연 고객화(last customization) 혹은 지연(postponement) 전략에 대한 수요가 높아지는 현재 시장에서 더욱 중요하다.
- **채널 간 재고 관리**(cross-channel inventory management). 재고를 특정 채널에 전용해선 안 되며, 채널 간 공유 재고 풀을 운영해야 한다. 채널 간 재고 공유는 팔리지 않고 남는 정체 재고 위험을 줄여 보관비와 기회비용을 낮춘다. 예를 들어 코치(Coach), 콜스(Kohl's), 베스트바이(Best Buy), 시어스(Sears), 메이시스(Macy's), 월마트 등이 실천하고 있는 '끝없는 진열대(endless aisle)' 개념은 매장에서 고객이 온라인 재고를 검색하고, 원하면 해당 제품을 배송받거나 다른 매장에서 픽업할 수 있도록 해준다. 또 다른 옴니채널 서비스로 '클릭 앤 콜렉트(click-and-collect)'가 있다. 고객이 온라인으로 주문하고 가까운 오프라인 매장에서 직접 수령하는 방식이다. 이는 매장, 온라인, 앱 내 구매뿐만 아니라 반품, 장바구니에서 일정 시간이 지나 사라진 품목까지 모두 실시간으로 추적할 수 있는 정교한 재고 관리 시스템이 필요하다.
- **주문 이행**(fulfillment). 여러 유통 채널을 운영할 경우 물류 서비스업체 관리는 매우 복잡하다. 오프라인 소비재 기업의 주문은 대개 사전 예약 후 트럭으로 배송할 수 있다. 반면 전자상거래 채널은 단기간 내에 처리해야 하는 소량 다빈도 주문이 많아 택배나 우편 서비스를 이용한다. 경영진은 모든 고객에게 신뢰할 수 있고 빠른 서비스를 제공하면서도 경쟁력 있는 운송비용을 유지할 수 있어야 한다.[1]

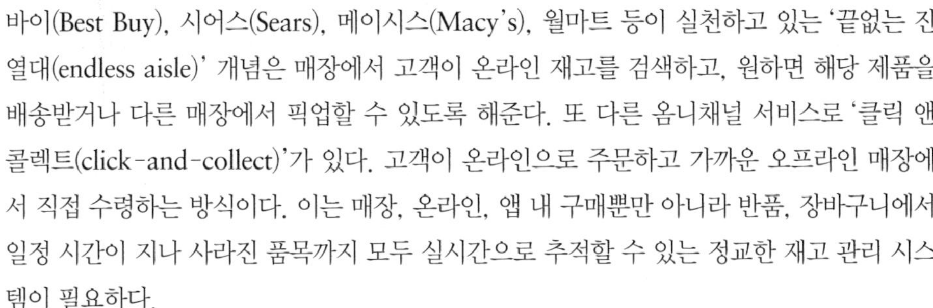

출처: ZUMA Wire/Mark Hertzberg/Alamy Stock Photo

펩시 제품은 매장 직배송 전략을 통해 편의점 주유소로 배송된다.

이처럼 고객 중심적인 공급사슬 전략을 제대로 구현하려면 기존의 프로세스, 조직 구조, 역량, 성과 측정지표 전반에 대해 재설계를 고려해야 한다. 공급사슬은 개별 기업의 프로세스뿐 아니라 공급업체나 유통업체 등 파트너사의 프로세스도 포함된다. 따라서 공급사슬 성과를 높이기 위해서는 적절한 파트너를 선정하는 것이 중요하다. 다음 단계에서는 기업이 자사의 프로세스를 외부에 위탁(아웃소싱)할 것인지, 아니면 수직 통합을 통해 내부적으로 직접 운영할 것인지를 결정하는 과정을 다룬다.

1 옴니채널 유통 시스템에 대한 자세한 내용은 다음을 참조하라: Graf Claudia, Tim Lange, Andreas Seyfert, and Noortje van der Wijden, "Into the Fast Lane: How to Master the Omnichannel Supply Chain," McKinsey & Company, Consumer & Retail Practice (July 2021); Caldwell Austin, "What Is Omnichannel? Benefits and Strategies," http://netsuite.com/portal/resource/articles/ecommerce/omnichannel.shtml (August 28, 2022); Johnston Lisa, "How PepsiCo Is Growing E-Commerce Profitability," Consumer Goods Technology, http://consumergoods.com/how-pepsico-growing-e-commerce-profitability (September 25, 2022); Michael Garry, "DSD Logistics: PepsiCo," Supermarket News, https://www.supermarketnews.com/center-store/dsd-logistics-pepsico (October 10, 2011).

프로세스 아웃소싱

14.4 프로세스 아웃소싱 의사결정 시 기업이 고려하는 사항을 설명할 수 있다.

모든 업체는 자기의 프로세스에 들어가는 투입물(예: 전문 서비스, 원자재 혹은 제조된 부품)을 최소한 일부라도 다른 업자로부터 사들인다. 대부분의 업체는 제품을 고객에게 전달하기 위해 서비스를 구매한다. 구매하는 품목과 서비스를 생산하는 프로세스 중에서 얼마나 많은 프로세스를 기업이 직접 소유하고 운영하는 것이 현명한가? 이 질문에 대한 대답은 기업의 수직통합(vertical integration) 수준을 결정한다. 공급사슬에서 조직이 스스로 수행하는 프로세스가 많을수록 수직통합의 수준이 높다. 조직이 직접 수행하지 않는 프로세스는 아웃소싱에 의존해야 한다. **아웃소싱**(outsourcing)이란 공급자나 유통업체에 대가를 지불하고 필요한 프로세스를 수행하게 하거나 필요한 제품이나 서비스를 공급받는 것이다. 기업에 따라서는 회계, 마케팅, 제조, 유통과 같이 중요한 프로세스를 아웃소싱하기도 한다. 많은 기업이 급여 관리, 보안, 청소 등 서비스는 직원을 고용하기보다는 아웃소싱으로 처리한다. 아웃소싱은 특히 처리 물량이 적은 경우에 매력적이다. 기업이 아웃소싱하는 까닭은 무엇일까? 이들 기업은 자신이 아웃소싱하는 프로세스를 수행하는 업체가 자신보다 더 효율적이며 더 나은 품질로 행할 수 있다는 것을 알고 있다. 그들은 공급자를 내부에 유지하기보다 자신의 공급사슬에 추가하는 방식을 택한다. 그러나 기업이 프로세스를 수행하는 데 요구되는 기술과 지식을 잃을 수 있으므로 아웃소싱은 중대한 의사결정이다. 프로세스 개선에 관련된 모든 학습은 아웃소싱 파트너가 하게 되어 아웃소싱을 준 기업은 그 프로세스를 다시 수행하기 어렵게 된다.

아웃소싱
공급업체나 유통업체에 대가를 지불하고 필요한 프로세스를 수행하게 하거나 필요한 서비스와 제품을 공급하는 것

아웃소싱 및 글로벌화

기업의 국제화 전략에 따라 공급사슬의 개발과 아웃소싱의 활용에 새로운 차원이 추가되었다. 몇 가지 전략이 출현했다. **오프쇼어링**(offshoring)은 프로세스를 다른 나라로 이전하는 공급사슬 전략이다. 오프쇼어링은 외국에 시설을 소유하면서 그곳에서 내부 프로세스를 수행하므로 아웃소싱보다 넓은 개념이다. 기업은 현지 시장의 잠재력과 비용상 이점 때문에 오프쇼어링에 끌린다. 외국 현지에서 사업을 영위함으로써 자신을 알릴 수 있고 비용 절감으로 가격을 내릴 수 있으므로 새로운 시장을 개척할 수 있다. 저비용 운영 이외에 원거리 고객에게 납품을 신속하게 할 수 있다는 경쟁 우선순위도 오프쇼어링을 촉진할 수 있다. 그러나 오프쇼어링이라는 용어는 아시아에서 인건비를 비롯한 여러 조건이 아주 유리해 많은 기업이 그곳에서 사업을 할 때 인기가 높았다. 시간이 지나면서 인건비를 비롯한 각종 비용과 사업 여건이 바뀌었으며 이로 인해 핵심적인 운영상 우위에 치중하는 아웃소싱 전략이 등장했다. 예를 들어 제품의 연구개발 등 혁신 활동이 활발한 지역이나 고객의 수요와 가까운 곳에 제조 프로세스를 두는 **넥스트쇼어링**(next-shoring)이라는 공급사슬 전략이 있다. 이런 프로세스는 아웃소싱할 수도 있고 직접 소유할 수도 있으며 국내외 어디든 둘 수 있다. 오늘날 새로운 시장의 수요가 증가하면서 제품을 새로운 지역에 맞게 현지화하는 능력과 새로운 지역으로 제품을 보내는 데 드는 물류비용을 줄이는 능력은 특히 중요하다. 넥스트쇼어링은 이러한 상황의 전개에 따라 매우 유용한 전략으로 떠올라 관심을 끌며 아직은 형태를 갖추어 나가는 과정에 있다. 이 밖에도 니어쇼어링(near-shoring)과 온쇼어링(on-shoring) 등 전략이 있는데, 이것은 대체로 아시아에서 진행되는 생산 및 물류비용의 증가에 대한 대응책으로 프로세스를 본국 가까이로 옮기자는 발상이다.

오프쇼어링
프로세스를 다른 국가로 이전하는 공급사슬 전략

넥스트쇼어링
제품의 연구개발 등 혁신 활동이 활발한 지역 또는 고객의 수요와 가까운 곳에 제조 프로세스를 배치하는 공급사슬 전략

의사결정요인

어떤 전략을 추구할지는 물론 상황을 비롯한 여러 요인에 따라 다르다.

- **상대적 인건비.** 중국, 인도와 같은 일부 국가는 노동비용 측면에서 전통적으로 큰 우위를 가졌다. 예를 들어 인도에서는 동일한 수준의 기술을 가진 컴퓨터 프로그래머의 급여가 미국 프로그래머보다 훨씬 낮다. 중국의 경우에도 평균 월급이 일본보다 훨씬 저렴하다. 하지만 이러한 저임금 국가들에서 사업을 운영할 때의 이점은 점차 줄어들고 있다. 임금 상승에 대한 수요가 증가함에 따라 이들 국가의 노동비용이 상승하고 있기 때문이다. 어떤 경우에는 이러한 노동비용 우위가 해외 및 자국 내 경제 상황에 따라 단기적으로만 유지될 수도 있다.
- **지정학적 교란.** 전쟁과 정치적 불안정은 운영에 높은 수준의 불확실성을 초래한다. 과거에는 운영비용이 낮았던 지역이라 하더라도, 현재 정세가 불안정하다면 그 나라에 오프쇼어링이나 넥스트쇼어링을 추진하는 것은 실수가 될 수 있다.
- **재작업과 제품 반품.** 특정 지역에서 임금이 낮을 수 있지만, 작업자의 기량도 반드시 고려해야 한다. 내부 재작업비용과 제품 반품으로 인한 비용은 저임금의 이점을 상쇄할 수 있다.
- **물류비용.** 최종 조립 프로세스를 다른 나라로 이전하는 경우, 그 나라의 인건비가 낮지 않더라도 제품을 해외 고객에게 배송하는 물류비용을 줄일 수 있다면 여전히 전반적으로 비용이 적게 들 수 있다. 프로세스를 고객 가까이로 이전해 현지의 공급자를 많이 활용하면 최종제품을 최종 목적지로 운송하는 데 드는 비용을 줄일 수 있다. 원거리를 선박이나 항공운송을 이용하면 기름값 때문에 비용이 많이 들 수도 있다. 그런 면 나라에 프로세스를 옮길 경우 높은 인건비도 물류비 절감으로 상쇄할 수 있다.
- **관세와 세금.** 어떤 나라는 자국에서 사업을 하는 해외 기업에 세금 혜택을 준다. 관세는 다른 나라에서 물건을 팔려고 하는 기업에는 장애물이 될 수 있다. 그런 나라에서는 높은 관세 때문에 기업이 자기 제품을 수입해 들여오는 것보다 부품이나 반제품 상태로 수입해 그 국가에서 조립하는 편이 유리할 수도 있다.
- **시장 효과.** 기업의 존재가 현지 매출에 긍정적인 영향을 줄 수 있다면 프로세스 넥스트쇼어링의 잠재적인 이점도 간과하지 말아야 한다.
- **노동법과 노동조합.** 어떤 나라는 노동력의 유연한 활용에 대한 제약이나 노동조합이 적다. 작업자에게 제약 없이 여러 과업을 시킬 수 있으면 운영 유연성 확보와 비용 절감을 이룰 수 있으므로 매우 중요할 수 있다. 그렇더라도 기업은 다른 나라에서 사업할 때 현지의 노동법규와 관습을 인식하고 있어야 하며 높은 수준의 윤리적 행동을 하려고 노력해야 한다.
- **인터넷.** 인터넷은 멀리 있는 파트너들이나 작업을 관리하는 데 드는 거래비용을 줄인다.
- **에너지 비용.** 기술이 발전하고 탄소 기반 에너지원이 고갈되면서 상대적 에너지 비용이 주요 비용 사항이 될 수 있다.
- **저비용 자본 접근성.** 장비, 건물, 토지는 흔히 해외에서보다 국내에서 더 싸고 쉽게 구입할 수 있다.
- **공급사슬 복잡성.** 제품이나 서비스를 다른 나라에서 생산하려면 공급사슬이 나라마다 하나씩 도합 두 개가 필요하다. 관리해야 할 공급사슬이 두 개가 되면 품질, 고객과 약속한 일정 준수, 지적재산의 도난 등이 실제로 중요해질 수 있다.

아웃소싱의 위험

아웃소싱은 겉보기에는 상당한 이점을 제공하는 전략처럼 보일 수 있지만, 실제로는 그에 수반되는 다양한 함정도 존재한다. 따라서 전략을 선택하기 전에 반드시 신중하게 검토해야 한다.

- **너무 성급한 중단.** 기존 프로세스를 고치려는 성실한 노력을 해 보기도 전에 곧바로 아웃소싱을 결정하는 것은 큰 실수다. 이 책 1, 2부에서 소개한 프로세스 개선 방법들을 먼저 적용해 봐야 한다. 국내 인건비가 해외보다 훨씬 비싸다 해도 아웃소싱이 늘 정답은 아니다. 운영 전략을 달성하는 데 정말로 아웃소싱이 필요한지 반드시 확인해야 한다.
- **기술 이전.** 아웃소싱에는 종종 다른 나라 기업과의 합작투자회사 설립도 포함된다. 합작투자회사로 두 회사는 서비스나 제품을 같이 생산하기로 동의한다. 전형적으로 기술 이전은 기술이 낮은 기업의 서비스나 제품의 수준을 빨리 끌어올리기 위해 수행된다. 이때 기술적 우위에 있는 기업의 입장에서는 기본적으로 다른 기업을 미래의 경쟁자로 키우는 위험을 무릅쓴다.
- **프로세스 통합.** 인터넷의 위력에도 불구하고 아웃소싱하는 프로세스를 기업의 다른 프로세스와 완전히 통합하기란 쉽지 않다. 특히 공급업자가 지구 반대편에 있을 경우 시차와 거리 및 커뮤니케이션은 어마어마한 장애물이다. 오프쇼어 프로세스를 관리하는 것은 바로 이웃에 있는 프로세스를 관리하는 것과는 다르다. 가끔 오프쇼어 프로세스를 조화시키기 위해 상당한 관리시간이 든다.

수직통합

후방 통합
기업이 원자재, 부품, 서비스 등의 공급원 쪽으로 사업 영역을 확장하는 것으로, 주로 관련 업체를 인수하는 방식으로 이루어짐

전방 통합
유통센터(창고), 소매점, 기업 고객 등의 유통 채널을 직접 확보하거나 인수해 사업 범위를 넓히는 것

아웃소싱은 기업이 자체적으로 갖추지 못하거나 수행하고 싶지 않은 프로세스를 외부에서 확보하는 하나의 방법이다. 또 다른 접근 방식은 수직통합으로, 이는 기업이 필요한 프로세스를 직접 인수하거나 내재화하는 것을 말한다. 수직통합은 두 방향으로 나눌 수 있다. 첫 번째는 공급사슬 상류, 즉 원자재, 부품, 서비스 등의 출처 쪽으로 이동하는 **후방 통합**(backward integration)이다. 예를 들어 대형 식료품 체인이 자사 브랜드의 아이스크림, 냉동 피자 반죽, 땅콩버터 등을 생산하기 위해 자체 공장을 투자하거나 인수하는 경우가 이에 해당한다. 후방 통합은 공급의 위험을 줄이는 효과가 있다. 두 번째는 유통 경로를 직접 확보하거나 확대하는 **전방 통합**(forward integration)이다. 이것은 유통 센터(물류창고)나 소매 매장을 직접 보유하는 형태일 수 있고, 더 나아가 기업 고객 자체를 인수하는 것일 수도 있다. 기업이 수직 통합을 선택하는 경우는, 외부보다 자체적인 방식으로 경쟁 우선순위를 더 잘 달성할 수 있는 역량, 물량, 자원을 갖추었을 때이다. 조직 내부에서 업무를 수행하면 품질에 대한 통제력이 강화되고 정시 납품률을 더 높일 수 있으며, 회사 내 인적자원, 장비, 공간 등을 더욱 효율적으로 활용할 수 있다. 생산량이 많으면 직무의 전문화 및 효율 제고가 가능하기 때문에 일반적으로 대규모 수직통합이 매력적이다. 회사가 관련 기술력을 확보하고 있고, 통합하려는 프로세스가 기업의 미래 성공에 핵심적인 의미를 가진다고 판단되는 경우에도 수직통합은 매력적이다. 그러나 과도한 수직통합은 기업이 핵심 사업에서 가치를 제공하는 데 초점을 잃게 만들 수 있으므로 주의가 필요하다.

경영진은 글로벌 경쟁에서 성공하기 위해 자사의 핵심 역량을 정의하고 강화하며 적극적으로 활용해야 한다. 핵심 역량이란 조직 전체의 학습능력을 의미하며, 특히 다양한 프로세스를 조율하고 여러 기술을 통합하는 능력을 포함한다. (자세한 내용은 2장 '운영전략' 참조.) 이는 기업

을 정의하고, 기업이 존재하는 이유가 된다. 경영진은 핵심 역량을 지속적으로 강화하는 데 주의를 기울여야 하며, 이를 위해 필요하다면 공급사슬의 상류에 있는 공급업체나 하류에 있는 고객을 살펴보고, 자사 핵심 역량을 뒷받침하는 프로세스를 인수하거나 내재화하는 전략을 취해야 한다. 즉 자사가 경쟁사보다 더 잘 조직화하고 더 효과적으로 가치를 전달할 수 있다면, 해당 프로세스는 내부에서 운영하는 것이 바람직하다. 이를 소홀히 하면 기업은 사업의 핵심 분야에 대한 통제력을 상실할 위험이 있다.

출처: Sundry Photography/Alamy Stock Photo

아마존은 식료품 사업에 대한 전방 통합 전략의 일환으로 홀푸드를 인수했다.

제조-구매 의사결정

경영진이 수직통합을 확장하면 자연히 아웃소싱은 줄어든다. 이러한 의사'결정'은 **제조-구매 의사결정**(make-or-buy decision)이라고도 하는데, 제조를 택하면 수직통합이 확대되고 구매를 택하면 아웃소싱이 늘어난다. 일단 아웃소싱할 대상과 직접 수행할 대상을 결정하고 나면 경영진은 다양한 프로세스와 공급업체를 조정하고 통합하는 방법을 모색해야 한다. 예제 14.2는 보론 A '의사결정'에서 볼 수 있는 손익분기점 분석이 제조-구매 의사결정에 어떻게 사용될 수 있는지를 보여준다.

제조-구매 의사결정
프로세스를 아웃소싱할지, 아니면 회사 내에서 자체적으로 수행할지 결정하는 관리적 선택

아웃소싱 의사결정을 위한 손익분기점 분석

예제 14.2

톰슨제조회사는 전자산업에서 사용하는 산업용 저울을 생산한다. 경영진은 전자산업에 경험이 풍부한 물류업체에 배송업무를 아웃소싱하는 방안을 고려하고 있다. 톰슨이 사내 자체 배송을 할 경우의 연간 고정비용은 150만 달러이며, 여기에는 운영에 필요한 장비 및 인프라 비용이 포함된다. 자체 운영으로 저울을 운송하는 데 드는 예상 변동비용은 톤-마일당 4.50달러이다. 톰슨이 카터 트럭킹(Carter Trucking)이라는 물류업체에 운송 작업을 아웃소싱할 경우, 계약 관리에 필요한 인프라 및 관리 시간에 대한 연간 고정비용은 25만 달러가 될 것이다. 카터는 톤-마일당 8.50달러를 청구할 것이다. 이 두 가지 옵션에서 톰슨이 손익분기점을 달성하려면 연간 몇 톤-마일을 운송해야 하는가?

온라인 자료

Active Model A.2는 제조-구매 의사결정과 그 확장에 대해 추가적인 통찰을 제공한다.

OM Explorer의 Tutor A.2에서는 제조-구매 의사결정에 대한 손익분기점 분석을 연습할 수 있는 새로운 예제를 제시한다.

풀이

보론 A '의사결정'의 손익분기점 수량 공식을 사용하면 다음과 같다.

$$Q = \frac{F_m - F_b}{c_b - c_m}$$
$$= \frac{1,500,000 - 250,000}{8.50 - 4.50} = 312,500\text{톤-마일}$$

의사결정 포인트

톰슨 경영진은 현재와 미래에 얼마나 많은 톤-마일의 제품이 운송될 가능성이 있는지 평가해야 한다. 만약 그 추정치가 312,500톤-마일 미만이라면, 가장 좋은 선택은 운송 업무를 카터 트럭킹에 아웃소싱하는 것이다.

공급사슬 교란

14.5 공급사슬 교란의 주요 원인을 식별한다.

기업이 지역 기반에서 글로벌 시장으로 확장할 때, 공급사슬 전략 역시 조정이 필요해지는 경우가 많다. 글로벌 시장에서는 다양한 제품이 더 다양한 고객을 상대로 각기 다른 유통 채널을 통해 전달되며, 이는 각기 다른 형태의 공급사슬을 요구하게 된다. 이러한 공급사슬은 일반적으로 훨씬 더 복잡하고, 국내외 여러 교란 요인에 노출되어 있다. 이 절에서는 공급사슬 교란의 원인을 살펴보고, 그런 교란이 어떻게 바람직하지 않은 공급사슬 역동성을 유발하는지 다룬다. 다음 절에서는 이러한 교란으로 인한 성과 저하의 위험을 어떻게 줄일 수 있을지 설명한다.

출처: Xinhua/Alamy Stock Photo

이집트 수에즈 운하에서 구조선이 좌초된 컨테이너선 에버그린호를 인양하기 위해 작업하고 있다. 이 선박은 거의 일주일 동안 고립되어 운하를 이용하려는 다른 많은 선박의 운송이 지연되었다.

공급사슬 교란의 원인

공급사슬 교란(supply chain disruptions)이 발생하면 비용 증가, 평판 훼손, 민·형사상 처벌, 파산, 고객 이탈, 매출·수익·시장점유율 감소 등 다양한 부정적 결과를 초래할 수 있다. 공급사슬이 복잡해질수록 교란의 발생 가능성과 영향은 예측이 더욱 어려워지며, 공급사슬의 효율성이나 반응성에 치명적인 위험이 될 수 있다. 이런 교란은 기업 외부에서 비롯될 수도 있고, 내부에서 발생할 수도 있다.

외부 요인

기업은 외부 고객이나 공급업체를 직접 통제하기 어렵고, 이들은 주기적으로 공급사슬 교란을 유발할 수 있다. 일반적인 외부 교란 요인은 다음과 같다.

- **환경적 교란.** 자연재해, 테러, 정치적 불안정이나 전쟁으로 인한 공급업체 운영 차질, 공급업체 운영에 영향을 주는 규제 변경, 무역 할당, 파업, 코로나19 같은 전염병 등은 공급사슬의 정상적인 자재 및 서비스 흐름을 심각하게 방해할 수 있다.
- **공급사슬 복잡성.** 공급사슬 참여자(공급업체, 파트너, 고객) 간 상호 의존성 증가, 참여자 수 증가, 확장된 공급사슬(공급업체의 공급업체) 구조의 변화는 자재, 제품, 서비스 공급 전반에 교란을 일으킬 수 있다.
- **주요 고객 상실.** 특정 대형 고객을 잃으면 그와 연관된 수요가 크게 줄면서 교란이 발생한다. 고객 기반이 집중되어 있을수록 충격이 커진다.
- **공급 상실.** 핵심 자재나 서비스의 공급이 끊기면 공급사슬 내 운영이 느려지거나 완전히 멈출 수도 있다. 특히 장비 고장이나 품질 이슈 등으로 인한 가동 중단은 자주 발생하는 문제이며, 공급 시장이 지나치게 집중되어 있을 경우 충격이 커진다.
- **고객 유발 수요 변동.** 고객이 특정 날짜에 맞춰 주문한 맞춤형 서비스나 제품의 수량을 갑자기 변경하거나, 표준제품에 대한 수요를 예기치 않게 증가시킬 수 있다. 특히 생산자가 극소량의 제품을 공평하게 할당할 것으로 예상될 경우에는 고객이 한꺼번에 대량 주문을 하기도 한다. 시장이 짧은 리드타임을 요구하는 경우에는 공급업체의 빠른 대응이 절대적으로 필요하다.
- **서비스 및 제품 구성 변화.** 고객이 주문 내 상품 구성을 변경하면 공급사슬 전체에 연쇄 영향을 미친다. 예를 들어 어떤 가전제품 소매 체인이 세탁기 주문 비중을 월풀(Whirlpool) 브

랜드 60%, 키친에이드(Kitchen Aid) 브랜드 40%로 하던 것을 월풀 40%, 키친에이드 60%로 바꾸면, 두 브랜드를 모두 생산하는 공장의 생산 일정을 변경시켜 재고 불균형을 초래하며, 그에 따라 세탁기용 패널을 제조하는 1차 공급업체의 일정을 바꿔야 하고, 결국 그 공급업체의 하위 공급업체에까지 영향이 이어진다.

- **납기 지연.** 자재의 지연 배송이나 필수 서비스의 지연은 생산 일정 변경을 유발하는데, A제품 대신 B제품의 생산으로 전환하게 만들 수 있다. 특정 모델 전용 부품을 공급하는 기업은 일정 차질을 겪을 수밖에 없다. 예를 들어 월풀 공장은 A모델 세탁기에 들어가는 부품업체가 납기를 맞추지 못한 경우 조립라인을 중단하는 비용이 상당하기 때문에 이를 피하기 위해 B모델 생산으로 전환하기로 결정할 수 있다. 그러면 갑자기 B모델 전용 부품의 공급업체에 대한 수요가 급격히 높아진다.
- **미충족 배송.** 공급업체가 부분 배송을 하는 이유는 공급업체 자체 공장에서의 생산 중단 문제가 발생했기 때문이다. 미충족 배송은 납기 지연과 유사한 영향을 미치지만, 만약 해당 배송량이 다음 배송 전까지 공장을 계속 가동할 만큼 충분하다면 큰 문제가 되지 않는다.

내부 요인

기업 내부 운영 이슈가 공급사슬의 끊임없는 교란 원인이 되기도 한다. 대표적 내부 교란은 다음과 같다.

- **내부적 부족 현상.** 기업 내부에서 생산하는 부품의 부족은 설비 고장, 긴 가동 준비시간, 생산용량 부족, 병목현상, 미숙한 작업자 등 다양한 이유로 발생할 수 있다. 이로 인해 기업의 생산 일정이 변경되고, 그 영향이 공급업체에까지 미친다.
- **품질 실패.** 제품 리콜은 공급사슬에 막대한 비용과 혼란을 초래하며, 대표적으로 2013년과 2014년 GM이 기록적으로 많은 차량을 리콜한 사례가 있다. 리콜까지 가지 않더라도 품질 문제가 있는 제품은 서비스 및 제품 흐름을 제한하고 공급사슬 성과에 부정적 영향을 미친다.
- **공급사슬 가시성 부족.** 공급업체의 재고 및 역량, 고객 재고, 자재 및 제품 흐름(pipeline)을 볼 수 없다는 것은 공급사슬 성과에 위험 요소가 된다. 이는 기업 간 협력적 계획 수립과 수요 예측의 부족으로 인해 종종 발생한다(9장 '예측' 참조).
- **설계 변경.** 서비스나 제품의 설계가 바뀌면 공급업체에 직접적인 영향을 미친다. 예를 들어 주요 패스트푸드 체인이 샌드위치 포장재를 스티로폼에서 생분해성 소재로 전환한다면 이는 스티로폼 공급업체의 수요에도 영향을 미친다.
- **주문 묶음 현상.** 공급업체가 수량 할인 혜택을 제시하면, 기업들은 여러 건의 주문을 하나로 묶어 한 번에 큰 수량을 주문해 주문 빈도를 줄이려고 한다. 이는 공급업체 입장에서의 주문 변동성을 증가시킨다. 또한 주문 묶음(order batching)은 운송비용 절감으로 이어질 수 있다. 즉 대량 주문은 트럭 한 대를 가득 채워 선적할 수 있게 하기에 단위당 운송비용을 줄일 수 있지만, 동시에 공급사슬에 더 큰 변동성을 초래할 수 있다.
- **신규 서비스 및 제품 출시.** 기업은 새로운 서비스나 제품을 몇 개 출시할지 그리고 언제 출시할지 결정하며, 이로 인해 공급사슬에 역동성을 부여한다. 새로운 서비스나 제품은 심지어 새로운 공급사슬을 필요로 하거나 기존 공급사슬에 새로운 구성원을 추가해야 할 수도 있다. 서비스나 제품이 복잡할수록 공급사슬 중단(disruption)의 위험은 더 커진다.
- **판촉 활동.** 표준화된 제품이나 서비스를 생산하는 기업에서는 판매 촉진을 위해 가격 할인

을 자주 활용한다. 가격 할인이 수요 급증을 유발하면 이 충격이 공급사슬 전반에 걸쳐 전달된다.

- **정보 오류.** 수요 예측 오류는 기업이 서비스나 자재를 너무 많이 또는 너무 적게 주문하게 만들거나, 공급사슬의 부족 사태를 막기 위해 공급업체가 더 빠르게 대응하도록 재촉하는 긴급 주문을 야기할 수 있다. 또한 재고 품목의 실물 수량 계산 오류는 품절(패닉 구매 유도)이나 과잉 재고(재구매 지연 초래) 현상이 발생한다. 마지막으로, 구매자와 공급업체 간의 소통 연결망에 결함이 있을 수도 있다.

공급사슬의 역동성

이러한 교란은 왜 공급사슬 운영에 위험을 초래하는가? 공급사슬 내 각 기업은 공급사슬로 연결되어 있는 자신의 외부 고객에게 서비스, 자재 또는 정보를 공급하기 위해 다른 기업으로부터의 서비스, 자재, 정보 등에 의존한다. 기업들은 대개 독립적으로 소유 및 관리되기 때문에, 공급사슬 하류 구성원(서비스 또는 제품의 최종 사용자에게 더 가까운 위치)이 취하는 행동은 공급사슬 상류 구성원(최종 소비자로부터 먼 위치)의 운영에 영향을 줄 수밖에 없다. 그 이유는 공급사슬 상류의 기업들이 하류 기업들이 요구하는 수요에 맞춰 반응해야 하기 때문이다. 이러한 요구는 공급사슬 하류 기업의 재고 보충 정책, 실제 재고 수준, 고객의 수요, 그리고 그들이 활용하는 정보의 정확성에 따라 달라진다.

채찍 효과
공급사슬 상류로 갈수록 주문량 변동성이 점점 커지는 현상

공급사슬 내 기업의 주문 패턴을 살펴보면 공급사슬 상류로 갈수록 주문량 변동성이 커지는 경향을 흔히 볼 수 있다. 이 변동성이 커지는 현상을 **채찍 효과**(bullwhip effect)라고 한다. 이는 채찍의 움직임에서 유래한 이름인데, 채찍을 휘두르면 손잡이는 비교적 적은 움직임만 주더라도 끝부분으로 갈수록 움직임이 매우 커지는데, 공급사슬에서도 이와 비슷한 일이 발생한다. 고객 수요의 작은 변화라도 공급사슬 전체에 파문을 일으켜 각 구성원은 바로 하류 구성원으로부터 더 큰 수요 변동을 받게 된다. 만약 어떤 기업이 공급업체에 내리는 주문의 변동성이 그 기업이 고객으로부터 받는 주문 변동성보다 크다면, 이 기업은 채찍 효과를 유발하고 있는 셈이다.

그림 14.8은 미용티슈 제품에 대한 공급사슬에서 나타나는 채찍 효과를 보여준다. 공급사슬 상류로 갈수록 주문의 변동성이 점점 커지는 현상이 나타난다. 결과적으로 공급 패턴과 실제 수요 패턴이 일치하지 않기 때문에, 어떤 기업은 과잉 재고가 쌓이게 되고, 반대로 어떤 기업은 부

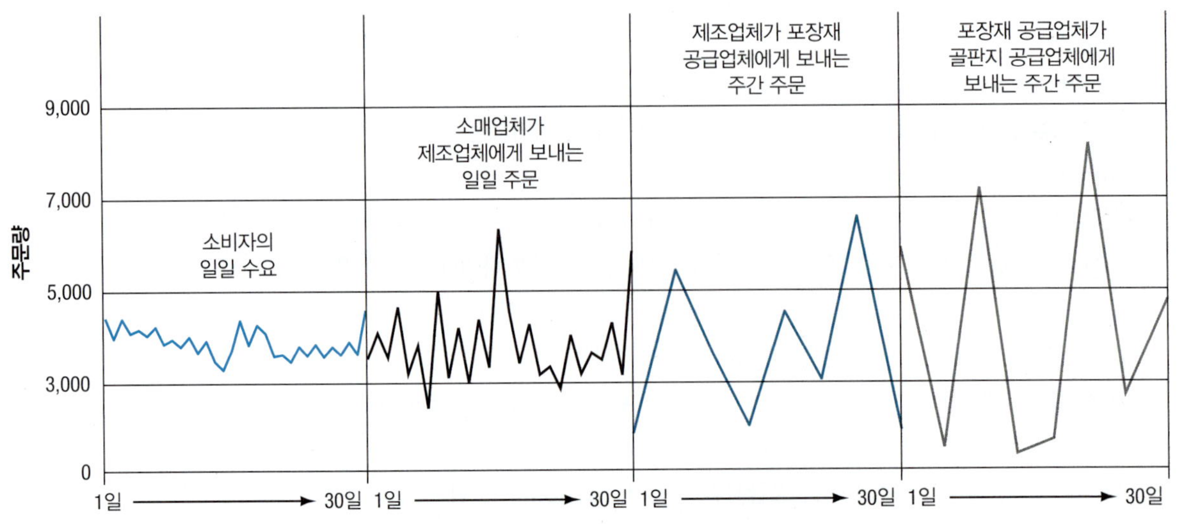

그림 14.8 미용티슈의 공급사슬 역동성

족 사태에 직면한다. 재고가 너무 많은 기업은 주문을 아예 중단하고, 반대로 재고가 부족한 기업은 긴급 주문을 발생시킨다.

공급사슬 위험 감소

14.6 공급사슬의 운영 및 보안 위험을 줄일 방법을 설명한다.

앞서 공급사슬 교란, 원인, 바람직하지 않은 공급사슬의 역동성에 대해 살펴봤다면, 이제는 어떻게 이러한 운영상의 위협이나 공급사슬 보안 위협에 따른 성과 저하 위험을 줄일 수 있는지를 다룰 차례다. 여기에서는 **공급사슬 위험 관리**(supply chain risk management)에 초점을 둔다. 공급사슬 위험 관리는 단일 기업 내에서든 여러 기업에 걸쳐서든, 공급사슬을 실질적으로 중단시킬 수 있는 모든 요인이나 사건에 대한 위험을 관리하는 활동을 뜻한다.

공급사슬 위험 관리
단일 기업 내 또는 여러 기업에 걸쳐 공급사슬을 실질적으로 중단시킬 수 있는 모든 요인이나 사건에 대한 위험을 관리하는 활동

운영 위험 줄이기

운영 위험은 자재, 서비스, 제품의 흐름이 원활하게 이루어지는 것을 위협하는 요소들이다. 다음의 방안들은 운영 중단의 위험을 줄이고 공급사슬의 채찍 효과를 최소화한다.

- 전략적 정렬. 공급사슬 설계가 정해졌다면 모든 공급사슬 파트너가 그 전략적 방향성과 일치하는 경쟁 우선순위를 따르도록 한다. 서로 간 우선순위, 목표, 목적 공급사슬이 불일치하면 공급사슬 흐름에 지연이나 교란이 생긴다. 내부 기능 간 정렬 또한 중요하다.
- 공급사슬 상류와 하류 간 협업. 고객 및 공급업체와 긴밀하게 협력하면 정보 흐름이 개선되며, 판촉에 따른 수요 급증이나 제품·서비스 설계 미흡으로 인한 공급 차질을 예측하고 대비할 수 있다. 협업 범위는 1·2차 공급업체를 넘어 공급사슬 상류 깊숙한 단계까지 확장되어야 한다. 이를 위해 사용하는 기법이 매핑(mapping)이며, 위험에 노출된 공급업체를 식별하는 데 특히 유용하다. 예를 들어 2020년 코로나19 팬데믹처럼 전 세계적 공급사슬 교란 상황에서 위험에 처할 수 있는 공급업체를 식별하는 데 매우 유용하다. 다만, 이 과정은 비용이 많이 들 수 있다는 점은 감안해야 한다. 예를 들어 한 반도체 제조사의 경우, 2011년 동일본 대지진 이후 100명의 인력을 투입해 공급사슬의 하위 계층까지 공급 네트워크를 매핑하는 데 1년이 걸렸다.[2]
- 가시성. 공급사슬의 역동성이 발생하는 주요 원인 중 하나는 공급사슬 상류에 있는 공급업체들이 최종 사용자 수요에 대한 가시성이 부족하다는 점이다. 전체 공급사슬 수준에서 계획을 수립하기 위해, 최종 서비스나 제품의 실제 고객 구매를 기록하는 POS(point-of-sale) 데이터, 수요 예측, 예정된 주문 수량, 전체 재고 수준 등을 공급사슬 전체에 공유해야 한다.
- 유연성과 중복성. 교란을 흡수하고 변화에 적응할 수 있도록 공급사슬 전반에 걸쳐 적절한 수준의 유연성과 여유 구조(중복성)를 확보해야 한다. 핵심 자재와 부품에 대해 이중 소싱 체계를 갖추고, 충분한 여유 생산용량을 확보하며, 안전재고와 재고 수준을 조정해 원하는 흐름을 유지해야 한다.
- 짧은 보충 리드타임. 내부 프로세스를 개선하고 공급업체와 협력해 리드타임을 줄이면 수요

2 Thomas Choi, Dale Rogers, and Bindiya Vakil, "Coronavirus Is a Wake-up Call for Supply Chain Management," https://hbr.org/2020/03/coronavirus-is-a-wake-up-call-for-supply-chain-management (March 27, 2020).

변화에 신속 대응해 채찍 효과를 완화할 수 있다. 또한 리드타임이 짧아지면 운송 중 재고(파이프라인 재고)도 줄어든다.

- **소규모 주문 로트.** 주문, 운송, 수령 등에 들어가는 비용을 줄이는 방법을 찾으면 전체 공급사슬에서 주문 로트 크기를 줄일 수 있고, 그 결과 주문 수량의 변동성도 감소할 수 있다.
- **한정된 자원의 배급.** 물량 부족이 발생하면 고객들은 스스로를 보호하기 위해 주문량을 인위적으로 부풀렸다가, 나중에 상황이 안정되면 주문을 취소하는 일이 잦다. 이를 방지하기 위해 공급업체는 현재 주문량이 아니라 과거 판매 기록을 기준으로 물량을 배급할 수 있다.
- **상시 저가 정책(everyday low pricing, EDLP).** 판촉이나 할인은 수요 급증을 유발한다. 월마트처럼 EDLP 같은 안정적 가격 정책을 쓰면, 고객이 할인행사 기간 동안 미래 수요를 위해 과잉 구매하는 선매(forward buying) 행동을 줄일 수 있다. EDLP는 가격 변동으로 인한 수요 급증을 평준화한다.
- **협력과 신뢰성.** 공급 문제를 해결하는 데 협력하고 신뢰할 수 있는 정보를 제공하는 것은 공급사슬의 모든 구성원의 비용을 줄이고 공급사슬 역동성의 해로운 영향을 완화하는 데 기여한다.

'경영 사례 14.1'은 예상치 못한 대규모 사건이 우리 모두가 좋아하는 제품의 심각한 품귀를 어떻게 초래했는지, 그리고 건실한 운영 위험 관리가 왜 필요한지를 보여주는 사례다.

보안 위험 줄이기

보안 위험은 공급사슬에 위협을 가해 이해관계자, 시설, 운영에 손해를 일으키거나, 기업의 무결성을 파괴하거나, 사업 지속 자체를 위태롭게 만들 수 있는 요소를 의미한다. 이러한 위협의 기반이 되는 행동은 대부분 의도적인 공격 행위로, 물리적 또는 재정적 피해를 주려는 목적이 있다. 공급사슬은 이러한 고의적인 해를 끼치거나 손상을 입히기 위해 고안된 무단 행위와 그에 따라 의도된 피해로부터 자신을 보호하고, 사람을 포함한 모든 자재의 흐름을 지켜낼 수 있을 때 **보안이 확보된** 상태라고 할 수 있다. 위협 발생 확률과 심각도가 모두 높을수록 위험은 증폭된다. 높은 수준의 공급사슬 보안을 달성하려는 기업은 해야 할 일이 많다. 일반적인 공급사슬에는 많은 요소가 있고, 이 모든 것이 기업의 직접적인 통제하에 있는 것도 아니기 때문이다. 그림 14.9는 공급사슬 내에서 보안 프로그램이 필요한 지점을 여러 예시로 보여준다.

출처: Global Warming Images/Shutterstock

영국 런던 카나리아 부두로 들어오는 트럭에 폭탄과 밀수품이 있는지 확인하는 데 스니퍼독이 사용된다. 많은 양의 물품이 드나들기 때문에 공급사슬을 건전하게 유지하고 보장하며 악의적인 행위자의 의도를 제한하기 위해서는 높은 보안이 무엇보다 중요하다. 24시간 보안과 감시, 철저한 배송 확인은 필수이다.

물품이 공급사슬을 따라 이동함에 따라, 보안에 대한 주요 책임은 공급업체에서 제조업체, 하류 파트너, 최종적으로 고객에게 이전된다. 보안 프로그램은 테러, 화물 절도, 납치, 마약 또는 밀수품 반입, 미신고 위험물, 정부 불안정 등 다양한 위협의 심각도를 평가해야 한다. 또한 보안 절차, 물리적 출입 통제, 컨테이너 및 트레일러 보안, IT 보안 등과 관련된 공급사슬 취약성도 평가해야 한다. 마지막으로, 보안 위협이 발생했을 때 수요량, 기업의 경쟁 우선순위, 사업 손실의 영향 등 보안 침해가 초래할 결과를 분석해야 한다. 이렇게 보안에 대한 책임이 공급사슬 내 여러 주체 사이에 분산되어 있다는 점에서 공급사슬이 더 통합적일수록 보안 조치도 더 효과적으로 작동할 수 있다는 사실은 분명하다.

보안 프로그램은 적용 분야에 따라 세부 내용이 달라질 수 있지만, 일반적으로 다음과 같은 보안 활동들이 포함된다.

- **출입 통제.** 방문객, 공급업체, 운전기사 등 공급사슬의 모든 참여자 신원을 확인한다. 실시간 모니터링 시스템을 이용해 자재와 화물의 출입 및 이동 경로를 기록한다.

경영 사례 14.1 코로나바이러스와 공급사슬: 화장지는 어디로 갔을까?

가장 두려워하는 것이 무엇인가? 거미가 가득한 구덩이에 빠지는 것인가? 좀비에게 잡아먹히는 것인가? 아니면 화장지가 다 떨어지는 것인가? 만약 마지막 것이라면, 당신만 그런 것이 아니다. 2020년 코로나19 팬데믹은 수많은 제품의 부족 사태를 낳았지만, 그중에서도 화장지 부족은 정말 악몽 같았다. 동네 마트에 들어섰을 때, 제지 용품 진열대가 마치 1월의 그랜드캐니언처럼 텅 비어 있었다면 어땠을까? 점원에게 화장지가 있는지 물으면 어깨를 으쓱하며 유통업체에 주문은 넣었지만, 받는 데 1~2주는 기다려야 할 것이라는 대답만 돌아온다.

왜 이런 일이 벌어졌는지에 대한 여러 이론을 살펴보기 전에, 먼저 화장지 공급사슬이 어떤 구조인지부터 들여다보자. 화장지는 주로 두 가지 원료에서 만들어진다. 하나는 캐나다와 미국에서 벌목한 천연 원목 펄프, 다른 하나는 폐지 같은 재활용 자재에서 얻는 재생 펄프다. 펄프는 제지 공장으로 보내져 폭 100인치가 넘는 거대한 종이 롤로 가공된다. 이후 이 롤들은 제지 가공 시설로 운송되어, 종이의 품질에 따라 화장지나 키친타월 같은 최종 제품으로 잘리고 포장된다. 포장과 배송이 공급사슬의 마지막 단계다. 제지 공장은 보통 24시간, 주 7일 가동되며, 이는 곧 고정된 생산 용량으로 운영된다는 의미다. 그런데 팬데믹으로 작업자들의 안전을 위해 가동 시간을 줄이면서 수요 증가에 대응할 수 있는 생산 능력에 제약이 생겼다. 소매업체들은 보통 과거 수요 수준을 기반으로 결정된 일정량의 화장지 재고를 보유하며, 일정 수준의 안전재고도 보유하고 있지만, 갑작스러운 수요 폭증에는 대응할 수 없다.

아마 당신은 이 부족 사태가 이웃들 때문이라고 생각할 것이다. 실제로 코스트코(Costco) 매장에서 사람들이 샤민 울트라소프트(Charmin Ultra-Soft) 화장지로 가득 찬 카트를 끌고 나오는 것을 모두가 보았으니, 이는 합리적인 이론이다. 사람들이 화장실을 갑자기 더 자주 가게 된 것도 아니었는데, 코로나바이러스 예방에 효과적이지도 않은 이 제품을 왜 그렇게 많이 사재기한 걸까? 그 이유는 단순하다. 사람들은 공급이 불안정해져 매장 재고가 소진될 것을 우려해 몇 달 치 분량을 사서 쟁여 두게 되었고, 그 결과 실제로 매장에서 제품이 사라지는 자기충족적 예언(self-fulfilling prophecy)이 실현된 것이다. 결국 "저 사람들이 그렇게 많이 사는 거 보니까 나도 더 사야 해"라는 '군중 심리(herd mentality)'가 작동한 셈이다.

물론 이런 사재기와 패닉 구매(panic buying)도 원인이긴 했지만, 이게 전부는 아니다. 화장지 시장은 상업용과 가정용 두 가지로 나뉜다. 팬데믹은

대형 화장지 롤은 매장에서 구매한 제품을 생산하기 위해 종이 변환 시설로 배송된다. 여기서 롤은 적절한 크기로 절단되어 포장 공정으로 운반된다.

출처: Ajdin Kamber/Shutterstock

수요의 상당 부분을 가정용 시장으로 이동시켰다. 사람들이 실제로 화장실을 더 자주 가서가 아니라, 외부가 아닌 집에서 더 많이 사용했기 때문에 더 많은 화장지를 구매해야 했다. 가정용 화장지 수요가 약 40% 증가한 것으로 추산되는데, 이는 일정한 수요를 전제로 설계된 공급사슬에는 엄청난 변화다. 반대로 상업용 화장지는 쓰이지 않은 채 그대로 남게 됐다. 그렇다면 상업용 화장지를 마트로 보내고, 기계 설비를 바꿔서 가정용 화장지를 더 생산하면 되지 않았을까? 그렇게 할 수 없는 두 가지 이유가 있다. 첫째는 유통 채널을 상업용에서 가정용으로 전환하려면 공급업체, 유통업체, 소매업체 간 계약을 새로 체결해야 하고, 포장 방식도 바뀌어야 하며, 트럭 운송 경로도 새롭게 짜야 한다. 문제는 화장지 같은 저마진 제품에 이런 시간과 노력을 들이기 어렵다는 점이다. 둘째, 직경이 30cm나 되고 알로에 로션도 없고 신문이 비칠 정도로 얇은 재생 펄프 대형 롤을 욕실 벽걸이에 걸고 싶겠는가? 그럴 리 없다. 결론은, 제지 공장들이 코로나로 인한 인력 제한과 고정된 설비 용량이라는 조건하에 가정용 화장지 생산량을 소폭 늘리는 수준에 그칠 수밖에 없었다.

결국 시간이 지나면서 과열된 구매가 진정되고 생산량이 수요를 따라잡으면서 균형을 이루었다. 하지만 앞서 언급한 운영 위험 완화 전략을 이 업계 공급사슬이 마련하지 않는다면 채찍 효과는 예고 없이 고개를 들 것이다.[3]

- 물리적 보안. 무작위 시설 점검을 실시해 보안 기준 준수를 확인한다. CCTV 및 경보 시스템을 실시간으로 감시해 즉각적인 대응이 가능하도록 하고, 침투 테스트 및 보안 감사(audit)도 수행한다.
- 출하 및 입고. 선적 및 수령되는 화물의 내용을 검사하고 유효성을 확인한다. 목적지 국가에

3 출처: Parija Kavilanz, "Toilet Paper Makers: What We Are Dealing with Here Is Uncharted," https://www.cnn.com/2020/03/17/business/toilet-paper-supply-chain-coronavirus/index.html (March 17, 2020); Will Oremus, "What Everyone's Getting Wrong About the Toilet Paper Shortage," https://marker.medium.com/what-everyonesgetting-wrong-about-the-toilet-paper-shortage-c812e1358fe0 (April 2, 2020); Matt Leonard, "What Procurement Managers Should Expect from a 'Bullwhip on Crack,'" https://www.supplychaindive.com/news/coronavirus-supplychain-bullwhip-demand-grocery-medical-covid/574784/ (March 26, 2020).

그림 14.9 보안 프로그램이 필요한 공급사슬 내 지점

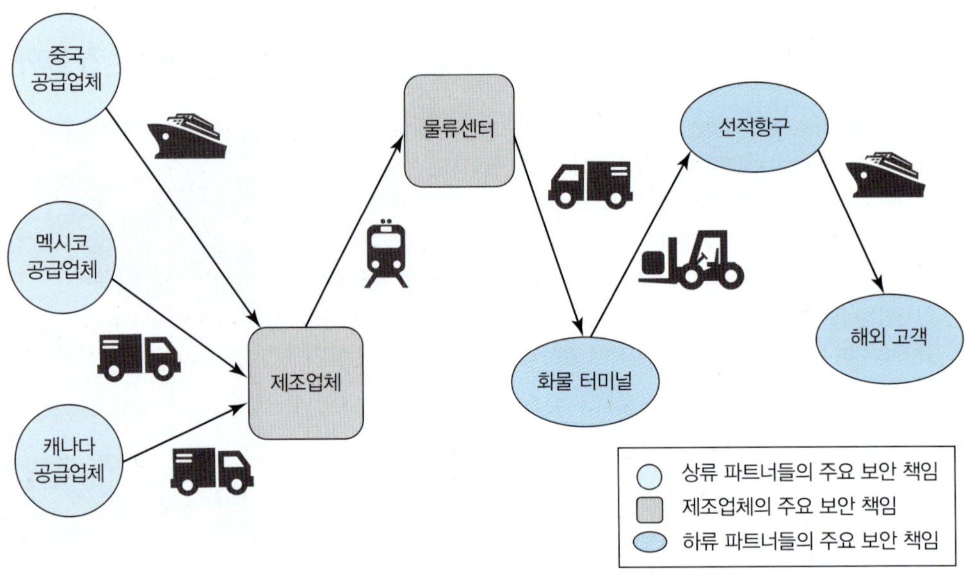

내용물에 대한 시전 통지를 제공힌다. 특수 포장재, 고유한 운송 표시, 고보안 봉인 등을 활용해 운송 중 조작 가능성을 줄인다.

- 운송 서비스 제공자. 화물이 운송 중에도 안전한 상태를 유지하도록, 자물쇠와 변조 방지 봉인 등을 통해 보안 조치를 해야 한다. 차량이 보안상 '레드존'으로 분류된 지역에 멈추지 않도록 하고, 트랙터 및 트레일러에 GPS 추적 장치를 설치하고 운전자와 정기적으로 통신해야 한다. 하청 운송사 사용 시 사전 통보하고, 이들도 주운송업체와 동일한 보안 요건을 준수하도록 해야 한다.
- ISO 28000. 국제사회는 공급사슬 보안의 중요성을 인식하고 있으며, 이에 따라 국제표준화기구(ISO)는 **ISO 28000:2007**을 제정했다. 이 표준은 공급사슬 보안 관리 시스템이 가져야 할 요건을 정의하며, 여기에는 재무, 생산, 정보시스템, 포장·보관·운송 간 전환시설에 대한 보안도 포함된다. ISO 28000:2007 인증을 획득하면, 기업이 자사의 보안 관리 정책에 따라 운영되고 있음을 외부에 증명할 수 있다.

ISO 28000:2007
자금 조달, 제조, 정보 시스템, 운송 수단 및 장소 간 상품 포장, 보관, 이송을 위한 시설 등을 포함하는 공급사슬 보안 관리 시스템에 대한 일련의 요구사항을 규정한 국제 표준

공급사슬 통합

공급사슬 설계 방식이 어떻든 간에, 공급사슬 교란을 최소화하고 보안 위험을 사전에 차단하려면 높은 수준의 기능별 및 조직 간 통합이 우선되어야 한다. 성공적인 운영을 위해 기업은 공급사슬 통합에 진지하게 접근해야 한다. **공급사슬 통합**(supply chain integration)이란 공급사슬 전반에서 정보가 공급사슬 상·하류로 끊김 없이 흐르도록 만들어 공급사슬 프로세스를 효과적으로 조정하는 것을 의미한다. 공급사슬 통합이 이루어지면 공급사슬 참여자 각자가 서로의 능력과 재고 수준에 대한 가시성을 확보할 수 있어 계획 수립과 일정 조정이 훨씬 수월해진다. 결국 통합은 공급사슬 내 기업 간 협업을 촉진하는 토대이며, 공급 중단 위험을 줄이는 핵심 요소다.

공급사슬 통합
공급사슬 상류 및 하류 간 원활한 정보 흐름을 통해 공급사슬 프로세스를 효과적으로 조정하는 것

이러한 통합은 하루아침에 이루어지지 않는다. 그림 14.10과 같이, 기업은 자사와 공급업체 및 고객 사이에 연계 고리를 만들어야 한다. 새로운 서비스나 제품 개발, 공급업체 관계, 주문 이행, 고객관계 등의 핵심 프로세스들이 내부 및 외부와 유기적으로 연결되어 일상적인 경영 활동 속에 통합되어야 한다. 이 과정에서 기업은 고객 지향적 태도를 취하되 단순히 수요에 반응

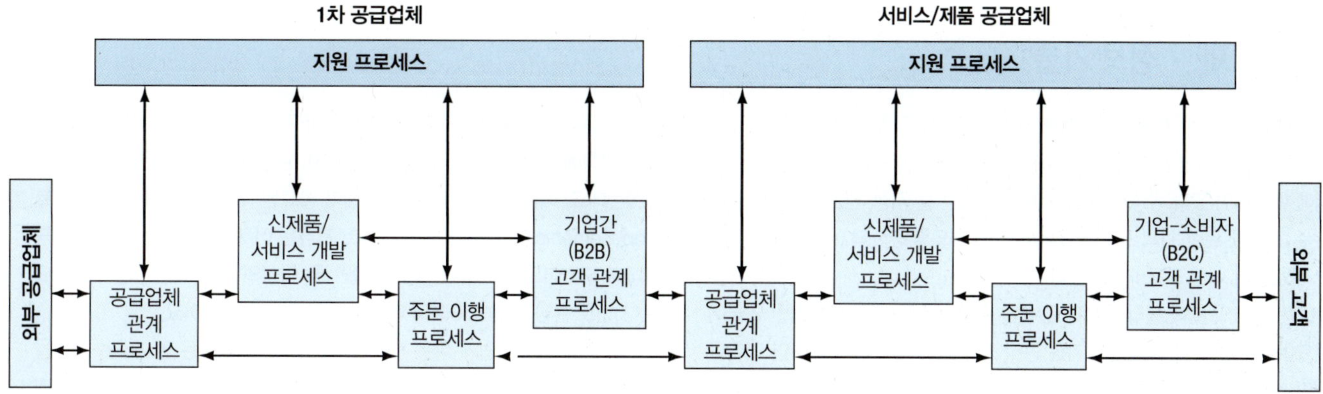

그림 14.10 외부 공급사슬 연계

하는 수준을 넘어 고객 및 공급업체와 협력해 서비스, 자재, 정보 흐름을 개선함으로써 모두가 혜택을 볼 수 있도록 해야 한다. 이러한 통합을 위해 기업은 공급업체의 조직 구조, 생산 능력, 강점과 약점 등을 좀 더 명확히 이해하고, 새로운 서비스나 제품을 개발할 때 최대한 초기에 공급업체를 참여시키는 것이 중요하다.

또 다른 통합 관점으로 **SCOR(supply chain operations reference) 모델**이 있다. 이는 70여 개 글로벌 제조기업이 참여한 공급사슬협의회가 개발한 것으로, 그림 14.11에 나타나듯 계획(plan), 조달(source), 생산(make), 배송(deliver), 반품(return)이라는 공급사슬 기본 구성 프로세스에 초점을 맞추고 있으며, 이 프로세스들은 공급사슬 전반에 걸쳐 반복적으로 이루어진다. 이 중 반품 프로세스는 재활용 가능한 자재나 불량품의 회수를 다루며, 이는 15장 '물류관리'에서 더 자세히 설명한다. 그림 14.10에서 설명한 통합 공급사슬 모델과 마찬가지로 SCOR 모델 역시 통합된 공급사슬 설계가 얼마나 복잡한지를 보여주며, 이를 위해 프로세스 기반의 사고가 필요하다는 점을 강조한다. 이 책 1, 2부에서 이미 다양한 프로세스 설계 결정에 대한 핵심 통찰들을 소개했다. 이 통찰들은 새로운 서비스나 제품 개발, 공급업체 관계, 주문 이행, 고객관계 프로세스에 적용해야 하며, 이러한 프로세스는 기업 내부뿐 아니라 공급사슬 전반에 걸쳐 통합되어야 한다. 그림 14.10과 14.11의 SCOR 모델에서 암시하듯, 통합된 공급사슬은 기업의 운영 의사결정을 위한 프레임워크를 제공하고 있고, 앞서 언급한 핵심 프로세스들은 그 프레임워크 내에서 중심적인 역할을 한다.

SCOR 모델
공급사슬에 따라 계획, 조달, 제조, 배송, 반품 프로세스가 반복적으로 이루어지는 기본적인 공급사슬에 중점을 둔 모형

공급사슬 내 프로세스를 상류, 하류, 조직 내부적으로 통합하는 작업은 부서 간 협력을 전제로 하며, 다음 '경영 과제'가 그 예시를 보여준다.

서비스/제품 공급업체
1차 공급업체
외부 고객들
계획 계획 계획 계획
배송 조달 생산 배송 조달
반품

그림 14.11 SCOR 모델

경영 과제 정보 기술

오마리 멘사(Omari Mensh)는 물에 대한 깊은 관심이 있다. 특히 물이 가정, 산업, 농업 등 다양한 분야에서 얼마나 필수적이고 다양한 방식으로 쓰이는지에 매료되어 왔다. 수석 설계 엔지니어인 그는 물 저장, 관개 및 수력 발전, 홍수 조절을 위한 관리 방식을 결정하는 설계도를 만든다. 그는 댐이 물을 관리하는 데 핵심 도구라고 믿는다.

그는 가나의 블랙 볼타 유역에 건설된 수력 발전용 댐의 핵심적인 인물이었으며, 이 댐의 첫 번째 발전기를 공식 가동하는 데 있어 주도적인 역할을 했다. 연간 969GWh의 전력을 생산하도록 설계된 이 수력 발전 댐은 가나에서 가장 큰 규모 중 하나로, 안정적인 재생에너지 공급원으로 기능하고 있다. 그럼에도 불구하고 현장을 찾은 기자들이 그의 역할에 대해 묻자, 오마리는 사람들이 자신의 작업의 주요 결과라고 생각하는 기계와 건물은 작은 부분에 불과하다고 지적했다.

대신 그는 "댐 설계와 운영이 하류의 경쟁적인 물 수요를 어떻게 반영하는지 아시나요?"라고 반문하며 이야기를 이어갔다. 그는 "우리 가족은 몇 세대에 걸쳐 블랙 볼타 유역에서 살아왔어요. 2010년 당시에 이 댐 주변 도시 인구는 12,000명이었고, 이들은 하루 평균 85리터의 물을 소비하고 있었어요. 지역 인구가 연평균 3.6%씩 증가함에 따라 2030년쯤이면 1인당 일일 물 소비량이 120리터까지 늘어날 것으로 예상됩니다"라고 언급했다.

그는 또한 "3만 헥타르의 농지를 안정적으로 관개할 유량을 제공하는 것이 댐 설계를 좌우하는 핵심 요소입니다. 이 정도 용수로 172,500톤의 쌀을 생산할 수 있고, 이는 약 6,200명의 인구를 먹여 살리기에 충분한 식량이에요. 그뿐 아니라 이 지역에 있는 7만 마리 규모의 가축들도 댐으로부터 공급받는 담수에 의존해요. 이 가축 수는 연복리 기준으로 2.3%씩 증가하고 있죠."라고 덧붙였다.

현장 관리자는 오마리의 말에 이어 댐이 지역의 농업 및 산업 수요에 미치는 영향에 대해서도 언급했다. "이 지역이 발전하면서 새로운 산업들이 들어섰는데요, 예를 들어 댐의 초기 설계가 발표된 지 몇 년 뒤에는 탑 시멘트(Top Cements)라는 회사가 설립됐고, 지금은 이 지역의 주요 산업 기업 중 하나가 되었어요. 이 회사는 매년 40만 톤 이상의 시멘트를 생산하고 있으며, 시멘트 톤당 평균 350리터 이상의 물을 사용하고 있어요."

인터뷰 중 갑작스럽게 굵은 빗소리가 들리자, 사람들은 물이라는 자원을 정확하게 예측하는 것이 얼마나 어려운지를 다시금 깨닫게 되었다. 오마리는 여기서 댐 운영의 복잡성을 강조했다. 댐에 유입되는 담수의 양은 강수량을 포함한 기상 변화에 따라 달라지며, 가뭄이 더 빈번해지는 기후 변화의 영향 역시 댐의 안정적 운영에 중대한 도전 과제가 되고 있다고 밝혔다.

극단적 상황에서는 낮은 수위 때문에 발전기를 감속·정지해야 해 정전이 발생할 수 있다. 현장 관리자나 전력망 운영 당국의 판단 하나가 지역 주민의 식수 및 전력 공급 여부는 물론, 지역 기업들이 사업을 유지하며 고용을 지속할 수 있는지에까지 영향을 미친다. 이처럼 물을 둘러싼 경쟁 수요가 많으므로 관련 당사자들이 소통하고 정보를 공유하는 것이 필수적이다. 신뢰할 수 있는 기상 예보와 수위 예측은 의사결정에 결정적으로 중요하다. 댐의 안정적 운영은 현재와 미래에 걸쳐 상·하류 공급사슬 소스로부터 정보를 통합하는 데 달려 있다.

오마리와 그의 팀은 공급사슬의 상류와 하류 전반에 걸쳐 어떻게 정보 교환을 촉진하고 있는가? 어떤 형태의 정보 교환이 가장 효과적인가? 다양한 이해관계자의 물 사용 요구사항에 대해 어떻게 투명성을 확보할 수 있는가? 이들의 의사결정이 재무적으로 미치는 영향을 어떻게 측정할 수 있는가? 이 장의 나머지 부분은 이러한 질문을 탐구하고 해답을 제시할 것이다.

기술과 공급사슬 통합

14.7 공급사슬 통합을 위해 클라우드 컴퓨팅과 블록체인이 어떻게 활용될 수 있는지 설명한다.

성공적으로 공급사슬을 통합하고 공급사슬 위험 관리 전략을 실행하는 데 가장 중요한 요소 중 하나가 정보 기술이다. 공급사슬에 속한 모든 주체는 현명한 의사결정을 내릴 수 있도록 필요한 정보와 예측 가능성을 갖춰야 한다. 최근 공급사슬 조정을 가능하게 하는 두 가지 신기술로 클라우드 컴퓨팅과 블록체인이 부상하고 있다.

클라우드 컴퓨팅

클라우드 컴퓨팅
인터넷에 연결된 원격 서버 네트워크를 이용해 데이터를 저장, 관리, 처리하는 방식

클라우드 컴퓨팅(cloud computing)은 로컬 서버나 개인용 컴퓨터 대신 인터넷에 연결된 원격 서버 네트워크를 사용해 데이터를 저장, 관리, 처리하는 방식이며, 이를 통해 기업은 공급사슬 전체에 걸쳐 디지털 플랫폼과 소프트웨어 서비스를 손쉽게 활용할 수 있다. 클라우드 기반 플랫폼을 도입하면 공급사슬 참여자들 간 조정이 쉬워지고, 수요 예측·계획을 위한 데이터도 더 정확하게 수집할 수 있다. 또한 클라우드 컴퓨팅은 공급사슬의 모든 참여자가 적시에 적절한 장소에서 올바른 정보를 받을 수 있도록 한다. 예를 들어 기업은 공급업체로부터 배송 정보와 주

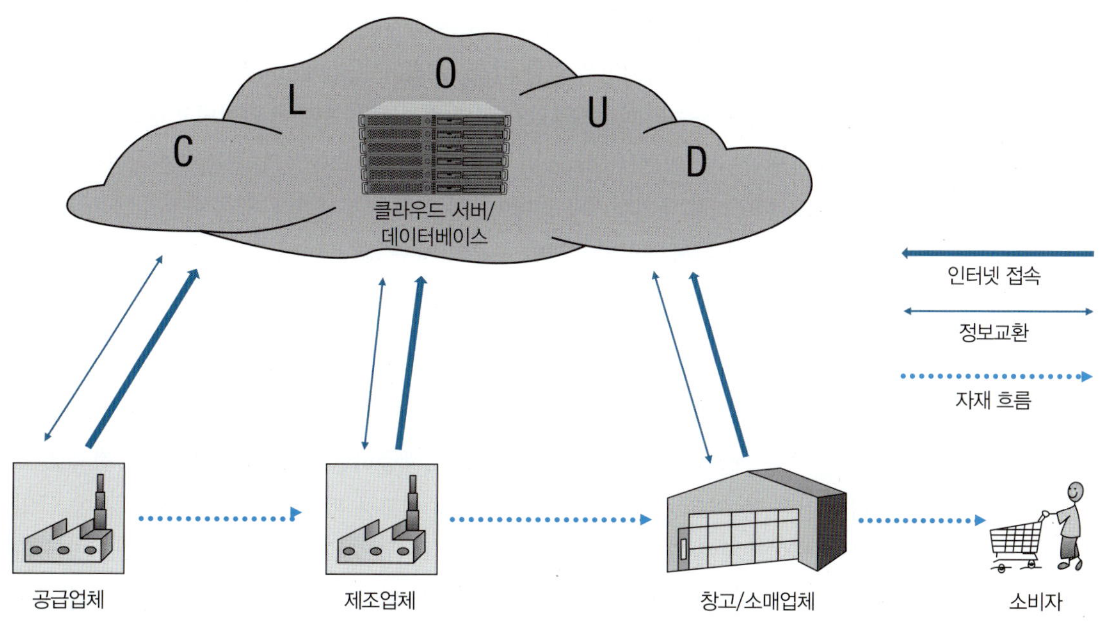

그림 14.12 공급사슬을 위한 클라우드 기반 플랫폼

문 상태를 자동으로 수집하고, 미래 수요에 대한 업데이트를 공급사슬의 상·하류로 공유해 모든 당사자가 혼란 없이 운영을 조정할 수 있는 시스템을 만들 수 있다. 그림 14.12는 공급사슬을 위한 클라우드 기반 플랫폼을 보여준다.

클라우드를 활용한 공급사슬 조정은 세 가지 수준에서 이루어질 수 있다.[4]

1. 거래 통합: 구매 주문, 작업 지시, 판매 주문, 송장, 결제 등에 대한 접근을 모두에게 제공
2. 경영정보 공유: 수요 예측, 발송 계획, 자재명세서(bill of material, BOM), 재고 수준 등 공유
3. 전략적 협업: 예측 정확도 개선, 공급사슬 내 주요 사건 해결, 통합 가격 계획 수립, 생산역량 개선을 위해 공급사슬 참여자들과 협력

이러한 역량은 고객 수요와 공급업체 성과에 대한 더 큰 가시성을 제공해 채찍 효과 문제를 해결하는 데 도움이 된다. 동시에 재고 수준을 낮추고 재고 회전율을 높이며, 운송 및 창고 비용을 줄이고, 리드타임을 단축한다.

클라우드 컴퓨팅이 공급사슬 통합의 최종 솔루션처럼 보일 수 있지만, 한 가지 큰 단점도 있다. 바로 데이터 보안과 프라이버시 문제다. 클라우드에 저장된 데이터는 반드시 권한 있는 사람만 접근해야 하지만, 실제로는 재고 수준, 진행 중인 작업, 주문 및 수요 데이터 등 민감한 정보를 외부(클라우드 제공자)에 보내게 된다. 이처럼 모든 데이터가 한 곳에 집중되면 해킹 위험이 커지고, 때로는 기밀을 완전히 보장하기 어렵다. 이로 인해 경쟁사 등이 핵심 성과지표나 재무 데이터를 취득할 위험성이 존재한다.

블록체인

블록체인(blockchain)은 데이터 보안성과 접근성 문제를 해결하기 위해 고안되었다. 블록체인은 블록(block)이라 하는 개별 기록을 체인 형태로 연결한 거래의 디지털 거래 기록 시스템이

블록체인
여러 개의 개별 거래 기록(블록)을 하나의 연속된 목록(체인)으로 연결한 디지털 기록 방식

4 Jan Keil, "How Can Cloud Computing and Blockchain Reduce the Bullwhip Effect in Supply Chain?" https://www.infopulse.com/blog/how-can-cloud-computing-and-blockchain-reduce-the-bullwhip-effect-in-supply-chain (July 30, 2019).

다. 이 거래 정보는 블록체인 네트워크에 포함된 모든 컴퓨터 시스템들에 복제되고 분산 저장된다. 공급사슬에서 사용되는 블록체인은 일반적으로 프라이빗(private) 형태로, 데이터에 접근할 수 있는 사람은 해당 공급사슬의 참여자들로 제한되며, 이들은 신원이 확인되고 신뢰할 수 있는 주체들이다. 대개 월마트나 머스크(Maersk) 같은 블록체인 소유자가 공급사슬 참여자들에게 블록체인에 새로운 데이터를 추가하거나 업데이트할 권한을 부여한다. 블록체인은 원래 비트코인 같은 암호화폐 거래를 위해 개발되어 보안 수준이 매우 높다.

작동원리

블록체인은 수백 개의 컴퓨터 네트워크에 동일하게 복제된 스프레드시트(원장 또는 장부)라고 생각하면 된다. 이때 각각의 컴퓨터는 노드(nod)라 한다.[5] 네트워크의 어떤 참여자가 장부에 선적, 납품, 결제, 수요 예측과 관련된 업데이트 사항을 제출하면, 시스템은 자동화된 절차로 그 정당성을 검증한다. 즉 외부 기관이나 중개인이 사실 여부를 확인하는 데 시간과 비용을 들일 필요가 없다. 업데이트가 승인되면, 해당 정보는 타임스탬프가 찍히고 암호학적으로 서명된 뒤 블록에 추가된다. 이 새로운 블록이 블록체인의 일부가 되는 것이다. 이렇게 누적된 거래 기록은 변경 불가능한 형태로 저장되어, 참여자들이 모두 열람할 수 있는 완전한 기록이 된다. 한 번 저장된 정보는 변경하거나 삭제하기 어렵다. 이유는 이전 블록 하나를 수정하면 그 뒤에 따라붙는 모든 블록의 내용이 영향을 받기 때문이다. 누군가가 위조 거래를 넣거나, 기존 거래를 삭제하거나, 거래를 복제하면, 다른 사용자들은 수학적 불일치를 감지해 새로운 데이터를 바로 거절하게 된다. 현재로서는 이 시스템을 해킹하는 것이 사실상 불가능에 가깝다.

공급사슬에서 얻는 세 가지 핵심 이점

블록체인을 사용하는 공급사슬은 크게 블록체인의 세 가지 속성에 의해 이점을 얻는다.

1. **탈중앙화.** 비트코인 및 기타 암호화폐가 등장하기 이전에는 대부분의 데이터베이스가 클라이언트-서버 모델 기반이었다. 여기서는 데이터가 중앙 서버에 저장되고, 사용자는 이 서버를 거쳐야만 다른 참여자와 상호작용할 수 있었다. 서버가 한 곳에 집중되어 있기 때문에 서버 장애나 데이터 손상 시 시스템 전체의 다운타임 가능성도 컸다. 반면, 블록체인은 네트워크가 탈중앙화(decentralization)되어 있다. 정보는 단일 주체에 의해 저장되지 않으며, 네트워크의 모든 사람이 정보를 소유한다. 또한 참가자들은 제삼자를 거치지 않고 서로 직접 상호작용할 수 있다.
2. **투명성.** 블록체인의 권한을 가진 사용자라면 누구나 데이터를 열람하거나 업데이트할 수 있다. 그러나 이것이 개별 사용자를 식별할 수 있다는 의미는 아니다. 개인 사용자의 신원은 복잡한 암호화를 통해 익명 처리된다. 사용자는 공개 주소로만 나타나며, 이름이나 기타 식별 정보는 노출되지 않는다.
3. **불변성.** 블록체인은 데이터의 무결성, 즉 정확성, 완전성, 유효성을 유지한다. 또한 데이터에 대한 보안을 제공하는데, 이는 데이터베이스가 저장되는 기간이나 접근되는 빈도에 관계없이 완전하고 정확하며 유효하게 유지됨을 의미한다. 무단 접근이나 손상으로부터 데이터를 보호하는 것은 데이터 무결성을 위해 필수적이다. 일단 블록체인에 입력된 내용은 조작될 수 없다. 이는 각 입력과 관련된 암호 해시 함수를 사용해 달성된다. 체인의 각 블

5 Ameer Rosic, "What Is Blockchain Technology? A Step-by-Step Guide for Beginners," https://blockgeeks.com/guides/what-is-blockchain-technology/ (2016).

록은 이전 블록의 주소에 연결되고 해당 블록에 포함된 데이터의 해시에 대한 포인터를 갖는다. 그러나 이전 블록의 데이터에 아주 작은 변화라도 발생하면 그와 관련된 해시에 엄청난 변화가 발생해 데이터 조작이 눈에 띄게 된다. 예를 들어 입력이 'This is a test'이고 비트코인이 사용하는 해싱 프로그램인 SHA-256을 사용한다고 가정해 보자.[6] 해시는 다음과 같을 것이다.

INPUT	HASH
This is a test	C7BE1ED902FB8DD4D48997C6452F5D7E509FBCDBE2808B16BCF4EDCE4C07D14E

이제 입력이 첫 글자의 대소문자만 바꾼 "this is a test"로 변경되었다고 가정해 보자. 해시가 얼마나 다른지 주목하라.

INPUT	HASH
this is a test	2E99758548972A8E8822AD47FA1017FF72F06F3FF6A016851F45C398732BC50C

이러한 무단 변경은 이전 블록의 해시가 현재 블록에 저장된 해당 입력의 해시와 더 이상 같지 않기 때문에 체인을 손상할 것이다. 이러한 블록체인의 기능이 데이터 기록을 변경 불가능하게 만든다.

활용 방법

블록체인은 공급업체, 전략적 구매, 조달, 공급업체 품질 관리에서부터 현장 공정이나 설비 단위의 모니터링 같은 세부 운영에 이르기까지 공급사슬 전 영역의 가시성을 높이는 메커니즘을 제공한다. 이 기능은 공급사슬 역동성을 일으키는 채찍 효과로 인한 교란을 최소화하는 데 활용될 수 있다. 그 외에도 블록체인의 주요 활용 사례는 다음과 같다.

- IoT 통합. 1장에서 다룬 바와 같이 사물인터넷(IoT)은 인간의 개입 없이 네트워크를 통해 데이터를 수집하고 전송할 수 있게 해준다. 블록체인은 이러한 IoT 데이터를 공급사슬 참여자 간에 공유할 수 있는 기능을 더한 네트워크다. 일반적으로 많이 활용되는 방식은 **무선 주파수 식별**(radio frequency identification, RFID) 기술이다. 이 기술은 물품에 부착된 태그에서 발신되는 무선 신호를 통해 물품을 식별하는 방법이다. 태그에는 물품에 대한 정보가 저장되어 있으며, 이 태그는 정보를 읽을 수 있는 장치에 신호를 전송할 뿐만 아니라 태그에 새로운 정보를 기록할 수도 있다. 이러한 태그에서 얻은 데이터는 전자 상품 코드(EPC) 네트워크와 인터넷을 통해 무선으로 전송되며, 기업은 자사 제품 하나하나를 고유하게 식별하고 추적할 수 있게 된다. IoT와 블록체인을 결합하면, 운송 컨테이너의 상태, 위변조 방지 저장 여부, 각 배송물의 위치 이력, 센서로 측정된 배송물의 온도 변화 등에 대한 데이터를 실시간으로 확보할 수 있다.[7] 그림 14.13은 IoT가 통합된 블록체인 구조를 보여준다.
- 추적 및 추적 가능성. IoT와 블록체인을 결합하면 기업은 물류 경로의 각 단계를 따라 제품

무선 주파수 식별(RFID)
물품에 부착된 태그에서 발신되는 무선 신호를 이용해 물품을 식별하는 방법

6 "How Does Hashing Work? https://www.bitstamp.net/learn/blockchain/how-does-hashing-work/ (August 9, 2022); "What Is Hashing?" https://www.babypips.com/crypto/learn/what-is-hashing (October 16, 2023).

7 Toshendra Kumar Sharma, "Role of Blockchain in the Manufacturing Industry," https://www.blockchain-council.org/blockchain/role-of-blockchain-in-the-manufacturing-industry/ (January 27, 2019).

그림 14.13 IoT가 통합된 블록체인

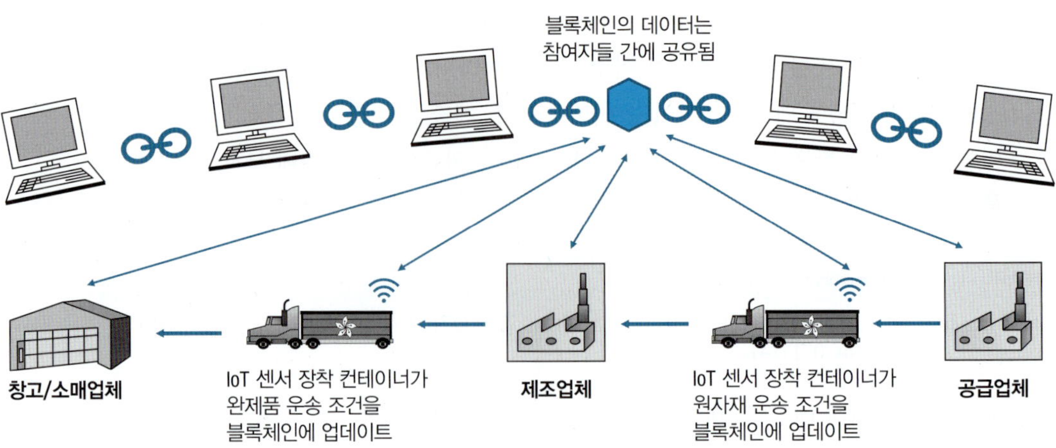

을 추적(tracking)할 수 있다. 예를 들어 아마존에서 주문한 물건의 '배송 추적' 버튼을 누르면 현재 위치와 예상 배송 시간을 확인할 수 있는데, 이 모든 과정이 블록체인과 IoT 덕분이다. 또한 블록체인은 추적 가능성을 보장하는 데 필수적이며, 이는 소비재, 항공우주, 방산, 제약, 의료기기, 자동차, 식품 산업의 핵심 과제로 부상하고 있다. 제품에 결함이 생겼을 때 블록체인을 통해 책임 있는 공급업체나 제조업체를 빠르게 식별할 수 있다. 예를 들어 식품 산업에서는 소비자가 로컬 생산품이나 유기농 식품에 대한 정보를 원할 경우, 소매업체가 앱을 통해 관련 이력을 제공할 수 있다. 소비자는 스마트폰으로 QR코드 하나만 스캔하면 해당 제품이 공급사슬 전반에서 어떤 경로를 거쳤는지 검증할 수 있다. 월마트는 IBM 푸드 트러스트(IBM Food Trust) 블록체인을 활용해 딸기, 망고, 아기용 식품, 닭고기, 양상추, 시금치, 기타 채소를 추적한다. 월마트는 이 과정에 관련된 식품 공급업체, 농장, 물류회사, 비즈니스 파트너들은 모두 블록체인에 가입할 것을 요구했다.[8] 제품의 원산지부터 경로를 추적하는 블록체인의 능력은 제품 리콜의 높은 비용을 완화하고 제품 안전을 강화하는 데 도움이 된다.

- **스마트 계약.** 기존 시스템에서는 공급업체나 고객과 맺은 계약 조건을 확인하고 검증하려면 많은 직원과 중개인의 시간과 노력이 필요하다. 이로 인해 계약 이행 여부 확인과 승인 절차에 시간이 걸려 결제 대금 지급 지연이 자주 발생한다. 작업이 완료되고 송장이 발행되면, 그것을 고객에게 이메일로 보내야 하고, 고객은 이를 시스템에 수동으로 입력하고, 언제 어떻게 지불할지 결정한다. 하지만 블록체인과 IoT가 통합되면 **스마트 계약**(smart contract)을 적용할 수 있다. 스마트 계약은 특정 조건이 충족되면 자동으로 실행되는 '코드화된 계약'이다. 생산물의 이동 경로를 따라 계약 조건 충족 여부를 자동으로 모니터링할 수 있다. 예를 들어 어떤 센서가 배송 중 온도 변화가 발생했음을 감지하면, 쉽게 계약 위반 여부를 결정할 수 있어 부패한 고기나 식품이 목적지에 도달해 반품되는 일을 예방할 수 있다. 계약 조건을 충족한 배송 건에 대해서는 중개인 없이 자동으로 결제가 이루어질 수도 있다.[9, 10]

스마트 계약
사전에 정해진 특정 조건이 충족되면 자동으로 실행되는 코드화된 계약

8 Kim S. Nash, "Walmart Requires Lettuce, Spinach Suppliers to Join Blockchain," https://blogs.wsj.com/cio/2018/09/24/walmart-requires-lettuce-spinach-suppliers-to-join-blockchain/ (September 24, 2018).

9 Louis Columbus, "How Blockchain Can Improve Manufacturing in 2019," https://www.forbes.com/sites/louiscolumbus/2018/10/28/how-blockchain-can-improve-manufacturing-in-2019/#2ef065125db6 (October 28, 2018).

10 Paul Brody, "How Blockchain Revolutionizes Supply Chain Management," https://www.ey.com/Publication/vwLUAssets/ey-blockchain-and-the-supply-chain-three/$FILE/ey-blockchain-and-the-supply-chain-three.pdf (August 23, 2017–September 6, 2017).

학습목표 점검

학습목표	점검 가이드라인	온라인 자료
14.1 공급사슬의 핵심 성과지표를 산출한다.	'공급사슬 성과 측정' 절에서 주요 재고 척도 및 재무지표를 설명한다. 예제 14.1과 복습문제를 반드시 이해한다.	Active Model: A.2 OM Explorer Solvers: Inventory Estimator, Financial Measures Analyzer Tutor Exercise: 14.1: Calculating Inventory Measures Snder Different Scenarios
14.2 공급사슬 설계를 위한 전략적 방안을 설명한다.	'공급사슬 설계를 위한 전략 대안' 절을 복습한다. 표 14.1과 표 14.2를 이해한다.	
14.3 고객 중심 공급사슬 전략을 이해하고 그것이 공급사슬 설계에 미치는 영향을 설명한다.	'고객 중심 공급사슬 전략' 절에서 경쟁우위, 대량고객화, 시장 세분화 전략에 대한 공급사슬 설계 함의를 다룬다. 대량고객화의 기반이 되는 ATO와 반응적 공급사슬 설계를 반드시 이해한다.	
14.4 프로세스 아웃소싱 의사결정 시 기업이 고려하는 사항을 설명한다.	'프로세스 아웃소싱' 절에서 아웃소싱, 오프쇼어링, 넥스트 쇼어링을 이해한다. 예제 14.2를 검토해 손익분기점 분석을 제조-구매 의사결정에 적용한다.	OM Explorer Tutors: A.1: Break-Even, Evaluating Products and Services, A.2: Break-Even Evaluating Processes, 14.1: Calculating Inventory Measures, F.4: NPV, IRR, Payback 윈도우용 POM: Break-Even Analysis, Financial Analysis
14.5 공급사슬 교란의 주요 원인을 식별한다.	'공급사슬 교란' 절에서 공급사슬 교란의 외부·내부 원인과 그것이 공급사슬 통합에 의미하는 바를 이해한다. 그림 14.8을 학습해 소비자 수요의 완만한 변동이 공급업체 수요의 급격한 변동(채찍 효과)으로 어떻게 이어지는지 본다.	
14.6 공급사슬의 운영 및 보안 위험을 줄일 방법을 설명한다.	'공급사슬 위험 감소' 절을 참고해 운영·보안 위험 완화 방안을 학습한다. 그림 14.9로 공급사슬 보안 위험 관리의 복잡성을 이해한다. 통합이 위험 감소의 핵심인 만큼 그림 14.10과 그림 14.11을 이해한다.	
14.7 공급사슬 통합을 위해 클라우드 컴퓨팅과 블록체인이 어떻게 활용될 수 있는지 설명한다.	'기술과 공급사슬 통합' 절에서 클라우드·블록체인 기술 설명과 공급사슬 통합 활용 방식을 본다. 그림 14.12와 14.13을 추가로 검토해 관련 기술 배경을 보완한다.	

주요 공식

공급사슬 성과 측정

1. 평균 총재고 가치 = 재고로 보유 중인 모든 품목(SKU)에 대해 각 SKU의 평균 재고 수량에 해당 품목의 단가를 곱한 후, 이를 모두 합산한 값

2. $\text{공급주수} = \dfrac{\text{평균 총재고액}}{\text{주간 매출원가}}$

3. $\text{재고회전율} = \dfrac{\text{연간 매출원가}}{\text{평균 총재고액}}$

프로세스 아웃소싱

4. 제조-구매 손익분기점 양: $Q = \dfrac{F_m - F_b}{c_b - c_m}$

핵심용어

공급사슬 위험 관리(supply chain risk management)
공급사슬 통합(supply chain integration)
공급주수(weeks of supply)
넥스트쇼어링(next-shoring)
무선 주파수 식별(radio frequency identification, RFID)
블록체인(blockchain)
스마트 계약(smart contracts)
아웃소싱(outsourcing)
오프쇼어링(offshoring)
재고회전율(inventory turnover)
전방 통합(forward integration)
제조-구매 의사결정(make-or-buy decision)
채널 조립(channel assembly)
채찍 효과(bullwhip effect)
클라우드 컴퓨팅(cloud computing)
평균 총재고 가치(average aggregate inventory value)
후방 통합(backward integration)
ISO 28000:2007
SCOR 모델(SCOR model)

복습문제

어떤 기업은 연간 52주 가동하며 작년 매출원가는 341만 달러였다. 이 회사는 원재료 세 가지, 재공품 두 가지, 완제품 두 가지 등 일곱 가지 재고를 비축하고 있다. 오른쪽 표는 작년도 제품별 평균 재고 수준과 단가를 표시한 것이다.

a. 평균 총재고 가치는 얼마인가?
b. 이 회사는 공급주수를 얼마로 유지하고 있는가?
c. 작년 재고회전율은 얼마인가?

범주	부품번호	평균 재고 수준	단가
원재료	1	15,000	3.00달러
	2	2,500	5.00달러
	3	3,000	1.00달러
재공품	4	5,000	14.00달러
	5	4,000	18.00달러
완제품	6	2,000	48.00달러
	7	1,000	62.00달러

풀이

a. 다음 표를 참고하라.

부품번호	평균 재고 수준		단가		평균가액
1	15,000	×	3.00달러	=	45,000달러
2	2,500	×	5.00달러	=	12,500달러
3	3,000	×	1.00달러	=	3,000달러
4	5,000	×	14.00달러	=	70,000달러
5	4,000	×	18.00달러	=	72,000달러
6	2,000	×	48.00달러	=	96,000달러
7	1,000	×	62.00달러	=	62,000달러
		평균 총재고 가치		=	360,500달러

b. 주간 매출원가 = 3,410,000달러/52주 = 65,577달러/주

$$\text{공급주수} = \frac{\text{평균 총재고 가치}}{\text{주간 매출원가}} = \frac{360{,}500\text{달러}}{65{,}577\text{달러}} = 5.5\text{주}$$

c. $$\text{재고회전율} = \frac{\text{연간 매출원가}}{\text{평균 총재고 가치}} = \frac{3{,}410{,}000\text{달러}}{360{,}500\text{달러}} = 9.5\text{회}$$

토론과제

1. 런던에서 근무하는 젊은 전문직 종사자를 위한 패션 의류를 판매하는 소매업체라고 가정해보자. 비용 절감을 위해 런던에서 의류를 디자인하고, 방글라데시에서 대량으로 생산한 뒤 매장에 공급하고 있다. 하지만 생산된 옷이 매장에 도착했을 때쯤에는 이미 패션 트렌드가 바뀌어 스타일이 시대에 뒤떨어진 것으로 간주된다. 그 결과, 수요 변동에 대한 반응성이 떨어져 보인다. 이러한 문제를 해결하는 데 공급사슬 재설계가 어떻게 도움이 될 수 있을지 설명하라.
2. 월마트는 표준화된 품목을 판매하며, 어떤 공급업체도 소유하지 않으면서도 막강한 구매 교섭력을 가진다. 이에 대한 대안적 시나리오로, 소매 체인이 자사가 판매하는 많은 품목을 생산하는 공급업체들을 직접 소유하고 있다고 가정하라. 이 두 소매 시스템의 공급사슬 설계에 대한 시사점을 비교 및 대조하라.
3. 일본의 사진기기 제조업체인 캐논(Canon)은 오프쇼어링을 하지 않기로 하고, 신규 제품 개발과 생산을 모두 일본이라는 고임금 국가 내에서 유지하고 있다. 반면, 미국에 본사를 둔 GM은 중국 상하이자동차(Shanghai Auto Industry Corporation, SAIC)와 합작해 중국에서 차량을 생산하고 있다. 아웃소싱, 오프쇼어링, 넥스트쇼어링, 공급사슬 설계의 관점에서 볼 때, 이렇게 상반되어 보이는 두 기업의 결정이 어떻게 각각의 기업 운영 전략을 뒷받침하는 선택이 될 수 있을지 논하라.

연습문제

이 책을 사용하는 모든 학생은 OM Explorer, 윈도우용 POM, Active Model 소프트웨어를 사용할 수 있다. 해당 소프트웨어의 다운로드 위치와 활용 방법은 강의 담당 교수에게 문의하라. 대부분의 교수자는 학생이 직접 계산하는 방법을 이해하기를 바란다. 하지만 소프트웨어를 이용하면 계산을 확인할 수 있다. 계산이 매우 복잡하고, 의사결정 과정에서 결과를 해석하는 것이 목표인 경우 소프트웨어가 수작업 계산을 완전히 대체해도 무방하다.

공급사슬 성과 측정

1. EBI 솔라는 최첨단 프로세스로 실리콘 웨이퍼를 잘라서 작은 패널로 바꾼다. 이 패널은 저렴하고 에너지 효율이 높아 저전력 휴대용 도구에 사용된다. 작년에 이 회사는 재고회전율이 4.5회였고 매출원가는 250만 달러였다. 연간 52주 영업한다고 하자.
   a. 지난해의 평균 재고를 공급주수로 나타내라.
   b. 여러 차례의 공급사슬 개선 노력 끝에 모든 범주의 재고투자액이 감소했다. EBI의 매출원가는 지난해 수준을 유지할 것으로 예상되는 반면 원자재 재고는 100,500달러, 재공품 재고는 25,800달러, 완성품 재고는 16,200달러로 감소했다. 1년을 52주로 가정할 때 EBI의 현재 총재고 수준을 공급주수와 재고회전율로 표시하라.
2. 사이버폰은 휴대전화 액세서리 제조업체이다. 올해 영업을 마쳤는데 매출(원가 기준)은 4,800만 달러, 재고회전율은 6회였다. 내년에는 매출(원가 기준)을 25% 증가시키려고 한다.
   a. 재고회전율을 내년에도 올해와 같이 유지하면 평균 총재고 가치는 얼마나 증가하겠는가?
   b. 내년에 공급사슬을 잘 관리해 평균 총재고 가치를 늘리지 않으려면 재고회전율에는 어떤 변화가 있어야 하는가?
3. 한 제조업체는 연간 52주 동안 운영한다. 현재 JIT(적시생산) 방식을 도입하고 있다. 원자재는 200,000달러, 재공품은 50,000달러, 완제품 재고는 95,000달러의 가치가 있다. 올해 매출원가는 4,200,000달러이다.
   a. 공급주수를 계산하라.
   b. 재고회전율을 계산하라.
4. 한 자동차 부품 기업의 연간 매출원가는 2억 2,400만 달러이고, 재고회전율은 연 2.75회이다. 평균 재고 가치는 얼마인가?
5. 한 철강 가공업체는 공급사슬 금융을 활용해 공급사슬 관리를 극대화하고 있다. 이 회사의 완제품 재고 가치는 61,943,620달러, 원자재 재고는 222,363,054달러, 재공품 재고는 133,408,336달러다. 올해 매출원가는 800,357,476달러이고 연간 영업 주는 52주다.
   a. 공급주수를 계산하라.
   b. 재고회전율을 계산하라.
6. 소매업체에 대해 다음과 같은 데이터가 수집되었다.

매출원가	3,500,000달러
매출총이익	700,000달러
판매관리비	500,000달러
영업이익	200,000달러
총재고	1,200,000달러
고정자산	750,000달러
장기부채	300,000달러

연간 영업 주가 52주라고 가정하고, 총재고를 다음 척도로 나타내라.

a. 공급주수
b. 재고회전율

7. (난이도 상) 사파이어 에어로스페이스는 연간 52주 운영하며, 작년 매출원가는 6,500,000달러이다. 회사는 총 8종류의 재고 품목(원자재 4개, 재공품 2개, 완제품 2개)을 보유하고 있다. 표 14.3에는 각 품목의 작년 평균 재고 수량과 단가가 제시되어 있다.
   a. 평균 총재고 가치는 얼마인가?
   b. 이 회사가 보유한 공급주수는 몇 주인가?
   c. 작년 재고회전율은 얼마인가?

표 14.3 사파이어 에어로스페이스 재고 자료

재고범주	부품 번호	평균 재고	단가
원재료	RM-1	20,000	1달러
	RM-2	5,000	5달러
	RM-3	3,000	6달러
	RM-4	1,000	8달러
재공품	WIP-1	6,000	10달러
	WIP-2	8,000	12달러
완제품	FG-1	1,000	65달러
	FG-2	500	88달러

8. (난이도 상) Dogs-R-Us와 K-9, Inc.는 찰스턴 지역의 반려견 소유자들을 위한 소매점이다. 이 두 매장은 치열하게 경쟁하고 있다. 두 곳 모두 연 52주 영업하며, 판매 품목의 종류와 판매 금액도 거의 비슷하다. 표 14.4에는 두 매장의 매출원가, 평균 재고 수준, 품목별 단가가 제시되어 있다.

표 14.4 DOGS-R-Us와 K-9, Inc.의 재고 자료

	DOGS-R-US		K-9, INC.	
매출원가	560,000달러		640,000달러	
범주	평균 재고 수준	단가	평균 재고 수준	단가
개 침대	200	55.00달러	140	55.00달러
개 간식	1,200	2.50달러	250	2.50달러
개 사료	50	12.50달러	20	12.50달러
개 벼룩제거제	350	7.50달러	75	7.50달러
개 집	10	65.00달러	2	65.00달러
개 울타리	10	220.00달러	3	220.00달러
개 전용문	5	120.00달러	2	120.00달러
개 램프	5	150.00달러	2	150.00달러
개 유모차	10	40.00달러	2	40.00달러
개 영양보충제	1,400	4.50달러	150	4.50달러
개 장난감	250	2.20달러	100	2.20달러

   a. 평균 총재고 가치를 기준으로 두 소매점을 비교하라.
   b. 공급주수 측면에서 두 소매점을 비교하라.
   c. 재고회전율 측면에서 두 소매점을 비교하라.

프로세스 아웃소싱

9. (난이도 상) 한 글로벌 자동차 제조기업은 자사의 SUV에 사용되는 솔레노이드의 제조를 외주화하는 방안을 고려하고 있다. 해당 기업은 솔레노이드를 사내에서 생산할 경우 연간 설비, 유지보수, 관리비 등 고정비로 600만 달러가 들 것으로 추정하고 있으며, 노동 및 자재에 대한 단위당 변동비는 5달러다. 이에 반해, 대형 하청업체가 솔레노이드를 단가 8달러에 생산해 주겠다는 제안을 해왔다. 하지만 하청업체는 장비 비용 일부를 회사가 분담해 주길 바라며, 관련 계약에 따른 연간 총비용은 400만 달러(운영 및 관리 포함)로 추산된다.
   a. 사내 자체 생산이 외주보다 더 비용 효율적인 선택이 되려면 완성차 업체가 연간 몇 개의 솔레노이드를 필요로 해야 하는가?
   b. 비용 외에, SUV 공급사슬 재구축을 결정하기 전에 자동차 회사가 고려해야 할 다른 요소들은 무엇인가?

10. (난이도 상) 도노갤 풋웨어는 모험을 즐기는 가족들을 위한 아웃도어 신발을 공급하는 국제 공급업체이다. 현재 이 회사는 물류업체에 위탁해 창고 서비스를 제공받고 있으며, 지상 운송 배송을 위한 패키징도 맡기고 있다. 이 물류 계약에는 연간 고정비 900만 달러가 포함되며, 이는 물류업체의 간접비와 창고 운영비를 포함한다. 또한 패키지 하나당 단위 변동비용은 15달러이다.
   최근에 이 회사는 별도로 직접 임대할 수 있는 창고를 연간 1,600만 달러에 확보할 수 있게 되었으며, 여기에는 임대료, 인건비, 관리비가 모두 포함된다. 또한 회사는 창고에서 패키지당 6달러에 패키지를 배송해 줄 다른 제공업체를 찾았다. 오직 비용만 고려할 때, 도노갤 풋웨어가 창고 운영으로 수직 통합하는 것이 경제적으로 유리해지려면 연간 몇 개의 패키지를 배송해야 하는가?

11. (난이도 상) 블루핀 은행(BlueFin Bank) 본사에서는 신용카드 거래 처리 업무를 국제적인 금융 서비스 회사인 데이터이즈(DataEase)에 외주화할 가능성에 대한 논의가 이뤄지고 있다. 현재 거래 처리 업무는 연간 손익계산서상에서 큰 비용으로 작용하고 있으며, 장비 업그레이드와 유지 투자로 인해 자본금도 지속적으로 소진되고 있는 상황이다. 초기 분석과 협상 결과에 따르면, 데이터이즈는 블루핀의 단가보다 거래당 0.02달러를 더 부과할 예정이며, 연간 1,200만 달러의 고정비용(장비 및 관리 포함)도 요구하고 있다. 블루핀은 자체 처리에 드는 연간 고정비(감독, 관리 지원, 유지보수, 감가상각, 간접비 등)는 아직 추정하지 않았다. 블루핀이 연간 2,000만 건의 거래를 처리해야 한다면, 데이터이즈를 사용하는 것이 이득이 되기 위해 그 고정비용은 얼마나 높아야 하는가?

12. (난이도 상) 한 글로벌 전기 스위치 장비(ESE) 제조업체는 스위치

보드 제조에 사용되는 전기 차단기의 생산을 외주화하는 방안을 고려 중이다. 회사 측은 이 차단기를 사내에서 제조할 경우 장비, 유지관리, 관리 비용을 포함한 연간 고정비가 800만 달러가 될 것으로 예상하고 있으며, 단위당 노동 및 자재 변동비는 11달러다. 이와 동시에, 대형 하청업체는 해당 부품을 단가 16달러에 공급해 줄 수 있다고 제안했다.

a. 사내 자체 생산이 외주보다 더 비용 효율적이 되려면 연간 몇 개의 차단기를 생산해야 하는가?

b. 하청업체가 회사가 장비 비용을 분담하기를 원한다고 가정하자. ESE 제조업체는 새로운 공급 계약 관리에 필요한 관리 감독 비용을 포함해 연간 총비용이 500만 달러가 될 것으로 추정한다. 대신 하청업체는 단위당 단가를 12달러로 인하하겠다고 한다. 이 조건하에서 사내 자체 생산이 더 저렴해지기 위해 필요한 연간 차단기 수요량은 얼마인가?

c. ESE 제조업체가 연간 1,500,000개의 차단기를 사용할 것으로 예상한다면, 어떤 옵션(사내 자체 제조, 장비 비용 분담 없이 하청업체 사용, 장비 비용 분담해 하청업체 사용)이 가장 저렴한가?

실습과제 14.1: 소닉유통

시나리오

소닉유통(Sonic Distributors)은 음악용 바이닐 레코드를 생산하고 판매한다. 레코드는 단일 시설(공장)에서 생산된 뒤 회사의 유통 센터를 거쳐 다양한 소매점에서 대중에게 판매된다. 운영 목표는 유통망 전체에서 총비용을 최소화하는 것이다.

준비물(담당 교수가 제공)

소매점과 유통센터의 [구매주문서] 양식
공장의 [작업지시서] 양식
공장과 유통센터의 [납품서] 양식
재고 관리용 [재고장부]
무작위 수요를 만들어낼 수 있는 방법(일반적으로 주사위 2개 정도)

활동 구성

각 팀은 바이닐 레코드를 제조해 소매점에 유통 판매하는 사업을 수행한다. 2명 이상의 팀 구성원이 소매점 구매자 역할을 맡는다. 이들의 임무는 매일 레코드 수요를 예측하고, 재고를 보충하기 위해 유통센터에 주문을 넣는 것이다. 유통센터는 공장에서 받은 재고를 보유하고 있다. 공장은 고객 주문 또는 재고 확보를 위해 로트 단위로 생산한다.

역할 구성

4~5명으로 팀을 나눈다. 2~3명은 소매점을 운영한다. 1명은 유통센터를 운영한다. 1명은 공장에서 생산 일정을 관리한다.

매일 게임이 진행됨에 따라 모든 참가자는 공급사슬 내 각자의 역할에 따라 수요를 추정하고, 고객 주문을 처리하며, 재고 수준을 기록하고, 얼마를 언제 주문하거나 생산할지 결정한다.

비용 및 조건

별도의 지시가 없다면 다음 조건이 기본적으로 적용된다.

비용	
재고 유지비용 (하루 음반레코드 1장당)	소매점: 1.00달러/장/일 유통센터: 0.50달러/장/일 공장: 0.25달러/장/일
파이프라인 재고비용	이 실습에서는 파이프라인 재고비용은 무시할 수 있다고 가정한다. 즉 0으로 간주하자.
주문비용(소매점 및 유통업체)	주문 1회당 20달러
공장 가동 준비비용	주문 건당 50달러(참고: 비용은 하루 기준이 아니라 주문 건당 기준이다. 유통업체로부터 같은 품목에 대한 연속적인 주문이 들어오더라도, 공장은 주문들 사이에 다른 품목들을 제작하느라 바쁘기 때문이다.)
재고 고갈(이윤 상실) 비용	소매점: 판매 손실 1건당 달러 공장 재고 부족으로 인한 미납 주문 또는 신규 주문 배송 시 0달러
배송비	다른 제품들은 이미 이 체인을 통해 유통되고 있고, 음반레코드는 가볍고 부피를 거의 차지하지 않기 때문에 비용은 0이라고 간주하자.
조건	
초기 재고	소매점: 15장 유통센터: 25장 공장: 100장
로트 크기 제한	소매점 및 물류 센터: 최소 주문량 없음. 어떤 수량이든 보관 가능 공장: 최소 생산 단위 20개, 1일 최대 생산용량 300개
미결 주문	없음

지연

주문 지연. 주문을 보내는 데 소매점에서 유통센터까지 1일, 유통센터에서 공장까지 1일이 소요된다(즉 주문을 하는 것과 수신자가 그에 따라 행동하는 것 사이에 1일이 소요된다).

주문이 접수되면 생산 시작에 지연은 없다(단, 유통센터가 낸 주문서를 공장이 받는 데는 1일이 소요된다).

배송 지연. 유통센터에서 소매점까지 1일, 공장에서 유통센터까지 1일의 배송 시간이 소요된다(즉 출고한 제품이 도착지에 입고되는 데 1일이 소요된다).

실습 진행 방법

단순화를 위해 모든 거래는 하루 중 같은 시간에 동시에 발생한다고 가정하자. 시뮬레이션 일자마다 다음 순서로 진행한다.

소매점

a. 유통센터에서 전날 출고한 물건을 받아서 판매용 재고로 비치한다. 즉 유통센터가 전날 작성한 납품서에 기재된 수량을 소매점 재고장부의 전일말(前日末) 재고에 더한다. 이 값이 당일 판매 가능량이다(단, 모의실습 첫날에는 이전에 주문한 것이 없으므로 받을 물건이 없다).

b. 소매점마다 주사위 2개를 굴려 그날의 소매 수요(요청된 레코드 수량)를 결정한다. 합이 수요량이 된다.

c. 가능한 한 보유 재고로 수요를 충족한다. 현재 재고에서 수요를 빼서 기말 재고를 구하고 기록한다. 수요가 공급을 초과하면 그 초과분은 판매 손실로 수량을 재고장부에 기록한다.

d. 소매점은 주문을 해야 할지 결정한다. 주문이 필요한 경우, 원하는 레코드 수량을 소매점 구매주문서에 기록해 유통센터로 보낸다(유통센터는 1일 후 받음). 주문한 후에는 그 내용을 재고장부에 기입한다. 소매점은 받지 못한 주문 내역을 따로 기록해 추적할 수도 있다.

유통센터

a. 공장에서 하루 전에 보낸 물건을 받아서 입고한다(공장의 납품서에 기재된 수량을 1일 후 유통센터의 전일말 재고에 합한다. 즉 재고장부의 현재 재고를 갱신한다).

b. 납품하지 못한 미납 주문을 모두 채워주고, 즉 미납 주문량만큼 재고장부의 현재 재고에서 차감하고 출고를 준비한다. 즉 납품서에 출고할 양을 기입한다.

c. 유통센터는 소매점이 작성한 주문서를 (1일 후에) 보고 현재 보유한 재고로 납품을 준비한다. 출고할 수량을 재고장부의 현재 재고에서 차감해 기말재고를 계산한다. 받은 주문량보다 공급 가능량이 부족하면 미납 주문이 생성된다.

d. 유통센터는 발주 여부를 결정한다. 발주하는 경우, 주문량을 유통센터 주문서에 기입해 공장으로 보낸다(하루 후에 전달됨). 주문을 낸 후에는 그 사실을 재고장부에 기재한다. 유통센터도 받지 못한 주문을 따로 기록해 추적할 수 있다.

공장

a. 신규 생산량은 바로 재고로 입고한다. 즉 공장에서 하루 전에 생산한 수량은 공장 재고장부 전일말 재고에 합한다.

b. 납품하지 못한 미납 주문을 모두 채워주고, 즉 미납 주문량만큼 재고장부의 현재 재고에서 차감하고 출고를 준비한 후 물건을 출고한다(즉 납품서에 출고할 양을 기입한다).

c. 공장은 유통센터가 작성한 주문서를 (1일 후에) 보고 현재 보유한 재고로 납품을 준비한다. 출고할 수량을 재고장부의 현재 재고에서 차감해 기말재고를 계산한다. 받은 주문량보다 공급 가능량이 부족하면 미납 주문이 생성된다.

d. 공장은 생산 지시서 발부 여부를 결정한다. 생산이 필요하면 생산지시서를 내고, 그 내역을 재고장부에 기입한다. 생산 지시서를 낼 때마다 가동 준비가 발생한다는 조건을 명심하라.

생산 중인 모든 내용을 빠뜨리지 않고 추적해야 한다. 일단 낸 주문(또는 작업명령)은 변경할 수 없고, 일부만 납품할 수도 없다. 매일 저녁 재고 상태, 미납 주문이나 판매 상실의 수량, 주문(또는 생산 지시) 여부를 기록한다. 모든 팀원이 하루 일을 끝내면 이 과정을 반복(소매점을 단계 1로 감)한다. 담당 교수가 정하는 날짜만큼 반복한다.

실습이 끝나면 재고와 비용을 누적한다. 재고량을 비롯한 모든 줄의 숫자를 누적 합산한 후에 여기에 해당하는 비용을 곱한다. 이를 모두 더한 총비용으로 그 팀의 공급사슬 운영 성과를 평가한다.[11]

사례 연구 브런즈윅 유통

브런즈윅 유통회사(Brunswick Distribution, Inc., 이하 BDI)의 CEO인 알렉스 브런즈윅(Alex Brunswick)은 사무실 창밖으로 또다시 무더운 날씨를 바라보며, 회사에 무슨 문제가 생긴 건지 곱씹고 있었다. 그는 방금 회사의 최근 재무 실적 보고서를 검토했는데, 걱정스러운 사항이 눈에 들어왔다. BDI는 지난 4년간 견고한 성장을 이어왔지만, 지금은 예전보다 상황이 더 나빠 보인다는 점에 의문을 품고 있었다. "지난 4년 동안 매출은 평균 8%씩 증가했는데, 왜 지금 더 힘들어진 것 같지?" 그는 무겁게 한숨을 내쉬며 책상 위 보고서를 다시 들여다보았다.

지난 4년 동안 매출은 꾸준히 증가해왔지만, 앞으로가 불확실해 보였다. 브런즈윅은 이 성장 중 일부가 지역 내 몇몇 경쟁 업체의 폐업 덕분이라는 점을 알고 있었는데, 이는 장기적으로 계속되기 힘든 조건이었다. 반면, 순이익은 지난 3년간 꾸준히 감소했으며, 내년에도 감소할 것으로 예상되고 있

11 출처: 이 실습 과제는 보스턴칼리지 캐럴경영대학(Carroll School of Management)의 래리 멜(Larry Melle)이 개발했다.

었다.

브런즈윅은 향후 3년 내에 회사의 방향을 되돌릴 것을 결심했다. 그는 자리에서 몸을 뒤로 젖힌 다음 비서를 호출했다. "가브리엘, 마리안나와 브래들리 좀 올라오라고 해줘."

배경

유통업계는 가장 단순하게 말하면 다양한 제조업체로부터 재고를 매입해 이를 소매점에 되파는 구조다. 지난 3~5년 사이 재고에 대한 요구가 크게 바뀌어 제조업체와 소매업체 모두 재고 보유를 꺼리게 되었고, 그 부담을 유통업체가 떠안게 됐다. 게다가 소매업체가 제조업체에 직접 주문하는 경향이 늘면서 전체적으로 유통업체들의 수익성에 추가 압박이 가해졌다.

브런즈윅의 할머니 댁 뒤편 창고에서 소박하게 시작했던 회사는 10,000제곱피트 규모의 임대 시설로 이전했다. 10년 전, BDI는 저마진 제품을 보완하기 위해 고가 가전제품 유통을 시작했다. BDI는 일리노이주 몰린(Moline)에서 35마일 떨어진 곳에 위치한 대규모 고가 주방 가전 제조업체인 키친헬퍼(KitchenHelper Corp.)와 가전제품을 유통하는 계약을 체결했다. 수년 동안 BDI는 꾸준한 성장을 누렸고 서비스 지역을 확장했다. 현재 브런즈윅은 회사 본사로부터 반경 200마일 이내의 지역을 커버하고 있었다. 빠른 성장에 힘입어 BDI는 임대 시설을 매입하고 추가 증축을 통해 수용 능력을 30,000제곱피트로 늘렸다.

몇몇 경쟁업체의 몰락으로 새로운 소매 고객과 일부 신제품 라인을 확보하게 되었다. 소매업체-유통업체-제조업체 사슬의 전통적인 주문 방식은 팩스나 전화를 통해 이루어졌다. 브런즈윅은 인터넷 기반 주문 시스템 도입을 고려했지만, 그것이 제공할 수 있는 잠재적인 운영 및 마케팅 이점에 대해 확신하지 못했다.

우려 사항

시장

지난 5년간 유통업체 간 경쟁이 급격히 심화했다. 이에 따라 살아남은 유통업체들은 부가가치 전략(value-added strategy)을 도입하며 경쟁력을 유지하고 있다. 소매업체들은 신속하고 안정적인 배송을 원하며, 경쟁 상황에 따라 언제든 짧은 사전 통보로 프로모션을 진행할 유연성을 요구한다. 다양한 제품 구색도 기대한다. 하지만 현실적으로 대부분의 주문은 '가격'으로 따내고 '배송 문제'로 잃는다.

재무

제조업체는 일반적으로 30~45일 이내에 대금을 결제할 것을 요구하며, 자금 유예 같은 조건은 제공하지 않는다. 반면 소매업체들은 50~60일 후에 대금을 지불한다. 이러한 차이는 종종 BDI를 현금 부족 상황에 빠뜨려 현재 운영 대출에 불필요한 부담을 준다. 회사의 차입 능력은 거의 소진되었다. 추가 자금 조달은 다른 출처에서 찾아야 할 것이다. BDI의 재무 상황을 고려할 때, 추가 대출을 받으려면 기존보다 더 높은 금리를 감수해야 한다.

운영

재고회전율 또한 지난 5년간 문제였다. 특히 최근 2년간 급격하게 악화했으며, 이 추세는 지속될 가능성이 크다.

소매업체로부터의 주문은 주로 고객들의 공사나 리노베이션이 거의 끝날 무렵에 들어온다. 과거 데이터를 활용한 수요 예측은 한때 유용했지만, 시장 패턴이 바뀌면서 예측의 신뢰도가 떨어졌다. 이런 변화는 BDI의 발주에도 영향을 준다. 제조업체는 생산 계획을 위해 60일, 90일, 120일 단위 판매 예측치를 요구하고 있으며, BDI가 제조업체에 주문을 한 후 변경할 경우 위약금이 부과되기도 한다.

전략적 이슈

마리안나(Marianna)와 브래들리(Bradley)가 브런즈윅의 사무실에 들어섰을 때, 브런즈윅은 여전히 보고서를 살펴보고 있었다. "앉으세요." 그가 말하자, 그들은 긴 하루가 될 것임을 알았다. 브런즈윅은 그들을 부른 이유를 간략하게 설명했고, 곧바로 장시간의 전략 회의에 돌입했다. 브런즈윅은 BDI가 경기 둔화와 현재 시장 상황에 적절히 대응할 수 있도록 구조를 정비해야 한다고 강조했다. 그는 "시장이 안정화되면, 우리는 성장을 위한 기반을 완벽히 다져야 합니다."라고 말했다. 이 도전을 충족하기 위해 BDI는 여러 대안 옵션을 평가해야 한다. 가능한 옵션 중 일부는 현재 시스템을 확장하고, 필요할 경우 공급업체, 고객 및 상업 운송 네트워크와 연계되는 새로운 시스템을 개발해 총자산 가시성을 확보하는 것을 포함할 수 있다.

모든 투자 결정은 자본 소요, 기대 수익, 시장점유율 증대 효과가 함께 고려되어야 한다고 그는 덧붙였다. 자료 1은 당해연도 손익계산서이다.

자료 1

손익계산서(1,000달러)			
총수입			33,074
매출원가			
운송비		8,931	
직접재료비		5,963	
직접노무비 등		6,726	
합계		21,620	
매출총이익			11,454
운영비용			
판매관리비		2,232	
고정비		2,641	
감가상각비		1,794	
합계		6,667	
영업이익			4,787
		이자비용	838
세전이익			3,949
	세금 @ 35%		1,382
순이익			2,567

신규 인프라 투자

운영 부문 부사장인 브래들리 풀라스키(Bradley Pulaski)는 다음과 같이 말했다. "ABD(Associated Business Distribution Corp.)가 4년 전 영업을 중단한 이후, 미드웨스트 전역의 잠재 고객들로부터 대체 서비스를 찾기 위한 전화와 이메일이 쇄도하고 있어요. 이들 중에는 ABD의 전 고객뿐 아니라, 지금까지 ABD나 우리와 거래한 적이 없는 신규 고객도 포함돼 있습니다. 현재 창고로는 이 시장을 충분히 대응할 수 없어요. 이 고객들은 오랜 배송 시간을 기다리려 하지 않기 때문입니다. 현재 해당 지역의 일부 고객을 서비스하고는 있으나, 배송 지연으로 인해 더 이상 유지하기 어려울 것으로 보입니다. 이 기회를 활용하려면, 이미 과부하 상태인 기존 자원 외에 신규 저장 시설을 신설하고, 재고를 전진 배치해 고객 요청에 신속하게 대응할 수 있어야 해요. 현재 우리는 몰린 창고 하나만 보유 중인데, 이는 우리의 요구에 비해 턱없이 부족한 인프라입니다." 신규 시설을 확충할 경우, BDI는 미드웨스트 북부의 주요 산업 시장에 더욱 깊숙이 진출할 기회를 갖게 된다. 이 지역은 과거 BDI의 존재감이 다소 미미했던 곳이다.

하지만 이 옵션은 금융 측면에서 큰 도전을 수반한다. 현재 BDI는 주거래 은행에서의 신용 한도에 근접한 상태이며, 시카고의 대형 은행에서 추가 대출을 받는 것도 고려할 수는 있으나, 금리는 높고 자금 조달 비용이 커질 것이다(현재 장기 대출 금리는 최소 11%부터 시작된다). 브래들리에 따르면, 이 옵션의 비용은 부지 확보에 200만 달러, 설비 및 장비 비용으로 1,000만 달러, 총 1,200만 달러 수준이다. 신규 창고 설비는 20년에 걸쳐 감가상각되며, 대출은 20년 후 만기 일시 상환 방식의 일종인 벌룬상환 방식으로 상환된다. 이러한 인프라를 추가하게 되면, BDI는 연간 매출을 4,426,000달러 늘릴 수 있게 되며, 해당 지역의 고객에게 배송 리드타임을 기존 5일에서 2일로 단축할 수 있다. 이는 경쟁사 대비 큰 장점이다. 또한 창고 용량 확대를 통해 취급 가능한 브랜드와 제품 모델의 수를 늘려, 소매점의 다양한 수요에 더 잘 대응할 수 있다. 하지만 이 옵션은 매출원가의 일부 항목 증가도 초래한다. 연간 운송비(공급업체에서 창고로, 창고에서 고객으로의 물류 포함)는 955,000달러 증가하며, 연간 자재비 및 인건비는 각각 6% 상승할 것으로 예상된다. 총자산은 기존 30,170,000달러에서 43,551,000달러로 증가하게 되며, 이는 재고 투자액(7,200,000달러), 매출채권, 토지 및 설비 투자 변화를 반영한 수치다.

유통 시스템 간소화

물류 부문 부사장인 마리안나 잭슨(Marianna Jackson)은 다음과 같이 의견을 제시했다. "우리는 경쟁업체들이 사라지면서 생긴 공백을 보다 비용 효율적인 유통 시스템을 통해 활용할 기회가 있다고 봅니다. 새로운 시설은 필요하지 않으며, 미드웨스트 지역 고객을 현재 수준에서 그대로 서비스할 수 있습니다. 그러나 지금 우리에게 필요한 것은 효율적인 유통 시스템입니다. 현재 우리는 판매되지 않고 묶여 있는 재고가 상당량 있으며, 이는 비효율적인 재고 관리 시스템 때문입니다." 그녀는 재고 관리 부서와 긴밀히 협력해 필요한 재고는 유지하고 불필요한 재고는 제거하는 것을 최우선 과제로 설정하고 있다고 설명했다. 이렇게 회수된 창고 공간에는 자동화된 창고 설비를 들여 효율성을 높일 수 있다는 것이다. 마리안나는 이어서 이야기했다. "우리가 하는 모든 일과 쓰는 모든 비용은 고객에게 영향을 미치기 때문에, 가격 경쟁력 유지가 필수입니다. 우리는 물류가 아니라 고객의 핵심 역량에 투자할 수 있도록 돕는 것이 목표입니다. 이 방법은 제품 다양성이나 배송 속도 향상에는 큰 도움이 되지 않지만, 납기 준수율을 높이고 소매업체의 주문 변경에도 유연하게 대응할 수 있는 장점이 있습니다."

마리안나가 제안한 대안은 첨단 자동화 시스템, 고급 자재 취급 장비, 전용 정보 기술이 통합된 통합물류센터를 구축하는 것이다. 이 시스템은 실시간 주문 처리, 물류계획 및 일정 수립, 사후 서비스까지 지원할 수 있다. 예를 들어 몰린 본사의 콜센터로 접수된 주문은 물류센터로 전달되며, 차량 가용성에 따라 배송 일정이 잡히고, 고객에게 예상 도착 시점이 통보된다. 주문은 배송지별로 그룹화되어 트럭 적재율을 극대화하고, 이후 고객 배송으로 연결된다. 시스템은 정확한 납기 이행을 가능하게 하며, 자동 창고 입출고 시스템(AS/RS)도 포함된다. 이 시스템은 고객의 주문을 자동으로 선택해, 해당 지역으로 향하는 트럭에 선적할 수 있도록 도킹 구역으로 이동시킨다. 이 프로젝트의 설비 투자금은 총 700만 달러이며, 10년에 걸쳐 감가상각된다. 연간 운영비용(교육 포함)은 50만 달러가 소요되며, 이는 모두 BDI의 고정 비용으로 간주된다. 하지만 이 시스템은 상당한 비용 절감 효과를 가져온다. 마리안나는 배송비와 인건비를 각각 16% 절감할 수 있을 것으로 예상했다. 총자산은 30,170,000달러에서 35,932,000달러로 증가하게 되며, 이는 매출채권 및 설비 투자 증가분을 반영한 것이다. 또한, 안전재고에 대한 필요가 줄어 집계 재고는 4,500,000달러 수준으로 낮아진다. 이 시스템은 10년 대출, 이자율 10% 조건으로 자금 조달이 가능하며, 10년 후 벌룬 상환 방식으로 상환된다. 비용 절감의 주요 원천은 콜센터의 효율적인 주문 처리, 보다 나은 출고 계획 및 스케줄링, 창고 및 고객과의 커뮤니케이션 향상을 통한 공급사슬 내 운송 비용 절감이다. 또한 인력 감축으로 인한 추가적 인건비 절감도 가능하다. 마리안나는 이 옵션으로 기존 고객 서비스를 유지하면서, 보다 효율적인 운영 구조로 전환이 가능하다고 판단하고 있다.

의사결정

알렉스는 두 가지 제안을 두고 깊은 고민에 빠졌다. 브래들리의 방안은 고객 수 확대와 매출 증대를 가져올 수 있는 반면, 막대한 초기 자금이 필요했다. 반면 마리안나의 방안은 현재 고객 기반을 보다 효율적으로 유지하고 운영비를 대폭 절감할 수 있지만, 신규 고객 확보에는 제약이 있었다. 알렉스는 자금 상황상 두 가지 옵션을 동시에 추진할 수 없다는 사실을 분명히 인식하고 있었고, 투자 평가 시 자본비용으로 12% 할인율을 적용하고 있었다. 두 방안이 운영성과 및 재무성과에 어떤 영향을 미칠지 투자자들의 시각으로 판단해야 한다. 이 두 가지 공급사슬 설계 전략 중 BDI에 더 나은 선택은 무엇일까?

비디오 사례 클리블랜드 클리닉의 공급사슬 통합

오하이오주 클리블랜드에 본사를 둔 비영리 종합의료센터인 클리블랜드 클리닉은 전 세계에 걸쳐 광대한 운영 기반을 가지고 있다. 클리블랜드 클리닉은 연간 약 110억 달러 규모의 운영 예산을 바탕으로 임상 및 병원 진료를 학문적·교육적 우수성과 통합하는 것을 사명으로 하고 있다. 클리블랜드 클리닉은 매년 전 세계에서 980만 건 이상의 환자 방문(240만 명의 환자)을 처리한다. 오하이오뿐만 아니라 플로리다, 네바다, 토론토, 아부다비, 런던에 위치한 18개 병원과 220개 이상의 외래 진료 시설을 갖춘 이 병원 시스템은 숙련된 리더십과 모든 위치에서 일상적인 운영에 유연하고 반응적이며 통합된 글로벌 공급사슬 조직에 의존한다.

코로나19 팬데믹 이전

현재의 공급사슬 조직은 높은 수준으로 통합되어 있지만, 원래부터 그랬던 것은 아니다. 최근까지도 공급사슬 운영을 지원하던 각 부서는 조직의 확대에 맞춰 유기적으로 발전했으며, 각 시설 내의 공급사슬 요구에 대응하기 위해 기능별로 '사일로(silo, 분절)' 형태로 운영되었다. 각 부서마다 고유의 책임, 인센티브, 성과지표를 갖고 있고, 이들은 자신의 운영에만 초점을 맞췄다. 예를 들어 구매 부서는 일정 응답시간 내에 도착한 주문 건수를 추적하고, 소싱팀은 구매비용 절감에 중점을 두는 식이다. 이 때문에 소싱팀이 비용을 낮추기 위해 신규 공급업체에서 저렴한 물품을 조달할 경우, 도리어 구매 부서에서 발주 소요 시간이 늘어나 전체 응답시간이 증가하는 문제로 이어질 수 있었다. 재고 품목을 다른 것으로 바꾸기로 결정되면, 관련 부서들은 새 품목을 주문하기 전에 기존 품목 재고를 모두 소진하라는 통지를 받았다. 그 후 새 대체 품목을 사용하는 모든 부서에 교체품이 적용되어야 했고, 각 부서의 정보 시스템도 새 품목 데이터와 라벨 정보를 반영해 업데이트되어야 물류 담당자가 보충 관리를 위해 품목을 올바르게 추적할 수 있었다. 병원 곳곳에 수백 개의 재고 보관 장소가 분산되어 있었기 때문에 이런 일이 발생할 때마다 실수가 잦았다.

이러한 사일로식 인센티브는 '환자가 우선'이라는 전략적 목표와 어긋나는 방향으로 작용하는 경우가 많았지만, 워낙 깊이 뿌리내린 문화였기 때문에 직원들은 자기 부서의 목표만이 전체 조직을 위한 것이라고 믿으며 기존 방식을 고수했다. 조직 전체의 최선의 이익을 보장하기 위해 협업하기보다는, 업무와 책임을 하류 영향 고려 없이 단순 이관했다. 또한 각 부서는 공급 관련 정보를 자체적으로 관리했고, 부서 외부와 공유할 인센티브가 적었다. 공급 관련 기존 데이터와 정보는 운영 전반에서 일상적으로 이용 가능하지 않아 조직의 정보 시스템을 공급사슬 관리에 활용하기 어렵게 만들었다. 공급사슬 관리 및 환자 서비스 지원 조직은 다음 10개 그룹으로 구성되어 있었다.

- 최고 경영진 리더십: 전략 기획 및 방향 제시
- 행정: 시스템 지원, 정책, 프로그램 관리를 포함한 모든 팀에 대한 전반적인 지원 제공
- 글로벌 비즈니스 혁신: 클리블랜드 클리닉은 공급사슬, 의사결정 지원 서비스, 기업 회계, IT를 지원하는 전사적 자원 관리(ERP) 소프트웨어 플랫폼에 투자했다. 목적은 시장 성장에 맞춰 확장 가능한 미래의 효율적이고 민첩한 운영 모델을 만드는 것이다.
- 데이터 분석: 주요 성과지표 분석, 정보 관리(Lawson 시스템)
- 사업 개발: IPO 성장 및 신규 사업 기회 지원
- 자재 관리: 제품의 배송, 재고 관리, 운송 지원
- 구매: 주문 처리 촉진 및 거래 지원 제공
- 소싱: 임상 및 비임상 공급 계약 협상
- 지원 서비스: 환자 및 보호자 대상 세계적 수준의 서비스 제공
- 프로젝트 관리 사무소: 인수합병, 신규 건설, 사업 개발 관장

각 그룹은 고위 책임자인 선임 이사가 이끌었으며, 본질적으로 자체 목표 및 인센티브 체계를 가진 독립적인 단위로 운영되었다.

코로나19 발발 이후

코로나19 바이러스가 클리블랜드 클리닉의 공급사슬 관리에 미친 영향은 조직 전반의 효율성, 소통, 자재 흐름, 정보 공유를 강화하기 위한 재조직, 즉 내부·외부 공급사슬 통합 필요성을 강조했다. 2020년 5월, 공급사슬 및 지원 서비스 최고책임자인 심릿 산두(Simrit Sandhu)와 주요 관리자들은 대담한 조치를 취했는데, 모든 공급사슬 그룹이 클리블랜드 클리닉의 '환자 우선' 전략 이니셔티브와 연계된 동일 지표 및 서비스 목표에 집중하도록 새로운 교차기능팀을 신설했다. 이 팀은 현재 공급사슬 관리 및 환자 서비스 지원(SCM PSS) 조직 내 비즈니스 연속성 리더십팀(Business Continuity Leadership Team)이라 한다. 이 팀은 글로벌 비즈니스 혁신, 데이터 분석, 재고 관리 혁신, 프로젝트 관리 사무소를 최고 공급사슬 및 지원 서비스 책임자 산하에 통합했다. 각 부서는 더 이상 개별 목표·인센티브만 따르는 것이 아니라 하나의 공동 목표하에 움직이게 된 것이다. 또 개편 과정에서 환자 안전과 품질을 보장하기 위해 의료진, 영양사, 환자 경험 관리 매니저 등 임상 파트너들을 직접 참여시켜 품질과 환자 안전 고려사항이 '추정'이 아닌 '포함'되도록 했다. 이는 더 나은 소싱 및 자재 활용과 연계된 비용 절감으로 이어졌다. 새롭게 통합된 비즈니스 연속성 리더십팀은 이제 30명 이상의 직원으로 구성되어, 수직적 사일로에 머무르지 않고 운영 전반에 걸쳐 각자 수평적으로 여러 부서에 걸친 역할과 책임을 갖는다.

- 최고 경영진 리더십: 전략 기획 및 방향 제시
- 행정: 시스템 지원, 정책, 프로그램 관리를 포함한 모든 팀에 대한 전반적인 지원 제공
- 비즈니스 연속성: 비상대응 리더십
  - 글로벌 비즈니스 혁신: ERP 플랫폼 관리, 공급사슬 및 의사결정 지원, 회계·IT 운영 등
  - 프로젝트 관리 사무소(PMO): 병원 통합, 신규 건설, 사업 개발 이니셔티브 감독
  - 데이터 관리: 정보 무결성 유지 책임
  - 재고 관리 혁신: 클리블랜드 클리닉 전사 공급 관리용 통제 시스템 구현 지원
- 사업 개발: IPO 성장 및 신규 사업 기회 지원
- 데이터 분석: 핵심 지표에 대한 분석을 제공하고 ERP 시스템에 정보를 유지

- 임상 공급사슬: 임상용품의 소싱, 계약, 운영, 배송, 재고, 운송 운영 포함 등 전 과정 책임(의료용 및 환자용 면직물 관리와 세탁에 관한 운영 전반 포함)
- 비임상 소싱: 비임상 IT 공급 및 서비스 계약 협상
- 지원 서비스(PSS): 환자 지원 서비스, 식음료 서비스, 고객 지원 서비스(서비스 익스프레스 콜센터 및 구매 포함)

이제는 비즈니스 연속성 리더십팀 아래 모든 부서가 전략적으로 정렬되어 있다. 효율적인 정보 공유를 위해 데이터 분석팀은 공급사슬 전체의 중앙 '마스터 품목 파일'을 유지하고, 핵심성과지표(KPI) 분석과 정보 무결성 유지 업무를 담당한다. 이 새로운 구조는 15개 지역에 걸쳐 자재 관리 시스템이 제대로 실행될 수 있게 지원한다.

이러한 개편을 통해 공급사슬 조직 내 새로운 비즈니스 연속성 리더십팀은 192,000개 이상의 개별 품목(SKU)에 대해 8,240만 달러 규모의 재고에 대한 공급 및 자재 활용 상황을 처음부터 끝까지 파악할 수 있게 되었다. 서비스 유닛으로 수직 통합되면서, 이 팀은 일상적 생산 및 공급 수요에 대해 더 유연하고 민첩한 대응과 가시성, 통제력을 확보했다. 사일로 구조가 사라지면서 더 이상 각 부서가 자기 부서 이익만을 고수하지 않게 되었고, 조직 내 다양한 부문 간 정보 흐름이 자연스러워졌다. 결과적으로 수요 변화에 보다 유연하게 적응할 수 있게 되었고, 공급사슬/환자 지원 조직의 '환자 우선' 진료 및 안전 지원 역량이 크게 향상되었다.

이런 변화는 환자 진료의 질도 실질적으로 높였다. 예를 들어 2020년 코로나19 팬데믹일 때 병원에서는 의료진이 안전거리를 유지하며 환자에 기도삽관을 할 수 있는 신형 삽관 튜브가 시급히 필요했는데, 새 조직은 글로벌 공급 부족 상황에서도 신속하게 이를 조달해 병원 전역에 공급했다. 팀은 공급 파이프라인의 문제, 공급업체 관계, 백오더(backorder) 현황, 생산 불량 등 다양한 과제를 빠르게 파악하고 조율하며 대응했다. 새로 통합된 공급사슬 조직이 기존의 모든 사일로 간 정보 공유를 재편성하고, 공급업체 및 내부 부서와의 주문 상태에 대한 커뮤니케이션을 개선하며, 새로운 공급업체에 대한 정보 및 성과지표를 추가한 덕분에 필요한 곳에 자재를 적절히 공급하는 것이 훨씬 쉬워졌다. 공급사슬 전반에 걸친 이러한 통합으로 공급사슬 관리 및 환자 지원 서비스 조직이 클리블랜드 클리닉의 '환자 우선' 전략 목표를 계속 성공적으로 뒷받침하게 됐다.

비즈니스 연속성 리더십팀의 전략적 재조직을 통해 클리블랜드 클리닉의 공급사슬 활동은 더욱 통합되고 조율되었다. 이곳에서 IT 소싱, 데이터 관리, 프로젝트 관리 부문의 실무진들은 대시보드를 활용해 각자의 업무를 유기적으로 조정하고 있다.

출처: Cleveland Clinic/Don iERDA

문제

1. 클리블랜드 클리닉의 기존 공급사슬 조직과 새 공급사슬 조직의 주요 차이점은 무엇인가? 새로운 조직은 어떻게 더 큰 통합을 촉진하는가?
2. 클리블랜드 클리닉의 '환자 우선' 목표는 환자의 신체적 편안함뿐만 아니라 교육적, 정서적, 영적 요구까지 아우르는 환자 경험의 모든 측면을 다루는 돌봄을 요구한다. 자재 관리, 구매, 소싱 그룹 각각에 대해 '환자 우선' 목표에 부합하는 성과지표 세 가지를 제시하라.
3. 블록체인과 사물인터넷(IoT) 개념이 새 공급사슬 조직을 가진 클리블랜드 클리닉에 어떻게 유용할 수 있는지 설명하라.
4. 클리블랜드 클리닉 공급사슬의 주요 운영 위험 세 가지와 이를 어떻게 완화할 수 있을지 제시하라.

15 물류 관리

출처: Astudio/Shutterstock

스웨덴 국적항공사인 스칸디나비안 에어라인스(SAS)의 에어버스 A320-251N이 스웨덴 스톡홀름 공항에서 이륙하고 있다.

에어버스 SAS

2012년 기준으로 에어버스 SAS[Airbus SAS, 에어버스 그룹(Airbus Group SE)의 항공기 사업부]는 프랑스 툴루즈, 독일 함부르크, 스페인 세비야, 중국 톈진에 최종 조립 공장을 두고 있었다. 항공우주산업에서 최종 조립 공장의 입지는 중요한 전략적 결정인데, 엔진·동체·조종석·날개·수직 꼬리날개와 같은 주요 부품을 공장까지 운송해야 하고, 완성된 항공기를 다시 고객에게 납품하기에도 용이해야 하기 때문이다. 당시 에어버스는 연료 절약형 A320(단거리와 대륙 간 노선 모두에 활용할 수 있는 다목적 트윈 엔진)을 수백 개 항공사로부터 대량 주문받아 대기 물량(backlog)이 매우 컸다. 전 세계적으로 A320은 1.6초마다 이착륙을 반복할 정도로 널리 운항되고 있었고, 75개 이상의 항공사가 신형 A320을 4,300대 넘게 구매했음에도 불구하고 구형 A320도 1,200대 이상이 추가로 대기 중이었다. 이에 에어버스 SAS는 생산능력을 확대하기로 하고 6억 달러를 투자해 미국 앨라배마주 모바일에 첫 번째 미주 지역 항공기 제조 센터를 건설했다. 이 센터에는 최종 조립라인(FAL), 물류 빌딩, 서비스 빌딩이 총 425,000제곱피트 규모로 들어섰으며, 원래 단일 통로 구조의 A320 시리즈(A318, A319, A320, A321)를 생산하도록 설계된 최종 조립라인은 A220 생산 설비가 완비될 때까지 A220 계열 기종도 임시로 조립할 수 있도록 확장되었다. 최첨단 기술을 갖춘 이 시설은 월 8대 수준(Rate 8)의 항공기를 최종적으로 생산할 수 있도록 설계되었으며, 추가로 350,000제곱피트의 시설 확장과 1,000명의 신규 고용도 계획되었다.

미국, 특히 앨라배마주 모바일이 새로운 최종 조립 센터로 선택된 이유는 무엇일까? 새로운 설비 시설의 위치를 결정하기 위한 세 가지 정도의 고려 사항을 생각해 볼 수 있다. 첫 번째는 미국에서의 에어버스 항공기 판로를 확실하게 구축하기 위해서이다. 예를 들어 에어버스는 향후 20년간 미국 시장에서 4,730대의 단일 통로 항공기가 신규로 필요할 것으로 추산했고, 그중 40%의 점유율을 목표로 했다. 그런데 미국 시장을 공략하는 데 있어 단순히 미국산 부품만 이용하는 수준이 아니라, 대표 기종을 '미국 생산품(Made in America)'으로 공급할 수 있게 된 것이 큰 이점으로 작용하게 된 것이다. 두 번째는 미국 고객사와 지리적으로 가까운 곳에 공장이 위치하면서 공급사슬 측면에서 이점을 확보할 수 있었다. FAL에서 최종 고객사로 완성된 항공기를 운송하는 비용이 낮아지는 것은 물론, 부품·부속품을 공급하는 소규모 항공우주 기업들도 대형 제조 공장 주변으로 함께 입지하는 경향이 있어 물류비 절감 효과가 더욱 커졌다. 예컨대 아일랜드의 항공기 도장 전문 기업 MAAS 에비에이션(MAAS Aviation)은 모바일 공장의 페인트 공정과 연계되어 있으며, 이후 다른 하도급 업체들도 속속 합류할 것으로 기대된다. 세

학습목표

15.1 공급사슬 물류 네트워크에서 입지 선정에 영향을 미치는 요인을 파악한다.

15.2 부하-거리법, 손익분기점 분석, 운송 최적화, GIS를 사용해 입지 선정을 한다.

15.3 창고 위치 선정, 물류센터 자동화, 자동화 공급사슬과 관련된 물류 네트워크 전략을 설명한다.

15.4 지속가능성을 확보하기 위한 기업의 공급사슬 관리 방법론을 설명한다.

15.5 체계적인 입지 선정 프로세스의 도구로 선호도 행렬을 활용해 후보지를 평가한다.

번째는 미국 영토 내에 대규모 민항 항공우주 공장을 갖추는 것은 향후 워싱턴(미국 정부)과의 방위 계약에서 에어버스의 위상을 높여주고, 비행 시험 센터 운영을 통해 NASA(미국항공우주국)와의 항공 연구 협력 가능성도 열어준다.

한편, 미국 내에서 모바일을 최종 조립 센터 입지로 선정하는 데는 추가적인 이점도 작용했다. 먼저, 앨라배마주가 1억 5,800만 달러 규모의 인센티브를 제공했으며, 모바일은 과거 군사기지를 재개발한 모바일 에어로플렉스 앳 브룩클리(Mobile Aeroplex at Brookley)가 위치한 곳이다. 이 지역은 3,048m 길이의 활주로를 갖추고 도심까지 불과 약 6.5km 떨어져 있으며, 대형 심해항인 모바일 항구까지의 거리도 비슷해 함부르크에서 동체를, 프랑스에서 조종석을, 영국에서 날개를, 스페인에서 수직 꼬리날개를 해상운송 후 트럭으로 1시간 이내에 조립라인으로 옮길 수 있다. 다음으로 모바일은 노동조합이 없는 인력시장을 갖추고 있어, 강력한 노동조합이 존재하는 지역에서는 어려운 생산량 조정이나 업무 배분의 탄력적 운영이 가능하다. 현재 이 공장 단지에는 1,000명 이상의 근로자가 근무하고 있으며, 이 중 30%는 항공우주산업 분야에서 숙련된 기술력을 갖춘 미국 참전 군인이다. 앨라배마 인센티브 패키지의 일환으로, 주정부 지원(5,200만 달러)으로 운영되는 현장 교육 시설도 확보해 인력을 효율적으로 양성하고 있다. 마지막으로, 에어버스와 모바일은 과거 에어버스가 미 공군에 에어 탱커를 제안했다가 보잉에 패배한 이력이 있지만, 당시 에어버스가 제조 부지로 고려했던 모바일이 해당 제안서 개발에 참여하면서 그 이후로도 계속해서 긴밀한 협력 관계를 쌓았다. 덕분에 미국 내 입지를 결정해야 할 때 모바일이 최우선 후보지로 떠올랐다. 한 에어버스 임원은 개소식에서 "단순히 저비용 인력만 노렸다면 멕시코에 공장을 지었을 것"이라고 언급하기도 했다.

이 공장은 2015년 7월에 첫 A321 기종 조립을 시작해 2016년 4월 제트블루(JetBlue)에 첫 항공기를 납품했으며, 2023년 5월 8일에는 100번째 A320 패밀리 기종 항공기를 델타항공(Delta Airlines)에 인도하는 기록을 달성했다.[1]

물류 관리
생산 시점부터 고객에 인도 시점까지의 정보를 포함하면서, 제품과 서비스의 저장과 흐름을 효율적이고 효과적으로 계획하고 실행하고 제어하고자 하는 공급사슬 프로세스의 일부분

입지 선정
사업장의 지리적 위치를 결정하는 프로세스

물류센터(DC)
제조업자나 소매업자, 소비자에게 배송할 제품을 저장하는 창고 또는 저장소

에어버스 SAS와 같은 기업들은 공급사슬 네트워크를 하나의 유기적 전체로 바라보며, 단순히 회사 내부와 여러 협력사 간에 이루어지는 서비스·제품 생산 프로세스의 전략적 설계뿐 아니라 공급사슬 물류 측면의 효율성과 역량도 함께 평가한다. **물류 관리**(logistics management)는 공급사슬 프로세스의 일부로서, 고객 요구사항을 충족하기 위해 기원지(origin)에서 소비지(consumption)에 이르기까지 물품, 서비스, 관련 정보의 흐름과 보관을 효율적·효과적으로 기획·실행·통제하는 역할을 담당한다.[2] 그림 15.1은 이러한 분배(배분) 네트워크의 예시를 보여준다. 물류 관리자가 참여하는 다양한 의사결정 중 하나가 바로 **입지 선정**(facility location)인데, 이는 기업 운영을 위해 필요한 제조 공장(manufacturing plant), **물류센터**(distribution center, DC), 고객 서비스 센터(customer service center) 등의 지리적 위치를 결정하는 과정이다. 물류센터(DC)는 제조사, 도매업체, 소매업체, 최종 소비자에게 추후 재

1 출처: https://www.airbus.com/en/newsroom/press-releases/2023-02-airbus-reports-full-year-fy-2022-results; Jerry Underwood, "Milestone: Airbus Launches A220 Production at Alabama Facility," https://www.madeinalabama.com/2019/08/milestone-airbus-launches-a220-production-at-alabama-facility/ (August 5, 2019); Tim Robinson, "Sweet FAL Alabama," Royal Aeronautical Society (September 16, 2015); Austin Weber, "Airbus Assembly Plant Lands in Alabama," Assembly (January 5, 2016); Chris Kjelgaar, "Airbus Has a Sweet Home for U.S. A320 Production," http://www.ainonline.com/aviation-news (February 12, 2016); Alwyn Scott and Tim Hepher, "Aiming for U.S. Market, Airbus Delivers First U.S.-Made Jetliner," http://www.reuters.com/aricle/ us-airbus-usa-idSKCN0XM1SO (April 26, 2016); Lawrence Specker, "Mobile's Airbus Plant Delivers 10th U.S.-Built Jetliner," http:/www.al.com (September 19, 2016); Keith Lane, "Airbus Celebrates 100th US-Produced Airbus 320 Family Aircraft for Delta Airlines," https://mynbc15.com/news/local/airbus-celebrates-100th-us-produced-airbus-a320 Family-aircraft-for-delta-air-lines (May 8, 2023); Jerry Underwood, "Airbus Alabama Expansion Project Adding 1000 Jobs in Mobile," https://www.madeinalabama.com/2022/05/airbus-alabama-expansion-project-adding-1000-jobs-in-mobile (May 9, 2022).

2 Eduardo Calixto, *Gas and Oil Reliability Engineering*. Elsevier, Amsterdam (2016).

분배하기 위해 물품을 보관하는 창고 또는 재고 집적 거점을 의미한다.

제조 공장이 공급업체 및 물류센터와 어떠한 상대적 위치에 배치되는지, 그리고 물류센터의 개수와 그 위치가 공장·소매업체·고객과 어떻게 이어지는지는 매우 중요한 문제다. 이와 더불어 철도·선박·항공·트럭 등 어떤 운송수단을 사용할지 결정하는 것 또한 자재 흐름의 효율성과 지속가능성을 좌우하는 핵심 요소가 된다. 따라서 시설의 입지 선택은 기업 공급사슬의 전략적 설계에 커다란 영향을 미친다. 예를 들어 이는 공급업체 관계 관리 프로세스에도 변화를 가져올 수 있다. 확장되는 글로벌 경제는 기업들이 전 세계적으로 더 많은 공급업체를 발굴할 기회를 제공하며, 이들 중 일부는 더 낮은 투입비용 또는 우수한 품질의 서비스·제품을 제공할 수 있다. 그럼에도 불구하고 제조 시설을 해외로 이전(offshoring)할 경우, 공급업체와의 거리가 멀어지면서 운송비용이 증가하고 협업이 어려워질 수 있다. 한편, 고객 관계 관리 프로세스도 기업의 입지 결정에 영향을 받는다. 예를 들어 치과처럼 고객이 물리적으로 방문해야 하는 상황이라면, 서비스 제공자와 충분한 고객 수요가 있는 지역 간의 거리가 너무 멀 경우 해당 입지는 적절하지 않을 것이다. 반면에 고객 접촉이 좀 더 수동적이고 비대면적이거나 사람 대신 정보 또는 자재가 처리되는 경우(예: 챗봇으로 운영되는 AT&T의 콜센터)에는 입지 문제가 상대적으로 덜 중요할 수 있다. 물론 정보기술과 인터넷을 활용하면 기업 입지에서 발생하는 단점을 일부 상쇄할 수도 있다. 그러나 한 가지 분명한 사실은, 기업 시설의 위치가 운영비, 서비스·제품 가격, 시장 경쟁력, 그리고 새로운 고객층 발굴 능력 등에 있어 막대한 영향을 미친다는 점이다.

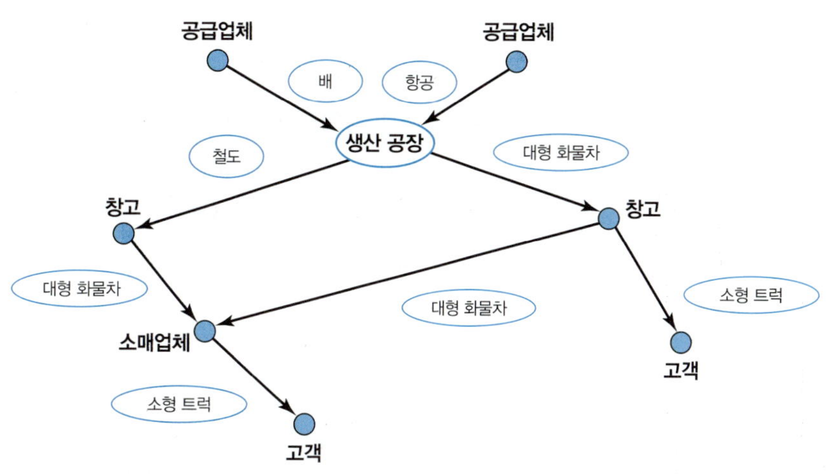

그림 15.1 물류 네트워크

입지 선정은 조직 전반의 프로세스와 부서에 영향을 미친다. 새로운 시설을 어디에 배치할지 결정할 때, 마케팅 부서는 해당 위치가 고객들에게 얼마나 매력적일지, 그리고 새로운 시장 개척에 도움이 될지 면밀히 검토해야 한다. 또한 기업의 인사(HR) 부서에도 큰 파급효과가 있을 수 있는데, 조직 전체 혹은 일부가 이전하게 되면 근로자들의 인식에 영향을 미치고, 부서 간 협업 역량에 변화를 가져올 수 있기 때문이다. 나아가 인력 채용 및 교육 수요에도 영향을 준다. 뿐만 아니라 새로운 시설을 짓거나 기존 시설을 이전하는 데는 상당한 비용이 든다. 때문에 조직의 회계·재무 부서 역시 이 결정을 신중하게 평가해야 한다. 예를 들어 에어버스가 앨라배마주에 최종 조립라인 단지를 구축할 당시, 앨라배마주의 경제 환경, 공급업체·고객과의 거리, 주 의회(legislators)가 제공한 재정 인센티브 등이 새 공장에서 기대되는 재무적 이익에 중요한 역할을 했다. 마지막으로, 운영 부서와 물류 부서 또한 입지 선정에 직결되는 이해관계를 가지고 있는데, 선택된 입지는 현재와 미래의 고객 수요를 효율적이고 안정적으로 충족하면서도 주변 지역의 환경과 문화를 존중해야 하기 때문이다. 맥도날드, 스타벅스, 포드, 토요타, 월마트처럼 국제적인 운영을 하는 기업들은 해외에서 시설과 인력을 구축·관리

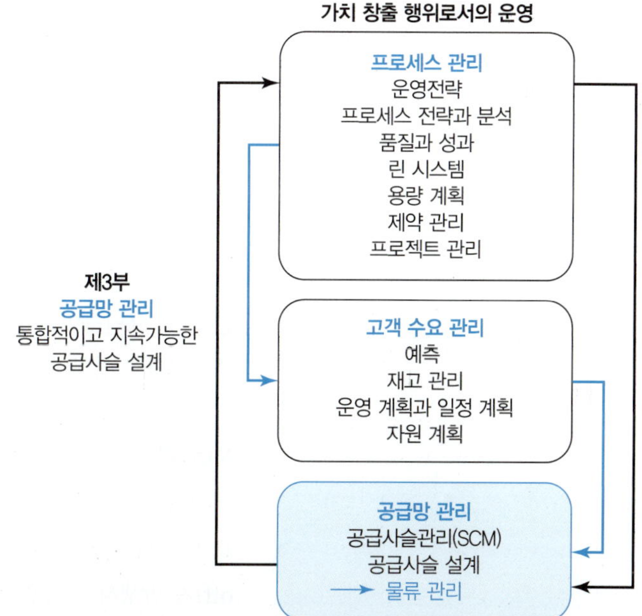

하는 일이 매우 시간과 노력이 많이 드는 까다로운 과제임에도 기업의 성장 전략 측면에서 이를 추진해야 할 필요가 있다.

이 장에서는 기업 전략과 공급사슬 설계에서 입지 결정이 가지는 전략적 중요성을 인식한 뒤, 먼저 입지 선택에 영향을 미치는 정성적(qualitative) 요인들과 그 요인들이 조직 전체에 미치는 함의, 그리고 일부 윤리적 고려사항을 살펴본다. 이후에는 지리정보시스템(GIS)을 활용해 시장 세분화(시장 부문을 식별하고, 각 부문을 효율적으로 지원함으로써 기업의 입지 결정에 어떻게 재무적 이익을 가져올 수 있는지)를 검토하는 등 입지 결정을 지원하는 정량적(quantitative) 방법을 다룰 것이다. 다음으로, 재고 배치와 인공지능(AI)·자동화를 접목한 물류센터(DC) 운영 방안을 포함한 물류센터 전략을 살펴본다. 이어서 역물류(reverse logistics), 운송 수단 선택, 운송 거리 단축, 운송 화물 밀도(freight density) 증대를 통한 운송 물량 축소 등으로 공급사슬 내 자재 흐름을 지속가능하게 만드는 방법을 논의한다. 마지막으로 정량적 요인과 정성적 요인을 함께 고려하는 체계적인 입지 결정 프로세스를 정리하며 마무리할 것이다.

입지 선정 시 고려 요인

15.1 공급사슬 물류 네트워크에서 입지 선정에 영향을 미치는 요인을 파악한다.

서비스 기업과 제조 기업의 경영자는 특정 입지의 적합성을 평가할 때 고객 및 공급자와의 거리, 인건비, 운송비 등 다양한 요인을 신중히 고려해야 한다. 일반적으로 다음의 두 가지 조건 중 하나라도 충족하지 못하는 요인은 고려 대상에서 제외할 수 있다.

1. **해당 요인이 입지에 따라 확실하게 차이가 있어야 한다.** 다시 말해 입지 결정에 유의미한 차이가 존재하지 않아서 영향을 주지 않는 요인은 고려할 필요가 없다는 뜻이다. 예를 들어 모든 입지 후보지의 지역사회 분위기가 대체로 긍정적이라면, 지역사회 태도는 입지 결정 요인으로 간주할 필요가 없다는 것이다.
2. **해당 요인이 기업의 목표 달성에 확실한 영향을 미쳐야 한다.** 예를 들어 공급사슬 내의 새로운 시설 후보지가 공급자와의 거리가 서로 다르더라도, 공급자로부터의 배송이 익일 배송으로 가능하고 주문이 온라인으로 자동 처리된다면, 거리 차이는 기업의 목표 달성에 큰 영향을 미치지 않는다. 따라서 이 경우 거리 역시 고려 대상이 아니다.

경영자는 입지 결정에 영향을 미치는 요인을 주요 요인(dominant factor)과 부수적 요인(secondary factor)으로 나눌 수 있다. 주요 요인은 경쟁 우선순위(원가, 품질, 시간, 유연성)에서 파생되며 매출이나 비용에 특히 강한 영향을 미친다. 예를 들어 미국 앨라배마주 모바일에 에어버스 공장을 설립하기로 한 결정에는 우호적인 노동여건, 기존 인프라, 금전적 인센티브 같은 주요 요인들이 중요한 영향을 미쳤다. 부수적 요인 역시 중요할 수 있지만, 다른 요인이 더 중요하다면 경영진은 일부 부수적 요인을 간과하거나 중요하게 여기지 않을 수 있다.

제조업체 입지 결정의 주요 요인

에어버스 SAS를 비롯한 제조업체들이 새로운 제조공장이나 물류센터의 입지를 선정할 때는 주로 다음의 일곱 가지 요인을 고려한다. 입지를 결정할 때는 이 요인들 사이에 상충관계(trade-off)가 발생하는 경우가 흔하다. 예컨대 어떤 후보지의 노동비용이 다소 높더라도 물류 여건이나 세금, 고객과의 근접성 등 다른 요인들이 우수하다면 전체적으로 유리한 선택이 될 수 있다. 특히 국제 공급사슬을 구축하거나 공장, 물류센터, 소프트웨어 설계 스튜디오 등의 입지를 결정할 때는 제품의 설계부터 개발, 생산, 시장으로의 유통까지 발생하는 총비용을 절감하는 것이 매우 중요하다.

우호적인 노동여건

우호적인 노동여건은 섬유, 가구, 가전제품처럼 노동집약적인 산업의 기업들에 가장 중요한 입지 선정 요인 중 하나일 수 있다. 노동여건은 임금 수준, 필요 교육 수준, 업무에 대한 근로자의 태도, 노동생산성, 노조의 영향력 등에 의해 결정된다. 특히 많은 경영진은 노조의 힘이 약하거나 노조 조직화 가능성이 낮은 것을 명백한 이점으로 간주한다. 또한 노동여건이 우호적이라는 것은 이미 현장에 있는 기존 근로자뿐 아니라 새로 설립될 시설로 이전하거나 새롭게 채용될 예정인 직원들에게도 매력적이어야 한다는 것을 뜻한다. 2009년 보잉(Boeing)은 드림라이너(Dreamliner) 항공기 조립라인을 사우스캐롤라이나주 찰스턴에 설치하기로 했는데, 이 결정에는 찰스턴 지역의 우호적인 노동여건과 인근에 이미 다른 보잉 시설 및 협력업체들이 존재한다는 점이 크게 작용했다. 당시 결정은 매우 신중하고 세심하게 이루어졌는데, 상업용 대형 여객기의 조립이 가능한 장소는 전 세계에 워싱턴주 에버렛, 사우스캐롤라이나주 찰스턴, 프랑스 툴루즈(에어버스 공장 소재지) 세 곳뿐이었기 때문이다. 약 110,000m^2 규모의 찰스턴 공장은 워싱턴주 노동조합이 제기한 소송이 있었음에도 불구하고 2011년 6월 공식적으로 준공되었다. 보잉은 이후 두 시설 모두에서 드림라이너 항공기의 조립 작업을 계속 진행했으며, 2016년 찰스턴에는 추가로 23,700m^2 규모의 도장 시설을 건립했다. 2020년 현재 사우스캐롤라이나주 찰스턴 공장의 직원 수는 6,900명에 이른다.

시장 근접성

서비스 및 제품에 대한 수요가 가장 큰 지역이 어디인지 파악한 후, 경영진은 해당 수요를 충족시킬 수 있는 시설의 입지를 선정해야 한다. 해외 시장 근처에 생산시설을 배치하는 것이 자국에서 제품을 제조한 후 운송하는 방식보다 비용 면에서 더 유리한 경우가 많다. 특히 완제품이 부피가 크거나 무거워서 최종 제품의 운송비가 높은 경우, 시장과 가까운 곳에 입지를 선정하는 것이 중요하다. 예컨대 플라스틱 파이프나 중금속 제품과 같은 제조업체들은 시장과의 근접성을 필수적으로 요구한다.

환경에 미치는 영향

지속가능성에 대한 관심이 증가함에 따라 기업들은 입지 선정이 환경에 미치는 영향을 고려하고 있다. 새로운 시설 및 공급사슬 내 관련 시설들이 배출하는 탄소발자국을 최소화하는 것은 물론, 전반적인 에너지 비용을 절감하는 것도 함께 고려해야 한다. 이러한 환경 관련 이슈들은 이후 이 장에서 보다 자세히 다룰 예정이다.

삶의 질

좋은 학교, 여가 시설, 문화 행사, 매력적인 라이프스타일 등은 **삶의 질**(quality of life)에 기여하는 요소다. 이 요소는 입지 선정 시 중요한 차별점이 될 수 있다. 도시와 농촌 간 인구 이동은 시간이 흐르면서 반복되는데, 이는 생활비, 범죄율, 사회적 교류의 기회, 의료 서비스의 질과 같은 요인들이 영향을 미치기 때문이다.

삶의 질
좋은 학교, 여가 시설, 문화 행사, 매력적인 라이프스타일 등을 고려하는 요인

출처: Christina Mendenhall/Bloomberg/Getty Images

이케아는 탄소발자국을 줄이기 위해 2019년 28억 달러의 비용을 들여 100만 장 이상의 태양광 패널을 각 매장과 창고에 설치하였다. 사진은 태양광 패널을 가장 효과적으로 활용할 수 있는 플로리다주 마이애미에 들어설 새로운 매장의 천장 작업을 보여준다.

공급자 및 자원과의 근접성

부피가 크거나, 쉽게 부패하거나, 무거운 원자재를 사용하는 기업들은 공급자나 자원과의 근접성을 중요하게 생각한다. 이 경우 원자재 운송비가 주요 요인으로 작용해 공급자 근처에 시설을 두는 경향이 있다. 예를 들어 제지공장을 숲 근처에 위치시키는 것이 현실적이다. 공급자 근처에 시설을 위치시키면 재고를 낮은 수준으로 유지할 수 있다는 추가적인 이점도 있다(14장 '공급사슬 설계'와 이 장의 '재고 배치' 절을 참조하라).

모기업 시설과의 근접성

많은 기업에서 한 공장이 다른 시설에 부품을 공급하거나, 다른 시설로부터 관리와 직원 지원을 받는다. 이러한 연결 관계는 빈번한 의사소통과 협력이 필요하며, 거리가 멀어질수록 그 효율성이 떨어질 수 있다.

공공요금, 세금 및 부동산 비용

전화, 전력, 수도 등 공공요금, 지역 및 주 정부의 세금, 금융 인센티브, 이전 비용, 부동산 비용 등도 입지 결정의 주요 요소다. 예컨대 앨라배마주의 다임러(Daimler) M시리즈 차량 제조 공장, 앨라배마주의 에어버스 공장, 켄터키주 조지타운의 토요타 공장 등은 모두 지방정부가 제공한 인센티브 덕분에 매력적인 입지가 되었다.

기타 요인

이외에도 확장 가능성, 건축 비용, 다양한 교통수단 접근성, 시설 간 인력과 자재 이동 비용, 보험료, 타 기업과의 인력 경쟁, 지역 조례(환경 및 소음 규제 등), 지역사회 분위기 등 여러 부수적 요인이 고려될 수 있다. 국제적 운영을 하는 기업들은 현지의 뛰어난 인프라, 교육받고 숙련된 현지 직원도 필요로 한다. 최근 많은 기업이 인건비가 낮지만 교육 수준이 낮은 국가에서 대규모 집중 생산시설을 운영하는 것이 지속가능하지 않다고 결론짓고 있다. 대신, 고객이 있는 국가에 소규모의 유연한 시설을 두는 것이 관세, 할당제 등 무역장벽이나 환율 변동 위험을 줄일 수 있는 효과적인 대안이 될 수 있다.

서비스 산업 입지 결정의 주요 요인

제조업체에 중요한 입지 선정 요인들은 고객 접촉이 적은 서비스업체에도 적용된다. 하지만 고객과의 접촉 빈도가 높은 서비스업체의 경우, 입지가 매출과 고객만족도에 미치는 영향이 매우 중요하게 된다.

고객과의 근접성

서비스 산업에서는 고객이 기업과 얼마나 편리하게 거래할 수 있는지를 좌우하는 입지가 핵심적이다. 예를 들어 다른 세탁소나 슈퍼마켓이 더 가까운 곳에 있다면, 먼 곳에 있는 업체는 고객의 선택을 받기 어렵다. 따라서 입지가 서비스업체의 매출에 미치는 영향은 지배적이다. 단순히 고객과의 근접성만 중요한 것이 아니라, 업체의 목표 시장과 서비스 제공 범위에 적합한 고객과의 근접성이 핵심이다.

운송비용과 시장 근접성

창고 운영이나 배송 분야에서는 운송비용과 시장 근접성이 매우 중요하다. 창고가 고객과 가까이 있으면 제품을 고객 가까이에 보관해 배송 시간을 줄이고 매출을 증대할 수 있다. 아마존(Amazon)은 다양한 제품의 신속한 배송을 위해 이러한 전략을 활용하고 있다.

출처: Hanohiki/Shutterstock

경쟁업체가 모여 있는 지역과 해당 지역에서의 판매 촉진 활동의 수준이 입지 선정에서 핵심 고려사항이 될 수 있다. 사진은 암스테르담 시티 센터의 패스트푸드 레스토랑들이 밀집해 있는 거리를 고객들이 걷고 있는 모습이다. 이는 임계량 전략의 전형적인 형태이다.

경쟁업체의 위치

다양한 지역의 매출 잠재력을 평가할 때 경쟁업체의 영향력도 중요한 요소다. 기업의 경영진은 경쟁업체들의 현재 위치뿐 아니라 자사의 새로운 입지 결정에 대한 경쟁사의 반응도 예측해야 한다. 일반적으로 경쟁업체가 이미 확고히 자리 잡은 지역은 피하는 것이 유리하다. 하지만 신차 전시장이나 패스트푸드 체인과 같은 일부 산업에서는 경쟁업체와 가까이 위치하는 것이 오히려 장점이 될 수 있다. 이러한 전략은 다수의 경쟁업체가 한 곳에 집중되어 있을 때, 분산된 위치에 있는 것보다 더 많은 고객을 끌어들이는 **임계량**(critical mass)을 이용하는 것이다. 일부 기업은 이러한 효과를 인지하고 입지 선정 시 선도 기업을 따라가는 전략을 활용하기도 한다.

임계량
한 곳에 여러 경쟁자가 모여 있음(cluster)으로써 이들이 분산되어 있을 경우 고객 수의 합보다 더 많은 고객을 유인할 수 있는 상황

부지 특유의 요인

소매업체들은 소매활동의 수준, 주거 밀도, 교통 흐름, 가시성 등을 고려해야 한다. 사람들은 충동적으로 쇼핑에 나서거나 외식을 하는 경향이 있기 때문에 지역의 소매활동 수준은 중요한 요인이다. 교통 흐름과 가시성은 고객들이 자가용을 이용하는 경우 중요한 요인이 된다. 이를 고려하기 위해서는 교통 정체, 교통량, 시간대별 차량 흐름, 신호등, 교차로, 중앙분리대 등을 검토해야 한다. 가시성은 도로에서의 거리와 인근 건물이나 안내판의 크기에 따라 달라진다. 주거 밀도가 높다면 이들 인구가 경쟁 우선순위 및 목표 시장과 어울리는 경우 야간과 주말의 매상이 늘어난다.

윤리적 고려사항

시설 위치 선정과 같은 중대한 결정은 윤리적 문제도 반드시 고려해야 한다. 신규 시설의 건설과 운영은 서식지 파괴 및 대기·수질·소음 공해 증가를 통해 생태계를 교란함으로써 자연환경에 영향을 줄 수 있다. 에너지 효율성 역시 고려 대상이다. 이러한 문제는 다음과 같은 윤리적 딜레마를 낳는다. 전통적인 건설 및 물류 비용을 기반으로 한 입지 선정을, 비용 증가가 예상되더라도 보다 환경적으로 책임 있는 곳으로 변경해야 하는가 하는 문제이다. 자연 서식지의 교란을 피하거나 현지 조례에 따라 소음 완화 및 대기오염 저감 기술을 도입하는 것은 창업비용과 운영비용 모두를 증가시킬 수 있다. 즉 재정적 책임과 환경적 책임 사이의 균형 잡기가 요구되는 것이다. 일부 환경 규제를 피하기 위해 시설을 선진국이 아닌 개발도상국에 설치하는 것이 비용 측면에서 유리할 수 있으나, 이것이 과연 윤리적인가 하는 문제가 항상 존재하는 것이다. 그러나 한편으로는 비용을 최소화하는 입지를 선택하는 것이 자재 및 인력의 이동 거리를 줄이고 운영비용을 낮추며 에너지 효율을 향상함으로써 환경적 이익을 제공할 수도 있다.

입지 선정 방법

15.2 부하-거리법, 손익분기점 분석, 운송 최적화, GIS를 사용해 입지 선정을 한다.

지금까지 입지 선정의 주요 추세와 요인을 파악했으므로 정량적 요인에 따라 시설의 입지를 선정할 때 유용한 네 가지 방법을 알아본다. 이 방법들은 부하-거리법, 손익분기점 분석, 수송계획법, 지리정보시스템(GIS)이다.

부하-거리법

부하-거리법
근접성 요인을 분석하기 위한 수학적 모델

입지 선정 분석을 할 때는 매력적인 후보지를 선정하고 정량적 요인을 기준으로 비교해야 한다. 이 단계에서 유용한 방법 중 하나가 **부하-거리법**(load-distance method)이다. 여러 입지 요인은 거리와 직접적으로 관련되는데, 시장과의 근접성, 목표 고객과의 평균 거리, 공급업체 및 자원과의 근접성, 다른 회사 시설과의 근접성 등이 그 예다. 부하-거리법은 근접성 요인을 기반으로 입지를 평가하는 수학적 모델이다. 이 접근법은 입지를 정해야 할 시설이 단 하나뿐이며, 이 시설이 미리 정해진 노드(고객 또는 공급업체)를 서비스해야 하고, 네트워크 내 다른 시설들과 독립적이라고 가정한다. 목표는 각 노드로부터 시설까지 운송될 하중(화물, 고객, 직원 등)에 이동 거리를 곱한 값의 합을 최소화하는 입지를 선정하는 것이다. 적용 대상에 따라 부하(load)는 공급업체에서 공장으로, 혹은 공장에서 고객으로 운송되는 자재의 무게(톤수), 기존 시설과 새로운 시설 간의 이동 횟수, 일정 기간 동안 시설과 고객 또는 직원 간 이동하는 사람 수 등으로 정의될 수 있다. 필요에 따라 거리 대신 시간을 사용할 수도 있다.

부하-거리 점수 계산

새로이 입지 선정을 하고자 하는 기업은 특히 대량의 부하가 해당 시설로부터 이동하는 거리를 최소화하는 입지를 선정하려고 한다. 일반적으로 부하-거리(load-distance, *ld*) 점수를 최소화하는 것이 목표이며, 큰 하중일수록 이동 거리가 짧아지도록 하는 입지를 선택한다.

무게중심점
부하-거리법을 사용해 목표지역의 입지를 평가하기에 좋은 시작점

한 입지 후보지와 고객 i 사이의 운송량 부하를 l_i로 나타낼 때 총 부하-거리(*ld*) 점수 계산식은 다음과 같다.

$$ld = \sum_i l_i d_i$$

부하 점수는 부하와 거리를 곱한 것의 합계이다. 총부하-거리 점수(*ld*)를 기준으로 입지를 결정하면 고객서비스가 개선되거나 운송비가 줄어든다.

출처: Lynnette Peizer/Alamy Stock Photo

워싱턴주 폭스시에 있는 폭스 커뮤니티 병원(일종의 공립 병원-역주) 모습. 이 병원은 캘럼 카운티의 5개 커뮤니티 병원 중 하나이다. 캘럼 카운티의 인구는 77,155명이며 폭스시의 인구는 3,335명이다. 이 병원들의 위치는 대부분의 시민들이 가장 쉽게 접근할 수 있는 곳에 정했다.

무게중심점

체계적인 입지 검색 프로세스가 있다면 부하-거리 모형으로 입지를 평가하는 것은 비교적 간단하다. **무게중심점**(center of gravity)은 부하-거리법을 사용해 목표 지역의 입지를 평가하기에 좋은 시작점이 된다. 첫째 단계는 입지의 위도와 경도 또는 2차원 그래프상에 각 입지 후보지의 x, y좌표를 결정하는 것이다. 무게중심점의 x좌표는 x^*로 표시하며, 각 점의 x좌표(x_i)를 부하(l_i)와 곱한 후 이를 모두 더한 $\Sigma l_i x_i$를 부하의 합(Σl_i)으로 나눈 것이다. y^*로 표시하는 무게중심점의 y좌표도 같은 방법이다.

$$x^* = \frac{\sum_i l_i x_i}{\sum_i l_i}, \qquad y^* = \frac{\sum_i l_i y_i}{\sum_i l_i}$$

목적은 *ld* 점수를 최소화하는 괜찮은 입지 선정을 찾는 것이다. 입지는 (x, y) 좌표나 (경도, 위도)가 될 수 있다. 실제 상황에서는 무게중심 모델로 정확히 제안된 위치를 선택하는 경우는 드물다. 해당 지점의 토지 가격이 비싸거나 기타 지리적 요인이 부적합할 수 있기 때문이다. 그러나 무게중심 위치는 인근 지역에서 현실적으로 가능한 입지 후보지를 탐색하기 위한 훌륭한 출발점이 된다. 예제 15.1에서는 부하-거리법을 이용해 무게중심을 찾는 방법을 보여준다.

전기회사 납품업체의 무게중심점 찾기

예제 15.1

전기 유틸리티 산업에 부품을 공급하는 한 업체는 발전기, 교체 부품, 유지보수용품을 생산하고 연료도 공급한다. 운송비가 높은 상황에서, 이 업체는 그레이트 레이크(Great Lakes) 지역 남부와 미국 동남부 지역 상단을 서비스할 새로운 공장 부지를 찾고 있다. 연간 50만 톤 이상의 물량이 5개 주요 고객 위치로 운송될 것으로 예상되며, 각 고객 위치는 아래와 같이 주어져 있다. 여기서 x는 위도, y는 경도를 나타낸다.

고객 위치	납품량(톤)	x, y좌표
C1: 마이애미주 쓰리 리버스	5,000	(41.940, −85.626)
C2: 인디애나주 포트웨인	92,000	(41.094, −85.139)
C3: 켄터키주 애쉬랜드	35,000	(38.460, −82.650)
C4: 오하이오주 애크런	227,000	(41.082, −81.511)
C5: 버지니아주 로어노크	153,000	(37.267, −79.933)

전기 유틸리티 부품 공급업체의 무게중심을 계산하라.

풀이

무게중심점은 다음과 같이 계산하면 구할 수 있다(무게 단위는 천 톤).

$$\sum_i l_i = 5 + 92 + 35 + 227 + 153 = 512$$

$$\sum_i l_i x_i = 5(41.940) + 92(41.094) + 35(38.460) + 227(41.082) + 153(37.267)$$

$$= 20{,}363.913$$

$$x^\star = \frac{\sum_i l_i x_i}{\sum_i l_i} \frac{20{,}363.913}{512} = 39.773$$

$$\sum_i l_i y_i = 5(-85.626) + 92(-85.139) + 35(-82.650) + 227(-81.511) + 153(-79.933)$$

$$= -41{,}886.414$$

$$y^\star = \frac{\sum_i l_i y_i}{\sum_i l_i} = \frac{-41{,}886.414}{512} = -81.809$$

무게중심은 위도 39.773, 경도 −81.809로, 이는 오하이오주 애크런(Akron)에 해당하며, 오하이오주 제인즈빌(Zanesville)에서 남동쪽으로 약 20마일 떨어진 곳이다. 각 고객 위치와 무

온라인 자료

OM Explorer의 Tutor 15.1에서는 무게중심점을 계산하는 또 다른 예제를 제공한다.

Active Model 15.1은 무게중심 계산법에 대한 통찰력을 제공한다.

계중심 사이의 거리는 구글 지도(Google Maps)를 사용해 확인할 수 있다. 예를 들어 미시간주 쓰리 리버스에서 오하이오주 애크런까지의 거리는 약 324마일이다. 이로부터 계산된 부하-거리 점수(천 단위)는 다음과 같다.

$$ld = \sum_i l_i d_i = 5(324) + 92(232) + 35(132) + 227(112) + 153(315)$$
$$= 101,203$$

의사결정 포인트

부하-거리 점수 101,203,000은 새로운 공장 후보지들과 비교할 수 있는 기준으로 활용될 수 있다. 무게중심을 찾는 또 다른 예시는 이 장의 마지막에 있는 복습문제 1을 참조하라.

손익분기점 분석

손익분기점 분석은 계량적 요인의 함수로 표시한 총비용을 기준으로 대안을 비교하는 데 유용한 기법이다(보론 A '의사결정' 참조). 손익분기점 분석은 각 대안이 최적인 구간을 파악하려고 할 때 특히 유용하다. 이를 위한 질차는 도표적 방법과 대수적 방법으로 구성되며 다음과 같은 기본 단계를 거친다.

1. 입지 후보지마다 고정비와 변동비를 구한다. **변동비**는 총비용 중 산출물의 양에 따라 직접적으로 변하는 부분이며, **고정비**는 산출물의 양과 무관하게 일정한 부분이다.
2. 모든 부지의 총비용(변동비와 고정비의 합) 곡선을 하나의 그래프에 그린다(OM Explorer에서 Tutor A.1, A.2 참조).
3. 각 입지 후보지에 대한 최저비용 구간을 근사치로 산출한다.
4. 산출된 최저비용 구간에 대해 대수적으로 손익분기점을 계산한다.

예제 15.2는 4개의 입지 후보지에서 손익분기점 분석을 통해 입지 선정을 하는 과정을 보여준다.

예제 15.2

온라인 자료

Active Model 15.2는 이 예제와 관련된 세 가지 범위를 정의하는 데 필요한 통찰력을 제공한다.

OM Explorer의 Tutor 15.2는 입지 선정을 위한 손익분기점 분석을 연습할 수 있는 또 다른 예제를 제공한다.

입지 선정을 위한 손익분기점 분석

운영 담당 관리자가 새로운 설비의 입지 후보지를 네 지역으로 압축했다. 1년 동안의 고정비(토지, 재산세, 보험, 장비, 빌딩 등)와 변동비(인건비, 자재비, 수송비, 간접비 등)는 표와 같다.

후보지역	연간 고정비용(달러)	단위당 변동비용(달러)
A	150,000	62
B	300,000	38
C	500,000	24
D	600,000	30

고정비와 변동비가 모두 최저인 지역은 없다고 가정한다. 만약 그런 지역이 있으면 그 지역이 바로 최상의 위치이다.

1단계. 네 지역의 총비용곡선을 하나의 그래프에 그려라. 그래프 상에 각 대안의 비용이 가장 낮게 되는 구간을 대략 산정하라.

2단계. 손익분기점 분석을 통해서 해당 구간의 손익분기점을 정하라. 수요의 기대치가 연간 15,000단위라면 최적의 입지는 어디인가?

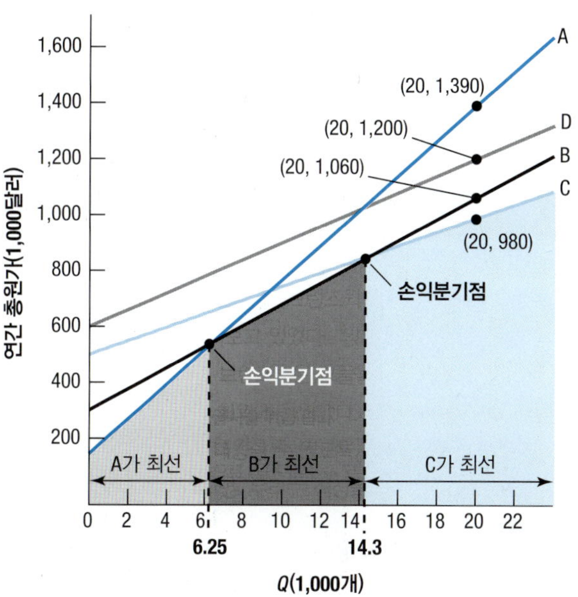

그림 15.2 네 입지 후보지의 손익분기점 분석

풀이

1단계. 한 지역의 총비용곡선을 그리려면 먼저 Q = 0, Q = 20,000 두 가지 산출량 수준에서 총비용을 계산해 보자. Q = 0일 때의 총비용은 고정비와 같으며, Q = 20,000일 때의 총비용(고정비와 변동비를 더한 값)은 표와 같다.

지역	고정비(달러)	변동비(달러) (단위당 비용)(단위 수)	총비용(달러) (고정비 + 변동비)
A	150,000	62(20,000) = 1,240,000	1,390,000
B	300,000	38(20,000) = 760,000	1,060,000
C	500,000	24,(20,000) = 480,000	980,000
D	600,000	30(20,000) = 600,000	1,200,0000

그림 15.2에 총비용 직선들을 표시했다. A지역의 총비용곡선은 (0, 150)과 (20, 1,390) 점을 지난다. 그래프에 따르면 물량이 적을 때는 A가 최선이며, 중간 수준일 때는 B, 물량이 많을 때는 C가 최선이다. D지역은 C지역에 비해 고정비와 변동비가 모두 높으므로 더는 고려할 필요가 없다.

2단계. A와 B 지역 간의 손익분기점은 A가 최선인 첫 번째 구간의 끝점이며 B가 최선인 두 번째 구간의 시작점이다. 이 양은 총 비용식을 같게 놓고 풀면 얻을 수 있다. 아래에 계산된 A와 B의 교차점을 보여주는 표를 참조하라.

B와 C 지역의 손익분기점이 B가 최선인 두 번째 구간의 끝점이며 C가 최선인 세 번째 구간의 시작점이다.

더 이상 손익분기점을 찾을 필요가 없다. A와 C 지역의 손익분기점은 그림의 무색 부분에 있으며 세 구간의 시작점이나 끝점이 아니다.

(A)		(B)
150,000달러 + 62Q달러	=	300,000달러 + 38Q달러
	Q = 6,250단위	

(B)		(C)
300,000달러 + 38Q달러	=	500,000달러 + 24Q달러
	Q = 14,286단위	

의사결정 포인트

경영진이 C지역에 신규 입지 선정을 결정한 것은 연간 15,000개의 수요 예측이 판매량이 높은 범위에 놓여있기 때문이다. 이 결과를 입력자료로 활용해 최종 의사결정에 선호도 행렬을 활용함으로써 다른 비정량적 요인들도 의사결정 프로세스에 포함할 수 있다.

수송계획법

기존 시설들의 네트워크에 새로운 시설을 추가하는 경우에는 두 가지 상황을 생각할 수 있다. (1) 하나는 기업의 시설이 각기 독립적으로 운영되는 경우로 레스토랑, 건강 클리닉, 은행, 기타 도시의 소매점포 등이다. (2) 다른 상황은 기업의 시설들이 자재나 제품을 주고받는다든지 특정 고객을 공유하는 것처럼 상호작용하는 경우로 부품 제조공장, 조립공장, 창고를 예로 들 수 있다. 독립적으로 운영되는 시설들의 입지는 부하-거리법이나 손익분기점 분석 방법에서 전제했듯이 독립적인 단일시설 입지 선정 문제처럼 취급할 수 있다. 기존 설비들이 독립적으로 운영되지 않고 상호작용하는 경우 신규 시설의 위치는 다른 시설들의 물자 수송 패턴에 영향을 미친다. 또한 시설들 사이에 작업량을 어떻게 할당하고, 각 시설의 처리용량은 어떻게 결정해야 하는가 하는 새로운 문제가 대두된다. 복수 시설의 입지 결정 문제는 위치, 작업 할당, 처리용량을 결정해야 하는 3차원 문제이다. 그래서 최적 위치를 결정하려면 새로운 방법이 필요하다.

수송계획법
다중시설 입지 선정 문제를 해결할 수 있는 계량적 접근법

입지 선정 문제를 위한 **수송계획법**(transportation method)은 다중시설 입지 선정 문제를 해결할 수 있는 계량적 접근법이다. 우리는 2개 이상의 공장 또는 **공급원**에서, 2개 이상의 창고 또는 **목적지**로 제품의 수송비를 최소화하는 작업 할당 패턴을 결정하기 위해 이 방법을 사용한다. 이 장에서는 문제의 설정과 해석에 중점을 두고, 나머지 해결 과정은 윈도우용 POM 같은 컴퓨터 소프트웨어 패키지를 활용한다. 자세한 내용은 보론 C '선형계획법'과 경영과학 교과서를 참조하라.

수송계획법은 다중시설 입지 선정 문제의 모든 요인을 고려하지는 못한다. 단지 특정 입지와 용량의 조합이 주어진 상태에서 공장들과 창고들 사이의 가장 좋은 수송 패턴을 찾을 뿐이다. 분석자는 반드시 다양한 (입지, 용량) 조합을 시도해보고, 수송계획법을 이용해 각 조합에 대해 최적 수송계획(optimal distribution)을 도출해야 한다. 수송비용(변동 수송비와 변동 생산비)은 특정한 입지-할당 조합(location-allocation combination)을 평가하는 하나의 중요한 입력요소에 불과하므로, 투자비와 기타 고정비 역시 다양한 정성적 요인과 함께 고려되어야 한다. 각 (입지, 용량) 조합마다 이러한 전체적인 분석이 이루어져야 한다. 입지 선정의 의사결정은 중요하므로, 이러한 추가적인 노력은 충분히 그 비용의 가치가 있다.

초기 계산표 준비

수송 문제를 풀기 위한 첫 단계는 **계산표**(tableau)라 하는 표준적인 행렬을 설정하는 것이다. 초기 계산표를 설정하는 기본 단계는 다음과 같다.

1. 고려 중인 각 공장(기존 및 신규)을 나타내는 행을 만들고, 각 창고를 나타내는 열을 정한다.
2. 공장의 생산용량을 나타내는 열과 창고 수요량을 나타내는 행을 추가하고, 해당하는 값을 기입한다.
3. 수요량 행과 생산용량 열을 제외한 각 셀은 공장에서 창고로의 운송 경로를 나타낸다. 각 셀의 오른쪽 상단 모서리에 단위 수송비용을 넣는다.

선벨트풀(Sunbelt Pool Company)은 사업경기가 좋아서 생산용량이 500단위인 새로운 공장 설립을 고려 중이다. 후보는 애틀랜타이다. 그림 15.3에서 공장의 생산용량, 창고의 수요량, 운송비용을 포함한 계산표를 볼 수 있다. 예를 들어 기존의 피닉스 공장과 샌안토니오에 위치한 1번 창고 사이의 단위 수송비는 5달러이다. 비용은 수송량에 정비례한다고 가정한다. 즉 총수

송량에 관계없이 단위당 비용은 일정하다.

수송계획법에서 행의 수송량 합계는 해당 공장의 생산용량과 같아야 한다. 예를 들어 그림 15.3에서 애틀랜타 공장에서 섀안토니오, 핫스프링스, 수 폴즈에 위치한 1, 2, 3번 창고로 가는 수송량의 합계는 500단위가 되어야 한다. 유사하게, 열의 수송량 합계는 해당 창고의 수요량과 같아야 한다. 따라서 피닉스 및 애틀랜타 공장에서 샌안토니오의 1번 창고로 가는 수송량은 총 200단위여야 한다.

공장	창고			생산용량
	샌안토니오(1)	핫스프링스(2)	수 폴즈(3)	
피닉스	5.00	6.00	5.40	400
애틀랜타	7.00	4.60	6.60	500
수요	200	400	300	900 / 900

그림 15.3 초기 계산표

가상 공장 또는 가상 창고

수송계획법에서는 생산용량의 총합과 수요량의 총합이 같아야 한다(그림 15.3의 경우에는 900단위). 그러나 실제 상황에서는 총 생산용량이 수요량을 초과하거나, 또는 그 반대인 경우가 많다. 만약 생산용량이 수요량을 r단위만큼 초과한다면, 수요가 r단위인 **가상 창고** 열을 추가하고 새로 만들어진 셀의 단위당 수송비는 0달러로 한다. 유사하게, 수요량이 생산용량을 r단위만큼 초과한다면, 생산용량이 r단위인 **가상 공장** 행을 추가하고, 추가된 셀에 대한 수송비용은 단위 재고 고갈비(stockout cost)와 동일하게 설정한다. 만약 재고 고갈비를 알 수 없거나 모든 창고에 대해서 재고 고갈비가 동일하다면, 간단히 가상 공장 행 각각의 셀에 0달러의 수송비를 부과한다. 모든 상황에서 똑같이 r단위의 부족분이 필요하므로 최적해에는 영향이 없다. 가상 창고나 가상 공장을 추가하는 것은 총 생산용량과 수요량을 동일하게 만들기 위해서다. 윈도우용 POM 같은 소프트웨어 패키지에서는 이와 같은 가상 공장 또는 가상 창고를 자동으로 생성할 수 있는 기능을 제공한다.

해 찾기

초기 계산표를 구성하고 나면, 목표는 모든 수요를 충족하고 모든 생산용량을 사용하는 최소비용 할당 패턴을 찾는 것이다. 이러한 패턴은 수송계획법을 이용해 구할 수 있고, 이는 최적해를 보장한다. 초기 계산표에 모든 창고의 수요를 충족하고 모든 공장의 용량을 소진하는 가능해(feasible solution)를 채워 넣는다. 그러면 총비용이 더 낮은 새로운 해를 나타내는 새로운 계산표가 만들어진다. 이러한 과정은 현재의 해에서 더 이상 개선을 할 수 없을 때까지 계속되며, 이것은 최적해를 찾았다는 신호이다. 컴퓨터 패키지를 이용할 때는 초기 계산표의 정보만 입력하면 된다.

다른 방법으로 심플렉스법(보론 C '선형계획법' 참조)이 있지만, 더 많은 입력이 필요하다. 수송 문제는 실제로 선형계획의 특수한 경우이며, 계산표의 각 셀에 대한 결정변수, 계산표의 각 행에 대한 제약조건(각 공장의 생산용량을 완전히 활용)과 각 열에 대한 제약조건(각 창고의 수요를 충족)을 이용해 모델링할 수 있다.

예제 15.3은 애틀랜타에 설립될 새 공장의 최적 수송계획을 수립하기 위한 수송계획법 적용 사례를 설명한다.

최적해 해석

예제 15.3

그림 15.4는 선벨트풀 문제의 최적해를 윈도우용 POM 패키지를 활용해서 구한 것이다. 그림

그림 15.4 선벨트풀의 윈도우용 POM 화면

그림 15.4(a) 입력 자료

	샌안토니오	핫스프링스	수 폴즈	공급
피닉스	5	6	5.4	400
애틀랜타	7	4.6	6.6	500
수요	200	400	300	

그림 15.4(b) 최적 수송 패턴

총비용($)	샌안토니오	핫스프링스	수 폴즈
피닉스	200		200
애틀랜타		400	100

그림 15.4(c) 비용 분석

	샌안토니오	핫스프링스	수 폴즈
피닉스	200/100달러		200/1080달러
애틀랜타		400/1840달러	100/660달러

15.4(a)은 입력 자료를 보여준다. 셀 안에는 단위당 수송비가 있고, 맨 아래의 행은 수요량, 마지막 열은 생산용량을 보여준다. 그림 15.4(b)는 공장들의 기존 네트워크가 총비용을 4,580달러로 최소화하기 위해 3개의 창고에 어떻게 공급하는지를 보여준다. 각 공장의 용량이 모두 소진되고, 각 창고의 수요가 모두 충족되었는지 확인하라. 마지막으로, 그림 15.4(c)는 전체 수량 및 각 수송비를 보여준다. 그림 15.4(b)의 왼쪽 상단에 총비용이 표기되어 있으며, 4,580달러 또는 200(5.00달러) + 200(5.40달러) + 400(4.60달러) + 100(6.60달러) = 4,580달러이다.

각 공장의 생산능력이 모두 공급되었고, 각 창고의 수요가 모두 충족되었는지 확인해야 한다.

풀이

그림 15.5는 그림 15.4의 풀이 결과를 지도 형태로 표현한 것이며, 공장들이 3개의 창고로 어떻게 공급하는지 보여준다. 화살표는 각 공장에서의 물류를 보여주고 있다. 세 창고의 원의 크기는 각각의 수요량과 어떤 공장으로부터 얼마큼의 용량을 공급받는지 나타낸다. 예를 들어 피닉스 공장은 샌안토니오의 1번 창고에 200단위, 수 폴즈의 3번 창고에 200단위를 공급해 총 400단위의 생산용량을 소진한다. 단, 수 폴즈의 3번 창고는 파이차트에 표현되어 있는 것처럼 피닉스 공장으로부터 부분 수요만 충족된다. 애틀랜타 공장은 생산용량 500단위 중에서 400단위는 핫스프링스의 2번 창고에, 나머지 100단위는 수 폴즈의 3번 창고에 공급한다. 모든 창고의 수요는 충족된다: 샌안토니오의 1번 창고는 피닉스의 공장에서, 핫스프링스의 2번 창고는 애틀랜타 공장

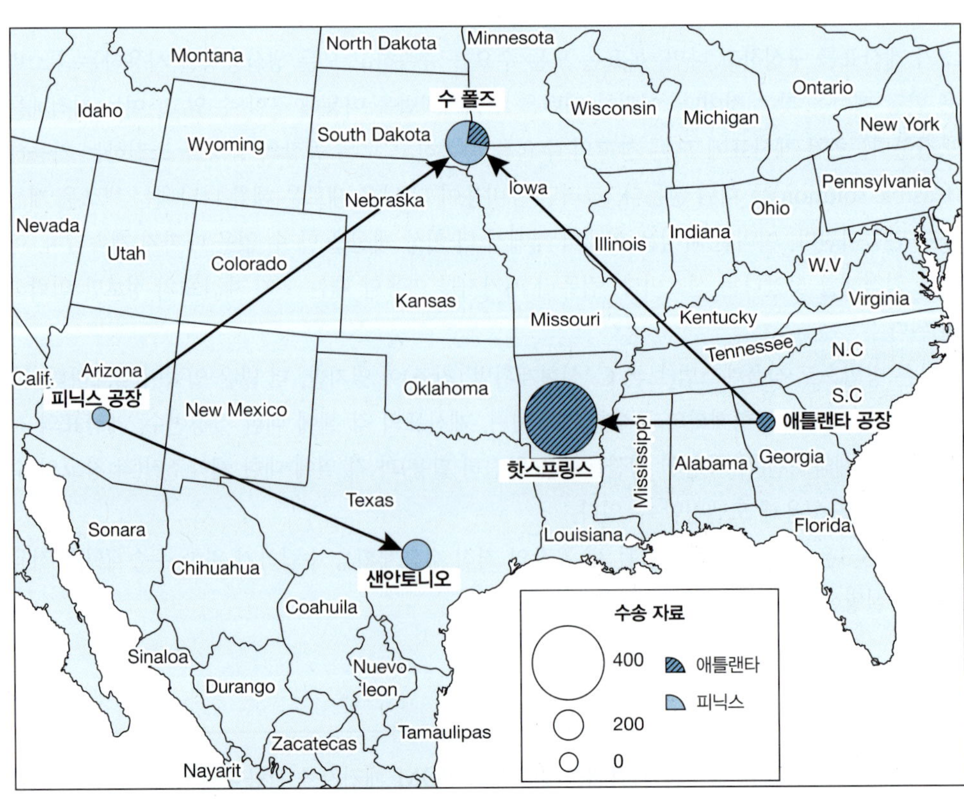

그림 15.5 선벨트풀의 최적 수송 해

에서 완전히 공급받는다. 수 폴즈의 3번 창고는 피닉스의 공장에서 200단위, 애틀랜타 공장에서 100단위를 공급받아 총수요 300단위를 충족한다. 총수송비는 200(5.00달러) + 200(5.40달러) + 400(4.60달러) + 100(6.60달러) = 4,580달러이다.

의사결정 포인트

경영진은 최선책을 결정하기 전에 다른 공장입지를 평가해야 한다. 최적해가 꼭 애틀랜타 공장 설립이 최상의 선택이라는 의미는 아니다. 이것은 단지 서로 다른 규모를 가진 다중시설 입지 선정 문제(즉 피닉스 공장의 생산용량은 400단위이고, 새로운 공장은 애틀랜타에 위치함)에서 현재 선택사항의 최적 할당 패턴이 총수송비 4,580달러의 결과를 낸다는 것뿐이다. 분석자는 또한 다른 (입지, 용량) 조합을 평가해야 한다. 예를 들어 한 가지 방법은 피닉스의 공장을 확장하고 애틀랜타에 작은 공장을 짓는 것이다. 아니면 또 다른 장소에 새로운 공장을 지을 수도 있고, 여러 개의 새로운 공장을 지을 수도 있다. 분석자는 그러한 가능성 있는 입지전략에 대한 분석을 반복해야 한다.

지리정보시스템과 인공지능

지리정보시스템(geographical information system, GIS)은 입지 의사결정에 관한 정보를 조작, 분석, 표현할 수 있도록 해주는 컴퓨터 소프트웨어와 하드웨어 및 데이터로 구성된 시스템이다. AI(artificial intelligence)와 머신러닝(machine learning) 기술이 도입되고 있는 GIS는 또한 기업의 입지 선정을 시각적으로 보여주기 위해 다른 시스템과도 통합될 수 있다. 무엇보다도 GIS는 (1) 데이터베이스를 저장하고, (2) 지도를 보여주며, (3) 데이터에서 추출한 정보로 모델을 생성해 수학적 분석을 적용한 결과를 새로운 데이터로 써넣는 기능을 수행한다. 데이터 저장, 지도 표현, 모델링의 세 가지 기능은 지능형 GIS의 핵심 부분이며, 모든 GIS 소프트웨어에서 다양하게 사용된다.

지리정보시스템(GIS)
입지 의사결정에 관한 정보를 조작, 분석, 표현할 수 있도록 해주는 컴퓨터 소프트웨어와 하드웨어 및 데이터로 구성된 시스템

GIS 활용

오늘날 많은 경영 의사결정에는 지리적 측면이 있으므로, GIS 시스템은 매우 유용한 의사결정 도구로 사용된다. GIS는 고객 판매와 입지, 인구조사통계, 또는 연간소득이 얼마인 거주자 비율 등 지리적 위치와 자연스럽게 연관되는 정보를 다양한 데이터베이스로 저장한다. 지역의 인구통계에는 특정 지역 범위, 도시, 행정구역에 거주하는 인구나 평균 소득 및 자녀가 있는 가구의 수 등이 포함된다. 이러한 인구통계는 목표 시장에 접근하기 위한 최적의 방법을 결정하는 데 모두 중요한 변수이다. 유사하게, 고속도로와 교량 등의 도로체계, 공항과 항구 또는 인근 지형지물(산, 숲, 호수 등)은 입지 선정 결정에 중요한 역할을 한다. 이처럼 GIS는 소매업, 부동산, 정부, 운송, 물류 산업 등 다양한 산업 분야에서 입지 관련 의사결정에 폭넓게 활용할 수 있다.

정부에서 제공하는 데이터는 GIS 기반 입지 결정을 더욱 정교하게 만들어줄 수 있는 통계 정보의 보고라 할 수 있다. 야후!, 맵퀘스트(MapQuest), 애플 지도, 구글 지도, 웨이즈(Waze) 등과

출처: Thiti Sukapan/Shutterstock

웬디스(Wendy's)는 공간 데이터를 그래픽으로 표현하고 다양한 데이터를 중첩하여 보여주는 GIS 기능을 활용해 입지 기반 분석(location-based analytics)을 수행하고 있다. 사진 속 웬디스 퍼스트 키친(Wendy's First Kitchen) 햄버거 매장은 일본 도쿄의 모리 디지털 아트 뮤지엄(Mori Building Digital Art Museum)에 입점했던 사례이다.

같은 인터넷 사이트나 애플리케이션을 통해 사람들은 특정 지점 간(예를 들면 캐나다 토론토에서 미국 샌디에이고까지) 지도, 거리, 이동 시간, 경로 등의 정보를 쉽게 확인할 수 있다. 게다가 구글과 같은 검색 엔진은 인구통계 자료와 통합되어 사회적 또는 비즈니스적으로 유의미한 정보를 생성하는 데 활용될 수 있다. 실제로 일부 웹사이트들은 구글 지도를 사용해 범죄율이 높은 지역, 유류비와 아파트 임대료가 저렴한 지역 등을 시각화해서 제공하고 있다.

시중에 여러 가지 GIS 소프트웨어 패키지가 있으며, 대표적인 예로는 ESRI의 ArcGIS Business Analyst, 프리사이슬리(Precisely)의 MapInfo Pro, 켈리퍼 코퍼레이션(Caliper Corporation)의 Maptitude, SAS 인스티튜트(SAS Institute)의 SAS/GIS 등이 있다. 이러한 시스템은 대개 소매점 입지, 선거구 조정, 물류 및 마케팅 데이터 분석, 환경 경영 등의 특정 응용 분야를 위해 특화되어 있다.

GIS는 고객 인구통계를 기반으로 해 기업의 목표 시장에 부합하는 입지를 식별하는 데 유용하게 쓰일 수 있다. 다른 입지 결정 모델이나 판매 예측 모형 또는 지리인구통계학적 시스템과 함께 사용함으로써, 기업의 입지 의사결정에 대해 방대한 의사결정 도구의 조합을 제공한다.

다중시설 입지 선정을 위한 GIS 기법

GIS는 고객 데이터와 더불어 일반도로와 고속도로의 운송구조를 시각화해 준다. 이를 통해 분석자는 다중시설 입지 선정 문제의 적절한 솔루션을 빠르게 찾을 수 있다. 부하-거리 점수와 무게중심점 데이터를 엑셀에서 고객 데이터베이스와 병합해 시설의 위치 후보를 찾은 후, 이에 대해 MapPoint 등의 GIS와 엑셀을 사용해 운행시간과 거리를 평가한다. GIS를 사용해 다중시설 입지 선정을 결정하는 5단계 프레임워크는 다음과 같다.

1. GIS에서 지도에 기존 고객과 시설 데이터를 표시한다.
2. 전체 영업지역을 입지대상 시설과 동일한 수의 구역으로 시각적으로 분할한다.
3. 시각적인 고객 밀집도 등에 기반해 각 지역의 시설 위치를 배정한다. 혹은 2단계에서 식별된 각 구역의 무게중심점을 찾아서 해당 구역 설비 위치의 시작점으로 삼는다.
4. 무게중심점 주변에서 주요 시가지나 고속도로와의 근접성, 환경 문제 등 기업 경영상의 기준을 충족하는 실행 가능한 입지 대안을 찾는다.
5. 총 부하-거리 점수를 계산하고 용량을 검토한 후 각 지역의 위치를 확정한다.

이러한 접근법은 공급사슬 물류 네트워크 등에서 다양하게 응용될 수 있다.

인공지능(AI)

분류된 데이터베이스를 기반으로 한 GIS 기술은 방대한 양의 입지 정보를 생성해낸다. 이러한 데이터는 웹 파일, 도면, 이미지, 실시간 데이터 흐름 등 다양한 형식으로 존재한다. 나아가 모바일 기기와 전 세계 300억 개의 IoT 센서가 결합하면서 익명화된 인간 이동 데이터가 폭발적으로 증가했고, 이는 기업이 고객을 더 잘 이해하는 데 큰 도움을 준다. 여기에 개별이 아닌 집단 단위로 수집된 심리적 특성(사이코그래픽) 및 인구통계 데이터를 더하면 고객에 대한 유용한 사실을 담은 방대한 정보가 만들어진다. AI는 이러한 대량의 데이터를 정제(cleanse)해, 오류가 있거나 손상되었거나 형식이 맞지 않거나 중복되었거나 누락된 데이터를 제거할 수 있다. 그러나 이 방대한 데이터를 사람이 직접 분석하는 데는 한계가 있으며, 이를 탐색하려면 머신러닝(ML)의 도움이 필요하다.[3]

예를 들어 새로운 소매점 입지를 찾고 있다고 가정해 보자. 성공적인 입지를 예측하는 데 중요한 변수로 다음 요소들을 고려할 수 있다.

- 가장 가까운 도심까지의 거리
- 가장 가까운 고속도로까지의 거리
- 해당 위치로부터 반경 8km 이내에 거주하는 인구수
- 매장 내 부서(department)의 수

GIS에서 수집된 데이터를 기반으로, 연간 매출액과 같은 적절한 종속변수에 이 데이터를 연결해주는 머신러닝 알고리즘을 개발할 수 있다. 이때 9장에서 다룬 '예측' 기법들을 활용할 수 있다. 예를 들어 새로운 매장의 입지 후보가 주어졌을 때, 해당 모델은 그 위치에서의 연간 매출을 예측할 수 있다. 그러나 우리는 때로 더 복잡한 질문에 관심을 가질 수 있다. 예를 들면 다음과 같다.

- 도시 내 특정 지역에 있는 사람이 매장을 방문하기 얼마나 쉬운가?
- 다른 지역의 고객은 매장을 방문하기 위해 얼마나 먼 거리를 이동할 것인가?
- 하나의 매장을 방문하는 고객들이 인구통계학적으로 뚜렷하게 구별된다면, 유사한 고객을 유치하기 위해 두 번째 매장은 어디에 위치해야 하는가?

이러한 질문들 역시 GIS 데이터를 활용한 머신러닝 알고리즘을 통해 답할 수 있다. 이처럼 GIS 정보와 인공지능(AI), 머신러닝(ML)을 활용한 분석은 공급사슬 내 입지 선정을 결정하는 데 점점 더 강력한 도구로 자리 잡고 있다.

물류 네트워크 전략

15.3 창고 위치 선정, 물류센터 자동화, 자동화 공급사슬과 관련된 물류 네트워크 전략을 설명한다.

이 장에서는 입지 선정을 할 때 고려해야 할 요소들과, 대안들을 정량적으로 분석하는 데 사용할 수 있는 다양한 기법을 살펴보았으며 비용, 거리, 물동량(load)과 같은 지표들도 함께 논의했다. 한편, 입지 선정 외에도 물류 네트워크 운영에 영향을 미치는 세 가지 중요한 전략적 고려사항이 존재한다. 첫 번째는 물류센터(DC) 네트워크 내 재고의 배치와 관련된 것이고, 두 번째는 물류센터 내부 운영에 필요한 자동화 수준과 관련된 것이다. 세 번째는 이 모든 요소를 통합해 자동화 공급사슬(autonomous supply chain)을 구축하는 것이다.

재고 배치

근본적으로 중요한 공급사슬 의사결정의 하나로 완제품 재고의 위치 결정이 있다. 재고 배치는 전략적으로 중요한 문제이다. 예를 들면 해외에서 활동하는 기업들이 현지에서 납기 단축으로 월등한 경쟁력을 갖추기 위해 현지에 물류센터를 건립하는 경우가 그렇다. 이러한 의사결정은 필요한 물류센터의 수와 규모에도 영향을 미칠 수 있다. 한 가지 극단적인 해법은 **집중배치**(centralized placement)라는 방법으로 제품의 모든 재고를 모두 공장이나 창고 등 한 지점에

집중배치
한 제품의 재고를 모두 공장이나 창고 등 한 지점에 쌓아 두었다가 고객에게 직접 배달하는 정책

3 Torbjorn Stavenek, "How Can AI Help You with Location Optimization," https://tiqqe.com/how-can-ai-help-you-with-location-optimization/ (February 2, 2021); Omar Maher, "Artificial Intelligence and Location Intelligence: A Business Guide," https://www.esri.com/about/newsroom/publications/wherenext/artificial-intelligence-and-location-intelligence-for-business/ (April 14, 2020).

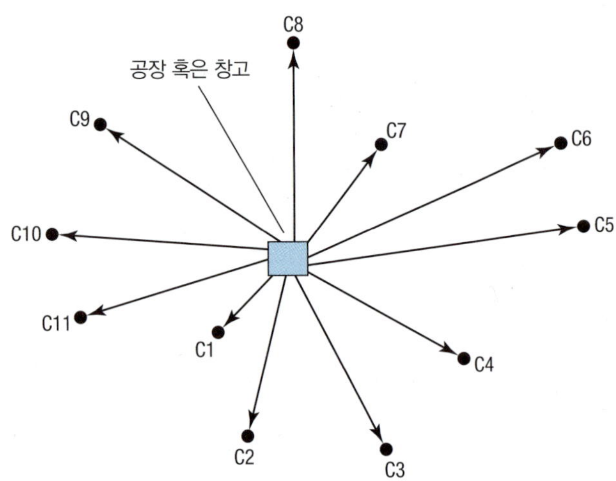

그림 15.6 재고의 집중배치와 통합

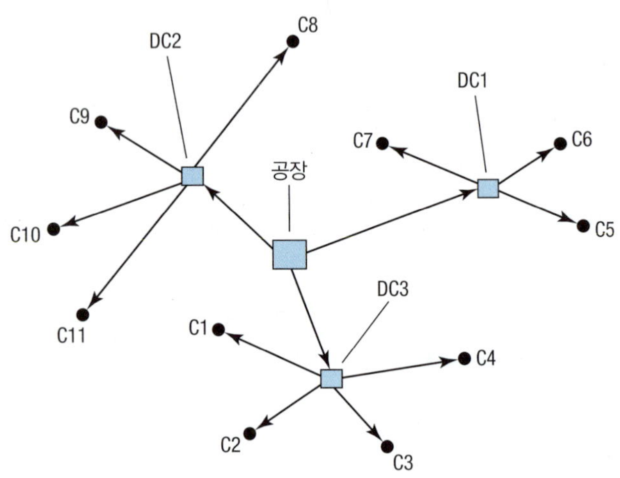

그림 15.7 재고의 전방배치

재고 통합
여러 고객의 수요를 통합함에 따라 수요의 변동성이 감소해 재고와 안전재고가 줄어드는 현상

전방배치
재고를 고객과 가까운 창고, 유통센터, 도매점, 소매점에 쌓아 두는 정책

쌓아 두고 고객에게 직접 배달하는 것이다. 이렇게 하면 고객에 따라 불확실하고 변덕스러운 수요가 합해지면서 안전재고가 줄어드는데 이를 **재고 통합**(inventory pooling) 효과라고 한다. 한 고객의 예기치 못한 큰 수요와 다른 고객의 예기치 못한 작은 수요가 합쳐지면 전체 수요는 상대적으로 안정적으로 유지될 수 있는 것이다. 그러나 재고를 한 지점에 쌓아 두면 경제성이 없는 소량 주문을 멀리 있는 고객에게 직접 배송해야 한다는 부담이 생긴다. 그림 15.6을 보면 재고를 집중배치하면 물류비용이 많이 들 수 있음을 알 수 있다.

이와 상반되는 접근법이 재고를 고객과 가까운 창고, 물류센터, 도매점, 소매점에 쌓아 두는 **전방배치**(forward placement)이다. 전방배치는 짧은 인도시간과 운송비용 절감이라는 장점이 있으며, 이 덕분에 판매를 촉진할 수 있다. 그러나 재고가 중앙이 아닌 각 물류센터(DC)에 분산되어 배치될 경우, 수요의 불확실성에 대응하기 위해 각 물류센터별로 별도의 안전재고가 필요해져 재고 통합 효과가 줄어든다. 결국 고객 서비스의 속도는 향상되지만, 그림 15.7에서 볼 수 있듯이 여러 물류센터에 분산된 총 재고량이 증가하게 되는 서비스 속도와 재고 효율 간의 상충효과가 발생한다.

아마존은 전방배치 전략을 한 차원 더 발전시켜 실행하고 있다. 아마존의 다계층 재고 시스템은 대규모 도시 인근의 전략적 위치에 분산된 물류센터에 재고를 집적(aggregate)한 뒤, 이 재고를 수요에 맞춰 각 센터에 적절히 분산하는 방식에 기반하고 있다. 이러한 전략은 빠른 배송이 가능한 창고에 보관된 제품을 적극적으로 마케팅하는 아마존의 푸시 마케팅 전략(push marketing strategy)을 뒷받침해준다. 하지만 아마존의 물류 네트워크는 단순한 창고 이상으로, 다양한 유형의 시설이 유기적으로 작동한다. 여기에는 크로스도크 센터(cross-dock center), 풀필먼트 센터(fulfillment center), 분류 센터(sortation center), 배송 스테이션(delivery station), 신시내티/노던 켄터키 국제공항에 위치한 프라임 에어 허브(Prime Air Hub) 등이 포함된다. 아마존은 총 91대의 항공기를 운영하며 미국 내 42개 공항을 오가고 있는데, 2021년 8월 기준으로 미국 인구의 약 70%가 아마존 에어가 운항하는 공항으로부터 100마일 이내에 거주하고 있다. 또한 아마존의 온라인 쇼핑 네트워크인 아마존 마켓플레이스(Amazon Marketplace)는 다른 판매자들이 아마존 플랫폼을 통해 제품을 판매할 수 있도록 해, 아마존이 별도의 시설이나 재고 투자 없이도 수많은 제품을 고객과 더 가까운 위치에 둘 수 있게 해준다. 이러한 모든 창고 운영 시스템은 상호 연계되어 아마존의 전방배치 전략을 실현하고 있다.[4]

물류센터 운영의 자동화

재고 배치 전략과 더불어, 최신기술은 물류센터(DC) 운영을 향상하는 데 활용될 수 있다. 일부

4 "How the Amazon Supply Chain Works," https://amzadvisers.com/amazon-supply-chain-works/ (May 7, 2019); Annie Palmer and Nate Rattner, "This Map Shows How Amazon Is Rapidly Growing Its Air Fleet Across the U.S.," https://www.cnbc.com/2021/09/04/map-of-amazon-air-locations-.html (September 4, 2021).

추산에 따르면, 최신 기술을 도입하면 창고 인건비를 최대 70%까지 절감할 수 있으며, 주야간 운영에 따른 비용 차이 없이 24시간 운영도 가능하다. 재고 수량 역시 일 단위로 자동 갱신될 수 있는데, 이는 모두 물류센터와 창고의 운영을 자동화할 수 있는 기술 덕분이다.

산업 현장에서 로봇이 사용되기 시작한 것은 1956년 유니메이션(Unimation)이 약 3~4미터 거리를 이동할 수 있는 최초의 물류 이송 로봇을 도입하면서부터이다. 오늘날에는 인공지능(AI), 머신러닝, 센서 및 반응 기술, 창고관리시스템(WMS)의 발전 덕분에 로봇 자동화가 점차 일반화되고 있다. 공급사슬에서의 AI는 크게 두 가지 방식으로 적용될 수 있다.

(1) **보조형 AI**(augmentation AI): 인간의 일상 업무를 지원하는 형태
(2) **자동화형 AI**(automation AI): 인간의 개입 없이 기계가 스스로 작업을 수행하는 형태

출처: Matthew Troke/Alamy Stock Photo

아마존은 영국 노팅엄 서튼 인 애쉬필드(Sutton in Ashfield)의 서밋 파크(Summit Park)에 55만 제곱피트 규모의 물류센터를 설립하면 입지 선정을 세 가지 요인, 즉 (1) 인근에 위치한 물류 네트워크, (2) 우수한 노동력 풀, (3) 지역 정부의 적극적인 지원을 기준으로 진행했다.

로봇은 고성능 센서를 장착해 시각 및 청각을 통해 주변을 인식할 수 있으며, 표면 온도를 측정하거나 접촉을 감지하는 것도 가능하다. 창고관리시스템(WMS)은 판매 채널에서부터 주문 처리, 포장 및 배송까지 정보를 끊김 없이 흐르게 해 운영을 통합해준다. 이러한 최신 기술 발전은 물류센터와 창고 운영을 경쟁력을 창출하는 수단으로 탈바꿈해 주고 있다.[5]

출처: devilmaya/Alamy Stock Photo

창고 내에서 드론이 주문에 맞는 물품을 공중에서 이동시키고 있으며, 뒤쪽에서는 자동화 로봇이 이를 보조하고 있다.

자동 유도 차량

자동 유도 차량(automated guided vehicles, AGV)은 창고 내에서 재고를 운반하는 데 사용된다. 이들은 센서를 이용해 바닥에 부착된 자기 스트립이나 트랙을 인식하며, 창고 내부 재고 위치가 입력된 지도를 기반으로 이동한다.

자율주행 이동 로봇

AGV와 달리, 자율주행 이동 로봇(autonomous mobile robots, AMR)은 위치 간의 정해진 경로를 필요로 하지 않는다. 대신 컴퓨터, 탑재 센서, 지도 등을 활용해 환경을 스스로 인식하고 이동한다. AMR은 두 가지 유형으로 나뉜다. 하나는 상대적으로 큰 적재량을 처리하며 출발지에서 목적지까지 경로를 따라 이동하는 유형이고, 다른 하나는 소형 적재량 중심으로 주문을 집품하고 이를 상자나 컨테이너에 적재하는 데 특화된 유형이다. 이러한 소형 로봇은 창고 전체를 자유롭게 이동하며, 장애물과 혼잡 상황을 피할 수 있도록 센서를 탑재하고 있다. 또한 각 패키지의 정보를 식별하고 정확히 분류할 수 있어 작업자가 반복적인 작업에서 벗어나 보다 창의적인 업무를 수행할 수 있도록 한다. 그 결과 창고의 재고 정확도는 더욱 향상될 수 있다.

드론

드론은 물류센터(DC)와 창고에서 재고 관리를 위해 활용된다. 컴퓨터 비전 기술, 인공지능(AI), 재고 센서를 결합해 드론은 창고 내에서 재고 관리 작업을 더 빠르고 정확하게 수행할 수

5 추가 정보는 다음을 참조하라. Steve Banker and Chris Cunnane, "Robots and the Autonomous Supply Chain," https://www.forbes.com/sites/stevebanker/2020/04/02/robots-and-the-autonomous-supply-chain/#7157053b787a (April 2, 2020); Ruthie Bowles, "Warehouse Robotics: Everything You Need to Know in 2019," http://logiwa.com/blog/warehouse-robotics (May 18, 2020).

있다. 드론은 창고관리시스템(WMS)과 자동으로 연결되어 재고 정보를 조회할 수 있다. 공중 드론은 유도용 마커나 레이저가 필요하지 않다. 현재 대부분의 드론은 AI가 적용된 로봇으로 볼 수 있으며 운영자가 모바일 기기를 통해 조작까지 가능하다.

자동화 공급사슬

미래지향적인 기업들은 점점 **자동화 공급사슬**(autonomous supply chain)으로 발전하고 있다. 이는 최신 디지털 기술을 활용해 공급사슬 전반의 의사결정을 자동화하고 운영 방식을 혁신하는 디지털 전환이다. 고급 분석기법, 인공지능(AI) 및 머신러닝, 로봇공학, 사물인터넷(IoT) 등의 기술은 데이터를 자동으로 수집하고 전송함으로써 의사결정을 지원하거나 완전히 자동화할 수 있다.

기업들은 자동화된 물류센터 운영을 기반으로 자동화 공급사슬을 구현할 수 있다. 이는 조립 공장에서 부품이 필요하다는 사실을 인식하고, 해당 부품을 생산하는 공급업체에 주문하고, 그 부품을 창고에서 출고해 조립 공장으로 배송하는 일련의 과정을 인간의 개입 없이 수행하는 것을 의미한다. 물론 현실은 훨씬 복잡하며, 수많은 요청이 여러 위치에서 동시에 발생한다. 완전한 자동화 공급사슬 달성은 단계적으로 이루어져야 하는 여정이다. 예를 들어 기초 재고 관리 단위(SKU)에 대한 단기 시계열 수요 예측은 완전 자동으로 수행되어 재고 의사결정에 활용될 수 있다. 특정 품목의 주문 시점과 주문 수량을 결정하는 독립수요 재고 시스템도 자동화가 가능하다. 주문 수신부터 운송, 출고 허브 또는 고객에게 배송되기까지의 주문-배송(order-to-ship) 과정 역시 자동화할 수 있다. 자동화 공급사슬의 최종 단계는 자동 실행(automated execution)이며, 이는 컴퓨터가 생성한 계획이 중간 관리자의 검토 없이 다음 단계로 전달되는 것을 의미한다. 현재 대부분의 경우, 계획 수립 도구가 계획을 생성하면 계획자는 경험 기반으로 이를 승인, 수정 또는 반려하는 역할을 한다. 자동 실행은 위에서 언급한 AI 도구를 활용해 계획자의 판단을 모방할 뿐 아니라 이를 능가하는 것을 목표로 한다. 이와 같은 공급사슬의 디지털 전환은 의사결정의 속도와 품질을 높이고, 비용을 절감하며, 의사결정 담당자의 부담을 줄여줄 수 있다.

공급사슬에서 적절한 입지 선정을 하는 방법과 물류센터 설계 및 운영에 관한 전략적 고려사항, 그리고 궁극적으로 디지털 전환을 통한 자동화 공급사슬으로 이어지는 내용을 살펴본 이후, 다음 절에서는 물류 관리의 궁극적인 목표 중 하나인 지속가능한 운영을 다룰 것이다.

지속가능한 물류 관리

15.4 지속가능성을 확보하기 위한 기업의 공급사슬 관리 방법론을 설명한다.

환경 보호를 중시하는 기업들은 이를 실현하기 위한 여러 가지 방법이 있다. 한 가지 방법은 자사가 생산한 제품에 대해 제조 시점부터 해당 제품과 부품이 더 이상 유용하지 않은 시점까지 책임을 지는 것이다. 이러한 기업들은 **역물류**(reverse logistics)에 참여하는데, 이는 소비 단계에서 원자재 단계로의 제품, 자재, 정보의 효율적이고 비용 효율적인 흐름을 반환, 수리, 재제조 또는 재활용을 목적으로 계획하고 실행하며 통제하는 과정을 말한다.

역물류
소비 단계에서 원자재 단계까지 제품, 자재, 정보가 반품, 수리, 재제조, 또는 재활용을 목적으로 효율적이고 비용 효율적인 방식으로 흐르도록 계획, 실행, 통제하는 과정

지속가능한 운영을 달성하는 또 다른 방법은 에너지 효율성에 중점을 두는 것이다. 공급사슬은 자재와 서비스가 시작점에서 최종 목적지까지 흐르는 과정을 포함하므로 에너지를 소비하게

된다. 에너지 소비는 기업 관점에서 비용이 많이 들 뿐만 아니라 환경에도 부정적인 영향을 미칠 수 있다. 점점 더 많은 기업이 **탄소발자국**(carbon footprint)을 측정하고 있으며, 이는 자사의 운영을 지원하기 위해 배출되는 온실가스의 총량으로, 일반적으로 이산화탄소 환산 톤수로 표현된다. 탄소발자국의 주요 원인은 화석연료, 특히 석유, 디젤, 휘발유이며, 이는 공급사슬 물류 운영에서 광범위하게 사용된다. 따라서 기업들은 공급사슬 전반에 걸쳐 에너지 소비의 효율성을 높이는 것이 중요하다.

탄소발자국
기업 운영 활동에서 발생하는 온실가스의 총량으로, 일반적으로 이산화탄소 환산 톤수(CO_2)로 표현됨

이 절에서는 먼저 역물류를 살펴본 후, 물류 관리자들이 운영의 에너지 효율을 향상하기 위해 활용할 수 있는 세 가지 수단을 논의한다: (1) 운송 방식의 선택, (2) 운송 거리의 단축, (3) 화물 밀도의 증가. 마지막으로 지속가능한 공급사슬을 설계하고 유지하는 데 있어 관리자들이 참고할 수 있는 가이드라인 및 표준을 살펴본다.

역물류

기업 활동에 대한 환경적 우려는 대중 매체를 통해 매일 제기되고 있다. 서비스 제공업체들은 운영 효율성을 높이고 환경에 미치는 영향을 줄일 수 있는 방안을 모색하고 있으며, 제조업체들은 자사 제품에 대해 전 생애주기에 걸친 책임을 져야 한다는 압력을 받고 있다. 이러한 환경 문제에 대응하고 제품의 전체 수명주기를 관리하기 위해 몰슨 쿠어스 브루잉 컴퍼니(Molson Coors Brewing Company), 델(Dell), 캐터필라(Caterpillar)와 같은 기업들은 역물류를 활용하고 있다.

역물류를 적용한 공급사슬 설계

제품의 전 생애주기에 걸쳐 환경적으로 책임 있는 방식으로 공급사슬을 설계하려면 어떻게 해야 할까? 정방향 물류(forward logistics)와 역방향 물류(reverse logistics)를 통합한 공급사슬을 **폐쇄형 공급사슬**(closed-loop supply chain)이라고 하며, 이는 제품의 시작부터 폐기까지 전 과정을 포괄하는 운영사슬 전체에 초점을 맞춘다. 그림 15.8은 제품이 새로운 서비스/제품 개발 과정에서 시작되어 고객에게 도달한 후, 수명이 끝난 시점에 가치를 극대화하기 위한 역물류 과정에 진입하는 흐름을 보여준다.

폐쇄형 공급사슬
정방향 물류와 역방향 물류를 통합해 제품의 출발부터 폐기까지 전 과정을 아우르는 운영사슬 전체에 초점을 맞춘 공급사슬

역물류 운영은 정방향 물류 흐름과 상당히 다르며, 비용도 몇 배 이상 소요된다. 기업은 최

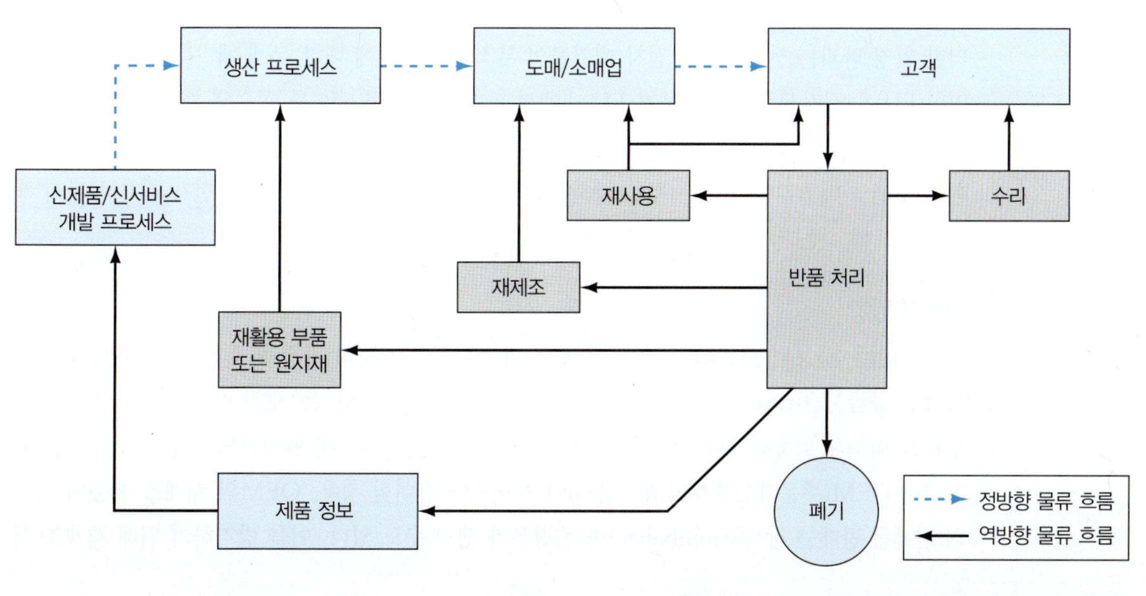

그림 15.8 폐쇄형 공급사슬의 흐름도

출처: ISAAC LAWRENCE/AFP/Getty Images

소득 증가로 수백만 명이 첨단 통신 기기를 구매할 수 있게 되면서, 아시아 전역에서 전자 폐기물이 급격히 증가하고 있다. 사진에서 홍콩 신계 지역 셩슈이(上水)의 한 작업장에서 작업자가 전자기기 분류 시설에서 물품을 정리하고 있다. 물품 중 일부는 수리되어 재판매되고 나머지는 재활용을 위한 처리 시설로 이송될 예정이다.

종 고객으로부터 사용된 제품을 회수할 수 있도록 편리한 수거 지점을 구축해야 하며, 이 제품들을 반품 처리 시설로 운송해야 한다. 이 시설은 제조업체가 직접 운영하거나 제품 분해 및 잔여 가치 회수에 숙련된 외부 공급업체에 위탁할 수 있다. 처리 방법에는 여러 가지가 있다. 제품이 작동하지 않는 경우 수리해 고객에게 계속 사용할 수 있도록 다시 제공할 수 있다. 또는 세척 및 재정비를 통해 바로 사용 가능한 상태로 만든 후, 리스 제품의 경우처럼 유통 경로로 다시 보내거나, 유지보수 보증이 적용되는 경우처럼 고객에게 직접 반환할 수 있다. 제품을 분해하고, 필요한 경우 새로운 부품으로 재조립한 후 유통 경로로 재투입하는 재제조(remanufacture)도 가능하다. 마지막으로, 제품을 완전히 분해한 뒤, 사용 가능한 부품과 자재를 세척 및 테스트해 생산 공정에 재투입할 수도 있다.

역물류 과정에는 두 가지 중요한 부산물이 있다. 하나는 반드시 적절히 폐기되어야 하는 폐기물, 그리고 다른 하나는 제품 정보로, 이는 향후 신제품의 개선을 위해 신규 서비스/제품 개발 과정으로 전달된다.

전자 산업에서는 역물류 프로세스(reverse logistics process)가 특히 중요하다. 새 컴퓨터를 구입한 후, 이전에 사용하던 컴퓨터는 어떻게 처리되는지 궁금해한 적이 있는가? 아마 새 제품을 구매한 매장에 넘겼거나, 단순히 가정용 쓰레기통에 버렸을 수도 있다. 미국에서는 사용을 마친 컴퓨터가 재활용되는 것보다 매립되는 경우가 더 많다. 그러나 구형 컴퓨터에는 재활용 가능한 전자 부품 소재가 포함되어 있을 뿐 아니라, 적절히 처리되지 않으면 토양에 스며들 수 있는 독성 물질도 함께 들어 있다. 예를 들어 컴퓨터 회로 기판에는 납과 카드뮴, 모니터와 음극선관(CRT)에는 산화납과 바륨, 스위치와 평면 디스플레이에는 수은, 인쇄 회로 기판과 플라스틱 외장에는 난연제가 포함되어 있다.

많은 전자 폐기물 재활용 업체들은 기술 수준이 낮은 국가에 재활용 작업장을 가지고 있다. 이들 국가에서는 재활용 가능한 자재가 수집되어 처리되지만, 대다수 작업자가 보호 장비 없이 작업하며, 처리 과정에서 발생한 화학 물질을 근처 하천이나 강으로 그대로 흘려보내기도 한다. 처리되지 않은 기타 물질들은 쓰레기 더미에 방치되어 독성 물질이 그대로 유출되기도 한다. 이러한 환경 파괴는 선진국에서 전자 폐기물의 부적절한 처리에 대한 문제 제기를 불러왔다. 유럽연합(EU)은 전자제품 제조업체가 EU 내에서 판매한 제품의 65%를 회수해 재활용하도록 의무화하는 법률을 제정했다. 미국 내 일부 주에서는 전자 폐기물 및 재활용 과정에서 발생하는 화학 부산물을 매립지에 버리는 것을 금지하고 있으며, 전자제품 제조업체가 전자 폐기물 관리 책임을 지도록 하는 방안을 검토하고 있다.

재무적 영향

일부 기업은 사용된 제품과 자재의 재제조, 재활용, 수리 등의 과정을 소유하고 운영함으로써 역방향 공급사슬(reverse supply chain)에 참여하고 있다. 이들은 제조 공정에 재사용 가능한 부품을 회수해 활용하거나, 재제조된 제품을 경쟁력 있는 가격에 판매함으로써 이익을 얻는다. 그러나 OEM(주문자상표부착생산업체)이 재제조에 참여할 경우, OEM의 재제조 제품이 자사의 신제품 판매를 잠식(cannibalize)하는 경우가 생길 수도 있다. 이를 방지하기 위해 재제조 제품에 적용되는 가격 하한선, 판매 가능한 시장의 제한, 유통 채널의 제한, 보증 기간 축소와 같은 제약이 생기기도 한다.

물론 재제조를 하지 않을 경우에도 기회비용이 발생할 수 있다. 예를 들어 고객들이 환경적으로 무책임한 방식으로 제품을 폐기하면, 제품의 제공기업은 정부 등에 의해서 비용 부담이 큰 규제를 받게 될 위험이 있다. 또는 제3의 제조업체가 미회수된 중고 제품을 수집하거나 구매해 재제조한 뒤, 이를 신제품과 경쟁하는 방식으로 시장에 판매하는 경우도 있다. 레이저 프린터나 잉크젯 카트리지의 리필 제품이 대표적인 사례로, 이는 HP, 델(Dell), 엡손(Epson)과 같은 원제조업체의 수익성에 악영향을 준다.

다른 기업이나 개인들 또한 사용된 제품과 자재를 처리 목적으로 제공함으로써 역물류 공급사슬에 참여한다. 역방향 공급사슬이 재무적으로 실행 가능하려면 사용 후 제품과 자재의 지속적인 공급이 필요하며 공급량, 품질(제품 상태), 공급 시점을 조절하기 위한 다양한 인센티브가 활용될 수 있다. 인센티브의 예는 다음과 같다.

- 보상금(fee): 사용자가 재사용 가능한 제품이나 재활용 자재를 반납할 경우 일정 금액의 보상금을 지급하는 방식이다. 일반적으로 이 보상금은 제품이나 자재의 상태에 따라 달라지는데, 이는 해당 품목의 재사용 가능성에 영향을 미치기 때문이다. 월마트와 같은 일부 기업은 과거에는 폐기하던 유용한 자재를 재활용함으로써 상당한 수익을 창출한 바 있다.
- 보증금(deposit fee): 제품 또는 그 용기의 반환을 유도하기 위해 보증금을 미리 부과하는 방식이다. 사용자가 제품이나 용기를 반환하면 보증금을 환급받게 된다. 이 방식은 예를 들어 대여용 트레일러처럼 다음 고객이 사용하기 전 반드시 세척과 점검이 필요한 제품에 적용될 수 있다. 또는 제품 유통과 관련해, 일부 주(州)의 맥주병 보증금 제도처럼 적용되기도 한다.
- 회수 프로그램(take back): 고객이 더 이상 필요하지 않은 자사 제품을 폐기하고자 할 때 기

경영 과제 운영 및 물류

이글 트럭킹 컴퍼니(Eagle Trucking Company)는 연간 매출 2,300만 달러 규모의 운송 회사로, 석유 및 가스, 헬스케어, 정부, 식품 산업을 대상으로 서비스를 제공하고 있다. 인디애나주 포트웨인에 본사를 둔 이 회사는 전량 운송(truckload, TL)과 소량 혼재 운송(less-than-truckload, LTL), 플랫베드 중량 화물 운송, 유통망 설계 등의 서비스를 운영 중이다.

회사의 최고경영자(CEO)인 토드 베이커(Todd Baker)는 최근 중서부트럭운송협회(Midwest Trucker's Association) 회의에 참석해, 미국 환경보호청(EPA)이 시작한 스마트웨이(SmartWay)라는 프로그램의 착수계획에 대해 알게 되었다. 이 프로그램은 운송업체, 화주, 소비자가 지속가능성에 대해 점점 더 큰 관심을 갖고 있다는 점에 착안해 출범한 것이다. 프로그램에 참여하는 운송업체는 자사 차량에 대한 데이터(예: 연간 주행 거리, 평균 적재량, 사용 연료 종류)를 제공하게 되며, 이를 바탕으로 온실가스 배출량이 산정되고, 다른 운송업체들과 비교한 순위가 공개된다. 이 순위는 화주들이 지속가능성을 고려한 운송업체 선택에 참고하게 된다. 스마트웨이는 자발적 참여 프로그램이지만, 토드는 사실상 이글 트럭킹이 이 프로그램에 참여하고 좋은 등급을 받아야 한다는 현실을 직감하게 되었다. 사무실로 돌아오자마자 그는 즉시 임원 회의를 소집했다.

회의에는 고객 경험 부사장 킴벌리 더럼(Kimberly Durham), 운영 및 물류 부사장 재커리 마리스(Zachary Maris), 전략 및 프로젝트 담당 부사장 카라 프리베(Kara Priebe)가 참석했다. 토드는 스마트웨이 프로그램을 설명한 후, 각자의 의견을 요청했다. 재커리는 공급 부족으로 인해 생산공장이 운영 시간을 줄이면서 전체 업계의 운송량이 감소하고 있고, 이로 인해 비효율적인 소량 혼재 운송(LTL)이 증가하고 있다고 지적했다. LTL 트럭은 여러 픽업 장소, 중간 허브, 배송지까지 경유해야 하며, 이는 비효율적이다. 재커리는 더 나은 노선이나 대량 운송을 유도할 수 있는 운임 체계가 필요하다고 제안했다. 또한 장거리 운송에서는 철도 운송업체와의 협력이나 경량 트럭으로의 전환도 검토할 수 있다고 덧붙였다. 한편, 신기술 도입을 담당하는 카라는 단거리 전기 트럭의 도입 가능성을 조사해보겠다고 말했다. 킴벌리는 환경친화적 메시지를 마케팅 캠페인에 활용할 수 있게 되어 기뻐했다.

토드는 각 부서장에게 이글 트럭킹의 탄소발자국을 줄일 수 있는 구체적인 계획을 마련해 오라고 요청했다. 이 장의 후반부는 이러한 계획을 수립하는 데 도움이 될 것이다.

업이 무상으로 이를 회수해주는 제도다. 예를 들어 델은 고객의 중고 컴퓨터를 무료로 수거해 재활용하며, 이를 위해 분해와 재활용이 용이하도록 제품을 설계하고 있다.

- **트레이드 인**(trade-in): 기존 제품을 반납하면서 새 제품으로 교환하거나 일정 금액을 보상받는 방식이다. 예를 들어 자동차의 리퍼브(재제조) 엔진을 구매할 때는 기존 엔진을 반납해야 하며, 반납된 엔진은 부품 단위로 분해되거나 재제조되어 다른 고객에게 판매된다.
- **재활용 지역 사회 프로그램**(community programs): 지역 사회나 단체에서 특정 품목의 폐기를 위한 특별 수거일을 정해 운영하는 방식이다. 이는 자동차 타이어, 페인트, 금속 등 일반 쓰레기 수거 대상이 아닌 품목들을 대상으로 하며, 효율적인 폐기를 돕는다.

많은 기업과 개인은 단지 환경 보호라는 이유만으로도 자발적으로 중고 제품과 자재를 재활용하고자 한다. 그러나 이러한 인센티브가 없다면 많은 역물류 공급사슬은 유지되기 어려울 것이다.

역물류는 기업이 환경적으로 책임 있는 방식으로 운영될 수 있는 하나의 방법이다. '경영 과제'에서는 기업의 탄소발자국을 줄이는 또 다른 방법을 소개했다.

운송 방식

대표적인 운송 방식은 (1) 항공 화물, (2) 트럭 운송, (3) 해상 운송, (4) 철도 운송을 들 수 있다. 에너지 효율 측면에서 보면 항공 화물과 트럭 운송이 해상 운송이나 철도 운송보다 훨씬 비효율적이다. 미국철도협회(Association of American Railroads)에 따르면, 철도는 트럭보다 평균적으로 연료 효율이 3배 높으며, 1갤런의 연료로 거의 500마일에 달하는 화물을 1톤 단위로 운송할 수 있다. 미국 환경보호청(EPA) 역시 철도를 톤-마일당 유해 배출량 측면에서 가장 친환경적인 수단으로 평가한다. 또한 화물 열차는 고속도로의 혼잡을 완화하는 데 기여하는데, 일반적인 열차 한 대는 수백 대의 트럭이 운송할 양에 해당하는 화물을 수송한다. 반면, 트럭은 더 유연하며 고객의 문 앞까지 직접 배송이 가능하다는 장점이 있다.

복합 운송
하나의 화물을 운송할 때 선박, 철도, 트럭 등 서로 다른 운송 수단을 혼합해 사용하는 방식으로, 예를 들어 컨테이너나 트럭 트레일러를 철도 화차에 실어 운송하는 경우가 이에 해당함

화주들은 트럭의 문전 배송 편의성과 철도나 해상 운송의 장거리 비용 절감 효과를 동시에 얻기 위해 **복합 운송**(intermodal shipment)을 활용할 수 있다. 복합 운송은 하나의 화물을 운송하는 데 두 가지 이상의 운송 수단을 혼합하는 방식으로, 예를 들어 해상 컨테이너나 트럭 트레일러를 철도 화차에 실어 이동시키는 경우가 이에 해당한다. EPA에 따르면, 1,000마일 이상의 장거리 운송에서 복합 운송을 이용하면 트럭 단독 운송 대비 연료 사용량과 온실가스 배출량을 최대 65%까지 절감할 수 있다. 예를 들어 4만 파운드의 화물을 보스턴에서 로스앤젤레스로 트럭으로 운송할 경우 약 4.35톤의 탄소를 배출하지만, 복합 철도 운송을 이용하면 배출량이 약 1.75톤에 불과하다.[6] 자전거나 잔디 깎는 기계에서부터 카드, 의류에 이르기까지 다양한 소비재는 물론, 산업 및 농업 제품 또한 점점 더 많이 복합 운송을 통해 수송되고 있다. 이러한 모든 요소는 환경친화적인 공급사슬을 설계할 때 고려되어야 한다.

운송 수단을 선택할 때는 물론 다른 요소들도 고려된다. 항공 화물은 가장 빠르지만 비용이 높다. 트럭은 가장 유연해 항공, 해상, 철도로는 경제성이나 현실성 측면에서 접근이 어려운 목적지까지도 도달할 수 있다. 해상 운송은 대륙 간 운송에서 선호되는 방식이며, 일반적으로 더 무거운 컨테이너를 수송할 수 있어 필요한 운송 횟수를 줄일 수 있다. 게다가 각 운송 수단은

---

6 Stephen Hamilton, "Intermodal Offers a Greener Way of Shipping," https://www.mhlnews.com/transportation-distribution/article/22037196/intermodal-offers-a-greener-way-of-shipping (April 29, 2010).

설계 단계에서 에너지 효율을 높일 수 있는 기회를 제공한다. 운송 수단 설계 시 고려해야 할 요소에는 다음과 같은 것이 있다.

- 상대 항력(relative drag): 주어진 크기와 속도의 차량을 추진하는 데 필요한 에너지
- 유효 적재율(payload ratio): 완전히 적재된 차량의 중량 대비 실질적인 화물 적재 용량
- 추진 시스템(propulsion systems): 차량을 이동시키는 데 사용되는 기술

출처: nitinut380/Shutterstock

태국 치앙마이에서 촬영된 닛폰익스프레스 트럭이 일본에서 출발해 항만에서 인수한 해상 컨테이너를 운송하는 모습은 복합 운송의 중요성을 보여준다.

출처: Marijan Murat/dpa picture alliance/Alamy Stock Photo

다임러 AG의 한 직원이 전기 트럭인 메르세데스-벤츠 eActros에 충전 플러그를 연결하고 있다. 이 장거리 운행용 모델은 600kWh 배터리 팩을 탑재하고 있으며, 최대 주행 거리는 약 310마일에 달한다. 완전 충전에 걸리는 시간은 충전소의 출력에 따라 달라지며, 1메가와트 출력의 충전소에서는 배터리를 20%에서 80%까지 충전하는 데 30분이 채 걸리지 않는다.

전기 트럭

전기 트럭(eTruck)은 20세기 초반에 처음 사용되었으나, 이제 첨단 기술과 함께 다시 주목받고 있다. 앞으로 차량 운영 관리자들은 장거리 운행을 위한 대형 트럭(heavy-duty trucks, HDT), 지역 운송을 위한 중형 트럭(medium-duty-trucks, MDT), 도심 내 운송을 위한 소형 트럭(light-duty trucks, LDT)의 세 가지 전기 트럭 등급 중에서 선택할 수 있게 될 것이다. 이러한 전기 트럭에 대한 관심이 다시 높아지는 데는 세 가지 주요 요인이 있다.

첫째, 총소유비용(total cost of ownership, TCO) 기준으로 볼 때, 전기 트럭은 비교적 짧은 기간 내에 디젤 트럭과 비슷한 경제성을 확보할 수 있다. 둘째, 전기차 기술과 관련 인프라가 점점 더 비용 경쟁력을 갖추고 있다. 셋째, 국가 단위의 이산화탄소 배출 기준이나 지역 단위의 무배출 구역 설정과 같은 규제 환경이 새로운 기술 도입을 촉진하고 있다. 예를 들어 미국에서는 2027년까지 탄소 배출량을 최대 25% 줄이도록 요구하는 규제가 마련되어 있는데, 이러한 규제만으로는 전기 트럭 도입을 촉진하기에 부족할 수 있다. 왜냐하면 내연기관 차량의 공기역학적 설계 개선, 저저항 타이어, 엔진 효율 향상 등 다른 기술들의 발전으로도 같은 목표를 달성할 수 있기 때문이다.

한편, 전기 트럭 기술의 확산에는 여러 장벽이 존재한다. 신형 트럭의 신뢰성이 입증되어야 하며, 충전 인프라 구축도 필요하다. 중형(MDT) 및 소형(LDT) 트럭은 기존의 승용차 충전 인프라를 활용할 수 있을 것으로 보이지만, 대형 트럭(HDT)을 효율적으로 충전하기 위해서는 기술 업그레이드가 필수적이다. 예를 들어 장거리 운송용 대형 트럭의 경우, 약 1,000킬로와트시 배터리를 평균 출력 120킬로와트의 슈퍼차저로 충전할 경우 약 8시간이 소요된다. 또한 정비와 유지보수를 위한 공급사슬 전반의 교육과 훈련도 요구된다.[7]

전 세계의 많은 기업이 온실가스 배출량을 줄이기 위해 에너지 효율적인 기술을 적극 도입하고 있다. 예를 들어 월마트는 엔진을 작동하지 않고도 냉장을 유지할 수 있는 파워 유닛을 갖춘 디젤-전기 냉장 트럭을 구매해, 1년 만에 약 7,500만 달러의 연료비를 절감하고 40만 톤의 이

7 Bernd Heid, Russell Hensley, Stefan Knupfer, and Andreas Tschiesner, "What's Sparking Electric-Vehicle Adoption in the Truck Industry?" mckinsey.com/industries/automotive-and-assembly/our-insights/what's-sparking-electric-vehicle-adoption-in-the-truck-industry? (September 2017).

산화탄소(CO_2) 배출을 줄였다. 페덱스, UPS, DHL과 같은 운송 서비스 기업들도 노후 장비를 에너지 효율성이 높은 신형 장비로 교체하면서 탄소발자국을 크게 줄이고 있다. 인도 뉴델리에서는 도시 내 대기 오염을 줄이기 위해 모든 상업용 차량에 액화천연가스(LNG), 압축천연가스(CNG), 또는 전기차를 사용하는 정책이 추진 중이다.

이처럼 환경 문제를 고려하면서도 기업의 경쟁 우선순위를 만족시키는 공급사슬을 설계하는 것은 매우 도전적인 과제가 될 수 있다.

운송 거리

물류 관리자들은 자재를 이동하거나 서비스를 제공할 때 이동 거리를 줄임으로써 에너지 소비량을 감소시킬 수 있다. 이를 실현하는 방법은 크게 두 가지가 있다. 첫 번째 방법은 공급사슬의 설계를 통해 가능하다. 고객이 밀집해 있는 지역 근처에 서비스 시설이나 제조 공장을 배치하면 제품이나 서비스를 제공하기 위한 운송 거리를 줄일 수 있다. 또한 제조 공장이나 서비스 시설 가까이에 있는 공급업체를 선택하면 자재 조달에 필요한 연료 사용량을 줄일 수 있다. 물론 이러한 공급업체는 기업의 품질 및 성능 요건을 충족해야 한다.

운송 경로 계획
서비스나 제품을 전달하기 위한 가장 짧은 경로를 찾는 활동

두 번째 방법은 **운송 경로 계획**(route planning)을 통해 에너지 효율성을 높이는 것이다. 공급사슬 설계가 완료된 후에는, 일상적으로 고객에게 제품이나 서비스를 제공할 때의 이동 거리를 최소화하는 것이 중요하다. 이 문제에는 전통적으로 두 가지 대표적인 방법론이 있다. 첫 번째는 **최단 경로 문제**(shortest route problem)로, 네트워크나 지도상에서 두 지점 간 가장 짧은 거리를 찾는 문제이다. 이 문제를 해결하기 위한 수학적 기법이 개발되어 있지만, 오늘날에는 차량용 GPS 시스템과 구글지도, 맵퀘스트, 웨이즈 같은 웹사이트 및 앱을 활용해 신속하게 에너지 효율적인 경로를 찾을 수 있다. 자체 배송 차량을 운영하는 제조업체나 3자 물류(3PL) 제공업체는 이러한 경로를 활용해 배송 비용을 절감할 수 있다.

최단 경로 문제
네트워크나 지도상에서 두 도시 간의 가장 짧은 거리를 찾는 것을 목표로 하는 문제

외판원 문제
각 도시를 단 한 번씩 방문하고 출발 도시로 돌아오는 가장 짧은 경로를 찾는 것을 목표로 하는 문제

두 번째는 **외판원 문제**(traveling salesperson problem)로, 각 지점(도시)을 단 한 번씩 방문하고 출발 지점으로 되돌아오는 가장 짧은 경로를 찾는 문제이다. 이 문제는 해결이 훨씬 더 어렵지만, 배송 서비스에서는 매일 이 문제에 직면하게 된다. 창고나 물류센터, 허브 등 중앙 출발지에서 여러 목적지로 향하는 주문이 트럭에 실리고, 해당 트럭은 물품을 배송하거나 수거한 후 다시 출발지로 돌아와야 한다. 이때 트럭이 방문해야 할 도시의 순서를 어떻게 정해야 총 운송 거리가 가장 짧은가가 문제의 핵심이다. 예를 들어 그림 15.9는 4개의 도시가 연결된 외판원 문제를 보여주며, 각 도시 간의 주행 거리가 연결선(호)에 표시되어 있다. 이 경우 가능한 경로는 다음 세 가지뿐이다(단, 모든 도시는 양방향 통행이 가능하다고 가정).

- 중앙 허브(Central Hub)-A-B-C-중앙허브(Central Hub) → 90 + 100 + 120 + 80 = 390마일
- 중앙허브(Central Hub)-B-C-A-중앙허브(Central Hub) → 85 + 120 + 130 + 90 = 425마일
- 중앙허브(Central Hub)-C-A-B-중앙허브(Central Hub) → 80 + 130 + 100 + 85 = 395마일

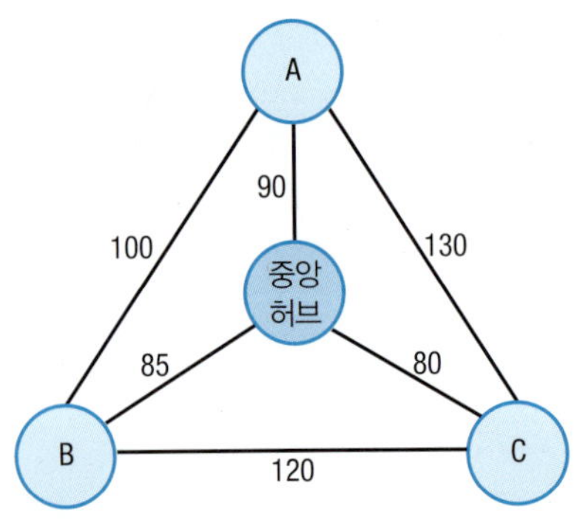

그림 15.9 4개의 도시를 경유하는 외판원 문제

이 중 최적 경로는 중앙허브-A-B-C-중앙허브로, 총 390마일이다.

이처럼 가능한 경로를 모두 나열해 비교하면 최적 경로를 찾을 수 있을 것처럼 보이지만, 도시 수가 많아지면 계산량은 급격히 증가한다. 만약 방문해야 할 도시가 n개라면, 고려해야 할

경영 사례 15.1 UPS의 경로 계획

연간 매출 1,003억 달러 규모의 UPS는 2022년에만 전 세계 220여 개 국가 및 지역에서 62억 개의 소포를 배송했다. 이는 하루 평균 2,430만 개의 소포를 배송한 것이며, 이를 위해 많은 거리를 이동해야만 했다. 빠른 배송이 요구되는 오늘날, 막대한 물량을 처리해야 하는 UPS와 같은 기업에 이는 큰 도전이다. 소포를 제시간에 배송하는 일은 단순히 트럭에 올라타 운전하는 것만으로 해결되지 않는다. 왜냐하면 배송할 수 있는 경로가 매우 다양하기 때문이다. 장거리 경로는 항만이나 공항과 같은 통관 지점에서 수백 마일 떨어진 물류센터로 연결되는 반면, 단거리 경로는 고객에게 소포를 배송하거나 반대로 회수하는 역할을 한다. 약 50만 명의 직원과 12만 3,000대의 차량(트럭, 밴, 트랙터, 오토바이 등)을 운영하는 UPS에게 경로 계획은 성공의 핵심 요소이다.

경로 계획은 다수의 정차 지점이 있는 차량의 총 주행 거리나 시간을 최소화하는 동시에 다음 요소를 고려한다.

- 배송 주소 수
- 차량 보유 대수
- 가능한 배송 시간대
- 배송지 및 배송 순서
- 현재 교통 상황

배송 경로를 개선하면 (1) 탄소 배출량 감소, (2) 고객 서비스 향상, (3) 생산성 향상, (4) 시장점유율 확대 같은 효과를 기대할 수 있다. 이러한 이유로 UPS는 자체적으로 도로 통합 최적화 및 내비게이션 플랫폼(on-road integrated optimization and navigation, ORION)을 개발했다. 이 시스템은 고도화된 알고리즘, 인공지능(AI), 머신러닝(ML)을 활용해 북미와 유럽 전역의 6만 6,000개 경로를 최적화해 주행 거리와 연료 소모를 줄인다.

AI와 머신러닝은 기존에 운전자가 실제 주행한 경로 데이터를 활용해 다음과 같은 질문에 대한 해답을 찾는다.

- 특정 다중 정차 경로에서 운전자가 가장 많은 시간을 소모하는 지점은 어디인가?
- 그 이유는 무엇인가?
- 시간을 절약한 대안 경로가 있었는가?

이 데이터는 운전자의 모바일 기기, GPS 추적, 차량 센서를 통해 수집되어, UPS가 개선이 필요한 지점을 파악하는 데 큰 도움을 준다. 예를 들어 UPS 운전자는 DIAD(Delivery Information Acquisition Device)라는 검은색 모바일 기기를 들고 다니며, 이 장치는 소포가 어디서 출발해 어디로 배송되었는지 실시간으로 추적할 수 있게 해 준다. 이 데이터는 향후 경로 계획에 매우 유용한 정보로 활용된다.

UPS는 또한 다음과 같은 지표(metrics)를 활용해 배송 시간을 개선하고 있다.

UPS 운전자가 특정 위치에 배송할 소포를 식별하기 위해 DIAD를 사용하고 있다.

출처: David Paul Morris/Bloomberg/Getty Images

- 소포의 내용물
- 개별 운전자의 효율성
- 특정 지역을 주행할 때의 난이도

ORION에는 UPSNav 기능이 포함되어 있는데, 이는 도로에서 보이지 않는 특정 하차 위치(예: 하역장, 후문 등)로 가는 정밀한 세부 경로(turn-by-turn) 안내를 제공한다. 흥미롭게도, UPS는 미국 내 배송 경로에서 좌회전을 피하는 전략을 활용한다. 왜 그럴까? 우회전만으로도 대부분의 경로는 주행할 수 있기 때문이다. 혼잡한 도로에서 좌회전은 신호 대기로 인한 지연을 초래하거나, 신호가 없는 경우에는 교차 차량이 지나갈 때까지 기다려야 하므로 시간과 연료 낭비가 발생한다. 반면에 우회전은 빨간불일 때도 허용되며, 경우에 따라서는 좌회전 한 번보다 우회전 세 번이 더 빠를 수 있다.

마지막으로 주목할 기능은 동적 경로 재설정(dynamic rerouting)이다. 구글지도나 웨이즈를 사용해 본 사람이라면 실시간 경로 안내에 익숙할 것이다. 이 기능은 사고, 혼잡, 도로 공사 등을 감지하고 대체 경로를 안내하는 시스템이다. UPS의 ORION 역시 이러한 기능을 갖추고 있다. 배송 기사가 하루에 100개의 정차 지점을 방문해야 하고, 교통 상황 외에도 날씨나 추가 배송 요청 등 다양한 변수에 대응해야 하기 때문이다. ORION은 UPS가 그동안 총 주행 거리 약 1억 마일을 절감하고, 이산화탄소(CO_2) 배출량 약 10만 톤, 연료 약 1,000만 갤런을 절약하는 데 기여했다. ORION은 수학적으로 최적화된 경로를 제공한다고 주장하지 않는다. 대신, AI와 머신러닝 기능을 통해 시간이 지남에 따라 계속해서 개선되는 '실용적인 경로'를 제공하는 것을 목표로 한다.[8]

8 출처: "UPS to Enhance ORION with Continuous Delivery Route Optimization," https://about.ups.com/us/en/newsroom/press-releases/innovation-driven/ups-to-enhance-orion-with-continuous-delivery-route-optimization.html (January 29, 2020); Rakesh Patel, "FedEx vs UPS vs Google Maps: What Is the Optimal Route Planner for Deliveries," *Upper*, https://www.upperinc.com/comparison/fedex-ups-google-maps/ (March 17, 2021); Paul Sawers, "UPS Will Now Use Dynamic Routing to Get Parcels to You on Time," *Venture Beat*, https://venturebeat.com/ai/ups-will-now-use-dynamic-routing-to-get-parcels-to-you-on-time/ (January 29, 2020); Zach Blank, "More Than Just Route Planning: How UPS Drivers Optimize Their Routes," *Straightaway*, https://www.getstraightaway.com/blog-posts/more-than-just-route-planning-how-ups-drivers-optimize-their-routes, (February 23, 2021).

경로 수는 $(n-1)! \div 2$개이다. 예를 들어 도시가 8개일 경우, 가능한 경로는 2,520가지나 된다. 이는 모든 도시 간에 도로가 연결되어 있다고 가정하며, 한 경로와 그 역순 경로는 동일한 거리로 간주해 전체 경로 수를 절반으로 나눈 것이다.

모든 가능한 경로를 완전 탐색(complete enumeration)해 문제를 푸는 것도 한 가지 방법이지만, 계산량이 매우 커지는 단점이 있다. 만약 대도시 내 100곳에 정차해야 하는 배달 차량의 최적 경로를 찾는다면, 어떤 방식으로 이 문제를 해결할 수 있을까? 경영 사례 15.1에서는 UPS가 이를 어떻게 해결하고 있는지 설명한다.

출처: Juice Verve/Shutterstock

이 화물 팔레트의 발송자는 밀도, 중량, 거리 등을 포함한 여섯 가지 요인에 따라 책정되는 운임 요금을 부담한다.

화물 밀도

트럭 밴, 컨테이너, 철도 화차에는 모두 화물의 부피와 중량에 대한 제한이 있다. 제품이 차지하는 부피를 줄이면서도 운송 수단의 허용 중량 범위 내에 머무를 수 있다면, 동일한 수량의 제품을 운송하는 데 필요한 트럭, 컨테이너, 화차의 수를 줄일 수 있다. 화물 밀도는 일반적으로 세제곱피트당 파운드(pounds per cubic foot)로 측정되며, 이는 운송 등급(freight class)과 화주가 부담해야 할 운송비용에 직접적인 영향을 미친다. 화물 밀도가 낮을수록 등급이 높아지는데, 이는 운송 수단의 부피는 다 찼지만 중량 제한에는 도달하지 못했기 때문이다. 예를 들어 1,000파운드의 탁구공은 1,000파운드의 볼링공보다 훨씬 더 많은 공간을 차지하게 된다.

기업은 다음과 같은 방법을 통해 화물 밀도를 높일 수 있다.

- 포장재의 부피를 줄인다.
- 제품 포장을 재설계해 더 적은 공간을 차지하게 한다.
- 제품의 조립을 고객 인수 시점까지 연기해, 운송 시에는 부피를 최소화한다.

3자 물류 업체(3PL)를 활용해 자재나 제품을 고객에게 운송하는 기업은 다음 여섯 가지 요소에 따라 운송 요금(freight rate)을 지불해야 한다.

1. 화물 밀도
2. 화물 중량
3. 운송 거리
4. 상품의 파손 위험성
5. 상품의 가치
6. 상품의 적재 및 취급 특성: 상품의 적재성(loadability)은 화물이 표준 컨테이너나 트럭 밴에 얼마나 효율적으로 적재될 수 있는지를 의미한다. 또한 일부 화물은 상하차 과정에서 특별한 취급이 요구될 수 있다.

표 15.1은 특정 ZIP 코드 간의 화물 운송을 예로 들어, 운송 등급에 따른 요율과 중량 구간(weight break)을 보여준다. 요율은 CWT(centum weight, 100파운드당 요율) 기준으로 표시된다. 화물의 운송 등급(freight classification)은 NMFC(National Motor Freight Classification) 요율표에 따라 결정되며, 앞서 언급한 후반 네 가지 요인(파손 위험성, 상품 가치, 적재성, 취급 특성)을 기준으로 분류된다. 운송 등급은 50부터 500까지 총 18단계가 있으며, 이동 거리, 화물 중량, 운송 등급에 따라 요율이 조정된다. 표 15.1은 등급이 높아질수록 요

표 15.1 중량 구간과 운송 등급(단위: 파운드)

등급	500 미만	500	1,000	2,000	5,000	10,000	20,000 이상
50	34.30	28.32	24.25	23.04	17.58	15.74	10.47
55	36.94	30.50	26.12	24.82	18.93	17.41	11.58
60	39.59	32.69	27.99	26.60	20.29	19.08	12.69
65	41.94	34.64	29.66	28.18	21.49	20.27	13.48
70	44.64	36.86	31.56	29.99	22.88	21.94	14.59
77.5	48.10	39.72	34.01	32.32	24.65	23.85	15.86
85	51.90	42.86	36.70	34.87	26.60	26.24	17.45
92.5	55.89	46.15	39.52	37.56	28.64	28.38	18.87
100	60.27	49.77	42.61	40.50	30.89	30.77	20.46

율이 올라가고, 중량이 많아질수록 단위 중량당 요율은 낮아지는 것을 나타낸다.

표 15.1을 이용한 계산 예시는 다음과 같다. 무게가 2,000파운드이고 운송 등급이 85인 화물의 운송 요율은 단가 34.87달러 × 20단위(CWT)로, 총 697.40달러이다. 같은 품목에 대해 5,000파운드의 화물은 단가 26.60달러 × 50단위(CWT)로 총 1,330달러이다. 이처럼 중량이 증가하면서 총비용도 증가하는 것이 일반적인 현상이다. 그렇다면 4,000파운드의 화물에 대해 어떤 요율이 적용될까? 이 경우, 중량이 2개의 운송등급(2,000파운드와 5,000파운드) 사이에 위치하므로 두 요율 중 어떤 것이 적용되는지 확인해야 한다.

- 2,000파운드 구간 요율(34.87달러)을 적용할 경우: 40 × 34.87 = 1,394.80달러
- 5,000파운드 구간 요율(26.60달러)을 적용할 경우: 40 × 26.60 = 1,064.00달러

이 경우, 실제 중량은 5,000파운드에는 못 미치지만, 더 낮은 총운송비가 나오는 5,000파운드 요율이 적용된다. 따라서 화주는 1,064.00달러만 지불하게 된다.

두 인접한 운송등급 사이의 손익분기점 중량(break-even weight)을 계산하기 위해 다음 변수를 정의한다.

- x = 손익분기점 중량
- A = 낮은 중량 구간(예: 2,000파운드)
- B = 다음 높은 중량 구간(예: 5,000파운드)
- C = A에 해당하는 단가(예: 34.87달러)
- D = B에 해당하는 단가(예: 26.60달러)

손익분기점 중량은 다음 공식으로 계산된다.

$$x = B \times D / C$$

이 예시에서 손익분기점 중량은 (50 × 26.60) ÷ 34.87 = 38.14(CWT), 즉 3,814파운드이다. 따라서 3,814파운드를 초과하는 모든 화물은 더 낮은 운송 요율을 적용받을 수 있다. 예제 15.4는 기업이 화물 밀도를 높이는 것이 자사에 유리한 전략인지 판단하는 방법을 보여준다.

예제 15.4 화물 밀도 증가에 대한 평가

키친 타이디(Kitchen Tidy)가 생산하는 제품 중 하나인 스퀴키 클린(Squeaky Kleen)은 레스토랑과 병원에서 사용하는 타일 클리너다. 이 제품은 5갤런 용기에 담겨 있으며, 각 용기 무게는 48파운드이다. 현재 키친 타이디는 매주 25개 단위로 구성된 팔레트 4개, 즉 총 100개의 제품을 물류센터로 배송하고 있다. 이 제품의 운송 등급은 100이다. 표 15.1에는 이 배송에 적용되는 운송 요율이 나와 있다.

키친 타이디는 환경친화적인 운영을 실현하기 위해 제품 엔지니어들에게 제품 농축 방안을 검토하도록 요청했다. 이 계획은 제품에서 일부 물을 제거해 농축액 형태로 전환하는 것이다. 제품의 본질은 동일하지만, 고객이 사용 전에 물을 추가해야 한다. 이렇게 되면 제품 용기를 더 작게 설계할 수 있게 되어, 팔레트당 50개 단위를 실을 수 있다. 새로운 농축 제품의 용기당 무게는 42파운드로 줄어든다. 이러한 제품 재설계는 결과적으로 화물 밀도를 높이고, 그에 따라 운송 등급도 낮아지게 된다. 새로 계산된 운송 등급은 92.5이다.

표 15.1을 활용해 새로운 제품 설계가 운송비용에 가져오는 절감 효과를 계산하라.

풀이

기존 제품 설계

- 주간 총 배송 중량을 계산하면 팔레트 수 × 팔레트당 단위 수 × 단위당 중량 = 4 × 25 × 48 = 4,800파운드이다.
- 운송 등급은 100이다. 현재 배송 중량(4,800파운드)은 두 중량 구간 사이에 위치한다. 손익분기점 중량을 계산하면 다음과 같다.

$$50 \times 30.89 \div 40.50 = 38.14(\text{CWT}) = 3{,}814\text{파운드}$$

  4,800파운드는 손익분기점 중량을 넘기 때문에 더 낮은 요율이 적용된다.
- 총 주간 배송 비용은 48 CWT × 30.89 = 1,482.72달러이다.

신제품 설계

- 주간 총 배송 중량을 계산하면 팔레트 수 × 팔레트당 단위 수 × 단위당 중량 = 2 × 50 × 42 = 4,200파운드이다.
- 운송 등급은 92.5이다. 이 배송 중량도 두 중량 구간 사이에 위치한다. 손익분기점 중량을 계산하면 다음과 같다.

$$50 \times 28.64 \div 37.56 = 38.126\ \text{CWT} = 3{,}813\text{파운드}$$

  4,200파운드는 손익분기점 중량을 넘기 때문에 더 낮은 요율을 적용할 수 있다.
- 총 주간 배송 비용은 42 CWT × 28.64 = 1,202.88달러이다.

주간 비용 절감액은 1,482.72 − 1,202.88 = 279.84달러이다.

의사결정 포인트

키친 타이디가 새로운 제품 설계를 채택할 경우 다양한 추가 이점도 기대할 수 있다. 더 작은 용기를 사용하면 포장비용을 절감할 수 있고, 이에 따라 마진이 증가한다. 또한 부피 감소는 창고 공간 사용량 감소로 이어진다. 아울러 이같은 친환경적 개선 노력은 키친 타이디의 브랜드 이미지 제고에도 기여할 수 있다. 다만, 고객이 작은 용기를 보고 제품량이 줄었다고 오해하지 않도록 제품 설계 변경에 대한 충분한 안내와 교육이 반드시 필요하다.

지속가능한 공급사슬 관리

국제표준화기구(ISO)는 기업들이 지속가능한 공급사슬을 구축하고 관리할 수 있도록 환경경영시스템을 위한 ISO 14000 시리즈와 사회적 책임 지침을 위한 ISO 26000을 제정했다. **ISO 14001:2004** 표준은 기업의 환경 프로그램에 대한 문서화 요건을 명시하고 있다. ISO 14001:2004는 기업 활동으로 인해 환경에 끼치는 유해한 영향을 최소화하고, 환경 성과의 지속적 개선을 달성하기 위해 기업이 무엇을 해야 하는지를 정의한다. 문서화 기준에 따라 참여 기업은 원자재 사용 내역, 유해 폐기물의 발생, 처리, 폐기 과정을 기록해야 한다. 이 표준은 각 기업이 어떤 물질을 얼마나 배출할 수 있는지 구체적으로 규정하지는 않지만, 환경 성과를 지속적으로 개선하기 위한 계획 수립을 요구한다. ISO 14001:2004는 다음 영역을 포함한다.

ISO 14001:2004
국제표준화기구(ISO)가 개발하고 발행한 환경 관리 관련 국제 표준

- 환경경영시스템(Environmental Management System): 자원 사용과 오염물질 배출 개선을 위한 계획 수립 요구
- 환경 성과 평가(Environmental Performance Evaluation): 기업 인증을 위한 지침 제공
- 환경 라벨(Environmental Labeling): 재활용 가능, 에너지 효율, 오존층 안전 등의 용어 정의
- 전 생애주기 평가(Life-Cycle Assessment): 제품의 제조, 사용, 폐기까지 전 과정에서의 환경 영향을 평가

기업은 정기적으로 외부의 민간 감사 기관으로부터 검사를 받아야 인증을 유지할 수 있다. 포드, GM, IBM, 혼다(Honda of America), 제록스(Xerox) 등 미국 기반 대기업 외에도 전 세계 약 10,000개 기업이 ISO 14001:2004 인증을 받았다.

ISO 26000:2010 지침은 사회적 책임의 일곱 가지 핵심 원칙을 다루는 구조를 제공한다. 원칙은 책무성, 투명성, 윤리적 행동, 이해관계자 이익 존중, 법 준수, 국제 규범 존중, 인권 존중이다. 이 지침은 99개국과 42개 국제기구에서 온 400명의 전문가와 200명의 검증가가 참여해 개발되었다. ISO 26000에는 공식 인증 절차는 없지만, 공공·민간·비영리 부문, 그리고 선진국과 개발도상국을 포함한 모든 규모의 조직에서 사회적 책임 이행을 위한 실천 지침으로 사용되고 있다.

ISO 26000:2010
조직이 자신의 미션 및 비전과 관련되고 중요한 사회적 책임을 효과적으로 평가할 수 있도록 돕기 위한 국제 표준

기업은 ISO 14001:2004와 ISO 26000:2010의 문서화 및 준수 외에도 지속가능한 공급사슬을 보장하기 위해 다음과 같은 단계를 고려할 수 있다.

1. 지속가능한 공급사슬 프레임워크 수립: '지속가능성'이 자사에 어떤 의미인지 명확히 정의, SA8000:2014를 참조해 근로 조건 관련 이슈 반영(13장 '공급사슬관리' 참조).
2. 현 공급업체의 성과 데이터를 수집하고, 동일한 설문지를 잠재 공급업체 평가에 활용.
3. 지속가능한 공급사슬 프레임워크를 모든 사업 부문에 걸쳐 적용: 현재 거래 중인 공급업체뿐 아니라 향후 신규 선정 시에도 반영.
4. 윤리적인 모든 수단을 활용해 공급업체가 동참할 수 있도록 독려.
5. 공급사슬이 지속가능성에 미치는 영향에 대해 주기적으로 보고서 발간.

지속가능한 공급사슬을 설계하고 운영하는 일은 결코 쉬운 과제가 아니다. 그럼에도 불구하고

많은 기업이 지속가능성을 자사의 핵심 운영 목표 중 하나로 설정하고 있다.

다음 절에서는 입지 선정 관련 데이터 및 분석을 활용해 최종 결정을 내리는 방법을 살펴볼 것이다.

체계적인 입지 선정 절차

15.5 체계적인 입지 선정 프로세스의 도구로 선호도 행렬을 활용해 후보지를 평가한다.

완벽한 입지 평가를 위해서는 계량화 가능한 비용 및 여타 요인과 함께 정성적인 요인들도 반드시 고려해야 한다. 신규 공장의 경우 토지와 건설 비용이 물론 중요하지만 환경에 미치는 영향도 충분히 고려해야 한다. 정량적 요인과 정성적 요인을 모두 반영해 분석하려면 어떻게 해야 할까? 체계적인 입지 선정 절차는 새로운 위치에 소매 아울렛, 창고, 사무실 또는 공장을 신설하면 성과가 개선될 것이라는 인식이나 증거에서 시작한다. 입지를 선정하는 절차는 다음과 같이 진행된다.

1. 중요한 입지 요인을 밝히고 이들을 주요 요인과 부수적 요인으로 구분한다.
2. 대안이 될 지역을 마을 수준으로 좁힌 후 특정 부지를 후보로 선정한다.
3. 입지 자문가, 주정부 개발기구, 시·군 등의 계획 부서, 상공회의소, 토지개발업자, 전력회사, 은행, 현장방문 등 다양한 정보원으로부터 자료를 수집한다. 자료와 정보 중 일부는 또한 GIS 내에 포함되어 있다.
4. 연간 수송비나 세금처럼 화폐가치로 측정되는 **정량적** 요인에 대해 자료를 분석한다. 정량적 요인은 또한 운행시간이나 거리처럼 화폐가치 이외의 단위로 측정될 수도 있다. 이러한 화폐가치는 비용항목(예: 입하 및 출하 운송비, 노동비, 건축비, 공과금 등)과 수익원(예: 매출, 유가증권, 이자소득 등)에 따라 구분된다. 다음으로 이러한 재무적 요인은 총비용, 투자수익률(ROI) 또는 순현재가치(NPV)와 같이 재무적 혜택을 나타내는 단일 측정기준으로 전환되어 복수의 부지 비교에 사용되며, 이는 특히 신규설비를 위한 자본비용이 고려될 때 유용하다.
5. 부지에 관련된 **정성적** 요인을 평가한다. 정성적 요인은 지역주민의 태도, 삶의 질 등 화폐가치로 표현할 수 없는 것들이다. 어떤 경영자들은 각 요인의 기대성과를 점검하는 것만으로 만족하기도 하나, 다른 경영자들은 선호도 행렬을 이용해 각 부지별 가중점수를 계산한다. 어떤 상황에서 중요한 것이 다른 상황에서는 덜 중요할 수도 있다. 가중점수가 가장 높은 부지가 최적이다.
6. 모든 가능한 지역을 철저히 평가한 후에, 추천 지역과 더불어 기초 데이터와 분석내용 요약을 포함한 최종 보고서를 준비한다. 큰 기업에서는 대개 최고경영자에게 요약된 결론의 시청각 프레젠테이션을 수행한다.

예제 15.5

선호도 행렬에서의 가중점수 계산

새로운 병원인 '헬스워치(Health-Watch)'를 펜실베이니아주 이리(Erie)에 지으려고 한다. 다음 표는 한 후보 부지에 대해 입지 요인, 가중치, 점수(1 = 나쁨, 5 = 우수)를 나타낸다. 이 예에서 가중치의 합은 100%이다. 부지마다 가중점수(*WS*)를 계산할 것이다. 이 부지의 *WS*는 얼마인가?

입지 요인	가중치	점수
월간 환자 수	25	4
이용률	20	3
응급 출동당 평균 소요 시간	20	3
고속도로 접근성	15	4
토지 및 건설 비용	10	1
직원의 선호도	10	5

온라인 자료

OM Explorer의 Tutor 15.3에서는 입지 선정을 위한 선호도 행렬을 연습할 수 있는 또 다른 예제를 제공한다.

풀이

가중점수는 각 요인의 가중치와 점수를 곱한 다음 이들을 모두 더한 것이다.

$$\text{가중점수} = (25 \times 4) + (20 \times 3) + (20 \times 3) + (15 \times 4) + (10 \times 1) + (10 \times 5)$$
$$= 100 + 60 + 60 + 60 + 10 + 50 = 340$$

이 부지의 가중점수 340점을 다른 부지의 점수와 비교할 수 있다.

학습목표 점검

학습목표	점검 가이드라인	온라인 자료
15.1 공급사슬 물류 네트워크에서 입지 선정에 영향을 미치는 요인을 파악한다.	그림 15.1을 참고해 물류 네트워크가 무엇으로 구성되는지 이해하라. '입지 선정 시 고려 요인' 절을 살펴보고, 제조 시설과 서비스 시설의 입지 선정에서 핵심적인 차이점을 파악하는 데 집중하라.	
15.2 부하-거리법, 손익분기점 분석, 운송 최적화, GIS를 사용해 입지 선정을 한다.	'입지 선정 방법' 절에서는 다음 네 가지 기법을 다룬다: (1) 부하-거리법, (2) 손익분기점 분석, (3) 수송계획법, (4) 지리정보시스템(GIS). 학습 효과를 높이기 위해서 예제 1~3과 복습문제 1~3을 학습하라.	Active Model: 15.1: Center of Gravity OM Explorer Solver: Center of Gravity OM Explorer Tutor: 15.1 Center of Gravity 윈도우용 POM: Two-Dimensional Siting
15.3 창고 위치 선정, 물류센터 자동화, 자동화 공급사슬과 관련된 물류 네트워크 전략을 설명한다.	'물류 네트워크 전략' 절을 참조하고, 그림 15.6과 15.7을 학습해 재고 배치 결정이 갖는 의미를 이해하자. 또한 '물류센터 운영의 자동화' 절과 '자동화 공급사슬' 절을 함께 학습하라. 이 절들은 기술 발전이 물류 및 공급사슬 운영에 미치는 영향을 이해하는 데 중요하다.	
15.4 지속가능성을 확보하기 위한 기업의 공급사슬관리 방법론을 설명한다.	'지속가능한 물류 관리' 절을 학습하라. 특히 그림 15.8을 통해 역물류 개념을 이해하는 데 중점을 둔다. UPS와 같은 배송 서비스에서 최단 경로를 찾는 데 따르는 복잡한 요인들을 설명할 수 있어야 한다. 아울러 기업이 화물 밀도를 분석하는 방법도 이해해야 하며, 예제 15.4와 복습문제 4를 중심으로 학습하라. 이 절은 지속가능한 공급사슬 설계와 비용 효율성 확보에 중요한 통찰을 제공한다.	
15.5 체계적인 입지 선정 프로세스의 도구로 선호도 행렬을 활용해 후보지를 평가한다.	'체계적인 입지 선정 절차' 절에서는 주어진 여러 대안 중에서 합리적인 입지 선정을 하기 위한 절차를 설명한다. 학습 시 다음 사항에 주의하라. • 선호도 행렬을 사용해 정성적 요인과 정량적 요인을 최종 분석에 함께 반영하는 방법을 복습하라. • 복습문제 5를 통해 이 절차가 실제 사례에 어떻게 적용되는지를 구체적으로 이해하라. 이 절은 입지 결정의 복합적 요인을 통합적으로 평가하는 방법을 익히는 데 유용하다.	OM Explorer Tutor: 15.3: Preference Matrix for Location OM Explorer Solver: Preference Matrix 윈도우용 POM: Weighting Method

주요 공식

부하-거리법

1. 부하-거리 점수: $ld = \sum_i l_i d_i$

2. 무게중심점: $x^* = \dfrac{\sum_i l_i x_i}{\sum_i l_i}$, $y^* = \dfrac{\sum_i l_i y_i}{\sum_i l_i}$

화물 밀도

손익분기점 중량:

A = 낮은 중량 구간
B = 다음 높은 중량 구간
C = A에 해당하는 단가
D = B에 해당하는 단가
$x = (BD)/C$

핵심용어

무게 중심법(center of gravity)
물류 관리(logistics management)
물류센터(distribution center, DC)
복합 운송(intermodal shipments)
부하-거리법(load-distance method)
삶의 질(quality of life)
수송계획법(transportation method for location problems)
역물류(reverse logistics)
외판원 문제(traveling salesperson problem)
운송경로 계획(route planning)
임계량(critical mass)
입지 선정(facility location)
재고 통합(inventory pooling)
전방배치(forward placement)
지리정보시스템(geographical information system, GIS)
집중배치(centralized placement)
최단 경로 문제(shortest route problem)
탄소발자국(carbon footprint)
폐쇄형 공급사슬(closed-loop supply chain)
ISO 14001:2004
ISO 26000:2010

복습문제 1

헬스워치의 신규 의료시설은 펜실베이니아주 이리에 있는 7개 인구조사구(census tract)[9]를 대상으로 한다. 각 구의 경도와 위도는 표 15.2에 있다. 이 7개 구의 고객은 건강관리가 필요하다고 느끼면 신규 시설을 방문할 것이다. 헬스워치의 신규 의료시설을 위한 대상 지역의 무게중심점은 어디인가?

표 15.2 헬스워치의 입지 선정을 위한 위치 자료와 계산 결과

인구조사구	인구	위도	경도	인구×위도	인구×경도
15	2,711	42.134	−80.041	114,225.27	−216,991.15
16	4,161	42.129	−80.023	175,298.77	−332,975.70
17	2,988	42.122	−80.055	125,860.54	−239,204.34
25	2,512	42.112	−80.066	105,785.34	−201,125.79
26	4,342	42.117	−80.052	182,872.01	−347,585.78
27	6,687	42.116	−80.023	281,629.69	−535,113.80
28	6,789	42.107	−80.051	285,864.42	−543,466.24
합계	30,190			1,271,536.04	−2,416,462.80

9 미국에서 인구조사(census) 통계를 산출하는 표준 지역 단위-역주.

풀이

무게중심점 ($x^\star$, $y^\star$)를 구한다. 위치가 위도와 경도로 주어져 있으므로, 무게중심점의 $x^\star$는 경도, $y^\star$는 위도가 된다.

$$x^\star = \frac{1,271,536.05}{30,190} = 42.1178$$

$$y^\star = \frac{-2,416,462.81}{30,190} = -80.0418$$

무게중심점은 (북위 42.118, 서경 80.042)에 있으며, 대상 지역의 중심 부근에 위치한 것을 볼 수 있다. Active Model 15.1은 이러한 계산 결과를 확인해준다. 그림 15.10은 각 인구조사구의 상대적인 인구 규모를 보여주며, 무게중심점 해(center-of-gravity solution)가 이들 인구 분포와 어떻게 관련되는지 시각적으로 나타낸다. 또한 다른 대안 위치들도 함께 탐색해볼 수 있다. 이를 통해 보다 적절한 입지를 비교·평가하는 과정이 가능해진다.

Center of Gravity

Reset Data | Questions

						Distance to trial location		Load Distance	
Census Tract	Population	Latitude	Longitude	Population * Longitude	Population * Latitude	miles	kilometers	Population times miles	Population times kilometers
15	2,711	42.134	-80.041	114,225.27	-216,991.15	1.122	1.806	3,042.018	4,895.654
16	4,161	42.129	-80.023	175,298.77	-332,975.70	1.239	1.994	5,154.302	8,295.046
17	2,988	42.122	-80.055	125,860.54	-239,204.34	0.736	1.184	2,198.747	3,538.540
25	2,512	42.112	-80.066	105,785.34	-201,125.79	1.303	2.097	3,273.792	5,268.657
26	4,342	42.117	-80.052	182,872.01	-347,585.78	0.525	0.844	2,278.292	3,666.555
27	6,687	42.116	-80.023	281,629.69	-535,113.80	0.974	1.567	6,512.884	10,481.471
28	6,789	42.107	-80.051	285,864.42	-543,466.24	0.882	1.420	5,989.645	9,639.399
Total	30,190			1,271,536.05	-2,416,462.81				
		Center of Gravity		42.118	-80.042				
				Total Load-Distance Score with Trial Location				28,449.680	45,785.322

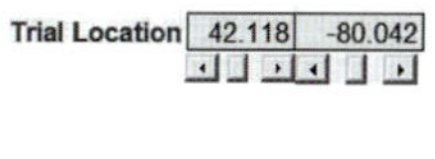

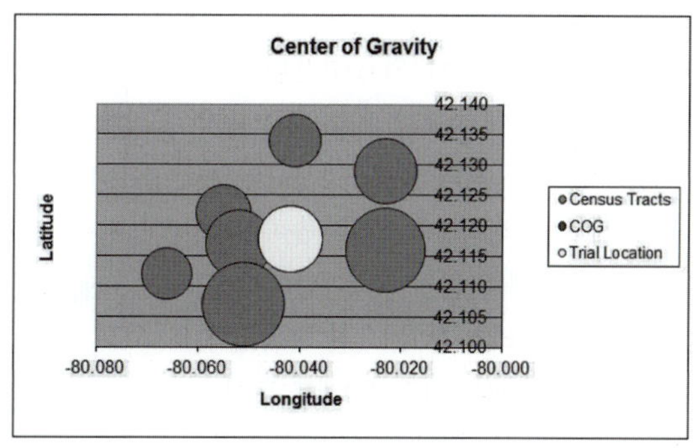

그림 15.10 헬스워치의 무게중심점

복습문제 2

마일하이 레모네이드(Mile-High Lemonade)의 운영관리자가 신규 공장의 입지후보를 7곳으로 좁혔다. 연간 고정비(토지, 재산세, 보험, 장비, 건물)와 변동비(노동, 원재료, 수송, 변동간접비)는 표 15.3과 같다.

a. 고정비와 변동비가 다른 지역보다 모두 높아 더는 고려할 필요가 없는 지역은 어디인가?

b. 각 지역의 총비용곡선을 하나의 그래프에 그려라. 그래프상에서 각 지역이 가장 낮은 비용이 되는 범위를 근사적으로 찾아라.

c. 손익분기점 분석(보론 A '의사결정')을 이용해 손익분기점을 계산하라.

표 15.3 마일하이 레모네이드의 고정비와 변동비

지역	연간 고정비(달러)	배럴당 변동비(달러)
오로라	1,600,000	17.00
볼더	2,000,000	12.00
콜로라도 스프링스	1,500,000	16.00
덴버	3,000,000	10.00
엥글우드	1,800,000	15.00
포트 콜린스	1,200,000	15.00
골든	1,700,000	14.00

풀이

a. 오로라와 콜로라도 스프링스는 포트 콜린스보다 고정비와 변동비가 모두 열악하다. 엥글우드는 골든보다 열악하다.

b. 그림 15.11을 보면 매출량이 적을 때는 포트 콜린스가 최적이며, 중간 단계에서는 볼더, 매출량이 많을 때는 덴버가 최적임을 알 수 있다. 골든은 다른 지역보다 일방적으로 열세는 아니지만 모든 범위에서 다른 지역에 비해 2~3위에 머무르고 있다. 그러므로 골든은 어떠한 매출량 수준에서도 선택될 수 없다.

c. 포트 콜린스와 볼더 간 손익분기점은 다음과 같다.

$$\$1,200,000 + \$15Q = \$2,000,000 + \$12Q$$
$$Q = 266,667 \text{배럴/년}$$

덴버와 볼더 간 손익분기점은 다음과 같다.

$$\$3,000,000 + \$10Q = \$2,000,000 + \$12Q$$
$$Q = 500,000 \text{배럴/년}$$

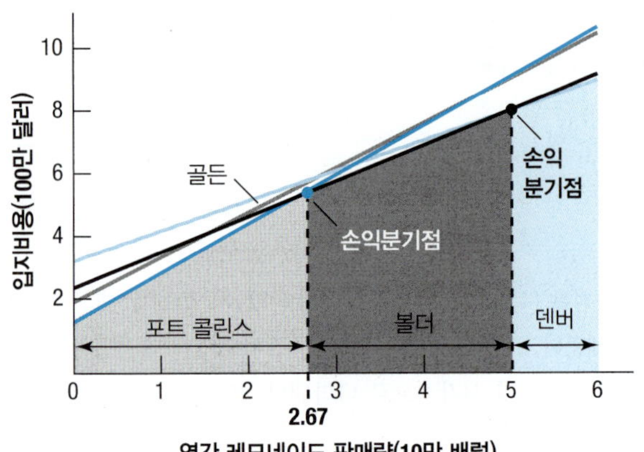

그림 15.11 마일하이 레모네이드의 손익분기점 분석

복습문제 3

애리드(Arid Company)는 카누의 노를 배틀크리크와 체리크리크의 기존 공장에서 만들어 워체스터, 로체스터, 도체스터의 물류센터에 공급한다. 연간수요는 그림 15.12의 마지막 행에 나타난 바와 같이 증가할 것으로 예상된다. 애리드는 디크리크 상류 지역에 신규공장 건설을 고려 중이다. 각 공장의 연간 생산용량은 표와 같다. 개당 수송비는 각 칸의 오른쪽 위 모퉁이에 표시되어 있다. 예를 들어 노 1개를 배틀크리크에서 워체스터로 수송하는 데는 4.37달러가 든다. 또한 최적 물량 할당도 나타나 있다. 예를 들어 배틀크리크에서는 12,000개를 로체스터로 납품한다. 현재 할당 패턴에서 총수송비는 얼마로 추정되는가?

공급 지점	수요 지점			공급 용량
	워체스터	로체스터	도체스터	
배틀크리크	$4.37	$4.25 12,000	$4.89	12,000
체리크리크	$4.00 6,000	$5.00 4,000	$5.27	10,000
디크리크	$4.13	$4.50 6,000	$3.75 12,000	18,000
수요	6,000	22,000	12,000	40,000

그림 15.12 애리드의 수송모형 최적해

풀이

총수송비는 167,000달러이다.	
노 12,000개를 배틀크리크에서 로체스터로 개당 4.25달러에 보냄	비용 = 51,000달러
노 6,000개를 체리크리크에서 워체스터로 개당 4.00달러에 보냄	비용 = 24,000달러
노 4,000개를 체리크리크에서 로체스터로 개당 5.00달러에 보냄	비용 = 20,000달러
노 6,000개를 디크리크에서 로체스터로 개당 4.50달러에 보냄	비용 = 27,000달러
노 12,000개를 디크리크에서 도체스터로 개당 3.75달러에 보냄	비용 = 25,000달러
	합계 = 167,000달러

복습문제 4

텍사스 포트워스에 있는 케이코 스탬핑(Kayco Stamping)은 금속 시트를 가공해 버지니아주 워터퍼드의 스위치 박스 조립 공장으로 운송한다. 각 부품의 무게는 약 25파운드이고, 표준 팔레트 하나당 50개의 부품이 적재된다. 완전 적재된 팔레트는 운송 등급 92.5로 분류된다. 다음과 같은 수요 수량에 대해 운송비용을 계산하고, 부품 1개당 운송비도 산정해보라.

a. 3개 팔레트

b. 13개 팔레트

풀이

a. 3개 팔레트

- 부품 수: 3 × 50 = 150개
- 총 중량: 150 × 25 = 3,750파운드
- 손익분기점 중량(표 15.1 기준): 50 × (28.64 ÷ 37.56) = 38.13 CWT = 3,813파운드

→ 3,750파운드는 손익분기 중량 미달이므로 더 높은 요율 적용

- 운송비 총액: 37.5(CWT) × 37.56달러 = 1,408.50달러
- 부품 1개당 운송비: 1,408.50달러 ÷ 150 = 9.39달러

b. 13개 팔레트

- 부품 수: 13 × 50 = 650개
- 총 중량: 650 × 25 = 16,250파운드
- 손익분기점 중량: 200 × (18.87 ÷ 28.38) = 132.98 CWT = 13,298파운드

→ 16,250파운드는 손익분기 중량 초과이므로 더 낮은 요율 적용 가능

- 운송비 총액: 162.5(CWT) × 18.87달러 = 3,066.38달러
- 부품 1개당 운송비: 3,066.38달러 ÷ 650 = 4.72달러

복습문제 5

어떤 전자제품 제조업체가 두 번째 공장을 신설해야 한다. 모든 주요 요인이 괜찮은 네 곳의 입지후보지를 찾았다. 각 후보지를 일곱 가지 입지 요인에 대해 평가하고 점수를 매겼다(표 15.4). 예를 들어 후보지 A는 노동여건에서 5점(excellent)을 받았다. 노동여건이 가장 중요한 요인으로 가중치가 20이다.

각 후보지의 가중점수를 계산하고 추천할 입지를 선정하라.

표 15.4 요인 평정 자료

		후보지별 점수			
입지 요인	가중치	A	B	C	D
1. 노동여건	20	5	4	4	5
2. 삶의 질	16	2	3	4	1
3. 수송시스템	16	3	4	3	2
4. 시장 근접성	14	5	3	4	4
5. 자재 근접성	12	2	3	3	4
6. 세금	12	2	5	5	4
7. 공공요금	10	5	4	3	3

풀이

표 15.5의 가중점수를 보면 후보지 C가 가장 높으므로 C를 추천한다. 근접한 점수로 후보지 B가 뒤따른다.

표 15.5 가중 점수

		후보지별 점수			
입지 요인	가중치	A	B	C	D
1. 노동여건	20	100	80	80	100
2. 삶의 질	16	32	48	64	16
3. 수송시스템	16	48	64	48	32
4. 시장 근접성	14	70	42	56	56
5. 자재 근접성	12	24	36	36	48
6. 세금	12	24	60	60	48
7. 공공요금	10	50	40	30	30
합계	100	348	370	374	330

토론과제

1. 제조업체와 서비스업체를 하나씩 택해 각 업체가 신규 시설의 입지를 선정할 때 어떤 요인들을 중요하게 고려할지 예를 들어 보자. 여러분이라면 입지후보지들을 평가하기 전에 어떤 자료를 어떻게 수집하겠는가? 왜 그런 자료가 필요한지도 설명하라.
2. 런던, 뉴욕, 도쿄, 싱가포르, 상하이는 세계 최고 수준의 경제력을 가진 도시이다. 이러한 도시들이 성공하게 된 배경을 물류 관점에

서 설명해보라.

3. 오하이오주에 있는 한 기업이 동남아시아 국가에 있는 지역 기업으로부터 한 공장을 매입하는 것을 고려하고 있다. 해당 기업은 노동 및 경영 관행에 있어 의심스러운 점이 있으며, 일부는 미국의 산업안전보건청(OSHA)과 환경보호청(EPA) 규정을 위반하는 소지가 있다. 미국 기업은 공장 입지 선정을 최종 확정하기 전에 어떠한 윤리적·환경적 요인을 고려해야 하는가?

4. 에너지 효율성과 환경 책임을 고려한 공급사슬 설계는 비용 절감형 운영이라는 경쟁우위를 달성하는 데 도움이 되며, 이는 주주에 대한 기업의 재무적 책임을 지원한다. 그러나 에너지 효율성에 초점을 맞추는 것이 공급사슬 관리자에게 어떠한 윤리적 딜레마를 야기할 수 있는지 설명하라.

연습문제

이 책을 사용하는 모든 학생은 OM Explorer, 윈도우용 POM, Active Model 소프트웨어를 사용할 수 있다. 해당 소프트웨어의 다운로드 위치와 활용 방법은 강의 담당 교수에게 문의하라. 대부분의 교수자는 학생이 직접 계산하는 방법을 이해하기를 바란다. 하지만 소프트웨어를 이용하면 계산을 확인할 수 있다. 계산이 매우 복잡하고, 의사결정 과정에서 결과를 해석하는 것이 목표인 경우 소프트웨어가 수작업 계산을 완전히 대체해도 무방하다.

부하-거리법

1. 한 제조업체가 자사의 물류센터를 어디에 둘지 검토하고 있다. 이 제조업체는 다음 표와 같이 주요 고객에게 발송되는 총 물동량 또는 중량을 기준으로 여러 후보지를 추려냈다.

번호	지역	물동량(kg)	좌표(*X*)	좌표(*Y*)
1.	카쿵(Cakung)	950,362	−6.1663404	106.9432157
2.	카라와치 (Karawaci)	2,282,343	−6.1853658	106.6223483
3.	끄분제로(Kebun Jeruk)	492,492	−6.1670395	106.7670171
4.	자가까르사 (Jagakarsa)	338,063	−6.3541681	106.8107168
5.	세랑(Serang)	526,379	−6.1088277	106.1710895

a. 물류센터는 어디에 위치하는 것이 가장 적절한가?

b. 상위 4개 고객만 고려한다면, 물류센터는 어디에 위치하는 것이 가장 적절한가?

2. 라우센버그 제조회사(Rauschenberg Manufacturing)는 세 중요한 고객과 관련된 새로운 공장의 최적 입지를 살펴보고 있다. 다음 표와 같이 모든 고객은 매일 여러 차례 배송을 요구한다. 경영진은 세 후보지로 제한하고 관련 정보를 아래의 표로 정리했다.

위치	좌표(GPS)	일일 배송횟수
콜럼버스	39.983, −82.983	8
데이턴	9.759, −84.1091	4
스튜벤빌	40.369, −80.633	3

무게중심점의 좌표는 무엇인가?

3. 한 개인용 컴퓨터 제조업체가 조립공장을 대만에 두고 컴퓨터를 로스앤젤레스나 샌프란시스코를 통해 수입하려고 계획하고 있다. 이 회사는 애틀랜타, 뉴욕, 시카고에 물류센터를 보유하고 있으며 서해안의 하역항구로 어디가 선정되든 이 도시에서 이들 물류센터로 수송해야 한다. 항구를 선정하는 단 하나의 기준은 총수송비다. 부하-거리법을 이용하고 표 15.6에 주어진 정보를 이용해 가장 비용효과적인 도시를 선정하라.

표 15.6 가중 점수

	물류센터(연간 수요량)		
	시카고	애틀랜타	뉴욕
	10,000	7,500	12,500
로스앤젤레스			
거리(마일)	1,800	2,600	3,200
수송비(달러/대)	0.0017/마일	0.0017/마일	0.0017/마일
수입 항구			
샌프란시스코			
거리(마일)	1,700	2,800	3,000
수송비(달러/대)	0.0020/마일	0.0020/마일	0.0020/마일

4. (난이도 상) 오스카 볼링(Oscar's Bowling, Inc.)은 피닉스 대도시권 시장으로 진출하면서 24시간 운영하는 200레인 규모의 초대형 볼링장을 설립하고자 한다. 그러나 자본이 볼링장 한 군데를 설립할 만큼밖에 없다. 오스카는 인구 분포 중심지역에 볼링장을 위치시키기 위해 무게중심점 방법을 사용하고자 한다. 다음 표와 같은 정보가 주어져 있을 때 질문에 답하라.

도시	인구	*x*좌표	*y*좌표
템페	250,000	33.427	−111.940
스코츠데일	400,000	33.509	−111.899
챈들러	300,000	33.307	−111.845
메사	700,000	33.415	−111.829
글렌데일	350,000	33.548	−11.191

a. 오스카는 어디에 볼링장을 지어야 하는가?

b. 만약 오스카 사장이 새로 지은 볼링장에서 가장 가까운 도시로 이사하려고 한다면, 어느 도시에 살아야 하는가?

손익분기점 분석

5. 한 다국적 단열재 제조업체가 유럽 내에 새로운 생산 시설에 투자할 계획을 세우고 있으며, 다음 표에 나열된 국가들을 후보지로 고려하고 있다.

국가	연간 고정비용 (달러)	시간당 인건비 (달러)	전기요금 (달러/kWh)	연간 수요량 (1,000톤)
독일	780,000	37.2	0.442	139
프랑스	700,000	37.9	0.184	182
이탈리아	650,000	29.3	0.307	147

자사 제품 1,000톤당 판매가격은 10,000달러이며, 이를 생산하기 위해서는 노동시간 10시간과 전력 100kWh가 필요하다. 그렇다면 생산 시설은 어디에 위치하는 것이 가장 적절한가?

6. 폴라인(Fall-Line, Inc.)은 몬태나주 그레이트폴스에 본사를 둔 다양한 종류의 활강용 스키를 제조하는 업체이다. 이 회사는 신규 공장부지로 콜로라도주 애스펀, 미시간주 보인시티, 오리건주 포틀랜드, 캘리포니아주 레이크타호 등 네 곳을 검토하고 있다. 후보지별 연간 고정비용과 스키 세트당 생산 변동비용은 다음 표와 같다.

입지	연간고정비(달러)	세트당 변동비(달러)
애스펀	8,000,000	250
보인시티	2,400,000	130
포틀랜드	3,400,000	90
레이크타호	4,500,000	65

a. 하나의 그래프에 네 지역의 총비용곡선을 그려라(복습문제 2 참조). 그래프상에서 각 지역이 최선이 되는 구간을 정하라.

b. 각 구간을 구별하는 손익분기점을 계산하라.

애스펀의 고정비와 변동비는 다른 입지에 비해 너무 높다. 하지만 폴라인은 애스펀에서 만드는 스키는 수요와 판매가격이 훨씬 높을 것으로 예상한다. 다음 표에 이런 예측이 나타나 있다.

입지	세트당 가격(달러)	연간수요 예측
애스펀	500	60,000세트
보인시티	350	45,000세트
포틀랜드	350	43,000세트
레이크타호	350	40,000세트

c. 연간 공헌 이익 총액이 가장 큰 입지를 결정하라.

d. 이 입지 결정이 수요 예측의 정확성에 대해 민감한가? 판매량이 얼마 이상이면 애스펀이 최선의 입지가 되겠는가?

7. 톈진에 위치한 한 기업이 물류 유통 시스템의 운송 효율성과 신뢰성을 높이기 위해 물류센터를 설립할 도시로 네 곳을 검토하고 있다. 예상 배송 수요는 11,000~12,500단위 범위로 추정되며, 아래 표는 후보 도시들과 관련된 연간 고정비용과 단위당 운영비용을 보여준다.

도시	랑팡	친황다오	스자좡	탕산
연간 고정비용(달러)	19,950	9,828	17,325	18,900
단위당 운영비용(달러)	10.08	11.34	9.1	10.5

a. 모든 후보지의 총비용곡선을 하나의 그래프에 나타내라.

b. 어느 도시가 전체 비용을 가장 낮게 유지하는가?

8. 한 기업이 새로운 지점을 개설하기 위해 두 후보지를 평가하고 있다. 두 지역 모두 제품은 동일한 가격으로 현지에서 판매될 예정이며, 아래 표는 각 후보지에 대한 세부 정보를 보여준다. 기업은 어느 지역을 선택하는 것이 바람직한가?

항목	아부다비	쿠웨이트시티
고정비용(달러)	1,500	2,050
변동비용(달러/단위)	400	500
연간 수요(단위)	1,050	1,100
연간 정부 보조금(달러)	2,800	3,300

9. (난이도 상) 데니슨 제조회사(Dennison Manufacturing)는 비행기 착륙기어에 쓰이는 나사선 스프링을 만든다. 이 회사는 신규 공장 부지 후보를 4개 지역으로 압축했다. 4개 지역의 생산비, 수송비에 대한 정보는 아래와 같다.

	연간고정비 (달러)	단위당 변동생산비 (달러)	단위당 변동수송비 (달러)
피닉스	300,000	70.00	5.00
버펄로	600,000	56.00	4.00
시애틀	1,500,000	36.00	2.00
애틀랜타	1,750,000	42.00	5.00

a. 이 회사의 입지를 결정하기 위한 손익분기점 분석을 해보라.

b. 손익분기점 수량만을 기준으로 판단할 때, 데니슨의 향후 연간 생산 예측이 40,000단위라면, 어디에 공장을 위치시키는 것이 적절한가?

수송계획법

10. 프리스콧 인더스트리(Prescott Industries)는 오데사와 브라이언에 위치한 노천광산에서 채굴한 모래와 자갈을 애빌린, 타일러, 샌 안젤로에 있는 콘크리트 블록 생산 시설로 운송한다. 그림 15.13에 제시된 수용능력, 위치, 트럭 1대당 운송비를 바탕으로 운송비용을 최소화할 수 있는 최적의 운송 패턴을 결정하라. 또한 예상되는 최적 운송 비용은 얼마인가?

공급지	수요처			생산용량
	애빌런	타일러	샌 안젤로	
오데사	$60	$50	$40	12,000
브라이언	$70	$30	$90	10,000
수요	8,000	10,000	4,000	22,000

그림 15.13 프리스콧 인더스트리스 문제의 수송계획법 계산표

11. 윈스턴사(Winston Company)는 장거리 운송 트럭의 세척을 위해 탈이온수(de-ionized water)를 매월 다음과 같이 각 물류센터에서 필요로 한다: A센터 40,000갤런, B센터 60,000갤런, C센터 30,000갤런, D센터 50,000갤런. 세 곳의 탈이온수 도매업체(1, 2, 3)는 각각 최대 50,000갤런, 70,000갤런, 60,000갤런까지 공급할 의사가 있다. 각 도매업체에서 물류센터로 1,000갤런을 운송할 경우의 총비용(운송비 + 제품 가격)은 다음 표와 같다(단위: 달러).

	물류센터			
도매상	A	B	C	D
1	1.30	1.40	1.80	1.60
2	1.30	1.50	1.80	1.60
3	1.60	1.40	1.70	1.50

a. 최적해를 구하라. 최적해 기준으로 모든 공급량이 소진되고, 모든 수요가 충족되는가?

b. 최적해를 기준으로 총비용은 얼마인가?

12. 애크미 컴퍼니(Acme Company)는 네 곳의 공장에서 상품을 생산해 다섯 곳의 창고로 보낸다. 수송비, 필요한 생산용량, 최적 배분량은 그림 15.14와 같다. 최적해의 총비용은 얼마인가?

공장	케이스당 창고 운송 비용					공급 가능량
	W1	W2	W3	W4	W5	
F1	$1 **60,000**	$3 **20,000**	$4	$5	$6	80,000
F2	$2	$2	$1 **50,000**	$4 **10,000**	$5	60,000
F3	$1	$5	$1	$3 **20,000**	$1 **40,000**	60,000
F4	$5	$2 **50,000**	$4	$5	$4	50,000
수요량	60,000	70,000	50,000	30,000	40,000	250,000

그림 15.14 애크미 컴퍼니의 최적해

13. 현재 이스탄불과 가지안테프 재난 발생 이후 기부자로부터 수집한 인도적 지원 물자를 난민들에게 배분하기 위한 시설이 각각 운영되고 있다. 이 시설들의 주간 보관 및 취급 능력은 각각 554,000박스와 522,000박스이다. 그러나 이를 초과하는 550,000박스 규모의 추가 수요를 충족하기 위해 세 번째 시설이 필요하며, 이 시설은 앙카라 또는 코냐에 설치할 수 있다. 주당 인도적 지원 수요는 각 도시의 난민 인구수에 비례한다고 가정한다. 도시별 난민 인구는 다음과 같다.

도시	아부다비	쿠웨이트시티	하타이	샨리우르파	아다나
난민 인구수	484,000	369,900	319,500	293,500	159,100

최적의 시설 위치는 총 운송 거리를 최소화하면서 커버할 수 있는 수요를 최대화해야 한다. 새로운 시설은 어디에 설치하는 것이 가장 적절하겠는가?

	수요 지점까지의 거리(단위: km)				
	이스탄불	가지안테프	하타이	샨리우르파	아다나
이스탄불 (기존 시설)		1,146	1,100	1,288	932
가지안테프 (기존 시설)	1,147	—	167	151	223
앙카라 (선택지 1)	449	701	655	843	489
코냐(선택지 2)	710	559	513	701	348

14. (난이도 상) 토르 인터내셔널(Thor International Company)은 다섯 곳의 창고에 상품을 보내는 네 곳의 공장을 운영한다. 단위 수송비와 수요 및 용량은 그림 15.15와 같다. 수송계획법을 이용해 수송비를 최소화하는 수송계획을 구하라.

공장	창고별 운송비용(상자당)						용량
	W1	W2	W3	W4	W5	가상창고	
F1	$2	$3	$3	$2	$6	$0	50,000
F2	$2	$3	$2	$4	$5	$0	80,000
F3	$4	$2	$4	$2	$3	$0	80,000
F4	$3	$4	$4	$5	$2	$0	40,000
수요	45,000	30,000	30,000	35,000	50,000	60,000	250,000

그림 15.15 트로 인터내셔널 문제의 수송계획법 계산표

15. (난이도 상) 14번 문제에 나온 토르 인터내셔널의 상황을 생각해 보자. 토르는 높은 운영비용 때문에 F4를 폐쇄하기로 했다. 이때 물류 관리자는 운송비용이 바뀌는 영향을 염려하고 있다. 현재 F4

에서 W5로 상품 40,000개를 80,000달러[= 40,000(2달러)]에 수송하고 있다. 만약 이 창고가 F1(현재는 쓰이지 않음)에서 공급받는다면, 비용은 240,000달러[= 40,000(6달러)]로 증가한다. 그 결과 물류 관리자는 160,000달러(= 240,000달러 − 80,000달러)의 추가예산을 요청했다.

a. 물류 관리자는 추가예산을 받아야 하는가?

b. 만약 그렇지 않다면, 운송비용 상승으로 인한 추가예산이 얼마나 필요한가?

16. 한 석유화학 회사가 현재 아부다비, 아바, 시트라에 3개의 공장을 운영하고 있다. 증가하는 수요를 충족하기 위해, 이 회사는 기존 공장의 생산능력을 확장하고 도하 또는 무스카트 중 한 곳에 신규 공장을 설립할 계획이다. 아래 표에는 각 입지 옵션에 대한 비용과 최대 생산능력이 제시되어 있다. 회사는 신규 공장을 어디에 설립해야 하겠는가?

위치	고정비용 (1,000달러)	유통센터까지의 단위 운송비용(달러)						최대 생산능력 (단위: 개)
		두바이	제다	마나마	테헤란	뉴델리	암스테르담	
아부다비(기존)	950	35	200	175	120	170	380	1,500
아바(기존)	1,300	200	63	145	250	230	455	1,410
시트라(기존)	1,720	296	120	170	205	205	395	1,300
도하(옵션 1)	980	175	185	115	135	210	385	1,500
무스카트(옵션 2)	925	99	205	190	105	130	350	1,500
연간 수요(단위)		1,075	1,200	660	1,300	1,175	300	

17. 발라지사(Balaji Limited)는 농업 기계용 부품을 제조 및 판매하는 회사로, 이 부품을 전국 여러 창고에 비축하고 있다. 발라지가 지원하는 대부분의 농업 기계들은 보증 기간 만료 시점에 다다르고 있으며, 회사는 이에 따라 부품 수요가 증가할 것으로 예상한다. 시장 조사팀은 추가 수요가 20,000단위에 이를 것이라는 수요 예측 결과를 제출했다. 이에 따라 회사는 신규 공장 설립을 통해 이 수요를 충족하기로 결정했다.

현재 발라지는 첸나이와 델리에 공장을 운영하고 있으며, 이 두 시설을 이전할 계획은 없다. 각각의 기존 공장은 연간 1,040,000단위를 생산할 수 있다. 철저한 입지 조사를 거친 결과, 회사는 다음과 같은 대안을 검토하고 있다.

- 대안 1: 코임바토르에 20,000단위 규모의 공장을 신설하는 방안
- 대안 2: 벵갈루루에 20,000단위 규모의 공장을 신설하는 방안
- 대안 3: 수요를 분할해 코임바토르와 벵갈루루 각각에 10,000단위 규모의 공장을 건설하는 방안

회사의 창고들은 소매업체로 제품을 유통하고 있다. 시장 조사 결과에 따라 다음과 같은 데이터가 제공되었다.

창고	연간 예상 수요
스리나가르	100,000
보팔	450,000
하이데라바드	750,000
마두라이	800,000

물류 부서는 각 공장에서 각 창고로 제품을 배송할 때 다양한 운송업체의 신뢰도를 고려해 가장 경제적인 방식으로 단위당 운송비용을 정리한 다음 표를 작성했다.

공장	창고			
	스리나가르	보팔	하이데라바드	마두라이
첸나이	40	33	35	32
델리	37	37	39	40
코임바토르 (대안 1)	41	38	35	32
벵갈루루 (대안 2)	40	38	35	35

입지 선정을 위한 한 가지 요소로서, 경영진은 각 대안에 대한 총 유통비용 추정치를 원하고 있다. 운송 모형을 사용해 이 비용을 계산하라.

운송 화물 밀도

18. 가프니(Gaffney) 교수는 800파운드의 실험실 장비를 전국에 있는 동료에게 발송해야 한다. 제한된 학과 예산 때문에 교수는 총운송비를 최소화하고자 한다. 현재 이 화물의 운송 등급은 85이다. 그러나 한 지역 장비 제조업체가 특별 포장을 제공해 화물 운송 등급을 50으로 낮출 수 있다고 제안했다. 표 15.1을 이용해 이 서비스를 이용하는 것의 손익분기점 비용을 계산하라.

19. 한 배송 회사는 고객에게 표준 소포 무게에 따라 표준 운송 요금을 부과하고 있다. 무게 구간별 요율은 다음 표와 같다.

무게(파운드)	1	1,000	2,000	5,000	10,000	20,000 이상
기본 요율 (달러/파운드)	3.63	2.36	2.00	1.75	1.44	1.35

추가로, 회사는 인플레이션으로 인해 표준 트럭 운송 요율에 20% 연료 할증료(fuel surcharge)를 부과하고 있다. 하지만 장기 고객에게는 15% 할인 혜택(loyalty reward)을 제공하고 있다. 장기 고객이 총 30,000파운드의 소포를 다음과 같이 발송하는 경우, 총운송비는 얼마인가?

(a) 1회 발송 시

(b) 2회 발송 시

(c) 5회 발송 시

(d) 10회 발송 시

20. 아트앤크래프트 인더스트리(Arts N Crafts Industries)는 고급 조명 기구를 제조해 전 세계에 판매하고 있다. 이 회사는 조명 기구를 미국 조지아주 애틀랜타에 있는 유통업체로 배송한다. 배송비용이 매우 높기 때문에, 회사는 제품을 조립되지 않은(unassembled) 상태로 배송하는 방안을 고려하고 있다. 대신 각 패키지에는 자세한 조립 설명서를 동봉할 예정이다.

제품을 조립되지 않은 상태로 배송할 경우 회사는 포장 상자의 크기를 줄일 수 있으며, 이로 인해 팔레트당 적재할 수 있는 제품 수를 현재 16개(4행 4열)에서 25개(5행 5열)로 늘릴 수 있다.

이 변경은 제품 하나당 8파운드 배송 중량에는 크게 영향을 미치지 않는다. 또한 제품들이 더 조밀하게 포장되므로 파손 위험이 줄어들고, 취급이 더 쉬워질 것으로 예상된다. 이에 따라 회사는 현재 화물 운송 등급이 85에서 70으로 낮아질 것으로 기대한다.

현재 회사는 주당 400개의 제품을 발송하고 있다.

a. 표 15.1을 사용해 제안된 포장 변경이 주간 배송 비용에 미치는 영향을 평가하라.

b. 제품 수요가 주당 500개로 증가할 경우 분석 결과는 어떻게 달라지는가?

21. 마이크로테크(Microtech Incorporated)는 자사의 휴대전화를 더 작고 재활용 가능한 포장으로 변경하기로 했다. 또한 기존에 각 휴대전화와 함께 제공하던 250페이지 분량의 사용 설명서를 동봉하지 않고 온라인으로 제공하는 방식으로 전환할 예정이다. 이러한 변경으로 인해 포장은 가벼워지지만, 운송업체 입장에서는 다루기 더 까다로운 형태가 되었다.

포장된 휴대전화 하나의 무게는 1.2파운드에서 0.5파운드로 감소했다. 그러나 이로 인해 화물 운송 등급은 55에서 70으로 악화했다. 표 15.1을 이용해 마이크로테크가 매월 10,000대의 휴대전화를 발송할 때 월별 배송비에 어떤 차이가 발생하는지 계산하라.

체계적 입지 선정 절차

22. 다음 표 15.7에 제시된 네 곳의 가중 점수를 계산하라. 어느 곳을 추천하겠는가?

표 15.7 후보지 A~D에 대한 요인

		후보지별 점수			
입지 요인	**가중치**	**A**	**B**	**C**	**D**
1. 노동여건	5	5	4	3	5
2. 삶의 질	30	2	3	5	1
3. 수송시스템	5	3	4	3	5
4. 시장 근접성	25	5	3	4	4
5. 자재 근접성	5	3	2	3	5
6. 세금	15	2	5	5	4
7. 공공요금	15	5	4	2	1
합계	100				

23. 왕레이와 리메이차이는 신혼부부로, 전셋집을 얻으려고 한다. 대안을 1~5점(5 = 최선)으로 평가한 결과가 표 15.8에 있다. 대안 A는 아파트, B는 방갈로, C는 콘도, D는 리메이 부모님의 집 지하이다. 각 기준에는 임대료, 직장 및 여가 시설과의 거리, 보안, 그리고 부부의 가치관과 라이프스타일에 맞는 기타 지역 특성이 포함되었다.

표 15.8 신혼부부의 전셋집 선정 평가 점수

		후보지별 점수			
입지 요인	**가중치**	**A**	**B**	**C**	**D**
1. 임대료	25	3	1	2	5
2. 삶의 질	20	2	5	5	4
3. 학교	5	3	5	3	1
4. 직장 근접성	10	5	3	4	3
5. 여가 시설 근접성	15	4	4	5	2
6. 안정성	15	2	4	4	4
7. 공공요금	10	4	2	3	5
합계	100				

선호도 행렬에서 가장 좋은 대안으로 나타나는 곳은 어디인가? 이러한 선호도를 변경할 수 있는 정성적 요인은 어떤 것이 있는가?

24. 와그너 리모델러(Wagner Remodelers Inc.)는 주택 리모델링 사업을 이전할 새로운 도시를 찾고 있다. 이 회사는 노후 주택을 재건축하는 고도로 숙련된 장인들을 고용하고 있다. 현재 근무 중인 장인 대부분은 회사와 함께 새로운 도시로 이전할 예정이지만, 새로운 지역에서도 추가 인력을 채용할 계획이다.

회사는 가장 중요한 입지 선정 요소(location factors)에 가중치를 부여하고, 이를 기준으로 3개의 후보 도시를 평가했다.

입지 요인	가중치	후보 도시별 평정점수 콥틱	스타르타	로이스
1. 낡은 주택이 많은 지역 근접성	15	3	5	1
2. 인구	15	3	5	5
3. 건축 자재원 근접성	5	5	5	5
4. 교통 시설	5	5	1	5
5. 숙련 노동력 가용성	10	5	2	5
6. 우호적인 도시 구획 절차	15	5	5	5
7. 낮은 재산세율	5	5	3	3
8. 훌륭한 초등교육 시스템	5	3	1	5
9. 가족 여가 시설 가용성	5	3	1	5
10. 건물 재생에 대한 태도	10	2	3	3
11. 부동산 중계회사 근접성	10	2	5	5
합계	100			

a. 이 선호도 행렬에 의하면 어느 도시로 이전하는 것이 좋은가?

b. 기존 직원은 아무도 안 데려가고 이전 후에 현지에서 새로 뽑을 계획이라면 이전할 도시가 바뀌는가? (요인 8과 9는 고려하지 않아도 되고 요인 5는 2배로 중요해진다고 가정하라.)

25. 동나이(Dong Nai)주에서 농산물 유통센터를 설립하는 작업을 진행하고 있다. 전문가 그룹은 2개의 후보 입지와 두 가지 평가 기준을 선정했으며, 이에 대한 정보는 아래 표에 정리되어 있다.

입지 평가 요소	요소 가중치	각 입지에 대한 평가점수 롱칸	통녓
A. 비용		6	8
B. 인프라		10	8
합계	100		

각 평가 기준에 부여되는 가중치는 정수여야 하며, 이들의 총합은 100이어야 한다. 롱칸이 우수한 입지로 평가되기 위해서는 가중치가 어떤 범위에 있어야 하는가?

Active Model 연습문제

Active Model 15.1은 온라인에서 이용할 수 있다. 이 모델을 활용하면 총 부하-거리(load-distance) 점수를 최소화하는 입지를 찾을 수 있다.

질문

1. 새로 건설될 헬스워치 의료시설이 무게중심 위치에 설치될 경우, 총 적재거리 점수는 얼마인가?

2. y좌표를 고정하고, 스크롤바를 사용해 x좌표를 조정해보라. 총 적재거리 점수를 감소시킬 수 있는가?

3. x좌표를 고정하고, 스크롤바를 사용해 y좌표를 조정해보라. 총 적재거리 점수를 감소시킬 수 있는가?

4. 무게중심법이 반드시 총 부하-거리 점수를 최소화하는 입지를 찾는 것은 아니다. 스크롤바 2개를 모두 사용해 시도 위치(trial location)를 이동시켜 보고, 총 부하-거리 점수를 더 낮출 수 있는지 확인하라.

사례 연구 R.U. 레디 입지 선정 사례

R.U. 레디(R.U. Reddie Corporation, 시카고 소재)는 스누피(Snoopy), 와일 E. 코요테(Wile E. Coyote) 같은 봉제 동물 만화 캐릭터용 의류를 전문적으로 제조한다. 대표적인 인기 상품으로는 스누피용 웨딩 턱시도와 와일 E. 코요테용 항공 재킷이 있다.

이 회사는 인형 옷을 사줄 때까지 장난감 가게에서 부모에게 떼를 쓰는 고집 센 아이들에게 판매를 상당히 의존한다. 최근 판매 전망에 따르면 현재 공장 생산능력으로는 수요를 따라잡지 못할 것으로 예상된다. 가장 가능성 높은 시나리오에 따르면 내년에는 약 40만 벌, 그 이후 매년 70만 벌씩 공급 부족이 발생할 전망이다. 이에 따라 오너인 론다 율리시스 레디(Rhonda Ulysses Reddie)는 추가 물량을 생산할 신규 공장 설립을 검토하고 있다.

현황

현재 회사는 보스턴, 클리블랜드, 시카고 세 곳에 공장을 운영한다. 첫 공장은 시카고였으나, 중서부·북동부 수요 증가에 맞춰 클리블랜드와 보스턴 공장을 연이어 지었다. 이후 봉제 동물 만화 캐릭터 의상 수요가 서쪽으로 확대되면서 세인트루이스와 덴버에 물류센터를 개설하고, 세 공장의 생산능력을 확충했다. 각 공장은 자사 지역 창고에 우선적으로 공급하고, 남는 물량은 세인트루이스나 덴버 창고로 운송한다.

판매 부서가 최근에 장기 수요를 예측한 결과에는 좋은 면과 나쁜 면이 있었다. 늘어난 수익은 론다의 이익에 확실히 도움이 되었지만, 늘어난 이익을 실현하기 위해서는 새 공장을 마련해야 했다. 기존 공장에는 더 이상 증설 여지가 없고, 최신 제조기술 도입 효과는 솔깃하지만 현재 공장에서는 구현이 요원하다. 이에 론다는 신규 공장 후보지로 덴버와 세인트루이스 두 곳을 선정했다.

론다의 우려 사항

공장 증설은 막대한 의사결정이다. 론다는 순현재가치(NPV) 분석이 핵심 판단 기준이 될 것이라 보면서도 정성적(비계량) 요인도 반영하려 한다. 첫째, 노동력 측면에서는 최근 비니 베이비(Beanie Baby) 공장 폐쇄로 덴버는 숙련 인력이 풍부하다. 반면 세인트루이스는 노동시장 경색이 심하고 향후 전망도 밝지 않다. 둘째, 환경 규제 측면에서 덴버는 최근 엄격한 환경 규제를 도입했다. 신규 공장은 현행 기준을 준수하겠지만, 환경의식이 높은 지역 특성상 규제가 강화될 가능성이 크다. 양산 운영이 시작된 후에 강화된 환경 규제를 충족하기 위한 설비 개조는 큰 비용을 초래할 수 있다. 셋째, 공급업체 네트워크 측면에서 덴버에는 제품 디자인(새로운 의상 패션) 지원이 가능한 우수 협력업체가 다수 있다. 세인트루이스에도 공급업체는 있으나 제품개발 지원 능력은 부족하다. 이러한 제품 개발 역량이 있는 공급업체와의 근접성은 업계에서 큰 장점이다.

데이터

다음은 론다가 의사결정을 위해 수집한 데이터이다.

1. 가장 효율적인 운송 수단을 기준으로 평균 운송비용은 0.0005달러/톤-마일이다. 한 벌의 평균 수익은 8.00달러이다.
2. 생산용량 한도는 다음과 같다.

	용량
보스턴	400
클리브랜드	400
시카고	500

표 15.9 회사의 신규/기존 공장 입지 자료

도시	1차 연도 예측 수요	2~10차 연도 예측 수요[1]	현 자산 장부가[1,2] (건물, 장비)	연간 고정비용 (SGA)[1,3]	단위당 변동 제조단가	토지[1]
보스턴	80	140	9,500달러	600달러	3.80달러	500달러
클리블랜드	200	260	7,700달러	300달러	3.00달러	400달러
시카고	370	430	8,600달러	00달러	3.25달러	600달러
세인트루이스	440	500				
덴버	610	670				

[1] 모든 수치는 천 단위 기준
[2] 감가상각 잔존기간 10년이 남은 건물·설비의 순장부가액
[3] 연간 고정비용(판매·일반관리비)에는 건물·설비의 감가상각비가 포함되지 않음

3. 표 15.9는 각 입지에 대한 기본 데이터이다.
4. 신규 공장 정보는 다음과 같다.

도시	건물·설비[1,2]	연간 고정비 (SGA)[1,2]	단위당 변동 제조원가	토지[1]
덴버	12,100달러	550달러	3.15달러	1,200달러
세인트루이스	10,800	750	3.05	800

[1] 모든 수치는 천 단위(000s) 기준.
[2] 감가상각 잔존기간 10년이 남은 건물·설비의 순장부가액.
[3] 연간 고정비(판매·일반관리비)에는 건물·설비 감가상각비가 포함되지 않음.

5. 도시 간 주행거리는 다음과 같다.

	보스턴	클리브랜드	시카고	세인트루이스	덴버
보스턴		650	1,000	1,200	2,000
클리브랜드		—	350	600	1,400
시카고			—	300	1,000
세인트루이스				—	850
덴버					—

6. 기본 가정은 다음과 같다.

- 10년 후 잔존가치는 토지·건물·설비 투자액의 50%
- 법인세율: 40%
- 감가상각: 정액법, 내용연수 10년
- 자본조달 구조: 전액 자기자본(Equity) → 가중평균자본비용(WACC)= 11%
- 신규 공장 생산능력
  - 1차 연도: 50만 벌
  - 이후 매년: 90만 벌
- 매출원가(COGS) = 변동제조원가 + 총 운송비
- 공장 → 자기 창고 운송비는 0(내부 이동), 단 변동제조원가에 반영

7. 회사의 운영·물류팀은 신규 공장 미건설(현 상태 유지) 시나리오에서 최대 생산 가동을 전제(현상 유지 해법)로 한 운송계획 및 COGS를 산정했다.

1차 연도	매출원가 = 4,692,000달러
보스턴 → 보스턴	80
보스턴 → 세인트루이스	320
클리블랜드 → 시카고	80
클리블랜드 → 클리블랜드	200
클리블랜드 → 세인트루이스	120
시카고 → 시카고	290
시카고 → 덴버	210

2~10차 연도	매출원가 = 4,554,000달러
보스턴 → 보스턴	140
보스턴 → 세인트루이스	260
클리블랜드 → 클리블랜드	260
클리블랜드 → 세인트루이스	140
시카고 → 시카고	430
시카고 → 세인트루이스	70
보스턴 → 보스턴	140

문제

R.U. 레디가 신규 공장을 설립해야 할지, 설립한다면 어디에 지어야 할지 결정하라.

1. R.U. 레디에 보내는 짧은 메모를 작성해, 권고안과 그에 대한 핵심 근거를 제시하라.
2. 수송계획법과 윈도우용 POM을 활용해 덴버와 세인트루이스를 각각 신규 공장으로 설정해, 두 대안의 최적 물류 배분 패턴과 매출원가(COGS)를 구하라.

   먼저 덴버를 신규 공장으로 선정하여 결과를 생성하고, 이어서 세인트루이스를 신규 공장으로 선정해 같은 방법의 결과를 생성하라.

   수송행렬의 각 셀 단위비용은 운송비 + 변동제조원가의 합이다. 예를 들면, 덴버에서 보스턴으로 수송하는 데 드는 단위비용은 3.15달러 + 0.0005달러 × 2,000 = 4.15달러이다. 그림 15.4, 15.5를 참고해 모델을 수립하고, 각 경우의 최적 비용(optimal cost)가 곧 해당 대안의 매출원가(COGS)이다.
3. 수송모형 결과로 얻은 매출원가(COGS)를 이용해 각 대안의 순현재가치(NPV)를 산출하라. [힌트: 증분 현금흐름(incremental cash flows) 관점으로 접근하면 분석이 수월해진다.] 각 대안별로 가독성 높은 스프레드시트를 작성해 제출하라.

부록 – 분석 팁

1. 의사결정변수 단위에서 변수는 '천 단위 발송 물량'으로 정의하고, 수요·생산능력 값에서 뒤 세 자리 0을 생략해 모델을 구축하라. 모델 해를 얻은 뒤 결정값과 총 변동비에 1,000을 곱해 실제 단위로 환산해야 한다.
2. 1차 연도 이후 생산용량 한도와 고객 수요가 바뀌기 때문에 각 입지 대안에 대해 모형을 2개씩 만들어 계산해야 한다.

비디오 사례 콘티넨탈 타이어: 신규 제조 공장 입지 선정

세계 최대 자동차 부품 기업이자 타이어 제조 4위 업체인 콘티넨탈(Continental)은 전 세계적으로 다양한 사업을 운영한다. 독일 하노버에 본사를 둔 이 회사는 승용차·경트럭용 타이어로 가장 유명하지만, 타이어 부문 매출은 2013년 330억 유로(약 445억 달러)로 총매출의 약 30%에 불과하다. 나머지는 섀시·안전 장비, 파워트레인, 인포테인먼트·내비게이션 등 차량 내장 시스템, 그리고 해양 호스·컨베이어 벨트·차량 스프링 등 자동차용 호스와 트림 부품을 생산하는 콘티테크(ContiTech) 부문이 차지한다. 49개국 300여 개 제조 거점을 보유한 콘티넨탈은 최근 미국·캐나다 고객 인근에 승용차·경트럭(PLT)용 타이어 공장을 새로 짓는 5억 달러 규모의 대형 프로젝트의 추진을 시작했다.

이번 의사결정은 단일 공장 입지를 고르는 작업이지만, 일리노이주 마운트버넌에 있는 미국 공장과 멕시코·유럽·중남미 공장들에 대한 영향도 고려해야만 한다. 전체 네트워크 내 공장들은 독립적으로 운영되지만 월마트나 포드 같은 고객사와 원자재 공급원을 공유할 수 있다. 미국 내 물류창고 및 배분 센터망도 고려 대상이었다. 특히 타이어 생산에 필요한 노동비용이 중요한 변수여서, 미주 재무본부 중앙 통제관인 스콧 바넷(Scott Barnette)은 노동비가 낮다고 여겨지는 멕시코와 코스타리카 두 곳을 우선 분석하라는 지시를 받았다.

스콧은 콘티넨탈의 네 가지 핵심 가치 중 '신뢰', '승리를 향한 열정', '자율성'이 자신에게 초기 후보지인 멕시코와 코스타리카 외 지역도 탐색할 권한이 본인에게 있다는 사실을 잘 알고 있었다. '서로를 위한 배려'라는 네 번째 가치도 팀워크 차원에서 작용했다. 그는 내부 수익률 기준을 충족하거나 초과할 수 있는 미국 내 후보지를 목록에 추가하자고 제안했고, 경영진은 멕시코·코스타리카를 우선 고려하되 미국 후보지도 함께 검토하라고 승인했다.

2011년, 스콧은 선형계획(linear programming) 최적화 소프트웨어에 활용할 데이터를 수집하기 시작했다. 이 프로그램은 공장 생산비뿐 아니라 원자재부터 고객 인도까지 전 과정에서 발생하는 모든 비용을 포괄하는 '도착 비용(landed cost)'을 분석하도록 설계됐다. 과거에 활용하던 방법은 생산비에만 더 초점을 맞췄다. 원자재는 아시아산 천연고무, 독일·일본산 합성고무, 미국 조지아·아시아산 섬유, 아시아·국내산 강철, 세계 각지 화학품, 타이어를 검게 하고 내구성을 높이는 카본 블랙(석유 부산물) 등을 포함한다. 콘티넨탈은 수직 통합 기업이 아니므로 이들 소재를 모두 외부에서 조달해야 한다.

본문에 설명된 제조 공장 입지에 영향을 주는 7개 요인에 대한 분석은 모두 콘티넨탈 사례에 적용됐다. 새 공장 건설 전까지 콘티넨탈은 유럽·아시아 공장에서 미국·캐나다 시장으로 타이어를 수입해 왔다. 초기에 새 공장은 연간 400만 개를 생산해 이 수요를 충족하고, 국내 수요 증가에 따라 추가 400만 개를 증산할 계획이었다. 따라서, 스콧은 향후 증설을 위한 충분한 부지와 에너지 인프라를 고려 사항에 추가하였다. 글로벌 잔여 수요 2,200만 개는 일리노이·브라질·유럽·인도·중국 공장이 각 시장 인근에서 공급한다.

보통 입지 선정에서는 5년 모델을 만들어 영향을 분석하지만, 스콧과 콘티넨탈은 20년 모델을 구축했다. 5억 달러 투자와 1,600명 고용 계획을 두고, 부동산·세제 등 중기적 지역 인센티브가 장기 현금흐름과 수익성에 부정적인 영향을 미치지 않도록 하기 위해서였다.

콘티넨탈 타이어는 사우스캐롤라이나주 섬터에 위치한 신규 제조 시설에 최첨단 기술을 적용해 연간 400만 개의 타이어를 생산한다. 5억 달러 규모의 투자는 약 1,600개의 신규 일자리를 창출했으며 사우스캐롤라이나주의 경제를 크게 활성화시켰다.

출처: Pearson Education

최초의 후보지인 멕시코, 코스타리카와 미국 내 12곳을 추가로 조사한 결과, 최종적으로 사우스캐롤라이나주가 선정됐다. 이 지역은 안정적인 비즈니스 환경, 제조 경험, 낮은 제조비, 국제적 교류, 적극적인 기업 유치 활동, 찰스턴항과 주요 고속도로를 갖춘 물류 인프라가 강점이었다. 선택된 섬터(Sumter) 인근 부지는 6만 명 규모의 숙련된 제조 인력이 있어 즉시 고용 효과를 기대할 수 있다.

스콧의 분석을 반영해 콘티넨탈은 섬터 부지에 공장을 짓기로 결정했고 2012년 3월에 착공했다. 평균 300명이 62만 6,000시간을 투입해 건설을 완료했으며, 2013년 10월 말 가동을 시작했다. 전면 가동과 증설은 2021년까지 이어질 예정이며, 지금은 콘티넨탈이 보유한 세계 최대 제조 부지가 되었다. 회사 관계자에게 넓은 부지를 어떤 용도로 쓸 계획이냐고 묻자, 그들은 미소를 지으며 "큰 계획이 있지만, 골프장을 짓는 것은 아닙니다"라고 대답했다.

문제

1. 본문에서 설명하는 제조 공장 입지에 영향을 주는 핵심 요인이 각각 콘티넨탈이 멕시코나 코스타리카가 아닌 사우스캐롤라이나 섬터를 선택하는 데 어떻게 영향을 주었는지 간략히 서술하라.
2. 사우스캐롤라이나에는 경쟁사인 미쉐린(Michelin)과 브릿지스톤(Bridgestone)의 공장도 있다. 이 두 공장은 콘티넨탈의 입지 선정에 어떤 영향을 미쳤을지 설명하라.
3. 낮은 노동비용만을 기준으로 공장 입지를 선정하는 것이 왜 잘못된 접근일 수 있는지 논의하라.

참고문헌

1장: 가치 창출 행위로서의 운영

Atkins, Charles, Asutosh Padhi, and Olivia White. "What the Most Productive Companies Do Differently," *Harvard Business Review* (February 16, 2023), https://hbr.org/2023/02/what-the-most-productivecompanies-do-differently.

Evans, Jonny. "Apple's Operations Teams Must Be Struggling to Pull Things Together," *Computer-world* (March 2, 2020), https://www.computerworld.com/article/3530037/apples-operations-teams-must-be-struggling-to-pull-things-together.html (August 10, 2020).

Frank, A. G., L. S. Dalenogare, and N. F. Ayala. "Industry 4.0 Technologies: Implementation Patterns in Manufacturing Companies," *International Journal of Production Economics* 210 (2019): 15–26.

George, Yusuf. "The Top 33 Companies for the Environment by Industry," *Forbes* (April 22, 2003).

Kelly, M., J. Crane, and C. Haley. (2015). *3D Opportunity for the Supply Chain: Additive Manufacturing Delivers.* Westlake, TX: Deloitte University Press.

Lativiere, Marty. "Operations: Apple's Secret Sauce?" The Operations Room (November 4, 2011), https://operationsroom.wordpress.com/2011/11/04/operations-apples-secret-sauce/ (August 10, 2010).

Leswing, Kif. "Apple Posts Blowout Third Quarter, with Sales Up 11% Despite Coronavirus Disruptions," cnbc.com (July 30, 2020), https://www.cnbc.com/2020/07/30/apple-aapl-earnings-q3-2020.html (August 10, 2020).

Lorenzo, Rocio, and Martin Reeves. "How and Where Diversity Drives Financial Performance," *Harvard Business Review* (January 30, 2018), https://hbr.org/2018/01/how-and-where-diversity-drives-financialperformance.

Malik, Aisha. "Apple Is Now the First Publicly Traded Company to Close Above a $3 Trillion Market Value," TechCrunch, June 30, 2023, https://techcrunch.com/2023/06/30/apples-market-cap-hits-3-trillion-onceagain/(June 30, 2023).

Mankins, Michael. "Great Companies Obsess over Productivity, Not Efficiency," *Harvard Business Review* (March 1, 2017), https://hbr.org/2017/03/great-companies-obsess-over-productivity-not-efficiency.

Manyika, James, Michael Chui, Peter Bisson, Jonathan Woetzel, Richard Dobbs, Jacques Bughin, and Dan Aharon. "The Internet of Things: Mapping the Value Beyond the Hype," McKinsey Global Institute (June 2015).

Marchese, K., R. Gorham, J. Joyce, B. Sniderman, and M. Passaretti. (2017). *3D Opportunity for Business Capabilities.* Westlake, TX: Deloitte University Press.

Perez, P. S., M. Levi, and V. Folli. (2014). *A Study of Additive Manufacturing Applied to the Design and Production of LED Luminaires.* Milan, Italy: Politecnico Di Milano.

Poon, Linda. "Sleepy in Songdo, Korea's Smartest City," Bloomberg (June 22, 2018), https://www.bloomberg.com/news/articles/2018-06-22/songdo-south-korea-s-smartest-city-is-lonely (July 6, 2023).

Rowland, Christine. "Apple Inc. Operations Management: 10 Decisions, Productivity," *Panmore Institute* (February 19, 2019), http://panmore.com/apple-inc-operations-management-10-decisions-areasproductivity (August 10, 2020).

Tynes, Bernard. "The Importance of Diversity and Inclusion for Today's Companies," Forbes.com (March 3, 2022), https://www.forbes.com/sites/forbescommunicationscouncil/2022/03/03/the-importance-ofdiversity-and-inclusion-for-todays-companies/?sh=379580fc49df.

Ujaley, Mohd. "Cisco to Invest in Fiber Grid, IoT, Smart Cities in Andrha Pradesh (March 18, 2016), https://www.expresscomputer.in/news/cisco-to-invest-in-fiber-grid-iot-smart-cities-in-andhrapradesh/16750/ (July 6, 2023).

Weller, C., R. Kleer, and F. T. Piller. "Economic Implications of 3D Printing: Market Structure Models in Light of Additive Manufacturing Revisited," *International Journal of Production Economics* 164 (2015): 43–56.

White, Olivia, et al. "War in Ukraine: Twelve Disruptions Changing the World" *McKinsey Quarterly* (May 2022). Pete Engardio, "Beyond the Green Corporation," Business Week (January 29, 2007), 50–64.

2장: 운영전략

Greene, Jay. "Amazon.com Cuts Deal with USPS," Associated Press, *Naples Daily News* (Tuesday, November 12, 2013), pp. 5A–5B.

Pearson, Aaron. "3D Printed Thermoplastics Versus Metal: Why Volvo Trucks Chose Additive Manufacturing" (March 26, 2020), https://www.stratasys.com/en/resources/blog/volvo-trucks-additivemanufacturing/.

Radcliffe, Lauren. "5 Benefits of Additive Manufacturing in Product Development" (September 16, 2021), https://enventyspartners.com/blog/5-benefits-additive-manufacturing/.

Solomon, Mark. "Amazon Plans Revamp of U.S. Shipping with Mix of Private Fleet, Regional Carriers, and USPS," *DC Velocity* (March 6, 2014), pp. 1–3.

3장: 프로세스 전략과 분석

Davis, Chris, and Brandon Metzger. "How Product Development Drives Competitive Advantage in the Digital Age," *CIO* (March 20, 2020), https://www.cio.com/article/220087/how-product-development-drives-competitive-advantage-in-the-digital-age.html.

Rummler, Geary A., and Alan P. Brache. *Improving Performance,* 2nd ed. (San Francisco: Jossey-Bass, 1995), 126–133.

4장: 품질과 성과

Isidore, Chris. "Boeing 737 Max Debacle Could Be the Most Expensive Corporate Blunder Ever" (November 17, 2020), https://www.cnn.com/2020/11/17/business/boeing-737-max-groundingcost/index.html.

O'Kane, Sean. "FAA and Boeing Manipulated 737 Max Tests During Recertification" (December 18, 2020) https://www.theverge.com/2020/12/18/22189609/faa-boeing-737-max-senate-report-coverup-testswhistleblowers.

Papageorgiou, Konstantinos, Theodosios Theodosiou, Aikaterini Rapti, Elpiniki I. Papageorgiou, Nikolaos Dimitriou, Dimitrios Tzovaras, and George Margetis. "A Systematic Review on Machine Learning Methods for Root Cause Analysis Towards Zero-Defect Manufacturing," *Frontiers of Manufacturing Technology Section Life Cycle Engineering* 2, no. 28 (October 2022), https://www.frontiersin.org/articles/10.3389/fmtec.2022.972712/full.

Shapiro, Eben. "Lego Makes a Hundred Billion Bricks a Year," *Time* (September 20, 2020), https://news.yahoo.com/lego-makes-hundred-billionbricks-105017605.html.

Venables, Michael. "How Lego Makes Safe, Quality, Diverse and Irresistible Toys Everyone Wants: Part Two" (April 20, 2013), *Forbes*, https://www.forbes.com/sites/michaelvenables/2013/04/20/how-lego-makes-the-safe-quality-diverse-and-irresistibletoys-we-all-want-part-two/#49e519106118.

Wilson, Tracey V. "How Lego Bricks Work" (June 28, 2006), HowStuffWorks.com, https://entertainment.howstuffworks.com/lego.htm (June 18, 2020).

5장: 린 시스템

Beale, Sarah. "The AI Approach to Lean Manufacturing" (June 17, 2020), https://www.mastercontrol.com/gxp-lifeline/the-ai-approach-to-lean-manufacturing/.

Del Malmor, Lorenzo. "From Child Labor to Social Responsible Lean Innovation," Lean Six Sigma Belgium, https://leansixsigmabelgium.com/blog/lean-innovation-nike/ (July 28, 2020).

Hyder, Shama. "How Covid-19 Has Changed Lean Manufacturing Practices: A Case Study with iBASEt," *Forbes* (February 22, 2021), https://www.forbes.com/sites/shamahyder/2021/02/22/how-covid-19-has-changed-lean-manufacturing-practices-a-case-study-with-ibaset/?sh=50fb7d967e80.

McBride, David. "Heijunka, Leveling the Load" (September 1, 2004), http://www.emsstrategies.com.

McBride, David. "The Seven Manufacturing Wastes" (August 29, 2003), http://www.emsstrategies.com/dm090203article2.html.

Sanders, Nada. "How COVID Changed Supply Chains Forever," *Fortune* (January 11, 2023), https://fortune.com/2023/01/11/how-covidchanged-supply-chains-forever-distinguished-professor-just-in-case-just-in-time-onshoring-technology/ (May 19, 2023).

6장: 용량 계획

DePass, Dee. "3M Wins Defense Contract, Boosting US N95 Production Even More to 95M Monthly," *Star Tribune* (May 7, 2020).

Gruley, Brian, and Rick Clough. "How 3M Plans to Make More Than a Billion Masks by End of Year," *Bloomberg Businessweek* (March 25, 2020), https://www.bloomberg.com/news/features/2020-03-25/3m-doubledproduction-of-n95-face-masks-to-fight-coronavirus (June 29, 2020).

Kim, Bowan and Yonseok Lee. "Global Expansion Strategies: Lessons Learned from Two Korean Car Makers," *Long Range Planning* 32, no. 3 (June 2001): 301–333.

8장: 프로젝트 관리

Kudo, Hikaru. "Learn the Story Behind Allegiant Stadium," https://www.si.com/nfl/raiders/news/las-vegas-raiders-allegiant-stadium-relocation (July 27, 2020).

Schwaber, Ken. "Agile Project Management with Scrum," *Microsoft Press* (2004).

Sliger, M. "Agile Project Management with Scrum," Paper presented at PMI Global Congress 2011—North America, Dallas, TX. Newton Square, PA: Project Management Institute (October 22, 2011).

Svensson, Lars G., Brian Donley, and Tomosso Falcone. "Cleveland Clinic Comes to London," *Cardio Pulse in European Heart Journal* 39, no. 34 (September 2018): 3161–63 accessed April 9, 2020).

Taylor, David. "Delicate Demolition," *The Construction Index,* https://theconstructionindex.co.uk/news/view/delicate-demolition (April 12, 2018).

9장: 예측

Amar, Jorge, Sohrab Rahimi, Zachary Surak, and Nocolai von Bismarck. "AI-Driven Operations Forecasting in Data-Light Environments," McKinsey & Company (February 2022).

Anirudh, V K. "Business Applications of Machine Learning," https://www.spiceworks.com/tech/artificial-intelligence/articles/businness-aplications-of-machine-learning/ (February 10, 2022).

Bean, Randy. "Big Data in the Time of Coronavirus (COVID-19)," *Forbes* (March 30, 2020), https://www.forbes.com.

Bresnick, Jennifer. "10 High-Value Use Cases for Predictive Analytics in Healthcare," *Health IT Analytics* (September 4, 2018).

Brown, Sara. "Machine Learning Explained," MIT Sloan, https://mitsloan.mit.edu/ideas-made-to-matter/machine-learning-explained (April 21, 2021).

Chandra, Harsh. "Artificial Intelligence (AI) vs Machine Learning (ML) vs Big Data, https://heartbeat.comet.ml/artificial-intelligenceai-vs-machine-learning-ml-vs-big-data-909906eb6a92 (May 10, 2019).

Chui Manyika, James Michael, Jaques Bughin, Brad Brown, Richard Dobbs, Charles Roxburgh, and Angela Hung Byer. "Big Data: The Next Frontier for Innovation, Competition, and Productivity," McKinsey Global Institute (May 2011).

Hyndman, Rob J., and George Athanasopoulos. *Forecasting: Principles and Practice,* 3rd ed., http://OTexts.com/fpp3 (May 31, 2021).

Lauer, Christian. "AI vs Big Data," Towards Data Science (August 10, 2021).

Marr, Bernard. "Starbucks: Using Big Data, Analytics and Artificial Intelligence to Boost Performance," *Forbes* (May 28, 2018), https://www.forbes.com/sites/bernardmarr/2018/05/28/starbucks-using-big-data-analytics-and-artificial-intelligence-to-boost-performance/2886ebef65cd.

McAfee, Andrew, and Erik Brynjolfsson. "Big Data: The Management Revolution," *Harvard Business Review* (October 2012), 60–68.

Rouse, Margaret. "Big Data," www.http://searchcloudcomputing.techtarget.com. (accessed June 6, 2017).

Roy, Soumik. "How Starbucks Uses Data and Insights to Win Big," TechHQ (September 4, 2018), https://techhq.com/2018/09/how-starbucksuses-data-and-insights-towin-big/.

Wilson, Eric. "How Starbucks Uses Predictive Analytics and Your Loyalty Card Data," Institute of Business Forecasting & Planning (May 29, 2018), https://demand-planning.com/2018/29/05/howstarbucks-uses-predictive-analytics-and-your-loyalty-card-data.

10장: 재고 관리

Glatzel, Christoph, Matt Hopkins, Tim Lange, and Uwe Weiss. "The Secret to Smarter Fresh-Food Replenishment? Machine Learning," https://www.mckinsey.com/industries/retail/our-insights/the-secretto-smarter-freshfood-replenishment-machine-learning#/ (November 28, 2016).

Hankins, J. "Dangerous Ethics Problems in Warehouses," https://www.ethicaladvocate.com/author/jhankins/ (July 1, 2020).

Mandel, Pini. "Putting the AI in Grocery Aisles," https://www.foodlogistics.com/software-technology/aiar/article/21207474/quicklizard-putting-the-ai-ingrocery-aisles (January 4, 2021).

Schofield, Jay. "How IKEA Keeps Track of Their Massive Inventory," http://www.systemid.com/learn/ikea (August 2, 2016).

Silverstein, Sam. "Google Cloud Rolls Out AI-Driven Inventory Tech," https://www.grocerydive.com/news/google-cloud-artificial-intelligence-inventory-tech-retailers/640611/ (January 18, 2023).

Wampler, Matt. "The Future of Grocery: How AI Is Changing the Way Stores Operate," https://www.clearclogs.com/post/thefuture-of-grocery-how-aiis- changing-the-way-stores-operate (December 28, 2022).

Wells, Jeff. "Pardon the Disruption: The 7 Trends That Defined 2022," https://www.grocerydive.com/news/grocery-trends-thatdefined-2022/ (December 14, 2022): *PYMNTS,* "Decoding Customer Affinity to Merchants Survey 2022," https://www.pymnts.com/news/retail/2023/google-ai-fixes-grocery-store-inventory-withkroger-partnership/.

11장: 운영 계획과 일정 계획

Cramer, Maria, and Michael Levenson. "What Caused the Chaos at Southwest?," *The New York Times* (December 28, 2022).

Egan, Matt. "First on CNN: Bank of America Is Giving Workers $1 Billion of Stock," https://www.cnn.com/2022/01/25/investing/bank-of-america-stock-bonus/index.html (January 26, 2022).

Gelsi, Steve. "U.S. Banks Are Facing Body Blows from Ukraine War and a Slump in Investment Banking Activity," https:/www.marketwatch.com/story/u-s-banks-are-facing-body-blows-from-ukraine-war-and-a-slump-in-investment-banking-activity-11649356237 (April 12, 2022).

Goldman, David. "Why Southwest Is Still Melting Down," https://www.cnn/2022/12/29/business/southwestairlines-service-meltdown/index.html (December 29, 2022).

Hu, Han, Quentin Jadoul, and Angelika Reich. "How Banks Can Build Their Future Workforce—Today," *McKinsey & Company* (August 2021).

Kinder, Tabby, Stephen Morris, and Imani Moise. "Bank of America Examines Relocating Staff from Hong Kong to Singapore," htps://www.ft.com/content/a2f645e8-d093-4d93-94fb-23f3cb690bd7 (January 26, 2022).

Son, Hugh. "'We Don't Lay Off People': This Is How Bank of America's CEO Plans to Reduce Employee Levels," https://www.cnbc.com/2022/12/06/bankof-america-ceo-brian-moynihan-on-how-he-plans-to-trimits-workforce.html (December 6, 2022).

Taplin, Steve. "How Outdated Software Can Cause Costly Glitches," *Forbes Technology Council* (February 24, 2023).

Taylor, Amiah. "Bank of America's CEO Gets Real About the Labor Shortage: 'We Don't Have Enough People Now' and Those Who Quit Aren't Coming Back," https://www.yahoo.com/now/bank-america-ceo-gets-real-230000777.html (January 21, 2021).

Tufekci, Zeynep. "Opinion: The Shameful Open Secret Behind Southwest's Failure," *The New York Times* (December 31, 2022).

보론 C: 선형계획법

Render, Barry, Ralph M. Stair, Michael E. Hanna, and Trevor S. Hale. *Quantitative Analysis for Management* (13th ed.).

12장: 자원 계획

Cajiao, J., and Enrique Ramirez. "Surviving SAP Implementation in a Hospital," *International Journal of Case Studies* in Management 14, no. 2 (2016): 1–25.

Donaldson, Molla S., Janet M. Corrigan, and Linda T. Kohn, eds. "To Err Is Human: Building a Safer Health System," *National Academies Press,* 6 (2000): 93–95.

Stefani, Eric. "ERP at Lockheed Martin," June 27, 2004.

13장: 공급사슬관리

Biedron, Rob. "Artificial Intelligence in Procurement," http://planergy.com/blog/ai-in-procurement/ (April 24,2023).

Broyles, Addie. "How One Austin Company Revolutionized How We Get Food Delivered," *Associated Press* (May 17, 2016).

Chi, R. "Jump on the rise of Xiaohongshu, China's fastest-growing social media marketing platform", *The Drum*, https://www.thedrum.com/opinion/2021/06/09/jump-the-rise-xiaohongshu-china-s-fastest-growing-social-media-marketing-platform (2021).

Hirschberg, Carsten, Alexander Rajko, Thomas Schumacher, and Martin Wrulich. "The Changing Market for Food Delivery," McKinsey & Company, Telecommunications (November 2016).

MacDonald, Christine. "Coke Claims to Give Back as It Uses: An Investigation Shows It Isn't Even Close," https://www.theverge.com/2018/5/31/17377964/coca-cola-water-sustainability-recycling-controversy-investigation (May 31, 2018).

Resar, Stephen, Sarthak Pany, and Euan Hunter Smillie. "The AI Opportunity in Sourcing and Procurement," https://www2.deloitte.com/content/dam/Deloitte/ca/Documents/deloitte-analytics/ca-en-omniaai-supplychain-pov-aoda.pdf (October 16, 2023).

Wang, L. "Research on Imported Cross-border E-commerce Marketing Strategy—A Case Study of Little Red Book". *BCP Business & Management*.Vol 34, pp. 674–683. (2022).

14장: 공급사슬 설계

Austin, Caldwell. "What Is Omnichannel? Benefits and Strategies," http://netsuite.com/portal/resource/articles/ecommerce/omnichannel.shtml (August 28, 2022).

Brody, Paul. "How Blockchain Revolutionizes Supply Chain Management," https://www.ey.com/Publication/vwLUAssets/ey-blockchain-and-the-supply-chain-three/$FILE/ey-blockchain-and-thesupply-chain-three.pdf (August 23, 2017–September 6, 2017).

Choi, Thomas, Dale Rogers, and Bindiya Vakil. "Coronavirus Is a Wake-up Call for Supply Chain Management," https://hbr.org/2020/03/coronavirus-is-a-wake-up-call-for-supply-chain-management (March 27, 2020).

Claudia, Graf, Tim Lange, Andreas Seyfert, and Noortje van der Wijden. "Into the Fast Lane: How to Master the Omnichannel Supply Chain," McKinsey & Company, Consumer & Retail Practice (July 2021).

Columbus, Louis. "How Blockchain Can Improve Manufacturing in 2019," https://www.forbes.com/sites/louiscolumbus/2018/10/28/how-blockchain-can-improve-manufacturing-in-2019/#2ef065125db6 (October 28, 2018).

Garry, Michael. "DSD Logistics: PepsiCo," Supermarket News, https://www.supermarketnews.com/center-store/dsd-logistics-pepsico (October 10, 2011).

Hannan, N. (2018). "An Assessment of Supply-Chain Cyber Resilience for the International Space Station." *The RUSI Journal*, 163(2), 28–32 (2018).

Kavilanz, Parija. "Toilet Paper Makers: What We Are Dealing with Here Is Uncharted," https://www.cnn.com/2020/03/17/business/toilet-paper-supply-chain-coronavirus/index.html (March 17, 2020).

Keil, Ian. "How Can Cloud Computing and Blockchain Reduce the Bullwhip Effect in Supply Chain?" https://www.infopulse.com/blog/how-can-cloud-computing-and-blockchain-reduce-the-bullwhipeffect-in-supply-chain (July 30, 2019).

Leonard, Matt. "What Procurement Managers Should Expect from a 'Bullwhip on Crack,'" https://www.supplychaindive.com/news/coronavirus-supply-chain-bullwhip-demand-grocery-medical-covid/574784/ (March 26, 2020).

Lewis, S. "Space junk slams into International Space Station, leaving hole in robotic arm", CBSnews.com, https://www.cbsnews.com/news/space-junk-damage-international-space-station/ (June 2, 2021).

Lisa, Johnston. "How PepsiCo Is Growing E-Commerce Profitability," Consumer Goods Technology, http://consumergoods.com/how-pepsico-growing-ecommerce-profitability (September 25, 2022).

Nash, Kim S. "Walmart Requires Lettuce, Spinach Suppliers to Join Blockchain," https://blogs.wsj.com/cio/2018/09/24/walmart-requires-lettuce-spinach-suppliers-to-join-blockchain/ (September 24, 2018).

Oremus, Will. "What Everyone's Getting Wrong About the Toilet Paper Shortage," https://marker.medium.com/what-everyones-getting-wrong-about-the-toilet-paper-shortage-c812e1358fe0 (April 2, 2020).

Rosic, Ameer. "What Is Blockchain Technology? A Step-by-Step Guide for Beginners," https://blockgeeks.com/guides/what-is-blockchain-technology/ (2016).

Sharma, Toshendra Kumar. "Role of Blockchain in the Manufacturing Industry," https://www.blockchaincouncil.org/blockchain/role-of-blockchain-in-the-manufacturing-industry/ (January 27, 2019).

15장: 물류 관리

Banker, Steve and Chris Cunnane. "Robots and the Autonomous Supply Chain," https://www.forbes.com/sites/stevebanker/2020/04/02/robots-and-the-autonomous-supply-chain/#7157053b787a (April 2, 2020).

Bowles, Ruthie. "Warehouse Robotics: Everything You Need to Know in 2019," http://logiwa.com/blog/warehouse-robotics (May 18, 2020).

Calixto, Eduardo. *Gas and Oil Reliability Engineering.* Elsevier, Amsterdam (2016).

Hamilton, Stephen. "Intermodal Offers a Greener Way of Shipping," https://www.mhlnews.com/transportation-distribution/article/22037196/intermodal-offers-a-greener-way-of-shipping (April 29, 2010).

Heid, Bernd, Russell Hensley, Stefan Knupfer, and Andreas Tschiesner. "What's Sparking Electric-Vehicle Adoption in the Truck Industry?" mckinsey.com/industries/automotive-and-assembly/our-insights/what's-sparking-electric-vehicle-adoption-in-the-truck-industry? (September 2017).

Kjelgaar, Chris. "Airbus Has a Sweet Home for U.S. A320 Production," http://www.ainonline.com/aviationnews (February 12, 2016).

Lane, Keith. "Airbus Celebrates 100th US-Produced Airbus 320 Family Aircraft for Delta Airlines," https://mynbc15.com/news/local/airbus-celebrates-100th-us-produced-airbus-a320-familyaircraft-for-delta-air-lines (May 8, 2023).

Maher, Omar. "Artificial Intelligence and Location Intelligence: A Business Guide," https://www.esri.com/about/newsroom/publications/wherenext/artificial-intelligence-and-location-intelligence-for-business/ (April 14, 2020).

Palmer, Annie and Nate Rattner. "This Map Shows How Amazon Is Rapidly Growing Its Air Fleet Across the U.S.," https://www.cnbc.com/2021/09/04/map-of-amazon-air-locations-.html (September 4, 2021).

Robinson, Tim. "Sweet FAL Alabama," Royal Aeronautical Society (September 16, 2015).

Scott, Alwyn, and Tim Hepher. "Aiming for U.S. Market, Airbus Delivers First U.S.-Made Jetliner," http://www.reuters.com/aricle/us-airbus-usa-idSKCN0XM1SO (April 26, 2016).

Specker, Lawrence. "Mobile's Airbus Plant Delivers 10th U.S.-Built Jetliner," http:/www.al.com (September 19, 2016).

Stavenek, Torbjorn. "How Can AI Help You with Location Optimization," https://tiqqe.com/how-can-aihelp-you-with-location-optimization/ (February 2, 2021).

Underwood, Jerry. "Airbus Alabama Expansion Project Adding 1000 Jobs in Mobile," https://www.madeinalabama.com/2022/05/airbus-alabama-expansion-projectadding-1000-jobs-in-mobile (May 9, 2022).

Underwood, Jerry. "Milestone: Airbus Launches A220 Production at Alabama Facility," https://www.madeinalabama.com/2019/08/milestone-airbus-launches-a220-production-at-alabamafacility/ (August 5, 2019).

Weber, Austin. "Airbus Assembly Plant Lands in Alabama," Assembly (January 5, 2016).

찾아보기